신 9 판

헌법이론과 헌법

허　　영

박영사

CONSTITUTIONAL THEORY
AND
CONSTITUTIONAL LAW

FOURTH NEW EDITION
(20TH IMPRESSION)
FIRST EDITION 1995

BY

YOUNG HUH, DR. JUR., DR. JUR. h. c.

EMERITUS PROFESSOR OF PUBLIC LAW
LAW SCHOOL
YONSEI UNIVERSITY

CHAIR PROFESSOR OF PUBLIC LAW
LAW SCHOOL
KYUNG HEE UNIVERSITY

Parkyoung Publishing&Company
SEOUL, KOREA
2021

신 9 판을 내면서

4년 만에 다시 이 책의 수요가 생겨 개정판을 내게 된 것을 기쁘게 생각한다.

2017년 초 8판을 낸 후 3월 10일 우리 헌정사상 처음으로 박근혜 대통령이 탄핵 파면되고 5월 10일 문재인 대통령이 취임하는 등 헌정질서에 큰 변화가 있었다.

국민통합을 강조하고 절차와 과정의 공정성과 결과의 정의로움을 추구한다고 약속한 문재인 정부에 대한 기대는 컸다. 그러나 4년이 지난 지금 소수의 열성 지지층을 제외한 대다수 국민은 실망이 크다. 취임 약속과는 정반대의 국정을 펴고 있어 우리 자유민주주의와 법치주의 헌정질서가 중대한 도전에 봉착하게 되었기 때문이다.

그래서 많은 헌법철학적인 문제가 제기되어 국민의 화두가 되고 있다. '국가의 존재 이유는 무엇인가', '통치권은 국민통합을 외면하고 지지층만을 위한 정책을 펴도 되는 것인가', '삼권분립이 권력 상호간의 견제기능을 잃고 한통속으로 움직일 때 대안적인 견제장치는 무엇일까', '국민의 생명권과 표현의 자유가 남북화해의 희생물이 될 수 있는 것인가', '다수결이면 무엇이든지 다 정당화 하는가', '정당은 정권 획득과 유지를 위해서 무엇이든지 공약할 수 있는 것인가', '대통령 선거공약은 정당한 정책화 절차를 거치지 않고 실천해도 되는 것인가', '선출된 권력은 법의 통제를 받아서는 안 되는가', '검찰개혁을 한다고 검·경 수사권을 조정해서 검찰권력을 줄이는 대신 경찰권력을 강화하고 '공수처'라는 새로운 수사기관을 만드는 형사사법 체계의 대변혁이 과연 국민의 기본권 강화에 도움이 되는 일인가', '국가부채의 기록적인 증가를 초래하는 재정정책이 과연 정당화 되는가' 등의 의문을 많은 국민이 가질 수밖에 없다. 이런 본질적인 의문이 제기되는 우리 헌정 현실에 헌법철학을 전공하는 헌법학도로서 자괴감과 상실감을 크게 느끼고 있다.

이 책은 이러한 의문을 비롯한 그밖의 핵심적인 헌법철학적인 문제에 대한 심층적이고 이론적인 해답을 제시하려고 노력한 헌법이론서이다.

다른 한편 우리의 법학교육이 법학전문대학원 중심의 법조인 양성체제로 개편된 후 우리의 법학 학문풍토는 유감스럽게도 날로 사막화하고 있다. 학생들이 법학의 기초인 이론적인 토대를 닦기 보다는 변호사시험 위주의 도식적인 공부를 하는 풍토가 만연한 가운데 판례 중심의 암기식 공부가 성행하고 있다. 이런 경향은 변호사자격 시험방법과 안이한 시험출제내용이 더욱 부채질하고 있다는 사실을 부인할 수 없다.

그러나 헌법판례의 기초는 역시 헌법이론이기 때문에 헌법이론에 대한 깊이 있는 공부가 없으면 판례의 논증과 결론을 정확히 이해하기는 어렵다. 법학은 본질적으로 단순 암기가 아닌 철학적인 사고와 이성적인 판단을 기초로 하는 학문이기 때문이다. 암기한 내용보다 이해한 지식이 더 오래 가기 마련이다. 국가고시 준비생들의 깊은 성찰이 필요하다.

이 판에서는 필요한 법령과 내용 및 판례의 update를 비롯해서 이미 의미를 상실한 국내 문헌의 인용과 각주를 모두 삭제하는 등 조판을 새로 했다.

세계적인 코로나(Covid-19) 감염병 확산으로 인류가 한 번도 경험하지 못한 큰 고통과 희생을 당하는 가운데 우리나라도 그 예외가 아니다. 다행히 미국과 영국 등 선진국에서 백신 개발에 성공해서 접종을 시작하는 등 의학적인 대응이 속도를 내고 있다. 아무쪼록 이 비극적인 상황이 빨리 끝나고 모두가 정상적인 생활로 돌아가게 되는 날을 학수고대한다.

또한 주권자인 국민의 가슴 속에 우리 헌법의 가치인 자유민주주의와 법치주의를 지키려는 강한 의지가 들불처럼 번져 하루속히 다시 정상적인 헌정질서로 되돌아갈 수 있는 날이 오기를 간절히 기원한다.

이 책의 조판과 색인작업을 다시 하는 등 개정판 출간에 헌신해 준 박영사 편집부 김선민 이사의 노고에 깊이 감사한다.

2021년 2월

저자 Y.H.

신 8 판을 내면서

신 7 판이 나온 후 2년 동안 개정된 법령과 제도 및 판례를 반영해서 관련 부분을 up date했다. 물론 외국의 법제도 변경 내용을 모두 반영했다. 또 이번 기회에 구판에서 미처 바로 잡지 못한 오·탈자를 비롯해서 인용표시가 잘못된 것까지 모두 바로 잡았다.

지금 우리 나라의 대의민주주의 헌정질서는 일찍이 경험하지 못한 중대한 시련과 위기에 직면해 있다.

현직 대통령이 헌정사상 두 번째로 탄핵소추되어 헌법재판소의 탄핵심판이 계속 중이다. 이 국가위기 상황에서 또 다른 대의기관인 국회도 여·야협치의 길을 외면한 채 당리당략에만 매몰되어 국민은 안중에도 없이 정권과 당권투쟁에만 몰두하고 있다.

이런 중대 시국일수록 대의민주주의를 비롯한 우리 헌법이 기초로 삼고 있는 여러 가지 근본이념과 기본정신을 제대로 파악하고 모든 문제를 헌법적인 테두리 안에서 법적인 절차에 따라 해결하려는 노력이 그 어느 때보다 절실하다. 국회는 주권자인 국민의 위임을 받은 헌법기관이므로 국정에 임하는 자세와 지금의 헌법장애 상태의 해결에 대한 입장이 재야 사회단체와는 엄연히 달라야 한다. 국민의 세금으로 국고지원까지 받아 운영되는 정당도 정권획득을 위한 정치투쟁에서 헌법적인 한계를 벗어나면 안 된다. 그러나 국회도 정당도 우리 헌법이 요구하는 방향과는 전혀 다른 길로 가고 있어 안타깝기 그지 없다.

하루 속히 헌법적인 테두리 안에서 현 위기상황이 해결되어 우리 헌정질서가 한 단계 더 발전하는 전화위복의 계기가 되기를 국민과 함께 마음 속으로 간절히 기원한다.

박영사 김선민 편집부장은 한결같이 성실함과 꼼꼼함으로 이 수정판을 완성해 주었다. 그의 노고에 마음 깊이 감사한다.

2017년 1월

저자 Y.H.

新 7 版을 내면서

이 책은 2013년에 펴낸 신 6 판의 내용 중 많은 부분을 수정·보완한 개정판이다.

특히 제 9 장 제 6 절 기본권의 기초 중에서 '기본권 실현의 방법적 기초로서의 평등권' 부분을 완전히 새로운 내용으로 교체했다. 그 결과 저자의 '한국헌법론'의 평등권 서술내용과 이번에 교체된 평등권 관련 내용은 그 내용이 다르지만 상호 보완적인 기능을 하리라고 기대한다. 이 책에 새로 서술한 평등권 관련 부분은 이 책의 성질에 맞춰 주로 이론적인 내용을 서술하면서 필요한 부분에서 우리 헌법재판소의 판례를 비판적으로 검토·소개했다.

평등권 이외에도 독일 연방헌법재판소의 연방선거법 초과의석제도의 위헌결정을 비롯해서 새로 도입한 조정의석제도 등을 관련부분에 소개했다. 유럽연합 관련 내용도 최신 자료로 up date했다.

원고교체로 책의 편집을 다시 해야 하는 번거로운 작업을 세심하게 마무리해 준 김선민 부장의 노고에 감사한다.

2015년 4월

著者 Y.H.

新 6 版을 내면서

2011년에 신 5 판을 낸 다음 한 해를 걸러 이번에 신 6 판을 낸다.

이번 판에서는 새롭게 재산권에 관해서 이론적인 심층내용을 서술한 부분을 추가했다. 재산권은 기본권 생활의 물질적 기초가 되는 중요한 내용일 뿐 아니라 헌법이론적으로도 많은 쟁점을 내포하고 있어서 헌법소송에서도 합리적인 해결책을 찾는데 항상 어려움을 겪는 기본권에 속한다. 이 책의 재산권에 관한 서술이 문제해결에 조금이라도 도움이 될 수 있기를 기대한다.

이 책에서는 지난 신 5 판의 체제와 내용변경으로 인해서 각주에서 인용한 방주의 번호처리가 정확하지 못했던 부분을 모두 바로 잡았다. 그 밖에도 그 동안의 법령변경과 새로운 판례를 모두 반영해서 내용을 up date 했다.

이번 판부터는 편집부 김선민 부장이 책임지고 직접 책을 만들고 있는데 김부장의 탁월한 전문성과 꼼꼼함이 이 책의 완결성을 높여 주었다. 깊은 감사의 뜻을 전한다.

2013년 1월

著者 Y.H.

新 5 版을 내면서

이번에 내는 신 5 판은 작년 판과는 그 구성과 내용이 달라졌다. 기본권의 이념적 기초인 인간의 존엄성과 평등권 그리고 생명권에 관한 내용을 이론적으로 깊이 있게 서술해 보완했다. 그 대신 우리 헌법의 나머지 개별적 기본권에 관한 부분은 모두 뺐다. 저자의 「한국헌법론」과 중복해서 다룰 필요가 없다고 판단했기 때문이다.

앞으로 이 책은 한국헌법론과 차별화해서 심층적인 헌법학 이론서로 발전시켜 나가려고 한다. 따라서 앞으로도 중요한 기본권에 대해서는 심층적인 서술로 이 책을 보완해 나갈 것이다. 그 밖에도 시대상황의 변화에 맞춰 대의제도에 관한 서술도 한 항목을 추가해 대의제도의 현주소와 개선책을 서술했다.

국내외 법령과 판례관련 사항도 2010년 말을 기준으로 모두 up date했다.

2011년 1월

著者 Y.H.

新 4 版을 내면서

2009년 연말 국회에서 통과된 법률을 포함해서 작년 한 해 동안 제정 또는 개정된 법률에 맞게 관련 내용을 수정했다. 우리 헌법재판소 판례는 2009년 12월 29일 결정선고한 내용까지 반영했다. 독일 헌법판례도 연방헌법재판소 판례집 120권에 수록된 2008년 1/4분기 판례까지를 반영했다. 2009년 10월에 새로 설치한 영국의 대법원(Supreme Court)과 2009년 12월 1일 발효한 유럽연합(EU)의 리스본(Lisbon)조약의 내용도 해당 관련부분에서 설명했다.

2010년 2월

著者 Y.H.

新 3 版을 내면서

2008년 말까지 새로 제정했거나 개정된 법률을 관련부분에 반영해서 내용을 up date했다. 우리 헌법재판소 판례도 2008년 12월 26일 결정선고한 내용까지 보완했다. 독일 연방헌법재판소 판례도 2007년 선고한 것을 보완했다. 2008년 7월 이루어진 프랑스 헌법개정 내용에 맞게 프랑스 헌정제도 관련 서술부분을 고쳤다.

2009년 1월

著者 Y.H.

新 2 版을 내면서

2007년 12월 말까지 제정 또는 개정된 새 법령에 따라 관련 부분을 고쳤다. 특히 형사소송법의 개정과 인신보호법 및 국민의 형사재판참여에 관한 법률의 제정은 우리 사법제도의 큰 변화를 예고하고 있다. 헌법판례도 2007년 12월 27일 선고한 내용까지 반영해서 up date했다.

2008년 1월

著者 Y.H.

新版을 내면서

　　1995년 신정판을 낸 후 2006년 신정 11판을 출판하기 까지 책의 많은 부분이 보충·수정되다 보니 활자간격과 행수 및 각주 등에 불일치가 생겨 전체적으로 통일된 판형과 조판상태가 더 이상 유지될 수 없게 되었다.

　　그래서 책 전부를 다시 조판해서 판형과 체계를 통일한 것이 이 신판이다. 이번 신판을 내는 기회에 책 내용을 철저히 검토해서 바로 잡거나 보충한 부분도 많다. 특히 그 동안 간과했던 외국의 법령이나 제도의 개혁을 2006년 말을 기준으로 빠짐없이 up date했다. 책의 본문 부분만 137면 정도 늘어난 것은 그 때문이다. 또 이번 신판에서는 큰 제목이나 항목을 제외한 서술내용을 모두 한글화해서 한자 때문에 신세대가 어려움을 겪는 일이 없도록 배려했다. 우리 법령개정과 국내외의 중요한 판례는 2006년 말을 기준으로 모두 반영했다.

　　신판을 내는데 연세대학교 대학원 법학석사과정의 崔鏡雅 양이 내용을 정독하고 색인을 작성하는 등 큰 도움을 주었다. 최 양의 학문적인 발전을 기대하며 감사한다. 박영사 安鍾萬 회장님의 변함없는 관심은 늘 큰 힘이 된다. 오랫동안 이 책의 편집을 맡았던 宋逸根 주간님의 퇴직으로 이 책을 인수해서 맡게 된 편집부 盧賢 부장님의 꼼꼼함과 책임감 있는 일 처리는 이 책의 출판에 큰 힘이 되었다. 盧 부장님의 노고에 머리 숙여 고마움을 표한다. 기획부 趙成晧 차장님과 宋昌燮 님의 호의적인 협조에도 감사한다.

2007년 1월

著者 Y.H.

新訂版을 내면서

1980년에 「憲法理論과 憲法」上卷을 펴낸 것을 시작으로 1984년에 中卷을, 그리고 1987년에 下卷을 출판한 후 이 세 권의 책은 저자가 예상했던 것보다 훨씬 큰 호응을 얻어왔다. 이 책은 흔히 말하는 고시용 수험서가 아니고, 헌법학의 최신 이론을 헌법철학적인 관점에서 깊이 있게 다루면서 관련부분에서 우리나라와 독일을 비롯한 서구 선진국의 헌법과 판례내용을 함께 짚어 나간 본격적인 헌법이론서인데도 불구하고 상상할 수 없을 만큼 많은 독자층을 확보하면서 판을 거듭해 왔다. 저자로서는 더할 수 없는 큰 보람을 느끼면서 학자로서 더욱 정진할 수 있는 힘을 얻게 되었다.

지금까지 상·중·하 세 권으로 나누어 출판했던 「憲法理論과 憲法」을 이번에 한 권으로 합해서 펴내게 된 이유는 단순하다. 한 권으로 묶어서 출판하면 세 권으로 나누어 출판했을 때보다 제작 및 관리비가 절약되어 책값을 내릴 수 있을 뿐 아니라, 법령개폐 등에 따른 책내용의 보완·수정을 통일적으로 한꺼번에 할 수 있기 때문이다. 세 권으로 나누어 출판했을 때는 각 책의 재고량 차이 때문에 책내용의 보완·수정이 동시에 한꺼번에 이루어지기가 어려웠다. 그러다 보니 세 권의 책 중에는 법령개폐 후에도 여러 달 동안 up-to-date 하지 못한 상태로 판매될 수밖에 없는 경우도 있었다. 이 번의 합본으로 인해서 앞으로 그런 문제는 해소될 것이다.

이번 합본을 계기로 해서 책의 판형도 키우고 편집도 새롭게 시도해 보았다. 방주 번호를 붙이고 항목 또는 key-word 에 해당하는 旁註(marginal notes)를 달아 줌으로써 독자들이 책의 내용을 이해하고 인용하는 데 도움이 되도록 했다. 책내용을 보완·수정해서 up date 한 것 이외에도 한자사용과 외국어표기는 꼭 필요한 경우로 한정함으로써 시각적인 효과와 함께 새세대들의 한글선호경향도 반영했다.

이 책은 저자의 「韓國憲法論」과는 내용적으로 상호 보완관계에 있다. 이 책에서는 「韓國憲法論」에서보다 헌법이론을 보다 깊이 있게 다루었을 뿐 아니라 상세한 각주를 통해서 인용 및 관련참고문헌을 자세히 밝혀 놓았기 때문에 초학자가 아닌 대학원 학생이나 실무가들에게는 이 책이 보다 유익한 길잡이가 되리라고 믿는다. 개별적인 기본권 부분은 「韓國憲法論」의 서술내용과 대동소이하지만, 특히 양심의 자유, 재산권, 환경권, 국민의 의무 등의 서술내용은 이 책에서 훨씬 깊이 있게 서술되어 있다. 또 이 책에는 「韓國憲法論」에서는 다루지 않은 國家機能論이 들어 있다. 그러나 또 한편 「韓國憲法論」에서 상세하게 설명한 우리 헌법상의 통치기관에 관한 개별적인 서술은 이 책에서는 뺐다. 이 책은 어디까지나 일반적인 헌법철학적 이론서에 해당하는 것으로서 특정국가의 헌법에 대한 해설서가 아니기 때문이다. 또 개별적인 기본권과 달라서 구체적인 통치기관은 나라에 따라 큰 차이가 있기 때문이다. 이 책과 「韓國憲法論」이 내용적으로 상호 보완적인 관계일 수밖에 없는 이유가 바로 그 때문이다.

이 책이 나오는 데 도와준 두 제자의 노고를 치하하면서 고마움을 표한다. 연세대학교 대학원 박사과정에 재학중인 朴炅澈 군은 책임을 지고 처음부터 끝까지 교정을 맡아 주었을 뿐 아니라 색인을 만드는 데에도 도움을 주었다. 같은 학교 석사과정의 金賢宰 조교도 교정을 도와주었다.

이 책이 이런 모습으로 새롭게 출판되는 데는 박영사 安鍾萬 사장님의 성원이 밑받침이 되었고, 편집부 宋逸根 부장님의 창조적인 아이디어와 전문적인 도움이 큰 힘이 되었다. 기획부 任龍模 과장님의 협조도 컸다. 그리고 편집부 劉恩舟 님은 목차와 색인작성을 도맡아 책임감 있게 꼼꼼히 처리해 주었다. 이 모든 분들과 조판·인쇄의 담당자들에게 머리숙여 감사한다.

1995년 10월

역삼동 서재에서

著者 Y.H.

책머리에(上卷)

　　國家生活을 規範的으로 主導하는 憲法에 관한 學問은 따지고 보면 國民生活과 가장 밀접한 관계가 있다고 볼 수 있다. 또 모든 國民이 憲法의 內容이나 運營面에 관해서 깊은 관심을 가지고 憲法의 規範的效力을 지키려는 努力이 없이는 한 나라의 憲法은 사실상 하나의 종이쪽지에 불과하게 된다. 한 나라의 憲法은 그 나라의 法秩序 중에서 그 規範的效力이 가장 强한 반면에 또 그 規範力을 喪失하기도 가장 쉬운 規範秩序를 뜻하기 때문이다. 따라서 憲法學의 가장 核心的인 과제는 實定憲法의 條文 하나하나의 文句를 따지는 것보다는 國家生活의 律動的인 큰 흐름이 憲法에 의해서 規制되고 主導되는 當爲的必要性을 哲學的·價値觀的 觀點에서 밝히는 데 있다고 본다. 이 책은 바로 그와 같은 當爲로서의 憲法理論을 追求하고 體系化시키는 것을 목표로 삼고 있다.

　　하지만 國家의 歷史만큼이나 긴 세월에 걸쳐 서서히 確立되어 온 憲法에 관한 理論을 體系的으로 정리해서 이를 하나의 책으로 출판한다는 것이 생각처럼 쉽지 않다는 것을 다시 한번 뼈저리게 느꼈다. 크고 작은 憲法學의 著書를 펴낸 國內外學者들의 숨은 勞苦에 대해서 새삼 경탄과 존경심을 갖게 되는 이유도 그 때문이다.

　　著者가 憲法學을 體系的으로 연구하기 시작한 것은 1966年 봄 서독 München 대학에 유학하고부터니까 그럭저럭 10여 년이 지났지만 아직도 憲法學의 문턱에 서 있는 기분에 사로잡혀 있는 처지에 이 책을 쓰기로 결심한 것은 무엇보다도 출판사의 간곡한 권유 때문이었다. 용기를 내서 쓰겠다고 약속을 해 놓고도 막상 붓을 들고 보면 너무도 허술한 점이 많다는 사실을 깨닫게 되고 더 좀 연구를 해야 되겠다는 생각을 가진 것이 한두 번이 아니었다. 그러던 중 서독정부(Alexander von Humboldt 재단)에서 다시 연구교수로 초청해 주는 바람에 내심으로는 이 책을 마칠 수 있는 좋은 기회가 왔다고 기뻐했었지만, 그 후 著者의 불가피한 개인 사정 때문에 한동안 집필을 중단하고 서독에서의 교수생활에 전념할 수밖에 없었다. 금년 봄 다시 復職이 確定되었다는 소식을 받고 귀국하자마자 出版社와의 약속을 이행하겠다는 생각에서 서둘러서 써 보았지만 결국은 겨우 上卷을 마치는 정도로 그치게 되었다. 하지만 일단 내친 걸음이니까 불원간 下卷과 "判例憲法"도 내 놓을 생각이다.

이 책에서는 특히 西獨·美國 등의 最新 學說·判例를 중심으로 아직 우리나라에 소개되지 않은 憲法理論에 重點을 두었기 때문에 그 編制도 지금까지 나와 있는 國內著書들과 다른 점이 많게 되었다. 종래의 編制에 익숙해진 讀者들에게 本書의 새로운 編制가 공부하는 데 부담이 될 줄은 알면서도 일단 著者 나름으로는 새로운 시도를 해 보기로 한 것이다. 著者의 의도가 어느 정도 성공했는지는 讀者 여러분의 判斷에 맡긴다.

이 책에서 日本의 문헌이 거의 소개되지 않은 理由는 다음 세 가지 사정 때문이다. 첫째는 著者 자신이 日本문헌을 자유롭게 읽을 수 있을만큼 日本語에 능통하지 못하다는 점이고, 두 번째 理由는 적어도 憲法學에 관한 한 日本문헌이 대부분 獨逸문헌을 근거로 하고 있기 때문에 구태여 日本을 거쳐 獨逸理論을 받아들일 必要가 없다는 점이고, 세 번째 理由는 지금까지 國內에 나와 있는 憲法學의 著書들이 日本문헌을 비교적 상세하게 소개하고 있다는 점이다.

이 책을 집필하는 데 있어서 지금까지 나와 있는 國內憲法學著書에서 배운 점이 많았다는 점을 여기에 밝혀 두고자 한다. 憲法學에 관한 國內 교과서 외에도 그 동안 發表된 國內의 좋은 論文들을 전부 수집해서 이를 분석하고 비판하는 것이 바람직한 일인 줄은 알면서도 이 책이 대부분 外國에서 집필되었다는 사실 때문에 그것이 불가능했던 점을 매우 아쉽게 생각한다.

아직도 부족하고 미흡한 점이 많은 이 책을 學界에 내 놓으면서 두려움이 크지만 先輩·同學·讀者 여러분의 기탄없는 批判을 기대하면서 일단 출판에 넘기기로 결심했다. 여러분의 질책과 忠告를 받아서 부족하고 미흡한 점을 차차 보충해 나가기로 하겠다.

이 책이 집필되는 동안 남편과 아빠를 연구실에 빼앗기고 '재미없는 생활'을 할 수밖에 없었던 나의 사랑하는 가족에게 이 자리를 빌어 다시 한번 미안했다는 점을 말하면서 여기 이 조그마한 열매를 바친다.

이 책의 탄생에 결정적인 힘이 되어 주신 博英社 安洹玉 社長님을 비롯하여 安鍾萬 副社長, 李明載 課長, 李鍾雲 課長에게 충심으로 감사를 드린다.

1979년 7월 19일
서독 Bayreuth 대학 연구실에서
著者 Y.H.

책머리에(中卷)

　　다른 學問分野도 마찬가지이지만 憲法學도 그 理論이 하루가 다르게 發展해
가고 있다. 國家生活의 樣相과 國民의 生活感覺이 달라짐에 따라「生活規範으로
서의 憲法」을 보는 視角도 달라지게 되고, 그와 함께 憲法에 대한 接近方法과 憲
法의 理論體系도 변할 수밖에 없다. 이와 같은 問題意識을 가지고 어제의 憲法理
論이 아닌, 오늘의 憲法理論을 整理하고, 著者 나름의 憲法觀을 定立·紹介하기
위해서 시작한 것이「憲法理論과 憲法」이라는 이 책의 집필이었다.

　　처음에는 이 책을 上·下의 두 권으로 나누어서 出版할 생각이었다. 憲法理論
的인 接近을 주로 해서, 우리나라의 憲法規範에 대해서는 해당부분에서 필요한 만
큼만 좌표정리 내지 좌표설정을 해 주는 정도로 그치기로 한다면 두 권의 분량으로
충분하리라고 믿었다. 그러나 책을 써 나가는 과정에서 이와 같은 著者의 처음 생
각을 바꾸지 않을 수 없게 되었다. 憲法理論은 물론 그 理論 자체만으로도 충분한
學問的인 意義가 있다. 그렇지만 그 憲法理論이 한 나라 憲法規範의 살이 되고
피가 되어 그 나라 憲法生活을 바른 方向으로 이끌어 나갈 수 있을 때 그 憲法理
論으로서의 意義와 機能이 더욱 커진다는 점도 부인할 수 없다. 우리의 憲法現實
에서 著者는 이와 같은 필요성을 더욱 절실하게 느끼게 된 것이다. 著者의 國家觀
과 憲法觀에 입각해서 우리나라의 現行憲法에 대해 著者 나름의 評價와 解釋을
하지 않을 수 없게 된 이유도 여기에 있다. 그러다 보니 처음 생각했던 것보다 책
의 부피가 커지고 말았다. 처음 예정과는 달리 이 책을 上·中·下의 세 권으로 나
누어서 出版하기로 방침을 바꾸게 된 이유이다.

　　이번에 내 놓은 이 책은 그 中卷에 해당하는데, 內容面에서는 基本權의 一般
理論과 우리 現行憲法上의 基本權을 다룬 것이다. 國民의 基本權은 한 나라 統治
秩序의 當爲的인 前提요 그 核心的인 要素라고 이해하는 著者의 憲法觀에서 볼
때 基本權의 重要性은 더 말할 나위 없이 크다. 그러나 지금까지 우리나라에는 基
本權을 단순한 憲法의 附屬物 내지는 統治構造의 裝飾物 정도로 輕視하는 풍조
가 없었던 것도 아니다. 著者는 憲法上의 基本權을 實現시킴으로써 비로소 正當
化될 수 있는 統治秩序의 當爲的側面에서 基本權의 本質과 機能을 강조하는 데
力點을 두었다. 종래의 다른 憲法敎科書와 見解를 달리하는 部分이 적지 않은 것

도 그 때문이다.

統治構造에 관한 內容을 담은 下卷도 곧이어 出版된다는 것을 밝히면서 그 동안 피치 못할 사정으로 이 책의 出版이 늦어진 점에 대해서 讀者 여러분에게 너 그러운 양해를 구한다.

이 책을 쓰는 과정에서 도움을 받은 西獨의 恩師님과 여러 同僚敎授 그리고 財團에게 이 자리를 빌어서 감사하지 않을 수 없다. 著者의 恩師이고 München 大學校 公法硏究所 所長인 P. Lerche 교수는 지난 여름에도 著者의 獨逸滯留時에 좋은 硏究環境을 마련해 주었고, Bonn 大學校 法科大學長인 J. Isensee 교수와 Bayreuth 大學校 副總長인 W. Schmitt Glaeser 교수는 著者의 要請이 있을 때마다 필요한 最新資料를 보내 주는 친절과 협조를 아끼지 않았다. 또 西獨의 훔볼트(A. v. Humboldt)財團은 著者에게 여러 가지 財政的인 硏究支援을 해 주었고, 지금도 계속해서 해 주고 있다.

이 책의 校正과 索引作成을 위해 바쁜 時間을 나누어 써 준 全光錫 法學碩士와 李郁漢 助敎에게도 큰 고마움을 표한다. 西獨留學을 떠나는 全君과 碩士學位論文을 준비하는 李君의 앞날에 神의 加護가 있기를 빈다. 또 여러 가지 어려움에도 불구하고 책의 編輯을 맡아서 애써 주신 博英社 鮮于泰鎬님에게도 감사를 드린다. 博英社 安鍾萬 社長님과 李明載 常務님, 그리고 李鍾雲 部長님의 꾸준한 격려와 성원도 잊을 수 없다.

1984년 5월

백양로가 보이는 무악산 기슭에서

著者 Y.H.

책머리에(下卷)

　　自由民主主義의 政治理念이 이 땅에 뿌리를 내린 지도 어언 半世紀를 눈 앞에 두고 있다. 우리의 憲法現實이야 어떻든간에 이 땅에 사는 우리 모두의 가슴 속에는 自由民主主義에의 아련한 꿈과 강한 意志가 꾸준히 자리를 넓혀 가고 있다. 우리 모두는 自由民主主義의 統治秩序가 個性伸張과 人類幸福의 바탕이 된다는 굳은 믿음을 가지고 살아가고 있다.

　　著者가 바로 그와 같은 確信 속에서 새로운 憲法學理論을 책으로 펴내기 시작한 지도 벌써 일곱 해가 지났다. 여기 내놓는 이「憲法理論과 憲法」(下)는 그 세 번째 책으로서 흔히 '統治構造' 내지 '統治機構'라고 부르는 내용을 담은 것이다. 한 나라의 統治構造는 결코 自己目的的인 것일 수 없고, 國民의 自由와 權利를 실현시키기 위한 手段에 불과하다는 著者의 憲法觀이 이 책에서도 그대로 나타나고 있기 때문에, 기존의 憲法學敎科書와는 編制와 內容面에서 다른 점이 많다는 것을 미리 밝혀 둔다.

　　이 책이 여기 이런 모습으로나마 뒤늦게 출판되기까지 著者가 겪은 學者的인 번뇌와 갈등이 적지 않았다는 점을 고백하지 않을 수 없다. 그것은 우리 現行憲法 上의 統治機能과 統治構造에 관한 規定을 著者의 憲法理論體系에 受容하는 데는 많은 어려움이 따랐기 때문이다. 단순한 憲法解釋學的인 敎科書와는 달리 한 나라의 統治秩序를 憲法理論的인 視角에서 검토하고 평가하는 것을 목표로 삼는 著者의 관점에서 볼 때 우리의 統治構造는 憲法理論上 적지 않은 모순과 문제점을 간직하고 있기 때문이다. 그 모순과 문제점을 일일이 지적하는 것은 어렵지 않지만 그것이 反復되는 경우의 여러 가지 문제, 그렇다고 그것을 빼 버렸을 경우의 책의 全體的인 均衡의 문제 등이 著者로 하여금 심각한 번민과 갈등을 느끼게 했었다.

　　그러던 중 다행히도 憲法改正이 大統領에 의해 국민에게 약속되고 활발한 改 憲論議가 각 政黨의 憲法改正案으로 집약되는 등 자못 改憲의 분위기가 무르익게 되어 著者로서는 크게 다행으로 여기면서, 올해 안에 새 憲法이 확정되면 그에 맞추어 이 책을 增補하기로 하고, 일단 現行憲法上의 統治機能과 統治機關을 주로 다룬 맨 마지막 장(15.)을 빼고 우선 여기 있는 모습대로 出版하기로 결심했었다. 하지만 이 책의 組版이 진행되는 동안 改憲의 기대가 허망하게 무너지고 著者로서

는 出版與否를 결정하지 않으면 아니 되는 딜레마에 빠지게 되었다. 이 책이 나오
기를 고대하는 讀者들을 더 이상 기다리게 할 수도 없고, 또 그렇다고 책의 성격을
갑자기 바꿀 수도 없다는 判斷 아래, 처음 계획했던 대로 책을 먼저 내 놓기로 결
정했다. 다만 이 책에서 빠진 부분은 적당한 시기에 增補하겠다는 점을 분명히 밝
혀 둔다.

　　이 책이 나오기까지 많은 사람들의 도움을 받았다. 西獨의 恩師님과 여러 同
僚敎授들(Lerche, Schmitt Glaeser, Isensee, Zacher, Badura, Häberle)의 人間愛에 넘친
물심양면의 지원이 없었던들 오늘의 이 조그마한 결실은 불가능했다. 李憓衍 조교
와 西獨留學을 앞둔 姜泰壽 法學碩士는 많은 시간을 들여 校正을 돕고 索引作成
을 도맡아 주었다. 고마움을 느끼면서 두 사람의 學問的 成長을 기대한다.

　　博英社 安洹玉 회장님과 安鍾萬 사장님의 꾸준한 격려도 저자에게는 큰 힘이
되었으며, 李明載 상무님의 끈기와 기동성, 그리고 鮮于泰鎬 과장님의 전문성과
자상함도 이 책의 밑거름이 되었다. 어려운 원고를 손쉽게 조판해 준 民衆印刷公社
의 여러분에게도 경의를 표한다.

1987년 5월
역삼동 집뜰에서
著者 Y.H.

차   례

제 1 편   헌법원리론
제 1 장   헌법이란 무엇인가?

제 2 장   헌법의 성립 및 제정과 개정

제 3 장　헌법해석의 문제

제 4 장　헌법의 보호

제 2 편   국가기능론
제 5 장   국가의 본질

제 6 장 국가와 사회

제 7 장 국가형태

제 8 장 현대국가의 구조적 원리

제 3 편   현대국가의 통치질서론
제 9 장   기본권과 통치질서

제10장 통치구조의 본질과 기능

제11장 통치를 위한 기관의 구성원리

제1편

헌법원리론

제1장   헌법이란 무엇인가?

제1절 헌법의 본질

1. 헌법의 좌표

헌법은 한 나라의 통치질서(Herrschaftsordnung)에 관한 국내법이다. 한 나라가 어떠한 정치형태를 가지고 누구에 의해서 어떻게 다스려지느냐의 문제를 비롯해서, 국민이 어떠한 형식으로 그와 같은 다스림의 절차에 참여할 수 있는가를 규정하는 것이 헌법의 과제이다.

> 1
> 헌법의 과제

헌법은 국가의 통치질서를 정하는 법이기 때문에 국민 상호간의 생활관계를 규정하는 사법과 달라서 공법에 속한다. 국제법도 공법에 속하지만 국가 상호간의 관계를 그 규정대상으로 하기 때문에 국내법인 헌법과는 구별된다. 또 형사법도 공법에 속하지만, 그것은 일단 마련된 통치질서 내에서의 치안질서의 유지를 주목적으로 한다는 점에서 통치질서 그 자체에 관한 헌법과 다르다. 행정법은 국가의 행정작용과 행정조직을 규제대상으로 하는 행정질서에 관한 법이기 때문에 마땅히 국내공법에 속하고 통치질서에 관한 헌법과는 가장 가까운 관계에 있다.

> 2
> 통치질서에
> 관한
> 국내공법

대륙법계통의 법률문화에 따르는 많은 나라에서 아직도 헌법과 행정법을 통칭하는 개념으로 '국가법'(Staatsrecht)[1]이라는 법률용어를

> 3
> 국가법

---

1) 로마법의 전통에 따르면 처음에는 모든 공법(öffentliches Recht)을 국가법(Staats-recht)이라고 불렀다. 국가와 사(私)개인의 구별만을 알던 로마법으로서는 당연한 논리의 귀결이다. 이 로마법의 전통을 받아들인 대륙법계통의 나라, 특히 독일에서는 20세기 초반기까지도 국가법의 개념에 행정법과 형법은 물론 교회법, 국제법 심지어 민사 및 형사소송법까지도 포함시켰었다. 비로소 바이마르공화국에 와서야 R. Thoma에 의해서 헌법과 행정법만을 포함하는 현대적인 국가법의 개념으로 발전되었다. 바이마르공화국의 이 같은 법률개념에 의하면 행정법을 제외한 헌법만을 가리킬 때는 '좁은 의미의 국가법'(Staatsrecht im engeren Sinn)이라고 말하는 것이 관례였다.

Vgl. *Stistzing–Landberg*, Geschichte der deutschen Rechtswissenschaft, Abt. 1, 1880, S. 667, Abt. 2, S. 49; *R. Hoke*, Der Staat 15(1976), S. 211ff.; *G. Meyer– G. Anschütz*, Staatsrecht, 7. Aufl.(1917), S. 57; *G. Jellinek*, Allgemeine Staatslehre, S. 383ff.; *R. Thoma*, HdbDStR Bd. 1, S. 1; *K. Stern*, Das Staatsrecht der Bundesrepublik Deutschland, Bd. 1(1977), S. 6ff.

헌법과
행정법

자주 사용하고 있는 것도 그 때문이다.[2] 하지만 행정법은 현실적이고 구체적인 행정사례를 처리하기 위한 이른바 기술법적인 성격을 가지는 데 반해서, 헌법은 유동하는 현재와 미래의 정치현상을 다스리기 위한 이른바 추상적이고 이념법적인 성격을 띠게 되는 점이 서로 다르다. 개개의 구체적이고 실제적인 상황에 즈음해서 헌법의 해석이 특히 문제되고 헌법의 해석방법에 관해서 많은 학설의 대립을 보이고 있는 것도 바로 헌법의 추상적이고 이념법적인 성격과 밀접한 관계가 있다. 아무튼 헌법과 행정법이 함께 국가법에 속한다고 하더라도 헌법이 역시 국가법의 중심적인 영역을 차지하는 것은 의심의 여지가 없다. 하지만 헌법부속법령을 비롯한 행정법규가 국가법의 연구 대상으로 경시될 수 없는 것도 또한 명백하다.

4
법질서의
기초

헌법은 또 수직적인 측면에서도 국내의 다른 모든 법질서와 구별되는 특성을 가지고 있다. 즉 헌법은 한 나라 법질서의 바탕이 되는 것이기 때문에 어떤 법규정의 효력에 의문이 생기는 경우에는 이를 최종적으로 판단할 수 있는 판단기준의 기능을 발휘하게 된다. 법령의 위헌심사제도[3]를 비롯한 여러 가지 헌법보호의 문제가 논의되는 것도 그 때문이다.[4] 헌법개정의 절차를 일반법률의 개정절차보다 까다롭게 정하는 것도 헌법보호의 한 수단이라고 볼 수 있다.

2. 헌법적 효력의 근거(헌법효력론)

5
우선적 효력

헌법이 왜 한 나라 법질서의 바탕이 되고 다른 법률보다 우선하는 효력을 가지게 되느냐의 문제와 관련해서 헤아릴 수 없이 많은 학설이

---

2) '좁은 의미의 국가법'을 형식적 의미의 헌법(formelles Verfassungsrecht), '넓은 의미의 국가법'을 실질적 의미의 헌법(materielles Verfassungsrecht)이라고 부르는 사람도 있다. 예컨대, *E. Stein*, Staatsrecht, 5. Aufl.(1976), S. 1.

3) 법령의 위헌심사제도는 지금까지 주로 국민의 권리보호의 측면에서 논의되었지만, 역시 헌법보호의 관점에서도 중요한 의미를 갖는다는 점을 상기할 필요가 있다.

4) '헌법보호'(Verfassungsschutz)의 문제와 '헌법의 보호자'(Hüter der Verfassung)의 문제는 구별할 필요가 있다. 전자는 헌법보호를 제도적인 측면에서 관찰한 것이고 후자는 헌법의 보호를 맡는 주체의 기능적인 측면에서 관찰한 개념이다. 헌법이 우선 제도적으로 보호될 필요성이 인정되고 전제된 연후에야, 누가 헌법보호의 기능을 가장 효과적으로 수행할 수 있느냐의 문제, 즉 '헌법수호자' 내지 '헌법보호자'의 문제가 제기되기 때문이다. '헌법보호자'의 이론을 최초로 체계있게 정리한 학자는 C. Schmitt이다. Vgl. Der Hüter der Verfassung, Tübingen 1931.

나와 있지만 그 중에서도 대표적인 세 가지 관점을 살펴볼 필요가 있다.[5] 규범주의적 헌법관·결단주의적 헌법관·통합과정론적 헌법관이 그것이다.

(1) 규범주의(Normativismus)적 헌법관

규범주의적 헌법관에 따르면 헌법은 한 나라의 권력구조는 물론 국민의 기본권을 장기적인 안목에서 규정하는 국가의 기본질서 (Grundordnung)를 뜻하기 때문에 다른 법률처럼 함부로 고칠 수 없는 이른바 최고의 규범(Norm)내지 정적(etwas Ruhendes)인 것이라고 한다.[6] 헌법을 이처럼 '국가의 법적인 기본질서'라고 이해하는 규범주의적 헌법이론에 따르면 헌법의 우선적 효력이나 최고법성은 '헌법이 국가의 기본질서'라는 헌법규범의 '내재적 이론'(immanente Logik)으로부터 나오는 당연한 결론이라고 한다. 이 규범주의적 헌법관에 따르면 헌법의 문제는 어디까지나 헌법규범 내에서 해결할 문제이지 규범을 떠난 역사적·사회적·문화적·정치적 상황은 헌법의 문제와는 완전히 단절시켜야 되는 별개의 영역에 속하게 된다.

헌법을 이처럼 '국가의 법적인 기본질서'(Verfassung als rechtliche Grundordnung des Staates)라고 이해하는 규범주의적 헌법이론은 크라베 (H. Krabbe)의 법주권론(Lehre von der Rechtssouveränität)[7]이나 켈즌(H. Kelsen)의 규범논리주의(Normlogismus) 내지 순수법학이론(Reine Rechts-lehre)[8]을 그 논리의 바탕으로 하되, 다만 이를 현대적인 감각에 맞도록 그 논증방법을 새롭게 한 것이라고 볼 수 있다.

'법의 주권'(Souveränität des Rechts)과 '국가의 주권'(Souveränität des Staates)을 동일시하면서 국가의 통치기능을 다름 아닌 법의 통치기능이라고 주장하고, 국가의 통치현상을 오로지 '규범의 통치'(Herr-

6
규범내재적
논리

7
규범논리
주의

8
법주권론

---

5) 아래의 논술부분에 대한 상세한 점은 저자의 독문원서 Probleme der konkreten Normenkontrolle, Berlin 1971, S. 29ff.를 참고로 해 주기 바람.

6) 이 입장의 대표적 인물로 스위스 공법학자 W. Kägi를 들 수 있다.
   Vgl. Die Verfassung als rechtliche Grundordnung des Staates, 1945, Züricher jur. Diss. S. 40ff.

7) Vgl. *Hugo Krabbe*, Die moderne Staatsidee, Haag 1919; *derselbe*, Kritische Darstellung der Staatslehre, Haag 1930.

8) Vgl. *Hans Kelsen*, Hauptprobleme der Staatsrechtslehre, Tübingen 1923; *derselbe*, Allgemeine Staatslehre, Nachdruck der 1. Aufl.(1925), Berlin 1966; *derselbe*, Reine Rechtslehre, 2. Aufl., Wien 1960.

schaft von Normen) 방식으로만 설명하려는 법주권론은[9] 입헌주의의 초
기에 전제군주의 전단을 막기 위해서 실정헌법의 의미를 지나치게 강
조할 수밖에 없었다는 역사적 의의를 도외시한다면, 현대적인 헌법이
론으로서는 수긍될 수 없다고 하겠다.

9
순수법학
이론

또 '법질서'(Rechtsordnung) 그 자체를 즉 '국가'(Staat)라고 이해하
면서[10] '법질서'는 헌법을 정점으로 하는 '규범의 계층구조'(Nor-
menhierarchie)[11]로 이루어졌기 때문에 헌법이야말로 '규범 중의 규범'
(Norm der Normen)[12] 내지 '근본규범'(Grundnorm)[13]으로서 더 이상의
합법화를 요하지 않는 이른바 주권적[14]인 것이라고 주장하는 순수법학
이론도 쉽사리 납득할 수 없는 논리상의 모순을 간직하고 있다. 즉 순
수법학이론은 헌법이 우선적인 효력을 갖는 이유로서 규범의 계층구조
와 규범피라밋의 정점을 차지하고 있는 헌법의 주권성을 내세우고 있
지만, '법과 국가는 동일하다. 법은 피라밋식으로 짜여져 있다. 법피라
밋의 꼭대기에 헌법이 있다. 따라서 헌법은 주권적이다'라는 식의 논리
는 결국 논증방법을 달리했을 뿐 H. Krabbe의 법주권론과 동일한 결
론에 이를 뿐이고, '왜 법이나 헌법이 주권적인 것이 되느냐?'라는 문제
의 핵심에 관해서는 대답하는 바가 없다. 순수법학이론은 헌법의 최고법
성을 오히려 당연한 것으로 전제하고 있다고 볼 수밖에 없다.[15]

10
규범주의의
내용

법주권론이나 순수법학이론을 현대화시킨 규범주의적 헌법관은
'법의 주권'을 내세우지도 않고 또 '법'과 '국가'를 구별하는 입장에 서
있다는 점에서는 이들 고전적인 학설과 다르다고 할 수 있으나, 헌법
을 '국가의 법적인 기본질서'(Verfassung als rechtliche Grundordnung des

9) Vgl. *H. Krabbe*, Die moderne Staatsidee(FN 7), S. 2, 9 und 39ff.

10) Vgl. *H. Kelsen*, Allgemeine Staatslehre(FN 8), S. 16f.

11) Vgl. *H. Kelsen*(FN 10), S. 250.

12) Vgl. *H. Kelsen*, Hauptprobleme(FN 8), S. XV m. w. Nachw.

13) Vgl. *H. Kelsen*(FN 12) S. XV m. w. Nachw.

14) Vgl. *H. Kelsen*(FN 12) S. XIV; auch *derselbe*(FN 10), S. 16f, 102ff.(104), 233ff.
   u. 248ff.

15) H. Kelsen의 헌법관을 비판하는 문헌 중에서 특히 다음 문헌을 참고해 주기 바람.
   H. Nawiasky, Allgemeine Rechtslehre als System der rechtlichen Grund-
   begriffe, 2. Aufl., Zürich 1948, z. B. S. 35; *H. Krüger*, Allgemeine Staatslehre,
   2. Aufl.(1966), insbes. S. 135f.; *R. Smend*, Verfassung und Verfassungsrecht, in:
   Staatsrechtliche Abhandlungen und andere Aufsätze von R. Smend, 2. Aufl.
   (1968), S. 119ff.; *C. Schmitt*, Verfassungslehre, 5. Aufl.(1970), S. 7ff.; *derselbe*
   (FN 4), S. 39ff.

Staates)라고 이해하면서 '헌법의 규범성'을 지나치게 강조하는 점에서는 아직도 고전적 이론의 잔재를 풍겨주고 있다. 즉, 규범주의적 헌법이론에 의하면 헌법이 일단 제정된 이후에는 헌법제정자의 의사에 의해서도 함부로 좌우될 수 없도록 헌법규범 자체에 일종의 독특한 '경직성'이 발생하는 것이라고 한다. 따라서 헌법규범 특유의 이 '경직성'이야말로 바로 헌법규범이 다른 법률보다 우선하는 효력을 가지는 근거가 되는 것이라고 한다. 하지만, 이 규범주의적 헌법관은 헌법이 왜 '국가의 법적인 기본질서'가 되는 것인지를 설명했다고 하기보다는 이를 오히려 당연한 전제로 하고 있을 뿐 아니라, 헌법의 '규범성'이나 '경직성'에서 헌법의 우선적 효력을 이끌어 내려고 시도함으로써, 불문헌법(ungeschriebene Verfassung)[16]이나 연성헌법(biegsame Verfassung)[17]의 헌법적 효력을 설명하는 데 어려움을 던져 주고 있다.

(2) 결단주의(Dezisionismus)적 헌법관

결단주의적 헌법관은 헌법의 생성적 측면이나 헌법제정자의 의지를 완전히 도외시한 채 실정헌법의 규범성이나 경직성만을 일방적으로 강조하는 규범주의적 헌법관을 배척하면서 헌법의 '정적인 면'보다는 그 '동적인 면'을 강조하려고 한다. 헌법의 헌법으로서의 의미는 헌법이 '경직한 규범'이라는 데 있는 것이 아니라, 헌법이 한 국민공동체의 정치적 생활방식에 대한 '정치적인 결단'(politische Entscheidung)을 뜻하기 때문이라고 한다.

칼 슈미트(Carl Schmitt)에 의해서 정립된 이 결단주의는 헌법제정권자가 국민공동체의 정치적 생활방식에 대해서 내린 '정치적인 결단'이 바로 헌법이라고 보기 때문에[18] 이 '정치적인 결단'에 의해서 형성

11
정치적인
결단

12
칼 슈미트의
논리

---

16) 대다수 현대국가는 헌법을 헌법전의 형식으로 성문화함으로써 '성문헌법'을 가지는 것이 보통이지만, 영국처럼 전통적으로 헌법전을 가지지 않고 이른바 '불문헌법'에 의해서 헌정생활이 다스려지는 나라도 있기 때문이다. New Zealand도 마찬가지다.
   영국의 헌정생활에 관해서는 다음 문헌을 참조하기 바람.
   K. Loewenstein, Staatsrecht und Staatspraxis von Großbritannien, 2 Bde, Berlin 1967.

17) 헌법개정을 일반법률의 개정절차보다 까다롭게 정하고 있는 헌법을 이른바 '경성헌법'이라고 한다. 현대 대다수 국가의 헌법은 경성헌법임이 사실이다. 하지만 헌법개정과 일반법률의 개정에 하등의 절차상의 차별을 하지 않는 이른바 '연성헌법'을 가지는 나라가 아직도 있다는 것을 주의할 필요가 있다. 영국이 그 대표적인 예이다.

18) Vgl. *C. Schmitt*(FN 15), S. 23; ferner, Das Reichsgericht als Hüter der Verfassung, in: Verfassungsrechtliche Aufsätze, S. 69f.

된 한 국가조직의 법정립작용은 마땅히 이 '정치적인 결단'을 근거로
할 뿐 아니라 그것은 또한 이 '정치적인 결단'의 테두리 안에서만 가능
한 것이라고 한다.[19] 또 결단주의에 따르면 헌법제정권자는 그가 내리
는 '정치적인 결단'에 의해서 한 국가가 존립하기 위한 구체적인 정치
형태를 확정하려는 그의 의지를 표명한 것이기 때문에, 헌법은 결국
헌법제정권자의 이 '의지'에 그 우선적 효력의 근거를 두는 것이라고
한다.[20] 따라서 '국민'이 헌법제정권을 가지고 '정치적인 결단'을 내린
경우에는 '국민의 의지'(Der Wille des Volks)가 바로 헌법이 헌법적인
효력을 가지는 근거가 되는 것이라고 한다.[21]

13

**헌법제정권
력과 헌법의
정당성**

　　C. Schmitt의 결단주의는 헌법의 효력을 인간의 의지와는 동떨어
진 '헌법규범' 속에서만 찾으려 하지 않고 헌법제정권자의 의지와 밀접
히 결부시키고 있기 때문에, 헌법의 효력과 관련된 헌법의 정당성[22] 문
제를 또한 중요시하게 된다. C. Schmitt의 정당성이론에 따르면 헌법
제정권자의 정치적 결단을 위한 의지야말로 헌법이 효력을 가지는 근
거가 될 뿐 아니라 동시에 헌법의 정당성의 근거가 되는 것이라고 한
다.[23] 이처럼 헌법제정권력과 헌법의 정당성을 동일한 것으로 이해하
는[24] C. Schmitt에게는 헌법이 정당성을 가지느냐의 문제는 어디까지
나 헌법제정권자의 의지에 따라서 답할 수 있는 문제[25]이기 때문에 헌
법제정권자의 새로운 정치적인 결단에 의해서 새로 제정된 헌법이 이
헌법제정 전에 효력을 가졌던 구헌법의 관점에서 합헌적이 아니라 할
지라도 새 헌법의 정당성에는 아무런 영향이 없다고 한다. 새로운 정
치적 결단을 의미하는 새 헌법이 왜 구태여 구헌법에 예속되고 그에
의존될 필요가 있겠는가고 그는 반문한다.[26] 새로운 정치적 결단으로

---

19) Vgl. *C. Schmitt*(FN 15), S. 24.
20) Vgl. *C. Schmitt*(FN 15), S. 22: "Die Verfassung gilt kraft des existierenden politischen Willens desjenigen, der sie gibt."
21) Vgl. *C. Schmitt*(FN 15), S. 76.
22) Vgl. (FN 15), S. 87ff.
23) Vgl. (FN 15), S. 90.
24) Vgl. (FN 15), S. 88: "Die Legitimität der Weimarer Verfassung beruht auf der verfassungsgebenden Gewalt des deutschen Volkes."
25) Vgl. (FN 15), S. 90: "Eine Norm kann sich nicht an sich selber legitimieren; ihre Geltung und Legitimation beruhen auf dem existenziellen Willen dessen, der sie erläßt."
26) Vgl. (FN 15), S. 88f.

서의 새 헌법을 굳이 구헌법의 안목으로 평가하려는 것은 규범주의적 이론에 입각한 이론의 장난에 불과하다고 한다.[27] 이처럼 헌법제정권자의 정치적인 '결단'(Entscheidung)을 강조한 나머지, 이 '결단'이 이루어지는 순간에 효력을 가지고 있던 또 다른 '결단'으로서의 구헌법과의 '조화'나 '일치'의 문제를 완전히 떠나서 오로지 새로운 '결단' 그 자체에 새 헌법의 정당성을 인정하려는 곳에 바로 결단주의의 결단주의적인 참뜻이 담겨 있다. 하지만, 헌법제정권을 군주가 행사하건 또는 국민이 가지게 되든[28] 헌법제정권자의 정치적인 결단이야말로 헌법규범의 모든 것을 정당화시킨다고 보는 이 결단주의적 정당성이론은 한편 정치적으로 악용될 위험성을 간직하고 있다는 점도 간과해서는 아니 되겠다.[29] C. Schmitt의 결단주의적 헌법이론이 히틀러(Hitler) 정권에 의해서 악용되고 이태리의 뭇소리니(Mussolini) 팟쇼 정권의 이론적인 근거가 되었을 뿐 아니라 오늘날에도 많은 신생독재정권의 헌법론적 바탕이 되고 있는 것도 그 때문이다.

정당성
논리의
역기능

결단주의적 헌법이론의 또 하나의 특징은 '헌법'(Verfassung)과 '헌법률'(Verfassungsgesetz)을 구별하고 있다는 점이다. 즉, 헌법이 헌법제정권자의 정치적인 결단을 뜻하는 경우에도, 이 '정치적인 결단'은 엄밀한 의미에서는 질적으로 상이한 두 가지의 '결단'을 내포하고 있다고 한다. 국가조직의 핵심적인 문제에 관한 '근본적인 결단'(fundamentale Grundentscheidung)과 주변 문제에 관한 '기타의 결단'(sonstige Entscheidung)이 바로 그것이다.[30]

14
헌법과
헌법률

군주국·공화국 등의 국가형태(Staatsform)에 관한 결단(Entscheidung)이나 의회민주주의, 대통령책임제 등 정부형태에 관한 결단은 전자에 속하고, 선거절차·입법절차·입법방침 등에 관한 결단은 후

15
근본적
결단과

27) Vgl. (FN 15), S. 89.
28) *C. Schmitt*(FN 15), S. 88,는 헌법제정권을 군주나 귀족이 행사하느냐 아니면 국민이 가지느냐에 따라서 헌법의 '군주적 정당성'(dynastische Legitimität)과 '민주적 정당성'(demokratische Legitimität)을 구별하고 있다. 군주에 의해서 제정된 이른바 흠정헌법의 정당성은 군주의 권위(Autorität)에 기하고, 국민이 제정한 이른바 민정헌법의 정당성은 국민의 결단적 의지에서 나온다고 한다.
29) C. Schmitt의 Legitimität이론에 관해서 관심이 있는 사람은 다음 문헌을 참고로 해주기 바람. *Hasso Hofmann*, Legitimität gegen Legalität-Der Weg der politischen Philosophie Carl Schmitts, 1964.
30) Vgl. *C. Schmitt*(FN 15), S. 11f. u. 15.

기타의 결단   자에 속한다고 한다. 국가존립의 핵심에 관한 '근본적인 결단'은 헌법 제정권자에 의해서 내려진 궁극적인 결단을[31] 뜻하기 때문에 이를 함부로 다칠 수 없는 것임에 반해서, '기타의 결단'은 이를테면 결단의 과정에서 야기되는 다양한 이해관계의 조정을 일단 뒤로 미루어 놓은 이른바 '유예적 형식상의 절충'(dilatorische Formel-Kompromisse)[32]에 불과한 것이기 때문에, 그에 대한 궁극적인 결정은 결국 헌정의 과정에서 정치적으로 해결할 수밖에 없다고 한다.[33] C. Schmitt가 헌법의 정적인 면보다는 정치적이고 동적인 측면을 강조하는 이유가 바로 여기에 있다. 요컨대 C. Schmitt의 용어에 따르면 국가존립의 핵심에 관한 '근본적인 결단'은 헌법(Verfassung)이지만, '기타의 결단'은 헌법률(Verfassungsgesetz)에 지나지 않게 된다.[34] '헌법'의 효력이나 정당성의 근거는 이미 말한 바와 같이 헌법제정권자의 결단적인 의지에서 찾을 수 있지만 '헌법률'의 효력이나 정당성은 '헌법'에 근거하게 된다고 한다.[35] C. Schmitt는 이처럼 '헌법'의 절대불가침성을 강조하

헌법제정 권력과 헌법개정 권력   고 '헌법률'의 가변성(Flexibilität)을 긍정함으로써 '헌법제정권력'(verfassunggebende Gewalt, pouvoir constituant)과 '헌법개정권력'(verfassungsändernde Gewalt, pouvoir constitué)[36]을 구별하는 그의 이론적 바탕을 마련하고 있다. 즉 헌법개정권력에 의해서 개정될 수 있는 것은 '헌법률'에 한하고 '근본적인 결단'을 뜻하는 '헌법'은 헌법개정권력에 의해서 침해될 수 없는 것이라고 한다. 바로 이곳에 결단주의적 헌법이론

헌법개정의 한계   이 헌법개정의 한계를 강조하는 이유가 있다. 헌법개정에는 이처럼 엄연한 한계가 있음에도 불구하고 헌법개정권력이 헌법개정의 절차에 따라 '근본적인 결단'을 뜻하는 국가형태나 정부형태에 관한 헌법규정을 다치는 경우에는 그것은 헌법개정의 한계를 넘어선 이른바 '혁

---

31) *C. Schmitt*(FN 15), S. 31,의 말을 빌리면 그것은 "echte Entscheidungen der prinzipiellen Fragen"이다.

32) *C. Schmitt*(FN 15), S. 32. *C. Schmitt*(FN 15), S. 31,는 이 결단을 "unechte Kompromisse" 또는 "Scheinkompromisse"라는 말로도 표현한다.

33) Vgl. *C. Schmitt*(FN 15), S. 31f.

34) Vgl. *C. Schmitt*(FN 15), S. 76.

35) Vgl. *C. Schmitt*(FN 15), S. 75ff.

36) 이 구별은 시원적으로는 1788년에 발표된 Abbé Sieyès의 제 3 신분계급에 관한 논문에서 비롯된다. Vgl. *P. Badura*, Art. "Verfassung", in: EvStL, 2. Aufl.(1975), Sp. 2708(2713).

명'[37]을 뜻하게 되고, '합법성'과 '정당성'의 대립이라는 또 하나의 헌법이론적 문제를 던져 주게 된다고 한다.[38]

규범주의적 헌법이론이 헌법의 규범성을 지나치게 내세우는 데 반해서 결단주의적 헌법이론은 반대로 헌법제정권자의 의지를 중요시한 나머지 헌법의 규범성을 지나치게 경시하는 데 그 문제점이 있다. 헤르만 헬러(Hermann Heller)도, C. Schmitt가 일체의 규범성을 헌법에서 배제하려고 하는 점을 비판하고 있다.[39] 헌법제정권자의 단순한 '의지'(Wille) 그 자체는 아무런 구속력이 없는 것이고 다만 그 의지가 규범의 형태로 정립된 경우에 비로소 헌법으로서의 구속력을 가지는 것이라고 한다. 즉 헌법이 헌법으로서의 효력을 가지는 이유는 헌법제정권자가 어떤 '의지'를 가졌기 때문이 아니라 그 의지가 객관적으로 규범화되어서 '규범화된 의지'(normgeformter Wille)로 나타나기 때문이라고 한다.[40] H. Heller가 정치적 결단으로서의 헌법을 '규범화된 상태'(normgeformtes Sein)[41]라고 보는 이유도 여기에 있다. H. Heller에 의

합법성과
정당성

16
헤르만
헬러의 비판

---

37) '근본적인 결단' 그 자체는 혁명에 의해서만 폐기가 가능하고 또 하나의 다른 '근본적인 결단'에 의해서만 대치될 수 있다고 보기 때문에, 이 이론에 따르면 합법적인 방법으로 군주국에서 공화국으로 또는 민주주의에서 독재주의로 옮겨 가는 것이 불가능하게 된다.

38) '불법적인 합법'(unrechtes Recht)이란 말도 '합법성'(Legalität)과 '정당성'(Legitimität)의 갈등을 시사하고 있는 법률개념으로서, '합법성'은 인정되지만, '정당성'은 인정할 수 없는 경우를 뜻하게 된다. '합법성'과 '정당성'의 갈등은 언제나 '정당성상위의 원칙'에 의해서 해결해야 된다고 하는 것이 통설이다. 그렇지 않은 경우에는 '합법성'의 미명 아래 법감정이나 정의감정에 반하는 무슨 일이든지 할 수 있다는 모순에 빠지게 되기 때문이다. '합법성'과 '정당성'의 상호관계에 관해서는 다음 문헌을 참조해 주기 바람.

C. Schmitt, Legalität und Legitimität, in: Verfassungsrechtliche Aufsätze, 1958, S. 263ff.; derselbe, Das Problem der Legalität, in: ebenda, S. 440ff.; J. Winckelmann, Die verfassungsrechtliche Unterscheidung von Legitimität und Legalität, ZgS 112(1956). S. 164ff.; derselbe, Legitimität und Legalität in Max Webers Herrschaftssoziologie, 1952; H. Hofmann(FN 29); Th. Würtenberger, Die Legalität, FS f. R. Laun(1953), S. 607ff.; Th. Würtenberger, jun., Die Legitimität staatlicher Herrschaft, 1973.

39) Vgl. H. Heller, Staatslehre, 4. Aufl.(1970), S. 259, auch 253, 264f. u. 276ff.

40) Vgl. H. Heller(FN 39), S. 250, 253, 265 u. 277.

41) Vgl. H. Heller(FN 39), S. 250 u. 253. "Normgeformtes Sein"이라는 Heller의 개념을 그 내용에 입각해서 번역하는 경우에는 '규범에 의해서 형식(틀)이 잡혀진 상태'가 된다. 즉, 틀이 잡혀지지 않고 무질서한 헌법 이전의 상태를 틀이 잡힌 상태로 만드는 것이 헌법규범이라고 한다.

하면 국민이 일정한 구심점이 없이 단순히 잡다한 군중의 상태[42]에 있는 한 도대체 규범화시킬 수 있는 의지를 가졌다고 보기 어렵기 때문에 헌법제정권력의 주체로 인정할 수 없는 것이고, '고삐가 풀린 군중'이 일단 어떤 구심점을 찾아서 전체의 정치적 운명을 결정하려는 의지(Wille)와 힘(Macht)과 권위(Autorität)를 일정한 조직의 형태로 정비하고 질서와 전열을 갖춘 '정돈된 국민'(genormtes Volk)의 형태로 나타나는 경우에[43] 비로소 주권적인 헌법제정권력을 행사할 수 있게 된다고 한다.[44]

17

헬러와 슈미트의 비교

H. Heller가 이처럼 사회현실적 측면을 헌법관의 기초로 하고 있는 점은 분명히 C. Schmitt에서는 볼 수 없는 새로운 점이다. 헬러의 헌법관이 때때로 사회현실적 헌법이론(auf die soziale Wirklichkeit bezogene Verfassungslehre)으로 불려지는 이유도 그 때문이다. 하지만 H. Heller도 C. Schmitt처럼 헌법제정권력에 의해서 내려진 '결단'(Dezision)을 그의 이론적인 출발점으로 하고 있을 뿐 아니라 주권적인 헌법제정권력을 인정하고 있기 때문에 C. Schmitt의 결단주의적 헌법이론과 본질적인 차이는 없다고 볼 수 있다. 다만 C. Schmitt가 '국민 그 자체'(Volk als solches)를 헌법제정권력으로 보는 데 반해서 H. Heller는 일단 질서와 전열을 갖춘 말하자면 '정돈된 국민'(genormtes Volk)만을 헌법제정권력이라고 보는 점이 다를 뿐이다. 헌법제정권력을 이해하는 데 있어서의 이 같은 다소의 뉴앙스를 도외시한다면, C. Schmitt나 H. Heller가 '국민'을 헌법제정권력으로 이해하고 따라서 헌법의 우선적 효력의 원천이 '국민'에 있다고 보는 점에서는 대동소이하다.

18

결단주의의 문제점

결단주의적 헌법관은 헌법의 정당성을 그 이론적인 중핵으로 삼은 나머지 헌법의 우선적 효력을 국민주권의 이론[45]으로 설명하려고

---

42) *H. Heller*(FN 39), S. 278,는 'normloses Volk'라는 개념을 사용하고 있다.

43) *H. Heller*(FN 39)의 용어를 빌리면 그것은 즉 'genormtes Volk'를 뜻한다. '군중'(Menge, Masse)과 '국민'(Volk)의 헌법학적 차이는 *H. Krüger*(FN 15), S. 247ff., 에 의해서도 지적되고 있다.

44) Vgl. *H. Heller*(FN 39), S. 244.

45) 오늘날에 와서는 민주주의국가에서뿐만 아니라 독재 내지 전체주의국가에서도 정당성의 근거로 국민주권이론을 인용하고 있기 때문에, 국민주권이론은 이미 그 본래의 의미를 상실한 지가 오래다.

노력하는 점은 긍정적으로 받아들일 수 있고 또 정치적인 공황시기나 위기정부의 헌법이론으로서는 그 이론적인 타당성을 부인할 수 없다. 하지만 혁명이나 국내정세의 격동기에 새로 만들어지는 헌법이 과연 아무런 선재조건의 제약도 받지 않는 명실공히 '결단'이라고 할 수 있겠는가의 점에 대해서는 의문의 여지가 있다. 즉 '결단'의 기본적인 내용이 대개의 경우 선재조건에 의해서 이미 '결정'되어져 있는 경우를 흔히 볼 수 있기 때문이다. 따라서 극단적으로 말한다면 결단주의적 헌법관의 핵심을 이루는 '결단'이라는 것은 결국 헌법생성 당시의 선재조건에 의해서 이미 '결정'되어진 사실을 '확인결정'하는 데 지나지 않는다고 볼 수도 있다. 예를 들어서 1919년의 바이마르공화국이나 1949년의 서독의 새 헌법은 그 당시의 정치적인 상황 때문에 최소한 민주주의 · 법치주의 그리고 연방주의적 요소를 헌법에 받아들이지 않으면 아니될 정도로 선재조건에 의한 사실상의 기속을 받은 바 있었고, 또 1960년 우리나라 제 2 공화국의 헌법(이른바 민주당헌법)도 공화정이나 민주주의를 포기할 수 없는 선재조건의 사실상의 제약 밑에서 성립되었던 것도 주지의 사실이다.

'결단'의 성격

결단주의적 헌법관의 또하나의 문제점은 헌법을 지나치게 찰나적인 것으로 이해하려는 점이다. 결단주의적 헌법관이 헌법을 정치적인 결단으로 이해하고 한번 내려진 이른바 '근본적인 결단'은 불변한 것으로 파악하는 경우에는 루돌프 스멘트(Rudolf Smend)가 적절히 지적한 바와 같이[46] '결단'의 결과만을 문제로 삼고 있지 그 결단이 이루어지는 복합적인 과정의 측면은 완전히 고려의 대상에서 제외시키고 있다는 비난을 면할 수 없다. 더구나 사회공동체의 정치적인 자립책을 뜻하는 '결단'은 그것이 한번에 완성되고 종결되는 것이 아니고 부단히 계속되는 것이라고 보는 것이 현실적이기 때문에 찰나적인 한번의 결단만을 문제로 삼는 결단주의적 헌법관은 분명히 측면적 이론의 범주를 벗어날 수 없다고 하겠다. 정태적 헌법관을 탈피하고 동태적 헌법관을 확립한 것은 분명히 결단주의적 이론의 커다란 공적이라고 하겠으나, 동태의 양상을 지나치게 미시적으로 파악함으로써 동태의 거시적인 측면을 소홀히 하고 있다는 점을 지적하지 않을 수 없다. Smend

'결단'의 과정문제

---

46) Vgl. (FN 15), S. 186.

가 헌법을 국가적 통합과정의 법적인 질서(Verfassung als rechtliche Ordnung des staatlichen Integrationsprozesses)[47]라고 주장하면서 그의 통합과정론적 헌법관을 정립하게 된 것도 결코 우연한 일은 아니다.[48]

(3) 통합과정(Integrationsprozeß)론적 헌법관

19

헌법의
동태적 측면
중요시

통합과정론적 헌법관은 헌법의 동태적 측면을 거시적으로 파악하려는 데 그 이론적인 주안점이 있다. 즉 헌법현상을 규범적인 테두리 안에서만 설명하려는 (실정법적) 규범주의 헌법관을 탈피해서 헌법규범의 이면에 흐르고 있는 역사적·사회적·문화적·정치적·이념적 생활현실들을 종합적으로 헌법론적 고찰의 테두리 안에 끌어들이려는 것이다. Smend에 의해서 정립된 이 동화적 통합이론(Integrationslehre)[49] [50]은 규범과 생활현실의 갈등·대립을 있는 그대로 관찰하는 것을 그 이론적인 출발점으로 하기 때문에, 헌법을 규범만의 각도에서 보려는 것이 아니고 거꾸로 생활현실의 측면에서 헌법규범을 살펴려고 한다.

20

사회구성원
의 연대의식

즉, 사회공동체는[51] 다양한 구성분자로 조직되고 따라서 다양한 이해관계를 포용하고 있기 때문에 복합적인 이해관계의 갈등·대립을 그 본질로 하고 있다. 그러나 이처럼 다양한 이해관계의 갈등·대립이 어느 형식으로든지 완화 내지 해소되지 않는 한 사회공동체는 정치적

---

47) Vgl. (FN 46), S. 189.

48) C. Schmitt의 결단주의이론("Verfassungslehre")과 R. Smend의 통합과정론 ("Verfassung und Verfassungsrecht")은 다같이 1928년에 발표되었기 때문에 두 학설이 시기상으로 크게 선후관계에 있는 것은 아니라는 점을 주의할 필요가 있다.

49) R. Smend는 1928년에 "Verfassung und Verfassungsrecht"라는 논문을 통해서 그의 동화적 통합이론(Integrationslehre)을 처음으로 학계에 발표했다. Vgl. (FN 15).

50) "Integration"이라는 말이 내포하고 있는 뜻은 다양하다. 그것은 '통합'이라는 뜻도 물론 가지고 있지만, 외국인을 integrieren한다고 할 때는 '통합'보다는 '동화'의 뜻이 더 강하다. 따라서 "Integration"이라는 말을 우리말로 번역하는 경우에는 '동화적 통합'이라는 말이 가장 정확하다고 할 수 있다. 하지만 편의상 '통합'이라는 말로 약해서 사용하는 경우가 있을 것임을 미리 말해 둔다.

51) '사회공동체'(Gemeinwesen), '정치적인 일원체'(politische Einheit), '국가'(Staat)라는 법률개념은 흔히 동의어로 사용되는 것이 보통이지만, 엄밀한 의미에서는 구별하는 것이 원칙이다. 즉, '사회공동체'는 정치적으로 일원화되지 않은 인간 상호간의 정치적인 존재형식을 뜻하는 데 반해서, '국가'는 '사회공동체'가 정치적으로 일원화되어 일정한 권력단체로 기능하는 존재형식을 뜻하기 때문에 '사회공동체'라는 개념보다 좁은 의미를 가진다. '정치적인 일원체'라는 개념은 말하자면 그 중간적인 존재형식을 뜻하지만, 사회공동체가 일단 조직된 상태를 의미하기 때문에 '국가'라는 개념에 더 가깝다고 볼 수 있다. Vgl. *K. Hesse*, Grundzüge des Verfassungsrechts der Bundesrepublik Deutschland, 11. Aufl.(1978), S. 9.

인 일원체(politische Einheit)로 기능할 수 없게 된다. 따라서 '사회공동체'가 '정치적인 일원체' 내지 '국가'로 승화되기 위해서는 이해관계의 갈등·대립을 완화 내지 조정하는 부단한 노력이 필요하다. 하지만 이해관계의 갈등·대립이 완화 내지 조정되기 위해서는 우선 다양한 이해관계의 주체 상호간에 어떤 '일체감' 내지 '연대의식'(Zusammen-gehörigkeitsgefühl)이 생기지 않으면 아니 된다. 사회공동체의 구성원을 각자의 이해관계를 떠나서 서로 묶어놓는 일체감 내지 연대의식은 말하자면 어떤 공통의 가치관을 전제로 해서만 생길 수 있는 것이기 때문에, 헌법은 결국 이와 같은 일체감 내지 연대의식을 생기게 하고 조장·유지시키는 기능을 가지게 된다고 한다. 즉, 사회공동체가 내포하고 있는 다양한 이해관계, 그 구성원의 행동양식, 그 구성원의 행동목표 등을 일정한 가치세계(Wertwelt)를 바탕으로 한 일체감 내지 연대의식에 의해 하나로 동화·통합시킴으로써 정치적인 일원체 내지 국가를 조직하기 위한 수단(법질서)이 바로 헌법이라고 한다.[52] 따라서 Smend의 세계에서는 국가란 결코 규범주의에서처럼 고정적인 규범조직(normatives System)일 수도 없고 또 '정적인 존재'(etwas Ruhendes)일 수도 없다. 국가란 Smend에 의하면 다양한 이해관계가 일정한 가치세계를 바탕으로 동화·통합되어 가는 과정(Integrationsprozeß)을 뜻하기 때문에 언제나 흐르는 상태(fließender Zustand)에 있다. 이처럼 끊임없이 '흐르는' 동화·통합과정에서 그 원동력이 되는 일체감 내지 연대감의 가치적인 공통분모를 뜻하는 헌법은 마땅히 가치적인 성격을 띠게 되고, 또 동화·통합과정의 진행 경과에 따라서는 일체감 내지 연대의식의 바탕이 되는 가치의 세계도 변형될 수 있는 것이기 때문에 헌법은 또한 개방적이 아니면 아니 된다. 스멘트이론이 때때로 가치론적 헌법관(Wertsystem)[53]으로 또는 개방적인 헌법론(offene Verfassungs-theorie)[54]으로 불려지는 이유도 그 때문이다.

과정으로서의 국가

가치론적 헌법관

---

52) Vgl. (FN 46), insbes. S. 189; auch *derselbe*, Die politische Gewalt im Verfassungsstaat und das Problem der Staatsform, in: Staatsrechtliche Abhandlungen, S. 68ff.(82).

53) 예컨대, *E. Forsthoff*, Die Umbildung des Verfassungsgesetzes, in: FS f. C. Schmitt(1959), S. 35ff.

54) 예컨대, *P. Badura*(FN 36), Sp. 2723; *P. Häberle*, Zeit und Verfassung, in: Verfassung als öffentlicher Prozeß, 1978, S. 59ff.

21

사회통합의
법질서

　　요컨대, 국가를 동화적 통합과정(Integrationsprozeß)이라고 보고, 헌법을 동화적 통합과정의 생활형식 내지 법질서[55])라고 이해하는 스멘트이론은 국가라는 실존현상을 규범주의처럼 규범적 연역법(normative Deduktion)으로 설명하려 하지 않고 사회학적 그리고 정신과학적 방법(soziologische und geisteswissenschaftliche Methode)으로 접근하고 있다는 점이 특이하다. 또 스멘트이론은 국가라는 조직체 내에서 진행되는 모든 생활현상의 율동적이고 변증법적인 실태를 중요시하고 있다는 점에서 존재론적 내지 현상학적 철학사상[56])과도 밀접한 연관성이 있다. 또 헌법은 결코 완성물인 국가의 기능이나 조직에 관한 단순한 조직규범(Organisationsstatut)에 그치는 것이 아니고 항구적인 동화・통합과정을 뜻하는 국가의 생활형식, 내지는 법질서를 의미한다고 보는 스멘트이론은 과정의 측면을 중요시한다는 점에서,[57]) 과정을 도외시한 채 한번의 '결단'이나 '결단의 상태'만을 중요시하는 결단주의이론과도 현저한 차이가 있다. Smend에 있어서는 슈미트적인 결단이 한번에 끝나는 것이 아니고 그것이 무수하게 반복・갱신되는 가운데 동화적 통합이 이루어지는 것이기 때문에 헌법 역시 찰나적 내지 미시적 법질서일 수가 없다. 따라서 동태적인 동화・통합과정을 장기적인 관점에서 규율하는 헌법은 당연히 거시적인 성격을 띠지 않을 수 없다.

22

통합촉진적
인 종합적
헌법해석

　　Smend의 세계에서는 국가란 동화・통합과정을 뜻하고 이 동화・통합과정은 거기에 참여하는 개개인이 어떤 일체감 내지 연대의식을 가질 때만 가능하기 때문에 이 일체감 내지는 연대의식을 지탱하게 하는 가치의 세계(Wertwelt)를 중요시하지 않을 수 없고 헌법도 마땅히 그와 같은 동화・통합과정을 뒷받침하는 그 기능적인 각도에서 보게 된다. 따라서 헌법을 해석하는 경우에도 일체감 내지 연대의식의 조성에 필요한 가치의 세계와 동화・통합의 관점이 중요시되게 된다. 헌법해석에 있어서는 따라서 규범주의에서처럼 지나치게 경직성이나 규범성만을 고집해서도 아니 되고, 결단주의에서처럼 헌법제정권자의 의지

---

55) *R. Smend*(FN 46), S. 189,의 말을 인용하면: "Die Verfassung ist die Rechtsordnung des Staates, nämlich seines Integrationsprozesses."

56) 즉 Theodor Litt, Eduard Spranger 그리고 Karl Jaspers 등에 의해서 대표되는 철학사상이 그것이다.

57) *R. Smend*(FN 46), S. 189,에 따르면: "Die Verfassung ist die gesetzliche Normierung einzelner Seiten des Integrationsprozesses."

적인 측면만을 강조해서도 아니 될 뿐 아니라, 동화·통합의 촉진을 위한[58] 헌법의 기능적인 면이 그 중핵을 이루어야 한다고 한다. Smend 가 헌법의 유연성(탄력성)과 정치적 의미, 헌법의 부분만을 보는 것이 아니고 헌법을 전체적으로 파악하는 종합적 헌법해석(Auslegung der Verfassung als ganzes) 등을[59] 강조하는 이유도 그 때문이다.

동화적 통합이론은 Smend 스스로도 자인하는 바와 같이[60] 여러 갈래의 정치세력의 갈등과 대립 속에서 점점 몰락해 가는 바이마르공화국의 운명을 스스로 체험하면서 바이마르공화국의 시련을 최소한 헌법이론으로 극복해 보려는 역사적인 배경 속에서 탄생된 이론이기 때문에 동화적 통합의 면이 특히 강조되는 것은 이해할 수 있다. Smend 가 국가를 힘(Macht)이나 국가이성(Staatsräson)에 의해서 설명하려는 종래의 법실증주의적 국가관을 비롯하여 국가를 단순히 개인이익을 위한 목적단체로 보는 자유주의적 국가관도 배척하면서, 국가를 동화적 통합과정이라고 보게 된 이유도 바로 그와 같은 역사적 의미를 가지고 있다.

23
스멘트이론의 시대배경

아무튼, 이와 같은 시대적인 배경 속에서 주로 1920년대를 지배하던 순수법학이론에 도전하고 나선 스멘트이론이 마침 H. Kelsen을 위시한 순수법학파[61]의 날카로운 반격을 받게 된 것도 결코 우연한 일은 아니다. 순수법학파의 관점에서 볼 때 Smend의 헌법이론은 규범성을 떠나서 부정확한 개념만으로 일관된 이론일 뿐 아니라, 고정적이어야 할 헌법규범을 내용이 애매한(Unschärfe der Begriffe) 가치의 세계와 결부시킴으로 인해서 헌법규범이 지나치게 유동성을 가지게 된다고 한다.[62]

24
스멘트에 대한 비판

---

58) Vgl. *R. Smend*(FN 46), S. 142ff. Auch *derselbe*, Integrationslehre, in: HDSW 5(1956), S. 299ff.(299f). Smend에 의하면 동화적 통합의 극대화는 '인간적인 통합'(persönliche Integration), '기능적인 통합'(funktionelle Integration) 그리고 '사항적인 통합'(sachliche Integration)이 함께 이루어진 경우에 가능하다고 한다.

59) Vgl. *R. Smend*, Art. "Integrationslehre", in: HDSW 5(1956), S. 299ff.(300); *derselbe*(FN 46), S. 233. Smend의 해석방법은 U. Scheuner의 Gutachten(소견서)을 통해서 독일연방헌법재판소의 판례(BVerfGE 1, 14(15, LS 4))에 영향을 미쳤을 뿐 아니라 스멘트학파에 속하는 *K. Hesse*(FN 51), S. 28f.,의 praktische Konkordanz 해석방법도 여기에 그 이론적인 바탕을 두고 있다.

60) 예컨대, *R. Smend*, Art. "Integrationslehre", in: EvStL, Sp. 1024ff.(1025).

61) 예컨대, *H. Kelsen*, Der Staat als Integration?, Wien 1930.

62) Vgl. *Wackernagel*, Der Wert des Staates, 1934, S. 40ff.; *W. Kägi*(FN 6), S. 142ff.; *D. Schindler*, Verfassungsrecht und soziale Struktur, 2. Aufl.(1944), S.

또 결단주의적 헌법관의 입장에서 볼 때[63] 스멘트이론은 현대적인 의회민주주의국가의 헌법현실을 설명하는 데는 일응 그럴듯한 점도 있지만, 국가를 동화적 통합과정으로 파악한 나머지 국가의 율동적인 면만을 강조하고 일체의 정적인 요소(statische Elemente)를 국가의 본질에서 배제하려 하기 때문에 자칫하면 오히려 통합을 저해하는 방향으로 흐를 가능성이 없지도 않다는 것이다.[64] C. Schmitt의 말을 빌리면 정적인 요소를 완전히 빼버린 국가를 상상할 수 없을 뿐 아니라, 동화적 통합과정이 현대적인 의회민주주의국가에서 주로 입법과정을 통해서 이루어진다고 보더라도 '입법과정'과 '국가'를 결코 동일시할 수는 없다는 것이다.[65] 또, H. Heller에 따르면, 모든 이해관계의 차이를 극복하고 하나로 동화·통합하려는 움직임은 비단 국가조직에서뿐 아니라 모든 조직단체의 생성·존립에 불가결한 요소임에는 틀림없으나, 그렇다고 해서 동화적 통합 그 자체를 국가의 핵심적인 본질이라고 칭할 수는 없다는 것이다.[66] 동화적 통합이론(Integrationslehre)은 결국 모든 조직단체의 본질에 관한 사회학적 설명은 될지언정[67] 국가의 본질이나 헌법의 효력에 관한 법이론으로서는 부적당하다고 한다.

스멘트의
해명

특히 이 점에 대해서 Smend 자신은 다음과 같이 해명하고 있다. 즉 국가적인 동화·통합과 기타 조직단체에서의 동화적 통합은 그 본질이 전혀 다르다는 것이다. 왜냐하면, 국가 이외의 다른 조직단체에 있어서는 그 단체의 생성·존립 자체가 그 단체구성원의 자유의사에 달려 있거나(예컨대, 친목단체, 취미단체 등에서처럼) 아니면 어떤 외부적인 힘(예컨대, 민법의 조합이나 법인에 관한 규정)에 의해서 그 생성·존립이 보장되는 것이지만(예컨대, 사법상의 조합이나 법인단체처럼), 국가적인 동화·통합의 경우는 그와는 달리 외부적인 힘에 의한 아무런 보장이 없

140.

63) Vgl. *C. Schmitt*, Das Reichsgericht als Hüter der Verfassung, in: Verfassungs-rechtliche Aufsätze, 1958, S. 63ff.(S. 68 Anm. 11 u. S. 99 Anm. 67).

64) Vgl. *C. Schmitt*(FN 63): "Eine restlose Dynamisierung aller statischen Elemente würde nicht zur Integration, sondern zur Desintegration führen."

65) Vgl. *C. Schmitt*(FN 63): "Es gibt keinen Staat ohne statische Elemente … und darf der Gesetzgebungsprozeß nicht mit dem Staat selbst identifiziert werden."

66) Vgl. *H. Heller*(FN 39), S. 166.

67) "Integrationslehre sei im Grunde nur eine allgemeine Soziologie aller Gruppen."

이 다만 국가존립의 필요성(Notwendigkeit des staatlichen Bestandes) 때문에 불가피하게 부과된 과제이기 때문이라고 한다.[68]

    요컨대 Smend의 헌법관은 헌법에 대한 법이론적인 접근방법이라고 하기보다는 국가현상이나 헌법의 규제대상을 있는 그대로 경험적으로 관찰하는 것을 그 토대로 하는 이른바 존재론적 내지는 현상학적 접근방법이라고 말할 수 있다. 또 스멘트학설은 '부분'보다는 '전체'를, 이해관계의 '다양성'보다는 그 '동화적 통합'을 강조하는 점에서 보수주의(Konservatismus)[69]나, 특히 헤겔(Hegel)의 국가철학(Staatsphilosophie)[70]을 그 이념적인 기초로 하고 있는 점도 부인할 수 없다.[71] 서로가 대립 내지 모순되는 다양한 현상들을 한데 뭉쳐놓고는, 뭉치기 전의 심각한 대립 내지 모순현상이 마치 전체가 존립하기 위한 불가결한 부분 요소들에 지나지 않았던 것처럼 보이게 하는 이른바 Hegel의 변증법(Dialektik)적 논리가 스멘트학설의 저변에 일관되게 흐르고 있음을 감지하는 것도 어렵지 않다. 홉스(Hobbes)[72]에서 훔볼트(W. v. Humboldt)[73]

25
스멘트의
방법론

68) Vgl. *R. Smend*(FN 59), S. 300: "Der Staat ist ohne heteronome Bestands-garantie kategorisch aufgegeben."
69) 보수주의의 대표적 인물로서 E. Burke와 Adam Müller를 들 수 있다.
  Vgl. *Edmund Burke*, Betrachtungen über die französische Revolution, in der Übersetzung von F. Gentz, Frankfurt a. M. 1967: *Adam Müller*, Die Elemente der Staatskunst, Leipzig 1936. 보수주의에 관한 입문서로서는 *G. H. Sabine*, A History of Political Theory, 3rd ed., 1963, pp. 611; *Jacques Droz*, Romanticism in Political Thought, in: Dictionary of the History of Ideas, vol. IV, pp. 205, New York 1973.
70) Hegel의 국가철학에 관해서는 다음 문헌을 참조하기 바람.
  Hegel, Rechtsphilosophie, Edition Ilting, 1974, § 257 u. § 258; *A. Baruzzi*, Hegel, in: H. Maier(Hrsg.), Klassiker des politischen Denkens, Bd. II, 3. Aufl.(1974), S. 187ff.; *G. H. Sabine*(FN 69), pp. 647.
71) Hegel 철학이 독일국가법이론에 미친 영향에 대해서 특히 U. Scheuner가 자세히 설명하고 있다.
  Vgl. *U. Scheuner*, Hegel und die deutsche Staatslehre des 19. und 20. Jahrhunderts, in: Staatstheorie und Staatsrecht, gesammelte Schriften, Berlin 1978, S. 81ff.
72) Vgl. *Th. Hobbes*, Leviathan(1651), M. Oakeshott-Ausgabe, Oxford 1946; *H. Warrender*, The Political Philosophy of Hobbes: His Theory of Obligation, Oxford 1957; *L. Strauss*, Hobbes' politische Wissenschaft, 1965.
73) Vgl. *W. v. Humboldt*, Ideen zu einem Versuch, die Grenzen der Wirksamkeit des Staates zu bestimmen(1792), NA., Nürnberg 1954; *S. A. Kaehler*, W. v. Humboldt und der Staat, Berlin 1927.

헤겔의
국가철학

에 이르는 자유주의(Liberalismus)적 국가철학이 개인과 국가를 완전히 별개의 것으로 보고, 국가는 개인의 이익을 위해서 존재하는 일종의 메커니즘으로 보는 것과는 대조적으로, Hegel은 전체의 관점에서 개인을 평가하고 개인보다는 전체를 강조한 나머지[74] 개인은 전체 속에서만 비로소 그 존재가치가 인정된다고 주장할 뿐 아니라 국가는 역사적 이성의 산물이기 때문에 개인의 이익을 떠난 국가특유의 존재가치가 인정되어야 한다고 한다.[75] Hegel의 국가철학이 특히 영미계통의 학자

헤겔과
스멘트이론
의 역기능

들에 의해서 비민주적이고 권위주의적인 이론으로 지탄을 받고[76] 실제로도 전체주의(Totalitarismus)나 공산주의(Kommunismus)[77]의 이론적인 근거로 원용되고 있는 것도 그 때문이다. 이처럼 헤겔철학의 어두운 측면을 언급하지 않을 수 없는 이유는, Hegel의 국가철학을 바탕으로 하고 있는 Smend의 동화적 통합이론(Integrationslehre)도 때때로 독재주의의 헌법이론으로 악용될 소지를 내포하고 있다고 지적하는 학자가[78] 있기 때문이다. 하지만 이 점에 관한 한 스멘트이론을 변호할 필요성이 있다. 즉 Smend가 동화적 통합을 그 이론적인 골격으로 하고 있는 것은 사실이지만 Smend에 있어서의 동화적 통합이란 언제나 일

스멘트이론
의 참내용

정한 가치세계를 촉매로 한 일체감 내지 연대의식의 조성에 의한 동화적 통합을 뜻하기 때문에 전체주의적 성향을 띤 강제적 통합이론과는 그 본질을 달리하기 때문이다. Smend에 있어서의 동화적 통합은 부분의 단순한 '합계'와는 다른 이른바 '새로운 전체의 구성'(Bildung eines neuen Ganzen)[79]을 뜻하기 때문에 그 구성원이 일체감 내지 연대의식

---

74) Hegel의 말을 인용하면: "Das Wahre ist das Ganze."

75) Vgl. *Hegel*(FN 70), § 276ff. u. § 341ff.

76) 그 대표적인 예로서 W. Friedmann을 들 수 있다.
    Vgl. *W. Friedmann*, Legal Theory, 3rd ed., 1953, pp. 90.

77) Hegel 철학이 공산주의의 교조 Karl Marx에 미친 영향에 대해서는 다음 문헌 참조할 것.
    U. Scheuner(FN 71), S. 81ff.; *S. Hoak*, From Hegel to Marx, London 1936; *G. H. Sabine*(FN 69), pp. 620; *H. Marcuse*, Reason and Revolution: Hegel and the Rise of Social Theory, 2nd ed., London 1955; *E. Wail*, Hegel et l'Etat, Paris 1950; *P. Vogel*, Hegels Gesellschaftsbegriff und seine geschichtliche Fortbildung durch L. v. Stein, Marx, Engels und Lassalle, Berlin/Leipzig 1925.

78) 예컨대, *W. Friedmann*(FN 76), p. 176 u. 379,은 Smend의 이론을 Maurice Haurious의 제도론(Theorie der Institution)과 연관을 시키면서 개인(Individuen)이 국가(Staat) 속에서 녹아 버리게 될 위험성을 지적하고 있다.

79) Vgl. *R. Smend*(FN 60), Sp. 1025.

을 가지고 능동적으로 동화적 통합과정에 참여하는 것을 필수조건으로
하기 때문이다.

따지고 보면, 헌법을 '정치적 결단'으로 이해함으로써 정당성을
강조하고 헌법의 권력통제적·규범적 성격을 처음부터 포기하고 나서
는 결단주의의 주의적(voluntaristisch) 헌법관이 통치권의 남용을 초래
할 더 많은 위험성을 내포하고 있다고 볼 수 있다. 왜냐하면 결단주의
에서는 '결단' 그 자체만이 문제시될 뿐 '어떤 결단이냐'(결단의 내용)는
처음부터 중요시되지 않기 때문이다.[80) 또 결단주의가 실제로 독재정
권에 의해서 악용된 사례가 있다는 것도 이미 언급한 바 있다. 하지만
이 점은 비단 결단주의에만 특유한 약점이라고 말할 수는 없다. H.
Kelsen의 순수법학이론이나 규범주의적 헌법이론도 해석에 따라서는
비슷한 위험성이 노출되기 때문이다. 즉 순수법학이론(Reine Rechts-
lehre)이나 규범주의이론(Normativismus)은 'Sein'의 세계와 'Sollen'의 세
계를 완전히 단절시키기 때문에 헌법을 보는 데 있어서도 일체의 규범
외적인 관점(예컨대 사회적·정치적·입법사적)을 배척하고 오로지 규범의
계층구조에 의해서만 설명하려고 하기 때문에 '실정법이 어떻게 규정
되어 있느냐'가 문제이지 '실정법이 어떻게 규정되어져야 했느냐'[81)는
처음부터 문제가 될 수 없다. 따라서 정의의 관점에서 '옳은 법', '그른
법' 등을 구별하는 것은 허용될 수 없고 '악법도 법'이다라는 식의 실
정법 만능의 풍조를 일게 하고 그것이 결국은 '법의 독재'(정확히는 실정
법의 독재)를 낳고 '법의 독재'가 또 '힘의 독재', '사람의 독재'로 발전
할 가능성을 배제할 수 없는 까닭이다. 또 엄격한 법실증주의(Rechts-
positivismus)적[82)인 입장도 이 점에 관한 한 예외는 아니다. 즉, '상태'

26
결단주의와
법실증주의
논리의
역기능

켈즌논리의
위험성

---

80) Es geht bei d. Dezisionismus darum, daß(nicht: wie) entschieden wird.

81) *H. Coing*, Grundzüge der Rechtsphilosophie, 3. Aufl.(1976), S. 65,의 말을 인용
하면: "Die Reine Rechtslehre versucht, die Frage zu beantworten, was und wie
das Recht ist, nicht aber die Frage, wie es sein oder gemacht werden soll." 또
E. v. Hippel, Art. "Rechtspositivismus", in: Staatslexikon. Bd. 6, Sp. 647ff.(676),
의 말을 빌리면: "Anstelle der Rechtsidee tritt leere Legalität."

82) 흔히 Kelsen의 순수법학이론(Reine Rechtslehre)을 법실증주의(Rechtsposi-
tivismus)와 같은 것으로 혼용하는 경향이 있으나, 순수법학이론은 법실증주의의 한
특수한 분파에 지나지 않기 때문에, 엄밀한 의미에서는 구별할 필요가 있다. Kelsen
이외에도 v. Mohl, Jhering, Windscheid, Gerber, Laband, G. Jellinek, Bierling,
Radbruch 등이 모두 법실증주의학파에 속하지만, 이들의 학설이 반드시 일치되는 것
은 아니다. 예컨대 우리나라에 많이 소개된 H. Kelsen과 G. Jellinek만 보더라도 그렇

(Sein)와 '당위적 규범'(Sollen)을 동일시한 나머지, 무엇이든지 존재하는 상태(Sein)는 그것을 당위적 규범(Sollen)으로 감수할 수밖에 없다고 보는 실증주의적 헌법관에 따르면 독재정권도 그것이 존재하는 한 '힘은 법'(Macht ist Recht)이다라는 공식에 따라 당위적 규범(Sollen)을 뜻하게 되고, 그에 대한 저항은 결국 Sollen에 어긋나는 일로 간주되기 때문이다. 법실증주의(Rechtspositivismus)에 입각해서 국가론을 정립한 게오르크 옐리네크(Georg Jellinek)가 '사실(현실)의 규범적 효력'(Normative Kraft des Faktischen)[83]을 입증하려고 노력하면서 Sein과 Sollen의 연관성을 강조하고 있는 점도 힘의 관철력(Machtdurchsetzung)을 토대로 한 그의 국가개념[84]과 함께 독재자(Tyrann)에 의해서 악용될 충분한 소지를 가지고 있다고 할 수 있다.

옐리네크와 사실의 규범적 효력 *(좌측 여백)*

(4) 비판 및 결론

a) 비   판

27 스멘트이론의 문제점 *(좌측 여백)*

결론적으로, 규범주의나 결단주의에 입각한 헌법관이 문제점을 내포하고 있는 것처럼, Smend의 동화적 통합이론도 결코 완전무결한 입장이라고 할 수는 없다. 특히 사실(Faktum)을 중요시한 나머지 '규범'(Norm)을 '사실' 속에 끌어들이려는 노력 때문에 헌법의 '규범성'

다. Kelsen의 순수법학이론은 철학적으로는 'Sein'과 'Sollen'을 구별하려는 신칸트주의(Neukantianismus)에 그 바탕을 두고 있는 데 반해서, G. Jellinek의 힘(Macht)의 국가론은 오히려 'Sein'과 'Sollen'의 구별을 부인하는 철학적 실증주의(philo-sophischer Positivismus: A. Comte)의 영향을 받고 있기 때문이다. 하지만 모든 '실정법'(positives Gesetz)을 바로 '정의법'(gerechtes Recht)과 동일시하면서 실정법의 무조건 효력을 강조하는 점에서는 본질적으로 차이가 없다. 결국 정의관념(Gerechtigkeitsidee)이나 정당성(Legitimität) 대신에 합법성(Legalität)만이 강조되게 된다. 다만 Kelsen은 이 '합법성'을 '규범계층구조'(Normenhierarchie)에 의해서 설명하려는 데 반해서 G. Jellinek는 '힘은 법(Macht=Recht)이다'라는 공식으로 풀려고 한다. 따라서 Kelsen의 법이론은 법실증주의라고 부르는 것보다는 순수법학이론, 규범논리주의(Normlogismus) 또는 좁은 의미의 Wien학파 등으로 칭하는 것이 더 정확하다. Vgl. *R. Zippelius*, Art. "Rechtsphilosophie", in: EvStL, 2. Aufl.(1975), Sp. 1972ff.(1977ff.); *H. Coing*(FN 81), S. 58ff. u. 64ff.; *K. Larenz*, Methodenlehre der Rechtswissenschaft, 3. Aufl.(1975), S. 39ff. u. S. 74ff.; *E. v. Hippel*(FN 81), Sp. 674ff.

83) Vgl. *G. Jellinek*, Allgemeine Staatslehre, 3. Aufl. 6. ND.(1959), S. 337ff.

84) Vgl. *G. Jellinek*(FN 83), S. 180f.: "Der Staat ist die mit ursprünglicher Herrschermacht ausgerüstete Verbandseinheit seßhafter Menschen."; auch *derselbe*, Verfassungsänderung und Verfassungswandlung, 1906, S. 72: "Verfassungsfragen sind ursprünglich nicht Rechtsfragen, sondern Machtfragen."

(Normativität)이 지나치게 소홀하게 취급되는 점을 지적하지 않을 수 없다.[85] 또 Smend가 '정치발전과정'과 '헌법'을 같은 차원에 놓고 설명하려 하기 때문에 정치발전과정을 조정하고 이끄는 헌법규범의 능동적 측면, 즉 헌법실현(Verwirklichung der Verfassung)의 측면이 다소 가볍게 다루어졌다는 점도 지적해 두지 않을 수 없다.[86] 스멘트이론의 대표적 계승자인 콘라트 헷세(Konrad Hesse)가 Smend의 이론을 철저하게 계승하면서도 정치발전과정보다 한 단계 위에 서서 정치발전과정을 안정시키고 조정하고 이끄는 '헌법의 규범적 효력'(normative Kraft der Verfassung)[87]을 강조하고 있는 것도 결코 우연한 일은 아니다.[88] 좌우간, 스멘트이론은 오늘날 특히 독일의 헌법이론과 헌법판례[89]에 현실적으로 가장 강력한 영향을 미치고 있는 까닭에 앞으로도 더 많은 동조자[90]와

규범성의
경시

계승자
헷세의
규범성 강조

85) R. Smend의 동화적 통합이론에 대한 가장 신랄한 비판자의 하나인 E. Forsthoff에 따르면, 스멘트이론은 법실증주의를 극복한다는 명목으로 실제에 있어서는 헌법의 '규범성'을 포기하고 있다고 한다. Vgl. *E. Forsthoff*, Die Umbildung des Verfassungsgesetzes, in: Rechtsstaat im Wandel. 2. Aufl.(1976), S. 130ff.(134): "Die Überwindung des Positivismus ist nicht die Preisgabe der Positivität des Verfassungsrechts überhaupt."; *W. Kägi*(FN 6), S. 122 u. 142ff.,도 이 점을 지적하고 있다.

86) *H. Krüger*(FN 15), S. 151,도 비슷한 비판을 하고 있다.

87) Vgl. *K. Hesse*, Die normative Kraft der Verfassung, 1959, S. 9ff.; auch *derselbe* (FN 51), S. 18.

88) 스위스에서 스멘트이론을 계승하고 있는 대표적 인물인 *R. Bäumlin*, Staat, Recht und Geschichte, 1961,은 K. Hesse와는 달리 헌법의 역사적 의미를 강조하면서 헌법과 역사적 발전과정을 동일시하려 한다. Smend가 사회발전과정을 중요시한 데 비해서 Bäumlin은 역사적 발전과정을 강조하면서, 모든 헌법은 역사적 발전과정의 테두리 안에서 이해되어야 한다고 한다.

89) (a) 스멘트이론이 독일연방헌법재판소(Bundesverfassungsgericht)의 판례에 미친 가장 대표적 예로서는, 동 재판소가 독일기본법에 아무런 명문의 규정이 없음에도 불구하고 주(Länder)와 연방(Bund)의 상호관계에 대해서 '연방우호적 행동원칙' (Grundsatz der Bundestreue)을 판례로서 확립하고 있는 점이다. Vgl. BVerfGE 1, 131, 315; 3, 57; 4, 141; 6, 361; 34, 20.
  (b) 또 헌법해석에 있어서도 헌법 하나하나의 조문에 얽매이지 않고, 헌법을 전체적으로 이해하는 거시적 내지 종합적 해석방법을 동재판소가 적용하고 있는 것도 말하자면 스멘트이론의 영향에 의한 것이라고 볼 수 있다. Vgl. BVerfGE 1, 15, LS 4.
  (c) 마침내 기본권을 사회국가의 원칙과 관련시켜 일종의 참여권(Teilhaberechte)으로 이해하려는 동재판소의 입장에서도 스멘트이론의 영향을 느낄 수 있다. Vgl. BVerfGE 33, 303(330ff.); 35, 79(115f.); 43, 291(313ff.).

90) 스멘트학파에 속한다고 볼 수 있는 대표적 학자로서는 Smend의 제자 K. Hesse를 위시해서 그 밖에도 G. Leibholz, P. Häberle 등을 들 수 있고 U. Scheuner도 스멘트학파에 가깝다고 볼 수 있다. Vgl. *G. Leibholz*, Strukturprobleme der modernen

비판자[91]를 배출시키는 가운데 이론적으로 더욱 완숙한 상태로 발전할 가능성이 충분히 있다고 내다볼 수 있다.

b) 사견(결론)

28
세 가지 헌법관의 편협성

지금까지 헌법이 왜 한 나라 법질서의 바탕이 되고 다른 법률보다 우선하는 효력을 가지게 되느냐의 문제와 관련된 세 가지 대표적인 입장을 살펴보았거니와, 그 어느 학설도 만족할 만한 대답을 주지 못한다고 말할 수 있다. 헌법이 결과적으로는 사람에 의해서 만들어지는 것[92]임에도 불구하고, 헌법에서 이와 같은 '인간에 의한 결정의 요소'를 완전히 빼버리고 헌법을 단순히 '주권적인 근본규범'(souveräne Grundnorm)이라고 보려는 규범주의적 헌법관이 적어도 현대민주주의 국가의 헌법이론으로 부적당한 것은 물론이고, 헌법을 지나치게 위기상황적인 각도에서 관찰한 나머지 헌법에서 일체의 '규범성'을 배제하고 일방적으로 '인간에 의한 결정의 요소'만을 강조하는 결단주의도 헌법의 규범적 기능이 중요시되어야 할 현대국가의 헌법이론으로는 문제점이 있다. 그렇다고 해서 사회평화(sozialer Frieden)와 사회정의(soziale Gerechtigkeit)의 실현을 향해서 쉴새없이 움직이는 율동적인 사회현실(dynamische soziale Wirklichkeit)의 이념적·윤리적·문화적 갈등의 저변에서 헌법을 끌어내리려는 동화적 통합이론이 문제를 남김없이 해결해 주는 것도 아니다.

29
헌법의 본질적 요소

생각건대, 헌법의 헌법적 효력을 설명하기 위해서는 헌법에 내재되고 있는 여러 가지 복합적인 요소들을 종합적으로 고찰하지 않으면 아니 된다고 본다. 헌법의 본질에서 '사람에 의한 결정의 요소'나 '규범성'을 배제할 수 없는 것과 마찬가지로 헌법의 '가치지향적인 통합촉진의 요소' 또한 도외시할 수 없다고 할 것이다. 따라서 헌법의 효력이나 헌법의 해석이 문제되는 경우에는 언제나 이 세 가지 헌법의 본질

Demokratie, 3. erw. Aufl.(1967); *P. Häberle*, Grundrechte im Leistungsstaat, VVDStRL 30(1972), S. 43ff.; *U. Scheuner*, Das Wesen des Staates und der Begriff des Politischen, in: Staatstheorie und Staatsrecht, 1978, S. 45ff.(66 u. 77).

91) 스멘트이론에 대한 가장 대표적인 비판자는 역시 E. Forsthoff라고 볼 수 있다. Vgl. Die Umbildung des Verfassungsgesetzes(FN 85), S. 130ff.; *H. Krüger*(FN 15), S. 150f.,도 비판적이다.

92) 동지: *v. Pestalozza*, Der Staat, 2(1963), S. 425ff.(426): "Die Verfassung kann nicht außerhalb menschlicher Entscheidung stehen."

적 요소를 함께 생각할 수 있는 범학파적인 자세가 꼭 필요하다고 본다.

우선, 헌법의 본질에서 '사람에 의한 결정의 요소'를 도외시할 수 없는 이유는 자명하다. 오늘날처럼 여러 갈래의 정치적인 노선이 혼합된 복합사회(pluralistische Gesellschaft)가 헌법을 가진다고 하는 것은 결국 그와 같은 여러 갈래의 정치세력들이 정치투쟁을 거쳐서 공존하기 위한 일정한 절충 내지 타협점을 찾았다는 것을 뜻하기 때문이다. 헌법은 따라서 절충과 타협의 결과를 의미하고, 절충과 타협이 정치적인 만큼 그 결과로서의 헌법 또한 '정치적인 규범'(politische Norm)[93]의 색채를 띠지 않을 수 없다. 물론 모든 법률이 따지고 보면 여러 정치세력의 절충과 타협의 결과라고 할 수 있지만, 헌법은 특히 절충과 타협에 참여하는 여러 정치세력들이 '공존하기 위한'[94] 절충의 결과라는 점에서 특히 그 정치규범적 성격이 짙다고 볼 수 있다. 헌법이 이처럼 '공존을 위한 타협의 결과'(Kompromißfrucht für existentielle Verbundenheit)를 뜻한다면, 이 '타협의 결과'만은 그 사회에 있어서의 '최고의 가치'[95]로 존중되어야 하고, 이 '타협의 결과'가 최고의 가치로 존중되지 않는 사회에서는 사이비민주주의(Scheindemokratie)는 몰라도 참된 민주적인 헌정국가가 뿌리를 내릴 수는 없다고 보아야 한다. 이 '타협의 결과'는 결국 '공존'을 위한 것이기 때문에 이 '타협의 결과'가 모든 민주세력에 의해서 최고의 가치로 존중되지 않는 한 결국은 공존 그 자체가 위태롭게 되기 마련이다. 타협의 결과인 헌법을 개정하는 데 특별한 제동절차를 마련해 둔다든지 또는 일정한 헌법규정을 불가변한 것으로 못박아 둔다든지 하는 것은 바로 그 때문이다. 이처럼 '공존을 위한 타협의 결과'를 '최고의 가치'로 존중하고 보호하는 것은 말하자면 그 '타협의 결과'에 의해서 '틀이 잡혀진 사회'(geformte Gesellschaft)가 스스로의 생존기반을 공고히 하는 것을 뜻한다. 헌법이 한 나라 법질서의 바탕이 되고 다른 법률보다 우선하는 효력을 가져야 되는 이유는 바로 그 때문이다. 물론 혁명 등에 의해서 헌법의 효력이 정지된다

30
결단의 요소

공존 위한
타협의 결과

최고의
가치로 존중

---

93) 헌법이 가지는 정치적 규범성에 대해서 자세한 점은 다음 졸저를 참조할 것.
   Y. Huh(FN 5), S. 74ff.
94) *H. Krüger*(FN 15), S. 190ff.,는 이 관계를 "Gemeinschaft existentieller Verbundenheit"라고 표현하고 있다.
95) 헌법 자체를 기속하는 선헌법적 가치질서(Wertordnung)가 존재하느냐의 자연법적인 문제는 여기에서 아직 고려하지 않기로 한다.

든지 또는 새로운 헌법의 제정에 의해서[96] 지금까지의 헌법이 폐기되는 것을 생각할 수도 있겠으나 그것은 어디까지나 예외적인 현상에 불과할 뿐 아니라, 그것은 결국 새로운 형태의 '공존의 계기'(Moment neuer existentieller Verbundenheit)가 마련된 것이라고 보아야 할 것이다. 이러한 비상사태가 생기지 않는 한 '타협의 결과'인 헌법의 우선적 효력은 그 어느 정치세력에 의해서도 침해될 수 없는 것이라고 보아야 할 것이다.

31
규범적 요소

두 번째로, 헌법의 본질에서 '규범적 요소'를 도외시할 수 없는 이유 또한 명백하다. 헌법은 한 사회의 '공존을 위한 타협의 결과'이기 때문에 그 사회에서 최고의 가치로 존중되어야 한다는 것은 이미 말한 바와 같거니와, 헌법은 따라서 헌법 자화상적 입장에서 볼 때 일종의 과제를 뜻하지 않을 수 없다. 즉, '공존'을 실현시킬 과제가 헌법에 주어진 것이다. 이처럼 어떤 과제를 짊어지고 있는 헌법은 따라서 단순

헌법은
'과제적
질서'

한 '사실의 문제'를 떠나서 이미 하나의 '과제적 질서의 문제'(ein Problem aufgegebener Ordnung)를 뜻하게 된다. 이 '과제적 질서의 문제'는 법학의 관점에서 '규범성의 문제'(normatives Problem)로 압축되기 때문에, 헌법과 규범성은 불가분의 관계에 서게 된다. 규범으로서의 힘이 없는 헌법은 처음부터 정치현실의 투영도에 불과할 뿐 어떤 공존의 과제를 뜻할 수는 없다.[97] 헌법이 아무런 규범적 효력을 가지지 않고 단순히 정치현실을 투영함에 지나지 않는다고 한다면, 헌법은 결국 정치현실의 변화에 따라서 새로이 나타나는 정치적인 사실관계를 그때마다 확인하는 구실밖에 할 수 없다는 결론에 이른다. 헌법의 기능은 결국 그 사회에 현존하는 사실 내지는 권력관계를 확인해서 합헌화시키는 것으로 축소되게 된다.[98] 사회 내에 존재하는 정치세력 모두가

---

96) 미국의 제 3 대 대통령이었던 Thomas Jefferson(1743~1826)은 세대마다 새 헌법을 제정할 권리가 있다고 말했다 한다. Vgl. *C. M. Wiltse*, The Jeffersonian Tradition in American Democracy, Chapel Hill(N. C.), 1935; *D. Malone*, Jefferson and His Time, Bd. 2, Boston 1948/51. 이 문제에 관해서, vgl. *H. Krüger*(FN 15), S. 702 Anm. 136.

97) 헌법의 과제질서적 성격에 관해서, vgl. *K. Hesse*(FN 87), S. 12 u. 13; auch *derselbe*(FN 51), S. 5ff.

98) 동지: *G. Leibholz*, Verfassungsrecht und Verfassungswirklichkeit, in: Strukturprobleme der modernen Demokratie, 1958, S. 279f.; *H. Ehmke*, Grenzen der Verfassungsänderung, 1953, S. 33; *Graf v. Krockow*, Die Entscheidung, 1958, S. 65f.

공존할 수 있는 합리적이고 정의로운 국가적인 생활질서를 마련한다는
헌법의 과제적 기능(aufgegebene Funktion)은 그 의미를 상실하고 만다.
따라서 공존을 위한 국가적인 질서를 마련한다는 헌법고유의 과제적
의미를 되찾기 위해서는 헌법에 규범적 효력을 인정해서 헌법으로 하
여금 정치현실을 확인하고 합법화(Rechtfertigung)시키는 데 그치는 것
이 아니고, 주어진 현실 여건에 입각해서 공존을 가능케 하는 생활질
서를 형성하는 힘을 갖도록 해야 한다. 헌법이 현실적응에 그치고 공
존질서를 형성하려는 의욕이나 힘이 결핍된 곳에는 마땅히 헌법의 규
범성이 문제되기 마련이다. 이처럼 규범적 힘을 인정받지 못하거나 상
실한 헌법은 따지고 보면 언제든지 버릴 수 있는 한장의 종이쪽에 불
과하다. 또 규범적인 힘을 가지지 못하거나 잃어버린 헌법은 사회학이
나 정치학과 같은 '상태의 학문'(Seinswissenschaft)에 의해서 다루어질
수는 있을지언정 '규범의 학문'(Normwissenschaft)인 법학의 연구대상이
될 수 없는 것도 당연하다.[99] 헌법의 규범적 효력이 특히 위협을 받게
되는 국가비상사태를 헌법적인 테두리 안에서 다스리려는 비상사태에
관한 상세한 헌법규정은 따지고 보면 헌법의 규범성을 보호하기 위한
'규범적인 헌법'의 자위적 수단이라고 볼 수도 있다.[100]

헌법의
과제적 기능

상태의
학문과
규범의 학문

셋째로, 사회 내에 존재하는 여러 갈래의 정치세력들이 일정한 구
심점을 찾아서 한데 뭉치려는 노력이 없이는 처음부터 조직된 사회
가 성립되고 기능할 가능성이 없다. 따라서 여러 정치세력 상호간을
연결하는 일체감 내지 연대의식의 발생이라든지, 사회적인 원심력
(Zentrifugalkräfte)을 압도하고 능가하는 사회적인 구심력(Zentripetal-
kräfte)의 존재는 물론, 서로가 협상하고 타협하려는 자세야말로 조직사
회가 성립되고 기능을 발휘할 수 있는 기본적인 요건들이 아닐 수 없
다. 이와 같은 기본적인 요건들을 유지 내지 조성하기 위한 노력이나
과정을 Smend에 따라 동화적 통합과정이라고 부르기로 한다면, 헌법
은 결국 이 과정을 규범의 형태로 촉진시키는 것이라고 보아야 하겠기
때문에, 통합과정적 요소는 역시 헌법의 또 하나의 본질적인 요소가
아닐 수 없다.[101] 이처럼 동화적 통합을 촉진시키는 통합과정적 요소를

32
통합가치적
요소

99) 동지: *K. Hesse*(FN 87), S. 5.
100) 이 점에 관해서, vgl. *K. Hesse*(FN 87), S. 22ff.
101) 동지: *R. Herzog*, Allgemeine Staatslehre, Frankfurt a. M., 1971, S. 80ff.

헌법이 가지고 있다고 볼 때, 이 점과 관련해서 항상 명심해야 될 사항
은, 현대와 같은 복합사회의 민주적 헌법은 개념필수적으로 두 가지
사실을 전제로 하고 있다는 점이다. 하나는 동화적 통합이 애당초 불
가능하다고 볼 수밖에 없는 극한적인 적대관계가 사회 내의 제정치세
력간에 존재해서는 아니 된다는 점이고, 또 하나는 동화적 통합의 성
향을 띤 어느 정도의 사회분열이나 정치세력간의 대립관계는 오히려
불가피하다는 점이다.[102] 따라서 정치세력 상호간의 대립현상을 지나치
게 비생산적인 것으로, 또 비동화적인 것으로만 판단하려는 사고방식
은 분명히 헌법의 통합과정적 요소를 그릇되게 이해한 까닭이라고 말
할 수 있다. 또 원심적 행동만을 능사로 삼는 극단적인 분파작용이 헌
법의 통합과정적 요소와 조화될 수 없는 것도 명백하다.

33
통합촉진의
기초

　기계문명이 발달하고 인간의 생활양식(패턴)이 다양해지면 질수록
이기주의와 개인주의가 팽배하게 되고 그에 발을 맞추어 원심적 행동
의 가능성이 증대되기 때문에, 민족주의라는 테두리 안에서 국가사회
가 지탱되던 전세기와는 달리, 새 시대의 헌법은 명실공히 국가사회를
동화시키고 통합시키는 큰 힘을 발산하지 않으면 아니 된다. 한 민족
이[103] 공동으로 경험한 민족적인 수난이나 한 민족이 직면한 숙명적인
과제가 한 민족을 동화시키고 통합시키는 힘을 가지는 것은 사실이고
또 그러한 역사적인 실례[104]를 자주 볼 수도 있지만, 그와 같은 특수상
황을 떠나서 다원화된 국가사회를 동화시키고 통합시킬 수 있는 힘을
헌법이 가지기 위해서는 특히 동화·통합촉진적 바탕을 헌법이 마련하
지 않으면 아니 된다. 여기에 속하는 가장 중요한 것은 공개사회 내지
투명정치를 실현하는 일이다. 왜냐하면 사회생활의 모든 양상이나 정
치발전의 모든 국면이 숨김없이 공개되고 발표되는 여건 하에서만 동
화 내지 통합의 분위기는 조성될 수 있는 것이기 때문이다.[105] 동화적

사회의
통합과정과
그 전제

공개사회와
투명정치

---

102) 동지: R. Herzog(FN 101), S. 81; K. Hesse(FN 51), S. 6.
103) 민족(Nation)과 국민(Volk)의 개념은 구별되어야 한다. '국민'은 헌법에 의해서 조직
　　된 한 국가의 구성원을 뜻하는 데 반해서, '민족'은 국가의 개념을 떠나서 인종적인 측
　　면에서의 혈연공동체를 뜻한다. 따라서 한 민족(Nation)이 두 개의 국가를 가지는 경
　　우(zwei Staaten einer Nation)도 있을 수 있다. 그 실례로서 우리 배달민족의 두 개
　　의 국가, 1990년 통일 이전 독일민족의 두 개의 국가(독일연방공화국(서독)과 독일민주
　　공화국(동독))와 중국민족의 두 개의 국가(자유중국과 공산주의중국) 등을 들 수 있다.
104) 해방 후의 우리나라, 패전 후의 일본·독일 등이 그 예다.
105) 동지: R. Herzog(FN 101), S. 83.

통합이론의 창설자인 Smend가 언론의 자유를 특히 개인의 기본권만으로 보지 않고 사회공동생활을 비로소 가능케 하는 일종의 생활공동체의 생활수단으로 파악하는 것도[106] 바로 그 때문이다.

결론적으로 말해서, 헌법은 한 국가사회의 동화적 통합을 실현하고 촉진하기 위한 정치규범이라고 요약할 수 있다.

34
사회통합의
정치규범

이처럼 세 가지 본질적인 요소를 내포하고 있는 헌법은 다른 법률과 구별되는 중요한 특성을 가지게 된다.

3. 헌법의 특성

헌법은 '규범성'을 그 내용으로 하기 때문에, 마찬가지로 '규범성'을 가지는 민법·형법·상법·소송법·행정법 등과 함께 규범의 학문인 법학의 연구대상이 되지만, '규범성'을 제외하고는 이들 법률과 구별되는 중요한 몇 가지 특수한 성격을 띠고 있다. 헌법의 최고규범성, 헌법의 정치규범성, 헌법의 조직규범성, 헌법의 생활규범성, 헌법의 권력제한성, 헌법의 역사성 등이 그것이다. 아래에서 이를 검토하기로 한다.

35
다른
법규범과의
차이

(1) 헌법의 최고규범성

이해관계를 달리하는 여러 사회세력들이 어떤 구심점을 찾아서 공존하기 위한 절충 내지 타협의 결과, 제정된 것이 헌법인 까닭에, 헌법은 그 국가사회의 최고의 가치로 존중되어야 한다는 것은 이미 말한 바와 같다. 이처럼 비조직사회를 정치적인 일원체로 통일시켜서 한 국가사회를 창설하는 헌법은 적어도 그 헌법에 의해서 조직된 국가사회 내에서는 모든 질서의 바탕이 되는 것이기 때문에 다른 모든 법률규범보다 우선하는 효력을 가지게 된다. 헌법의 개정을 다른 일반법률의 개정보다 훨씬 까다롭게 만든다든지, 헌법에 위배되는 법률·명령 등을 무효화할 수 있는 여러 가지 헌법소송제도를 마련해 둔다든지 하는 것은 모두가 헌법의 최고규범성에서 나오는 당연한 제도적 보장이다. 헌법은 이처럼 최고규범성을 가지기 때문에 동시에 한 국가사회 내의 모든 법률주체를 기속하는 힘을 가지게 된다. 따라서 입법(Legislative)·통치(Gubernative)·행정(Administrative)·사법(Judikative)작용과 같은 공

36
최고규범성
의 근거와
효과

---

106) Vgl. *R. Smend*, Das Recht der freien Meinungsäußerung, VVDStRL 4(1928), S. 44ff.(50) u. S. 73 LS 2 a).

권력의 행사가 헌법에 의한 제약을 받는 것은 물론, 심지어는 사법(私法)상의 법률관계도 직접·간접 헌법의 영향을 받게 된다. 헌법은 모든 법률규범의 정립근거 내지 한계를 뜻할 뿐 아니라 동시에 그 해석기준을 의미하기 때문이다. 이렇게 볼 때 헌법의 기속력은 헌법의 최고규범성에서 나오는 당연한 결과라고 할 수 있다.

37

**최고규범성
의 한계**

헌법이 최고규범성을 가지는 것과 불가분의 관계에 있는 것이 헌법의 효력에 대한 보장의 문제다. 헌법 이외의 다른 법률은 국가권력에 의해서 적용·집행·관철되기 때문에 그 효력이 국가권력에 의해서 보장되고 있지만 헌법의 효력은 다른 법률처럼 완전히 국가에 의해서 보장될 수만은 없는 것이기 때문이다. 바다에 표류하는 조각배처럼 그 생사의 문제가 자기 스스로의 손에 달려 있는 헌법은[107] K. Hesse의

**헌법에의
의지**

말처럼 국민의 '헌법에의 의지'(Wille zur Verfassung)[108]가 없이는 도저히 그 생명력(Lebenskraft)을 유지할 수가 없다. 헌법을 지키고 실천하려는 국민의 의지가 소멸함과 동시에 헌법의 최고규범성도 그 의미를 상실하고 만다.

(2) 헌법의 정치규범성

38

**정치규범성
의 내용**

헌법은 여러 정치세력간에 공존을 위한 정치투쟁과 정치적 타협의 과정을 거쳐서 성립되기 때문에 다른 어느 법률보다도 정치성이 짙기 마련이다.[109] 정치현실이 내포하고 있는 어떤 가치의 세계를 규범화함으로써 정치현실의 안정화 내지 합리화를 촉진시키는 것이 헌법의 기능이라고 볼 때, 헌법은 처음부터 정치의 세계를 떠나서 존재할 수 없다. 이처럼 정치의 세계를 그 규정 대상으로 하는 헌법은 지극히 유동적이고 때로는 비합리적인 정치현실을 최대한 규범화시키기 위한 필요성 때문에 다른 법률과는 다른 특수한 입법기술을 동원하지 않으면 아니 된다. 즉 헌법규범이 가지는 유동성(Elastizität), 추상성(Abstraktheit),

**규범구조적
특성**

개방성(Offenheit), 미완성성(Unvollständigkeit, fragmentarischer Regelungs-gehalt) 등은 그와 같은 헌법에 특유한 입법기술의 소산이다. 이처럼 정치규범으로서의 헌법에 불가결한 여러 가지 입법기술상의 특징은 말하

---

107) *H. Ehmke*, VVDStRL 20, S. 65f.,는 "Auf-Sich-Selbst-Angewiesen-Sein"이라는 말로 표현하고 있다.

108) Vgl. *K. Hesse*(FN 87), S. 12ff.

109) Vgl. *Y. Huh*(FN 5), S. 76 Anm. 96.

자면 정치발전의 양상에 구애됨이 없이 헌법이 규범적 효력을 나타내
기 위한 배수진이라고도 볼 수 있다.

a) 유 동 성

처음부터 일체의 개정가능성을 배제해 버리거나 개정 자체는 인
정하지만 개정절차를 지극히 까다롭게 정함으로써 개정을 사실상 불가
능하게 하는 비유동적인 헌법이 유동적인 정치현실에 대처할 수 없는
것은 명백하다. 따라서 정치규범으로서의 헌법은 유동성을 가지고 유
동적인 정치현실에 대응할 수 있어야 한다. 헌법개정의 문제를 헌법이
론의 중심과제로 보려는 학자[110]가 있는 것은 그 때문이다.

39

개정가능성

b) 추 상 성

제정 당시의 정치현실에 입각해서 미래의 정치발전을 예상하고
만들어진 헌법은 구체적인 사안에 관한 기타 법률과는 달라서 당연히
추상적인 정치용어를 다분히 사용하지 않을 수 없고 따라서 추상성을
띠지 않을 수 없다.

40

추상적
정치용어

c) 개 방 성

다양한 이해관계가 얽힌 정치투쟁의 과정에서 이루어지는 절충과
타협은 그 본질상 최소한의 합의결과만으로도 만족할 수밖에 없는 것
이기 때문에 정치적 타협의 결과를 뜻하는 헌법도 자연히 최소한의 기
본적인 중요사항만을 규정하고 나머지 지엽적인 사항은 미래의 정치적
인 동화·통합과정에 미루어 둘 수밖에 없다. 아무리 헌법이 그 규범적
효력에 의해서 미래의 정치발전을 형성하는 힘을 가진다고 해도, 결코
정치발전 그 자체를 대치할 수는 없다. 따라서 헌법은 미래의 정치투
쟁에 의해서 결정될 사항을 유보해 두고 그에 대해 개방적인 입장을
취하게 된다.

41

정치발전에
개방적

d) 미완성성

외교관계, 국제경제관계 등과 같이 헌법제정 당시의 상황만으로는
판단하기 어렵고 미래에 미지의 동인에 의해서 결정될 가능성이 큰 일
정한 정치사항은 의식적으로 이를 헌법적인 규정의 대상에서 제외시키
는 경우도 있다. 헌법규범이 헌법적인 사항을 모두 포함할 수 없는 이
유는 그 때문이다. 따라서 헌법규범은 자연히 미완성한 것이 되게 마

42

헌법사항 중
일부만 수용

---

110) 예컨대, *R. Herzog*(FN 101), S. 316.

런이다.

43

정치규범성
과 헌법소송
의 관계

위에 말한 헌법의 정치규범성과 불가분의 관계에 있는 것이 헌법
소송(Verfassungsgerichtsbarkeit)의 문제이다. 정치적인 색채가 농후한 헌
법분쟁을 그 주요대상으로 하는 헌법소송은 기타 민사ㆍ형사ㆍ행정소
송 등과는 비교할 수 없는 심각한 정치적인 영향을 미치는 경우가 많
다. 헌법재판에 규범적인 관점과 아울러 특별히 정치적인 고려가 작용
한다든지 법률의 위헌결정권을 최고법원에 집중시킨다든지 또는 헌법
소송을 담당시키기 위해서 따로 특별기관을 설치한다든지 하는 것은
모두가 헌법의 정치규범성과 밀접한 관계가 있다.[111]

(3) 헌법의 조직규범성

44

국가의
구조적
Plan

헌법은 사회공동체를 정치적인 일원체(politische Einheit) 내지 국
가로 승화시키기 위한 법적인 기본질서를 뜻하기 때문에, 사회공동체
는 헌법에 의해서 비로소 일원적인 행동주체로 조직되게 된다. 따라서
헌법은 정치적인 일원체가 공동관심사를 처리하는 데 필요한 기구의
설치ㆍ조직에 관한 사항은 물론 헌법에 의해서 설치된 기관 상호간에
공동의 관심사를 처리해 나가는 과정에서 발생할지도 모르는 갈등ㆍ대
립을 해결할 수 있는 절차까지도 규정하게 된다. 요컨대 헌법은 사회
공동체가 정치적인 일원체 내지 국가라는 형태로 조직되고 기능하기
위한 구조적인 Plan을 의미한다.[112] 헌법이 일정한 권능과 국가적인 권
력으로 장식된 다수의 헌법기관의 창설에 관한 규정을 가지는 것이라
든지, 헌법기관 상호간의 협조 내지는 권력통제에 관한 규정을 빼놓지
않는 이유는 결국 H. Heller가[113] 적절히 지적한 바와 같이 계획적이
고 의식적으로 조직된 책임성 있는 협동체제에 의해서만 정치적인 일
원체는 성립될 수 있기 때문이다.[114]

45

조직규범으로서의 헌법은 다음과 같은 세 가지 목적을 추구하고

---

111) 헌법의 정치규범성과 헌법소송과의 상호관계에 대해서는 다음 졸저를 참조할 것.
Vgl. *Y. Huh*(FN 5), S. 74ff.

112) Vgl. *K. Hesse*(FN 51), S. 11; *A. Hollerbach*, Ideologie und Verfassung, in: W.
Maihofer(Hrsg.), Ideologie und Recht, 1968, S. 37ff.(46).

113) Vgl. *H. Heller*(FN 39), S. 88ff., 228ff.; auch *E. W. Böckenförde*, Die verfas-
sungstheoretische Unterscheidung von Staat und Gesellschaft als Bedingung der
individuellen Freiheit, 1973, S. 24ff.

114) Ähnlich auch *K. Hesse*(FN 51), S. 9: "Nur durch planmäßiges, bewußtes, d. h.
aber organisiertes Zusammenwirken kann politische Einheit entstehen."

있다고 볼 수 있다. 우선 사회공동체 내에 존재하는 정치투쟁(권력투쟁) 을 무궤도한 상태에서 일정한 궤도 안으로 끌어들이려는 것이다. 두 번째로는 일단 성립된 정치적인 일원체로 하여금 충분히 기능을 발휘 할 수 있는 조직적인 뒷받침을 해 주자는 것이다. 셋째로 권력이 남용 되거나 악용되는 사례가 생기지 않도록 처음부터 조직적인 측면에서 그 가능성을 배제해 버린다는 것이다.

조직규범의
목적

이와 같은 헌법의 조직규범성과 관련해서 주의해야 할 점이 있다. 헌법은 개방성과 미완성성 등의 특성을 가지기 때문에 정치적인 일원 체의 조직에 관한 모든 사항을 스스로 규정할 수는 없다는 점이다. 형 식적 의미의 헌법(Verfassung im formellen Sinn) 이외에 실질적 의미의 헌법(Verfassung im materiellen Sinn)이라는 개념을 인정해서 헌법전 외 에도 국가조직과 활동에 관한 중요한 사항을 규정하는 법률규범을 모 두 실질적 의미의 헌법이라고 부르는 점을 주목할 필요가 있다.[115] 우 리나라의 경우를 예로 들면 정부조직법, 국회법, 선거법, 법원조직법, 헌법재판소법, 중앙선거관리위원회법, 정당법 등은 실질적 의미의 헌 법에 속한다. 또 형식적 의미의 헌법, 즉 헌법전(Verfassungsurkunde)에 규정된 사항이라고 해서 반드시 실질적 의미의 헌법에 속하는 것은 아 니다. 예컨대 국회의원이 국유교통수단을 무상 이용할 수 있다는 등의 규정이 헌법전에 들어 있다면, 그것은 형식적 의미의 헌법에는 속할지 언정 실질적 의미의 헌법이라고 볼 수는 없다. 헌법제정에 수반되는 특수한 입법기술상 형식적 의미의 헌법과 실질적 의미의 헌법이 완전 히 일치되는 경우를 상상하기는 어렵다. 형식적 의미의 헌법은 특별한 헌법제정절차에 의해서 제정된 헌법전을 뜻하는 것이기 때문에 마땅히 성문헌법이기 마련이다. 따라서 '영국에는 헌법이 없다'고 하는 경우에 는 형식적 의미의 헌법, 즉 성문헌법이 없다는 뜻이다. 영국에도 실질 적 의미의 헌법은 있기 때문이다. 이렇게 볼 때 오늘날에도 형식적 의 미의 헌법은 현대국가의 필수적인 개념요건이 되는 것은 아니다.

46
형식적 의미
의 헌법과
실질적 의미
의 헌법

(4) 헌법의 생활규범성

사회구성원 모두가 함께 공존하기 위해서 마련된 헌법은 일정한

47

---

115) 형식적 의미의 헌법(Verfassung im formellen Sinn)과 실질적 의미의 헌법 (Verfassung im materiellen Sinn)의 구별에 관해서는, vgl. *R. Herzog*(FN 101), S. 309ff.

행동규범적
성격

인간적인 행동을 촉구하는 무수한 규범을 내포하기 마련이다. 따라서 헌법은 인간적인 행동과 분리될 수 없다. 인간적인 행동방식에 대한 헌법규범의 촉구내용이 실제로 인간의 행동에 의해서 실현되지 않는다면 헌법규범은 죽은 문자에 지나지 않게 된다. 헌법에 의해서 조직된 국가사회의 구성원 모두가 헌법이 촉구하는 행동방식에 따라 생활해 나갈 때, 헌법은 비로소 공존을 위한 합리적이고 정의로운 사회를 형성한다는 그 본래의 기능을 발휘할 수 있게 된다.[116] 헌법은 결국 국민의 생활 속에 스며드는 규범이 아니면 아니 된다. 헌법은 결코 관념의 세계에만 존재하는 규범이 아니고 국민의 생활 속에 존재하면서, 국민의 일상생활에 의해서 실현되고 발전되는 규범이다. 헌법을 때로 "law in public action"[117]이라고 칭하는 이유도 그 때문이다. 물론 형법이나 민법·조세법 등도 국민의 일상생활과 불가분의 관계에 있는 일종의 생활규범임에는 틀림없으나, 형법은 금지규범(Verbotsnorm)의 형식으로 짜여져 있고, 민법은 상황규범(Umstandsnorm)적 성격을 가지고, 조세법은 조건규범(Kausalnorm)적 요소를 그 주내용으로 하기 때문에 전생활영역(Alllebensbereich)을 대상으로 하는 가치규범(Wertnorm)적 내지 행동규범(Aktionsnorm)적 성격을 띤 헌법의 생활규범성과는 그 진지성을 달리한다.

48
생활규범성
의 조건

헌법이 관념의 세계에서 가정적으로만 효력을 가지는 것이 아니고, 국민의 생활 속에서 현실적으로 생활규범으로 효력을 나타내자면, 헌법이 국민의 생활태도와 행동을 실제로 유도하는 힘을 가져야 한다. 이와 같은 헌법의 힘은 헌법이 존재한다는 사실만으로 당연히 생기는 것은 결코 아니다. 헌법의 효력이 헌법제정권자의 단 한 번의 의지작용에 의해서 당연히 생기는 것이라고 보는 결단주의이론이 비판되는 이유도 그 때문이다. 인간의 경험법칙에 비추어 볼 때 역사적인 헌법제정권자의 의지만으로 헌법의 생활규범적 효력을 생기게 할 수도 없거니와, 또 설령 생기게 할 수 있다 하더라도 이를 계속해서 보장할 수는 없다고 보는 것이 타당하다. 헌법이 얼마만큼의 생활규범적 효력을 가지느냐의 문제는 궁극적으로는 헌법이 어느만큼 주어진 시대적인 생

---

116) 동지: *K. Hesse*(FN 51), S. 17.

117) Vgl. *P. Häberle*, Verfassungstheorie ohne Naturrecht, AöR 99(1974), S. 437ff. (442).

활감각에 가깝게 규범화되어 있느냐의 문제로 귀착된다.[118] 헌법이 만들어지는 역사적인 시점에 존재하는 생활감각이나 시대사상이 최대한으로 반영되고, 현실적인 생활관계가 최대한으로 포섭될 수 있는 최대공약수를 찾아서 이를 규범화하는 경우에 헌법의 생활규범적 효력이 가장 실효있게 나타날 것은 분명하다.[119] 생활현실이나 시대사상과 동떨어진 헌법규범이 생활규범의 기능을 발휘하지 못하고 결국은 헌법규범(Verfassungsnorm)과 사회현실(gesellschaftliche Normalität)의 갭(gap) 때문에 헌법 본연의 과제를 다하지 못하는 경우를 종종 볼 수 있는 것도 그 때문이다.

헌법규범과
사회현실의
갭

이 점과 관련해서 잠깐 '헌법실현'(Verwirklichung der Verfassung)[120]의 문제를 언급하지 않을 수 없다. 헌법제정 당시에 그 사회공동체를 지배하는 일반적인 생활감각이나 시대사상을 최대한 헌법에 규범화함으로써 헌법으로 하여금 생활규범적 기능을 최대한으로 발휘할 수 있도록 하는 문제와 '헌법의 실현'을 혼동해서는 아니 되기 때문이다. '헌법의 실현'이란, 헌법의 규범성에 입각해서 사회현실을 헌법의 규범정신에 맞도록 형성해 나가는 것을 뜻한다. 즉 헌법규범을 사회현실에 적용해서 구체화하는 것이다. 따라서 헌법의 생활규범성은 헌법규범적 측면에서 수동적인 관찰의 결과라고 한다면, '헌법의 실현'이란 그 반대로 헌법규범의 능동적이고 적극적인 측면을 상징하게 된다. 하지만 헌법을 실현한다고 하는 것도 생활규범으로서의 헌법과 마찬가지로 사회현실을 안목에 두게 되는 것이기 때문에, 헌법이 사회생활에 미치는 효력은 결국 헌법의 이 두 가지 측면이 적절히 상승작용을 할 때 가장 극대화될 수 있는 것이라고 볼 수 있다.

49
헌법실현과
생활규범성

헌법규범은 언제나 일정한 역사적인 상황 속에서 성립되는, 말하자면 역사적인 산물이기 때문에 역사성을 가진다고 하는 것은 뒤에서 따로 설명하겠지만, 이처럼 역사성을 내포하는 헌법규범은 시대가 변천함에 따라 그 생활규범으로서의 기능이 약화될 뿐 아니라 동시에 헌법을 실현하는 데도 점점 어려움이 따르게 된다. 헌법규범과 사회현실의 갭이 역사의 발전에 따라 점점 커지기 때문이다. 이와 같은 갭은 헌

50
생활규범성
의 약화와
상반구조적
입법기술

---

118) Vgl. *K. Hesse*(FN 51), S. 18.

119) Vgl. *R. Herzog*(FN 101), S. 322.

120) 헌법실현에 관해서는, vgl. *K. Hesse*(FN 51), S. 17ff.

법규범의 현실적응력과 현실의 헌법적응력을 높일 수 있는 이른바 헌법의 '상반구조'(Gegenstruktur)적 입법기술에 의해서 처음부터 어느 정도 좁힐 수는 있어도 이를 완전히 배제할 수는 없다. 국민의 기본권을 보장하면서도 또 한편 기본권을 제한할 수 있게 한다든지, 권력분립원칙을 따르면서도 다른 한편 권력통합적 요소를 받아들인다든지, 연방제도를 채택하면서 다른 한편 어느 정도의 중앙집권적 요소를 함께 제도화하는 것 등은 모두가 헌법이 내포하는 '상반구조'의 대표적인 예이다.[121] 아무튼 생활규범으로서의 헌법기능이 약화되고 동시에 사회형성적인 헌법의 규범성이 본래의 과제를 다하지 못하게 되는 이른바 헌법규범과 사회현실과의 부조화현상을 일컬어 '헌법현실'(Verfassungs-wirklichkeit)[122] 또는 '헌법변천'(Verfassungswandel)이라고 부르는 수도 있다. 후자는 같은 내용의 헌법규범이 시대의 변천 내지 역사의 발전에 따라 헌법제정 당시와는 다른 내용의 생활규범으로 기능하게 되는 것을 뜻하는 데[123] 반해서, 전자는 주로 헌법규범과 모순되는 현실적인 사회현상을 지적하기 위해서 사용된다. 헌법규범과 사회현실이 조금도 모순됨이 없이 완전히 일치하는 것은 지극히 드문 현상이기 때문에 '헌법현실'이라는 개념으로 이와 같은 불가피한 부조화를 지적하려는 것은 물론 수긍이 간다. 하지만 때로는 헌법규범에 명백히 어긋나는 사회현실을 정당화시키려는 의도에서 '헌법현실'이라는 개념이 사용되고 있는 사실을 경계할 필요가 있다.[124] 그와 같은 시도는 K. Hesse가 적절히 지적한 바와 같이 일종의 헌법경시적인 잠재의식을 표현함에 지나지 않는다. 왜냐하면 '사회현실의 규범적 효력'(normative Kraft

헌법현실과
헌법변천

---

121) 헌법의 '상반구조'(Gegenstruktur)와 헌법의 규범적 효력과의 상호관계에 관해서, vgl. *K. Hesse*(FN 87), S. 14.

122) 헌법과 헌법현실의 gap 문제에 관해서, vgl. *Th. Maunz*, Deutsches Staatsrecht, 22. Aufl.(1978), S. 52ff.

123) 그렇다고 해서 '헌법변질(천)'이 무제한하게 가능한 것은 결코 아니다. 이 점에 관해서 다음 문헌을 참조할 것. *P. Lerche*, Stiller Verfassungswandel als aktuelles Politikum, in: FS Maunz(1971), S. 285ff.; *K. Hesse*, Grenzen der Verfassungswandlung, in: FS f. U. Scheuner(1973), S. 123ff.; *Th. Maunz*(FN 122), S. 52ff.(57ff.).

124) 그와 같은 개념의 오용은 역사적으로 G. Jellinek까지 거슬러 올라갈 수 있다.
   Vgl. *G. Jellinek*, Verfassungsänderung und Verfassungswandlung, 1906, S. 21: "Das fait accompli(die vollendete Tatsache) ist eine historische Erscheinung von verfassungsbildender Kraft."

gesellschaftlicher Normalität)을 처음부터 '헌법규범의 규범적 효력' (normative Kraft von Verfassungsnormen)보다 우선시키려는 의도가 그 사고의 저변에 작용하고 있기 때문이다.[125] 시대가 변천하고 역사의 수레바퀴가 쉬지 않고 돌아가는 한 헌법과 모순되는 사회현실이 조성될 수 있고 또 경우에 따라서는 이를 가볍게 일축할 수만은 없을 정도로 굳어질 경우도 있을 수 있다. 때문에 처음부터 그와 같은 현상이 일어나지 않도록 노력해야 할 뿐 아니라, 또 일단 발생한 위헌적 사회현실은 이를 가급적 다시 헌법규범에 맞도록 조정하는 부단한 헌법정책적 노력이 필요하다. 불가피한 상황 아래에서 헌법의 규범성을 다시 회복시키기 위하여 헌법개정의 방법을 고려하는 것도 그와 같은 헌법정책적 노력의 한 수단이 될 것이다.

헌법정책적 노력과 헌법개정

(5) 헌법의 권력제한규범성

국가사회 내에 존재하는 여러 정치세력들이 함께 공존하기 위한 절충과 타협의 결과 얻어진 이른바 Konsens(consensus)를 바탕으로 해서 성립된 헌법은 결국 정치세력 상호간에 서로의 힘을 견제·감시함으로써 어느 세력도 Konsens의 테두리를 벗어나지 못하게 하는 이른바 권력제한적 기능을 맡고 있다고 볼 수 있다. 이처럼 권력을 제한하고 합리화시킴으로써 공존의 정치적인 생활질서를 보장하는 권력제한적 기능은 다른 법률에서는 찾아볼 수 없는 헌법의 특질이 아닐 수 없다.[126] 권력을 제한하고 합리화시킨다는 것은 헌법에 의해서 마련된 공존의 정치적인 생활질서를 안정화시킨다는 것을 뜻하기 때문에 권력제한적 요소는 사회공동체를 국가사회로 형성하려는 헌법의 본질적인 요소가 아닐 수 없다. 헌법의 이와 같은 권력제한적 기능은 특히 권력행사의 남용으로 유혹되기 쉬운 권력담당자를 통제하는 형태로 나타나는 것은 당연하다. 따라서 헌법의 조직규범적 특성에 의해서 정치적인 일원체의 조직과 기능에 필요한 일정한 국가기관을 설치하고 그에 일정

51
권력제한적 기능

공존의 정치 생활 안정화

---

125) Vgl. *K. Hesse*(FN 51), S. 20: "… und diese erscheint als normierende Kraft der Wirklichkeit von vornherein der normierenden Kraft des 'Verfassungsrechts' überlegen."

126) 헌법의 권력제한성을 특히 강조하는 것은 H. Ehmke이다.
　　Vgl. *H. Ehmke*(FN 98), S. 88f.; *derselbe*, Prinzipien der Verfassungs-interpretation, VVDStRL 20(1963), S. 53ff.(insbes. S. 611.); *K. Loewenstein*, Verfassungslehre, 3. Aufl.(1975), S. 127ff.,도 헌법의 권력제한성을 강조하고 있다.

한 기능을 주면서도 그 권능의 남용 내지 악용에 대비해서 일정한 감
시·견제·통제·문책의 방법을 마련해 두는 것도 결국 권력이나 권력
담당자에 대한 불신임을 제도화함으로써 공존의 기반을 안정시키려는
헌법의 권력제한적 기능 때문이다.

52
직접적
권력통제와
간접적
권력통제

헌법의 이 같은 권력제한적 기능은 헌법사적으로 볼 때 입헌주의
의 초기에는 국민소환권, 국민발안권 또는 중요국사에 대한 국민투표
권 등을 헌법규범으로 보장하는 말하자면 '직접적인 권력통제'의 형태
로 나타났었지만, 현대적인 대의민주주의국가에서는 그와 같은 직접적
인 권력통제의 수단보다는 '간접적인 권력통제'의 방법을 채택하는 것
이 보통이다. 즉 헌법적 수권에 의해서 국가권력을 실제로 담당하는
여러 국가기관 상호간에 서로 감시·견제·통제·문책하게 함으로써
어떤 특정한 국가기관의 과잉권력행사를 막는 것이다. 권력분립의 원
칙(Gewaltenteilungsprinzip)에 입각한 입법·행정·사법권 상호간의 감
시·견제에 관한 여러 가지 헌법규정, 여당을 감시·견제하기 위해서
야당에게 부여한 여러 가지 헌법상의 권한, 헌법재판제도에 의한 입
법·행정·사법작용의 감시·통제 등이 그 예이다. 하지만, 필요에 따
라서는 '직접적인 권력통제'의 수단과 '간접적인 권력통제'의 방법을
함께 제도화하는 것도 물론 가능한데 그 대표적인 예가 스위스이다.[127]

(6) 헌법의 역사성

53
역사적 산물

헌법은 사회공동체가 어떤 Konsens를 기반으로 해서 정치적인
일원체로 조직되어야 할 일정한 역사적인 상황 속에서 성립되는, 말하
자면 역사적인 산물이기 때문에 역사성을 그 특질로 한다. 헌법은 이
처럼 일정한 역사적인 상황 속에서 만들어지는 이른바 역사성을 그 본
질로 한다 하더라도 헌법의 그 역사성이란 결코 퇴영적인 역사성일 수
가 없고 진보적이고 발전적인 역사성을 뜻하지 않으면 아니 된다. 왜
냐하면 헌법은 한 국가의 백년대계를 설계하는 이른바 초시대적인 청
사진을 의미하기 때문에 시대의 변천이나 역사의 발전을 포용할 수 있

---

127) Vgl. "Die Bundesverfassung der Schweizerischen Eidgenossenschaft" v. 29. 5.
1874 i. d. F. v. 18. 4. 1999. Über Volksabstimmung: Art. 140 BV(Volksabstim-
mung bei Verfassungsreferendum), Art. 141 BV(Volksabstimmung über
Bundesgesetze und Bundesbeschlüsse). Über Volksinitiativrecht: Art. 138~139
BV. Dazu *Fleiner/Giacometti*, Schweizerisches Bundesstaatsrecht, Zürich 1976, S.
443ff., 708ff., 718ff. u. 751ff.

는 힘이 있어야 하겠기 때문이다. 따라서 이미 설명한 헌법의 유동성·
개방성·미완성성 등은 헌법의 역사성에 일종의 활력을 불어넣어 주는
역사의 활력소라 할 수 있다. 헌법의 역사성을 강조하는 것은 따라서
헌법이 제정되던 시대적인 배경 속에서만 헌법을 풀이해야 한다는 뜻
이 아니고, 헌법의 성립을 불가피하게 한 역사적인 상황을 반영하고
있는 역사적인 질서로서의 헌법이 시간을 초월해서 하나의 '살아있는   살아 있는
역사'로서 국가사회의 생활골격을 이루어야 한다는 뜻이다. 따라서 헌   역사
법의 역사성은 시간을 초월해서 존재하는 어느 사회공동체에 과거와
현재와 미래의 동질성을 보장하는 말하자면 진보적인 nostalgia라고
말할 수 있다.

제 2 절   헌법의 유형

　　실제로 다양한 형태로 존재하는 헌법을 유형적으로 구별하는 것   54
은 결국 관점과 구별표준에 따라서 좌우되는 일이다. 입헌주의의 초기
에는 아직도 군주가 헌법의 제정에 적지 않은 발언권을 행사했기 때문   흠정·군민
에 군주가 어느 정도 헌법의 성립에 참여했느냐에 따라 이른바 흠정헌   협약·민정
법[128](군주제정헌법), 군민협약헌법,[129] 민정헌법[130](국민제정헌법) 등을 구   헌법
별하는 것이 의의가 있었으나, 현대민주국가의 헌법은 군주의 입헌참
여를 불필요한 것으로 하고 이른바 '국민에 의한 헌법제정의 원칙'에
의해 성립된 것이기 때문에 모두가 민정헌법의 유형에 속한다. 따라서
군주의 참여를 표준으로 한 헌법유형의 구별은 과거에 존재했던 헌법
들을 헌법사적으로 고찰하는 데는 아직도 그 의의가 있을지 몰라도 현
대국가의 헌법이론으로서는 별로 의미가 없다고 할 수 있다.
　　또 사회공동체가 정치적인 일원체로 조직됨에 있어 연방국가의   55

---

128) 흠정헌법(oktroyierte Verfassung)의 대표적인 예로서 1814년 6월 4일 프랑스
　　Ludwig ⅩⅧ가 군권강화를 위해서 제정한 Charte Constitutionelle(헌법전)을 들 수
　　있다.
129) 프랑스 Louis ⅩⅧ헌법(1814년)이 1830년 7월혁명 후에 새 왕 루이 필립(Louis-
　　philippe)과 의회의 협의하에 선거권확대, 의회권한강화의 방향으로 전면개정된 것은
　　군민협약헌법(paktierte Verfassung)의 대표적인 예에 속한다.
130) 민정헌법(demokratische Verfassung)의 대표적인 예에 속하는 것은 1787년에 제정
　　된 미합중국연방헌법, 1919년의 바이마르헌법, 1920년의 오스트리아헌법, 1948년의
　　대한민국헌법, 1949년의 서독기본법 등을 들 수 있다.

연방국·단
일국 헌법

형태를 채택하느냐, 아니면 중앙집권식 단일국가의 형태를 취하느냐에
따라 연방국헌법과 단일국헌법을 구별하려는 경우도 있으나, 이는 엄
밀히 따져서 헌법유형의 문제라기보다는 헌법내용의 문제라고 볼 수
있다. 즉 그것은 국가의 조직구조(Organisationsstruktur) 내지 통치구조
(Herrschaftsstruktur)에 관한 문제이지 헌법유형의 문제는 아니기 때문
이다.

56

성문·불문·
연성·경성
헌법

결국 오늘날 헌법의 유형으로 고찰의 대상이 되는 것은 헌법의 법
형식에 따라 성문헌법과 불문헌법을 구별하는 것과 헌법이 가지는 우
선적 효력의 강약에 따라 연성헌법(biegsame Verfassung)과 경성헌법
(starre Verfassung)을 구별하는 것이다.[131]

57

규범적·명
목적·장식
적 헌법

이 밖에도 칼 뢰븐슈타인(Karl Loewenstein)[132]은 헌법을 헌법현실
의 관점에서 이른바 '규범적 헌법'(normative Verfassung), '명목적 헌법'
(nominalistische Verfassung), '장식적 헌법'(semantische Verfassung)[133]으
로 구별하려고 하지만, 그것은 헌법의 본질에 입각한 유형의 구별이라
고 하기보다는 일단 성립된 헌법이 국가의 생활현실에서 구체적으로
어떻게 실현되고 있으며 또 헌법이 시대의 변천에 따라 어떻게 변질되
었느냐의 문제로 요약할 수 있기 때문에 '헌법의 실현', 헌법규범과
'헌법현실'의 갭(gap) 내지는 '헌법의 변천'의 문제로 다루어져야 할 성

---

131) 헌법을 이처럼 성문헌법과 불문헌법, 연성헌법과 경성헌법으로 구별하는 것은 James
   Bryce에서 유래한다. vgl. Studies in History and Jurisprudence, Oxford 1901,
   Essay Ⅲ.

132) Vgl. *Karl Loewenstein*, Political Power and the Governmental Process, Uni-
   versity of Chicago Press. 2nd ed., 1962, pp. 140; *derselbe*, Verfassungslehre(상
   기 영문서의 독어 번역판), 3. Aufl.(1975), S. 420f. 이 문헌은 1967년 일본어로도 번
   역이 되고, 우리나라에도 영향을 미치고 있다. 예컨대, 김기범 교수의 번역서, 김철수,
   헌법학개론, 1989, 9면 이하.
   또 미국과 독일에서도 다소의 동조자가 있지만 일반적으로 별로 주목을 끌지 못하
   고 있는 것이 사실이다. 동조적인 문헌에 속하는 것으로서는 다음과 같은 것이 있다.
   Giovanni Sartori, Democratic Theory, New York 1965, pp. 324, 449, passim;
   Heinz Laufer, Die demokratische Ordung, Stuttgart 1966, S. 108.

133) K. Loewenstein에 따르면 헌법이 완전히 규범적 효력을 나타내서 헌법규범과 헌법
   현실이 일치하는 경우를 '규범적 헌법', 헌법이 그 규범적 효력을 나타내지 못하고 헌
   법규범과 헌법현실이 완전히 동떨어진 상태에 있지만, 언젠가는 그 gap이 좁혀질 전
   망이 있는 경우를 '명목적 헌법', 헌법이 권력을 쥔 사람의 자기정당화의 수단으로만
   존재하는 경우를 '장식적 헌법'이라고 부른다. Vgl. Verfassungslehre(FN 132), S.
   152.

질의 것이지 헌법유형에 속하는 사항은 아니라고 할 것이다.

1. 성문헌법과 불문헌법

성문헌법과 불문헌법은 헌법이 존재하는 법형식에 의한 헌법유형의 구별이다. 법실증주의나 규범주의적 헌법관에 입각해서 볼 때는 헌법은 반드시 성문헌법의 형식으로 존재해야지 불문헌법의 법형식이란 생각할 수 없게 된다.

58
존재형식에 의한 구별

(1) 성문헌법(constitutio scripta)

헌법이 성문헌법의 법형식으로 존재한다고 하는 것은 헌법사항이 헌법전의 형식으로 기록화되는 것을 뜻하지만 그렇다고 해서 모든 헌법사항(실질적 의미의 헌법)이 반드시 헌법전(형식적 의미의 헌법)에만 들어 있어야 되는 것을 요하는 것은 아니다. 따라서 헌법사항의 일부만이 헌법전에 기록화되고 나머지 헌법사항은 다른 법률에 의해서 규정되는 것은 성문헌법의 유형에 어긋나는 일은 아니다. 이런 의미에서 오늘날 대다수 국가의 헌법은 성문헌법의 유형에 속한다고 할 것이다. 또 성문헌법은 일반적으로 다른 법률보다는 그 개정이 까다로운 것이 보통이지만, 그와 같은 헌법의 경성은 성문헌법유형의 본질적 요소에 속하는 것은 아니다. 왜냐하면 연성인 성문헌법의 유형도 이론적으로는 존재할 수 있기 때문이다.[134] 하지만 오늘날 성문헌법은 거의가 경성헌법인 것이 보통이다.[135] 성문헌법유형의 장점은 헌법을 성문화함으로써 일정한 헌법내용의 존재를 객관적으로 다툴 수 없게 할 뿐 아니라 헌법의 사회안정적 · 권력통제적 · 생활합리화적, 그리고 자유보장적 기능을 높일 수 있다는 데 있다.

59
헌법전

성문헌법을 가지는 나라라고 해서 헌법적 관행에 의해서 생길 수도 있는 이른바 불문적인 헌법관습법(Verfassungsgewohnheitsrecht)[136]의 존재를 완전히 배척하는 것은 아니다. 다만 헌법관습법은 어디까지나 성문헌법의 규범적 테두리 안에서 성문헌법의 애매한 점을 보충하고

60
헌법관습법

---

134) 1848년의 이태리헌법(Carlo-Albertinische Verfassung)은 그 대표적인 예이다.

135) Vgl. *P. Badura*(FN 36), Sp. 2712.

136) '헌법관습법'(Verfassungsgewohnheitsrecht)과 '관습헌법'(Konventionalverfassung) 은 개념적으로 엄격히 구별할 필요가 있다. 전자는 성문헌법의 테두리 안에서 이루어지는 헌법의 관행을 말하지만, 후자는 일반적으로 불문헌법의 대명사로 쓰여지기 때문이다.

성문헌법의 실효성을 증대시키는 범위 안에서만 인정되어야 한다는 것
이 지배적인 견해이다.[137] 그렇지 않다면 헌법적인 관행에 의해서 성문
헌법이 무제한 변질될 수 있다는 것을 뜻하게 되고 궁극적으로는 성문
헌법전보다 불문적인 헌법의 관행례(Konventionalregeln)가 우선하고 국
가생활을 압도적으로 지배하는 결과가 되겠기 때문이다.[138]

61
합법성과
정당성

성문헌법이 국가생활의 합법성(Legalität)의 근거가 되는 것은 의심
의 여지가 없으나, 동시에 그 정당성(Legitimität)의 근거도 될 수 있느
냐의 문제는 법실증주의를 따르지 않는 한 자연법사상과도 밀접한 관
계가 있기 때문에 쉽사리 대답할 수가 없다. 성문헌법이 사회구성원의
공존을 위한 합의의 결과라고 볼 때 여기에 일응 정당성의 계기가 있
는 것이라고도 볼 수 있으나, '완전합의'의 내용이라 할지라도 경우에
따라서는 정당성의 마지막 근거가 되는 '최고의 법원리'(oberste
Prinzipien des Rechts)와 저촉될 수도 있는 것이기 때문에 성문헌법의
정당성의 문제는 공존이론이나 '합의이론'만으로 논증하기가 어렵
다.[139] 무엇이 '최고의 법원리'에 속하느냐의 문제는 결국은 각 법주체
의 '법적인 양심'(Rechtsgewissen)에 의해서 결정될 수밖에 없다고 하겠
다. 이처럼 성문헌법에 의해서 표상되는 합법성과 '법적인 양심'에 근
거를 두는 '정당성'의 괴리가 가능하다고 보는 한 비록 성문헌법에 규
정이 없다 하더라도 소위 '저항권'(Widerstandsrecht)과 같은 것은 '법적
인 양심'에 의해서 정당화될 수가 있을 것이다. 그러나, 그것이 성문법
에 의한 합법성의 형태를 띠지 못하는 것도 또한 당연하다.[140]

(2) 불문헌법(constitutio non scripta)

62
관습헌법

불문헌법은 때로 관습헌법(Konventionalverfassung)이라고도 일컬어
지는데, 그 이유는 헌법이 성문헌법처럼 일정한 헌법제정절차에 따라

---

137) Vgl. z. B. *K. Hesse*(FN 51), S. 15; *H. Huber*, Probleme des ungeschriebenen
Verfassungsrechts, in: Rechtstheorie, Verfassungsrecht, Völkerrecht, Bern 1971,
S. 329ff. 헌법관습법의 인정 여부와 범위의 문제에 대해서는 다음 문헌을 참조할 것.
Chr. Tomuschat, Verfassungsgewohnheitsrecht?, Heidelberg 1972: Tomuschat
는 헌법관습법의 존재를 부인하는 입장에 서 있다. *H. Krüger*(FN 15), S. 486ff.,는
헌법관습법을 되도록 폭넓게 인정하려고 한다.
138) *H. Krüger*(FN 15), S. 486ff.,는 헌법관행에 의한 '헌법의 변질'(Verfassungs-
wandlung)을 되도록 넓게 인정하려고 한다.
139) 동지 : *Th. Maunz*(FN 122), S. 42.
140) 동지 : *K. Hesse*(FN 51), S. 15f.

헌법전의 법형식으로 존재하는 것이 아니고, 오랜 시일에 걸쳐 확립된 헌법사항에 대한 국가적 관행이 불문헌법의 법형식으로 굳어진 때문이다. 결국 국가사회의 정치질서가 불문의 '헌법적 관행'(constitutional conventions)에 의해서 규율되는 것이다. 이처럼 헌법적 관행의 전체가 헌법으로 불려지는 불문헌법의 유형에 있어서는 성문헌법의 유형에서처럼 형식적 의미의 헌법이나 실질적 의미의 헌법이란 구별이 존재할 여지가 없다. 오늘날 불문헌법을 가지는 나라는 영국을 비롯해서 뉴질랜드와 이스라엘[141]을 들 수 있다. 하지만 불문헌법을 가지는 대표적 예인 영국만 보더라도 그 동안 많은 헌법사항이 일반법률의 형식으로 성문화되어졌기 때문에[142] 헌법적 관행에 의해서 규율되는 헌법의 사항이 점점 줄어드는 경향을[143] 부인할 수 없다.[144]

불문헌법의 유형에 속하는 헌법의 특이한 점은 그것이 헌법전의 형식으로 성문화되어 있지 않다는 점 이외에도 다음과 같은 두 가지 점을 들 수 있다. 의회제정법률에 대한 법원의 위헌심사권이 보장되지 않고 있다는 점과 특별한 헌법개정절차가 인정되지 않는다는 점이 바로 그것이다.[145] 이 두 가지 사항은 모두 헌법에 특별한 우선적 효력이 인정되지 않는 불문헌법의 특징과 불가분의 관계에 있다. 따라서 불문헌법은 개념필수적으로 연성헌법일 수밖에 없다. 불문헌법이 이처럼

63

불문헌법의
특징

---

141) Israel의 경우 "Transition Law"(5709/1949)와 1958년부터 1968년까지 제정한 5편의 기본법(크네쎄트(국회), 제 3 대 크네쎄트, 대통령, 이스라엘토지, 정부)을 구태여 성문기본법으로 볼 수도 있으나, 엄격한 의미에서는 역시 불문헌법의 유형에 속한다는 것이 통설이다.

142) 한두 가지 예만 들면, 하원의 조직에 관한 Parliament Triennial Act(1641); 하원의 원의 지위에 관한 House of Commons Disqualification Act(1957); 상원과 하원의 상호관계에 관한 Parliament Act(1911); 장관의 지위에 관한 Ministers of Crown Act(1937); 기본권의 보호에 관한 Habeas Corpus Act(1679); 국적에 관한 Britisch Nationality Act(1948); 법관의 독립에 관한 Act of Settlement(1700) 등이 있다.

143) 왕의 권리의무, 수상이나 내각의 지위, 정부의 외교에 관한 권한, 의회의 외교정책에 대한 참여권 등은 아직도 헌법적 관행에 의해서 규율되고 있다.

144) 불문헌법을 가지는 영국의 헌정실제에 관해서는 다음 문헌을 참조할 것.
    K. Loewenstein(FN 16), Bd. 1, insbes. S. 43ff.
    영국헌법이론의 고전적인 문헌으로는: *Dicey*, Introduction to the Study of the Law of the Constitution, London 1885, 9. Aufl.(1939).
    비교적 새로운 문헌으로는: *G. Marshall/G. C. Moodie*, Some Problems of the Constitution, London, 2nd ed.(1961); *Sir I. Jennings*, Cabinet Government, Cambridge, 3rd ed.(1959).

145) 이 점에 관해서, vgl. *K. Loewenstein*(FN 144), S. 46ff.

연성헌법이기 때문에 보통 법률개정절차에 따라 개정·폐기될 수 있는
것과 관련해서 강조할 점은 불문헌법의 국가일수록 정치인이나 국민의
고도의 정치적인 교양을 필요로 하고 아리스토텔레스(Aristoteles)가 말
한 politicus가 없이는 헌정질서가 그 기능을 발휘할 수 없다는 점이
다. 이렇게 볼 때 영국의 정치적 성과는 바로 영국정치인이나 영국국
민의 높은 정치수준의 덕분이라고 할 수 있다.

2. 연성헌법과 경성헌법

64
우선적
효력의 차이

연성헌법과 경성헌법은 헌법이 가지는 우선적 효력의 강약에 따
른 헌법유형의 구별이다. 법실증주의나 규범주의적 헌법관에 따르면
헌법은 모두가 경성헌법이어야 하기 때문에 연성헌법의 헌법적 효력을
설명하는 데 어려움이 있다는 점은 이미 언급한 바와 같다.

(1) 연성헌법(Flexible Constitution, biegsame Verfassung)

65
우선적
효력의 결여

연성헌법은 그 규정내용에 따라 일반법률과 구별될 뿐 형식상 특
별한 우선적 효력이 주어지지 않기 때문에, 일반법률의 제정·개정·폐
기절차에 따라 제정·개정·폐기될 수 있는 유형의 헌법을 말한다. 헌
법이 이처럼 일반법률과 아무런 효력상의 차이가 없다고 하는 경우에는
헌법이 가지는 사회안정적·권력통제적·자유보장적·생활합리화적 기능
등을 충분히 발휘하기가 어렵다는 것은 말할 필요조차 없다. 따라서 오늘
날 연성헌법의 유형에 속하는 것은 불문헌법에 한하고, 성문헌법의 법형
식을 가지면서 연성인 헌법은 이미 그 예를 찾아보기가 어렵게 되었다.

(2) 경성헌법(Rigid Constitution, starre Verfassung)

66
우선적
효력의 인정

경성헌법은 일반법률보다 우선하는 효력이 주어지기 때문에 그
제정·개정·폐기가 일반법률에 대한 절차보다 까다롭게 되어 있어서
함부로 바꿀 수 없는 유형의 헌법을 말한다. 성문헌법의 유형에 속하
는 것은 적어도 현대국가에 관한 한 모두가 경성헌법이다. 헌법은 그
것이 아무리 경성헌법의 유형에 속한다 해도 유동성·개방성·미완성
성 등의 특질과 생활규범성을 떠나서 생각할 수 없는 것이기 때문에
경성헌법의 본질적 요소에 속하는 '경성'도 따지고 보면 상대적인 것에
불과하다. K. Hesse[146]가 적절히 지적하고 있는 것처럼 한 헌법이 그

---

146) Vgl. *K. Hesse*(FN 51), S. 16f.

헌법적 기능을 충분히 발휘하기 위해서는 아무리 경성헌법이라 해도 어느 정도의 '유연성'을 가지지 않으면 아니 되겠기 때문이다. 따라서 시대의 변천이나 역사의 발전에 적응할 수 있는 개방성의 폭을 지극히 좁히고, 반면에 경성만을 거의 비유동적인 정도까지 강조하고 있는 성문헌법은 그것이 아무리 경성헌법의 유형에 속한다 하더라도 결과적으로는 그 헌법적 기능을 충분히 발휘할 수 없는 까닭에 연성헌법보다 오히려 우선적 효력이 약하거나 또는 단명일 수도 있다. 명목상의 경성헌법이 실제적으로도 경성헌법으로 기능케 하기 위해서는 헌법의 개방성과 경성을 적절히 조화시키는 헌법의 입법기술이 요청된다 하겠다.

3. 유형적으로 본 우리나라 헌법

우리나라 헌법은 1948년 제헌 이후 일관되게 성문·경성헌법의 유형에 속해 왔다. 우리 현행헌법도 그 예외는 아니다. 우리 현행헌법은 미국헌법[147]이나 일본헌법[148]처럼 헌법이 최고법임을 직접적으로 선언하는 이른바 최고법조항(Supreme Law-Clause)을 두고 있지는 않지만, 헌법개정에 대한 특별한 가중절차($\frac{제128조~}{제130조}$)를 마련하고 있고 또 법률 등에 대한 위헌심사 내지 결정권을 따로 규정($\frac{제107조, 제111조 제1}{항, 제113조 제1항}$)함으로써 헌법의 우선적 효력을 간접적으로나마 명백히 하고 있다. 또 우리 현행헌법전에는 실질적 의미의 헌법사항이 모두 들어 있지 않고 그 주요한 부분이 국회법, 정부조직법, 공직선거법 등 일반법률로 규정되고 있기 때문에 형식적 의미의 헌법과 실질적 의미의 헌법이 구별되는 성문헌법적 유형의 전형적인 특징을 드러내고 있다.

67
성문·경성
헌법

---

147) Vgl. Art VI Clause 2: "This Constitution ... shall be the supreme law of the land ..."
148) 일본헌법 제98조 제1항 참조.

제2장 헌법의 성립 및 제정과 개정

제1절 헌법의 성립

68

헌법성립의
역사적 상황

어떤 사회공동체가 정치적인 일원체로 조직되는 것은 언제나 특수한 역사적인 상황 속에서 이루어지기 때문에 그와 같은 특수한 역사적인 상황 속에서 역사적인 산물로서 성립되는 헌법이 역사성을 가진다고 하는 것은 이미 말한 바와 같거니와, 이 역사성이 특히 명백하게 표현되는 것은 헌법이 성문헌법의 법형식으로 성립되는 경우이다. 좌우간 하나의 헌법이 성립될 수 있을만큼 성숙된 역사적인 상황은 사회공동체가 가지는 역사·문화·정치·경제·사회적 전통에 따라 다양한 형태로 나타날 수 있겠으나 대체로 다음과 같은 세 가지 사회현상에 의해서 징표되는 것이라고 말할 수 있다.

69

사회적
구심력

우선 사회공동체 내에 존재하는 사회적 원심력(Zentrifugalkräfte)과 사회적 구심력(Zentripetalkräfte)의 비중이 사회적 구심력쪽으로 기울어져 있어야 한다. 그리고 사회적 구심력의 초점에는 사회구성원이 일체감 내지 연대의식을 느낄 수 있도록 어떤 Konsens(공동관심사에 대한 합의)[1]가 형성되어 있어야 한다. 이 Konsens는 문화적·인종적·종교적인 색채를 띨 수도 있고 또 순수한 정치적인 Konsens일 수도 있을 것이다. 둘째로, 이와 같이 사회적 구심력의 자력역할을 하는 Konsens를 바탕으로 해서 정치적인 일원체를 조직하려는 중심적인 세력이 형성되

---

1) 라틴어에서 유래하는 'Konsens'라는 용어는 우리 말로 '동의' 내지 '승낙' 등으로 번역이 될 수도 있겠으나, '동의' 내지 '승낙'은 Konsens라는 개념이 내포하고 있는 의미의 폭을 그대로 나타내지 못한다. Konsens라는 개념이 내포하고 있는 헌법학적 의미는 오히려 '공동관심사에 대한 합의'라는 말로 표현되는 것이 더욱 적절하다고 생각된다. 하지만 꼭 맞는 번역이 불가능한 까닭에 앞으로는 Konsens라는 원어를 그대로 사용하기로 한다.

Konsens 문제를 최근에 헌법학적 관점에서 깊이 다루고 있는 것은 역시 U. Scheuner라고 볼 수 있다.

Vgl. *U. Scheuner*, Konsens und Pluralismus als verfassungsrechtliches Problem, in: Staatstheorie und Staatsrecht, Berlin 1978, S. 135ff.

어야 한다. 그와 같은 중심적인 세력은 집단적인 형태를 취할 수도 있
겠고 또는 하나의 실력자의 형태로 나타날 수도 있다. 셋째로, 일단 형
성된 Konsens를 최소한 유지시키려는 의지에 의해서 능동적으로 움직
이는 대다수 사회구성원의 참여의식이 조성되어 있어야 한다.

    이와 같이 'Konsens−중심세력−참여의식'의 삼각변수에 의해서
하나의 헌법이 현실적으로 성립될 수 있다고 하더라도, 그 헌법에 규
범적인 효력이 주어지기 위해서는 법적인 의미에서의 헌법제정행위가
있어야 한다. '헌법의 성립'(Entstehung der Verfassung)과 '헌법의 제정'
(Verfassungsschöpfung, Verfassunggebung)[2]을 개념적으로 구별할 필요가
있는 것도 그 때문이다. '헌법의 성립'은 정치사회학(politische Soziologie)
적 현상이고 '헌법의 제정'은 헌법학적 현상이다.

70
헌법의
성립과
헌법의 제정

제 2 절 헌법의 제정

    헌법의 제정은 사회공동체를 정치적인 일원체로 조직하기 위해서
일원적인 법공동체의 법적인 기본질서를 마련하는 법창조행위이다.[3]
헌법의 제정과 관련해서 밝혀져야 할 사항은 우선 누가 그와 같은 법
창조행위(헌법제정행위)의 주체가 될 수 있느냐의 문제이다. 또 헌법을
제정하는 주체는 도대체 어디서 그와 같은 헌법제정권력을 이끌어내느
냐의 문제, 즉 헌법제정권력의 정당성의 문제도 함께 다루어져야 한다.
두 번째로 중요한 문제는, 법창조행위인 헌법의 제정에 있어서 존중되
어야 할 어떤 법원리 같은 것을 인정할 것인가의 점이다. 셋째로 어떠
한 절차를 거쳐서 헌법이 제정되느냐의 문제도 명백히 되어야 한다.

71
법창조행위

1. 헌법제정주체−헌법제정권력−헌법제정권력의 정당성

    '누가 헌법제정주체가 되느냐'의 문제는 역사의 발전과정에 따라

---

2) *Th. Maunz*, Deutsches Staatsrecht, 22. Aufl.(1978), S. 40ff.(42),는 "Verfas-
sungsschöpfung"과 "Verfassunggebung"을 같은 뜻으로 사용하고 있으나, 헌법제정
은 법적인 의미에서 구질서와의 단절을 의미하는 새 출발이라고 볼 수 있기 때문에 새
출발(Neuanfang)이라는 색채가 보다 강하게 풍기는 "Verfassungsschöpfung"이 더 적
절한 표현일지도 모른다.
    동지: *P. Badura*, Art. "Verfassung", in: EvStL, 2. Aufl.(1975), Sp. 2708(2713).
3) 동지: *P. Badura*(FN 2), Sp. 2713.

72

헌법제정
주체의 변화

서 다르게 대답될 수 있기 때문에 시대성과 밀접한 관계가 있다. 군권이 아직도 그 권위를 발휘하고 계층적인 신분제도에 의해서 정치생활 내지 사회생활이 지배되던 18세기의 입헌주의 초기만 하더라도 군주주권(Fürstensouveränität)사상의 영향 때문에 제 3 계급에 속하는 시민계급이 헌법제정의 주체로 기능하기 위해서는 많은 어려움을 겪어야만 했다. 하지만 루소(Rousseau; 1712~1778)의 국민주권(Volkssouveränität)사상이 관철된 오늘날에 와서는 국민이 헌법제정의 주체가 되는 것은 오히려 당연한 일로 간주되게 되었다.

(1) Abbé Sieyès의 헌법제정권력론

73

제헌의회론

헌법제정의 주체, 즉 누가 헌법을 제정할 수 있느냐의 문제와 관련해서 18세기 후반에 쉬에스(Abbé Sieyès; 1748~1836)[4]가 정립한 '헌법제정권력'(pouvoir constituant, verfassunggebende Gewalt)의 이론이 아직까지도 그 영향을 미치고 있음을 주목할 필요가 있다. Sieyès는 헌법제정권력이 마땅히 제 3 계급, 즉 시민계급(국민)에 속하는 것이라고 주장하면서도 그 당시의 정치적인 상황으로 보아서 국민투표에 의한 헌법제정이 불가능하다는 것을 터득했기 때문에 귀족·교회대표·시민계급의 대표(제 3 계급의 대표)로 구성되는 제헌의회(constituante)를 소집할 것을 왕에게 요구하기에 이르렀다. J. J. Rousseau가 그의 유명한 사회계약론(contrat social), 총의론(volonté générale), 국민주권론(Volks-souveränität) 등을 통해서 직접민주주의의 형태를 찬양하고 헌법제정은 물론 되도록이면 입법기능까지도 전체국민이 직접 맡을 것을 주장한 것과는[5] 대조적으로 Sieyès는 국민에게 속하는 헌법제정권력도 국민이 선출하는 대의기관에 의해서 행사될 수 있음을 인정함으로써 오늘날 꽃을 피우고 있는 대의민주주의의 사상적 선구자로 간주되게 되었다.

---

4) Vgl. *Abbé Sieyès*, Qu'est-ce que le Tiers-État?(제 3 신분계급은 무엇인가?), Paris 1789. Sieyès는 때때로 Siéyès 또는 Sieyes라고 표기되기도 하지만 Sieyès라는 이름을 정확히 표기하는 방법에 대해서는, vgl. Die Annales historiques de la Révolution française 2(1925), S. 487. Sieyès의 정확한 발음은 Sieyès 자신의 해명에 의하면 'Syess'이기 때문에 우리 말의 표기법에 따르면 '쉬에스'가 된다. Vgl. Brief Camille Desmoulins' v. 3. 6. 1789: "…… On prononce Syess"(Corresp. inéd. de C. Desmoulins, éd. Matton. Paris 1836, 6).

5) J. J. Rousseau의 사상에 대해서는 다음 문헌을 참조할 것. *Willy Real*, Art. "Rousseau" in: Staatslexikon, Bd. 6(1961), Sp. 977ff.; *W. Ritzel*, J. J. Rousseau, Stuttgart 1959.

어쨌든 Sieyès에 의하면 국민에 속하는 헌법제정권력은 일종의
'창조적 권력'이기 때문에 시원성을 가지고 이 시원성에서 자기정당화
의 힘이 나오는 것이라고 한다. Sieyès는 아무런 선재적인 실정법적 근
거가 없이도 법창조적 효력을 발생하는 '헌법제정권력'의 시원성을 강
조하기 위해서 헌법제정권력에 근거를 두고 그로부터 전래된 이른바
'전래된 헌법제정권력＝헌법개정권력'(pouvoir constitués, verfassungs-
ändernde Gewalt)을 구별하고 있다. 이 헌법개정권력(전래된 헌법제정권
력)은 시원적인 헌법제정권력(창조적 권력)에 의해서 만들어진 헌법에
그 효력의 근거를 두고 있기 때문에 이른바 '창조된 권력'에 불과하다
고 한다.6) 이와 같은 Sieyès의 사상적 세계에서 볼 때 헌법제정권력은
엄밀히 따진다면 국가권력은 아니다. 왜냐하면 '국가권력'은 헌법제정
권력에 의해서 비로소 '형성된 권력'에 지나지 않고 헌법제정권력은 그
처럼 '형성된 권력'(＝국가권력)을 '형성하는 권력'으로서 국가권력의 당
연한 전제가 되기 때문이다. 따라서 헌법제정권력을 국가권력의 일부
로 설명하려는 입장은 Sieyès의 관점에서는 분명히 문제점이 있다고
할 것이다.

74

헌법제정권
력의 시원성

헌법제정권
력과
헌법개정권
력의 구별

국가권력과
의 차이

(2) C. Schmitt의 결단주의적 관점

Sieyès의 헌법제정권력에 관한 이론은 특히 독일의 C. Schmitt에
큰 영향을 미치고 있다. 헌법을 '정치적인 결단'이라고 이해하면서 헌
법제정권력과 정당성의 문제를 동일한 것으로 보는 나머지, 헌법제정
권력의 주체가 가지는 입헌의 의지에서 정당성을 끌어내려는 것이라든
지, 헌법제정권력과 헌법개정권력을 구별하면서 헌법과 헌법률의 효력
상의 차이를 강조하는 점 등은7) 모두가 Sieyès의 사상에 그 바탕을 두
고 있기 때문이다. 요컨대 C. Schmitt의 결단주의에 있어서도 원칙적
으로 루소적인 국민주권사상에 입각해서 국민이 헌법제정권의 주체가
되고, 국민이 가지는 입헌적 의지가 헌법제정권력과 헌법을 정당화시
키는 근거가 된다고 한다.8)

75

루소와
쉬에스의
영향

---

6) Sieyès의 사상에 관해서 상세한 것은, vgl. *E. Zweig*, Die Lehre vom pouvoir
   constituant, 1909.
7) 결단주의적 헌법관(7~14면)에 관한 논술부분을 참조할 것.
8) Vgl. C. Schmitt, Verfassungslehre, 5. Aufl.(1970), S. 75ff., 87ff.

(3) 비판 및 이데올로기적 이론정립

생각건대, 오늘날처럼 국민주권이론이 한결같이 인정되고 있는
한, 누가 헌법제정권력의 주체가 되느냐의 문제는 이미 해결이 되었다고
할 것이다.[9] 다만 헌법제정권력 내지 헌법의 정당성에 관해서는 아직도
논쟁의 여지가 충분히 남아 있다. C. Schmitt가 정당성의 문제를 결단
주의헌법이론의 중심과제로 크로즈업시키는 것도 충분히 수긍이 간다.

또, C. Schmitt가 헌법제정행위에 일종의 혁명적 성격을 인정해서
헌법제정권력에 아무런 한계나 제약이 인정될 수 없는 것이라고 보는
점도 상당한 근거를 내포하고 있는 것이 사실이다. 마운쯔(Th. Maunz)
도 헌법제정권력이 혁명성과 통하는 점이 있다고 하는 것을 시인하고
있다.[10] 물론 헌법제정행위가 매일처럼 일어날 수 있는 일이 아니고 지
극히 그 빈도가 적은 역사적인 사건이라고 하는 점에서 볼 때 혁명적
이라고 볼 수도 있을 것이다. 또 헌법의 제정에 의해서 구법질서가 무
너지고 새로운 법질서가 형성된다는 점에서 혁명과 통하는 점이 있는
것도 사실이다. 혁명행위도 법질서의 계속성을 무너뜨리는 법파괴적·
법형성적 기능을 동시에 가지고 있기 때문이다. 하지만 헌법제정권의
행사가 항상 그처럼 위기적인 혁명적 상황 아래서만 이루어지는 것은
아니기 때문에 혁명의 이론을 원용해서 헌법제정권력을 정당화시키려
는 시도는 보편성을 인정받을 수 없다고 할 것이다. 더욱이 헌법제정
권자의 이른바 '혁명적' '입헌의지'는 입헌의 원동력은 될 수 있을지언
정 스스로를 정당화시키거나 더 나아가서 헌법을 정당화시키는 힘이
있다고 보기가 어렵다.

또 Sieyès처럼 단순히 헌법제정권력의 '시원성'에서 그 정당성을
찾으려는 이른바 자기정당화이론(자율적 정당성이론)은 '시원성이 왜 정
당성의 근거가 되느냐'에 대한 해답을 주지 못하는 한 문제를 또 다른
문제로 대답했다는 비난을 면하기 어렵다.

결국 헌법제정권력과 헌법의 정당성 문제는 따지고 보면 바두라
(P. Badura)[11]가 적절히 지적하고 있는 바와 같이 '법적인 질'의 문제라

76
헌법제정권
력의 정당성

77
헌법제정과
혁명적
입헌의지

78
자율적
정당성이론

79
이데올로기
적 정당성

---

9) 이 점과 관련해서, *Th. Maunz*(FN 2), S. 42,는 국민주권의 나라에서 국민이 가지는
   헌법제정권력은 '통일적'(einheitlich)이고 '불가분적'(unteilbar)인 것이라고 한다.
10) Vgl. *Th. Maunz*(FN 2), S. 42.
11) Vgl. *P. Badura*(FN 2), Sp. 2714.

고 하기보다는 '이데올로기적인 질'의 문제라고 볼 수 있다. 즉 헌법제 정권력과 이 권력에 의해서 제정된 헌법이 그 시대의 일반적인 '정치 이념'·'시대사상' 내지 '생활감각'과 일치한다는 이유 때문에 정당성을 인정받는 것이라고 보아야 할 것 같다. 헌법제정권력이 헌법제정 당시를 지배하는 보편적인 정치이념·시대사상·생활감각과 일치되는 헌법을 제정하는 경우에 그 헌법은 생활규범으로서 국민의 생활 속에 파고 들어 그 생명을 유지해 나갈 것이 분명하기 때문에 그것은 국민의 생활 속에 흐르고 있는 시대보편적 이데올로기에 의해 정당화되는 것이라고 할 것이다. 이렇게 볼 때 헌법의 제정과 관련된 정당성의 문제는 사회철학과도 상당히 밀접한 관계가 있음을 알 수 있다. 이처럼 헌법 제정의 정당성 문제를 이데올로기적인 질의 문제로 보는 경우에는 모든 헌법제정권력과 헌법이 언제나 정당성을 인정받을 수 있는 것은 아니다. 바로 여기에 헌법제정권력의 한계성이 나타난다.

2. 헌법제정권력의 한계

헌법제정권의 주체가 헌법을 제정함에 있어서 아무런 법원리적 제약도 받지 않고 완전히 자유로운 입장에서 제헌권을 행사할 수 있는 것인지, 아니면 헌법제정권력을 구속하는 어떤 법원리 같은 것이 있다고 보아야 하는 것인지를 살펴보는 것이 헌법제정권력의 한계에 관한 문제다.

80
헌법제정의
제약성

(1) 고전적 이론과 한계의 문제

헌법제정권력을 '시원적'인 것이라고 보는 쉬에스적 관점에서 볼 때 헌법제정권력을 구속할 수 있는 어떤 법원리도 존재할 수 없는 것은 명백하다. 또 헌법제정권의 주체가 가지는 '결단적 의지'에서 헌법 제정권력의 정당성을 찾으려는 C. Schmitt의 결단주의가 헌법제정권력의 한계를 부인하는 것도 이해하기 어렵지 않다.

81
한계부인설

더욱이 법학적 연구대상을 실정법에 국한시킴으로써 합법성의 문제만을 중요시하고 정당성의 문제를 법학의 영역 밖으로 밀어내려는 법실증주의와 순수법학적 관점에서는 헌법제정권력이 처음부터 헌법학적 고찰의 대상이 될 수도 없고 따라서 헌법제정권력의 한계 같은 것이 문제점으로 크로즈업되지도 않는다. 하지만 헌법을 생활규범으로

82
한계논의
무용설

이해하려는 현대적인 헌법관에 따르는 한 헌법제정권력과 헌법의 정당
성 문제를 헌법학의 연구대상으로 삼아야 하는 것은 필연적인 일이 아
닐 수 없다.

(2) 비판 및 결론

83
한계부인설
의 문제점

생각건대, Sieyès의 헌법제정권력이론과 C. Schmitt의 결단주의가
헌법제정권력의 한계를 부인하는 것은 각각 Sieyès와 C. Schmitt의 헌
법철학적 세계에서는 오히려 당연한 귀결일 수밖에 없다. 그렇지만
Sieyès나 C. Schmitt의 헌법제정권력에 대한 설명이 설득력이 적은 것
과 마찬가지로 헌법제정권력의 한계를 부인하는 그들의 결론도 쉽사리
납득이 가지 않는다. Th. Maunz[12]가 제헌권의 혁명적 성격을 어느 정
도 인정하면서도 헌법제정권력이 존중해야 되는 자연법적 원리를 강조
하고 있는 것도 그 때문이다. 물론 헌법제정권력이 제헌권을 사용하는
경우에 구헌법질서에 얽매일 필요가 없는 것은 당연하다. 따라서 C.
Schmitt가 구헌법질서를 무시해 버릴 수 있는 제헌권의 권능을 일컬어
헌법제정권력의 무한계라고 한다면 이에 동의할 수밖에 없다. 하지만
헌법제정권력의 한계문제는 구헌법질서를 존중할 것이냐 아니면 무시
해도 좋으냐의 논의에 그치는 것이 아니라, 구헌법질서와 무관한 어떤
'법원리'를 인정할 것이냐의 문제도 포함해서 생각해야 하겠기 때문에
칼 슈미트적인 결론에 찬성할 수 없다.

a) 이데올로기적 한계

84
제헌의
목적에 의한
제약

도대체가 헌법제정권력의 주체가 제헌자로 기능한다고 하는 것은
사회공동체를 정치적인 일원체로 조직하기 위한 법적인 기본질서와 정
치적인 통치형태를 스스로 결정하는 것을 뜻하기 때문에 그것은 다양
한 이해관계의 다원적 구성분자로 짜여져 있는 사회공동체에 평화와
질서를 심어 주는 말하자면 평화의 사자 내지 질서확립자의 기능과 같
다고 할 것이다. 헌법제정의 목적이 이처럼 국가사회의 기초가 되는
일원적인 법공동체를 조직함으로써 사회평화와 사회질서를 확립하기
위한 것이라면 헌법제정권력은 우선 이와 같은 제헌목적에 의한 제약
을 의식하지 않을 수 없을 것이다. 또 헌법제정은 실제로도 갑자기 하
늘에서 떨어지는 별똥현상과 같은 것이 아니고 오랜 동안의 이념적·

---

12) Vgl. *Th. Maunz*(FN 2), S. 42, S. 49.

역사적·사회적·정치적 전통 등에 의해서 서서히 구성된 현실적인 정치상황 속에서 이루어지는 것이기 때문에 그것이 사회평화와 사회질서를 보장하는 기능을 다하기 위해서는 적어도 헌법제정 당시의 정치적인 시대사상 또는 생활감각을 반영하는 것이 아니면 아니 된다. 새로 제정된 헌법이 제헌 당시의 현행헌법질서의 관점에서 볼 때 합법적일 수는 없더라도 그것은 적어도 일정한 정치이념의 관점에서 정당화되는 것이 아니면 아니 된다. 그렇지 않으면 처음부터 제헌의 목적이 실현될 가능성이 희박하기 때문이다. 따라서 현대와 같이 국민주권의 시대사상과 민주주의 또는 사회주의의 정치이념이 지배하는 시대에는 헌법제정권력이 적어도 '민주주의적 정당성' 또는 '사회주의적 정당성'[13]의 요청에 의한 제약을 받지 않을 수 없다. 이처럼 헌법제정권력은 어떤 선재적인 실정법에 의한 제약은 받지 않는다 하더라도 최소한 제헌 당시의 정치상황을 지배하는 시대사상, 정치이념, 또는 생활감각에 의한 제약을 받기 마련이다. 이렇게 볼 때 헌법제정권력의 발동은 일체의 이데올로기적 사고의 영역을 벗어나서 모든 것을 마음대로 결정할 수 있는 이른바 '의지적인 결단' 내지 '정치적인 결단'의 현상일 수만은 없다.

시대보편적 이데올로기의 제약

b) 법원리적 한계

또 제헌권의 행사가 '법질서'를 창조하는 법창조행위라고 한다면 그것은 마땅히 법적인 사고의 영역에 속하는 현상이기 때문에 '법적 이성', '정의' 또는 '법적 안정성' 등과 같은 '기초적인 법원리'를 완전히 무시해 버릴 수는 없다고 보아야 한다. 또한 헌법제정권력은 정치 내지 헌정의 전통에 의해서 그 사회에 확립된 법률문화를 최소한 이어나가지 않을 수 없다고 보는 것이 정당하다.[14]

85

기초적 법원리 및 법률문화의 제약

c) 자연법적 한계론의 문제점

이와 같이 이데올로기적 당위성, 그리고 법창조행위에 전제되고 있는 법적 개념으로부터 나오는 헌법제정권력의 한계는 자연법사상에

86

자연법적 인권사상의

---

13) 인민해방을 내세우면서 결과적으로는 노동자·농민계급을 국민과 동일시한 나머지 노농정당의 독재를 초래하는 '사회주의'적 정치이념은 Karl Marx나 Engels의 정치적인 utopia가 실패하고 있는 대표적인 예다. 1989년부터 1990년에 걸친 동구권공산주의국가들의 붕괴가 이를 입증하고 있다.

14) 동지: *P. Badura*(FN 2), Sp. 2716.

고전성

근거를 두고 주장되는 헌법제정권력의 한계론과[15] 명백히 구별되어야 한다. 예컨대 자연법사상에 입각해서 헌법제정권력의 한계를 주장하는 Th. Maunz[16]에 따르면 '인간의 기본적 권리'는 초국가적인 자연법에서 유래하는 것이기 때문에 마땅히 헌법제정권이 이를 존중해야 된다고 한다. 그러나 시대사상, 정치이념 또는 생활감각 등과 같은 이데올로기적인 정당성에 입각해서 제헌권의 한계를 강조하는 입장에서 볼 때 적어도 오늘날에는 민주주의적 정당성의 요청 때문에 기본적 인권의 보장이 불가피한 것이 된다. 왜냐하면 헌법제정권력이 민주주의적인 정당성을 인정받기 위해서는 민주주의사상의 본질적인 내용에 속하는 자유주의의 3대요소, 즉 '시민의 해방', '국가권력의 제한', '국민의 자유보장'을 존중하지 않으면 아니 되겠기 때문이다.

d) 국제법적 한계

87

국제법의
제약

헌법제정권력은 이처럼 이데올로기적 정당성과 법적 개념에 의한 제약을 받는 외에도 경우에 따라서는 국제법상의 제약을 받을 수도 있다. 패전국의 제헌권행사가 승전국의 의사에 따라 영향을 받는다든지, 해방된 식민지의 제헌권이 지금까지의 보호국에 의해서 제약되는 것 등은 그 대표적인 예이다.

3. 헌법제정절차

88

헌법제정의
세 가지
표준절차

헌법제정권력이 어떠한 방법으로 행사되느냐의 문제는 누가 헌법제정권력의 주체가 되느냐에 따라 달라질 수 있다. 오늘날처럼 국민주권의 사상에 따라 국민이 헌법제정권력의 주체가 되는 경우에도 제헌권의 행사방법은 여러 가지 유형이 있을 수 있다. 즉, 국민이 국민투표 등의 방법에 의해서 직접 제헌권을 행사할 수도 있겠고 또는 국민이 선출한 대의기관으로 하여금 헌법을 제정토록 할 수도 있기 때문이다. 전자의 방법은 루소적인 사상의 세계에 가깝고, 후자는 쉬에스적 제헌론에 가깝다고 할 것이다. 또 Sieyès와 Rousseau의 사상을 절충해서 대의기관에 의한 제헌권의 행사와 국민투표의 방법을 혼용하는 것도

---

15) 예컨대, *Th. Maunz*(FN 2), S. 42 u. 49; *derselbe*, Starke und schwache Normen in der Verfassung, in: FS f. W. Laforet(1952), S. 141ff.(142, 150f.); BVerfGE 1, 14(17, LS 21 a)는 자연법이론에 입각해서 헌법제정권력의 한계를 인정하고 있다.

16) Vgl. *Th. Maunz*(FN 2), S. 42 u. 49.

가능할 것이다. 어쨌든 국민이 헌법제정권력을 행사하는 경우에는 대개의 경우 헌법안을 기초하기 위한 제헌의회가 소집되는 것이 보통이다. 이 제헌의회에서 마련된 헌법안은 이 제헌의회의 의결만으로 헌법으로 확정되게 할 수도 있는데 이 경우 제헌의회는 동시에 국민회의적 성격을 띠게 된다(예컨대 바이마르헌법 제181조에 의한 국민회의(National-versammlung), 1948년 우리나라 제헌국회). 또 제헌의회는 단순히 헌법기초의 기능만 맡는 이른바 제헌위원회(Verfassungskonvent)적 성격을 가지게 해서 제헌의회(제헌위원회)가 마련한 헌법안을 국민투표에 붙여 헌법으로 확정시키는 방법도 가능하다(예컨대 1958년 프랑스 제5 공화국헌법). 나아가서 제헌의회(=국민의회)의 의결과 국민투표를 함께 실시하는 혼합형도 생각할 수 있다(예컨대 1946년 프랑스 제4 공화국헌법).

Rousseau와 Sieyès의 사상적 세계에 기반을 두는 이상과 같은 세 가지 절차적 유형은 오늘날까지도 말하자면 제헌의 표준절차로서 제헌권의 행사에 많이 응용되고 있는 것은 사실이지만, 그렇다고 해서 예외가 없는 것은 아니다. 특히 그와 같은 예외 현상은 다수의 지방(支邦)국(Einzelstaaten)을 발판으로 해서 하나의 연방국가(Bundesstaat)가 성립되는 경우에 자주 볼 수 있다. 즉 이 경우에는 제헌의회나 국민투표의 절차에 의해서 연방헌법이 제정되기보다는 오히려 연방국가로 합하려는 지방국들의 개별적인 의회의결에 따라 제정되는 것이 보통이다. 다만 연방헌법은 일정수 이상 (대개의 경우 2/3 또는 3/4)의 지방국의회로부터 찬성을 얻은 후에 우선 찬성하는 지방국에서만 효력이 발생하는 것이 관례로 되어 있다. 따라서 연방에의 참여를 거부하는 지방국은 원칙적으로 그 의사에 반해서 연방에의 가입을 강요받지 않는다. 미국연방헌법과 스위스연방헌법의 제정절차가 그 대표적인 예에 속한다.[17] 1949년 독일연방공화국의 기본법도 원칙적으로는 이 절차적 유형에 따라 제정되었다.[18] 그런데 1990년 통일독일의 헌법제정절차는 하나의 특이

89

연방국가의
제헌절차

---

17) '연방가입강제금지조항'은 미합중국연방헌법과 스위스연방헌법에 관한 한 무의미한 조항이 되어 버렸다. 왜냐하면 모든 지방국이 하나같이 연방헌법에 찬동했었기 때문이다.

18) 독일연방공화국기본법의 제정은 엄격히 따져서 미국이나 스위스의 연방헌법제정유형과도 다소 다르다. 즉, 독일기본법(Grundgesetz v. 23. 5. 1949)은, 헌법전문가 및 정당대표로 구성된 제헌위원회(이른바 "Herrenchiemseer" Verfassungskonvent)가 마련한 헌법 기초안(Verfassungsentwurf)을 놓고 각 지방국의회에서 파견된 의원들로

통일독일의
제헌절차

한 유형에 속한다. 「한 민족의 두 국가」로 평가되어 온 서독과 동독이 1990년 10월 3일 하나의 국가로 통일함에 있어서 동독을 구성하고 있던 5개의 주가 독일연방공화국(서독)의 지방국으로 가입하는 형식을 취함으로써 새로운 통일헌법을 제정하는 절차를 밟지 않았기 때문이다. 이처럼 독일 통일의 실질적인 내용은 흡수통일이었지만 그 형식은 어디까지나 서독과 동독이라는 두 국가간의 조약체결에[19] 의한 것이었다. 그 중에서도 특히 통일조약(Einigungsvertrag)에 서독기본법 6개 조문의[20] 개정내용이 포함되어 있었고, 이 통일조약이 서독기본법($\frac{제79}{조}$)의 개정절차에 따라 서독국회와 서독연방참사원(Bundesrat)에서 각각 그 재적의원 2/3 이상의 찬성으로 확정되었기 때문에 통일 전의 서독기본법은 이 6개 조문만이 개정된 형태로 통일독일의 헌법으로 여전히 그 효력을 갖고 있다.[21] 그렇지만 이 헌법은 그 제146조에 의해 독일국민이 새 헌법을 제정할 때에는 그 효력을 상실하는 임시헌법으로서의 성격을 띠고 있다.

구성된 일종의 제헌국민회의적 성격의 '의회협의회'(Parlamentarischer Rat)가 심의·의결한 후, 2/3 이상의 지방국이 그 의회의결로서 찬성한 다음에야 비로소 그 효력을 발생케 했었다(독일기본법 제144조, 제145조 참조). 다만 독일기본법에는 처음부터 '연방가입강제금지조항'이 명문화되어 있지 않았기 때문에, 동연방헌법이 Bayern주의 의회에 의해서 부결되자 Bayern주에서의 연방헌법효력이 문제될 수도 있었다. 하지만 Bayern주의회는 연방헌법 내용에는 반대하지만 Bayern주가 독일연방공화국에 속한다는 것을 동시에 의결했기 때문에, 특별한 헌법적 문제가 생기지는 않았다.

이처럼 독일기본법의 제정절차에는 처음부터 국민이 직접 참여하지 않았기 때문에 그 정당성이 문제될 수도 있겠으나, 지배적인 견해에 의하면, 새로 제정된 연방헌법에 의해서 처음으로 실시된 제1회 연방국회선거(1949년 8월 14일)는 동시에 새 연방헌법에 대한 국민투표적 성격을 띠는 것이었기 때문에 연방헌법(기본법)은 일종의 '묵시적인 국민투표'(stillschweigendes Plebiszit)에 의해 정당화된 것이라고 한다.

Vgl. *P. Badura*(FN 2), Sp. 2715f.; *R. Herzog*, Allgemeine Staatslehre, 1971, S. 315f.

19) 독일 통일을 성취시킨 주요한 조약으로는 1990년 5월 18일의 서독과 동독간의 「국가조약」(Staatsvertrag), 1990년 8월 3일의 「선거조약」(Wahlvertrag), 1990년 9월 12일의 「2+4 조약」(Zwei-plus-Vier-Vertrag) 그리고 1990년 8월 31일의 「통일조약」(Einigungsvertrag)이 있다.

20) 헌법전문, 제23조, 제51조 제2항, 제135a조, 제143조, 제146조가 바로 그것이다. 이 점에 대해서 자세한 것은 졸편저, 독일통일의 법적 조명, 1994, 81면 이하 및 249면 이하 참조.

21) 독일기본법은 통일 후에도 15차례의 개정(2002. 7. 22.의 제51차 개정까지)이 있었는데 주로 유럽연합의 창설 및 주의 권한강화가 그 주된 개정내용이다.

4. 우리나라 헌법의 성립과 제정

(1) 제1공화국헌법

우리나라의 헌정사는 우리나라가 일본의 식민지로부터 독립한 1945년 8월 15일 이후의 정치역사이다. 1910년 8월 29일 한일합병조약에 의해서 일본의 식민지가 된 후 특히 1919년 3월 1일의 역사적인 3·1독립운동 등에 의해서 상징된 바와 같이 우리 민족의 독립에의 의지는 엄청난 것이었다. 그리하여 1945년 일본의 패전과 함께 그 해 8월 15일 우리나라가 마침내 독립하게 되자 한반도 전체를 망라하는 건국의 민족의지는 자못 큰 것이었다. 하지만 전승국 상호간의 이해관계, 특히 소련의 반대 때문에 1948년 2월 27일 유엔의 결의에 따라 1948년 5월 10일 우선 선거가 가능한 38선 남쪽 지역에서만 헌법제정을 위한 제헌의원이 선출되기에 이르렀다. 이 결과 선출된 제헌의원(198명)들이 1948년 5월 31일 제헌국회를 구성하고 헌법제정의 작업에 착수했다. 그리하여 마침내 1948년 7월 17일에 대통령제와 단원제국회를 주골자로 하는 자유민주주의적 대한민국헌법(이른바 제1공화국헌법)이 제정공포되기에 이르렀다.

이처럼 제정된 우리나라 헌법은 정치사회학적으로 볼 때 다음과 같은 역사적인 상황 속에서 성립된 역사적인 산물이었다고 할 것이다. 즉, 본의 아니게 35년간 일본의 식민지로서 많은 억압과 희생을 당한 우리 민족은 이미 일본의 식민지통치하에서 민족의 동질성과 공동운명체로서의 일체감 내지 연대의식 같은 것을 절실히 느끼고 있었다고 볼 수 있다. 따라서 이와 같은 연대의식이 1945년 해방과 더불어 독립국가건설이라는 Konsens에 의해서 더욱 굳어지고 건국의 열망과 집념을 내용으로 하는 강력한 Konsens의 힘 때문에 1945년 12월 모스코바 3국외상회의의 결과 나타난 이른바 4개국신탁통치안을 둘러싼 찬반대립은 사회적 원심력의 형태를 처음부터 띨 수도 없었다. 결국 일본의 식민지시대로부터 해방 후 건국시까지 계속된 강력한 해방의 열망과 건국의 의지는 우리 민족이 드물게 경험해본 말하자면 민족적·정치적 색채를 띤 역사적인 Konsens였다 할 것이다. 둘째로 이와 같은 건국의 Konsens가 형성된 역사적인 상황 아래서 해방 후 세계 각국에서

90
8·15광복과
건국헌법
제정

91
제헌의
정치사회적
환경

Konsens·
중심세력·
참여의식

귀국한 많은 독립운동의 투사들(이승만·김구·김규식 등)을 중심으로 이른바 정치적인 일원체를 조직하기 위한 중심세력이 나타났었다. 특히 해방 당시 이승만 박사는 이와 같은 중심적인 정치세력의 강력한 구심적 역할을 했었다고 할 것이다. 셋째로 1948년 5월 10일 제헌국회구성을 위한 총선거에서 나타났던 것처럼 국민의 건국에의 참여의식은 매우 왕성한 것이었다. 이와 같이 1945년 해방 후 우리나라에는 정치사회학적으로 제헌의 전제가 되는 'Konsens-중심세력-참여의식'의 삼각변수가 형성되어 있었다고 볼 수 있다.

92
쉬에스적
제헌절차

좌우간 해방 후 최초로 행사된 우리 민족의 제헌권은 국민이 선출한 제헌국회에 일임된 형태로 나타났기 때문에 유형적으로 볼 때 쉬에스적 제헌절차에 가깝다고 할 것이다. 또 1948년 우리 제헌국회는 제헌의회(Constituante)와 국민회의(Nationalversammlung)적 성격을 함께 가지고 있었다고 보아야 한다. 왜냐하면 제헌의회에서 기초·심의·통과된 헌법이 아무런 다른 절차를 거치지 않고 그대로 헌법으로 확정되었었기 때문이다.

93
제헌권의
제약요인

이처럼 국민의 수권에 의해 제헌국회가 그 제헌권을 행사함에 있어서도 제헌 당시를 지배하던 민주주의적 정치이념, 자유주의적 시대사상 등에 의한 이른바 이데올로기적 제약을 받았었기 때문에 세부적인 권력구조를 어떻게 규정할 것이냐에 대한 격렬한 논쟁은 있을 수 있으나, 자유주의적 사상에 입각한 민주주의를 그 기본골격으로 하는 데는 이론이 있을 수 없었다. 또 1948년 5월 10일에 실시된 제헌국회의 구성을 위한 총선거가 유엔임시한국위원단의 감시 하에 이루어졌던 것을 비롯해서 대한민국의 건국에 처음부터 유엔이 상당히 큰 역할을 했고 또 관심을 표시했던 점 등을 고려할 때, 당시의 제헌권행사는 이와 같은 국제상황에 의해서도 어느 정도 제약을 받았었다고 보는 것이 옳을 것 같다.

(2) 제2공화국헌법

94
4·19와
이승만정권
붕괴

1948년 7월 17일 제정공포된 제1공화국헌법은 두 차례의 불행한 위헌적 개정(1952년 7월의 이른바 발췌개헌안 통과, 1954년 11월의 이른바 4사5입식개헌)을 거치는 동안 이미 그 규범적 효력이 크게 약화된 데다가 정치규범적 특질만이 지나치게 나타나 더 이상 권력제한적 또는 생

활규범적 기능을 다하지 못하게 되었다. 그 결과 헌법규범과 헌법현실
은 점점 거리가 멀어지고, 마침내 이에 대한 국민의 저항이 1960년
4·19학생의거를 계기로 폭발하기에 이르렀다. 이 같은 저항권의 행사 4·19의 성격
는 처음부터 법적 양심에 입각해서 위헌적 정권행사를 겨냥한 정권도
전적 성격의 것으로서 자유당정권을 붕괴시키고 헌법의 규범적 효력과
권력제한성을 재생시키기 위한 것이었기 때문에, 기존 헌법질서를 파
괴하고 새 헌법질서를 창설하는 것을 그 본질로 하는 혁명과는 그 성
격을 달리했다. 그렇지만 자유당정권의 불법통치를 종식시키기 위한
불가피한 수단이 바로 4·19였다면, 그것은 정치적인 의미에서뿐 아니
라 법적인 의미에서도 혁명적인 성격을 충분히 인정할 수 있다고도 볼
수 있을 것이다. 4·19에 대한 법리적 평가는 그 당시의 헌법에 대한
국민의 헌법에의 의지가 얼마나 컸었느냐의 문제와 불가분의 연관성이
있다고 할 것이다. 헌법에의 의지가 거의 실종된 상태였다고 진단한다
면 4·19의 혁명성을 부인하기는 어렵기 때문이다. 아무튼 이승만 박
사의 자유당정권이 무너짐과 동시에 같은 해 6월 15일 제 3 차 개헌의
형식으로 사태가 수습될 수 있었고 이에 따라 제 2 공화국이 탄생하게
되었다.

　　제 2 공화국헌법은 그것이 어디까지나 구헌법의 개정절차에 따라　　　　95
제정되었다는 점과 제헌에 대한 국민의 직접적인 수권이 없었다는 점 구헌법의
에서 헌법이론적으로 따질 때 엄밀한 의미에서 제헌권의 행사라고 보 개정절차에
기는 어렵다. 다만 구국회가 제 3 차 헌법개정 후에 자진해산(1960년 7 따른 제헌
월 28일)하고 (구헌법에는 국회자진해산에 관한 규정이 없었다) 곧이어 새로
운 국회(민의원과 참의원)를 구성하기 위한 총선거(1960년 7월 29일)가 성
공적으로 실시되어 새로이 국회와 정부가 구성되었다는 점을 감안해
서, 총선거를 통해 개정헌법(제 2 공화국헌법)에 대한 국민의 묵시적인
국민투표가 있었다고 볼 수도 있을 것이다. 어쨌든 제 2 공화국헌법은
제 1 공화국헌법에 의한 헌정의 경험과 제 2 공화국 탄생 당시의 시대
적인 Konsens였던 권력제한과 자유보장 그리고 공명선거보장의 요청
때문에 불가피하게 이와 같은 시대사상 내지 생활감각을 반영하지 않
을 수 없었다. 그 결과 i) 권력통제를 효과적으로 하기 위한 의원내각 헌법의
제, ii) 광범위한 헌법재판사항을 담당하는 헌법재판소제도, iii) 사법권 주요골자

의 독립을 강화하기 위한 대법원장과 대법관의 선거제, iv) 국민의 기본권을 효과적으로 보장하기 위한 본질적 내용의 침해금지조항, v) 선거자유를 보장하기 위한 중앙선거관리위원회의 헌법적 지위강화, vi) 공무원(경찰공무원 포함)의 정치적 중립 제도화, vii) 지방자치단체의 민주적 행정을 위한 그 장의 선거제 등이 제 2 공화국헌법의 주요골자를 이루게 되었다.

96
헌법제정과 헌법개혁

요컨대, 제 2 공화국헌법은 정치사회학적으로도 새로운 제헌권의 행사를 가능케 하는 정치적 상황을 배경으로 하지 못했기 때문에 구헌법을 토대로 한 개헌과 총선거의 방법에 의해서 제정되었다는 점에서, 말하자면 헌법개혁[22]이었다고 할 수도 있지만, 4 · 19를 혁명으로 평가한다면 헌법제정이었다고 보아야 한다.

(3) 제 3 공화국헌법

97
5 · 16군사 쿠데타와 새헌법제정

1961년 5월 16일 군사혁명에 의해서 제 2 공화국의 헌법질서는 그 효력을 상실하게 되었다. 즉 군사혁명정권은 통치의 수단으로 6월 6일 국가재건비상조치법을 제정 · 공포하기에 이르렀는데, 이 비상조치법에 의해서 제 2 공화국헌법은 혁명과업수행에 저촉되지 않는 범위 내에서, 또 비상조치법에 저촉되지 않는 범위 안에서 그 효력이 계속 인정되었으나, 이것은 헌법이론적으로 볼 때 역사적으로 확립된 헌정의 전통과 법률문화를 최대한 준수함으로써 혁명을 성공적으로 이끌기 위한 혁명과업수행의 한 수단이었다고 볼 수 있기 때문에 제 2 공화국헌법의 규범적 효력은 사실상 1961년 5월 16일에 상실되었다고 보는 것이 옳을 것이다. 제 3 공화국헌법(1962. 12. 26.)은 이처럼 군사혁명에 의한 구헌법의 폐지와 혁명의 권력에 입각한 새 헌법의 제정에 의해서 성립된 것이었기 때문에, 비록 제헌의 과정에서 구헌법질서가 많이 존중되었다 하더라도 제 3 공화국헌법을 헌법개정의 이론으로 설명하려는 입장에는 찬성할 수 없다. 물론 제 3 공화국헌법은 그 전문에 '1948년 7월 12일에 제정된 헌법을 이제 국민투표에 의하여 개정한다'고 밝

헌법개정으로 보는 시각

히고 있지만, 이것은 어디까지나 우리나라 헌법의 동질성과 계속성을 유지하려는 혁명세력의 의지를 명백히 하는 것에 불과할 뿐 그로 인해

---

22) 헌법개혁(Verfssuangsreform)과 헌법개정(Verfassungsänderung)의 차이에 대해서는 아래에 설명한 방주 122 참조할 것.

서 혁명에 의해 제정된 헌법의 법적 성격이 달라지는 것은 아니다. 사
실상 우리나라에는 언제부터인가 모든 정치현상을 되도록 실정법적 테
두리 안에서 관찰하려는 규범주의 내지 법실증주의적 헌법관이 깊이
뿌리를 내리고 있을 뿐 아니라 기존질서를 파괴하고 새 질서를 확립하
는 이른바 사회개혁에 대해서는 지극히 회의적인 태도를 보이는 이른
바 보수주의가 지배하고 있다. 따라서 그 법파괴적·법창조적 기능에
의해서 상징되는 혁명의 정치현상에 대해서도 이를 되도록이면 기존질
서의 테두리 안에서 설명해 보려는 잠재의식이 작용하고 있는지도 모
른다.

　　하지만 혁명은 그 본질상 결코 기존헌법질서에 의해서 정당화될 　　98
성질의 것도 아니고 또 그럴 필요도 없는 것이다. 혁명을 Rousseau[23] 　혁명의 특성
처럼 '문명적 진보의 수단'(als Mittel des zivilisatorischen Fortschrittes)이
라고 파악하는 경우에는 더욱 그렇다. 또 칼 막스(Karl Marx)나 엥겔스
(Engels)가 정립한 혁명이론처럼 공산혁명을 역사적인 필연성으로 보려
는 극단적인 이념적 혁명론을 도외시하더라도 혁명은 하나 아렌트
(Hannah Arendt)[24]의 판단처럼 어떠한 상황 아래서도 새 출발할 수 있
는 인간의 특성(Gebürtlichkeit des Menschen; Fähigkeit zum totalen
Neubeginn)과도 직결되는 정치현상이기 때문에 이를 부정적으로만 받
아들일 것은 못된다. 다만 혁명의 본질이 실력에 의한 현존상태의 변
혁을 목표로 한다고 볼 때, 역사의 발전과 시대의 변화에 대비해서 유
동성과 개방성을 가지는 헌법규범의 안목에서는 그와 같은 실력에 의
한 변혁이 꼭 필요한 것이냐의 의문이 주로 법적 안정성의 관점에서
제기될 수 있다.[25] 하지만 혁명은 이와 같은 법적 안정성의 범주를 벗

---

23) Rousseau의 '사회계약론'(contrat social)의 문체가 그의 혁명의 pathos에 의해서
　　많이 좌우되고 있다는 것은 주지의 사실이다.

24) Vgl. *H. Arendt*, On Revolution, 1963.

25) 따라서 혁명을 처음부터 정치현상이라고 보지 않고 법적 현상이라고 보고 이를 저항
　　권(Widerstandsrecht)의 한 변형적 유형인 "jus revolutionis"(혁명권)으로 이해하려는
　　입장도 있다. 이 입장에 따르면, jus revolutionis는 처음부터 법적인 문제이기 때문에,
　　자연법적 법원리 내지는 이익형량(Güterabwägung)의 원칙에 의해서 현존하는 '질서
　　의 가치'(Ordnungswert)보다 '정의의 가치'(Gerechtigkeitswert)가 훨씬 큰 경우에만
　　그 정당성(Legitimität)을 인정받을 수 있다고 한다. 그리고 '정의의 가치'에는 구체적
　　으로 '인권'(Individual- bzw. Freiheitswerte), 공공이익(Gemeinwohlwerte) 등이
　　포함된다고 한다. Vgl. *P. Schneider*, Ethik und Revolution, 1968; *derselbe*, Art.
　　"Revolution." in: EvStL, 2. Aufl.(1975), Sp. 2201(2204).

어나서 혁명특유의 힘의 철학에 의해서 움직이는 정치현상이라는 것을 잊어서는 아니 된다.

99

법실증주의

와 혁명

법실증주의의 사상에 따르는 경우에도 혁명에 의해서 정립된 새로운 법질서는 '새로운' 법질서로서 존중되지 아니하면 아니 된다. 사실상 실력에 의한 새로운 법질서의 성립을 그대로 인정하려는 것이 바로 법실증주의의 본질적 특징이다. 왜냐하면 법실증주의에 따르면 법질서란 국가권력에 의해서 정립되고 관철된 '규범질서'를 뜻하기 때문이다. 법실증주의에서는 '힘의 주체'는 동시에 '법적 힘'을 의미하게 된다. '힘의 주체'의 성향을 구별하지 않고 무조건 실력에 의해서 정립된 법질서를 바로 규범질서와 동일시하려는 곳에 법실증주의적 입장의 문제점이 있긴 하지만, 법실증주의에 따르면 혁명의 권력은 그것이 '실력에 의한 통치'의 형태로 나타나는 한 실력에 의한 '자기정당화'(Selbstlegitimation)의 이론에 의해서 설명될 수밖에 없고, 일단 '실력에 의한 통치'가 '헌법에 의한 통치'의 형태로 변형된 경우에는 그로 인해 새로운 법질서가 창조되는 것이다.

100

결단주의와

혁명

또 결단주의에 따르더라도 혁명세력에 의한 새 헌법의 제정이 국민투표 등의 절차에 의해서 정당화된 경우에는 그것은 이른바 '성공한 혁명'(geglückte, gelungene Revolution)[26]이라고 보아야 하고, 구태여 구헌법질서에 입각해서 이를 설명할 필요가 없다고 하겠다. 혁명의 이론과 C. Schmitt의 결단주의적 헌법관의 상통하는 점이 바로 그것이다.

101

'성공한

혁명'

실제에 있어서도 우리나라 제 3 공화국헌법은 그 제헌절차적 유형으로 보아서 '성공한 혁명'의 이론으로 충분히 설명될 수 있다. 즉 혁명정권을 담당한 국가재건최고회의가 중심이 된 헌법심사위원회(일종의 Verfassungsknovent)가 헌법안을 기초하고 이를 혁명주체인 국가재건최

---

26) 혁명의 이론에 대해서는 다음 문헌을 참조할 것.

C. Brinkmann, Soziologische Theorie der Revolution, 1948; C. C. Brinton, The Anatomy of Revolution, 3rd ed.(1956); K. Griewank, Der neuzeitliche Revolutionsbegriff, 2. Aufl.(1969); K. Lenk, Theorien der Revolution, 1973; H. Arendt(FN 24); Ch. Johnson, Revolutionary Change, 1966; J. C. Davies, Toward a Theory of Revolution, in: American Sociological Review, 1962, pp. 1; M. Olson, in: J. C. Davies(hrsg.), When Men revolt and Why, 1971, pp. 215; P. Schneider(FN 25); O. Köhler, Art. "Revolution", in: Staatslexikon, Bd. 6(1961), Sp. 885ff.

고회의에서 심의·의결한 후 마침내 국민투표(1962. 12. 17.)에 붙여 통과되었기 때문에 헌법안이 국민투표에서 절대다수의 지지를[27] 받음으로 인해서 혁명세력에 의한 새 헌법질서는 결국 국민으로부터 그 정당성을 인정받았다고 보아야 하겠기 때문이다.

제 3 공화국헌법전문에 나타난 바와 같이 우리나라 헌법의 동질성과 계속성을 보장하려는 혁명세력의 의지는 제 3 공화국 헌법전체를 일관하고 있다고 할 것이다. 말하자면 혁명에 의한 제헌권이 구헌법질서를 되도록이면 준수·보장한다는 선으로 자제되고 있다고 할 것이다. 그 결과, 자유민주주의적 정치이념을 실현하기 위한 여러 가지 헌법제도가 그대로 제 3 공화국헌법에도 보장되게 되었고 다만 통치구조적인 면에서 단원제국회와 변형된 대통령제를 채택함으로써 제 1 공화국헌법에 더 가깝게 되었다. 또 특기할 사항은 제 3 공화국헌법에 처음으로 개헌에 대한 국민투표제(Referendum)를 신설함으로써 헌법의 최고규범성이 더욱 명백히 되었다는 점이다.

102
헌법의
동질성
보장노력

(4) 제 4 공화국헌법(유신헌법)

제 3 공화국헌법은 1972년 10월 17일의 유신조치에 의해서 그 효력이 상실되고 유신헌법(제 4 공화국헌법, 1972. 12. 27.)에 의해서 대치되게 되었다. 유신헌법의 성립·제정과정을 설명하는 데 있어서 지금까지 두 가지 견해가 대립하고 있는 것 같다. 즉 1972년 10월의 유신조치를 일종의 혁명이라고 보고 유신헌법은 혁명에 의한 새 헌법의 제정이라고 설명하는 입장과 유신조치는 초국가적인 비상사태를 수습하기 위한 '초헌법적인 비상조치' 내지는 '초헌법적인 긴급조치'였고, 이와 같은 긴급조치에 의해 제 3 공화국헌법이 전면개정된 것이 유신헌법이라고 설명하려는 입장이 그것이다. 유신헌법의 전문에는 제 3 공화국헌법전문에서와 마찬가지로 '헌법을 이제 국민투표에 의하여 개정한다'고 선언함으로써 후자의 입장을 실정법적으로 뒷받침해 주고 있는 것 같은 인상을 주고 있다. 하지만 제 3 공화국헌법에 대해서도 말한 바와 같이 헌법전문의 문구만에 의해서 제헌의 성격이 결정되는 것은 아니라고 할 것이다.

103
유신헌법의
성격

---

27) 당시의 투표통계숫자는 다음과 같다.

총유권자, 12,412,798명; 투표자, 10,585,698명; 찬성, 8,339,333명; 반대, 2,008,801명; 무효, 237,894명.

104
정변

생각건대, 1972년 10월의 유신조치를 구태여 헌법이론적으로 살펴본다면 이른바 '접근의 이론'(favor conventionis; Annäherungstheorie)[28]으로 설명될 수 있고 커버될 수 있는, 말하자면 '하향식혁명'(Revolution von oben) 내지는 정변(Staatsstreich)[29]이었다고 할 것이다. 즉 레르헤(P. Lerche)에 의해서 정립된 '접근의 이론'에 따르면, 원칙적으로 합헌적이라고 볼 수 없는 법적 조치도 그것이 현재의 법적 상태보다 헌법이 지향하는 목적에 더 접근할 수 있는 것이라면 일정한 전제조건하에서는 정당화될 수도 있다는 것이다.

105
'접근의
이론'

우리나라와 마찬가지로 분단상태에 있던 서독이 그 기본법$\left(\begin{smallmatrix}전문, 제146조, 제23조,\\ 제116조 제1항\end{smallmatrix}\right)$에서 평화통일을 포기할 수 없는 중요한 정치적인 목표로 삼고 있던 것은 당연한 일이다. 따라서 서독기본법의 이와 같은 '통일을 지향한 정책수행의 명령'(Wiedervereinigungsgebot)[30]에 입각해서 볼 때, 서독정부는 외교정책을 비롯한 모든 정책을 입안하고 수행해 나가는 데 있어서 언제나 통일과업 달성을 염두에 두고 이를 위해서 국내외적으로 부단한 노력을 경주해야 된다고 하는 것이 '접근의 이론'이 정립되게 된 규범상황적 배경이다. 독일연방헌법재판소는 이미 1955년 자르지방(Saar)의 법적 지위에 관한 국제조약의 인준법에 대한 합헌판결[31]을 비롯해서 그 후에도 많은 판례에서[32] 접근의 이론과 유

---

28) '접근의 이론'은 독일연방헌법재판소의 판례를 통해서 산발적으로 나타났던 것을 P. Lerche가 처음으로 체계적으로 정리·정립한 것이다. Vgl. *P. Lerche*, Das BVerfG und die Vorstellung der "Annäherung" an den verfassungsgewollten Zustand, DöV 1971, S. 721ff.; F. C. Zeitler Verfassungsgericht und völkerrechtlicher Vertrag, 1974, S. 50, 260, 262ff.

29) 혁명(Revolution)이라는 개념은 매우 다의적이어서 '군사쿠데타'(Militärputsch), '정변'(Staatsstreich) 등이 모두 혁명이라는 개념에 포함되어 사용되고 있긴 하지만, 특히 이미 성권을 담당하고 있는 국가의 수뇌부가 어떤 개혁을 목적으로 혁명을 히는 경우에는, 이를 국민이 정권에 도전해서 개혁을 시도하는 이른바 '상향식혁명'(Revolution von unten)과 구별하는 뜻에서 '하향식혁명'(Revolution von oben) 또는 '정변'(Staatsstreich)이라는 개념으로 특징지우는 것이 학문상의 관례이다. Vgl. *Th. Maunz* (FN 2), S. 338; *Raymond Tanter/Manus Midlarsky*, A Theory of Revolution, Journal of Conflict Resolution, 1967, pp. 264.

30) 독일연방헌법재판소는 이 개념을 사용하고 있다. Vgl. BVerfGE 36, 1(LS 4).

31) Vgl. BVerfGE 4, 157(168ff.).

32) Vgl. BVerfGE 12, 281(290ff.); 14, 1(7f.); 15, 337(384ff.); 18, 353(365ff.); 27, 253(281f.); 36, 1; 간접적으로는 다음 판례에도 이 정신이 나타나고 있다. BVerfGE 9, 63(71f.); 12, 326(337f.); 26, 100(112ff.).

사한 논리를 전개해 왔으나, 이를 체계적인 헌법이론으로 정립한 것이
P. Lerche이다. P. Lerche는 접근의 이론을 정립하는 그의 논문에서
접근의 이론이 지나치게 넓게 해석되는 것을 경고하면서 접근의 이론
에 불가결한 몇 가지 제약을 명시하고 있다. 즉 통일을 지향한 정책이
라 할지라도, 그것이 언제나 접근의 이론에 의해서 정당화되는 것이
아니고, i) 그 정책이 점진적으로 꾸준히 행해져야 될 뿐 아니라, ii) 우
선 헌법적인 규범의 테두리 안에서 가능한 모든 헌법적 수단(합헌적 수
단)을 총동원해야 되고, iii) 합헌적 수단이 다해서 부득이 헌법과 조화
되지 않는 방법을 선택하는 경우에도 헌법에 조화되는 선으로 최대한
접근시키려는 의지가 객관적으로 나타나야 하고, iv) 마침내는 통일정
책수행을 위한 위헌적인 입법조치에 의해서 구체적으로 달성되는 통일
에의 접근이익이 그와 같은 위헌적인 입법조치에 의해서 희생되는 이
익보다 크다고 볼 수 있는 이익의 일정한 형량관계(Abwägungs-
verhältnis)가 성립되어야 한다고 한다. P. Lerche의 말을 빌리면 법적
사고의 세계에서는 목적이 결코 모든 수단을 정당화시킬 수는 없는 것
이기 때문이라 한다.[33]

　　요컨대, 우리나라는 건국 이후 조국의 평화적 통일을 지상과업으
로 삼아 왔고 그와 같은 통일에의 민족적 의지가 제 1 공화국헌법 이래
계속해서 헌법의 내용으로[34] 천명되었던 것이 사실이다. 그러나 국제
정세의 유리한 호전이 없이는 우리의 정책적 수단만으로 통일의 꿈이
실현될 가능성은 매우 희박한 것이었다. 특히 이것은 북한의 철저한
폐쇄체제 때문에 더욱 어려운 일로 간주될 수밖에 없었다. 그러던 중
1972년 7월 4일 역사적인 남북공동성명 발표를 계기로 조성된 통일에
의 정치적 무드는 그것이 너무 갑작스럽게 일어난 일이긴 했지만, 또
따지고 보면 바로 그 사태의 돌발성 때문에 위정당국자의 입장에서는
민족의 숙원인 통일과업수행을 위한 적절한 대책을 세우지 않으면 아
니 되겠다는 어떤 사명감을 느낄 수도 있었을 것이다. 다만 문제는 당
시의 주어진 여건하에서 제 3 공화국헌법이 허용하는 규범적 테두리 안
에서 난국의 타개와 통일정책의 적극적 추진이 불가능했겠느냐의 점인

106

유신헌법과
'접근의
이론'

---

33) Vgl. *P. Lerche*(FN 28), insbes, S. 724.
34) 대한민국의 영토를 한반도와 그 부속도서로 한다는 헌법규정이 그것이다. 제1, 제 2
　　공화국헌법 제 4 조, 제 3 공화국헌법 제 3 조, 유신헌법 제 3 조와 현행헌법 제 3 조 참조.

데, 이것은 보는 각도에 따라 그 대답이 다를 수도 있을 것이다. 실제
로 책임을 지고 있는 위정당국자의 입장에서는 박대통령의 10·17선언
이 말해 주듯이 당시 효력을 가지고 있던 헌법적 수단에 의해선 돌변
한 국내외정세에 효과적으로 대응해 나갈 수 없다고 판단했기 때문에
부득이 2개월간의 기한부로 헌정을 중단하고 헌정체제를 통일접근체제
로 개혁하는 초헌법적 비상조치를 단행하지 않을 수 없었다는 것이다.
또 10월 17일의 비상조치에 의해서 헌정을 중단하면서도 당시의 헌법
전부를 폐기시키지 않고 일부조항의 효력만을 정지시킴으로써 되도록
이면 헌법에 조화되는 선에 접근하려는 의도를 객관적으로 표명한 것
이라고 볼 수도 있다. 나아가서 레르헤적인 이익형량의 관점에 입각해
볼 때도, 10월 유신 이후 통일을 지향한 남북간의 대화가 북한의 태도
변화로 인해서 장기간 중단되긴 했지만 상당한 기간 동안 남북간에 오
고갔다는 사실을 감안할 때 2개월이라는 단기간의 시한부헌정 일부 중
단의 불이익만을 일방적으로 큰 손실이라고 판단할 수는 없다고 말할
수도 있을 법하다. 그렇지만 유신조치가 장기집권의 수단이었다는 것
이 입증되고 있는 오늘의 상황에서 유신헌법의 제정을 접근의 이론으
로 정당화시킬 수는 없다고 할 것이다.

107
유신조치의
법적 평가

　어떻든 1972년 10월 유신조치는 제3공화국헌법의 규범적 효력
으로는 설명할 수 없다는 점에서 그 혁명성을 부인할 수 없고, 헌정체
제를 통일에의 접근체제로 개혁하려는 비상조치가 당시의 현직대통령
으로부터 비롯되었다는 점에서 '하향식혁명' 내지 '정변'이라고 성격화
시킬 수 있다. 그리고 10월유신에 의한 유신헌법이 1972년 11월 21일
의 국민투표에서 총유권자 84%의 찬성을 얻어 확정되었다는 점을 생
각하면 유신헌법의 제정은 결단주의적 관점에서는 그 정당성을 인정받
은 것이라 할 것이다. 또 법실증주의에 따른다면 유신체제는 이른바
'완성된 사실'(fait accompli, vollendete Tatsache)로서 헌법형성적 힘을
가지는 역사적 현상이라고 할 것이다.[35]

---

35) Vgl. *G. Jellinek*, Verfassungsänderung und Verfassungswandlung, 1906, S. 21:
　　"Das fait accompli (die vollendete Tatsache) ist eine historische Erscheinung
　　von verfassungsbildender Kraft."

(5) 제 5 · 6 공화국헌법

a) 최초헌법

제 4 공화국의 이른바 유신헌법은 1980년 10월 27일 제 5 공화국 헌법의 공포 · 발효와 함께 그 효력을 상실했다. 사실상 유신헌법은 우리 사회를 동화시키고 통합시키는 기능보다는 특정정권에 봉사하는 기술법적 기능이 두드러져서 우리 사회의 저변에 흐르고 있는 가치적인 Konsens를 그대로 포용하고 있었다고 보기 어려웠기 때문에 시간이 흐름에 따라 헌법규범과 헌법현실의 갭이 점점 더 벌어질 수밖에 없었다. 1979년 10월 26일 박대통령이 살해당한 후 비상계엄이 선포된(제주도 제외) 상황 아래서도 우리 사회에 팽배해진 새로운 헌법에의 의지는 바로 우리 국민의 생활 속에 파고들 수 있는 새로운 생활규범으로서의 헌법을 마련해 보겠다는 광범위한 Konsens의 표현이었다고 볼 수 있다. 1979년 11월 26일 당시의 국회에 여야동수(28명)로 '헌법개정심의특별위원회'가 구성되고 또 행정부도 '헌법연구반'활동을 바탕으로 1980년 3월 14일에는 각계인사 69명으로 '헌법개정심의위원회'를 구성하여 개헌작업을 진행시키는 등 새 헌법질서를 모색하는 움직임은 여야를 초월한 하나의 범국민적인 일이었다고 할 것이다. 각종 개헌공청회에 나타난 국민의 폭 넓은 의견과 관심 그리고 각계의 개헌시안이 이와 같은 국민적인 Konsens를 잘 표현해 준 것이었다고 볼 수 있다.

하지만 갑작스런 정치적인 해빙이 몰고 온 어수선한 사회분위기를 틈타 전두환을 중심으로 한 일부 군부세력이 '12 · 12사태'를 야기해서 정치에 관여하는 계기를 만들었다. '12 · 12사태'는 일부 군부세력이 정권을 장악하기 위한 단계적 군사쿠데타의 시작이었다고 할 것이다. 아무튼 1980년 5월 17일에 비상계엄이 전국에 확대되고 일체의 정치활동이 금지된 가운데 '국가보위비상대책위원회'가 구성되고(1980년 6월) 헌법개정작업이 '헌법개정심의위원회'를 중심으로 진행되는 동안 1980년 8월 16일에 최규하대통령이 사임하고 곧 이어 8월 27일에는 전두환 대통령이 선출되어 9월 1일 새로 대통령에 취임하였다. 그 후 '헌법개정심의위원회'가 마련한 헌법개정안은 1980년 9월 29일 공고되고 다음 달 10월 23일 국민투표에 붙여져 유권자 95.5%의 투표와 투표자 91.6%의 찬성을 얻어 새 헌법으로 확정되고 1980년 10월 27일

108

10 · 26사태와 새헌법 제정의 Konsens

109

12 · 12사태와 제 5 공화국의 탄생

대통령이 공포함으로써 이 날부터 발효하게 되었다(부칙제1조). 새헌법의 발효와 동시에 구헌법에 의한 국회와 통일주체국민회의는 해산되고 (부칙 제4조와 제5조) 새헌법에 의한 국회가 구성될 때까지 국회의 권한을 대행할 '국가보위입법회의'(부칙제6조)가 1980년 10월 29일 대통령이 임명한 81명의 의원으로 구성되어 제5공화국최초헌법의 각종 부속법률(대통령선거법·정당법·국회의원선거법·국회법 등)에 대한 입법활동을 마쳤다. 1981년 1월 25일에 비상계엄이 해제된 후 2월 11일에는 대통령선거인단(5,278명)이 선출되고 곧 이어 2월 25일에 있은 대통령선거에서는 대통령선거인 4,755(90.23%)명의 지지를 얻은 민정당의 전두환 대통령후보가 제5공화국의 새 대통령으로 당선되어 1981년 3월 3일 그 직에 취임했다. 또 1981년 3월 25일에는 국회의원선거를 실시하여 276명의 새 국회의원을 지역구와 비례대표제에 의해서 선출하고 새 국회가 1981년 4월 11일 처음 집회함으로써 제5공화국은 정식으로 출범하게 되었다.

110
헌법의 주요내용

'민주복지국가건설'·'정의사회실현'·'평화적 정권교체'를 그 이념적인 기초로 하고 있는 제5공화국헌법은 i) 국민의 기본권을 보강하고 기본권에 대한 '본질적 내용의 침해금지조항'을 두어 기본권보장의 실효성을 높이려고 노력한 점, ii) 대통령이 갖는 국회해산권과 비상조치권을 제한함으로써 그 악용 내지는 남용의 소지를 줄인 점, iii) 대통령이 갖던 국회의원 1/3의 추천권을 삭제한 점, iv) 대통령선거에서도 정당활동을 바탕으로 하는 경쟁선거의 길을 열어 놓은 점, v) 대통령의 임기를 단임으로 정한 점 등은 10·26사태 이후의 개헌논의에서 나타난 국민적 Konsens를 많이 반영하고 있는 것이라고 볼 수 있다. 대통령을 선거인단에 의해서 간접선거토록 한 것은 직접선거에서 오는 '과도한 국력 낭비'·'무책임한 공약의 남발'·'국론 분열'·'국민 총화의 저해' 등을 방지하기 위한 불가피한 수단이라고 전대통령이 그의 개헌안공고담화문에서 밝힌 바 있다.

111
헌법개정인가 헌법제정인가

아무튼 제5공화국최초헌법은 그 성문형식으로는 제4공화국헌법의 개정절차에 따라서 이루어진 것임에 틀림없고 또 법실증주의관점에서 볼 때 그것은 분명히 헌법개정 내지 개혁에 불과하지만, 결단주의적 관점에서 본다면 그 개정의 '질'이 통상적인 헌법개정이나 헌법개혁의 범주를 벗어날 뿐 아니라 그 부칙에 나타난 정치결단적 내용 때문에 이를 헌법개정 내지는 헌법개혁으로 성격화하기에는 어려움이 있다. 결국 제 5 공화국최초헌법을 탄생시킨 원천적인 힘은 새로운 생활규범으로서의 헌법을 원하는 국민적 Konsens였지만, 그것이 제 4 공화국의 헌정질서를 바탕으로 해서 이를 발전적으로 개혁하려는 '개혁주도세력'에 의해서 주도되고 추진되었기 때문에 개정의 형식을 밟게 된 것이라고 할 수 있다. 하지만 그 개정작업이 '법적인 질'의 것이 아닌 '정치적인 힘'에 의해서 추진되었다는 점에서 그 정치결단으로서의 성격을 부인할 수 없다. 사실상 제 5 공화국최초헌법을 헌법개혁이라고 성격화하는 경우에는 특히 그 부칙의 정치결단적 내용을 설명하는 데 헌법이론적인 어려움이 있는 것이 사실이고, 그것을 '정치적인 힘'에 의한 새헌법의 제정이라고 볼 때에만 비로소 그 부칙이 안고 있는 문제점이 해소된다고 할 것이다. 헌법 '개정'과 헌법 '제정'을 구별하는 기준은 실제로 어떤 절차와 형식을 밟았느냐의 형식에서 찾을 것이 아니고, 그것을 추진하는 중심세력의 '힘'과 '의지' 그리고 이것을 뒷받침해 주는 역사적인 환경과 국민적 Konsens의 질 등에서 찾아야 하리라고 보기 때문에 제 5 공화국최초헌법은 그것이 아무리 '개정'의 형식을 밟은 것이고 또 그 전문에서도 '개정한다'는 문구를 쓰고 있지만, 역시 새로운 정치주도세력에 의해서 추진되고 여기에 국민이 참여해서 이루어진 새로운 헌법의 제정이라고 보는 것이 헌법이론상 무리가 적다고 생각한다.

b) 개정헌법(이른바 제 6 공화국헌법)

제 5 공화국을 탄생시킨 1980년 제정헌법은 제 4 공화국의 몰락을 가져온 1979년 '10·26사태' 후에 우리 국민이 원하는 대통령직선을 포함한 '민주화'의 열망을 충분히 수용하지 못한 채, 이른바 '12·12사태'와 '5·18광주사태'의 주도세력이 그리는 정치구상에 따라 비상계엄이 선포된 가운데 '정치적인 힘'에 의하여 만들어졌을 뿐 아니라, 이 헌법시행에 필요한 여러 헌법부속법률(대통령선거법·국회의원선거법·정당법·국회법 등)들도 국회가 아닌 이른바 '국가보위입법회의'에서 제정되었기 때문에 처음부터 그 생활규범성이 매우 약할 수밖에 없었다. 또 1979년 이른바 '12·12사태'와 1980년 '5·18광주민주항쟁과잉진압'

112
무리한 힘의
행사와
국민적 저항

의 당위성과 합법성에 대한 강한 회의와, 그 후 '국가보위비상대책위원
회'의 구성(1980. 6) 등 전두환 대통령이 대통령에 당선될 때까지의 비
정상적인 정치상황의 전개 때문에 그가 이끄는 정부는 그 출범 당시부
터 그 민주적 정당성에 심각한 문제가 있는 것으로 지적되었었고, 그
것이 그의 통치권에 대한 국민적 저항으로 나타났었다. 이처럼 통치권
의 민주적 정당성이 다수국민으로부터 부인되는 열악한 통치기반 위에
서 전대통령은 정권을 '힘'으로 지킬 수밖에 없었고, 그의 '힘의 통치'
는 날로 그 정도를 더해 갔다. 그에 더하여 '국가보위입법회의'에서 비
민주적으로 제정된 이른바 '개혁법률'(언론기본법 · 집회 및 시위에 관한 법
률 · 국가안법 · 사회보호법 · 사회안전법 등)의 남용으로 인한 기본권 침해
등 권위주의통치가 자유민주주의를 위태롭게 하는 지경에까지 이르러
헌법의 생활규범성은 더욱 약화되는 결과를 초래했었다.

113
**2 · 12총선거
와 민의의
표출**

그 후 1985년 2월 12일 국회의원총선거에서 대통령직선제개헌을
주요선거공약으로 내세운 3개 야당(신민, 민한, 국민당)의 득표율(58.10%)
이 여당(민주당)의 득표율(35.25%)을 훨씬 능가했을 뿐 아니라, 1980년
제 5 공화국출범 당시 개혁주도세력에 의해서 인위적으로 만들어진 이
른바 '제도권정당'(민한, 국민당)이 선거에서 참패하는 대신, 1985년 총
선거를 앞두고 자생적으로 창당된 야당(신민당)이 102석을 차지함으로
써 148석의 여당을 견제할 수 있는 강력한 힘으로 등장했었다. 전정권
의 권위주의적 힘의 통치에 대한 국민의 준엄한 심판이었다.

114
**대통령
직선제
개헌공방과
'6 · 29선언'**

이 '2 · 12국회의원총선거'를 계기로 가시적으로 표출된 대통령직
선제 개헌과 민주화를 바라는 국민적 열망을 외면한 채 전대통령은 그
후 '개헌불가론', '개헌논의엄벌책', '의원내각제개헌안', '여 · 야개헌합
의촉구', '개헌논의연기를 위한 4 · 13담화' 등 사실상 개헌을 저지하는
정책을 밀고나가 국민을 분노케 했다. 그것이 결국 1987년 명예로운
'6월 항쟁'을 몰고 와, 노태우 민정당대통령후보의 '6 · 29선언'과 전대
통령의 '7 · 1담화'(대통령직선제개헌 및 민주화조치약속)를 얻어 내게 되었
다. 제 5 공화국출범 7년 만에 드디어 대통령직선제개헌의 길이 열린
것이다.

115
**제 9 차개헌
과**

그 후 대통령직선제를 주요골자로 하는 개헌작업은 빠른 속도로
진행되어 '여 · 야 8 인정치협상'이 시작된 한 달만인 1987년 8월 31일

여야합의에 의한 개헌안준비를 마치고, 9월 18일 여야공동으로 헌법개
정안을 국회에 발의하고, 9월 21일 개헌안공고절차를 거쳐 10월 12일
국회에서 개헌안을 의결했다.[36] 국회의 의결을 거친 개헌안은 헌법이
정하는 대로 10월 27일 국민투표에 붙여져 총유권자 78.2%의 투표와
투표자 93.1%의 찬성을 얻어 헌법개정이 확정되고 10월 29일 대통령
이 공포했다. 다만 이 개정헌법은 그 부칙($\frac{M1}{S}$)에 의하여 1988년 2월
25일부터 효력을 발생하기 때문에, 개정헌법을 시행하기 위하여 필요
한 법률의 제정·개정과 이 헌법에 의한 대통령 및 국회의원의 선거
기타 헌법시행에 관한 준비는 개정헌법 시행 전에 할 수 있게 했다. 또
개정헌법에 의한 최초의 대통령선거는 개정헌법 시행일 40일 전까지
실시하고 당선된 대통령의 임기는 개정헌법 시행일로부터 시작되게 한
부칙($\frac{M2}{S}$) 규정에 따라 1987년 12월 16일 실시된 대통령선거에서 민정
당의 노태우후보가 총유권자 32%의 지지를 얻어[37] 제13대 대통령에
당선되어 1988년 2월 25일 대통령으로 취임했다. 개정헌법에 의한 최
초의 국회의원선거는 늦어도 1988년 4월 28일까지는 실시되어야 하기
때문에($\frac{부칙}{M3조}$) '1구 1인상대다수대표제'(224명의 지역구의원)와 전국구비
례대표제(75명의 전국구의원)를 혼합한 국회의원선거법개정법률에 따라
1988년 4월 26일 제13대 국회의원총선거가 실시되었다. 총선결과는
우리 정당사상 처음으로 여당의석이 야당의석수보다 적은 이른바 '여
소야대' 현상으로 나타났다.[38] 제5공화국 제2기의 노대통령시대가
시작된 것이다.

노태우정권
탄생

대통령직선제를 그 주요골자로 하는 제9차 개정헌법은 대통령을
내손으로 뽑아야 되겠다는 국민의 폭넓은 Konsens와 이 Konsens를
개헌작업으로 연결시킨 국회라는 중심세력 그리고 국민의 강력한 뒷받
침과 적극적인 참여 속에서 이루어진 민주적인 개헌의 전형적인 표본

116
헌법제정
아닌
헌법개혁

---

36) 재적 272명 중 258명이 표결에 참가해서 254명이 개헌안에 찬성하고, 4명이 반대함
  으로써 국회의 개헌안의결에 필요한 재적 2/3의 의결정족수를 충족시켰다.

37) 총유권자 25,873,624명 중 89.2%에 해당하는 23,066,419명이 투표에 참가했고, 노
  태우 후보는 그 중 8,282,783표를 얻어, 총유권자의 32%, 총투표자의 35.9%, 총유효
  투표(22,603,411)의 37%의 지지를 얻었다. 조선일보사 발행 제13대 대통령선거자료
  집, 190면 참조.

38) 의석분포는 민정당 125석, 평민당 70석, 민주당 59석, 공화당 35석, 기타 10석이었
  다. 정당별득표율은 민정당 33.96%, 민주당 23.83%, 평민당 19.26%, 공화당 15.59%
  등이었다.

이라고 평가할 수 있다. 다만 그 개헌의 양적인 규모가 구헌법조문의 약 37%에 손을 댄 전면적인 것이었기 때문에 헌법이론적으로는 일종의 '헌법개혁'에 해당된다고 말할 수 있다. 따라서 제 9 차 개헌은 결코 새로운 헌법의 제정은 아니다. 대통령직선과 민주화를 바라는 국민의 Konsens가 1987년 '6월항쟁'에서 하나의 커다란 '정치적인 힘'으로 표출되어 돌이킬 수 없는 개헌의 원동력 내지 추진력이 된 것은 사실이지만, 그 개헌작업을 주도한 중심세력은 여전히 구헌법상의 국회였고, 구헌법이 정하는 개헌절차에 따라 국회의결과 국민투표에 의해서 헌법개정이 확정되는 등, 새로운 헌법의 제정이라고 평가할 만한 아무런 헌법이론적 근거가 발견되지 않는다. 대통령선거방법이 간접선거에서 직접선거로 바뀐 것 그 자체는 헌법이론적으로 볼 때 결단주의적 헌법이론에 따른다 하더라도 헌법의 '근본적인 결단사항'의 질적 변화라고 보기 어렵다. 결단주의헌법이론의 사상적 고향인 프랑스에서 1958년 제정된 프랑스 제 5 공화국헌법상의 대통령간접선거방법이 1962년 직접선거방법으로 (그것도 비합법적 수단에 의해) 바뀌면서도 제 5 공화국헌법의 동질성이 오늘날까지도 유지되고 있는 것으로 평가되는 이유도 그 때문이다.

117
'제 6 공화
국'의
호칭문제

이렇게 볼 때, 제 9 차 헌법개정을 새로운 헌법의 제정으로 이해한 나머지 개정헌법에 의한 헌정질서를 구헌법에 의한 헌정질서와는 질적으로 전혀 다른 '제 6 공화국'으로 부르는 것은 옳지 않다고 생각한다. 제 5 공화국의 최초헌법과 개정헌법은 적어도 그 이념면에서는 다 같이 자유민주주의적 가치에 입각한 사회통합을 추구한다는 점에서 질적인 차이가 없고, 개정헌법은 구헌법의 규범적 효력의 중단 없이 그 개정절차에 따라서 개정·공포된 것이고, 개헌작업이 구헌법하의 정치주도세력에 의해 이루어졌고, 개정헌법에 의해 당선된 대통령과 개정헌법에 의한 집권층이 여전히 구헌법하의 집권층과 동질적인 정치상황 속에서 개정헌법의 시대를 '제 6 공화국'으로 부르는 것은 헌법이론적으로는 설득력을 갖기 어렵다. 따라서 제 9 차 개헌 후의 헌정질서는 여전히 제 5 공화국의 연속으로 보는 것이 헌법이론상 무리가 적다고 생각한다. 제 5 공화국 내에서의 시대구분은 '제 1 기'와 '제 2 기', '최초헌법시대'(개헌 전)와 '개정헌법시대'(개헌 후) 또는 '전대통령시대'와 '노대통령시대'등으로 할 수 있으리라고 본다.

    1990년 1월 22일에 있은 '민정·민주·공화 3당합당선언'에 의해서 이루어진 2월 15일의 민주자유당 창당과 그에 따른 정당판도의 변화 및 국회 내의 여야세력판도변화(여대야소)는 헌법이론적으로 국민주권원리, 3권분립의 원칙, 복수정당제도, 기능적인 권력통제이념, 현대적 대의제도의 정신에서 볼 때 심각한 문제점을 안고 있는 일로서[39] 주권자의 총의에 따라 탄생된 여소야대 국회구도를 변질시키는 결과를 초래했다. 따라서 정치적인 의미에서의 '제 6 공화국'은 국민의 의사와는 무관하게 이루어진 3당합당에 의해서 비로소 실현된 것이라고 볼 수도 있을 것이다.[40] 그렇지만 노대통령의 통치시기를 '제 6 공화국'으로 부르는 것이 옳건 그르건 하나의 관행으로 굳어진 현실 속에서는 '제 6 공화국'이라는 칭호를 최소한 3당통합(1990. 1. 22.) 후의 달라진 정치적 상황을 가리키는 의미로 한정해서 이해하려는 유보적인 자세가 필요하다고 할 것이다.

118
3당합당과
정치적
의미의 제 6
공화국

제 3 절 헌법의 개정

1. 헌법의 특질과 개정과의 상관관계

    헌법개정의 문제는 헌법이 가지는 정치규범성(그 중에서도 유동성·개방성) 또는 생활규범성과 불가분의 관계에 있을 뿐 아니라 헌법실현의 관점에서도 불가피한 현상이 아닐 수 없다. 이미 살펴본 바와 같이 헌법은 정치투쟁의 과정에서 형성된 어떤 Konsens를 바탕으로 해서 장기적인 안목으로 성립·제정되는 것이기 때문에 처음부터 미래의 모든 정치발전과정을 예견하고 이를 전부 규범화할 수가 없다. 따라서 헌법은 역사가 발전하고 시대가 변천함에 따라 그 생활규범으로서의 기능이 약화될 뿐 아니라 동시에 헌법을 실현하는 데도 점점 어려움이 따르게 마련이다. 이처럼 헌법규범과 사회현실의 갭(gap)은 헌법규범의 현실적응력과 현실의 헌법적응력을 높일 수 있는 이른바 헌법의 상반

119
헌법개정의
불가피성

---

39) 3당합당의 헌법이론적인 문제점에 대해서는 졸고, "대의제의 위기를 초래한 6공의 헌정," 한국논단 1990년 7월호 참조할 것.
40) 헌정사의 시대구분에 관한 기준과 외국의 관행에 대해서는 저자의 다음 글을 참조할 것. "헌정사의 시대구분," 자치행정 1993년 1월호, 108면 이하.

120

헌법개정과
헌법변질

구조(Gegenstruktur)적 입법기술에 의해서도 이를 완전히 배제할 수 없다는 것은 이미 언급한 바와 같다. 1787년에 제정된 미국헌법이 220년을 넘는 오늘날까지 그 규범적 효력을 유지하고 있듯이 헌법규범과 사회현실의 갭 문제가 헌법변질의 이론에 의해서 어느 정도 풀려질 수는 있지만 헌법의 변질을 무제한 허용할 수는 없는 것이기 때문에 헌법의 변질에 제동을 걸고 헌법의 규범적 효력을 높임으로써 헌정생활의 안정성을 유지한다는 관점에서도 헌법의 개정은 불가피한 현상이 아닐수 없다. 결국 헌법의 개정은 헌법을 '살아 있는 규범'으로 지탱시키는 하나의 수단이라고 보아야 하겠기 때문에 헌법의 변질과 헌법의 개정이 일정한 함수관계를 유지할 수 있는 타협선을 모색해서 헌법의 기능을 높여야 하리라고 본다. 물론 법과 현실을 엄격히 구별해서 일체의 역사적·정치적·사회적·철학적 계기를 법적 사고의 영역에서 배제하려는 법실증주의적 입장에서는 헌법변질은 처음부터 헌법적인 문제가 될수도 없고 또 이를 설명할 수도 없다. 기껏해야 엘리네크(G. Jellinek)[41]처럼 '완성된 사실'(fait accompli, die vollendete Tatsache)은 헌법을 형성하는 힘을 가진 역사적 현상이라고 말할 수밖에 없을 것이다. 법실증주의가 헌법개정의 한계를 부인하는 이유도 fait accompli이론으로 어떠한 개정도 이를 설명할 수 있다고 보기 때문이다. 하지만 헌법의 동화적 통합기능을 중요시하는 입장에서는 일정한 한계 내에서의 헌법변천은 불가피한 것이 되고 헌법변천의 가능성이 다한 경우에 비로소 헌법개정의 문제가 제기되게 된다.[42] 이렇게 볼 때 헌법개정의 문제는 헌법의 특질에서 나오는 당연한 헌법이론적 문제라 할 것이다.

2. 헌법개정의 개념

121

성문헌법

헌법의 개정이란 헌법의 규범적 기능을 높이기 위해서 헌법이 정하는 일정한 절차에 따라 헌법전의 조문 내지는 문구를 명시적으로 고치거나 바꾸는 것을 말한다. 따라서 헌법의 개정은 형식적 의미의 헌법·성문헌법과 관련된 개념이다. 헌법전에 들어 있지 않은 실질적 의미의 헌법과 불문헌법의 개정은 헌법의 개정에 속하지 않고 법률개정

---

41) Vgl. *G. Jellinek*(FN 35).
42) Vgl. *K. Hesse*, Grundzüge des Verfassungsrechts der Bundesrepublik Deutschland, 11. Aufl.(1978), S. 17.

의 문제로 다루어진다.[43] 특히 불문헌법의 개정은 헌법관행의 변화에 따라 이루어지기 때문에 헌법개정의 개념에 포함시키지 않는 것이 통례다.

헌법을 헌법이 스스로 정하는 일정한 개정절차에 따라 고치는 경우에도 그 개정의 규모가 커서 헌법전의 거의 전부를 새로 만드는 것과 같은 전면개정의 경우에는 헌법개정이란 말 대신에 특별히 '헌법개혁'(Verfassungsreform, Totalrevision)이라는 개념을 사용하는 것이 보통이다. '헌법개혁'은 말하자면 비혁명적인 방법에 의한 헌법의 새로운 창제(Verfassungsneushöpfung)라고도 볼 수 있다. 우리나라 제 2 공화국헌법과 제 5 공화국개정헌법은 헌법개혁에 의해서 제정된 대표적인 예이다.

122
헌법개혁

'헌법의 변질'(Verfassungswandlung)은 '헌법개정'과 구별해야 된다고 하는 것은 이미 언급한 바 있다. 즉 '헌법변질'은 어떤 헌법규범이 외형상으로는 고쳐지지 않은 채 시대의 변천 내지 역사의 발전에 따라 헌법제정당시와는 다른 내용의 생활규범으로 기능하는 것을 뜻하기 때문에[44] 명시적으로 헌법조문 내지 문구 자체가 고쳐지는 것을 내용으로 하는 헌법개정과는 다르다. 헌법변천과 헌법개정간에 성립되는 일정한 함수관계, 즉 헌법개정이 헌법변천에 제동을 걸고 헌법의 규범적 효력을 높임으로써 헌정생활의 안정을 꾀하는 이른바 헌법변천의 한계적 기능을 맡고 있다는 점도 이미 언급한 바 있다.

123
헌법변질
(천)

헌법개정은 또 '헌법침식'(Verfassungsdurchbrechung)과 구별해야 한다. 헌법의 개정은 헌법의 조문이나 문구를 명시적으로 수정·삭제·증보함으로써 법전을 고치는 것이지만, '헌법의 침식'은 헌법전을 명시적으로 고치지 않은 채 헌법개정에 필요한 정족수의 의결절차만을 거쳐 헌법의 어떤 규범내용과 다른 조치를 취하는 것을 뜻하기 때문이다.[45] 헌법의 침식은 일종의 '잠복식헌법개정'(versteckte Verfassungs-

124
헌법침식

---

43) 오스트리아헌법(1920. 12. 7.; 개정 2013) 제44조 제 1 항에서 일반법률에 내포된 실질적 의미의 헌법개정도 성문헌법전의 개정과 동일한 가중절차를 밟게 하는 것은 지극히 드문 예에 속한다.

44) 의원의 명령위임관계(imperatives Mandat), 재산권의 사회기속(Sozialbindung des Eigentumsrechts) 등은 그 대표적인 예이다.

45) 이 밖에도 *C. Schmitt*, Verfassungslehre, 5. Aufl.(1970), S. 99,는 헌법제정권력과 헌법의 존재형식을 동시에 제거하는 것을 '헌법의 폐지'(Verfassungsvernichtung), 헌

änderung)이라고 부를 수도 있다.[46] 특히 바이마르 헌법의 운영과정에서 이 같은 헌법침식의 사례가 허다했던 점을 감안해서 현행독일기본법($\frac{\text{제}79\text{조}}{\text{제}1\text{항}}$)은 헌법전의 명시적인 수정·삭제·증보에 의한 헌법개정방법만을 허용하고 있다.

3. 헌법개정의 방법과 절차

(1) 헌법개정의 방법

125

헌법의
유동성과
경성의 조화

헌법을 어떤 방법으로 개정할 수 있느냐의 문제는 헌법의 최고규범성과도 밀접한 관계가 있다. 헌법을 일반법률과 같은 방법으로 개정할 수 있게 한다면 헌법의 최고규범성이 침해되겠기 때문이다. 따라서 헌법개정을 일반법률의 개정절차보다 까다롭게 정함으로써 헌법의 최고규범성을 존중하려는 것이 오늘날 헌정국가의 일반적인 경향인데, 이 같은 경향은 성문·경성헌법의 유형으로 나타난다고 하는 것은 이미 말한 바와 같다. 그렇지만 다른 한편 헌법의 최고규범성을 존중하기 위해서 헌법의 경성만을 지나치게 고집하는 경우에는 헌법이 가져야 되는 또 하나의 특질인 유동성과 개방성이 무시되게 되고 그 결과 헌법의 규범적 효력이 오히려 약화되는 현상이 일어날 수 있다는 점도 이미 언급한 바 있다. 따라서 헌법개정의 방법과 절차는 헌법이 살아 있는 규범으로 기능할 수 있도록 적절한 중용의 방법을 마련하지 않으면 아니 된다. 헌법을 지나치게 쉽게 고쳐질 수 있게 함으로써 헌법이 가져야 되는 규범적·제도적 항구성을 너무 과소평가해서도 아니 되고, 또 그렇다고 해서 헌법개정의 방법과 절차를 지나치게 번거롭고 까다롭게 정함으로써 헌법규범과 헌법현실의 거리를 의식적으로 조장하는 것이어서도 아니 될 것이다. 미국헌법(1787)은 K. Loewenstein[47]이 지적한 바와 같이 그 개정방법과 절차가 지나치게 까다롭고 번거롭기 때문에 헌법변질과 헌법개정의 함수관계가 헌법변질 쪽으로 지나치게 기울게 되었다는 점을 주목할 필요가 있다. 이와 같은 관점에서 헌

법제정권력은 그대로 존중하되 이 권력에 의해서 제정된 헌법의 존재형식만 제거하는 것(예컨대, 정변에 의해서 헌법을 다른 헌법으로 바꿔치는 것)을 '헌법의 제거'(Verfassungsbeseitigung)라고 부르고 있지만, 별로 실용상의 의미가 없다.

46) Vgl. *Th. Maunz*(FN 2), S. 251; *K. Hesse*(FN 42), S. 16 u. 275f.

47) Vgl. *K. Loewenstein*, Verfassungsrecht und Verfassungspraxis der Vereinigten Staaten, Berlin 1959, S. 44.

법개정의 여러 방법을 검토해 보기로 한다.

a) 헌법의회의 소집에 의한 방법

헌법개정안을 심의·의결하기 위해서 특별히 따로 헌법의회(Ver-
fassungskonvent, verfassungsändernde Versammlung) 같은 것을 새로 소
집하는 방법은 너무 번거로운 개헌의 방법이라 아니할 수 없다. 왜냐
하면 이 개헌의 방법은 사실상 제헌의 방법과 크게 다를 것이 없는 것
으로서 헌법개정이 적어도 헌법제정보다는 용이해야 한다는 논리적
요청을 만족시키지 못하기 때문이다. 오늘날 스위스에서 헌법개혁
(Totalrevision)의 발안이 국민투표로써 가결된 경우에 헌법개혁안을 심
의·의결하게 하기 위해서 새 의회를 선출하도록 하는 것은 그 예이
다.[48] 벨기에헌법도 의회(양원제)가 개헌의 필요성을 의결하는 경우에는
자동적으로 해산되고 헌법개정안을 심의·의결하게 하기 위해서 새 의
회를 선출·소집하도록 규정하고 있다.[49] 또 미국헌법에 따르면 개헌의
발안권을 하원(Congress)과 주(States)가 가지는데, 주(States)가 개헌을
발안하기 위해서는 2/3주의회가 개헌안을 다루기 위한 특별헌법의회
(Convention)의 소집을 요구해야만 되도록 되어 있다.[50]

b) 국민투표에 의한 방법

헌법개정을 일일이 국민투표(Referendum)에 붙여서 확정하려는 방
법은 Rousseau의 국민주권사상에서 나온 것이긴 하지만 다음과 같은

126
구체적인 예

127
국민투표적

---

48) 스위스연방헌법(1874. 5. 29.; 개정 1999. 4. 18.) 제193조 제 3 항 참조.
49) 벨기에헌법(1994. 2. 17.; 개정 2002. 12. 17.) 제195조 참조.
50) 미합중국헌법은 그 개정절차를 제 5 조에 규정하고 있다. 미국헌법은 개헌에 있어서
개헌의 발안(application)과 인준(ratification)절차를 구별하고 있는데 요약하면 다음
과 같다.
Ⅰ. 발안절차(Application) - 1) 하원(Congress)이 개헌을 발안하려면 양원합동회의
에서 재적의원과반수의 출석과 출석의원 2/3의 찬성으로 개헌안을 의결(이른바 joint
resolution) 해야 한다. 2) 주(States)가 개헌을 발안하려면 전체주(현재 50개 주)의
2/3주(34개 주)의회가, 개헌안을 심의·의결하기 위한 헌법의회(Conventions)의 소집
을 요구해야 한다.
Ⅱ. 인준절차(Ratification) - 1) 일반적인 인준절차: 개헌안이 3/4주(38개 주) 의회
의 찬성으로 인준이 된다. 2) 특별한 인준절차: 하원(Congress)이 개헌을 발안한 경
우, 하원은 인준절차를 주의회의 의결로 할 것이 아니고, 주가 따로 소집하는 헌법의
회(Conventions)에서 다루도록 요구할 수 있다.
미국헌법개정절차에 대한 상세한 설명과 그 문제점에 대해서는 다음 문헌과 판례를
참조할 것. *K. Loewenstein*, (FN 47), S. 36ff.(38ff.); Rhode Island v. Palmer, 253
U.S. 350, 1922; Hawke v. Smith. 253 U.S. 221, 1920.

정당성의
문제점

두 가지 관점에서 문제점이 있다. 즉 우선 국민투표의 절차가 너무 번거롭다는 점이다. 이처럼 번거롭다는 점 이외에도 국민투표를 요구하는 사고의 저변에는 이른바 결단주의적 민주주의철학이 작용하고 있다는 점도 문제점으로 지적할 수 있다. 다시 말해서 결단주의적 민주주의사상에 충실한 경우에는 현존상태나 제도는 '국민투표적 정당성'(plebiszitäre Legitimität)에 의해서 커버될 수 있는 한 언제든지 바꿀 수 있다는 결론에 이르게 되어, 헌법의 규범적·제도적 항구성이 오히려 용이하게 침해될 수 있게 되겠기 때문이다. 그러나 헌법의 규범적·제도적 항구성이 최소한이나마 보장되지 않는 곳에 민주주의적 헌법질서가 뿌리를 내릴 수는 없는 것이다.

128
두 가지
방법과 예

　국민투표에 의한 개헌의 방법도 두 가지로 나눌 수 있다. 즉 개헌안을 일단 의회에서 심의·의결한 후 국민투표로 확정시키는 방법과, 의회의 의결 없이 직접 국민투표에 붙이는 방법이 그것이다. 우리 현행헌법은 전자의 방법을 택하고 있다. 오늘날 전자에 속하는 외국의 예로는 스위스연방헌법[51]이 개헌에 대한 필수적인 국민투표를 규정하고 있고, 프랑스헌법,[52] 이탈리아헌법,[53] 오스트리아헌법,[54] 등은 특별한 경우에만 헌법개정에 대한 국민투표를 규정하고 있다. 후자의 예로는 우리 제4공화국헌법을 들 수 있다. 우리 제4공화국헌법은 대통령이 제안한 헌법개정안을 직접 국민투표에 붙이게 하고 있었다.[55] 이처럼 대통령이 제안한 헌법개정안을 직접 국민투표에 붙이게 하는 경우에는 으레 대통령에 대한 신임투표적 성격을 함께 띠게 마련이다. 프랑스 드 골(de Gaulle) 대통령이 1962년 대통령직선제를 내용으로 하는 개헌안(프랑스헌법 제6조, 제7조 개정안)을 국민투표에 붙일 때 자기에 대한 신임과 결부시켰던 것은 그 좋은 예이다. 하지만 de Gaulle도 결국은 1969년 국민투표에 의한 희생물이 되었다는 점은 매우 아이러니

51) 스위스연방헌법(N 48) 제192조 이하(특히 제195조) 참조.
52) 프랑스 제5공화국헌법(1958. 10. 4.; 개정 2008. 7. 21.) 제89조 제2항과 제3항 참조. 개헌안이 양원합동회의에 회부되어 유효투표 3/5 이상의 찬성으로 의결되면 국민투표는 불필요하다.
53) 이탈리아헌법(1947. 12. 27.; 개정 2003. 3. 30.) 제138조 제2항과 제3항 참조.
54) 오스트리아헌법(1920. 12. 7.; 개정 2002. 6. 28.) 제44조 제3항은 헌법개혁만은 필수적 국민투표로 확정시키고 헌법의 부분개정은 특별한 경우에만 국민투표를 실시케 하고 있다.
55) 제4공화국헌법 제124조 제2항, 제126조 참조.

칼한 일이다.

c) 일반입법기관에 의한 방법

헌법개정을 일반 입법기관의 권한으로 하되 그 개정절차를 일반 법률보다 엄격하게 정함으로써 개헌을 위한 특별한 Konsens의 형성을 요구하는 방법이 있다. 오늘날 독일56)을 비롯한 대다수 헌정국가에서 채택하고 있는 개헌의 방법이다. 이 경우 헌법개정에 있어서는 일반법률의 경우와는 달리 특별 다수의 의사정족수와 의결정족수를 요구하는 것이 보통이다.

129
가중된
정족수

d) 연방제의 개헌방법

연방정부형태를 취하는 국가에서는 연방제의 성질상 연방헌법의 개정에 지방국(주)의 참여57)나 동의58)를 요하도록 하는 것이 보통이다.

130
주의 참여

(2) 개헌안공고절차와 Konsens형성

지금까지 설명한 헌법개정의 방법은 모두가 헌법개정에 되도록 많은 찬성 내지 동의를 필요로 한다는 점에서 그 공통점이 있다. 따라서 헌법개정에 있어서 어떤 방법을 택하는 경우에도 항상 전제되어야 하는 것은 헌법개정에 대한 Konsens형성의 문제다. 개헌에 대한 Konsens가 형성되지 않은 곳에 절대적인 찬성 내지 대다수의 동의를 기대할 수 없기 때문이다. 헌법개정과정에서 필수적인 개헌안의 공고절차는 이 같은 Konsens형성을 위한 불가결한 제도이기 때문에 적어도 합헌적인 개헌절차에서는 절대로 빼놓을 수 없다 할 것이다. 또 개헌안을 공고하는 의의는 그에 대한 자유로운 비판과 의견교환을 통해서 개헌에 대한 Konsens를 형성시키기 위한 것이기 때문에 적어도 개헌안의 공고기간 동안은 개헌안에 대한 찬반토론이나 의사발표가 자유롭게 보장되지 않으면 아니 된다. 국민의 의사를 존중하려는 Rousseau의 국민주권사상이나 C. Schmitt의 결단주의가 헌법이론으로서 그 타당성을 요구할 수 있는 최후의 근거는 국민의 '자유의지' 바로 그것이기 때문이다.

131
개헌안
공고의
의미와 기능

---

56) 독일기본법 제79조 제 2 항에 따르면 연방국회(Bundestag)와 연방참사원(Bundesrat)
  이 각각 재적의원 2/3의 찬성을 하는 경우에만 개헌이 가능하도록 되어 있다.

57) 예컨대, 독일기본법 제79조 제 2 항에 의한 연방참사원(Bundesrat)의 개헌참여가 그
  대표적인 예다.

58) 예컨대, 미국헌법 제 5 조에 의한 3/4주의 인준요건이나, 스위스연방헌법 제123조 제
  1 항에 의한 과반수 Kanton(주)의 동의요건이 그 대표적인 예다.

4. 헌법개정의 한계

(1) 실정법적 한계

132

실정법적 개
헌금지조항

헌법이 정하는 개헌절차에 따라 헌법을 개정하는 경우에 개헌의
대상이 될 수 없는 일정한 헌법규정을 인정할 것이냐에 대한 논의가
바로 헌법개정의 한계 문제다. 헌법이 명문으로 개헌의 한계를 정함으
로써 일정한 헌법규정을 개정의 대상에서 제외시키고 있는 경우에는
외견상 이 문제가 실정법적으로 해결된 것처럼 보이기 때문에 이를 특
히 헌법개정의 '실정법적 한계'(Grenzen der Verfassungsänderung kraft
positiver Verfassungsbestimmung)[59]라고 부를 수도 있을 것이다. 그렇지
만 개헌절차에 따라 우선 개헌한계에 관한 헌법규정부터 개정한 다음
당초에는 개정의 대상이 될 수 없었던 헌법규정을 고치면 되지 않겠느
냐라는 주장이 보여주듯이 헌법이 그 권력제한적 또는 생활규범적 기
능을 다하지 못할 정도로 그 규범적 효력을 상실한 경우에는 결코 일
정한 헌법규정을 고칠 수 없도록 하는 하나의 실정법적 금지조항에 의
해서 그 생명이 유지될 수는 없는 것이다. 따라서 헌법개정의 한계 문
제는 그것이 제1차적으로 헌법이론의 문제이지 실정법상의 문제일 수
가 없다. 헌법개정에 대한 실정법적 한계는 결국 헌법이론과의 상승작
용에 의해서만 비로소 그 본래의 기능을 다할 수 있다고 할 것이다. 이
처럼 헌법개정의 한계는 헌법이론의 문제이기 때문에 헌법관에 따라
그에 대한 설명이 다르기 마련이다.

(2) 헌법개정의 한계에 대한 헌법이론(헌법관)

a) 규범주의 내지 법실증주의와 한계부인론

133

사실의
규범적 효력
강조

규범주의 내지 법실증주의의 헌법관이 헌법개정의 한계를 인정치
않는다는 것은 이미 여러 차례 언급한 바 있다. 규범주의 내지 법실증
주의는 '규범'(Sollen, Recht)과 '현실'(Sein, Wirklichkeit)을 엄격히 구별
해서 역사적·사회적·정치적·철학적 계기 같은 일체의 규범외적 상
황을 법적 사고의 영역에서 배제하기 때문에 규범논리만을 중심으로
모든 현상을 설명할 수밖에 없다. 따라서 이미 말한 바와 같이 헌법변
질 같은 것을 법실증주의는 설명할 수도, 또 용납할 수도 없기 때문에

---

59) Vgl. *H. Ehmke*, Grenzen der Verfassungsänderung, 1953, S. 98ff.

'헌법규범'과 '사회현실' 사이에 생기게 마련인 괴리현상을 규범적으로 수습할 수 있는 유일한 방법은 헌법개정을 무제한 허용하고 그것을 G. Jellinek처럼 fait accompli(완성된 사실)이론으로[60] 정당화시킬 수밖에는 없는 것이다. 결국 헌법변질과 헌법개정의 함수관계 같은 것은 처음부터 성립될 여지조차 없게 된다. 우리나라에서도 한계를 넘은 개헌에 대하여 '법은 이것을 어떻게도 할 수 없으며 법의 세계에서는 개정된 헌법을 소여의 법으로서 받아들일 수밖에 없다'고 주장하는 입장이 있는데 그것은 결국 'fait accompli'(완성된 사실)이론 또는 '사실의 규범적 효력'(normative Kraft des Faktischen)[61] 등을 역설하는 옐리네크적 사고의 유형에 속한다고 볼 수 있다.

b) 결단주의와 한계론

Sieyès의 사상에 바탕을 두고 헌법제정권력(verfassunggebende Gewalt)과 헌법개정권력(verfassungsändernde Gewalt)을 구별하는 C. Schmitt의 결단주의적 헌법관에 따르면 헌법제정자가 내린 '근본적인 결단'(fundamentale Entscheidung)으로서의 헌법(Verfassung)은 헌법률(Verfassungsgesetz)과 달라서 헌법개정자에 의해서 절대로 침해될 수 없다.[62] 따라서 헌법개정에는 마땅히 일정한 한계가 있게 된다. 하지만 제헌자의 '의지적인 결단'(voluntaristische Dezision)에서 헌법의 정당성을 이끌어 내려는 결단주의의 입장에서는 현대민주국가에서 때때로 행해지는 국민투표에 의한 개헌의 경우 왜 그 한계를 인정해야 되느냐의 문제를 설명하는 데 어려움이 있다. 왜냐하면 결단주의적 민주주의사상을 일관한다면 국민투표에 의한 정당성을 인정받을 수 있는 한 무엇이든지 고칠 수 있다고 보는 것이 당연하겠기 때문이다. '국민투표에 의하여 제정된 성문헌법에서 그 개정도 제정에서와 같은 조건에 의한 국민투표를 거치도록 하고 있을 때에 헌법제정권자와 헌법개정권자 사이에 어떤 차이가 있을 것인가'라는 의문을 제기할 수 있기 때문이다.

134
헌법제정
권력과
헌법개정
권력 구별

---

60) Vgl. *G. Jellinek*(FN 35), insbes. S. 21.

61) Vgl. *G. Jellinek*, Allgemeine Staatslehre, 3. Aufl., 6. ND.(1959), S. 337ff.

62) 앞의 방주 15 참조; *C. Schmitt*(FN 54), S. 102ff. *C. Schmitt*(FN 45), S. 99,는 따라서 '헌법개정'(Verfassungsänderung)이란 용어가 정확치 못하고 '헌법률개정'(Verfassungsgesetzänderung)이 개념적으로 더욱 정확하다고 한다.

c) 동화적 통합이론과 한계론

135
헌법개정과
헌법변질의
함수관계

국가를 동화적 통합과정(Integrationsprozeß)이라고 보고 헌법을 이 동화적 통합과정의 생활수단 내지 법질서라고 이해하는 Smend에게 는[63] 시대나 환경의 변화에 구애되지 않고 생활수단 내지 법질서로서 기능할 수 있는 헌법의 율동적이고 유동적인 현실적응력이 중요시되지 않을 수 없다. 따라서 Smend에게는 헌법의 변질 또는 헌법개정이란 법실증주의에서처럼 Sein과 Sollen의 갈등문제 내지 법원론(Rechts-quellentheorie)의 문제라고 하기보다는 유동적인 동화적 통합과정(즉 국가)을 법적으로 규율하려는 헌법의 본질상 오히려 당연한 현상이다.[64] 다만 헌법변질과 헌법개정의 어느 쪽에 더 큰 비중을 두느냐에 대해서는 스멘트학파 내에도 견해가 대립되고 있다. i) 되도록 넓게 헌법변질을 허용함으로써 헌법개정의 여지를 최소한으로 줄이려는 입장(Hsü Dau-Lin),[65] ii) 헌법변질을 불가피한 것으로 인정하면서도 이를 최소한으로 제한하고 헌법개정에 더 큰 비중을 둠으로써 헌법의 명확성과 규범적 효력을 강화하려는 입장(K. Hesse),[66] iii) '헌법변질'의 문제를 오로지 헌법해석의 문제로 보는 나머지 '헌법변질'이란 개념조차 이를 배척하는 반면에 '헌법개정'을 '헌법의 시대적응적 필연성'(Verfassungs-änderung als zeitgerechte Konsequenz der Verfassung) 내지는 '헌법정책적 명령'(verfassungspolitisches Gebot)이라고 이해하려는 입장(P. Häberle)[67] 등이 그것이다.

헌법의
자동성·
계속성 유지

헌법변질을 거의 무제한 허용함으로써 헌법개정의 필요성을 처음부터 거의 배제해 버리는 i)의 입장은 따지고 보면 법실증주의와 비슷한 결론에 이르고 만다고 할 것이다. 즉, '사실상 관철된 현실'(tatsächlich durchgesetzte Wirklichkeit)이 궁극적으로 헌법의 내용을 뜻하게 되고 그것은 결국 G. Jellinek의 fait accompli이론과 통하기 때문

---

63) 앞의 14면 이하 참조.

64) Vgl. *R. Smend*, Verfassung und Verfassungsrecht, in: Staatsrechtliche Abhand-lungen, 2. Aufl.(1968), S. 119ff.(188 u. 241f.).

65) 예컨대, *Hsü Dau-Lin*, Die Verfassungswandlung, 1932, insbes. S. 154ff., 162f., 164, 176, 178, 179.

66) 예컨대, *K. Hesse*, Grenzen der Verfassungswandlung, in: FS f. U. Scheuner (1973) S. 123ff.(139ff.): auch *derselbe*(FN 51), S. 17.

67) 예컨대, *P. Häberle*, Zeit und Verfassung, in: Verfassung als öffentlicher Prozeß, Berlin 1978, S. 59ff.(82f. u. 88ff.).

이다. 따라서 이 학설은 법실증주의에서 탈피하려는 Smend의 헌법관
을 충실히 대변하고 있다고 볼 수 없다. 헌법변질보다는 헌법개정에
압도적으로 큰 비중을 두는 ii)와 iii)의 두 입장은 모두 헌법개정의 한
계를 긍정하면서 혹은 '헌법의 자동성'(Identität der Verfassung)을 유지
하는 범위 내에서의 개정을 강조하고[68] 혹은 '역사발전과정의 계속성
유지'(Erhaltung der Kontinuität im geschichtlichen Wandel)를 헌법개정의
한계로 내세우고 있다.[69]

d) 비판 및 결론

생각건대, fait accompli이론과 사실의 규범적 효력을 내세워 헌
법개정의 한계를 부인하는 법실증주의적 입장은 그 이론적인 바탕에
지나치게 힘의 철학이 작용하고 있기 때문에 엄격한 의미에서 사회철
학 내지 정치철학의 영역에서는 타당할지 모르나 일정한 법의 이성이
나 법원리에 입각해서 행해지는 헌법개정의 이론으로는 문제점이 있
다. 또 헌법개정의 한계에 관한 결단주의적 설명도 국민투표에 의한
헌법개정의 경우에 그 약점이 드러난다고 하는 점을 이미 지적한 바
있다. 사실상 이들 법실증주의나 결단주의는 해벌레(P. Häberle)가 지적
하듯이[70] 지나치게 '한계적 사고'(Schranken-Denken) 방식에 의해서 헌
법개정의 문제를 다루기 때문에 한계의 '유무'만을 일방적으로 크로즈
업시켰을 뿐이고, 헌법개정에 전제되고 또 헌법개정에 뒤따르는 헌법
의 기능적 측면을 충분히 고려하지 않고 있다는 비난을 면할 수 없다.
헌법의 생활규범성과 헌법의 실현을 강조하고 헌법의 변질을 일정한
테두리 안에서 인정함으로써 헌법의 변질과 헌법의 개정 사이에 어떤
함수관계 같은 것을 찾아 내려는 저자의 관점에서는 헌법개정이야말로
헌법을 살아 있는 헌법규범으로 유지시키기 위한 불가피한 수단이 아
닐 수 없다. 하지만 이 입장에서도 헌법개정을 무제한 허용할 수 있는
것은 아니다. 왜냐하면 헌법은 사회공동체가 하나로 뭉쳐가기 위한 가
치질서로서의 생활수단을 뜻하기 때문에 어떤 역사적인 시점에 있어서
의 가치탈피적인 의지의 힘만에 의해서 함부로 고쳐질 수는 없는 것이
기 때문이다. 동화적 통합을 촉진시킬 수 있는 범위 내에서, 그리고 헌

136
한계적
사고의
부당성

헌법의
통합기능

---

68) Vgl. *P. Häberle*(FN 67), S. 91.

69) Vgl. *K. Hesse*(FN 42), S. 276.

70) Vgl. *P. Häberle*(FN 67), S. 88.

법의 규범적 효력을 유지해 나가는데 불가피한 범위 내에서만 헌법개
정은 허용된다 할 것이다. 결국 개헌이 논의되는 역사적 시점에 있어
서의 시대사상·정치이념 내지 생활감각 등이 중요한 판단기준이 되리
라고 본다. 물론 이와 같은 판단기준이 주관에 따라 다를 수도 있지만
시대사상·정치이념 내지 생활감각에 대한 Konsens 자체가 형성되지
않아서 심각한 의견의 대립이 나타나는 경우에는 오히려 개헌에 필요
한 Konsens 그 자체가 결핍되고 있다고 보는 것이 옳을 것이다.

시대사상·
정치이념·
생활감각

137
한계조항과
절차조항

무효선언
기관의
결여

헌법개정의 한계를 법리상 부인할 뿐 아니라 개헌에 대한 명시적
인 실정법적 한계도 법적 한계가 되지 못한다고 주장하는 법실증주의
에 충실한다면 헌법이론상 묘한 결론에 이르게 된다. 우선 헌법전이
개헌의 '절차'와 '한계'를 동시에 규정하고 있는 경우에 두 가지 조항
이 모두 실정법적 근본규범(Grundnorm)인데도 불구하고 '한계조항'보
다 '절차조항'에 우선하는 효력을 인정하는 결과가 되기 때문이다. 하
지만 법실증주의적 사고의 세계에서는 근본규범 내의 그와 같은 효력
의 우열성을 적어도 규범적으로는 설명할 방법이 없다. '한계조항'을
무시해 버리고 '절차조항'이 우세할 수 있는 논거로서 즐겨 내세워지는
이른바 '무효선언기관의 결여'는 따지고 보면 규범적 설명이라고 하기
보다는 사회학적·정치학적 설명태도라 아니할 수 없다. 법실증주의가
열렬히 실정법에 충실한 규범적 해석론을 강조하면서도 규범적으로는
위헌임에 분명한 개헌(한계조항을 무시한 개헌)의 합헌성을 주장하기 위
해서 규범의 세계를 떠나서 힘과 법을 동일시하는 사회학이나 정치학
적 사고의 세계로 선뜻 뛰어드는 것은 자가당착이 아닐 수 없다. 또 헌
법전의 어느 조항이든지 개헌절차에 따라 바꿀 수 있다고 주장함으로
써 개헌절차에 관한 헌법규정을 헌법전의 다른 모든 규정보다 상위에
둘 뿐 아니라 마치 그것이 한 나라 헌법의 핵심인 것처럼 다루려는 태
도는 확실히 주객이 전도된 헌법관이 아닐 수 없다.

138
헌법내용의
상대주의적
이해

실정법을 떠나서 헌법이론적으로 볼 때도, 개헌의 한계를 부인하는
법실증주의는 극단적으로 말해서 '헌법'이라는 그릇은 어떤 내용의 물
질로도 이를 채우기만 하면 된다는 식으로 소위 상대주의(Relativismus)
에 흐르게 되고 헌법이 가지는 가치 내지 목적 연관적인 내용을 완전
히 무시해 버리게 된다. 헌법은 사회공동체가 정치적인 일원체로 조직

되기 위한 Konsens를 바탕으로 해서 제정된 일종의 생활규범이기 때문에 그 밑바닥에는 언제나 일정한 '근본가치'(Grundwerte)가 깔려 있게 마련이다. 물론 법실증주의적 관점으로 볼 때 그와 같은 '근본가치'가 무엇이냐에 대해 다툼이 있을 수 있고 또 이를 구체적으로 증명할 방법이 없다고 지적할 수 있을 것이다. 그렇지만 인간 누구나가 가지고 있는 도덕의 영역 내지 양심의 영역을 부인할 수 없고 인간양심이나 도덕적 기준에 의해서 '선'과 '악'을 판단한다고 하는 것도 그것이 뚜렷하게 증명될 수는 없지만 누구나 인식하고 느낄 수 있는 것처럼, 헌법의 본질이나 개념에 내포된 '근본가치'라는 것도 그것을 증명할 수 없다는 이유만으로 배척할 수는 없다고 할 것이다. 국가는 결국 양심과 도덕적 사고의 주체인 인간의 집단이고 헌법이 국가적인 차원에서 '선'을 실현시키는 생활수단이라고 볼 때, 인간양심이나 도덕적 기준에 따른 선·악의 구별판단이 가능하다고 보는 것이 법적 사고의 상식일 것이다. 그렇지 않고 힘과 법(=즉, 선(Gut))을 동일시하고 '법질서의 인격화'(Personifikation der Rechtsordnung)를 내세워 헌법으로 하여금 '법의 이성'을 떠나서 자의적 권력에 봉사하기 위한 단순한 하나의 '기술적 기능'만을 담당하게 하는 것은 이미 법적 사고의 영역을 떠난 헌법이론이라 할 것이다.

　　이렇게 볼 때 헌법개정의 한계 문제는 제 1 차적으로 실정법에 구애되지 않고 헌법의 본질에서 나오는 헌법이론적인 문제이기 때문에 엠케(H. Ehmke)처럼 '헌법의 내재적 한계'(verfassungsimmanente Grenzen)[71]라고 부를 수도 있을 것이다. 따라서 어느 실정헌법이 헌법개정의 한계를 명문으로 규정하지 않고 있는 경우에도 헌법의 이 내재적 한계가 그 개정한계적 효력을 나타내는 것이기 때문에 헌법의 내재적 한계는 이 경우 개헌의 한계를 마크하는 이른바 창설적 기능(konstitutive Funktion)을 나타낸다. 반대로 어느 실정헌법이 헌법개정의 한계에 관한 명문규정을 두고 있는 경우에는 형식상 '헌법개정의 실정법적 한계'가 문제되지만 이 때에도 '헌법의 내재적 한계'는 그 실정법적 한계를 이론적으로 뒷받침해 주는 이른바 선언적 기능(deklaratorische Funktion)을 하게 되는 것이라고 볼 수 있다. H. Ehmke는 헌법개정

139

헌법의
내재적 한계

---

71) Vgl. *H. Ehmke*(FN 59), S. 92ff.

실정법적
한계와
헌법초월적
한계

의 '실정법적 한계'와 '헌법내재적 한계' 외에도 '헌법초월적 한계' (verfassungstranszendente Grenzen)[72]라는 개념을 사용하면서 헌법개정이 헌법외적 요인(예컨대, 국제관계·사회구조·경제사정·국가재정·정치풍토 등)에 의해서도 제약을 받을 수 있다고 설명하고 있지만 그것은 엄격한 의미에서 헌법개정시에만 문제되는 사항들이 아니고 국가의 생활과정에서 항상 영향을 미치는 요인들이기 때문에 말하자면 '헌법의 실현'과 더욱 밀접한 관계가 있다고 할 것이다.

5. 헌법개정에 대한 우리나라 현행헌법규정

140
개정절차

우리나라 현행헌법은 유형적으로 볼 때 성문·경성헌법에 속하기 때문에 그 개정방법이나 절차가 일반법률의 개정보다 까다롭게 규정되어 있다. 즉 헌법개정의 방법을 2단계로 정해서, 대통령 또는 국회재적의원 과반수의 발의로 제안된 헌법개정안은 i) 우선 국회에서 국회재적의원 2/3 이상의 찬성을 얻은 다음, ii) 국민투표에 붙여 국회의원선거권자 과반수의 투표와 투표자 과반수의 찬성을 얻어야 통과되도록 되어 있다($\binom{제128조\ 내지}{제130조}$).

141
개정절차의
헌법철학적
의미

이같은 2단계의 개헌방법은 어느 의미에서는 Rousseau의 국민주권사상과 Sieyès의 대의제사상을 함께 받아들인 것으로서 전자 i)의 경우에는 Sieyès의 사상이, 후자 ii)의 경우에는 Rousseau의 헌법철학이 각각 그 이론적인 바탕이 되고 있다고 볼 수 있다. 그렇지만 헌법개정을 일일이 국민투표에 붙여서 확정하려는 방법은 국민주권사상에 충실한 것처럼 보이지만, 실제에 있어서는 '국민투표적 정당성'을 구실로 헌법의 규범적·제도적 항구성이 오히려 더 쉽게 침해될 수 있다는 점은 이미 지적한 바와 같다.

142
일원화된
개헌절차

그러나 제4공화국헌법이 이른바 이원적인 개헌방법을 채택해서 개헌절차를 이원화시킴으로써 대통령·국회·통일주체국민회의·국민이, 혹은 개헌절차에 참여권을 가지고 혹은 개헌절차에서 제외됨으로써 중요한 헌법기관이 개헌의 Konsens형성과정에서 처음부터 소홀하게 다루어졌던 것을 지양하고 개헌절차를 일원화시켜서, 대통령·국회·국민이 다같이 개헌절차에 참여케 한 것은 헌법체계적인 면에서

---

72) Vgl. *H. Ehmke*(FN 59), S. 91f.

진일보한 것임에는 틀림없다.

또 우리 현행헌법은 독일기본법[73] · 프랑스헌법[74] · 이탈리아헌법[75]
등과는 달리 개헌의 한계에 대해서 명문의 규정을 두고 있지 않지만,
마땅히 헌법의 내재적 한계에 의한 제한을 받는다고 보는 것이 옳을
것이다. 다만 국내학자 중에는 개헌의 대상이 될 수 없는 헌법조항을
일일이 열거하면서 헌법전문 · 민주공화국 · 국민주권주의 · 평화주의 ·
복수정당제도 · 기본권보장정신 · 사회적 시장경제체제 · 경성헌법성 등
을 거기에 포함시키는 입장도 있으나, 개헌의 구체적 한계는 개헌 당
시의 시대사상 · 정치이념 · 생활감각 등에 의해서 정해질 문제이기 때
문에 그것을 처음부터 광범위하게 확정할 수는 없다고 생각한다. 그렇
지만 한 가지 분명한 사실은 헌법개정이 '개정'에 그치고 '개헌의 형식
에 의한 혁명'이 되지 않기 위해서는 현행헌법의 근본정신(예컨대, 정의
사회구현 · 통일지향성 · 자유주의사상)과   정치제도(권력분립주의 · 민주주의 · 평
화적 정권교체 · 법치주의)를 완전히 무시해 버리는 개헌은 있을 수 없다는
점이다. 이와 관련해서 현행헌법은 '대통령의 임기연장 또는 중임변경
을 위한 헌법개정'의 효력을 제한해서 그 헌법개정당시의 대통령에 대
하여는 효력이 없도록 규정($\binom{제128조}{제2항}$)하고 있지만, 이것은 개헌의 한계를
정하는 것이 아니고 개헌의 효력만을 일부 제한하는 이른바 개헌효력
의 한계규정이라고 보아야 할 것이다.

143
개헌의 한계

개헌효력의
한계규정

---

73) 독일기본법 제79조 제3항에 의하면 연방제도, 지방국(주)의 연방입법절차에의 참여
권(즉, 연방참사원(Bundesrat)의 입법절차참여권), 인간의 존엄과 가치를 존중하는 기
본정신, 민주주의원칙, 법치국가제도, 사회국가실현 등에 대한 헌법규정을 침해하는
개헌은 무효다.

74) 프랑스헌법(FN 52) 제89조 제5항은 공화국형태를 헌법개정의 대상에서 제외시키
고 있다.

75) 이탈리아헌법(FN 53) 제139조는 공화국형태를 개헌의 대상에서 제외시키고 있다.

제3장 헌법해석의 문제

제1절 헌법해석의 의의와 특성

1. 헌법해석의 의의

144
광의와 협의

헌법해석(Verfassungsauslegung)이란 넓은 의미로 볼 때는 성문헌법·불문헌법·형식적 의미의 헌법·실질적 의미의 헌법을 막론하고 어떤 헌법규범의 내용이 문제점으로 나타날 때 이를 해결하기 위한 법인식작용을 말한다. 그렇지만 좁은 의미의 헌법해석이란 형식적 의미의 성문헌법, 즉 헌법전을 전제로 한 개념으로서 헌법전에 나타난 헌법규범의 구체적인 의미와 내용이 헌정의 실제에서, 행정작용의 과정에서, 또는 헌법소송을 계기로 다투어지는 경우에 그 헌법규범의 참된 의미와 내용을 찾아 냄으로써 구체적인 현안 문제를 해결하려는 헌법인식작용을 뜻한다.

145
**헌법소송
과의 관계**

헌법해석은 그것이 행해지는 계기를 기준으로 해서 '헌법소송(Verfassungsgerichtsbarkeit)을 전제로 한 헌법해석'과 '헌법소송을 떠난 헌법해석'으로 나눌 수 있다. 헌법해석이 특히 헌법소송제도와 불가분의 밀접한 관계가 있는 것은 두말할 필요가 없다. 따라서 한 나라 헌법이 헌법소송제도를 어떤 형식으로든지 규정하고 있는 경우에는 헌법해석의 문제는 주로 어떤 구체적인 헌법소송사건을 계기로 해서 논의되기 마련이고 궁극적으로는 헌법소송을 담당하는 국가기관의 유권적인 해석에 의해서 헌법규범의 구체적인 의미와 내용이 확정되게 된다. 이 경우에는 헌법소송담당기관이 '어떤 관점에 입각해서 헌법규범을 해석할 것이냐'의 이른바 헌법해석의 방법론이 특히 중심적인 문제로 크로 즈업될 수 있다. 왜냐하면 헌법을 해석하는 관점의 차이에 따라서는 같은 헌법규범이라 할지라도 그 의미와 내용이 다르게 풀이될 수 있기 때문이다. 헌법해석의 문제가 주로 헌법해석을 둘러싼 방법론의 문제로 집약되는 이유도 그 때문이다. 헌법해석은 그렇다고 해서 반드시 헌법소송제도를 전제로 한 개념은 아니다. 헌법소송을 떠나서도, 입법과정에서는 물론 행정기관의 행정작용과 관련해서 또는 사법기관의 민·형사 내지는 행정소송절차에서도 헌법규범의 의미와 내용이 특히 문제될 수 있겠기 때문이다. 다만 이처럼 헌법소송을 떠난 헌법해석의 경우에는, 헌법소송을 전제로 한 헌법해석과는 달라서, 헌법규범의 의미와 내용을 찾아 냄으로써 '헌법을 말하게 한다'(zum sprechen bringen)는 적극적인 의미보다는 '말하고 있는 헌법의 말뜻을 존중하고 실현시킨다'는 소극적인 의미가 더 강하게 나타나게 된다. 광범위한 헌법소송제도를 마련해 놓고 있는 독일에서 헌법해석의 문제가 특히 이론적인 다양성을 보이고 헌법학의 중요한 분야로 등장하고 있는 이유도 그 때문이다. 우리나라에도 현행헌법상 헌법재판소에 의한 헌법심판을 제도화하고[1] 있기 때문에 헌법해석의 문제가 소극적인 의미에서뿐 아니라 적극적인 의미에서도 논의의 대상이 되어야 한다.

헌법해석의
적극적
의미와
소극적 의미

2. 헌법해석의 특성

헌법도 법규범에 속하기 때문에 어떤 구체적이고 개별적인 사안을 법규범이 정하고 있는 구성요건의 틀 속에 맞추어 보는 이른바 사안의 법규범포섭(Subsumtion)에 의해서 구체적인 헌법적 사안에 적용되는 것이 당연할 것이다. 따라서 민법·형법·상법·사회법 등의 적용에 관한 이른바 일반적인 법해석방법(juristische Hermeneutik)이 마땅히 헌법해석에도 통한다고 보아야 할 것이다. 그럼에도 불구하고 일반적인 법해석론을 떠나서 헌법해석이 특히 문제되는 것은 헌법만이 가지는 헌법규범특유의 특질[2] 때문이다.

146
헌법해석과
법해석방법

조직사회를 전제로 해서 그 속에서 일어나는 사회생활의 문제점(민사분쟁·형사사건·노사쟁의 등)을 기술적으로 해결하기 위한 일종의 기술법적 성격을 가진 일반법률과는 달라서 사회공동체를 정치적인 일원체로 조직·창립하는 것을 그 목적으로 하는 헌법은 그 본질상 사회공동체의 정치현실에서 부단히 실현됨으로 인해서 비로소 그 목적을 달성할 수 있다. 일반법률의 기술법적 성격과는 달리 가치법적 내지 이

147
법해석과의
차이

---

1) 현행헌법 제111조~제113조, 제107조 제 1 항, 제 8 조 제 4 항, 제65조 참조.
2) 앞의 방주 35 이하 참조.

넘법적 성격을 가지는 헌법을 해석해서 정치현실에 실현시킨다고 하는 것은 어느 특정한 분쟁사건을 해결하기 위한 일반법률의 해석과는 여러 가지 면에서 그 차원을 달리한다.

해석의
기능적
특성우선, 헌법의 해석은 헌법이 실현되는 수단이기 때문에 직접적으로 사회공동체의 조직·형성과 직결된다. 따라서 사람의 중추신경적 기능과 비교할 수 있다. 이 점 일반법률의 해석이 개별적 분쟁을 전제로 한 말초신경적 기능을 가지는 것과 다르다.

규범구조적
특성둘째로, 일반법률은 대개가 그 구조적인 면에서 모든 예상되는 사안을 되도록 빠짐없이 규율하려는 이른바 총괄적 입법기술에 의해서 제정된 것이기 때문에, 법해석에 의한 법의 보충(Lückenergänzung) 내지 형성(Rechtsfortbildung)의 폭이 비교적 좁다고 볼 수 있다. 하지만 헌법은 그 구조적인 면에서 개방성, 미완성성 등을 그 특질로 하기 때문에, 헌법해석에 의한 보충 내지 형성을 오히려 처음부터 전제하고 있다고 할 것이다.

해석의
기준적 특성셋째로, 헌법은 정치규범이기 때문에 그 해석에 있어서도 규범적 관점 이외에 제한된 범위 내에서 정치적 관점이 작용할 필요성과 가능성이 있다고 보아야 한다. 이에 반해서 단순히 기술법적 성격을 가진 일반법률의 해석에 있어서는 정치적 관점은 처음부터 절대적인 타부(Tabu)로 되어 있다.

이처럼 해석의 기능적인 면에서, 규범의 구조적인 면에서, 또 해석의 기준적인 면에서 헌법의 해석은 일반법률의 해석과 다른 특질을 가지고 있기 때문에 일반적인 법해석방법을 그대로 헌법해석에 적용시키기에는 적지 않은 문제점이 따르기 마련이다. 헌법해석의 방법을 둘러싸고 여러 가지 학설이 대립하고 있는 것도 그 때문이다. 아래에서 헌법해석의 방법론에 대한 몇 가지 주요한 입장을 살펴보기로 한다.

제 2 절 헌법해석의 방법론[3]

1. 고전적 · 해석법학적 방법

사비니(F. C. v. Savigny; 1779~1861)에 의해서 정립된 이른바 고전적 · 해석법학적 방법(Klassisch-hermeneutische Methode)[4]에 따르면, 법해석은 어디까지나 법조문을 절대적인 바탕으로 해야 하고 법조문의 뜻이 분명치 않은 경우에는 그 참뜻을 찾아 내기 위해서 i) 문법적 (grammatische), ii) 논리적(logische), iii) 역사적(헌법사적)(historische), iv) 체계적(systematische) 해석방법을 차례로 동원해야 한다고 한다.[5] 1840년대의 로마법을 안목에 두고 발전시킨 Savigny의 이 4단계해석 방법론은 오늘날까지도 모든 법학분야에 많은 영향을 미치고 있어서 마치 법해석학의 표본처럼 간주되고 있다.

공법분야에도 v. Savigny의 영향이 적지 않아서 헌법을 비롯한 공법자료를 해석하는 데 있어서 v. Savigny의 4단계해석방법을 그대로 적용하려는 입장으로부터[6] v. Savigny의 4단계방법을 추가보충한 이른바 7단계이론(Siebenstufentheorie)[7]에 이르기까지 적지 않은 추종자를 배출하고 있다. 7단계이론에 의하면 헌법을 해석하는 데 있어서는 반드시 다음과 같은 일곱 가지 과정을 차례로 거쳐야 된다고 한다. i) 법조문의 문구, 문법적 구조, 개념의 어학적 어의 등을 중심으로 한 해석(어학적 해석, philologische Interpretation), ii) 일반조리에 입각해서 법조문의 의미를 찾아 내는 해석(논리적 해석, logische Interpretation), iii) 법체계를 지배하는 통일적인 원리에 입각한 조문해석(체계적 해석, systematische Interpretation), iv) 법제도 · 법규범의 성립 내지 발전적인

148

사비니의 4단계해석 방법

149

7단계해석 방법

---

3) 해석방법론에 대해서 체계적인 다음 문헌을 참조할 것. *K. Larenz*, Methodenlehre der Rechtswissenschaft, 3. Aufl.(1975), insbes. S. 11ff., 128ff.; *E. W. Böckenförde*, Die Methoden der Verfassungsinterpretation, NJW 1976, S. 2089ff.

4) v. Savigny의 해석방법론(Methodenlehre)에 대해서 자세한 것은 다음 문헌을 참조할 것. *K. Larenz*(FN 3), S. 11ff.

5) Vgl. *v. Savigny*, System des heutigen römischen Rechts, I., 1840, S. 212ff.

6) Vgl. *E. Forsthoff*, Die Umbildung des Verfassungsgesetzes, in: Rechtsstaat im Wandel, 2. Aufl.(1976), S. 130ff.; *derselbe*, Zur Problematik der Verfassungs- auslegung, Stuttgart 1961, insbes. S. 39f.

7) Vgl. *H. J. Wolff/O. Bachof*, VerwR. I , 9. Aufl.(1974), § 28, Ⅲ, c(S. 161ff.).

요소를 고려해서 해당 법조문을 해석(역사적·제도사적 해석, historische Interpretation), v) 상이한 여러 나라의 법제도를 비교검토함으로써 해당 법조문의 의미를 찾아 내는 해석(비교법학적 해석, komparative Interpretation), vi) 입법자의 입법취지·동기·입법과정에서 나타난 의견 등을 참작한 해석(법제정자의 주관적 해석, genetische oder subjektive Interpretation), vii) 법제도가 추구하고 있는 일정한 목적에 입각해서 해당 조문을 해석(목적론적 해석, teleologische Interpretation)하는 것 등이 그것이다.[8]

150
고전적 해석 방법의 문제점

이처럼 v. Savigny의 해석법학적 사상을 그 모체로 하는 헌법해석의 방법론은 헌법과 일반법률이 구조적으로 동일하다는 생각에서[9] 헌법해석이 일반법률의 해석과 크게 다를 것이 없다는 전제 밑에서[10] 출발하고 있음을 쉽사리 파악할 수 있다. 헌법해석에 있어서 철저히 실정법을 중심으로 그 실정법의 의미를 우선 언어학적 방법에 의해서 찾아 내려는 이 입장은 사상적으로 법실증주의와도 상통하는 점이 있다고 볼 수 있다.[11] 또 법을 제정하는 의지적 명령이 바로 법규범이라고 생각하는 결단주의가, 법규범을 해석하는 데 있어서 일차적으로 법규범을 그 관찰의 출발점으로 해서, 법제정자의 의지를 찾아 내려고 하는 것은 당연하다. 따라서 결단주의적 관점에서 볼 때 고전적 해석방법은 법규범의 형식으로 나타난 입법자의 명령적 의지를 찾아 내기 위한 하나의 방법에 지나지 않게 된다. 더욱이 4단계 내지 7단계 해석방법에 의한 헌법해석의 과정에서 법조문에 내포된 객관적 의미, 즉 '법의 의지'(Willen des Gesetzes)를 찾아 내려는 이른바 객관주의(objektive Theorie)를 떠나서 법조문에 담겨진 입법자의 주관적 의사, 즉 '법제정

---

8) Vgl. (FN 7).
9) E. Forsthoff 자신은 자기이론의 근거로 C. Schmitt(Verfassungslehre)를 인용하고 있지만, C. Schmitt는 법과 헌법의 동일성을 부인하는 입장이기 때문에 같지 않다. 따라서 Forsthoff가 본질적으로는 결단주의학파에 속한다 할지라도 헌법해석에 관해서만은 특수한 입장이라고 할 것이다. Forsthoff가 1969년 M. Kriele의 헌법해석론에 대한 서평에서는 자신의 해석론을 더 이상 강력하게 내세우지 않는 점도 주목할 필요가 있다.
   Vgl. *E. Forsthoff*, Buchbesprechung, AöR 8(1969), S. 523ff.(525).
10) 예컨대, *Larenz*(FN 3), S 150,는 명시적으로 이 입장을 취하고 있다.
11) 물론 역사적(입법사적)·체계적 해석방법 같은 것은 법실증주의의 입장에서 그대로 받아들일 수 없는 문제이다.

자의 의지'(Willen des Gesetzgebers)를 우선 존중하려는 이른바 주관주의(subjektive Theorie)에 치우치게 되는 경우에는 그것은 단연코 결단주의적 사상의 세계와 가깝게 된다고 할 것이다.[12]

어쨌든 이 고전적 헌법해석방법은 사법의 해석에 관한 v. Savigny의 이론을 규범구조가 전혀 다른 헌법의 해석에 그대로 적용하려고 하는 데 무리가 있을 뿐 아니라, 이미 보아온 바와 같이 헌법은 일반법률과 다른 많은 구조적 특질을 가지고 있기 때문에 뵈큰회르데(E. W. Böckenförde)[13]가 적절히 지적하듯이 헌법과 일반법률을 구조적으로 동일시하려는 그 출발점부터가 일종의 의제(Fiktion)에 불과하다고 할 것이다.

2. 고유한 헌법적 해석방법(Spezifisch verfassungsrechtliche Hermeneutik)[14]

헌법과 일반법률이 구조적으로 동일하다는 전제 밑에서 출발하는 고전적 해석방법과는 달리, 헌법의 해석에 있어서 헌법이 가지는 규범구조적·규범기능적 특질을 충분히 참작할 것을 강조하는 입장이다. 하지만 구체적으로 어떤 방법에 의해서 헌법의 특질을 헌법해석에 고려할 것인가에 대해서는 많은 견해의 차이를 보이고 있다. 현실기준적 해석방법·법학적 관점론·헌법체계적 해석방법 등이 그것이다. 다만 이들 여러 가지 입장에 공통된 점은 고전적 해석방법 또는 법실증주의적 해석방법이 '실정법중심'(Primat der Norm vor dem Problem)으로 생각하는 것과는 달리 '문제중심'(Primat des Problems vor der Norm und dem System)으로 헌법해석에 임한다는 점이다. 또 전자가 법조문의 자구에 충실하려고 노력하는 데 반해서 후자가 법조문의 자구보다는 가

151

문제중심의
가치지향적
해석

---

12) 물론 법실증주의와 결단주의는 처음부터 헌법과 일반법률의 효력상의 차이를 인정하고 있는 것이 사실이다. 하지만, 효력적인 측면을 떠나서 규범구조적인 면에서 볼 때, 법실증주의에서는 'Norm = Norm'의 공식이 통하기 때문에 헌법과 일반법률의 구조적 차이가 부인된다. 그에 반해서 결단주의에서는 규범구조적인 면에서도 헌법과 일반법률의 차이를 부인할 수 없게 된다. 따라서 헌법과 일반법률의 규범구조적인 동일성에서 출발하는 Forsthoff는 그가 본질적으로 결단주의학파에 속한다 할지라도 헌법해석에 관해서만은 특수한 입장이라고 보아야 할 것이다.

13) Vgl. *E. W. Bökenförde*(FN 3), S. 2091.

14) 이 표현은 *U. Scheuner*, Pressefreiheit, VVDStRL 22(1965), S. 1ff.(S. 38 Anm. 111)에서 유래한다.

치지향적인 해석태도를 취하는 것도 상이한 점이다. 법실증주의적 해석방법이 규범중심으로만 생각하고 일체의 정치적·사회적·철학적 관점을 배격하기 때문에 어느 의미에서 자연과학적·수학적 해석방법과 가깝다고 한다면 고유한 헌법해석방법은 가치추구적으로 정치적·사회적·철학적 관점을 중요시하기 때문에 이를 특히 정신과학적 해석방법(geisteswissenschaftliche Methode)[15]이라고 부를 수도 있을 것이다.

(1) 현실기준적 해석방법(Die wirklichkeitswissenschaftlich orientierte Verfassungsinterpretation)[16]

152

헌법의 목적에 따른 해석

고전적·해석법학적 방법 또는 법실증주의적 해석방법에 대한 반동으로서 나타난 이 해석방법은 R. Smend의 동화적 통합이론에 그 사상적인 기반을 두고 있다.[17] 이 입장에 따르면, 헌법을 해석하는 데 있어서는 헌법조문의 문구나 개념에 얽매여서는 아니 되고 어디까지나 헌법의 의의(목적) 또는 헌법현실이 그 해석의 바탕 내지 기준이 되어야 한다고 한다. 헌법을 동화적 통합과정의 법질서라고 파악하고 국가를 동화적 통합과정에서 항상 새로운 면모로 나타나는 사회현실이라고 이해하는 동화적 통합이론의 입장에서 볼 때 동화적 통합을 지향한 헌법의 절대적 목적이나 동화적 통합과정의 현실이 마땅히 헌법해석의 기본적인 기준이 되지 않을 수 없다고 한다.[18] 따라서 헌법해석은 일반법률의 해석과는 달라서 동화적 통합의 발전과정에 적응할 수 있는 융통성과 보완성을 가지게 된다고 한다.

153

생각건대, 헌법의 규범적인 내용보다도 동화적 통합의 유동적인

---

15) 법실증주의의 '개념형식주의'(Begriffsformalismus)적 헌법해석방법에 대한 반동으로 나타난 고유한 헌법적 해석방법을 법실증주의의 자연과학적·수학적 해석방법과 대조시키기 위해서 '정신과학적 방법'(geisteswissenschaftliche Methode)이라고 부른 최초의 학자는 Holstein이었다. Vgl. *G. Holstein*, AöR, NF 11(1926), S. 1ff.(31).

16) 이 표현은 *E. W. Böckenförde*(FN 3), S. 2094에서 유래한다. 원어에 충실한다면 '현실학문적으로 방향을 잡는 헌법해석'이 되겠지만, 우리 언어감각에 맞도록 '현실기준적 해석방법'이라고 번역키로 한다.

17) Vgl. *R. Smend*, Verfassung und Verfassungsrecht, in: Staatsrechtliche Abhandlungen, 2. Aufl.(1968), insbes. S. 188~196; auch *derselbe*, VVDStRL 4(1928), S. 44ff.(47, 51). Smend 외에도 이 입장을 취하고 있는 대표적 학자는 다음과 같다.
    G. Holstein, VVDStRL 3(1927), S. 56(Diskussionsbeitrag); *E. Kaufmann*, VVDStRL 4(1928), S. 77ff.(Diskussionsbeitrag); *H. Triepel*, Staatsrecht und Politik, 1927, S. 37; *P. Häberle*, Die offene Gesellschaft der Verfassungsinterpreten, JZ 1975, S. 297ff.

18) Vgl. *R. Smend*(FN 17), S. 190.

사회현실을 헌법해석과 직결시키고 있는 이 해석방법은 자연히 사회의
의식구조, 시대적인 가치관념, 동화적 통합의 구체적 양상 등을 직관적
으로 파악해서 이를 헌법해석의 기준으로 삼아야 하겠기 때문에 헌법
규범의 사회형성적 기능이 오히려 구체적인 사회현실에 의해서 역습을
당하는 결과를 초래할 가능성이 크다고 할 것이다. 헌법해석에 있어서
유일하게 규범적 효력을 가지는 헌법의 '동화적 통합기능'은 그 본질상
사회현실의 분석 내지 평가를 불가피한 수단으로 삼기 때문에, 사회현
실의 발전·변천에 따라 헌법해석의 결과가 달라지게 되는 것을 면할
길이 없다. Smend의 말[19]을 빌리면 헌법이 자기보완적 힘 내지 변질
능력을 가지는 것은 헌법내재적인 것이기 때문에 당연한 사리에 속한
다고 하지만, 사회현실을 규제해야 할 사명을 간직한 헌법규범이 반대
로 사회현실에 의해서 그 규범적 효력을 침식당한다고 하는 것은 분명
히 주객이 전도된 현상이 아닐 수 없다.[20] 이처럼 규범과 현실을 완전
히 혼합시킴으로써 헌법규범이 가져야 될 규범적 효력과 그 형성적 기
능을 위태롭게 하는 이 해석방법은 '헌법실현'의 과제를 단순한 '헌법
의 현실적응'의 문제로 전락시킬 가능성이 크다고 할 것이다.[21]

(2) **법학적 관점론**(Juristische Topik)[22]

헌법규범을 토대로 해서 우선 헌법규범의 구체적인 의미와 내용
을 주로 분석적 방법으로 찾아 낸 다음, 그 결과를 구체적인 사건에

헌법의 사회
형성적 기능
경시

154
귀납적 해석

---

19) Vgl. *R. Smend*(FN 17), S. 191 u. 241f.

20) 동지: *E. W. Böckenförde*(FN 3), S. 2095.

21) E. W. Böckenförde(FN 20)는 이 해석방법을 '사회학적 헌법해석'(soziologische
Verfassungsinterpretation)이라고 보고 Luhmann의 사회철학적 사상의 세계와도 연
관성이 있음을 지적하고 있다. Vgl. *N. Luhmann*, Grundrechte als Institution,
1965, S. 14ff.; *E. Forsthoff*(FN 6: Zur Problematik), insbes. S. 31ff.,가 이 해석방
법을 통렬히 비판하고 있는 것은 주로 그 때문이다.

22) 라틴어에서 유래하는 Topik(topic)이라는 개념을 우리말로 정확히 번역하기는 어렵
다. 왜냐하면 이 개념은 다시 topos(복수는 topoi)란 개념을 전제로 한 것으로서
'topoi에 관한 이론'(Topik=Lehre von den topoi)을 뜻하기 때문이다. 특히 해석법
학과 관련해서 자주 사용되고 있는 topos란 말은 매우 다의적으로 사용되고 있기 때
문에 그 의미를 한 가지로 말할 수는 없으나, '일반적인 법의식에 의해서 당연히 인정
(전제)되는 법원리적 관점(Gesichtspunkt)'이라고 풀이할 수 있다. 예컨대, 신의성실
의 관점, 신뢰보호의 관점, 소수보호의 관점 등이 그것이다. 이 같은 여러 관점
(Gesichtspunkt)이 어느 사안의 해결에 논증으로 인용되는 경우에 그것은 하나의
topos(topoi)가 된다. 따라서 Topik은 말하자면 법규범을 떠난 관점론이라고 볼 수
있다. 하지만 이제부터는 원어의 참뜻을 되도록 존중하는 의미에서 topos, topoi,

연역적으로 적용하려는 고전적 또는 법실증주의적 해석방법과는 정반대로, 각 구체적인 사안을 관찰의 출발점으로 해서 이 사안을 해결하는 데 있어서 여러 가지 topoi를 중심으로 귀납적으로 설득력 있는 논증을 찾아 내려는 해석방법을 총칭해서 법학적 관점론이라고 부를 수 있다.[23] 따라서 법학적 관점론에 있어서는 법규범보다는 어떤 사안을 누구나가 확신할 수 있도록 설득력 있게 해결할 수 있는 원리적 관점(topos)을 중요시하게 된다. 법규범만에 의지하는 고전적 해석방법과는 달리 법학적 관점론에서는 법규범도 문제를 해결하기 위한 단순한 하나의 관점에 불과하게 된다. 즉 문제해결을 위해서 필요한 경우에는 고전적 해석방법으로 법규범의 의미와 내용을 찾아 낼 수는 있으되 그 결과는 결코 기속적인 것이 아니고 단순한 하나의 관점에 지나지 않는다고 한다.[24] 법학적 관점론을 일부 학자가 '법전을 떠난 법의 탐구'(gesetzesunabhängige Rechtsgewinnung)[25]라고 부르는 이유도 그 때문이다. 법전의 조문에 구애되지 않고 문제중심으로 설득력 있는 해결책을 모색한다는 점에서 법학적 관점론은 영미법상의 legal reasoning이론[26]과도 상통하는 점이 있다고 할 것이다. 실정법을 중심으로 하는 해석방법이 법조문에 충실할 것을 강조한 나머지 법조문에 입각한 기계적인 법적용을 초래하게 되는 데 반해서 법학적 관점론은 구체적 사건을 중심으로 설득력 있는 논증을 중요시하기 때문에 자연히 '가치추구적인 입장'을 취하지 않을 수 없게 된다. 따라서 법학적 관점론에 있어서는 법을 해석하는 사람의 개별적인 선험적 지식 내지는 선입견 같은 것이 매우 중요한 작용을 하게 된다. 그것은 결국 법을 해석하는 사람의 주

(좌측 여백 주석) 법전을 떠나 원리적 관점을 중요시

---

topic 등의 개념을 번역하지 않고 그대로 사용하기로 한다.

23) 법학적 관점론을 주장하는 대표적 학자는 다음과 같다.

　　Th. Viehweg, Topik und Jurisprudenz, 5. Aufl.(1974); *H. Ehmke*, Prinzipien der Verfassungsinterpretation, VVDStRL 20(1963), S. 53ff.; *K. Hesse*, Grundzüge des Verfassungsrechts der Bundesrepublik Deutschland, 11. Aufl.(1978), S. 25ff.; *M. Kriele*, Theorie der Rechtsgewinnung, Berlin, 2. Aufl.(1976); *F. Müller*, Juristische Methodik, Berlin 1971; *derselbe*, Normstruktur und Normativität, Berlin 1966; *U. Scheuner*(FN 14), S. 60, S. 61.; *Ch. v. Pestalozza*, Kritische Bemerkungen zu Methoden und Prinzipien der Grundrechtsauslegung in der Bundesrepublik Deutschland, Der Staat 2(1963), S. 425ff.

24) Vgl. *H. Ehmke*(FN 23), S. 59.

25) Vgl. *K. Larenz*(FN 3), S. 138.

26) Vgl. 예컨대, *J. Stone*, Legal System and Lawyers Reasoning, London 1965.

관적 견해가 큰 비중을 차지하게 된다는 것을 뜻하게 된다. 물론 실정
법을 중심으로 하는 분석적 해석방법에 있어서도 그것이 결국은 인간
의 주관적 인식의 테두리 안에서 행해지는 한 '헌법해석의 수학화' 내
지는 수학적 객관성 같은 것을 기대할 수는 없다. 그렇지만 법학적 관
점론에 있어서는 특히 실정법보다는 topos에 입각한 설득력을 모색하
는 것이기 때문에 자칫하면 주관적인 요소가 개입하기 쉽고 그 결과
오히려 설득력을 상실할 위험성이 크다. 법학적 관점론을 주장하는 많
은 학자들이 헌법해석에 있어서 어떤 방법으로 주관적 요소를 제한할
수 있을 것인가의 문제를 놓고 고민하는 이유도 그 때문이다. 이 점에
관해서 법학적 관점론 내에도 다시 여러 갈래로 견해가 나누어져 있다.

a) H. Ehmke의 견해

H. Ehmke는 '합리적이고 정의롭게 판단할 수 있는 사람들'(주로 법
학자와 법관)의 Konsens(Konsens aller Vernünftig und Gerecht- Denkenden)
적 관점이 헌법해석의 기준이 되어야 한다고 한다.[27] 그렇지만 H.
Ehmke자신이 시인하듯이, 인간은 누구나 과오를 범할 수 있는 것이기
때문에 '합리적이고 정의롭게 판단할 수 있는 사람들'이 그릇된 판단에
의해서 과오를 범하는 경우에는 결국 헌법해석의 문제는 실패할 수밖
에 없게 된다. 이 점에 대해 H. Ehmke는 어떤 헌법도 결코 '정치적인
생명보험'(politische Lebensversicherung)이 될 수는 없다는 말로 자위하
고 있다.[28]

b) M. Kriele의 견해

크릴레(M. Kriele)는 법학적 관점론이 자칫하면 헌법해석자의 자의
적인 횡포를 출현시킬 위험성이 있다고 경고하면서,[29] 헌법해석에 있
어서는 어디까지나 '이성법적인 고려'(vernunftrechtliche Erwägungen)에
의해서 정당화될 수 있는 관점이 그 기준이 되어야 한다고 한다.[30] 그
러기 위해서는 무엇보다도 구체적인 사안에 대해서 내린 헌법제정자의
결정내용이라든지 사안에 대한 판례법적 관점이 우선 고려되어야 하
고, 나머지 관점들도 해석자 자신을 내심적으로 만족시킬 수 있을 만

(우측 난외 주)
주관적 요소
의 개입

155
합리적이고
정의로운
관점

156
이성법적
논증

---

27) Vgl. *H. Ehmke*(FN 23), S. 71.
28) Vgl. *H. Ehmke*(FN 23), S. 72.
29) Vgl. *M. Kriele*(FN 23), 1. Aufl.(1967), S. 140f., 152f.
30) Vgl. *M. Kriele*(FN 29), S. 160, 167, 311.

한 이성법적인 논증에 의해서 정당화되어야 한다고 한다.[31] 하지만 라렌즈(K. Larenz)[32]가 지적하듯이 무엇이 '이성법적'인 것인가를 판단할 수 있는 기준이 불명할 뿐 아니라 E. W. Böckenförde의 말처럼[33] 헌법제정자가 내린 결정내용은 헌법해석에 의해서 비로소 찾아야 되는 문제이고 헌법판례라는 것도 결국은 헌법해석의 결과에 불과한 것이기 때문에 Kriele는 해석의 결과와 해석의 수단을 구별치 못하고 있다는 비난을 면하기 어렵다.

c) K. Hesse의 견해

157
헌법해석의 규범기속 강조

헌법해석은 '규범내용'(Norminhalt)이나 '규범적 의지'(normative Willen)가 헌법제정자에 의해서 완전히 정해지지 않은 경우에 이를 확정함으로써 헌법규범을 구체화시키는 것이라고 이해하는 K. Hesse는[34] 확정된 '규범내용' 내지는 '규범적 의지'를 전제로 해서 그것을 찾아내는 것을 헌법해석이라고 이해하는 태도를 배척한다. 이처럼 K. Hesse는 헌법해석을 일단 규범적인 테두리 안으로 다시 끌어들이려고 꾀하고 헌법해석의 '규범기속'(Normbindung)을 강조함으로써 법학적 관점론이 초래하게 될 주관적이고 자의적인 요소를 배제하려고 한다.

헌법의 통일성과 규범조화적 해석

K. Hesse는 모든 해석의 관점(topoi)을 일단 헌법규범적인 테두리 안에서 평가할 것을 요구하면서 특히 '헌법의 통일성'(일원성)(Einheit der Verfassung), '규범조화적 해석'(praktische Konkordanz),[35] '기관 상호간의 기능적인 관점', 관점의 평가기준으로서의 '동화적 통합효과'(inte-

---

31) Vgl. *M. Kriele*(FN 29), S. 160f., 195ff., 258ff., 299ff., 177ff.

32) Vgl. *K. Larenz*(FN 3), S. 145.

33) Vgl. *E. W. Böckenförde*, NJW 1976, S. 293.

34) Vgl. *K. Hesse*(FN 23), S. 25ff.; *Ch. v. Pestalozza*(FN 23), insbes, S. 427, u. 429 도 이 입장을 취한다.

35) 라틴어 Konkordanz라는 말은 여러 가지 뜻으로 사용되고 있지만, Hesse가 헌법해석의 원칙으로 이 개념을 사용하는 까닭은 특히 그 지리학적 또는 생물학적 의미를 비유적으로 사용하기 위한 것이라고 할 수 있다. 즉, 여러 종류의 지층을 서로 조화가 되도록 차곡차곡 쌓아 올린다는 지리학적 의미와, 쌍둥이에서 자주 볼 수 있는 것처럼 어떤 특정한 공통점을 말하는 생물학적 의미를 헌법해석의 조화적인 측면을 강조하기 위해서 사용하고 있다. 따라서 그 직역보다는 의역이 그 내용을 더 손쉽게 파악할 수 있으리라고 본다.

Hesse(FN 23), S. 28f.,가 말하는 조화적 해석이란 어느 의미에서는 이익형량(Güterabwägung)의 원칙과 반대되는 개념으로서, 각 구체적인 경우에 서로 대립 내지 충돌되는 헌법규정 모두가 되도록 효력과 기능을 발휘할 수 있도록 어떤 조화적인 내용을 부여하는 방법을 말한다.

grierende Wirkung), '헌법의 규범적 효력' 등을 '헌법해석의 원칙'으로
서 강조하고 있다.[36] 결과적으로 K. Hesse의 입장에서는 관점론(Topik)
이 규범적 카테고리에 의해서 제약되기 때문에 해석의 아무런 규범적
인 근거가 없는 경우에는 헌법을 해석하는 것이 아니고 헌법을 개정하
거나 침식(durchbrechen)하는 것이 되고 만다.[37] K. Hesse가 자신의 해
석론을 법학적 관점론과 다르다고 보는 논거도 바로 여기에 있다. 하
지만 K. Hesse도 헌법규범을 구체화하는 과정에서 사안중심으로 논증
방법을 모색하고 있기 때문에 따지고 보면 법학적 관점론의 테두리 안
에서 움직이고 있다고 볼 것이다. 물론 K. Hesse가 헌법해석의 '규범
기속'을 강조함으로써 관점론의 행동반경을 상당히 좁혀 놓고 있는 것
은 사실이지만, K. Hesse의 이론적 약점은 E. W. Böckenförde가[38]
지적하듯이 그의 순환론법적 설명방법(Zirkelschluß)이다. 즉 해석에 의
해서 비로소 그 내용이 확정(구체화)되게 될 헌법규범에 해석의 관점이
기속되어야 한다는 것은 마치 알맹이 없는 껍질을 알맹이 행세시키는
것으로서 하나의 순환논법에 지나지 않기 때문이다.

d) F. Müller의 견해

헌법해석에 있어서 규범과 구체적 사안의 동위성을 강조하면서
헌법해석의 규범기속을 처음부터 규범의 구체화 과정에 흡수시키려는
뮐러(F. Müller)의 입장은[39] 엄격히 따지자면 고전적 해석방법과 법학적
관점론의 중간적 입장이라고 볼 수 있다. 즉 F. Müller에 따르면 모
든 규범은 그것이 구체적 사건에 적용되기 위해서 일단 결정규범
(Entscheidungsnorm)으로 구체화(verbestimmt)되어야 하는데, 규범의 이
구체화 과정에서 법규범과 구체적 사안은 원칙적으로 동등한 위치에
서게 된다. 즉 상호주의원칙에 의해 법규범은 사안적인 관점에서, 또
사안은 법규범적인 관점에서 관찰함으로써 법규범에 적합한, 그리고
사안에 적합한 해결책을 찾아 내야 한다고 한다.[40] 순수한 관점론이 헌
법해석의 출발점을 규범보다 구체적 사안에 두는 것과는 달리 '규범'과

158
규범과
사안의 동시
존중

36) Vgl. *K. Hesse*(FN 23), S. 28ff.
37) Vgl. *K. Hesse*(FN 23), S. 30f.
38) Vgl. *E. W. Böckenförde*(FN 3), S. 2096.
39) Vgl. *F. Müller*, Juristische Methodik(FN 23), insbes, S. 54ff.; *derselbe*, Norm-
    struktur(FN 23), insbes. S. 147ff., 168ff., 184ff., 201ff.
40) Vgl. *F. Müller*(FN 39).

'사안'을 동시에 해석의 출발점으로 삼음으로써 해석의 관점을 한꺼번에 두 분야에로 넓히는 것이 이 입장의 특징이다. 하지만 헌법해석의 관점을 동시에 규범과 사안의 두 곳에 둠으로 인해서 헌법해석의 규범기속성이 과연 어느 정도 실효성을 거둘 것인가 하는 것은 여전히 의문으로 남을 수밖에 없다.[41]

e) 비   판

159
헌법의
형성적 기능
무시

생각건대, 법학적 관점론은 정도의 차이는 있어도 헌법을 해석하는 데 있어서 규범에서 출발하는 것이 아니고 사안을 해석의 초점으로 삼고, 규범을 단순한 하나의 관점으로 평가절하시키는 반면에 기타의 topoi를 중요시함으로써 처음부터 헌법규범의 형성적 기능을 무시 내지는 경시한다는 비난을 면할 길이 없다. 이 법학적 관점론은 말하자면 헌법규범의 내용을 '찾는다'(Inhaltsermittlung)고 하기보다는 그 내용을 '결정하는'(Inhaltsbestimmung) 입장이라고 할 것이다. 그 결과 헌법규범은 해석자의 주관적 입장에 따라 각각 다르게 풀이될 가능성이 크다. 더욱이 해석자의 선험적 지식이나 주관적 요소를 효과적으로 배제하기 위한 납득할 만한 방안을 제시하는 학자가 아직은 없는 것으로 나타났기 때문에 법학적 관점론은 헌법규범의 내용에 대한 Konsens가 광범위하게 형성되어 있는 특수시기 내지 특수상황의 헌법해석방법으로는 몰라도 일반적인 헌법의 해석방법으로는 문제점이 많다고 할 것이다. 법학적 관점론의 열렬한 후원자인 쇼이너(U. Scheuner)[42]도 이 점을 지적하고 있는 사실을 주목할 필요가 있다.

3. 절충적 해석방법

160
고전적 해석
방법과 법학
적 관점론의
절충

고전적 해석방법이 지나치게 헌법자구에만 집착한 나머지 헌법의 가치규범적 · 생활규범적 성격을 소홀히하는 반면에, 법학적 관점론은 헌법이 가지는 형성적 · 규범적 효력을 경시하는 경향이 있기 때문에 두 입장을 각각 절충해서 헌법의 가치규범적 · 생활규범적 성격도 충분히 살리고 또 헌법의 형성적 · 규범적 기능도 충분히 발휘될 수 있도록 헌법을 해석하려는 입장이[43] 있는데, 그것이 바로 절충적 해석방법이

---

41) 동지: *E. W. Böckenförde*(FN 3), S. 2096.

42) Vgl. *U. Scheuner*(FN 14), S. 62.

43) 예컨대, *E. W. Böckenförde*(FN 3); *derselbe*, Grundrechtstheorie und Grund-

다. 절충적 해석방법에 따르면, 헌법은 단순한 개념이나 자구의 나열에 불과한 것이 아니고 일정한 가치관이 규범의 형태로 정립된 것이기 때문에 헌법해석이란 결국 헌법규범에 내포된 그 가치관을 '끝까지 생각해 내는 것'(zuendedenken)이라고 한다.[44] 그러기 위해서 E. W. Böckenförde[45]는 우선 헌법전이나 제헌과정에 나타난 여러 가지 헌법자료들을 중심으로 '헌법내재적인 헌법이론'(verfassungsimmanente Verfassungstheorie) 내지 '헌법내재적인 기본권이론'(verfassungsimmanente Grundrechtstheorie)을 찾아 내고 그것을 헌법해석의 지침(Leitidee)으로 삼아야 된다고 한다. 따라서 헌법해석의 출발점은 언제나 헌법규범이 되어야 한다고 한다.[46]

생각건대, 이 절충적 해석방법은 그 내용에 있어서 고전적 해석방법 중의 하나인 체계적 해석방법을 특히 강조하고 있는 것에 지나지 않는다고 할 것이다.

4. 비판 및 결론

무릇, 헌법을 해석하는 데 있어서는 어느 하나의 방법만이 언제나 그 타당성을 간직할 수는 없다고 생각한다. 왜냐하면 K. Larenz[47]도 지적하듯이 대상에 따라 방법이 정해져야지 방법이 대상을 결정할 수는 없는 것이기 때문이다. 따라서 헌법을 해석하는 데 있어서 절대적으로 통하는 이른바 특허방법 같은 것은 존재할 수 없다고 할 것이다. K. Hesse[48]나 E. W. Böckenförde[49]가 독일연방헌법재판소의 헌법해석방법이 일관성이 없고 사건에 따라서 그 해석방법을 달리하고 있음

161
대상에 따른
방법선택

rechtsinterpretation, NJW 1974, S. 1529ff.; *F. Ossenbühl*, Probleme und Wege der Verfassungsauslegung, DöV 1965, S. 649ff.; *Th. Maunz*, Deutsches Staatsrecht, 22. Aufl.(1978), § 7, Ⅱ(S. 43ff.). *E. Stein*, Staatsrecht, 5. Aufl.(1976), S. 29, 36, 301ff.(insbes, 306~308),은 고전적 방법을 주로 한 절충적 해석방법을 취하고 있다.

44) Vgl. *F. Ossenbühl*(FN 43), S. 650; *Th. Maunz*(FN 43), S. 44.
45) Vgl. *E. W. Böckenförde*(FN 3), insbes. S. 2098.
46) Vgl. *E. W. Böckenförde*(FN 45); *F. Ossenbühl*(FN 43), S. 649, 650f.; Th. *Maunz*(FN 43), § 7, Ⅱ, 4 (S. 46).
47) Vgl. *K. Larenz*(FN 3), Vorwort zur 1. Aufl.(1960).
48) Vgl. *K. Hesse*(FN 23), S. 23ff.(24f.).
49) Vgl. *E. W. Böckenförde*(FN 3), S. 2090 Anm. 4.

을 지적하고 있지만, 독일연방헌법재판소의 일관성 없는 해석방법은[50] 어느 의미에서 보면 오히려 불가피한 현상이라고 보아야 할 것 같다.

162
해석방법의
허실

고유한 헌법적 해석방법이 헌법규범의 특질을 강조하고 헌법에 특유한 해석방법을 모색하는 취지는 충분히 납득이 가지만, 그렇다고 해서 헌법을 해석하는 데 있어서 원칙적으로 규범보다는 topoi를 중요시하는 그 근본사상은 크뤼거(H. Krüger)[51]가 경고하듯이 자칫하면 헌법해석을 통한 헌법개정의 결과를 초래할 가능성이 있기 때문에 특히 경성헌법의 경우에 문제점이 크다고 할 것이다.[52] 또 한편 헌법의 조문 내지 자구에만 치우치는 고전적 해석방법을 관철하려는 경우에는 구체적 사안을 규율하는 조문의 결핍(헌법의 틈: Verfassungslücken)[53]으로 인해서 이른바 미해결문제(non liquet)가 생길 가능성을 배제할 수 없다. 따라서 그와 같은 미해결문제를 없애기 위해서도 경우에 따라서는 법학적 관점론을 적용해야 할 불가피한 사례가 있을 수 있을 것이다.

163
주관적 이론
과 객관적
이론

요컨대, 헌법해석은 구체적 사안을 헌법적 관점에서 합리적으로 해결하기 위한 수단에 지나지 않기 때문에 해석방법론 그 자체를 둘러싼 지나친 논쟁은 문제의 해결에 별로 큰 도움이 되지 못한다 할 것이다.[54] 해결을 기다리고 있는 구체적 사안의 구조와 성격에 따라서 가장 문제의 해결에 적합한 헌법해석방법이 정해져야 하리라고 본다. 다만 이때 고전적 해석방법을 택하게 되는 경우에도 결코 헌법제정자의 주관적 의지를 찾아내려는 주관적 이론에 치우쳐서는 아니 되고 헌법해석 당시의 현실적 시점에서 헌법규범이 가지는 객관적인 의미와 내용을 찾아 내려는 이른바 객관적 이론이 헌법해석의 기준이 되어야 할 것은 재론의 여지가 없다.[55] 따라서 헌법규범의 객관적인 의미와 내용

---

50) 고전적 해석방법에 입각한 독일연방헌법재판소의 판례 중에 대표적인 것은, BVerfGE 1, 299(312); 11, 126(130); 40, 141; 40, 353(365).
   법학적 관점론에 입각한 대표적 판례는 BVerfGE 34, 269; 39, 334; 40, 296를 꼽을 수 있다.

51) Vgl. *H. Krüger*, Verfassungsänderung und Verfassungsauslegung, DöV 1961, S. 721ff.(724).

52) *Th. Maunz*(FN 43), S. 45,도 Weimar 헌법 제48조를 예로 들어 이 점을 강조하고 있다.

53) Vgl. *Th. Maunz*(FN 43), S. 45f.

54) 동지: *P. Lerche*, Stil, Methode, Ansicht, DVBl. 1961, S. 690ff.(691).

55) 동지: *Th. Maunz*(FN 43), S. 44.

을 찾아 내려는 객관적 이론을 헌법해석의 기준으로 삼는 한 어학적
해석방법보다는 헌법체계적·규범목적적 해석방법이 문제의 해결에 보
다 큰 도움이 되리라고 본다.

　　결론적으로 말해서 구체적 사안에 따라 헌법해석의 방법이 정해
져야 하지만, 원칙적으로 객관적 이론에 입각한 헌법체계적·규범목적
적 해석방법을 주로 하고 법학적 관점론을 보충적으로 인용하는 것이
바람직하다고 본다.

제 3 절　헌법해석의 지침

　　헌법을 해석하는 데 있어서 항상 염두에 두고 그 정신과 취지를
해석의 과정에 반영시켜야 되는 원리 같은 것을 헌법해석의 지침(Kriterien,
Leitpunkte) 내지 기준(Maßstäbe)이라고 칭할 수 있는데 어느 범위 내에
서 또 어떤 내용의 지침을 인정할 것이냐에 대해서는 견해가 구구하
다. 학설과 판례를 통해서 일반적으로 인정된 헌법해석의 지침으로는
'헌법의 통일성', '헌법의 기능적 과제', '헌법의 사회안정적 요인' 등
을 들 수 있다.

164
해석의 지침
과 기준

1. 헌법의 통일성

　　헌법은 그 전체로서 사회공동체를 정치적인 일원체로 조직하기
위한 법질서를 뜻하기 때문에 하나하나의 헌법조문이 독립해서 어떤
의의를 갖는 것이 아니고 모든 조문이 불가분의 밀접한 관계를 가지고
서로 보충·제한하는 기능을 나타내는 것이기 때문에 헌법의 이와 같
은 일원성 내지 통일성을 언제나 헌법해석의 지침으로 삼아야 된다는
것이다.[56] 따라서 어느 하나의 헌법조문을 해석하는 경우에도 그 해당
조문만을 대상으로 할 것이 아니고 그 조문을 헌법전체의 통일적인 각

165
헌법조문
간의 기능적
통일성

---

56) Vgl. *C. Schmitt*, Verfassungslehre, 5. Aufl.(1970), S. 23; *R. Smend*(FN 17:
Verfassung), S. 190; *U. Scheuner*, VVDStRL 20(1963), S. 125(Diskussions-
beitrag); *H. Ehmke*(FN 23), insbes. S. 77ff.; *K. Hesse*(FN 23), S. 28; *Th. Maunz*
(FN 43), S. 48; *K. Stern*, Das Staatsrecht der Bundesrepublik Deutschland, Ⅰ.,
1977, S. 107; BVerfGE 1, 14(32); 2, 380(403); 3, 225(231); 34, 165(183).
　　특히 *F. Müller*, Die Einheit der Verfassnng, Berlin 1979,가 이 문제를 체계적으
로 상세히 다루고 있다.

도에서 살펴야 한다고 한다.

166

규범내재적
부조화현상
의 완화

　　생각건대, 물론 헌법이 전체로서 통일성을 가지는 것은 사실이지만, 이미 살펴본 바와 같이 헌법은 다양한 이해관계의 갈등과 대립을 바탕으로 해서 공존을 위한 타협의 결과 성립·제정된 것이기 때문에 헌법규범 상호간(헌법내재적)의 긴장 내지 부조화현상을 처음부터 완전히 경시할 수만은 없다고 생각한다. 따라서 헌법의 통일성을 헌법해석의 지침으로 강조하는 이유는 헌법에 당연히 내포된 어떤 확립된 조화성을 존중한다는 의미보다는 헌법에 내재할 수도 있는 규범 상호간, 헌법적 원칙 상호간의 긴장·부조화현상 등을 최대한으로 완화시켜 이를 조화적인 전체가 될 수 있도록 헌법의 통일성을 실현시켜야 한다는 의미로 이해해야 되리라고 본다.[57]

167

대립적인
두 원칙

　　이 점과 관련해서 헌법의 통일성을 실현하기 위한 두 가지 원칙이 헌법이론과 판례를 통해서 확립되고 있다. '이익형량의 원칙'(Prinzip der Güterabwägung)과 '조화의 원칙'(Prinzip der Harmonisierung)이 그것이다. 하지만 이 두 원칙은 어느 의미에서는 서로 대립적인 관계에 있음을 주목할 필요가 있다.

(1) 이익형량의 원칙

168

법익의 우열
평가

헌법에
위반되는
헌법규범

　　헌법이 서로 상반하는 내용의 규범 내지는 원칙을 내포하고 있는 경우에 두 규범 내지 원칙에 의해서 표현되는 가치 내지 법익을 서로 비교형량해서 보다 큰 가치 내지 법익을 보호하고 있는 헌법규범 내지 원칙에 효력의 우선권을 주어야 한다는 해석지침이다. 이 원칙은 헌법규범 내에도 규범의 계층구조(Normenhierarchie)가 있다는 전제하에서 상위헌법규범은 하위헌법규범의 효력을 정지시키는 힘이 있다는 사상과 직결된다.[58] '헌법에 위반되는 헌법규범'(verfassungswidrige Ver-

---

57) 동지: *F. Ossenbühl*(FN 43), S. 655; *P. Badura*, Art. "Verfassung", in: EvStL, 2. Aufl.(1975), Sp. 2708ff.(2719).

58) 예컨대, *Th. Maunz*(FN 43), § 7, Ⅲ(S. 51f.); *W. Leisner*, DöV 1961, S. 641,가 이 입장을 취한다. 독일연방헌법재판소도 한때 이 입장을 취했었다. Vgl. BVerfGE 1, 14(32). 하지만 얼마 후에 다시 이 입장을 떠나서 헌법규범 내의 '계층구조'를 부인하고 있다. Vgl. BVerfGE 3, 225(231). Bayern 주헌법재판소는 여전히 이 입장을 취하고 있다. Vgl. VerwRspr. 2, Nr. 65, S. 273ff.(LS 1, S. 279f.); VerwRspr. 11, Nr. 218, S. 905ff.(LS 1. S. 909).

　　이 문제에 대한 상세한 점은, 졸저, Probleme der konkreten Normenkontrolle, Berlin 1971, S. 125f., 참조.

fassungsnorm)[59]이라는 개념은 이 사상을 잘 대변해 주고 있다. 이 입장은 특히 헌법개정에 대한 실정법적 한계를 규정하고 있는 헌법하에서 그 이론적인 뿌리가 내리기 쉽다고 할 것이다.

(2) 조화의 원칙

이익형량의 원칙이 서로 상반하는 헌법규범 중에 어느 한 규범을 우선시키는 데 반해서 조화의 원칙은 상반하는 헌법규범이나 헌법적 원칙을 최대한으로 조화시켜 동화적인 효력을 나타낼 수 있도록 해석해야 한다는 지침을 말한다.[60] 이 조화의 원칙은 이익형량의 원칙에서와는 달리 헌법규범 내의 계층구조 내지 '헌법에 위반되는 헌법규범'이라는 사고방식을 반드시 그 전제로 하지는 않는다. 헌법의 통일성이라는 해석지침의 근본취지에 비추어 볼 때 이익형량의 원칙보다는 조화의 원칙을 더 우선시켜야 하리라고 본다.

169
법익의 조화
추구

2. 헌법의 기능적 과제

헌법은 사회공동체를 정치적인 일원체로 조직하기 위한 조직규범인 동시에 국가 내의 권력현상을 제한하고 합리화시킴으로써 공존의 정치적인 생활질서를 보장하는 권력제한적 기능을 가지고 있다는 것은 이미 말한 바와 같다.[61] 따라서 헌법규범 및 헌법적 원칙을 해석하는 데 있어서는 이와 같은 헌법의 기능적 과제가 언제나 최대한으로 발휘될 수 있는 길을 모색해야 한다는 것이다.[62] 모든 헌법적 제도는 그것이 반드시 일정한 기능적인 과제와 결부되고 있기 때문에 그 제도 자체의 구조적인 면보다는 기능적인 면을 중요시해서 운용해야 한다. 결국 헌법을 해석하는 관점도 '구조적 – 기능적'(strukturell-funktionell)이어서는 아니 되고 거꾸로 '기능적 – 구조적'(funktionell-strukturell)이어야 할 것이다. 기본권에 대한 헌법규범의 해석에 있어서는 물론, 국가

170
헌법의 구조
보다 기능이
중요

---

59) *O. Bachof*, Verfassungswidrige Verfassungsnormen?, Tübingen 1951; *derselbe*, DöV 1961, S. 927f.

60) 예컨대, *K. Hesse*(FN 23), S. 28f.(praktische Konkordanz); *U. Scheuner*(FN 56), S. 125f.(Diskussionsbeitrag); *K. Stern*(FN 56), S. 109; BVerfGE 2, 1(72ff.); 5, 85(137ff.); 3, 225(241ff.); 10, 59(66).

61) 앞의 방주 44~46 및 51~52 참조.

62) Vgl. *K. Hesse*(FN 23), S. 29: "Maßstab funktioneller Richtigkeit." 헌법의 기능적 과제를 중요시하는 사상은 R. Smend에서 비롯된다고 할 것이다. Vgl. *R. Smend*(FN 17: Verfassung), z. B. S. 198.

의 통치구조에 관한 헌법규범의 해석에 있어서도 그 기능적인 관점이 절대적인 기준이 되어야 한다. 독일연방헌법재판소가[63] 독일헌법상의 연방제도에 내포된 구조적인 면(연방과 주의 동위성)보다는 그 기능적인 면을 살리기 위해서 연방우호적(Prinzip der Bundestreue)인 해석지침을 마련하고 이를 일관해서 적용하고 있는 것은 헌법의 제도를 '기능적 — 구조적'인 각도에서 이해하고 있는 좋은 예이다.

3. 헌법의 사회안정적 요인

171
해석의 통합
효과

사회공동체가 정치적인 일원체로 뭉치기 위한 법질서인 헌법은 처음부터 완전무결한 것이 아니고 미완성성과 개방성에 의해서 특징 지어지는 것이기 때문에, 많은 '헌법의 틈'(Verfassungslücken)[64]을 간직 하기 마련이다. 따라서 이 '헌법의 틈'을 메우는 것은 우선 헌법해석 의 과제에 속한다. 다만 '헌법의 틈'을 메우기 위한 헌법해석에 의해 서 '틈'을 내포한 헌법이 달성해 놓은 사회안정적·사회동화적·구심 력적 Konsens가 파괴되어서는 아니 되겠기 때문에, 헌법해석에 있어 서는 언제나 해석의 결과에 의해서 초래될 사회안정적 요인(sozial— stabilisierender Faktor)을 고려해야 한다는 것이다.[65] 동화적 통합이론의 입장에서는 동화적 통합효과를 헌법해석의 지침으로 삼는 것은 당연한 일이다.[66]

---

63) 예컨대, vgl. BVerfGE 12, 205(254f.); 13, 54(75f.); 14, 197(215); 34, 9(20f., 38f., 44f.).

64) Vgl. *Th. Maunz*(FN 43), S. 45. Maunz는 '헌법의 틈'(Verfassungslücken)을 '개 방적인 틈'(offene Verfassungslücken)과 '잠복적인 틈'(verborgene Verfassungs-lücken)으로 나눈다. 전자는 헌법제정자가 어떤 문제에 대해서 의식적으로 남겨둔 '틈'인 데 반해서, 후자는 헌법제정자가 예견하지 못한 역사의 발전 내지 사회의 변천 에 따라 나타나는 '틈'을 말한다. 좌우간 '헌법의 틈'은 헌법의 개방성 및 미완성성과 불가분의 관계에 있기 때문에 '틈'이 없는 헌법은 생각할 수가 없다.

65) Vgl. *P. Lerche*(FN 54), S. 700. 독일연방헌법재판소도 독일기본법상의 '사회국가조 항'(Sozialstaatsklausel)을 해석하는 데 있어서 사회안정적 요인을 그 해석의 지침으로 삼고 있다. 예컨대, BVerfGE 5, 85; 10, 354; 27, 253; 29, 221; 33, 303 참조.

66) Vgl. *K. Hesse*(FN 23), S. 29: "Maßstab integrierender Wirkung"; *K. Stern*(FN 56), S. 110.

제 4 절 법률의 합헌적 해석

헌법해석의 문제와는 명백히 구별할 필요가 있으면서도 헌법해석과 밀접한 관계에 있는 것이 이른바 법률의 합헌적 해석(verfassungskonforme Auslegung von Gesetzen)이다. 이것은 주로 판례[67]를 통해서 확립된 제도이다.

172
법률의
해석문제

1. 합헌적 법률해석의 의의 및 그 이론적 근거

(1) 합헌적 법률해석의 의의
a) 소극적 의미와 적극적 의미

합헌적 법률해석이란 외형상 위헌적으로 보이는 법률이라 할지라도 그것이 헌법의 정신에 맞도록 해석될 여지가 조금이라도 있는 한 이를 쉽사리 위헌이라고 판단해서는 아니 된다는 법률의 해석지침을 말한다.[68] 합헌적 법률해석은 따라서 헌법해석의 문제라기보다 법률해석의 문제이다. 합헌적 법률해석은 그 내용상 적극적 의미와 소극적 의미를 구별할 필요가 있다. 즉, 소극적으로는 합헌적인 해석의 소지를 조금이라도 간직하고 있는 법률은 되도록 그 효력을 지속시켜야 한다는 뜻인 데 반해서 적극적으로는 헌법정신에 맞도록 법률의 내용을 제한·보충하거나 새로 결정하는 것을 의미한다. 권력분립의 원칙에 입각해서 입법권을 입법부의 권능으로 삼고 있는 현대적인 법치국가에서 적극적인 의미에서의 합헌적 법률해석이 무제한 허용될 수 없는 것은

173
법률의
해석지침

67) 예컨대, BVerfGE 2, 266(282); 7, 120(126); 8, 71(177f.); 19, 1(5); 30, 129; 31, 119(132); 32, 373(383f.); 33, 52(65); 36, 264(271).

68) Vgl. *K. Hesse*(FN 23), S. 31ff.; *Th. Maunz*(FN 43), S. 48; *E. Stein*(FN 43), S. 45; *K. Stern*(FN 56), S. 111ff.; *M. Imboden*, Normenkontrolle und Verfassungsinterpretation, in: FS f. H. Huber(1961), S. 133ff.; *H. Michel*, Die verfassungskonforme Auslegung, JuS 1961, S. 274ff.; *F. Schack*, Die verfassungskonforme Auslegung, JuS 1961, S. 269ff.; *V. Haak*, Normenkontrolle und verfassungskonforme Gesetzesauslegung des Richters, 1963, passim, insbes. S. 237ff.; *W. D. Eckardt*, Die verfassungskonforme Gesetzesauslegung, 1964; *H. Bogs*, Die verfassungskonforme Auslegung von Gesetzen, 1966; *J. Burmeister*, Die Verfassungsorientierung der Gesetzesauslegung, 1966; *H. Spanner*, Die verfassungskonforme Auslegung in der Rechtsprechung des BVerfG, AöR 91(1966), S. 503ff.; *J. Schmidt-Salzer*, DöV 1969, S. 97ff.; *R. Zippelius*, Verfassungskonforme Auslegung von Gesetzen, in: BVerfG und GG, II., 1976, S. 108ff.; *H. Simon*, EuGRZ 74, 85.

명백하다. 왜냐하면 법률의 적극적인 합헌해석에 의해서 입법권이 침해될 가능성이 크기 때문이다. 합헌적 법률해석의 한계가 논의되는 이유도 여기에 있다.

b) 법률의 합헌적 해석과 규범통제와의 상호관계[69]

174
해석규칙과
저촉규칙

법률의 합헌적 해석과 법률에 대한 위헌심사(규범통제, Normen-kontrolle)는 개념적으로 구별할 필요가 있다. 법률의 합헌적 해석은 규범통제의 과정에서 주로 문제가 되는 것은 사실이지만 그렇다고 해서 법률의 합헌적 해석이 규범통제를 반드시 전제로 하는 것은 아니다. 법률의 합헌적 해석과 규범통제가 모두 헌법의 최고규범성을 공통적인 이론적 근거로 하고 있지만, 전자에 있어서는 '해석규칙'(Auslegungs-regel)으로서의 헌법이, 후자에 있어서는 '저촉규칙'(Kollisionsregel)으로서의 헌법이 그 이론적인 중핵을 이루게 된다. 즉 해석규칙으로서의 헌법은 일반법률이 헌법과 조화되도록 해석되는 것을 요구하지만, 저촉규칙으로서의 헌법은 헌법에 저촉되는 일반법률이 당연히 무효화되는 것을 그 내용으로 하고 있다. 따라서 해석규칙으로서의 헌법은 합헌적 법률해석의 경우에 법률의 '해석기준'(Auslegungsmaßstab)이 되지만, 저촉규칙으로서의 헌법은 규범통제시에 법률의 '심사기준'(Prüfungs-maßstab)이 된다.[70] 헌법의 최고규범성에서 유래되는 '해석규칙' 또는 '저촉규칙'이 종종 혼용되는 이유는 그것이 다같이 헌법을 출발점으로 하고 있기 때문이다. 즉 규범통제를 하기 위해서는 법률의 내용을 일단 헌법이라는 등불로 비추어 보아야 하는데 이 때 대부분의 경우에는 해석기준으로서의 헌법과 심사기준으로서의 헌법기능이 동시에 나타나기 때문이다.[71] 하지만, 법률의 합헌적 해석과 규범통제는 완전히 상이한 두 가지 헌법적 제도라는 것을 주의할 필요가 있다. 법률의 합헌적 해석은 헌법의 최고규범성이 보장되고 있는 헌법하에서는 당연히 인정될 수 있는 헌법적 제도이지만 규범통제는 헌법의 최고규범성만에 의해서 인정될 수는 없고 그에 대한 명시적인 별도의 근거규정을 필요로 한다는 것이 지배적인 견해이기 때문이다. 또 법률의 합헌적 해석과 규범통제는 다같이 헌법의 최고규범성을 그 이론적인 근거로 하면서도

해석기준과
심사기준

---

69) 이 점에 관해서 특히 졸저(FN 58), S. 26 Anm. 27, 참조.
70) Vgl. *H. Michel*(FN 68), S. 275.
71) Vgl. *M. Imboden*(FN 68), S. 139; *R. Zippelius*(FN 68), S. 111.

전자는 입법권의 행사에 의해서 제정된 법률의 효력을 되도록이면 지
속시키려는 정신의 제도적 표현인 데 반해서, 후자는 최고규범으로서
의 헌법이 가지는 효력을 지키려는 사상의 제도적 표현이기 때문에 그
주안점이 다르다고 할 것이다. 이렇게 볼 때 법률의 합헌적 해석은 규
범통제제도에 대한 일종의 제약(한계)을 뜻하게 된다.

(2) 합헌적 법률해석의 이론적 근거

법률의 합헌적 해석은 헌법의 최고규범성에서 나오는 법질서의
통일성(Einheit der Rechtsordnung), 권력분립의 정신, 법률의 추정적 효
력(Prinzip der Gültigkeitsvermutung, favor legis), 국가간의 신뢰보호 등
을 그 이론적인 근거로 하고 있다.

175	
헌법의	
최고규범성	

a) 헌법의 최고규범성에서 나오는 법질서의 통일성

헌법이 가지는 최고규범성은 마땅히 헌법을 정점으로 하는 피라
밋식의 법질서를 요구하고 있기 때문에 헌법은 하위법의 효력의 근거
가 될 뿐 아니라 동시에 그 해석의 기준이 되어야 한다. 따라서 어떤
법률규범이 합헌적인 해석과 위헌적인 해석을 동시에 가능케 하는 다
의적인 내용으로 되어 있는 경우에는 마땅히 헌법에 맞는 해석을 택해
야 하는 것은 당연하다. 나아가서 한 나라의 법질서는 헌법을 최고법
으로 하는 일종의 통일적인 체계를 가지고 있다. 왜냐하면 헌법에 내
포된 Konsens적인 가치가 하위법에 의해서 구체화되고 실현됨으로써
사회공동체가 헌법적 테두리 안에서 조직될 수 있겠기 때문이다. 따라
서 한 사회공동체의 모든 법규범은 결과적으로 헌법의 내용을 실현하
는 것에 불과하기 때문에 마땅히 헌법적인 윤곽에서 일정한 체계적
인 통일성이 유지되지 않으면 아니 된다. 헌법을 윤곽질서(Rahmen-
ordnung)라고 보는 학자가[72] 있는 것도 그 때문이다. 입법기능이 이 윤
곽질서의 테두리를 벗어나는 경우에는 법질서의 통일성이 무너질 위험
성이 크기 때문에 법률해석적인 방법에 의해서라도 이를 체계적인 법
질서의 테두리 안으로 끌어들일 필요가 있다. 법률의 합헌적 해석은
결국 법질서의 통일성을 지키기 위한 하나의 해석법적 수단이라고 할
것이다.[73]

176
통일적 법
질서유지의
필요성

---

72) 예컨대, *E. W. Böckenförde*(FN 3), S. 2099.
73) Vgl. *R. Zippelius*(FN 68), S. 109f.; *K. Hesse*(FN 23), S. 32; *Th. Maunz*(FN 43),
   S. 48; BVerfGE 7, 205ff.; 37, 65f., 152f.

b) 권력분립의 정신

177

**입법권의
존중 필요성**

법률의 합헌적 해석은 권력분립의 사상과도 밀접한 관계가 있다. 즉 국가기능이 입법·행정·사법으로 나누어져 행사되고 있는 경우에, 입법권의 행사에 의해서 법률을 제정하는 것은 헌법적 수권을 근거로 헌법을 실현하는 것이라고 볼 수 있다. 따라서 법률제정도 원칙적으로는 헌법을 구체화하는 국가작용에 속하고, 이 입법작용은 헌법해석을 그 행동의 기초로 하고 있다고 보는 것이 상식이다. 그렇다면 합헌이라고 생각해서 입법부가 제정한 어느 법률을 다른 국가기관이 함부로 위헌이라고 배척할 수 있겠느냐의 문제가 제기된다. 더욱이 민주주의적인 정당성을 인정받는 입법권의 행사를 다른 국가기관이 문제로 삼는 것은 민주주의적인 관점에서도 고려의 여지가 있다고 볼 수도 있다. 규범통제제도를 반대하는 입장의 주요한 논거의 하나가 그것이다. 따라서 법률을 되도록 통일적으로 해석해서 입법부가 제정한 법률의 효력을 유지시키는 것은 결국 권력분립의 정신과 민주주의적 입법기능을 최대한으로 존중하는 결과가 된다고 할 것이다.[74] 법률의 합헌적 해석이 규범통제의 한계를 뜻한다고 보는 이유도 그 때문이다.

c) 법률의 추정적 효력(favor legis)

178

**규범유지적
해석의
필요성**

권력분립의 정신에 입각한 논거와 불가분의 관계에 있는 것이 법률의 추정적 효력이다. 즉 모든 법규범은 그것이 제정·공포된 이상, 일단 효력이 있다는 추정을 받는 것이 당연하다. 법률의 이 추정적 효력은 말하자면 '규범저장적 원칙'(normkonservierendes Prinzip)[75]에서 나오는 것이라고 볼 수 있는데, 이 원칙은 법규범의 합헌성이 애매한 경우에 되도록 규범저장적(유지적) 해석방법을 선택할 것을 요구하기 때문에 합헌적 법률해석은 결국 이 원칙을 충족시키기 위한 하나의 수단에 불과하게 된다.[76] 이처럼 법률의 추정적 효력과 규범저장적 원칙을 합헌적 법률해석의 논거로 내세우는 사고의 저변에는 역시 입법권이 합헌적으로 행사된다고 보는 것이 상식이라는 논리와[77] 함께 법적

---

74) Vgl. *R. Zippelius*(FN 68), S. 112ff.; *K. Hesse*(FN 23), S. 32f.; BVerfGE 39, 69.

75) Vgl. *M. Imboden*(FN 68), insbes. S. 138ff.(142f.); *H. Michel*(FN 68), S. 276; *F. Schack*(FN 68), S. 270f.; *R. Zippelius*(FN 68), S. 110f.

76) 동지: BVerfGE 2, 267; 36, 271.

77) Vgl. *K. Hesse*(FN 23), S. 33.

안정성의 고려가[78] 작용하고 있다고 할 것이다. 하지만 법적 안정성이 일방적으로 강조되는 경우에는 헌법적 가치에 속하는 정의의 실현이 소홀하게 될 가능성이 있다[79]는 것을 부인할 수 없다.

d) 국가간의 신뢰보호

국가간에 체결된 조약 내지 그 동의법의 합헌성이 문제되는 경우에 조약 내지 그 동의법을 되도록이면 합헌적으로 해석해서 그 효력을 지속시키려는 것은 국가간의 신뢰보호 내지 신의존중의 사상에 그 논거를 두고 있다고 할 것이다.[80] 즉 위헌이라는 이유를 내세워 조약 내지 그 동의법을 실효시킴으로 인해서 발생할 수도 있는 국제무대에서의 체면 상실 내지는 국가간의 긴장관계를 회피하는 수단이 바로 조약이나 그 동의법에 대한 합헌적 해석이다. 하지만 국가간의 조약은 조약내용에 대한 조약당사국의 Konsens를 전제로 해서만 그 본래의 기능을 나타낼 수 있는 것이기 때문에, 조약 상대방이 이해하고 있는 조약내용을 조약의 다른 상대방이 합헌적 해석의 미명 아래 마음대로 다르게 해석하는 것은 허용되지 않는다 할 것이다.[81] 조약이나 그 동의법에 대한 합헌적 해석의 한계가 바로 여기에 있다.[82]

179
조약에 대한
신뢰의 보호
필요성

2. 합헌적 법률해석의 한계와 기술

(1) 합헌적 법률해석의 한계

특히 입법부의 입법권과 관련해서 법률의 합헌적 해석이 무제한 허용될 수 없다고 하는 것은 이미 언급한 바 있거니와 입법부가 가지는 입법기능은 합헌적 법률해석의 이론적 근거와 그 한계적 의미를 동시에 가지고 있다. 즉 법률의 합헌적 해석은 입법권을 존중한다는 정신이 작용하고 있기 때문에 법률의 합헌적 해석에 의해서 입법권이 침해되는 일이 있어서는 아니 될 것이다. 따라서 법률에 대한 합헌적 해

180
입법형성권
의 존중

---

78) Vgl. *R. Zippelius*(FN 68), S. 111.

79) '법적 안정성'(Rechtssicherheit)과 '정의'(Gerechtigkeit)의 대립관계에 대해서는 다음 문헌 참조. *K. Engisch*, Einführung in das juristische Denken, 6. Aufl.(1975), S. 163ff.; *G. Radbruch*, Vorschule der Rechtsphilosophie, 1947, S. 23ff.

80) Vgl. *Th. Maunz*(FN 43), § 31, Ⅳ, 2a(S. 302); BVerfGE 4, 157.

81) 동지: *Th. Maunz*(FN 43), S. 48.

82) 조약의 동의법에 대한 합헌적 해석의 한계를 넘었다고 볼 수 있는 대표적 예로서 동·서독간의 기본조약에 대해서 내린 독일연방헌법재판소의 해석을 들 수 있다. Vgl. BVerfGE 36, 1.

석은 입법권이 가지는 형성적 재량권(Gestaltungsfreiheit)을 지나치게 제한하거나 박탈하지 않는 범위 내에서 이루어져야 한다. 합헌적 법률해석의 문의적 한계와 법목적적 한계, 헌법수용적 한계가 논의되는 이유도 그 때문이다.[83]

a) 문의적 한계

181
법조문의 말 뜻

합헌적 법률해석의 문의적 한계(Grenzen am Gesetzeswortlaut)란 해석의 대상이 되는 법조문의 자구가 간직하는 말뜻에서 나오는 한계를 말한다. 법조문의 자구가 간직하고 있는 가능한 말뜻을 넘어서까지 해당 법조문을 합헌적으로 해석할 수는 없는 것이기 때문이다. 따라서 헌법의 정신에 맞는 합헌적 해석은 해당 법조문의 문의가 완전히 다른 의미로 변질되지 않는 범위 내에서만 가능하다고 할 것이다.[84]

b) 법목적적 한계

182
입법목적

합헌적 법률해석의 법목적적 한계(Grenzen am Gesetzeszweck)란 법률제정자가 해당 법률의 제정에 의해서 추구하고 있는 명백한 입법의 목적을 헛되게 하는 정도의 합헌적 법률해석은 허용될 수 없다는 것을 말한다. 즉, 법률에 대한 합헌적 해석에 의해서 법률의 목적이나 내용이 본래의 취지보다 다소 제한되거나 보충되는 것은 가능하다고 볼 수 있으나, 그것이 단순히 마이너스·플러스에 그치는 것이 아니고 완전히 새로운 다른 목적이나 내용을 갖게 하는 이른바 'aliud'[85]적인 것이어서는 아니 된다. 왜냐하면 그것은 법률해석의 문제가 아니고 입

aliud적 해석금지

법기능의 문제이기 때문이다.[86] 만약 aliud적인 합헌적 법률해석을 허용하는 경우에는 Hesse의 말처럼 규범통제보다 더 강력한 입법통제적 기능을 하게 될 것이 분명하다. 왜냐하면 규범통제는 위헌법률을 다만 무효선언함에 그침으로써 헌법에 맞는 법률제정권을 입법부로 돌리지만, aliud적인 합헌적 해석은 무효선언을 넘어서 새로운 규범의 정립권

---

83) Vgl. *H. Spanner*(FN 68), S. 510ff.; *H. Bogs*(FN 68), S. 67ff.; BVerfGE 2, 282, 398; 4, 351; 8, 28, 34, 41; 9, 200; 10, 80; 18, 111; 19, 247, 253; 20, 218; 21, 305; 25, 305; 36, 271; 38, 49.

84) Vgl. BVerfGE 2, 340f.; 8, 34, 41; 35, 280; 36, 271.

85) Vgl. *K. Hesse*(FN 23), S. 33. 'aliud'라는 라틴어는 '완전히 다른 것'이라는 뜻으로서, 이 경우 법률 본래의 목적이나 규범적 내용을 떠나서 완전히 다른 내용의 규범을 만드는 것을 표현하고 있다.

86) Vgl. BVerfGE 2, 406; 54, 277.

까지를 함께 행사하는 결과가 되기 때문이다.[87)

c) 헌법수용적 한계

합헌적 법률해석의 헌법수용적 한계(Grenzen an der Aufnahme-fähigkeit der Verfassung)란 법률의 효력을 지속시키기 위해서 반대로 헌법규범의 내용을 지나치게 확대해석함으로써 헌법규범이 가지는 정상적인 수용한계를 넘어서는 아니 된다는 말이다. 다시 말해서 '법률의 합헌적 해석'이 '헌법의 합법적 해석'(gesetzeskonforme Auslegung der Verfassung)[88)으로 주객이 전도되어서는 아니 된다는 뜻이다. 합헌적인 법률해석은 제 1 차적으로 법률해석의 문제이지만, 법률을 헌법적인 시각에서 살펴보기 위해서는 불가피 헌법해석이 따르기 마련이다. 다만 이 경우에 헌법의 규범내용을 의제해서까지 법률에 합헌성을 부여할 수는 없는 것이다.

183

헌법의
합법적
해석금지

(2) 합헌적 법률해석의 기술

합헌적 법률해석은 법적 계속성의 관점에서 법률의 효력을 되도록이면 지속시키려는 것이긴 하지만, 위에서 설명한 바와 같이 일정한 한계가 있기 때문에 해석기술적인 면에서도 매우 제약을 받게 된다.

184

해석기술상
의 제약

합헌적 법률해석의 기술과 관련해서 주로 문제되는 것은 합헌적 해석을 불가능하게 하는 이른바 법률의 부분위헌의 경우와 법률내용에 대한 일정한 제한 또는 보충이 없이는 그 합헌성이 인정되기 어려운 경우의 해석기술의 문제이다.

a) 법률의 부분무효의 경우

한 법률이 도저히 합헌적으로 해석될 소지가 없는 몇 가지 조문을 내포하고 있는 경우에는 그 법률을 전체로서 무효라고 볼 수도 있겠고 또 합헌적 해석이 불가능한 해당 조문만을 위헌이라고 판단할 수도 있을 것이다. 그렇지만 favor legis의 관점에서 볼 때, 법률전체를 무효로 하는 것은 위헌인 조문을 빼냄으로 인해서 그 법률의 입법취지나 목적이 수포로 돌아가거나 거의 실효성이 없게 되는 경우에 국한하는 것이

185

전체무효의
제약

---

87) Vgl. *K. Hesse*(FN 23), S. 33. 따라서 우리 헌법재판소가 조건부위헌결정을 한 국회
   의원선거법(제55조의3과 제56조)에 대한 판례는 비판의 여지가 많다. 헌재결 1992. 3.
   13. 92 헌마 37·39(병합). 이 판례에 대한 저자의 평석(공법연구 제20집, 319면) 참조.
88) Vgl. *K. Hesse*(FN 23), S. 34; *H. Simon*(FN 68), S. 89; *W. Leisner*, Von der
   Verfassungsmäßigkeit der Gesetze zur Gesetzmäßigkeit der Verfassung, 1964.

바람직하다고 할 것이다.[89)]

b) 법률내용의 제한 또는 보완을 통해서만 합헌이라고 볼 수 있는 경우

186
제한적 법률
해석

α) 한 법률이 해석 당시의 그 상태대로는 합헌적이라고 볼 수 없지만, 그 내용을 일부 제한하는 경우에는 위헌이라고 볼 수 없는 때가 있을 수 있다. 이 경우에는 입법자의 입법취지나 법목적이 본질적으로 침해되지 않는 한 제한적인 법률해석에 의해서 그 합헌성을 인정하는 것이 favor legis의 정신에 맞는다고 할 것이다. 합헌적 법률해석의 대부분의 경우가 여기에 속한다.[90)] 우리 헌법재판소는 법률내용의 제한적인 해석을 통해서 그 법률의 효력을 지속시키려는 경우에 한정합헌결정[91)]뿐 아니라 한정위헌결정[92)]과 일부위헌결정[93)]의 기술을 활용

변형결정의
한계

하고 있다. 그러나 비판의 여지는 있다.[94)] 바람직한 것은 헌법재판소가 활용하는 일부위헌결정의 주문형식을 한정위헌결정으로 통일하고, 한정위헌결정보다는 한정합헌결정의 주문형식을 활용하는 것이라고 생각한다. 그것이 합헌적인 법률해석의 정신에도 맞는 주문형식이기 때문이다.

187
보완적 법률
해석

β) 또한 법률이 해석 당시의 현재 상태대로는 합헌적이라고 볼 수 없지만 그 내용을 일부 보충하는 경우에는 위헌이라고 볼 수 없는 때가 있다. 이 경우에 법률해석에 의해서 그 내용을 보충하는 것은 대부분의 경우 입법권의 침해로 간주될 수 있기 때문에, 당해 법률의 무효를 선언할 수밖에 없을 것이다. 하지만 경우에 따라서는 입법자에게

---

89) 독일연방헌법재판소도 이 입장을 취하고 있다. Vgl. 예컨대, BVerfGE 2, 406; 4, 234; 5, 34; 6, 281; 7, 320; 8, 301; 9, 87, 333; 10, 220; 11, 169; 13, 39; 15, 25; 17, 306; 19, 331; 20, 161, 256f.; 21, 125; 22, 152, 174f.; 26, 258. Vgl. auch *V. Haak*(FN 68), S. 295ff.; *H. Bogs*(FN 68), S. 98ff.; *H. Spanner*(FN 68), S. 531; *R. Zippelius*(FN 68), S. 119. 우리 헌법재판소도 토초세법 위헌결정에서 이 입장을 취하고 있다. 헌재결 1994. 7. 29. 92 헌바 49·52(병합) 참조.

90) Vgl. *H. Michel*(FN 68), S. 280; *H. Spanner*(FN 68), S. 521; BVerfGE 8, 28(34); 9, 89(104f.); 9, 194(200); 33, 52(69).

91) 예컨대, 헌재결 1989. 7. 21. 89 헌마 38; 헌재결 1990. 4. 2. 89 헌가 113; 헌재결 1990. 6. 25. 90 헌가 11; 헌재결 1990. 8. 27. 89 헌가 118; 헌재결 1992. 2. 25. 89 헌가 104; 헌재결 1992. 1. 28. 89 헌가 8; 헌재결 1992. 4. 14. 90 헌바 23.

92) 예컨대, 헌재결 1991. 4. 1. 89 헌마 160; 헌재결 1992. 6. 26. 90 헌가 23.

93) 예컨대, 헌재결 1991. 5. 13. 89 헌가 97; 헌재결 1991. 6. 3. 89 헌마 204; 헌재결 1992. 4. 14. 90 헌마 82.

94) 졸고, "합헌적 법률해석의 이론과 실제," 김도창고희논문집(1993), 113면 이하 참조.

일정한 유예기간을 주고 법률의 내용을 합헌적으로 보완케 함으로써
그 효력을 지속시키는 방법도 생각할 수 있다. 독일연방헌법재판소를
따라 우리 헌법재판소도 종종 이 방법을 이용하고 있는데 헌법불합치
결정이 바로 그것이다. 다만 헌법불합치결정은 합헌적 법률해석의 산
물이 아니라, 법적공백상태가 가져올 법질서의 혼란을 방지하기 위한
합목적적 고려에 의한 것이기 때문에 사법적 자제의 표현이라고 보아
야 한다. 헌법불합치결정은 위헌법률을 전제로 그 위헌효력의 발생시
기만을 따로 정하는 것이기 때문이다.95) 그런데 위헌효력의 발생시기
를 헌법재판소가 구체적으로 정해주지 않는 경우도 있는데 우리 헌법
재판소는 이 방법도 함께 활용하고 있다.96) 이 경우 위헌인 법조항은
입법권자에 의해서 개정될 때까지 계속해서 효력을 갖도록 하는 것이
원칙인데도 우리 헌법재판소는 헌법불합치결정을 하면서 해당 법조문
의 집행·적용중지를 함께 명하는 경우가 많다.97) 이것은 독일연방헌법
재판소의 판례98)를 모방한 것으로 보이는데, 우리는 법률에 대한 위헌
결정의 소급무효를 인정하는 독일의 법제도와 달라 법률에 대한 위헌
결정의 효력이 장래에 미치는 것이 원칙이기 때문에 헌법불합치결정에
서 집행·적용금지를 명할 필요가 있는 경우에는 차라리 위헌결정을
하는 것이 법적 명확성의 관점에서 바람직하다고 할 것이다.99) 헌법불
합치결정의 경우 입법권자는 가급적 빠른 시간 내에 헌법에 맞도록 법
률을 개정할 의무가 있다.

---

95) Vgl. BVerfGE 25, 167; 39, 156, 194; 헌재결 1989. 9. 8. 88 헌가 6; 헌재결
1991. 3. 11. 91 헌마 21; 헌재결 1993. 3. 11. 88 헌마 5; 헌재결 1994. 7. 29. 92
헌마 49·52(병합). 오스트리아에서는 연방헌법재판소가 법률의 위헌결정을 할 때 1년
을 넘지 않는 기간 내에서 그 효력상실시기를 정할 수 있게 했다(오스트리아헌법 제
140조 제 3 항).
96) 예컨대 토초세법에 대한 헌법불합치결정(헌재결 1994. 7. 29. 92 헌바 49·52(병합)).
97) 예컨대 96)의 판례를 비롯해서 민법의 동성동본금혼규정에 대한 헌법불합치결정(헌
재결 1997. 7. 16. 95 헌가 6 등(병합)) 등이 그것이다.
98) 예컨대 BVerfGE 37, 217(261) 참조.
99) 헌법불합치결정의 문제점에 대해서는 졸고, 김용준화갑기념논문집, 1998, 34~36면
및 헌법판례연구 4, 2002, 20면 각주 47)과 48) 참조.

제4장 헌법의 보호

제1절 헌법보호의 의의

188
헌법의 보호

헌법의 보호(Schutz der Verfassung, Verfassungsschutz)란 헌법이 확립해 놓은 헌정생활의 법적·정치적 기초가 흔들리거나 무너지는 것을 막음으로 인해서 헌법적 가치질서를 지키는 것을 말한다.[1] 헌법의 보호는 헌법이 가지는 최고규범성에서 나오는 당연한 결과이다.

189
국가의 보호

따라서 헌법의 보호는 엄격한 의미에서 국가의 보호(Staatsschutz)와는 구별할 필요가 있다. 국가의 보호가 국가의 존립 그 자체를 보호의 대상으로 하기 때문에 주로 외부의 적으로부터 오는 공격에 대한 방어를 그 내용으로 하는 데 반해서, 헌법의 보호는 성문 또는 불문헌법에 의해서 정해진 일정한 국가형태(Staatsform: 공화국·군주국 등), 통치형태(Herrschaftsform: 민주주의·공산주의·독재주의 등), 또는 기본권적 가치질서를 그 보호의 대상으로 하기 때문이다.[2] 즉 국가의 '특정한' 존립형식을 보호하는 것이 헌법의 보호다. 국가의 특정한 존재형식은 형식적 의미의 헌법, 즉 헌법전에 의해서만 정해지는 것은 아니고 실질적 의미의 헌법도 국가의 특정한 존립형식과 관련된 규정을 내포할 수 있겠기 때문에 헌법보호의 범위는 형식적 의미의 헌법에 국한되지 않고 실질적 의미의 헌법에까지 미친다고 보아야 한다.[3] 헌법의 보호는 이처럼 국가의 보호에 비해서 좁은 개념으로 사용되고 있는 것이

---

1) 헌법의 보호에 대해서 특히 다음 문헌을 참조.

   K. Stern, Das Staatsrecht der Bundesrepublik Deutschland, I., 1977, S. 144ff.; *K. Hesse*, Grundzüge des Verfassungsrechts der Bundesrepublik Deutschland, 11. Aufl.(1978), S. 272ff.; *Th. Maunz*, Deutsches Staatsrecht, 22. Aufl.(1978), S. 336ff.; *U. Scheuner*, Der Verfassungsschutz in Bonner Grundgesetz, in: FS f. E. Kaufmann(1950), S. 313ff.

2) Vgl. *Th. Maunz*(FN 1), S. 337; *K. Stern*(FN 1), S. 150.

3) 동지: *Th. Maunz*(FN 1), S. 337.

사실이지만,[4] 일부학자처럼[5] 헌법의 보호를 넓게 해석해서 외부 또는 내부로부터 오는 위협으로부터 헌법국가성(Verfassungsstaatlichkeit)을 보전하는 것을 헌법의 보호라고 이해하는 경우에는 국가의 보호와 그 보호대상이 같을 수도 있다.

헌법의 보호는 헌법사적으로 볼 때 입헌주의의 초기에 입헌정체를 보장하기 위한 제도로 발달했기 때문에 그 당시에는 주로 헌법의 보장(Gewähr der Verfassung)[6]이라는 개념 밑에 입헌제도(예컨대, 군권제한·공개재판제도·자유선거제도 등)의 실현을 주로 생각하면서 입헌정체의 보장이라는 면을 중요시했지만,[7] 오늘날에 와서는 입헌제도보장적 측면보다는 제도방어적 측면이 중요시되기 때문에 헌법의 보장이라는 개념보다는 헌법의 보호라는 개념이 많이 사용되고 있다.[8]

190
헌법의 보장

좌우간, 오늘날 국가의 특정한 존립형식을 지킨다는 뜻으로 헌법의 보호라는 개념이 사용되고 있다 하더라도, 구체적으로 무엇을 국가의 특정한 존립형식으로 보호할 것인가에 대해서는 나라마다 헌법의 규정이 다를 수 있다. 예컨대, 독일기본법[9]은 '자유민주주의적 기본질서, 연방과 주의 존립과 안전'을 헌법보호의 대상으로 삼고 있다.

191
국가의
특정한
존립형식

제 2 절 헌법의 수호자문제

헌법에 의해서 정해진 국가의 특정한 존립형식, 즉 국가형태·통치형태, 기본권질서 등을 최종적으로 지킬 헌법의 수호자(Hüter der Verfassung)가 누구이겠는가의 문제는 이를 일률적으로 대답할 수는 없다. 바이마르공화국시대에 C. Schmitt는 헌법을 실현하고 헌법적 권력행사를 효과적으로 제한할 수 있는 기능을 가진 국가기관이 바로 헌법

192
헌법의
수호자

---

4) Vgl. *U. Scheuner*(FN 1), S. 322.

5) 예컨대, *D. Rauschning*, Die Sicherung der Beachtung von Verfassungsrecht, 1969, S. 14.

6) '헌법의 보장'이라는 개념은 Aretin과 Rotteck가 그들의 공저 '입헌군주주의의 국가법'(Staatsrecht der konstitutionellen Monarchie) 제 3 편의 제목으로 처음 사용한 것으로 전해지고 있다.

　Vgl. *Aretin/Rotteck*, Staatsrecht der konstitutionellen Monarchie, 1827.

7) Vgl. ferner, *G. Jellinek*, Allgemeine Staatslehre, 3. Aufl., 6. ND.(1959), S. 336.

8) Vgl. *K. Stern*(FN 1), S. 151.

9) Vgl. Art. 73 Nr. 10b GG.

의 수호자라고 보고, 바이마르공화국헌법 아래서는 그와 같은 기능을
담당한 국가기관이 바로 공화국대통령(Reichspräsident)이었기 때문에,
공화국대통령이 헌법의 수호자일 수밖에 없다는 논리를 전개했다.[10]
사실상 H. Kelsen[11]의 공격에도 불구하고 바이마르헌법하에서는 의회
와 정부의 정당을 통한 동질성, 법원의 권력통제적 기능의 결핍 등으
로 인해서[12] 국가비상사태에 대한 최종발언권[13]을 가지고 있던 공화국
대통령을 헌법의 수호자로 볼 수밖에 없었다고 할 수도 있다.

193
제도론과
의지론

　　그렇지만 C. Schmitt가 말하는 헌법의 수호자로서의 공화국대통
령도 제 3 제국(Hitler)의 탄생을 막을 수 없었던 역사적 사실이 웅변으
로 증명해 주듯이 헌법의 보호 내지는 헌법수호자의 문제는 권력 상호
간의 견제와 균형의 이상적 원리만에 의해서 쉽사리 해결될 수만은 없
다고 할 것이다. 입법·행정·사법권이 각각 다른 국가기관에 맡겨지는
권력분립적 통치구조 그 자체만을 헌법보호의 수단으로 삼으려고 하는
것은 말하자면 하나의 유토피아적인 환상이 아닐 수 없다. 더욱이 헌
법을 동화적 통합과정의 생활수단 내지 법질서라고 이해하는 경우에는
'헌법에의 의지'(Wille zur Verfassung)가 약화 내지 결핍된 곳에 단순한
한두 가지의 제도적 장치만에 의해서 헌법의 규범적 효력이 유지된다
고 믿을 수는 없다고 할 것이다.[14] 따라서 어느 한 국가기관만을 헌법
의 수호자로 보려는 사고방식에 바탕을 둔 칼 슈미트적인 문제의 제
기는 오늘날 그 시대성을 상실했다고 보는 것이 옳을 것이다. 물론
오늘날도 독일기본법과 같이 광범위한 헌법소송제도를 마련하고 헌법
재판소에 강력한 권력통제적 기능을 주고 있는 경우에는 헌법재판소
를 헌법의 수호자라고 볼 수도 있겠으나[15] 헌법재판소의 판결이 결국
은 입법권이나 행정권의 자발적인 협조에 의해서만 그 집행이 가능하
다는 점을 감안할 때, 헌법재판소를 헌법의 수호자로 보는 데 있어서

---

10) Vgl. *C. Schmitt*, Der Hüter der Verfassung(1931), 2. Aufl.(1969).
11) Vgl. *H. Kelsen*, Wer soll Hüter der Verfassung sein? Die Justiz 6(1931), S. 576ff.
12) Vgl. C. Schmitt, Das Reichsgericht als Hüter der Verfassung, in: Verfassungsrechtliche Aufsätze, 1958, S. 63ff.(96).
13) Vgl. Art. 48 Abs. 2 WRV(바이마르공화국헌법).
14) Vgl. *K. Hesse*(FN 1), S. 272.
15) 예컨대, *Th. Maunz*(FN 1), S. 339가 그렇게 보고 있다.

도 문제점이 없지 않다. 결국 모든 국가기관과 국민이 다같이 헌법의 규범적 효력을 존중하려는 '헌법에의 의지'를 보일 때 비로소 헌법은 효과적으로 보호되는 것이라고 말할 수 있다. 이렇게 볼 때 헌법보호의 문제는 '제도'와 '의지'가 함께 상승작용을 하는 곳에서만 원만한 실효를 거둘 수 있다고 할 것이다. 민주시민이 없는 곳에 민주주의가 꽃필 수 없는 것처럼 헌법시민이 없는 곳에 헌법이 뿌리를 깊게 내릴 수는 없다.

제 3 절 헌법보호의 수단

헌법보호의 수단은 헌법침해의 양태에 따라 다르다. 즉 '누구를 상대로 해서 헌법을 보호할 것이냐'에 따라서 그 보호수단도 다르기 마련이다.

194
헌법침해
양태와
헌법보호
수단

이미 언급한 바와 같이 권력분립제도와 헌법소송제도는 물론, 크게 보면 대통령임기제, 내각불신임제, 수직적 권력분립을 뜻하는 연방제도, 정치적 중립과 신분보장을 그 주요골자로 하는 직업공무원제도, 심지어는 고위관직의 겸직금지(Inkompatibilität)에 이르기까지 모두가 권력집중에서 오는 헌법침해의 가능성을 제도적으로 배제하기 위한 것임에는 틀림없다.[16] 또 국가긴급권의 발동에 관한 헌법의 규정도 따지고 보면 헌법보호의 한 수단이라고 볼 수 있다. 왜냐하면 헌법질서가 외부로부터의 침해에 의해서 위협을 받는 경우에 이를 효과적으로 대처함으로써 조속한 시일 내에 헌법질서를 다시 정상화시키기 위한 하나의 방법이 국가긴급권의 발동이기 때문이다.[17] 하지만 아래에서는 좁은 의미의 헌법보호의 수단에 관해서만 간단히 설명하기로 한다.

1. 하향식헌법침해에 대한 보호수단

슈타인(E. Stein)[18]이 지적하듯이 역사상 자유와 민주주의에 대한 위협은 대부분 권력을 쥐고 있는 국가기관으로부터 나왔기 때문에 국

195
국가권력에
의한 침해

---

16) Vgl. *K. Stern*(FN 1), S. 151ff.

17) 동지: *K. Hesse*(FN 1), S. 284ff.; *Th. Maunz*(FN 1), S. 339; *K. Stern*(FN 1), S. 156ff. 그러나 *E. Stein*, Staatsrecht, 5. Aufl.(1976), S. 79,은 이 점에 대해서 비판적이다.

18) Vgl. *E. Stein*(FN 17), S. 78.

가기관에 의한 헌법침해의 가능성은 시대와 헌법적 체제의 차이를 초월한 권력구조의 본질적인 문제라 아니할 수 없다. 국가권력에 의한 하향식헌법침해에 대한 보호수단이 특히 중요시되어야 하는 이유도 그 때문이다. 하향식헌법침해에 대한 보호수단은 다시 헌법개정권력에 대한 보호수단과 기타 국가권력에 대한 보호수단으로 나눌 수 있다.

(1) 헌법개정권력에 대한 헌법의 보호

196
헌법개정과
헌법침해

헌법개정의 한계를 부인하는 법실증주의적 헌법관을 도외시한다면 헌법개정형식에 의해서 헌법이 가장 심각하게 침해될 수 있는 것은 더 말할 필요가 없다. 따라서 헌법개정절차를 일반법률의 개정보다 엄격하게 규정하거나 헌법개정의 한계를 정하는 것은 헌법의 최고규범성을 지키는 동시에 헌법개정권력에 대해서 헌법을 보호하기 위한 하나의 수단이라고 할 수 있다. 즉 헌법의 존재형식이나 헌법의 핵이 '헌법의 개정'(Verfassungsänderung) 또는 '헌법의 침식'(Verfassungsdurchbrechung)[19] 등에 의해서 침해되는 일이 없도록 이를 보호하기 위한 수단이다. 우리나라 헌법도 헌법개정절차를 매우 엄격하게 규정함으로써 헌법개정의 형식으로 헌법이 쉽게 침해되는 것을 방지하고 있다.

(2) 기타국가권력에 대한 헌법의 보호

a) 헌법소송제도

197
헌법소송

입법권·행정권·통치권·사법권의 과잉행사에 의해서 헌법적 가치질서가 침해되는 것을 예방하거나 보완할 수 있는 가장 강력한 제도적 수단은 역시 헌법소송제도(Verfassungsgerichtsbarkeit)라고 볼 수 있다. 즉 위헌법률의 무효화를 그 내용으로 하는 규범통제제도(Normenkontrolle), 국가기관 상호간의 권한 다툼을 조정하기 위한 기관쟁의제도(Organstreit), 국가권력의 과잉행사에 의한 기본권침해를 구제하기 위한 헌법소원제도(Verfassungsbeschwerde) 등이 그 대표적인 예이다. 또 헌법에 위배되는 권한행사를 하는 국가고급공무원에 대한 탄핵심판제도(impeachment)와 헌법을 침해하는 선거직고급공무원에 대한 국민소환과 관련된 소송제도도 국가권력에 대한 헌법보호의 수단이라고 할 것이다.

---

19) 앞의 방주 124 참조.

b) 권력분립제도

국가권력 상호간의 견제와 균형을 그 내용으로 하는 권력분립제 도는 그것이 물론 제 1 차적으로는 통치기구의 조직원리이긴 하지만 역 시 권력집중에서 초래되는 헌법침해의 위험성을 방지하기 위한 것이라 고 볼 때 국가권력에 대한 헌법보호의 수단이라고도 말할 수 있다.

198
권력분립

c) 우리나라의 제도

우리나라 헌법도 원칙적으로 권력분립제도를 그 통치구조의 조직 원리로 삼고 있을 뿐 아니라 법률의 위헌심사제도와 탄핵심판제도, 권 한쟁의제도, 헌법소원제도 등을 두고 있어서 최소한이나마 국가권력에 대한 헌법보호의 수단을 마련해 놓고 있다.

199
우리의
헌법보호

(3) 헌법보호수단으로서의 저항권

저항권(Widerstandsrecht)은 위헌적인 권력행사에 의해서 헌법적 가 치질서가 완전히 무너지는 것을 저지하기 위한 예비적인 헌법보호수단 이다. 따라서 국가권력에 의한 헌법침해에 대한 최후적·초실정법적 보호수단이 바로 저항권[20]이다. 저항권은 이처럼 기본권적 성격과 헌 법보호수단으로서의 성격을 함께 가지고 있어서 이른바 양면적인 것이 다. 저항권을 둘러싼 논쟁의 초점은 이를 두 가지로 요약할 수 있다. 즉 초실정법적인 저항권을 인정할 것인가의 문제와 저항권의 행사요건 에 관한 문제가 그것이다.

200
저항권의
성격

a) 저항권의 초실정법성

우선 첫번째 문제에 대해서는 Thomas Hobbes와 칸트(Immanuel Kant: 1724~1804)가 초실정법적인 저항권을 부인한 이후, 법실증주의적 헌법관도 물론 이 입장을 취하고 있다. Hobbes는 인간의 성악설을 그 이론의 출발점으로 하고 국가란 결국 인간 각자가 타인에 대한 자기보 호의 필요에서 만들어진 것으로 인간은 국가를 통해서만 보호된다는 국가철학을 전개하고 있기 때문에[21] 그의 세계에서는 국가에 대한 저 항권이란 처음부터 생각할 여지가 없게 된다. 또 Kant는 인간의 이성

201
학자들의
견해

Hobbes

Kant

---

20) 저항권에 관해서 상세한 것은 다음 문헌 참조.
   A. Kaufmann(Hrsg.), Widerstandsrecht, Darmstadt 1972; *J. Isensee*, Das legalisierte Widerstandsrecht, 1969; *H. Schneider*, Widerstand im Rechtsstaat, 1969.

21) Vgl. *Hobbes*, Leviathan, English Works, Bd. 3, Ⅱ/21, S. 208, Scientia Aalen 1839/1962.

(Vernunft)을 강조하면서 성선설을 그 이론의 바탕으로 하고 있기 때문에 Kant가 생각하는 국가는 마땅히 법치국가[22]일 수밖에 없고 따라서 저항권은 무용한 것이 된다.[23] 하지만 마찬가지로 낙관적인 인간상을

Locke

그 이론적인 토대로 하고 있는 록크(John Locke)[24]가 저항권을 인정하는 것처럼 저항권의 인정 여부의 문제는 인간성에 대한 세계관과 반드시 비례하는 것은 아니라고 할 것이다. Hobbes와 함께 자유주의적 사상의 대변자인 Locke가 성선설에서 출발하면서도 '국가를 통한 보호'(Schutz durch den Staat) 외에 '국가에 대한 보호'(Schutz vor dem Staat)를 강조하고 있는 것은 역시 록크적·자유주의적 국가관의 특징이라 할 것이다. 어떻든 이들 고전적인 국가관을 떠나서도 법실증주의적 입장에서는 초실정법적 저항권을 부인하는 것은 당연한 논리적 귀결이다.

202

부정설과
긍정설의
논리

이처럼 초실정법적 저항권을 부인하는 논리의 저변에는 저항권행사의 정당성 여부에 대한 권위적인 심판기관이 없는 이상 저항권을 인정한다는 것은 결국 무질서를 초래하는 결과밖에 아니 된다는 생각이 깔려 있다. 그렇지만, 초실정법적 저항권을 인정하는 통설적인 견해에 따르면 권위적인 심판기관을 상정할 수 없는 것이 바로 예비성·최후수단성에 의해서 상징되는 저항권의 특징이며, 실정법을 떠나서 초실정법적으로 저항권을 인정하지 않을 수 없는 이유도 바로 그 때문이라고 한다. 따라서 이 통설적인 견해에 의하면 저항권은 그 본질상 오로지 초실정법적으로만 인정될 수 있는 것이며, 저항권을 헌법전 내에 실정법화하는 것은 규범화될 수 없는 것을 규범화하는 무리한 시도가 된다고 한다.[25] 자유로운 인간양심의 결정을 법조문이 명령할 수 없는

22) Kant 자신은 Republik이란 말을 사용하고 있지만, Kant가 말하는 Republik은 오늘날의 법치국가를 뜻한다.

23) Vgl. *I. Kant*, Werke von Kant, Inselausgabe, Darmstadt 1964, Bd. Ⅳ, S. 145.

24) Vgl. The Works of John Locke, Bd. 5, Ⅱ, Scientia Aalen 1963, § 149, S. 426.

25) Vgl. *J. Isensee*(FN 20), insbes. S. 97ff.; *K. Hesse*(FN 1), S. 298; *Th. Maunz*(FN 1), S. 101f.; *E. Stein*(FN 17), S. 79; *Chr. Böckenförde*, Die Kodifizierung des Widerstandsrecht im GG, JZ 1970, S. 168ff.; *Schambeck*, Widerstand und positives Recht, Gedanken zu Art. 20 Abs. 4 des Bonner GG, in: FS f. Messner(1971), S. 329ff.; *K. H. Hall*, Ausgewählte Probleme des geltenden Notstandsrecht, JZ 1970, S. 353ff.(insbes. S. 354); *Leicht*, Obrigkeitspositivismus und Widerstand, in: Gedächtnisschrift f. G. Radbruch(1968), S. 191ff.(insbes. S. 198f.); BVerfGE 5, 85(376f.).

것처럼 국가에 대한 저항권의 행사도 국가가 헌법조문으로 이래라 저래라 조정할 수 있는 성질의 것이 아니라고 한다.[26]

생각건대, 저항권을 반드시 어떤 힘의 행사와 결부시키려는 관념을 지양하고 카우프만(A. Kaufmann)[27]처럼 저항권을 정신적인 영역으로 끌어들여서 일종의 국가권력에 대한 '복종의 자세'(staatsbürgerliche Haltung)로 이해하는 경우에는 초실정법적인 저항권을 부인할 수 없다고 생각한다. 즉 저항권의 행사란 화산의 폭발과 같은 것이 아니고 국가권력에 임하는 일정한 자세를 뜻하는 것으로서, 권력에 대한 회의적 자세, 공공연히 비판할 수 있는 용기, 불법적 권력행사에 대한 단호한 거부태도 등을 총괄하는 것이라고 할 것이다. 결국 권력에 대한 '비판적인 복종'(kritischer Gehorsam)을 통해서 권력행사를 수시로 통제하는 것이 저항권의 행사라고 볼 때 저항권의 행사는 분명히 혁명권의 행사와 구별해야 한다. 우선 혁명은 일시적인 현상이지만 저항은 계속적인 또 수시적인 현상이기 때문이다. 또 혁명권의 행사는 헌법적 질서의 변혁을 그 목표로 하지만, 저항권의 행사는 헌법적 질서의 존중 내지 유지를 그 동인으로 하기 때문이다. 이와 같은 의미의 저항권은 실정법상의 규정 유무를 떠나서 모든 인간이 마땅히 가져야 하는 초실정법적인 권리가 아닐 수 없다.

b) 저항권의 행사요건

두 번째로 저항권을 언제 행사할 수 있느냐의 문제는 주로 저항권을 힘의 행사와 결부시켜 그것을 일시적인 현상으로 파악하는 전통적인 관점에서 자주 논의되어 왔다. 또 독일기본법처럼[28] 저항권을 실정법적으로 규정하고 있는 경우에는 저항권의 행사가 일정한 전제조건 아래서만 가능하게 규정되어 있기 때문에 그 실정법적인 행사요건의 해석 문제로 논의되게 마련이다. 저항권을 일시적인 힘의 행사로 이해하려는 전통적인 관념에 따르거나 실정법이 저항권을 규정하는 경우에는 대체로 저항권의 행사요건으로 다음과 같은 세 가지 조건을 드는 것이 보통이다. 즉 저항권의 보충성(예비성), 최후수단성, 성공가능성의 요청 등이 그것이다. 이에 따르면 저항권은 다른 모든 헌법적 수단을

203
비판적인
복종의 자세

저항과
혁명

204
세 가지 요건

---

26) Vgl. *A. Kaufmann*(FN 20), Einleitung(S. XI, XIII).
27) Vgl. *A. Kaufmann*(FN 20), S. XIII.
28) Vgl. Art. 20 Abs. 4 GG.

총동원해서도 국가권력에 의한 헌법침해를 막을 길이 없는 경우에 보
충적·예비적으로만 행사되어야 하고, 저항권의 행사는 헌법적 가치질
서가 무너지기 시작하는 초기에는 허용되어서는 아니 되고 최후 순간
까지 기다려 보고 헌법적 가치질서가 완전히 무너지기 직전에 헌법적
질서를 구제하기 위한 최후수단으로 허용되어야 한다고 한다. 또 저항
권의 행사는 성공의 가능성이 있는 경우에만 허용되어야 한다고 한다.
이와 같은 세 가지 요건을 충족시키지 못하는 저항권의 행사는 결국
불법적인 저항권의 행사로 간주되게 된다.[29]

205
요건충족의
어려움

생각건대, 저항권을 위헌적인 권력행사에 대한 힘의 도전이라고
이해하는 경우에는 저항권의 남용에 의한 무질서를 방지하기 위해서라
도 그 행사요건을 되도록 엄격하게 정하는 것이 당연할 것이다. 그렇
지만 A. Kaufmann[30]이 적절히 지적한 바와 같이 위에 말한 세 가지
요건이 전부 충족될 수 있는 저항권의 행사란 사실상 무의미하다고 볼
수밖에 없을 것이다. 저항권의 행사가 성공하기 위해서는 대부분 헌법
침해의 초기에 시작되어야 할 것이지만, 이 단계에서는 아직 최후수단
성의 요건이 충족되지 않는 것이 보통이고, 반대로 최후수단성의 요건
이 충족될 경우에는 이미 불법권력이 뿌리를 깊게 내리고 있기 때문에
성공의 가능성이 희박하겠기 때문이다. 저항권을 국가권력에 대한 '비
판적인 복종의 자세'로 이해하고, 이를 수시적이고 계속적인 현상이라
고 이해하려는 이유도 여기에 있다.

2. 상향식헌법침해에 대한 보호수단

206
국민의
헌법침해

헌법침해는 국가권력에 의해서 하향식으로 이루어지는 것이 보통
이지만 '특정한' 국가의 존립형식을 무너뜨리려는 개인 내지는 단체(헌
법질서의 적)에 의해서 상향식으로 이루어지는 경우도 생각할 수 있다.
이와 같은 헌법질서의 적에 의한 상향식헌법침해에 대한 보호수단으로
서는 헌법내재적 보호수단과 헌법외적 보호수단을 들 수 있다.

(1) 헌법내재적 보호수단

207

헌법의 적에 의한 헌법침해에 효과적으로 대처하기 위해서 헌법

---

29) Vgl. *J. Isensee*(FN 20), S. 13ff., 32ff.; *H. Schneider*(FN 20), S. 17f.; BVerfGE 5, 85(377).

30) Vgl. *A. Kaufmann*(FN 20), S. Ⅻ.

스스로 일정한 보호수단을 마련하는 경우가 있는데 이것을 헌법내재적 보호수단이라고 말한다. 헌법내재적 보호수단으로는 기본권의 실효제도(Verwirkung von Grundrechten)와 위헌정당해산제도(Parteiverbot)를 들 수 있다. 이 두 제도는 모두 방어적 민주주의(wehrhafte Demokratie)이론31)에 그 바탕을 둔 것으로서, 민주주의제도가 민주주의 그 자체를 폐지하기 위한 수단으로 악용되는 것을 막고 헌법적 자유에 의해서 오히려 자유권 그 자체가 말살되는 것을 방지하기 위한 제도적 보장이다. 다시 말해서 '민주주의'의 이름으로 민주주의 그 자체를 공격하거나 '자유'의 이름으로 자유 그 자체를 말살하려는 헌법질서의 적을 효과적으로 방어하고 그와 투쟁하기 위한 것이 바로 방어적 내지 투쟁적 민주주의(streitbare Demokratie)다. 따라서 방어적 민주주의는 민주주의나 자유권을 일정한 가치와 결부시켜 이해하는 가치적 헌법관에서만 생각할 수 있는 논리형식이다. 민주주의나 자유권을 어떤 내용의 가치질서로도 채울 수 있다고 생각하는 상대주의(Relativismus)적인 헌법관의 입장에서는 방어적 민주주의이론은 그 이론적 근거를 상실할 수밖에 없다. 방어적 민주주의를 혹은 '투쟁적 민주주의'(streitbare Demokratie)라고 부르는 이유도 민주주의에 내포된 일정한 가치질서를 스스로 지키기 위해서 투쟁적인 보호수단을 스스로 마련해 놓고 있기 때문이다. 따라서 기본권의 실효제도나 위헌정당해산제도는 민주주의적 자유와 결부되고 있는 특정한 가치질서를 스스로 지키기 위한 방어적·투쟁적 자기보호수단이라고 볼 수 있다.

a) 기본권의 실효제도

기본권의 실효란 헌법적 가치질서를 제거하기 위한 그릇된 목적으로 기본권을 행사하는 구체적 경우에 헌법소송절차에 따라 헌법이 보장하고 있는 일정한 기본권을 그 특정인 또는 특정단체에 대해서만 실효시킴으로 인해서 헌법질서가 헌법의 적에 의해서 상향식으로 침해되는 것을 방지하기 위한 제도를 말한다. 예를 든다면 독일기본법이

여백주석:
헌법 내의
보호수단

208
방어적
민주주의

209
기본권의
실효

---

31) '방어적 민주주의'(wehrhafte Demokratie) 내지 '투쟁적 민주주의'(streitbare Demokratie)의 이론에 관해서 상세한 것은 다음 문헌과 판례 참조.

   J. Lameyer, Streitbare Demokratie, Berlin 1978; *Th. Maunz*, in: Maunz/Dürig/ Herzog/Scholz. GGKommentar, Art. 20, RN. 45 m. w. N. in FN 4; *G. Dürig*, in: Maunz/Dürig/Herzog/Scholz, GGKommentar, Art. 18, RN. 4ff.; BVerfGE 5, 85(139); 28, 36, 51; 30, 1; 39, 334; 40, 287.

이 제도를 명문으로 규정하고 있다.[32] 하지만 K. Hesse[33]가 지적하듯이 기본권의 실효제도는 대부분 개개인의 기본권주체를 그 대상으로 하기 때문에 다음에 말하는 위헌정당해산제도에 비해서 그 실효성이 적은 것이 사실이다.

b) 위헌정당해산제도

210

**위헌정당
해산**

위헌정당해산제도는 헌법적 가치질서를 제거하거나 침해할 목적으로 조직되거나 활동하는 정당을 헌법소송절차에 따라 해산시킴으로써 정당의 형식으로 조직된 헌법의 적으로부터 오는 상향식헌법침해를 방지하기 위한 헌법내재적 헌법보호수단이다. 예를 들면 우리나라 헌법[34]과 독일기본법이[35] 이 제도를 규정하고 있다. 기본권의 실효제도가 주로 조직되지 않은 개별적인 헌법의 적을 그 대상으로 하는 데 반해서, 위헌정당해산제도는 정당의 형식으로 조직된 헌법의 적을 그 대상으로 하고 있다. 조직된 헌법의 적이라 할지라도 그 조직형식이 정당이 아니고 단순한 법인, 조합 내지는 단체의 성격을 띤 경우에는 정당을 대상으로 하는 헌법내재적 보호수단이 적용되지 않고 다음에 설명하는 헌법외적 보호수단으로서의 형사법적 또는 행정법적 보호수단에 의해서 규제되기 마련이다.

211

**위헌정당
해산제도의
한계**

정당국가적 헌법질서를 마련해 놓고 있는 나라에서는 헌법의 실현에 정당의 활동이 불가결한 것이기 때문에 위헌정당해산제도는 특히 신중을 기해서 필요불가피한 최소한의 경우에만 발동하는 것이 바람직하다고 할 것이다.[36] 따라서 위헌정당해산제도가 야당을 탄압하기 위한 수단으로 악용되는 일이 있어서는 아니됨은 물론이다. 바로 여기에 위헌정당해산제도의 제도적 한계가 있다. '자유란 본래 생각을 달리하는 사람의 자유'를 뜻하는 것이기 때문에 생각을 달리하는 사람들이

---

32) Vgl. Art. 18 GG. 이 문제에 대한 다음 문헌 참조.
   K. Hesse(FN 1), S. 297ff.; *K. Stern*(FN 1), S. 166ff.; *W. Schmitt Glaeser*, Mißbrauch und Verwirkung von Grundrechten im politischen Meinungskampf, Bad Homburg 1968; *Th. Maunz*(FN 1), S. 149ff.

33) Vgl. *K. Hesse*(FN 1), S. 281.

34) 제 8 조 제 4 항, 제89조 제14호, 제111조 제 1 항 제 3 호, 제113조 제 1 항 참조.

35) Vgl. Art. 21 Abs. 2 GG. 독일기본법상의 정당해산제도에 대해서는 다음 문헌 참조. *K. Hesse*(FN 1), S. 281ff.; *K. Stern*(FN 1), S. 171ff.

36) 동지: *K. Hesse*(FN 1), S. 282. 독일기본법 아래에서 지금까지 두 건의 정당해산판결이 있었다. Vgl. BVerfGE 2, 1; 5, 85; 6, 300.

모여서 조직한 야당을 헌법보호의 구실 아래 함부로 해산시킨다고 하는 것은 결국 자유를 부인하는 결과가 된다. 사실상 국가의 특정한 존립형식 내지는 민주적 기본질서를 파괴할 목적으로 조직되거나 활동하는 정당을 식별해 내는 것은 어려운 과제가 아닐 수 없다. 또 헌법의 적인 위헌정당을 식별해 냈다 하더라도 그 정당이 거의 무의미한 정당인 경우에는 그 정당을 해산시킴으로 인해서 별로 얻는 바가 없다고 할 것이다. 반면에 헌법의 적인 위헌정당이 이미 깊이 뿌리를 내리고 많은 동조자를 얻은 경우에는 이를 해산시키는 것만으로 헌법보호의 뜻한 바 목적을 달성하기가 어렵다고 볼 수 있다. 바로 이곳에 위헌정당해산제도가 지니고 있는 제도운용의 어려움이 있다.[37)]

(2) 헌법외적 보호수단

헌법의 적에 의한 헌법침해를 대항하기 위한 헌법보호수단을 모두 헌법 스스로 규정할 수는 없는 것이기 때문에 일반법률도 많은 헌법보호수단을 규정하고 있다. 이처럼 일반법률에 의한 헌법보호의 수단을 헌법외적 보호수단이라고 한다. 헌법외적 보호수단은 다시 형사법적 보호수단과 행정절차상의 보호수단으로 나눌 수 있다.

212
법률에 의한 헌법보호

a) 형사법적 보호수단

형법 또는 이에 준하는 법률이 정하는 형벌적 방법에 의해서 헌법의 적으로부터 헌법을 보호하는 것이 형사법적 보호수단이다. 특별히 헌법보호법을 따로 만드는 경우도 있으나,[38)] 일반형사법에 헌법침해에 대한 구성요건과 그 처벌방법을 규정할 수도 있다. 우리나라 형법상의 내란죄($^{제87}_조$)·외환죄($^{제92}_조$)가 그 예다. 또 우리나라의 국가보안법도 헌법질서의 침해에 대항하기 위해서 제정된 법률이라고 볼 수 있다.

213
형벌적 수단

b) 행정절차상의 보호수단

경찰권을 비롯한 행정권을 발동해서 헌법적 질서를 보호하는 것을 말한다. 형사법적 보호수단이 주로 사법작용에 의한 헌법의 보호라면, 행정절차상의 보호수단은 주로 행정작용에 의해서 헌법을 보호

214
행정작용적 수단

---

37) 이 문제에 대해서, Vgl. *R. Schuster*, Regalisierung der KPD oder Illegalisierung der NPD? Zur politischen und rechtlichen Problematik von Parteiverboten, ZS f. Politik, 15(1968), S. 417ff. *K. Hesse*(FN 1), S. 282 FN 5,는 이 문제를 "Grundaporie des Parteiverbots"라고 표현하고 있다.

38) 독일연방과 각 주의 '헌법보호법'(Verfassungsschutzgesetze)은 그 예이다. 이에 대해서, vgl. *Th. Maunz*(FN 1), S. 339f.; *K. Stern*(FN 1), S. 185ff.

하는 것이다. 행정절차상의 헌법보호를 때때로 행정법상의 헌법보호 (verwaltungsrechtlicher Verfassungsschutz)[39]라고 부르는 이유도 그 때문이다.

신원조회와 사회단체 신고

우리나라의 공무원임용시에 실시되는 신원조회제도, 각종 사회단체로부터 그 설립·변경·해산신고를 받음으로써 사회단체의 조직과 활동상황을 지속적으로 파악하고자 하는 것 등은 모두 행정절차에 의해 헌법질서를 보호하려는 의도가 함께 작용하고 있다고 볼 수 있다.

내향적 보호수단과 외향적 보호수단

행정절차상의 보호수단은 다시 내향적 보호수단과 외향적 보호수단으로 나눌 수 있는데 전자는 주로 국내적인 헌법의 적을 행정작용으로 대처하는 것이고, 후자는 외국 내지 외국단체와 연결을 맺고 있는 헌법의 적을 정보활동적 방법에 의해서 대처하는 것을 뜻한다.

권리구제의 보장

행정절차상의 보호수단은 물론 법적인 근거가 있는 경우에만 허용되는 것은 당연하지만 각종 경찰권의 발동이 보여주듯이 대개가 국민의 자유와 권리를 침해하는 정도가 크기 때문에 이에 대한 권리구제수단이 특별히 광범위하고 실효성 있게 보장되지 아니하면 아니 된다.

제 4 절   국가비상사태와 헌법의 보호

1. 국가비상사태와 헌법장애상태의 차이

215

국가비상 사태

하향식헌법침해나 상향식헌법침해의 정도를 벗어나서 헌법질서가 중대한 위협을 받게 되는 이른바 '국가비상사태'(Ausnahmezustand) 내지는 '국가긴급상태'(Staatsnotstand)는 발생요인적으로 볼 때 자연적 요인(천재·지변 등)에 의할 수도 있고 국내적(폭동, 재정·경제상 위기) 또는 국외적 요인(전쟁·국제적 경제공황)에 의해서 생길 수도 있다. 이와 같은 국가비상사태는 대개의 경우 정상적인 헌법보호수단에 의해서 수습되기가 어렵기 때문에 특별히 강력한 예외적인 비상수단을 동원할 필요가 있는 것이 보통이다. 이처럼 국가비상사태가 몰고 오는 헌법질서에 대한 위협 내지는 침해를 효과적으로 대처해서 되도록 빠른 시일 내에 헌법질서를 되찾기 위한 헌법보호수단이 바로 국가긴급권의 발동이

---

39) Vgl. 예컨대, *H. U. Evers*, Art. "Verfassungsschutz", in: EvStL, 2. Aufl.(1975), Sp. 2738ff.(2739).

다.40) 국가비상사태 내지는 국가긴급상태의 수습방법을 헌법이 스스로 규정하지 않는 경우에는 일단 유사시에 헌법의 규범적 효력이 필요이상 침해될 위험성이 크기 때문에41) 대부분의 헌법은 국가긴급권의 발동에 관해서 상세한 규정을 두고 있다.42) 우리나라 헌법도 제76조와 제77조에 이에 관해서 규정하고 있다.

국가비상사태 내지는 국가긴급상태는 그 본질상 정상적인 헌법보호수단에 의해서 수습될 수 없는 국가의 존립 또는 헌법질서에 대한 외부로부터의 위험 내지는 비정상적인 상태를 뜻하기 때문에 개념적으로 '헌법의 장애'(Verfassungsstörung)상태와 구별할 필요가 있다. 헌법의 장애상태란 어떤 헌법기관이 그에게 주어진 헌법상의 기능을 수행할 수 없는 상태를 뜻하므로, 간단히 말해 헌법기관의 자체고장에 의한 기능장애상태라 할 수 있다.43) 물론 슈테른(K. Stern)44)이나 K. Hesse45)가 지적하듯이 헌법장애상태에 의해서도 국가의 존립이나 헌법질서가 심각한 위협을 받는 경우를 생각할 수 있고 또 헌법장애상태와 국가비상사태가 동시에 발생하는 수도 있겠으나, 헌법장애상태는 국가비상사태와는 달리 헌법이 정하는 정상적인 방법에 의해서도 해소될 수 있다는 점에 그 특징이 있다. 이처럼 헌법장애상태는 원칙적으로 헌법규정과 헌법정신을 존중함으로 인해서 바로 해소될 수 있는 것이기 때문에, 헌법장애상태를 수습할 목적으로 비상사태를 전제로 하는 국가긴급권을 발동하는 것은 분명히 긴급권의 과잉행사가 되고 따라서 헌법상의 과잉금지의 원칙에46) 저촉된다고 할 것이다. K. Hesse47)

216
헌법장애
상태

40) Vgl. *K. Stern*(FN 1), S. 156f.; *K. Hesse*(FN 1), S. 284ff.; *E. Stein*(FN 17), S. 74ff.; *Th. Maunz*(FN 1), S. 207ff.(208).

41) 동지: *Th. Maunz*(FN 1), S. 209.

42) 예컨대, Art. 12a, 17a, 80a, 81, 91, 115a~115l GG(독일기본법)은 그 대표적인 예이다.

43) 이 개념을 최초로 사용한 것은 J. Heckel이다. Heckel의 이 개념을 Hesse, Scheuner, Fromme, Stern 등이 받아들여서 사용하고 있다.
   Vgl. *J. Heckel*, AöR 61(1932), S. 275; *K. Hesse*(FN 1), S. 285; *U. Scheuner*, Bay VBl. 1963, S. 65; *F. K. Fromme*, DöV 1960, S. 735f.; *K. Stern*(FN 1), S. 157.

44) Vgl. (FN 43).

45) Vgl. (FN 43).

46) 헌법상의 '과잉금지의 원칙'(Übermaßverbot)에 대해서, vgl. *P. Lerche*, Übermaß und Verfassungsrecht, 1961.

47) Vgl. *K. Hesse*(FN 1), S. 286.

의 말처럼 헌법장애상태를 수습할 목적으로 긴급권을 발동한다 하더라
도 헌법장애상태의 결과는 제거될지 몰라도 장애의 원인 그 자체는 궁
극적으로 헌법개정에 의해서만 배제될 수 있는 문제이기 때문에, 헌법
을 보호하기 위한 긴급권의 발동에 의해서 오히려 헌법을 침해하는 모
순적인 결과가 된다고 할 것이다. 헌법장애상태의 수습을 위한 특별한
헌법규정을 따로 둘 수 없는 이유도 헌법규정과 그 정신이 철저하게
존중되는 경우에 헌법장애상태는 스스로 해소되기 마련이기 때문이다.[48]

2. 국가긴급권의 한계

217

**최소침해의
원칙**

국가비상사태를 수습하기 위한 국가긴급권의 발동은 우선 국가비
상사태라는 개념으로부터 나오는 한계를 의식해야 한다. 즉 헌법장애
상태는 어떤 상황 아래서도 결코 국가긴급권발동의 동인이 될 수 없기
때문이다. 또 국가긴급권의 발동은 비상사태에 의한 헌법질서의 침해
를 효과적으로 대처함으로써 정상적인 헌법질서를 되도록 빨리 회복시
키기 위한 것이기 때문에 그 목적으로부터 나오는 한계를 무시해서도
아니 된다. 즉, 국가긴급권의 발동은 어디까지나 헌정질서의 정상 회복
을 촉진시키는 수단과 방법에 의해서 행해져야지, 거꾸로 비상사태를
장기화시키거나 영속화시킴으로써 오히려 헌법질서를 침해하는 것이어
서는 아니 된다. 따라서 국가긴급권의 발동에 의한 비상조치의 내용도
헌법질서의 정상적인 회복에 필요한 최소한의 범위에 국한되어야 한다
(최소침해의 원칙). 이 최소한의 범위 내에서 행해지는 기본권의 침해 또
는 권력통합조치는 그것이 '비례의 원칙'(Verhältnismäßigkeitsprinzip)을
지키는 한, 헌법의 침해라고 볼 수 없다고 할 것이다.[49] 왜냐하면 헌법
일부의 규범적 효력을 정지시킴으로써 헌법전체의 완전한 규범적 효력
을 되찾을 수 있기 때문이다.[50]

제 5 절   헌법보호의 한계

218

헌법보호는 국가의 특정한 존립형식 내지는 헌법적 가치질서를

---

48) 동지: *K. Hesse*(FN 1), S. 286.

49) 동지: *U. Scheuner*, Staat, in: Staatstheorie und Staatsrecht. 1978, S. 19ff.(38).

50) Vgl. *K. Hesse*(FN 1), S. 287; *Th. Maunz*(FN 1), S. 209.

지키려는 것이기 때문에 그 본질상 헌법의 침해를 전제로 한 개념이
다. 따라서 헌법의 침해와 헌법적 권리 내지는 헌법적 기능의 행사를
엄격히 구별할 필요가 있다. 특히 기본권적 가치질서에 속하는 언론의
자유, 보도의 자유, 집회·결사의 자유, 정당설립의 자유와 같은 이른
바 정치활동적 기본권의 행사를 부당하게 제한하기 위한 수단으로 헌
법보호의 제도가 악용되어서는 아니 된다. 정치활동적 기본권의 행사
는 결국은 민주적 헌법질서를 실현하기 위한 수단이기 때문에 크게 보
아서 그 자체가 헌법보호의 기능을 가지고 있다고 할 것이다. 따라서
'자유의 적에게는 자유가 없다'[51]는 Saint Just의 사상에 바탕을 둔 이
른바 방어적 내지 투쟁적 민주주의가 오히려 민주주의의 무덤을 파지
않도록 헌법시민 모두가 '생각하면서 복종'(denkender Gehorsam)하는
헌법적 미덕을 터득해야 하리라고 본다.

---

51) "Keine Freiheit für die Feinde der Freiheit." (*Saint Just*).

국가기능론

사회공동체가 정치적 일원체로 조직되기 위한 법질서가 바로 헌법이기 때문에 헌법은 정치적 일원체(국가)가 일정한 가치실현을 위해서 기능하는 데 있어서의 규범적 지침 내지 테두리를 뜻하게 된다. 헌법이 국가기능에 대한 규범적 학문이라고 일컬어지는 이유도 바로 그 때문이다. 이처럼 국가의 기능이 일단 헌법에 의해서 정해진 규범적 테두리 안에서 이루어져야 하는 까닭은 특정한 역사적 시점에서 특정한 사회공동체의 저변에 흐르고 있는 생활감각·시대사상·사회윤리·정의관·정치이념 등의 가치관적 Konsens가 집약적으로 헌법에 내포되고 있기 때문이다. 따라서 헌법에 의해서 정해진 국가형태(공화국·군주국 등), 국가의 구조적 원리(민주국가원리·법치국가원리·사회국가원리·연방국가원리 등), 통치질서(기본권보장·권력분립주의·대통령중심제·내각책임제 등) 등은 말하자면 그와 같은 가치관적 Konsens를 가장 효과적이고 능률적으로 조정·실현하기 위한 하나의 기능적인 조직모형(organisatorische Schemata)이라 할 수 있다. 국가의 본질, 국가와 사회의 상호관계, 국가형태, 현대국가의 구조적 원리 등에 관한 헌법 규정을 통틀어서 국가기능론이라는 제목 아래 다루려는 근거도 여기에 있다.

219
국가기능론
의 내용과
범위

국가기능론은 따라서 특정한 헌법규범을 근거로 하는 것이 원칙이다. 하지만 국민주권적 민주주의사상에 바탕을 두는 대다수 현대국가의 헌법은 대체로 일정한 기능적인 조직모형의 테두리 안에서 움직이는 것이 보통이기 때문에 우선 일반적인 관점에서 국가기능론을 다루고 난 후에 우리나라 헌법에 의한 기능적 규정을 살펴보는 것도 무의미하지 않다고 본다. 다만 국가기능론은 헌법적 테두리 안에서 국가의 기능적 조직모형을 다루는 것이기 때문에 국가라는 현상에 대한 존재론적 연구(ontologische Studien)를 그 대상으로 하는 이른바 국가론(Staatslehre)과는 다르다. 국가론이 국가의 발생, 국가의 존재근거, 국가의 요소, 국가의 형태, 국가의 연합 등을 현상학적·존재론적 방법으로 관찰함으로써 국가라는 이름으로 징표되는 사회현상을 경험적·체계적으로 정리해 보고 이와 관련해서 제기되는 여러 가지 문제들에 대한 학문적이고 경험적인 해답의 실마리를 얻으려 하는 것인 데 반해서,[1]

220
국가기능론
과 국가론의
구별

---

1) Vgl. *H. Heller*, Staatslehre, 4. Aufl.(1970), S. 3; *G. Jellinek*, Allgemeine Staatslehre, 3. Aufl., 6. ND.(1959), S. 10ff.; *R. Zippelius*, Allgemeine Staatslehre, 6. Aufl.(1978), Vorwort; *R. Herzog*, Allgemeine Staatslehre, 1971, S. 17ff.

여기에서 말하는 국가기능론은 국가의 가치실현적 기능모형을 일정한
헌법규범적 테두리 안에서 살피려 하는 것이기 때문이다. 국가론이 일
반적으로 사실의 학문인 정치학의 연구분야로 간주되는 이유도 주로
그 존재론적·현상학적 연구방법 때문이다.[2] 하지만 헌법을 가지지 않
은 국가를 생각할 수 없고 또 반대로 국가를 떠나서 헌법의 존재의미
를 설명할 수 없는 것처럼 국가라는 현상은 헌법학과도 상당히 밀접한
관계가 있다. 더욱이 국가가 왜 발생했으며 국가의 존재근거가 어디에
있느냐 등 이른바 국가의 본질에 대한 이해가 없이는 헌법적 국가기능
의 모형을 터득하기가 쉽지 않은 것이 사실이다. 따라서 아래에서는
먼저 국가의 본질, 국가와 사회, 국가형태, 현대국가의 구조적 원리에
관한 것을 먼저 다루고 난 후에, 대한민국헌법을 중심으로 한 현대국
가의 통치질서론으로 들어가기로 한다.

---

2) 하지만 이 경우에도 정치학적 국가론과 헌법학적 국가론은 그 연구대상이 완전히 일
치되는 것은 아니다. 또 연구대상에 대한 접근방법도 같지 않다. 이 점에 대해서 상세
한 것은, vgl. *R. Herzog*(FN 1), S. 29ff.

제 5 장 국가의 본질

15세기 르네상스(Renaissance) 때부터 사용되는 것으로 알려지고 있는 국가(Staat, state, état)라는 말은 개념적으로 많은 변천을 거쳐 오늘날에 이르고 있다.[1] 고대로부터 국가라는 현상을 중심으로 헤아릴 수 없이 많은 논쟁이 있었음에도 불구하고 국가의 본질이 무엇이냐에 관해서는 아직도 뚜렷한 정설이 확립되지 못하고 있다. 즉, 국가가 왜 생겼으며(국가의 발생), 국가가 도대체 왜 필요한 것이냐(국가의 존립근거 내지 목적)에 대해서는 고대로부터 많은 학설이 대립하고 있다. 그 하나하나의 학설을 여기 일일이 소개하고 비판하는 것은 본서의 취지를 벗어나는 일이기 때문에 아래에서는 먼저 국가발생에 관한 두 가지 관점을 간단히 소개하고, 국가의 존재근거 내지 목적에 관한 무수한 견해를 여섯 가지 유형으로 나누어서 살펴보기로 한다.

제 1 절 국가의 발생기원

오늘날에도 자치권의 획득 또는 식민지로부터의 독립 등에 의해서 적지 않은 신생국가가 탄생하고 있기 때문에 현대국가의 발생과정은 우리 모두가 이를 자세히 지켜볼 수 있지만, 시원적으로 선사시대

---

1) 오늘날 사용되고 있는 '국가'(Staat, state)라는 말은 어원적으로 이태리말 lo stato에서 유래한다. 15세기 Renaissance 시대에 lo stato라는 말은 힘(실력)에 의해서 지배권을 장악한 영주(Fürsten)와 그 지배대상을 총칭하는 뜻으로 사용되었다. lo stato와 비슷한 뜻을 가진 다른 말로는 civitas, res publica, regnum, status 등이 있다. 희랍어 polis도 같은 뜻이다. 17/18세기부터 비로소 오늘날과 같은 의미의 '국가'라는 개념이 사용되기 시작했다.

Vgl. *R. Zippelius*, Allgemeine Staatslehre. 6. Aufl.(1978), S. 308; *U. Scheuner*, Staat, in: Staatstheorie und Staatsrecht, 1978, S. 19ff.(20); *derselbe*, Das Wesen des Staates und der Begriff des Politischen in der neueren Staatslehre, in: ebenda, S. 45ff.(71); *G. Jellinek*, Allgemeine Staatslehre, 3. Aufl., 6. ND.(1959), S. 129~135: *E. v. Hippel*, Allgemeine Staatslehre, 2. Aufl.(1967), S. 13f.; E. F. *Sauer*, Staatsphilosophie, 1965, S. 6ff.; *H. Krüger*, Allgemeine Staatslehre, 2. Aufl.(1966), S. 8ff.

에서 역사시대로 넘어오는 과정에서 어떤 경로와 과정을 거쳐서 인간의 무리가 국가적인 형태로 조직되게 되었느냐에 대해서는 여러 가지의 추측이 있다. 이들 추측은 물론 선사학적·고고학적 또는 토속학적 자료에 바탕을 두고 있긴 하지만 이들 자료를 분석·평가하는 관점에 따라 우선 크게 두 가지 견해가 나누어져 있다. 외생적 국가발생설(exogene Entstehungstheorie)과 내생적 국가발생설(endogene Entstehungstheorie)이 바로 그것이다.

1. 외생적 국가발생설

223
정복설

외생적 국가발생설은 오픈하이머(F. Oppenheimer)에 의해서 대표되는 학설로서, 국가발생의 기원은 원시사회에서 농경집단과 유목집단이 서로 접촉하기 시작하는 데서 비롯되는데 생활습관상 기동력이 우세한 유목집단이 토착적인 농경집단을 정복함으로써 스스로 지배층을 형성하게 되고 정복된 농경집단은 일정한 농토와 불가분의 관계에 있기 때문에 달아나지 않고 불가피하게 유목집단의 지배에 굴복함으로써 비로소 지배와 복종관계에 근거를 둔 국가가 발생했다고 한다.[2] 외생적 국가발생설을 또는 정복설(Überlagerungstheorie, Eroberungstheorie)이라고 부르는 이유도 그 때문이다.

이 학설은 정복하고 또 정복되기 이전에도 유목집단 또는 농경집단 내에 일종의 지배관계가 형성되고 있다는 점을 도외시한 약점이 있다. 왜냐하면 다른 집단을 정복하거나 이에 대항해서 방어하기 위해서는 자체집단 내에 이미 일정한 명령체계가 확립되어야 하겠기 때문이다.[3]

2. 내생적 국가발생설

224
집단내부
발생설

내생적 국가발생설은 외생적 국가발생설과는 달리 지배관계가 외부의 침략 내지 외부세력에 의한 정복의 결과 외생적으로 발생한 것이 아니고 원시사회집단의 내부에서 내생적으로 발생했다고 주장한다. 이 내생적 국가발생설은 다시 분업설·가족설·영주설·계약설·실력설·계급투쟁설 등으로 나뉜다.

---

2) Vgl. *F. Oppenheimer*, Der Staat, 1912, S. 5 u. 30ff.(30).

3) Vgl. *H. Kelsen*, Allgemeine Staatslehre, Nachdruck der 1. Aufl.(1925), 1966, S. 25; *R. Zippelius*(FN 1), S. 308.

⑴ 분업설(Arbeitsteilungstheorie)

분업설에 따르면, 원시민의 유일한 생활수단을 뜻하는 자연현상 을[4] 효과적으로 이용 내지 정복하기 위한 필요상, 이를테면 조직적인 분업활동이 불가피하게 되고, 분업기능상 일정한 작업조정 내지 감독 이 필요하게 되고, 그 결과 지배세력이 생기게 되고, 궁극적으로는 국 가가 발생했다는 것이다.[5]

특별히 Eupharat, Tigris, Nil 강유역을 중심으로 한 이집트와 메 소포타미아 문화의 발상에 그 논거를 두고 있으나 국가발생의 기원에 관한 일반적인 설명으로는 문제점이 있다고 할 것이다.

225
분업과정의
산물

⑵ 가족설(Patriarchaltheorie, Familientheorie)

국가의 기원은 가족관계에서 비롯되었다는 학설이다. 즉, 원시사 회에서 떼를 지어 먹을 것을 찾아서 떠돌아 다닐 때는 아무런 가족관 계 같은 것이 존재하지 않았으나 움막을 짓고 정착생활을 시작하면서 부터 가족단위가 발생하고, 가족단위가 혈족단위(Gentes, Sippen), 혈족 단위가 혼인 기타의 의식적인 이유로 인해서 부족단위(Tribes)로 확대 되고 혈족단위 또는 부족단위는 공동사냥·공동경작·공동방어 내지 투쟁의 필요상 혈족동맹(Phratrien) 또는 부족동맹(Stammesverbände)을 형성하게 되고 마침내는 국가의 형태로 발전했다는 것이다. 가부장적 군주론의 이론적 근거가 바로 이 가족설에 있다.[6]

아직도 미국이나 남미, Afrika 등지에 살고 있는 원주민의 생태를 통해서 이 가족설이 뒷받침되는 점도 있지만 역시 입증하기가 어려운 가설에 불과하다고 볼 수밖에 없다.[7]

226
가족관계
에서 유래

---

4) 인류문명의 발상이 4대강유역에서 이루어졌던 점을 생각하면, 주로 수로관리 내지는 하상정리의 필요상 조직적인 분업활동이 나타났으리라고 추측하는 것이 지배적인 견해다.
   Vgl. *K. A. Wittfogel*, Oriental Despotism: A Comparative Study of Total Power, New Haven 1957.
5) Vgl. *V. Gordon Childe*, What Happened in History, New York 1946; *R. H. Lowie*, The Origin of the State, New York 1927; *derselbe*, Primitive Society, New York 1920.
6) 이 학설의 대표자는 역시 영국학자 Sir R. Filmer라고 볼 수 있다. 국가·법 동일설 을 주장하는 H. Kelsen도 국가발생의 기원에 관해서는 이 입장을 취하고 있는 것 같 다. Vgl. *H. Kelsen*(FN 3), S. 23ff.(24); auch *A. Geblen*, in: H. Schelsky(Hrsg.), Soziologie, 1955, S. 13ff.; *Sir R. Filmer*, Patriarcha, 1680.
7) Vgl. *R. Zippelius*(FN 1), S. 304.

(3) 영주설(Patrimonialtheorie)

일정한 세습토지에 대한 지배권이 그 토지와 관계되는 사람에 대한 지배권으로 확대되고 그 결과 일정한 지역 내의 통치권 같은 것이 발생하고 그것이 결국 국가로 발전했다는 학설이다.[8] 국가의 전영토를 통치자의 사물로 하고 이를 자기자손에 물려주는 것은 물론 봉토의 형태로 지방영주에게 나누어 줌으로써 자기의 지배권에 복종시키는 것을 그 내용으로 하는 이른바 봉건제도(Feudalsystem)에 그 이론적 근거를 두고 있다.[9]

하지만 일찍이 Kant[10]가 지적했듯이 국가란 소유관계에서 출발했다고 하기보다는 지배관계에서 출발했을 뿐 아니라 역사적으로도 소유관계(dominium)와 지배관계(imperium)가 언제나 일치하지는 않았다는 사실이 입증되고 있다.[11]

(4) 계약설(Vertragstheorie)

계약설은 국가발생의 기원을 인간 상호간의 계약에서 찾으려 한다. 하지만 왜 인간이 구태여 서로 계약을 맺게 되었느냐의 문제에 대한 해답은 그것이 오히려 국가의 존재근거 내지 목적을 설명하는 것이 되겠기 때문에 이 계약설은 국가발생의 기원에 대한 학설이라기보다는 국가의 존재근거에 대한 이론으로 평가되고 있다. 계약설은 또 다시 여러 가지 관점으로 나누어지지만, 모두가 인간에 대한 인성학적 내지 인류학적 관찰을 그 이론적인 출발점으로 하고 있는 점이 특징이다. 즉, 인성학적인 성악설(Hobbes, Spinoza), 성선설(Rousseau, Kant, Locke), 사회성(Aristoteles, Thomas von Aquin, S. Pufendorf, Althusius, Leo ⅩⅢ, Pius Ⅺ, Pius ⅩⅡ), 이성적 판단력(Kant, Fichte) 등이 모두 계약체결의 동

---

8) 이 학설의 대표자는 C. L. v. Haller, Cicero, Grotius다.
  Vgl. *C. L. v. Haller*, Restauration der Staatswissenschaft, 2. Aufl.(1820), ND.(1964), Ⅰ, S. 473ff.(479), Ⅱ, S. 20ff.(57ff.); Cicero, De re publica, Ⅰ, 69: Vom Gemeinwesen, eingeleitet und neu übertragen von K. Büchner, 3. Aufl.(1973), 1. Buch, 29~49; *H. Grotius*, De jure belli ac pacis(1625), Ⅰ, 1, Ⅹ Ⅳ: Vom Recht des Krieges und des Friedens, Neuer deutscher Text und Einleitung von W. Schätzel, 1950; *R. Klein*(Hrsg.), Das Staatsdenken der Römer, 1966, S. 291ff.

9) Vgl. *R. Zippelius*(FN 1), S. 305f.

10) Vgl. *I. Kant*, Zum ewigen Frieden, 1795/96, Ⅰ, S. 2.

11) Vgl. *R. Zippelius*(FN 1), S. 59 u. 306.

인으로 설명되고 있다.[12] 이에 대한 자세한 설명은 제 2 절에서 하기로
한다.

(5) 실력설(Machttheorie)[13]

자연법칙 내지 자연원리에 따라 인간사회에도 여러 가지 선천적
인 능력의 차이가 있게 마련인데 이와 같은 인간능력의 차이가 원시민
의 사회 내에서도 자만심과 열등심, 존경심과 시기심 등을 불러일으키
게 되었고, 결국은 강자가 약자를 누르고 약자는 강자에 복종하는 지
배형태가 국가로 발전했다고 한다.[14] 하지만 실력에 의한 단순한 지배
관계가 바로 국가를 뜻한다고 보기는 어렵다고 할 것이다.

229

실력에 의한
지배관계

(6) 계급투쟁설(Klassenkampftheorie)

생산수단을 장악하고 있는 자본계급이 노동력의 주체인 노농계급
(Proletarier)을 착취하기 위한 일종의 도구로서 발생한 것이 바로 국가
이기 때문에 꾸준한 프롤레타리아 혁명을 통하여 노농계급이 자본계급
을 지배하게 되는 날에는 국가는 다시 자동적으로 소멸하게 된다고 한
다.[15] 일명 착취설(Ausbeutungstheorie)이라고도 일컬어지는 이 학설은

230

착취설

---

12) 계약설 일반에 대해서는 다음 문헌을 참조.

J. W. Gough, The Social Contract, 2nd ed.(1957); *A. Voigt*(Hrsg.), Der
Herrschaftsvertrag, 1965.

13) 외생적 국가발생설, 실력설, 계급투쟁설 등을 통칭하는 뜻으로 실력설이라는 개념을
사용하는 사람도 있으나(예컨대, *G. Jellinek*(FN 1), S. 192ff.; *R. Zippelius*(FN 1), S.
307ff.; 김철수, 헌법학개론, 82면) 이를 구별하는 것이 옳다고 본다.

14) 이 학설의 기원은 고대 Platon(427~347 B.C.)에까지 거슬러 올라 갈 수 있다.

Vgl. *Platon*, Der Staat, Kap. 16: Übertragen von R. Ruefner, O. Gigon-
Ausgabe Zürich/München 1973. Platon의 국가철학에 관해서는, vgl. *J. Barion*,
Macht und Recht: Eine Platon-Studie, 1957; 영서로는 *E. Barker*, Political
Thought of Plato and Aristotle, New York 1959; *H. D. Rankin*, Plato and the
Individual, London 1964.

현대에 와서 이 학설을 대표하는 학자로는, L. Duguit, G. Scelle, H. J. Laski, F.
Lassalle, Z. Giacometti 등을 들 수 있다. Vgl. *L. Duguit*, Traité de Droit
Constitutionnel, Ⅰ. Paris 3. Aufl.(1927), S. 655ff.; *G. Scelle*, Précis de Droit des
Gens, Ⅰ.(1932), Ⅱ.(1934), S. 23; *H. J. Laski*, A Grammer of Politics, 4th
ed.(1938), ND.(1951); Z. Giacometti, Allgemeine Lehren des rechtsstaatlichen
Verwaltungsrechts, Zürich 1960, S. 3; *F. Lassalle*, Über Verfassungswesen, 1862.

15) 이 견해는 공산주의이론의 정립자인 K. Marx와 F. Engels 등에 의해서 주장되는 학
설이다.

Vgl. *F. Engels*, Der Ursprung der Familie, des Privateigentums und des
Staates, in: K. Marx/F. Engels, Werke, Berlin 1959, Bd. 21, S. 30ff.; *K. Marx/F.
Engels*, Manifest der kommunistischen Partei, in: ebenda, Bd. 4, S. 459ff.

국가발생의 기원을 설명한다고 하기보다 공산주의이데올로기에 입각한
무정부주의(Anarchismus)의 혁명이론이라고 할 것이다.[16]

제 2 절   국가의 존립근거 내지 목적

231
국가의 발생
과 존립목적
의 관계

국가존립의
정당성

국가발생의 기원에 관한 여러 가지 견해는 엄격한 의미에서 역사
학적인 성격을 띠고 있기 때문에 그 사실 여부를 경험적으로 정확히
입증할 수는 없다고 할 것이다. 따라서 '국가가 어떻게(how, wie) 발생
했느냐'의 문제와 '국가가 왜(why, warum), 무슨 목적(to what, wozu)으
로 필요하냐'의 문제는 이를 구별해서 다루는 것이 옳다고 본다. 국가
발생의 기원이 How(wie)의 문제라면 국가존립근거 내지 목적은 Why
(warum) 내지 To what(wozu)의 문제이기 때문이다. 그럼에도 불구하
고 지금까지 적지 않은 학자들이 이 두 가지 문제를 구별하지 않고 함
께 다루어 온 까닭은, 국가발생의 기원을 역사적인측면에서 국가존립
의 근거 내지 목적이라고 볼 수도 있겠기 때문이다. 사실상 국가발생
과 국가의 존립근거 내지 목적 사이에는 간접적으로 일정한 함수관계
가 있는 것도 부인할 수 없다. 하지만 국가발생에 대한 이론은 오늘날
의 안목으로 볼 때 역사적인 과거 사실에 대한 하나의 가설의 범주를
벗어나지 못하는 것임에 반해서 국가의 존립 근거 내지 목적의 문제는
국가존립의 정당성(Legitimation, Rechtfertigung)을 따지는 것이기 때문
에 일종의 가치관적 접근방법을 불가피하게 한다. 오늘날 적지 않은
신좌익계학자들이 국가존립의 필요성을 부인하고 소위 무정부주의
(Anarchismus)를 찬미하는 것도 그들의 가치관적 세계에서는 국가존립
의 정당성을 인정할 수 없다는 데 그 논거를 두고 있다.[17] 그렇지만 국

(insbes. Kap. Ⅰ u. Ⅱ). K. Marx와 F. Engels의 국가론에 관해서는, vgl. *R. Zippelius*(FN 1), S. 119ff.; *E. W. Böckenförde*, Die Rechtsauffassung im kommunistischen Staat, 1967, S. 13~33; *H. Kelsen*(FN 3), S. 25f.; *K. Hartmann*, Die Marxsche Lehre: Eine philosophische Untersuchung zu den Hauptschriften, 1970.

16) Vgl. *H. Kelsen*(FN 3), S. 25f.; *R. Zippelius*(FN 1), S. 127, 309; *H. Krüger*(FN 1), S. 144f.

17) 신좌익계의 무정부주의에 관해서 다음 문헌을 참조.

P. J. Proudhon, Qu'est-ce-que la Propriéte ? 1840; *derselbe*, De la Justice dans la Révolution, 1858; *P. Kropotkin*, Die Eroberung des Brotes, 1919; *M.*

가적인 법공동체만이 사회질서와 사회평화를 보장할 수 있고 국가적인
법공동체만이 각 개인의 개성신장을 최대한으로 가능케 하고 정의로운
공동생활을 실현시킨다고 믿는 우리로서는 국가존립의 절대적인 필요
성을 오히려 강조하지 않을 수 없다.

어떻든, 국가존립의 근거 내지 목적에 관해서 헤아릴 수 없이 많
은 견해가 난무하고 있는 이유도 그것이 각자의 가치관과 불가분의 관
계가 있기 때문이다. 지금까지 국가존립의 정당성에 관해서 피력된 다
양한 학설을 신학적 · 윤리학적 · 인류학적 · 사회학적 · 법학적 관점으로
나누어 살펴보기 전에 국가사상의 변천을 먼저 약술하기로 한다.

1. 국가사상의 변천과정[18]

(1) 고대의 철학적 국가관

국가사상(Staatsdenken, Staatsphilosophie)의 기원은 고대희랍시대에
까지 거슬러 올라갈 수 있다. 즉 플라톤(Platon), Aristoteles(384~322
B.C.)에 의해서 상징되는 고대희랍철학의 관점에서 볼 때 국가란 인간
을 도덕적으로 완성시키기에 가장 적절한 사회(vollkommene Gesell-
schaft) 형태를 뜻하기 때문에 고대희랍철학적 관점에서 본 국가는 이
를테면 이상국가(Idealstaat), 교육국가(Erziehungsstaat)로 표현될 수 있
다.[19] Athen시를 중심으로 한 Platon과 Aristoteles의 도시국가(polis)
적 소지역중심의 국가관이 스토아(Stoa)학파의 세계주의(Kosmopolitismus)
적 국가관으로 발전해서 로마의 Stoa 학파(Seneca, Epiktet, Marc, Aurel)
에까지 영향을 미치긴 했지만, 역시 로마권의 고대국가철학을 대표하
는 것은 시세로(Cicero; 106~43 B.C.)[20]라고 볼 수 있다. 고대희랍철학

232
플라톤 ·
아리스토
텔레스 ·
시세로의
국가관

Bakunin, Gesammelte Werke, 3 Bde, 1921~1924, Nachdruck 1975; C. Offe,
Politische Herrschaft und Klassenstrukturen, in: Kress/Senghaas(Hrsg.), Politik-
wissenschaft, Frf. a. M. 1969.

이와 관련해서 다음 문헌을 참조할 것.

R. Zippelius(FN 1), S. 328ff.; *H. Kelsen*, Sozialismus und Staat, 3. Aufl.(1965),
S. 40ff. u. 70ff.; *J. Cattepael*, Anarchismus, 1973; *P. Lösche*, Anarchismus, 1977.

18) 이 점에 관한 다음 문헌 참조.

E. F. Sauer, Staatsphilosophie, 1965, S. 9~99; *U. Scheuner*(FN 1); *R. Zippelius*,
Geschichte der Staatsideen, 2. Aufl.(1971).

19) Vgl. *Platon*, Politeia (Der Staat)(FN 14); *Aristoteles*, Politik, Gigon-Ausgabe, 2.
Aufl.(1971).

20) Vgl. *Cicero*(FN 8), passim.

에 입각한 국가관이 개인을 국가공동체의 단순한 구성분자로 보는 데 반해서 Cicero는 자유에 바탕을 둔 국가관을 정립하고 특히 소유권질 서를 국가생활의 가장 중요한 규제영역으로 봄으로써 이미 2,000년 후에 J. Locke에서 발견할 수 있는 사상적 실마리와 고전적 자연법이론의 경향을 엿보게 한다.

(2) 중세의 신학적 국가관

233
기독교적
국가관

중세
절대주의

기독교사상에 의해서 지배되던 중세의 국가철학은 본질적으로 신학적인 성격을 벗어날 수가 없었다. 즉 중세의 신학적 국가관에 따르면, 국가란 신의 섭리에 의해서 창조된 질서일 뿐 아니라, 통치자는 신의 질서를 다스리는 신명(神命)의 집행자를 뜻하기 때문에, 이 신학적 국가관에서는 신학·윤리·정치 등이 복합적인 작용을 하게 된다. 중세의 기독교사상에 바탕을 둔 이 신학적 국가관은 신의 질서를 의미하는 국가에 대한 절대적인 복종을 요구함으로써 중세절대주의(Absolutismus)의 이론적 근거가 되기도 했다. 이태리 철학자 아우구스티누스(Augustinus; 354~430 A.C.)21)와 토마스(Thomas von Aquin; 1225~1274)22)가 이 신학적 국가사상을 대표하고 있고 종교개혁자 루터(Martin Luther; 1483~1546)23)의 국가관도 이 사상의 범주에 속한다고 할 것이다.

(3) 근대의 자유주의적 국가관

234
르네상스·
계몽주의·
자연법사상

인간의 이성과 종교적 신앙을 엄격히 구별해서 현세적인 현상은 오로지 인간이성의 지배하에 둠으로써 종교적인 신앙을 오로지 내세결부적인 것으로 국한시키려는 마르실리우스(Marsilius von Padua; 1280~1343)24)를 중심으로 한 일련의 학자에 의해서 중세의 신학적 국가관은 차차 그 바탕이 흔들리게 되고 마침내 마키아벨리(Niccolò Machiavelli; 1469~1527)25)를 기점으로 중세의 신학적 국가관이 르네상스적·자유주의적 국가관에 그 자리를 물려주지 않으면 아니 되게 되었다.

---

21) Vgl. *Augustinus*, Vom Gottesstaat, 2 Bde, K. Hoenn-Ausgabe, 1971.

22) Vgl. *Thomas von Aquin*, Über die Herrschaft der Fürsten, F. Schreyvogl-Ausgabe, 1975.

23) Vgl. *M. Luther*, Von weltlicher Obrigkeit, D. W. Metzger-Ausgabe, 2. Aufl. (1973).

24) Vgl. *Marcilius von Padua*, Der Verteidiger des Friedens(Defensor pacis), E. Engelberg/H. Kusch-Ausgabe, 1958.

25) Vgl. *Machiavelli*, Der Fürst, R. Zorn-Ausgabe, 4. Aufl.(1972).

즉 근대의 자유주의적 국가관은 국가를 신에 의해서 마련된 선재 질서로 보지 않고 인간의 필요에 의해서 만들어진 자연적인 인간욕구의 산물로 파악하게 된 것이다. Renaissance와 계몽주의 내지 자연법 사상, 그리고 세속화된 기독교전통의 복합적인 사조의 흐름 속에서 다양한 형태로 자유주의적 국가관이 형성되던 16, 17, 18세기는 말하자면 국가사상의 전성시기라고 할 수 있다.

국가는 인간 욕구의 산물

국가를 하나의 기술적인 메커니즘으로 파악하고 기독교적인 가치 질서 대신에 국가를 최고의 가치로 선언함으로써 국가이성(Staatsraison)을 강조하고 정치를 도덕의 세계와 분리시킴으로써 가치의 차원을 떠난 현실중심적 힘의 정치를 내세우는 마키아벨리적 국가관이 르네상스적 국가관의 상징이라고 한다면, 인간의 자유와 연대의식의 고양을 위한 이상국가(Utopia)를 부르짖던 영국의 모러스(Thomas Morus; 1478~1535)[26]는 이를테면 Machiavelli의 상대인물이라고 부를 수 있을 것이다. 마찬가지로 공동 관심사를 주권적인 권력(souveräne Gewalt)에 의해서 처리하기 위한 법적인 조종기구를 국가(droit gouvernement)라고 보고, 신법(神法)(Gottesrecht) 내지는 자연법(Naturrecht)에 의한 주권행사를 강조함으로써 주권이론(Souveränitätstheorie)의 창시자로 불려지는 보당(Jean Bodin; 1530~1596)[27]도 마키아벨리적 국가관과는 대조적이라고 할 것이다. 어쨌든, Jean Bodin의 군주주권적 국가철학이 스페인학파(Francisco de Vitoria, Franz Suarez S. J. 등)의 영향을 받은 알투시우스(Johannes Althusius; 1586~1638)[28]에 의해서 승계되고 마침내는 Thomas Hobbes(1588~1679)[29]에 이르러 종교적 테두리를 완전히 탈피한 소위 인류학적 국가관이 확립되게 되었다. 성악설을 그 이론적인 바탕으로 하는 홉스적 국가관에 따르면 국가란 무국가상태의 공포 분위기에 대한 두려움 때문에 타인에 대한 자기보호의 필요상 만들어진 것으로 국가는 결국 '악한 늑대의 사회'를 강권에 의해서 다스리기 위한 질서 유지의 목적에 의해서 정당화되게 된다. Hobbes의 이같은 질서국가적

마키아벨리의 힘의 국가

모러스의 이상국가

보당의 군주 주권론

홉스의 질서국가

26) Vgl. *Morus*, Utopia, G. Ritter-Ausgabe, 1976.
27) Vgl. *Bodin*, Über den Staat, G. Niedhart-Ausgabe, 1976.
28) Vgl. *Althusius*, Grundbegriffe der Politik(politica methodice digesta), E. Wolf Ausgabe, 1943.
29) Vgl. *Hobbes*, Leviathan, J. P. Mayer-Ausgabe, 1976.

스피노자의
권력국가

사상이 Holland의 범신론자(汎神論者)(Pantheismus) 스피노자(Baruch de Spinoza; 1632~1677)[30]에 의해서 계승되어 권력국가(Machtstaat)의 이론으로 발전되고 마침내는 근대 전제주의(Despotismus)적 국가관이 탄생하기에 이르렀다.

신자연법론
적 국가관

Hobbes와 Spinoza에 의해서 대표되는 인성학적·질서국가적 사상이 질서유지와 국가에 의한 개인의 보호라는 국가목적을 내세워 자연법적인 객관적 가치를 무시 내지 소홀히하고 전제국가적 강권정치로 흐르는 경향에 대한 반대조류로 나타난 것이 푸픈도르프(Samuel Pufendorf; 1632~1694),[31] 라이브니츠(v. Leibniz; 1646~1716),[32] 볼푸(Christian Wolff; 1679~1754)[33] 등에 의해서 대표되는 이른바 신자연법론적 국가관이다. 신자연법론적 국가관에서는 자연법사상을 그 이론적인 바탕으로 하기 때문에 천부의 인간고유의 권리가 중요시되고 선천적인 인권의 존중 내지 보호가 국가의 본질적인 과제로 간주되게 된다.

록크·
몽테스키외·
루소
의 인권국가

결국 근대의 자유주의적 국가관은 권력통제·인권보호·민주주의를 그 중심사상으로 하는 J. Locke(1633~1704),[34] 몽테스키외(Montesquieu; 1689~1755),[35] J. J. Rousseau(1712~1778)[36]에 이르러 그 이론적인 극치에 도달하고, 마침내는 1789년 프랑스혁명의 사상적인 발화점이 되게 되었다.

(4) 18~19세기의 이상주의적 국가관

235
이성적·
도덕적
국가관

신자연법사상에 바탕을 둔 자유주의적 국가관은 프랑스혁명을 전후해서 이상주의(Idealismus)적 국가관에 의해서 승계되어 19C까지 유지되었다. 즉 Kant(1724~1804), 휘히테(Fichte; 1762~1814), 쉘링(Schelling; 1775~1854), W. v. Humboldt(1767~1835), Hegel(1770~ 1831) 등에 의해서 대표되는 이상주의적 국가관은 이를 획일적으로 성격화하기가 매

---

30) Vgl. *Spinoza*, Theologisch-politischer Traktat, C. Gebhardt-Ausgabe, 5. Aufl. (1955).

31) Vgl. *Pufendorf*, Die Verfassung des Deutschen Reichs, H. Denzer-Ausgabe, 1976.

32) Vgl. *Leibniz*, Vernunftprinzipien der Natur und der Gnade: Monadologie, H. Herring-Ausgabe, 1956.

33) Vgl. *Chr. Wolff*, Naturrecht(jus naturae), 8Bde. M. Thomann, Ausgabe, 1972.

34) Vgl. *Locke*, Über die Regierung, P. C. Mayer-Tasch-Ausgabe, 1974.

35) Vgl. *Montesquieu*, Vom Geist der Gesetze, E. Forsthoff-Ausgabe, 1967.

36) Vgl. *Rousseau*, Der Gesellschaftsvertrag, H. Weinstock-Ausgabe, 1975.

우 어렵지만 구태여 요약해서 말한다면 이성론적·도덕론적 관점에서
국가를 정당화하려는 사상의 흐름이라고 볼 수 있을 것이다.

a) Kant의 국가철학

Kant[37]는 원칙적으로 Rousseau의 국가사상에 입각하면서도 국
가를 도덕적 이성(sittliche Vernunft)의 표현형태로 보고 도덕적 이성에
의해서 움직이는 도덕인(sittliche Person)의 자율적인 자유(autonome
Freiheit)를 강조함으로써 개인중심적 국가관을 정립하고 개인을 떠난
공공이익을 국가의 과제로 보려는 입장을 거부한다. Kant는 또 도덕적
이성의 표현형태인 국가에 대한 절대복종을 요구함으로써 이른바 저항
권을 부인하는 입장을 취한다.

236

도덕적 이성
의 표현형태

b) Hegel의 국가철학

이에 반해서 Hegel[38]은 Kant와 마찬가지로 Rousseau의 영향을
크게 받고 있음에도 전체적 특히 역사적 관점에서 국가를 이해하기 때
문에 역사의 진행법칙에 의해서 정해지는 역사적 과제의 실현을 위한
국가는 일종의 역사적인 자기목적적 정당성을 가지게 된다고 주장한
다. 따라서 Hegel에게 있어서는 국가란 '도덕적인 전부'(Der Staat ist
das sittliche Ganze)를 뜻하기 때문에 인간의 권리가 따로 특별히 문제
될 여지가 없다. 결국 국가만이 자유의 보장수단이 된다고 한다. 또
Hegel의 절대적인 일원주의(Monismus)적 국가철학에 있어서는 '선'
(gut)·'악'(schlecht)의 개념이 존재할 수 없고 악은 도덕적인 전부를 뜻
하는 국가 속에서 스스로 긍정적인 것으로 변질되기 마련이다. 국가의
구성원이 되고 국가 내에서 생활하는 것을 인간의 도덕적인 최고의무
로 선언하는 것도 Hegel의 국가목적적·역사적 국가관에서 나오는 당
연한 결과라고 할 것이다. Hegel의 국가철학이 Karl Marx나 Lenin에
게 영향을 미치고 팟쇼주의나 나치주의의 국가이론으로 자주 인용되는
이유도 Hegel의 국가관이 가지는 전체주의적 성격 때문이다.

237

역사적
국가관

c) Fichte의 국가철학

Kant의 영향을 강하게 받고 칸트적인 국가철학의 세계에서 움직

238

---

37) Vgl. *Kant*, Zum ewigen Frieden, K. Vorländer-Ausgabe, 1973; *derselbe*,
   Metaphysik der Sitten, K. Vorländer-Ausgabe, 1945.
38) Vgl. *Hegel*, Grundlinien der Philosophie des Rechts, J. Hoffmeister-Ausgabe,
   ND(1967).

이성국가관

이는 Fichte[39]도 국가를 도덕적인 측면에서 정당화하려는 점은 Kant와 마찬가지라고 볼 수 있으나, Fichte는 이상주의의 면에서 Kant보다는 한걸음 더 나아가 칸트적인 법치국가를 떠나 이른바 '이성국가' (Vernunftsstaat)를 요구하고 이성을 모든 법의 원천이라고 볼 뿐 아니라 누구나 일자리를 가지고 생활수단을 스스로 해결할 수 있는 상태를 이상적인 상태라고 설명한다. 1808년 베를린(Berlin)에서 행한 '독일국민에게 고함'(Reden an die deutsche Nation)이라는 연설문 때문에 Fichte가 마치 민족주의적 국가철학을 대표하는 것으로 오해되는 경향도 있으나, Fichte는 Kant의 사상적 세계에 가까운 이상주의적 국가관을 대표하고 있다는 점을 명심해 둘 필요가 있다.

d) Schelling의 국가철학

239

강제권의
이성질서

국가를 '강제권으로 장식된 이성질서'(Vernunftsordnung)[40]라고 보는 Schelling의 국가철학은 Tübingen대학시절의 Hegel과의 우정관계, Jena 시절의 Fichte, Hegel과의 학문적인 접촉 등에 의해서 영향받은 바 크기 때문에 때로는 휘히테적 사상의 세계에 가깝고, 때로는 Hegel의 국가철학에 가까운 때도 있었으나 결국에 가서는 Hegel의 국가철학을 강력하게 비판함으로써(1833~34)[41] Fichte의 입장에 가까운 국가론을 펴고 있다고 할 것이다.

e) W. v. Humboldt의 국가철학

240

야경국가적
국가관

W. v. Humboldt[42]의 국가철학은 Kant의 국가철학에 가장 가깝다고 볼 수 있다. 즉, v. Humboldt에 의하면 국가의 가장 중요한 목적은 개인의 자유를 최대한으로 보장하고, 개성의 신장을 최대한으로 가능케 하는 데 있기 때문에 '필요한 고통'(notwendiges Übel)을 뜻하는 국가는 그 기능을 최소한으로 자제해서 개인의 능력으로는 해결할 수 없는 분야만을 맡아야 된다고 한다. 결국 얼마 후에 Lassalle가 말한 이른바 야경국가적 국가관을 가지고 있는 v. Humboldt에게는 Kant에게서와 마찬가지로 이른바 개인의 복지증진을 주목적으로 하는 급부행

---

39) Vgl. *Fichte*, Grundlage des Naturrechts, F. Medicus/M. Zahn-Ausgabe, 1967.

40) Vgl. *Schelling*, Werke, M. Schröter-Ausgabe, 1927/59.

41) Vgl. Münchener Vorlesungsnachschrift 1833/34: 22.~24. Vorlesung zur reinrationalen Philosophie: Briefe an Maximilian.

42) Vgl. Ideen zu einem Versuche, die Grenzen der Wirksamkeit des Staates zu bestimmen, R. Haerdter-Ausgabe, 1967.

정적 국가작용은 절대로 Tabu가 된다. Kant와 v. Humboldt가 다같이 사회국가적 기능을 강력히 반대하는 이유도 그 때문이다.

(5) 19세기 이후의 현상학적 국가관

특히 19세기 이래 급속도로 팽창해진 자연과학분야의 새로운 지식과 사회현상에 대한 관찰태도가 학문적으로 체계화되어 이른바 현대적인 의미의 사회학이 새로운 학문으로 등장함과 동시에 철학적으로도 신칸트주의(Neukantianismus)가 그 세력을 떨치게 되자 국가철학의 분야에도 이들 자연과학 · 사회학 · 신칸트주의 등의 영향이 적지 않게 작용하게 되었다. 국가를 유기체로 보고 국민은 이 유기체를 구성하는 세포에 불과하다고 이해하는 이른바 유기체설(Organismuslehre: v. Gierke, Bluntschli, R. Kjellén, H. Spencer, Helfritz 등)[43]이 자연과학의 영향을 받은 자연과학적 국가관이라면, 국가를 현상학적 측면에서 관찰하면서 국가는 권력과 조직을 본질로 하는 단순한 사회현상(gesellschaftliche Tatsache)이라고 설명하려는 일련의 입장(M. Weber, H. J. Laski, G. D. H. Cole, L. Duguit 등)[44]은 새로이 각광을 받게 된 사회학의 영향을 받은 이른바 사회학적 국가관이라고 볼 수 있다.

또 법(Recht, Legalität)과 도덕(Ethik, Moralität)을 엄격히 구별함으로써 법 속에 내재되고 있는 도덕적 요소를 미처 인식하지 못한 Kant의 법철학에서 발전된 이른바 신칸트주의는 Sein과 Sollen의 세계를 완전히 분리시키려 함으로써 1840~1860년경부터 고개를 들기 시작한 실증주의적 법이론에 결정적인 영향을 미치고 마침내는 법실증주의적 국가관(C. F. v. Gerber, P. Laband, G. Jellinek, H. Kelsen)을 탄생시키기에 이르렀다. 즉, Sein과 Sollen의 세계를 엄격히 구별하는 법실증주의에서는 법의 윤리적 기초를 법적 관찰의 대상에서 제외시키고 법이나 국

241
자연과학 ·
사회학 ·
신칸트주의
의 영향

유기체설

사회학적
국가관

242
법실증주의
적 국가관

---

43) Vgl. *O. v. Gierke*, Die Grundbegriffe des Staatsrechts und die neuesten Staatsrechtstheorien, Tübingen 1915; *E. Kaufmann*, Über den Begriff des Organismus in der Staatslehre des 19. Jh., Heidelberg 1908; *J. C. Bluntschli*, Allgemeines Staatsrecht, 6. Aufl.(1885); R. Kjellén, Der Staat als Lebensform, Leibzig 1917; *H. Helfritz*, Allgemeines Staatsrecht, 5. Aufl.(1949); *H. Spencer*, The Study of Sociology, 1914.

44) Vgl. *M. Weber*, Wirtschaft und Gesellschaft, 4. Aufl.(1956); *L. Duguit*, L'Etat, le Droit objectif et la Loi positive, Paris 1901; *derselbe*(FN 14); *G. D. H. Cole*, Social Theory, New York, 2nd ed.(1921); *H. J. Laski*, An Introduction to Politics, London 1931.

가에 대한 철학적·정치적·사회적·도덕적 이해를 포기하고 그와 같은 시도를 오히려 법학의 영역을 벗어난 철학적 세계의 문제로 배척하기 때문에 법실증주의의 연구 대상은 자연히 일정한 실정법질서 내지 국가질서에 국한될 수밖에 없다. 따라서 일정한 실정법질서나 국가질서의 정당성 문제도 일체의 객관적인 가치관을 떠나서 마땅히 당해 실정법질서 내지 국가질서 내에서 찾으려 하기 때문에 모든 것을 있는 그대로 받아들여야 된다는 결론에 이르고 결국은 국가현상 중에서 **엘리네크의** '힘'(Macht)의 요소가 가장 두드러지게 표면에 나타나기 마련이다. '사 **국가관** 실의 규범적 효력'을 입증하려는 G. Jellinek(1851~1911)[45]의 노력이 결국은 '힘'의 규범정립적 기능을 강조하고 있을 뿐 아니라 그가 사회학적 국가개념과 법학적 국가개념을 구별함으로써 이른바 국가법인설을[46] 주장하고 있는 것도 '힘'(Macht)과 '규범'(Sollen)을 조화시키려는 노력의 표현이라고 할 것이다. 이와 같은 G. Jellinek의 국가관에서 볼 때 국민은 결국 국가구성의 한 요소에 지나지 않게 된다. 게르버(v. Gerber)[47]가 국민을 국가의 단순한 지배객체로 보는 것과 비슷한 관점이다. G. Jellinek의 국가관이 실증주의의 바탕에 서 있는 것은 물론이거니와 그는 또한 베버(M. Weber; 1864~1920)적 사회학의 영향을 받고 있는 것도 부인할 수 없다.[48] 그의 이원적 국가개념의 정의가 이를 단적으로 증명해 주고 있다. 어떻든 법실증주의적 국가관은 H. Kelsen에 이르러 그 이론적인 절정에 이르렀다고 볼 수 있다. H. Kelsen(1881~ **켈즌의** 1973)은 G. Jellinek와는 달리 오로지 Sollen의 각도에서만 법질서와 **국가관** 국가를 관찰한 나머지 그의 유명한 법단계설(Lehre der Normen-hierarchie)을 정립하고 있다. 즉 하위법의 효력적 근거는 언제나 상위법에서 찾아야 하는데 그 이유는 Sollen은 결코 Sein에서 나올 수는 없고 언제나 다른 Sollen에서만 이끌어 내야 하기 때문이라고 한다.[49]

---

45) Vgl.(FN 1), S. 337ff.

46) Vgl. *G. Jellinek*(FN 1), S. 174ff., 182f., 406ff.

47) Vgl. *C. F. v. Gerber*, Grundzüge eines Systems des deutschen Staatsrechts, 3. Aufl.(1880), S. 3f., 21, 219ff.

48) Vgl. *M. Weber*, Gesammelte Aufsätze zur Wissenschaftslehre, hrsg. von J. Winckelmann, 3. Aufl.(1968).

49) Vgl. *H. Kelsen*, Die Grundlage der Naturrechtslehre, in: Schmölz(Hrsg.), Das Naturrecht in der politischen Theorie, 1963, S. 1~4.

결국 Kelsen의 법질서적 피라밋의 정상에는 이른바 근본규범
(Grundnorm)이 자리잡고 있는데 이 근본규범이 결국은 모든 하위법질
서의 원천이 되기 때문에 이 법질서에 의해서 징표되는 사회를 국가라
고 칭한다면 국가는 즉 법질서와 동일할 수밖에 없다고 한다.[50]
Kelsen의 이 같은 국가·법동일설은 필연적으로 법을 국가의 의지적
명령(Willensgebot)으로 보게 되고 국가의 의지적 명령으로서의 법은 강
제수단에 의해서라도 이를 관철시키지 않으면 아니 되기 때문에 궁극
적으로는 Kelsen의 국가관에서도 힘의 요소가 그 본질적인 내용이 될
수밖에 없다.

좌우간 법실증주의적 국가관은 사상적으로 신칸트주의에 그 바탕
을 두고 있을 뿐 아니라 국가를 '힘의 조직'(Staat als Machtorganisation)
이라고 파악하려는 베버적 사회학적 국가관과도[51] 사상적인 연관성이
있다고 할 것이다.[52] 또 법실증주의적 국가관은 자연과학적 연구방법
과도 상당한 유사성이 있음을 부인할 수 없다. 즉, 자연과학은 시간의
흐름이나 시대의 변천에 관계 없는 자연사물을 그 연구대상으로 하고
있지만, 사회과학은 역사의 발전이나 시대의 변천과 무관한 연구대상
을 생각할 수 없다. 그럼에도 불구하고 법실증주의는 그 연구대상을
특정한 역사적 시점에서의 실정법질서 내지는 국가질서에 국한시킴으
로써 마치 자연과학적 연구대상을 법학의 분야에서 찾았다고 믿고 있
기 때문이다.

아무튼, 19세기 중반기부터 대두되기 시작한 자연과학적·사회학
적·법실증주의적 국가관은 국가를 있는 그대로 현상학적으로만 파악
하려고 하기 때문에 국가의 존재근거 내지 정당성을 특별히 따로 문제
시하지 않을 뿐 아니라 국가의 본질이나 그 존재의미를 따지는 것은
법학의 영역을 떠난 단순한 철학적 세계의 문제로 낙인을 찍고 만다.
따라서 이들 현상학적 국가관은 국가의 목적 내지는 존재근거를 객관
적인 가치관에 의해서 설명해 보려는 이른바 가치관적 국가관과는 상

신칸트주의
및
베버사회학
과의 연관성

243
현상학적
국가관

50) Vgl. z. B. *H. Kelsen*(FN 3), S. 14f. u. 16ff.; *derselbe*, Reine Rechtslehre, 1934,
   S. 90, 154, 203ff., 209, 290.
51) Vgl. *M. Weber*, Der Beruf zur Politik, in: Politik als Beruf, 5. Aufl.(1969), u.a.
   S. 8.
52) Vgl. *K. Loewenstein*, Max Webers staatspolitische Auffassungen in der Sicht
   unserer Zeit, 1965.

당한 관점의 차이가 있다고 할 것이다. 예컨대 마이네케(F. Meinecke;
1862~1954)[53]가 도덕성을 강조하고 다시 도덕적 국가론을 전개하는 것
도 현상학적 국가관에 대한 혐오의 결과라 할 것이다. 하지만 그와 같
은 도덕적·가치관적 국가관은 머지않아 C. Schmitt(1888~1985)에 이
르러 다시 소홀히 되고 권력투쟁적 요소를 그 본질로 하는 이른바 신
마키아벨리적·결단주의적 국가사상이 꽃을 피우게 되었다. 왜냐하면
칼 슈미트적인 결단주의에서는, Scheuner[54]가 지적하듯이 결단을 할
수 있는 권력을 쟁취하기 위한 투쟁적 요소가 국가의 본질처럼 간주되
기 때문이다. 물론 C. Schmitt는 아직까지 그의 국가철학을 체계적으
로 발표하고 있지는 않지만 여러 가지 C. Schmitt의 문헌을[55] 통해서
나타나는 그의 국가관은 인성학적으로 본다면 성악설을 그 바탕으로
하고 있음이 분명하다.[56] 또 C. Schmitt는 권력의 문제만은 이를 진지
하게 다루면서도[57] 권력행사가 도덕적으로 일정한 기속을 받는 것인지
의 여부는 처음부터 문제로 삼으려 하지도 않는다. 칼 슈미트적인 철
학의 세계에서는 도덕적 가치의 문제가 별로 큰 비중을 차지하지 못한
다는 단적인 증거라고 볼 수 있다. C. Schmitt의 결단주의가 때로 결단
주의적 실증주의(dezisionistischer Positivismus)[58]라고 불려지는 이유도
그가 법을 'Sein의 사실'(Seinstatsachen)로 축소시킴으로써 객관적 가치
를 경시하기 때문이다.

(6) 현대의 가치관적 국가관

19세기 중반부터 자연과학과 사회학의 영향을 받고 대두하기 시
작한 법실증주의적 국가관은 물론이고, 결단주의적 국가관도 국가의
본질을 객관적인 가치의 세계를 떠나서 설명하려 하기 때문에 법현상
이나 국가현상에 대한 도덕적·정치적·사회적·역사적·철학적 측면

53) Vgl. *F. Meinecke*, Die Idee der Staatsräson, 3. Aufl.(1929); *derselbe*, Weltbür-
   gertum und Nationalstaat, 7. Aufl.(1928).
54) Vgl. *U. Scheuner*(FN 1: Das Wesen), S. 45ff.(61, 76).
55) 간접적으로나마 C. Schmitt의 국가철학을 대변해 주고 있는 대표적인 문헌은 역시
   그의 Begriff des Politischen, 1927, 이라고 볼 수 있다.
56) 동지: *U. Scheuner*(FN 54), S. 62.
57) 예컨대, Gespräch über die Macht und den Zugang zum Machthaber, 1954, S.
   20ff.
58) 예컨대, *R. Zippelius*, Art. "Rechtsphilosophie", in: EvStL, 2. Aufl.(1975), Sp.
   1972ff.(1978).

에서의 고찰을 배제내지 소홀히 하는 데 반해서, R. Smend(1882~ 1975)[59]의 동화론적 국가관은 국가를 '동화적 통합과정'(Integrations-prozeß)이라고 이해하면서 사회공동체가 동화적으로 통합될 수 있는 가치의 세계를 중요시하기 때문에 이를 특히 가치관적 국가관이라고 부를 수 있을 것이다. 즉 이 가치관적 국가관에 따르면 일정한 가치실현을 지향한 동화적 통합이 국가의 목적이기 때문에 객관적 가치의 실현에 입각한 사회질서와 사회평화의 유지가 국가의 가장 중요한 과제로 꼽히게 된다. 따라서 국가란 시대의 변천과 역사의 발전에 따라 그때마다 새로이 형성되는 객관적인 가치관에 입각해서 사회구성원의 동화적 통합을 추구하는 사회공동체의 부단한 생활과정(Lebensprozeß)을 뜻하게 된다.[60]

244
스멘트의
국가관

(7) 사회주의적 국가관

국가사상의 변천과정에서 이질적인 색채를 띠는 것은 사실이지만 그래도 간단히나마 언급해 두지 않을 수 없는 사상적 흐름이 바로 사회주의적 국가관이다. 사회주의적 국가관의 근대적 형태는 18세기 후반, 프랑스학자 생시몽(Saint-Simon; 1760~1825), 훠리에(Fourier; 1772~1837) 또는 영국인 실업가 오윈(R. Owen; 1771~1858) 등에서 찾아볼 수 있다. 교육을 통해서 인간을 집단생활에 적합한 형태로 개조할 수 있다는 가설에서 출발하는 Owen이나,[61] 사회질서의 모순에서 유래되는 자본계급과 노동계급간의 갈등과 투쟁을 과감한 사회개혁을 통해서 지양할 수 있다고 역설한 Saint-Simon, Fourier 등[62] 이른바 이상주의적 사회주의자들은[63] 특히 헤겔 철학의 신봉자인 Karl Marx(1818~1883)에게 큰 사상적인 영향을 미쳤다고 할 것이다. 이들의 영향을 받은 K.

245
사회주의의
유물사관

---

59) Vgl. *R. Smend*, Verfassung und Verfassungsrecht, in: Staatsrechtliche Abhandlungen, 2. Aufl.(1968), S. 119ff.

60) Vgl. *U. Scheuner*(FN 54), S. 71ff.

61) Vgl. *R. Owen*, A new View of Society: Or Essays on the Principle of the Formation of the Human Character, 3rd ed.(1917), London.

62) Vgl. *S. Bernstein*, Saint-Simon's Philosophy of History, in: Science and Society, 12(1948/1949), pp. 82; *A. Bebel*, C. Fourier: Sein Leben und seine Theorien, 4. Aufl.(1921).

63) Dazu vgl. *Thilo Ramm*, Der Frühsozialismus, 1956; *derselbe*, Die großen Sozialisten als Rechts-und Sozialphilosophen, Bd. 1, Hb. 1, S. 210ff., 315ff., Stuttgart 1955; *G. D. H. Cole*, A History of Socialist Thought 2 vol., 1954/55.

Marx는 F. Engels(1820~1895)와 함께 모든 전통적인 기존가치질서를 부인하는 입장에 서서 그들 나름의 새로운 가치질서에 입각한 세계 개조를 꿈꾸며, 이른바 마르크스사회주의(Marxismus)[64] 이론을 정립하기에 이르렀다. 즉, K. Marx와 F. Engels는 유물사관(materialistische Geschichtsauffassung)에 입각해서 국가를 물질적인 자본계급이 노동계급을 착취하기 위한 정치적인 지배형태로 볼 뿐만 아니라 인류의 역사를 자본계급(Bourgeoisie)과 노동계급(Proletariat)의 계급투쟁의 역사라고 주장한다. 따라서 부단한 혁명을 통해서 통치없고 계급없는 공산주의사회를 달성하게 되면 국가는 스스로 소멸하게 되지만 그와 같은 공산주의의 실현과정에서는 과도기적 현상으로 노동계급의 독재가 불가피하다고 역설한다.[65]

246

국가소멸론

하지만, 이같은 국가소멸이론은 Engels 자신의 변증법적 3법칙, 특히 부단한 혁명이론과 모순될 뿐 아니라, Marx와 Engels는 국가현상을 오로지 물질적인 측면에서만 관찰함으로써, 국가현상에 내재되고 있는 경제적·종교적·철학적·전통적·역사적·지정학적·정치적 요소들의 복합적인 상승작용을 도외시하고 있다는 비난을 면할 수 없다. 또 Engels나 K. Marx가 주장하는 공산주의의 역사적 필연성도 Radbruch[66]가 지적하듯이 경험적으로 증명할 수 있는 사실이 아니기 때문에 그것은 그들의 환상세계를 표현하는 한낱의 꿈에 불과하다고 할 것이다. 사실상 K. Marx나 Engels는 국가사상가라고 보기보다는 스미스(Adam Smith; 1723~1790) 내지 리카르도(D. Ricardo; 1772~1823) 등 영국 경제학자의 영향을 받은 경제사상가라고 보는 것이 더 정확할 것이다. 아무튼 K. Marx나 Engels의 경제적 경륜은 오늘날 지구상에 존재하는 소위 사회주의 내지 공산주의국가의 이론적인 바탕이 되고 있는 것은 사실이지만, 이들 공산국가의 정치실제는 K. Marx가 예견한 노동계급의 독재정치라고 하기보다는 공산주의의식을 강제로 주입시키기 위한 교육독재(Erziehungsdiktatur) 내지는 소수과두정치(Oligarchie)라고 보는 것이 옳을 것 같다. 따라서 마르크스주의이론의 핵심인 노동계급의 독재가 이루어지지 않는 것과 마찬가지로 그들이 예언한 계

---

64) Vgl. z. B. *K. Marx/F. Engels*(FN 15), S. 459ff.

65) Vgl. *R. Zippelius*(FN 1) S. 119ff.

66) Vgl. *G. Radbruch*, Rechtsphilosophie, 8. Aufl.(1973), S. 107ff.(109).

급 없는 사회 내지 국가의 소멸은 결코 실현될 수 없는 잠꼬대에 불과
하다고 할 것이다.

신약성서가 예언한 '말세'(Parusie)의 도래가 지연되고 있는 사실을
합리적으로 설명하는 것이 기독교적 신학의 이론적 과제라고 본다면
노동계급의 독재가 지연되고 있는 사실을 정당화시키지 못하는 것은
마르크스주의 이론의 허구성을 드러내는 것이라 할 것이다. 마르크스
주의의 노선에 서있는 오훼(C. Offe)[67]를 비롯한 이른바 신좌익계(Neue
Linke) 학자들이 자본주의사회의 병폐를 과장하는 소위 정치적 공황이
론(politische Krisentheorie)을 전개하면서도 이렇다 할 해결책을 제시하
지 못하고 있는 것도 마르크스주의적 가설의 본질적인 과오를 되풀이
하고 있는 것이라고 할 것이다.

247

신좌파의
정치적 공황
이론

2. 국가의 존립근거 내지 목적에 관한 학설

국가의 존립근거가 무엇이며 국가는 궁극적으로 어떠한 목적을
가지는 것이냐에 대해서는 고대로부터 오늘날에 이르기까지 헤아릴 수
없이 많은 학설이 대립하고 있다. 국가존립의 근거 내지 국가의 목적
을 따지는 것은 각자의 가치관 내지 세계관과도 불가분의 관계에 있기
때문에 가치관 내지 세계관의 차이에 따라 국가의 존립근거에 관한 견
해도 다를 것은 물론이다. 위에서 살펴본 국가사상의 변천과정도 따지
고 보면 국가의 존립근거 내지 목적을 둘러싼 다양한 국가관을 시간과
역사의 흐름에 따라 수직적으로 정리해 본 것이라고 할 수 있다. 그렇
지만 역사의 흐름을 떠나서 국가존립의 정당성에 관한 학설을 수평적
으로 정리해 보는 것도 국가현상에 대한 이해에 도움이 된다고 믿기
때문에 이제부터는 국가존립의 근거 내지 목적에 대한 여러 가지 견해
를 신학적 · 윤리학적 · 인성학적 · 사회학적 · 법학적 관점으로 나누어
검토해 보기로 한다.

248

국가존립의
정당성

(1) 신학적 관점에서 본 국가(Theokratische Staatstheorie)

신학적 관점에서 볼 때 국가는 신의 섭리(göttliche Fügung)에 의해
서 존재하는 것이기 때문에 국가존립의 근거는 초국가적인 신의 뜻으
로 설명될 수밖에 없다. 정치와 종교가 분리되지 않고 종교적 직능이 동

249

정 · 교일치의
신정사상

---

67) Vgl. *C. Offe*(FN 17), 3. Aufl.(1971), S. 155ff.

시에 국사와 정치의 직능을 뜻하던 고대 내지 중세의 신정사상은 물론
이고 오늘날에 이르기까지 이 사상은 특히 기독교적 국가관에 잘 나타
나 있다. 천주교적 국가관과 신교적 국가관을 나누어 살펴보기로 한다.

　　a) 천주교적 국가관[68]

250
**아우구스티
누스의
2제국론**

　　Augustinus(354~430 A.C.)[69]에 의해서 정립된 2제국론(Zwei- Reiche-
Lehre)에 그 기원을 두는 중세의 천주교적 국가관에 따르면 천주님이
두 개의 칼을 만들어 '승직의 칼'(das geistliche Schwert)은 교황(Papst)
에게 맡기고 '세속의 칼'(das weltliche Schwert)은 국가권력의 상징으로
서 황제에게 맡겨서 세상을 다스리게 했기 때문에 국가권력은 천주의
섭리에 의해서 창조된 것이라고 한다.[70] 다만 황제가 세속의 칼을 직접
천주님으로부터 받은 것이냐, 아니면 일단 교황을 통해서 받은 것이냐
의 문제를 놓고 다툼이 있었던 것은 되도록이면 교황의 지배에서 벗어
나려는 중세 황제들의 노력에서 나온 권력 다툼의 이론적 산물이라 할
것이다.

251
**현대의
천주교이론**

　　좌우간 중세의 천주교적 국가관이 신의 섭리에 의한 국가권력의
유래를 설명하는 데 역점을 두었던 점에 반해서 근대 내지 현대의 천
주교이론(Leo ⅩⅢ: Papst v. 1878~1903; Pius ⅩⅠ: Papst v. 1922~1939; Pius
ⅩⅡ: Papst v. 1939~1958)[71]은 Aristoteles나 Thomas von Aquin 등의 전
통에 따라서 인간의 사회성적 측면에서 국가의 존립근거를 설명하려고
시도하면서 국가를 인간성이 신장되기 위한 하나의 필수조건(societas
naturalis perfecta completa)이라고 보고, 바로 이 필수조건을 충족시키기
위해서 천주님이 국가적 질서를 창조하신 것이라고 한다. 따라서 인간
성신장을 위한 필수조건으로서의 국가는 결코 국가목적적 국가일 수가
없고 Leo ⅩⅢ[72]가 지적하듯이 국가형태의 문제는 제 2 차적인 문제가

---

68) Vgl. *H. Rommen*, The State in Catholic Thought, 4th ed.(1955); *R. Zippelius*
　　(FN 1), S. 325ff.; *J. Listl*, Art. "Staat", in: EvStL, 2. Aufl.(1975), Sp. 2479~2485.
69) Vgl. *Augustinus*(FN 21).
70) Vgl. Die sog. Zwei-Schwerter-Theorie: Lukas-Evangelium(Luk. 22, 38),
　　Paulus, Römer Brief, insbes. Römer 13, 1~7(누가복음 22장 38절, 로마서 13장
　　1~7절).
71) Vgl. Enzyklika "Diuturnum illud" v. 29. 6. 1881; Enzyklika "Immortale Dei"
　　v. 1. 11. 1885; Enzyklika "Summi Pontificatus" v. 20. 10. 1939; Enzyklika
　　"Mater et Magistra" v. 15. 5. 1961 Nr. 65.
72) Vgl. Enzyklika "Diuturnum illud" v. 29. 6. 1881(Über den Ursprung der

된다. 또 국가는 인간성신장의 목적 때문에 신에 의해서 창조된 세속적 질서를 뜻하기 때문에 인간이 가지는 천부적 권리 내지 자연법적인 선재가치(특히 정의의 실현)를 존중해야 되고 이와 같은 국가의 목적이나 자연법적 선재가치를 무시하는 독재자는 신의 심판이나 국민의 저항을 각오해야 된다고 주장함으로써 소위 천주교적 저항권이론이 정립되기에 이르렀다. 이 점은 Luther의 국가관과 다른 점이다.

천주교적 저항권이론

b) 신교적 국가관73)

Augustinus의 2제국론에 바탕을 둔 Luther(1483~1546)의 2세계론(Zwei-Reiche-Lehre)적 국가관은74) 인간성에 대한 비관적인 평가를 그 출발점으로 하고 있다고 할 것이다. 기독교적인 신앙공동체의 세계(Civitas Dei)는 신앙의 힘에 의한 자율적인 세계이기 때문에 규율과 강제에 의한 아무런 법률적인 지배가 불필요하지만 신앙을 모르는 세속세계(Civitas Terrena)는 신앙세계와 달라 규율과 강제에 의한 타율적인 지배가 없이는 그 질서와 평화가 유지될 수 없기 때문에 신은 신앙세계와 세속세계를 위한 두 가지 지배형태를 따로 창조했다고 한다. 즉, 신앙세계가 처음부터 존재하는 것도 아니고 또 신앙세계가 도래하기를 무조건 기다릴 수도 없기 때문에 신앙세계에서 행해질 복음의 포고와 구세의 길을 열어 주기 위해서 세속세계의 질서를 강권으로 유지하고 공황을 방지하는 것이 필요하다고 한다. 물론 질서유지와 공황방지만에 의해서 구세가 되는 것은 아니지만 적어도 복음의 포고와 구세가 이루어질 바탕을 마련하는 것이 세속세계의 목적이라고 한다. 신의 계율을 지킴으로써 구세된다는 종래의 기독교사상을 탈피해서 강권으로라도 세속세계의 질서와 평화를 유지함으로써 복음의 포고와 구세의 길을 열어 주어야 한다는 데 바로 루터적 국가관의 개혁성이 있다고 할 것이다. 따라서, Luther에 따르면 세속세계를 뜻하는 국가도 결국 신의 지배형태를 뜻하고 어떤 내용의 국가적 강제질서건 그것은 결국 신의 의지를 표현하는 것이기 때문에 이에 대한 절대 복종이 필요하다

252
루터의
2세계론

---

politischen Gewalt).

73) 다음 부분에 대해서 아래 문헌 참조.

W. Lohff/J. Staedtke, Art. "Staat", in EvStL, 2. Aufl.(1975), Sp. 2468~2478; R. Zippelius(FN 1), S. 327f.; E. Brunner, Das Gebot und die Ordnungen, 4. Aufl. (1939).

74) Vgl. M. Luther(FN 23).

강권국가적·
권위주의적
요소

고 한다. Luther가 국가권력에 대한 저항권 같은 것을 단호히 배척하는 이유도 그 때문이다. Luther는 이처럼 국가의 정당성을 신에 대한 신앙심에서 찾으려 하기 때문에 루터적 관점에서 볼 때 사회질서와 사회평화의 유지라는 목적 때문만도 불신앙자의 세계에 대한 강권국가적 지배형태가 절대로 불가피하게 되는데 바로 이곳에 루터적 국가관의 권위주의적 요소가 담겨 있다고 할 것이다.[75]

253
개혁파신교
의 2율법론

교회의 신명중개적 기능을 문제시하고 신명(神命)의 직접적인 하달설을 강조한 이른바 개혁파신교의 대표자 칼빈(J. Calvin; 1509~1564)이나 즈빙리(U. Zwingli, 1484~1531)[76]에 있어서는 Augustinus의 2세계론을 이해하는 방법이 다름은 물론이고 본질적으로 Luther의 관점과 다소 차이가 있다고 할 것이다. 즉 이들은 루터적 2세계론 대신에 신의 두 가지 율법론을 내세워 국가의 존립근거를 설명하려 한다. 이에 따르면 신이 인간을 다스리는 율법은 두 가지가 있는데 하나는 인간심성(Gesinnung)을 향한 사랑의 율법이고 다른 하나는 인간의 행동(Verhalten)을 규제하기 위한 강제의 율법이다. 전자가 신이 베푸는 사랑으로 표현된다면 후자는 국가권력의 형태로 나타나게 된다. 따라서 사랑의 율법에 따르지 않는 사람을 다스리기 위해서 강제를 그 본질로 하는 국가권력이 필요하다고 한다. 즉 Luther에 있어서는 속죄와 구세를 받기 위한 복음의 포고를 가능케 하기 위한 복음포고 준비로서의 국가질서가 중요시되는 데 반해서 Zwingli나 Calvin은 한걸음 더 나아가 인간을 다스리기 위해서 신에 의해서 창조된 국가는 복음의 포고를 보호하고 조성해야 된다고 함으로써 복음포고 그 자체를 강조한다. 하지만, 루터적 입장이건 칼빈적인 입장이건 국가의 필요성을 신의 사랑을 무시하는 이른바 원죄(Erbsünde)와 결부시킴으로써 국가를 '신의 구세적 계율질서'(göttliche heilsame Zuchtordnung)라고 보는 점에서 공통

원죄에 대한
구세적
계율질서

---

75) 루터적 국가관의 현대 신학적 이해에 대해서 다음 문헌을 참조.

H. *Dombois*, Der gegenwärtige Stand der evangelischen Staatslehre, in: F. Karrenberg/W. Schweitzer(Hrsg.), Spannungsfelder der evangelischen Sozial-lehre, 1960.

76) Vgl. *Zwingli*, Von göttlicher und menschlicher Gerechtigkeit(1523); *Calvin*, Unterricht in der christlichen Religion 3 Bde., O. Weber-Ausgabe, 1936/38, N.A.(1Bd.), 1955; *J. Bohatec*, Calvins Lehre von Staat und Kirche, 2. Aufl. (1961); *A. Farner*, Die Lehre von Kirche und Staat bei Zwingli, 1930.

하다.[77] 이 점은 천주교적 국가관이 신의 피조물인 인간의 사회성에서 국가의 정당성을 찾으려는 것과 대조적이다. 또 Luther가 국가권력에 대한 저항을 근본적으로 배척하는 데 반해서 즈빙리나 칼빈적 관점에서는 신의 계율을 어기는 국가명령에 대한 불복종의 가능성을 유보해 둠으로써 제한적으로나마 자연법적 질서를 인정하는 점이 특이하다고 할 것이다.

c) 비　판

생각건대, 중세 내지 근대의 정교일치적 권위주의적 국가질서가 무너지고 민주적 국가질서가 그 주축을 이루는 현대사회에 와서 국가의 존립근거 내지 목적을 신학적 이론만으로 설명할 수는 없다고 본다. 이 점은 현대신학에서도 스스로 인정하고 있는 사실로서 국가는 신의 섭리에 의한 선재질서라고 하기보다 인간생활관계의 합리적 조정을 그 내용으로 하는 기능합리주의적인 각도에서 정당화되어야 하리라고 본다. 로마서(13, 1~7)를 비롯한 성서의 내용을 국가의 본질이나 의의·형태 또는 국가의 정당성과 결부시켜서 해석하지 않고 기독교인이 현세에서 취할 정치적 행동에 관한 경고문서(Paränese)로 이해하려는 슈테트케(Staedtke)의 신학적 입장이[78] 이를 단적으로 입증해 주고 있다고 할 것이다.

254
로마서의
새해석

(2) 윤리학적 관점에서 본 국가(Sittliche Staatstheorie)

Platon, Aristoteles, Kant, Fichte, Hegel, 슈탈(F. J. Stahl; 1802~1861) 등에 의해서 대표되는 도덕적 국가관에 의하면 국가는 인간을 도덕적으로 완성시키기에 가장 적합한 사회형태를 뜻하기 때문에 국가의 존립근거는 바로 인간완성의 목적에 있다고 한다. Platon이나 Aristoteles의 도덕국가 내지 교육국가관은[79] 물론이고, 인간의 자유를 위한 도덕인간의 자결현상을 국가라고 이해하는 Kant의 사상,[80] 자유의지에 의해서 타인과 결합함으로써 이른바 이성국가(Vernunftsstaat)를

255
도덕적
국가관

---

77) Vgl. *E. Brunner*(FN 73), S. 432; *derselbe*, Die reformierte Staatsauffassung, 1938.

78) Vgl. *J. Staedtke*, Ist der Staat eine göttliche Ordnung ?, in: FS f. L. v. Muralt (1970), S. 93ff.; *derselbe*, Art. "Staat", in: EvStL, 2. Aufl.(1975), Sp. 2474ff. (2476ff.).

79) Vgl. (FN 19).

80) Vgl. (FN 37).

실현시키는 것을 도덕인간의 절대적인 양심의 명령이라고 설명하는 Fichte의 이성국가관,[81] 계몽주의사상에 힘입은 사회의 분자화경향 (Atomisierung der Gesellschaft) 내지 국가의 주관화경향(Subjektivierung des Staates)을 탈피하려고 시도하면서 주관적인 도덕성 대신에 절대적인 역사적 도덕성의 실현을 국가의 목적이라고 역설함으로써 이른바 역사관적 국가관을 정립한 Hegel의 국가철학,[82] 국가를 도덕적 영역 (sittliches Reich)이라고 이해하는 Stahl의 국가관[83] 등이 모두 국가를 윤리적 측면에서 정당화하려는 입장이라고 할 것이다.

256

국가목적적
국가의 위험

하지만, 이처럼 윤리학적 관점에서 국가를 도덕의 실현형태라고 파악하는 경우에는 국가가 지나치게 인간적인 기초에서 유리되어 이른바 국가목적적 국가로 제도화됨으로써 국가적 권위만이 지나치게 강조되는 폐단을 막을 수 없다고 할 것이다. 또 이 도덕적 국가관은 종교적 사고의 영역을 벗어나서 국가존립의 정당성을 설명하려는 점은 신학적 국가관과 다르다고 할지라도[84] 국가의 목적을 '도덕'·'윤리'·'역사'·'이성' 등의 선국가적 가치질서에서 이끌어 냄으로써 국가를 일종의 초국가적 가치질서의 필연적 결과라고 보는 점에서는 신학적 국가관과 공통점이 있다고 할 것이다.

(3) 인성학적 관점에서 본 국가(Anthropologische Staatstheorie)

a) 국가관의 인성학적 기초

257

인성학·
신학·
국가관의
관계

국가의 존립근거 내지 목적에 관한 대부분의 학설은 인성학적 관점에서 본 특정한 인간상을 그 이론적인 출발점으로 삼고 있음을 주목할 필요가 있다. 천주교적 국가관에서 인간의 본능적인 사회성 (imbecillitas und socialitas)을 신의 섭리에 의한 국가존립의 근거로 보는 것이라든지 Luther나 Calvin이 성악설적 인성학의 입장에 서서 원죄를 다스리기 위한 불가피한 신의 질서를 국가라고 이해하는 것은 그 좋은 예라고 할 것이다. 또 Aristoteles가 사회적 동물로서의 인간이 천부적

---

81) Vgl. (FN 39).

82) Vgl. (FN 38).

83) Vgl. *F. J. Stahl*, Das Wesen des Staates, in: F. J. Stahl, Die Philosophie des Rechts nach geschichtlicher Ansicht, Bd. 2, 2. Abt., 5. Aufl.(1878).

84) Stahl만은 이 점에서 예외라고 보아야 할 것이다. 왜냐하면 Stahl은 그의 '도덕적 영역'으로서의 국가를 동시에 '신의 제도'(göttliche Institution)라고 이해함으로써 이른바 신학적 윤리관을 제시하고 있기 때문이다.

으로 가지는 국가지향적 성향을 강조하면서 국가를 인간완성의 필수조
건으로 보는 것도 인성학적 관점이 그의 도덕적 국가관에 크게 작용하
고 있기 때문이라고 할 것이다. 나아가서 Thomas von Aquin[85]이
Aristoteles와 동일한 인성학적 입장에 서서 아우구스티누스적·신학적
국가관과 아리스토텔레스적·철학적·도덕적 국가관을 이론적으로 조
화시켜 보려고 모색하는 것도 결국 인성학적 관점이 국가존립의 근거
로 중요시되는 까닭이라고 볼 수 있다. 이렇게 볼 때 E. Kaufmann[86]
이 적절히 지적한 바와 같이 인성학(Anthropologie)과 신학(Theologie)과
국가관(우주관)(Kosmologie)은 서로 불가분의 밀접한 관계가 있다고 할
것이다.

b) 인성학과 계약이론

그렇다고 해서 인성학은 신학적 또는 도덕적 국가관에서만 그 이
론적인 바탕이 되고 있는 것은 아니다. 국가를 신학적 내지 도덕적 선
재질서로 보지 않고 인간적 욕구의 산물로 이해하려는 이른바 계약이
론(Vertragstheorie)도 인간상에 대한 인성학적 판단을 그 이론적인 전제
로 하고 있기 때문이다.

258
계약이론의
전제

a) Hobbes의 **복종계약설**

Hobbes[87]나 Spinoza[88]가 성악설적 관점에 서서 늑대의 사회에
비유되는 인간사회(homo homini lupus)에서 타인에 대한 공포 때문에
자기보호의 필요상 일종의 복종계약(Unterwerfungsvertrag)에 의해서 늑
대의 왕(Leviathan=Superwolf)과 같은 국가를 만든 것이라고 설명하고
있는 것이 그 대표적인 예라고 볼 수 있다.

259
Leviathan

하지만 Hobbes의 복종계약설은 그의 인성학적 전제와 모순되
는 점이 없지도 않다고 할 것이다. 왜냐하면 Hobbes가 보는 것처럼
인간이 늑대와 비유되는 악의 상징이라면 어떻게 악인 상호간에 계
약이 성립될 수 있었겠느냐의 의문이 제기될 수 있기 때문이다. 물론
Hobbes의 사상적 세계에서는 Rousseau에서 볼 수 있는 사회계약

성악설과
복종계약

---

85) Vgl. *Thomas von Aquin*(FN 22); *H. Meyer*, Thomas von Aquin, 1961, S. 553.
86) Vgl. *E. Kaufmann*, Die anthropologischen Grundlagen der Staatstheorien, in:
    FS f. R. Smend(1952), S. 177ff.(177).
87) Vgl. *Th. Hobbes*(FN 29).
88) Vgl. *Spinoza*(FN 30).

(Gesellschaftsvertrag)과 지배계약(Herrschaftsvertrag) 내지 복종계약(Unter-werfungsvertrag)의 구별이 아직 성숙된 것은 아니라 할지라도 Hobbes의 인성학적 가설 위에서는 복종계약 그 자체도 성립되기가 어렵다고 보는 것이 상식이겠기 때문이다. 또 늑대 사회의 질서를 유지시키기 위한 국가를 늑대의 왕과 비유하고 있는 Hobbes로서는 늑대의 왕이 다른 늑대들을 모조리 잡아먹어 버리는 경우의 국가존립의 정당성을 설명하기가 어렵다고 할 것이다. 늑대의 왕이 설령 한두 마리의 다른 늑대를 잡아먹는다 하더라도 그것은 왕 없는 늑대끼리의 무질서한 싸움(bellum omnium contra omnes)보다는 낫다고 Hobbes는 복종계약설의 정당성을 주장하고 있지만,[89] 늑대끼리의 무질서한 싸움을 막기 위한 늑대의 왕은 명실공히 왕이 아니면 아니 되겠기 때문에 홉스적인 계약설은 마땅히 절대군주제를 옹호하는 이론으로 성격화될 수밖에 없다. Hobbes나 Spinoza의 국가론이 물론 16·17세기의 종교전쟁, 시민전쟁 등 어지러운 사회상황을 배경으로 탄생된 이론이긴 하지만 좌우간 그들의 학설이 절대군주주의(absolute Monarchie) 내지 전제주의(Despotismus)를 정당화하는 이론으로 각광을 받은 이유도 그 때문이다.

복종계약과 절대군주제

β) Locke의 위임계약설

260

Trust이론

　　Hobbes나 Spinoza가 성악설적 인성학의 관점에 서서 자기보호 내지 질서유지를 내용으로 하는 복종계약의 이론으로 국가의 존립 근거를 설명하려는 데 반해서 Locke와 Rousseau의 계약론은 원칙적으로 성선설적인 인성학의 입장에 서 있다 할 것이다. 즉 Locke에 따르면 선천적으로 평등권을 가진 인간이 자연상태에서 평화롭게 생활을 하다가 위임계약에 의해서 정치권력을 탄생시키고 국가를 성립시켰지만, 인간의 천부적 권리(생명·자유·재산권)는 위임계약에 의해서 포기된 것이 아니기 때문에 여전히 국민 각자가 가지게 된다고 한다. Locke는 위임계약의 목적을 더욱 평화롭고 안전한 재산권의 행사에 있다고 설명한다.[90] Locke의 이 같은 Trust이론(위임이론)에 의하면 정치권력은 일정한 정치사항에 대한 위임계약에 의해서 성립되는 것이기

---

89) Vgl. (FN 29), XVIII.

90) Vgl. *J. Locke*. Two Treatises of Government(1690), laslett-Edition, 1964, 2. book, § 134~136.

때문에 국가와 국민간의 관계는 무엇보다도 신임관계(Trust)를 그 바탕으로 한다고 한다. 따라서 신임을 바탕으로 한 위임관계에 의해서 국민의 공동관심사를 처리시키려고 하는 곳에 바로 국가존립의 근거가 있다고 한다.[91] 이처럼 신임을 바탕으로 하는 Locke의 위임계약설은 Hobbes의 복종계약설과 Rousseau의 사회계약설의 중간형태라고 볼 수도 있다.[92] 또 Locke는 원칙적으로 성선설에 입각한 신임관계를 그 계약이론의 기초로 삼으면서도 Hobbes와는 달리 '국가를 통한 보호'(Schutz durch den Staat)뿐 아니라 '국가에 대한 보호'(Schutz vor dem Staat)를 강조하고 그 수단으로서 권력분립과 저항권을 인정함으로써 그의 자유주의적·민주주의적 사상을 명백히 나타내고 있다.[93] Locke의 국가론이 특히 영국식 입헌군주제(konstitutionelle Monarchie)의 이론적 바탕이 되고 있는 것도 그 때문이다. 또 신임(Trust)을 바탕으로 하는 Locke의 위임계약사상이 종종 대의민주주의의 이론적 온상으로 인용되는 이유도 Locke의 이론체계(특히 신임실효이론: Verwirkungslehre der Vertrauensverhältnisse)[94]가 의지의 동일성을 그 전제로 하는 직접민주주의제도와 조화되지 않는 점이 있기 때문이다.

γ) Rousseau의 사회계약설

Hobbes와는 달리 국가 이전의 평화로운 자연상태에서 출발하는 Rousseau의 사회계약론(Gesellschaftsvertrag, contrat social)[95]도 Locke처럼 성선설을 전제로 할 뿐 아니라 자유와 평등, 그리고 사회정의의 실현을 중요시하고 있다. Rousseau는 또한 인간의 사회성을 강조하면서 인간은 선천적으로 평화롭게 타인과 어울리려는 성향을 가지고 있다고 주장한다. 즉 Rousseau에 따르면 인간은 선천적으로 선하기 때문에 스스로의 옳은 판단에 의해서 올바른 생활을 해 나갈 수 있다고 한다. 그럼에도 불구하고 불필요하게 인간생활을 조종하고 간섭하려는 그릇된 정신문화·물질문명·통치형태 등의 환경적 영향 때문에 인간

(우측 난외 주석)
성선설적 기초

국가를 통한 보호와 국가에 대한 보호

신임실효 이론

261
사회계약론

성선설적 기초

---

91) Vgl. (FN 90), § 95ff., § 134ff., § 149, § 156, § 161, § 164, § 171.
92) Vgl. *J. W. Gough*, John Locke's Political Philosophy, 2nd ed., 1973, S. 100ff., 118ff., 144ff.
93) Vgl. (FN 90), § 149, § 168.
94) Vgl. (FN 90), § 149.
95) Vgl. *J. J. Rousseau*, Contrat social(FN 36): Du Contrat social ou Principes du Droit public(1762), Ⅰ. Kap. 5 u. 6.

이 타락하고 말았다고 한다. 따라서 인간의 고유한 자유와 평등, 사회
정의 등을 되찾기 위해서는 부득이 새로운 사회 내지 국가질서가 필요
하게 되는 데, 그와 같은 국가질서는 홉스적 복종계약에 의한 절대국
가도 아니요, 록크적 위임계약에 의한 대의적 입헌군주국가도 아니고,
누구나가 자기자신의 권리를 스스로 행사할 수 있는 사회계약에 의한
국가질서이어야 한다고 한다. 즉 사회계약은 누가 누구를 복종시키는
것을 그 내용으로 하는 것도 아니고 또 누가 누구를 신임하고 위임하
는 것을 그 내용으로 하는 것도 아니며 누구나 자유롭게 자기자신의
명령에 따라 행동할 수 있는 국가질서의 창조를 그 내용으로 한다고
한다.[96] 결국 Rousseau의 사상적 세계에서는 선천적인 인간의 자유와
평등, 사회정의의 회복 내지 실현이 국가존립의 근거가 된다.

다만 Rousseau의 사회계약론에 있어서도 모든 계약참여자의
자유의지가 따로따로 독립해서 분산적인 형태로 작용하는 한 통일적인
국가권력의 행사가 불가능하기 때문에 불가피하게 그것이 '총의'
(volonté générale)의 형태로 집약되어야 하고 결국은 개개인의 의사가
총의론   아닌 이 '총의'만이 국가의 최고가치로 절대시되게 된다.[97] 따라서
Zippelius[98]가 지적하듯이 Rousseau가 그처럼 역설하는 인간의 선천
적인 자유도 결국은 '총의(volonté générale) 내의 자유'를 뜻하게 되고
그것은 결과적으로 자유의 한계를 인정하는 것이기 때문에 바로 이곳
에 루소적 자유론의 문제점이 있다고 할 것이다.

사회계약론   사실상 Rousseau의 사회계약론은 인간의 절대적인 평등을 전
의 전제   제로 해서만 그 이론적인 실효성을 나타낼 수 있다고 본다. 즉, 평등
한 계약주체가 평등한 조건아래서 평등한 의사표시에 의해서 총의를
형성하게 된다면 이 경우의 총의는 결국 개개인의 의사와 동일성
(gemeinschaftliches Ich)을 가지게 되고 따라서 총의의 지배는 따지고 보
면 자기의사의 자기지배에 지나지 않게 되기 때문이다. Rousseau가
계약의   계약의 2단계구조를 인식하고 사회계약과 통치계약 내지 복종계약을
2단계구조   구별하면서도 통치계약 내지 복종계약을 불필요한 것으로 보고 이에
의한 국가적 권위나 통치를 도외시하는 이유도 루소적인 사상의 세계

---

96) Vgl. (FN 95), I, 6.
97) Vgl. (FN 95), IV, 2.
98) Vgl. (FN 1), S. 320.

에서는 정부란 결국 독자적인 의사를 가질 수 없는 하나의 대리인에 지나지 않게 되기 때문이다. Rousseau가 직접민주주의의 사상적인 선 구자로 간주되는 이유도 바로 그 때문이다.

직접민주
주의

하지만 루소적 사회계약론은 그의 이론적 전제인 절대적인 평 등의 조건부터가 비현실적인 것이기 때문에 이 이론적인 전제조건을 무시해 버리고 '총의'(volonté générale)만을 강조하게 되는 경우에는 인 간의 자유는 고사하고 오히려 홉스적인 절대국가의 통치형태로 변질될 소지를 내포하고 있음을 경시할 수 없다고 할 것이다. 이렇게 볼 때 Rousseau의 직접민주주의이론보다 Abbé Sieyès의 대의민주주의이론 이 프랑스혁명에 더 많은 영향을 미친 역사적 사실도 결코 우연한 일 은 아니라고 할 것이다.

절대적 평등
과 총의론

δ) Kant와 Fichte의 계약사상

국가존립의 근거에 대한 도덕설을 대표하는 Kant와 Fichte에서 도 계약사상을 엿볼 수 있다. 원칙적으로 루소적 국가철학의 바탕에 서서 도덕적 국가론을 전개하는 Kant의 관점에서 국가는 도덕적 인간 이 고차원적인 도덕적 이성을 실현하기 위해서 결합한 사회형태를 뜻 하기 때문에[99] 그의 이론은 국가발생적인 측면에서 볼 때 계약사상을 그 근본으로 하고 있음을 알 수 있다. 즉, Rousseau처럼 인간생활의 자연상태에서 출발하는 Kant는 Rousseau와는 달리 자연상태의 회복 을 문제로 삼지 않고 자연상태와는 질적인 차이가 있는 도덕상태(Reich der Sitten)에 도달하기 위한 도덕적 명령에 따라 도덕인간끼리의 계약 에 의해 국가가 성립되었다고 설명한다. 이 경우 인간 누구나가 타인 과 결합할 필요성을 느낄 수 있는 도덕적 이성을 가진 까닭에 각자의 자결에 의해서 인간의 결합체인 국가가 성립된 것이라고 한다.[100] 결국 Kant에게는 인간의 자결(Selbstbestimmung)권이 도덕적 원리로 승화될 뿐 아니라 사회구성원의 자결에 의한 국가공동체는 이성법(Vernunfts-gesetz)에 의해서 다스려지는 것이기 때문에 Rousseau에서처럼 개인의 자유가 가치중성적인 '총의'의 이름으로 불필요하게 제약될 위험성이 없게 된다. Kant가 자유민주주의의 이론적 선구자로 간주되는 이유도

262

칸트의
자결권이론

---

99) Vgl. *I. Kant*(FN 37: Metaphysik), 1. Teil, § 45.
100) Vgl. (FN 99), 1. Teil, § 46.

그 때문이다.

263
휘히테의
계약사상

Kant의 영향을 받은 Fichte도 타인과 결합해서 국가질서를 창설함으로써 이성국가를 실현시키는 것이 인간의 절대적인 양심의 명령이라고 역설하고 있기 때문에[101] 그의 국가관에도 이미 계약사상이 전제되고 있다고 할 것이다.

국가발생론

하지만, Kant와 Fichte의 계약사상은 국가의 존립근거에 관한 것이라고 하기보다는 국가발생을 그들 나름대로 설명하기 위한 논리형식이라고 보는 것이 옳을 것 같다.

c) 인류사회학적 국가관(Staatstheorie der anthropologischen Soziologie)

264
국가의
인류학적
접근

순수한 인류학의 관점에서 국가의 존립근거를 설명하려는 입장이 바로 인류사회학적 국가관이다. 즉, 이 입장에 따르면 사회적 동물인 인간은 사회공동생활에 적응할 수 있는 재능을 선천적으로 타고 나는 것이지만, 인간의 본능적 행동은 어떤 정해진 행동의 표본에 의해서 움직이는 것이 아니고 각자의 개성과 감정에 따라 불규칙한 것이기 때문에 객관적으로 다른 사람의 행동방식을 미리 예견하고 그것을 근거로 일정한 생활관계를 설계하는 것이 불가능하다고 한다. 그러나 사회구성원 상호간에 타인의 행동방식에 대한 어느 정도의 기대가능한 예견이 없이는 질서 있고 평화로운 사회공동생활을 영위할 수 없기 때문

문화적·
규범적
행동표본의
제도적 보장

에 사회구성원 누구나가 존중할 수 있는 일정한 문화적·규범적 행동표본(kulturelle und normative Verhaltensmuster)이 필요하게 되고 이러한 문화적·규범적 행동표본을 제도적으로 보장하는 것이 바로 국가라고 한다. 이 이론에 따르면 문화적·규범적 행동표본이 결핍된 사회는 불안정하기 마련이고 따라서 그 사회구성원은 누구나 할 것 없이 우선 심리적으로 불안할 수밖에 없다고 한다. 일정한 종교적 가치관에 따라서 인간의 사회생활이 지배되던 시대만 하더라도 종교적 교리나 신앙적 확신이 사회공동체의 행동표본이 되었던 것이 사실이지만 종교적 가치관이 약화 내지는 상실되고, 윤리관·세계관이 극도로 다양해진 현대사회에 와서는 인간사회가 평화로운 생활공동체로 기능할 수 있는 유일한 수단은 바로 인간의 행동표본을 제도적으로 확립하고 보장해

---

101) Vgl. *Fichte*, Vom Staatsrecht oder dem Recht in einem gemeinen Wesen, in: (FN 39), S. 148ff.

주는 국가질서라고 한다. 인간 누구나가 본능적으로 가지는 3대욕구(성욕·소유욕·지배욕)에 대한 제도적인 규제가 없이는 공동생활이 불가능하기 때문에 가족질서·재산권질서·통치질서를 제도적으로 보장하는 국가야말로 인간이 사회생활을 영위하기 위한 기본조건이라고 주장하는 입장도 마찬가지로 인류사회학적 국가관의 한 유형이라고 할 것이다. 메인(Sir H. S. Maine; 1822~1888),[102] 퇴니스(F. Tönnies; 1855~1936),[103] 뒤르깽(E. Durkheim; 1858~1917),[104] 겔른(A. Gehlen; 1904~1976)[105] 등이 인류사회학적 국가관을 대표하고 있다고 볼 수 있다.[106]

3대욕구의 제도적 규제

(4) 사회학적 관점에서 본 국가(Soziologische Staatstheorie)

M. Weber(1864~1920)[107]에 의해서 대표되는 국가사회학(Staatssoziologie)은 국가현상도 사회학적 연구방법에 의해서 설명하려고 시도하면서, 국가를 단순한 사회현상적 측면에서 관찰하기 때문에 국가의 존립근거 내지 정당성에 관한 가치관적 논증을 처음부터 문제시하려고 하지 않는다. 자신의 국가사회학을 가치중성(wertfrei)적인 사회학의 한 부분으로 이해하려는 M. Weber의 입장이 이를 단적으로 증명해 주고 있다. 국가현상을 이처럼 하나의 사회현상으로 보고 국가의 본질에 관한 가치관적 접근방법을 도외시하는 경우에는 국가현상이 가지는 구조적 특징을 분석해서 다른 사회현상과 다른 점을 찾아 냄으로써 국가를 성격화할 수밖에 없게 된다. 결국 이와 같은 사회학적 접근방법에 의해서 국가현상을 분석하는 경우에는 다른 사회단체와 비교해서 특히 국가질서가 가지는 거대한 권력기구(Machtapparat)가 우선 두드러지게 눈에 띄기 마련이다. M. Weber가 국가에 특유한 물리적 강권력의 독점현상에 착안해서 국가를 '권력조직'(Machtorganisation)이라고 이해하

265
베버의 사회현상적 접근

권력조직

---

102) Vgl. *H. S. Maine*, Ancient Law, 1861, ND. 1954, insbes. Cap. V.

103) Vgl. *F. Tönnies*, Gemeinschaft und Gesellschaft(1887), 8. Aufl.(1935).

104) Vgl. *E. Durkheim*, De la Division du travail social(1893), 7. Aufl.(1960), insbes. S. 149ff. 157ff.; *derselbe*, Sociologie et Philosophie(1924), NA.(1951); *derselbe*, Les Formes élémentaires de la vie religieuse(1912), 4. Aufl.(1960), S. 12ff., 598ff.

105) Vgl. *A. Gehlen*, Der Mensch, 10. Aufl.(1974); *derselbe*, Moral und Hypermoral, 3. Aufl.(1973).

106) Vgl. *R. Zippelius*(FN 1), S. 35ff.

107) Vgl. *M. Weber*, Staatssoziologie, Hrsg. von J. Winckelmann, 1956; *derselbe*(FN 44), Bd. 2; *derselbe*(FN 51).

는 것도[108] 그 때문이다. 하지만 권력이 단순히 물리적 현상만을 뜻할 수는 없고 아무래도 인간의 정신세계와 불가분의 관계에 있을 뿐 아니라 인간 상호간의 생활관계를 합리적으로 조정하려는 국가의 본질을 권력개념만으로 설명하는 것이 어딘지 미흡하다는 사실을 시인하지 않을 수 없다고 본다.

M. Weber가 통치권의 정당성(Legitimation) 문제를 특히 중요시하게 된 것도 그의 국가에 대한 권력현상적 설명을 보충할 필요성을 느꼈기 때문일 것이다. 다만 M. Weber의 사회학적 접근방법을 고수하는 한 이 경우에도 타인의 복종을 요구하고 타인을 지배하는 통치현상이 왜 정당성을 가지는 것인가가 문제될 수는 없고, 단순히 사실적인 통치현상을 토대로 왜 복종과 지배관계가 성립되는 것인가를 유형적으로 분석·확정하는 데 그칠 수밖에 없게 된다. '타인의 행동을 자기의사에 따르게 할 수 있는 기회'를 권력 내지 통치라고 이해하는 M. Weber는 통치현상이 성립되는 유형을 세 가지로 나누고 있다. 즉, 전통에 근거
통치의
세 유형
를 둔 통치(전통적 통치: traditionelle Herrschaft), 통치자가 풍기는 카리즈마(Charisma)적 인격 내지는 위엄에 근거를 둔 통치(카리즈마적 통치: charismatische Herrschaft), 정당한 절차에 의해서 제정된 법률에 근거를 둔 통치(합리적[rationale] 내지 합법적[legale] 통치)의 구별이 바로 그것이다.[109]

통치사회학
의 문제점
하지만 M. Weber의 이 통치사회학(Soziologie der Herrschaft)도 문제점이 없는 것은 아니다. 우선 M. Weber는 통치관계의 정당성 여부를 떠나서 지배·복종관계가 성립되는 사실상의 동기(faktische Motivation)를 그 나름대로 세 가지로 분류 정리해 본 것이긴 하겠지만, 실제에 있어서는 통치관계의 성립에 Weber가 말하는 세 가지 동기가 함께 작용한다고 보는 것이 상식이겠기 때문이다. 또 H. Heller[110]가 강조하듯이 M. Weber의 통치사회학에서는 '합법성'(Legalität)과 '정당성'(Legitimität)의 구별이 불분명하다는 점을 지적하지 않을 수 없다. 왜냐하면 Weber는 그의 합법적 통치유형에서 정당성의 문제를 합법성의

---

108) Vgl. z. B.(FN 51).

109) Vgl. *M. Weber*, Die drei reinen Formen der legitimen Herrschaft, in: Staats-soziologie(FN 107), S. 99ff.; auch *derselbe*(FN 44), Bd. 2, S. 122ff.

110) Vgl. *H. Heller*, Staatslehre, 4. Aufl.(1970), S. 221.

문제와 동일시하고 있기 때문이다.[111]

　결론적으로 인간의 생활집단인 국가의 본질을 따지는 데 있어서 가치관을 떠난 사회학적 접근방법은 문제의 해결에 별로 큰 도움을 주지 못한다고 할 것이다.

(5) 법학적 관점에서 본 국가(Juristische Staatstheorie)

266
법실증주의 ·
결단주의 ·
통합론적
국가관

　국가의 존립근거 내지 목적을 법학적 관점에서 살펴보는 경우에도 각자의 가치관에 따라 여러 가지의 견해가 있을 수 있다고 하는 점은 이미 여러 차례 언급한 바 있다. 법학적 국가관을 대표하는 법실증주의적 국가관, 결단주의적 국가관, 통합론적 국가관에 대해서는 국가사상의 변천과정을 살펴보는 자리에서[112] 이미 자세히 소개한 바 있기 때문에 여기에 되풀이하지 않기로 한다. 다만 저자의 관점에서 보는 국가는 어디까지나 인간중심의 것이어야 하겠기 때문에 국가목적적 국가론으로 흐르기 쉬운 법실증주의적 국가관이나 결단주의적 국가관을 받아들일 수 없다는 점을 명백히 해 두고자 한다.

267
국가는
자발적
통합의지에
의해
정당화되는
인간의
조직된
활동단위

　그렇다고 해서 동화적 통합이론을 스멘트적인 형태로 그대로 받아들이려고 하는 것도 아니다. 이 점은 이미 저자의 헌법관을 밝히는 자리에서 언급한 바 있다. 시대의 변천과 역사의 발전에 따라 그때마다 새로이 형성되는 일정한 가치관에 입각해서 사회구성원의 동화적 통합을 촉구하고 보장하는 인간의 조직된 활동단위를 국가라고 이해하는 저자의 안목으로[113] 볼 때 국가의 정당성은 바로 사회구성원의 자발적인 동화적 통합의지와 가치실현적 Konsens에서 찾아야 하리라고 본다. 따라서 기본권을 중심으로 한 국가의 통치질서를 비롯한 모든 헌법적 제도는 국민의 자발적인 동화의욕을 계발해 주고 가치적 Konsens가 형성될 수 있도록 운용되지 않으면 아니 된다고 본다. 고대로부터 그처럼 많은 국가철학자들에 의해서 강조되어 온 국가목적으로서의 사회질서와 사회평화의 유지는 언제나 이와 같은 전제 위에서만 실효성 있게 보장될 수 있는 것이라고 생각된다. 특히 사회학적 국가관이나 법실증주의적 국가관이 강조하는 권력적 요소는 물론 국가질

---

111) Vgl. *M. Weber*(FN 44), Bd. 2, S. 19.

112) 앞의 방주 232 이하 및 241~244 참조.

113) 이 국가관은 H. Heller의 국가관에 가장 가깝다고 할 수 있다.
　　Vgl. *H. Heller*(FN 110), insbes. S. 228ff.

서에 불가결한 것이기는 하지만, 권력의 물리적 강권기능이 조정적 봉
사기능으로 순화된 서구민주주의국가의 국가적·인간적 번영을 충분히
체험하고 또 지켜보고 있는 우리로서는 국가질서 내에서 차지하는 권
력적 요소의 비중을 양적인 것으로 보기보다는 질적인 것으로 파악하
는 것이 옳다고 본다. 통치를 위한 통치나 통치자 스스로의 이익을 추
구하는 권력행사를 배척하고 통치의 봉사적 기능을 강조하고자 하는
이유도 그 때문이다. 따라서 옐리네크적인 국가의 3요소(국민·영토·통
치권)론에[114] 입각해서 국가를 일정한 지역 내의 국민에 대한 통치의
메커니즘으로 보는 입장은 적어도 현대국가론에서는 지양되어야 하리
라고 생각한다.[115] 국가란 인간공동생활의 과정에서 제기되는 어려운
문제들을 효과적으로 또 효율적으로 해결하기 위한 하나의 도구
(Instrument, Werkzeug) 내지 제도(Institution)에 불과하다고 역설하는 헤
어촉(R. Herzog)의 봉사적 국가관도[116] 이런 의미에서 수긍이 간다.

국가와
권력적 요소

---

114) Vgl. *G. Jellinek*(FN 1), S. 394ff.

115) 동지: *R. Smend*, Staat, in: Staatsrechtliche Abhandlungen, S. 517ff.(520).

116) Vgl. *R. Herzog*, Allgemeine Staatslehre, 1971, S. 136ff.(139).

제6장 국가와 사회[1]

국가(Staat, government)는 사회(Gesellschaft, civil society)[2]를 그 발판으로 해서 사회구성원 각 개인의 능력과 개성이 최대한으로 발휘될 수 있는 정의로운 사회질서와 사회평화의 확립·보장기능 때문에 그 존재근거가 인정되고 정당화된다고 하는 것은 이미 밝혀진 바와 같다. 따라서 '사회'와 '국가'는 서로 떼어 놓을 수 없는 밀접한 연관성을 가지고 있다. 하지만 사회와 국가의 이와 같은 밀접한 연관성을 구체적으로 어떻게 이해할 것이냐에 대해서는 각자의 국가관·헌법관에 따라 현저한 견해의 차이를 보이고 있다. 그 중에서도 '사회'와 '국가'를 완전히 동일한 것으로 보려는 일원론(Monismus)과 '사회'와 '국가'를 각각 다른 영역으로 보고 이를 구별하려는 이원론(Dualismus)의 대립을 주목할 필요가 있다. 이 같은 일원론과 이원론의 대립은 엄격한 의미에서 국가개념의 발달사 내지는 헌법사와도 불가분의 관계가 있다. 왜냐하면 역사적으로 강제(Zwang)와 통치(Herrschaft)로 상징되는 '국가'현상과 자유(Freiheit)와 자치 내지 자율(Autonomie)을 그 요소로 하는 '사회'가 이원적인 현상으로 취급되어 온 것이 사실이지만, 오늘날처럼 국민주권의 원리에 의해서 국민이 바로 국가권력의 주체로 간주되는 민주주의국가에서는 더 이상 '국가'와 '사회'를 구별할 아무런 근거도 없다는 논리가 성립될 수 있겠기 때문이다. 그럼에도 불구하고 현대민주주의헌법질서 아래서 아직도 '국가'와 '사회'의 문제가 여전히 제기되는 이유는 민주주의가 반드시 이원론을 배척하는 것이 아니고 오히

268
국가와
사회의 관계

일원론과
이원론

---

1) '국가'와 '사회'를 주제로 한 주요논문을 모아놓은 다음 문헌을 참조할 것.
   E. W. Böckenförde(Hrsg.), Staat und Gesellschaft, 1976.
2) '국가'와 '사회'의 구별에 관해서 영미법의 이론과 독일을 중심으로 한 대륙법의 이론이 현저하게 다름을 주목할 필요가 있다. 영미법에서는 '국가'라는 개념이 법적으로 형성되지 않고, '사회'(civil society)가 trust를 매개체로 해서 '정부'(government)로 연결되고 있기 때문이다. 이 점에 대해서 다음 문헌 참조.
   H. Ehmke, Wirtschaft und Verfassung, 1961, S. 5ff., S. 669ff.; *E. Fraenkel*, Das amerikanische Regierungssystem, 1960, S. 180ff.

려 이원론을 전제로 하고 있다는 논리적 근거를 충분히 찾아낼 수 있기 때문이다.

이원론과 일원론의 입장을 정확히 이해하는 데 도움이 되리라고 믿기 때문에 이 곳에서는 먼저 '국가'와 '사회'의 상호관계를 역사적인 측면에서 간단히 살펴보고 난 후에 이원론과 일원론의 내용에 언급하려고 한다.

제 1 절 국가와 사회의 상호관계에 대한 사적 고찰[3]

1. 절대군주제와 계약이론을 배경으로 한 이원론의 발단

269
국가영역과
사회영역의
구별

'국가'와 '사회'가 국가론이나 헌법학에서 문제되기 시작한 것은 중세말 근대초에 절대군주제도가 확립되고 계약이론이 그 세력을 떨치던 때와 시기를 같이한다고 볼 수 있다. 즉, 절대군주를 정점으로 하는 치자계급이 형성되고 군주를 중심으로 하는 이들 통치기구가 즉 국가로 간주되던 이른바 군주주권의 시대에는 절대군주에 의해서 상징되는 국가권력과 통치 대상으로서의 국민 내지는 사회가 각각 이원적인 것으로 이해될 수밖에 없었다. 더욱이 국가의 발생 내지 정당성에 관한 계약사상이 그와 같은 관점을 이론적으로 뒷받침해 주고 있었다고 할 것이다. 왜냐하면 숙명적인 생활공동체로서의 사회구성원이 복종계약 또는 위임계약 또는 사회계약에 의해서 국가를 만든 것이라고 이해한 계약이론은 처음부터 국가를 떠난, 국가로부터 자유로운 인간의 생활영역(즉 사회영역)을 그 이론적인 출발점으로 하고 있었기 때문이다.

2. 프랑스혁명을 계기로 한 교차관계의 성립 및 이원론의 정립

270
국가와
사회의
대립관계
완화

그 후 인간의 자유와 평등을 부르짖고 나선 1789년 프랑스혁명은 한편 국가로부터 자유로운 생활영역을 강조하고 다른 한편 시민의 정치참여를 주장함으로써 그때까지 완전히 단절된 상태였던 국가와 사회의 관계를 일정한 교차관계(Wechselbeziehung)로 발전시키기에 이르렀

---

3) Vgl. *H. Ehmke*, "Staat" und "Gesellschaft" als verfassungstheoretisches Problem, in: FS f. R. Smend(1962), S. 23ff.(26ff.).

다. 하지만 방대한 행정조직·병력·교회세력을 바탕으로 한 절대적인 국가권력과, 경제활동을 통해서 점점 그 정치세력을 확대해 가는 이른바 '시민계급'에 의해서 대표되는 사회세력간의 본질적인 대립과 갈등은 완전히 해소될 수가 없었다. Hegel,[4] L. v. Stein,[5] R. v. Gneist,[6] R. v. Mohl[7] 등이 점점 미묘해지는 국가와 사회의 상호관계에 관해서 깊은 관심을 가지고 이에 대한 체계적인 이원주의를 정립한 것도 바로 그 무렵(19세기 중엽)이었다.

3. 19세기적 시민사회의 특징

좌우간 '국가'와 대립적 개념으로서의 19세기적 '사회'는 그 당시의 사상적 흐름이었던 민족주의(Nationalismus)의 영향을 받은 민족사회를[8] 뜻하긴 했지만, 그렇다고 해서 전체국민을 총망라하는 현대적 의미의 평등한 대중사회(egalitäre Massengesellschaft)는 아니었다. 19세기적 사회를 두고 특히 '시민사회'(bürgerliche Gesellschaft)라는 개념이 자주 사용되는 이유도 '사회'라는 말이 그 당시에는 일정한 교육수준과 자산능력을 갖춘 일정한 시민계급만을 지칭하는 개념으로 사용되었기 때문이다. 일정한 자산능력을 선거권의 전제조건으로 삼았던 당시 프랑스의 이른바 '평가선거제'(Zensuswahlrecht)가 그 때의 사회실정을 잘 말해 주고 있다.[9] 따라서 당시의 '사회'와 '국가'는 각각 그 인적인 구성성분을 달리했던 까닭에 오늘날의 대중사회에서처럼 동일한 개념일 수가 없었다.

271
인적 구성원을 달리한 국가와 사회

---

4) Vgl. *Hegel*, Grundlinien der Philosophie des Rechts, insbes. § 182, § 185, § 188, § 257.

5) Vgl. *L. v. Stein*, Geschichte der sozialen Bewegung in Frankreich von 1789 bis auf unsere Tage, Salomon-Ausgabe(1921), Bd. 1, S. ⅪⅩff., S. 415ff., Bd. 3, S. 111~120.

6) Vgl. *R. v. Gneist*, Verwaltung, Justiz, Rechtsweg, 1869, S. 2f. u. 57.

7) Vgl. *R. v. Mohl*, Die Geschichte und Literatur der Staatswissenschaften, 1855, S. 88ff.(101).

8) 19세기 초에 나타난 이른바 '세계주의'(Kosmopolitismus)의 영향 아래 국경을 초월한 '범세계적 사회'의 인식이 19세기 중엽부터 민족주의(Nationalismus)의 영향에 의해 '민족사회'로 그 개념이 축소되었다고 할 것이다.

9) '평가선거제'(Zensuswahlrecht)에 대해서, vgl. *R. Herzog*, Allgemeine Staatslehre, 1971, S. 47 Anm. 22.

4. 민주주의의 승리 및 사회국가적 경향과 일원론의 출현

272
국민주권의
실현

19세기 후반부터 차차 국민주권사상이 제도적으로 결실되어 입헌주의(Konstitutionalismus)가 확립되고 마침내 20세기에 접어들어 민주주의사상의 승리로 입헌주의가 민주주의에 의해서 대치되게 되자, 국민이 국가의 주권자로 간주되고 치자와 피치자가 동일하다는 사고방식과 함께 '국민'과 '국가권력', '국민'과 '국가'가 동일하다는 생각이 대두되기 시작했다. 중세로부터 19세기 입헌주의에 이르기까지 서로 대립적인 관계로 간주된 '국가'와 '사회'가 서로 융화되어 일원적인 관계로 변질된 것이라는 인상을 받지 않을 수 없게 된 것이다.

273
사회국가와
사회의
자율기능
퇴색

더욱이 오늘날 사회국가(Sozialstaat)적 요청에 의해서 사회에 대한 국가적 규제의 범위가 점점 넓어짐에 따라 사회의 자율적 기능이 차차 그 빛을 잃어가고 있는 것이 사실이다. 따라서 이와 같은 변화된 상황 아래에서 '국가'와 '사회'의 상호관계를 여전히 이원적인 것으로 보아야 할 것이냐, 아니면 일원적인 것으로 볼 것이냐의 문제가 제기되는 것은 단순한 학문적 호기심 때문만은 아니라고 할 것이다.

제 2 절 일원론과 이원론의 논리형식

1. 동화적 통합론과 일원론

274
엠케와
헷세의
일원론

민주주의가 국가의 통치형태로 확립되고 사회국가적 요청에 따른 국가기능의 다양화·진지화의 경향이 점점 뚜렷해지는 오늘날 19세기적 시대배경하에서 정립된 이원론은 더 이상 그 효력을 유지할 수 없기 때문에 국가와 사회의 상호관계는 이를 일원적인 것으로 평가할 필요가 있다고 하는 것이 Ehmke[10]와 Hesse[11]에 의해서 대표되는 이른바 일원론의 입장이다. 국가를 사회의 동화적 통합과정(Integrations-

---

10) Vgl. (FN 3), insbes. S. 25f. u. 44.

11) Vgl. Grundzüge des Verfassungsrechts der Bundesrepublik Deutschland, 11. Aufl.(1978), S. 8f.; *derselbe*, Bemerkungen zur heutigen Problematik und Tragweite der Unterscheidung von Staat und Gesellschaft, in: *E. W. Böckenförde* (FN 1), S. 484ff.

prozeß)이라고 이해하는 Smend의 국가관 내지 헌법관을 그 바탕으로 하는 이들의 견해는 표현상으로는 설득력이 있어 보이지만 곰곰히 따져보면 문제점이 없는 것도 아니다. 특히 이들의 논거가 되고 있는 '치자와 피치자의 동일성'은 그것이 하나의 형식논리에 불과할 뿐 민주주의에서도 국민과는 별도로 독립한 국가기관이 존재하기 때문이다. 따라서 민주주의의 통치형식을 근거로 하는 '국가＝사회'의 일원론은 너무 성급한 일면적인 속단이라고 아니할 수 없다. 더욱이 K. Hesse 스스로도 인정하듯이[12] 국가와 사회가 동일하다고 보는 경우에는 국가적인 영역과 사회적 내지 개인적인 영역의 일들이 서로 뒤범벅이되어 개인의 사적영역에 대한 국가적 보호라든지 국가로부터의 '자유'를 주장할 이론적인 근거가 상실하고 만다. E. W. Böckenförde[13]가 일원론의 논리적인 필연은 결국 전체국가적 경향과 통한다고 경고하는 이유도 그 때문이다.

　　Hesse, Ehmke와는 그 논증방법을 달리하지만, 그의 기본적인 통합론적 헌법관이나 국가관의 입장에 서서 국가를 '사회의 자기조직'이라고 이해함으로써 마찬가지로 '국가＝사회'의 일원론적인 결론에 이르는 Smend의 견해도[14] 찬성할 수 없다고 할 것이다. 왜냐하면 Smend의 논리에 따르는 한 국가는 언제나 Sein의 상태에서 머물게 되어 국가의 Sollen적 성격이 부당하게 도외시되기 때문이다.

스멘트의 일원론

2. 이원론의 삼형태

　　'국가＝사회'를 강조하는 일원론의 입장과는 달리 '국가'와 '사회'의 질적인 차이를 중요시하는 이원론의 관점에서도 '국가'와 '사회'의 상호연관성을 어떤 형태로 어느 정도 인정할 것이냐의 문제를 둘러싸고 반드시 견해가 일치하지는 않고 있다. 이원론을 다시 이상주의적 이원론, 법실증주의적 이원론, 교차관계적 이원론의 세 가지 유형으로 나누어서 살펴보려고 하는 것도 그 때문이다.

275 국가와 사회의 연관형태

---

12) Vgl. *K. Hesse*(FN 11: Bemerkungen), S. 491.

13) Vgl. Die Bedeutung der Unterscheidung von Staat und Gesellschaft im demokratischen Sozialstaat der Gegenwart, in: FS f. Hefermehl(1972), S. 11ff. (17).

14) Vgl. Staat, in: Staatsrechtliche Abhandlungen, 2. Aufl.(1968), S. 517ff.(520); *derselbe*, Verfassung und Verfassungsrecht, in: ebenda, S. 119ff.(136ff. u. 138).

(1) 이상주의적 이원론

276
국가우위의
이원론

'국가'와 '사회'의 이원론을 맨 먼저 체계적으로 정립한 것은 역시 이상주의철학자, 그 중에서도 특히 Hegel이라고 볼 수 있다.[15] 즉 Hegel[16]은 '국가'를 '도덕적 관념의 현실'(Wirklichkeit der sittlichen Idee)이라고 이해했기 때문에 저차원적인 자율적인 '사회' 질서가 '국가' 제도에 의해서 '도덕적 관념'(sittliche Idee)의 차원까지 승화되고 보완될 필요가 있다고 주장함으로써 이른바 국가우위의 이원론을 정립했다. Hegel의 사상적 세계에서 개개인이 가지는 '주관적 정신'(subjektiver Geist)보다는 국가가 가지는 '객관적 정신'(objektiver Geist), 국가가 가지는 '객관적 정신'보다는 역사에 내재된 '절대적 정신'(absoluter Geist)이 중요시되는 이유도, 헤겔적인 국가는 '도덕적 관념의 현실'을 실현시키기 위한 인간역사의 필연 내지는 절대적 정신의 발현형태이기 때문이다.

277
사회우위의
이원론

이에 반해서 Kant, Fichte, W. v. Humboldt 등은 Hegel과는 달리 그들의 '도덕인간'(sittliche Person)을 그 이론적인 출발점으로 해서, '사회'의 자율적 기능을 '국가'에 의한 타율적 질서보다 중요시했을 뿐아니라 그와 같은 자율질서가 충분히 가능한 것이라고 믿었기 때문에 제한적인 국가활동을 그 내용으로 하는 이른바 사회우위의 이원론을 주장하기에 이른 것이다.

요컨대 19세기의 이상주의적 이원론은 '국가'와 '사회'의 대립관계를 혹은 국가중심으로 혹은 사회중심으로 해결하려고 노력함으로써 '국가'와 '사회'의 이원적인 성격을 강조하긴 했지만 이들의 관계를 완전한 단절관계로 보지는 않았었다는 점을 명백히 해 둘 필요가 있다.

(2) 법실증주의적 이원론

278
국가와
사회의
단절관계

Sein과 Sollen을 엄격히 구별하는 법실증주의적 국가관에 따르면 Sein의 세계는 '사회'를 뜻하고 Sollen의 세계는 규범질서로서의 '국가'를 뜻하기 때문에, '국가'와 '사회'의 상호간에는 아무런 법적인 관계가 존재할 수 없게 된다.[17] 법적 영역을 떠난 철학적·역사학적·사

---

15) Vgl. *J. Isensee*, Subsidiaritätsprinzip und Verfassungsrecht, 1968, S. 149ff.(149).
16) Vgl. (FN 4), § 188, § 257.
17) Vgl. *P. v. Oertzen*, Die soziale Funktion des staatsrechtlichen Positivismus, Diss. phil. Göttingen 1952, S. 63ff., S. 171ff. u. 277ff.

회학적 접근방법을 배척하면서 국가에 대한 일체의 철학적·역사적·
사회적 관찰을 타부시하고 국가를 다만 법질서라고 파악하는 법실증주
의적 입장의 당연한 논리적인 귀결이다. G. Jellinek[18]가 사회학적 국
가개념과 법학적 국가개념을 구별하는 이유도 Sein과 Sollen의 엄격한
분리에 입각한 '국가'와 '사회'의 단절관계를 정당화시키기 위한 것이
라고 볼 수 있다.

　　이처럼 '국가'와 '사회'를 완전 단절시키는 법실증주의적 이원론은
19세기의 이상주의철학자들이 '사회'의 자율기능과 '국가'의 '도덕적
가치'에 착안해서 '국가'와 '사회'의 이원론을 주장하면서도 '국가'와
'사회'의 일정한 연관성을 인정했던 것과는 그 발상과 결론이 다르다는
점을 주의할 필요가 있다.

　　'국가'와 '사회'를 완전한 단절관계로 보려는 법실증주의적 이원론
도 일원론에 못지 않게 많은 논리상의 모순을 내포하고 있다고 할 것
이다. 더욱이 오늘날과 같은 민주주의시대에는 '사회'의 국가지향적,
'국가'의 사회지향적 교차관계를 도외시할 수 없기 때문이다.

(3) 교차관계적 이원론

　　'국가'와 '사회'의 본질적 차이를 전제로 하면서도 '국가'와 '사회'
의 조직적·기능적 교차관계를 강조하는 일련의 입장이[19] 바로 교차관
계적 이원론이다. 오늘날 '국가'와 '사회'가 가지는 상호보충적 기능을
감안할 때 가장 설득력이 있는 학설이라고 할 것이다. 왜냐하면 민주
주의에 관한 형식논리에 따라 치자와 피치자가 동일하다고 본다 하더
라도 '국가'와 '사회'는 그 인적인 구성성분을 같이하고 있을 뿐 그 기
능적인 면에서는 여전히 서로가 상이한 독자적인 영역을 가지고 있다
고 보아야 하겠기 때문이다. 이슨제(J. Isensee)의 말처럼[20] '사회'를 지
배하는 법원칙이 '자유'라면 '국가'를 지배하는 법원칙은 '평등'이라고
할 수 있다. 하지만, '자유'의 법원칙에 의해서 기능하는 '사회'는 그

279
국가와
사회의
기능적
교차관계

---

18) Vgl. Allgemeine Staatslehre, 3. Aufl., 6. ND.(1959), S. 174ff.

19) Vgl. *U. Scheuner*, Staat, in: Staatstheorie und Staatsrecht, 1978, S. 19ff.(33f.);
　　E. W. Böckenförde(FN 13); *R. Herzog*(FN 9), S. 38ff., S. 118ff. u. 145ff.; *J.
　　Isensee*(FN 15), S. 149ff.; *E. Forsthoff*, Der Staat der Industriegesellschaft, 2.
　　Aufl.(1971), S. 21ff.(21, 23, 28); *H. Krüger*, Allgemeine Staatslehre, 2. Aufl.
　　(1966), S. 341ff. u. 526ff.

20) Vgl. (FN 15), S. 152.

진화의 과정에서 사회구성원 상호간의 '불평등' 내지 '불자유'의 결과
를 노출시키기 마련이고 그것은 결국 사회의 평화와 안정을 해치게 되
기 때문에 '국가'가 이에 간섭해서 '평등'의 법원칙에 따라 이를 다시
조정하지 않으면 아니 된다고 하는 곳에 '국가'와 '사회'의 기능적 교
차관계(funktionelle Wechselbeziehung)가 있다. 이 기능적 교차관계를
다시 세 가지 Modell로 나누어 살펴보기로 한다.

a) '국가' 중심의 교차관계(Output-Modell)[21]

280

**국가의
적극적인
사회형성
기능**

'사회'내에 발생하는 권력현상을 방지하기 위해서 모든 권력을
'국가'에 집중시키고, 국가의 권력남용을 막기 위해서 Montesquieu의
정신에 따라 국가권력을 여러 국가기관에 나누어 맡겨 놓았으나, '사
회'의 산업화와 발을 맞추어 노동조합·기업동맹, 언론단체 등 거대한
'사회세력'이 마침내 '국가권력'을 무색케 할 정도로 팽창해졌다고 진
단하면서 '국가의 쇠퇴'(Abschied vom Staat)를 개탄한 훠르스토프(E.
Forsthoff)의 입장은[22] 얼핏보면 '국가'의 무력화를 감수하는 것처럼 보
이지만 곰곰히 따지고 보면 '사회'영역에 대한 '국가'적 간섭의 확대를
정당화시키기 위한 이론이라고 볼 수 있다. Forsthoff의 '국가쇠퇴'론
은 '국가가 죽었다'(Der Staat ist tot)고 말한 C. Schmitt의 정신세계[23]를
연상케 한다.[24] 따라서 H. Krüger[25]가 '사회'에 대한 '국가'의 백지위
임적 간섭권을 강조하는 것은 '국가'의 적극적인 '사회'형성적 기능을
통해서 '국가의 죽음'이나 '국가의 쇠퇴'를 미연에 방지하고자 하는 취
지라고 해석할 수 있다. '국가'와 '사회'를 국민의 상이한 '집합상태'
(Aggregatszustände)라고 보면서 '국가'는 '사회' 내에서 제기되는 인간

---

21) 'input(투입)'와 'output(산출)'의 개념은 사회학에서 유래된 것으로서 다의적으로
사용되고 있지만, 현대헌법학에서는 대체로 '사회'의 '국가'에 대한 영향을 input로,
거꾸로 '국가'의 '사회'에 대한 규제 내지는 간섭을 output로 표시하는 경향이 크다.
   input와 output의 관점에서 민주주의의 본질을 재정립하려고 시도하는 대표적 문헌
으로는 다음 것을 들 수 있다. *Fritz W. Scharpf*, Demokratietheorie zwischen
Utopie und Anpassung, 1975, insbes. S. 21ff. u. 66ff.

22) Vgl. z. B.(FN 19), S. 24f., S. 27, S. 29 u. passim.

23) Vgl. Der Begriff des Politischen, 2. Aufl.(1963), S. 10.

24) H. Krüger도 이 점에 관해서 C. Schmitt나 E. Forsthoff와 비슷한 견해를 가지고 있
는 것 같다.
   Vgl. *H. Krüger*, Die deutsche Staatlichkeit im Jahre 1971, Der Staat 10.(1971).
S. 1ff.

25) Vgl. (FN 19), S. 760.

생활의 복잡하고 불가결한 사항들을 합리적으로 처리하기 위해서 마련
된 하나의 생활수단 내지 제도이기 때문에 그것은 '사회'의 '보다 나은
양심'(Staat als das bessere Gewissen der Gesellschaft) 내지는 '보다 나은
두뇌'(Staat als das bessere Gehirn der Gesellschaft)를 뜻한다고 설명하는
Herzog의 입장[26]은 Output-Modell의 기능적 교차관계를 잘 표현해
주고 있다. 아무튼 C. Schmitt, E. Forsthoff, H. Krüger, R. Herzog
등의 입장은 뉴앙스의 차이는 있어도 '사회'의 자율능력에 일정한 한계
가 있다는 전제 아래 '국가'에 의한 조종 내지는 보충의 필요성을 강조
하는 점에서는 공통하다고 볼 수 있는데, 점점 팽창해 가는 사회적 압
력단체(pressure groups)의 생리를 파헤치면서 국가에 의한 규율의 필요
성을 강조하는 카이저(J. H. Kaiser)의 견해도[27] 이들의 입장에서 과히
멀리 떨어진 것은 아니라고 할 것이다.

사회의
자율능력의
한계

  b) '사회' 중심의 교차관계(Input-Modell)

  Output-Modell이 '국가'와 '사회'의 관계를 교차관계로 보면서도
그 사고의 저변에는 국가의 사회지향적 기능을 일방적으로 중요시하는
경향이 깔려 있는 데 반해서, Input-Modell은 사회의 자율성과 국가로
부터 자유로운 생활영역을 중요시하면서 사회의 국가지향적 기능을 특
히 강조하고 있다.[28] Isensee의 말을 빌리면 '인간의 자주성'(die
Autonomie der Person)은 모든 가치질서의 원천을 뜻하기 때문에 더 이
상 논증할 필요도 없이 당연히 국가존립의 기초가 된다고 한다.[29] 따라
서 자유인간은 그가 '사회' 내에서 활동하는 데 있어서 따로 그 활동의
정당성을 인정받을 필요가 없지만, '국가'는 인간의 자주성을 그 존립
근거로 하기 때문에 그의 활동에 즈음해서 언제나 사회구성원의 자결
권에 의한 자율의 원칙을 존중하고 '사회'에 대한 간섭을 최소한으로
자제함으로써만 그 기능의 정당성을 인정받을 수 있다고 한다. 또 국
가권력의 발동은 기본권주체가 가지는 자유를 최대한으로 신장시키기
위한 것이어야지 거꾸로 국민의 자유를 축소시키기 위한 것이어서는

281
사회의
자율성과
국가지향적
기능

---

26) Vgl. (FN 9), insbes. S. 136ff., S. 144, S. 145, S. 151 u. 152.
27) Vgl. *J. H. Kaiser*, Die Repräsentation organisierter Interessen, 1956, S.
   308ff.(319f.), S. 338ff.(338).
28) Vgl. 예컨대, *J. Isensee*(FN 15), S. 149ff., S. 268ff. u. 281ff.
29) Vgl. *J. Isensee*(FN 15), S. 271.

아니 된다고 한다. 결국 Isensee는 개인이나 '사회'가 충분히 자율적으로 규율할 수 있는 사항에 대해서는 '국가'가 이를 간섭해서는 아니 된다고 역설하면서 개개인의 자결권이 언제나 '국가'의 타율적인 조종보다 우선하는 효력이 있다는 점을 강조한다.[30] 특히 Kant철학의 영향을 많이 받고 있는 Isensee의 관점은 이상론적 성격이 짙기는 하지만 자유민주국가의 헌법이론으로서는 그 원칙적인 타당성을 부인할 수 없다고 할 것이다.

c) 양면적 교차관계(input와 output의 균형적인 Modell)

282
사회와 국가의 균형적 기능

H. Heller를[31] 따라 국가를 사회의 '조직된 결정 내지 활동단위'(organisierte Entscheidungs- und Wirkeinheit)[32]라고 이해하는 E. W. Böckenförde는 '국가'의 통치조직이 '사회'에 '대한 것'(über die Gesellschaft)이 아니고 '사회'를 '위한 것'(für die Gesellschaft)이라고 강조하면서[33] '사회'와 '국가'가 가지는 양면적인 기능의 교차관계(input와 output의 균형관계)를 중요시한다.

E. W. Böckenförde의 이론을 요약하면 대체로 다음과 같다. 즉 '사회'의 조직된 결정 내지 활동단위로서의 '국가'는 '사회'의 기능을 유지하기 위한 필요상 법질서를 마련하고 '사회'가 필요로 하는 조정적·통합적·형성적 기능을 수행하기 위해서 일정한 권력조직을 갖게 되지만, '국가'의 이와 같은 조정적·통합적·형성적 기능이 소기의 성과를 거두기 위해서는 국가의 강제력보다도 '사회' 내의 자발적인 수용태세가 이를 뒷받침해 주지 않으면 아니 된다. '사회'의 이와 같은 수용태세는 '국가'의 정책결정에 대한 사회의 적극적인 참여하에서만 가장 효과적으로 고양될 수 있는 것이기 때문에 '국가'는 그의 정책결정에 관심을 표명하는 '사회'의 여러 세력에 과감하게 문호를 개방해서 참여의식을 북돋아주고, 이를 통해서 국가시책에 대한 사회 내의 Konsens형성에 노력하여야 한다. 사회의 Konsens에 의해서 뒷받침되지 않는 국가시책은 그것이 아무리 '사회'를 위한 것이라 할지라도 그 실효를 거두기 어렵기 때문이다. 다만 '국가'의 사회조정적·사회통합

국가의 사회형성적 기능과 사회의 Konsens

---

30) Vgl. *J. Isensee*(FN 15), S. 272.
31) Vgl. Staatslehre, 4. Aufl.(1970), S. 228ff.
32) Vgl. *E. W. Böckenförde*(FN 13), S. 16.
33) Vgl. *E. W. Böckenförde*(FN 13), S. 17.

적·사회형성적 기능이 구체적으로 어느 정도의 Konsens에 바탕을 둘 것이냐의 문제는 궁극적으로 '국가'와 '사회'의 양면적 교차관계를 어떻게 형성할 것이냐에 관한 헌법정책의 문제이기 때문에 일률적으로 말할 수는 없지만 어떤 국가도 그와 같은 사회 내의 Konsens를 완전히 도외시할 수는 없다. 물론 독재국가에서 필요로 하는 사회의 Konsens는 민주국가가 요청하는 사회의 Konsens보다 질과 양이 다른 것은 사실이지만, 아무리 독재국가라 할지라도 최소한의 Konsens가 없이는 그 정책을 효과적으로 관철시킬 수 없다.[34]

결국, E. W. Böckenförde처럼 사회적 Konsens를 모든 국가활동의 기초인 동시에 한계라고 보는 경우에는 Konsens를 매개체로 하는 '국가'와 '사회'의 관계는 결코 일방통행적 관계일 수가 없기 때문에 말하자면 input와 ouput의 균형적인 Modell이라고 부를 수 있을 것이다.

Konsens는 국가활동의 기초

3. 비 판

생각건대 '국가'와 '사회'의 기능적 차이를 전제로 하면서도 그 상호영향관계를 가장 정확히 파악하고 있는 것이 E. W. Böckenförde의 입장이라고 본다.[35] 사실상 Böckenförde가 강조하듯이 '사회'와 '국가'를 구별해서 '국가활동'과 '사회의 자율활동'을 각각 독자적인 분야로 보고 기본권을 통한 '사회'의 국가참여를 강조하는 경우, '국가활동'과 '사회자율활동'의 합리적인 분계선을 찾는 일이야말로 현대헌법학의 가장 핵심적인 문제가 아닐 수 없다.

283 국가활동과 사회활동의 조화

일원론의 입장이 주장하는 것처럼 치자와 피치자가 동일하다는 형식논리적 민주주의이론을 내세워 국가활동과 사회의 자율활동을 구별하지 않고 국가활동을 모든 사회영역에 확대시키려고 하는 경우에는 국민의 자유는 결국 국가활동에 참여할 수 있는 자유로 국한될 수밖에 없다. 왜냐하면 '치자=피치자'의 논리에 따라 국가활동은 결국 국민의 자기신장을 위한 자율활동이라는 결론에 이르고 국가활동을 대상으로 하는 정치적인 '이견의 자유'는 논리상 성립될 수 없겠기 때문이다. '전체민주주의'(totale Demokratie) 내지는 '국민투표적 독재주의'(plebiszitäre

284 일원론의 정치적 독소

---

34) Vgl. *E. W. Böckenförde*(FN 13), S. 18f.

35) H. H. Klein도 E. W. Böckenförde의 노선에 서 있다고 볼 수 있다. Vgl. H. *H. Klein*, Die Grundrechte im demokratischen Staat, 1972.

Diktatur)가 뿌리를 내릴 수 있는 것도 그 때문이다. Rousseau의 사회
계약론과 총의론에[36] 그 기원을 두는 '치자＝피치자'의 형식논리가 내
포하고 있는 정치적인 독소가 바로 이곳에 있다.

285
민주주의와
일원론

　　오늘날 통설이[37] 민주주의의 본질을 다수결원리보다 '타협과 절
충', 다수의 독선보다 '소수의 보호', 그리고 '평화적 정권교체'의 보장
에서 찾으려는 이유도 그 때문이다. 소수가 다수의 의사에 복종하는
정치철학적 원리는 소수가 언젠가는 다수가 될 수 있다는 확고한 기대
와 이에 대한 제도적 보장을 그 근거로 한다. 소수가 영원히 소수로 머
물러 있어야 된다고 하는 경우에는 정당의 경우 분당이라는 분출구가
보장되어 있지만 '국가'의 경우 나라를 쪼갤 수 없는 일이기 때문에 만
년 다수에 대한 소수의 저항 내지 혁명의 가능성을 이론적으로 배제할
수 없게 된다. 따라서 Rousseau의 사회계약론이나 총의론에도 불구하
고 민주주의란 결코 '전부가 전부에 관한 무엇이든지 결정할 수 있
다'(Alle können über alle alles beschließen)는 통치형태를 뜻할 수는 없
다고 본다. 민주주의는 결코 정치적인 '마술의 피리'(Zauberflöte)는 아
니겠기 때문이다. 마술의 피리와 같은 민주주의의 운영방식을 막는 방
법은 '국가적'인 것과 '사회적'인 것을 구별해서 한편 국민의 정치적
의사형성과정에 개입되기 쉬운 부당한 국가적 간섭을 배제하고 다른
한편 일원론적 자결권의 미명하에 '국가적'인 것을 '사회적'인 것과 동
일시하려는 사회세력의 부당한 정치간섭을 배척하는 데 있다. 정당은
말하자면 '국가'와 '사회'의 중간에서 두 영역을 이어주는 교량적 역할
을 한다고 볼 수 있다. 국민이 가지는 기본권이 사회의 국가지향적
input의 수단이라면 국가가 가지는 통치권은 국가의 사회지향적 output
의 수단이라고 할 것이다. 이렇게 볼 때 진정한 민주주의는 일원론보
다는 오히려 이원론의 정신세계에 가깝다고 볼 수 있다.

---

36) Vgl. *Rousseau*, Contrat social(Der Gesellschaftsvertrag), H. Weinstock-Aus-
　　gabe, 1975, Ⅰ, 6.

37) Vgl. statt vieler *U. Scheuner*, Konsens und Pluralismus als verfassungs-
　　rechtliches Problem, in: Staatstheorie und Staatsrecht, S. 135ff.; *derselbe*, Das
　　repräsentative Prinzip in der modernen Demokratie, in: ebenda, S. 245ff.: *K.
　　Hesse*(FN 11: Grundzüge), S. 52ff., S. 57f., S. 63ff.; *W. Leisner*, Demokratie,
　　1979, insbes., S. 19ff., S. 214ff.; *H. Peters*, Art. "Demokratie", in: Staatslexikon,
　　Bd. 2(1958), Sp. 560ff.(566); 뒤의 제 8 장 제 1 절 참조.

일원론의 또 하나의 논거가 되고 있는 사회국가적 경향도 결코 '국가'와 '사회'의 이원적인 기능과 조직을 해소시키는 것은 아니라고 본다. '자유'와 '평등'과 '사유재산권보장'을 쟁취한 19세기적 시민사회가 시장의 자율적 기능을 강조한 Adam Smith의 경제이론[38]이나 다윈(Darwin)의 진화론(Entwicklungstheorie) 등에 힘입어 자율적으로 진화하는 과정에서 사회적 불평등을 초래하고 그 결과 '자유'와 '평등'이 많은 사회구성원에게 하나의 소라 껍질과 같은 것이 되고 만 것이 사실이다. 하지만 이처럼 사회발전 과정에서 사회 자체 내의 원인에 의해서 사회 내에 조성된 그 구성원 상호간의 심각한 불평등관계는 그것이 방치되는 경우 자칫하면 사회의 혼란 내지 자멸을 초래하게 될 위험성이 크기 때문에 '자유사회'를 유지하고 보장한다는 '국가'의 기능상 사회에 대한 국가적 간섭이 불가피하게 된 것이다. 그렇지만 '사회'에 대한 '국가'의 간섭은 어디까지나 '사회'를 질서 있고 평화로운 상태로 유지하는 것이 그 목적이기 때문에 '사회'를 '국가'에 동화시키려는 것이어서는 아니 된다. 바로 이곳에 사회국가실현의 방법적 한계가 있다. 이렇게 볼 때 사회국가적 경향은 결코 '국가'와 '사회'의 일원화를 그 내용으로 하는 것이 아니기 때문에 일원론은 사회국가적 경향을 그 논거로 하는 경우에도 별로 설득력이 없다고 할 것이다.

결론적으로, '국가'와 '사회'는 상호 영향에 의해서만 그 기능을 완전히 발휘할 수 있는 이원적인 것이지만 그 상호 영향의 방법과 정도를 결정하는 것은 결국 헌법을 비롯한 법질서의 과제라고 할 것이다. 그런데 '국가'와 '사회'의 상호 영향 관계를 결정하는 것은 동시에 국가형태에 관한 헌법정책적 결정이라고도 볼 수 있다. 왜냐하면 input와 output의 상호 비례관계에 따라 국가의 통치형태가 달라지기 때문이다.

286
사회국가와
일원론

287
이원론과
국가형태

38) Vgl. *Adam Smith*, Inquiry into the Nature and Causes of the Wealth of Nations(1776): 독어역 *E. Grünfeld*, Eine Untersuchung über Natur und Wesen des Volkswohlstandes, 3. Aufl.(1923), Ⅰ, S. 69ff.

제 7 장   국가형태

제 1 절   국가형태의 다양성과 그 분류문제

288
헌법과
국가형태의
다양성

　　사회공동체가 정치적인 일원체(politische Einheit)로 조직되고 통일되는 형식을 국가형태(Staatsform)라고 말한다. 그런데 사회공동체가 정치적인 일원체로 조직되고 통일되는 양태와 형식은 언제나 한 나라의 헌법에 의해서 확정되기 때문에 국가형태는 구체적인 헌법과 직결되는 개념이다. 따라서 다양한 사회전통과 문화권으로 나누어지는 수많은 나라가 각각 특이한 헌법을 가지는 것처럼 그 국가형태도 다양한 것은 오히려 당연한 현상이다. 국가형태는 이처럼 공간적인 차원에서만 다양성을 가지는 것이 아니고 시간적인 차원에서도 역사의 흐름에 따라 많은 변천을 겪어 오늘날에 이르고 있다. 예컨대, '민주국가'(Demokratie)와 '공산국가'(Kommunismus)가 Ideologie를 중심으로 한 현대 양극체제하의 상징적인 국가형태라면, 전제군주국(absolute Monarchie)이나 귀족국(Aristokratie)은 그 역사적인 전성기를 지나 이미 오늘날에는 그 자취를 감춘 지가 오래다.

289
국가형태의
분류

　　오늘날 국가형태를 헌법학에서 문제삼는 것은 다양한 형태의 국가를 일정한 표준이나 공식에 맞추어 이를 자의적으로 분류하려는 데 있는 것이 아니고 사회공동체를 정치적인 일원체로 통일하기 위한 가장 효과적이고 기능적인 형식을 헌법사적 또는 비교헌법적 접근방법에 의해 경험적으로 찾아 내려는 데 있다. 때문에 역사적으로 존재했고 또 현실적으로 존재하는 다양한 국가형태를 유형화하는 것만을 목적으로 하는 분류표준에 관한 논쟁[1]이나 2분법·3분법 등의 분류방법의 시비는 그 자체 별로 큰 학문적 의의를 가질 수 없다고 본다. 더욱이 각자의 주관적 견해에 따라 그 분류결과도 현저히 달라질 수 있겠기 때

---

1) Vgl. 예컨대, *G. Jellinek*, Allgemeine Staatslehre, 3. Aufl., 6. ND.(1959), S. 661ff.; H. Rehm, Allgemeine, Staatslehre, 1899, S. 171ff., 180ff.

문이다. 결국 Th. Maunz[2]가 지적하듯이 아직도 국가형태의 분류표준
이나 방법에 관한 통일적인 이론이 형성되지 않고 있는 한 고전적인
분류방법을 그대로 답습할 수밖에 없다는 논리도 성립될 수 있다. 하
지만 '국가'와 '사회'를 논하는 자리에서도 언급한 바와 같이 국가형태
는 궁극적으로 '국가'와 '사회'의 상호영향관계를 어떻게 형성할 것이
냐의 헌법정책적 문제로 귀착된다고 볼 수 있기 때문에 이와 같은 관
점에서는 통치조직 내에서 input와 output가 차지하는 비중이 국가형
태를 결정하는 중요한 기준이 된다.

　　아래에서는 우선 국가형태의 분류에 관한 고전적 이론을 살펴본
후 input와 output의 상호관계를 기준으로 한 국가형태의 분류에 언급
하고 마지막으로 우리나라의 국가형태를 검토하기로 한다.

제 2 절 국가형태의 분류에 관한 고전적 이론[3]

1. 고전적인 이분법과 삼분법의 내용

　　국가형태를 분류하는 것은 고대 그리스의 철학자 헤로도트
(Herodot)까지 거슬러 올라갈 수 있다. 즉 소피아(Sophist)학파의 영향
을 받은 Herodot[4]는 통치인의 수를 기준으로 해서 국가형태를 1인통
치형태, 소수통치형태, 전체국민의 통치형태의 세 가지로 분류했다. 그
후 Platon[5](427~347 B.C.)은 국가형태를 군주국(Monarchie)과 민주국
(Demokratie)으로 이분하면서 전자가 일원적인 통치질서(einheitliche
Herrschaftsordnung)를 상징하는 것이라면 후자는 자유의 원칙을 실현시
키는 통치형태라고 보았다. 또 Platon은 한 나라의 통치형태란 고정적
인 것이 아니고 일정한 순환법칙에 따라 순환되기 마련인데 통치형태
를 한 가지로 고정시키는 방법은 군주국과 민주국의 장점만을 따서 하나
의 혼합적인 국가형태(Mischform)를 만드는 것이라고 설명했다. Platon의
제자 Aristoteles(384~322 B.C.)[6]는 1인통치형태를 군주국(Monarchie), 소

290
Herodot,
Platon,
Aristoteles
의 분류

---

2) Vgl. Deutsches Staatsrecht, 22. Aufl.(1978), S. 60(§ 9, Ⅰ, 1).
3) Vgl. *R. Zippelius*, Allgemeine Staatslehre, 6. Aufl.(1978), S. 75ff.
4) Vgl. *Herodot*, Geschichte der Perser, Ⅲ, S. 80ff.
5) Vgl. Gesetze, 693ff.
6) Vgl. Politik, 1279.

수통치형태를 귀족국(Aristokratie), 국민의 통치형태를 민주국(Demokratie)
이라고 부르면서 군주국은 폭군정치(Tyrannis)로, 귀족국은 과두정치
(Oligarchie) 내지는 금권정치(Plutokratie)로, 그리고 민주국은 중우정치
(Ochlokratie)로 변질될 가능성이 있음을 강조했다.

소피아학파의 영향을 받은 Herodot의 3분법에 있어서는 통치자
의 수만이 분류기준으로 중요시되었지만, Platon과 Aristoteles에 이르
러서는 국가형태를 분류하는 데 있어서 통치인의 수만을 그 기준으로
삼은 것이 아니고 따로 통치방법의 도덕적 평가를 함께 중요시했다는
점이 새롭다. Platon의 혼합형이라든지 Aristoteles의 변질된 세 가지
국가형태는 바로 통치방법의 도덕적 평가를 그 이론적인 기초로 하고
있는 것이다.

통치자의
수와
통치방법의
도덕적 평가

291
Cicero의
분류

국가형태의 분류에 관한 Aristoteles의 이와 같은 사상은 이탈리
아의 Cicero(106 B.C.~43 B.C.)[7]에까지 영향을 미쳤다. 원칙적으로
Aristoteles의 3분법에 따르는 Cicero도 특히 군주국 · 귀족국 · 민주국
이 내포하고 있는 각각의 결점을 지적하면서 군주국에서는 참여의 발
언권이 봉쇄되고 귀족국에서는 대다수 국민의 자유가 무시되는 것이
사실인데 그렇다고 해서 민주국에서 자유와 평등이 문자 그대로 실현
될 수는 없는 것이라고 설명했다. 또 Cicero도 Aristoteles처럼 세 가지
순수 국가형태가 그대로 지속되지 않고 변질 내지 타락할 위험성이 크
다는 점을 강조하면서 민주국가도 중우정치의 과정을 거쳐 결국은 일
인독재로 전락될 위험성을 내포하고 있는 것이기 때문에 세 가지 순수
형태만으로는 이상적인 통치 상태에 도달할 수 없고 세 가지 원형태의
적절한 혼합형태가 불가피하다고 주장했다.

292
토마스,
마키아벨리,
보당의 분류

중세에 들어와 Thomas von Aquin(1225~1274)[8]도 혼합적인 국
가형태의 장점을 역설한 바 있다. 그 후 르네상스국가철학의 대표적
인물인 Machiavelli(1469~1527)[9]도 한동안 혼합적 국가형태의 장점을
내세우다가 결국은 세습적 국가권력 담당자의 유무에 따라 공화국
(Republik)과 군주국(Fürstentum)의 2분법을 주장하기에[10] 이르렀다. 주

---

7) Vgl. De re publica(Vom Gemeinwesen), I ., 27, 43~45, 51, 53, 68~69.
8) Vgl. Summa theol., I , II , 105, 1.
9) Vgl. Discorsi, I , 2.
10) Vgl. Der Fürst.

권이론의 창시자 J. Bodin(1530~1596)[11]은 이들과는 달리 혼합적인 국
가형태가 이론적으로 불가능하다고 설명하면서 국가의 주권은 군주·
귀족·국민 등에 의해서 공동소유될 수 있는 성질의 것이 못된다는 점
을 강조했다. 국가의 주권(Staatssouveränität)과 기관의 주권(Organ-
souveränität)을 동일시하는 데서 나오는 Bodin의 이 같은 견해는 국가
의 주권이 기능적인 측면에서 여러 국가기관의 공동업무로 처리될 수
있다는 점을 도외시한 것이라는 비난을 받기도 했다.[12]

2. 고전적 분류법의 영향과 국체·정체의 문제

아무튼 2분법과 3분법으로 대표되는 국가형태의 고전적 분류방법
은 오늘날까지도 많은 영향을 미치고 있는 것이 사실이다. 오늘날에
도 형태를 달리하는 여러 가지 2분법과 3분법이 통용되고 있는 것이
그 단적인 증거다. 예컨대 G. Jellinek가 '국가의사구성방법'(Art der
staatlichen Willensbildung)[13]에 따라 국가형태를 군주국(Monarchie)[14]과
공화국(Republik)으로[15] 나누는 것이라든지 렘(H. Rehm)[16]이 '국가권력
의 담당자'를 표준으로 한 헌법형태(Verfassungsform)＝국가형태(협의)와
'국가권력의 행사방법'에 의한 정부형태(Regierungsform)를 구별하는 것
이 그것이다.

또 특히 일본과 우리나라에서 논쟁이 되어 온 이른바 '국체'(국가
형태)와 '정체'(정부형태)의 구별도 따지고 보면 간접적으로는 Platon이
나 Machiavelli의 2분법, 그리고 직접적으로는 Rehm의 분류방법에 영
향받은 바가 크다고 볼 수 있다. 즉 '국체'와 '정체'를 구별하려는 입장
에 따르면 '주권의 소재'를 기준으로 군주국과 공화국으로 나누고 또
이와는 별도로 '통치권의 행사방법'에 따라 직접정체와 간접정체, 전제
정체와 제한정체, 민주정체와 독재정체, 단일제와 연방제를 구별하기
도 하고 또는 단순히 전제정체와 입헌정체를 나누기도 한다. 또 일설
에 따르면 군주국, 귀족국, 계급국, 민주국 등은 '국가권력의 담당자'가

293
엘리네크와
렘의 분류

294
국체와 정체

11) Vgl. Les six livres de la République, Ⅰ, 10, Ⅱ, 1, 7.
12) 동지: R. Zippelius(FN 3), S. 78.
13) Vgl. G. Jellinek(FN 1), S. 665.
14) Vgl. (FN 13), S. 669ff.
15) Vgl. (FN 13), S. 710ff.
16) Vgl. (FN 1), S. 180ff.

누구냐에 따른 국체의 구분인 데 반해서, 군주정과 공화정, 간접민주정과 직접민주정, 연방제와 단일제, 입헌정과 비입헌정 등은 '통치권의 행사방법'에 의한 정체의 구분이라고 한다.

295
국민주권과
군주국

그러나 현대적인 국민주권사상을 바탕으로 해서 사회공동체가 정치적인 일원체로 조직되고 통일되는 형식을 국가형태라고 이해하는 저자의 관점에서 볼 때 주권의 소재는 마땅히 국민에게 있는 것이기 때문에 '주권의 소재'를 기준으로 한 군주국과 공화국의 구별은 별로 현실적인 의미가 없다고 생각한다. 이렇게 볼 때, 아직도 상징적인 '군주제도'를 두고 있는 영국·네덜란드·벨기에·덴마크·스웨덴·스페인·일본 등의 국가형태를 군주국이라고 부르는 경우에는 그 세습적인 '군주제도'를 특히 안목에 두고 하는 말에 불과하고 이들 나라도 군주에 의한 1인통치가 행해지는 것은 아니기 때문에 고전적 분류방법에 따르더라도 군주국이라기보다는 오히려 민주국이라고 보는 것이 타당할 것이다. 예컨대 군주제도를 두고 있는 벨기에헌법($\frac{제33}{조}$)이 모든 권력의 소재가 국민에 있다고 선언하고 있는 이유도 그 때문이다.

296
치펠리우스
의 분류

고전적인 3분법에 따라 국가형태를 분류하려는 치펠리우스(R. Zippelius)[17]가 '통치권의 행사방법'만을 기준으로 해서 국가형태를 '일원체제'(Monokratie), '과두체제'(Oligarchie), '민주체제'(Demokratie)로 3분하고, 일원체제를 다시 군주제(Monarchie)와 독재체제(Diktatur)로, 민주체제를 다시 순수한 직접민주체제와 대의민주체제로 나누는 이유도 '국체'와 '정체'의 이원적인 분류를 무용한 것이라고 생각하기 때문이라고 본다. 그의 분류방법을 도시하면 다음과 같다.

---

17) Vgl. (FN 3), S. 79~102.

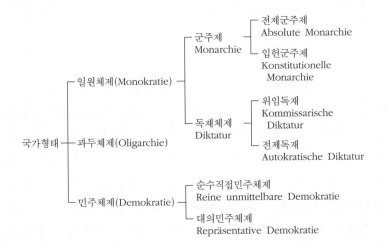

Zippelius의 분류에 따르는 경우에도 일원체제 중의 전제군주제는 이미 도태된 형태로서 오늘날 그 실례를 찾아볼 수 없고, 민주체제 중의 순수한 직접민주체제는 오늘과 같은 상황 아래서는 그 실현이 불가능한 학문상의 이상적 형태에 불과하다고 할 것이다. 따라서 오늘날의 국가형태로는 영국·네덜란드·벨기에·덴마크·스웨덴·스페인·일본 등 상징적인 세습군주제를 두고 있는 입헌군주제, 특히 아시아·아프리카·남미등지의 많은 나라에서 자주 볼 수 있는 다양한 독재체제, 공산국가에서 볼 수 있는 과두체제, 그리고 자유국가에 속하는 대다수국가들이 택하고 있는 대의민주체제 등을 들 수 있다.

이 밖에도 연방제(Föderalismus)와 단일제 내지 중앙집권제(Zentralismus)가 전통적으로 국가형태의 문제로 다루어져 왔고 아직도 그와 같은 전통적인 입장을 견지하고 있는 헌법학자가 많다. 하지만 연방제는 현대헌법학에서 국가형태의 문제라기보다는 현대국가의 구조적 원리 내지는 권력분립의 문제로 다루어지는 경향이[18] 점점 늘어가고 있기 때문에, 본서에서는 현대국가의 구조적 원리를 논하는 자리에서 연방제와 중앙집권제의 문제를 취급하기로 한다.

현실적인
국가형태

297
연방제와
단일제

---

18) 이에 관한 대표적 문헌으로는, *K. Hesse*, Der unitarische Bundesstaat, 1962를 들수 있다.

제 3 절   국가형태 분류기준으로서의 input와 output

298
투입과 산출
의 관계

사회공동체가 정치적인 일원체로 조직되고 통일되는 형식을 국가형태라고 볼 때 국가형태는 결국 '사회'와 '국가'의 상호관계의 문제로 집약된다고 할 수 있다. 즉 '사회'의 '국가'에 대한 영향(input)과 '국가'의 '사회'에 대한 영향(output)을 어떤 비례관계로 정하느냐에 따라 국가형태가 달라지게 된다. 따라서 input와 output의 상호관계는 국가형태를 결정하는 중요한 기준이 된다. output만이 일방적으로 지배하는 형태로부터 input가 월등히 강력하게 작용하는 모델(modell)에 이르기까지 무수한 모델을 생각할 수 있다. 하지만 input와 output의 상호관계를 기준으로 한 다음과 같은 네 가지 Modell이 가장 통상적인 것이라고 볼 수 있다.[19]

1. 전체주의적 모델

299
투입기능
상실

output만이 일방적으로 사회에 영향을 미치고 input는 완전히 그 기능을 상실한 결과 국가작용이 사회의 모든 분야에 확대되어 국가영역과 사회영역의 구별이 사실상 지양된 형태를 '전체주의적 모델'(totalitäres Modell)이라고 말할 수 있다. '사회'가 정치적인 일원체로 조직되고 통일되는 과정에서 한 정당 또는 특정한 사회세력이 타정당 또는 타사회세력을 억압하고 일방적인 주도권을 장악하게 된 경우에 국가는 결국 그 한 정당 또는 사회세력의 정치적 목적을 달성하기 위한 하나의 수단이나 도구에 불과하게 되고 그 경우 output는 사회의 부분세력만에 의해서 조종되기 때문에 전체주의적 모델은 공산국가에서 볼 수 있는 일당독재의 모델과도 상통하는 점이 있다.

2. 자유민주주의적 모델

300
투입기능

국가의 정치적인 의사형성과정은 물론 국가작용의 결정과정이 원칙적으로 input에 의해서 이루어지기 때문에 output의 범위가 지극히

---

19) Vgl. *E. W. Böckenförde*, Die Bedeutung der Unterscheidung von Staat und Gesellschaft im demokratischen Sozialstaat der Gegenwart, in: FS f. Hefermehl (1972), S. 11ff.(19).

축소되는 형태를 자유민주주의적 모델(liberal-demokratisches Modell)이 강화
라고 할 수 있다. 전체주의적 모델의 정반대 모델이라고 할 것이다. 대
다수 서구민주국가가 이 모델에 속한다.

3. 권위주의적 모델

국가의 정치적 결정과정을 input의 영향에서 단절시키고 국가의 301
통치조직을 사회세력으로부터 완전히 독립시킴으로써 input의 가능성 투입기능
최소화
을 최소한으로 축소시키려는 형태가 바로 권위주의적 모델(autoritäres
Modell)이다. output가 input보다 상대적으로 큰 비중을 차지하는 것이
그 특징이다. 민주주의를 표방하는 많은 개발도상국의 국가형태는 실
제에 있어서는 이 모델에 가깝다 할 것이다.

4. 제도적 모델

공무원제도, 정당제도, 지방자치제도, 대의제도, 각종사회·직업단 302
체(pressure groups) 등과 같이 국가적 활동단위(staatliche Wirkeinheit)를 투입과
산출기능의
균형
구체적으로 제도화함으로써 '사회'와 '국가'를 이어주는 일종의 중재자
로 기능케 하고 이를 통해서 input와 output의 적절한 균형관계를 유
지하려는 형태가 바로 제도적 모델(institutionelles Modell)이다. 이 모델
은 권위주의적 모델과 자유민주주의적 모델의 중간형태라고 볼 수 있
다. 일본의 국가형태는 이 모델에 가깝다고 생각한다.

제 4 절 현행헌법상의 우리나라 국가형태

1. 국가형태에 관한 헌법규정과 고전적 분류방법에 입각한 해석

현행헌법상의 우리나라 국가형태가 '민주공화국'이라고 하는 것은 303
헌법(제1조
제1항)에 명시적으로 규정되고 있다. 이처럼 '민주공화국'을 대한 민주공화국
민국의 국가형태로 선언하고 있는 현행헌법규정이 마키아벨리적 2분법
을 그 전제로 하고 있다고 본다면, 우리 헌법이 세습적 국가권력 담당
자(군주)의 존재를 부인하고 있다는 점에 대해서는 이견이 있을 수 없
다. 따라서 군주제도는 그것이 설령 입헌군주제의 형식을 취한다 하더

라도 현행헌법의 가치질서와 조화될 수 없다고 할 것이다. 이처럼 '민주공화국'의 내용이 제 1 차적으로 군주제도를 배척하는 데 있다고 하는 점에 대해서는 국내학자간에 의견이 일치되고 있다. 다만 이원적 분류방법에 따라 '국체'와 '정체'를 구분하려는 입장에서는 '민주공화국'의 '국체적' 또는 '정체적' 의미를 둘러싸고 견해가 대립되고 있는 것 같다. '민주공화국'을 '국체'에 관한 규정으로 보려는 입장과 이를 '정체'에 관한 규정으로 해석하려는 입장의 대립이 그것이다. 또 '민주공화국'을 국체의 규정으로 보려는 학자들 중에도 '국체'와 '정체'의 구별을 전제로 하는 입장과 그 구별을 부인하는 입장으로 나뉜다.

국체와 정체의 논의

304
국민주권과 국체·정체 구별

하지만 이미 언급한 바와 같이 주권재민의 사상이 보편화되었을 뿐 아니라 상징적인 군주제도를 가진 이른바 입헌군주국의 헌법조차도 국민주권의 원칙을 인정하고 있는 오늘날 '주권의 소재' 내지는 '국가권력의 보유자'를 기준으로 하는 '국체'의 분류는 무의미하다고 본다. 따라서 '국체'와 '정체'의 구분을 전제로 하는 '민주공화국'에 관한 논쟁은 아무런 실익이 없는 것이라고 생각한다. 하나의 헌법조문을 둘러싼 그와 같은 형식논리적인 논쟁보다는 우리 현행헌법의 구조적 원리 내지 통치질서가 어느 정도의 input를 허용하며 output가 사회질서에 얼마만큼 영향을 미치게 되어 있는가를 거시적인 헌법해석의 안목으로 검토하는 것이 헌법학도의 보다 당면한 과제라고 할 것이다. 따라서 아래에서는 이와 같은 관점에서 우리 현행헌법상의 input와 output의 상호관계를 살펴보기로 한다.

2. input와 output를 기준으로 한 model정립의 시도

(1) 현행헌법의 이원론적 구조

a) '사회'의 자율기능존중

305
국가와 사회의 구별

우리나라 현행헌법은 원칙적으로 '국가'와 '사회'를 구별하는 이원론의 입장에 서 있다고 볼 수 있다. 왜냐하면 우리 헌법은 그 전문에서 '기회균등'과 '개성신장'을 통한 '안전'과 '자유'와 '행복'의 확보를 헌법제정의 취지로 삼고 있을 뿐 아니라 '국가'가 국민의 기본적 인권을 최대한으로 보장하게 하고($^{제10}_{조}$) 국민의 자율적 활동을 제한하는 기본권의 제한은 국가안전보장, 질서유지와 공공복리를 위해서 필요한 최소

한의 범위에 그치게 함으로써($^{제37조}_{제2항}$) 사회의 자율성을 크게 존중하려는
전제에서 출발하고 있기 때문이다. 더욱이 신체장애 및 질병·노령 기
타의 사유로 생활능력이 '없는' 국민은 국가의 보호를 받는다($^{제34조}_{제5항}$)고
명시함으로써 생활수단을 마련하고 생활 여건을 조성하는 것은 제 1 차
적으로 국가적 영역을 떠난 사회구성원 각자의 자율적인 노력과 활동
에 의한 일임을 명백히 하고 있기 때문이다. 따라서 우리 헌법질서 내
에서 '사회'의 자율적 영역에 대한 '국가'적 규제는 어디까지나 예외적
인 현상이 되고 있다. 이 점은 우리 헌법상의 '경제질서'가 사유재산제
도($^{제23}_{조}$)에 입각한 개인과 기업의 경제상의 자유와 창의를 존중하는 자
유시장경제체제($^{제119조}_{제1항}$)로 되어 있어서 국가의 경제에 관한 규제와 조정
또는 사영기업에 대한 경영의 통제 내지 관리를 예외적인 경우에 국한
시키고 있는 규정($^{제119조 제 2 항,}_{제126조}$)에서도 그 정신이 잘 나타나고 있다.

국가적 규제
의 최소화

b) '사회'의 '국가'지향적 활동영역의 확대

또 국민의 정치적 활동을 보장함으로써 '사회'의 국가지향적 참여
의 길을 터놓기 위해서 각종 정치활동의 기본권($^{제21조, 제24조,}_{제25조, 제26조 등}$)을 인정하
고 있을 뿐 아니라 복수정당제도($^{제 8 조}_{제1항}$)를 헌법적으로 제도화하고 정당
의 내부조직도 국민의 정치적 의사형성에 기여할 수 있도록 민주적인
조직을 갖도록 규정함으로써($^{제 8 조}_{제2항}$) 사회 내에 존재하는 여러 갈래의 정
치적 가치관이 그대로 국가정책에 반영될 수 있는 제도적 장치를 마련
해 놓고 있다. 다만 우리 헌법은 가치중성적인 입장을 떠나 '민주주의'
를 그 기본적인 가치질서로 삼고 있기 때문에 모든 국민의 정치활동이
나 정당활동은 그 가치질서의 테두리 안에서만 헌법적인 정당성을 인
정받을 수 있는 것이다. 따라서 위헌정당에 대한 해산제도($^{제 8 조 제 4 항,}_{제111조 제 1 항}$
$^{제 3 호, 제113조}_{제 1 항}$)나 기본권제한규정($^{제37조}_{제2항}$)은 우리 헌법상의 민주주의적 가치
질서를 지키고 민주주의의 이름으로 우리 헌법상의 민주주의적 가치질
서를 파괴하려는 정치세력에 대항하기 위한 이른바 방어적 내지 투쟁
적 민주주의(wehrhafte bzw, streitbare Demokratie)의 헌법보호수단이라
고 볼 수 있다. 이처럼 우리 헌법이 방어적 내지 투쟁적 민주주의를 채
택하고 있다는 사실도 우리 헌법에 전제되고 있는 이원론의 한 증거라
고 볼 수 있다. 왜냐하면 '국가'와 '사회'를 동일시하는 일원론의 입장
에서는 정당활동은 바로 국가활동을 의미하기 때문에 정당에 대한 국

306
민주적
정치활동
보장

방어적
민주주의

가적 규제나 강제해산이란 이론상 성립될 수 없겠기 때문이다.

두 가지
투입통로

결국 우리 현행헌법은 '사회'의 '국가'에 대한 정치참여의 통로 (channel)를 두 가지 형태로 마련해 놓고 있다고 할 수 있다. 그 하나는 주로 정당정치의 통로로서 정당과 국회로 이어지는 channel이고, 두 번째 channel은 일반국민의 정치참여를 보장하는 길로서 각종 선거에의 참여와 국민투표$\left(\begin{smallmatrix} 제72조, & 제130조 \\ & 제2항 \end{smallmatrix}\right)$의 방법이 그것이다.

(2) 현행헌법상의 input와 output

307
이원론적
구조와
투입·산출

'국가'와 '사회'의 이원론적 구조를 그 바탕으로 하고 있는 우리 현행헌법은 위에서 본 바와 같이 '사회'의 자율성과 '사회'의 '국가'지향적 활동영역(input)을 비교적 넓게 보장함으로써 일단 민주주의를 제도화하고 있다. 반면에 방어적 내지 투쟁적 민주주의의 수단인 정당해산제도와 국민의 기본권제한을 비롯해서 대통령에게 주어진 강력한 국가긴급권$\left(\begin{smallmatrix} 제76조 \\ 제77조 \end{smallmatrix}\right)$을 통해서 '국가'의 '사회'에 대한 규제가능성(output)을 광범위하게 유보해 놓고 있다. 어떻든, 우리 현행헌법상의 이와 같은 input와 output의 상호관계를 비교해 볼 때 우리 현행헌법상의 국가형태는 대의민주체제(repräsentative Demokratie)를 그 기본으로 하는 제도적 모델에 가깝지만 권위주의적 모델의 색채도 띠고 있다고 말할 수 있다.

제8장 현대국가의 구조적 원리

국가형태의 분류에서도 말한 바와 같이 인권존중과 국민주권의 사상이 보편화되고 민주주의가 Ideologie를 초월해서 일반적인 정치원리로 받아들여지는 오늘날, 사회공동체가 정치적인 일원체로 조직되고 통일되는 데 있어서 당면한 과제는 군주국과 공화국형태 중에서 택일하는 문제가 아니라, 국민주권사상에 입각한 국가의 정치질서를 어떻게 형성하는 것이 인권존중과 개성신장을 최대한으로 보장해 주고 사회정의의 실현을 촉진시킬 수 있을 것인가의 문제로 집약된다고 할 것이다. 다시 말해서 사회공동체가 기능국가로 조직되고 통일되는 데 있어서 갖추어야 되는 '정치질서의 법적인 상수'[1](die rechtlichen Konstanten der politischen Ordnung)를 찾아 내는 것이야말로 현대국가의 당면한 과제가 아닐 수 없다. 이처럼 현대적인 기능국가가 인권존중, 개성신장, 사회정의의 실현을 위해서 갖추어야 되는 '정치질서의 법적인 상수'를 현대국가의 구조적 원리(Strukturprinzipien)라고 부를 수 있다면 그것은 단순한 형식적인 원리에 그치는 것이 아니고 실질적인 의미를 갖는다는 점을 간과해서는 아니 된다. 즉 현대국가의 구조적 원리는 국가공동체가 조직되고 통일되기 위한 단순한 제도적·조직적 원리에 그치는 것이 아니고 일정한 정치적 가치질서 즉 자유와 평등, 그리고 사회정의의 실현을 보장하는 헌법적 수단을 의미하기 때문이다.

자유와 평등 그리고 사회정의의 실현을 보장하는 현대국가의 구조적 원리에 속하는 것으로서는 민주주의원리(Prinzip der Demokratie), 법치국가원리(Rechtsstaatsprinzip), 사회국가원리(Sozialstaatsprinzip), 연방국가원리(Bundesstaatsprinzip) 등을 들 수 있는데 이들 원리의 내용을 둘러싸고 지금까지 여러 가지 상이한 견해가 대립되어 왔다. 하지만 적어도 현대헌법학에서는 그 내용을 이해하는 데 있어서 학자간에 다

308
자유·평등·
정의실현을
위한 국가의
조직원리

**정치질서의
법적인 상수**

309
기본적인
구조적 원리

---

1) Vgl. *K. Stern*, Das Staatsrecht der Bundesrepublik Deutschland, Ⅰ. 1977, S. 412.

소의 뉴앙스는 있어도 헌법정책적 필요에 따라 그 내용을 임의로 상대화시킬 수 없다고 하는 데는 학자간에 의견이 일치되고 있다. 예컨대, 민주주의원리는 그것이 정치적 자유와 평등을 내용으로 하는 일정한 정치적 가치질서를 실현하기 위한 것이기 때문에 임의의 내용으로 이를 대치시킬 수는 없다고 할 것이다. 공산주의국가에서 내세우는 이른바 '인민민주주의'(Volksdemokratie)는 그것이 명목상 민주주의일 뿐 정치적 자유와 평등의 실현과는 거리가 먼 계급독재를 정당화하기 위한 하나의 장식적 정치수단에 불과하다고 평가되는 이유도 그 때문이다. 법치국가원리, 사회국가원리, 연방국가원리에 관한 논쟁도 본질적으로 마찬가지의 결론에 이른다고 할 것이다. 다만 이들 원리에 내재하고 있는 일정한 가치내용을 실현하는 과정과 수단은 반드시 획일적이야 하는 것은 아니라고 본다. 예컨대 사회국가원리의 실현을 둘러싸고 여러 선진국가에서 그 방법론적인 논쟁이 아직도 계속되고 있는 것은 그 대표적인 증거라고 할 것이다. 아래에서는 이들 현대국가의 구조적 원리를 하나하나 살펴보고 우리 현행헌법에 이들 원리가 어떻게 반영되고 있는가를 검토하기로 한다.

제 1 절 민주주의원리

310
민주주의의
다의성과
제도적 핵심

희랍어 demos(국민)와 kratein(지배·통치)의 합성어에서 유래하는 민주주의(Demokratie)란 말은 오늘날 정치적인 이념과 정치적인 통치질서를 대표할 뿐 아니라 '좋은 나라'를 상징하는 대명사처럼 다양하게 사용되고 있다.[2] Ideologie를 달리하는 서방과 공산진영의 나라들이

---

2) 민주주의를 주제로 하는 헤아릴 수 없이 많은 문헌들 중에서 특히 다음 문헌을 참조할 것.

    U. Scheuner, Konsens und Pluralismus als verfassungsrechtliches Problem, in: Staatstheorie und Staatsrecht, 1978, S. 135ff.; *derselbe*, Das Mehrheitsprinzip in der Demokratie, 1973; *K. Hesse*, Grundzüge des Verfassungsrecht der Bundesrepublik Deutschland, 11. Aufl.(1978), S. 52ff.; *K. Stern*(FN 1), S. 435ff.; *R. Bäumlin*, Art. "Demokratie", EvStL, 2. Aufl.(1975), Sp. 362ff.; *H. Peters*, Art. "Demokratie", in: Staatslexikon, Bd. 2, 6. Aufl.(1958), Sp. 560ff.; *H. Kelsen*, Vom Wesen und Wert der Demokratie, 2. Aufl.(1929), ND.(1963); *W. Schmitt Glaeser*, Art. "Demokratie", in HdWW, 15. Lieferung 1979, Sp. 142ff.; *J. Lameyer*, Streitbare Demokratie, 1978; *F. W. Scharpf*, Demokratietheorie zwischen Utopie und Anpassung, 1975; *C. Schmitt*, Verfassungslehre, 1928, S.

한결같이 민주국가임을 내세우고 있는 것도 그 좋은 증거라고 할 것이다. 이처럼 다양하고 상반된 정치체제에서 동시에 인용되고 있는 '민주주의'(자유민주주의 또는 인민민주주의)는 '국민의 통치형태'를 뜻하기 때문에 일응 그 개념의 폭이 넓은 것은 사실이지만 그렇다고 해서 모든 정치체제를 커버할 수 있을 만큼 가치중성적인 통치체제를 뜻할 수는 없다고 본다. 따라서 민주주의원리가 내포하고 있는 핵심적인 가치내용을 찾아 내는 일이야말로 민주주의의 참된 제도적 실현을 위해서 불가피한 일이라 할 것이다. 물론 민주주의원리는 K. Hesse[3]나 K. Stern[4]이 지적하듯이 한 나라의 헌법에 의해서 비로소 그 구체적인 형식(Ausformung)이 결정되기 마련이다. 하지만 민주주의의 형식을 결정하는 하나하나의 헌법도 결국은 민주주의원리가 내포하고 있는 '제도적 핵심'(Typuskern)을 안중에 두고 이를 각 나라의 실정에 맞도록 응용하는 데 불과한 것이기 때문에 민주주의원리의 '제도적 핵심'을 음미하는 작업은 어차피 불가피하다.

　　아래에서는 민주주의이념의 역사적 발전과정을 간단히 훑어본후 민주주의의 본질에 관한 이론을 중심으로 민주주의원리가 간직하고 있는 제도적 핵심이 무엇이겠는가를 살펴보고 끝으로 민주주의의 유형에 언급하려고 한다.

234ff.; *H. F. Zacher*, Freiheitliche Demokratie, 1969; *J. Bryce*, Modern Demo-cracies, 2 vol., 3. Aufl.(1931); *E. Forsthoff*, Strukturwandlungen der modernen Demokratie, in: Rechtsstaat im Wandel, 2. Aufl.(1976), S. 90ff.; *M. Hättich*, Demokratie als Herrschaftsordnung, 1967; *W. Hennis*, Die mißverstandene Demokratie, 1973; *P. Häberle*, Das Mehrheitsprinzip als Strukturelement der freiheitlich-demokratischen Grundordnung, JZ 1977, S. 241ff.; *H. Laufer*, Demokratie, 1979; *G. Leibholz*, Strukturprobleme der modernen Demokratie, 1974; *J. A. Schumpeter*, Kapitalismus, Sozialismus und Domokratie, 4. Aufl. (1975); *W. Weber*, Mittelbare und unmittelbare Demokratie, in: Spannungen und Kräfte im westdeutschen Verfassungssystem, 1970, S. 175ff.; *Th. Maunz*, Deutsches Staatsrecht, 22. Aufl.(1978), S. 62ff.; *E. Stein*, Staatsrecht, 5. Aufl. (1976), S. 81ff.; *J. Isensee*, Demokratischer Rechtsstaat und staatsfreie Ethik, Essener Gespräche, Bd. 11(1977); *derselbe*, Regierbarkeit in einer parlament-arischen Demokratie, in: Cappenberger Gespräche, Bd. 15(1979), S. 15ff.; *R. Zippelius*, Allgemeine Staatslehre, 6. Aufl.(1978), S. 90ff.; *W. Leisner*, Demokratie, 1979.

3) Vgl. (FN 2), S. 52.
4) Vgl. (FN 1), S. 441.

1. 민주주의이념의 역사적 발전과정

(1) 민주주의사상의 발단으로부터 Aristoteles까지

311

민주주의이
론의 사상적
선구자

'민주주의'이념의 발단은 서력 기원전 5세기경까지 거슬러 올라갈 수 있다. 즉 Herodot[5]가 국가형태를 세 가지로 분류하면서 1인통치형태와 소수통치형태에 대립되는 전체국민의 통치형태를 든 데서 그 이념적인 기원을 찾을 수 있다. 그러나 민주주의를 '자유'와 결부시켜 이해한 것은 역시 Platon[6]과 Aristoteles[7]에서 비롯된다고 볼 수 있다. 즉, Platon은 국가형태에 관한 그의 이분법에서 자유의 원리를 실현시키는 통치형태가 바로 '민주국'이라고 설명함으로써 '민주주의'와 '인간의 자유'가 밀접한 상호관계에 있음을 지적했다. Aristoteles는 그보다 한걸음 더 나아가 '자유'의 내용에 언급하면서 '국가적 후견으로부터의 자유'를 강조하고, '국가적 후견으로부터의 자유'는 국민 모두가 평등하게 국사에 참여함으로써만 실현될 수 있다고 생각하기에 이르렀다. 이처럼 평등한 정치참여를 자유실현의 수단이라고 판단한 Aristoteles의 사상적 세계에서 처음으로 정치적인 평등의 정신이 싹트게 된 것이다. 이렇게 볼 때 '자유'와 '평등'을 내용으로 하는 민주주의이론의 사상적 선구자는 역시 Aristoteles라고 할 것이다.

(2) Rousseau의 사상적 세계와 자유주의의 영향

312

루소의
국민주권론

Aristoteles의 민주주의철학은 중세의 사상적 암흑시대를 거쳐 18세기에 J. J. Rousseau(1712~1778)의 사상적 세계로 이어진다고 볼 수 있다. 왜냐하면 같은 합리주의(Rationalismus)에 바탕을 두면서도 결과적으로 군주국을 정당화시키는 데 기여한 17세기의 Hobbes와 Locke의 계약이론과는 달리 Rousseau의 사회계약론은 명실공히 국민주권이론을 정립한 것이기 때문이다. Rousseau가 자주 현대민주주의이론의 정신적인 아버지로 불려지는 이유도 그 때문이다.

자유주의
사상과의
결합

이처럼 국민주권을 강조한 Rousseau의 민주주의사상은 프랑스혁명(1789)을 계기로 인간의 천부적 자유와 권리를 강조하는 자유주의(Liberalismus)사상과 결합이 되고 특히 자유주의에 그 사상적 바탕을

---

5) Vgl. Geschichte der Perser, Ⅲ, S. 80ff.
6) Vgl. Gesetze, 693ff.
7) Vgl. Politik, 1279.

두는 Montesquieu(1689~1755)의 권력분립이론과 결합되면서 미합중국
을 비롯한 19세기의 여러 나라 정치제도에 적지 않은 사상적 영향을
미치게 되었다. 하지만 사회계약론과 총의론(volonté générale)을 기본
으로 하는 Rousseau의 자기통치적(Selbstherrschaft) 직접민주주의사상
은 이미 여러 차례 언급한 바와 같이 그 지나친 이상적 성격 때문에
그 사상적 영향에도 일정한 한계가 있었음을 부인할 수 없다.

(3) Sieyès의 대의민주주의이론과 민주주의의 번영

결국 민주주의가 현대적인 국가형태의 주도적인 기능을 담당하게
된 결정적인 계기는 역시 Sieyès(1748~1836)에서 비롯되는 대의민주주
의(repräsentative Demokratie)이론의 발달이라고 말할 수 있다. 즉, 프랑
스혁명 이후 Ancien Régime이 대의민주주의제도에 의해서 대치되고
1776년 미국독립 이후 미국의 각 주헌법이나 연방헌법이 대의민주주
의를 제도화한 후부터 민주주의원리는 커다란 마력을 가지고 동서고금
의 다양한 이데올로기에 의해서 각색되면서 오늘에 이르기까지 그 제
도적인 번영을 계속하고 있다.

313
쉬에스의
대의사상

(4) Rousseau의 사상과 자유주의가 미친 영향

Rousseau의 국민주권사상이 자유주의사상에 의해서 뒷받침되고
그와 결합이 되어 제도적으로 발전할 수 있었던 것은 역시 루소적 국민
주권사상과 자유주의사상간에 일정한 이념적인 공통점이 있었기 때문
이라고 볼 수 있다. 즉, Rousseau처럼 민주주의의 실질적 내용을 절대
적인 국민주권(absolute Volkssouveränität)에서 찾고 국민의 총의(volonté
générale) 이외의 어떠한 객관적인 가치표준도 이를 배척하는 경우 민
주주의의 내용은 처음부터 정해지는 것이 아니고 언제나 그때 그때의
다수의사, 즉 총의에 따라 정해질 수밖에 없고, 그 결과 민주주의의 내
용은 유동적이고 상대적인 것이 되고 만다. 바로 이곳에 Rousseau의
사상과 C. Schmitt의 결단주의, 그리고 H. Kelsen의 상대적 민주주의
론이 사상적으로 이어질 수 있는 이론적 실마리가 있다. 또 바로 이곳
에 Rousseau의 총의론이나 C. Schmitt의 결단주의이론, 그리고 H.
Kelsen의 상대주의가 민주주의와는 정반대 방향의 독재주의이론으로
변질될 소지가 잠재하고 있는 것이다. 이들의 사상적 세계에서는 '총
의' 내지는 다수결원칙(Mehrheitsprinzip)만이 민주주의의 본질적인 내용

314
상대적
민주주의
사상

총의와
다수의 지배

으로 간주되기 때문이다. 그 결과 민주주의는 '총의' 또는 '다수'의 지배형태(Mehrheitsherrschaft)를 뜻하게 되고 '총의'와 '다수'를 기속할 수 있는 '객관적인 가치질서'같은 것은 처음부터 인정될 수가 없다. 왜냐하면 '총의'나 '다수'의 힘으로는 무엇이든지 결정할 수 있다는 전제 위에 서 있기 때문이다. 이들의 민주주의이론이 상대적인 민주주의이론이라고 불려지는 이유도 그 때문이다.

켈즌의 상대주의

이 같은 상대적 민주주의사상은 인간의 천부적 자유와 권리를 강조하고 사회 내에 존재하는 정치적 이념의 다양성과 가치관의 다원성을 오히려 당연한 현상으로 이해하는 자유주의의 사상적 세계와 일맥상통하는 점이 있는 것이 사실이다. H. Kelsen[8]이 민주주의가 전제로 해야 되는 세계관(Weltanschauung)은 바로 상대주의(Relativismus)라고 주장하면서 민주주의의 내용을 상대화시키려고 하는 것도 따지고 보면 민주주의와 자유주의의 사상적 결합형태를 의식한 것이라고 볼 수 있다.

315 민주주의와 자유주의의 긴장관계

하지만, 루소적 사상의 세계를 떠나서 민주주의를 일정한 정치적인 세계관(자유·평등·정의)을 실현하기 위한 특정한 통치형태라고 이해하는 경우, 민주주의의 내용은 처음부터 정해지는 까닭에 결코 상대적인 것이 될 수 없다. 따라서 이념적으로 볼 때도 '민주주의'와 '자유주의'는 어느 의미에서 서로가 긴장관계에 있다는 점을 간과해서는 아니 된다. 왜냐하면 이 경우 민주주의는 자유주의와는 달리 객관적인 '진리'(objektive Wahrheit) 내지는 절대적인 '가치'(absolute Werte)를 인정하는 전제 위에 서서, 자유주의에 입각한 '가치의 상대화'를 부인하기 때문이다. 바로 이곳에 '자유주의'와 '민주주의'가 이념적으로 결합하는 데 있어서의 한계가 있다.

316 동일성이론 과 상대주의의 퇴조

아무튼, 18세기 Rousseau의 사회계약론에서 출발된 국민주권적 민주주의이념은 자유주의사상과 결합된 후 한편 자기통치적 동일성이론으로 발전되어 C. Schmitt[9]에 의해 승계되고, 다른 한편 H. Kelsen의 상대주의적 민주주의이론을 탄생시킨 것이다. 하지만 자기통치적 동일성이론은 물론 상대주의적 민주주의이론도 제 2 차 대전 이후 가치관적 민주주의이론에 의해서 대치되어, 오늘날에 와서는 민주주의가

---

8) Vgl. (FN 2), S. 101.
9) Vgl. (FN 2), S. 234ff.

자유·평등·정의를 실현하기 위한 특정한 통치형태로 이해되기 때문
에 민주주의적 가치를 실현하는 수단에 불과한 다수결원칙은 더 이상
민주주의의 본질적인 내용이 될 수 없다고 인정되고 있다. 오늘날 헌
법개정의 한계가 일반적으로 인정되는 이유도 민주주의의 내용과 다수
결원칙에 대한 이해의 변천에 기인한다고 할 것이다.

2. 민주주의의 본질

　　민주주의(Demokratie)가 그 희랍어적인 어원이 말해 주듯이 '국민　　317
의 통치형태'를 뜻한다고 하는 데는 이론이 없지만, '국민의 통치형태'　국민의
가 구체적으로 무엇을 의미하느냐에 대해서는 학자들 간에 의견이 일　통치형태
치되지 않고 있다. 이를 고전적 이론과 현대적 이론으로 나누어서 살
펴보면서 민주주의의 본질을 검토하기로 한다.

(1) 민주주의의 본질에 관한 고전적 이론

　　민주주의의 본질에 관한 고전적 이론은 '국가권력의 주체'를 기준　　318
으로 해서 민주주의의 본질을 설명하려는 입장과 국민의 '자기통치형　두 입장
태'를 민주주의라고 이해하려는 두 가지 입장으로 나눌 수 있다.

a) 국민이 국가권력의 주체인 통치형태

　　국가형태의 분류에 관한 고전적 이론은 국가권력이 군주에게 있　　319
다면 군주국, 소수의 귀족에게 있으면 귀족국, 국민에게 있으면 민주국　국가권력의
이라고 보았기 때문에, 이 고전적 이론에 따르면 민주주의란 바로 국　주체
민이 국가권력의 주체인 통치형태라고 말할 수 있다. 이처럼 국민이
국가권력의 주체인 통치형태를 민주주의라고 보는 고전적 이론은 한편
선재하는 '국가권력'을 전제로 하고 있을 뿐 아니라 '국민'을 전체로서
'행위능력이 있는 일종의 인간'(handlungsfähige Person)으로 파악하고
있다. 따라서 선재하는 '국가권력'을 쟁취하기 위해 투쟁한 결과 '국
민'이 승리하게 되면 '국민'은 '국가권력의 주체'가 되고 이처럼 '국민'
이 '국가권력의 주체'인 국가는 민주국이라고 보게 된다.

　　하지만, 이 고전적 민주주의이론은 그 두 가지 이론적 전제부터가　　320
그릇된 것이라고 할 것이다. 왜냐하면 '국가'란 인간을 떠나서 존재할　국가권력의
수 없는 인간적인 현실임에도 불구하고 '국가권력'을 선재하는 것으로　선재성과
전제하고 있기 때문이다. '국가'는 결코 선재하는 것이 아니고 인간적　국민의 인격
　　　　　　　　　　　　　　　　　　　　　　　　　　　　　　　　화의 문제

인 생활과정에서 일정한 목적에 의해서 조직된 사회의 정치적인 활동
단위를 뜻하는 것이기 때문에 '국가권력'도 이 사회의 조직과정에서 비
로소 창설되는 것이지 이 조직과정을 떠나서 독자적으로 선재하는 것
일 수는 없다. 또 이 고전적 이론은 '국민'을 전체로서 '행위능력이 있
는 일종의 인간'으로 파악한 나머지 '국민'이 '국가권력'을 소유하고 이
를 행사할 수 있다고 주장함으로써 이른바 '국가기관으로서의 국민'이
라는 환상적 결론에 이르지만 '국민'은 그 전체로서 하나의 관념적
(ideele Größe) · 의제적(fiktive Größe) 크기에 불과할 뿐 '행위능력이 있
는 인간'을 뜻할 수는 없다. 일본과 우리나라에서 통용되고 있는 '국가
기관으로서의 국민'의 이론이 간직하고 있는 문제점도 바로 이 곳에
있다. 만약 고전적 이론처럼 '국민'이 전체로서 '행위능력이 있는 인
간'이라고 본다면 '국민'은 그가 가지는 주권의 힘에 의해서 무제한한
권력을 행사할 수 있다는 논리가 성립되고, 그 결과 국민의 기본권 또
는 권력분립의 정신이 처음부터 민주주의와 조화될 수 없는 비민주적
인 제도가 될 수밖에 없다. 선재하는 '국가권력'을 전제로 하고 '국민'
을 전체로서 '인격화'하는 데서 출발하는 고전적 민주주의이론을 받아
들일 수 없는 이유이다.

b) 치자와 피치자가 동일한 통치형태(동일성이론)

321
동일성이론

Rousseau가 그의 사회계약론(contrat social)과 총의론(volonté générale)
을 통해서 최초로 국가를 의지적 현상(Staat als Willensphänomen)으로
파악하고, 피치자가 치자의 의사에 복종하는 것은 결국은 '총의'의 형
태로 나타나는 '자기 스스로의 의지'에 복종하는 것이라고 설명함으로
써 치자와 피치자의 의지적 동일성(Willensidentität)을 추정한 데서 동일
성이론이 비롯된다고 할 수 있다.[10] 그때까지 단순히 국가권력의 지배

목적물적
관계와
주체적 관계

대상 내지 목적물로 간주되던 국민의 국가에 대한 '목적물적 관계'
(Objekt-Beziehung)를 '자기지배의 주체적 관계'(Subjekt- Beziehung)
로 끌어 올렸다는 점에서 Rousseau의 사상은 당시에 혁신적인 것으로
평가된 것이다. 이처럼 Rousseau의 사상적 세계에서 유래하고 C.
Schmitt[11])에 의해서 승계된 동일성이론(Identitätstheorie)은 민주주의를

---

10) Vgl. *J. J. Rousseau*, Contrat social(Der Gesellschaftsvertrag), Ⅱ, 3 u. Ⅳ, 1.
11) Vgl. (FN 9).

치자(Regierende)와 피치자(Regierte)가 동일한 통치형태라고 설명한다. 링컨(Abraham Lincoln) 대통령의 민주주의에 대한 정의, 즉 '국민의 국민에 의한 국민을 위한 정치'(government of the people, by the people, for the people)도 유사한 관점이라고 할 것이다. 국민이 국가권력의 주체인 통치형태를 민주주의라고 이해하는 고전적 이론과는 달리 동일성이론은 선재하는 국가권력을 전제로 하지 않는다. 하지만 동일성이론은 치자와 피치자를 동일시할 뿐 아니라 '국민'의 이해관계와 '국가'의 이해관계를 동일시하는 결과 '국가'와 '사회'가 동일한 것으로 간주되어 이른바 일원론의 결론에 이르게 된다. 뿐만 아니라 동일성이론은 국민전체가 하나의 '통일된 전체'(einige Ganzheit)로서 '유일한 정치적 의사'를 갖는다는 의제에서 출발하기 때문에 정치적인 견해차이 내지는 의견의 대립같은 것은 처음부터 상상할 수도 없고 그 결과 다수결원칙이 반드시 필요한 것도 아니다. 바로 이곳에 이 이론의 전체주의적 위험성이 잠재하고 있다. 치자와 피치자가 동일하고 국민이 그 '통일된 전체'로서 단 '하나의 정치적인 의사'를 가지고 치자와 피치자의 기능을 동시에 담당한다고 생각하는 동일성이론의 민주주의철학에서는 통치권에 대한 어떠한 제동도 허용될 수가 없다. 기본권보장이 문제될 수 없는 것도 그 때문이다.[12] 치자가 즉 피치자라는 동일성이론에 따르면 국가의 관청은 '통일된 전체'로서의 국민이 가지는 '통일된 정치의사'를 단순히 집행하는 집행자에 불과하다고 하지만, 거꾸로 이 논리를 역이용하는 경우에는 국가의 관청이 행하는 일은 언제나 통일된 국민의 의사를 집행하는 것이라고도 주장할 수 있기 때문에 동일성이론이 오히려 민주주의와는 정반대의 정치적인 방향으로 악용될 소지가 있는 것이다. 민주주의가 이른바 '박수민주주의'(Akklamationsdemokratie) 내지는 '인민민주주의'(Volksdemokratie)의 형태로 변질될 수 있는 이유도 그 때문이다. 공산국가에서 국민의 대다수를 차지하는 노동자·농민계급의 이른바 '통일된 의사'를 대변하고 있는 공산당이야말로 전체국민의 의사를 정치적으로 실현할 수 있는 유일한 정당이라고 주장하면서 공산당의 일당독재에 입각한 이른바 '인민민주주의'를 내세우는 것도 바로 동일성이론에 그 사상적 바탕을 두고 있다고 할 것이다.

박수민주주의 내지 인민민주주의

---

12) 동지: *K. Stern*(FN 1), S. 469f.

322
'통일된
전체'의
허구성

하지만, 동일성이론에 전제되고 있는 '통일된 전체'로서의 '국민'
이라든지 국민전체의 '통일된 유일한 정치의사'라는 것은 정치현실과
는 거리가 먼 하나의 의제에 불과하다. 왜냐하면 '국민'은 다양한 개성
과 능력과 이해관계를 가지는 무수한 인간의 집단을 상징적으로 표현
하기 위한 관념적 크기에 지나지 않기 때문이다. 따라서 이같이 다양
한 개성과 능력과 이해관계의 주체인 인간의 집단을 사회 내에서 동화
시키고 통합시키는 데는 언제나 일정한 한계가 있기 마련이다. 따라서
가능한 한계 내에서나마 최대한의 동화적 통합을 달성하려는 것이 바
로 국가의 기능인 것이다. 처음부터 전체국민을 '통일된 전체'로 보고
이미 이루어진 '동화적 통합'을 전제로 국민이 자기지배를 하는 것이
민주국이라고 이해하는 동일성이론은 민주주의에 의해서 비로소 달성
될 수 있는 정치현실을 오히려 그 민주주의이론의 전제로 하고 있다는
비난을 면할 수 없다. 이처럼 이미 달성된 '동화적 통합'을 민주주의이
론의 전제로 하는 경우에는 사회 내에서 발생하는 이해관계의 대립이
라든지 사상의 논쟁 같은 것은 그 가상적인 '동화적 통합' 상태를 유지
하기 위해서라도 당연히 억압될 수밖에 없다. 그렇지 않고는 동일성이
론의 이론적인 출발점이 무너지게 되기 때문이다. 소위 인민민주주의
를 표방하는 공산국가에서 '다르게 생각할 수 있는 자유'가 용납되지
않는 이유도 그 때문이다. 또 K. Hesse[13]가 적절히 지적하듯이 이른바

치자와
피치자의
구별

직접민주주의(unmittelbare Demokratie)도 치자와 피치자가 동일한 통치
형태일 수는 없다. 왜냐하면 직접민주주의도 인간의 인간에 대한 지배
형태(다수에 의한 소수의 지배)의 범주를 벗어나지 못하고, 결국은 치자
(다수)와 피치자(소수)가 각각 따로 존재하기 때문이다. 설령 만장일치
의 직접민주주의가 존재한다 가정하더라도 그것은 결코 치자와 피치자
의 동일성을 나타내는 것은 아니다. 왜냐하면 이 경우에도 K. Hesse의
말처럼[14] '투표참가자'가 '투표에 참가하지 않은 사람'을 지배하는 결
과가 되기 때문이다. 따라서 직접민주주의를 논거로 동일성이론을 주

다수의 지배
와
국민의 지배

장하는 것은 결국 '다수의 지배'(Mehrheitsherrschaft)를 '국민의 지배'
(Volksherrschaft)와 동일시하려는 일종의 의제에 불과하다. 하물며 간접

---

13) Vgl. (FN 2), S. 54.
14) Vgl. (FN 13).

민주주의(mittelbare Demokratie)가 동일성이론의 논거가 될 수 없는 것은 더 말할 필요가 없다. 이 경우 선출된 국가기관의 지배를 국민의 자기지배와 동일시하는 것은 역시 의제 내지는 논리의 비약에 지나지 않기 때문이다.[15]

어쨌든, 국민의 절대적인 평등과 동질성이라는 지극히 이상적인 관념의 세계에서 출발하는 동일성이론은 민주주의도 인간의 인간에 대한 통치형태라는 점과 민주주의질서 내에서도 명령·복종관계가 존재한다는 사실을 까맣게 잊고 있다. '민주주의'가 그 어원대로 '국민의 통치형태'인 것은 사실이지만, 그렇다고 그것이 반드시 '국민의 자기통치형태'를 뜻하는 것은 아니다.[16] '국민의 통치형태'란 결국 국가 내에서 행사되는 모든 권력의 최후적 정당성이 전체국민에 근거하는 통치형태라고 보는 것이 현실적이라고 할 것이다. 다시 말해서 '국민의 통치형태'란 '국민의 자기통치형태'를 뜻하는 것이 아니고 국가권력의 창설과 그 행사의 정당성을 국민의 의사에 귀착시킬 수 있는 통치형태라고 보는 것이 옳다.[17] 따라서 국가권력의 창설과 그 행사의 정당성을 어떠한 형식으로 국민의 의사에 귀착시킬 것인가 하는 문제야말로 민주주의를 실제로 제도화하고 실현하는 데 있어서 가장 중요한 과제가 아닐 수 없다.

323
국가권력의
정당성원리

(2) 민주주의의 본질에 관한 근대적 이론(다수의 통치형태로서의 상대적 민주주의론)

민주주의에 관한 고전적 이론을 배척하는 근대적 이론이라고 해서 반드시 민주주의의 본질을 올바르게 파악하고 있는 것은 아니다. 그 대표적인 예가 민주주의를 다수의 통치형태로 이해하면서 다수의 힘에 의한다면 민주주의의 내용도 임의로 상대화시킬 수 있다고 보는 H. Kelsen의 상대적 민주주의사상이다.[18] H. Kelsen은 민주주의가 상대주의(Relativismus)의 세계관에 입각해야 한다고 주장하면서 민주주의를 정치과정에서 지켜야 되는 단순한 정치적인 경기규칙(politische Spielregeln)이라고 이해하기 때문에 그에게는 민주주의가 어떤 이념적

324
상대적
민주주의
사상

다수결원칙
은 정치적인
경기규칙

---

15) Vgl. (FN 13).

16) Vgl. *K. Hesse*(FN 2), S. 54; *K. Stern*(FN 1), S. 458.

17) 동지: *R. Bäumlin*(FN 2), Sp. 364; *K. Stern*(FN 1), S. 463.

18) Vgl. *H. Kelsen*(FN 2), S. 101.

인 것이 아니고 정치적인 의사형성과 정치적인 결단에 이르기 위한 형
식적인 규칙에 지나지 않는다. 이 같은 상대적 민주주의론이 다수결원
칙을 민주주의의 본질이라고 보게 되는 이유도 정치적인 의사형성과
정치적인 결단의 '내용'보다는 그 결정 '과정'을 민주주의의 진면목이
라고 이해하기 때문이다. '민주정치'를 하나의 '경기'(Spiel)로 생각하고
이 '민주정치'라는 '경기'를 질서 있게 진행시키기 위한 일종의 '경기규
칙'(Spielregeln)이 바로 다수결원칙이라고 이해하는 이 입장은[19] '경기
의 내용'(Spielinhalt)이 처음부터 정해진 것이 아니고 경기의 진행상황
과 경기규칙의 운영 여하에 따라 비로소 정해진다고 믿기 때문에 경기
규칙을 뜻하는 다수결원칙은 민주정치의 내용을 결정하는 중요한 요인
이 된다. 이처럼 다수결원칙이라는 경기규칙의 운영 여하에 따라 그
내용이 그때마다 달라질 수 있는 민주정치는 그 이념적인 면에서도 마
땅히 개방적이고 상대적인 것이 될 수밖에 없다.

힘의 규범성(Normativität)을 강조하는 법실증주의의 사상적 골격에
잘 들어맞는 이 상대적 민주주의이론은 바이마르공화국에서 그 위세를
떨치긴 했지만, '다수결(Mehrheit) = 힘(Macht) = 규범(Norm) = 국가(Staat)
(민주국 및 법치국)'의 공식으로 요약되는 그 이론체계는 다수의 의사에
절대적인 힘을 부여함으로써 다수결에 의한다면 무엇이든지 결정할 수

325

**법실증주의
사상과 다수
의 독재**

있다는 사고방식을 낳게 하고 그 결과 민주주의의 내용을 지나치게 상
대화시킨다는 비난을 면할 수 없다. U. Scheuner[20]의 말을 빌릴 필요
도 없이 다수결원칙은 민주주의를 실현하기 위한 하나의 수단에 불과
하기 때문에, 그 자체가 민주주의의 본질이 될 수는 없다. 민주주의를
'다수의 지배형태'로 보고 다수의 의사에 따라서 그 정치내용이 임의
로 달라질 수 있다고 한다면 그것은 소수에 대한 '다수의 독재'에 지
나지 않고 이 같은 '다수의 독재'는 K. Hesse[21]가 지적하듯이 그 '피
압박자의 수'에 있어서만 '소수의 독재'와 구별될 뿐 그 질적인 면에
서는 별로 차이가 없다고 할 것이다. 더욱이 민주주의가 '국민'의 통
치형태라고 한다면 '다수'만이 문제가 될 수 없고 '소수'도 마찬가지로
중요시되지 않으면 아니 된다. 따라서 의제된 '국민의 의사'를 내세워

---

19) Vgl. *Elias Berg*, Democracy and the Majority Principle, 1965.
20) Vgl. (FN 2: Das Mehrheitsprinzip).
21) Vgl. (FN 2), S. 63.

'다수'가 '소수'를 억압하고 '소수' 위에 군림하는 통치형태는 결코 '민
주주의'의 근본이념과 조화될 수 없다. '소수보호'의 문제를 현대민주
주의이론에서 특별히 중요시하는 이유도 여기에 있다. 민주주의란 결
코 다수의 의사에 의해서 그 내용이 마음대로 결정될 수 있는 빈 껍질
과 같은 것일 수는 없다. 일정한 가치관 내지 세계관을 바탕으로 하는
윤리적·도덕적 정치이념을 뜻하는 민주주의는 처음부터 일정한 '가
치'(자유·평등·정의)로 그 내용이 채워져 있기 때문에 K. Stern[22]의 말
처럼 '국민의 결정'이라고 해서 마음대로 그 내용을 조작할 수 있는
것은 아니다. '국민의 결정'이 '법'의 정신에 맞을 때 비로소 민주주의
의 '가치내용'은 국민의 소리에 귀를 기울이게 된다. 이처럼 민주주의
를 일정한 가치관과 세계관에 입각한 가치 결부적인 것으로 이해하는
경우 다수결원칙은 결코 민주주의의 본질이 될 수 없을 뿐 아니라 그
효력이 스스로 제약될 수밖에 없다. 왜냐하면 페터스(H. Peters)[23]의 말
처럼 인간의 세계관이나 진리의 문제는 비록 다수결에 의한다 하더
라도 쉽사리 변경되거나 소멸시킬 수 있는 성질의 것이 아니기 때문
이다.

다수결의
한계

(3) 현대적·실질적 민주주의론

　　오늘날 민주주의에 관한 지배적인 견해에 따르면 민주주의는 국민
이 국가권력을 쟁취한 통치형태도 아니고, 치자와 피치자가 동일한 자기
지배의 통치형태도 아니며, 또 그렇다고 해서 다수의 의사에 따라 그 정
치내용이 임의로 결정되는 이른바 상대적인 민주주의도 아니다. 그러나 구
체적으로 무엇을 민주주의의 본질이라고 볼 것인가에 대해서는 이렇다 할
통일적인 이론이 형성되어 있는 것 같지 않다. 민주주의란 '정당을 통한
평등한 국민의 통치형태',[24] '전체국민이 정치과정에 참여(Partizipation)하
는 통치제도',[25] '국민다수에 의해서 정당화된 통치형태',[26] '자유롭고 공
개적인 통치형태',[27] '책임정치를 구현하는 통치형태',[28] '법의 통치형

326
다양한
민주주의
이론

22) Vgl. (FN 1), S. 469.
23) Vgl. (FN 2), Sp. 566.
24) Vgl. G. Leibholz(FN 2), S. 93ff., 120ff.
25) Vgl. F. W. Scharpf(FN 2); Th. Maunz(FN 2), S. 62ff.
26) Vgl. E. Forsthoff(FN 2), S. 90ff.
27) Vgl. M. Hättich(FN 2).
28) Vgl. R. Bäumlin(FN 2), Sp. 364ff.

태'29) 등 민주주의의 핵심을 지적하려는 무수한 시도가 나와 있지만, 모두가 민주주의의 본질을 단편적으로만 묘사하고 있기 때문에 민주주의가 내포하고 있는 본질적 내용을 총괄적으로 나타내지 못하고 있다는 약점이 있다. 따라서 아래에서는 H. Peters, U. Scheuner, W. Leisner, K. Stern, K. Hesse, J. Isensee30) 등의 민주주의에 관한 이론을 중심으로 민주주의의 본질을 살펴보기로 한다.

327
민주주의의 본질

즉 이들의 견해를 종합하면, 민주주의란 국민의 정치참여에 의해서 '자유'·'평등'·'정의'라는 인류사회의 기본가치를 실현하려는 국민의 통치형태를 뜻한다. 여기에서 말하는 '국민의 통치형태'란 '국민의 자기지배형태'를 말하는 것이 아니고 국가권력의 창설은 물론 국가 내에서 행사되는 모든 권력의 최후적 정당성이 '자유'·'평등'·'정의'의 객관적인 가치를 실현하려는 '사회'의 Konsens에서 유래하는 일정한 세계관 내지 가치관적 통치형태를 뜻한다.31) 따라서, 민주주의의 본질은 다음과 같은 세 가지 요소로 구성되어 있다고 볼 수 있다. 첫째는 민주주의에 의해서 추구되는 일정한 가치내용, 즉 '국민주권'·'자유'·'평등'·'정의' 등의 실질적인 요소(materielle Elemente)가 그것이고, 둘째는 이와 같은 민주주의의 실질적인 요소를 실현하기 위한 기술적인 수단을 뜻하는 일정한 형식원리(formale Prinzipien)가 그것이고, 셋째는 민주주의의 형식원리가 지켜지기 위해서 전제되어야 하는 일정한 윤리적·도덕적 생활철학이 그것이다. 이를 나누어서 살펴보기로 한다.

a) 민주주의의 실질적인 요소

328
민주주의의 가치내용

민주주의는 '국민주권'·'자유'·'평등'·'정의'를 실현하기 위해서 창안된 통치형태이기 때문에 이 네 가지 요소야말로 민주주의의 '가치적인 핵'(Wertkern)인 동시에 민주주의의 실질적인 내용이 아닐 수 없다.

α) '국민주권'의 의미

329

'국민주권'(Volkssouveränität)이란 국가권력의 정당성이 국민에

---

29) Vgl. *M. Kriele*, VVDStRL 29, S. 46ff.(46ff.). Kriele는 "rule of law"와 법치국가 (Rechtsstaat)의 개념을 구별하면서 '국민의 통치형태'인 민주주의는 "rule of law"에 입각한 '법의 통치형태'라고 설명한다.

30) Vgl. *H. Peters*(FN 2); *U. Scheuner*(FN 2: Konsens); *K. Hesse*(FN 2); *K. Stern* (FN 1); *J. Isensee*(FN 2); *W. Leisner*(FN 2).

31) Vgl. *K. Hesse*(FN 2), S. 55ff.; *H. Peters*(FN 2), Sp. 563ff.; *U. Scheuner*(FN 2: Konsens), S. 66f.

게 있고, 국가 내의 모든 통치권력의 행사를 이념적으로 국민의 의사에 귀착시킬 수 있다는 것을 뜻한다. 따라서 '국민주권'의 가치세계에서는 국민의 정치적 의사형성이 자유로운 분위기 속에서 '상향식으로'(von unten nach oben) 이루어질 것이 요청된다. 이 점이 '하향식인'(von oben nach unten) 국가의 의사조작에 의해서 통치되는 비민주적인 권위적 통치형태와 다른 점이다. 정기적으로 실시되는 각종 선거나 국민투표는 상향식인 국민의 정치적 의사형성을 보장하고 통치권행사를 국민의 의사에 귀착시키기 위한 하나의 수단이기 때문에 '국민주권'이 통하는 곳에서는 국민투표제도나 각종선거제도가 불가피하게 된다. 즉 '국민주권'은 반드시 국민 스스로가 모든 국사에 국민투표의 형식으로 직접 참여하는 것만을 그 내용으로 하는 것이 아니고 그가 선출한 대표자를 통해서 국사를 처리하는 이른바 간접적인 방법을 동시에 그 내용으로 하고 있기 때문에 직접민주주의와 간접민주주의가 모두 '국민주권'의 정신과 조화된다. 또 '국민주권'이 '헌법제정권력'(pouvoir constituant)의 형태로 국가권력을 창설하게 된다는 점은 이미 언급한 바 있다. 선재하는 국가권력을 전제로 해서 국민이 이를 쟁취한 국가형태를 민주주의라고 보는 고전적 민주주의이론을 배척하는 이유이다.

상향식의
정치적 의사
형성

우리 현행헌법(제1조)이 '대한민국의 주권은 국민에게 있고, 모든 권력은 국민으로부터 나온다'고 규정하고 있는 것은 민주주의의 실질적 내용에 속하는 '국민주권'을 선언한 것이다. 하지만 이 규정은 우리나라 국가권력의 정당성이 국민에게 있고, 모든 통치권력의 행사를 최후적으로 국민의 의사에 귀착시킬 수 있다는 뜻이지, 국민이 직접 '통치권'(Herrschaftsgewalt)을 손에 쥐고 행사한다는 의미는 아니다. 즉 이 헌법규정은 '주권의 소재'와 '통치권의 담당자'가 언제나 같아야 한다는 뜻이 아니고 국민이 국민투표에 의해서 직접 주권을 행사하는 경우 외에는 통치권의 담당자가 국민의 주권행사에 의해서 결정되기 때문에 통치권의 행사도 궁극적으로 국민의 의사에 의해 정당화된다는 점을 명백히 하고 있다고 할 것이다. '모든 권력은 국민으로부터 나온다'는 후단의 규정이 이를 명백히 하고 있다. 따라서 이 헌법규정은 결코 동일성이론의 논거가 될 수 없다.

330
주권의 소재
와 통치권의
담당자

β) 민주주의의 실질적 요소로서의 '자유'·'평등'·'정의'

331
정치적인
자유

민주주의가 추구하는 '자유'의 내용은 우선 '정치적인 자유'를 뜻하는데 정치적인 자유는 인간을 인격의 주체로 인정해서 사적 생활 영역을 국가적 간섭으로부터 독립시킴으로써 인간의 개성신장을 최대한으로 보장할 때만 기대할 수 있다. 따라서 개성신장의 전제가 되는 '의지의 자유'(Willensfreiheit)가 집단주의(Kollektivismus)적 요청에 의해서 제한 내지 배제되고 삶의 의미가 국가에 의해서 획일적으로 정해지는 전체주의적 정치체제에 대한 반동으로서의 통치형태가 바로 민주주의를 의미하게 된다.

332
정치적인
평등

민주주의는 또한 '정치적인 평등'을 추구하는 통치형태이다. 따라서 외모의 차이나 지능의 차이에도 불구하고 모든 인간이 신 앞에 평등한 것처럼 국민 누구나 국가 내에서 동등한 권리와 의무의 주체가 되고, 합리적인 사유가 없는 한 입법·행정·사법 등 국가활동의 모든 분야에서 차별대우를 받지 않도록 제도적으로 보장되는 통치형태이다. 특히 출생지·혈통·인종·언어·성별·신앙 등이 어떤 경우에도 차별대우의 근거가 될 수 없는 것은 당연하다. 그러나 민주주의의 실질적 요소로서의 '평등'은 그것이 어디까지나 '정치적인 평등'을 그 내용으로 하는 것이기 때문에 흔히 사회국가적 원리의 내용으로 간주되는 이른바 '물질적인 생활조건의 평등'과는 다르다는 점을 주의할 필요가 있다. 따라서 '민주주의'를 내세워 소득의 평준화를 주장하거나 교육의 기회평등을 부르짖고, 나아가서 경영구조 내에서의 '자본'과 '노동력'의 등가치적인 경영참여를 꾀하는 것 등은 민주주의적 가치내용으로서

비정치영역
과 민주화

의 '평등'을 잘못 이해한 것이라고 할 것이다. 바로 이곳에 '사회적 민주주의'(soziale Demokratie), '경제적 민주주의'(wirtschaftliche Demokratie), '학문적 민주주의'(wissenschaftliche Demokratie) 등 국가적 정치영역을 떠나서 사회생활의 각 분야를 '민주화'(Demokratisierung)시키는데 있어서의 민주주의이론의 한계가 있다.

333
정의에
입각한
자유와 평등

마침내 민주주의의 내용으로 간주되는 '자유'와 '평등'은 다시 '정의'의 이념과 결합이 될 때 비로소 그 진가를 나타낼 수 있다고 할 것이다. '정의'의 이념을 떠난 '자유'와 '평등'은 흔히 '자유의 횡포' 또는 '실질적인 불평등'을 초래할 가능성이 크기 때문이다. 이처럼 민주

주의가 '정의'에 입각한 '자유'와 '평등'을 그 실질적인 요소로 한다는
점에서 민주주의는 '실질적인 법치국가'(materieller Rechtsstaat)적 원리
와도 일정한 상관관계가 있다. 민주주의가 정치적인 제도에 그치지 않
고 동시에 법적인 제도로 간주되는 이유도 그 때문이다. 민주주의가
국민의 정치참여에 의해서 '정의'의 관념에 입각한 '정치적인 자유'와
'정치적인 평등'을 실현하려는 통치형태라고 한다면 국민의 정치참여
가 오히려 정치적인 무질서와 혼란을 야기시키는 것을 막기 위해서라
도 국민의 정치참여를 질서 있고 실효성 있게 보장하는 법질서가 불가
피하다. 따라서 민주주의는 그 스스로의 제도적 존립을 위해서라도 법
치국가적 원리를 도외시할 수 없게 된다. 인간의 인간에 대한 통치형
태로서의 민주주의 내에서의 명령·복종관계가 자의적인 것이 아니고
합리적이고 합법적인 성질을 띠게 되는 것도 민주주의가 실질적인 법
치국가적 원리인 '정의'를 그 내용으로 하고 있기 때문이다.

γ) 민주주의의 실질적 요소와 민주주의의 평화주의적 성격

민주주의는 '국민주권'·'자유'·'평등'·'정의'를 그 실질적인
내용으로 하기 때문에 타민족 내지 타국가와의 관계에서도 타민족·타
국가의 주체성과 정치적인 자유, 그리고 정치적인 평등을 인정하지 않
을 수 없게 된다. 바로 이곳에 민주주의의 평화주의적 성격이 있다.

334
민주주의와
평화주의

δ) 실질적 요소의 강약에 따른 민주정치의 양상

민주주의가 '국민주권'·'자유'·'평등'·'정의'를 그 실질적인
내용으로 한다고 하더라도, 이 네 가지 요소가 언제나 균등한 비율로
정치제도에 나타나는 것은 아니다. 민주국가마다 그 정치형태가 조금
씩 상이한 까닭은 이 네 가지 요소를 어떠한 비율로 조화시키고, 네 가
지 요소 중에서 어떤 요소를 특히 강조하느냐에 따라 그 민주정치의
구체적인 양상이 달라지게 되기 때문이다. 예컨대 미합중국의 민주주
의는 특히 '자유'의 이념을 강조하는 데 반해서, 프랑스의 민주주의는
'평등'의 이념을 중요시하고, 또 스위스의 민주주의가 '국민주권'의 요
소 중에서도 국민이 국민투표에 의해서 국사에 참여하는 것을 강조하
는 데 반해서 독일과 오스트리아의 민주주의는 그와 반대로 대의제적
요소를 강조하고 있는 것 등이 그 대표적인 예이다.[32] 우리나라의 민주

335
민주주의
가치의
제도화

---

32) Vgl. *H. Peters*(FN 2), Sp. 573f.

주의는 '자유'보다는 '평등'을, 국민투표적 요소보다는 대의제적 요소를 강조하고 있다고 보여지지만, 그 구체적인 내용에 대해서는 뒤에 따로 언급하기로 한다.

b) 민주주의의 여러 가지 형식원리

336
**국민의
정치참여
보장수단**

위에서 설명한 실질적인 내용을 국민의 정치참여에 의해서 실현하려는 통치형태가 민주주의이기 때문에 민주주의는 국민의 정치참여를 실효성있게 보장하기 위한 여러 가지 기술적인 수단을 필요로 하게 된다. 이를 민주주의의 실질적인 요소와 구별하는 뜻에서 민주주의의 형식원리(formale Prinzipien)라고 부르기로 한다. 그런데 국민의 정치참여는 선거·국민투표·정당활동·정치비판·여론형성 등 다양한 형태로 이루어질 수 있기 때문에 이 같은 다양한 정치참여의 길을 보장하기 위한 수단으로서의 '법질서', '국민투표 및 선거제도', '복수정당제도', '다수결원칙', '소수의 보호', '기본권보장', '권력분립제도', '사법권독립', '헌법재판제도', '지방자치제도', '공무원의 정치적 중립성' 등은 모두 민주주의의 형식원리에 속한다 할 것이다. 하지만 이들 형식원리는 어디까지나 민주주의의 실질적 내용을 실현하기 위한 기술적인 수단에 지나지 않기 때문에 민주국가의 헌법이 이들 형식원리를 빠짐없이 전부 규범화해야 되는 것은 아니다. 이들 형식원리 중에서 어떤 것을 특히 헌법규정으로 정할 것인가의 문제는 따라서 구체적인 정치현실에 따라 결정될 성질의 것이라고 할 것이다. 다만 이들 형식원리를 전부 배척하는 헌법하에서는 민주주의를 기대할 수 없다는 것도 또한 명백하다.

위에 열거한 여러 가지 형식원리 중에서 '법질서'에 관한 것은 법치국가적 원리를 설명하는 자리에서, '국민투표 및 선거제도'·'권력분립제도'·'사법권독립'·'헌법재판제도'·'지방자치제도'·'공무원의 정치적 중립'·'기본권보장' 등에 관한 것은 제 3 편 현대국가의 통치질서를 논하는 자리에서 따로 상세히 다루게 되겠기 때문에 여기에서는 '복수정당제도'와 '다수결원칙', 그리고 '소수의 보호'에 관해서만 언급하기로 한다.

α) 복수정당제도

337

다양한 구성분자와 다양한 이해관계의 묘목판과도 같은 현대의 다원적 사회(pluralistische Gesellschaft)에서 국민이 국가정치에 참여할 수 있는 가장 효과적인 방법은 역시 정당을 통한 정치활동이라고 할 것이다. 독일연방헌법재판소와 Hesse[33]가 정당을 민주질서의 동화적 구성요소(integrierender Bestandteil)로 본다든지 라이프홀쯔(G. Leibholz)[34]가 '정당국가적 민주주의'(parteienstaatliche Demokratie)를 민주주의의 핵심적인 형태로 보는 것도 그 때문이다. G. Leibholz의[35] 말처럼 '통일된 전체'로서의 '국민'이 현실상 존재할 수도 없고 또 국민은 정치적으로 통일된 행동을 할 수도 없기 때문에 현대 대중사회(Massengesell-schaft)에서 정당이야말로 국민을 정치적인 이해공동체로 조직하고 국민을 정치적으로 활성화시키는 중요한 매개체가 아닐 수 없다. 따라서 정당은 국민이 국가정치에 참여하기 위한 정치적인 활동단위로서, 정치적으로 조직된 국민의 마이크로폰에 해당된다. 각양각색의 정치적인 vision과 정치적인 이념이 난무하는 현대대중사회에서 정당이라는 정치적인 마이크로폰이 없이는 국가정치에 참여하고 국가정책형성에 영향을 미치는 것이 거의 불가능하다. 이처럼 다양한 이해관계에 의해서 상징되는 현대 대중사회의 다양한 정치이념의 마이크로폰을 의미하는 정당은 개념필수적으로 복수정당일 수밖에 없다. G. Leibholz[36]가 전체국민의 정치적인 마이크로폰임을 자처하는 일당제도는 정당이라고 볼 수 없다고 지적하면서 정당은 다른 경쟁정당의 존재를 전제로 해서만 그 정당성이 인정된다고 강조하는 이유도 그 때문이다. 따라서 G. Leibholz[37]는 '전체국가'(totalitärer Staat)와 '민주국가'(demokratischer Staat)의 구별표준을 제 1 차적으로 복수정당제도의 유무에서 찾으려고 한다.

　아무튼, 정당은 국민이 국가정치에 참여하는 데 있어서 없어서는 아니될 정치활동의 매개체로서 오늘날처럼 다양한 이해관계가 대립되고 있는 다원적인 대중사회에서는 당연히 복수정당제도를 그 필수요건으로 한다. 그런데 이 같은 복수정당제도의 의의는 형식상 여러

33) Vgl. BVerfGE 1, 208(225); 44, 125(144ff.); *K. Hesse*(FN 2), S. 69ff.(69).
34) Vgl. (FN 2), S. 93ff., 120ff.
35) Vgl. (FN 2), S. 76.
36) Vgl. (FN 2), S. 75.
37) Vgl. (FN 2), S. 76.

개의 정당이 존재한다는 데 그치는 것이 아니고, 정당간에 자유롭고 평등한 정책경쟁을 통해서 정권 담당의 기회균등이 보장된다는 데 있다. 따라서 야당에게는 정치활동과 정책비판의 자유가 광범위하게 허용되어 차기선거에서 정권을 넘겨 받을 수 있는 사실상·법상의 기회가 보장되어야 한다. 정당에 관한 기타 상세한 설명은 뒤로 미루기로 한다.[38]

β) 다수결원칙

338

실질적
민주주의
실현수단

다수결원칙(Mehrheitsprinzip)은 민주주의의 실질적인 내용을 실현하기 위한 하나의 형식원리에 지나지 않는다는 점을 언제나 명심할 필요가 있다. 즉, '국민의 통치형태'인 민주주의가 국민투표에 의한 직접적인 형태를 띠건, 아니면 선거를 통한 간접적인 대의제형태를 띠건, 어느 경우라도 어떤 형식으로든지 '국민주권'·'자유'·'평등'·'정의'를 실현하는 방법에 관한 합의가 성립되지 않으면 아니 된다. 그런데 합

의사결정의
방법

의의 형식은 '전원일치'의 합의를 비롯해서 '다수결'의 합의, '단독결정'에 의한 합의 등 여러 가지를 생각할 수 있다. 하지만 언제나 '전원일치'의 합의만을 기대할 수는 없는 일이기 때문에 '전원일치'의 합의가 성립되지 않는 경우를 위해서 정책결정의 예비수단을 강구해 둘 필요가 있다. 사실상 전원일치의 결정방법만을 고집하는 경우 K. Hesse[39]가 지적하듯이 정치의 지나친 경화현상을 초래할 뿐 아니라 '전원일치'의 외형만을 간직한 채 실제에 있어서는 정치적인 갈등과 대립이 내부적으로 스며들어 위험한 폭발의 요인으로 축적되는 경우도 있을 수 있다. 다수결원칙은 '전원일치'의 바로 이와 같은 제도적 약점을 보완하기 위한 정책결정의 예비적인 수단을 뜻한다. 다수결원칙이 다시 '상대

다수결의
양태

적인 다수결'(relative Mehrheit), '절대적인 다수결'(absolute Mehrheit), '압도적인 다수결'(qualifizierte Mehrheit) 등 여러 가지 형식으로 응용되는 이유도 그 때문이다. 하지만 민주주의는 일정한 실질적인 가치질서를 그 내용으로 하는 통치형태이기 때문에 경우에 따라서는 상호이해와 전원합의에 의해서만 해결되고 처리될 수 있는 문제가 있을 수 있다는 점을 간과해서는 아니 된다. 이 경우에 상호간의 이해증진과 합

---

38) 뒤의 방주 369 이하 참조.
39) Vgl. (FN 2), S. 58.

의도달의 방법이 모색되어야 한다는 것은 두말할 필요가 없다. 따라서 예컨대 다수결원칙에 의해서 '국민주권'·'자유'·'평등'·'정의' 등 민주주의의 실질적 내용 그 자체를 배제하는 것은 다수결원칙의 제도적 한계를 일탈하는 일이다. 바로 이곳에 다수결원칙의 한계가 있다. 다수결원칙에 절대적인 힘을 부여함으로써 다수의 결정에 의하면 무엇이든지 가능하다고 믿는 이른바 상대적 민주주의와, 일정한 세계관 내지 가치관에 입각한 실질적 민주주의가 이념적으로 구별되는 이유도 그 때문이다. 비록 2/3 또는 3/4의 압도적인 다수결에 의한다 하더라도 헌법의 일정한 규정을 개정할 수 없도록 하는 현대민주주의국가의 많은 헌법은 다수결원칙의 이 같은 형식원리적 한계를 정확히 인식하고 있는 것이라고 할 것이다.

다수결의 한계

이처럼 민주주의실현의 한 수단에 불과한 다수결원칙은 현대의 다원적인 대중사회 내에 존재하는 다양한 정치적인 의견을 하나의 기속적인 의견으로 조정 내지 통일시키기 위한 합의의 원칙으로 그 합의과정이 복잡하고 지루한 것은 사실이나, 이 복잡하고 지루한 합의과정을 거치는 동안 상반되는 정치적인 이견이나 이해관계가 최대한으로 조정되고 접근될 수 있기 때문에 일단 합의가 성립된 경우에는 그 합의사항의 실현이 용이하다는 장점이 있다. 한 개인의 권위적인 발언이나 강권에 의한 정책결정의 방법이 절차적으로 손쉽고 간단할지 몰라도 그 결정내용을 실제로 관철시키는 데는 커다란 어려움과 강제력이 뒤따라야 되는 것과 대조적이다.

339
합의과정과 합의내용의 실현

그러나 다수결원칙도 그 본래의 제도적 취지에 따라 소수를 기속하고 소수의 복종을 요구하는 합의의 원칙으로 완전한 기능을 발휘하기 위해서는 U. Scheuner[40]의 말처럼 다음과 같은 여러 가지 전제조건이 충족되어야 한다.

340
다수결의 전제조건

첫째, 다수결원칙은 결정참여자 상호간에 평등한 지위가 전제될 때만 그 정당성을 인정받을 수 있다. 왜냐하면 이 경우 결정에 참여하는 모든 사람은 자기 주장을 관철시킬 수 있는 균등한 기회를 가지게 되기 때문이다. 결정참여자 상호간에 평등한 지위가 보장되지 않는 비정치적 생활영역에 다수결원칙을 함부로 적용할 수 없는 이유도 그 때

341
참여자의 평등한 지위

---

40) Vgl. (FN 20).

문이다.[41) G. Leibholz[42)나 R. Herzog[43)이 다수결원칙의 정당성을 결
정참여자의 평등한 지위에서 찾으려는 것도 결국 같은 취지라고 할 것
이다. 다수(pars maior)는 언제나 진리 내지는 보다 큰 합리성(pars
sanior)을 상징하는 것이라는 전제 아래 pars maior＝pars sanior의 공
식을 다수결원칙의 정당성 근거로 삼던 상대적 민주주의이론은 적어도
오늘날에 와서는 지양되었다고 보는 것이 옳다.

342
의사결정
방법의 합의

둘째, 다수결원칙을 정책결정의 수단으로 적용하는 데 대한 합
의가 우선 성립되어야 한다. 소수가 다수의 의사에 따른다는 원칙적인
합의가 성립되지 않는 경우에 다수결원칙을 적용하는 것은 결국 다수
의 소수에 대한 독재를 뜻하게 되기 때문이다. 그런데 이와 같은 합의
는 소수의 다수에 대한 신뢰를 전제로 해서만 가능하다. 즉, 다수가 민
주주의의 실질적 내용은 물론 민주주의의 일정한 형식원리를 존중하고
지킬 것이라는 신뢰가 없는 곳에는 그와 같은 합의가 성립될 수 없기
때문이다.[44)

343
상대적 대립

셋째, 다수결원칙의 적용에 대한 원칙적인 합의가 성립된 경우
라 하더라도 다수결의 결정과정에 참여하는 세력간에 절대로 조정될
수 없는 근본적인 대립관계가 존재해서는 아니 된다. 즉, 다수결원칙은
타협과 절충에 의해서 조정되고 극복될 수 있는 상대적인 대립관계를
전제로 할 때만 그 적용이 가능하다. 다수결원칙은 어느 정도의 기본적
인 Konsens를 전제로 해서만 그 기능을 발휘할 수 있다. 종교관·세계
관의 문제가 다수결원칙에 의해 해결될 수 없는 이유도 그 때문이다.[45)

344
자유토론

넷째, 다수결원칙은 자유롭고 평등한 토론을 통한 절충과 타협
을 필수적인 선행조건으로 하기 때문에, 절충과 타협의 자유분위기가
보장되어야 한다. 자유로운 절충과 타협에 의한 이해관계의 조정 내지
는 접근과, 논증을 통한 설득력만이 자발적인 승복의 요인이 되기 때
문이다.[46)

41) Vgl. *U. Scheuner*(FN 20), S. 9, 48; 뒤의 방주 351과 352 참조.
42) Vgl. (FN 2), S. 151.
43) Vgl. *R. Herzog*, Art. "Mehrheitsprinzip", in: EvStL, 2. Aufl.(1975), Sp. 1547ff.
    (1549).
44) Vgl. *U. Scheuner*(FN 20), S. 9f.
45) Vgl. *U. Scheuner*(FN 20), S. 54.
46) Vgl. *U. Scheuner*(FN 20), S. 63.

다섯째, 다수결원칙은 관점의 다양성과 다수관계의 가변성을 전 제로 한다.[47] 즉, 최소한 견해를 달리하는 두 입장의 대립이 없는 곳에 서는 다수결원칙은 무의미하다. 뿐만 아니라 다수와 견해를 달리하는 소수도 언젠가는 다수가 될 수 있는 제도적·법적 가능성이 보장되지 않는 경우에는 다수결원칙은 '영원한 다수'의 '영원한 소수'에 대한 독 재에 지나지 않게 된다. 소수가 다수에 승복하는 심리의 저변에는 다 수관계의 가변성에 대한 기대가 크게 작용하고 있다는 사실을 경시할 수 없다.[48]

345
다수관계의
가변성

위와 같은 다섯 가지 전제 조건이 완전히 충족되는 경우에만 다 수결원칙은 민주주의의 형식원리로서 그 기능을 발휘할 수 있다. 그렇 지만, U. Scheuner[49]의 말처럼 민주주의의 실질적 내용에 대한 사회 공동체의 Konsens와 '소수의 존립'에 관한 문제는 어떤 경우에도 다수 결원칙의 대상이 될 수 없다고 할 것이다. U. Scheuner가 다수결원칙 의 전제조건과 그 한계를 동시에 강조하는 이유도 그 때문이다.

346
다수결의
전제와 한계

또 P. Häberle[50]가 다수결원칙과 기본권과의 상호관계에 언급 하면서 다수결원칙에 의해 기본권이 침해될 수 있는 잠재적인 위험성 을 지적하고, 기본권의 안목에서 다수결원칙에 대한 이론이 아직도 미 흡한 점이 있다고 비판하는 것도 다수결원칙의 한계에 주의를 환기시 키는 것이라고 볼 수 있다.

γ) 소수의 보호

민주주의는 '국민주권'·'자유'·'평등'·'정의'의 실현에 관한 상이한 정책간의 경쟁을 전제로, 자유롭고 평등한 정책토론을 통해서 합의점을 모색함으로써 되도록 사회 각계 각층의 광범위한 지지와 동 의를 그 정책수행의 바탕으로 삼으려는 통치형태이기 때문에 '정책경 쟁'과 '정책의 선택가능성'(Alternativenoffenheit)을 그 불가결한 제도적 요건으로 하고 있다. 그런데 다수결원칙의 내용이 말해 주듯이 '정책경 쟁'과 '정책의 선택가능성'은 '소수의 보호'(Minderheitsschutz)를 통해서

347
정책경쟁과
정책의 선택
가능성

47) Vgl. *U. Scheuner*(FN 20), S. 10, 14, 43f., 55, 57. 동지: *P. Häberle*(FN 2), in: Verfassung als öffentl. Prozeß, 1978, S. 565ff.(574).

48) 동지: *G. Leibholz*(FN 2), S. 150.

49) Vgl. (FN 20), S. 60, 62.

50) Vgl. (FN 47), S. 576.

만 보장될 수 있다. 왜냐하면 오늘의 소수는 내일의 잠재적인 다수를 뜻하고 따라서 오늘의 소수가 내거는 정책은 내일의 다수정책으로, 이른바 '정책의 선택가능성'을 뜻하기 때문이다. U. Scheuner가 '소수의 존재' 그 자체를 위태롭게 하는 어떠한 다수결도 그 정당성을 인정받을 수 없다고 지적하면서 '소수의 보호'를 강조하고 있는 것도 그 때문이다. 총선거에서 패배한 야당이라 할지라도 차기선거에서는 여당이 될 수 있는 '정책의 선택가능성'을 뜻하기 때문에 오늘의 야당에 대한 보호가 없는 곳에 내일의 정책선택을 기대할 수는 없다. 이 같은 논리는 한 정당 내의 다수와 소수의 관계에서도 마찬가지이다. 즉, 정당의 정강정책을 결정하는 정치투쟁의 과정에서 패배한 '소수의 의견'이라 할지라도 정당 내에서 여전히 '정책의 선택가능성'을 뜻할 뿐 아니라 다음 번 전당대회에서는 당의 공식적인 정책으로 채택·반영될 가능성을 배제할 수 없기 때문이다. 따라서 '정책경쟁'과 '정책의 선택가능성'을 보장해 주는 '소수의 보호'야말로 민주주의를 실현하기 위한 중요한 형식원리가 아닐 수 없다. 쉴레(A. Schüle)[51]가 민주주의를 '관용(Toleranz)의 통치형태'라고 보는 이유도 소수에 대한 보호 내지 관용을

**관용의 통치
형태**

통해서 비로소 '정책경쟁'과 '정책의 선택가능성'이 보장되고, '정책경쟁'과 '정책의 선택가능성'을 보장하는 관용의 정치풍토에서만 민주주의의 바탕이 되는 Konsens가 형성될 수 있다는 점을 지적하기 위해서다. 소수가 다수의 의사에 복종하고 추종하는 이유는 반드시 다수의 의견이 옳다는 확신에서만 나오는 것은 아니다. 그보다는 U. Scheuner의 말처럼, 다수가 민주주의의 기본가치와 소수보호를 비롯한 민주주의의 형식원리를 지킬 것이라는 신뢰와 정책경쟁을 통한 다수관계의 가변성을 믿기 때문이다. 특히 영미법계통의 국가에서 J. Locke의 사상적 영

신뢰의 정치

향에[52] 따라 민주주의를 '신뢰의 정치'(Trust)로 이해하는 이유도 다수의 소수에 대한 보호와 소수의 다수에 대한 신뢰(Trust)를 민주주의의 요체로 보고 있기 때문이다.[53] 이렇게 볼 때 '소수의 보호'는 민주주의

---

51) Vgl. Demokratie als politische Form und als Lebensform, in: FS f. R. Smend (1952), S. 321ff.(335, 338).

52) Vgl. Two Treatises of Government(1690), Laslett-Ausgabe, Cambridge 1964, 2. Buch, § 95ff., § 134ff., § 142, § 149, § 156, § 161, § 164, u. § 171.

53) Vgl. *E. Fraenkel*, Die repräsentative und die plebiszitäre Komponente im demokratischen Verfassungsstaat, Tübingen 1958, S. 18.; *J. W. Gough*, John

가 '정책경쟁'을 통해서 내실 있는 통치형태로 발전하기 위한 가장 중
요한 민주주의의 형식원리가 아닐 수 없다. 민주주의의 형식원리에 속
하는 복수정당제도도 '소수의 보호'와의 상승작용에 의해서만 그 실질
적인 효력을 나타낼 수 있다. '소수의 보호'에 의해서 뒷받침되지 않는
'복수정당제도'는 형식상 여러 개의 정당이 존재한다는 것만을 내세워
서 사실상의 '일당독재'를 위장하기 위한 수단에 지나지 않겠기 때문이
다. '소수의 보호'를 무시하는 다수결원칙의 형식원리적 정당성이 부인
되고, '소수의 보호'를 그 이념적인 바탕으로 하지 않는 '복수정당제
도'가 그 실효성을 나타내지 못하는 곳에 '소수보호'의 형식원리적 '우
선성'(Priorität)이 있다.

소수의 보호
와 복수정당
제도

     '소수보호'를 제도화하는 구체적 수단으로는 여러 가지를 들 수
있다. 즉 헌법개정의 한계를 명시하는 것은 물론, 헌법개정에 2/3의 다
수결을 요하게 하는 것도 소수의 보호와 밀접한 관계가 있다. 왜냐하
면 헌법개정의 한계를 인정하는 것은 다수로 하여금 민주주의의 실질
적 내용을 침해할 수 없도록 제도화하는 것이고 2/3의 다수결요건은
1/3에 해당하는 이른바 '저지소수'(저지소수)(Sperrminorität)의 입장을 보
호함으로써 다수에 대한 소수의 정치적 지위향상을 꾀하는 것이라고
볼 수 있기 때문이다. 또 각종선거를 일정한 기간마다 반복되게 하는
것도 다수관계의 가변성을 전제로 소수로 하여금 다수가 될 수 있는
기회를 포착케 하기 위한 제도적 고려에서 나온 것이라고 볼 수 있다.
또 국회의 야당에게 일정한 야당으로서의 권리(국회소집요구권, 법률안제
출권, 탄핵소추발의권, 법률에 대한 위헌심사요구권 등)를 부여하는 것도 '소
수의 보호'를 통해서 민주주의를 활성화시키고 민주주의를 정상적인
궤도로 이끌기 위한 것이라고 볼 수 있다. 따라서 다수관계의 가변성
을 봉쇄하기 위해서 야당의 정치활동을 지나치게 제한 내지 금지하는
것이라든지, 선거주기를 지나치게 장기화하는 것, 헌법개정의 의결정
족수를 지나치게 줄이는 것, 국회 내 야당의 의회활동을 지나치게 제
약하는 국회법의 제정 등은 모두 민주주의의 소수보호정신에 반하는
것이라고 할 것이다. '소수의 보호'라는 형식원리가 중요시되거나 존중

348
소수보호의
수단

Locke's Political Philosophy, 2nd ed.(1973), pp. 136, p. 169; *W. Hennis*,
Amtsgedanke und Demokratiebegriff, in: FS f. R. Smend(1962), S. 51ff.(56).

되지 않는 경우에 민주주의는 결국 다수의 독재로 변질되고 만다는 사실을 명심할 필요가 있다.

c) 민주주의가 필요로 하는 윤리적 생활철학

349
민주시민의
품성과
생활화

민주주의 본질에 속하는 세 번째 요소는 민주주의가 필요로 하는 일정한 윤리적·도덕적 생활철학이다. 즉 민주주의의 실질적 내용과 민주주의의 형식원리는 민주사회에서 생활하는 모든 시민이 일정한 윤리적·도덕적 생활철학에 따라 행동할 때 비로소 존중되고 실현될 수 있는 것이기 때문이다. J. Isensee나 H. Peters[54]의 말처럼 '사랑'·'관용'·'공공심'·'책임감'·'대아적 자세'·'순수성'·'사리사욕을 초월할 줄 아는 생활태도'·'협상의 자세' 등 일정한 윤리적·도덕적 생활철학이 정치의 현장에서 지켜지지 않는다면 아무리 민주주의를 실현하기 위한 형식원리가 제도화되어 있다 하더라도 민주주의가 제도적으로 성공할 수는 없는 것이다. K. Stern[55]이 민주주의를 '가장 어려운 국가형태'(die schwierigste Stastsform)라고 부르는 이유도 그 때문이다. 많은 후진국에서 서구적 민주주의가 실패하는 이유도 주로 민주주의가 필요로 하는 일정한 윤리적·도덕적 생활철학이 생활화되어 있지 못하기 때문이라고 할 것이다.[56] 민주주의가 어린이의 교육에서부터 시작되어야 한다고 주장되는 이유는 민주주의가 필요로 하는 이와 같은 생활철학은 계획적이고 합리적인 교육을 통해서만 어렸을 때부터 습성화 될 수 있는 것이기 때문이다. 민주주의는 완성된 상태가 아니고 계속해서 발전해야만 되는 '과정의 형태'라고 지적하는 보임린(R. Bäumlin)[57]의 생각이나 '민주시민이 없는 곳에 민주주의가 없다'(Keine Demokratie ohne Demokraten)라는 J. Isensee의 말도[58] 따지고 보면 교육을 통한 민주적인 정치풍토의 조성을 강조한 것이라고 볼 수 있다. 따라서 시민의 비판적이고 민주적인 소양을 높일 수 있는 교육제도가 결핍되고, 민주시민적 생활태도가 오히려 이단시되는 사회풍토 속에서는 민주주의의 내일도 어둡다.

---

54) Vgl. (FN 2), S. 569; *J. Isensee*(FN 2: Essener Gespräche), S. 25도 동지이다.
55) Vgl. (FN 1), S. 447.
56) 동지: *K. Stern*(FN 1), S. 446.
57) Vgl. (FN 2), Sp. 367.
58) Vgl. (FN 54), S. 21.

3. 방어적 민주주의이론

민주주의는 '국민주권'·'자유'·'평등'·'정의'를 실현하기 위한
일정한 세계관 내지 가치관과 결부된 통치형태를 뜻하기 때문에 민주
주의는 결코 개성 없는 무방비한 통치형태는 아니다. 따라서 민주주의
의 형식원리를 악용해서 민주주의의 이와 같은 일정한 가치내용을 침
해하려는 민주주의의 적에 대해서는 민주주의도 스스로 투쟁적 내지
방어적 장비를 갖추지 않으면 아니 된다. 바로 이곳에 '투쟁적' 내지
'방어적' 민주주의(streitbare bzw. wehrhafte Demokratie)59)의 이론이 성
립되는 동인이 있다. 따라서 방어적 민주주의이론은 반드시 방어가치
가 있는 일정한 민주주의의 실질적 요소를 전제로 할 때만 그 논리가
성립될 수 있다. 동일성이론이나 다수결원칙에 의해서 민주주의를 이
해하던 바이마르공화국시대에 아직 방어적 민주주의이론이 탄생될 수
없었던 것도 그 때문이다. 제 2 차 세계대전까지는 '헌법의 보호'문제
만이 논의되었을 뿐 아직 '투쟁적 민주주의'의 문제가 제기되지는 못했
다. 그러던 것이 특히 독일에서 민주주의적 형식원리의 악용에 의해서
바이마르공화국이 몰락하고 나치독재정권이 탄생될 수 있었던 역사적
경험을 토대로 비로소 독일기본법의 탄생과 함께 처음으로 '투쟁적 민
주주의이론'이 성립되기에 이른 것이다.60) 하지만 투쟁적 민주주의이론
은 오늘날까지도 '헌법보호'와 관련해서 다루어지고 있다는 점을 주목
할 필요가 있다.61) '민주주의'의 이름으로, 민주주의의 실질적 요소를
침해하는 민주주의의 적으로부터 민주주의를 지키기 위한 투쟁적 민주
주의는 그것이 현대민주국가의 헌법질서 아래서는 '민주주의의 보호'
인 동시에 '헌법의 보호'를 뜻하게 되기 때문이다. 독일기본법이 기본
권의 실효제도($\frac{제18}{조}$)를 비롯해서 민주적 기본질서를 침해할 목적으로 조

---

59) '투쟁적 민주주의'(streitbare Demokratie)라는 개념을 처음 사용한 사람은, *Karl Mannheim*, Diagnose unserer Zeit, 1951, S. 9~23, insbes. 13ff., 17f.,으로 알려져 있다. 하지만 투쟁적 민주주의이론은 주로 독일연방헌법재판소의 판례를 통해서 확립된 것이다. Vgl. BVerfGE 5, 85(139); 25, 44(58); 25, 88(100); 28, 36(48); 28, 51(55); 30, 1(19, 30); 39, 334(349); 40, 287(291).

60) Vgl. *J. Lameyer*(FN 2), S. 17ff.

61) Vgl. *W. Schmitt Glaeser*, Mißbrauch und Verwirkung von Grundrechten im politischen Meinungskampf, 1968, S. 59f.

직된 단체나 정당을 금지 내지 해산시킬 수 있도록 규정($\substack{제9조 제2항과 \\ 제21조 제2항}$)한 것이라든지, 우리 현행헌법상의 위헌정당해산제도($\substack{제8조 제4항, 제89조 제14호, \\ 제111조 제1항 제3호, \\ 제113조}$)는 '투쟁적 민주주의'를 헌법적으로 제도화한 것이라고 할 것이다.

4. 비정치적 생활영역과 민주주의원리

351
민주화의
논리

민주주의는 국가의 통치형태에 관한 헌법적 개념임에도 불구하고 민주주의를 일종의 생활형식으로 이해한 나머지[62] 사회생활의 다른 분야에까지 민주주의원리를 적용하려는 경향이 60년대 후반부터 점점 뚜렷해지고 있다. "Democracy begins at home" 또는 '민주화'(Demo-kratisierung)라는 캠페인으로 상징되는 이와 같은 움직임은 경제생활의 분야를 비롯해서, 문화생활·학문활동·종교생활·학원생활·가정생활의 모든 분야에 이르기까지 무서운 세력을 가지고 번져 나가고 있다. '민주화'의 이름으로 주장되는 이 같은 요구의 핵심은 모든 생활관계를 민주주의의 형식원리(주로 다수결원칙)에 따라 형성하려는 것으로서 생활관계의 형성과정에 이해관계인의 적극적인 참여(Partizipation)와 발언권(Mitsprachrecht) 내지는 결정참여권(Mitbestimmungsrecht)을 쟁취하려는 것이다. 기업의 경영구조 내에서 노동력을 제공할 뿐인 피고용자가 자본을 출자하는 고용주와 동등한 경영결정권(paritätisches Mitbestimmungs-recht)을 요구하고 나서는 이른바 '경제민주주의'(Wirtschaftsdemo-kratie) 내지는 '경영민주주의'(Betriebsdemokratie)를 비롯해서, 모든 학사행정에 피교육자인 학생이 교육자인 교수와 대등한 입장에 서서 참여할 것을 주장하고 나서는 이른바 '대학민주주의'(Universitätsdemo-kratie)에 이르기까지 '민주화'의 양상은 다양한 형태를 띠고 있다. 또 이와 같은 '민주화'의 경향을 이론적으로 옹호하려는 학자도 없지 않다.[63]

352
민주화의

하지만 민주주의는 어디까지나 국가의 정치생활을 그 적용 영역으로 하는 국가의 통치형태를 뜻하기 때문에 비정치적인 생활영역에

---

62) 민주주의를 '생활형식'으로 이해하는 대표적 학자는 A. Schüle와 L. Roos라고 볼 수 있다. Vgl. *A. Schüle*(FN 51); *L. Roos*, Demokratie als Lebensform, 1969.

63) 예컨대, (FN 62), Dazu noch vgl. *J. Habermass*, Protestbewegung und Hochschul-reform, 1969; *F. Vilmar*, Strategien der Demokratisierung, 2 Bde., 1973; *H. Ridder*, Zur verfassungsrechtlichen Stellung der Gewerkschaften im Sozialstaat nach dem Grundgesetz für die Bundesrepublik Deutschland, 1960; *R. Bäumlin*(FN 2), Sp. 367.

이를 확대·적용하려는 데는 엄격한 한계가 있다는 점을 주의해야 한다. 예컨대, 정치적 의사형성의 방법인 다수결원칙이 그대로 모든 사회생활의 분야에 적용될 수는 없기 때문이다. 또 본래 비정치적인 사회생활은 민주주의원리와는 또 다른 생활원리에 의해서 규제되고 있다는 사실을 도외시해서도 아니 된다. 예컨대, 경영구조 내에서는 경영합리화를 통한 이윤의 증대라는 관점이 경영방침의 중요한 결정요인이 될 것이고, 대학사회 내에서는 학문연구의 실적을 높임으로써 국가와 사회의 정신적·물질적 생활을 윤택하게 함과 동시에 합리적인 교육을 통해서 피교육자의 인격형성을 돕는다는 교육효과적 측면이 중요시되어야 하겠기 때문이다. 따라서 국가적 정치과정에서 발생한 민주주의원리를 비정치적인 사회생활의 영역에 그대로 적용하려는 이른바 '민주화'의 물결은 크게 경계해야 할 일이라고 할 것이다. '국가'와 '사회'의 이원론은 민주주의원리를 적용하는 데도 존중되어야 한다고 본다. 대부분의 헌법학자가 '민주화'의 움직임에 대해서 회의적이고 비판적인 입장을 견지하고[64] 있는 것도 결코 우연한 일은 아니라고 할 것이다.

한계

5. 민주주의의 유형

민주주의제도는 여러 가지 표준에 따라서 이를 유형적으로 분류할 수 있다. 한편 민주주의가 그 내용으로 하는 '국민주권'의 표현형태에 따라 민주주의를 '직접민주주의'(unmittelbare Demokratie), '간접민주주의'(mittelbare Demokratie), '혼합민주주의'(gemischte Demokratie)로 분류할 수 있고, 다른 한편 민주주의의 실질적 요소에 속하는 '국민주권'·'자유'·'평등'·'정의'의 개별적 강조형태 내지는 그 조화의 비율에 따라 민주주의를 '자유민주주의'(freiheitliche Demokratie), '평등민주주의'(egalitäre Demokratie), '절대민주주의'(absolute Demokratie), '제한민주주의'(beschränkte Demokratie)로 나눌 수 있다. 이들 여러 가지 민

353
표준의
다양성

---

64) 예컨대, *K. Stern*(FN 1), S. 471ff.; *W. Schmitt Glaeser*(FN 2); *Th. Maunz*(FN 2), S. 67; *M. Hättich*, Demokratie und Demokratismus, in: Gesellschaftspolitische Kommentare, 1969, S. 259ff.; *W. Hennis*, Demokratisierung - Zur Problematik eines Begriffs, 1970, S. 24; *U. Scheuner*(FN 20), S. 46, 49; *H. H. Rupp*, "Gruppenuniversität" und Hochschulselbstverwaltung, Wissenschaftsrecht 7(1974), S. 89ff.

주주의의 유형은 결국 민주주의이념을 실현하기 위한 여러 가지 제도
적인 시도라고 평가할 수 있다. 이를 분설하면 다음과 같다.

(1) 직접·간접·혼합민주주의

354
국민주권의
표현형태

민주주의를 '국민주권'의 표현형태에 따라 직접·간접·혼합민주
주의로 나누는 것은 민주주의의 가장 보편적인 분류형태이다.

a) 직접민주주의

355
국민투표적
민주주의

직접민주주의는 국가의 중요한 정책결정이 국민표결(Referendum,
Volksabstimmung), 국민발안(Volksbegehren, Volksinitiative) 등 국민의 직
접적인 정치참여에 의해서 이루어질 뿐 아니라 국가의 고급관직이 모
두 국민의 직접선거에 의해서 선출되고 이들 선출된 고급공무원은 언
제든지 국민에 의해서 소환(Recall, Volksabberufung)될 수 있도록 함으
로써 '국민주권'이 직접적인 통치권의 행사형태로 나타나는 민주주의
의 유형을 말한다. 직접민주주의는 따라서 '국민투표적 민주주의'
(plebiszitäre Demokratie)라고도 불려진다. 고대국가와 달라 대부분 광범
위한 영토를 그 통치단위로 하고 인구가 많은 현대국가에서 이와 같은
순수한 직접민주주의가 실현될 수 없다는 것은 명백하다. 더욱이 오늘
날처럼 기술문명이 고도로 발달되고 모든 생활분야가 전문화된 시대에
국가의 정책결정은 고도의 전문적인 지식을 요하기 때문에 필요한 전
문적인 지식을 갖추지 못한 모든 국민이 국가의 모든 정책결정에 참여

중우정치

한다는 것은 결국 중우정치(Ochlokratie)를 실현하는 결과밖에 되지 못
한다. Rousseau의 사상적 세계에서 그처럼 열망된 직접민주주의가 오
늘날 거의 그 예를 찾아볼 수 없게 된 것도 결코 우연한 일만은 아니
다. 많이 약화된 형태지만 그래도 아직까지 직접민주주의의 흔적을 가
장 많이 간직하고 있는 나라는 역시 스위스, 특히 스위스의 각 지방
(Kantone)이라고 할 것이다.[65]

b) 간접민주주의

356
대의
민주주의

간접민주주의는 국민이 직접 국가의 정책결정에 참여하는 대신
선거를 통한 대의기관(대통령·국회·선거공무원 등)으로 하여금 통치권을
담당케 하고 이 대의기관의 통치권행사를 여론(öffentliche Meinung) 내

---

65) 예컨대, Zürich Kanton 헌법 Art. 30 Ⅱ Ziff. 3 참조.
스위스에서의 직접민주주의의 문제점에 대해 특히 *W. Kägi*, Direkte Demokratie
in Gefahr?, 1958, 참조.

지는 주기적인 선거를 통해서 통제 내지 정당화시킴으로써, '국민주권'
이 통치권의 담당자를 결정하고 그 통치권행사를 정당화시키는 선거의
형태로 나타나는 민주주의의 유형을 말한다. 간접민주주의를 대의민주
주의(repräsentative Demokratie)라고 부르는 이유도 그 때문이다. 그러나
국민이 선출한 대의기관은 법적 의미에서 국민의 대리기관(Vertretung
im juristischen Sinne)은 아니다. 간접민주주의의 대의기관은 일단 선출
된 후에는 법상 국민의 의사와 관계 없이 독자적인 양식과 판단에 따
라 정책결정에 임하기 때문이다. 선출 후에도 정책결정을 할 때마다
국민의 의사를 타진하고 국민의 구체적인 지시에 따라서 행동하고 그
위임사항만을 집행하는 이른바 '위원회제민주주의'(Rätedemokratie)의
'명령적 위임관계'(imperatives Mandat)와는 달리 대의민주주의의 대의
기관은 '자유위임관계'(freies Mandat)를 그 특징으로 한다.66) 따라서
'대의민주주의'와 '위원회제민주주의'는 엄격히 구별해야 한다. '위원회
제민주주의'는 국민의 '직접적인 자기통치'를 추구하는 통치형태로서
국민에 의해서 선출된 이른바 '위원회'(Räte)가 입법권과 행정권을 통
합행사하지만, 언제나 국민의 위임사항에 엄격히 기속되는 까닭에 다
른 공무원이나 법관과 마찬가지로 언제든지 국민에 의해서 소환될 수
있는 이른바 '명령적 위임관계'를 그 내용으로 하는 민주주의의 유형을
말한다.67)

명령적 위임
과 자유위임

　　대의민주주의에 있어서의 대의관계는 '명령적 위임관계'가 아닌
'자유위임관계'인 까닭에, 대의기관의 정책결정이나 정책수행이 설령
국민의 의사에 반한다 하더라도 다음 선거에서 그 책임과 신임을 물을
때까지는 당연히 국민의 추정적 동의가 있는 것이라고 간주되는 것이

357

선거와 정책
결정의 분리

66) '명령적 위임관계'(imperatives Mandat)와 '자유위임관계'(freies Mandat)의 상세한
　　점에 대해서는 다음 문헌 참조.
　　U. Bermbach, in FS f. C. F. Friedrich(1971), S. 497ff.; *Chr. Müller*, Das
　　imperative und freie Mandat, 1966; *P. Kevenhörster*, Das imperative Mandat,
　　1975; *Fr. Koja*, Das freie Mandat des Abgeordneten, 1971; *P. Krause*, DöV
　　1974, S. 325ff.; *K. Stern*(FN 1), S. 841ff.
67) 위원회제민주주의에 관한 문헌으로는 다음과 같은 것이 있다.
　　W. Gottschalch, Parlamentarismus und Rätedemokatie, 1968; *P. Kevenhörster*,
　　Das Rätesystem als Instrument zur Kontrolle wirtschaftlicher und politischer
　　Macht, 1974; *P. v Oertzen*, Freiheitliche demokratische Grundordnung und
　　Rätesystem, in: E. Denninger(Hrsg.), Freiheitliche demokratische Grundordnung,
　　Bd. 1, 1976, S. 208ff.

그 특징이다. Bäumlin[68]이 대의민주주의에 있어서의 '책임정치'를 특히 강조하는 이유도 그 때문이다. 사실상 대의민주주의는 임보든 (Imboden)[69]이 보는 것처럼 국민과 그 대의기관의 어떤 공통적인 가치관이나 유대관계만을 그 본질로 하고 있는 것은 아니다. 만일 대의민주주의가 Imboden의 견해처럼 어떤 공통적인 가치관이나 유대관계만을 그 바탕으로 하는 것이라면, 그의 말대로 이 공통의 유대관계가 성립되기 어려운 다원적 사회에서 대의제도는 더 이상 정당화될 근거가 없다고 할 것이다. 하지만 대의민주주의는 Bäumlin[70]이 지적하는 것처럼 어떤 특수한 역사적 상황 속에서 우연히 탄생된 제도가 아니고, 대의기관의 '선거'(Personenwahl)와 '정책결정'(Sachentscheidung)을 분리해야 된다는 지혜로운 생활경험을 그 토대로 하는 것이기 때문에 대의기관에 의한 정책결정을 단순히 국민의 의사에만 의존시킬 수는 없다고 할 것이다. 생활관계가 점점 기술화되고 국제관계가 점점 복잡해지는 오늘날 이른바 '엘리트'(Elité)에 의한 정책결정이 불가피하게 된

선거를 통한
정책통제와
정당화

사실을 염두에 두고 현대민주주의를 이른바 '엘리트민주주의'(Elité-demokratie)라고 표현하는 현대인의 심리 속에는 이미 '대의기관의 선거'를 통해 스스로 '정책결정'에 참여한다는 전근대적 민주주의의 사고방식은 지양된 것이라고 볼 수 있다. 대의민주주의의 엑센트는 '참여'(Mitwirkung)에 있는 것이 아니고 정책의 '통제'(Kontrolle) 내지 '정당화'(Legitimation)에 있다는 점을 잊어서는 아니 된다. 선거제도의 합리적인 입법과 선거의 합리적인 운영이 대의민주주의에서 특히 중요시되는 이유도 선거를 통한 정책의 '통제' 내지 '정당화'가 대의민주주의의 사활을 좌우하는 문제이기 때문이다.

358
대의민주주
의와 의회
민주주의

대의민주주의와 개념상 구별을 요하는 것이 '의회민주주의' (parlamentarische Demokratie)다. 대의민주주의는 간접민주주의의 대명사지만 의회민주주의는 대의민주주의의 한 형식에 불과하기 때문이다. 간접민주주의 내지 대의민주주의는 민주주의의 유형과 관련된 개념이지만 의회민주주의는 엄격히 따져서 정부형태(대통령제·의원내각제 등)와 관련된 개념이기 때문이다. 따라서 모든 대의민주주의가 의회민주

---

68) Vgl. (FN 2), Sp. 364ff.(365).
69) Vgl. Staatsformen: Die politischen Systeme, 1974, S. 26.
70) Vgl. (FN 2), Sp. 366.

주의인 것은 아니다. 예컨대, 미합중국과 우리나라는 대의민주주의의
나라일지라도 의회민주주의가 아닌 대통령제를 채택하고 있기 때문이
다. 이에 반해서 영국과 독일은 대의민주주의인 동시에 의회민주주의
의 나라이다. 특히 독일과 같은 의회민주주의의 나라에서 보는 바와
같이 정부(내각)와 의회다수당의 동질성(Homogenität) 때문에 정부와 의
회의 권력통합현상이 나타나고 그것은 결국 권력분립의 정신에 반하는
것이라는 논리도 성립될 수 있지만, 적어도 독일에 관한 한 정부와 의
회다수당의 동질성이 크게 정치적인 위험 요소가 될 수 없다. 왜냐하면,
연방헌법재판소의 강력한 권력통제기능을 비롯해서 연방의회(Bundestag)
와는 그 구성세력을 달리하는 연방참사원(Bundesrat)의 광범위한 정치
형성기능을 통해서 정부와 의회다수당의 정치활동이 충분히 감시 내지
통제되고 있기 때문이다. 또 미합중국의 정치현실에서 보는 바와 같이
정부와 의회다수당의 동질성에도 불구하고 입법부와 행정부간에 권력
의 견제와 균형이 유지되고 있는 경우도 볼 수 있다. 따라서 특히 의회
민주주의에서 나타나는 정부와 의회의 동질성을 논거로 해서 대의민주
주의가 권력분립을 반드시 그 형식원리로 하는 것은 아니라고 주장하
는 것은 지나치게 성급한 판단이라고 할 것이다.

　　c) 혼합민주주의

　　혼합민주주의는 직접민주주의와 간접민주주의의 제도적 내용을
혼합함으로써 '국민주권'이 통치권의 직접적인 행사형태로도 나타나고
또 통치권을 정당화시키는 선거의 형태로도 표현되는 민주주의의 유형
을 말한다. 직접민주주의를 주로 하는 혼합민주주의, 간접민주주의를
주로 하는 혼합민주주의 등 여러 가지 유형을 생각할 수 있으나, 오늘
날 혼합민주주의를 채택하는 나라들의 일반적인 경향은 간접민주주의
를 주로 하고 이에 직접민주주의의 제도를 가미하는 방향으로 흐르고
있다고 할 것이다. 혼합민주주의에서 주로 애용되고 있는 국민표결
(Volksabstimmung)제도는 특히 헌법개정과 관련해서 많은 나라가[71] 이
를 채택하고 있지만, 그 제도적인 악용의 위험성과, 대의민주주의와의
이론적인 조화의 어려움 때문에 이를 처음부터 도외시하고 있는 나라

359
간접민주주
의에 직접
민주적 요소
가미

---

71) 예컨대, 프랑스헌법 제89조 제 2 항; 이탈리아헌법 제138조 제 2 항; 오스트리아헌법
　　제44조 제 3 항과 제45조; 스위스헌법 제192조 이하, 참조.

도 있다. 독일이 그 대표적인 예이다.

(2) 자유·평등·절대·제한민주주의

360
실질적 요소
의 실현형태

민주주의의 실질적 요소인 '국민주권'·'자유'·'평등'·'정의'의 실현형태를 표준으로 해서 '자유민주주의'·'평등민주주의'·'절대민주주의'·'제한민주주의'로 나눌 수 있다.

a) 자유민주주의와 평등민주주의

361
자유우선과
평등우선

민주주의의 실질적 요소 중에서도 특히 '자유'의 실현을 중요시함으로써 '자유'와 '평등'의 이념적인 갈등과 대립을 '자유우선'의 원칙으로 해결하려는 민주주의의 유형을 '자유민주주의'(freiheitliche Demokratie)라고 하고, 그와 반대로 '평등의 원칙'을 '자유'에 우선시키려는 민주주의의 유형을 '평등민주주의'(egalitäre Demokratie)라고 할 수 있다. 미합중국이 자유민주주의의 대표적인 예라면 프랑스는 평등민주주의의 나라라고 볼 수 있다.

b) 절대민주주의

362
국민주권과
국민의사의
우월성

'절대민주주의'(absolute Demokratie)는 의제적인 '국민의 의사'(Volkswillen)에 절대적인 가치를 부여함으로써 '국민의 의사'를 제외한 어떠한 객관적인 가치도 이를 인정치 않기 때문에 민주주의의 '국민주권'(Volkssouveränität)적 요소가 국민의 절대적인 지배형태로 나타나는 민주주의유형을 말한다. '절대민주주의'는 '국민주권'을 '자유'·'평등'·'정의' 등의 나머지 민주주의의 실질적 요소보다 우선시키기 때문에, 필요한 경우 '자유'·'평등'·'정의'의 객관적 가치를 '국민의 의사'에 의해 희생시킬 수 있는 것이 특징이다. '절대민주주의'는 이처럼 '가치중립성'(Wertneutralität)을 그 출발점으로 하기 때문에 '국민의 의사'에 따라 '가치의 내용'이 그때마다 달라질 수 있는 것을 그 본질로 한다. 따라서 '국민의 의사'를 결정하는 데 있어서 불가결한 '다수결원칙'은 절대민주주의의 가장 중요한 내용이 될 수밖에 없다. Rousseau

상대적
민주주의

의 사상적 세계를 그 본고장으로 하는 절대민주주의는 또 '상대적 민주주의'(relative Demokratie)라고도 부를 수 있는데 그것은 그 '가치의 상대성' 때문이다. 이 같은 '절대민주주의' 또는 '상대적 민주주의'가 민주주의와 정반대인 독재 내지는 자의적인 통치형태로 변질될 수 있다는 점은 이미 여러 차례 언급한 바 있다. 정치적 후진국의 민주주의는 대부분 절대민주주의의 성격을 띠는 것이 특징이다.

  c) 제한민주주의

'제한민주주의'(beschränkte Demokratie)는 두 가지 상이한 내용을 내포하고 있다. 첫째, 직접민주주의에서 정책결정에 참여할 수 있는 국민의 범위가 제한된 경우를 '제한민주주의'라고 부르는 때가 있다. 이 경우 정치적인 평등을 그 실질적 요소로 하는 민주주의에서 어떻게 참정권을 일부 국민에게 제한할 수 있겠는가의 문제가 제기되지만, 이것은 H. Peters[72]의 말처럼 그 사회를 지배하는 사회통념에 따라 정해질 문제이다. 예컨대, 고대 희랍에서 노예에게 참정권이 주어지지 않았었다고 해서 고대 희랍을 민주국가가 아니라고 볼 수는 없는 것과 같다. 또 현대에 와서도 스위스는 1971년까지도 모든 여성에게 투표권을 주지 않고 있었지만[73] 그렇다고 해서 스위스를 민주국가가 아니라고 말할 수는 없다. 스위스는 이런 관점에서 '제한민주주의' 국가였다고 볼수 있을 것이다. 둘째, '제한민주주의'는 간접민주주의에서도 나타나는 개념이다. 즉, 간접민주주의가 민주주의원리 이외의 다른 구조적 원리에 의해서 그 기능적인 면에서 제약을 받을 때 이를 특히 '제한민주주의'라고 부르기도 한다. 예컨대 대의민주주의가 연방국가원리에 의해서 그 기능이 제약되거나, 대의민주주의가 입헌군주제도에 의해서 그 기능이 제약되는 것 등이 대표적인 예다. 이런 의미에서 오늘의 스페인은 '제한민주주의'의 나라라고 볼 수 있다.

363
두 가지 유형

6. 민주주의의 위기?

E. Forsthoff[74]가 70년대 초에 기술문명의 발달에 따른 현대산업국가 내지는 민주주의의 문제점들을 예리하게 지적한 이후 민주주의의 위기가 자주 논의의 대상이 되고 있다. 즉, 기술문명이 발달하면 할수록, 장기적인 정책수립이 불가피해지면 질수록, 또 국제관계가 복잡해지면 질수록, 정치는 점점 전문화될 수밖에 없고 정치가 전문화된다고

364
정치의
전문화

---

72) Vgl. (FN 2), Sp. 572.

73) 스위스에서의 여성참정권 문제에 대해서는 다음 문헌 참조. *U. Häfelin*, Die Fortbildung des schweizerischen Bundesstaatsrechts in den Jahren 1954~1971, JöR, NF. Bd. 22(1973), S. 1ff.(11ff.). 동시에 스위스연방헌법 제136조 참조.

74) Vgl. Der Staat der Industriegesellschaft, 2. Aufl.(1971).

하는 것은 결국 전문적인 식견을 갖추지 못한 국민대중의 정치적인 판
단 내지는 활동의 영역이 그만큼 제한되는 것을 뜻하기 때문에 국민의
적극적인 정치참여를 그 본질로 하는 민주주의가 기능적으로 위협을
받게 된다는 점이 지적되고 있다.[75]

(1) 사항강제와 민주주의

365

사항특성,
사항법칙,
사항강제
와 정책결정

기계문명의 발달에 따른 생활관계의 전문화현상은 정치적인 분야
에 이르기까지 심각한 기능적인 변화를 가져오고 있는 것이 사실이
다. 특히 전통적인 의미에 있어서의 정치적인 고려에 의한 '정책결정'
(politische Willensentscheidung)이 점점 그 비중과 기능이 약화되고 그
대신 기술문명의 발달에 수반되는 이른바 '사항특성'(Sachspezifität),
'사항법칙'(Sachgesetzlichkeit), '사항강제'(Sachzwang) 등이 두드러지게
정치생활의 표면에 나타나기 때문에 '정치적인 결단'은 오히려 '사항특
성', '사항법칙' 또는 '사항강제'에 의해서 이미 예정되게 되는 경우가
허다하다. 이처럼 '사항특성', '사항법칙' 또는 '사항강제'에 의해서 그
결정이 미리 예정되는 경우에 이를 확인하는 정도에 불과한 정책결정
이 전통적인 의미에서의 '정치적인 결단'과 거리가 멀다고 하는 것은
두말할 필요가 없다. '사항특성', '사항법칙' 또는 '사항강제'에 의해서
강요되는 정책은 국민의 정치적 의사형성과는 아무런 관계가 없는 것
이기 때문에, 국민의 정치적 의사형성의 방향을 정책결정의 바탕으로
삼는 민주정치의 양상이 크게 달라지고 있는 것이 사실이다. 더욱이
정치적인 고려보다는 '사항특성', '사항법칙' 또는 '사항강제'가 정책결
정을 지배하게 되면, 결정사항의 '전문성' 때문에 그만큼 전문적인 기
술인들의 의견이나 발언권이 존중될 수밖에 없고, 그것은 결국 국민의
정치적인 의사형성에 의한 민주적인 정당성보다 전문적인 기술인의 의
견이 정치현실에서 더욱 중요시되는 결과가 된다. 이른바 Techno-

테크노크라
트의 비중과
영향 증가

kratie라는 개념이 성립되는 이유도 그 때문이다. 이 같은 Techno-
kratie의 현상은 국가의 통치질서 내에도 영향을 미쳐 사항의 전문성이
요구하는 전문적인 기술인을 다량으로 확보하고 있는 행정부가 입법부
보다 월등하게 유리한 입장에 서게 된다. 그러나 정책결정에 있어서

---

75) Vgl. *K. Hesse*(FN 2), S. 67f.; *E. Forsthoff*(FN 2), S. 96; *H. Schelsky*, Der
Mensch in der wissenschaftlichen Zivilisation, 1961, S. 21ff.; *W. Leisner*(FN 2).

행정부가 입법부를 누르고 일방적으로 독주하게 되는 것은 의회민주주의에 대한 위협을 뜻하기 때문에, 어떤 형식으로든지 의회의 전문성을 높여야 된다고 하는 소리가 높아질 수밖에 없다. 이와 같은 관점에서 볼 때, 예컨대 우리 헌법에 규정된 국회의원의 비례대표제($\frac{제41조}{제3항}$)를 국회의 전문성을 높일 수 있도록 합리적으로 운영하는 경우 바람직한 제도로 발전할 수도 있다고 본다.

(2) 장기계획과 민주주의

예로부터 장기적인 정책수립은 정치현실에서 드문 현상이 아니었지만, 기술문명의 발달로 인해서 10년·20년 앞을 내다보는 이른바 '장기적인 계획'의 필요성은 더욱 커진 것이 사실이다. 에너지 문제에 대한 장기 계획에 따라 여러 나라가 대체 에너지개발에 주력하고 핵발전소를 다투어 건설하고 있는 것이 그 대표적인 예라고 볼 수 있다. 그러나 이와 같은 장기적인 계획에 입각한 정책수립도 민주주의의 관점에서 문제가 없는 것은 아니다. 즉, 특히 세 가지 관점에서 그 문제점이 지적될 수 있다. 첫째는 장기적인 정책수립의 민주주의적 정당성의 문제가 그것이고, 둘째는 장기적인 정책수립에 내재된 정책의 고정성 내지 불가변성의 문제가 그것이고, 셋째는 장기적 계획에 의한 정책수행에 따르는 의회기능의 약화 문제가 그것이다.

첫째, 민주주의는 통치권행사가 국민의 정치적 의사형성에 의해서 주기적으로 정당화될 것을 요구한다. 그러나 장기적인 정책수립에 있어서는 그 정책의 영향이 일정한 기간에 끝나는 것이 아니고 장구한 세월 지속되는 것을 그 본질로 하기 때문에 현재의 시한부정권담당자가 누구로부터 미래의 세대를 기속하는 장기계획을 수립할 수 있는 정당성을 인정받게 되느냐의 문제가 제기되는 것이다.

둘째, 장기적인 계획에 입각한 정책수립과 정책시행은 그것이 대부분 일정한 '확정사실'을 누적시키면서 점차적으로 정책목표에 접근되는 것이 원칙이기 때문에, 처음부터 국가예산의 세입·세출별항목이 장기적으로 확정되게 마련이다. 따라서 정책실시과정에서 이를 함부로 변경할 수 없는 것은 물론, 일단 예산지출에 의해서 마련된 '확정사실'은 정책변경에 의해서도 이를 쉽사리 철회할 수 없는 것(Irreversibilität)을 그 특징으로 한다. 따라서 미래의 세대를 예산적인 측면에서 이처

366
장기계획의 필요성 증가와 민주주의의 이념

민주적 정당성

확정사실과 기속력

럼 묶어버리는 장기적인 정책수립이 어떻게 미래세대의 민주적인 감정
을 만족시킬 수 있겠는가의 문제가 제기된다.

　　셋째, 장기계획은 그 성격상 전통적인 행정작용으로 간주되기 때
문에 입법기관이 이에 관여할 수 있는 기술적·절차적 방법이 아직은
애매한 관계로 장기계획의 증가현상과 장기계획에 의한 정치형성은 결
국 국민의 의사를 대변한다고 불려지는 의회의 행정통제적 기능을 약
화시키는 결과가 되고 그로 인해서 대의민주주의가 기능적으로 위협을
받게 된다는 문제가 지적될 수 있다. 옷슨뷜(F. Ossenbühl)을 비롯한 많
은 학자가[76] 의회의 적극적인 참여하에 이루어질 수 있는 장기계획의
방법적 가능성을 타진하는 것도 장기계획에 내포되고 있는 민주적 정
당성의 문제점을 소홀히 할 수 없다는 인식에서 나온 것이라 할 것이다.

**의회의
행정통제
기능 약화**

　　따지고 보면 이와 같은 문제는 헌법학의 '영원한 과제'(Ewig-
keitsfrage)일는지도 모른다. 그러나 구태여 이에 대한 해답을 찾는다면
Ossenbühl[77]처럼 현세대와 미래의 세대간에 존재한다고 추정할 수 있
는 '신탁관계'(Treuhandverhältnis), 또는 '오늘에 결정을 하지 않으면 내
일에 가서는 이미 늦어지고마는' 이른바 '사항강제'(Sachzwang)의 이론
에 의해서 장기적인 정책수립을 정당화할 수밖에 없다고 본다. 또 장
기계획의 증가에 따르는 입법부의 기능약화 문제도, 장기계획을 수립
하는 '계획과정'에 입법부가 참여할 수 있는 적절한 방법을 모색하는
것이 불가능하지 않다고 보여지기 때문에[78] '장기계획'의 정치형태가
가져오는 행정부와 입법부간의 권한조정문제도 이를 민주적인 방법으
로 해결할 수 있다고 할 것이다.[79]

**신탁관계와
사항강제**

---

76) 예컨대, Vgl. *F. Ossenbühl*, Gutachten f. d. 50. Dt. Juristentag, in: Verhand-
lungen d. 50. Dt. Juristentages, Bd. 1, Teil B, 1974; *R. Wahl*, Rechtsfragen der
Landesplanung und Landesentwicklung, 2 Bde., Berlin 1978; *W. G. Vitzthum*,
Parlament und Planung: Zur verfassungsgerechten Zuordnung der Funktion von
Bundesregierung und Bundestag bei der politischen Planung, Baden-Baden,
1978.

77) Vgl. Rundfunkprogramm-Leistung in treuhänderischer Freiheit, DöV 1977, S.
381ff.(384).

78) 예컨대, *W. G. Vitzthum*(FN 76), S. 401ff.,의 이에 관한 제안을 참조할 것.

79) 동지: 예컨대, *W. G. Vitzthum*(FN 76), S. 331f., 362, 363.

(3) 국가간의 의존도 증가와 민주주의

오늘날의 세계는 이데올로기의 차이에도 불구하고 국가 상호간에
서로가 다원적으로 의존하고 있는 관계라고 할 수 있다. 정치적·경제
적 분야는 물론 문화적·학문적 분야에 이르기까지 다른 나라의 정신
적·물질적 도움이 없이 독자적으로 국제 무대에서 유아독존할 수는
없게 된 것이 사실이다. 각종 국제적인 조직이 헤아릴 수 없이 많이 생
기고 있는 것도 그 단적인 증거이다. 따라서 이처럼 국가간의 상호의
존도가 커지면 커질수록, 국가의 독자적인 정책결정의 범위가 좁아질
수밖에 없고, 그것은 결국, 국민의 정치적 의사형성에 의해서 좌우될
수 있는 정치적인 재량의 여지가 줄어든다는 것을 뜻하게 된다. 말하
자면 국제정치적 힘의 역학에 의해서 한 나라의 정치노선이 이미 일정
한 방향으로 예정되게 된다는 것을 의미한다. 바로 이곳에 국제관계의
긴밀성이 민주주의의 정치현실에 위협이 될 수도 있다는 논거가 있다.

(4) 위기의 대응책

민주주의에 위협이 된다고 지적되고 있는 위와 같은 정치형태는
분명히 가볍게만 보아 넘길 수 있는 문제는 아니다. 그렇다고 해서 '민
주주의의 위기'를 논하고 민주주의에 대치될 수 있는 새로운 통치형태
를 모색하려는 것도 아직은 시기상조의 일이라고 생각한다. 민주주의
가 아직도 '국민주권'·'자유'·'평등'·'정의'를 실현하기 위한 가장 효
과적이고 기능적인 통치형태로 입증되고 있는 오늘날, 민주주의의 형
식원리를 부분적으로 고쳐나가는 것은 몰라도 통치형태로서의 '민주주
의'그 자체를 문제로 삼는 것은 매우 경솔한 일이라고 지적하지 않을
수 없다. 기술문명의 발달에 따른 '사항강제'(Sachzwänge)와 국가간의
긴밀한 유대관계가 특히 '국민의 정치적 의사형성과정'에 일정한 제약
을 가하는 것은 사실이지만 그렇다고 해서 Hesse[80]의 말처럼, 이를 지
나치게 과장할 필요는 아직 없다고 본다. 민주주의를 올바르게 이해하
고 민주주의의 여러 가지 형식원리를 합리적으로 제도화하고 운영하는
경우 '사항강제'에서 야기되는 문제를 비롯해서 민주주의를 위협한다
고 지적되는 대부분의 문제가 해결될 수 있다고 믿는다. 특히 대의민
주주의의 '책임정치적 성격'을 정확히 파악하고, 대의기관에 의한 '정

367
국제관계와
정책결정

368
대의제의
합리적 운영

---

80) Vgl. (FN 2), S. 68.

책결정'의 과정을 되도록 상세히 공개함으로써 '정책결정'에 대한 여론
을 통한 '통제'와 '정당화'의 기회를 높이는 것도 하나의 방법이 될 것
이다. 국민의 정치적 의사형성은 공개정치를 통한 충분한 정보를 그
필수요건으로 하기 때문에, 국민이 비록 '사항강제'에 입각한 정책결정
의 세부적 내용은 이해할 수 없다 하더라도 그럴수록 이를 최대한으로
이해시키려는 정책적인 노력이 따라야 하고, 그러한 노력이 없이는 국
민과 '전문정치'의 간격은 점점 벌어지고, 그것은 결국 민주주의의 신
경마비를 초래하게 되겠기 때문이다. 기술문명이 아무리 발달하고 국
제관계가 아무리 변한다 하더라도 민주주의는 여전히 '국민주권'·'자
유'·'평등'·'정의'의 최상의 벗이기 때문에, 이를 어떤 상황 아래서도
제도적으로 지켜 나가려는 노력이 뒤따르지 않으면 아니 될 것이다.

7. 정   당

369
**정당과
의회주의 및
민주주의**

정치적 견해를 같이하는 사람끼리 모임을 만든다든지, 세계관·
종교관·사회적 신분·성격 등의 이유 때문에 정치적 행동을 같이하
고, 이해관계로 인해서 파벌이 생기는 정당유사한 사회현상은 '정치'
의 역사만큼이나 오래다. 그러나 근대적 의미에서의 '정당'(politische
Parteien)이 생긴 것은 역시 의회의 역사와 같다고 할 것이다. 일반적으
로 정당의 개념을 의회주의(Parlamentarismus)의 개념세계에 포함시키는
것도 그 때문이다.[81] 따라서 엄격히 따진다면 정당은 민주주의의 개념
세계에 속하는 것은 아니다. 왜냐하면 의회주의와 민주주의가 본질적
으로 동일한 것은 아니기 때문이다. 의회주의의 모국이라고 불려지는
영국에서도 19세기 후반에야 비로소 일반선거법을 계기로 귀족중심의
의회주의에서 현대적 의미의 민주주의로 발전한 사실이라든지, 직접민
주주의적 전통이 강한 스위스에서(특히 스위스의 Kanton에서) 아직도 직
접민주주의적 요소가 의회주의의 기능을 제한하고 있는 사실 등이 의
회주의와 민주주의의 부동성을 잘 설명해 주고 있다.

370
**의회민주주
의, 명사민주**

이처럼 그 역사와 이념을 달리하는 '의회주의'와 '민주주의'가 오
늘날의 '의회민주주의'(parlamentarische Demokratie)의 형태로 접근하게

---

81) Vgl. *Heydte*, Art. "Politische Parteien", in: Staatslexikon, Bd. 6(1961), Sp.
369ff.(371); *R. Zippelius*(FN 2), S. 243ff.

된 것은 19세기부터라고 할 것이다. 즉 19세기 후반 20세기 초에 '시민사회'(bürgerliche Gesellschaft)를 배경으로 하는 이른바 '명사민주주의'(Honoratioren-Demokratie)가 다원적 사회(pluralistische Gesellschaft)를 배경으로 하는 '대중민주주의'(Massendemokratie)로 발전하면서 '의회민주주의'가 나타나게 되고, '의회민주주의'와 함께 정당은 비로소 '민주주의'의 개념세계에 포섭되게 된 것이다. 따라서 오늘날의 대중민주주의 내지 의회민주주의에서는 정당은 민주주의의 전제요건인 동시에 정치활동의 필수불가결한 단위로 간주되고 있다. 정당이 없는 곳에 민주주의를 상상할 수 없고 정당이 없으면 민주주의가 기능할 수 없게 된 것이다. 정당을 민주주의와 연관시켜 민주주의원리의 테두리 안에서 다루려는 이 책의 취지도 그 때문이다.

주의, 대중민주주의와 정당

아래에서는 먼저 정당의 기원 및 정당이 뒤늦게야 헌법적 규율의 대상이 된 원인을 살펴보고 정당의 본질에 언급하기로 한다.

(1) 정당의 발생기원

의회의 발생과 그 역사를 같이하는 근대적 의미의 정당은 역시 의회주의의 모국인 영국에서 처음 발생했다. 즉 크롬웰(Oliver Cromwell)의 단기공화정(1649~1660)이 그의 죽음으로 인해서 중단되고 Stuart 왕조(Karl Ⅱ)가 재건·복고된 1660년부터 명예혁명이 일어난 1688년까지 사이에 Stuart왕조의 특권(Prärogative) 인정 여부를 둘러싸고, 왕의 전통적 특권을 옹호하는 세력(Tories)과 이를 반대하는 세력(Whigs)간의 정치적 다툼이 근대적 정당의 발생근원으로 간주되고 있다. Tories와 Whigs는 그 후 19세기 초에(1850~1860년 경) 각각 보수정당과 자유정당으로 발전했으나, Tories를 보수당과 또 Whigs를 자유당과 완전히 동일시할 수는 없을 정도로 그 정당의 성격이 많이 달라진 것도 사실이다. 그 후 20세기에 들어서서 1906년에 창당된 노동당(Labour-Party)이 자유당을 보수당의 상대역에서 물리치고 보수당의 경쟁정당으로 등장하게 되었다.[82]

371
영국의 Tories와 Whigs

---

82) Vgl. *C. J. Friedrich*, Der Verfassungsstaat der Neuzeit, 1953, S. 497; *K. Hesse*, Art. "Politische Parteien", in: EvStL, 2. Aufl.(1975), Sp. 1770ff.(1770~75); *K. Stern*(FN 1), S. 324. 영국의 정당제도에 관해서 더 상세한 것은 다음 문헌 참조.
　R. T. Mckenzie, British Political Parties, 3rd ed.(1958); *Sir Lewis Namier*, The Structure of Politics at the Accession of George Ⅲ, 2nd ed.(1957); *I. Bulmer-Thomas*, The Party System in Great Britain, 1953.

372

미국의 연방
주의자와
공화주의자

미국에서는 영국보다 뒤늦게 미국독립전쟁(1775~1783)으로부터 미합중국의 헌법이 공포되던 1789년 사이에 이른바 연방주의자(Federalist)와 제퍼슨(Jefferson)이 이끄는 그 반대세력간의 정치투쟁이 미국정당발생의 기원이 되었다. 즉 Jefferson세력은 처음에 '공화주의자'(Republican)라고 불려졌으나 그 후 '민주주의자'(Democrat)라고 불려지게 되었고, 1854년 오늘날의 공화당이 창당된 후 '민주'·'공화'의 양당체제가 확립되게 된 것이다.[83]

373

프랑스의
복고군주제

프랑스의 경우 1789년 프랑스혁명을 전후해서 형성된 이른바 각종 클럽(clubs: Feuillants, Jakobiner, Girondisten, Muscadins 등)을 절대주의시대의 정치파벌이 입헌주의시대의 정당으로 옮겨가는 과도적 현상으로 평가할 수도 있겠으나, 역시 프랑스에서의 정당발생은 1815년 Napoleon의 실각 내지 복고군주제(루이 18세)의 재현에 따른 헌법제정(인권보장, 양원제도, 선거제 등)과 때를 같이한다고 볼 수 있다.[84]

374

독일의
국민회의

독일에서의 정당발생은 1848년 프랑스 2월혁명을 계기로 유럽에 번진 공화정의 물결을 타고 1848년 처음으로 소집된 이른바 '후랑크후르트국민회의'(Frankfurter Nationalversammlung)에서의 정파형성에서 비롯된다고 할 수 있다.[85]

375

영미의 양당
체제와 유럽
의 다당체제

이처럼 영국을 그 발생기점으로 해서 미국·프랑스·독일의 순으로 번져나간 근대적 의미의 정당은 이들 여러 나라의 정치적 상황에 따라 각각 특수한 형태로 발전할 수밖에 없었겠지만, 특히 영·미의 정당제도와 프랑스·독일 등 대륙계국가의 정당제도 사이에는 처음부터 커다란 발생기원상의 차이가 있었음을 간과할 수 없다. 즉, 영국과 미국의 정당은 처음부터 양당체제로 성립·발전했던 데 반해서 프랑스·독일에서는 처음부터 군소정당의 형태를 띠었던 점이 그 특색으로 지적될 수 있다. 이와 같은 정당발생사적인 차이가 오늘날까지도 이들 나라의 정치현실에서 그대로 반영되고 있다는 사실이 흥미롭다고 아니할 수 없다.

---

83) Vgl. *K. Hesse*(FN 80); *K. Stern*(FN 1), S. 324; *E. M. Sait*, American Parties and Elections, 3rd ed.(1942).

84) Vgl. *Heydte*(FN 81), Sp. 371; *A. Siegfried*, Tableau des Partis politiques en France, Paris 1931; *M. Duverger*, Les Partis politiques, Paris 1954.

85) Vgl. *L. Bergsträsser/Mommsen*, Geschichte der politischen Parteien in Deutschland, 11. Aufl.(1965).

(2) 정당의 헌법상 지위의 변천

사회현상으로서의 정당이 일찍부터 정치현실에서 중요한 기능을 담당했었음에도 불구하고 특히 대륙법계통의 국가에서는 20세기에 들어와서야 비로소 정당을 헌법학적 연구의 대상으로 삼기 시작했다.[86] 이같이 정당이 오랜 동안 헌법학적 연구의 대상이 되지 못하고 정당에 관한 헌법적 규율이 정당의 정치적 성장의 진도보다 훨씬 뒤떨어졌던 사실을 지적해서 트리플(Triepel)[87]은 정당의 헌법상 지위의 변천을 네 가지 단계로 나누고 있다. 즉, 그에 의하면 정당은 헌법의 정당에 대한 '투쟁단계'(Stadium der Bekämpfung), '무시단계'(Stadium der Ignorierung), '인정 내지 합법화단계'(Stadium der Anerkennung und Legalisierung)를 거쳐 오늘날의 '헌법적 포섭단계'(Ära der verfassungsmäßigen Inkorporation)에까지 이르게 된 것이라고 한다.

376
트리플의
4단계변천
과정론

아무튼, 정당이 이처럼 어려운 과정을 거쳐서야 비로소 헌법의 규정대상이 될 수 있었던 역사적 원인은 이를 대체로 다음 세 가지로 요약할 수 있다고 본다.

첫째, 18, 19세기를 지배하던 권위적 국가관과 정당의 이념적 부조화현상을 지적할 수 있다. 즉 군주국 내지 절대주의의 전통이 늦게까지 깊이 뿌리를 박고 있던 유럽 대륙의 권위적 사상에 따르면 국가는 마땅히 통일된 '일원적인 국가의사'(Einheit der staatlichen Willensrichtung)를 전제로 하는 것으로서 이와 같은 국가의 의지적 통일성이 군권(君權), 군대 그리고 공무원조직에 의해 상징되는 것으로 간주되었기 때문에, 다원적인 정견의 존재를 전제로 하는 '정당'은 당시의 통일된 국론을 바탕으로 하는 국가관과 이념적으로 쉽사리 조화될 수가 없었다는 점이다. 정당을 단순한 '사회현상'에 불과하다고 봄으로써 국가질서 내에서의 정당의 헌법적 기능을 강력히 부인하는 G. Jellinek의

377
권위적 국가
관과 정당

---

86) 국가론에서나마 정당을 최초로 그 연구대상으로 삼은 것은 *R. Schmidt*, Allgemeine Staatslehre, Bd. 1, 1901, 4 Kap.,였다고 할 것이다. 그 후 1920년대에 와서야 비로소 여러 헌법학자들이 정당의 문제를 다루기 시작했다. 예컨대, *H. Nawiasky*, Die Zukunft der politischen Parteien, 1924; *O. Koellreuther*, Die politischen Parteien im modernen Staat, 1926; *H. Triepel*, Die Staatsverfassung und die politischen Parteien, 1928; *G. Radbruch*, Die politischen Parteien im System des deutschen Verfassungsrechts, in: HdbDStR Ⅰ, S. 285ff.

87) Vgl. (FN 86), S. 8.

정당관도[88] 결국은 선재된 '일원적인 국가의사'를 전제로 하고[89] '국가'와 '사회'를 완전한 단절관계로 보려는 그의 국가관에서 나오는 당연한 결론이라고 할 것이다.

378
루소의 사상
과 정당

둘째로 Rousseau의 사상과 정당의 부조화현상을 들 수 있다. 즉, 치자와 피치자의 동일성을 민주주의의 본질로 보고 민주주의를 '총의의 정치'로 이해한 Rousseau의 사상적 세계에서 정당은 처음부터 이단시될 수밖에 없었다는 점이다. 왜냐하면 다양한 정견을 전제로 하는 정당은 Rousseau의 획일적이고 순수한 '총의론'과 조화될 수가 없었기 때문이다.[90] 따라서 민주주의의 여명기에 해당하는 18, 19세기에 Rousseau의 사상적 영향이 크면 클수록 정당은 더욱 서자취급을 받을 수밖에 없었다.

379
초기자유주
의와 정당

셋째, 초기자유주의(Frühliberalismus)가 정당발전에 미친 부정적인 영향을 들 수 있다. 즉, 초기자유주의사상이 한창 그 세력을 떨치던 의회주의의 초기에는 선량의 자유위임관계를 강조한 나머지 의회 내에서도 정당 내지는 교섭단체의 조직에 의한 다수관계의 고착보다 자유토론에 의한 가변적인 다수관계의 형성을 더욱 중요시했었기 때문에 정당의 헌법적 기능이 제도적으로 인정받을 수 있는 소지가 적었다는 점이다. 다시 말해서 정치활동이 정당의 규율이나 정당의 집단적 의사에 의해서 제약되는 것을 뜻하는 정당제도가 지극히 개인주의(Individualismus)적 성격을 띤 초기자유주의시대에 크게 각광을 받을 수는 없었다는 점이다.

380
영국과 미국
의 사정

유럽 대륙과는 그 역사적 사정을 달리하던 영국이나 미국에서 정당이 일찍부터 국법학의 관심 대상이 되고 정당의 정치적 성장진도에 따라 정당에 관한 헌법이론이 발전할 수 있었던 것은 당연하다. 특히 프랑스 또는 독일과는 달리 영국에서는 이미 1688년의 명예혁명에 의해서 절대군주정이 무너지고 입헌군주제가 탄생되면서 국가의 정책결정에 대한 의회에서의 자유토론이 허용되었을 뿐 아니라 정당이 일찍부터 귀족사회 내에서나마 정치그룹의 형태로 생겨나서 이른바 'body politic'의 기관으로 기능할 수 있었고[91] 정당의 이 같은 body politic

---

88) Vgl. Allgemeine Staatslehre, 3. Aufl. 6. ND.(1959), S. 113ff.(114).
89) Vgl. (FN 88), S. 550.
90) Vgl. *H. Krüger*, Allgemeine Staatslehre, 2. Aufl.(1966), S. 368.
91) 18세기 영국정당의 구조에 관해서, *Sir Lewis Namier*(FN 82) 참조.

의 기능이 고전적 국법학자 볼링브룩(Bollingbroke)이나 버크(Burke)의
중요한 연구 대상이 되었었기 때문이다. 또 Locke의 사상적 세계에서
유래하는 이른바 신임정치(Trust)의 관념이 영미의 정당발전에 기여할
수 있었던 것도 사실이다. 왜냐하면 신임정치는 정견을 달리하는 다원
적인 정치세력간의 공개적인 정책경쟁을 전제로 국민의 '신임관계'를
그 바탕으로 하는 것으로서 정당의 존재 내지는 기능을 당연히 예정하
게 되기 때문이다.

　　좌우간, 영국 또는 미국과는 달리 여러 가지 장애요인에 의해서
그 헌법적 규율이 늦어진 대륙 여러 나라의 정당은 제 2 차 세계대전
이후에 비로소 1947년의 독일 Baden주헌법($\frac{제118조~}{제121조}$)을 효시로 독일기본
법($\frac{제21}{조}$), 이탈리아헌법($\frac{제49}{조}$), 터키헌법($\frac{제56조~}{제57조}$), 프랑스 제 5 공화국헌법($\frac{제4}{조}$)
등에 '정당조항'의 형태로 헌법적 규정의 대상이 되기에 이르렀다. 민
주주의를 동일성이론이나 다수결원칙에 의해서 이해하던 바이마르공화
국헌법은 물론 당시의 헌법학도 라드브루흐(Radbruch)[92]의 말처럼 정당
에 대해서 긍정도 부정도 아닌 애매한 중간 태도를 취했던 점을 상기
할 때 독일기본법을 비롯한 이들 여러 나라의 정당조항은 분명히 장족
의 발전이 아닐 수 없다. 정당의 헌법상 지위가 크게 향상된 것을 뜻하
는 이 같은 헌법적인 정당조항의 출현은 선재하는 '일원적인 국가의
정치적 의사'를 전제로 하는 권위적 국가관이 후퇴하고 '국가의 정치적
의사'는 국민의 정치적 의사형성과정에 의해서 비로소 결정된다는 민
주적 국가관의 승리를 의미할 뿐 아니라, 루소적 사상에 입각한 동일
성이론의 몰락을 의미한다. 또 개인주의에 입각한 의원 각자의 독자적
인 정치적 결단을 강조하던 자유주의사상이 대의민주주의사상에 의해
서 대치되게 된 결과라고도 할 것이다.

(3) 정당의 본질
a) 정당의 개념정립과 정당의 유형
α) 정당의 개념정립
　　사회현상으로서의 정당은 국민이 정치활동을 하는 데 있어서의
한 조직형식을 뜻한다는 것은 두말할 필요가 없지만, 구체적으로 정당
을 어떻게 정의할 것인가 하는 문제는 관점과 입법례에 따라 다를 수

381
헌법상의
정당조항

382
관점에 따른
개념의
다양성

92) Vgl. (FN 86), S. 285f.

있다. 즉, G. Jellinek[93]의 말처럼 정권을 차지하려고 노력하거나 일단 차지한 정권을 유지하려고 애쓰는 것은 모든 정당의 당연한 정치적인 생리인데, 정당의 이 같은 정권쟁취와 정권유지의 측면을 정당개념의 핵심으로 삼는 경우, 정당은 '정권을 노리는 투쟁단체'(Kampfverbände)라고 볼 수 있을 것이다. 또 정당이 정권을 노리는 동기가 사리사욕을 충족시키기 위한 것이 아니고 국민의 이익을 증진시키려는 공공복리의 목적이 그 주가 된다고 볼 때 정권쟁취의 목적적 측면에서 정당은 '공공복리의 실현을 위해서 정권쟁취를 꾀하는 단체'라고 말할 수도 있을 것이다. 또 정권쟁취를 위한 투쟁방법의 측면에서 볼 때 정당은 '헌법적으로 허용되는 수단과 방법에 의해서 정권쟁취를 추구하는 단체'라고 말할 수도 있을 것이다. 그러나 이처럼 정권적인 차원에서 정당의 생리·목적·투쟁방법 등만을 정당개념정립의 관점으로 삼는 경우 정당의 본질이 지나치게 일면적으로만 크로즈업된다는 폐단을 막을 수 없다. 따라서 오늘날 확립되고 있는 통설은[94] '정권적인 차원'과 '국민의 정치적 의사형성에 참여하는 기능'을 동시에 강조할 뿐 아니라 나아가서 그 '조직과 활동의 진지성'을 모두 정당개념정립의 관점으로 삼고 있다. 이와 같은 통설의 관점에 따라 정당은 다음과 같이 정의할 수 있다고 본다. 즉, 정당은 '후보자의 추천 또는 정책제시를 통해 각종 대의기관의 선거에 적극적으로 참가함으로써, 정권획득 내지 정치적 영향행사를 목적으로 하고 자발적으로 국민의 정치적 의사형성에 참여하는 국민의 항구적 또는 계속적 정치결사'다.

383
우리 정당법의 정의

　　우리나라 정당법(제2조)도 이와 유사한 관점에서 정당을 정의하고 있다. 즉 그에 따르면 '정당이라 함은 국민의 이익을 위하여 책임 있는 정치적 주장이나 정책을 추진하고 공식선거의 후보자를 추천 또는 지지함으로써 국민의 정치적 의사형성에 참여함을 목적으로 하는 국민의

---

93) Vgl. (FN 88), S. 114.

94) Vgl. 독일정당법 제 2 조 제 1 항; BVerfGE 1, 208(228); 3, 383(403); 24, 260(264); *K. Hesse*(FN 2), S. 69; *Th. Maunz*(FN 2), S. 88; *derselbe*, in: Maunz/Dürig/ Herzog/Scholz, GG-Kommentar, Art. 21 Rn. 7ff.; *W. Henke*, Bonner Kommentar, Art. 21 Rn. 2ff.; *K. H. Seifert*, Die politischen Parteien im Recht der Bundesrepublik Deutschland, 1975, S. 159ff.; *W. Grewe*, in: FS f. E. Kaufmann(1950), S. 65ff.; *W. Henrichs*, DVBl. 1958, S. 227ff.; *W. Seuffert*, in: FS f. C. Schmitt(1962), S. 199ff.; *W. Thiele*, DVBl. 1964, S. 660ff.; *K. Stern*(FN 1), S. 329f.

자발적 조직을 말한다'. 아래에서 정당의 개념적 요소를 보다 구체적으로 살펴보기로 한다.

첫째, 정당은 후보자의 추천 또는 정책제시를 통해 각종 대의기관의 선거에 적극적으로 참가함으로써 정권획득 내지 정치적 영향행사를 목적으로 하는 국민의 정치단체이다. 따라서 각종 이익단체·직업단체·경제단체·언론단체·노동조합 등은 그것이 설령 정치단체적 성격을 띤다 하더라도 선거를 통한 '정권획득'을 목적으로 하는 것은 아니기 때문에 정당과 구별된다.

384
정권획득
목적의
정치단체

또 정당은 '국민'의 정치단체이기 때문에 '외국인'의 정치단체를 정당이라고 볼 수 없다. 우리나라 정당법($^{제22조}_{제2항}$)은 외국인이 정당에 입당하는 것까지 금지하고 있다.

당원의 국적

또 정당은 '국가적 차원'에서 정권획득을 그 목적으로 하는 정치단체이기 때문에 지역적인 차원에서 소범위지역의 지방자치단체에만 정치적 영향을 행사할 것을 목적으로 하는 이른바 '소지역단위정당' (Kommunalparteien oder Rathausparteien)은 정당이라고 볼 수 없다는 것이 독일연방헌법재판소의 입장이다.[95] 우리나라 정당법의 정당구성 ($^{제3}_{조}$)이나 성립($^{제4}_{조}$) 또는 등록사항($^{제12조 및}_{제13조}$) 및 법정 시·도당수($^{제17}_{조}$) 등에 관한 규정태도로 보아서 우리나라에서도 '지역단위정당'은 정당성을 인정받을 수 없다고 할 것이다.[96]

지역단위
정당

정당은 후보자를 추천하거나 정책제시를 통해서 각종 대의기관의 '선거'에 적극적으로 참가함으로써 정권획득을 꾀하는 정치단체이기 때문에, 처음부터 선거참가를 포기하고 원외정치활동만을 목적으로 하는 정치단체는 정당이라고 볼 수 없다. 독일정당법($^{제2조}_{제2항}$)이 6년간 계속해서 선거에 참가하지 않은 정당의 정당적 지위를 상실케 하고 있는 것도 그 때문이다. 우리 정당법($^{제44조 제1}_{항 제2호}$)도 정당이 최근 4년간 국회의원총선거 또는 임기만료에 의한 지방자치단체의 장의 선거나 시·도의회의원의 선거에 참여하지 아니한 때에는 그 등록을 취소하도록 했다.

선거참가

---

95) Vgl. BVerfGE 6, 367(372f.). 동지: *K. H. Seifert*(FN 94), S. 165. 그러나 예컨대, *A. Arndt*, JZ 1961, S. 88,와 *K. Hesse*(FN 2), S. 70, 등은 이 입장에 대해 비판적인 태도를 취하고 있다.

96) 우리 헌법재판소도 같은 취지로 「상당한 지역」(지역적 광범위성)의 조직을 정당의 개념표지에 포함시키고 있다. 헌재결 2006. 3. 30. 2004 헌마 246 참조.

그러나 선거에 참가하는 한 반드시 원내의석을 차지하여야만 정당의 자격이 인정되는 것은 아니다. 우리 정당법($\frac{\text{제44조 제1}}{\text{항 제3호}}$)이 국회의원총선거에서 의석을 얻지 못하고 유효투표총수의 2/100 이상을 얻지 못한 정당은 정당등록을 취소하게 한 것은 전혀 의미가 없는 규정은 아니지만 정당의 존립보장이라는 헌법정신에 비추어 위헌결정되었다.[97] 마찬가지로 비록 단독 수권정당의 자질이 부족한 경우라도 연합정부의 형성 등에 의한 정권참여나 정치적 영향행사를 추구하는 한 그 정당성에 영향이 없다고 할 것이다.

385

항구적·계속적 정치단체

둘째, 정당은 국민의 정치적 의사형성에 참여함으로써 이를 촉진시키고 비집결상태인 국민의 정치적 의사를 집결시킴으로써 상향적인 '국가의 의사결정'을 가능케 하는 항구적이고 계속적인 국민의 자발적인 정치단체이다.[98] 따라서 선거에 즈음해서 단기적으로 형성 내지 조직되는 이른바 각종 '선거단체'(Wählervereinigungen)는 그 '항구성'(Dauerhaftigkeit)과 '진지성'(Ernsthaftigkeit)의 결핍 때문에 정당이라고 볼 수 없다.

확고한 조직과 범국민운동

또 정당은 선거 때뿐 아니라 선거를 떠나서도 꾸준히 모든 국가의 정책결정에 국민의 정치적 의사형성을 촉진시킬 수 있는 일정한 고정당원과 '확고한 조직'(Organisationsfestigkeit)을 그 개념적 필수요건으로 한다. 따라서 어떤 특정한 정치적 이벤트(event)를 계기로 우발적으로 형성·조직되는 이른바 '범국민·시민운동'(Bürgerinitiative) 같은 것은 정당과는 다르다.

자발적 조직

또 정당은 국민의 정치적 의사형성에 참여함으로써 '상향적인 국가의 의사결정'(staatliche Willensbildung von unten nach oben=input)을 가능케 하는 국민의 정치적 결사이기 때문에 마땅히 '자연발생적인 국민의 정치단체'이어야 한다. 따라서 '하향식으로 결정되는 국가의사'를 사회에 침투시키기 위해서 관권의 힘으로 '강제조직된 정치단체'는 그 정당성을 인정받을 수 없다고 할 것이다.

---

97) 헌재결 2014. 1. 28. 2012 헌마 431 등, 판례집 26-1(상), 155 참조.
98) 우리 헌법재판소도 정당의 개념표지로「상당한 기간 또는 계속해서」존립하는 조직일 것을 요구하고 있다. 위 판례 참조.

β) 정당의 유형

정당은 여러 가지 표준에 따라서 이를 유형화할 수 있다.[99]

첫째, 확고한 세계관·종교관 등을 그 기본정신으로 하고 이 세계관·종교관에 입각해서 정치현실을 형성하려는 '이념정당'(ideo-logische Partei)과 그때그때의 시사문제를 현실적인 생활감각에 따라 실용적으로 해결하려는 '시사정당'(Zeitgeistpartei bzw. pragmatische Partei)을 구별할 수 있다. 전자는 유럽 대륙계통의 국가에서, 후자는 영미계통의 국가에서 자주 볼 수 있는 정당의 유형이다.

둘째, 정당이 추구하는 정치적 목표에 따라, 전통제도의 유지를 목표로 하는 '보수정당'(konservative Partei)과 점진적인 사회개혁을 목표로 하는 '진보정당'(progressive Partei)으로 나눌 수 있는데, 전자는 현존체제를 붕괴시키고 옛 것을 되찾으려는 이른바 '반동 내지 복고정당'(reaktionäre Partei)으로 또 후자는 현존체제를 새로운 혁신체제로 대치시키려는 이른바 '급진정당'(radikale Partei)으로 변질될 수도 있다.

셋째, 정당은 그 이념의 성격에 따라 '우익정당'(Rechtspartei), '중도정당'(Mittelpartei), '좌익정당'(Linkspartei)으로 나눌 수 있는데 특히 노동자·농민계급의 사회적 지위향상을 그 이념으로 삼는 정당을 '좌익정당'이라고 하고, 이와 반대로 기존사회질서를 유지해 나가거나 민족주의적 이념을 강조하는 정당을 '우익정당'이라고 부르는 경향이 많다. 또 '보수'·'진보'·'반동'·'급진' 등의 정당유형이 때로는 '우익'·'좌익' 등의 정당유형과 동의어로 혼용이 되는 경우도 있고, '우급진정당'(rechtsradikale Partei), '좌급진정당'(linksradikale Partei)으로 여러 유형이 혼성되는 경우도 볼 수 있다.

넷째, 정책의 스칼라에 따라 정당을 '국가정당'(Staatspartei)과 '이익정당'(Interessenpartei)으로 나눌 수 있는데, '국가정당'은 사회각계각층의 이해관계를 광범위하게 그 정책의 기조로 삼는 이른바 범국민적 정당인데 반해서, '이익정당'은 사회특수계층의 이해관계만을 대변하기 때문에 그 정책의 스칼라가 좁은 것을 그 특징으로 한다. 따라서 '이익정당'은 '국가정당'과는 달리 단독수권정당으로서의 자질이 부족한 것이 사실이지만, '이익정당'이 '국가정당'으로 발전할 수도 있다.

386
이념정당과
시사정당

387
보수정당과
진보정당

388
우익·중도·
좌익정당

389
국가정당과
이익정당

---

99) 아래의 분류는 *Heydte*(FN 81), S. 370,의 분류방법을 따른 것이다.

b) 정당의 법적 성격

정당의 법적 성격이 무엇이냐를 따지는 데 있어서는 정당이 존재하는 외형적인 법형식과, 다른 사회단체와 달리 정당만이 가지는 특수한 법적 성격을 구별할 필요가 있다.

우선 정당은 그 존재하는 법형식으로 볼 때 '등록된 사법상의 권리능력 없는 사단'(eingetragene nicht-rechtsfähige Vereine des bürgerlichen Rechts)이라고 하는 점에 대해서는 이론이 없다.[100] 그렇지만 정당은 그가 가지는 특별한 헌법적 과제와 그의 특별한 헌법상 지위 때문에 다른 '사법상의 권리능력 없는 사단'과 그 법적 성격이 같다고 볼 수는 없다. 왜냐하면, 다른 '사법상의 권리능력 없는 사단'과는 달리 정당에게는 그 '설립허가제'가 적용되지 않고, 다른 '사법상의 권리능력 없는 사단'과는 달리 정당에게는 특별한 법률상의 능력(예컨대, 소송절차상의 당사자능력, 기관쟁의능력 등) 또는 그 해산절차상의 특권이 인정되고 있기 때문이다. 그 반면에 정당에게는 다른 '권리능력 없는 사단'에게는 부과되지 않는 특별한 법적 의무, 즉, 국민의 정치적 의사형성에 참여하기 위한 민주적 내부조직을 갖추어야 하는 헌법적 의무가 주어지고 있기 때문이다. 정당만이 가지는 이와 같은 특별한 헌법적 권리의무는 정당존립의 사법적인 법형식에도 불구하고 정당을 '공적인 성격'의 것으로 보지 않을 수 없게 한다. Smend,[101] Scheuner,[102] Hesse[103] 등이 정당을 국민의 정치생활영역에 속하는 '유일한 예의 공적인 현상'(eine singuläre öffentliche Erscheinung)이라고 성격짓고 있는 것도 그 때문이다.

정당을 이처럼 '사회영역에 속하는 유일한 예의 공적 현상'이라고 성격화하는 경우에도 맹어(Menger)[104]처럼 정당을 '헌법적 과제가 주어진 국가활동의 단위'라고 본다든지 또는 그보다 한 걸음 더 나아가서 Leibholz[105]처럼 정당을 '헌법기관'이라고 볼 수는 없다. 왜냐하면 정

---

100) Vgl. *K. Stern*(FN 1), S. 330; *K. Hesse*(FN 82), Sp. 1778; *Th. Maunz*(FN 2), S. 85.

101) Vgl. in: Gedächtnisschrift f. W. Jellinek(1955), S. 1ff.

102) Vgl. in: Staatstheorie und Staatsrecht, S. 347ff.(351).

103) Vgl. (FN 82), Sp. 1778; *derselbe*, VVDStRL 17(1956), S. 11ff.(45f.).

104) Vgl. AöR 78(1952), S. 149ff.(161).

105) Vgl. Der Parteienstaat im Bonner Grundgesetz, in: Recht-Staat-Wirtschaft, Bd.

당은 비록 기능적으로 헌법기관과 유사한 기능을 가진다 해도 바로 헌   법기관성
법기관과 동일시할 수는 없기 때문이다. 정당은 어디까지나 국민의 정
치생활의 온상인 사회의 영역에 속하는 것으로서 결코 국가조직의 일
부가 될 수 없다. 독일이나 우리나라의 정당법이 정당을 '공법상의 법
인'(Körperschaft des öffentlichen Rechts)으로 취급치 않는 이유도 그 때
문이다. Menger가 보는 것처럼 정당은 일정한 헌법적 과제를 가지고
국가작용에 참여하는 '공기업유사의 정치적 기업'(politische Unter-
nehmen)은 아니다.

    정당은 국가작용의 전제가 되는 '국가의사의 결정'과정에 국민의   **392**
의사를 반영시키기 위한 국민의 공적인 정치결사다. 따라서 정당은 G.   사회와
Jellinek[106])가 보는 것처럼 국가적 영역과는 완전히 단절된 사회영역   국가의
내에서만 기능하는 '사회현상'에 그치는 것도 아니고, 또 그렇다고 해   의사중개자
서 Menger나 Leibholz의 견해처럼 국가적 영역에 속하는 '국가활동단
위' 또는 '헌법기관'도 아니다. 정당은 사회 내의 비집결상태인 국민의
정치적 의사를 집결시키고 이를 예비적으로 형성시킴으로써 상향적인
국가의 의사결정을 가능케 하는 '사회'와 '국가'의 의사적인 중개자이
다.[107]) 각종 언론·경제·사회단체 등도 '사회'와 '국가'를 이어주는 중
개자적 기능을 맡고 있는 것은 사실이지만, 그 국가지향의 진지성이 정
당의 경우보다 약하고, 조직이 제한되고 있을 뿐 아니라 그 목표의 소
아성 때문에 정당만큼 뚜렷한 '공적' 성격을 가질 수 없다. 헌법이 이들
단체보다 정당의 지위를 특별히 보호하고 있는 것도 그 때문이다.

    이미 Radbruch의 이론적 세계에서 싹트기 시작한 Leibholz의 '국   **393**
가기관설'은 정당이 국민의 정치적 의사형성에 참여하는 유일한 조직   Leibholz의
이 아니고 각종 언론·경제·사회·종교·학술단체 등과 함께 이에 참   국가기관설
여하는 한 Faktor(요인)에 지나지 않는다는 점을 간과하고 있다. 헌법

    3(1951), S. 99ff.

  106) Vgl. (FN 88), S. 114.

  107) 이것이 오늘날 독일 통설의 입장이다.

    Vgl. *Th. Maunz*(FN 2), S. 88; *K. Hesse*(FN 2), S. 70; *derselbe*(FN 103), S.
11ff.(19); *E. Stein*(FN 2), S. 134; *I. v Münch*, in: *derselbe*(Hrsg.), GG-
Kommentar, Bd. 2, 1976, Art. 21 Rn. 21; Schlußbericht der Enquête-
Kommision, Zur Sache, 3/76, S. 50 u. 76; *E. Denninger*, Staatsrecht, I, 1973,
S. 56ff., 71ff.; *K. Stern*(FN 1), S. 340; *W. Henke*, Bestand und Wandel im Recht
der politischen Parteien, DVB1. 1979, S. 369ff.(369); *H. Krüger*(FN 90), S. 371.

의 궤도 밖에서 맴돌던 '정당'이라는 사회현상이 정치의 현실에서 차지하게 된 커다란 비중을 일찍부터 주시하고 있던 Radbruch[108]가 G. Jellinek[109]에서 유래하는 '창조기관'(kreationsorgane)이라는 개념을 정당에 관련시켜 사용했던 것이 정당에 대한 '헌법(국가)기관설'의 출발이다. Leibholz[110]가 이 창조기관설을 그의 '정당국가론'에서 '헌법기관설'로 까지 발전시킨 것이다. Leibholz의 이와 같은 정당국가적 이론이 그 후 한동안 독일연방헌법재판소에[111] 의해 인용되기도 했지만 독일연방헌법재판소도 정당에 대한 국가의 재정보조를 위헌이라고 판시한 1966년의 이른바 '정당재정보조에 관한 판례'[112]를 계기로 스스로 정당의 '헌법기관설'을 포기하고 있다. '사회의 영역에서 자유롭게 조직된 국민의 정치결사로서의 정당은 국민의 정치적 의사형성에 참여함으로써 국가적 영역에 영향을 미치는 것이지 정당이 스스로 국가영역에 속하는 것은 아니기 때문에 국가는 정당의 재정을 떠맡을 의무가 없다'[113]는 것이 판시의 골자다. 또 오늘날 독일학계에서도 정당의 '헌법기관설' 내지 '국가기관설'을 주장하는 사람은 없다. 우리 헌법재판소도 '정당은 무정형적이고 무질서한 개개인의 정치적 의사를 집약·정리해서 국정을 책임지는 공권력으로까지 매개하는' 정치결사체라고 정당의 공적·중개자적인 기능을 강조할 뿐 정당을 국가기관으로 보지 않는다.[114]

c) 정당의 기능 및 과제

α) 정당의 기능 및 과제

394
두 가지
기능

Krüger[115]의 말을 빌릴 필요도 없이 정당은 오늘날 대의민주주의가 기능하기 위한 불가결한 요소로 간주되고 있다. 대의민주국가에서 정당이 맡고 있는 기능은 이를 크게 두 가지로 나눌 수 있다고 본

---

108) Vgl. (FN 86), S. 288 u. 290.
109) Vgl. (FN 88), S. 545.
110) Vgl. (FN 105); auch(FN 2).
111) Vgl. BVerfGE 4, 27(30); 5, 85(134); 6, 367(372, 375).
112) Vgl. BVerfGE 20, 56(100f.). 하지만 이와 같은 경향은 이미 BVerfGE 8, 104(113)에서 비치기 시작했다.
113) Vgl. BVerfGE 20, 56(101); 최근의 판례로는 BVerfGE 44, 125(145); 52, 63; 73, 40; 85, 264.
114) 헌재결 1999. 11. 25. 99 헌바 28 참조.
115) Vgl. (FN 90), S. 368.

다. 하나는 민주정치의 정당화과정에서 정당이 가지는 사회와 국가의 '중개자적 기능'이 그것이고, 또 하나는 국가를 이끌고 나갈 지도급정 치인을 선발 양성하는 '인선기구적 기능'이 그것이다. 이를 나누어서 살펴본다.

첫째, 정당은 국민의 정치적 의사형성에 참여해서 이를 촉진시 키고 구심점으로 통합시킴으로써 상향식 국가의사형성(Willensbildung von unten nach oben)의 중개자로 기능함은 물론, 민주주의가 필요로 하는 권력행사의 정당성을 언제나 국민과 이어지게 하는 교량적 역할 을 담당하고 있다. 정당의 이와 같은 중개적·교량적 기능은 대의민주 주의의 수단으로 간주되는 일반선거제도에서 더욱 두드러지게 나타난 다. 왜냐하면 오늘과 같은 다원적 대중사회에서 비집결상태로 부동하 는 국민의 정치적 의사가 정당에 의해서 일단 '예비적 형태'로나마 집 결 내지 결합되고 그를 통해서 국민의 정책희망이나 인선문제가 정당 내에서 어느 정도 정비되지 않고는 선거가 그 맡은 바 기능을 다하지 못하기 때문이다. 바로 이 곳에 복수정당제도가 요구되는 이유가 있고 또 바로 이 곳에 정당제도와 선거제도의 밀접한 함수관계가 있다. 민 주주의의 성패는 정당제도에 달려 있고 정당제도의 성패는 또 선거제 도에 달려 있다고 민주주의 — 복수정당제도 — 선거제도의 3각적인 함수관계가 자주 지적되고 있는 이유도 그 때문이다.[116] 아무튼 Scheuner[117]가 지적한 바와 같이 국민이 가지는 '무정형의 정치적 의 사'(nichtgeformte politische Willen des Volkes)가 정당에 의해서, 집결된 국민의 정치적 의사로 '예비형성'(vorformen)[118]되고 이것이 다시 '국가 의 의사'로 승화되어 구체적인 '국가정책'이나 '입법'의 형태로 나타날 때 '국민의 정치적 의사형성'이 상향식으로 완성되게 된다. 따라서 국 민의 정치적 의사형성에 참여하는 정당의 기능은 형태가 뚜렷치 못한

395
중개자적
기능

국민의
정치적 의사
의 예비형성

---

116) Vgl. *U. Scheuner*(FN 102), S. 352; *K. Hesse*(FN 82), Sp. 1776.
117) Vgl. Zeitschrift für evangelische Ethik, 1(1957), S. 34ff. Scheuner의 이 같은 착 상은 그 후 독일연방헌법재판소에 의해서 자주 인용되고 있다. Vgl. BVerfGE 8, 104(113); 20. 56(97ff.); 44, 125(139f.).
118) '예비형성'이라는 말은 개념적으로 복수정당제도를 전제로 하고 있다. 왜냐하면 공산 국가와 같은 일당독재체제하에서는 국민의 의사가 노동자·농민을 대표하는 공산당에 의해서 '최종적으로 형성'되고 당수뇌이기도 한 국가집행부는 이처럼 형성된 국민의 의사를 단순히 정책화하는 데 지나지 않게 되기 때문이다.

'국민의 산만한 정치적 의사'를 뚜렷한 형태의 '국민의 집결된 정치적 의사'로 예비형성함으로써 '국민의 의사'에 바탕을 두어야 하는 정책결정·법률제정 등 민주국가의 정치(통치)내용을 정당화시키는 데 있다.

396
정당국가와
대의
민주주의

정당의 이와 같은 중개자적·교량적 기능을 소홀히 생각하고 '정당'과 '국가'를 동일시할 뿐 아니라 정당국가를 정당에 대한 '국민투표적 민주주의'(parteienstaatlich-plebiszitäre Demokratie)로 이해함으로써 '대의민주주의'(repräsentative Demokratie)의 대의적 요소가 정당국가에서는 더 이상 기능을 나타낼 수 없게 되었다고 과장하는 Leibholz의 정당국가이론은[119] 경계해야 하리라고 본다. Leibholz가 정치적 행동단위로서의 정당의 헌법상 지위가 강화된 사실을 지적하거나, 정당의 비중이 커지고 정당을 통한 권력통합현상으로 인해서 민주정치의 구조와 의회의 운영방법이 달라진 사실을 지적하는 것은 수긍이 가지만, 그렇다고 해서 정당국가를 '정당＝국가'로 이어지는 국민투표적 관점에서만 이해한 나머지 인간적 신임관계에 바탕을 두는 인간정치적 요소를 정당국가에서 완전히 배제하려는 경향은 비판을 면할 수 없다고 할 것이다. Scheuner[120]가 적절히 지적하듯이 정당국가도 '정당을 통한 국민의 자기통치형태'는 아니기 때문이다. 제닝스(Jennings)[121]의 말처럼 아무리 정당국가라 하더라도 결국은 정당지도층에 대한 인간적 신임관계가 없이는 국민과 정당과의 접근관계가 성립될 수 없다. 또 독일연방헌법재판소가[122] 명백히 하고 있는 것과 같이 정당국가의 원리만을 강조한 나머지 정당에 소속되지 않은 무소속정치인의 선거참여나 정치활동을 제한하거나 차별대우하는 것은 대의민주주의의 원리 내지는 '선거의 자유' 내지 '평등의 원리'를 침해하는 것이 되기 때문이다. 따라서 정당국가적 경향에 의해서 '자유위임관계'(freies Mandat)를 그 기본으로 하는 대의적 요소가 소멸 내지 약화된 것이라고 보기는 어렵다. 국민과 의원간의 인간적인 신임을 기초로 하는 '자유위임관계'(freies Mandat)가 의원의 '정당기속'(Parteigebundenheit) 내지는 '교섭

---

119) Vgl. Der Strukturwandel der modernen Demokratie, 1952, S. 16ff.
120) Vgl. (FN 102), S. 354f.
121) Vgl. *Sir Ivor Jennings*, Cabinet Government, 2nd ed.(1951), pp. 467; *derselbe*, Parliament, 2nd ed.(1957), p. 452.
122) Vgl. BVerfGE 41, 399(416ff.).

단체기속'(Fraktionszwang)현상과 모순 또는 대립되는 것처럼 보이지만,[123] 의원은 한 정당의 대표만은 아니기 때문에 전체국민의 이익을 희생시키지 않는 범위 내에서만 소속정당의 정책과 결정에 기속된다고 생각한다면 '정당기속' 내지 '교섭단체기속'보다는 언제나 '자유위임관계'가 우선하는 효력이 있게 된다.[124] 독일연방헌법재판소를[125] 비롯한 오늘의 통설이[126] 독일기본법상의 '정당조항'($^{제21}_{조}$)과 자유위임관계에 관한 헌법조항($^{제38조\ 제1}_{항\ 제2절}$)을 대립·갈등적인 관계로 보지 않는 이유도 그 때문이다.[127] 정치의 실제에 있어서는 정당이 가지는 입후보자추천권 등이 소속의원을 정당에 강하게 기속시키는 압력의 수단으로 사용될 수도 있겠으나, 헌법이 요구하는 것처럼 민주적인 내부조직을 가져야 되는 정당에서 국리민복을 위한 자신의 정치적 확신을 관철시킬 능력도 없고 또 그렇다고 정당의 방침을 반대하는 자신의 정치적 소신을 끝까지 밀고 나감으로써 그로부터 오는 정치적 책임을 감수할 자세가 갖추어지지도 않은 선량은 Hesse[128]의 말처럼 대의민주주의가 요구하는 의원상에는 맞지 않는다고 할 것이다. 특히 이 점과 관련해서 주의할 점은 정당소속의원이 '정당기속' 내지는 '교섭단체의 결정'에 어긋나는 정치활동을 했다는 이유로 이에 제재를 가하는 경우에도 그것은 정당으로부터의 제명에 그칠 일이지 의원직사임을 요구한다든지 미리 의원직사임에 관한 백지위임장 등을 받아두는 일 등은 자유위임관계에 기초한 대의민주주의의 정신에 어긋나는 일로 지적되고 있다는 점이

---

123) 예컨대, *Leibholz/Rinck*, Grundgesetz, Art. 21 Rn. 3,은 아직도 이렇게 보고 있다. *Leibholz*(FN 2), S. 108ff.(112f.); BVerfGE 2, 1(72f.)도 대립관계 인정.

124) 동지: *Heydte*(FN 81), Sp. 377; *K. Stern*(FN 1), S. 827f. u. 847; *I. v. Münch*(FN 107), Art. 38 Rn. 64. 우리 국회법(제114조의 2)이 자유투표를 명문화하는 이유도 그 때문이다.

125) Vgl. BVerfGE 4, 144(149); 40, 296(311ff.).

126) Vgl. *K. Stern*(FN 1), S. 827, 843 u. 844f.; Zur Sache(FN 107), S. 72ff.; *J. Henkel*, DöV 1974, S. 181ff.; *E. Bahgat*, Freies Mandat in der repräsentativen Demokratie, Graz 1974; *P. Krause*,(FN 66); *K. Hesse*(FN 2), S. 242; *Th. Maunz*(FN 2), S. 371; *Th. Oppermann*, VVDStRL 33(1975), S. 43; *Chr. Müller* (FN 66), S. 220; *W. Wiese*, AöR 101(1976), S. 559f.

127) Leibholz 이외에 아직도 이를 대립 관계로 보고 있는 학자로는, *H. Meyer*, VVDStRL 33(1975), S. 94; *N. Achterberg*, Das rahmengebundenes Mandat, 1975, S. 16; *Morstein-Marx*, AöR 50(1926), S. 439 u. 443, 등이 있다.

128) Vgl. (FN 2), S. 242.

다. 따라서 의원직을 상실함이 없이 정당이나 교섭단체를 바꾸는 것도 가능하다.[129]

397
인선기구적
기능

둘째, 정당은 국가를 이끌고 나갈 지도급정치인을 발굴·훈련·양성하는 민주국가의 인선기구적 기능을 가진다. 이를 다시 '통치계층의 상향적 신진대사의 보장기능'과 '정치적 엘리트의 배양토적(培養土的) 기능' 그리고 '인선작업을 통한 동화적 통합의 촉진기능'으로 나누어 살펴보기로 한다.

즉, 직위상속·재산·사회적 신분 등에 의해서 정치적 경력이 자동적으로 보장되던 전근대적 지도층인선방법은 정치적 평등을 그 본질적 요소로 하는 민주주의원리에 어긋나기 때문에 민주국가의 정치적 지도층은 국민과 호흡을 같이할 수 있는 국민 속에서 나오지 않으면 아니 된다. 다시 말해서 국가를 이끄는 통치계층이 상향식으로 신진대

통치계층에
의 길

사되는 것이야말로 민주주의의 중요한 요건이 아닐 수 없다. 그런데 정당은 정치에 뜻을 두는 국민의 자발적인 정치결사일 뿐 아니라 '국민'과 '국가'를 이어주는 교량적 기능을 맡고 있기 때문에, 정당이야말로 대중민주국가의 국민 누구나가 그의 피선거권에 의해서 국가의 통치계층에까지 이를 수 있는 다리(Brücke)를 뜻하게 된다. 정당은 따라서 국민 누구나가 국가의 통치계층에 이르기 위한 교량인 동시에 바로 그 제도적 보장이다.

또 정당이 행사하는 각종 선거에서의 입후보자추천은 정당의 정치활동 중에서 가장 중요한 한 부분이라고 할 수 있는데, 그 이유는 선거에 내세울 입후보자선발을 계기로 정당은 정치지도자를 대중 속에서 찾게 되고 또 발굴된 지도자의 지도역량을 테스트하고, 지도력을 훈련시킴으로써 전체국민의 내일의 지도자를 확보함은 물론 이를 국민

엘리트의
배양토

앞에 선보임으로써 그 지지를 호소하게 되기 때문이다. 성낭이 '정치적 엘리트의 배양토'(Mutterboden einer politischen Elité)라고 불려지는 것도[130] 결코 과장된 표현은 아니다.

---

129) Vgl. *Th. Maunz*(FN 2), S. 86; *K. Hesse*(FN 2), S. 242; *D. Tsatsos*, Mandatsverlust bei Verlust der Parteimitgliedschaft?, DöV 1971, S. 253ff.; *K. Stern*(FN 1), S. 846 u. 847; *I. v. Münch*(FN 108), Art. 38 Rn. 64.

130) Vgl. *Heydte*, Freiheit der Parteien, in: Neumann/Nipperdey/Scheuner, Grundrechte Ⅱ (1954), S. 457ff.(482).

정당은 이처럼 그의 넓은 조직과 인선기능을 통해서 대중의 정 통합촉진
치적인 감각을 계발시키고 대중을 정치적인 경쟁과정에 끌어들임으로
써 동시에 사회의 동화적 통합효과를 촉진시키는 기능을 맡게 된다.

정당이 가지는 인선기구로서의 이상과 같은 세 가지 기능 즉, 398
국민 누구나가 국가의 통치계층에까지 이를 수 있는 제도적 보장기능 정당의
(통치계층의 상향적 신진대사의 보장기능), 지도자의 발굴·훈련·양성기능 민주적인
(정치적 엘리트의 배양토적 기능), 인선을 통한 동화적 통합의 촉진기능은 내부조직
정권의 선택가능성이 보장되는 복수정당제도 아래서는 동시에 내일의
국가통치기구에 대한 골격을 짜는 기능이라고도 볼 수 있기 때문에,
'정당'의 인선기능은 바로 '국가'의 인선기능을 의미하게 된다. 정당의
내부조직이 민주적이어야 할 것을 우리 헌법(제8조제2항)이 요구하고 있는 것
도 정당의 인선기능은 정당의 민주적인 내부조직을 전제로 해서만 그
소기의 목적을 달성할 수 있기 때문이다. 따라서 정당의 인선기능은
정당의 민주적인 내부조직을 바탕으로 모든 당원의 참여하에 당원의
의사가 최대한으로 반영될 수 있는 방법으로 상향식인 절차에 의해서
이루어질 것을 그 절대적 요건으로 한다.[131] 바로 이곳에 정당입후보자
공천제도를 마련하는 데 있어서의 재량의 한계가 있다. Stern[132]의 견
해처럼 상향식으로 선발된 지구당추천자에 대해서 당 수뇌부에서 합리
적인 이유를 내세워 이의를 제기하는 것은 반드시 비민주적이라고 볼
수 없겠으나, 다시 반복된 지구당선거에서 동일한 결론에 이른 경우에
는 이를 받아들이지 않을 수 없다고 본다.

β) 정당활동의 한계

민주정치의 정당화 과정에서 정당이 가지는 중개자적 기능과 399
국가의 지도급정치인을 발굴·훈련·양성하는 인선기구적 기능 때문에 정당활동과
정당은 대중민주주의의 정치생활에서 중심적인 위치를 차지하게 되는 비정치적 국
것은 당연하다. 하지만 정당은 어디까지나 국민의 정치적 생활영역에 가작용영역
서 그 고유한 헌법적 기능을 나타내는 것이기 때문에 정당의 기능이
국가의 비정치적 영역에까지 확대되는 것은 결코 바람직한 일이 못된
다고 할 것이다. 특히 국가의 비정치적 활동영역에 속하는 행정작용과

131) Vgl. *U. Scheuner*(FN 102), S. 355.
132) Vgl. (FN 1), S. 337.

사법작용에 정당이 간섭하는 것은 절대로 허용되지 않는다. 행정작용
과 사법작용은 '국민의 정치적 의사형성'과는 또 다른 법원리에 의해서
지배되는 비정치적 국가활동의 분야에 속하기 때문이다. 따라서 이들
분야에 대한 사항적인 간섭은 물론 인사적인 간섭도 결국은 행정부와
사법부의 정치적인 중립성을 침해하는 것으로서, 민주주의가 기능하기
위한 중요한 전제조건을 위태롭게 하는 결과가 된다. 구태여 Hesse[133]
의 말을 빌릴 필요도 없이 행정권과 사법권의 중립성이야말로 국가작
용의 계속성을 유지하고 정권교체를 가능케 하는 결정적인 요인이 되
기 때문이다.

d) 정당의 헌법상 지위

400

**권리의무와
정당특권**

정당은 대의적 대중민주주의가 기능하는 데 있어서 없어서는 아
니 될 중요한 역할을 담당하고 있기 때문에 그 지위가 헌법상 특별히
보호되고 있다. 즉 정당은 국민의 정치적 의사형성에 참여할 권리와
의무를 가지는 외에도 정당설립과 활동의 자유, 기회균등의 권리 등을
보장받고 있다. 반면에 정당에게는 민주적인 내부조직을 가질 의무, 재
정공개의무 등이 지워지고 있다. 그 대신 정당은 그 해산과 관련해서
다른 결사와는 달리 절차상·실질상 특권을 인정받고 있다. 이를 정당의
헌법상 권리·의무와 정당특권(Parteienprivileg)으로 나누어 살펴본다.

α) 정당의 권리·의무

정당은 국민의 정치적 의사형성에 참여하기 위해서 정당설립·
활동의 자유와 기회균등의 권리를 보장받고 있을 뿐 아니라 동시에 민
주적인 내부조직을 갖추어야 할 의무와 재정공개의 의무를 지고 있다.

401

**설립·활동
의 자유**

우선, 정당은 그 '설립과 활동의 자유'가 헌법에 의해서 보장된
다. 우리 헌법(제8조제1항)이 보장하고 있는 '정당의 자유'는 이를 '외형적 자
유'(äußere Freiheit)와 '내형적 자유'(innere Freiheit)로 나눌 수 있다.[134]
정당의 '외형적 자유'는 정당을 설립하고 정당활동을 하는 데 있어서
국가적 간섭이나 기타 사회압력단체(pressure groups)의 영향으로부터
자유로울 수 있는 권리를 뜻하고, 정당의 '내형적 자유'는 당원이 정당
내에서 정당활동을 하는 데 있어서의 자유, 즉 입당·탈당의 자유는 물

---

133) Vgl. (FN 2), S. 70; (FN 82), Sp. 1776.
134) Vgl. *K. Hesse*(FN 2), S. 71f.

론 정치적 의사발표, 정당수뇌부의 당운영에 대한 비판의 자유를 뜻한
다. 따라서 '정당의 자유'는 개인의 자유권적 성격과 정당의 단체권적
성격을 동시에 가지는데, 전자로부터는 누구나 정당을 설립하고(설립허
가제의 금지), 어느 정당에 입당하고,[135] 정당 내에서 정치활동을 하고,
정당으로부터 탈당할 수 있는 개인의 자유가 나온다고 본다면, 후자에
는 단체로서의 정당이 존립하고 활동할 수 있는 정당의 정당으로서의
신장의 자유 등이 포함되고 있다고 할 것이다.

　　이렇게 볼 때 우리 헌법(제8조제1항)이 특별히 보장하고 있는 '복수정
당제도'는 '정당설립'의 자유에 포괄된 개인의 자유권적 성격으로부터
나오는 당연한 결론으로서 복수정당제도에 대한 창설적 의미보다는 강
조적인 의미를 가진다고 할 것이다.[136]

복수정당
제도

　　둘째, 정당은 그 정치활동을 하는 데 있어서 '기회균등'이 보장
된다. 정당의 기회균등의 원칙은 개념적으로 정당설립의 자유에서 나
오는 복수정당제도를 전제로 하고 있다. 정당의 기회균등은 특히 정당
제도와 불가분의 함수관계에 있는 선거법의 제정시에 중요한 의미를
가질 뿐 아니라, 그 외에도 정당이 그에게 주어진 헌법적 기능과 과제
를 다하기 위해서 국가권력과 접촉하게 되는 경우에 문제되는 사례가
많다. 특히 정당활동이 언론·출판·집회·결사의 자유와 연관된 형태
로 나타나는 경우에 선전의 기회균등, 선거운동 등의 기회균등이 중요
한 문제로 대두된다. 예컨대, 정당에 대한 국영방송의 방송시간분배 또
는 정치자금의 배분 등에서 기회균등을 '절대적' 또는 '상대적'으로 이
해할 것이냐의 문제가 그것이다. 정당의 기회균등은 그 정신상 절대적
기회균등을 원칙으로 하지만 선거결과에 의해서 나타나는 정당의 크기
에 따라 상대적인 차별대우를 하는 것도 평등의 정신에 어긋나지 않는
것으로 간주되고 있다.[137] 또 사기업으로서의 언론기관(신문, 방송, 텔레

402
정당활동의
기회균등

135) 따라서 정당법(제22조 제 1 항)의 개정으로 대학교원의 범위에 포함되는 강사도 정
　　당의 발기인 및 당원이 될 수 있게 된 것은 바람직한 입법개선이다.
136) 따라서 정당설립요건을 지나치게 엄격하게 규정하는 것은 문제가 있다. 그런 뜻에서
　　정당설립에 필요한 법정 시·도당수를 5 이상의 시·도당으로 하고, 시·도당은 100인
　　이상(중앙당은 200인 이상)의 발기인과 시·도당은 1천인 이상의 당원을 갖도록 요건
　　을 정하고(정당법 제17조·제18조 및 제 6 조와 제 7 조), 언론인의 정당가입을 전면
　　허용하는(법 제22조) 등의 정당법개정은 올바른 입법개선이라 할 것이다.
137) Vgl. *K. Hesse*(FN 2), S. 72f.
　　그러나 우리 헌재는 정당이 국회의원선거에서 유효투표총수의 2% 이상을 득표하지

비전 등)이 특정 정당의 선전광고게재를 거부하는 것은 언론의 자유, 영업의 자유 등과의 이익형량의 관점에서 볼 때 정당에 대한 기회균등의 침해가 되는 것은 아니라는 것이 독일연방헌법재판소의 입장이다.[138]

정당활동의 기회균등은 민주주의의 본질적 요소에 속하는 '정책과 정권의 선택가능성'의 보장적 측면에서도 중요한 의미를 갖게 되지만, 정당의 기회균등에 의해서 궁극적으로 국민 개개인의 자유가 보다 효과적으로 보장될 수 있다는 점도 경시할 수 없다. 즉, 정당의 기회균등의 원칙이 잘 지켜지는 곳에서는 사회 내의 여러 정치세력 간에 어느 정도 균형적인 성장을 할 수 있고 정당 간의 이와 같은 힘의 균형관계는 권력의 남용이나 오용의 위험성을 축소시키는 결과가 되기 때문이다. Scheuner,[139] Hesse,[140] Stern[141] 등의 말을 빌릴 필요도 없이 특히 의회민주주의에서 정당을 통한 권력통합현상 때문에 권력을 효과적으로 통제할 수 있는 새로운 권력분립(checks and balances)의 메커니즘이 필요하게 된 현대국가에서 사회의 여러 정치세력 간의 힘의 균형관계를 보장해 주는 정당활동의 기회균등의 원칙이야말로 '정부＋여당' 대 '야당'의 힘의 균형을 유지함으로써 헌법소송제도, 연방국가원리, 기본권제도 등과 함께 국민의 기본권을 효과적으로 보장해 줄 수 있는 중요한 수단이 아닐 수 없다.

여당과 야당의 견제기능

정당활동의 기회균등의 원칙은 정당 상호간에만 해당되는 것이 아니고 정당내부에서의 정치활동의 기회균등을 동시에 포함하고 있다는 점을 주의할 필요가 있다. 정당의 내부조직이 민주적이어야 하는 이유도 그 때문이다. 따라서 여론조사를 통해 공직후보자 선출을 위한 당내 경선을 실시하는 경우에는 조사결과의 신뢰성과 정확성이 확보될 수 있는 방법을 강구해야 한다.[142]

정당내부에서의 기회균등

403

셋째, 정당은 국민의 정치적 의사형성에 참여하는 데 필요한

못하면 정당등록을 취소하게 정한 것은 정당설립의 자유의 침해라고 판시했다. 헌재결 2014. 1. 28. 2012 헌마 431 등, 판례집 26-1(상), 155 참조.

138) Vgl. BVerfGE 42, 53(62).

139) Vgl. (FN 102), S. 353.

140) Vgl. (FN 2), S. 64.

141) Vgl. (FN 1), S. 344.

142) 2016년 개정된 공직선거법(제57조의 8 및 제108조 제11항)에서 이른바 '안심번호' (휴대전화 가상번호)제도를 채택한 이유도 그 때문이다.

'민주적인 내부조직'을 갖추어야 할 의무를 지고 있다. 정당의 이와같은 헌법상 의무는 다른 사법상의 결사에서는 찾아볼 수 없는 정당특유의 현상이다. 정당의 '민주적 내부조직'이 구체적으로 어떤 조직형태를 뜻하느냐의 문제는 Maunz[143)의] 말처럼 쉽게 대답할 수는 없지만, 정당 내에서도 당론이 상향식으로 결정될 수 있는 방법이 제도적으로 보장되어야 한다고 본다. 각 지구당에서 민주적인 방법에 의해서 선출된 대의원들로 구성되는 전당대회를 당의 최고의결·결정기관으로 해야 한다든지, 모든 당원의 당내활동의 자유와 기회균등이 보장되어야 한다든지, 당 지도부가 전당대회에서 정기적으로 선거되고 신임을 받아야 된다든지, 당기관의 신진대사가 보장되어야 한다든지, 소수보호의 정신이 제도화되어야 하는 것 등은 '민주적 내부조직'의 불가결한 최소한의 요건들이라 할 것이다. 따라서 지역조직을 바탕으로 하지 않는 중앙집권식 하향조직정당은 '민주적 내부조직'을 갖추었다고 볼 수 없다.[144)]

정당의
민주적 내부
조직

넷째, 독일의 경우처럼(기본법 제21조
제 1 항 4절) 나라에 따라서는 정당의 '재정공개의무'를 헌법에 규정하는 경우도 있다. 정당이 정치활동을 효과적으로 해나가기 위해서는 막대한 경비가 필요하게 되는데, 국민 대다수가 정당에 가입하지 않고 있는 경우, 정당활동의 경비를 당원의 회비에만 의존할 수는 없다. 그렇다고 국가가 정당활동에 대해서 재정보조를 하는 것도 독일연방헌법재판소가[145)] 지적한 것처럼 국가로부터 자유로와야 할 정당활동이 오히려 국가에 의해서 간섭되는 결과를 초래할 뿐 아니라 국가의 재정보조가 어떤 특정 시기의 국민에 의한 정당의 지지율 내지 원내의석수를 기준으로 해서 이루어지는 경우 자칫하면 정당판도의 고착화를 초래할 위험도 있다.[146)] 결국 정당의 정치활

404
정당의 재정
공개의무

---

143) Vgl. (FN 2), S. 89.

144) 우리 헌재는 정당의 지구당 및 당연락소금지규정은 정당조직 및 활동의 자유의 본질적 내용의 침해가 아니며 과잉제한도 아니라고 판시했다. 헌재결 2004. 12. 16. 2004 헌마 456 참조. 또 정당이 당원협의회를 둘 수 있지만 그 사무소설치를 금지한 것은 정당활동의 자유를 침해하지 않는다고 판시했다. 헌재결 2016. 3. 31. 2013 헌가 22 참조.

145) Vgl. BVerfGE 20, 56(97ff.); 20, 119(132); 73, 40; 85, 264.

146) 정당의 일반 정치활동에 대한 국가의 재정보조를 위헌이라고 판시했던 독일연방헌법재판소가 1992년에는 그의 종전 판시를 바꾸어 정당에 대한 국가의 재정지원을 원칙적으로 허용하면서도 정당의 자체조달재정규모(당원의 당비 및 기부금과 기타수입의

동에 필요한 경비는 대부분이 사인이나 경제단체 등 법인과 단체(전국
노조 등)의 기부행위에 의해서 충당될 수밖에 없는데, 여기에도 문제점
이 없는 것은 아니다. 즉 경제단체의 기부행위를 통한 이른바 정당의
'입양현상'(Adoption)은 두말할 것도 없고,[147] 자칫하면 외국세력이 정

총액)보다 더 많은 국고지원을 하는 것은 위헌이라고 판시했다(BVerfGE 85, 264). 이
판결에 따라 2017년 개정된 독일 정당법(제18조~제22조)은 정당에 대한 국고보조의
기준을 상세히 규정하면서 국가가 1년에 정당보조금으로 지출할 수 있는 예산총액은
2012년의 경우 15억8백만 유로(약 2,027억원)를 초과할 수 없다고 못박고 있다. 다만
매년 물가상승률에 비례해서 연방의회의장이 이 상한액의 증액한도를 정하게 되어 있
다. 그 밖에도 독일연방헌법재판소에 따르면 정당에게 일정한 선거운동경비를 보상하
는 것은 위헌이 되지 않는다고 한다(BVerfGE 20, 56(113ff.); 20, 119, 134 참조). 따
라서 현재 독일의 정당은 정당법(제18조~제22조)에 따라 유럽의회 및 연방과 주의회
의 선거에 참가해서 전체유효투표의 0.5% 또는 1.0%(주선거의 경우) 이상을 득표한
경우에는 얻은 표마다 0.83유로씩의 선거경비 보상을 받고 있다(다만 각 정당이 얻은
4백만표까지는 매 표당 1유로씩 보상해 준다). 처음에는 정당법이 전체유효투표의
2.5% 이상을 득표한 정당에게만 선거경비를 보상하게 규정하고 있었으나, 이 규정은
독일연방헌법재판소(BVerfGE 24, 300(306, 334ff.) 참조)에 의해 정당의 기회균등의
원칙에 어긋난다고 판시되어 0.5% 또는 1.0%로 내려졌다. 나아가서 독일연방헌법재판
소(BVerfGE 41, 399(410ff.) 참조)는 대의민주주의의 바탕이 되는 선거제도의 정신상
무소속입후보의 자유도 보장되어야 하겠기 때문에, 무소속입후보자도 정당에 준해서
선거경비의 보상을 지급받을 권리가 있다고 판결했다. 따라서 정당법(제18조 제 4 항)
은 유효투표 10% 이상을 득표한 무소속입후보자에게도 정당에 준해서 선거경비를 보
상해 주도록 개정되었다.

147) 2005년 6월 전부 개정된 '정치자금법'은 정경유착을 방지하기 위한 획기적인 내용을
담고 있었다. 그에 따라 중앙당 및 시·도당 후원회는 2006년 3월에 폐지되었다(부칙
제 2 조). 그러나 2015. 12. 23. 헌법재판소가 정당에 대한 후원회를 금지하는 정치자
금법 규정에 대해서 2017. 6. 30.까지 잠정적용을 허용하는 헌법불합치결정을 함에 따
라 2017. 6. 30. 정치자금법(제 6 조 제 1 호 및 제 9 조 제 1 호)이 개정되어 앞으로 정
당에 대한 중앙당 후원회를 다시 둘 수 있게 되었다. 다만 헌법재판소는 정당후원회의
모금한도액을 제한하고, 기부내역을 완전히 공개하는 등 정치자금 투명성 확보수단을
함께 마련하라고 결정했다. 그래서 개정 정치자금법은 중앙당 후원회의 연간 모금·기
부 한도액을 50억원으로 제한하면서 공직선거가 있는 해에는 그 두 배의 모금·기부
를 할 수 있게 했다(제12조 제 1 항 제 1 호 및 제13조 제 1 항 등) 나아가 지금처럼 과
도한 국고보조금에 의존하는 정당수입의 구조개선도 필요하다고 강조했다(헌재결
2015. 12. 23. 2013 헌바 168 참조). 국회의원(국회의원 당선인 포함)·대통령선거후
보자 및 예비후보자·대통령경선후보자와 당대표경선후보자 그리고 지역구 국회의원
선거(예비)후보자·중앙당 대표자 및 중앙당최고집행기관의 구성원을 선출하기 위한
당내경선후보자 또는 시·도지사와 기초자치단체장후보자로 등록한 사람도 후원회를
둘 수 있다(제 6 조 및 제 7 조). 이와 같은 후원회의 지정제도에 관해서 우리 헌재는
평등의 원칙에 위배되지 않는다고 판시했다(헌재결 2005. 2. 3. 2004 헌마 216). 법
인·단체는 장치자금 기부와 기탁을 할 수 없고, 법인 임원도 법인·단체 관련자금으
로 기부하지 못하게 했다(제 8 조 및 제31조)(헌재결 2012. 7. 26. 2009 헌바 298(합
헌결정)). 개인은 연 2천만원(한 후원회에 대통령후보자 등 후원회에 연 1천만원 기타

당을 통해 국내정치에 개입할 우려까지 있기 때문이다. 정당의 재정공
개의무는 정치자금의 기부행위에 수반되는 위와 같은 위험을 제거하기
위한 것이긴 하지만, 그것 또한 경우에 따라서는 기부의욕을 침체시키
는 결과를 초래할 수도 있다. 독일정당법은 이 두 가지 측면을 절충하
는 뜻에서 1년에 1만 유로(Euro)(약 1,300만원) 이상을 기부한 사람은 그
명단까지 공개해야 되지만 그 이하의 소액기부자의 명단은 공개할 필
요가 없도록 규정하고 있다.[148]

     우리나라 '정치자금법'은 정당에 대한 국고보조금을 선거권자
한 사람당 매년 전국소비자 물가변동률을 반영해서 결정하는 계상단가
(2021년은 1,052원)로 정했다. 그에 더하여 공직선거(대통령·국회의원·동시
지방선거)가 있는 해에는 각 선거마다 계상단가를 추가 지급하도록 했다
($\frac{법}{제25조}$).[149] 또 임기만료에 의한 국회의원선거 및 시·도의회의원선거가
있는 해에는 선거권자 한 사람당 100원씩을 따로 계상해서 지역구 국
회의원선거 및 지역구 시·도의원후보자 중 30% 이상을 여성으로 추
천한 정당(해당정당이 없으면 5% 이상을 추천한 정당)에게 공직후보자 여성
추천보조금을 추가로 배분·지급하도록 했다($\frac{법}{제26조}$). 그에 더하여 임기
만료에 의한 지역구 국회의원과 지방의회의원선거에서 장애인후보자를

국고보조금
제도

    후원회에 연 500만원)까지만 기부할 수 있는데, 1회 10만원 이상, 연간 300만원(대통
    령후보자 등의 경우 500만원)을 초과 기부한 고액기부자의 인적 사항은 공개해야 한
    다(제42조 제 4 항). 후원회의 연간 모금한도액은 대통령선거경선후보자는 선거비용
    제한액의 5%에 해당하는 금액, 국회의원(후보자) 및 당대표경선후보자는 1억 5천만
    원, 시·도지사선거후보자는 선거비용 제한액의 50%에 해당하는 금액(공직선거가 있
    는 해의 공직선거 후보자는 2배인데 같은 해에 2 이상의 전국단위 공직선거가 실시되
    는 경우도 똑같이 평년의 2배)이다(제12조 및 제13조). 정치자금은 집회의 방법으로
    모금할 수는 없다(제14조 제 1 항). 또 정치자금의 투명성을 높이기 위해서 당비 및 후
    원금의 영수증은 납부 또는 기부일부터 30일까지 교부하도록 했다(제 5 조 제 1 항 및
    제17조 제 1 항). 그런데 헌재는 대선의 당내경선후보자와 국회의원선거예비후보자가
    당내 경선에 참여하지 않거나 정식후보등록을 하지 않아 후원회를 둘 수 있는 자격을
    잃게 되면 후원회에서 후원받은 후원금 전액을 국고에 귀속시키는 정자법규정(제21조
    제 3 항 제 2 호 중)은 선거의 자유를 침해하며 평등원칙에 위배된다고 판시했다(헌재
    결 2009. 12. 29. 2007 헌마 1412와 2008 헌마 141). 그 후 후원금 전액이 아닌 잔여
    재산만을 국고에 귀속시키도록 해당 규정을 2016년 개정했다(제21조 제 3 항).
148) 독일정당법(ParteiG) 제25조 제 3 항 참조. 그리고 건당 5만 유로가 초과되는 기부금
    은 독일연방의회 의장에게 보고하고, 연방의회 의장이 그 기부금의 액수와 기부자를
    공개하게 되어 있다. 같은 조문 참조.
149) 중앙선거관리위원회의 자료에 의하면 2020년 정당별 국고보조금 지급액은 다음과
    같다.

추천한 정당에는 일정액(선거권자 총수에 20원을 곱한 금액)의 장애인추천 보조금을 지급한다(제26조의 2 ^{법}). 그러나 정당에 대한 지나친 국고보조는 법리상 문제가 많다. 정당은 국민의 사적인 정치결사체일 뿐 국가기관은 아니기 때문에 정당활동에 소요되는 경비는 원칙적으로 정당의 자력적인 경비조달에 의존해야 한다. 그렇지 않고 정당운영비의 국고보조금 의존도를 높이는 것은 정당이 국가기관화할 위험성이 있다. 독일과 일본이 정당에 대한 국고보조를 하면서도 정당의 자체 수입규모에 따라 차등을 두고 있는 것도 바로 그 때문이라고 할 것이다. 결국 정당이 정당활동경비를 보조받는 것을 정당화하기 위해서는 몇 가지 선행조건이 충족되어야 한다. 첫째, 경비마련을 위한 정당의 자구노력이 선행되어야 한다. 즉 정당은 당비수입을 늘리고, 정당의 기구축소 내지 유급당원 감축 등을[150] 통해서 경상비를 절감하고 지출규모를 줄이는 등 자구

2020년도 국고보조금 정당별 지급현황(단위 : 원)

지급총액	더불어민주당	국민의힘	정의당	국민의당	열린민주당	기본소득당
총지급액(A)	90,718,298,610	32,706,240,400	36,114,534,890	5,679,120,130	1,016,990,660	967,993,150	15,771,370
100.0%	36.1%	39.8%	6.3%	1.1%	1.1%	0.0%
1/4분기	11,015,690,490	3,675,868,370	4,784,033,630	630,117,180			
제21대 국선 선거조금	44,072,183,310	14,487,524,040	17,672,769,880	2,783,027,530	30,677,770	30,677,770	
여성추천 보조금	842,007,960						
장애인추천 보조금	252,602,380	252,602,380					
2/4분기	11,515,494,150	3,796,269,590	4,462,894,740	737,109,590	308,200,310	293,889,760	
3/4분기	11,504,826,170	5,250,069,370	4,594,705,670	764,274,900	338,977,280	321,633,800	7,859,350
4/4분기	11,515,494,150	5,243,906,650	4,600,130,970	764,590,930	339,135,300	321,791,820	7,912,020

지급총액	시대전환	민생당	국가혁명당	진보당	우리공화당	친박신당	자유한국21
총지급액(A)	15,380,470	11,749,541,380	842,007,960	1,454,911,190	78,286,970	43,262,690	34,257,350
0.0%	13.0%	0.9%	1.6%	0.1%	0.0%	0.0%
1/4분기		1,693,415,040		232,256,270			
제21대 국선 선거보조금		7,979,657,920		968,491,120	54,422,160	30,677,770	34,257,350
여성추천 보조금			842,007,960				
장애인추천 보조금							
2/4분기		1,626,516,630		254,163,800	23,864,810	12,584,920	
3/4분기	7,663,900	219,641,900					
4/4분기	7,716,570	230,309,890					

※ 국회의원 총선거가 없는 해에는 선거보조금·여성추천보조금·장애인추천보조금 등이 포함되지 않아 경상보조금이라 부르고, 임기만료에 의한 국회의원총선거가 있는 해에는 위 보조금이 함께 포함되기 때문에 국고보조금이라 부른다.

경상보조금과 국고보조금의 배분·지급기준은 지급 당시 국회에 교섭단체를 구성한 정당에 대하여 보조금총액의 50%를 정당별로 균등 배분하고, 이외의 정당 중 5석 이상의 의석을 가진 정당에 대하여는 5%씩, 의석이 없거나 5석 미만의 의석을 가진 정당 중 일정요건에 해당하는 정당에 대하여는 2%씩을 배분·지급하며, 위 배분액을 제외한 잔여분 중 50%는 국회의석을 가진 정당에 대해 그 의석수 비율에 따라 배분·지급하고, 그 잔여분은 최근에 실시된 국회의원총선거에서 득표한 정당의 득표수 비율에 따라 배분·지급한다(법 제27조).

150) 우리 정당법은 정당의 유급사무직원수를 중앙당 100인 이내, 시·도당 총 100인 이

노력부터 먼저 해야 한다. 둘째, 국고보조금의 비율이 정당의 자체수입 규모에서 50%를 넘지 말아야 한다. 그렇지 않은 경우 정당의 input기 능은 약화될 수밖에 없기 때문이다. 셋째, 정당투표제의 도입 등을 통해서 정당활동에 대한 국민의 심판이 실질적이고 객관적으로 보장되어야 한다. 정당에 대한 국고보조금의 지급은 정당의 존립 그 자체를 위한 것이 아니고 국리민복에 도움이 되는 정당의 정책개발과 생산적이고 민주적인 정당활동을 지원하기 위한 것이기 때문이다.[151]

　　　우리나라는 정당의 재정공개의무를 헌법에 규정하지는 않고 있지만 정치자금법에 정당의 회계처리방법($\binom{\text{제34조 내지}}{\text{제39조}}$)과 재산상황의 연례 보고의무($\binom{\text{제40}}{\text{조}}$)를 규정하고 있다.[152] 그리고 선거관리위원회에 정치자금을 기탁하는 기부자의 명단은 기부금액의 액수에 관계없이 이를 명시하도록 하고 있는 대신($\binom{\text{법}}{\text{제22조}}$) 외국인을 비롯한 국내·외의 법인·단체로부터의 기부금 수령을 금지하고 있다($\binom{\text{법}}{\text{제31조}}$). 또 '정치자금법'은 기부행위의 양성화를 꾀해서 정치자금의 기부·배분행위가 중앙선거관리위원회로 통합되는 것을 장려하는 pool제도의 규정을 두고 있다.[153] 하지만 정치자금의 pool제도도 국가로부터 독립되어야 하는 정당의 성격상 또 기부행위에 의해서 자기가 지지하는 정당을 직접 재정적으로 지원해 줄 수 있는 국민의 정치활동의 자유의 관점에서 그리고 배분방법상 문제점이 있기 때문에 '후원회'제도($\binom{\text{제6조}}{\text{이하}}$)와 정치자금무기명정액영수증제도($\binom{\text{제17조}}{\text{제9항}}$)를 따로 두고 있지만 그것은 정치자금의 양성화 내지

내만 둘 수 있도록 제한하고 있다. 그리고 국고보조금의 배분대상이 되는 정당은 중앙당에 정책연구소를 별도 법인으로 설립해야 하는데 이 연구소의 연구원은 정당의 유급사무직원수에 포함하지 아니한다(법 제30조 및 제38조).

151) 우리 정치자금법의 문제점에 대해서 자세한 것은 졸고, "정치자금법의 개정을 촉구한다," 판례월보 1995년 12월호, 5면 이하 참조.
　　정당은 지급받은 국고보조금의 30%를 정책개발비로 사용하도록 의무화한 것은 바람직한 최소한의 제도개선이다(정자법 제28조 제 2 항). 그리고 국고보조금에 대한 정당의 허위회계보고를 금지하고, 보조금의 법정용도에 대한 통제를 강화하며, 위법시에는 보조금을 회수하거나 차후의 보조금을 감액해서 지급할 수 있는 근거와 기준을 정치자금법에 명시한 것은 당연한 입법이다(법 제29조 참조). 무소속입후보예정자는 정치자금과 국고보조금을 받을 수 없도록 한 것은 정당민주주의의 실현을 위한 합리적인 차별이므로 평등원칙의 위배가 아니다(헌재결 1997. 5. 29. 96 헌마 85).

152) 정당 또는 후원회의 회계보고 때는 자체 감사기관의 감사의견서와 대의기관·예결위원회의 심사의결서 사본을 각각 제출해야 한다(정자법 제40조 제 4 항 제 4 호).

153) 지정기탁금제도는 폐지되었다(정자법 제23조).

투명화 정신에도 어긋날 뿐 아니라 그 제도의 실효성에도 많은 문제점이 있다. 즉 무기명정액영수증제도는 특히 야당의 정치자금조달을 돕기 위한 것이라고 하지만, 정치자금의 양성화 내지 투명화를 추구하는 정치자금법의 기본방향과는 조화되기 어렵다. 정치상황의 변화에 따라 야당의 위상이 많이 달라졌을 뿐 아니라, 무기명기부제도가 자칫 은밀한 로비수단으로 악용될 소지도 있기 때문에 그 제도운영에 각별한 주의가 요망된다고 할 것이다.[154]

β) 정당특권

405
일반결사에 대한 특별 규정

정당은 국민의 자발적인 정치결사이기 때문에 당원의 해산결의에 의해 자발적으로 해산한다든지 자발적으로 다른 정당과 합병하는 것 등은 '정당의 자유'에 속하는 일이지만 관권의 개입에 의해서 정당을 해산시키는 데 있어서는 다른 사법상의 일반결사와는 달리 헌법이 정당에 특별한 특권을 인정하는 것이 보통인데 이를 '정당특권'(Parteienprivileg)[155]이라고 한다. 따라서 정당특권은 정당과 기타 사법상의 일반결사와의 관계에 있어서 정당의 우월한 헌법상 지위를 말해주는 것이다. 정당특권은 이런 의미에서 일반결사에 관한 헌법조항에 대한 특별규정(lex specialis)의 성격을 가진다.

위헌정당 해산제도

우리나라 헌법은(제8조 제4항) '정당의 목적이나 활동이 민주적 기본질서에 위배될 때에는' 정부가 그 해산을 헌법재판소에 제소할 수 있고, 정당은 헌법재판소의 결정에 의해서만 해산될 수 있도록 정당특권을 규정하고 있다. 독일기본법(제21조 제2항)도 우리 헌법규정과 문구상 거의 동일한 정당특권조항을 두고 있는데, 우리나라와 마찬가지로 연방헌법재판소에 위헌정당의 해산판결권을 주고 있다.

절차적 특권과 실질적 특권

정당특권은 이를 절차적 특권(Verfahrensprivileg)과 실질적 특권(materielles Privileg)으로 나눌 수 있다. 절차적 특권은 정당이 다른 사법상의 사단과는 달리 정부의 행정처분에 의해서 해산될 수 없고 그 해산에는 반드시 헌법재판소의 결정이 있어야 되는 해산절차상의 특권

---

154) 정치자금법은 연간 120만원 이하의 후원금만 익명으로 기부할 수 있고 연간 300만원(대통령선거후보자의 경우 500만원) 이상 기부자의 인적 사항과 금액을 공개하도록 정했다(법 제11조 제 3 항 및 제42조 제 4 항).

155) Vgl. *K. Hesse*(FN 2), S. 282ff.; *K. Stern*(FN 1), S. 174ff.; *Tb. Maunz*(FN 2), S. 81ff.; *D. Lorenz*, AöR 101(1976), S. 1ff.; BVerfGE 2, 1(13); 12, 296(304); 17, 155(166).

을 말하고, 실질적 특권은 다른 사법상의 사단과는 달리 정당의 해산
은 '민주적 기본질서에 위배되는 경우'에 국한되도록 그 해산사유를 특
별히 엄격하게 규정함으로써 정당에게 그 활동상의 특권을 인정하는
것을 의미한다. 이를 나누어서 살펴본다.

① 실질적 특권   정당은 그 목적이나 활동이 '민주적 기본
질서에 위배'될 때에 한해서 해산될 수 있다. 이 해산사유의 해석은 헌
법이 정당에게 인정하고 있는 실질적 특권의 정신을 충분히 살리는 한
편 정당해산제도에 표현되고 있는 '투쟁적 내지 방어적 민주주의'의 정
신을 아울러 살릴 수 있는 방향으로 적절한 조화점을 모색해야 하리라
고 본다. 이와 같은 관점에서 '정당의 목적이나 활동이 민주적 기본질
서에 위배된다'고 하기 위해서는 정당의 정강정책에 나타나는 잠재적
인 경향이 비민주적인 요소를 내포하고 있는 정도로서는 부족하고, 정
당의 정강정책이 명문으로 민주주의의 실질적 요소에 속하는 '국민주
권'·'자유'·'평등'·'정의'의 이념을 부인하거나 민주주의의 실질적
요소를 실현하기 위한 민주주의의 여러 가지 형식원리를 제거 내지 침
해할 것을 목적으로 하는 경우에 한한다 할 것이다.[156] 따라서 특정한
헌법조항의 폐지 내지 개정을 주장하거나, 특정한 헌법제도에 대한 반
대 투쟁을 선언하는 정도는 정당해산의 사유가 될 수 없다. 정강정책
에 나타나는 정당의 목적이 명시적으로 민주주의원리를 부인하고 있을
뿐 아니라 정당의 당원이나 그 지지세력의 정치활동이 명백히 민주주
의의 제거·침해 또는 국가존립의 위해를 목표로 하는 것이 명백한 경
우에만 정당해산의 헌법적 요건이 충족된 것이라고 보아야 한다. 정당
의 기본방침에 반해서 일부 당원이 탈선행동을 하는 정도는 해산사유
가 될 수 없다. 정당의 위헌성을 확인하는 데 있어서는 정강정책의 내
용은 물론, 정당기구나 그 당원 내지 지지세력의 활동성향, 정당의 내
부적인 조직형태 등을 다각적으로 종합 검토해야 할 것이다. 정당은
이처럼 엄격한 가중요건을 충족시키는 경우에만 해산될 수 있다는 점
에서, '국가안전보장'·'질서유지'·'공공복리'의 요건에 의해서 해산될
수 있는 기타 '사법상의 일반결사'보다 실질적 특권을 가지게 되는 것

406
위헌정당
해산사유

---

156) 독일에서의 통설이다. Vgl. *K. Stern*(FN 1), S. 175; *K. Hesse*(FN 2), S. 283; *Th.*
Maunz(FN 2), S. 85; BVerfGE 5, 85(318); 2, 1(12).

이다.

407
헌법재판에
의한 해산

② 절차적 특권   정당은 객관적으로 그 위헌성이 두드러지게 나타나는 경우에도, 정부의 제소에 의한 헌법재판소의 해산결정이 있을 때까지는 정당으로서의 특별한 헌법상의 지위를 계속 보장받게 된다. 정당 이외의 '사법상의 일반결사'가 행정처분만에 의해서 해산될 수 있는 것과는 다른 정당의 절차적 특권이다. 정당의 절차적 특권과 관련해서 주의할 점은 정부가 위헌이라고 보여지는 정당의 해산을 의무적으로 헌법재판소에 제소해야 하는 것은 아니다. 제소여부의 결정은 정부의 정치적인 재량의 문제이다. 정당에 대한 해산결정을 통해 위헌적인 정당의 정치활동을 지하로 스며들게 하고 음성화시키는 것보다는 위헌적인 정당을 상대로 한 민주적인 공개투쟁을 통해서 일반국민을 확신시킴으로써 정당의 사회적 기반을 붕괴시키는 것이 민주주의의 보호에 더 효과적이라고 판단하는 경우에는 해산의 제소를 보류할 수도 있어야 하겠기 때문이다. 하지만 Hesse의[157] 말처럼 제소의 시기와 제소의 대상을 효과적으로 결정·선택하는 문제는 결코 용이한 일은 아니다. 좌우간 정당해산에 대한 정부의 제소가 있는 경우에는 헌법재판소는 그 압도적 다수결(2/3의 찬성)에 의해서만 정당의 해산결정을 할 수 있다(^{헌법 제113조}_{참조}). 헌법재판소의 해산결정은 정당의 위헌성에 대한 창설적 효력(konstitutive Wirkung)을 가지는 것이기 때문에, 이 결정에 의해서 정당은 비로소 위헌정당으로 확정된다.

408
해산결정의
효력

헌법재판소의 해산결정의 효력은 이를 세 가지로 나눌 수 있다. 첫째, 정당은 헌법재판소의 해산결정에 의해서 자동적으로 해산된다. 실제에 있어서는 정당등록사무를 취급하는 중앙선거관리위원회의 해산공고가 뒤따르는 것이 원칙이겠으나, 이 해산공고는 단순한 선언적·확인적 효력밖에는 없기 때문에 이 해산공고에 의해서 정당이 비로소 해산되는 것은 아니다. 둘째, 해산정당과 유사한 목적을 가진 이른바 '대체정당'(Ersatzparteien)[158]의 설립이 금지되기 때문에(^{정당법}_{제40조}) 만약 그와 같은 대체정당이 설립된 경우에는 더 이상 정당특권을 인정받을 수 없고 '사법상의 일반결사'와 마찬가지로 행정처분에 의한 해산의 대상이

---

157) Vgl. (FN 2), S. 282 Anm. 5.
158) 대체정당의 개념에 대해서, BVerfGE 6, 300(307) 참조.

된다.[159] 셋째, 위헌정당의 해산결정에 따라 위헌정당에 소속되고 있던 의원은 당연히 그 의원자격을 상실하게 된다. 이 점에 관한 명시적인 법률규정은 없으나, 위헌정당해산제도에 내포되고 있는 '투쟁적 내지 방어적 민주주의'의 정신상 당연하다고 본다.[160] 그러나 법률상 명문규정을 둘 때까지는 헌법재판소가 정당해산결정을 할 때 의원직상실의 문제에 대한 명시적인 언급을 해야 할 것이라고 본다. Maunz[161]는 정당에 대한 해산결정에 의해 소속의원의 의원직을 당연히 상실케 하는 것은 대의제도의 정신에 반하는 것이라고 반대견해를 표명하고 있다. 하지만, 자유위임관계에 바탕을 두는 대의민주주의정신이 정당국가의 원리보다 우선하는 효력이 있다고 보는 경우에도 위헌정당해산제도에 내포되고 있는 투쟁적 · 방어적 민주주의의 취지를 살리려고 하는 한 의원직자동상실의 결과는 불가피한 것이라고 아니할 수 없다. 우리 헌법재판소도 2014년 통합진보당에 대한 해산결정을 하면서 이 정당 소속 국회의원은 그 의원직을 상실한다고 결정했다. 위헌정당의 해산을 명하는 비상상황에서는 국회의원의 국민대표성은 희생될 수밖에 없으므로 소속 국회의원의 의원직 상실은 위헌정당 해산제도의 본질로부터 인정되는 기본적 효력이라고 판시했다.[162] 이는 의원직 상실에 관

---

159) 동지: BVerfGE 16, 4(5f.).

160) 독일연방헌법재판소도 지금까지 있었던 두 건의 정당해산판결에서 같은 입장을 취하고 있다. 이 점에 대해서, BVerfGE 2. 1(74ff.); 5, 85(392) 참조.
  하지만 그 후 독일연방선거법(제46조, 제47조)을 비롯한 각 주선거법은 의원직상실에 관한 명문의 규정을 두고 있기 때문에, 이 문제는 실정법적으로 해결된 셈이다.

161) Vgl. in:(FN 94), Art. 38 Rn. 25ff.(28). Maunz는 정당해산결정이 있어도 해당 정당의 소속의원은 다음 선거시까지 무소속으로 의원직을 계속하는 것이 대의정신에 맞는다는 점을 강조한다.

162) 헌재결 2014. 12. 19. 2013 헌다 1, 헌법공보 제219호. 헌법재판소의 통진당 해산결정(8 : 1)의 이유를 요약하면 다음과 같다.
  "우리 헌법 제8조 제4항이 의미하는 민주적 기본질서는 개인의 자율적 이성을 신뢰하고 모든 정치적 견해들이 각각 상대적 진리성과 합리성을 지닌다고 전제하는 다원적 세계관에 입각한 것으로서, 모든 폭력적 · 자의적 지배를 배제하고, 다수를 존중하면서도 소수를 배려하는 민주적 의사결정과 자유 · 평등을 기본원리로 하여 구성되고 운영되는 정치적 질서를 말한다. 나아가 민주적 기본질서에 위배된다는 것은 정당의 목적이나 활동이 우리 사회의 민주적 기본질서에 대하여 실질적인 해악을 끼칠 수 있는 구체적 위험성을 초래하는 경우를 가리킨다. 그런데 통진당 주도세력은 진보적 민주주의 실현방안으로 선거에 의한 집권과 저항권에 의한 집권을 설정하면서, 선거에 의한 집권을 하는 경우에도 필요한 때에는 폭력을 수단으로 활용할 수 있고, 저항권적 상황이 전개될 경우에는 폭력을 행사하여 기존의 우리 자유민주주의 체제를 전복할

한 법률상 명문규정이 없는 상황에서 나온 결정으로서 독일연방헌법재판소의 두번에 걸친 위헌정당해산심판의 결정취지와 맥을 같이 하는 것이다.

제 2 절 법치국가원리

409
정치적 형식
원리

독일을 그 발상지로 하는 법치국가원리(Rechtsstaatsprinzip)는 영미법상의 "rule of law," 프랑스법상의 "règne de la loi" 또는 "limitation des gouvernants" 등과 그 이념을 같이한다고 볼 수 있지만 이들 개념이 완전히 동일한 내용을 간직하고 있는 것은 아니다. 법치국가원리가 국가의 구조에 관한 '정치적인 형식원리'(politisches Formprinzip)[163]를 뜻하는 데 반해서 "rule of law"는 국가의 구조적인 면을 떠나서 인간의 자유를 보호하기 위한 국가작용의 지침적 성격을 띠고 있기 때문이다.[164]

수 있다고 한다. 또한 그들이 주장하는 진보적 민주주의는 북한의 대남혁명전략과 거의 모든 점에서 전체적으로 같거나 매우 유사하다. 이를 종합하면 통진당의 진정한 목적과 활동은 1차적으로 폭력에 의하여 진보적 민주주의를 실현하고 최종적으로는 북한식 사회주의를 실현하는 것으로 판단된다. 그런데 북한식 사회주의 체제는 인민민주주의 독재방식과 수령론에 기초한 1인 독재를 통치의 본질로 추구하는 점에서 우리 헌법상 민주적 기본질서와 근본적으로 충돌한다. 나아가 통진당 주도세력은 내란을 논의하는 회합을 개최하고, 비례대표 부정경선 사건이나 중앙위원회 폭력 사건을 일으키는 등의 활동을 해왔는데 이러한 활동은 유사상황에서 반복될 가능성이 크다. 통진당 주도세력의 북한 추종성에 비추어 그들의 여러 활동들은 민주적 기본질서에 대해 실질적 해악을 끼칠 구체적 위험성이 발현된 것으로 보인다. 그래서 이로 인해 초래되는 위험성을 시급히 제거하기 위해 정당해산의 필요성이 인정된다. 그런데 위법행위가 확인된 주도세력 개개인에 대한 형사처벌만으로는 정당 자체의 위헌성이 제거되지는 않으므로 통진당의 고유한 위험성을 제거하기 위해서는 정당해산결정 외에 다른 대안이 없다. 결국 통진당에 대한 해산결정은 비례의 원칙에 어긋나지 않는다.

또한 위헌정당의 해산을 명하는 비상상황에서는 국회의원의 국민대표성은 희생될 수밖에 없고, 해산정당 소속 국회의원의 의원직을 상실시키지 않는다면 정당해산결정의 실효성을 확보할 수 없게 되므로 해산되는 정당소속 국회의원의 의원직 상실은 위헌정당해산제도의 본질로부터 인정되는 기본적 효력이다."

163) Vgl. *U. Scheuner*, in: Staatstheorie und Staatsrecht, S. 188.

164) Vgl. *K. Stern*(FN 1), S. 602; *U. Scheuner*, Begriff und Entwicklung des Rechtsstaates, in: Dombois(Hrsg.), Macht und Recht, 1956, S. 76ff.(83f.).

영미법상의 rule of law에 관해서 상세한 것은 다음 문헌 참조.

G. Dietze, Liberalism and the Rule of Law, JöR 25(1976), S. 221ff.; *Sir Ivor Jennings*, The Law and the Constitution, 3. Aufl., reprint(1948), S. 46, 47, 53ff., 59, 289ff.; *W. Friedmann*, Law in a Changing Society, 1959, S. 490, 491; *Sir*

아무튼 법치국가사상의 발상지라고 볼 수 있는 독일에서도 법치국가원리가 국가의 구조적 원리로 이해되기 시작한 것은 2차대전 이후의 일이라고 볼 수 있다. 그나이스트(R. v. Gneist)[165]의 말처럼 천년의 사상적 역사를 가지고 있는 법치국가원리는 2차대전 전까지만 해도 선재하는 국가권력을 전제로 해서 무절제한 국가권력으로부터 국민의 자유와 권리를 보호하기 위한 국가권력에 대한 방어적 개념으로 등장했었기 때문에 특히 행정작용을 법률에 기속시키고(법치행정의 원리) 행정작용에 의해서 야기되는 권리침해에 대한 사법적 권리구제를 요구하는 비정치적이고 법기술적인 원리로 평가되는 것이 보통이었다. 즉 법치국가로원리는 '법률에 의하지 않고는 강제되지 않는 자유'(Freiheit von ungesetzlichem Zwang)의 보장수단 또는 '자유의 망명지대'(Asylzone der Freiheit)로만 간주되었던 것이다. 이와 같은 법치국가관은 C. Schmitt의 헌법이론에도 명백히 나타나고 있다. 즉, C. Schmitt[166]는 국민의 자유보장을 위해서 국가권력을 제한하고 통제하는 것을 그 내용으로 하는 법치국가원리가 이미 제한 내지 통제대상으로서의 정치적인 국가질서를 전제로 하고 있기 때문에 그것은 어떤 정치적인 국가질서를 창설하는 정치원리가 아니고 창설된 국가권력을 전제로 한 비정치적인 '자유의 보장수단' 내지 '국가권력의 통제수단'에 지나지 않는다고 설명하고 있다. E. Forsthoff[167]가 법치국가를 '법적인 자유의 보장을 위한 법기술적인 기교'(System rechtstechnischer Kunstgriffe zur Gewähr-leistung gesetzlicher Freiheit)라고 이해하는 것도 동일한 입장이라고 할 것이다. 그러나 C. Schmitt나 E. Forsthoff처럼 법치국가원리를 형식적으로 파악하고 그것을 비정치적인 '법률의 지배'(Herrschaft der Gesetze) 원리로 이해함으로써 '법치국가'(Rechtsstaat)와 '법률국가'(Gesetzesstaat)를 동일시하는 경우에는 나치시대처럼 '법률의 형식으로 이루어지는

410
형식적 법
치국가사상

칼 슈미트

법치국가와
법률국가

Alfred Denning, The Changing Law, 1953, S. 5ff.; *Sir Carlton Kemp Allen*, Law and Order, 2nd ed., 1956, S. 22, Jennings(S. 46)에 의하면 영국에서 1689년 이래 "rule of law"가 전해 오고 있다고 한다.

165) Vgl. Der Rechtsstaat und die Verwaltungsgerichte in Deutschland, 2. Aufl. (1879), ND.(1966), S. 8 u. 65ff.

166) Vgl. Verfassungslehre, 5. Aufl.(1970), S. 125ff.(131), 200ff.(200).

167) Vgl. Die Umbildung des Verfassungsgesetzes, in: Rechtsstaat im Wandel, 2. Aufl.(1976), S. 130ff.(152).

불법통치'(Unrechtsherrschaft in Gesetzesform) 현상도 법치국가로 볼 수
밖에 없고 따라서 법치국가는 이에 대해 속수무책일 수밖에 없다. 바
로 이 곳에 이른바 '형식적 법치국가'(formeller Rechtsstaat) 이론의 문제
점이 있다. 형식적 법치국가의 사상적 세계에서는 합법성의 원리
(Legalitätsprinzip)가 모든 국가생활을 지배하는 최고의 원리로 존중되기
때문에 입법권은 법률의 제정절차를 따르고 법률의 형식을 취하는 한
무엇이든지 제정할 수 있다는 논리가 성립되고, 법률의 '법'(Recht)적
내용이나 '정의관념' 같은 것은 처음부터 고려의 대상이 되지 않는다.
합법성(Legalität)은 마땅히 정당성(Legitimität)의 근거가 된다는 논리형
식이다. 이 같은 논리형식은 법질서와 국가를 동일시하고 국가를 Mida
의 왕으로 절대시한 나머지 국가가 하는 일은 무엇이든지 '법'(Recht)이
된다고 이해하는 H. Kelsen의 순수법학이론과 별로 다른 점이 없게

법실증주의

된다. 사실상 법실증주의는 법치국가원리를 따로 문제시하지 않는다.
왜냐하면 법=국가를 주장하는 H. Kelsen의 사상적 세계에서는 모든
국가가 자동적으로 '법치국가'일 수밖에 없기 때문이다. Kelsen의 관
점에서는 모든 '국가작용'(Staatsakte)은 동시에 법질서를 실현시키는
'법의 작용'(Rechtsakte)을 뜻하기 때문에[168] 법치국가원리의 내용을 따
지는 것은 처음부터 무의미한 일에 지나지 않는다.

411

**실질적 법
치국가사상**

그러나 법치국가는 결단주의에서 보는 것처럼 '자유를 보장'하고
'국가권력을 통제'하기 위한 형식적이고 비정치적인 기교에 그치는 것
도 아니고 또 그렇다고 법실증주의의 견해처럼 내용 없는 모든 국가의
대명사에 지나지 않는 것도 아니다. Stern의 말처럼[169] 국가의 불법현
상을 처음부터 개념적으로 도외시하고 있는 이 같은 형식적 법치국가
이론은 오늘날의 시대감각이나 정치현실과 조화될 수가 없다. 왜냐하
면 오늘날의 시대감각이 요구하는 법치국가는 법치만능의 '법률국가'
가 아니고 '자유'와 '평등'과 '정의'를 실현하는 실질적인 '법의 국가'
(Staat des materiellen Rechts) 바로 그것이기 때문이다. 그것은 바로 '합
법성'보다는 '정당성'이 중요시되는 이른바 실질적 법치국가(materieller
Rechtsstaat)를 뜻한다. 오늘날 통설이 법치국가원리를 국가의 구조적

---

168) Vgl. *H. Kelsen*, Allgemeine Staatslehre, Nachdruck der 1. Aufl.(1925), 1966, S.
44 u. 109.
169) Vgl. (FN 1), S. 604.

원리로 이해하면서 법치국가원리에 의해서 국가의 정치질서가 비로소 자유·평등·정의의 실현형태로 창설 내지 형성될 수 있다고 보는 것도 그 때문이다.[170]

아래에서는 법치국가사상의 변천과정, 법치국가의 내용, 법치국가 원리의 실현형태, 법치국가원리와 민주주의원리·사회국가원리의 상호 관계 등을 차례로 살펴보기로 한다.

1. 법치국가사상의 변천과정

국가권력을 법률에 기속시키고 국가권력을 제한 내지 통제함으로써 개인의 자유와 권리를 보호하려는 사상은 '법치국가'라는 개념의 역사보다 훨씬 오래다. 왜냐하면 '법치국가'라는 개념은 19세기초(1829년) 몰(R. v. Mohl)[171]에 의해서 처음으로 국법학에서 사용되기 시작한 것으로 전해지고 있지만, 국가권력을 제한하고 통제함으로써 개인의 자유를 지키려는 사상은 국가의 발생과 거의 그 기원을 같이한다고 볼 수 있기 때문이다. 이렇게 볼 때 법치국가원리가 발전한 과정은 이를 크게 세 가지 단계로 나눌 수 있다고 생각한다. 제1단계는 아직 '법치국가'라는 개념이 발생하기 이전의 '법치국가사상의 성숙단계'(Stufe der Ideenreife)가 그것이고, 제2단계는 '법치국가'라는 개념이 사용되기 시작한 19세기 초부터 제2차 세계대전까지의 '법치국가의 개념형성단계'(Stufe der rechtsstaatlichen Begriffsbildung)가 그것이고, 3단계는 제2차 세계대전 이후의 '법치국가이론의 재정립단계'(Stufe der materiellen Rechtsstaatsauffassung)가 그것이다. 이를 나누어서 짚고 넘어가기로 한다.

412

3단계변천

(1) 법치국가사상의 성숙단계

자유·평등·정의의 실현을 그 내용으로 하는 법치국가의 이념은

413

---

170) Vgl. *K. Hesse*(FN 2), S. 77 u. 78; K. Stern(FN 1), S. 604; *U. Scheuner*(FN 160), S. 188; *R. Bäumlin*, EvStL, 2. Aufl.(1975), Sp. 2045ff.; BVerfGE 11, 150.

171) R. v. Mohl이 1829년에 발표한 그의 저서 Das Staatsrecht des Königreichs Württemberg, Bd. 1, Tübingen 1829, S. 8에서 '법치국가'라는 개념을 처음으로 사용했다고 하는 점에 대해서 학자들 간에 대체로 의견이 일치되고 있지만, *H. Krüger* (FN 92), S. 776,만은 이견을 제시하고 있다.

　Vgl. *U. Scheuner*(FN 163), S. 185 Anm. 1; *K. Stern*(FN 1), S. 605; *E. W. Böckenförde*, in: FS f. A. Arndt(1969), S. 53ff.(54).

고대희랍 및
로마의
국가철학

멀리 고대 희랍의 Platon과 Aristoteles, 고대로마의 Cicero 등의 국가
철학에까지 거슬러 올라갈 수 있다. 이들이 특히 강조하던 혼합적 국
가형태는 결국 군주국·귀족국·민주국의 장점만을 따서 인간의 자유
를 최대한으로 보장할 수 있는 가장 이상적인 통치형태를 만든다는 데
그 근본사상이 있었기 때문이다.[172]

414

17세기
자연법사상

　　이들 고대철학에 내포된 자유국가사상은 중세의 신정국가사상
(Augustinus, Thomas von Aquin)과 근대초기의 권력국가사상(Hobbes)에
의해서 한동안 그 빛을 상실한 적도 있었으나 17세기 자연법사상
(Pufendorf, Leibniz, Wolff)의 대두와 함께 다시 각광을 받게 되고 국가
의 권력통제·인권보호를 그 이론적인 출발점으로 하는 John Locke,
Montesquieu의 권력분립이론에 의해서 근대적인 형태로 재현되기에
이르렀다.

415

칸트의
국가철학

　　그러나 법치국가의 발전에 가장 큰 사상적 영향을 미친 것은 역시
18세기중엽부터 Kant를 중심으로 나타난 이상주의국가철학이었다고
할 것이다. Kant는 그의 이성철학에 입각해서 국가를 도덕적 이성의
표현형태로 보고 도덕적 이성을 그 내용으로 하는 '법질서 밑에 결합
된 인간의 집단'을 국가[173]라고 이해했기 때문에 Kant의 국가는 결국
'이성'(Vernunft)에 의해서 지배되는 '이성국가'(Vernunftsstaat)를 뜻하게
된다. Kant의 이성국가에서는 국가의 목적이 오로지 인간의 자유·평
등·자결을 보장하기 위한 이성법(Vernunftsrecht)의 실현에 있기 때문
에 국가활동은 이 국가목적의 한계 내에서만 허용되고 국가활동은 마
땅히 이 이성법의 기속을 받게 된다.[174] 인간의 자유와 평등 그리고 자
결권을 국가존립의 근거로 보는 Kant가 개인의 자유와 자결권을 제한
하는 공공복리의 증진이나 복지향상을 국가의 활동영역에서 배제하는
것은 당연하다. 이처럼 자유의 정신에 입각해서 국가활동을 이성법의
실현에 국한시키려는 Kant의 국가철학은 다음과 같은 세 가지 점에서
현대적 실질적 법치국가의 이념적 기초로 간주되고 있다.

---

172) 앞의 방주 232 및 290 참조.

173) Vgl. *I. Kant*, Methaphysische Anfangsgründe der Rechtslehre, Königsberg,
　　1797, § 45, § 52.

174) Vgl. *I. Kant*, Metaphysik der Sitten, Neudruck 1959, § 45, 46; *derselbe*, Zum
　　ewigen Frieden, Kleinere Schriften(Neudruck 1959), S. 128ff.; *derselbe*, Über
　　den Gemeinspruch, 1793, Ⅱ.

첫째, Kant의 국가는 신의 섭리에 의해서 창조된 신의 질서도 아개인중심
사상
니며 절대군주의 사유물도 아니고 인간의 이익을 위해서 도덕적 인간
에 의해 창조된 생활공동체(res publica)를 뜻하기 때문에 Kant의 국가
철학에서는 '신의 섭리' 또는 '권력국가'의 이념이 아닌 '개인중심'의
사상이 뚜렷하게 나타나고 있다는 점이다.

둘째, Kant의 국가는 인간의 자유·평등·자결의 실현을 위해서국가기능
제한
창조된 것이기 때문에, 국가목적이나 국가기능이 처음부터 제한되고
있다는 점이다.

셋째, Kant의 국가는 이성국가를 뜻하기 때문에 국가조직이나 국이성의 원리
가활동이 언제나 이성의 원리(Vernunftsprinzipien)에 따르게 된다는 점
이다.

Kant의 이 같은 개인중심의 자유국가에서는 국가의 핵심이 바로
인간의 '자유실현'에 있기 때문에 신정국가(Theokratie)나 전제국가
(Despotie)가 그 사상적인 적으로 나타나게 된다. 따라서 Kant의 이성이성국가
국가는 현대적인 실질적 법치국가의 초기형태를 뜻한다고 볼 수 있는
데 이런 의미에서 이념성숙단계의 법치국가는 이미 국가의 구조와 관
련되는 국가종류(Staatsgattung)의 성격을 띠고 있었다는 점을 주목할 필
요가 있다.175)

(2) 법치국가의 개념형성단계

18세기 후반부터 20세기 초까지는 법치국가의 개념형성에 가416
18C~20C초
의 입헌주의
장 중요한 시기였다고 볼 수 있다. 이 시기에 이미 초기자유주의
(Frühliberalismus)사상이 꽃을 피고 그에 따라 입헌주의(Konstitu-
tionalismus)가 유럽 여러 나라의 정치현실에서 헌법국가(Verfassungs-
staat)를 탄생시켰을 뿐 아니라 1829년 R. v. Mohl(1799~1875)에 의해
서 처음으로 '법치국가'가 국법학의 새로운 개념으로 제시되었기 때문
이다. 법치국가가 많은 학자들의 새로운 관심과 연구의 초점이 되기
시작한 것도 바로 이 때였다. 이 법치국가의 개념형성단계를 두 시기
로 나누어서 살펴보기로 한다.

a) v. Mohl의 개념제시에서 독일제국의 말기까지

이 시기에 법치국가의 이론을 정립하는 데 있어서 많은 공헌을 한417

175) Vgl. *E. W. Böckenförde*(FN 171), S. 57.

여러 학자들
의 견해

학자로서는 R. v. Mohl[176]을 비롯해서 L. v. Stein,[177] R. v. Gneist,[178] 베어(O. Bähr),[179] F. J. Stahl[180] 등을 특히 손꼽을 수 있다. 그러나 이들 학자들 간에도 법치국가를 보는 관점이 전혀 같은 것은 아니었다.

α) 법치국가개념의 변질과정

R. v. Mohl

R. v. Mohl은 자유주의사상에 입각해서 18세기적 경찰국가 (Polizeistaat)의 반대개념으로 법치국가를 이해한 나머지 법치국가와 자유주의적 헌법국가를 동일시했다. 즉 v. Mohl은 인간의 계약에 의해서 성립된 국가는 그 활동을 인간의 자유보호에 국한시켜야 할 뿐 아니라 국가활동은 법률의 제정에 의해서 그 기준이 정해져야 하고 국민의 권리보호를 위한 독립한 법원의 존재가 헌법적으로 보장되어야 한다고 법치국가의 기본적인 골격을 제시했다.[181]

v. Mohl의 이 같은 자유주의적 법치국가관은 '사회'와 '국가'의 구별을 전제로 하고 있을 뿐 아니라 국가의 전체적인 헌법구조를 안중에 둔 일종의 헌법제정의 정치적인 처방과 같은 성격을 띠고 있는 점이 그 특징이다.[182] 이 같은 v. Mohl의 사상적 세계에서 싹트기 시작한 사회적 영역과 국가적 영역의 구별 문제는 L. v. Stein과 R. v. Gneist에 이르러 '사회'와 '국가'의 이원적인 조화의 이론으로 발전되기에 이르렀다.

L. v. Stein

즉 L. v. Stein은 사회와 국가를 구별하는 전제 위에 서서 '국민의 자결'(Selbstbestimmung der Bürger)을 실현시키고 여러 사회세력의 활동영역을 확보할 수 있는 정치체제를 모색하는 것이 법치국가의 과제라고 강조하면서, 국민의 자결을 실현할 수 있는 가장 효과적인 방법은 국가활동을 법률의 형태로 나타나는 국민의 사상에 기속시키는

---

176) Vgl. (FN 171), Bd. 1 u. 2; *derselbe*, Geschichte und Literatur der Staatswissenschaften, Bd. 1, 1855.

177) Vgl. Rechtsstaat und Verwaltungsrechtspflege, in: Grünhuts Zeitschrift für das private und öffentliche Recht, Bd. Ⅵ, 1879; *derselbe*, Verwaltungslehre, 2. Aufl., Bd. 1 u. 2, 1869.

178) Vgl. Verwaltung, Justiz, Rechtsweg, Berlin 1869; *derselbe*, Der Rechtsstaat und die Verwaltungsgerichte in Deutschland, 2. Aufl.(1879).

179) Vgl. Der Rechtsstaat, 1864, 12. ND.(1969).

180) Vgl. Die Philosophie des Rechts, Bd. 2, 3. Aufl.(1856).

181) Vgl. *R. v. Mohl*(FN 171), Bd. 2, S. 3ff.; *derselbe*(FN 176), S. 230.

182) Vgl. *U. Scheuner*(FN 163), S. 196.

것이라고 설명했다. 반면에 v. Stein은 사회세력의 활동영역을 확보하
는 하나의 방법으로 되도록이면 많은 국가작용의 부분을 사회세력의
자치행정에 맡기는 것이라고 주장함으로써 사회의 국가참여를 통한 사
회와 국가의 기능적인 보충과 조화를 강조했다.[183]

    R. v. Gneist도 1848년 이후의 정치현실을 체험하면서 헌법적
인 권리보장이나 행정의 법률기속에 의해서만은 법치국가가 실현될 수
없다는 것을 스스로 통감한 나머지 '사회'와 '국가'의 적절한 기능적인
조화와 견제에 의해서만 권력집중에서 오는 위험을 막을 수 있다고 생
각하기에 이른 것이다. Gneist가 자치제도의 실시를 통한 행정의 지방
분권을 요구한 것이라든지, 명예직을 가진 국민의 국정참여를 통한 사
회의 국가참여와 견제기능을 강조한 것이라든지, 일반법원으로부터 독
립한 행정법원과 행정소송제도를 주장한 것 등은[184] 그의 법치국가관
을 잘 나타내 주고 있다. R. v. Gneist

    아무튼 v. Mohl, v. Stein, v. Gneist는 법치국가를 행정의 한
기술의 문제로 이해하지 않고 전체적인 국가구조나 사회와 국가의 기
능적인 조화·견제의 문제로 파악하려 했기 때문에 이들의 법치국가관
은 이를테면 국가의 본질 내지 국가의 구조론적 성격을 띤 것이었다.

    이에 반해서 F. J. Stahl과 O. Bähr는 법치국가를 국가의 목적
이나 존립근거와 분리시켜 국가활동의 단순한 기술적이고 형식적인 방
법의 문제로 파악했다. 즉 F. J. Stahl은 법치국가란 국가의 목적이나
내용을 떠나서 국가활동의 형식을 법으로 정하는 것을 그 본질로 하는
것이라고 설명했다.[185] 따라서 Stahl에 따르면 법치국가는 국가의 목적
이나 내용을 정하는 국가의 구조적 원리 또는 국가의 기능에 관한 개
념이 아니고 단순히 국가활동의 형식에 관한 비정치적인 형식원리
(unpolitisches Formprinzip des staatlichen Handelns)에 지나지 않게 된다. F. J. Stahl

    O. Bähr도 Stahl과 비슷한 관점에서 법치국가를 이해했지만,
O. Bähr에게는 특히 일반법원에 의한 사법적 권리구제가 그의 법치국 O. Bähr

---

183) Vgl. *L. v. Stein*(FN 177: Verwaltungslehre), Bd. 1, S. 25ff., 82ff., 294ff., Bd. 2,
    S. 5ff., 27ff., 148ff.

184) Vgl. *R. v. Gneist*(FN 178: Verwaltung), S. 86ff., 184ff., 186ff.; *derselbe*(FN 175:
    Der Rechtsstaat), S. 157, 216ff., 229ff., 247ff., 265ff., 278ff.

185) Vgl. *F. J. Stahl*(FN 180), § 36(S. 137).

가론의 핵심을[186] 이루고 있었기 때문에 O. Bähr의 법치국가는 본질적으로 사법국가(Justizstaat)를 뜻하게 된다.

O. Mayer와 R. Thoma

　　Stahl의 법치국가관에서 비롯된 이 같은 관점의 변화는 결국 법치국가개념이 그 초창기의 정치적·헌법적 성격을 떠나서 국가행정의 기술적인 형식원리(법치행정·사법적 권리구제)로 변질된 것을 뜻하게 되는데, 이와 같은 법치국가개념의 변질은 당시 마이어(O. Mayer)[187]가 법치국가를 '잘 정리된 행정법의 국가'(Staat des wohlgeordneten Verwaltungs- rechts)라고 특징지운 데서도 잘 나타나고 있다. 바이마르공화국 탄생 얼마 전에 마지막으로 법치국가의 문제를 개괄적으로 다룬 토마(R. Thoma)의 논문[188]에도 행정의 법률기속, 국가의 배상책임, 사법적 권리구제 등이 법치국가의 본질적 요소로 지적되고 있다.

Anschütz

　　또 바이마르공화국 직전에 안쉬츠(G. Anschütz)가[189] '법률'과 '행정'과 '국민'의 상호관계에 관한 특별한 질서를 법치국가라고 보고, 법치국가에서는 법률에 반하거나 법률의 근거가 없는 국민의 권리침해가 행정작용의 타부라고 강조하고 있는 것도 마찬가지이다.

β) 법치국가개념 변질의 역사적 배경

418 국가의 구조원리에서 법치행정의 형식원리로

　　v. Mohl, v. Stein, v. Gneist 등의 개념세계에서는 국가의 목적이나 내용에 관한 국가의 전체적인 구조원리를 뜻할 뿐 아니라 국가조직이나 활동의 실질적 내용을 의미하던 정치적 개념으로서의 법치국가가 이처럼 기술적인 법치행정의 원리 내지는 사법적 권리구제의 원리로 그 개념이 축소되고 비정치적으로 형식화되게 된 것은 당시의 정치적인 상황과 불가분의 관계가 있다고 할 수 있다.

민권운동의 영향

　　즉 법치국가의 개념이 처음에 국가의 본질에 관한 정치적 구조원리를 뜻하다가 차차 헌법이나 법률에 의해서 정해 놓은 국민의 자유와 권리를 행정권으로부터 보호하는 행정작용의 한계적·형식적 원리로 변질될 수밖에 없었던 이면에는 다음과 같은 역사적 사정이 적지

---

186) Vgl. *O. Bähr*(FN 179), S. 71.

187) Vgl. Deutsches Verwaltungsrecht, Bd. 1, 1895, 3. Aufl.(1924), S. 58.

188) Vgl. Rechtsstaatsidee und Verwaltungsrechtswissenschaft, JöR 4(1910), S. 197ff.(214).

189) Vgl. in: *G. Meyer*— *G. Anschütz*, Lehrbuch des deutschen Staatsrechts, 7. Aufl.(1919), S. 29 Note b; *derselbe*, Deutsches Staatsrecht, in: Enzyklopädie der Rechtswissenschaft, hrsg. v. Holtzendorff-Kohler, Bd. 2, 1904, S. 593.

않게 영향을 미쳤다는 점을 주의할 필요가 있다. 즉, 산업구조의 변화에 따른 신흥시민계급의 등장과 시민의 정치의식이 커짐에 따라 그때까지 절대적 지배권을 장악하고 있던 군권과 귀족중심의 절대적 통치질서가 정치참여를 요구하는 시민계급에 의해서 비판되기 시작했다. 특히 보통선거에 의한 시민계급의 정치참여 및 전통적인 귀족회의의 폐지, 국가활동의 법률기속, 행정권의 사법통제 등을 주장하는 시민계급의 정치적 요구가 영국에서는 명예혁명(1688)을 계기로 권리장전(Bill of Rights)의 형태로 나타나고 상원과 하원의 정치적 비중이 하원 쪽으로 기울어지는 결과를 가져왔지만, 프랑스에서는 그보다 늦게 프랑스혁명(1789)을 계기로 이 같은 요구가 부분적으로만 실현되었다. 이에 반해서 독일에서는 국민의 정치참여를 골자로 하는 입헌운동(후랑크후르트 국민회의)이 1848년에도 실패로 돌아가고 말았다.

　　　　　R. v. Mohl의 법치국가의 요청은 이 같은 당시의 민권운동의 　　**입법권우위**
소용돌이 속에서 나타났던 것이기 때문에 마땅히 정치적 성격과 국가 　　**사상**
의 구조적 원리로서의 헌법국가적 성격을 띨 수밖에 없었다. 좌우간 이처럼 시민의 민주적인 정치참여의 요청이 실패로 돌아가자 최소한 행정권을 제한함으로써 국민의 자유와 재산권을 보호하려는 마지막 노력이 결국 법치행정, 사법적 권리보호의 요청으로 나타나기 시작했다고 볼 수도 있다. Bäumlin[190]이 당시의 법치국가적 요청을 '실의에 찬 민주시민의 곤경에서 나온 대안적 요청'이었다고 보는 이유도 그 때문이다. 그러나 그 후 1871년의 독일제국의 건국을 전후해서 시민계급의 정치참여의 요구가 실현되자 시민계급의 제 2 차 투쟁목표는 행정권에 대해서 국민의회의 우선적인 지위(Supremacy of Parliament)를 강조하는 일이었다. 국민의 '자유'와 '재산권'의 침해에는 국민의회가 제정한 법률의 근거를 필요로 하게 하고, 행정권의 행사는 국민의회가 제정한 법률에 어긋나서는 아니 된다고 주장되기에 이른 것이다. 의회의 우선적 지위를 관철하려는 노력이 결국 의회가 제정한 법률지배의 요구로 나타난 것이다. 사실상 Rousseau의 국민주권사상 내지는 총의론의 영향을 받은 당시의 국민의회는 국민의 대표기관으로 간주되었기 때문에 입법권의 행정권에 대한 우위성을 주장함으로써 행정작용을 법률에 기

---

190) Vgl. (FN 170), Sp. 2047.

속시키는 것이 당면 과제로 간주될 수밖에 없었다. 처음에는 국민의 '자유'와 '재산권'에 관한 사항만을 법률의 규제 대상으로 하던 것이 마침내는 모든 행정작용을 법률에 기속시키는 방향으로 법률우선의 정신이 확대되고 그것은 또한 행정작용의 합법성에 대한 심사를 목적으로 하는 행정법원제도의 도입(v. Gneist)과 함께 드디어 법치국가의 개념도 법치행정의 원칙과 행정작용에 대한 사법적 보호의 형태로 변질되고 만 것이다.

법률우선의 원칙

이 같은 역사적 상황 아래서 법치국가는 더 이상 헌법적·정치적 영역의 문제일 수가 없었고, 국민의회의 우위성을 나타내는 법률우선의 원칙을 관철시키기 위한 기술적 원리로 변질되고 만 것이다. 이 같은 상황 아래서 행정권은 물론 입법권까지를 일정한 객관적인 가치질서에 기속시키는 이른바 실질적 법치국가의 관념이 아직 관철될 수 없었던 것은 당연하다.[191]

b) 바이마르공화국에서 제 2 차 세계대전까지

419

형식적 법치국가

이처럼 이미 19세기말 경에 기술적인 행정법상의 원리로 그 개념이 굳어진 법치국가원리는 바이마르공화국(1919~1933)에 들어와서도 큰 개념상의 변화가 없었다. 따라서 여전히 '법치행정'(Gesetzmäßigkeit der Verwaltung), '사법적 권리구제'(gerichtlicher Rechtsschutz), '국가의 배상책임'(Staatshaftung) 등이 법치국가의 핵심적인 내용으로 간주된 것이다. 다만 바이마르공화국 이전에는 의회의 우위성만이 강조된 정치적 상황 아래서 법률에 대한 위헌심사제도가 인정되지 않았기 때문에 '법률만능'의 결과를 가져올 수도 있었으나, 바이마르공화국에서는 법률의 위헌심사제도가 학설상 인정되고 기본권에 대한 광범위한 헌법적 보장이 실현됨으로 인해서 법치국가적 권리보호가 더 한층 실효성이 있게 되었다고 볼 수도 있다. 더욱이 행정소송사항의 개괄주의, 국가책임제도의 확장, 실질적 행정사항의 입법화 등은 법치국가의 발전에 크게 기여한 것이 사실이다. 그러나 E. Stein처럼[192] 바이마르공화국헌법상의 기본권에 대한 광범위한 법률유보조항을 바이마르헌법에까지 영향을 미친 국민의회우선정신 내지 입법권에 대한 신뢰의 징표라고 본

---

191) Vgl. *U. Scheuner*(FN 163), S. 199ff.
192) Vgl. (FN 2), S. 44.

다면 H. Kelsen의 순수법학이론이나 C. Schmitt의 결단주의적 이론은 이미 바이마르공화국 헌법에 그 사상적인 불씨가 잉태되고 있었다고도 말할 수 있다. 왜냐하면 그 논증방법은 다르다 하더라도 H. Kelsen이나 C. Schmitt가 모두 입법권의 전능을 그 이론적인 출발점으로 하고 있기 때문이다. 아무튼 법과 국가의 동일성을 주장함으로써 모든 국가를 법치국가로 본 H. Kelsen의 순수법학이론이나,[193] 법치국가를 단순한 '자유의 보장수단' 내지 '국가권력의 통제수단'으로 이해함으로써 법치국가를 비정치적인 영역의 문제로 파악한 C. Schmitt의 법치국가관이[194] 법치국가의 실질적 내용을 밝히는 데 기여할 수 없었던 것은 물론이다. 이들처럼 법치국가를 '법률국가' 또는 '국가작용의 형식'(Form staatlicher Handeln)으로 이해하고 법치행정의 원칙이나 사법적 권리구제를 그 핵심적인 내용으로 손꼽는 경우에는, 행정사항의 입법화, 행정명령이나 규제의 제한, 재량권의 통제, 행정상의 권리구제 등 일련의 행정기술상의 권리보호수단은 이를 제도화시킬 수 있겠으나, '법률의 내용'(Inhalt des Gesetzes)에 대한 문제가 전혀 다루어지지 않았기 때문에, 입법권이 전제정치(Despotie)의 수단으로 발동되고, 입법권에 의해 국민의 자유와 권리가 무시되는 곳에는 법치국가가 무력할 수밖에 없게 된다. 나치정권(1933~1945)의 '법률의 형식에 의한 불법통치'를 경험한 독일이 제 2 차 세계대전 이후 법치국가를 '형식적 법치국가'(formeller Rechtsstaat)로만 이해하려는 입장을 배척하는 이유도 그 때문이다.

(3) 법치국가이론의 재정립단계

제 2 차 세계대전 이후는 법치국가이론의 재정립단계라고 볼 수 있다. 왜냐하면 특히 나치정권을 경험한 독일을 비롯한 유럽 여러 나라에서 법치국가를 보는 관점이 달라졌기 때문이다. 이것은 법실증주의와 결단주의적 국가관이 그 세력을 상실한 것과도 밀접한 관계가 있다. 따라서 오늘날 법치국가를 법률국가와 동일시하거나 법치국가를 단순히 비정치적인 영역의 행정기술상의 문제로 보는 사람은 극히 드물다고 말할 수 있다.[195] 법치국가의 실질적 내용이 강조되고, 외형적

(우측 난외 주석)
순수법학
이론과
결단주의

법률국가

420
실질적
법치국가

---

193) Vgl. (FN 168), S. 44, 90ff.; *derselbe*, Reine Rechtslehre, 2. Aufl.(1960), S. 115ff., 126ff.

194) Vgl. (FN 166), S. 125ff., 200ff.

195) *Th. Maunz*(FN 2), S. 71ff.,는 법치국가를 아직도 '비정치적인 형식원리'

인 법률질서적 장식보다는 법률의 '내용'이나 법률의 '목적'을 중요시하고 인간생활의 기초가 되는 '자유'·'평등'·'정의'의 실현을 법치국가적 질서의 핵심적인 내용으로 이해하는 이른바 '실질적 법치국가'(materieller Rechtsstaat)가 현대국가의 중요한 구조적 원리로 간주되게 된 것이다.[196]

국가의
구조적 원리 말하자면 오늘날 강조되고 있는 실질적 법치국가는 Platon이나 Aristoteles, Cicero 등의 고전적 국가사상과 Kant의 이상국가론을 그 이념적인 기초로 해서 몰(v. Mohl)적인 헌법국가를 현대적인 형태로 건설하려는 현대국가의 불가결한 구조적 원리라고 할 것이다.

2. 법치국가의 내용

(1) 법치국가의 정의

421
포괄적 정의 오늘날 법치국가는 국가작용의 형식과 내용을 다같이 중요시하고 '합법성'(Legalität)과 '정당성'(Legitimität)을 동시에 보장하는 포괄적인 개념으로 사용되고 있다. '법률'(lex)과 '법'(jus)을 조화시키는 것이 오늘날 법치국가의 핵심적인 과제라고 말하는 K. Stern[197]의 견해도 이같은 법치국가의 포괄성을 지적하는 것이라고 볼 수 있다.

다양한 정의 오늘날 형식적 법치국가(formeller Rechtsstaat)와 실질적 법치국가(materieller Rechtsstaat)가 다같이 법치국가의 내용으로 간주되고 있는 이유도 법치국가개념이 이처럼 포괄적으로 이해되고 있기 때문이다. 그러나 법치국가를 어떻게 정의할 것이냐에 대해서는 학자간에 견해가 다르다. 법치국가를 '정의국가'(Gerechtigkeitsstaat)와 동일시하는 학자[198]가 있는가 하면, 법치국가를 '정치적으로 성숙한 국민이 스스로를 자제하는 정치질서'라고 보는 사람,[199] '법(Recht)에 의해서 국가생활의

(unpolitisches Formprinzip)로 보고 있지만, 그도 법치국가의 실질적 내용을 강조하면서 법치국가를 정의국가라고 이해한다.

196) Vgl. (FN 170); *W. Kägi*, Rechtsstaat und Demokratie, FS f. Giacometti(1953), S. 107ff.; *derselbe*, auch in: Matz(Hrsg.), Grundprobleme der Demokratie, 1973, S. 107ff.

197) Vgl. (FN 1), S. 609.

198) 예컨대, *Maunz*(FN 2), S. 75; *Maunz/Dürig/Herzog/Scholz*(FN 94), Art. 20 Rn. 59.

199) 예컨대, *W. Kägi*, Zur Entwicklung des schweizerischen Rechtsstaates seit 1848, in: Hundertjahre schweizerisches Recht, ZSR 71(1952), S. 173ff.(179).

기준과 형식이 정해지는 국가'가 바로 법치국가라고 보는 학자,[200] '국
민의 인간적·정치적 자유를 보호하고 모든 권력행사를 법적으로 기속
내지 제한하는 것'이 법치국가라고 정의하는 사람,[201] '자유, 정의, 법
적 안정성의 보장을 위해서 국가권력의 행사를 헌법절차에 의해서 제
정된 법률에 근거케 하는 국가'를 법치국가라고 보는 사람에[202] 이르기
까지 다양한 견해가 나와 있다. 모두가 법치국가의 실질적 내용을 강
조하고 있는 점에서는 공통분모를 가지고 있다고 하겠으나, 법치국가
원리에 내포되고 있는 '구조적'·'제도적'·'절차적'·'형식적'·'실질
적' 내용을 그 개념정의에 총괄적으로 흡수하지 못하고 있다는 약점을
지적하지 않을 수 없다.

따라서 법치국가는 법우선의 원칙(Primat des Rechts)에 따라 국가
공동생활에서 지켜야 할 행동지침(Verhaltensentwürfe)을 마련하고 국가
활동을 이에 입각해서 형성·조절함으로써 인간생활의 불가결한 기초
가 되는 자유·평등·정의를 실현하려는 국가의 구조적 원리를 뜻한다
고 정의할 수 있을 것이다. 즉 법치국가의 이념적 기초는, 인간의 존엄
성과 자유의 가치를 인정하고 평화로운 인간공동생활의 전제가 되는
정의로운 생활환경을 중요시할 뿐 아니라 공동생활에 불가피한 권력현
상을 순화시킴으로써 국가존립의 기초를 튼튼히 하는 데 있다. 이 같
은 법치국가의 정의를 중심으로 법치국가의 내용을 짚고 넘어 가기로
한다.

422
법우선의
원칙에 따른
구조적 원리

(2) 법치국가의 내용

a) 법치국가의 실질적 내용

법치국가는 인간생활의 기초가 되는 '자유'·'평등'·'정의'를 실현
하기 위한 국가형태를 뜻한다. 바로 이곳에 법치국가와 민주국가의 불
가분한 상관관계가 있다. 왜냐하면 민주국가도 자유·평등·정의를 그
실질적인 내용으로 하고 있기 때문이다. 따라서 법치국가와 민주국가
는 서로 내용적으로 조화될 수 있는 국가의 구조적 원리를 의미한다.
다만 민주주의는 자유·평등·정의의 실현을 주로 정치적인 국가생활

423
민주주의와
의 관계

---

200) 예컨대, *K. Hesse*(FN 2), S. 79; *derselbe*, Der Rechtsstaat im Verfassungssystem
　　des Grundgesetzes in; FS f. R. Smend(1962), S. 71ff.(73).

201) 예컨대, *U. Scheuner*(FN 163), S. 185ff.(207).

202) 예컨대, *K. Stern*(FN 1), S. 615.

즉, 자유와 평등을 보장하는 통치형태(Herrschaftsform)를 통해서 달성
하려는 것인데 반해서 법치국가원리는 국가활동의 목적과 내용을 언제
나 객관적인 가치(objektive Werte)와 결부시킴으로써 국가의 기능이나
조직형태(Funktions- bzw. Organisationsform)를 통해서 국민생활의 자
유·평등·정의를 실현하려는 점이 다를 뿐이다. 말하자면 동일한 목적
을 달성하기 위한 양면작전이라고도 볼 수 있다. 오늘날 '민주주의적
법치국가'(demokratischer Rechtsstaat)라는 혼성개념이 헌법학에서 자주
사용되고 있는 것도 그 때문이다. 따라서 치자와 피치자의 동일성이론
이나 다수의사의 전능을 역설하는 그릇된 민주주의관점에서 보는 것처
럼 법치국가는 민주주의의 수정형태도 아니고 또 법치국가와 민주주의
는 이념적으로 갈등·대립관계에 있는 것도 아니다. 이 점은 뒤에 다시
상술하기로 한다.[203]

**민주주의적
법치국가**

b) 구조적 원리로서의 법치국가

424

**국가의 기능
및 조직형태
에 관한
구조적 원리**

법치국가는 자유·평등·정의를 실현하기 위한 현대국가의 구조적
원리를 뜻한다. 즉 법치국가는 자유·평등·정의의 이념을 현실화하기
위한 조건이다. 다시 말해서 정치적인 일원체로 조직되려는 사회공동
체가 안정되고 정의로운 국가생활질서를 마련하는 데 있어서 반드시
지켜져야 되는 국가생활의 행동표본을 뜻한다. 따라서 법치국가는 선
재하는 국가권력에 대한 방어적·투쟁적 개념이 아니다. 선재하는 국
가질서와 무제한한 국가권력을 전제로 해서 이를 사후에 제한하고 통
제함으로써 국민의 자유와 권리를 보호하는 것이 법치국가가 아니고,
처음부터 자유·평등·정의를 실현할 수 있도록 국가의 정치질서나 국
가권력의 기능적·조직적 형태가 정해지는 것이 바로 법치국가다. 따
라서 법치국가는 국가의 전체적인 기능이나 조직형태에 관한 구조적
원리를 뜻하게 된다. 법치국가는 이처럼 국가생활의 내용(Inhalt)과 기
준(Maß)과 형식(Form)을 정하는 구조적 원리를 뜻하기 때문에 마땅히
정치적·헌법적 원리로서의 성격을 띠게 된다.

c) 법치국가의 제도적 보장내용

425

기본권보장

법치국가는 국민의 자유·평등·정의를 국가의 기능이나 조직형태
를 통해서 실현하려는 구조적 원리를 뜻하기 때문에 국민의 개성신장

---

203) 뒤의 방주 433과 434 참조.

과 국가생활에의 참여를 가능케 하는 기본권의 보장을 그 내용으로 할 뿐 아니라 권력집중에서 올 수도 있는 권력남용의 위험성을 미리 제도적으로 방지하기 위해서 국가의 기능이나 조직이 '견제와 균형'(checks and balances)의 원리(권력분립의 원리; Gewaltenteilungsprinzip)에 의해서 행해질 것을 그 내용으로 한다.

따라서 기본권보장과 권력분립제도는 법치국가에서 빼놓을 수 없는 제도적 내용이 된다. 다만 이 경우에도 기본권은 사회공동체를 지배하는 객관적인 가치관의 표현형태를 뜻하기 때문에 '국가권력으로부터의 자유'(Freiheit vom Staat)를 뜻하는 것이 아니고 '책임 있는 행동을 할 수 있는 자유'(Freiheit zu selbstverantwortlichen Handeln) 또는 '국가에의 참여의 자유'(Freiheit zu Staat)를 의미한다는 점을 강조해 둘 필요가 있다.204) 또 권력분립제도도 선재하는 통일적인 국가권력을 통치·입법·행정·사법권 등으로 엄격히 구별해서 각각 다른 기관에 맡긴다는 데 그 의의가 있는 것이 아니고, 자유·평등·정의의 실현을 촉진시킨다는 데 그 참된 의미가 있다는 점을 주의할 필요가 있다.

d) 법치국가의 절차적·형식적 내용

법치국가는 국가활동을 법우선의 원칙에 입각해서 형성·조절함으로써 자유·평등·정의를 실현하려는 국가의 구조적 원리를 뜻한다. 따라서 자유·평등·정의의 실현을 위한 국가작용은 처음부터 무절제한 자유방종한 것일 수는 없다. 국가작용이 명확성(Klarheit)·특정성(Bestimmtheit)·가측성(Meßbarkeit)·예측가능성(Voraussehbarkeit)·객관성(Objektivität)·안정성(Sicherheit) 등의 절차적(prozedual)·형식적(formell) 요건을 지키지 않으면 아니 되는 이유이다. 국가작용을 이처럼 절차와 형식면에서 일반적이고 객관적인 기준에 따르게 하는 '법우선의 원칙'(Primat des Rechts)은 법치국가의 중요한 절차적·형식적 내용이 된다. 다만 '법우선의 원칙'은 Hesse205)가 지적하듯이 국가작용의 모든 부문을 빠짐없이 법제화할 것을 요구하는 것은 아니다. 이 같은 망라적인 법제화 요구는 입법기능의 전능을 믿고 입법권의 우선적 지위를 강조하려는 전근대적 사고방식의 잔재라고 할 것이다.206) 행정권이나

우측 여백 주석어: 과 권력분립 / 기본권의 내용 / 권력분립 제도 / 426 법우선의 원칙

---

204) 기본권에 관해서 상세한 것은 뒤의 제9장 기본권편 참조.

205) Vgl. (FN 2), S. 79f.

206) 이 같은 관점에서 W. Leisner도 지나친 규범주의의 경향을 경고하고 있다. Vgl. *W.*

사법권은 결코 입법권의 명령집행자만은 아니다. 따라서 구체적인 상황에 맞추어 합리적인 국가작용을 가능케 하는 재량의 여지를 처음부터 남겨 두는 것이 오히려 바람직하다.[207] 또 현실적으로도 입법권은 모든 국가작용을 망라적으로 법제화하는 데 필요한 입법자료를 모두 갖추고 있지도 못하다. 더욱이 국가생활의 성격에 따라서는 처음부터 법제화하는 것이 부적당한 부문도 있다. 이렇게 볼 때, '법우선의 원칙'은 국가작용의 모든 부문을 빠짐없이 법제화할 것을 요구한다기보다는 대체로 다음과 같은 국가작용의 행동지침(Verhaltensmuster)을 그 내용으로 하고 있다고 볼 수 있다. 즉, '입법작용의 헌법 및 법기속', '법치행정', '효과적인 권리구제', '신뢰의 보호 내지 소급효력의 금지' 및 '명확성의 원칙', '과잉금지' 등이 그것이다. 이를 하나하나 살펴보기로 한다.

α) 입법작용의 헌법 및 법기속

427

헌법과
법정신 존중

국가생활에서 지켜져야 할 행동지침(Verhaltensmuster)을 법제화하는 것은 필요한 최소한의 범위에 국한시키되 일단 법제화하는 경우에는 헌법에 나타난 인간의 존엄성, 자유·평등·정의 등의 객관적인 가치질서를 존중하고 위헌적인 요소가 법제화 과정에 스며들지 않도록 헌법정신과 법의 정신을 지켜야 한다. 이 점과 관련해서 특히 강조해

본질성이론
과 입법
형성권

두어야 할 일은 이른바 '본질성이론'(Wesentlichkeitstheorie)으로 표현되는 입법권의 기능과, 입법권에게 인정되는 '형성의 자유'(Gestaltungs-freiheit)이다. 즉 민주국가에서는 국가생활의 모든 분야에 걸쳐 공동생활에 필요한 본질적인 사항에 관한 기본방침의 결정(wesentliche Grundentscheidung)은 그것이 원칙적으로 입법권의 기능사항에 속한다는 점이다.[208] 그렇기 때문에 위임입법에는 일정한 한계가 있게 마련이

Leisner, Rechtsstaat- ein Widerspruch in sich?, JZ 1977, S. 537ff.

207) 그러나 모든 재량행위는 기속재량행위이기 때문에 사법적 심사의 대상이 된다는 점을 주의할 필요가 있다. 사법적 심사의 대상이 되지 않는 자유재량행위는 존재할 수 없다는 것이 오늘날의 통설이다. 이 점에 대해서 특히 *U. Scheuner*(FN 163), S. 209f. 참조.

208) 이 같은 본질성이론의 내용은 독일연방헌법재판소가 그 판례(이에 대한 최초의 판례는 BVerfGE 33, 303)를 통해서 꾸준히 발전시킨 것인데 1976년 '독일법률가대회'(Deutscher Juristentag)에서 Th. Oppermann에 의해서 처음으로 '본질성이론'(Wesentlichkeitstheorie)이라고 불려졌다. 그 후 이 개념은 종래에 사용되던 '법률의 유보'(Vorbehalt des Gesetzes)라는 개념이 특히 법치국가적 민주국가에서 갖는 의미

고 어떤 경우에도 포괄적 위임입법은 허용되지 않는다. 또 입법활동에 있어서 입법권은 헌법과 법의 정신을 지키는 한 광범위한 형성의 자유 (Gestaltungsfreiheit)를 가지고 법률의 내용을 정할 수 있다는 점이다.[209]

β) 법치행정

일단 법제화된 국가생활의 영역은 언제나 평등의 정신에 따라 편파됨이 없이 법률에 근거를 둔 합법적인 국가작용을 할 것이 요청된다. 이 경우에 행정작용이 특히 문제가 된다는 점은 더 말할 나위가 없다. 따라서 행정절차를 투명하고 공정하게 할 수 있는 행정절차법에 의한 행정작용도 이와 같은 관점에서 중요한 의미를 가지게 된다.

428

법에 따른 공정한 행정

γ) 효과적인 권리구제

위헌적 또는 위법적 국가작용은 물론 합법적인 공권력행사에 의해서 발생하는 국민의 권리침해 내지는 재산상 손해에 대해서도 이를 구제해 줄 수 있는 효과적인 권리구제제도를 그 불가결한 내용으로 하고 있는 것이 법우선의 원칙이다. 재량권의 일반적인 기속화, 법률상의 불특정개념에 대한 판단재량(Beurteilungsspielraum)의 통제가능성, 주관적 공권의 범위확대, 국가책임(Staatshaftung) 제도에 있어서의 위험책임(Gefährdungshaftung) 정신의 확대적용, 공법상 손실보상제도의 확충, 특별권력관계이론의 재검토 내지는 특별권력관계 내에서의 권리보호, 행정사법(Verwaltungsprivatrecht)분야의 기본권기속 등이 요구되고 있는 것은[210] 그 때문이다.

429

실효성 있는 권리구제

δ) 신뢰의 보호 내지 소급효력의 금지

신뢰보호의 정신에 따라 법률의 소급효력을 원칙적으로 금지하고[211] 이와 관련해서 죄형법정주의(nulla poena sine lege) 내지 형벌불

430

법적 안정성

___

를 강조하는 뜻으로 독일학계에서 널리 사용되고 있다.

본질성이론에 관한 주요 판례와 문헌: BVerfGE 33, 303; 34, 165(192f.); 41, 251(259f.); 45, 400(417f.); 47, 46(78ff.); BVerwGE 47, 194ff.; *Th. Oppermann*, Nach welchen Grundsätzen sind das öffentliche Schulwesen und die Stellung der an ihm Beteiligten zuordnen?, Gutachten f. d. Verhandlungen d. 51. Deutschen Juristentages, 1976, Bd. 1, C1ff.(C48ff.); *Chr. Starck*, NJW 1976, S. 1375; *Kisker*, NJW 1977, S. 1313; *Pieske*. DVBl. 1977, S. 673; *Th. Oppermann*, JZ 1978, S. 289ff.(292f.); *F. Ossenbühl*, Zur Erziehungskompetenz des Staates, in: FS f. Bosch(1976), S. 751ff.

209) Vgl. BVerfGE 8, 28(37); 9, 291(302).

210) Vgl. *U. Scheuner*(FN 163), S. 212ff.

211) 법률의 소급효력은 그것을 진정소급효력과 부진정소급효력으로 나누어서 살펴볼 필

소급(Verbot strafrechtlicher Rückwirkung), 그리고 일사부재리(Verbot der Doppelbestrafung, ne bis in idem)를 법제화하는 것도 법우선의 원칙이 요구하는 내용이다.

ε) 과잉금지(Übermaßverbot)의 원칙

431

필요성, 적합성, 최소 침해성, 수인 기대가능성

국가작용의 한계로서의 '과잉금지' 내지는 '비례의 원칙'(Ver-hältnismäßigkeitsprinzip)도 법우선의 원칙에서 나오는 당연한 결과이다.[212] 즉 과잉금지 내지는 비례의 원칙은 '사항의 합당성'(Sachge-rechtigkeit), '방법의 적합성'(Geeignetheit), '필요한 최소침해성'(Erforderlich-

---

요가 있다. 즉 이미 과거에 완성된 사실을 법적 규제의 대상으로 삼아 거기에 사후에 제정된 법률의 효력을 미치게 하는 진정소급입법은 원칙적으로 금지되지만 다음과 같은 예외적인 경우에만 제한적으로 허용된다는 것이 학설과 판례의 입장이다. 즉 첫째 당사자가 행위당시 소급입법을 충분히 예견할 수 있었고 또 예견했어야만 하는 경우, 둘째 불명확하고 다의적인 해석이 가능한 법령을 소급입법으로 개선하는 경우, 셋째 위헌무효인 법령을 소급입법으로 대체하는 경우, 넷째 소급입법에 의한 당사자의 피해가 매우 사소해서 그 수인을 충분히 기대할 수 있는 경우(이른바 사소피해유보법리), 다섯째 매우 긴절한 공익목적이 소급입법을 불가피하게 하는 경우 등이다. 첫째, 둘째, 셋째의 경우는 보호가치 있는 당사자의 신뢰가 인정되기 어려운 때문이고, 넷째의 경우는 그 피해가 아주 경미해서 수인을 충분히 기대할 수 있기 때문이고, 다섯째의 경우는 비록 보호가치 있는 신뢰를 인정할 수는 있지만 그보다 더 큰 공익적인 가치실현이 신뢰보호의 양보를 요구하기 때문이다. 반면에 이미 과거에 시작은 되었지만 아직 완성되지 않고 진행중인 사실을 법적 규제의 대상으로 삼아 거기에 사후에 제정된 법률의 효력을 미치게 하는 부진정소급입법은 원칙적으로 허용된다. 다만 합리적인 경과규정 등을 두어 소급효력으로 인한 당사자의 피해를 최소화하는 조치가 함께 마련되는 경우에만 정당화된다는 것이 지배적인 견해이다.

우리 헌재는 사후에 제정된 콜밴정원 및 화물제한조항을 그 조항 제정 전에 등록한 콜밴운송업자에 적용하는 것은 신뢰보호의 원칙에 위배되어 위헌이라고 판시했다. 헌재결 2004. 12. 16. 2003 헌마 226 등 참조. 그 밖에도 신뢰보호원칙 위배여부의 판단기준에 관한 헌재결 1995. 6. 29. 94 헌바 39와 진정소급입법이 위헌이라고 판시한 헌재결 2008. 7. 31. 2005 헌가 16, 그리고 불합리한 법령제도를 시정하기 위한 법령개정이 수혜자의 신뢰보다 우선적인 보호를 받아야 한다고 판시한 헌재결 2008. 11. 27. 2007 헌마 389, 또 입법의 흠결로 생기는 이익에 대한 신뢰는 단순한 기대이익에 불과해 보호가치가 없다는 판시한 헌재결 2008. 5. 29. 2006 헌바 99, 그리고 소급입법에 의한 재산권침해에는 해당하지 않지만, 기존의 법상태에 대한 신뢰를 법치국가적인 관점에서 보호해 주어야 하는데도 신뢰보호의 원칙을 위반하여 재산권을 침해했다고 판시한 헌재결 2009. 5. 28. 2005 헌바 20, 그와 반대로 친일반민족행위자의 재산을 국가에 귀속시키는 진정소급입법을 합헌이라고 결정한 헌재결 2011. 3. 31. 2008 헌바 141, 진정소급입법인 군정법령에 의한 재산권침해를 합헌이라고 결정한 헌재결 2021. 1. 28. 2018 헌바 88 등 참조할 것.

　Vgl. BVerfGE 7, 89(92, 93); 7, 129(153); 10, 141(177).

212) Vgl. BVerfGE 23, 127(133); 38, 348(368); 43, 242(288); *P. Lerche*, Übermaß und Verfassungsrecht, 1961, S. 61ff.

keit), '수인의 기대가능성'(Zumutbarkeit) 등이 국가작용에서 지켜질 것을 그 내용으로 하고 있다.

즉 국가작용을 하는 데 있어서는 언제나 합리적인 판단에 입각해서 사안이 요구하는 합당한 조치를 취해야지 사안과는 동떨어진 엉뚱한 동기에 의해서 국가작용을 해서는 아니 된다는 것이다(사항의 합당성). 또 국가작용을 하는 데 있어서는 목적한 바 소기의 성과를 달성할 수 있는 가장 효과적이고 적절한 방법을 선택해야 한다(방법의 적합성). 나아가 국가작용을 하는 데 있어서는 국민의 자유와 권리가 필요한 정도를 넘어서 조금이라도 더 침해되는 일이 없도록 유의해야 한다(최소침해성). 따라서 국민의 자유와 권리를 더 적게 침해하고도 소기의 목적을 달성할 수 있는 다른 방법이 있는데도 불구하고 단순한 편의주의에 따라 이를 택하지 않는 경우에는 명백한 과잉금지의 위반이다. 마침내 국가작용을 하는 데 있어서는 국민의 자유와 권리를 침해하는 정도와 이에 의해서 얻어지는 공공복리의 이익을 엄격하게 이익형량해서(비례성) 더 큰 공공복리의 이익을 위해서 불가피한 부득이한 경우에만 국민에게 그 자유와 권리침해에 대한 수인을 기대할 수 있다는 점을 명심해야 한다(수인기대가능성).[213) 214)]

우리 헌법재판소도 법률의 위헌심판에서 과잉금지원칙에 따라 목적의 정당성, 수단의 적합성, 피해의 최소성, 법익의 균형성 등을 언제나 중요한 판단기준으로 삼고 있다.[215)]

---

213) '수인기대가능성'은 또 '비례성'(Verhältnismäßigkeit)이라고도 부를 수 있다.
　　예컨대 K. Stern(FN 1), S. 674, 참조.
214) 이상과 같은 과잉금지 내지 비례의 원칙은 독일에서 P. Lerche의 이론적인 연구와 연방헌법재판소의 판례를 통해서 확립된 이후 오늘에 와서는 행정작용은 물론 입법, 사법작용에 이르기까지 모든 국가작용의 한계로 간주되고 있다. 이 점에 관한 상세한 것은 다음 문헌과 판례를 참조할 것.
　　P. Lerche(FN 212); H. Schneider, Zur Verhältnismäßigkeitskontrolle insbesondere bei Gesetzen, in: FG f. BVerfG(1976), Bd. 2, S. 390ff.; K. Stern(FN 1), S. 671ff.; R. v. Krauss, Der Grundsatz der Verhältnismäßigkeit 1955; E. Grabitz, Der Grundsatz der Verhältnismäßigkeit in der Rechtsprechung des BVerfG, AöR 98(1973), S. 568ff.; BVerfGE 7, 377(405ff.); 11, 30(42f.); 13, 97(104f.); 14, 19(24); 17, 269(274ff.); 19, 330(337); 23, 50(56); 23, 127(133); 25, 1(17f., 22); 30, 292(315f.); 35, 382(400, 401); 38, 281(302); 38, 348(368); 43, 242(288); BVerwGE 38, 68(70f.).
215) 예컨대 헌재결 1992. 12. 24. 92 헌가 8; 헌재결 1999. 12. 23. 99 헌마 135 참조. 과외교습의 금지에 관한 법규정에 대한 위헌결정도 피해의 최소성과 법익의 균형성

3. 법치국가원리와 민주주의·사회국가원리와의 상호관계

432

이념적·기능적 연관성

법치국가는 흔히 주장되는 것처럼 민주주의 또는 사회국가와 이념적으로 갈등·대립관계에 있는 것은 아니다. 법치국가와 민주주의가 다같이 자유·평등·정의를 실현하기 위한 국가의 구조적 원리일 뿐 아니라 사회국가는 민주주의와 법치국가에 불가결한 생활환경을 조성하기 위한 또 다른 현대국가의 구조적 원리를 뜻하기 때문이다. 이들 상호관계를 나누어서 살펴보기로 한다.

(1) 법치국가원리와 민주주의의 상호관계

a) 법치국가와 민주주의의 이념적·기능적 관련성

433

법치국가는 민주정치의 계발 및 질서 요인

민주주의는 통치권이 특정인 또는 특정계층에 의해서 독점행사되는 것을 배제함으로써 국민주권과 국민의 정치적인 자유와 평등을 실현하기 위한 국가의 통치형태적 원리를 뜻하고, 법치국가는 국가의 기능과 조직을 법우선의 원칙에 따라 형성·조절함으로써 실질적인 자유·평등·정의를 실현하려는 국가의 기능형태적 구조원리를 뜻하기 때문에 민주주의와 법치국가는 이념상 대립·갈등관계에 있는 것이 아니고, 오히려 불가분의 밀접한 상호관계에 있다. 왜냐하면 민주주의의 실질적 내용에 속하는 국민주권·자유·평등·정의는 그것을 실질적으로 보장하는 법치국가의 법질서에 의해서 비로소 실효성이 있게 되고, 반대로 법치국가의 실질적 내용에 속하는 자유·평등·정의는 자유롭고 평등한 참여의 기회가 보장되는 자유로운 정치질서, 즉 민주주의에서만 그 실현을 기대할 수 있기 때문이다. 민주주의원리는 그 본질상 정권의 정기적 교체를 그 이념적 전제로 하기 때문에 민주주의에 입각한 국가생활은 마땅히 유동적이고 율동적인 성격을 띠지 않을 수 없다. 법치국가원리는 이처럼 정기적인 정권교체에서 올 수도 있는 국가질서의 동요를 막고 이를 법우선의 원칙에 입각해서 안정시킴으로써 국가생활의 안정성과 계속성을 보장해 주게 된다.[216] 더욱이 법치국가의 제도적 내용으로 간주되는 기본권과 권력분립원칙은 국가의 통치권

을 지키지 않았다는 이유 때문이었다. 헌재결 2000. 4. 27. 98 헌가 16등 참조. 또 여객운송업자의 지입제경영으로 인한 사업면허취소제도도 마찬가지 이유로 위헌결정했다. 헌재결 2000. 6. 1. 99 헌가 11 참조.

216) Vgl. *Th. Maunz*(FN 2), S. 74; *K. Hesse*(FN 2), S. 78.

행사를 순화시키는 결과를 가져오게 되고 또 법치국가의 절차적·형식적 내용으로 간주되는 법우선의 원칙은 국가생활을 투명하게 하고, 합리화시키는 결과를 가져오기 때문에 법치국가원리는 Hesse[217]의 말처럼 국가생활의 계속성을 보장해 주는 원리로서, 또 국가생활을 투명하게 하고, 합리화시키는 원리로서, 그리고 국가권력을 순화시키는 원리로서 민주주의의 율동적인 측면을 제도적으로 안정시키고 뒷받침해 주게 된다고 할 것이다.[218] 이렇게 볼 때 법치국가는 율동적인 민주정치를 가능케 해 주는 계발요인(Motivationsfaktor)과 질서요인(Ordnungs-faktor)적 기능까지 맡고 있다고 말할 수 있다. 투명하고 합리적인 국가생활은 국민의 정치참여의욕을 일깨워 주고 북돋아 주기 때문에 민주주의가 활성화될 수 있는 계발요인이 된다고 하는 것은 더 말할 필요가 없다. Kägi[219]가 민주주의는 법치국가적 민주주의형태로밖에는 존재할 수 없다고 주장하는 것은 민주주의와 법치국가를 하나로 보려는 잘못은 있다고 하더라도 민주주의와 법치국가의 이 같은 불가분한 연관성을 잘 지적해 주고 있다.

b) 법치국가와 민주주의를 갈등·대립관계로 보는 논리형식

이와는 반대로 법치국가와 민주주의가 이념적으로 조화될 수 없는 갈등·대립관계에 있다고 하는 논리의 저변에는 부분적으로 법치국가와 민주주의에 대한 그릇된 견해가 전제되고 있다. 즉 Rousseau의 사상적 세계에 바탕을 두고 민주주의를 치자와 피치자의 동일성이론(Identitätstheorie)에 의해서 이해하거나 민주주의를 다수의 통치형태(Mehrheitsherrschft)로 이해하고 법치국가를 국가권력에 대한 자유의 보장수단 또는 권력의 통제수단으로만 파악하는 경우에 민주주의와 법치국가는 분명히 대립·갈등관계에 있을 수밖에 없다.[220] 왜냐하면 동일성이론에서는 국가권력에 대한 자유의 보장이라든지 국가권력을 통제한다는 것이 논리상 넌센스에 지나지 않기 때문이다. 또 다수통치론의

434
동일성이론
과
다수통치론

---

217) Vgl. (FN 2), S. 78; auch(FN 200), S. 92.

218) 동지: *U. Scheuner*(FN 163), S. 189; *R. Bäumlin*, Die rechtsstaatliche Demo-kratie, 1954, S. 94ff.; *E. Friesenhahn*, in: Recht-Staat-Wirtschaft, Bd. 2(1950), S. 242; *K. Stern*(FN 1), S. 677.

219) Vgl. in: Matz(FN 196), S. 107ff.(142).

220) Vgl. *A. Albrecht*, in: Staatslexikon, Bd. 6(1961), Sp. 685ff.(693); *W. Kägi*(FN 196), S. 123ff.; *Th. Maunz*(FN 2), S. 76; *R. Bäumlin*(FN 218), S. 87ff.

입장에서 볼 때 권력의 통제를 요구하는 형식적 법치국가는 결국 다수
의사에 대한 불법적인 제한 또는 다수의 의사에 대한 반항 내지 불복
종을 뜻하게 되기 때문이다. 뿐만 아니라 다수통치론적 민주주의관점
에서는 다수의 의사에 '합법성'(Legalität)과 '정당성'(Legalität)의 효력이
동시에 주어지는 것으로 간주되기 때문에 다수의사의 투시도를 뜻하는
'법률'을 떠나서 따로 그 '법'적 내용을 따지는 실질적 법치국가의 요
청이 성립될 수 없는 것은 당연하다. 민주주의를 이처럼 다수통치형태
로 이해하려는 사상과 법실증주의가 결합이 되어 '법'과 '법률'을 동일
시하고 모든 국가를 법치국가라고 이해하는 경우에는 실질적 법치국가
가 발을 붙일 여지는 없다. 따라서 민주주의를 다수의사의 지배형태로
이해하는 입장에서는 다수의사가 원하는 바를 제한하고 통제하는 이른
바 민주주의의 수정형태가 바로 법치국가를 뜻하게 되기 때문에 다수
의사의 절대적 효력을 관철시키려고 하는 한 불가피하게 민주주의와
법치국가 중에서 택일할 수밖에 없는 문제가 생기기 마련이다. 그러나
민주주의와 법치국가를 옳게 이해하는 경우에는 이 같은 갈등·대립관
계가 스스로 해소된다는 것은 위에서 지적된 바와 같다.

(2) 법치국가원리와 사회국가원리의 상호관계

435

**상호보완
관계**

법치국가를 국가권력으로부터 국민의 자유와 권리를 보호하기 위한
기술적 수단으로 이해하고, 사회국가(Sozialstaat)를 국가에 의한 생활수단
의 적극적인 조성 내지 급부형태라고 이해하는 경우 '국가로부터의 자유'
를 뜻하는 법치국가와 '국가에 의한 생활간섭'을 뜻하는 사회국가가 이념
적으로 조화될 수 없는 것은 명백하다. 법치국가를 '법적인 자유의 보장
을 위한 법기술적인 기교'[221]라고 이해하는 Forsthoff가 법치국가와 사회
국가의 이념적 모순(Antinomie)을 강조하면서 사회국가원리는 법치국가를
위해서 후퇴해야 된다고 역설하는[222] 이유도 그 때문이다. 그러나 '사회
적 법치국가'(sozialer Rechtsstaat)에 관한 독일헌법조항(제28조 제1 항 제1절)의 해석을
둘러싼 통설과 판례가 논증하듯이 법치국가와 사회국가는 결코 상호모순
적인 관계가 아니고, 상호보충적인 관계라는 점을 주의해야 한다.[223]

---

221) Vgl. *E. Forsthoff*(FN 167).

222) Vgl. *E. Forsthoff*, Begriff und Wesen des sozialen Rechtsstaates, VVDStRL
12(1954), S. 14, 19, 29, 34, 36.

223) 이에 관한 대표적 문헌으로는: *O. Bachof*, Begriff und Wesen des sozialen

법치국가가 자유·평등·정의의 실현을 위한 국가의 기능형태적 구조원리라는 것은 여러 차례 강조한 바 있거니와 사회국가도 그 참된 의미가 '자유의 조건'을 형성하는 데 있기 때문에, 법치국가와 사회국가는 이념적으로 결코 대립적인 관계에 있는 것이 아니다. 모든 국민이 필요로 하는 일체의 생활수단을 국가가 제공해 주는 것을 내용으로 하는 '난민수용소'와 같은 국가형태는 '자유의 조건'을 의미하는 진정한 사회국가와는 너무도 거리가 멀다.[224] 사회국가와 '복지국가' (Wohlfahrtsstaat, welfare state)를 개념적으로 또 형태적으로 구별해야 되는 것도 그 때문이다. 인간이 인간으로서 또 국민으로서 추구하는 행복은 물량적인 것에만 그치는 것은 아니다. 미래를 자유롭게 설계하고 개성 있는 생활양식을 통해서 각자의 개성이 최대한으로 발휘될 수 있는 생활환경이 갖추어졌을 때, 사회국가는 비로소 그 실현이 가까와졌다고 볼 수 있다. 사회국가가 요구하는 이 같은 생활환경이 국가생활의 '계속성'과 '투명성', 그리고 '합리성'과 '안정성'을 보장해 주는 법치국가원리에 의해서 가장 효과적으로 조성이 되고 또 국가권력의 순화에 의해서 개인의 창의가 존중될 때 가장 가속적으로 조성될 수 있다고 하는 것은 두말할 필요가 없다. 사회적 법치국가의 참된 의미는 바로 이같은 불가분의 기능적 관련성에서 찾아야 하리라고 본다.[225]

436
사회국가와
자유의 조건

복지국가

제 3 절 사회국가원리

사회국가원리(Sozialstaatsprinzip)가 현대국가의 구조적 원리로 등장한 것은 제 2 차 세계대전 이후의 일이다. 현대국가의 구조적 원리로서

437
제 2 차 대전

Rechtsstaates, VVDStRL 12(1954), S. 37ff.; *E. R. Huber*, in: E. Forsthoff(Hrsg.), Rechtsstaatlichkeit und Sozialstaatlichkeit, 1968, S. 589ff.; *Th. Maunz*(FN 2), S. 79; *K. Hesse*(FN 2), S. 84ff.; *U. Scheuner*, VVDStRL 11(1954), S. 1ff.(20f.); *R. Herzog*, in: Maunz/Dürig/Herzog/Scholz, GG-Kommentar, Art. 20 Rn. 176ff. (181); *F. Ossenbühl*, Verwaltungsvorschriften und Grundgesetz, 1968, S. 234; *G. Leibholz*(FN 2), S. 131; *H. P. Ipsen*, Über das Grundgesetz, 1950, S. 14, u. 17; *J. Isensee*, Subsidiaritätsprinzip und Verfassungsrecht, 1968, S. 191ff., 268ff.; *P. Badura*, Der Staat 14(1975), S. 17ff.(34); *Y. Huh*, Rechtsstaatliche Grenzen der Sozialstaatlichkeit?, Der Staat 18(1979), S. 183ff.; *K. Stern*(FN 1), S. 676f.

224) Vgl. *Y. Huh*(FN 223).
225) Vgl. *Y. Huh*(FN 223).

후에 등장한
새로운 이념

의 민주주의원리, 법치국가원리, 연방국가원리들이 이미 상당히 오랜 이념적·제도적 전통을 가지고 있는 것과 다른 점이다. 민주주의원리·법치국가원리·연방국가원리의 내용에 관해서 학설과 판례를 통해서 지배적인 이론이 형성되고 있는 것과는 달리 사회국가원리의 내용에 관해서는 아직도 뚜렷한 정설이 확립되지 못하고 있는 이유도 사회국가원리의 이념적인 새로움 때문이다.

438
헌법적
표현형태

현대국가가 사회국가원리를 그 헌법에 반영하는 방법은 대체로 세 가지 형태로 나눌 수 있는데 그 하나는 이른바 '사회적 기본권'(soziale Grundrechte)을 통해서 사회국가원리를 간접적으로 제도화하는 것이고 또 다른 하나는 사회적 기본권을 포기한 채 사회국가원리만을 하나의 헌법적 원리로 규정하는 것이고, 그 세 번째는 사회적 기본권은 물론 사회국가원리를 명문으로 헌법에 명시하는 것이다. 독일 바이마르공화국헌법[226]이나 현행 우리나라 헌법은[227] 제 1 유형에 속하고, 현 독일기본법[228]은 제 2 유형에 속하고, 독일 Bayern주헌법[229]은 제 3 유형에 속한다.

439
내용에
관한 학설

이처럼 여러 가지 형태로 헌법에 표현되는 사회국가원리가 구체적으로 어떤 내용을 가지고 있는 것이냐에 대해서는 아직도 의견이 일치되지 않고 있다. 사회국가원리는 실질적으로 아무런 내용도 가지지 못하는 일종의 '백지개념'(substanzloser Blankettbegriff)에 불과하다는 의견[230]으로부터 사회국가원리는 적극적인 사회개혁을 통해서 현존하는 사회구조나 사회질서를 과감하게 새로이 형성할 것을 국가에게 명하는 헌법적 수권규정이라는 의견[231]에 이르기까지 그 견해의 Skala가 매우

---

226) Vgl. Art. 151 WRV.

227) 우리 현행헌법 제31조, 제32조, 제33조, 제34조, 제35조, 제36조 제 2 항, 제119조 제 2 항 참조. 우리 헌재도 우리 헌법이 특히 제119조 제 2 항을 통해서 사회국가원리를 수용하고 있다고 판시한다(헌재결 1998. 5. 28. 96 헌가 4 등(병합), 판례집 10-1, 522(534면)).

228) Vgl. Art. 20 Abs. 1, Art. 28 Abs. 1 Satz 1 GG.

229) Vgl. Art. 3, Art. 122, Art. 125, Art. 139, Art. 166, Art. 168, Art. 171, Art. 173, Art. 174, Art. 175 der Verfassung des Freistaates Bayern.

230) 예컨대, *W. Grewe*, DRZ 1949, S. 349ff.(351); *derselbe*, Der Arbeitgeber, 1951, S. 39.

231) 예컨대, *H. H. Hartwich*, Gewerkschaftliche Monatshefte, 1971, S. 577ff.(592); *derselbe*, Sozialstaatspostulat und gesellschaftlicher Status quo, 2. Aufl.(1977), insbes. S. 344ff.

다양하다. 또 사회국가를 국가에 의한 생활수단의 적극적인 조성 내지 급부형태라고 이해하는 입장에서는 사회국가원리와 법치국가원리의 이념적인 갈등·대립관계를 강조하고 있다.[232]

그러나 현대국가의 구조적 원리로서의 사회국가원리는 그것이 결코 백지개념일 수도 없고 또 법치국가원리와 갈등·대립관계에 있는 것도 아니다. 아래에서 우선 사회국가의 개념적 유래와 사회국가조항의 법적 성격을 살펴보고 사회국가의 내용과 사회국가실현의 방법적 한계를 검토하기로 한다.

1. 사회국가의 개념적 유래

사회국가(Sozialstaat)라는 개념은 프랑스의 초기사회주의(Früh-sozialismus)학자 Saint-Simon(1760~1825)[233]에서 유래하는 것으로 전해지고 있다.[234] 즉 Fourier(1772~1837)와 함께 초기사회주의운동을 대표하는 Saint-Simon은 18세기말부터의 산업화시대가 몰고온 시민사회 내의 심각한 갈등·대립관계를 해소시키는 유토피아적 Modell로 모든 생산과정을 보다 정의롭고 합리적으로 조직·관리할 수 있는 새로운 사회구조를 제창하면서 사회국가라는 개념을 사용했다는 것이다.

440
생시몽

Saint-Simon에 의해서 이처럼 불투명하게 사용된 사회국가라는 개념의 본질적인 요소들이 그 후 L. v. Stein[235]에 의해서 보다 구체적으로 파헤쳐지고 연구된 후[236] 사회국가의 문제점들이 구체적으로 지적되기에 이르렀다. 그러나 L. v. Stein이 염두에 둔 사회국가는 어디까지나 합리적이고 시대적응적인 행정기능에 의해서 실현될 수 있는 성질의 것이었기 때문에[237] 사회국가를 국가의 구조적 원리로 보는 데까지는 아직 미치지 못했다 할 것이다. 행정활동을 중심으로 한 사회

441
슈타인

---

232) 앞의 방주 435 참조.

233) Vgl. Catéchisme des industriels, 1823/24.

234) Vgl. *K. Stern*(FN 1), S. 686.

235) Vgl. Der Sozialismus und Kommunismus des heutigen Frankreichs, 2 Bde, 1842.

236) L. v. Stein의 사회국가이념에 관해서 상세한 것은 다음 문헌을 참조.
    Sun-Ok Kuk, Das Wesen der Sozialstaatsidee bei L. v. Stein, Kölner jur. Diss. 1978; *E. W. Böckenförde*, L. v. Stein als Theoretiker der Bewegung von Staat und Gesellschaft zum Sozialstaat, in: Staat, Gesellschaft, Freiheit, 1976, S. 146ff.

237) Vgl. *L. v. Stein*, Handbuch der Verwaltungslehre, 3. Aufl.(1888).

국가의 문제가 그 후에도 뢰슬러(H. Roesler),[238] 솜(R. Sohm)[239] 등에 의해서 계속 다루어지기는 했지만 여전히 행정법적 원리의 영역을 벗어나지 못했다.

442
바이마르
시대

헬러의 사회
적 법치국가

사회국가원리가 행정법적 영역의 문제를 떠나서 헌법적 영역의 문제로 다루어지기 시작한 것은 역시 바이마르공화국에 들어와서부터라고 볼 수 있다. 즉 H. Heller가 1930년에 최초로 '사회적 법치국가' (sozialer Rechtsstaat)라는 개념을 사용하면서 국가의 구조적인 측면에서 사회적 법치국가의 문제에 언급한 것이[240] 그 발단이라고 할 것이다. 그 1년 후에 쉰들러(R. Schindler, sen.)도[241] 사회국가원리를 헌법적 차원에서 다룬 바 있다. 그러나 Heller와 Schindler의 논문에는 아직 사회국가의 구체적 내용에 대한 설명이 없었기 때문에 사회국가원리는 여전히 미개척의 헌법문제로 남은 채 바이마르공화국의 종말을 보게 된 것이다.

443
1945년
이후의 사회
국가조항

제 2 차 세계대전 이후 독일기본법($^{제20조\ 제1항.}_{제28조\ 제1항}$)을 비롯한 세계 23개국의 헌법이[242] 일반적인 사회국가조항(Sozialstaatsklausel)을 그 헌법원리로 받아들이면서 사회국가의 문제는 바야흐로 현대산업국가의 중요한 헌법문제로 대두하게 된 것이다. 그러나 아직도 사회국가조항의 법적 성격, 사회국가의 내용, 사회국가실현의 방법적 한계 등에 대해서는 진지한 논쟁이 계속되고 있다.

2. 사회국가조항의 법적 성격

444
두 학설

사회국가를 표방하는 헌법상의 사회국가조항이 법적으로 어떤 성격을 가지느냐에 대해서는 크게 두 가지 입장이 대립하고 있다. 사회국가조항의 헌법규범적 성격을 부인하는 입장과(소수설), 사회국가조항의 헌법규범적 성격을 긍정하는 입장(다수설)의 대립이 그것이다.

소수설

사회국가조항의 헌법규범적 성격을 부인하는 입장의 논리에 따르

---

238) Vgl. Soziales Verwaltungsrecht, 1872.

239) Vgl. Die sozialen Aufgaben des modernen Staates, 1898.

240) Vgl. *H. Heller*, Rechtsstaat oder Diktatur, 1930, S. 11.

241) Vgl. Verfassungsrecht und soziale Struktur, 1931.

242) 1979년 7월 현재 공산국가를 제외하고 사회국가를 헌법적으로 표방하고 있는 나라는 23개 국가다. 즉, 서구지역 5개국, 아프리카지역 12개국, 남미지역 6개국이다. 이점에 관한 자세한 내용은 *Y. Huh*(FN 223), S. 184, 참조.

면 비록 헌법이 사회국가원리를 규정하고 있다 하더라도 헌법상의 사회국가조항은 '내용 없는 백지개념'[243](substanzloser Blankettbegriff)에 불과하기 때문에 법적인 관점에서 무의미할 뿐 아니라[244] 사회국가조항은 국민에게 하등의 기대권이나 주관적 공권을 부여하는 것이 아니기 때문에 그것은 단순한 '정치적인 선언'(politische Manifestation)[245]에 지나지 않는다고 한다.

이에 반해서 다수설은 사회국가조항의 헌법규범적 성격을 긍정하면서 사회국가조항에 내재하는 헌법규범적 효력을 강조한다.[246] 사회국가조항을 모든 법규범의 '해석지침'(Auslegungsmaxime)으로 보는 입장,[247] 사회국가조항을 '국가의 목표규정'(Staatszielbestimmung)이라고 이해하는 입장,[248] 사회국가조항에서 '사회현존질서의 보장'(Garantie der Status-quo-Sicherung) 정신을 이끌어 내려는 입장,[249] 그와는 정반대로 '사회질서의 과감한 개혁명령'(Gebot der Status-quo-Änderung)을 이끌어 내려는 입장,[250] 사회국가조항을 '사회형성의 일반유보'(sozialer Generalvorbehalt)로 이해하려는 입장,[251] 사회국가조항을 '헌법형성적 기본결정'(verfassungsgestaltende Grundentscheidung)이라고 보는 입장[252] 등 다양한 견해가 이 다수설에 속한다.

다수설

생각건대, 헌법상의 사회국가조항을 단순한 '내용 없는 백지조항'에 불과하다고 본다든지, 사회국가조항을 단순한 '정치적인 선언'에 지나지 않는다고 평가하면서 사회국가실현의 문제를 헌법적 기속에서 해

445

소수설의 문제점

243) Vgl. W. Grewe(FN 230).
244) Vgl. E. Forsthoff(FN 222), S. 35.
245) Vgl. H. F. Zacher, in: FS f. H. P. Ipsen(1977), S. 239ff.(256, 266).
246) Vgl. K. Hesse(FN 2), S. 86; E. R. Huber, DöV 1956, S. 200ff.(200f.); I. v. Münch, ZBR 1978, S. 125ff.(126); K. Stern(FN 1), S. 689 u. 713; P. Badura, DöV 1968, S. 446ff.(448); derselbe(FN 223), S. 34; F. Ossenbühl(FN 77), S. B31; O. Bachof(FN 223), S. 38ff.; Th. Maunz(FN 2), S. 80, U. Scheuner(FN 163), S. 219f.
247) 예컨대, E. Friesenhahn(FN 218), S. 164ff.
248) 예컨대, H. P. Ipsen(FN 223); U. Scheuner, in: Staatstheorie und Staatsrecht, S. 223ff.
249) 예컨대, P. Lerche(FN 212), S. 230ff.(231); W. Weber, Der Staat 4(1965), S. 409ff.(416).
250) 예컨대, H. H. Hartwich(FN 231).
251) 예컨대, E. R. Huber, Wirtschaftsverwaltungsrecht, 2. Aufl.(1953), Bd. 1, S. 37.
252) 예컨대, J. Isensee(FN 223), S. 191ff.

방시켜 정권담당자의 임의적인 형성기능에 전적으로 맡기려는 시도는
분명히 헌법규범으로서의 사회국가조항의 의미를 지나치게 과소평가하
는 것이라 아니할 수 없다. 사회국가실현이 헌법에 명시된 사회국가조
항만에 의해서 자동적으로 이루어지는 것은 아니라 할지라도 헌법이
내포하는 사회국가조항은 적어도 사회국가를 실현하려는 헌법제정권자
의 명백한 의지를 표명하고 있는 것이기 때문에 헌정생활의 실제에서
도 사회국가실현의 헌법지침적(Verfassungsleitlinie) 의미를 가진다고 보
는 것이 마땅하다. 사회국가의 내용이 일의적으로 정해질 수 없다는
것을 논거로 해서, 사회국가조항의 헌법규범적 성격마저도 이를 부인
하려는 입장은 지나친 이론의 비약이 아닐 수 없다.

446
지침적·
수권규범적
성격

따라서 헌법상의 사회국가조항은 적어도 사회국가실현의 헌법
지침적 성격과 사회국가실현의 수권규범적 성격(Ermächtigungsnorm-
charakter)을 가졌다고 보아야 할 것이다.[253] 이처럼 사회국가조항이 사
회국가실현의 지침적·수권규범적 성격을 가졌다고 하는 것은 국가의
구조가 후술하는 사회국가의 내용에 맞도록 형성될 것을 헌법적으로
명하는 것이라고 볼 수 있기 때문에 사회국가조항은 동시에 국가의 구
조적 원리로서의 성격도 함께 간직하게 되는 것이다. 다만 현대국가의
다른 구조적 원리와는 달리 사회국가조항은 사회국가의 내용에 관한
구체적인 언급이 없기 때문에 이를 해석하는 데 있어서 특별히 어려움
을 가져다 주는 것은 사실이다.

3. 사회국가의 내용

(1) 사회국가의 내용에 관한 학설

447
학설의
다양성

사회국가의 내용이 구체적으로 무엇이냐에 대해서는 아직도 이렇
다 할 정설이 확립되지 않고 있다. 사회국가는 사회정의의 실현을 그
목적으로 하는 정의국가(Gerechtigkeitsstaat)라고 보는 사람,[254] 사회정
의의 실현과 사회안정을 동시에 추구하는 것이 사회국가의 목적이라고
보는 사람,[255] 사회국가는 특수한 사회계층에 대한 억압이나 차별대우

---

253) Vgl. *U. Scheuner*(FN 163), S. 219ff.

254) 예컨대, *Ch. -F. Menger*, in: E. Forsthoff(Hrsg.), Rechtsstaatlichkeit und Sozial-
staatlichkeit, 1968, S. 42ff.

255) 예컨대, *K. Stern*(FN 1), S. 692 u. 711.

를 금지하는 것을 그 내용으로 한다고 설명하는 사람,[256] 사회국가의 실현은 조세수입을 전제로 한다는 관점에서 사회국가를 조세국가(Steuerstaat)라고 이해하는 사람,[257] 사회국가는 장기적인 plan에 의한 사회정책에 의해서만 실현될 수 있기 때문에 계획국가(Planungsstaat)임을 그 본질로 한다는 학설,[258] 사회국가는 급부국가(Leistungsstaat)를 그 내용으로 한다고 보는 사람,[259] 사회국가의 본질은 국민소득의 균등한 재분배에 있다고 주장하는 '분배국가'(Verteilerstaat)설,[260] 사회국가를 환경보호국가라고 보는 입장[261]에 이르기까지 실로 다양한 견해가 나와 있다.

생각건대, 사회국가가 실질적인 평등의 실현을 그 이상으로 하는 만큼 실질적 평등의 실현은 바로 정의의 실현이라고 생각하는 경우에는 사회국가가 정의국가임에는 의심의 여지가 없다. 또 사회국가의 실현이 사회보장제도 등 엄청난 국가의 재력을 필요로 하고, 대부분의 국가재원이 국민으로부터의 조세수입에 의해서 확보된다고 볼 때 사회국가는 당연히 조세국가를 뜻하게 된다. 나아가서 사회국가는 조세제도를 비롯한 각종 사회정책에 의해서 국민소득의 균등한 분배를 추구한다는 점에서 분배국가일 수도 있다. 또 사회국가의 실현과 장기적인 사회정책적 plan의 불가분한 관계를 생각한다면 사회국가는 계획국가이어야 하는 것도 사실이고, 사회국가를 주로 행정적인 측면에서 관할할 때 사회국가가 급부국가 내지는 행정국가일 수도 있을 것이다. 또 사회국가는 살기좋은 나라 환경을 만드는 것이 급선무라고 볼 때 '환경보호국가'가 즉 사회국가를 뜻할 수도 있다. 또 사회국가실현에 필요한 엄청난 재원의 확보는 경제성장과도 불가분의 관계에 있기 때문에 사회국가는 입슨(Ipsen)의 말처럼[262] 경제성장에 주력하지 않을 수 없는 것도 사실이다. 또 경제성장은 오늘날과 같은 상호의존적인 세계경

448
핵심적
내용인
자유와 평등

---

256) 예컨대, *Th. Maunz*(FN 2), S. 77.

257) 예컨대, *J. Isensee*, in: FS f. H. P. Ipsen(1977), S. 409ff.

258) 예컨대, *E. Schmidt-Aßmann*, DöV 1974, S. 543; *F. Ossenbühl*(FN 77), S. B149.

259) 예컨대, *P. Häberle*, VVDStRL 30(1972), S. 45ff.

260) 예컨대, *H. P. Bull*, Die Staatsaufgaben nach dem Grundgesetz, 1973, S. 176.

261) 예컨대, *W. Weber*, DVBl. 1971, S. 806; *Bullinger*, in: Umweltgutachten, Das Verursachungsprinzip und seine Instrumente, Teil C, 1974, S. 78.

262) Vgl. VVDStRL 24(1966), S. 222; *derselbe*, in: J. H. Kaiser(Hrsg.), Planung, Bd. II, 1966, S. 87.

제질서 내에서는 에너지확보·생산재확보·수출시장확보 등 일정한 외교정책과도 불가분의 관계에 있기 때문에 사회국가는 결과적으로 외교의 성과에 의해서도 그 실현이 좌우된다고 볼 수도 있다. 이렇게 볼 때 Krüger[263]가 적절히 지적한 바와 같이 국가활동의 모든 분야를 사회국가의 실현과 결부시킬 수 있다. 사실상 정치의 현실에서도 '사회국가'라는 용어가 국가의 모든 정책을 정당화하려는 '만능의 권능'(Allkompetenz)[264] 개념 내지는 '귀고리 코고리'개념으로 자주 오용되고 있는 것도 사실이다. 따라서 위에서 소개한 사회국가의 내용에 관한 여러 가지 견해는 이처럼 포괄적인 사회국가의 내용적인 한 단면을 지적하고 있다는 점을 부인할 수 없으나, 사회국가의 본질적인 핵심을 정확히 드러내지 못했다고 하는 잘못을 지적받지 않을 수 없다. 사회국가원리가 내포하는 가장 핵심적인 내용은 역시 실질적인 '자유'와 '평등'의 실현이라고 보아야 할 것 같다. 사회국가의 핵심적인 내용으로서의 실질적인 '자유'와 '평등'은 다음과 같은 역사적 상황 속에서 서서히 형성된 것이라는 점을 주의할 필요가 있다.

(2) 사회국가내용의 형성과정

449
형식적 평등
과 실질적
불평등

형식적인 평등(formelle Gleichheit)사상에 의해서 지배되던 19세기의 근대시민사회는 여러 가지 사회적 갈등과 부조화현상을 몰고 왔기 때문에 이를 해결하려는 사회정책적 이데올로기로서 '사회국가'가 주창된 것이다. 즉 모든 국민이 형식상 평등한 자유와 권리를 가지게 되는 점만을 중요시하던 자유주의적 근대시민사회에서는(형식적 법치국가이념이 함께 작용해서) 국민의 '실질적인 평등'(materielle Gleichheit)이 등한시되었기 때문에 형식적인 자유와 평등은 결국 강한 자만을 더 강하게, 부유한 자만을 더욱 부유하게 만드는 실질적 불평등(materielle Ungleichheit)을 초래한 것이 사실이다. 계약의 자유만을 예로 든다 하더라도 형식적인 자유와 평등이 강조되던 자유주의적 근대시민 사회에서는 계약당사자가 형식상 평등한 입장에 서게 된다는 점만을 지나치게 과대평가한 나머지 쌍방의 계약당사자가 과연 실질적으로 평등한 입장에서 계약조건이나 계약내용을 협의할 수 있겠는가라는 점을 소홀

---

263) Vgl. Rechtsstaat-Sozialstaat-Staat, 1975, S. 26.
264) Vgl. *E. Menzel*, DöV 1972, S. 542.

히 하게 되었던 것이다. 따라서 계약당사자는 형식상 평등함에도 불구하고 사회적인 약자는 사회적인 강자가 내세우는 계약조건을 무조건 받아들일 수밖에 없게 되고, 일자리를 구하려는 사람은 노동조건이나 노동임금의 문제를 떠나서 우선 일자리를 구해야 되는 절박감 때문에 고용주가 내세우는 계약조건에 좋든 싫든 동의하기 마련이었다. 사회생활의 모든 분야에서 나타나는 이와 같은 실질적인 불평등의 문제는 자유주의사상에 철저하는 한 국가가 간섭해서는 아니 되는 사회영역의 자율적인 문제일 수밖에 없다. 하지만 사회의 자율적인 조정기능 (Selbstregulierungskraft)은 이 같은 심각한 실질적인 불평등을 해소시킬 능력이 없었기 때문에, 사회 내의 갈등과 대립이 더욱 심화될 수밖에 없었고 그것은 결국 사회의 평화(sozialer Friede)와 사회안정(soziale Sicherheit)을 위태롭게 하는 지경에까지 이르게 된 것이다.

이와 같은 역사적·사회적 상황 아래서 탄생된 사회국가이념은 따라서 형식적인 자유와 평등보다는 실질적인 자유와 평등을 더욱 중요시하지 않을 수 없게 된 것이다. 또 지나친 자유주의사상이 몰고 온 국가의 불간섭주의 내지는 야경국가(Nachtwächterstaat)적 경향[265]이 조심스럽게 재검토되지 않으면 아니 되게 된 것이다. 즉, 사회적인 약자라고 해서 사회적인 강자에게 모든 생활영역에서 부당하게 억눌리는 일이 없도록 사회적인 약자를 보호할 수 있는 적당한 입법조치가 필요하게 된 것이다. 일자리를 구하는 실업자를 위해서 최저임금제도나 일정한 노동조건을 입법화하는 것은 결국 노동자와 고용주간에 실질적인 평등을 실현하기 위한 불가피한 국가활동으로 간주되게 된 것이다. 자기 집을 갖지 못하고 셋방을 빌려서 살아야 되는 영세민들을 위해서 세든 사람들의 권리를 보호하는 입법조치도 실질적인 평등을 실현하기 위한 불가피한 수단으로 간주되게 된 것이다. 실질적인 자유와 평등을 실현하기 위한 이와 같은 여러 가지 사회정책적인 국가활동은 한편 자유주의의 관점에서 신성불가침한 것으로 간주된 계약의 자유와 개인의 자율적 활동기능을 상당히 제약하게 되는 것이 사실이지만, 사회의 대

450
실질적
자유와 평등

---

265) Lassalle가 처음 사용한 것으로 전해지는 야경국가의 사상은 이미 1792년 W. v. Humboldt에 의해서 체계화되었다.

Vgl. *W. v. Humboldt*, Ideen zu einem Versuch, die Grenzen der Wirksamkeit des Staates zu bestimmen, 1792.

다수 구성원에게 그들 스스로의 힘만으로는 관철시킬 수 없는 실질적 '자유'와 '평등'의 실현을 적극적으로 뒷받침해 줌으로써 사회평화와 사회안정을 꾀한다는 점에서 그 기능이 정당화되는 것으로 간주되게 된 것이다.

(3) 사회국가의 내용으로서의 실질적인 자유와 평등

451
실질적 자유 와 평등의 실현수단

사회국가는 이처럼 실질적인 '자유'와 '평등'의 실현수단이라고 볼 수 있다. 예컨대 직업선택의 자유가 실업상태에 의해서 무의미한 것이 되지 않고, 균등하게 교육을 받을 권리가 재력의 차이에 의해서 불평등한 교육의 원인이 되지 않도록 '자유'와 '평등'의 효과가 실질적으로 발휘될 수 있는 생활환경을 조성하고 '자유'와 '평등'의 효과가 실질적으로 발휘될 수 있는 사회구조의 골격적인 테두리를 짜는 것이 바로 사회국가이다.

452
자유·평등 실현의 3면경

민주주의가 국가의 통치활동에 참여할 수 있는 정치적인 자유와 평등을 그 내용으로 하는 것이고, 법치국가가 국가의 조직과 기능을 통한 자유와 평등의 실현을 꾀하는 것이라면, 사회국가는 국민 각자가 자율적으로 일상생활을 꾸려나갈 수 있도록 사회적인 생활환경(soziale Infrastruktur)을 조성하는 것을 그 내용으로 한다. 이렇게 볼 때, 민주주의와 법치국가원리, 그리고 사회국가원리는 자유와 평등을 실현하기 위한 3면경(Triasspiegel: das Dreieckverhältnis)과도 같다고 할 것이다. 민주주의가 자유와 평등의 통치형태적 실현수단이고, 법치국가가 자유와 평등의 국가기능적 실현수단이라면, 사회국가는 자유와 평등이 국민 스스로의 자율적인 생활계획에 의해서 실현될 수 있도록 생활여건을 조성해 주는 이른바 사회구조의 골격적인 테두리를 말한다. 따라서 사회구조의 이 골격적인 테두리를 실질적인 자유와 평등의 실현에 적합하도록 형성하는 것이 사회국가의 가장 핵심적인 과제가 된다.

453
배급·분배· 복지국가 와의 차이

이 사회구조의 골격적인 테두리를 어떻게 형성할 것인가에 관한 구체적인 방법과 수단이 헌법에 명시되지 않는 한, 그것은 제 1 차적으로 입법권의 재량적인 기능에 속하는 일이겠지만, 이 경우 입법권이 가지는 '형성의 자유'(Gestaltungsfreiheit)는 결코 무제한한 것일 수는 없다. 바로 이곳에 사회국가실현의 방법적 한계가 있다. 국민 스스로의 생활설계에 의한 실질적인 자유와 평등의 실현이 가능하도록 사회구조의 골격적인 테두리를 형성하는 것이 바로 사회국가라면, 사회국가는 결코 모든 생활수단을 국가가 일일이 급여해 주는 공산주의적 배급국가(Versorgungsstaat)일 수도 없고, 또 국민소득의 균등한 재분배를 그 본질로 하는 '분배국가'(Verteilerstaat)일 수도 없다. 또 국민의 일상생활이 하나에서 열까지 철저히 국가의 사회보장제도에 의해서 규율되는 것을 내용으로 하는 이른바 복지국가(Wohlfahrtsstaat, welfare state)는 국민 각자의 자율적인 생활설계를 그 근본으로 하는 진정한 의미에서의 사회국가와는 거리가 멀다고 할 것이다. Scheuner의 말을 빌릴 필요도 없이[266] 스스로의 생활질서를 스스로의 책임 아래 결정할 수 있는 것이야말로 모든 자유의 핵심을 뜻하기 때문에 '자유의 조건'을 뜻하는 사회국가는 결코 복지국가와 같을 수는 없다. 모든 국민이 자기수입의 절반 이상을 세금 기타 부담금의 형태로 국가에 납부하고 그 대가로 일상생활에서 발생하는 모든 모험(질병, 사고, 실업, 재해, 폐질, 노령 등)을 국가에 전가시킴으로써 국민의 일상생활이 철저히 국가기관에 의해서 타율적으로 조종되는 이른바 스칸디나비아 형태의 복지국가는 외형상으로는 그럴싸하게 보일지 모르나, 자율적인 생활설계의 자유를 상실한 채, 언제나 국가에 의존해서 빵을 달라고 손을 벌려야 되는 구걸식 생활(Almosendasein)을 불가피하게 하기 때문에, '빵'과 '자유'와 '재난으로부터의 해방'을 한꺼번에 요구하는 현대인의 생활감각에 맞지 않는 것으로 입증되고 있다. 사회국가와 복지국가의 이와 같은 본질적인 차이는 사회국가를 실현하기 위해서 노력하는 모든 정치인들에게 사회국가실현의 방법적인 한계를 제시해 주고 있다고 할 것이다.

4. 사회국가실현의 방법적 한계

사회국가가 무엇을(was, what) 그 내용으로 하고 있느냐의 문제와, 어떻게(wie, how) 이 사회국가의 내용을 실현하느냐의 문제는 스스로 별개의 문제이다. 사회국가가 실질적인 '자유'와 '평등'의 조건이라고 보는 경우에도 이 조건을 어떠한 방법으로 실현시킬 것인가의 문제는 헌법에 특별한 방법의 제시가 없는 한 결국은 입법권자의 재량에 속하는 문제이다.[267] 하지만, 사회국가가 '자유'와 '평등'을 그 내용으로 하

454
체계적합성의 관점

---

266) Vgl. (FN 163), S. 219.

267) 동지: 예컨대, BVerfGE 22, 180(204).

는만큼, 사회국가를 실현시키기 위한 입법수단은 사회국가의 내용인 '자유'와 '평등'을 지나치게 제한하지 않는 범위 내에서 선택되어져야 한다. 따라서 사회국가실현의 방법적 한계는 어디까지나 사회국가원리의 '체계적합성'(Systemadäquatheit) 내지는 '체계동질성'(Systemhomogenität)의 문제이지, 흔히 주장되는 것처럼[268] 반드시 법치국가원리에서 사회국가실현의 방법적 한계를 찾아야 되는 것은 아니다.[269] 이 같은 체계적합성의 관점에서 볼 때 사회국가의 실현은 다음과 같은 이념적인 한계와 실질적인 한계를 존중하는 선에서 이루어져야 하리라고 본다.

(1) 사회국가실현의 이념적 한계

455

**평준화의
한계**

사회국가는 우선 국민 각자가 되도록이면 국가에 의존함이 없이 자기의 생활설계와 자기책임하에 자기의 생활감각에 맞는 생활을 누릴 수 있도록 이를 뒷받침해 주고 또 장려하는 방향으로 실현되어져야 한다. 따라서 충분히 자기책임하에 일상생활에서 오는 생활의 모험(질병, 실업, 사고, 폐질, 노령 등)을 감당할 수 있는 고소득층 내지 재력이 있는 부유층을 저소득층 내지 영세민과 구별함이 없이 이를 일괄해서 일률적인 국민보험(Volksversicherung)의 규제 대상으로 하는 식의 사회보장제도는 분명히 사회국가실현의 이념적 한계를 일탈한 것이라고 보아야 할 것이다. '생활수준의 하향식 조정'(Nivellierung nach unten)을 의미하는 그와 같은 사회보장제도는 '생활수준의 상향식 조정'(Nivellierung nach oben)을 그 지표로 하는 현대산업국가의 사회국가적 헌법질서와는 거리가 멀다. 모든 국민의 생활수준을 평준화하고 생활관계의 변화에 따른 모험부담을 일원화하려는 따위의 그릇된 평등권의 해석은 이미 공산주의를 표방하는 나라에서도 포기한 지 오래이다. 그와 같은

**자유우선의
원칙(자유
속의 평등)**

'평준화'·'일원화'의 과열현상은 '자유'와 '평등'의 관계를 잘못 이해한 데서 나오는 결과라고 할 것이다. '평등'은 언제나 '자유'를 전제로 할 때에만 그 의미가 있다는 사실을 망각한 것이라고 볼 수 있다.[270]

---

268) 예를 들면, *K. Hesse*(FN 2), S. 87; *K. Stern*(FN 1), S. 718ff.(720); *Th. Maunz* (FN 2), S. 80; *U. Scheuner*(FN 163), S. 220.

269) 이 점에 관해서 상세한 것은, *Y. Huh*(FN 223), S. 195ff., 참조.

270) '자유'와 '평등'의 상호관계에 관해서, Vgl. *Dürig*, in: Maunz/Dürig/Herzog/ Scholz, GG-Kommentar, Art. 3, I Rn. 6, 120ff., 134, 135, 137f.; auch BVerfGE 13, 97(105).

'평준화'·'일원화'의 사고방식에 깔려 있는 것처럼 '자유'가 '평등'을
위해서 희생해도 좋다고 하는 경우에는 모든 국민이 다같이(평등하게)
배고프고, 모든 국민이 다같이(평등하게) 불행한 경우에는 바로 평등이
실현된 이상적인 상태라 보지 않을 수 없는 모순에 빠지게 되겠기 때
문이다. 헌법이 보장하는 기본권은 생활의 '평준화'나 '일원화'보다는
생활형태의 다양성을 전제로 하고 있을 뿐 아니라, 기본권에 입각한
국민각자의 생활설계가 다양한 모습으로 나타나는 것은 오히려 기본권
제도가 바라고 있는 결과라고 할 것이다. 따라서 국민각자의 자유로운
생활설계를 가능케 함으로써 기본권이 추구하는 이 같은 생활형태의
다양성을 실현하려는 사회국가는 기본권과 이념적으로 또 기능적으로
상호보완적인 관계에 서게 된다.

(2) 사회국가실현의 실질적 한계

사회국가는 그 재원확보의 측면에서는 물론 국민의 재산권보호의
관점에서도 일정한 방법적 한계를 존중하는 선에서 실현되어야 할 것
이다. 이를 나누어서 살펴본다.

a) 사회국가실현의 경제정책적 한계

사회국가를 실현하는 데 있어서는 우선 국가의 재정·경제적인 구
조면에서 다음과 같은 실질적인 한계를 존중해야 한다. 즉, 사회국가는
국민의 실질적인 자유와 평등을 실현하는 데 적합한 사회구조의 골격
적인 테두리(soziale Infrastruktur)를 형성하는 것을 그 본질로 하는 것이
기 때문에, 일정한 사회정책적인 투자를 불가피하게 한다. 이처럼 사회
정책적인 투자에 필요한 재원은 결국 국가예산에서 염출할 수밖에 없
는데 국가예산의 규모는 국가의 재정능력에 따라 그 크기가 다르게 마
련이고, 국가의 재정능력은 또 그 나라의 GDP와 불가분의 관계에 있
고, 한 나라의 GDP는 그 나라의 경제성장에 의해서 좌우되기 마련이다.
따라서 이 같은 연쇄적인 상호의존관계를 계속해서 추적하다 보면, 사
회국가실현은 궁극적으로 국가의 경제력과 불가분의 함수관계가 있음
을 알 수 있다. 따라서 한 나라의 경제성장율이 크면 클수록 사회국가
실현에 필요한 재원확보가 용이하게 된다는 결론이 나온다. Ipsen[271]이
사회국가원리로부터 '국가의 경제성장 배려의무'(staatliche Wachstums-

456
경제성장
배려의무

---

271) Vgl. (FN 262).

vorsorge)를 이끌어 내는 것도 그 때문이다. 이와 같은 관점에서 '물가
안정', '경제성장', '무역수지의 균형', '완전고용'으로 요약되는 이른바
4대경제목표의 조화적인 달성이야말로 사회국가의 실현을 위한 대전제
가 된다고 볼 수 있다.

457

**조세·경제
정책의 방향**

이를 거꾸로 본다면, 경제성장에 악영향을 미칠 수 있는 조세제도
나 경제정책은 사회국가실현의 장해적 요인이 되기 때문에 그것은 바
로 사회국가실현의 경제정책적 한계가 된다고 말할 수 있다. 예컨대,
국가의 재정수입을 늘리는 것만을 중요시한 나머지 국민각자의 담세능
력을 고려치 않는 조세제도라든지, 기업인의 자발적인 투자의욕을 경
감시키게 하는 기업경영에 대한 국가의 지나친 간섭들은 결국 경제성
장을 둔화시키는 결과를 초래하기 때문에 사회국가실현에 역행하는 경
제정책이라고 할 것이다. 기업인의 활발한 투자에 의해서만 완전고용
의 전제가 되는 일자리가 마련되고, 남보다 더 노력해서 얻어진 귀중
한 소득이 불합리한 조세제도에 의해서 부당하게 잠식되지 않는 곳에
서만 국민 한 사람 한 사람이 일할 보람을 느끼고 이를 통해서 경제성
장의 기초가 되는 생산능력이 제고될 수 있기 때문이다. 이를테면 사
회국가를 빙자하는 누진세율의 조정이라든지 사기업에 대한 국가적 간
섭은 바로 여기에 그 방법적 한계가 있다. 따라서 국민의 근로 내지 생
산의욕을 북돋아 줄 수 있는 조세제도나 합리적인 경제정책을 입안하
는 일이야말로 경제성장을 촉진시킬 뿐 아니라, 사회투자에 필요한 재
원의 확보를 보장해 주고, 사회국가의 실현에 필요한 사회정책적 투자
를 가능케 해 주는 가장 효과적인 방법이다.

b) 사회국가실현의 제도적·재산권적 한계

458

**돌이킬 수
없는
국가시책**

사회국가실현수단으로서 흔히 검토되는 각종 사회보장제도는 그
제도의 성격상 세대를 초월하는 장기적인 제도의 지속을 그 전제로 할
뿐 아니라 이를 쉽사리 취소하거나 번복할 수가 없는 일종의 '돌이킬 수
없는 국가시책'(irreversible Maßnahmen)이라는 점을 그 특징으로 한다.

또 일단 국민이 부담금이나 보험료 등을 납부하고 취득한 연금기
대권, 실업보조금청구권 등 공법상의 기대권(Anwartschaft) 내지 청구권
(Anspruch) 등은 재산권적 보호를 받는 것을 그 특징으로 하기 때문에[272]

---

272) Vgl. BVerfGE 40, 65(82ff.); BSG 9, 127(128).

사회국가실현수단으로서 사회보장제도를 마련하는 경우에는 처음부터
신중한 검토와 연구를 거듭한 후에 무리함이 없이 단계적으로 서서히
실시해 나가야 할 것이다.[273] 선진 여러 나라의 각종 사회보장제도를
비교연구하고 우리나라의 실정에 맞는 제도와 맞지 않는 제도를 가려
내는 작업이 선행되어야 할 것은 물론이다. 경솔하게 시작된 사회보장
제도에 의해서 국민에게 심어진 '미래에의 희망'(Aspiration)이 제도의
시행착오로 인해서 헛된 꿈으로 돌아가게 되는 경우 그것은 바로 걷잡
을 수 없는 사회혁명의 계기가 된다는 점을 간과해서는 아니 된다. 재
노비츠(Janowitz)[274]나 데이비스(Davies)[275]가 되풀이 해서 이 점을 강조
하고 있는 것도 그 때문이다. 현대적인 사회보장제도의 선구자로 알려
지고 있는 독일 Bismarck의 사회정책도 70여년(1833~1911)의 장구한
세월에 걸쳐 서서히 완성된 것이라는 점을 명심할 필요가 있다.[276]

점진적·
단계적 추진
의 당위성

5. 사회국가원리와 참여권의 문제

사회국가는 국민의 실질적 자유와 평등을 실현하기 위한 사회구
조의 골격적 테두리를 형성하는 것을 그 본질로 하는 것이기 때문에,
사회국가원리와 헌법상의 사회국가조항을 근거로 해서 구체적인 생활
보장의 수단을 국가에게 요구하는 것은 허용되지 않는다.[277] 국민에게
의식주를 배급해 주거나 국가를 상대로 한 구체적인 청구권을 국민에
게 부여하려는 것이 사회국가의 목적은 아니기 때문이다. 사회국가조
항은 말하자면 입법기관을 비롯한 모든 국가기관에게 국가활동을 하는
데 있어서 언제나 사회국가실현을 염두에 두도록 명하는 국가활동의
지침적 성격을 가지는 것이기 때문에 국민은 그 직접적인 수신인이 아
니라고 보는 것이 옳다. 배고픈 사람이 생기지 않도록, 또 실업자가 길
거리에서 방황하지 않도록 적절한 사회정책을 펴나가는 것은 사회국가
의 우선적인 정책적 지표가 되어야 하겠지만, 그렇다고 배고픈 사람이
국가를 상대로 빵을 요구한다든지, 실업자가 일자리를 요구할 수 있

459
구체적 청구
권의 문제

---

273) Vgl. *Y. Huh*(FN 223), S. 193f.

274) Vgl. Social Control of the Welfare State, 2nd print.(1977), pp. 72.

275) Vgl. in: American Sociological Review 27(1962), p. 5.

276) 독일 사회보장제도의 발달경로에 대해서는 다음 문헌을 참조할 것.
   L. Preller, Sozialpolitik in der Weimarer Republik, 1949, Nachdruck 1978.

277) Vgl. BVerfGE 27, 253 (283); BSG 19, 88(92).

는 권리가 사회국가원리에서 나오는 것은 아니다. 최저생활(Existenz-minimum)의 보장을 요구할 수 있는 권리가 사회국가조항에 당연히 내포되고 있다고 보는 입장은[278] 따라서 찬성할 수 없다고 할 것이다.

460
참여권

　　이와 같은 관점에서 볼 때 사회국가원리를 근거로 한 국민의 대국가적인 청구권을 부인하던 독일연방헌법재판소가[279] 얼마 전부터 사회국가원리를 근거로 국민에게 일정한 청구권을 인정하려는 태도를 보이고 있는 점은 주목을 끌게 한다. 독일연방헌법재판소는 1972년부터 그 판례를 통해 사회국가원리, 직업선택의 자유, 평등권 등을 그 이론적인 기초로 해서 이른바 '참여권'(Teilhaberechte)으로 불려지는 새로운 주관적 공권을 인정하고 있기 때문이다. 즉, 국가에 의한 고등교육기관의 사실상의 독점현상(사립대학의 부재현상) 때문에 직업선택의 자유처럼 국민에게 보장된 일정한 헌법상의 기본권이 국가시설(국립대학)에의 참여의 기회가 보장되지 않는 한 그 실효성을 기대할 수 없는 경우에, 국민은 사회국가원리, 직업선택의 자유, 평등권 등을 근거로 국가에 의해서 설립·운영되는 고등교육기관(직업교육기관)에 균등하게 참여할 기회를 요구할 수 있는 주관적 공권을 가진다는 것이다.[280]

참여권이론
의 문제점

　　대학입학선발제도(Numerus-clausus)의 위헌성을 둘러싸고 독일연방헌법재판소에 의해서 정립된 이 '참여권의 이론'(Theorie der Teilhaberechte)은 이를 지지하는 일부 학자가[281] 없는 것은 아니지만 오늘날 독일학계에서 대부분 비판적으로 받아들여지고 있다.[282] Hesse[283]가 적절하게 지적하는 것처럼, 독일연방헌법재판소가 생각하는 참여권이 국가로부터 일정한 재정적·물질적·시설적 급부나 혜택을 요구할 수 있는 권리를 뜻하는 것이라면, 그것은 분명히 사회국가실현의 제 1 차적인 책임을 지고 있는 입법기관의 재량권 내지 형성권에 속하는 문제를 함부로 법정으로 끌어들이게 되는 위험성을 간직하고 있을 뿐 아니라,

---

278) 예컨대, *R. Herzog*(FN 223), Art. 20 Rn. 19.

279) Vgl. BVerfGE 33, 303(330ff.); 35, 79(115f.); 43, 291(313ff.); auch BVerwGE 23, 347; 27, 360.

280) Vgl. BVerfGE 33, 303(330ff.); 43, 291(313ff.).

281) 예컨대, *P. Häberle*(FN 259), S. 7ff.

282) Vgl. *K. Hesse*(FN 2), S. 123f.; *K. Stern*(FN 1), S. 729ff.; *W. Martens*, VVDStRL 30(1972), S. 21, 29ff.; *F. Ossenbühl*, NJW 1976, S. 2100(2104~2105); *R. Herzog* (FN 223), Art. 20 Rn. 196.

283) Vgl. (FN 2), S. 124.

그것은 또한 사회국가의 내용이나 사회국가실현의 방법적 한계라는 관
점에서도 확실히 문제점이 있다고 할 것이다. 국가가 사실상 독점하고
있는 고등교육시설을 누구나 균등하게 이용할 수 있도록 기회균등을
요구하는 것은 구태여 새로운 '참여권의 이론'을 빌리지 않더라도
Hesse의 말처럼[284] 평등권의 이론으로도 충분히 해결할 수 있는 문제
라고 보는 것이 옳을 것 같다. 따라서 '참여권의 이론'은 현상태에서
아직 쉽사리 받아들일 수 없다고 할 것이다.

제 4 절 연방국가원리

단일국가(Einheitsstaat, unitary state)와 연방국가(Bundesstaat, federal
state)는 종래 주로 국가형태(Staatsform)의 문제로 다루어져 왔다. 그러
나 연방국가가 현대국가의 과업을 능률적으로 성취하기 위한 국가의
조직원리로 간주됨은 물론 국가권력을 연방(Bund)과 지방(Glieder)간에
수평적(horizontal) · 수직적(vertikal)으로 분산시킴으로써 국민의 자유를
보다 효과적으로 보호하기 위한 자유보호의 한 수단으로 평가되면서부
터[285] 그것은 단순한 국가형태의 문제가 아니고 현대국가의 중요한 구
조적 원리로 다루어지게 된 것이다. 종래처럼 연방국가를 단일국가와
대립되는 하나의 국가형태로 보는 관점에서는 연방과 지방의 주권
(Souveränität) 관계가 가장 핵심적인 문제로 등장하지만, 연방국가를 현
대국가의 구조적 원리(Strukturprinzip, Aufbauprinzip)로 보는 경우에는
주권의 소재 내지는 분할문제보다는 연방과 지방간의 기능분배(Auf-
gabenverteilung), 협조방법(Modalität der Zusammenarbeit), 상호영향관계
(gegenseitige Einflußmöglichkeit) 등이 그 중심적인 문제로 부각되게 된다.
아래에서 연방국가의 개념적 요소, 연방국가의 구조에 관한 이론
형식, 연방국가적 구조의 정당성근거, 연방국가의 구조적 특징, 연방국
가구조의 실태적 변천 등을 살펴보기로 한다.

461

국가형태와
구조적 원리

---

284) Vgl. (FN 283).

285) 이 같은 관점에서 연방국가의 법이론을 새로이 체계적으로 정리한 최초의 학자는 K.
Hesse다. Vgl. *K. Hesse*, Der unitarische Bundesstaat, 1962.

1. 연방국가의 개념적 요소

462

전체국가와
지방국

연방국가(Bundesstaat)란 여러 국가가 서로 헌법적으로 결합해서 하나의 전체국가(Gesamtstaat)를 형성하지만, 전체국가를 구성하는 여러 국가는 지방국(Gliedstaaten)의 자격으로 계속해서 그 국가적 성격을 가지게 되는 현대국가의 구조적 형태를 말한다.[286] 이를 분설하면 다음과 같다.

(1) 복수국가간의 결합(연방국가의 구성요소적 특징)

463

복수국가

연방국가는 적어도 두 개 이상의 독립한 국가를 그 구성요소로 한다는 점에서 단일국가(Einheitsstaat)와 다르다. 단일국가도 그 국가구조를 지방분권적(지방분권적 단일국가)으로 형성할 수는 있겠지만, 이 경우에 단일국가의 지방조직은 중앙정부의 단순한 행정단위 내지는 지방자치단체의 성격을 가지는 데 불과할 뿐, 독립한 국가적 성격을 가지는 것은 아니라는 점에서 연방국가와는 다르다.[287]

(2) 복수국가간의 헌법적 결합(연방국가의 결합형식적 특징)

464

헌법적 결합

연방국가는 복수의 독립한 국가가 헌법적으로 서로 결합해서 하나의 전체국가(Gesamtstaat)를 형성한다는 점에서 국제법상의 국가결합형태(völkerrechtliche Staatenverbindung)인 '국가동맹'(Staatenbündnis) 또는 '국가연합'(Staatenbund)과 구별된다.

국가동맹

국가동맹은 두 개 이상의 독립한 국가가 서로 대외적·대내적으로 완전한 독립성과 결정권을 보유하면서 다만 당사국가간에 국제법적으로 체결한 조약의 범위 내에서만 상호간 특별한 권리·의무를 가지게 된다.

이에 반해서 연방국가는 구성국가전체를 기속하는 헌법(연방헌법) 제정의 형식에 의해서 결합하고 있을 뿐 아니라 지방이 대내적으로는 국가적 성격을 가짐에도 불구하고 대외적으로는 전체국가에 의해서 하나의 국가로 나타난다는 점에서 국가동맹과 다르다.

국가연합

또 국가연합은 대내적·대외적으로 완전한 독립성과 결정권을 가지는 두 개 이상의 독립한 국가가 특별한 공동기관(gemeinsame Organe)

---

286) Vgl. *R. Zippelius*(FN 2), S. 288; *Th. Maunz*(FN 2), S. 217.

287) Vgl. *K. Stern*(FN 1), S. 491.

을 설치해서 제한된 범위의 공동관심사를 처리케 하는 것이기 때문에, 설령 대외적으로 공동기관을 통해서 통일된 형태로 나타나는 경우에도 공동기관이 하나의 국가적 성격을 가지지는 않는다는 점에서 연방국가와 다르다.

1781년부터 1787년까지의 미합중국, 1815년부터 1848년까지의 스위스, 1815년부터 1866년까지의 독일연합, 1917년부터 1922년까지의 소련, 지금의 유럽연합(EU)[288] 등은 국가연합의 대표적 예이고, 오

---

288) 27개 국가(2020. 12. 31. 47년 만에 영국의 유럽연합탈퇴절차가 마무리 되어 27개 국이 되었다)가 참여하고 있는 경제공동체인 유럽연합(EU)이 헌법적 결합을 통해 연방국가적 형태로 발전하려는 노력을 했지만, 회원국들의 동질성의 결여(정치적·문화적·종교적·인종적·언어적·전통 및 사회구조적 차이)로 인해서 2005년 결국 실패로 끝났다. 그 후 유럽연합회원국 정상들은 2007년 10월 포르투갈 수도 리스본 정상회담에서 2005년 좌절된 유럽헌법을 대체하기 위한 리스본조약(Treaty of Lisbon)을 체결했는데 이 조약은 기존의 유럽연합에 관한 마스트리히트조약과 유럽공동체설립조약(로마조약)을 개정한 것으로 2009년 12월 1일 발효했다. 그러나 이 조약은 부결된 유럽헌법과는 달리 통치규범적인 성격을 제거하고 협약의 성격을 강조했기 때문에 특정 회원국에는 적용제외조항도 포함하고 있다. 유럽연합이 정치통합체가 아니라는 것을 말해 주고 있다. 이 조약에 따르면 종전 6개월마다 회원국이 교대해서 맡던 순회의장국제도 외에 임기 2년 6개월의 상임의장인 유럽이사회(European Council) 의장직을 신설해서 한번 연임이 가능하게 했다. 또 5년 임기의 외교·안보 정책 고위직도 신설했다. 초대 유럽이사회 의장에는 벨기에의 헤르만 판 롬파위(Herman van Rompuy)가, 외교·안보정책 고위 대표직에는 영국의 캐서린 애쉬튼(Catherine Ashton)여사가 선출되었다. 두 직책을 유럽 대통령, 유럽 외무장관으로 부르는 것은 잘못이다.
두 사람 모두 정치적인 비중이 크지 않은 인물이다. 두 직책의 중요성이 크지 않다는 것을 상징하고 있다. 유럽이사회 상임의장은 국제적으로 EU를 대표하지만, 리스본조약은 유럽이사회 상임의장의 권한을 유럽이사회와 연간 네 차례 열리는 EU정상회의를 준비하고 주재하는 것으로 제한하고 있다. 반면에 회원국 정상과 유럽이사회 상임의장 그리고 EU 집행위원장의 모임인 유럽이사회가 EU의 일반적인 정치현안과 방침을 결정하는데 여기서 채택한 보고서를 유럽이사회 상임의장이 유럽의회(European Parliament)에 제출한다. 그러나 유럽이사회에는 입법권한은 없다. 유럽연합 집행위원회는 회원국 수에 맞춘 28명의 집행위원수를 2014년 이후엔 18명으로 줄인다. EU의 의사결정방식도 지금의 회원국 만장일치제도에서 2014년부터는 이중다수결제도가 단계적으로 도입되어 2017년에는 전면적으로 실시된다. 이 제도는 EU의 정책결정에서 인구기준과 국가기준을 함께 적용하는 제도로서 EU 인구의 65% 이상이 찬성하고 28개 회원국 중에서 15개국 이상이 찬성하면 가결되게 하는 제도이다. EU의 총 투표수는 316표인데 각 회원국의 인구수에 따라 나라마다 투표수가 정해진다. 인구가 많은 독일, 프랑스, 이탈리아 등은 각 29표이고 인구가 제일 적은 룩셈부르크와 몰타는 각 4표와 3표이다. 리스본조약은 국가연합이 연방국가로 발전하는 데 있어서의 전제조건이 무엇인지를 분명히 제시해 준 실증적인 예이다. 더욱이 2014년 5월에 28개 유럽연합 회원국에서 일제히 실시한 유럽의회(European Parliament) 의원(총 751명) 선거에서는 독일을 제외한 프랑스, 영국, 이탈리아, 덴마크 등 유럽연합의 중추적인 국가에서 유럽연합 또는 유로화 내지 유럽연합의 재정·경제정책에 반대하는 반EU 성향의

늘날의 미합중국(1789년 이후), 스위스(1848년 이후), 1871년의 독일제국, 1919년의 바이마르공화국, 독일연방공화국(1949년 이후의 서독과 1990년 통일 후의 독일) 등은 연방국가의 대표적 예에 속한다.

국가동맹과 국가연합은 이처럼 국제법상의 조약체결에 의해서 두 개 이상의 국가가 서로 결합하고 있기 때문에 그 조약당사국은 조약의 해지통고 또는 탈퇴 등에 의해서 언제든지 그 결합관계를 해소시킬 수 있는 것을 그 특징으로 하지만 연방국가는 복수국가간의 헌법적 결합 형태이기 때문에 그 해지통고 내지는 탈퇴가 불가능하다는 점을 그 개념적 요소로 하고 있다.[289]

(3) 단일국가적 대외기능(연방국가의 기능적 특징)

465

대외적
단일국가

연방국가는 복수국가가 연방헌법에 의해서 하나의 전체국가로 결합된 국가의 구조형태를 뜻하기 때문에 대내적으로는 연방국가를 구성하는 지방국들이 독자적인 독립성과 결정권을 보유한다 하더라도 대외적으로는 전체국가에 의해서 단일의 국가로 기능한다는 점을 그 개념적 요소로 한다. 이 점이 국가동맹 또는 국가연합과 다르다는 점은 이미 언급한 바 있다.

(4) 지방국의 국가성(연방국가의 내부조직적 특징)

466

지방국의
대내적인
국가조직

연방국가를 구성하는 지방국들은 그 고유한 국가적 성격을 계속해서 보유하고 있기 때문에 대내적인 관계에서 독자적인 국가권력 내지 국가조직을 가진다는 것을 그 특징으로 한다. 지방분권적 단일국가의 지방조직이 설령 광범위한 자치권을 인정받는다 하더라도 그것은

정치세력의 약진이 두드러져 유럽의회 전체의석의 1/4 정도를 차지하는 '유럽 정치의 지진'이 발생해 유럽연합의 앞날에 대한 비관적인 전망을 낳게 하고 있다. 유럽연합 내의 국경이 사라지면서 급속도로 증가하는 이민자에 대한 복지비용 증가에 따라 많아지는 세금에 대한 불만, 생활관계의 획일적인 유럽통일화 현상에 대한 거부감, 유럽연합의 연대성을 구실로 국가주체성의 희생을 감수하는 각국 엘리트에 대한 노여움 등이 복합적으로 작용한 결과라고 평가한다. 2016. 6. 영국이 국민투표로 유럽연합탈퇴를 결정한 것도 이런 요인이 복합적으로 작용했다고 볼 수 있다. 그 파급효과에 주목할 필요가 있다. 그러나 아직은 친유럽연합 정파소속 의원이 여전히 2/3 이상을 차지하는 만큼 반EU 세력의 영향력은 제한적일 것이라는 전망이 우세하다. 유럽의회는 독자적인 입법권이 아닌 유럽연합 관련 법안에 대한 동의권과 예산권 및 국제조약 동의권 등을 행사할 뿐 그 권한이 크지 않다. 다만 2015년에 구성된 유럽의회부터는 유럽연합의 집행위원회 위원장(행정 책임자)을 선출하는 권한도 갖는다.

289) Vgl. *F. Berber*, Völkerrecht, Bd. 1, 2. Aufl.(1975), § 17, V; *Th. Maunz*(FN 2), S. 217; *E. Stein*(FN 2), S. 268; *K. Stern*(FN 1), S. 491f.; *R. Zippelius*(FN 2), S. 286ff.

결코 국가적 성격을 가지지 않는 것과 다르다는 점은 이미 지적된 바 있다. 이처럼 지방국들에 의해서 구성된 전체국가가 지방국과 함께 국가적 성격을 가진다고 할 때, 전체국가와 지방국간의 법적인 상호관계를 이론적으로 어떻게 설명할 것인가의 문제를 둘러싸고 오랫동안 논쟁이 계속되어 왔다. 연방국가의 구조에 관한 이론형식(구성)의 문제가 그것이다.

2. 연방국가의 구조에 관한 이론형식(연방과 지방국간의 법적인 상호관계에 관한 이론형식)

연방국가에서 가장 특징적인 것인 전체국가(Gesamtstaat)도 국가적 성격을 가지지만 또 전체국가의 구성분자인 지방국(Gliedstaaten)들도 마찬가지로 국가적 성격을 가진다는 점이다.[290] 이처럼 전체국가와 지방국가들이 다같이 국가적 성격을 가지는 경우에 주권의 소재가 도대체 어느 곳이며 전체국가와 지방국 상호간의 위계질서가 어떻게 되는 것인지를 밝히는 일이야말로 종래 연방국가에 관한 헌법이론의 핵심적인 문제로 간주되었다.

467
주권의 소재

연방국가의 문제를 주로 주권의 관점에서 또는 연방과 지방간의 위계질서의 관점에서 다루기 시작한 최초의 학자는 미국의 캘하운(C. John Calhoun)으로 전해지고 있다. 즉 Calhoun은 주권의 불가분성을 역설하면서 지방국의 주권성을 강조한 나머지 연방(Bund)을 지방국의 계약에 의해서 성립된 것이라고 본 것이다. 따라서 Calhoun에게는 계약내용에 반하는 연방법을 무시하거나 연방에서 탈퇴하는 것은 지방국의 당연한 권한으로 간주되게 된다.[291] Calhoun의 이 같은 사상이 독일에 건너와 사이들(Seydel)에 의해서 계승되어 Seydel도 연방국가를 지방국가들의 계약에 의해서 성립된 집단체로 이해하려고 한 것이다.[292] 그러나 Seydel의 이 같은 계약이론은 특히 부룬츄리(Bluntschli)[293]와 라반트(Laband)[294] 등의 반대이론에 봉착해서 빛을 보지 못했으나, 그가

468
Calhoun과
Seydel의
계약이론

---

290) Vgl. *Th. Maunz*(FN 2), S. 217; *K. Stern*(FN 1), S. 489; BVerfGE 36, 342 (360f.).

291) Vgl. *Kelly Harbison*, The American Constitution, 2. Aufl.(1955), S. 306ff.

292) Vgl. v. *Seydel*, Der Bundesstaatsbegriff. Tübinger Zeitschrift 1872, S. 185ff.; auch, Staatsrechtliche und politische Abhandlungen, 1893, S. 117ff.

293) Vgl. Deutsche Staatslehre, 1874, S. 339ff.

294) Vgl. Staatsrecht, 5. Aufl., Bd. 1, S. 88ff.

내세운 주권의 불가분성이론이나 국가고권이론은 연방의 주권성과 지방국들의 비주권성을 주장하는 통설적인 연방국가이론과, 때마침 고개를 들기 시작한 법실증주의적 국가관에 적지 않은 영향을 미쳤다고 볼 수 있다.

469
**3원적
구조론**

그 후 해넬(Hänel)[295]과 기르케(Gierke)[296]가 연방과 지방이 합해서 비로소 전체국가를 형성하게 된다고 주장한 것이 결국은 나비아스키(Nawiasky)에게 영향을 미쳐 그의 법실증주의적, 3원적 구조론을 탄생시킨 것이다.

470
**연방국가와
주권**

이처럼 주권문제를 연방국가의 핵심적인 문제로 이해하는 태도는 바이마르공화국말기까지도 학계의 지배적인 경향이었다. 주권은 전체국가인 연방에 있기 때문에 연방(상방)(Bund)은 주권적(souverän)이지만 지방(하방)(Glieder)은 비주권적이라고 보아 온 바이마르시대의 통설을[297] 비판하면서 연방국가란 주권문제가 미해결상태에 있는 국가형태라고 주장하는 C. Schmitt의 연방국가관에도[298] 이 같은 전통적인 연방국가의 이론이 잘 표현되고 있다.

아래에서는 연방국가의 구조를 3원적(dreigliedrig)으로 설명하려는 이른바 순수법학적 '3원적 구조론'(Dreigliedrigkeitslehre)을 먼저 살펴보고, '부분국가론'에 언급한 후 오늘날의 통설인 '2원적 구조론'을 소개하기로 한다.

(1) 3원적 구조론

a) 3원적 구조론의 내용

471
**법실증주의
적 3원적**

법실증주의의 입장에서는 연방국가를 3원적 구조(dreigliedrige Konstruktion)라고 설명한다. 즉, 연방국가는 지방(Gliedstaaten)과 연방(상방)(Bund, Oberstaat)이 합해서 형성한 전체국가(Gesamtstaat)를 뜻하

---

295) Vgl. Deutsches Staatsrecht, 1892, S. 207; auch, Studien zum deutschen Staatsrecht, Ⅰ, 1873, S. 63, 241.

296) Vgl. Labands Staatsrecht, Schmollers Jahrbücher, 1883, S. 1168ff.

297) 연방국가의 주권문제를 중심으로 한 바이마르 당시의 이론대립에 관해서 다음 문헌 참조.

    G. Anschütz, Die Verfassung des deutschen Reichs vom 11. 8. 1919, Kommentar, 14. Aufl.(1933), Art. 1, Anm. 4f.; *R. Thoma*, HdbDStR Ⅰ, S. 170; *L. Wittmayer*, Die Weimarer Verfassung, 1922, S. 102ff.

298) Vgl. (FN 166), S. 363ff.(370ff.). *C. Schmitt*, S. 378f.,도 주권의 불가분성을 강조하고 있다.

기 때문에 연방국가의 구조는 '지방', '연방', '전체국가'의 3원적 요소
로 되어 있다는 것이다. 이 3원적 구조론은 연방과 지방을 동위의 국
가질서라고 보는 전제 위에 서서 동위질서인 연방과 지방의 상위에는
전체국가가 존재한다고 설명한다. 따라서 연방의 기관은 지방을 위한
국가작용을 할 수 없고, 전체국가의 기관과 연방의 기관은 구별할 필
요가 있으며 전체국가의 기관과 연방의 기관이 일치하는 경우에는 그
것은 하나의 역사적인 우연에 지나지 않는다고 한다.

　　H. Kelsen은[299] 물론 특히 H. Nawiasky[300]에 의해서 대표되는
이 3원적 구조론(Dreigliedrigkeitslehre)은 법실증주의적 국가관에서 나
오는 당연한 논리형식이다. 국가와 법질서를 동일시하고 국가권력의
시원성(Unableitbarkeit, Ursprünglichkeit)을 전제로 국가권력의 무제한
성(Unbeschränkbarkeit)을 강조하는 법실증주의적 국가관에서는, 각각
법질서를 뜻하는 연방(Zentralstaat)과 지방(Gliedstaaten)이 모두 시원적
인 국가권력을 소유하는 주권국가를 의미하기 때문에 지방국가가 연방
에 예속된다는 이론형식은 처음부터 상상할 수가 없다. 따라서 연방
과 지방이 합해서 제 3 의 전체국가(Gesamtstaat)를 형성한다는 3원적
구조의 형식논리를 펼 수밖에 없다. 이 경우에 연방과 지방간의 권한
분배는 연방과 지방을 다같이 기속하는 상위규범으로부터 이끌어 내게
된다.

　　b) 비　　판

　　연방과 지방을 다같이 어떤 상위규범에서 나오는 동위질서적 부분
이라고 이해하는 이 3원적 구조론은 Th. Maunz,[301] 가이거(Geiger)[302]
등에 의해 독일기본법상의 연방국가의 구조를 설명하는 이론형식으로
계속 주장되고 있고 한때는 독일연방헌법재판소에[303] 의해서도 채택된
바 있지만, 오늘날에는 통설과 판례에 의해 현실성 없는 형식논리라고

299) Vgl. (FN 168), S. 198ff.(199f.).
300) Vgl. Allgemeine Staatslehre, Bd. 2/Ⅱ (1955), S. 203f, Bd. 3(1956), S. 159ff.
301) Vgl. (FN 2), S. 67 u. 217.
302) Vgl. Die wechselseitige Treupflicht von Bund und Ländern, in: A. Süsterhenn
　　(Hrsg.), Föderalistische Ordnung, 1961, S. 116ff.(122ff.); derselbe, Mißver-
　　ständnisse um den Föderalismus, Berlin 1962, S. 15.
303) Vgl. BVerfGE 6, 309(340, 364); 12, 205(254, 259).
　　그러나 독일연방헌법재판소는 E 13, 54(77f.)를 계기로 3원적 구조론을 단호히 배
　　척하면서 2원적 구조론의 입장을 취하고 있다.

배척되고 있다. 사실상 Scheuner[304]가 지적하듯이 법실증주의적 입장에서 지나치게 형식논리에 치우치고 있는 이 3원적 구조론은 이를테면 '현실성 없는 공중누각'(Luftschloß ohne Realitätsgehalt)과 같은 이론구성이라고 아니할 수 없다. 3원적 구조론의 이론적 전제가 되고 있는 국가권력의 시원성이라든지 국가권력의 무제한성의 사상적 세계에서는 당연히 주권의 불가분성이나 위계질서를 중요시할 수밖에 없겠지만, 어떤 형식으로든지 정당화되지 않은 국가권력의 행사를 상상할 수 없는 현대적인 감각에서 볼 때, 국가권력의 시원성이나 무제한성의 논리 그 자체가 이미 시대착오적인 것이라고 아니할 수 없다.

472
3원적
구조론의
문제점

주권의
상대성

또 법적인 의미에서의 '주권성'이란 결코 국가권력의 제한불가능성을 뜻하는 것이 아니고, '상대적인 최고결정권'을 뜻하는 것이라고 보아야 하겠기 때문에, 주권의 불가분성이론 그 자체도 수정을 받아야 하리라고 본다. 미합중국의 헌법은 물론 스위스의 연방헌법도[305] 주권의 가분성에서 출발하고 있다는 사실을 주목할 필요가 있다. 더욱이 오늘날처럼 국제관계가 다양하게 얽혀 있는 시대에는 종래와 같은 절대적인 주권이론만을 고집하는 경우 강대국의 그늘 아래 있는 대다수 국가의 주권성이 부인 내지 의문시되지 않을 수 없게 된다. 따라서 주권이나 위계질서의 관점에서 연방국가의 구조를 설명하려는 태도를 드디어 포기할 때가 되었다고 본다.

다원화된
최고결정권

오늘날 연방국가의 가장 핵심적인 문제는 다원화된 '상대적인 최고결정권' 상호간에 효과적으로 국가과업을 수행할 수 있는 방법과 수단을 찾아 내는 데 있다. 연방과 지방국의 교차적인 영향관계를 확보·유지할 수 있는 상호 조정적·통제적 수단을 마련하는 일이야말로 연방국가의 구조에서 가장 중요한 과제가 아닐 수 없다. 이렇게 볼 때 현대국가의 구조적 원리로서의 연방국가는 추상적인 개념이나 형식논리의 문제가 아니고 국가의 기능적인 문제라는 점을 강조해 둘 필요가 있다.[306]

---

304) Vgl. Struktur und Aufgabe des Bundesstaates in der Gegenwart, in: Staatstheorie und Staatsrecht, S. 415ff.(422).

305) 스위스 연방헌법 제 1 조와 제 3 조는 스위스의 지방인 Kanton이 주권적이라는 것을 명백히 선언하고 있다.

306) Vgl. U. Scheuner(FN 304), S. 424.

(2) 부분국가론

연방국가의 구조를 부분국가(Teilstaaten)라고 설명하는 이른바 부분국가론(Teilstaatenlehre)의 논리형식에 따르면 연방(Bund)과 지방국(Gliedstaaten)은 한 '전체구조'(Gesamtgefüge)의 동위적인 '부분국가'(Teilstaaten)라고 한다.[307] 이 부분국가론에 따르면 '전체구조'는 그 자체 국가가 아닌고로 국가기관을 가지지 않고, 또 연방의 기관은 지방국을 위한 국가작용을 할 수 없기 때문에 연방과 지방국에 함께 영향을 미치는 국가작용을 할 수 있는 국가기관이 존재하지 않게 된다. A. Hänel[308]의 사상을 계승했다고 볼 수 있는 이 부분국가론은 주로 2원적 구조론을 배척하기 위해서 주장되지만 사상적으로는 3원적 구조론과 매우 유사한 점이 있다는 사실을 지적하지 않을 수 없다. 3원적 구조론에서 주장되는 전체국가(Gesamtstaat)의 이론형식 대신에 국가적 성격을 가지지 않는 '전체구조'(Gesamtgefüge)를 대치시키고 있을 뿐 연방과 지방국의 동위질서를 강조하는 점 등 3원적 구조론과 결과적으로 크게 다를 것이 없기 때문이다. 나아가서 이 부분국가론은 그 자체 국가적 성격을 가지지 않는 이른바 '전체구조'가 어떻게 동위적인 연방과 지방국을 연결시켜 줄 수 있는가의 문제에 대한 해답을 제시하지 못하고 있다.

(3) 2원적 구조론

연방과 지방국들간의 상호관계에 관한 오늘날의 통설이라고[309] 볼 수 있는 2원적 구조론(Zweigliedrigkeitslehre)에 의하면 연방국가는 연방(Bund)과 지방국(Gliedstaaten)의 2원적 요소로 구성되어 있는데 지방국들의 결합에 의해서 연방국가가 성립되고 연방기관(Bundesorgane)은 동시에 전체국가의 기관(Organe des Gesamtstaates)을 의미하기 때문에 연방(Bund)과 전체국가(Gesamtstaat)가 동일하다고 한다. 또 연방헌법은 지방국들의 권력행사의 한계를 정하게 되기 때문에 이 같은 연방헌법

473
전체구조의
동위적
부분국가

474
연방과
전체국가의
동일성

---

307) Vgl. *W. Schmidt*, AöR 87(1962), S. 253ff.; *W. Hempel*, Der demokratische Bundesstaat, 1969, S. 177ff.

308) Vgl. (FN 295).

309) Vgl. *E. Stein*(FN 2), S. 281; *U. Scheuner*(FN 304), S. 424; *K. Hesse*(FN 2), S. 88; *K. Stern*(FN 1), S. 489; *R. Zippelius*(FN 2), S. 288; *W. Rudolf*, in: FG f. BVerfG, BD. 2, 1976, S. 233ff.(236ff.); *J. H. Kaiser*, ZaöRV 18(1958), S. 530ff.; BVerfGE 13, 54(77ff.).

의 규정범위 내에서 연방은 지방국들보다 상위에 서게 되고,[310] 연방의
기관은 당연히 지방국에 영향을 미치는 입법활동 등 국가작용을 할 수
있을 뿐 아니라, 그 입법활동을 통해서 지방국가의 권능을 조정할 수
있는 권한을 가지기 때문에 이른바 '권능의 권능'(Kompetenz- Kom-
petenz)을 부여받고 있다는 것이다.[311]

475

**3원적 구조
론 및 부분
국가론과의
차이**

　　이 2원적 구조론은 그 논리형식에 있어서 다음과 같은 두 가지 점
에서 3원적 구조론 또는 부분국가론과 본질적으로 다르다. 첫째는, 연
방이 지방국을 포섭하고 있기 때문에 연방이 지방국들보다 개념상 상
위에 있다는 것을 인정하는 점이고, 둘째는, 연방이 입법권행사 등 지
방국에 영향을 미치는 국가활동을 할 수 있다는 사실을 인정하는 점이
다. 결국 연방국가의 구조에서는 정치적인 비중이 지방국들보다는 연
방 쪽으로 기울어지게 된다는 점을 이론적으로 뒷받침해 주는 것이다.

476

**2원적
구조론과
기능적 관점**

**분배된
국가기능의
효율성**

　　연방국가의 구조를 추상적인 개념이나 형식논리에 의해서 설명하
려 하지 않고, 연방과 지방국가 상호간의 관계를 기능적인 측면에서
사실 그대로 관찰하는 2원적 구조론이 현대적인 연방국가의 구조를 설
명하는 이론형식으로는 가장 적합하다고 할 것이다. 사실상 현대국가
의 구조적 원리를 뜻하는 연방국가는 현대국가가 가지는 다양한 과업
을 효과적으로 성취하기 위해서 입법·행정·사법 등의 국가작용을 여
러 지방국가들에 분할행사시키는 것을 그 본질로 하기 때문에 외형상
복수국가적 형태를 나타내는 것은 사실이지만, 실질적으로는 단 하나
의 '국가'적 과업을 수행하는 것이기 때문에 연방적 구조 그 자체는
Hesse의 말처럼[312] 하나의 '기술적 의미'밖에 가질 수 없는 것이라고
보아야 할 것이다. 따라서 연방국가에서의 가장 중심적인 문제는 주권
의 소재나 위계질서를 따지는 것보다는 연방과 지방국가간에 분배된
국가의 기능이 실효를 나타낼 수 있도록 연방과 지방국간의 교차적인
상호 영향관계를 실현시키고 유지함은 물론, 연방국가로서의 동질성
(Homogenität)과 이질성(Heterogenität)이 동시에 보장될 수 있도록 연방
과 지방국간의 적절한 상호 조정적·통제적 수단을 마련하는 데 있다
고 할 것이다. 연방국가는 특히 국사에 관한 상대적인 최고결정권이

---

310) Vgl. BVerfGE 13, 54(78, 79); 1, 14(51f.); 34, 216(231); 36, 1(24).

311) Vgl. W. *Rudolf*(FN 309), S. 237.

312) Vgl. (FN 2), S. 88.

수평적·수직적으로 다양하게 분산되는 구조적 원리를 뜻하기 때문에, Lerche[313]의 말처럼 연방의 기관 상호간은 물론, 연방과 지방국, 지방국 상호간에 상호 협조적·타협적 정신을 발휘하는 일이야말로 연방국가의 정치생활에서 가장 중요한 factor가 아닐 수 없다. 이렇게 볼 때 연방국가의 구조는 주권이나 위계질서를 떠나서도 이것을 기능적으로 충분히 설명할 수 있다고 본다. 아래에서 연방국가의 구조가 오늘날 어떠한 실질적인 의미를 가지는 것인가를 살펴보기로 한다.

3. 연방국가적 구조의 정당성근거

일찍이 Smend는 '연방국가적 구조가 어째서 현대국가의 정치조직으로서 필요한 것인가'라는 문제에 대한 적절한 해답을 찾아 내는 일이야말로 연방국가이론의 가장 당면한 과제라고 주장하면서, 연방국가는 사회공동체의 동화적 통합을 가장 효과적으로 촉진시킬 수 있는 구조원리이기 때문에 그 정당성이 인정된다고 설명한 바 있다.[314] 사실상 사회공동체의 생활관계가 일원화될 것이 그 어느 때보다도 더욱 절실히 요청되고 있는 오늘날 오히려 이 같은 일원화의 요청에 역행하는 것으로 간주되는 국가의 연방적 구조가 왜 반드시 필요한 것인가를 검토하는 일은 연방국가이론 중에서 가장 핵심적인 것이라고 보지 않을 수 없다.[315]

연방국가가 발생하게 된 역사적 배경을 살펴볼 때 연방국가의 효시라고 볼 수 있는 1789년의 미합중국을 비롯해서 1848년의 스위스연방, 1867년의 북독(北獨)연방(Norddeutscher Bund), 1871년의 독일연방제국(Deutsches Reich) 등 모든 연방국가의 성립이 주로 분산된 정치권력을 통합시킴으로써 민족적 통합 내지 정치적 일원체를 형성한다는 목적과 필요성 때문에 이루어졌던 것이 사실이다. 따라서 지역적으로 분산된 주권적인 정치적 활동단위를 통합시켜서 정치적 일원체를 조직하는 데 있어서는 이들의 전통적인 주권과 독립성을 최대한으로 존중하고 보장해 줄 수 있는 정치적인 구조원리가 필요했고, 연방국가적

477
연방국가
이론

478
연방구조의
통합기능

---

313) Vgl. Aktuelle föderalistische Verfassungsfragen, 1968, passim.
314) Vgl. *R. Smend*, Verfassung und Verfassungsrecht, in: Staatsrechtliche Abhandlungen, 2. Aufl.(1968), S. 119ff.(225, 270).
315) Vgl. *K. Stern*(FN 1), S. 486; *U. Scheuner*(FN 304), S. 425.

구조가 바로 이와 같은 필요성을 충족시켜 주는 가장 적절한 구조원리로 간주되었던 것이다. 결국 분산된 정치적 활동단위를 하나의 정치적인 통합체로 유도하고 이를 정치적인 일원체로 유지해 나가기 위한 수단으로서 연방국가적 구조가 채택되었던 것이다. R. Smend가 연방국가를 사회공동체의 동화적 통합을 가장 효과적으로 촉진시킬 수 있는 구조원리라고 보고, 연방국가의 바로 이 같은 동화적 통합기능에서 연방국가적 구조의 정당성을 찾아 내려고 한 것도 그 때문이다.

479

통합목적 이외의 기능

이처럼 통합목적이 중요시된 역사적 상황 아래서 통합목적 이외에 다른 정치기능적 의미를 연방국가적 구조에서 찾으려고 한다는 것은 제 2 차적 문제로 간주될 수밖에 없었다. 그러나 오늘날처럼 구태여 연방국가구조가 아니라 하더라도 사회공동체의 동화적 통합을 촉진시키고 보장해 줄 수 있는 다른 여러 가지 헌법적 제도가 마련되고 있는 한 연방국가적 구조의 정당성을 오로지 그 동화적 통합기능에서만 찾으려는 논리는[316] 그 설득력이 크게 약화된 것이 사실이다. 특히 1960년대에 들어와서 K. Hesse가 권력분립의 관점에서 연방국가를[317] 정당화하려고 시도한 것을 계기로 오늘날 연방국가적 구조가 가지는 실질적 의미를 재검토하려는 움직임이 활발한 것도 결코 우연한 일만은 아니라고 할 것이다. 아래에서 오늘날 연방국가적 구조가 가지는 정당성의 근거를 살펴보기로 한다.

(1) 권력분립의 관점

480

수직적 권력 분할

입법·행정·사법 등 국가작용을 수평적(horizontal)으로 분할함은 물론 이를 다시 연방과 지방간에 수직적(vertikal)으로 분할하는 연방국가적 구조가 권력분립적 효과를 더욱 증대시킬 것이라는 생각은 이미 미합중국의 연방헌법을 제정할 때부터 특히 연방론자(Federalist)들에 의해서 주장된 바 있었고[318] 오늘날에 와서도 많은 학자가[319] 이를 강

---

316) 예컨대, *E. Stein*(FN 2), S. 26f.,은 여전히 연방국가적 구조의 동화적 통합기능을 강조한다.

317) Vgl. *K. Hesse*(FN 285).

318) Vgl. *Madison*, The Federalist, Kritische Ausgabe v. J. E. Cooke, Wesleyan, Uni. Press. 1961, No. 10, S. 63.

319) Vgl. *H. Peters*, Gewaltenteilung in moderner Sicht, 1954, S. 24ff,; *W. Kägi*, in: FS f. H. Huber(1961), S. 169; *Zeidler*, AöR 86(1961) S. 387f.; *K. Stern*(FN 1), S. 486; *Th. Maunz*(FN 2), S. 223ff.; *R. Zippelius*(FN 2), S. 289; BVerfGE 12, 205(229).

조하고 있다.

특히 Hesse[320]에 따르면 오늘날 연방국가구조가 정당화되는 가장 강력한 이유는 연방국가적 구조가 현대적인 권력분립의 한 수단을 의미하기 때문이라고 한다. 몽테스키외적인 권력분립의 모델이 이미 그 실효성을 상실하고 있는 현대적인 정치상황 속에서 연방국가적 구조는 두 가지 측면에서 권력분립의 효과를 발휘하게 된다고 한다. 하나는 연방과 지방국간의 '수직적인 권력분립'(vertikale Gewaltenteilung)의 효과가 그것이고 또 하나는 연방과 지방국간의 '수평적인 권력분립' (horizontale Gewaltenteilung)의 효과가 그것이라고 한다. 그러나 현대적인 연방국가에서처럼 연방과 지방국의 국가적 과업이 서로 밀접한 연관성을 가지게 되고 대부분의 국가적 과업이 연방과 지방국의 공동작업에 의해서만 처리될 수 있는 상황 아래서는 연방과 지방국의 대표로 구성되는 연방참사원(Bundesrat, Senat)을 또 다른 당사자로 하는 수평적 권력분립의 의미가 더욱 중요시된다는 것이다. 특히 연방정부와 연방의회를 지배하는 정치세력과 연방참사원을 지배하는 정치세력이 동일하지 않은 경우에는 이 수평적 권력분립의 효과가 더욱 뚜렷해지기 때문에, 단일국가적 차원에서 입법·행정·사법권으로 나누어진 권력분립보다 더 실효성을 기대할 수 있다는 것이다. 결국 몽테스키외적인 수평적 권력분립이론이 정당국가에서 흔히 나타나는 정부와 의회 다수당의 동질성 내지 권력통합현상 때문에 그 실효성을 크게 상실하고 있는 오늘날 연방국가적 구조에 의한 수평적 권력분립의 효과야말로 정당국가적 경향에 의한 권력통합현상을 저지하고 수정할 수 있는 가장 강력한 수단이라는 것이다. 더욱이 연방과 지방다수국의 정치적인 세력분포가 같은 경우에도 연방참사원을 주로 지방국의 관료대표 (Bürokratie)로 구성하는 경우에는 정치세력과 행정조직 간에 권력의 견제와 균형의 효과를[321] 기대할 수 있을 뿐 아니라 행정적 경험을 국가의 정치적 의사형성과정에 반영할 수 있는 효과가 있다는 것이다. 또

481
연방과 지방의 수직적·수평적 권력분립론
(Hesse)

---

320) Vgl. (FN 285), S. 26ff.(27); auch,(FN 2), S. 90ff.
321) 정치세력과 관료조직의 상호 견제와 균형의 관점에서 권력분립이론을 새로이 정립하려고 시도하는 문헌으로는,

  H. D. Jarass, Politik und Bürokratie als Elemente der Gewaltenteilung, München 1975, 참조.

현대국가처럼 '계획적'(planend), '유도적'(lenkend), '급부적'(leistend) 국가활동이 불가피한 시대에는 정치적 의사형성에 행정적 경험을 반영할 수 있는 제도적 장치가 불가피하다고 한다.[322] 결국 연방국가적 구조는 연방과 지방국의 대치적(Gegeneinander)·대등적(Nebeneinander)·협조적(Miteinander) 상호관계에 의해서 국가권력의 견제와 균형효과를 나타낼 뿐 아니라 이를 통해서 결과적으로 국민의 자유를 보호해 주는 실질적인 의미를 가지게 된다고 한다.

482

통합적 연방국가와 지방분권적 단일국가

Scheuner[323]는 지방분권적 단일국가의 구조에 의해서도 연방국가적 권력분립의 효과를 기대할 수 있기 때문에 연방국가적 구조를 주로 권력분립의 관점에서만 정당화시키려는 것은 옳지 못하다고 지적하고 있지만, 지방분권적 단일국가의 구조에서는 연방국가에서처럼 권력분립의 실효성이 크지 못한 것이 사실이기 때문에, Hesse가 연방국가적 구조에 내포되고 있는 권력분립적 정치기능을 강조하는 것은 결코 과장된 논리라고 말할 수 없을 것 같다. 따라서 Hesse가 생각하는 '통합적 연방국가'(unitarischer Bundesstaat)와 Scheuner가 말하는 '지방분권적 단일국가'(dezentralisierter Einheitsstaat)는 권력분립적 관점에서도 같은 것이라고 볼 수 없다.

(2) 민주주의의 관점

483

소수의 보호 기능

연방국가적 구조는 민주주의의 관점에서도 그 정당성이 인정된다고 하는 것이 지배적인 견해이다.[324] 즉, 연방국가적 구조는 사회공동체 내에 공존하고 있는 지역적·종교적·문화적·인종적 다양성을 최대한으로 존중함으로써 민주주의의 전제가 되는 '소수의 보호'에 가장 적합한 구조적 원리를 의미할 뿐 아니라, 또 국민이 정치생활에 참여할 수 있는 폭을 넓혀 줌으로써, 국민과 정치현실과의 접촉면적이 단일국가에서 보다 확대되는 것을 의미하기 때문에, 국민의 정치참여를 그 본질로 하는 민주주의의 강화·보충 내지 조성기능을 가진다는 것이다.[325]

---

322) Vgl. *K. Hesse*(FN 285), S. 28.

323) Vgl. (FN 304), S. 247; *derselbe*, Wandlungen im Föderalismus der Bundesrepublik in: Staatstheorie und Staatsrecht, S. 435ff.(452).

324) Vgl. *K. Stern*(FN 1), S. 493; *K. Hesse*(FN 2), S. 92f.; *derselbe*, EvStL, 2. Aufl.(1975), Sp. 259; *Th. Maunz*(FN 2), S. 220 u. 225; *v. Lex*, in: FS f. H. Nawiasky(1956), S. 240; *F. Ronneberger*, in: FS f. H. U. Scupin(1973), S. 305.

325) Vgl. *H. Peters*, Deutscher Föderalismus, 1947.

스위스의 헌법이론이[326] 민주주의는 처음부터 연방국가적 구조에 의해서만 실현될 수 있다고 강조하는 이유도 그 때문이다. 하지만 민주주의가 반드시 연방국가적 구조만을 전제로 하는 것은 아니다. 전형적인 중앙집권적 단일국가의 구조를 가지고 있는 영국이나 프랑스, 이탈리아 등에서도 민주주의가 번영하고 있는 사실이 이를 증명해 주고 있다. 그러나 연방국가적 구조가 민주주의를 효과적으로 뒷받침해 주게 된다는 사실만은 이를 부정할 수 없을 것 같다.

특히 연방국가적 구조가 정당의 연방적 구조를 불가피하게 한다는 점을 생각할 때 그것은 또한 정당내부질서의 민주화에도 적지 않게 기여하게 된다는 점을 도외시할 수는 없다. Hesse[327]는 정당이 반드시 민주적인 내부조직을 가져야 된다고 못을 박는 헌법규정보다는 연방국가적 구조가 오히려 정당의 내부질서를 민주화하는 데 있어서 더 효과적일 것이라고 말하고 있다.

나아가서 사회의 각종 압력단체(pressure groups)가 연방국가적 구조에 의해서 함께 다원화될 수가 있다면 그것 또한 일원적인 중앙집권적 조직형태를 가지고 막강한 정치세력으로 등장하는 일원적인 압력단체의 경우보다 민주정치의 실현에 보탬이 될 것은 분명하다.

그뿐 아니라 연방국가적 구조는 연방뿐 아니라 지방국들에게도 상대적인 최고결정권이 부여되는 것을 그 본질로 하기 때문에 연방정부와 지방정부가 각각 이질적인 정치세력에 의해서 이끌어지는 경우에는 연방에서의 여당이 지방에서는 야당이 될 수도 있고 또 거꾸로 지방에서의 여당이 연방에서는 야당이 될 수도 있다. 이 같은 여당과 야당의 기능적인 교차관계는 결국 상대방의 입장을 이해하는 데 도움이 될 뿐 아니라, 정치생활을 순화시켜 주는 효과를 가져올 수도 있다. 또 지방국에서는 여당이지만 연방에서는 야당의 위치에 있는 정당세력은 지방국에서의 통치경험을 토대로 연방정부의 진정한 경쟁대상을 의미하게 되기 때문에 말하자면 다양한 정치세력이 통치실습을 할 수 있는 기회가 연방국가적 구조에서 가장 효과적으로 보장된다고 할 수 있다.[328]

484
정당의
연방적 구조

485
압력단체의
연방적 구조

486
연방정부와
지방정부의
기능적
교차관계

---

326) Vgl. *W. Kägi*(FN 319); *M. Usteri*, Theorie des Bundesstaates, 1954, S. 247ff.;
　　G. Messmer, Föderalismus und Demokratie, Züricher Diss. 1946.

327) Vgl. (FN 285), S. 29.

328) Vgl. *K. Hesse*(FN 285), S. 30.

<table>
<tr><td>487
정치참여
의욕증진</td><td>또 단일국가적 구조에서보다 연방국가적 구조에서는 모든 정치현상이 공간적으로 국민의 생활환경과 더 가깝게 되기 때문에 국민의 입장에서 정치현상을 이해하는 데 도움이 될 뿐 아니라, 그것은 결국 국민의 정치참여의욕을 북돋아 주는 결과가 되는 것도 사실이다.</td></tr>
<tr><td>488
결단주의적
시각</td><td>이렇게 볼 때 연방국가적 구조가 민주주의원리와 대립·모순된다는 C. Schmitt[329]의 견해는 이를 받아들일 수 없다고 할 것이다. 물론 민주주의를 동일성이론에 의해서 이해하려는 그의 결단주의적 논리형식을 따르는 한, 연방국가적 구조가 민주주의원리와 조화될 수 없다고 생각하는 것도 무리가 아니다. 왜냐하면 그의 민주주의논리형식을 따르면 정치적인 결단을 내릴 수 있는 권력이 일원화되어야 할 뿐 아니라 일원적인 결단에 의한 국민의 의사가 바로 '국가의 의사'로 나타나야 됨에도 불구하고, 연방국가적 구조에서는 '국민의 의사'가 오히려 다원적인 형태로 나타나고, 따라서 '국민의 의사'와 '국가의 의사'가 일치되지 않게 되기 때문이다. 민주주의가 결코 동일성이론에 의해서 설명될 수 없는 것처럼 연방국가적 구조도 민주주의원리와 갈등·대립관계에 있는 것은 아니라는 점을 강조해 둘 필요가 있다.</td></tr>
</table>

(3) 법치국가의 관점

<table>
<tr><td>489
국가작용의
법치화촉진</td><td>연방국가적 구조와 결부된 권력분립적 효과가 결국은 법치국가의 실현에 긍정적인 영향을 미친다고 하는 것은 두말할 필요가 없다. 그 뿐 아니라 연방국가적 구조에 자동적으로 수반되는 조직 내지 기능분산은 국가적 과업을 보다 국민의 생활환경에 접근(Bürgernähe und Sachnähe)시킴으로써 국가활동을 더욱 일목요연하게 해 줄 뿐 아니라 국가작용이 보다 적은 단위조직 내에서 투명하고 이해하기 쉽도록 추진될 수 있다는 장점을 가져다 준다. 따라서 이 같이 국민의 생활 주변에서 국가활동이 이루어짐으로 인해서 국민이 국가작용을 보다 정확하게 주시하고 이해할 수 있다고 하는 것은 결국 법치국가의 또 다른 중요한 절차적·형식적 요건을 충족시켜 주는 결과가 된다. 더욱이 연방국가적 구조에서는 국민의 권리의무와 직결되는 실험적인 성격을 가진 국가작용을 되도록 적은 단위조직 내에서 실험적으로 실시할 수 있는 좋은 조건을 제시해 주고 있기 때문에 실험정책을 동시에 전국적으로</td></tr>
</table>

---

329) Vgl. (FN 166), S. 388ff.

실시함에 따른 불필요한 국민의 기본권침해가 최소한으로 경감된다는
점도 이를 무시할 수 없다. 또 지방국가 상호간의 정책적 경쟁심리가
잘 활용되는 경우에는 결국 국민의 입장에서 득이 되는 것도 사실이
다. 따라서 연방국가적 구조는 법치국가의 관점에서도 그 의미가 과소
평가될 수는 없다고 할 것이다.

(4) 사회국가의 관점

사회국가를 주로 물질적인 측면에서 이해하는 입장에서는 생활관
계의 평준화가 사회국가의 목표이기 때문에 사회국가는 불가피하게 일
원적인 통치질서를 요구하게 하고, 사회국가원리는 따라서 다원적인
통치질서를 의미하는 연방국가적 구조와 조화될 수가 없다고 한다.[330]
심지어 일부학자는[331] 사회국가가 단일국가화 경향의 모터 역할을 하
고 있다고까지 주장한다. 사회국가를 물질적인 시혜국가로 이해하는
경우 국가의 시혜정책이 일원적으로 전개되어야 할 필요성 때문에
사회공동체의 생활관계가 일원화되고 평준화되어야 할 것은 물론이
고, 따라서 사회공동체의 다원적인 생활질서를 존중하고 이를 보호
하려는 연방국가적 구조와 조화될 수 없는 것처럼 보이는 것은 사실
이다.[332]

하지만 사회국가를 '자유의 조건'으로 이해하고 사회국가가 실질
적인 자유와 평등을 실현하기 위한 하나의 수단이라고 보는 관점에서
는 오히려 생활관계의 다양성을 조성해 주는 연방국가적 구조가 사회
국가적 목적달성에 도움이 된다고 보아야 할 것이다. 이념적으로도 연
방국가와 사회국가는 다같이 '보충의 원리'(Subsidiaritätsprinzip)[333]를 그
정신적인 기초로 하고 있다는 점을 주목할 필요가 있다.[334] 즉, 보충의
원리에 따르면 행동의 우선권은 언제나 '소단위'(untere Instanz, kleinere
Einheit)에게 있는 것이고, '소단위'의 힘만으로 처리될 수 없는 사항에

490
일원적인
통치질서의
요청

491
보충의 원리

---

330) Vgl. *U. Scheuner*(FN 304), S. 425, Anm. 40.
331) Vgl. 예컨대, *A. Köttgen*, Der soziale Bundesstaat, in: FS f. H. Muttesius(1960), S. 21ff.(23).
332) *K. Hesse*(FN 2), S. 91, 111, 112가 사회국가원리와 연방국가적 구조 사이에는 불가피한 긴장관계가 성립되기 마련이라고 보는 이유도 그 때문일 것이다.
333) 보충의 원리에 관해서 상세한 것은 다음 문헌을 참조.
   J. Isensee(FN 223).
334) *K. Hesse*(FN 2), S. 90,는 '연방주의'(Föderalismus)와 '보충의 원리'(Subsidiaritätsprinzip)가 반드시 상관관계에 있는 것은 아니라고 한다.

한해서 '차상단위'가 보충적으로 개입할 수 있다는 것이다.[335] 따라서 연방국가적 구조에 있어서는 국가작용의 우선권이 지방국에 있게 되고, 사회국가적 구조에서도 생활수단을 마련하는 것은 제 1 차적으로 국민 각자의 자조의 과제에 속하게 된다. 아무튼 사회국가가 반드시 생활관계의 절대적인 평준화를 요구하는 것이 아니라고 하는 것은 이미 사회국가의 본질을 논하는 자리에서 명백히 된 바 있기 때문에 생활형태의 다양성을 오히려 뒷받침해 주는 연방국가적 구조는 사회국가 실현의 보조수단이라고 볼 수도 있다.

492
협동적 연방
주의

더욱이 연방국가적 구조를 연방과 지방국간의 엄격한 단절관계로 보지 않고 대등·대립·협조적 관계로 이해하는 이른바 '협동적 연방주의'(kooperativer Föderalismus)[336]의 관점에서는 사회국가적 원리가 요구하는 어느 정도의 일원적인 행정질서를 마련하는 것도 별로 어려운 문제가 아니라고 할 것이다. 업무의 필요상 이루어지는 행정사항의 통합 내지 조정은 행정작업의 집권화와는 그 성질이 다르기 때문이다. 따라서 사회국가가 요구하는 최소한의 행정사항의 통합 내지 조정에 의해서 연방국가적 구조에 내재된 권력분립의 효과가 상실된다고 보기는 어렵다. 애당초 연방과 지방간의 엄격한 조직적·기능적 분리를 그 이념으로 하던 이른바 미국식 이원적 연방주의(dual federalism)[337]도 점차로 협동적 연방주의(cooperative federalism, intergovernmental relations)로 변질되고 있다는 사실에서[338] 우리는 현시대가 요청하는 연방국가적 구조의 참된 모습이 무엇인가를 알아낼 수 있다. 하물며 미국식 연방국가의 구조와는 달리 처음부터 연방과 지방국간은 물론 지방국 상호간에도 최대한의 기능협조관계를 그 이념으로 하는 독일식 연방국가의 구조에서는 사회국가의 실현에 필요한 행정업무의 통합 내지 조정이 별로 문제될 것이 없다고 할 것이다.

---

335) Vgl. *J. Isensee*(FN 223), S. 28ff.; *K. Stern*(FN 1), S. 495.

336) Vgl. *P. Lerche*, VVDStRL 21, S. 66ff.(70 Anm. 18); *U. Scheuner*(FN 323), S. 435ff.(448ff.).

337) 미합중국의 연방국가구조에 관해서 상세한 것은 다음 문헌을 참조.
   Vile, The Structure of American Federalism, Oxford 1961; *K. C. Wheare*, Federal Government, 3. Aufl.(1953), S. 16ff.

338) Vgl. *Vile*(FN 337), S. 159ff.; *W. Anderson*, Intergovernmental Relations in Review, Minnesota, 1960, S. 25ff., 65ff.

4. 연방국가의 구조적 특징

연방국가는 국가의 상대적인 최고결정권이 다원화되어 있는 것을 그 본질로 하기 때문에 그 구조적인 면에서도 단일국가와는 다른 여러 가지 특징을 가지게 된다. 특히 연방국가적 구조에서는 연방과 지방국 간의 기능분배와 연방정부의 지방정부에 대한 간섭권의 한계, 지방국 이 연방의 정책결정에 참여하고 영향을 미칠 수 있는 방법과 절차, 연방과 지방국, 지방국 상호간의 권한쟁의를 심판하기 위한 소송절차와 형식 등이 문제가 될 수 있다.

연방국가의 구조에서 제기되는 이 같은 문제는 미국식연방국가의 유형을 따르느냐 독일식연방국가의 유형을 따르냐에 따라 그 해결책이 달라지게 되는 것은 사실이지만 어느 유형에 있어서도 다음과 같은 세 가지 연방국가의 구조적 징표를 존중하지 않으면 아니 된다.

첫째, 연방국가에서는 연방헌법과 지방국헌법 사이에 이념적 · 내용적 동질성(Homogenität)이 최대한으로 보장되어야 하는 것은 물론이지만 동시에 연방과 지방국을 완전한 동일체로 용해(융합)시킬 수 없는 어느 정도의 이질성(Heterogenität)이 존중되어야 한다. 연방과 지방국 상호간에 본질적인 동질성이 결핍된 경우에는 연방과 지방국간의 국가적인 유대관계가 성립 · 존속될 수 없고, 또 최소한의 이질성이 보장되지 않는 경우에는 구태여 연방국가라고 부를 이유가 없기 때문이다.

둘째, 연방국가(Bundesstaat)는 지방국가들의 단순한 연합(Länderbund)과는 다르기 때문에 연방법과 지방국가의 법질서 사이에 그 효력의 우선순위가 연방법우위의 정신에 따라 정해져야 한다. 그렇지 않고는 연방헌법과 지방국헌법 사이의 동질성이 무의미할 뿐 아니라 실효성이 없게 되겠기 때문이다.

셋째, 연방국가에서는 연방과 지방국 사이는 물론 지방국 상호간에도 상호의 권능과 주체성을 서로가 존중하고 보호하는 이른바 '연방신의(信義)'(Bundestreue)의 정신이 제도적으로 또 실제적으로 지켜져야 한다. 따라서 연방과 지방국은 자신의 권능을 주장하고 관철하는 데 있어서 언제나 상대방의 입장을 존중하고 고려할 줄 아는 상호신의적인 자세가 필요하다.

493
다원화된
최고결정권

494
동질성과
이질성

495
연방법우위

496
연방신의
정신

497
연방주의·
부분주의·
분리주의

이상과 같은 구조적 징표에 의해서 상징되는 연방국가는 그것이 미국식의 이원적 구조를 가지건 또는 독일식의 협동식 구조를 가지건 단일국가에 비해서 국가기능의 수행이 비유동적인 것만은 사실이다. 특히 외교·국방·재정업무처럼 연방의 기능에 속하는 사항을 제외하고는 연방국가의 일원적인 행정질서의 확립이 용이치 않을 뿐 아니라 자칫하면 연방주의(Föderalismus)가 부분주의(Partikularismus) 내지 분리주의(Separatismus)의 경향으로 흘러서 연방국가 내에 원심세력 내지는 적대세력이 형성될 위험성조차 있다. 또 전체국가의 정치적인 의사형성의 속도가 단일국가에서보다 느리게 됨은 물론 연방국가적 구조가 필요로 하는 정치적·경제적 비용이 적지 않다는 것도 사실이다.339) 하지만 연방국가적 구조에 내재된 이 같은 여러 가지 문제점을 과대평가한 나머지 연방국가적 구조가 가지는 긍정적인 의미를 완전히 무시하는 태도는 옳지 못하다고 할 것이다.

5. 연방국가구조의 실태적 변천

498
연방의
기능강화

미국식 연방국가유형에서 당초의 이원적 구조(dual federalism)가 점점 협동적 연방주의(cooperative federalism, intergovernmental relations)로 변질되고 있다는 점은 이미 언급한 바 있거니와, 독일식 연방국가유형에서도 국가활동의 모든 분야에서 연방의 비중이 눈에 띄게 커지고 있다는 사실을 간과할 수 없다. 입법작용의 분야에서 연방의 입법주도권이 커지고 있는 것은 물론 행정·사법작용의 분야에 이르기까지 연방의 기능적 비중이 크게 증대되고 있다. 이러한 현상은 연방국가의 구조가 그 유형에 관계없이 정치현실에서 실태적으로 변천해 가고 있다는 것을 말해 주고 있는 것이다.

499
구조적 변천
의 원인과
한계

이 같은 연방국가의 구조적 변질을 촉진시키는 가장 중요한 원인으로서 다음 두 가지 점을 들 수 있다. 하나는 전통적인 의미에서 연방국가적 구조의 전제가 되어 온 지역적인 차이가 오늘날에 와서는 거의 무의미한 정도로 축소되었다는 점이다. 또 통합적인 업무수행의 필요성이 하나의 시대적인 요청으로 등장했기 때문에 당초 기능분배의 원칙

---

339) 연방국가적 구조가 가지는 여러 가지 문제점에 관해서 다음 문헌을 참조.
   W. Weber, Spannungen und Kräfte im westdeutschen Verfassungssystem, 3. Aufl.(1970), S. 57ff., 288ff.

에 따라 지방에게 속했던 많은 국가적 업무가 연방에 의해서 통합조정
되는 대신에 지방국에게는 그 대가로 연방의 정치적 의사형성에 참여할
수 있는 권리가 증대되었다는 점이다.[340] 그러나 Scheuner[341]가 경고하
는 것처럼 연방국가의 구조적 변천을 무제한하게 허용할 수 있는 것은
아니다. 특히 국가작용을 연방과 지방국들의 공동기구(gemeinsame
Einrichtungen)에 의해서 처리시키는 일이라든지, 각 지방국들의 고유한
업무사항을 일원적으로 처리하기 위해서 연방(Bund) 이외에 지방국들
이 조약에 의해 따로 지방연합(Länderbund)을 형성하는 것 등은 연방국
가의 구조적인 본질을 침해하지 않는 범위 내에서만 허용된다고 할 것
이다. 연방적 업무사항도 그렇고 지방국들의 업무사항도 원칙적으로
해당 조직단위 내에서 통제를 받을 수 있는 형식과 방법으로 처리되어
야 한다는 점을 주의할 필요가 있다. 바로 이곳에 연방과 지방국 그리
고 지방국들에 의해서 설치되는 공동행정기구의 제도적 한계가 있다.

통일이라는 특수한 정치적 상황이 있기는 했지만, 독일통일협의과   독일의 경우
정에서 지방국의 지위와 권한을 강화하는 방향으로 연방과 지방국의
새로운 관계정립이 필요하다는 인식이 확인되었고, 그 후 그러한 인식
이 1994년 10월의 독일기본법개정으로 실현됨으로써 통일 전에 비해
서 지방국의 지위와 권한이 많이 강화된 것도 연방국가의 구조적 변화
에 한계가 있다는 것을 보여 준 좋은 본보기라고 할 수 있다.[342]

---

340) 이 점은 R. Smend가 이미 바이마르공화국의 연방국가적 현실과 관련해서 지적한
    바 있다.
    Vgl. *R. Smend*(FN 314), S. 270.
341) Vgl. (FN 304), S. 432; auch(FN 336), S. 447, 448.
342) 자세한 것은 졸편저, 독일통일의 법적 조명, 1994년, 제9장과, 독일통일 후의 기본
    법개정내용 중에서 특히 다음 조문 참조.
        제29조, 제50조, 제52조, 제72조~제77조, 제80조, 제87조, 제87e조, 제87f조, 제93
    조, 제106a조, 제118a조, 제125a조, 제143a조, 제143b조.

제 3 편

현대국가의 통치질서론

제9장 기본권과 통치질서

통치질서는 그 자체가 기본권보장을 위한 마그나 카르타(Magna Carta)라고 볼 수 있기 때문에 기본권은 한 나라 통치질서의 핵심적인 요소가 아닐 수 없다. 기본권과 통치질서의 이같은 목적과 수단의 관계는 그러나 모든 헌법관에 의해서 다같이 인정되는 것은 아니다. 기본권의 의미와 기능을 보는 관점은 헌법관에 따라서 다르다. 그렇기 때문에 기본권과 통치질서의 문제를 논하는 데 있어서는 우선 각 헌법관에서 기본권의 본질과 기능을 어떻게 이해하고 있는가를 먼저 살펴본 다음에 기본권의 일반이론을 설명하고, 마지막으로 기본권이 우리 헌법질서 내에서 가지는 의미와 기능을 밝히는 것이 바람직하다고 생각한다.

500
통치질서의
핵심적 요소

제1절 기본권의 본질과 기능

기본권이 무엇이며 기본권은 어떠한 기능을 가지는 것인가에 대한 대답은 헌법관에 따라 다르기 마련이다. 법실증주의적 헌법관, 결단주의적 헌법관, 통합과정론적 헌법관[1]이 각각 그들의 입장에서 기본권의 본질과 기능을 다르게 이해하고 있는 것은 그 때문이다. 따라서 헌법관을 떠나서 기본권을 논하는 것은 마치 나침반 없는 항해와도 같다. 세 가지 헌법관에서 본 기본권의 본질과 기능을 살펴보려고 한다.

501
헌법관과
기본권

1. 법실증주의적(Rechtspositivismus) 헌법관에서 본 기본권

(1) H. Kelsen의 기본권관

국가는 Mida의 왕이기 때문에 그가 말하는 것은 무엇이든지 '법률'(Gesetz) = '법'(Recht)이 되어[2] 법질서를 형성하고 법질서는 즉 국가

502
Kelsen의
국가철학

---

1) 이들 헌법관에 관한 상세한 점은 앞의 방주 6 이하 참조.
2) H. Kelsen의 말을 그대로 빌리면: "Der Staat ist ein König Midas, dem alles,

를 뜻하는데[3] 그 국가는 당연히 '법치국가'(Rechtsstaat)이기 때문에[4] 법목적(Rechtszweck)을 떠난 또 다른 국가목적이 있을 수 없다고 생각하는[5] 한스 켈즌(Hans Kelsen)의 사상적 세계에서는[6] 국가가 법목적을 실현하는 것은 결국 자기목적(Selbstzweck)을 실현하는 것에 불과하다.[7] 따라서 국가가 자기목적으로서의 법목적을 실현하기 위해서 권위(Obrigkeit)와 힘(Macht)과 강제(Zwang)수단을 발동하는 것은 오히려 당연한 일로 간주된다. 예링(R. v. Jhering)의 말과 같이 '강제력이 없는 법률은 마치 타지 않는 불과 같다'는 논리이다. H. Kelsen이 국가는 언제나 '관권국가'(Obrigkeitsstaat)일 수밖에 없다고 주장하면서[8] 국가를 '강제질서'(Zwangsordnung)[9] 내지는 '힘의 조직'(Machtorganisation)[10]으로 단정하는 것도 그 때문이다.

국가는
법질서

　'국가'와 '법질서'를 동일시하고 '법률'과 '법'을 구별하지 않는 Kelsen은 모든 국가를 '법치국가'로 보기 때문에 그에게 있어서는 '법치국가'란 모든 국가의 한낱 대명사에 불과하게 된다. 또 국가목적(Staatszweck), 법목적(Rechtszweck), 힘의 목적(Machtzweck), 문화목적(Kulturzweck)과 '자유목적'(Freiheitszweck)을 동일한 것으로 평가하는 Kelsen에게는[11] '법'은 목적이고 '국가'는 수단이라는 이른바 법과 국가의 이원주의(Dualismus)가 용납될 수 없고[12] 따라서 '국가란 법을 실현하는 수단'이기 때문에 '국가는 법질서에 기속된다'는 논리도 성립될 수 없다.[13] Kelsen의 관점에서 볼 때 법주권(Rechtssouveränität)은 즉

was er ergreift, zu Recht wird."
　Vgl. Allgemeine Staatslehre, 1925, ND 1966, S. 44.
3) Vgl. z. B. (FN 2), S. 16f., 42, 76; Reine Rechtslehre, 1934, S. 90, 154, 203ff., 209, 290.
4) Vgl. z. B. (FN 2), S. 44, 109.
5) Vgl. z. B. (FN 2), S. 42.
6) Vgl. ferner Reine Rechtslehre, 2. Aufl., ND 1960; Hauptprobleme der Staatsrechtslehre, 2. Aufl.(1923), ND 1960.
7) Vgl. (FN 2), S. 39.
8) Vgl. (FN 2), S. 109.
9) Vgl. (FN 2), S. 40, 43.
10) Vgl. (FN 2), S. 43.
11) Vgl. (FN 2), S. 42ff.
12) Vgl. z. B. (FN 2), S. 42, 76.
13) Vgl. z. B. (FN 2), S. 108, 109.

국가주권(Staatssouveränität)을 뜻하는데 그 이유는 국가적인 법질서가 모든 것을 결정하는 '최고의 그리고 유일한 것'(das Höchste und das Einzige)이기 때문이라고 한다.[14]

철학적으로 Sein(상태＝현실)과 Sollen(당위)을 하나의 단절관계로 보는 신칸트주의(Neukantianismus)에 그 바탕을 두고 있는 Kelsen의 순수법학이론은[15] '법'과 '국가'를 Sollen의 세계에서만 설명하려고 하기 때문에 '법'과 '국가'에 대한 Sein적 고찰, 즉 철학적·도덕적·역사적·사회적·정치적 고찰을 강력히 배척한다.[16] 따라서 실정법질서의 정당성(Legitimität)문제는 처음부터 제기될 여지가 없고 오로지 Sollen의 규범구조(계층구조)에 비추어 본 합법성(Legalität)의 문제만이 있을 수 있다. 결국 실정법질서의 정당성을 실정법질서 그 자체 내에서 찾아야 된다는 논리가 되고, 일단 Mida의 왕에 의해서 제정된 법률은 그것이 존재한다는 사실만으로 정당화된다는 결과가 된다. '악법도 법이다'라는 논리형식이 바로 그것이다.

이처럼 실정법질서 속에 이미 그 정당성이 내포되고 있다고 생각하는 Kelsen의 사상적 세계에서는 국가적인 법질서가 형이상학적인 '정의'(Gerechtigkeit)감정이나 자연법(Naturrecht)적 관점에서 정당화될 필요도 없이 그대로 그 효력을 가질 수가 있다.[17] Kelsen이 실정법질서 이외에 또 다른 자연법질서(Naturrechtsordnung)가 있다는 것을 부인하면서 법질서의 이원주의(Dualismus)를 배척하고 실정법질서만을 법질서로 인정하는 것도 그 때문이다.[18] Kelsen의 말을 빌리면 '자연법'이란 도대체가 '법학적 개념'의 탈을 쓰고 등장하는 정치에 지나지 않는다.[19]

이처럼 자연법의 존재를 부인하고 실정법의 절대적인 효력을 강조하는 Kelsen의 안목으로 볼 때는 실정법질서를 떠난 인간의 자유나

503
Sein과 Sollen의 단절

악법도 법이다

504
자연법의 배척

505
국가권력의

---

14) Vgl. (FN 2), S. 109.

15) Vgl. z. B. *H. Kelsen*, Hauptprobleme(FN 6), S. 9ff.; *derselbe*, Reine Rechtslehre(FN 6), passim.

16) 앞의 방주 6~10, 26, 133, 242 참조.

17) Vgl. (FN 2), z. B. S. 40, 59.

18) Vgl. (FN 2), z. B. S. 40, 59, 154, 155, 162.

19) "Naturrecht ist ja nur in juristischer Terminologie auftretende Politik." Vgl. *H. Kelsen*(FN 2), S. 40.

자제와 자유 권리 같은 것이 있을 수 없다. Kelsen이 '국가목적'과 '법목적' 그리고 '자유목적'을 동일시하면서 '국가는 법질서이기 때문에 자유 바로 그것이다'[20]라고 강조하고 있는 것도 그 때문이다. 결국 국가적인 법질서를 떠나서 '자유'나 '권리'가 있을 수 없다는 논리이다.[21] 따라서 '국가'나 '법질서'가 '자유'의 적을 의미한다든지 국가는 '자유를 위해서 정당화된다'는 논리는 성립될 수가 없고, '국가목적'이 바로 '자유목적'이기 때문에 국가만이 비로소 '진정한 자유'를 가능케 한다고 주장하게 된다.[22] Kelsen의 표현에 따르면 '자유'란 자연현상의 인과법칙(Kausalgesetzlichkeit)과는 달라서 가치의 규범법칙(Normgesetzlichkeit)에 불과하기 때문에 규범질서를 뜻하는 국가에 의해서만 비로소 가능케 된다고 한다.[23] 그러나 Kelsen적 관점에서 실정법질서란 다름아닌 강제질서를 뜻하고 강제질서는 바로 인간의 행동에 관한 것이기 때문에, 실정법에 의한다면 무엇이든지 가능하다는 논리를 여기에 적용한다면 결국 국가적인 강제질서가 인간의 모든 행동을 규제할 수 있다는 결론에 이르게 된다.[24] 그렇다면 Kelsen이 생각하는 '자유'란 결국 국가적인 강제질서가 인간의 행동을 규제하지 않는 범위 내에서의 '자유'일 수밖에 없다. 다시 말해서 법적 강제가 없는 경우의 자유이다. 이 점과 관련해서 Kelsen도 국가의 법질서는 인간의 모든 행동을 강제질서로 묶는 것은 아니기 때문에 국민은 법질서에 의해서 강제되지 않는 범위 내에서만 자유로울 수 있다고 한다.[25] Kelsen이 생각하는 국민의 자유는 결국 국가가 강제질서에 의한 의무를 과하지 아니했기 때문에 인정되는 말하자면 하나의 '은혜적인 것' 또는 '강제질서의 자제(=힘의 자제)에서 나오는 하나의 '반사적인 효과'에 불과하다.

---

20) *H. Kelsen*(FN 2), S. 44: "Der Staat ist die Freiheit, weil er das Rechtsgesetz ist."

21) Vgl. *H. Kelsen*(FN 2), S. 154.

22) Vgl. *H. Kelsen*(FN 2), S. 44: "Der Staat ist es, der die Freiheit, die 'wahre' Freiheit erst ermöglicht."

23) Vgl. (FN 2), S. 44.

24) H. Kelsen 스스로도 이 점을 강조하고 있다. Vgl. (FN 2), S. 151.

25) Vgl. (FN 2), S. 151: "Der Idee nach kann die staatliche Zwangsordnung das gesamte Verhalten der Menschenergreifen, kann sie den Menschen nach jeder Richtung hin binden. Nur soweit dies nicht geschehen ist, bleibt der Mensch frei."

이처럼 지극히 '소극적인 질'(negative Qualität)의 '자유'를 염두에 두고 있는 Kelsen은 국민의 국가에 대한 관계도 마찬가지로 주로 소극적이고 수동적인 측면에서만 이해하려고 한다. Kelsen에 따르면 '국민'은 구체적인 법질서에 의해서 비로소 형성된 '법적인 크기' (juristische Größe)에 불과하기 때문에 법질서를 떠나서 존재할 수 없다고 한다.26) 특정한 법질서가 한 사람에게만 효력을 미치는 것이 아니고 동시에 많은 사람에게 효력을 미치기 때문에 동일한 법질서에 의해서 규제되는 많은 사람이 일원체(Einheit)를 형성한 것이 바로 '국민'이기 때문에 국민적 일원체는 순수한 규범적 일원체라고 한다.27) 이처럼 법적 개념으로서의 '국민'은 생물학적·인종학적·문화사적 개념이 아니기 때문에 생물학적 또는 인종학적으로 같은 혈통을 타고났다든지 동일한 언어, 생활풍습 또는 문화전통을 가진다고 하는 것 등은 국민적인 일원체를 형성하는 기준이 될 수 없다고 한다.28)

506
국민은
법적인 크기

Kelsen처럼 인종·언어·생활풍습·문화전통 등의 자연현실을 떠나서 국민은 구체적인 법질서에 의해서 비로소 형성된 '법적인 크기'에 불과하다고 보고 국가와 법질서를 동일시하는 경우에는 국민의 국가에 대한 관계는 결국 국민의 법질서에 대한 관계를 의미할 수밖에 없다. Kelsen이 국민은 법질서에 복종하는 수동적 관계(passive Beziehung), 법질서제정에 참여하는 능동적 관계(aktive Beziehung) 또는 법질서로부터 자유로운 소극적 관계(negative Beziehung)에 있다는 이른바 그의 세 가지 '관계이론'(Beziehungstheorie)을 정립하면서도29) 특히 국민이 법질서에 복종하는 의무(수동적 관계)를 강조하고 있는 것도30) 그가 국민과 국가와의 관계를 주로 법질서에 복종하는 관계냐 아니냐의 측면에서 관찰하려고 하기 때문이다. 국민의 참정권(능동적 관계)이라든지 국민이 국가작용에 능동적으로 참여하는 것이 국가의 본질상 반드시 필요한 형식은 아닐 뿐 아니라 심지어 '민주주의'도 국가의 본질상 불가피한 형식은 아니라고 주장하는31) Kelsen의 사상적 세계에서는 게오르그 옐

507
관계이론
(국민의 국
가에 대한
관계)

---

26) Vgl. (FN 2), S. 150.

27) Vgl. (FN 2), S. 149.

28) Vgl. (FN 2), S. 149f.

29) Vgl. (FN 2), S. 150ff.

30) Vgl. (FN 2), S. 158, 160.

31) Vgl. (FN 2), S. 158: "Die Demokratie ist eben keine dem Staat wesens-

리네크(Georg Jellinek)가 주장하는 국민의 국가에 대한 적극적 지위 (positiver Status)[32]는 처음부터 문제가 될 수도 없다.

508
주관적 공권

G. Jellinek와는 달리 H. Kelsen이 '주관적 공권'(subjektiv-öffentliches Recht)이란 법률개념에 대해서 심한 알레르기반응을 보이는 것도[33] 그가 국민의 법질서에 대한 관계를 주로 수동적 관계(passives Recht)로 보기 때문이다. Kelsen에 의하면 실정법질서인 객관적인 법질서(objektives Recht)에 의해서 규율될 수 없는 주관적인 권리 (subjektives Recht)나 자유는 존재하지 않을 뿐 아니라, 실정법질서가 Sollen의 영역에 속하는 객관적 법질서인데 반해서 이른바 '주관적 권리'(subjektives Recht)라는 것은 인간의 내심적인 소망(Wünschen)과 의욕(Wollen)을 징표하는 Sein의 세계에 속하기 때문에 규범질서의 규제사항이 아니라고 한다.[34] 결국 Kelsen에 따르면 '국가로부터의 자유'(Freiheit vom Staat) 또는 '국가의 부작위'를 요구할 수 있는 법적인 권리는 있을 수 없게 된다.[35] Kelsen의 관점에서는 설령 국민의 자유

자유권과
법률유보

권이 헌법에 보장되는 경우에도 그것은 이론상으로 반드시 법률유보 (Gesetzesvorbehalte)를 전제로 한 보장이다. 따라서 입법기관에게 자유권의 침해를 위임하는 결과밖에 되지 않는 그와 같은 자유권의 보장으로부터 진실한 주관적 공권이 나온다고 볼 수 없다.[36] 더 나아가서 Kelsen에 따르면 국가가 국민의 사유재산을 수용할 수 있는 것은 말할 것도 없고 심지어 무보상수용도 얼마든지 가능한데 그 이유는 사유재산권의 성질로부터는 보상청구권이 당연히 나오는 것이 아니고, 보상은 실정법이 이를 규정하는 경우에만 비로소 인정되는 것이기 때문이라고 한다. 엄격히 따진다면 '실정법'과 '주관적 공권'은 대립적이고 이원적인 것이 아니고 동일한 것이라고 볼 수 있다는 것이다.[37]

아무튼 Kelsen의 사상적 세계에서는 국가란 법질서 그 자체이기

---

notwendige Form."

32) Vgl. *G. Jellinek*, System der subjektiven öffentlichen Rechte, 2. Aufl.(1905), S. 81ff., 86ff., 94ff.; *derselbe*, Allgemeine Staatslehre, 3. Aufl.(1928), ND 1976, S. 418ff.

33) Vgl. (FN 2), z. B. S. 161.

34) Vgl. (FN 2), z. B. S. 59f.

35) Vgl. (FN 2), z. B. S. 154.

36) Vgl. (FN 2), S. 155f.

37) Vgl. (FN 2), z. B. S. 59f., 150ff.(156).

때문에 국민과는 별개의 유리된 완성물일 뿐 아니라 국가는 '법목적'이라는 '자기목적'에 의해서 정당화되기 때문에 국민의 자연법적 자유를 존중하고 권리를 보장하기 위한 국가권력의 제약이란 있을 수 없고, 국가권력은 그의 강제질서에 의해서 무엇이든지 규제할 수 있기 때문에 국민은 다만 국가의 강제질서에 의해서 규제되지 아니한 범위 내에서만 '자유'로울 수 있는 말하자면 '국가가 베푸는 은혜로서의 자유' 내지는 '힘의 자제에 의한 반사적 효과로서의 자유'를 누릴 따름이다.

509
은혜로서의 자유

(2) G. Jellinek의 기본권관

H. Kelsen과 함께 법실증주의적 헌법관을 대표하고 있으면서도 특히 힘의 본질이나 주관적 공권에 관해서 Kelsen과는 그 견해를 달리하고 있는 G. Jellinek[38]는 본질적으로 'Sein'과 'Sollen'의 구별을 부인하는 철학적 실증주의(philosophischer Positivismus: A. Comte)의 영향을 받고 있다고 할 것이다. 즉 G. Jellinek는 '사실의 규범적 효력'(normative Kraft des Faktischen)[39]을 입증하려고 노력하면서 Sein과 Sollen의 연관성을 강조하고 있기 때문이다. '국가'를 '힘의 조직'(Machtorganisation)이라고 보는 점에서나 '힘'과 '법'을 동일시하는 점[40]에서는 H. Kelsen과 본질적으로 다른 점이 없지만 G. Jellinek에 있어서의 '힘'(Macht)이란 H. Kelsen에서와 같은 '관권' 내지는 '강제'를 배경으로 하는 '힘'이 아니고, '규범적 효력'(normative Kraft)을 가지는 '완성된 사실'(vollendete Tatsache=fait accompli)을 만들어 낼 수 있는 실력으로서의 '힘'이다. 따라서 G. Jellinek의 관점에서는 일단 '실력'에 의해서 '완성된 사실'이 성립된 경우에는 그것이 설령 위법적인 '사실'이라 할지라도 마땅히 규범적 효력을 가질 수 있는 '사실'이 된다.[41] 결국 모든 법규범의 원천은 '사실'이라고 보아야 하는데 법규범은 따라서 합법적인 절차에 의해서만 제정되는 것이 아니고 불법적인 절차에 의해서도 성립될 수 있다는 논리이다.[42] 이처럼 과정을 도외시

510
철학적 실증주의

사실의 규범적 효력

국가는 힘의 조직 (＝힘의 국가론)

---

38) Vgl. *G. Jellinek*, Allgemeine Staatslehre, 3. Aufl.(1928), ND 1976; *dreselbe*, System der subjektiven öffentlichen Rechte, 2. Aufl.(1905); *derselbe*, Verfassungsänderung und Verfassungswandlung, 1906.

39) Vgl. *G. Jellinek*, Allgemeine Staatslehre(FN 38), S. 337ff.

40) Vgl. (FN 39), S. 337ff. (344), 360ff.

41) Vgl. (FN 39), S. 362.

42) Vgl. (FN 39), S. 362f.

한 채 현존상태로서의 '사실'만을 중요시하고 국가를 '힘의 관계' (Machtverhältnisse)라고 보는 경우에는 결국 '힘'이 '사실'(Faktum)을 만들고 그 '사실'은 바로 규범(Norm)이 되기 때문에,[43] '힘'의 '규범정립적 기능'(normsetzende Funktion)을 부인할 수 없게 된다. 따라서 국가를 규범질서라고 본다면, 그것은 바로 '힘'에 의해서 이루어지는 '힘의 조직'이 아닐 수 없다.

511
자연법의 문제

이처럼 '사실의 규범적 효력'을 강조하는 G. Jellinek의 견해에 따르면 자연법이란 본질적으로 '법에 관한 상상'(die Vorstellung des Rechtes)에 불과한데 법에 관한 이같은 상상은 결국 인간의 행동면이나 생활면에서 하나의 '사실'(Faktum)을 마련할 수 있고 그것이 다시 법규범으로 승화될 수 있다고 한다.[44] 자연법질서 그 자체를 하나의 법질서로 인정하는 것은 아니라 하더라도 H. Kelsen과는 달리 '자연법'이란 개념 자체를 부인하지 않고 이를 자신의 논리형식에 맞추려고 노력하고 있다는 점은[45] 주목할 필요가 있다. G. Jellinek가 '힘의 국가론'을 전개하면서도 국가의 구성요소로서의 국민은 원칙적으로 '자유인간'이어야지 노예의 집단만으로는 국가가 성립될 수 없다는 점을 강조하고 있는 점[46]도 그의 자연법에 관한 이해와 맥락을 같이한다고 볼 수 있다.

주관적 공권

G. Jellinek가 국민의 국가에 대한 '주관적 공권'(subjektiv- öffentliches Recht)을 인정하고 있는 점도[47] 같은 차원에서 평가해야 할 것이다.

512
지위이론

아무튼 G. Jellinek에 따르면 국민은 국가의 구성요소로서 국가권력의 지배객체임에는 틀림없지만, 국민의 국가권력에 대한 지위(Status)는 이를 수동적 지위(passiver Status＝Status subjektionis), 소극적 지위(negativer Status＝Status libertatis), 적극적 지위(positiver Status＝Status civitatis), 능동적 지위(aktiver Status＝Status aktiver Zivität)의 네 가지로 나눌 수 있다고 한다.[48] 국민의 국가에 대한 수동적 지위에서 국민의

---

43) Vgl. (FN 39), S. 345; "Das Faktum ist das, was das Recht erzeugt."

44) Vgl. (FN 39), S. 345; "Die Vorstellung des Rechts(＝Naturrecht) erzeugt das Faktum, das wiederum das Recht erzeugt."

45) Vgl. (FN 39), S. 349., 351ff.

46) Vgl. (FN 39), S. 407, 424.

47) Vgl. *G. Jellinek*, System der subjektiven öffentliche Rechte(FN 38), S. 41ff., 81ff., 94ff.; *derselbe*, (FN 39), S. 417ff.

48) Vgl. (FN 47).

국가권력에 대한 복종 '의무'가 나오는 것은 당연하지만, 소극적·적극적·능동적 지위로부터는 국민이 국가권력에 대해서 부작위, 또는 작위를 요구하거나 국민이 국정에 참여할 것을 요구할 수 있는 '주관적 공권'이 나온다고 한다. G. Jellinek의 이같은 '지위이론'(Statustheorie)에 따르면, 국민은 원칙적으로 국가 내에서 법질서에 의해서 규제되지 않는 범위 내에서 각자의 '자유영역'을 가지는데 이 '자유영역'을 침해당하지 않기 위해서 국가의 부작위를 요구할 수 있는 이른바 자유권을 가진다고 한다.49)

또 국민은 국가를 상대로 해서 힘을 가질 수는 없지만 국가의 일정한 급부를 요구할 수는 있는데 이처럼 국가의 작위를 요구할 수 있는 주관적 공권은 국가작용에서 나오는 단순한 '반사적 이익'(Reflexrecht)과는 엄격히 구분해야 된다고 한다.50) 또 G. Jellinek는 H. Kelsen과는 달리 국민이 국정에 참여할 수 있는 권리를 중요시하면서 국가권력은 국민으로부터 나와야 되는데 이 때의 국민은 '자유국민'이어야 한다는 점을 강조한다.51) 그러나 G. Jellinek도 국민의 국가에 대한 기본적인 지위는 역시 '수동적 지위'(passiver Status)로서의 '복종의무'(Unterwerfungspflicht)라는 점을 매우 강조하고 있다.52) 그가 국민의 복종도와 의무이행의 정도에 따라 국력의 크기가 결정된다고 역설하고 있는 것도53) 그 때문이다.

> 513
>
> 주관적
> 공권과
> 반사적 이익

아무튼 G. Jellinek는 H. Kelsen과는 달리 국민이 국가에 대해서 '주관적 공권'을 가질 수 있다는 점을 인정하면서 국민의 자유영역이나 수익권 그리고 국정참여의 가능성을 어느 정도 보장하려고 하는 것은 사실이지만, 그의 이론적 바탕이 되고 있는 '사실의 규범적 효력'과 '국가법인설'54) 그리고 '힘의 국가론' 등에 의해서 그 실효성이 크게 잠식되고 있다는 점을 지적해 두지 않을 수 없다. '힘'이 '사실'이 되고

> 514
>
> 국가법인설
> 과 국가이익
> 우선

---

49) Vgl. (FN 47), S. 94ff.; (FN 39), S. 420.
50) Vgl. (FN 47), S. 114ff.; (FN 39), S. 421.
51) Vgl. (FN 47), S. 136ff.; (FN 39), S. 423, 424.
52) Vgl. (FN 47), S. 81ff.; (FN 39), S. 425ff.
53) Vgl. (FN 39), S. 426. "Es gilt für jeden Staat; an dem Maße des Gehorsams und Pflichterfüllung seiner Mitglieder hat er zugleich das Maß seiner Kraft und Stärke."
54) Vgl. (FN 39), S. 169ff., 174ff., 182f., 406ff.

그것이 '규범'이 되는 상황 아래서는 '법규범'에 의해서 주어진 '법의 힘'으로서의 주관적 공권이 항상 유동적일 수밖에 없고, 또 국가의 구성요소인 국민의 이해관계와는 별도로 독자적인 인격과 이해관계를 가지게 되는 국가는(국가법인설) '먼저 나라가 살아야 국민이 있다'는 논리형식에 따라 언필칭 국가이익을 내세울 것이 명백하기 때문이다.

(3) 비 판

515
국가와
유리된 국민

국민을 국가의 단순한 지배객체 내지는 국가의 단순한 구성요소로 보고, 국가를 법질서와 동일시하거나 법인이라고 이해함으로써 국민의 이해관계를 떠난 국가의 자기목적 내지는 국가이익을 강조하는 켈즌적·옐리네크적 기본권관은 도저히 그 타당성을 인정할 수 없다고 할 것이다. 국가를 국민과는 유리된 별개의 완성물이라고 생각한 나머지 국민의 국가권력에 대한 '관계'(Beziehung)나 '지위'(Status)만을 중요시하고, 국민이 국가의 원동력인 동시에 그 존립근거라는 것을 까맣게 잊고 있는 법실증주의적 기본권관은 확실히 시대착오적인 사상이 아닐 수 없다. '국가'란 '국민'을 떠나서 존재하는 것도 아니고 또 국민을 떠나서는 그 존재가치도 없다. 인간의 사회생활과정에서 일정한 목적에 의해서 조직된 사회의 정치적인 생활단위가 바로 국가를 뜻하기 때문에 '국가권력'은 이 사회의 조직과정에서 비로소 창설되는 것이지, 이 조직과정을 떠나서 독자적으로 존재하는 것일 수는 없다. 따라서 '국민'과 '국가'를 별개의 것으로 분리시켜서, 국민의 국가에 대한 '관계'나 '지위'를 따지는 법실증주의적 기본권관은 많은 문제점을 내포하고 있다. 켈즌처럼 국가주권설을 내세우고 국가와 법질서를 동일시하는 경우에, 국민의 국가에 대한 관계는 결국 국민의 법질서에 대한 관계를 뜻하게 되는데, 국민의 법질서에 대한 관계는 H. Kelsen의 관계이론과 G. Jellinek의 지위이론이 예정하는 것처럼 그렇게 단순하고 공식적인 획일관계는 아니다. 예컨대, 이들의 관점에서 자유권에 속한다고 볼 수밖에 없는 '거주·이전의 자유'만 하더라도 오늘날 그것이 수익권의 측면에서도 중요한 의미를 가질 수 있다는 것은 주지의 사실이다. 또 자유와 권리를 국가의 부작위에 의한 '은혜적인 것' 또는 국가권력의 자제에서 나오는 단순한 '반사적 이익'이라고 보는 경우에, 기본권은 결국 '통치구조의 장식품'에 불과하거나 아니면 '통

장식품인
기본권

치기술상의 전시품'에 지나지 않게 된다. 그러나 국민의 자유와 권리는 '사회'와 '국가'의 교차관계를 비로소 가능케 하는 input의 중요한 수단인 까닭에 그것은 한 나라 헌법의 단순한 '구색'일 수도 없고 또 통치자의 정당성을 높여 주는 전시물일 수도 없다. 자연법질서가 인정된다고 해서 국민의 자유와 권리가 효과적으로 보장된다는 증거도 없고 또 국민의 자유와 권리를 자연법적으로만 이해해야 되는 것은 아니라 할지라도 자연법을 부정하거나 그 실효성을 법의 상상영역정도로 과소평가하는 경우에는 실정법질서에 의해서 보장되는 자유와 권리는 한낱 '선언적인 것' 내지는 '프로그램적인 것'으로 평가절하될 수밖에 없다. '실정법의 만능'과 '힘의 규범정립적 기능' 내지는 '사실의 규범적 효력'이[55] 강조되는 법실증주의적 기본권관에서는 자유와 권리의 '본질적 내용의 침해금지'(Wesensgehaltsgarantie) 같은 것은 하나의 잠꼬대에 불과하게 된다. 법실증주의가 한창 그 위세를 떨칠 때 그 영향을 받을 수밖에 없었던 1919년의 바이마르공화국헌법이 기본권에 관한 규정을 통치구조의 다음에 다룬 것이라든지, '본질적 내용의 침해금지조항'을 두지 않았던 것이라든지, 그나마 헌법상 보장된 기본권조항조차도 결국은 선언적·프로그램적 기능밖에는 나타낼 수 없었던 역사적 사실들은 결코 우연한 일만은 아니다.

> 본질적
> 내용의
> 침해금지
> 조항의 배척

다행히도 우리의 현행헌법은 그 기본권편에서 기본권에 관한 법실증주의적 해석을 불가능하게 하는 몇 가지 규정을 두고 있다는 점을 주목할 필요가 있다. 우선 모든 기본권조항의 이념적인 바탕이 되고 있는 제10조에서 '모든 국민은 인간으로서의 존엄과 가치를 가지며 … 국가는 개인이 가지는 불가침의 기본적 인권을 확인하고 이를 보장할 의무를 진다'고 규정함으로써 천부적인 '인간의 존엄과 가치'를 비롯한 국민의 자유와 권리는 국가의 '확인사항'이지 국가의 '은혜사항'이 아님을 명백히 하고 있다. '국민의 자유와 권리는 헌법에 열거되지 아니한 이유로 경시되지 아니한다'($^{제37조}_{제1항}$)는 조항도 이 점을 뒷받침해 주고

> 516
> 기본권에
> 관한 우리
> 헌법의 입장

---

55) H. Kelsen에 따르면 G. Jellinek가 강조하는 「사실의 규범적 효력」(normative Kraft des Faktischen)은 결국 「당위적인 것」(das Gesollte)에 지나지 않기 때문에 본질적으로 "Sollen"의 범주에 속한다고 한다.

　　Vgl. *H. Kelsen*, Hauptprobleme der Staatsrechtslehre, 2. Aufl.(1923), ND 1960, S. 9ff. (9).

있다. 둘째로, 어떠한 경우라도 국민의 자유와 권리에 대한 본질적 내용의 침해가 허용되지 않는다는 점을 명백히 하기 위해서 이른바 '본질적 내용의 침해금지조항'(제37조)을 두고 있다는 점이다. 적어도 이와 같은 헌법규정을 존중하는 한 우리 헌법질서 내에서는 '먼저 나라가 있고 그 다음에 자유가 있다'는 논리형식은 쉽사리 발을 붙일 수 없다고 할 것이다.

2. 결단주의적 헌법관에서 본 기본권

(1) 국가로부터의 자유

517

국민주권과 기본권의 갈등

헌법을 국민이 내린 '정치적 결단'(politische Entscheidung)이라고 보고[56] 민주주의를 치자＝피치자의 '동일성이론'(Identitätstheorie)에 의해서 이해하는[57] 칼 슈미트(Carl Schmitt)의 결단주의에서는 '주권자'인 '국민(Volk)이 원하는 것이면 무엇이든지 옳다'는 루소적인 논리가 그대로 원색적으로 받아들여질 수밖에 없다.[58] 이처럼 국민주권(Volks-souveränität)을 강조하고 '주권자'의 의지적 측면을 헌법적 '정당성'의 근원이라고 생각하는 경우에는 '국민 대 국가'(the man versus the state) 또는 '치자 대 피치자'(Herrscher versus Beherrschte)의 대립관계를 그 논리형식으로 하는 국가권력에 대한 자유의 보장이라든지 국가권력을 통제한다는 것은 논리상 넌센스에 지나지 않는다. 크릴레(M. Kriele)[59]가 지적하는 바와 같이 바로 이곳에 '주권개념'과 기본권의 이념적인 갈등관계가 있다. 또 '다수의 의사'(pars maior)를 '선'이고 '진리'요 '보다 큰 합리성'(pars sanior)이라고 보고 다수의견에 따른 다수의 통치형태를 민주주의의 본질로 이해하는 경우에는 '선'이고 '진리'요 '보다 큰 합리성'을 뜻하는 다수의사에 대한 제약을 의미하는 권력의 통제나 국민의 기본권은 쉽사리 납득되기가 어렵다. 칼 슈미트적인 결단주의에 잠재하고 있는 헌법이론상의 문제점들이다.

518

C. Schmitt가 국가의 본질을 어디까지나 정치적인 것으로 보면서도[60]

---

56) Vgl. *C. Schmitt*, Verfassungslehre, 1928, ND 1970, insbes. S. 20ff.(23ff.).

57) Vgl. *C. Schmitt*, Verfassungslehre(FN 56), z. B. S. 223ff.(234).

58) Vgl. (FN 56), S. 235; "Was das Volk will, ist immer gut."

59) Vgl. *M. Kriele*, Einführung in die Staatslehre, 1975, insbes. S. 47ff., 104ff., 111ff.

60) Vgl. (FN 56), S. 135; "Nichts, was den Staat angeht, kann unpolitisch sein."

정치적인 국가권력을 견제하고 통제할 수 있는 법치국가원리를 중요
시[61]하는 이유도 그 때문이다. 즉, C. Schmitt는 '국민의 의사'(Wille
des Volkes), '국민주권', '동일성이론', '다수의 통치형태' 등의 정치적
컬러의 논리형식만을 고수했을 때의 문제점을 해결하기 위해서 국민의
'정치적 결단'으로서의 헌법을 '정치적인 부분'과 '비정치적인 부분'으
로 나누면서[62] 헌법의 정치적인 부분에는 치자=피치자의 민주주의원
리가 그대로 통하지만[63] '비정치적인 부분'에서는 국민의 기본권보장을
그 주요내용으로 하는 법치국가원리가 적용되는 까닭[64]에 여기에서는
국가권력과 기본권의 관계가 '제한성'과 '무제한성'의 이른바 '배분의
원리'(Verteilungsprinzip)[65]에 의해서 규율된다고 한다. 다시 말해서 인
간의 자유는 원칙적으로 무제한한 것이고 국가권력은 원칙적으로 제한
적인 것이기 때문에 법치국가원리가 적용되는 국가의 비정치적인 영역
에서는 국가권력이라도 '천부적'이고 '초국가적'이고 '선국가적'인 국
민의 자유와 권리를 제한하고 침해하는데 반드시 일정한 한계가 있다
는 점을 강조한다.[66] 적어도 법치국가원리가 적용되는 국가의 비정치
적인 영역에서는 '자유'는 목적이고 국가는 '수단'이라는 점을 강조하
기 때문에,[67] H. Kelsen의 국가목적=자유목적이라는 논리와는 정반
대의 입장이다.

결국 C. Schmitt의 사상적 세계에서는 기본권이 인간의 '천부적'
이고 '선국가적'인[68] 자유와 권리를 뜻하기 때문에, 비정치적인 성질의

헌법의
정치적인
부분과
비정치적인
부분

519
천부적이고
선국가적인

---

61) Vgl. (FN 56), S. 123ff.

62) Vgl. (FN 56), S. 123ff., 200, 221ff.

63) 따라서 C. Schmitt는 대의제도(Repräsentation)를 민주주의의 '내용'(Inhalt)으로 파
악하기보다는 민주주의의 '한계'(Grenzen)라고 이해한다.
Vgl. (FN 56), S. 276ff.(277).

64) C. Schmitt가 법치국가의 또 하나의 내용으로 간주하는 권력분립(Gewaltenteilung)
은 기본권보장을 위한 수단에 불과하다고 한다.
Vgl. Grundrechte und Grundpflichten, in: Verfassungsrechtliche Aufsätze, 2.
Aufl.(1973), S. 181ff.(193): "Das Prinzip der Gewaltenunterscheidung dient also
der Sicherung der Grundrechte und ist ihnen untergeordnet."

65) "Die prinzipielle Unbegrenztheit der menschlichen Freiheit und die prinzipielle
Begrenztheit des Staates." Vgl. (FN 56), S. 126, 131, 164, 166, 167, 175, 177,
181; (FN 64), S. 222, 227.

66) Vgl. (FN 65).

67) Vgl. (FN 56), S. 159.

68) Vgl. (FN 56), S. 126, 163, 164.

기본권

것이고,[69] 그것이 민주주의원리에 의해서 지배되는 정치적인 국가작용에 의해서 부당하게 제한되고 침해되는 것을 막기 위해서 비정치적인 법치국가원리가 적용되어야 한다는 것이다. C. Schmitt가 고유한 의미의 기본권을 '자유의 영역'(Freiheitssphäre)으로 이해하고 이 '자유의 영역'으로부터 국가권력에 대한 '방어권'(Abwehrrechte)이 나온다고 설명하면서[70] 기본권의 본질을 '국가로부터의 자유'(Freiheit vom Staat)[71]라고 주장하는 것이라든지, 기본권의 행사가 사회적 활동양상을 띠게 되고 그것이 결국 노사쟁의와 같은 사회적인 권력투쟁의 성격을 띠게 되는 경우에는 이미 '정치적인 질'의 것으로 평가할 수 있기 때문에 기본권은 더 이상 논할 수 없다고 말하는 것[72] 등은 C. Schmitt가 기본권의 본질을 '비정치적인 질'의 것으로 이해하고 있는 대표적인 증거이다. 또 C. Schmitt가 국가의 목적은 인간이 가지는 '선천적'이고 '선국가적'인 '자유의 영역'을 보장하는 것이고 국가는 바로 이같은 자유의 보

저항권

장기능 때문에 그 존립이 정당화된다고 역설하면서 인간의 '저항권'(Widerstandsrecht)은 인간의 천부적인 자유를 보장하기 위한 '최후의 수단'인 동시에 '불가양의 권리'로서 실정법화될 수 없는 것이라고 말하는 것도[73] 그의 기본권에 대한 자유권적 이해의 입장을 잘 말해 주고 있다. C. Schmitt는 심지어 법치국가적 내용으로서의 기본권은 '자

자유권과
본질적
내용의
침해금지

유권'(Freiheitsrechte)만이라고 이해하는 것이 옳다고 주장하면서, 그 이유는 '자유권'만이 법치국가의 기초적인 '배분의 원리'(자유의 무제한성과 국가권력의 제한성)에 그대로 들어맞기 때문이라고 한다.[74] 따라서 적어도 '배분의 원리'가 그대로 적용될 수 있는 '자유권'에 관한 한 비록 '헌법개정권력'에 의한다 하더라도 인간의 '천부적'이고 '선국가적'인 자유의 영역을 완전히 배제하는 헌법(헌법률)개정은 위헌인 동시에 '배분의 원리'에 대한 침해를 뜻한다[75]고 한다. 따라서 '자유권'에 대한 '본질적 내용의 침해'가 금지되는 것은 더 말할 나위가 없다.[76]

69) Vgl. (FN 56), S. 165.
70) Vgl. (FN 56), S. 163, 165, 181; (FN 64), S. 207, 208.
71) Vgl. (FN 64), S. 207.
72) Vgl. (FN 56), S. 165.
73) Vgl. (FN 56), S. 164.
74) Vgl. (FN 56), S. 181.
75) Vgl. (FN 56), S. 177, 179.
76) Vgl. (FN 64), S. 209.

C. Schmitt처럼 기본권의 핵심을 '자유권'으로 보고 기본권의 본질을 '국가로부터의 자유'라고 이해하는 한편 법치국가원리는 이같은 '자유'를 보장하고, '국가권력을 통제'하기 위한 '형식적이고 비정치적인 기교'[77]라고 설명하는 경우에는, 통제를 받아야 되는 통제대상으로서의 '국가'는 국민의 '자유'와는 별도로 이미 전제된 것이나 다름없다.[78] 바로 이곳에 국민의 기본권과 국가와의 이념적인 단절관계가 있다. 또 바로 이곳에 법치국가원리를 정치적인 국가질서를 창설하는 구조적인 정치원리로 보지 않고 창설된 국가권력을 전제로 하는 비정치적인 '자유의 보장수단'(Garantie der bürgerlichen Freiheit) 내지 '국가권력의 통제수단'(Relativierung staatlicher Macht)이라고 이해하는 칼 슈미트적인 형식적인 법치국가관[79]의 문제점이 있다.[80] C. Schmitt의 말을 그대로 빌리면 '자유의 원리'는 국가를 '제한'하고 '한시화'할 수는 있어도 자유 그 자체가 '정치형태'인 국가를 창설할 수는 없다고 한다.[81] 따라서 국민의 정치적 결단을 뜻하는 헌법은 비정치적인 법치국가원리만으로 성립될 수 없고 정치형태의 창설에 관한 민주주의원리를 필요로 하게 되는 것이라고 한다.[82] 결국 C. Schmitt의 사상적 세계에서는 '헌법'이란 법치국가원리가 지배하는 기본권부분과 민주주의원리가 지배하는 통치구조부분으로 구성되어 있고 기본권부분과 통치구조부분 사이에는 상하의 관계는 있을지 몰라도 두 부분 사이에 어떤 국가창설적인 기능관계는 없는 것이 된다.[83] 극단적으로 말해서 '기본권'(자유)을 떠난 민주주의가 가능하다는 논리형식이다. C. Schmitt가 기본권부분과 통치구조부분의 상호관계를 논하면서 전자가 후자보다 상위에 있는가의 문제는 결국 기본권부분에 국민의 정치적 결단이 포함되어 있다고 볼 수 있느냐의 문제로 집약된다고 설명하면서도 이 점에 대해서

520
기본권과
국가권력의
이념적 단절

기본권과
통치구조의
관계

---

77) Vgl. (FN 56), S. 125ff.(126, 131), 200ff.(200), 236f.

78) Vgl. (FN 56), S. 200; "Der Staat selbst, der kontrolliert werden soll, wird in diesem System vorausgesetzt."

79) Vgl. (FN 56), S. 125ff.(126, 130, 131), 200ff.(200).

80) 법치국가에 대한 올바른 이해에 대해서는 제 8 장 제 2 절을 참조할 것.

81) Vgl. (FN 56), S. 200: "Die Prinzipien der bürgerlichen Freiheit können wohl einen Staat modifizieren und temperieren, aber nicht aus sich heraus eine politische Form begründen. Die Freiheit konstituiert nichts."

82) Vgl. (FN 56), S. 200.

83) Vgl. (FN 64), S. 189ff.(191), 229.

매우 회의적인 입장을 견지하고 그에 대한 명백한 해답을 피하는[84] 이
유도 그 때문이라고 할 것이다.

사실상 C. Schmitt는 '천부적'이고 '선국가적'인 자연법적 '자유의
영역'을 강조하면서도 또 한편으로는 민주주의의 이념에 충실하는 한
'정치적 의지의 주체인 국민'(das Volk als Träger der politischen Willens)
이 그의 '잠재적인 주권행위'(apokrypher Souveränitätsakte)에 의해서 모
든 것을 관철하게 되기 때문에 결과적으로는 '법치국가적 영역'보다
는 '정치적인 영역'이 우세하게 된다는 점을 부인하지 않는다.[85] C.
Schmitt가 '법치국가적 법률개념'(rechtsstaatslicher Gesetzesbegriff)과 '정
치적(민주적) 법률개념'(politischer〈demokratischer〉 Gesetzesbegriff)을 구
별하면서[86] 전자의 경우에는 '규범의 일정한 질'(Norm mit bestimmten
Qualitäten)이 중요시되기 때문에 '옳고, 합리적이고 정의로운 규정'
(richtige, vernünftige, gerechte Regelung)이어야 할 것이 요구되지만,[87]
후자의 경우에는 '주권자의 구체적인 의지와 명령'이 바로 '법률'이기
때문에 '국민의 의지'가 중요하다고 설명하는[88] 것은 바로 법치국가적
법률개념과 민주주의적 법률개념의 이념적인 갈등단계를 지적하고 있
는 것이다. 하지만 C. Schmitt도 정치적인 법률개념을 되도록 물리치
고 주권자의 위치에 '법률의 주권'을 앉쳐 놓으려는 법치국가적 노력이
관철되기가 어렵다는 점을 솔직히 시인하고 있다.[89] '의지'(voluntas)가
아니고 '이성'(ratio)을 그 내용으로 하는 법치국가의 이상은 '인간의 지
배'(Herrschaft von Menschen)를 배제하고 통치자가 입법권을 '자의적인
통치'의 수단으로 이용하지 못하도록 모든 국가작용을 예외없이 규범
체계화해서 국가권력을 기속하는데 있지만, 현실적으로 '잠재적인 주
권행사'(apokrypher Souveränitätsakte) 때문에 정치적 법률개념이 법치
국가적인 것보다 강하게 나타나게 된다고 한다.[90] 무엇이든지 '법률'
이 될 수 있다는 법실증주의적 사상을 일단 이념적으로는 배척하면서

---

84) Vgl. (FN 64), S. 189ff.(191, 193, 194f., 196, 201), 229.
85) Vgl. (FN 56), S. 150.
86) Vgl. (FN 56), S. 138ff., 146ff.
87) Vgl. (FN 56), S. 138, 139, 145, 149, 150.
88) Vgl. (FN 56), S. 145.
89) Vgl. (FN 56), S. 146f., 150.
90) Vgl. (FN 56), S. 139, 149, 150.

도[91] 그것이 '주권'의 측면에서 불가피하다는 점을 인정하고 있는 것이나 다름없다. C. Schmitt가 '법률의 일정한 질'로서 요구되는 '정의'(Gerechtigkeit)와 '합리성'(Vernünftigkeit)보다는 '법규범의 일반성'(genereller Charakter der Rechtsnorm)을 법치국가적 법률개념의 핵심적인 요소로 특히 강조하고 있는[92] 이유도 '주권'의 개념과 조화될 수 있는 법치국가의 길을 모색하는 하나의 논리형식이라고 볼 수도 있을 것이다.

아무튼, 인간의 천부적인 자유가 주권행사에 의해서 제한되고 침해될 수 있다는 데서 나오는 이념적인 갈등관계를 최소한으로 줄이기 위해서 C. Schmitt는 한편 '법률'의 법치국가적 '일반성'을 요구하고 또 한편으로는 '배분의 원리'를 강조하고 있다는 점을 주의할 필요가 있다. 즉 C. Schmitt에 의하면 '자유'의 '절대성'과 '무제한성'으로부터 '자유'의 '제한'과 '침해'가 전혀 불가능하다는 논리는 성립될 수 없다고 한다. '자유'에 대한 '제한'과 '침해'가 '예측가능하고' '측정할 수 있고' 또 '통제할 수 있는' 예외적일 것이 요청될 따름인데, 그러기 위해서는 '자유'의 제한과 침해는 반드시 '일반성'을 가진 법치국가적 법률에 근거를 두어야 하고 또 '배분의 원리'를 존중하는 것이어야 한다고 한다. 따라서 국민의 '자유'는 결과적으로 '법률유보'(Gesetzesvorbehalt) 밑에 있게 된다고 한다.[93] 결국 C. Schmitt의 관점에서는 법치국가가 요구하는 법률의 '일반성'과 '배분의 원리'가 존중되는 한 자유에 대한 제한과 침해는 허용되는 것이기 때문에, 기본권을 핸첼(K. Häntzschel)처럼 '절대적 기본권'과 '상대적 기본권'으로 구분하는 것은[94] 사실상 의미가 없다. 그럼에도 불구하고 C. Schmitt는 Häntzschel의 이같은 분류를 따르면서 바이마르공화국헌법상의 '신체의 자유'(제114조), '주거의 자유'(제115조), '통신의 자유'(제117조) 등이 절대적 자유에 속한다고 한다.[95] 그러나 C. Schmitt 자신이 말하듯이 예컨대 '신체의 자유'도 일반법률인 형사소송법에 의해서 제한이 가능하다고 한

절대적 기본권과 상대적 기본권

522
기본권의 법률유보

---

91) Vgl. (FN 56), S. 142, 145f.
92) Vgl. (FN 56), S. 142, 151ff.(156).
93) Vgl. (FN 56), S. 175, 176, 177.
94) Vgl. *K. Häntzschel*, ZöffR, V, 1926, S. 18f.
95) Vgl. (FN 56), S. 166, 175.

다면96) 그 '절대성'이 도대체 무엇이며 '상대적 자유'와의 차이점이 어느 곳에 있는지 반문하게 된다. C. Schmitt는 자유권의 '절대성'을 강조하는 자리에서 자유권은 '법률이 정하는 바에 따라' 인정되는 것이 아니고, '절대적인 것'이기 때문에 오히려 법률에 의한 자유권제한은 예외적인 것이어야 한다고 자유권침해의 한계를 강조하고 있지만,97) 그것은 결국 그의 법률유보이론에 의해서 충분히 설명되고 있는 것이 아닌가?

523
자유권과
나머지
기본권

따라서 C. Schmitt에게 있어서의 기본권분류는 '절대적 기본권'과 '상대적 기본권'의 문제가 아니고, 오히려 '자유권'과 나머지 기본권 그리고 '제도적 보장'(institutionelle Garantien)98)의 구분에 그 초점이 있다고 보아야 할 것이다. C. Schmitt처럼 기본권을 '선국가적'이고 '비정치적인 질'의 것으로 이해하고 '국가로부터의 자유'를 뜻하는 '방어권'으로서의 '자유권'을 기본권의 본질이라고 생각하는 경우에는99) 기본권의 정치적 기능을 뜻하는 '민주적인 시민권'='참정권'100)이라든지, '국가의 적극적인 급부'를 요구하는 이른바 '사회적 기본권'101)은 원칙적으로 '자유권'과는 그 본질과 기능을 달리한다고 볼 수밖에 없다. C.

참정권과
사회적
기본권

Schmitt가 '참정권'이나 '사회적 기본권'을 매우 소홀하게 다루면서 그에 대해서 매우 소극적인 입장을 취하는 것도 그 때문이다. C. Schmitt의 설명에 따르면 국민의 정치적 권리를 뜻하는 '참정권'이나 국가의 급부를 요구하는 '사회적 기본권'은 '자유권'과 같은 천부적이고 '선국가적'인 성질을 가지지 않고 '법률이 정하는 바에 따라' 인정되는 일종의 '제한적'이고 '상대적'인 권리에 불과하다고 한다.102) 따라서 C. Schmitt가 말하는 절대적 기본권과 상대적 기본권의 이론은 '자유권'의

---

96) Vgl. (FN 56), S. 176.

97) Vgl. (FN 56), S. 166.

98) Vgl. *C. Schmitt*, Freiheitsrechte und institutionelle Garantien der Reichs-verfassung, in: Verfassungsrechtliche Aufsätze, 2. Aufl.(1973), S. 140ff.; *derselbe*, (FN 64), S. 207ff.; *derselbe*, (FN 56), S. 170ff., 179ff.

99) Vgl. (FN 56), S. 163.

100) Vgl. (FN 56), S. 168f.; (FN 64), S. 212.

101) Vgl. (FN 56), S. 169; (FN 64), S. 212, 213. C. Schmitt는 '사회적 기본권'을 "sozialistische Rechte"라고 표현하고 있지만, 그가 말하고자 하는 바는 '사회주의'와 관계되는 것이 아니기 때문에 역시 '사회주의적 권리'라는 직역보다는 '사회적 기본권'이라고 번역하는 것이 옳다고 본다.

102) Vgl. (FN 56), S. 169, 170; (FN 64), S. 212, 213.

이론이라고 하기보다는 '자유권'과 이들 '참정권'과 '사회적 기본권'의 구별에 관한 이론이라고 보는 것이 옳다. 어쨌든 C. Schmitt의 사상적 세계에서 기본권과 통치구조가 접촉하는 유일한 창구(Korrelate)는 '참정권'이지만, 참정권 그 자체가 그처럼 소극적으로 평가되는 곳에 어떻게 국민주권과 민주주의가 실현될 수 있겠는가의 의문이 생기지 않을 수 없다. 아무튼 C. Schmitt에 따르면 참정권에 있어서는 '평등의 정신'이 존중되는 것이 중요하지만 '자유권'과는 달리 외국인에게는 인정될 수 없는 기본권이라고 한다.[103] 또 '사회적 기본권'은 국가의 이에 상응한 조직을 통해서만 비로소 실현가능한 '조직화된 배려'이기 때문에 사회적 기본권에 바탕을 둔 국가는 '시민적 법치국가'라고 볼 수가 없고 '사회적 법치국가'에 불과하며, '사회적 법치국가'에서는 '자유의 무제한성'이 아닌 또 다른 원리가 적용된다고 한다.[104] 결국 C. Schmitt가 생각하는 기본권은 어디까지나 '국가로부터의 자유'를 그 본질로 하는 '자유권'을 그 주축으로 하기 때문에 국가지향적인 '참정권'이라든지 '국가로부터의 간섭'을 초래하게 되는 '사회적 기본권'이 그의 기본권공식에 잘 들어 맞지 않는 것이 사실이다. C. Schmitt가 '자유권'과 이들 기본권을 구별할 뿐 아니라 이른바 '제도적 보장'(institutionelle Garantien)[105]을 또 별개의 것으로 설명하는 것도 따지고 보면 '자유권'을 주축으로 하는 그의 기본권 이론을 순화시키기 위한 노력의 표현이라고 할 것이다.

(2) 제도적 보장

C. Schmitt는 '자유는 제도가 아니다'[106]라는 명제를 강조하면서 '자유'(Freiheit)와 '제도'(Institution, Institut)는 다르다는 전제 밑에서 그의 제도적 보장이론을 전개하고 있다. 즉, C. Schmitt에 의하면 설령 기본권으로 규정된 사항이라 할지라도 그것이 자유의 보장을 위한 것이라기보다는 어떤 '공법상의 제도 그 자체'(öffentlich-rechtliche Institution als

524
공제도보장
과
사제도보장

---

103) Vgl. (FN 56), S. 164, 169.

104) Vgl. (FN 56), S. 169; (FN 64), S. 212.

105) Vgl. *C. Schmitt*, Freiheitsrechte und institutionelle Garantien der Reichs-verfassung(FN 98), S. 140ff.; (FN 56), S. 170ff. 179ff., (FN 64), S. 213ff.

106) Vgl. (FN 105), S. 166: "Die Freiheit ist kein Institut." Ferner S. 167, 168, 169; auch(FN 64), S. 171: "Die persönliche Freiheit kann natürlich niemals eine Institution sein."

solche)를 헌법적으로 보장하기 위한 것이거나 또는 '전형적이고 전통적인 사법상의 제도'(typisches, traditionell feststehendes Rechtsinstitut)를 헌법적으로 보장하기 위한 것인 경우에는 기본권과 구별하는 의미에서 '제도적 보장'(institutionelle Garantie or Institutsgarantie)이라고 부르는 것이 옳다고 한다.[107] C. Schmitt의 개념표현에 따르면 바이마르공화국 헌법상의 '지방자치제도', '직업공무원제도', '대학의 자치', '법관의 독립', '공법인으로서의 종교단체', '신학대학제도' 등과 같이 그것이 전통적으로 내려오는 '공법상의 제도 그 자체'를 헌법적으로 보장하기 위한 것이면 공제도보장(institutionelle Garantie)[108]이라고 부르고, '사유재산제도', '상속제도', '혼인제도' 등과 같이 전형적이고 전통적으로 확립되어 있는 사법상의 제도를 보장하기 위한 것이면 '사제도보장'(Institutsgarantie)[109]이라는 용어를 사용하고 있다. 그러나 C. Schmitt도 이 두 가지 형태를 모두 통칭하는 개념으로는 '제도적 보장'(institutionelle Garantie)이라는 용어를 사용하고 있다.[110]

525

자유권과 제도적 보장

C. Schmitt가 기본권 중에서도 '제도적 보장'을 따로 떼어서 설명하는 가장 중요한 이유는 '공법상 또는 사법상의 제도 그 자체'를 보장하기 위한 제도적 보장규정을 인간의 천부적이고 선국가적인 '자유권'과 동일시함으로써 오히려 '자유권'의 본질과 기능이 침해되고 약화될 위험성이 있기 때문이다. C. Schmitt의 관점에서는 '자유권'과 '제도적 보장'은 본질적인 차이가 있기 때문에 결코 같이 다루어질 수가 없는데, '자유권'이 원칙적으로 '선국가적'이고 무제한한 성질의 것인데 반해서 '제도적 보장'은 국가 내에서 국가의 법질서에 의해서 비로소 인정된 제도에 불과하기 때문에 '자유권'에서와 같은 '배분의 원리'가 적용되지 않는다고 한다. 따라서 제도적 보장내용에 대해서는 입법기관이 이를 제한하고 침해하는 것도 가능하지만, 다만 '제도 그 자체'(Institution als solche)를 폐지하지는 못하게 하는데 바로 헌법적인 제도보장의 의미가 있다고 한다.[111] 따라서 예컨대 행정상의 필요에 따라

---

107) Vgl. (FN 105).
108) Vgl. (FN 105), S. 143ff.; (FN 64), S. 213.
109) Vgl. (FN 105), S. 160ff.; (FN 64), S. 215.
110) Vgl. (FN 56), S. 170ff., 179ff.
111) Vgl. z. B. (FN 56), S. 170, 171, 180.

지방자치단체를 통폐합하는 것은 가능하지만 '지방자치제도' 그 자체를 완전히 없애버리는 입법조치는 바로 '제도적 보장'의 헌법정신에 위반되는 것이라고 한다.[112] 또 C. Schmitt는 '제도적 보장'이 경우에 따라서는 '현상유지를 보장'(Status-quo-Garantie)하는 성질을 가질 수도 있지만[113] '제도적 보장'과 '현상유지보장'은 원칙적으로 다르다는 점을 강조하면서 후자는 특히 헌법의 부칙규정에서 자주 볼 수 있는 현상이라고 한다.[114] 나아가 C. Schmitt는 '제도적 보장'과 '주관적 권리'(subjektive Rechte)와의 상호관계에 대해 언급하면서, '제도적 보장'의 본질상 '주관적 권리'가 반드시 '제도적 보장'에 내포되는 것은 아니지만 '제도적 보장'과 '주관적 권리'가 함께 인정되는 경우도 없지 않기 때문에[115] '제도적 보장'과 '주관적 권리'를 택일관계로 보는 것은 잘못이라고 한다.[116] 그러나 C. Schmitt는 설령 '주관적 권리'가 '제도적 보장'의 내용으로 함께 인정되는 경우라 하더라도, 이 경우의 '주관적 권리'는 어디까지나 '제도의 보장'에 기여하는 것이 그 목적이기 때문에 '제도적 보장'에 예속되는 관계에 있다고 말한다.[117] 예컨대, '직업공무원제도'가 공무원 개개인에게는 신분과 직무에 적합한 생활보장을 요구하는 주관적 권리를 주는 것은 사실이지만, 그렇다고 해서 공무원이 일단 얻어 놓은 봉급수준을 계속해서 보장해 줄 것을 요구하는 권리가 보장되는 것은 아니기 때문에 공무원의 봉급수준을 낮추는 입법조치가 직업공무원제도의 침해가 되지는 않는다고 한다.[118]

현상유지보장

주관적 권리와 제도적 보장

---

112) Vgl. (FN 105), S. 146, 147; (FN 56), S. 171.

113) C. Schmitt는 바이마르 헌법상의 '신학대학'과 '공법상의 종교단체'를 그와 같은 예로 들고 있다. Vgl. (FN 64), S. 213; (FN 105), S. 156ff.

114) Vgl. (FN 105), S. 156, 157.

115) C. Schmitt는 바이마르 헌법상의 '사유재산제도'(제153조)를 그 대표적인 예로 든다. 그러나 C. Schmitt에 따르면 '사유재산제도'는 동산, 부동산 등 '사물에 대한 사유재산제도'를 보장하는 것이기 때문에, 개개인이 가지는 '재산가치'(Vermögenswerte)나 '재산영역'(Vermögenssphäre)은 '사유재산제도'에 의한 보호를 받는다기보다는 '재산권'이라는 자유권적 측면에 의해서 보호를 받는다고 한다. 그렇지만 C. Schmitt도 그와 같은 '재산권'의 구체적 내용과 한계가 무엇인지에 대해서는 명백한 해답을 주지 못한다.

Vgl. (FN 105), S. 161ff.; (FN 56), S. 172.

116) Vgl. (FN 105), S. 149; (FN 56), S. 172.

117) Vgl. (FN 105), S. 149, 160; (FN 64), S. 214.

118) Vgl. (FN 105), S. 159; auch *derselbe*, Wohlerworbene Beamtenrechte und Gehaltskürzungen, in: ebenda, S. 174ff.

<table>
<tr><td>

526

제도적
기본권이론

</td><td>

어쨌든 C. Schmitt의 이 제도적 보장이론은 '자유는 제도가 아니다'라는 전제 밑에서 출발하는 것이기 때문에 '자유는 제도일 수밖에 없다'라는 명제를 그 이론적인 기초로 하고 있는 해벌레(P. Häberle)의 '제도적 기본권이론'[119]과는 엄격히 구별할 필요가 있다.

</td></tr>
</table>

(3) 비　판

<table>
<tr><td>

527

C. Schmitt의
이론적 공헌

</td><td>

C. Schmitt가 인간의 '천부적'이고 '선국가적'인 '자유'를 강조하고 이를 보장하기 위한 수단으로 '배분의 원리'를 끌어들여 국가권력을 통제하고 제한하려고 노력함으로써 법실증주의가 내세우던 '법률 속의 자유'(Freiheit im Gesetz)의 개념을 '국가로부터의 자유'(Freiheit vom Staat)의 영역으로까지 끌어올린 것은 확실히 그의 커다란 이론상의 공적이 아닐 수 없다. 또 C. Schmitt가 그의 제도적 보장이론을 통해서 기본권의 질적·유형적 차이를 명백히 함으로써 기본권의 본질과 기능을 이해하는데 크게 이론상의 기여를 한 것도 사실이다. 그의 제도적 보장이론이 오늘날 독일을 비롯한 유럽은 물론 일본과 우리나라에서까지 기본권의 설명에 불가결한 항목으로 등장하고 있는 것만 보아도 그의 공헌을 쉽게 느낄 수 있다.

</td></tr>
<tr><td>

528

C. Schmitt
적인 기본권
이론의
문제점

기본권과
통치구조

</td><td>

하지만 C. Schmitt는 결단주의적 헌법철학으로서의 국민주권적 민주주의이념과 그의 '자유'에 대한 '자유주의'(Liberalismus)사상을 이론적으로 조화시켜야 할 필요성 때문에 국가영역과 헌법의 구성부분을 임의적으로 양분해서 '기본권'과 '통치구조'의 이념적·기능적 상호교차관계를 소홀히 할 뿐 아니라, 기본권의 핵심을 자유권으로 보고 자유권의 본질을 '국가로부터의 자유'라고 이해함으로써 기본권이 가지는 input의 기능을 도외시하거나 과소평가했다는 비난을 면할 수 없다. 그가 법치국가의 원리를 단순한 비정치적인 형식원리로 이해함으로써 법치국가원리에 내포되고 있는 실질적 내용과 그것을 실현하기 위한 국가의 기능적인 구조원리로서의 법치국가원리를 미처 파악하지 못한 점도 지적하지 않을 수 없다. 법치국가는 법실증주의에서처럼 모든 국가의 대명사도 아닐 뿐 아니라 또 C. Schmitt가 보는 것처럼 자유를 보장하고 정치적인 국가권력을 통제하기 위한 형식적이고 '비정치적인 기교'나 '법기술적인 기교'만도 아니다. 법치국가원리는 민주주

</td></tr>
</table>

---

119) 뒤의 방주 537~541 참조.

의원리, 사회국가원리와 함께 '자유', '평등', '정의'를 실현하기 위한
국가의 정치적인 구조원리이다. C. Schmitt처럼 기본권을 '비정치적인
질'의 것으로 파악하고 기본권을 비정치적인 법치국가의 헌법적 표현
이라고 보는 경우에는 기본권은 말하자면 '법치행정의 원칙'이 특수화
된 '특별한 행정법'에 지나지 않게 되고 기본권이 수행해야 되는 민주
주의적 기능(정치적 기능)이라든지 그 동화적 통합기능같은 것은 처음부
터 고려의 대상이 될 수가 없다. 기본권의 민주주의적 기능을 도외시
하고 국민주권이나 치자=피치자의 동일성이론만을 강조하는 것은 마
치 붓과 먹도 없이 붓글씨를 쓰겠다는 것이나 다름없다. 또 C. Schmitt
처럼 기본권의 본질을 '국가로부터의 자유'라고 보는 경우에는 이른바
'기본권의 사인상호간의 효력' 같은 것은 애당초 생각해 볼 여지조차
없게 되고, 기본권이 국가권력에서 나오는 output에 대한 방어적 기능
은 가질지 몰라도 각종 '사회적 압력단체'에서 나오는 자유의 침해에
대해서는 속수무책일 수밖에 없다. C. Schmitt가 '자유권'만을 중요시
한 나머지 '사회적 기본권'을 소홀하게 생각하는 것도 문제가 있다. 오
늘날과 같이 다원적이고 기능적인 고도의 산업사회에서 '국가로부터의
자유'에 의해서 과연 무엇이 얻어질 수 있는지도 의문이다. '자유' 이
외에도 '빵'과 '재난으로부터의 해방'을 동시에 요구하는 현대인의 욕
구를 충족시켜 주기 위해서는 국가의 '생존배려의 가마솥'이 계속해서
끓어야 되는데 그러기 위해서는 국가의 사회정책적·경제정책적·노동
정책적·조세정책적·교육정책적 생활간섭이 불가피하게 되는 것이 현
실이다. 따라서 '자유권'을 기본권의 핵심으로 보고 기본권의 본질을
'국가로부터의 자유'라고 이해하는 것은 오늘날에 와서는 확실히 단편
적인 이론이라는 비난을 받지 않을 수 없다. 물론 C. Schmitt의 기본권
에 관한 이해는 특히 바이마르공화국헌법을 그 바탕으로 하고 있기 때
문에 C. Schmitt의 이론이 바이마르헌법의 기본권에 관한 해석에 자유
주의적 바람을 불어 넣어 줌으로써 법실증주의의 이론적인 독선에 상
당히 효과적인 제동역할을 한 것은 부인할 수 없다.[120] 또 그의 자유주

기본권과
법치주의

사인간의
기본권효력

사회적
기본권

자유주의적
기본권해석

---

120) 그 한 가지 예가 바로 바이마르 공화국헌법의 해석에 관한 G. Anschütz와의 잦은
이론적인 논쟁이다. Z. B. vgl. *G. Anschütz*, Die Verfassung des deutschen
Reichs, 14. Aufl.(1933), Kommentar, Art. 109 u. 127; *C. Schmitt*(FN 105), z. B.
S. 145ff.; *derselbe*, (FN 64), S. 211.

의적 기본권사상은 오늘날까지도 양의 동서를 막론하고 많은 추종자를 배출하고 있는 것도 사실이다. 따지고 보면 일본과 우리나라에서 정설처럼 다루어지고 있는 '국민의 헌법상 지위'에 관한 이론[121]이 국민의 지위를 다원화시켜서 '주권자로서의 국민', '국가기관으로서의 국민', '기본권주체로서의 국민', '통치대상으로서의 국민'으로 나누어서 설명하는 것도 '국민주권'과 '기본권'을 조화시키려는 C. Schmitt의 사상적 세계에 그 이론적인 바탕을 두고 있다고 할 것이다. 왜냐하면 '주권자로서의 국민'과 '국가기관으로서의 국민'은 '국민주권'의 측면에서 본 국민의 지위이고, '기본권주체로서의 국민'과 '통치대상으로서의 국민'은 기본권의 측면에서 본 국민의 지위를 상징하고 있기 때문이다. 그러나 국민주권적 측면과 기본권적 측면을 임의로 단절시켜서 전자에게는 힘에 바탕을 둔 '결단'의 원리가, 후자에게는 자연법적 원리가 적용되어야 한다는 C. Schmitt적 이원주의(Dualismus)의 문제점은 고사하고라도 하나의 '관념적인 크기'에 불과한 국민[122]의 '지위'(Status)를 논하는 것은 결국은 '무엇에 대한 지위'냐의 문제로 직결되기 때문에 법실증주의적 헌법관에서처럼 '국민'과 유리된 '국가'를 전제하지 않을 수 없다. C. Schmitt가 '통제대상으로서의 국가'는 이미 전제되어야 한다고 말하는 것도[123] 그 때문이다. 하지만 '국민의 끊임없는 동화적 통합과정'을 바로 국가라고 이해하는 관점에서는 '국가'는 '국민'을 떠나 '전제'될 수 없고 또 '국민'과 유리된 '국가'를 상상할 수도 없다.

529
자유주의적 기본권사상

결론적으로 C. Schmitt의 기본권에 대한 이해는 일응 '자유주의적 기본권관'이라고 평가할 수 있지만 오늘날처럼 민주주의원리·법치국가원리·사회국가원리가 '통치형태적'·'국가기능적'·'사회구조적' 측면에서 상호 유기적으로 실질적인 '법의 국가'를 실현해야 되는 사회환경 속에서는 그와 같은 기본권관만에 의해서는 별로 해결되는 바가 없다고 할 것이다. 그럼에도 불구하고 인간의 천부적이고 선국가적인 '자유권'을 강조하는 C. Schmitt의 자유주의적 사상은 현대국가의 기본권 이념으로서도 존중되어야 할 점이 많다고 할 것이다. 특히 우리 현행

---

121) 1980년대에는 많은 국내헌법학자가 이 입장에 동조했었다. 관련문헌은 2017년판 373면 각주 121 참조.
122) 앞의 방주 320 참조할 것.
123) Vgl. *C. Schmitt*(FN 56), S. 200.

헌법상의 기본권을 이해하는 데 있어서는 C. Schmitt적인 사상의 세계를 언제나 머릿속에 새겨두는 것이 좋으리라고 본다. 우리 헌법에서 채택하고 있는 '인간의 존엄과 가치'에 관한 규정(제10조)과 기본권에 대한 '본질적 내용의 침해금지조항'(제37조 제2항) 같은 것은 특히 C. Schmitt의 사상적 세계를 연상케 하는 점이 많기 때문이다. 이 점과 관련해서 다음과 같은 C. Schmitt의 말을 특별히 명심할 필요가 있다고 본다. "자유가 무엇인지는 궁극적으로 자유로와야 할 사람 스스로가 결정할 수밖에 없다. 그렇지 않은 경우에는 인간의 경험법칙상 자유의 종말이 머지않게 되기 때문이다."[124]

3. 통합과정론적 헌법관에서 본 기본권

(1) R. Smend의 기본권관

'국가'를 '법질서' 내지는 '힘'에 의한 '완성물'이라고 생각하는 법실증주의는 물론, '국가'를 '주권자'의 '결단'의 측면에서만 파악하는 결단주의를 비판하면서, 다양한 이해관계를 가진 사회구성원이 하나의 정치적인 생활공동체로 동화되고 통합되어가는 부단한 '과정'을 '국가'라고 이해하는 스멘트(R. Smend)의 관점에서 볼 때 헌법은 그와 같은 동화적 통합의 '생활형식' 내지 '법질서'를 뜻하고 기본권은 그와 같은 '생활형식' 내지 '법질서'의 바탕이 되는 '가치체계'(Wertsystem) 또는 '문화체계'(Kultursystem)를 의미한다고 한다.[125] 따라서 Smend에 따르면 기본권은 민주국가에서는 헌법질서의 방향을 제시하는 '지침'적인 성격을 가질 뿐 아니라[126] 그 헌법질서를 정당화시켜 주는 '정당성의 원천'[127]을 뜻하기 때문에, 기본권은 법치행정의 원칙이 특수화된 '특별한 행정법'에 불과하다는 논리가 성립될 수 없다.[128]

결국 Smend의 사상적 세계에서는 사회공동체의 저변에 깔려 있

530
통합과정론
과 기본권

531

---

124) Vgl. (FN 105), S. 167: "Was Freiheit ist, kann nämlich in letzter Instanz nur derjenige entscheiden, der frei sein soll. Sonst ist es nach allen menschlichen Erfahrungen mit der Freiheit schnell zu Ende."

125) Vgl. *R. Smend*, Staatsrechtliche Abhandlungen und andere Aufsätze, 2. Aufl. (1968), insbes. S. 119ff.(215ff., 260ff.), S. 89ff., 309ff., S. 68ff.(80ff.).

126) Vgl. (FN 125), S. 265.

127) Vgl. (FN 125), S. 266, 217.

128) Vgl. (FN 125), S. 90, 262f.

사회통합의
실질적 가치

는 '가치질서' 내지 '문화질서'가 그 나라 헌법에 '기본권'으로 나타나
기 때문에, '기본권'이야말로 사회공동체를 정치적인 일원체로 동화시
키고 통합시켜 주는 실질적인 계기인 동시에 원동력(sachlicher Inte-
grationsfaktor)이다.[129] 이처럼 동화적 통합의 가치질서 내지는 가치적
인 Konsens가 바로 기본권이라고 이해하는 Smend에게는 기본권이
야말로 사회공동체의 동화적 통합을 가능케하는 '실질적인 요소'
(sachlicher Gehalt)를 뜻하기 때문에 기본권에 의해서 비로소 '전체로서
의 국가'(das Staatsganze)가 창설되게 된다.[130]

532

기본권에
의한
국가권력
창설

    Smend가 기본권은 국가권력을 '제한'하거나 국가작용의 '한계'
(Schranken)를 뜻하는 것이 아니고 오히려 국가권력을 '강화'시키는 것
이라고 역설하면서[131] '국민'과 유리된 '국가'를 전제로 해서 '국가권력
의 통제수단'으로 기본권을 이해하는 C. Schmitt의 이론을 반박하는[132]
이유도 그 때문이다. Smend처럼 기본권이 동화적 통합의 실질적인 계
기가 되고 기본권에 의해 비로소 정치적인 일원체는 창설되고 정당화될
뿐 아니라 국가의 본질이 정해진다고 보는[133] 경우에는 기본권은 국가창

기본권의
통합기능과
정치적 기능

설의 동화적 통합기능[134]을 가지기 때문에 결코 '비정치적인 질'의 것일
수도 없고 또 '국가로부터의 자유'(Freiheit vom Staat)를 뜻할 수도 없게
된다. Smend가 기본권을 '헌법이론적'인 측면에서보다는 국가이론의 문
제로 다루면서 기본권을 민주시민의 국가창설적 '신분권'(Standesrecht
des neuen Berufs des Untertanen als Bürger im Status politicus)[135] 내지
는 개인의 '정치적인 생존권'(Grundrechte als politische Existenz des
Individuums)[136]이라고 그 정치적인 기능을 강조하는 이유도 그 때문이다.

533

기본권에
기속되는
국가작용

    이 같은 Smend의 시각에서는 기본권과 통치구조의 이념적인 단
절관계란 생각할 수도 없고 또 전자가 비정치적인 법치국가원리에 의
해서 그리고 후자가 민주주의원리에 의해서 규율되는 독자적인 헌법의

---

129) Vgl. (FN 125), S. 217, 264.
130) Vgl. (FN 125), S. 94.
131) Vgl. (FN 125), S. 93.
132) Vgl. (FN 125), S. 91, 93, 314.
133) Vgl. (FN 125), S. 91, 92, 217.
134) Vgl. (FN 125), S. 94.
135) Vgl. (FN 125), S. 316.
136) Vgl. (FN 125), S. 316.

구성부분을 뜻할 수도 없다. 기본권이 동화적 통합의 의도적인 방향을 뜻하고 기본권이 모든 실정법질서를 정당화하기 때문에 기본권적 가치질서 내에서만 실정법질서가 효력을 가진다고 보는[137] 그의 이론형식에 따른다면 기본권은 행정작용과 사법작용은 물론 입법작용까지도 이를 기속하게 된다.[138] 기본권이 입법작용까지 기속한다는 스멘트의 이론은 적어도 스멘트가 그의 동화적 통합이론을 정립한 바이마르공화국 헌법 아래서는 통설에 대한 정면으로부터의 도전이 아닐 수 없었다. 아무튼 이같은 R. Smend의 견해에 따르면 기본권과 통치구조는 단절관계가 아니고 기능적인 상호교차관계에 있는 것으로서 통치구조란 동화적 통합의 실질적인 원동력으로서 기본권을 실현하기 위한 하나의 '정돈된 기능' 구조에 지나지 않게 된다.[139] R. Smend가 '헌법을 전체로서'(Verfassungsrecht als Ganzes) 이해할 것을 강조하는 이유도 그 때문이다.[140] 결국 R. Smend에게 있어서는 '기본권'과 '국가권력'의 이념적인 갈등, 대립관계는 성립될 수가 없다. 사회공동체의 가치질서를 뜻하는 '기본권'에 의해서 정치적인 일원체가 형성되고 정당화되기 때문에, 기본권은 국가권력의 자제에서 나오는 은혜적인 것일 수도 없고 또 '국가로부터의 자유'를 뜻할 수도 없다. 기본권은 오히려 국가지향적인 국가창설적 기능을 뜻하기 때문에 '국가를 향한 자유'(Freiheit zum Staat)의 측면이 강조되지 않을 수 없다.

> 기본권실현 위한 통치구조

> 국가를 향한 자유

R. Smend가 '언론의 자유'(Meinungsäußerungsfreiheit)가 가지는 '사회적 기능' 내지는 '집단형성적 기능'(soziale, gruppenbildende Funktion)을 강조하면서 언론의 자유와 집회·결사·시위의 자유와의 상호관계를 중요시하고 개인뿐 아니라 단체나 집단의 의사표시(선전·Agitation·시위 등)도 이 자유의 보호를 받는다고 주장하는[141] 이유도 그

> 534
> 언론의 자유의 중요성

---

137) Vgl. (FN 125), S. 265: "Die Grundrechte proklamieren ein bestimmtes Kultur-, ein Wertsystem, das der Sinn des von dieser Verfassung konstituierten Staatslebenssein soll. Staatstheoretisch bedeutet das sachliche Integrationsabsicht, rechtstheoretisch Legitimierung der positiven Staats- und Rechtsordnung. Im Namen dieses Wertsystems soll diese positive Ordnung gelten, legitim sein."

138) Vgl. (FN 125), S. 102.

139) Vgl. (FN 125), S. 91.

140) Vgl. (FN 125), S. 233ff.

141) Vgl. (FN 125), S. 95, 96.

가 '언론의 자유'를 정치적인 공동생활이 성립되기 위한 필수적이고 불
가결한 '전제'와 '형식'으로 이해하고 있기 때문이다. 그의 표현을 그대
로 빌리면 '언론의 자유'란 진실을 말할 수 있는 도덕적인 인간이 필요
로 하는 필수적인 '생명의 공기'를 뜻한다.[142]

535
자유=책임=
의무의 논리

어쨌든 기본권의 동화적 통합기능 내지는 국가창설적 기능을 강
조하는 R. Smend의 관점에서 볼때 기본권은 동화적 통합의 당위적 가
치질서(sollende Wertordnung)요 '문화질서'(Kulturordnung)인 동시에 동
화적 통합을 촉진시키기 위한 사회구성원의 '행동규범'(Verhaltensnorm)
을 뜻하기 때문에 그것은 결코 '국가로부터의 자유'나 '국가로부터의
해방'(Emanzipation vom Staat)을 의미할 수는 없다. R. Smend가 '자
유'(Freiheit)에 따르는 '책임의식'(Verantwortungsbewußtsein)과 '의무감'
을 동시에 강조하는 이유도 그 때문이다.[143] C. Schmitt처럼 기본권을
'국가로부터의 자유' 내지는 국가권력에 대한 한계정립적 기능만으로
이해하는 경우에 '자유'는 '해방'을 뜻할 수 있을지는 몰라도 자유＝책
임＝의무의 논리는 쉽사리 성립될 수가 없다. Smend에 따르면 군주국
의 시대에는 '군권'(군권)을 제한하는 기본권의 기능이 중요시되었기 때
문에 '국가로부터의 자유'가 어느 정도 이론적인 당위성을 지니고 또
그런대로 국민의 자유를 보호하는데 기여했을지는 몰라도 오늘날과 같
은 민주주의의 시대에는 기본권이 동화적 통합에 의한 국가창설의 실
질적인 원동력이 되고 또 국가존립의 가치질서적 당위성을 뜻하기 때
문에 '국가로부터의 자유'가 아니고 '국가를 향한 자유'를 의미한다고
한다.[144] 기본권은 결국 국가창설의 원동력인 동시에 그 존립에 '정당
성'을 부여하는 말하자면 '질서의 원리'를 뜻하기 때문에 사회구성원은
이 '질서'를 지키고 존중하여 동화적 통합을 실현시킬 '책임'과 '의무'
를 지게 된다. 이같은 Smend의 이론에 의해서 비로소 기본권은 국가
권력에 대한 고전적인 방어권으로부터 '국가'라는 건물을 짓는 데 있어
서의 '건축자재'(Aufbauelemente des Staates)로까지 발전한 것이다. 따라
서 기본권에 대한 제약은 국가라는 건물을 짓는 데 있어서 건축자재를

---

142) Vgl. (FN 125), S. 95: "Meinungsfreiheit ist ein Stück sittlich notwendiger
　　　Lebensluft für den Einzelnen, die Wahrheit sagen zu dürfen."
143) Vgl. (FN 125), S. 309ff.
144) Vgl. (FN 125), S. 92f., 265ff., 316, 318.

효율적이고 합리적으로 활용하기 위한 질서적 제약에 지나지 않는다.

바로 이곳에 R. Smend가 기본권에서 '권리'의 측면보다는 '객관적 질서'의 측면을 강조하고,[145] 또 기본권을 개인의 임의적인 행동영역으로 보지 않고 처음부터 전체를 지향한 '초개인적'이고 제도적인 것으로 이해하는[146] 이론적 단면이 있다. 이처럼 R. Smend가 국가지향적인 기본권의 동화적 통합기능을 강조함으로써 기본권이 가지는 정치적·민주적 의미를 부각시키고, 또 기본권의 질서적 측면과 제도적 의미를 명백히 한 것은 확실히 기본권이해에 대한 새로운 시도가 아닐 수 없었다.

536
기본권의
객관적
질서의
측면과
제도적 의미

오늘날 R. Smend의 사상적 영향을 받은 독일의 많은 공법학자 중에도 특히 P. Häberle가 그의 '제도적 기본권이론'(Institutionelle Grundrechtstheorie)을 통해서 R. Smend의 이론을 자기 나름대로 발전시키고 있기 때문에 이를 간단히 살펴보기로 한다.

(2) **P. Häberle의 제도적 기본권이론**(Institutionelle Grundrechtstheorie)

C. Schmitt가 '자유는 제도가 아니다'(Freiheit ist kein Institut)라는 전제 밑에서 '자유'와 '제도적 보장'을 구별하면서 그의 제도적 보장이론을 전개하는 것[147]과는 정반대로 P. Häberle는 '자유는 제도일 수밖에 없다'(Die Freiheit kann nur als Institut vorfinden)라는 시각에서 '자유'와 '기본권'을 이해하고 있다.[148] 즉 P. Häberle는 C. Schmitt가 '자유'를 '임의의 자유', '무제한의 자유', '주관적인 자유'라고 이해한 나머지 '자유'와 '제도'를 반대개념으로 단정하는 논리를 비판하면서 자유란 그처럼 법이나 '국가'를 떠나서 존재하는 것이 아니고 오로지 법속에[149]서만 현실화될 수 있고 또 충족될 수 있는 것이라고 역설한다.[150] 따라서 자유를 구체화하고 실현하는 법제도가 없이는 자유는 마치 '법

537
자유＝제도

---

145) Vgl. (FN 125), S. 318f.

146) Vgl. (FN 125), S. 90ff., 101ff., 263ff., 83f., 316, 318.

147) 앞의 방주 524와 525 참조.

148) Vgl. *P. Häberle*, Die Wesensgehaltsgarantie des Art. 19 Abs. 2 GG, 2. Aufl. (1972), insbes. S. 96ff., 116ff.; *derselbe*, Grundrechte im Leistungsstaat, VVDStRL 30 (1972), S. 43ff.; *derselbe*, Die Grundrechte im demokratischen Staat, in: *derselbe*, Verfassung als öffentlicher Prozeß, S. 579ff.

149) Vgl. *P. Häberle*, Die Wesensgehaltsgarantie des Art. 19. Abs. 2 GG, 2. Aufl. (1972), S. 93.

150) Vgl. (FN 149), insbes. S. 92ff.

적으로 공허한 공간'(rechtsleere Räume)¹⁵¹⁾에 지나지 않기 때문에 '자
유'는 어디까지나 제도적인 '법적 개념'으로 파악해야 된다고 한다.¹⁵²⁾

538
자유와
권리의
양면성

더욱이 P. Häberle는 '자유'와 권리가 개인에게 어떤 특권을 부여
하기 위한 것이라기보다 사회공동체를 동화·통합시켜서 정치적 일원
체를 형성하기 위한 일종의 과제적이고 책임적인 기능 때문에 인정되
는 것이기 때문에¹⁵³⁾ '자유'와 '권리'를 엄격하게 구별할 수도 없을 뿐
아니라,¹⁵⁴⁾ 기본권은 처음부터 그것이 지향하는 그 '전체' 속에서만 의
미를 가질 수 있는 '제도적인 것'(Grundrechte als Institute)일 수밖에 없
다고 한다.¹⁵⁵⁾ 따라서 P. Häberle의 관점에서는 '자유'와 '권리'가 서로
엉켜 있는¹⁵⁶⁾ 상태의 기본권은 결코 '개인의 이익'만을 위해서 존재하
는 것이 아니고 '공공의 이익' 내지는 '공동체이익'을 함께 추구하고
있는 것이기 때문에¹⁵⁷⁾ '주관적 권리의 면'과 '객관적 제도의 면'을 다
함께 내포하고 있다고 한다.¹⁵⁸⁾ 이처럼 '개인적인 관심사'와 '사회적인
관심사'가 서로 교차하고 또 '사적인 이익'과 '공적인 이익'이 변증법적
으로 서로 얽혀 있는 기본권제도에서¹⁵⁹⁾ 기본권이 가지는 제도적 면을
무시하고 그 주관적 권리의 면을 실현할 수도 없을 뿐 아니라, '소극적
인 자유'로서의 기본권은 도대체가 '참된 자유'를 실현할 수 없다고 한
다.¹⁶⁰⁾

539
제도는
기본권실현
수단

따라서 기본권을 단순히 '법상의 자유'로만 버려 두지 않고 그것
이 '사실상의 자유'를 실현하는 '보장규범'으로 기능케 하기 위해서
는 기본권이 효력을 나타낼 수 있는 '제도적으로 보장된 생활관계'
(institutionell gesicherte geordnete Lebensverhältnisse)와 이를 뒷받침해주
는 '법률질서'가 불가피하다고 한다.¹⁶¹⁾ 결국 개인의 '자유'는 '제도'로

---

151) Vgl. (FN 149), S. 98.
152) Vgl. (FN 149), S. 94.
153) Vgl. (FN 149), S. 101f.
154) Vgl. (FN 149), S. 94, 150ff., 224ff.
155) Vgl. (FN 149), S. 70ff., 96ff., 116ff., 126ff., 180ff.
156) Vgl. (FN 149), S. 94.
157) Vgl. (FN 149), S. 95.
158) Vgl. (FN 149), S. 70ff., 114.
159) Vgl. (FN 149), S. 21ff.
160) Vgl. (FN 149), S. 15f.
161) Vgl. (FN 149), S. 96ff.(98).

서만 그 '자유'의 의미를 찾게 된다고 한다.162) 뿐만 아니라 P. Häberle의 생각으로는 모든 기본권주체가 예외 없이 기본권을 행사할 수 있을 때 비로소 기본권의 제도적 의미가 나타나기 때문에163) 국가가 누구든지 기본권을 행사할 수 있도록 필요한 조건을 마련하는 권능을 가지는 것은 자유의 필수적인 개념요소에 지나지 않게 된다고 한다. 따라서 국가가 이와 같은 목적을 추구해서 행하는 입법조치는 기본권의 '제한'도 '침해'도 아닐 뿐 아니라 그것은 오히려 공공의 이익과 개인의 이익에 동시에 기여하는 결과가 되는 것이라고 한다.164) P. Häberle가 기본권에 대한 전통적인 '침해 내지 한계적 사고방식'(Eingriffs- u. Schrankendenken)을 신랄하게 비판하면서 법률의 개념을 '권리침해'나 '권리제한'의 혐의에서 해방시켜야 된다고 강조하는 이유도 그 때문이다.165)

침해 내지
한계적
사고방식의
배척

이같은 P. Häberle의 견해에 따르면 기본권에 관한 사항을 규율하는 법적 규제는 기본권에 대한 제한이나 침해를 뜻한다기 보다는 오히려 기본권을 모든 사람에게 실효성 있는 것으로 하기 위한 기본권의 '실현'이며 '강화'에 불과하게 된다.166) 말하자면 기본권에 대한 법률유보(Gesetzesvorbehalt)는 기본권을 제한하기 위한 것이 아니라 기본권을 실현하고 구체화하기 위한 불가피한 입법기능에 속한다는 이론형식이다.167) 모든 사람에게 기본권의 혜택이 고르게 돌아가게 하기 위해서는 모두가 적지 않은 자유의 제약을 감수하지 않을 수 없다는 이론이다. 그렇지 않고서는 무절제한 자유의 경쟁을 통해서 결국에 가서는 강한 자와 무분별한 이기적 인간들만이 자유를 소유하게 되는 결과가 되기 때문에 이같은 딜레머(Dilemma)를 해결하기 위해서는 각자가 가지는 자유의 영역에 대한 어느 정도의 제약은 불가피하고 그것은 결과적으로 자기에게 이익이 된다는 논리형식이다.168)

540
법률유보는
기본권실현
위한
입법기능

---

162) Vgl. (FN 149), S. 99: "Die individuelle Freiheit findet die Freiheit als Institut vor."
163) Vgl. (FN 149), S. 123.
164) Vgl. (FN 149), S. 23ff.
165) Vgl. (FN 149), S. 150ff.(154ff.), 222ff.
166) Vgl. (FN 149), S. 180ff.
167) Vgl. (FN 149), S. 193ff., 197ff., 202ff.
168) Vgl. (FN 149), S. 23ff., 188ff.

541
본질적
내용의
침해금지조
항의 선언적
의미

결론적으로 P. Häberle의 사상적 세계에서는 기본권에 내포되고 있는 '주관적 권리의 요소'가 기본권의 주체에게 자율적인 임의의 자유를 부여해 주는 것이 아니고 국가(즉 입법기관)에 의해서 제도적으로 마련되는 방향과 기준에 따라 그 자유와 권리의 내용과 과제가 정해지게 된다.[169] P. Häberle에게는 따라서 기본권의 본질적 내용을 침해할 수 없도록 규정하는 이른바 본질적 내용의 침해금지조항(Wesensgehalts-garantie)도 하나의 선언적인 의미밖에는 가지지 못하게 된다.[170]

(3) 비   판

a) R. Smend에 대한 비판

542
스멘트의
이론적
공적과 영향

기본권의 핵심을 자유권으로 보고 자유권의 본질을 소극적으로 이해하는 C. Schmitt의 기본권사상을 비판하면서 기본권에 내포된 가치 내지 문화질서적 성격과 그 동화적 통합기능을 강조함으로써 기본권과 민주주의의 기능적인 관련성을 뚜렷하게 한 것은 분명히 R. Smend의 이론적인 공적이 아닐 수 없다. R. Smend가 기본권에 내포되고 있는 '국가를 향한 자유'의 면을 강조하면서 국가를 창설하는(Grundlegung des Staates)[171] 시민적인 행동규범으로서의 기본권에 잠재하고 있는 '책임'과 '의무' 및 '기속'의 요소를 지적하고 기본권이 개인을 위해서만 있는 것이 아니고 그것은 동시에 정치적 일원체의 질서적인 의미도 아울러 가지고 있는 것을 명백히 한 점도 그의 이론적인 참신성이라고 할 것이다. 결국 '전체'를 지향하는 인간의 '개인적 자유'와 전체 속에서 차지하게 되는 '시민'으로서의 '개인'의 의미를 조화시켜 보려고 노력한 그의 시도는 확실히 많은 점에서 우리의 공감을 느끼게

기본권의
객관적
규범성

하는 것을 부인할 수 없다. 특히 R. Smend가 기본권이 갖는 '객관적 규범'(objektive Norm)성을 강조하면서 헌법질서의 통일성을 형성하는 그 기능을 중요시한 점이라든지, 기본권을 개인의 임의적인 영역만으로 보지 않고 '전체의 질서'(Gesamtordnung)에 기속된 제도적인 것으로 본 점이라든지, 또 사회공동체를 동화·통합시키고 정치적 일원체로 형성(창설)하는 기본권의 정치적·민주적 기능을 강조하면서 기본권을 기능적인 측면에서 정당화하려고 노력한 점 등은 스멘트적인 기본권관

---

169) Vgl. (FN 149), S. 98.
170) Vgl. (FN 149), S. 234ff.
171) Vgl. (FN 125), S. 318.

의 핵심적 내용들로서 많은 설득력을 간직하고 있는 것이 사실이다.

이같은 R. Smend의 기본권에 대한 이해가 오늘날 특히 독일의 학계[172]와 판례[173]에 가장 강력한 영향을 미치고 있는 것도 부인할 수 없다. 특히 기본권에 대한 그의 제도적 관점이 P. Häberle에 의해서 계승·발전되고 있는 것도 이미 살펴본 바와 같다.

하지만 R. Smend의 이론은 두 가지 점에서 비판을 면할 수 없다고 본다. 첫째는 R. Smend가 기본권의 객관적 규범질서의 면과 제도적인 면을 강조하는 반면에 기본권이 가지는 '주관적 권리'(subjektive Rechte)의 측면을 너무 소홀하게 다루고 있다는 점이고, 둘째는 국가를 창설하고 정당화하는 기본권의 기능적이고 민주적인 input의 측면을 강조한 나머지 기본권을 지나치게 '정치적인 것'으로 축소시켜서 이해하고 있다는 점이다. R. Smend처럼 기본권의 '권리성'을 소홀하게 생각하고 그 정치적 기능만을 강조하는 경우에는 크뤼거(H. Krüger)[174]가 적절히 지적한 바와 같이 기본권은 개인의 '행동과 결정의 자유'를 뜻한다기보다는 동화적 통합을 실현하기 위한 정치적 의사형성과정에 적극적으로 참여하여야 되는 '의무적인 요인'이 그 핵심처럼 간주될 수밖에 없다. 민주국가에서의 기본권이 아무리 '의무적인 요인'을 내포한다 하더라도 그것은 어디까지나 '자유'와 '권리'를 전제로 한 '반사경'(반사경)과 같은 것이라고 보는 것이 옳지, 거꾸로 '자유'와 '권리'를 떠나서 '의무적인 요인' 그 자체를 기본권의 본질 내지 핵심인 것처럼 평가하는 태도는 확실히 문제점이 있다고 할 것이다. R. Smend의 사상적 세계를 그 이론적인 바탕으로 하고 있는 헷세(K. Hesse)[175]가 기본권의 양면성 내지 이중성(Doppelcharakter)을 강조하면서 기본권이 가지는

스멘트의
영향

543
스멘트이론
의 문제점

기본권의
권리성 경시
및 정치성
과장

---

172) Vgl. u. a. *K. Hesse*, Grundzüge des Verfassungsrechts der Bundersrepublik Deutschland, 13. Aufl.(1982), insbes. S. 113ff. (RN 280ff.): *U. Scheuner*, Staatstheorie und Staatsrecht, 1978, insbes. S. 633ff., 665ff., 709ff., 737ff., 759ff., 775ff.; *E. R. Huber*, Der Bedeutungswandel der Grundrechte, AöR 62(1933), S. 1ff.(7, 15ff., 30, 84); *G. Leibholz*, Die Auflösung der liberalen Demokratie in Deutschland, 1933, insbes. S. 54; *P. Häberle*(FN 148).

173) Vgl. z. B. BVerfGE 7, 198(204f.); 21, 362(371f.); 35, 79(114); 45, 187(227). 독일연방헌법재판소는 자유권의 실효성을 증대시키기 위해서는 기본권을 '객관적인 가치질서'(objektive Wertordnung) 내지 가치체계(Wertsystem)로 보지 않을 수 없다는 입장을 고수하고 있다.

174) Vgl. *Herbert Krüger*, Allgemeine Staatslehre, 2. Aufl.(1966), S. 543.

175) Vgl. (FN 172), RN 279, 290ff.

Hesse의
양면성이론

'주관적 권리'의 면을 중요시하고 있는 것도 결코 우연한 일은 아니다. 인간의 자유가 신장되기 위해서 '자유로운 전체의 질서'가 필요한 것은 사실이지만 그렇다고 해서 그 '전체의 질서'만을 강조하는 것은 옳지 못한 태도라고 본다. 따라서 K. Hesse처럼[176) '주관적 권리'와 '객관적 질서'가 서로 긴밀한 상승작용(Wechselwirkung)을 이루는 경우에만 기본권적 자유는 비로소 그 자유의 의미를 갖게 된다고 보는 것이 옳다고 생각한다. 오늘날처럼 전문적이고 기능적인 고도의 산업사회에서 인간 상호간의 생활영역이 거미줄처럼 얽혀 있는 사회환경 속에서는 서로가 서로에게 의지하지 않고는 하루도 살아갈 수 없는 것이 사실이기 때문에 인간사회의 이같은 '거미줄현상'을 보호해 주고 보살펴 주는 '전체의 질서'가 필요한 것은 사실이지만 그렇다고 해서 그 '전체질서'의 전제가 되는 '주관적 권리'의 측면이 무시되거나 경시되어서는 기본권은 이미 그 의미를 상실한다고 보는 것이 옳다.

544

스멘트와
가치의 문제

또 학자에 따라서는 R. Smend가 기본권을 하나의 '가치체계' 내지 '문화체계'라고 이해하는 나머지 시류에 따라 급변할 수 있는 다양한 '가치관'이나 '가치판단'이 기본권해석에 스며들 수 있는 여지를 남겨 놓았다고 비판하는 사람도 있으나[177) R. Smend가 생각하는 '가치'는 라이브홀츠(G. Leibholz)[178)가 지적하는 바와 같이 역사적인 발전과정에 상응한 '계속성'과 '구체적인 내용'을 가지는 것이라고 보는 것이 옳을 것이다. R. Smend 스스로의 말을[179) 빌리더라도 기본권은 역사와 결부된 일정한 '가치구조' 내에서 문화현상을 보는 관점인 동시에 이같은 관점에서 가치체계를 '규범화'(normieren)하고 '구체화'(positivieren)하는 것이기 때문에 R. Smend에 있어서의 '가치'는 구체적인 어느 한 시점에서 볼 때는 그 내용이 결코 다양할 수는 없다고 할 것이다.[180)

---

176) Vgl. (FN 172), RN 290ff.

177) Vgl. z. B. *E.-W. Böckenförde*, Grundrechtstheorie und Grundrechtsinterpretation, NJW 1974, S. 1529ff.(1534).

178) Vgl. *G. Leibholz*, In Memoriam R. Smend, 1976, S. 15ff.(35f.).

179) Vgl. *R. Smend*(FN 125), S. 96, 264.

180) R. Smend의 이론에서 강조되는 '가치의 문제'(Wertproblem)에 대해서는 다음 문헌을 참조할 것.

　　A. Hollerbach, AöR 85(1960), S. 241ff.(253ff.).

결론적으로 R. Smend의 기본권에 대한 이해는 위에서 지적한 문제점 때문에 그것을 그대로 우리 현실에 받아들이기는 어렵다 하더라도 적어도 기본권이 가지는 동화적 통합기능과 국가창설적 input 기능을 중요시하고 기본권에 표현된 가치질서적 측면에서 헌법을 전체로서 이해하려는 노력은 우리 헌법을 해석하는데 있어서도 반드시 이론적인 지표가 되어야 하리라고 본다.

b) P. Häberle에 대한 비판

R. Smend의 사상을 받아들여 그것을 이론적으로 한 걸음 더 발전시킨 P. Häberle의 제도적 기본권이론은 크뢰거(K. Kröger)의 말대로[181] 그 이론전개의 면에서 확실히 그 나름대로 논리가 서는 것이 사실이다. 그럼에도 불구하고 그의 이론이 많은 학자[182]에 의해서 비판되고 배척되는 이유는 P. Häberle가 기본권을 지나치게 제도적인 것만으로 이해하고 있기 때문이다. 물론 P. Häberle도 기본권에 내포된 '주관적 권리의 면'을 부인하지 않고 이를 '제도적인 면'과 동격이라고 설명하고 있긴 하지만, 그의 논리형식을 그대로 따르는 경우에는 기본권은 완전히 제도화될 수밖에 없기 때문에 기본권의 주관적 권리의 면이 도저히 그 실효성을 나타낼 수 없다. '자유'와 '권리'를 구별치 않고, 기본권을 모든 사람이 활용할 수 있는 제도로 확립하기 위한 법률규제의 필요성을 강조하면서, 기본권을 실효성 있게 제도화하기 위한 모든 입법조치를 기본권의 '제한'이나 '침해'라고 보지 않고 오히려 기본권을 '구체화'하고 '강화'하는 불가피한 수단이라고 파악하는 P. Häberle의 사상적 세계는 슈타이거(H. Steiger),[183] 클라인(H. H. Klein),[184] K. Kröger[185] 등의 말처럼 권력현상에 대한 지나친 낙관과, 자유를 소유한 인간에 대한 지나친 인성학적 비관주의에 그 바탕을 두고 있다고

545
제도적
기본권이론
의 문제점

기본권의
제도적 이해

권력에 대한

---

181) Vgl. *K. Kröger*, Grundrechtstheorie als Verfassungsproblem, 1978, S. 25.

182) Vgl. z. B. *P. Lerche*, DÖV 1965, S. 212ff.; *R. Schnur*, DVBL 1965, S. 489ff.; *Denninger*, JZ 1963, S. 424; *K. Kröger*(FN 181), S. 24ff.(25f.); *H. Steiger*, Institutionalisierung der Freiheit?, in: H. Schelsky (Hg.), Zur Theorie der Institution, 1973, S. 91ff.(111ff.); *H. Jäckel*, Grundrechtsgeltung und Grundrechtssicherung, 1967, S. 36; *E.-W. Böckenförde*(FN 177), S. 1532, 1533; *H. H. Klein*, Die Grundrechte im demokratischen Staat, 1974, insbes. S. 54ff.(57f.).

183) Vgl. (FN 182), S. 112.

184) Vgl. (FN 182), S. 57f.

185) Vgl. (FN 181), S. 26.

낙관주의

볼 수도 있다. 그러나 역사의 교훈이 말해 주듯이 입법기능을 손에 쥔 권력의 주체가 P. Häberle의 생각처럼 그렇게 합리적인 사고에 의해서만 움직이는 것도 아니고, 또 자유의 주체인 인간은 그의 자유와 행복을 추구하는데 있어서 언제나 법적인 규제를 필요로 할 만큼 악하고 무분별한 존재만은 아니다. 물론 사회공동체를 전제로 하는 '자유'는 그 본질상 무제한 할 수도 없고 또 '절대적'일 수도 없다. 사회생활과 결부된 '자유'는 그것이 타인의 '자유'와 공존해야 될 필요성 때문에 개념필수적으로 일정한 한계가 있을 수밖에 없다. 절대적이고 무제한

절대적인
자유와 힘

한 자유는 결국 타인에 대한 절대적인 힘을 뜻할 수밖에 없고 '힘'은 벌써 '자유'의 영역을 떠난 것이기 때문이다.186) 외로운 섬에 혼자 사는 로빈슨크루소의 '자유'는 P. Häberle의 관점에서는 자유라기보다 '고독'이라고 보아야 하며 로빈슨크루소의 참된 자유는 또 하나의 로빈슨크루소가 그 섬에 상륙했을 때부터 비로소 시작된다고 보아야 한다. 이 경우 두 사람의 로빈슨크루소는 각자의 '자유'를 위해서 서로가 양보해서 혼자 있을 때에는 생각할 수 없었던 '자유의 제한'을 감수하든지 아니면 서로가 절대적이고 무제한한 자유를 위해서 투쟁할 수밖에 없는데, 싸움에서 이긴 승자가 가지는 절대적 자유란 결국 싸움에서 진 패자에 대한 절대적인 힘으로 나타날 수밖에 없다. 따라서 자유가 모두에게 자유로서의 의미를 가지기 위해서는 자유에 대한 '제약'이 불가피하다는 P. Häberle의 논리는 그런대로 설득력이 있다. 하지만 '자

Lerche의
비판

유'에 대한 이같은 '제약'은 레르헤(P. Lerche)187)의 말처럼 자유의 충돌 내지는 '이해관계의 상충'을 해결하기 위한 하나의 수단에 불과하지 그 자체가 '자유'를 뜻할 수는 없다. '자유의 한계'란 결국은 이같은 가치충돌 내지 이해관계의 상충에서 오는 긴장관계를 해결하기 위한 필요성 때문에 성립되는 개념형식이다. 헌법에 규정된 기본권의 제한도 마찬가지로 이같은 한계적 측면에서 이해해야지 P. Häberle처럼 그것을

기본권과
제도

제도적인 측면에서 파악한 나머지 '기본권'과 '제도'를 동일시하는 것은 옳지 못하다고 본다. 무제한하고 절대적인 자유가 성립될 수 없다는 점에서는 원칙적으로 이의가 있을 수 없지만, 그렇다고 해서 무제

---

186) So auch *E.-W. Böckenförde*, VVDStRL 28(1969), S. 54.
187) Vgl. (FN 182), S. 213.

한하고 절대적인 자유를 방지하는 유일한 방법은 기본권을 제도적인 것으로 이해하는 길뿐이라는 논리는 성립되지 않는다. 자유와 권리를 구태여 제도적인 면에서 보지 않는다 하더라도 얼마든지 자유와 권리의 한계를 강조하고 또 그 제한을 정당화할 수 있다. P. Häberle가 생각하는 '제도'는 그것이 자유의 실현을 위한 하나의 수단일 수는 있어도 '제도'가 곧 '자유'를 뜻할 수는 없다. 바로 이곳에 해벌레적 제도적 기본권이론의 가장 큰 문제점이 있다. '법적인 자유'의 본질이 제약일 수밖에 없는 이유는 '법적인 자유'의 주체가 여럿이기 때문이다. 따라서 '자유'에 대한 제약은 어디까지나 '자유'를 전제로 해서, 그것을 모든 자유의 주체에게 활용할 수 있도록 해 주기 위한 수단에 불과하지, 그 '제약'에 의해서 비로소 없던 '자유'가 생겨나는 것은 아니다. 헌법상 기본권에 대한 제한도 기본권에서 나오는 가치충돌을 해결하기 위한 헌법적 윤곽(verfassungsrechtliche Konturen)에 불과하기 때문에, 역시 기본권은 P. Lerche[188]가 강조하는 바와 같이 '한계적 사고방식'(Schranken-Denken)에 의해서 이해하는 것이 원칙이다. P. Häberle가 생각하는 '제도'는 자유의 수단이지 자유 그 자체는 아니다. 바로 이곳에 자유를 '제도화'(Institutionalisierung)하는 데 있어서의 한계가 있다. 또 바로 이곳에 '본질적 내용의 침해금지조항'이 가지는 창설적·한계적 의미가 있다. 헌법상의 기본권은 분명히 국가가 원하는 형태의 권리행사 내지는 자유의 신장과는 다르다. 그렇지 않고 P. Häberle처럼 기본권에 대한 '침해'나 '제한'은 오히려 기본권의 제도적인 성격에서 나오는 기본권실현의 불가피한 수단이라고 밀고 나가는 경우에는 멀지 않아서 동화적 통합이론이 지극히 경계하는 '법률 속의 자유'(Freiheit im Gesetz)라는 법실증주의의 세계로 돌입하게 된다는 점을 주의할 필요가 있다. P. Häberle가 아무리 '법 속의 자유'(Freiheit im Recht)를 주장하지만 그가 '법'의 의미를 분명히 하지 않는 한 그것은 자칫 '법'(Recht) = '법률'(Gesetz)의 결과를 초래할 위험이 있고, 기본권은 결국에 가서는 힘을 가진 사람의 느낌과 기분에 따라서 마음대로 그 내용이 정해지게 되고, 마침내 '자유'는 머지않아 그 빛을 잃을 수밖에 없다. P. Häberle의 헌법관은 이처럼 법실증주의와 통하는 면이 있는 것

자유를 전제로 한 제약

제도는 자유의 수단

법률 속의 자유

법실증주의

---

188) Vgl. (FN 187).

와의 관계

같기도 하지만 또 한편 법실증주의와는 상극적인 이론이라고도 볼 수 있다. 왜냐하면 H. Kelsen의 사상적 세계에서는 그의 법단계설에 따라 적어도 법률에 대한 헌법의 우선적 효력만은 절대적인 가치로 지켜지기 마련이지만, P. Häberle에 있어서는 결과적으로 모든 것을 입법기능에 맡길 뿐 아니라 헌법의 해석 그 자체도 '사회적인 세력'의 역학관계에 일임되기 때문에 헌법의 실정법성 내지는 규범성이 용해될 수밖에 없기 때문이다.

546

우리 헌법과
제도적
기본권이론

우리나라 헌법상의 기본권에 관한 규정은 특히 그 '사회적 기본권'의 분야에서 개방적이고 추상적인 개념을 많이 포함하고 있을 뿐 아니라 적지 않은 조문에서 그 내용의 실현을 '법률'에 맡기고 있기 때문에[189] 그 구체화와 실효성을 위해서는 많은 양의 입법조치가 필요한 것이 사실이다. 따라서 '자유'와 '권리'를 제한하는 법률의 제정은 그것이 비단 '제한'의 의미만을 갖는 것이 아니고 '자유'와 '권리'의 내용을 구체화하고 실현한다는 의미도 동시에 갖는다는 점을 완전히 부인할 수는 없다. 이같은 사정을 해벌레적인 시각에서 평가한다면 그것은 바로 기본권을 제도적인 측면에서 이해해야 되는 구체적인 예라고 말할 수도 있겠으나, 우리 헌법은 그 기본권에 관한 규정에서 주관적 권리의 면을 강조하고 있는 점이 뚜렷할 뿐 아니라, '본질적 내용의 침해금지조항'(제37조)(제2항)도 분명히 '한계적 사고'의 소산이라고 해석할 수밖에[190] 없기 때문에, 우리 헌법을 해석하는데 제도적 기본권이론이 원용될 여지는 거의 없다고 할 것이다.

---

189) '법률에 의하지 아니하고는'(제12조 제 1 항), '법률이 정하는 바에 의하여'(제 2 조 제 2 항, 제 7 조 제 2 항, 제 8 조 제 3 항, 제12조 제 4 항, 제24조~제26조, 제27조 제 5 항, 제28조, 제29조 제 1 항, 제30조, 제31조 제 4 항, 제32조 제 1 항과 제 6 항, 제33조 제 3 항, 제34조 제 5 항, 제38조, 제39조), '법률로써'(제22조 제 2 항), '법률로 정한다'(제 2 조 제 1 항, 제21조 제 3 항, 제23조 제 1 항, 제31조 제 6 항, 제32조 제 2 항과 제 3 항, 제35조 제 2 항), '법률로써 하되'(제23조 제 3 항), '법률이 정한 경우'(제27조 제 2 항), '법률이 정하는'(제27조 제 1 항, 제28조, 제29조 제 2 항, 제31조 제 2 항, 제33조 제 3 항), '법률이 정하는 자'(제12조 제 5 항, 제29조 제 2 항, 제33조 제 2 항).

190) 제37조 2항: "… 자유와 권리는 …위하여 <u>필요한 경우에 한하여</u> 법률로써 제한할 수 있으며 <u>제한하는 경우에도</u>…."

4. 결 론(사견)

(1) '국민의 지위'와 기본권의 관계

　기본권의 본질과 기능을 어떻게 이해하느냐의 문제는 그것이 기본권에 국한된 문제가 아니고 국가관이나 헌법관과 불가분의 밀접한 상호관계가 있다는 점은 지금까지의 설명에서 명백히 되었다고 본다. 오늘날 독일을 비롯한 서구 여러 나라에서 자주 인용되고 있는 이른바 '자유주의적 기본권이론'(liberale Grundrechtstheorie),[191] '기본권의 가치이론'(Werttheorie der Grundrechte),[192] '제도적 기본권이론'(institutionelle Grundrechtstheorie),[193] 민주주의적·기능적 기본권이론(demokratisch-funktionale Grundrechtstheorie),[194] '사회국가적 기본권이론'(sozialstaatliche Grundrechtstheorie)[195] 등도 따지고 보면 각각 C. Schmitt와 R. Smend의 사상적 세계를 그 이론적인 바탕으로 해서 만들어진 개념형식에 불과한 것이지, 그 자체가 기본권의 본질과 기능에 대한 새로운 이론을 내포하고 있는 것은 아니다. '자유주의적 기본권이론'이 C. Schmitt의 사상적 세계를 대변하고 있는 것이라면 나머지 이론들은 결국은 R. Smend의 사상을 기초로 해서 그것을 내용별로 강조하고 있을 뿐이기 때문에 그 이론적인 뿌리는 역시 R. Smend의 동화

547
다양한
기본권이론

191) C. Schmitt 이외에 이 입장을 대표하고 있는 것은 역시 E. Forsthoff, Th. Maunz, H. P. Ipsen, E.-W. Böckenförde, H. H. Klein, J. Isensee 등이라 할 것이다.
　Vgl. *E. Forsthoff*, Die Umbildung des Verfassungsgesetzes, in; *derselbe*, Rechtsstaat im Wandel, 1964, S. 152ff.; *derselbe*, Zur Problematik der Verfassungsinterpretation, 1961; *Th. Maunz*, Deutsches Staatsrecht, 21. Aufl.(1977), S. 96ff.; *H. P. Ipsen*, Über das Grundgesetz, DÖV 1974, S. 295; *E.-W. Böckenförde*(FN 177); *H. H. Klein*(FN 182); *J. Isensee*, Wer definiert die Freiheitsrechte?, 1980.
192) 특히 독일연방헌법재판소와 G. Dürig가 이 이론을 취하고 있다.
　Vgl. z. B. BVerfGE 7, 198(205); 21, 362(371f.); 35, 57(65); 45, 187(227); *G. Dürig*, in: Maunz/Dürig/Herzog/Scholz, GG-Kommentar(Stand: April 1983), RN 5ff. zu Art. 1 Abs. 1 und RN 99 zu Art. 1 Abs. 3.
193) 특히 P. Häberle의 이론이다. 위 방주 537 이하 참조.
194) 특히 H. Ridder의 입장이다. Vgl. Meinungsfreiheit, in: Neumann/Nipperdey/Scheuner, Die Grundrechte Ⅱ (1968), S. 243ff.(262ff.).
195) 특히 Teilhaberechte(참여권)라고 불려지는 이 이론은 P. Häberle가 강조하고 있다. 한때 독일연방행정재판소도 이 입장을 취한 일이 있고, 또 독일연방헌법재판소도 제한적으로 이 이론을 따른 경우도 있다.
　Vgl. *P. Häberle*, Grundrechte im Leistungsstaat, VVDStRL 30 (1972), S. 69ff.; BVerwGE 27, 360; BVerfGE 33, 303.

적 통합이론이라고 할 것이다. 또 E. W. Böckenförde가 강조하고 있
는 이른바 '헌법내재적 기본권이론'(verfassungsimmanente Grundrechts-
theorie)[196]도 독일기본법의 해석에 관한 한 자유주의적 기본권이론의
범주를 벗어나지 못하고 있다.

548
지위이론의
문제점

　　생각건대, 국민의 기본권을 국가권력이 베푸는 '은혜적인 제도'
내지는 국가권력의 '자제현상'이라고 설명하는 법실증주의적 기본권관
이 오늘날 통할 수 없는 것은 더 말할 나위가 없다. 그럼에도 불구하고
오늘날까지도 독일은 물론 특히 일본과 우리나라에서 G. Jellinek의 이
른바 '지위이론'(Statuslehre)이 기본권을 이해하는 데 불가결한 이론적
인 출발점처럼 되어 있는 것은 기본권이론의 재정립시기라고 볼 수 있
는 오늘날 하나의 전환기적 과도현상으로 받아들일 수는 있을지 몰라
도, 본질적인 차원에서는 불원간 우리도 옐리네크적 사상의 세계를 탈
피할 때가 되었다고 본다. '국민'과 '국가'를 처음부터 유리된 별개의
존재로 보고 국민의 국가에 대한 지위에서 비로소 자유권을 비롯한 여
러 가지 기본권이 나온다고 파악하는 옐리네크적 관점에서는 '국가의
권력'은 처음부터 제한된 것이 아니고 국민에게 이른바 '소극적 지
위'(Status negativus) 등을 인정하기 위한 '자제'에 불과하기 때문에 '자
제'가 제대로 기능을 나타내지 못하거나 '자제'가 오히려 국가발전에
장해가 된다는 사고방식이 지배하게 되는 경우에는 국민의 기본권은
발붙일 곳이 없다.[197] 따지고 보면 국가를 법인이라고 이해하고 국가주
권설을 주장하는 G. Jellinek의 국가관에서 볼 때는 국민이 주권자인
국가에 대해서 어떤 지위를 가지느냐가 충분히 문제될 수 있지만 오늘
날 민주국가에서 국민주권이 일반적으로 인정되고 있는 상황 아래에서
는 '국민의 국가에 대한 지위'라는 논리형식 자체가 성립될 수 없다.
구태여 '국민의 지위'를 논한다면 그것은 '국민의 헌법상의 지위'에 불
과하고, '국민의 헌법상의 지위'는 기본권에 의해서 비로소 발생하고
그것은 또한 '기본권'에 의해서 징표되고 보장될 수 있을 따름이다. 이
렇게 볼 때 G. Jellinek의 '지위이론'이 가지는 가장 근본적인 문제점
은 G. Jellinek가 국민의 기본권을 떠나서 국민의 지위를 논할 수 있다

---

196) Vgl. *E.-W. Böckenförde*(FN 177), S. 1536ff.
197) Vgl. *K. Hesse*(FN 172), RN 281, 282.

고 생각하는 점이다. 하지만 기본권을 떠나서 국민의 지위를 논하는 것은 처음부터 국민의 국가(주권자)에 대한 일방적인 복종관계를 전제로 하는 논리형식으로서는 몰라도 국민의 기본권에 의해서 비로소 국가권력이 창설된다는 관점에서는 성립될 수 없는 논법이다. 따라서 국민의 지위가 있다면 그것은 '헌법상의 지위'일 따름이고 그것은 기본권에 의해서 비로소 발생하고 보장되는 것이지, 거꾸로 '지위'가 기본권을 낳게 하는 것은 아니다. G. Jellinek의 '지위이론'을 그대로 따를 수 없는 가장 중요한 이유이다.

(2) 자연법론의 문제점

또 칼 슈미트적인 기본권관에서 중요한 구실을 하는 이른바 선국가적·초실정법적인 자연법론적 자유의 사상도 문제점이 없는 것은 아니다. 인간의 생명은 하느님이나 자연이 주신 선물일지 모르지만 사람은 '자연'이 아닌 일정한 '질서' 속에 태어나기 마련이다. 그 '질서'가 '법질서'이건 '도덕질서'이건, '국가질서'이건 '혈족질서'이건 간에 인간은 '질서' 속에 태어나서 '질서' 속에서 생활해 나가기 마련이다. '질서'는 우리 인간의 출생환경인 동시에 생활환경이다. 따라서 출생환경이나 생활환경을 뜻하는 '질서'를 떠나서 '자유'와 '권리'가 신장될 수도 없고 또 보장될 수도 없다. 결국 인간의 자유와 권리는 '질서' 내의 자유와 권리를 뜻할 수밖에 없다. 따라서 '질서' 내의 자유와 권리는 C. Schmitt가 보는 것처럼 무제한한 것이 아니고, 스스로 일정한 한계가 있기 마련이다. 바로 이곳에 '질서'를 떠나서 무제한한 '선국가적'인 자유와 권리를 주장하는 자연법론의 문제점이 있다. 물론 자연법론적 기본권이론은 그것이 풍기는 '자유우호적'인 인상 때문에 우리 모두가 공감할 수 있는 소지가 많은 것이 사실이고 또 추상적인 개념형식으로서는 충분히 수긍되는 점이 있지만, 인간의 자유와 평등은 인간의 생활관계를 떠나서는 의미가 없기 때문에 정치적 일원체의 생활관계를 규율하는 헌법의 민주주의적·법치국가적·사회국가적 질서 내에서 비로소 그 실효성을 기대할 수 있다. 따라서 자연법의 이상은 국가권력을 창설하는 경우에 지침적 기능을 하는 것은 몰라도 헌법에 의해서 마련된 민주주의적·법치국가적·사회국가적 질서의 본질적인 구성요소로서의 기본권을 이해하는데 있어서 자유와 권리의

549
인간의
생활질서와
자유

무제한성을 주장하는 논거는 될 수 없다고 할 것이다. 무제한한 자유는 '자유'라기보다는 이미 타인에 대한 '절대적인 힘'을 뜻한다고 강조하는 E.-W. Böckenförde의 말[198]에 공감이 가는 이유도 그 때문이다.

550
헌법질서와
자유의
상호관계

이처럼 일정한 헌법질서 속에서 태어나서 헌법질서 속에서 생활해 나가는 인간은 일방적으로 '헌법질서'에 의한 구속만을 받는 것이 아니고 그 '헌법질서'를 형성하고 개선해 나갈 수 있는 '주관적 권리'를 가진 인격의 주체이다. 인간의 자유와 권리가 무제한할 수 없는 것처럼 인간의 생활환경을 뜻하는 '헌법질서' 그 자체도 절대적이고 고정적일 수는 없다. 칼 슈미트가 인간의 자유는 원칙적으로 무제한한 것이지만 국가권력은 원칙적으로 제한적인 것이라고 그의 '배분의 원리'(Verteilungsprinzip)를 강조하지만, '헌법질서'와 그 속에서 생활해 나가는 자유와 권리의 주체로서의 인간이 서로 영향을 미치면서, 인간은 헌법질서속에서 또 헌법질서는 인간에 의해서 인간생활을 위해 합리적으로 형성되고 개선되어 나간다고 보는 저자의 관점에서는, 무제한한 국가권력이 존재할 수 없는 것처럼 무제한의 자유도 인정될 수 없다고 할 것이다.[199]

(3) 기본권의 양면성(기본권의 내용과 성격)

551
주관적
권리와
객관적 질서

이처럼 헌법적인 질서 속에서의 자유와 권리를 뜻하는 기본권이 또 다른 질서를 형성해 나갈 수 있는 힘을 가지는 것은 기본권이 가지는 양면성(Doppelcharakter)[200] 때문이다. 즉, 기본권은 한편으로 민주주의적, 법치국가적, 사회국가적 헌법질서의 기본이 되는 질서적 요소를 뜻하기 때문에 그 헌법질서로서의 힘 때문에 기본권의 주체인 국민을 일단 이 질서 속으로 끌어들이지만, 그 민주주의적, 법치국가적, 사회국가적 헌법질서는 그러나 기본권의 주체인 국민이 그의 주관적 권리로서의 기본권을 행사함으로 인해서 비로소 그 기능을 나타낼 수 있다.[201] 기본권은 결국 인간생활의 바탕이 되는 사생활영역에 대한 국가의 불필요한 생활간섭을 배제하고 동화적 통합의 생활형식인 헌법질서

---

198) Vgl. *E.-W. Böckenförde*, VVDStRL 28(1969), S. 54.

199) So auch *K. Hesse*(FN 172), RN 292.

200) Vgl. *K. Hesse*(FN 172), RN 279(S. 112).

201) Vgl. *K. Hesse*(FN 172), RN 280(S. 113).

내에서 적극적 또는 소극적으로 정치적 일원체의 정신적·문화적·사회적·경제적·정치적 생활을 함께 형성해 나갈 수 있는 국민 개개인의 '주관적 권리'(subjektive Rechte)인 동시에 그것은 또한 동화적 통합의 생활형식인 헌법질서의 기본이 되는 '객관적인 질서'(objektive Ordnung)라고 할 것이다. 따라서 기본권은 국민 한사람 한사람의 '주관적 권리'로서의 성격과 정치적 일원체의 '객관적 질서'로서의 성격을 다 함께 가지고 이 두 가지 성격이 서로 기능적으로 보완관계에 있는 것이라고 할 것이다. 기본권주체가 기본권을 임의로 포기할 수 없는 것은 바로 기본권의 이와 같은 양면성 때문이다.

기본권이 가지는 '객관적 질서'로서의 성격을 특히 '엠케'(H. Ehmke)[202]에 따라 국가권력을 위한 '부정적인(소극적인) 권능규정'(negative Kompetenzbestimmungen)이라고 이해하는 경우에는[203] 국가가 기본권에 의해서 보호되고 있는 국민의 생활영역을 침해하는 것은 그의 부정적·소극적인 권능에 속하는 일로서 허용되지 않게 된다. 바로 이곳에 기본권에서 나오는 국가권력의 한계성이 있다. H. Krüger[204]의 말대로 '법률이 정하는 범위 내에서의 기본권효력'(Grundrechtsgeltung im Rahmen der Gesetze)이라는 전근대적 사고방식을 버리고 '기본권이 정하는 범위 내에서의 법률의 효력'(Gesetzesgeltung im Rahmen der Grundrechte)을 실현시킬 수 있는 것은 바로 기본권이 가지는 '객관적 질서'로서의 성격 때문이다.

552
객관적 질서와 국가권력의 한계

그러나 기본권의 이같은 '객관적 질서'로서의 성격은 기본권의 주체인 국민이 적극적 또는 소극적으로 그의 사생활을 비롯한 정신적·문화적·사회적·경제적·정치적 생활을 형성하고 영위해 나갈 때 비로소 그 '질서'로서의 의미를 찾게 되는 것이기 때문에, 기본권의 주관적 권리의 성격과는 불가분의 밀접한 기능적인 보완관계에 있다. C. Schmitt가 그의 제도적 보장이론을 통해서 객관적 질서로서의 기본권에 주의를 '환기시킨 것'은 그의 큰 공헌이라고 할 수 있지만, 그가 '자유권'과 '제도적 보장'을 엄격히 구별해서 전자에게는 '주관적 권리'만을 인정하고 후자는 객관적 질서의 성격만을 갖는다고 주장한 것은 확

553
주관적 권리와 객관적 질서의 관계

202) Vgl. *H. Ehmke*, Wirtschaft und Verfassung, 1961. S. 29f.
203) So auch *K. Hesse*(FN 172), RN 291.
204) Vgl. *Herb. Krüger*, Grundgesetz und Kartellgesetzgebung, 1950, S. 12.

실히 그의 이론적인 약점이라고 할 것이다. K. Hesse의 말을[205] 빌릴
필요도 없이 전통적인 의미에서의 자유권뿐 아니라 혼인·가족제도,
사유재산제도, 대학의 자치제도 등 그것이 비록 어떤 생활영역에 관한
제도의 보장이라 할지라도 그 속에 담겨 있는 주관적 권리를 완전히
도외시하고 그 객관적 질서의 면만을 내세울 수는 없다. 제도보장의
유형에 따라 '주관적 권리'와 '객관적 질서'로서의 내용에 강약의 차이

다층구조적
기본권

가 있을 따름이다. 기본권을 '단층구조'로 이해하고 기본권의 자유 내
지 권리적 측면 또는 그 제도적 측면만을 일방적으로 강조하는 종래의
이론형식을 지양해서 기본권의 본질과 기능 그리고 그 내용과 성격을
K. Hesse처럼 '다층구조'[206]로 이해하려는 이유도 그 때문이다. 아무튼
이와 같이 '주관적 권리'의 면과 '객관적 질서'의 양면을 다 함께 가지
고 있는 다층구조적 기본권은 국가권력을 창설하고 국가적인 공동체
내에서 적극적 또는 소극적으로 정치적 일원체의 정신적·문화적·사
회적·경제적·정치적 생활을 함께 형성해 나갈 수 있는 국민 개개인
의 헌법적 생활질서인 동시에 민주주의적·법치국가적·사회국가적 헌
법질서의 기본이 되는 요소이다. 우리 헌법재판소도 직업의 자유의 양
면성을 강조하고 있다.[207]

(4) 국가의 구조적 원리와 기본권의 상호관계

554
기본권의
민주주의적
기능

국가권력의 창설과 그 권력행사의 최후적 정당성이 국민의 가치
적인 Konsens에 귀착될 수 있는 통치형태를 민주주의라고 이해하는
저자의 입장에서 볼 때, 국민이 가지는 헌법적 생활질서로서의 기본권
은 민주주의를 실현하기 위한 불가결한 통치질서적 요소가 아닐 수 없
다. 민주주의적·기능적 기본권이론처럼 국민의 기본권을 민주주의를
실현하기 위한 기능적·목적적 시각에서만 보지 않는다 하더라도, 사
생활을 비롯한 국민의 정신적·문화적·사회적·경제적·정치적 생활
영역이 국가권력의 불필요한 생활간섭으로부터 보호되지 않는 경우에
는 국가권력의 창설이나 국가권력행사에 정당성을 부여해 줄 수 있는
가치적인 Konsens 자체가 형성될 수 없기 때문이다. 국민의 기본권은
민주주의만을 위한 목적적인 것은 아니라 할지라도, 기본권에 내포된

---

205) Vgl. *K. Hesse*(FN 172), RN 279.
206) Vgl. *K. Hesse*(FN 172), RN 279.
207) 헌재결 1996. 8. 29. 94 헌마 113 참조.

주관적 권리와 그 객관적 질서가 상호 기능적 보완관계를 유지하면서
사회공동체를 동화시키고 통합시키는 기능을 제대로 수행하는 경우에
는 민주주의가 필요로 하는 여러 여건(국민의 평등한 정치참여=정치활동
상의 기회균등, 자유롭고 개방적 정치토론, 다수관계의 가변성을 전제로 한 소수
의 보호)들이 저절로 형성되기 마련이다. 기본권이 가지는 민주주의적
기능이란 바로 이와 같은 여건조성기능이다.

또 자유·평등·정의를 그 실질적인 내용으로 하는 법치국가와 사
회국가의 실현은 기본권이 갖는 권리로서의 방어적 기능과 질서로서의
형성적 기능이 함께 그 기능을 나타내는 경우에만 가능한 것이기 때문
에, 기본권은 법치국가와 사회국가를 지향하는 헌법국가에서는 직접적
인 효력을 갖게 마련이고 결코 선언적인 기능만을 갖는다고 볼 수는
없다. 국가권력의 창설과 그 권력행사의 최후적 정당성이 국민의 가치
적인 Konsens에 귀착되는 민주주의도 결국은 사람의 사람에 대한 통
치 형식에 지나지 않을 뿐 아니라 '권력'은 그 본질상 악용 내지 남용
의 가능성을 내포하고 있기 때문에 기본권의 방어적 기능은 민주국가
에서도 불가피하다고 할 것이다.[208] 더욱이 기본권이 가지는 질서로서
의 형성적 기능 때문에 국가의 사회정책적·노동정책적·경제정책적·
조세정책적 생활간섭이 오히려 기본권의 주관적 내용을 실현하는 수단
이 된다는 점을 생각할 때, 기본권은 사회국가적 시각에서도 중요한
의미를 가진다고 말할 수 있다.

555
기본권과
법치국가·
사회국가

(5) 우리 헌법상 기본권보장의 의의와 성격

우리 현행헌법은 모든 국민에게 기본권을 보장하면서 이를 실효
성있게 하기 위해 기본권을 제한하는 입법의 한계조항($^{제37조\ 제2}_{항\ 전단}$)을 두고
또 '본질적 내용의 침해금지'($^{동조\ 동항}_{후단}$)를 명문화하고 있다.

556
실효성 있는
기본권

우리 헌법이 이처럼 기본권을 보장하고 있는 것은 일체의 '정치
성'과 '국가형성적 기능'을 배제한 단순한 자연법상의 '선국가적'이고
'천부적'인 인간의 자유와 권리를 실정법화한 것은 아니다. 또 우리 헌
법상의 기본권은 선재하는 법질서로서의 국가에 대한 국민의 '지위' 내
지 '관계'를 '자유' 또는 '권리'의 형식으로 성문화한 이른바 '법률 속
의 자유'로서[209] '국가권력의 자제'를 전제로 한 '은혜적인 성격'의 것

557
자연권설과
실정권설의
탈피

---

208) So auch *K. Hesse*(FN 172), RN 287.
209) 박일경 교수의 기본권관이기도 하다.

도 물론 아니다. '정의·인도와 동포애로써 민족의 단결을 공고히 하기' 위한 우리 민족의 동화적 통합의 법질서인 동시에 생활형식을 뜻하는 우리 헌법은 우리 민족의 동화적 통합을 실현하기 위한 수단으로 우리 사회공동체의 저변에 깔려 있는 가치적인 Konsens를 기본권의 형식으로 보장한 것이라고 보아야 할 것이다. 더욱이 민주주의를 그 이념적인 바탕으로 하고 있는 우리 헌법질서 내에서 국가권력이 국민을 떠나서 선재하는 것이 아니고, 국민의 기본권행사에 의해서 비로소 창설될 뿐 아니라 국가 내에서 행사되는 모든 권력이 국민의 기본권에 의해서 통제되고 정당화된다고 보아야 하기 때문에 기본권의 자연법적 성격보다는 그 국가형성적 기능과 동화적 통합기능을 강조하지 않을 수 없다.[210] 결국 우리 사회의 저변에 흐르고 있는 가치적인 Konsens가 바로 기본권의 형식으로 집약된 것이라고 보아야 하기 때문에, 기본권이 존중되고 보호된다고 하는 것은 단순한 자연법적 차원을 넘어서 우리 사회가 동화되고 통합되어 가기 위한 불가결한 전제조건이다. 바로 이곳에 기본권의 정치적 성격이 있고, 또 바로 이곳에 기본권의 국가형성적 기능이 있다.

사회통합의
공감적 가치
보장

558
기본권
보장의
가치지표인
인간의
존엄성

우리 헌법상의 기본권이 이처럼 국가권력의 자제에서 나오는 '은혜적인 것'도 아니고, 또 인간의 '선천적'이고 '천부적'인 '자유'와 '권리'를 그 본질로 하는 단순한 '자연법적인 것'도 아니고, 우리 민족이 동화되고 통합되어 가기 위한 실질적인 원동력을 의미한다고 볼 때 기본권은 본질적으로 우리 사회구성원 모두가 공감을 느낄 수 있는 '가치의 세계'를 징표하는 것이어야 한다. 우리 헌법은 그러한 '가치세계'의 핵심적인 내용으로서 '인간으로서의 존엄과 가치'를 내세우고 있다. 즉 헌법 제10조에서 '모든 국민은 인간으로서의 존엄과 가치를 가지며, 행복을 추구할 권리를 가진다'고 선언하고 있는 것이 바로 그것이다. 따라서 제10조의 규정은 자연법적 기본권사상의 구체적인 표현형태라고 하기보다는 우리 헌법상 기본권보장의 원칙적인 '가치지표'가 역시 '인간으로서의 존엄과 가치'를 그 가치적인 핵으로 하는 '자주적 인간'들의 동화적 통합질서를 마련하는 데 있다는 것을 명백히 하고

---

210) 이론전개상 다소의 차이는 있어도 우리나라 헌법학자들은 대체로 기본권을 '자연권'으로 이해하고 있다.

있는 것이라고 할 것이다. 개성신장의 광장을 뜻하는 근로조건의 기준
도 '인간의 존엄성'을 보장하도록 정해야 되고(제32조 제3항), 동화적 통합의 단
위인 동시에 사회생활의 출발점인 혼인과 가족생활도 '개인의 존엄'을
기초로 성립·유지되어야 한다(제36조 제1항)는 헌법규정이 이를 뒷받침해 주고
있다. 결국 우리 헌법상 '인간으로서의 존엄과 가치'가 불가침한 것은
그것이 단순히 자연법적인 가치의 세계에 속하는 것이기 때문만은 아
니고, 우리 사회의 가치적인 공감대에 해당하는 '인간으로서의 존엄과
가치'가 존중되고 보호되지 않고는 우리 사회가 동화되고 통합되는 것
을 기대할 수 없기 때문이다. 이렇게 볼 때 우리 헌법이 사생활과 정신
생활영역은 물론 정치·경제·사회·문화생활영역에서 보장하고 있는
여러 가지 기본권은 궁극적으로는 '인간으로서의 존엄과 가치'를 모든
생활영역에서 실현하기 위한 수단에 지나지 않는다고 할 것이다. 자주
적인 인격체로서의 인간에게 불가양의 가치인 '인간으로서의 존엄과
가치'는 우리 헌법이 추구하는 통치질서 내에서는 피라밋형 통치질서
의 최정점을 차지하는 '목적'에 해당한다면 나머지 기본권들은 이 목적
을 실현하기 위한 수단에 해당한다고 말할 수 있다. 그러나 우리 헌법
이 보장하고 있는 사생활과 정신생활 그리고 정치·경제·사회·문화
생활영역에서의 각종 기본권도 그것이 피라밋형 통치질서의 최저변을
뜻하는 '통치기능과 통치구조'에 대해서는 '목적'으로서의 성격을 갖는
다. 왜냐하면 통치기능과 통치구조는 따지고 보면 '인간으로서의 존엄
과 가치'를 그 핵심적인 내용으로 하는 '기본권적 가치'를 실현함으로 통치기술인
써 동화적 통합을 달성하기 위한 기술적인 메커니즘에 불과하기 때 기본권과
이다. 이처럼 우리 헌법은 '통치의 기술로서 기본권을 보장'하고 있는 기본권보장
것이 아니고 기본권보장을 통해서 우리 민족의 동화적 통합을 달성하 의 통치질서
기 위한 말하자면 '기본권보장체계로서의 통치질서'를 마련하고 있다
고 보아야 할 것이다. 우리 헌법상의 기본권을 해석하고 적용하는데
있어서 잠시도 잊어서는 아니 되는 점이다.

　　우리 헌법의 전문에도 이와 같은 정신이 잘 나타나 있다. 헌법전 559
문은 우리 민족이 추구하는 '동화적 통합의 당위성'을 '조국의 민주개 헌법전문과
혁과 평화적 통일의 사명'에 두고, '자유민주적 기본질서'를 '동화적 통 통합지침
합의 방향'으로 제시하면서, 정치·경제·사회·문화의 모든 영역에 있

어서 각인의 기회를 균등히 하고, 능력을 최고도로 발휘하게 하며, 자유와 권리에 따르는 책임과 의무를 완수하게 하여 (동화적 통합의 방법) '안으로는 국민생활의 균등한 향상을 기하고 밖으로는 항구적인 세계평화와 인류공영에 이바지함으로써 우리들과 우리들의 자손의 안전과 자유와 행복을 영원히 확보하는' '동화적 통합의 목표'를 달성하겠다는 뜻을 분명히 밝히고 있다. 따라서 헌법전문은 그것이 단순한 '화려한 어휘의 나열' 내지는 '내실 없는 선언적인 것'에 불과한 것이 아니고, 우리 민족이 추구하는 동화적 통합의 '당위성'·'방향'·'방법'·'목표'를 제시해 주는 하나의 이정표 내지는 등대와도 같은 것이라고 보아야 한다.

560
헌법상의
인간상

　　그런데 우리 헌법전문이 동화적 통합의 '방향'과 '방법'으로 제시하고 있듯이 '자유와 권리에 따르는 책임과 의무를 완수하여' 자율과 조화를 바탕으로 '자유민주적 기본질서'를 실현하는 일은 누구에게나 다 기대될 수 있는 것은 아니다. 그것은 '사회성'과 '주체성'을 함께 구비한 '자주적 인간'에 의해서만 비로소 가능한 일이기 때문에, 동화적 통합질서로서의 우리 헌법은 일정한 '인간상'을 전제로 하고 있다고 보아야 한다. 즉 우리 헌법이 전제로 하고 있는 인간상은 역사성이나 사회성에서 유리된 '개인주의적 인간'도 아니고 또 현대적 인간집단의 개성 없는 단순한 구성분자에 불과한 '집단주의적 인간'도 아닌 '자주적 인간' 바로 그것이다. '자주적 인간'이란 '인간공동생활을 책임 있게 함께 형성해 나갈 사명을 간직한 인격체(사회성)로서의 인간'과 '모든 생활영역에서 자결과 자유로운 개성신장을 추구하고 실현할 수 있는 능력을 갖춘 인격체(주체성)로서의 인간'을 의미한다. 이렇게 볼 때 우리 헌법상 기본권은 '사회성'과 '주체성'을 구비한 '자주적 인간'들이 동화적 통합을 이루기 위해서 사생활과 정신생활영역은 물론 정치·경제·사회·문화생활영역에서 필요로 하고 또 지켜야 되는 헌법적 생활질서를(일정한 행동양식을) 의미하기 때문에 그 동화적 통합기능과 국가형성적 기능을 무시할 수 없다. '인간의 존엄성과 가치'를 그 핵으로 하는 우리 헌법상의 기본권을 통치질서의 정당성 근거 내지 목적으로 이해하고 통치기능과 통치구조를 '기본권적 가치'를 실현하기 위한 한낱 기술적 수단으로 파악하려는 이유도 바로 여기에 있다.

결론적으로 헌법전문과 제10조에서 동화적 통합의 전제조건으로 내세우고 있는 '자주적 인간'은 우리 헌법상 기본권보장의 이념적·정신적 출발점인 동시에 그 기초를 의미하기 때문에 우리 헌법질서 내에서는 절대적이고 양보할 수 없는 최고의 가치적인 Konsens요 또 우리 헌법질서의 바탕을 뜻한다.

(6) 우리 헌법상의 사회적 기본권의 성격

현행헌법은 특히 정의사회를 구현하겠다는 이념 때문에 이른바 많은 사회적 기본권을 규정하고 있는 것이 그 특징 중의 하나이다. 안전과 자유와 행복을 추구하는 국민생활의 상향식평준화를 이룩하여 정의사회를 구현하겠다는 헌법전문의 정신을 구체화하는 여러 규정들로서는 인간의 존엄성과 가치를 절대시하고 행복추구를 권리화한 것(제10조)을 비롯하여 평등권(제11조), 직업의 자유(제15조), 사유재산권보장(제23조)과 재산권의 사회기속성 강조(제23조 제2항), 사영기업의 국·공유화금지(제126조), 교육의 기회균등(제31조), 근로의 권리와 최저생활을 보장하기 위한 최저임금제도(제32조, 제119조 제2항), 근로자의 사회적 지위향상을 위한 노동 3권(제33조), 인간다운 생활을 할 권리 및 생활무능력자에 대한 국가적 보호(제34조), 환경권(제35조)과 보건권(제36조 제3항), 범죄피해자에 대한 국가구조제도(제30조), 여자의 복지와 권익 및 기회균등의 보장(제32조 제4항, 제34조 제3항, 제36조 제1항과 제2항), 소년근로자 보호(제32조 제5항)에 관한 규정들이 그것이다. 또 이들 사회적 기본권을 뒷받침해 주는 의미에서 국민의 자유와 복리증진을 위한 노력을 대통령의 선서사항으로 하고(제69조) 있고, 개인과 기업의 경제상의 자유와 창의존중을 우리나라 경제질서의 기본으로 명시하면서(제119조 제1항) 시장지배와 경제력남용을 방지하고(제119조 제2항), 농지의 소작제도를 원칙적으로 금지하고(제121조), 농수산물의 가격안정을 통해 농·어민의 이익을 보호하며 농·어민의 자활능력을 계발하고 농·어업과 중소기업을 보호·육성(제123조)할 뿐 아니라 소비자를 보호하는 규정(제124조)을 두고 있다.

헌법에 나타난 이들 규정은 그것을 단순한 '주관적 권리'만으로 이해하는 경우에는 거의 그 실효성이 없다고 보아야 한다. 왜냐하면 이들 사회적 기본권의 실현에 필요한 전제조건은 대부분 국가의 재정투자를 요하는데, 국가의 재정투자를 요구할 권리가 이들 기본권에서 나온다고 볼 수 없고 또 국가의 재정투자가 국민의 요구에 따른 법관

561
사회적
기본권의
내용

562
사회적
기본권의
성격과 기능

의 판정에 의해서 강요될 수 있는 성질의 것도 아니기 때문이다. 따라서 이들 규정은 단순한 주관적 권리만으로 이해해서는 아니 되고 우리 헌법의 객관적 질서로서의 사회국가원리가 이들 여러 규정에 의해서 우리나라의 구조적인 원리로 받아들여진 것이라고 보아야 한다. 그러나 객관적 질서로서의 사회국가원리를 실현하기 위한 국가의 사회정책·노동정책·경제정책·조세정책 등은 이들 사회적 기본권에 내포되고 있는 주관적 권리로서의 성격 때문에 어디까지나 국민의 자유·평등·정의를 보장하고 이를 증대시키기 위한 것이어야지, 오히려 자유·평등·정의를 무시하거나 경감시키는 것이어서는 아니 된다. 또 사회적 기본권의 내용을 뜻하는 '자유'와 '평등'은 그것이 어디까지나 정의에 바탕을 둔 '자유'와 '평등'이어야 하기 때문에 반드시 '자유 속의 평등'이어야지 '자유 대신 평등'을 추구하는 것이어서도 아니 된다. 바로 이곳에 우리 헌법상 사회국가실현의 방법적 한계가 있다.

아무튼, 우리 헌법상의 기본권을 해석하는 데 있어서는 이처럼 기본권의 양면성을 특히 중요시해서 기본권이 갖는 주관적 권리와 객관적 질서의 기능적인 보완관계를 존중하여야 할 것이다.

제 2 절 기본권의 주체

563
기본권의 향유자

헌법상 보장된 기본권을 누가(wer, who) 향유할 수 있는가에 관한 기본권의 주체(Grundrechtsträger) 문제에서 특히 쟁점이 되고 있는 것은 '외국인'과 '법인'에게도 기본권을 인정할 수 있는가의 점이다. 이 문제도 헌법관과 기본권관에 따라 그 대답 내지는 논증방법이 다를 수 있다. 아래에서는 먼저 이 문제를 살펴보고 '기본권능력'과 '기본권의 행사능력'에 관해서도 검토하기로 한다.

1. 법실증주의와 기본권의 주체

564
외국인 제외

기본권에 대한 일체의 자연법적 설명을 떠나서 기본권을 국가권력에 의해서 베풀어지는 '법률 속의 자유'라고 이해하는 법실증주의적 관점에서 볼 때 기본권을 누릴 수 있는 것은 '법적인 크기'로서의 '국

민'에 한하고[211] 외국인은 마땅히 제외된다.[212]

그러나 구체적인 법질서에 의해서 형성된 '법적인 크기'로서의 '국민'에는 '자연인' 뿐 아니라 '법인'도 포함되는 것이 원칙인데, 그 이유는 '자연인'과 '법인'이 '규범적 일원체'[213]라는 점에서 차이가 있을 수 없기 때문이다. 법실증주의의 입장에서 헌법이론을 전개하고 있는 국내의 일부 학자가 '법인의 활동은 결국 그 효과가 자연인에게 귀속하는' 것이기 때문에 법인에게도 기본권주체성을 인정해야 된다고 설명하는 것은 적어도 그 논증방법에 있어서 법실증주의적 순수성을 이탈한 것이라고 보아야 한다. 법실증주의의 관점에서 '법인'도 기본권을 누릴 수 있는 것은 '법인의 활동효과가 궁극적으로 그 구성원인 자연인에게 귀속되기' 때문이 아니고[214] '법인'도 '자연인'과 마찬가지로 구체적인 법질서에 의해서 형성된 '규범적 일원체'를 뜻하기 때문이다. 법적 개념으로서의 '국민'이 생물학적·인종학적·문화사적 개념이 아니기 때문에 혈통, 언어, 생활풍습, 문화전통 등은 국민적인 일원체를 형성하는 기준이 될 수 없다는 H. Kelsen의 설명[215]이 이를 이론적으로 뒷받침해 주고 있다. 그러나 '법적인 크기'로서의 '국민'과 법목적을 실현하는 강제질서로서의 '국가'를 처음부터 별개의 것으로 분리시켜서 이해하면서 '국민'의 '국가'에 대한 '관계' 내지는 '지위'를 중요시하는 법실증주의의 사상적 세계에서는 공권력의 주체라고 볼 수 있는 '공법인'이 기본권의 주체가 될 수 없는 것은 너무나 자명하다. '국가법인설'을 주장하면서 '국민'을 국가법인의 구성요소 내지 국가권력의 지배객체라고 파악하는 G. Jellinek[216]가 국가적인 강제권으로 장식된 '공법인'의 기본권주체성을 인정할 수 없는 것은 당연하다. 그럼에도 불구하고 G. Jellinek는 지방자치단체에게 '독자적인 결정권'이라는 일종의 '소극적 지위'(Status negativus)를 인정함으로써 제한된 범위 내에

565
법인의
주체성

공법인

지방자치
단체

211) Vgl. *H. Kelsen*(FN 2), S. 149.

212) Vgl. *H. Kelsen*(FN 2), z. B. S. 149f.

213) Vgl. *H. Kelsen*(FN 2), S. 66, 149; *G. Jellinek*(FN 47), S. 257, 258.

214) 그것은 자연법적 기본권사상에서 유래하는 논리형식이다.
　　국내의 많은 헌법학자들이 법인의 기본권주체성을 긍정해야 되는 논거로 대동소이하게 이 점을 내세우고 있는 것은 주목을 끈다.

215) Vgl. *H. Kelsen*(FN 2), S. 149f.

216) Vgl. *G. Jellinek*(FN 39), S. 169ff., 174ff., 182f., 406ff.

서 공법인의 기본권주체성을 긍정하고 있는 점은[217] 주목할 필요가 있다. 결국 법실증주의의 입장에서는 '법적인 크기'로서의 '사법인'을 포함한 '국민'만이 기본권의 주체가 되고, 외국인은 기본권을 향유할 수 없게 된다.

2. 결단주의와 기본권의 주체

566
외국인의 주체성

기본권을 인간의 '천부적'이고 '선국가적'[218]인 자유와 권리로 이해하면서 그 비정치성을 강조하고, '국가로부터의 자유'가 기본권의 본질이라고 파악하는 C. Schmitt의 사상적 세계에서 기본권은 우선 '인간의 권리'이기 때문에 외국인도 '천부적'이고 '선국가적'인 자유와 권리의 주체가 되는 것이 마땅하다. C. Schmitt가 '선국가적'인 자유와 권리를 '진정한 기본권' 내지는 '절대적 기본권'이라고 설명하면서[219] 이 '진정한 기본권'은 국적에 관계 없이 외국인을 포함한 모든 인간에게 다 인정되는 것이라고 말하는 것도[220] 그 때문이다. 그러나 C. Schmitt처럼 '양심의 자유', '종교의 자유', '신체의 자유', '주거의 자유', '통신의 자유', '사유재산권' 등을 '절대적 기본권'으로 보고[221] 이 '절대적 기본권'의 본질을 '국가로부터의 자유'를 뜻하는 '방어권'이라고 이해하는 경우에는[222] 기본권의 정치적 기능을 뜻하는 민주적인 시민권으로서의 '참정권'이라든지, 국가의 적극적인 급부를 요구하는 '사회적 기본권'은 원칙적으로 '절대적 기본권'으로서의 자유권과는 그 본질과 기능을 달리한다고 볼 수밖에 없다. C. Schmitt자신도 '참정권'과 '사회적 기본권'이 '법률이 정하는 바에 따라' 허용되는 일종의 '제한적'이고 '상대적'인 권리에 불과하다는 점을 인정하면서[223] 그의 자연법사상과 잘 조화되지 않는 이들 '상대적 기본권'을 기본권의 서자처럼 소홀하게 다루고 있다는 점은 이미 지적한 바 있다. 결국 칼 슈미트적

참정권과
사회적
기본권

---

217) Vgl. *G. Jellinek*(FN 47), S. 275ff.(289).
218) Vgl. *C. Schmitt*(FN 56), S. 126, 163, 164.
219) Vgl. *C. Schmitt*(FN 56), S. 164, 166.
220) Vgl. *C. Schmitt*(FN 56), S. 164: "Diese echten Grundrechte gelten für jeden Menschen ohne Rücksicht auf die Staatsangehörigkeit."
     Vgl. *ferner*(FN 64), S. 208.
221) Vgl. (FN 56), S. 165.
222) Vgl. (FN 56), S. 163.
223) Vgl. (FN 56), S. 169, 170; (FN 64), S. 212, 213.

인 관점에서 볼 때 이들 '상대적 기본권'에 관해서는 '절대적 기본권'과
는 달리 외국인의 기본권주체성을 제한없이 긍정하기가 어렵게 된다.

또 C. Schmitt처럼 기본권을 자연법적인 '인권'(Menschenrechte)으
로 이해한 나머지 그 '천부적'이고 '선국가적'인 자유와 권리로서의 성
질을 강조하는 경우에는 기본권은 국가적인 법질서가 있기 전부터 존
재하는 '자연인'이 누릴 수 있는 자유와 권리이지, 국가적인 법질서에
의해서 비로소 창설되는 '법인'에게까지 인정될 수 있는 것은 아니다.
C. Schmitt가 모든 형태의 '공·사법인'의 기본권주체성을 부인하는[224]
이유도 그 때문이다. 국내의 많은 헌법학자들이 근본적으로는 C.
Schmitt의 결단주의이론체계를 따르면서도 '법인'의 기본권주체성의
문제에서 C. Schmitt와는 정반대의 입장을 취하고 있는 것은,[225] 법인
의 기본권주체성을 명문화한 독일기본법($\binom{제19조}{제3항}$)의 해석론에 영향받은 바
크다고 느껴진다. 하지만 독일기본법에서와 같은 명문의 규정이 없는
우리나라 헌법질서 내에서 법인도 기본권을 누릴 수 있다고 주장하는
것은 적어도 그 사상적 일관성의 점에서 문제가 없지 않다. 물론 법인
에게도 자연인과 마찬가지로 기본권을 향유시켜야 할 필요성은 오늘날
부인할 수 없다. 그러나 법인이 자연인과 마찬가지로 기본권을 누릴
수 있는 것은 '법인의 활동이 궁극적으로 자연인의 이익을 목적으로
하고' 또 '법인이 활동한 효과는 결국 자연인에게 귀속되기' 때문만은
아니다. 적지않은 학자들이 '법인'의 기본권주체성을 이끌어 내기 위해
'법인'이 아닌 '자연인'을 앞에 내세우는 것은 역시 기본권을 자연법적
인 '인권'으로 생각하는 결단주의논리의 부산물이라고 느껴지기는 하
지만, 만일 '법인'에게도 기본권이 인정되어야 한다면 그것은 어디까지
나 '법인' 스스로의 어떤 고유기능같은 것을 이유로 한 것이 아니면 아
니 될 것이다. 바로 이곳에 결단주의의 입장에서 법인의 기본권주체성
을 긍정하는 데 있어서의 이론상의 어려움이 있다.

567

법인의
주체성 문제

3. 동화적 통합이론과 기본권의 주체

기본권은 사회공동체가 하나로 동화되고 통합되어가기 위한 '당위

568

---

224) Vgl. (FN 64), S. 208, 212; (FN 56), S. 173.
225) 관련문헌은 2017년판 405면 각주 227 참조

외국인의
주체성 문제

적 가치질서'요 한 민족의 '문화질서'인 까닭에 생활공동체의 모든 구
성원에 의해서 존중되고 지켜져야 되는 '헌법상의 생활질서'인 동시에
'행동규범'을 뜻한다고 이해하는 R. Smend의 안목에서는 기본권에 내
재되는 동화적 통합기능이 결코 경시될 수 없다.[226] Smend처럼 특정
한 생활공동체를 전제로 한 기본권의 문화질서적 측면과 기본권의 국
가형성적인 동화적 통합기능을 강조함으로써 기본권이 가지는 정치적
기능을 중요시하는 경우 기본권은 일단 동화적 통합을 추구하는 그 특
정한 생활공동체 구성원들을 안중에 둔 개념형식 내지 '법적 형상'임이
명백하다. R. Smend가 바이마르공화국헌법상의 기본권을 특히 '독일
민족'의 '가치질서' 내지 '문화질서'로 이해하는[227] 이유도 그 때문이
다. R. Smend처럼 기본권의 권리적인 면보다는 '책임'과 '의무'를 수
반하는 그 정치기능적인 면을 강조하는 경우[228] 외국인을 기본권질서
에 끌어들여서 외국인에게도 기본권의 주체로서의 지위를 인정하는 것
은 이론상의 무리가 있다.

569
법인의
주체성

하지만 법인의 기본권주체성은 R. Smend의 관점에서도 이를 부
정적으로 보아야 할 아무런 이유가 없다. '법인'은 그것이 '사법인'이건
'공법인'이건 생활공동체의 구성부분임에 틀림 없고 개개의 인간이 동
화되고 통합되어 가는 과정에서 형성될 수 있는 동화적 통합의 형식인
동시에 수단이라고 볼 수 있기 때문이다. 정치적으로 가치적인 동질성
의 집단이라고 볼 수 있는 '정당'이 동화적 통합의 과정인 동시에 수단
이기 때문에 마땅히 기본권의 주체가 되어야 한다면 '법인'도 같은 차
원에서 그 기본권주체성을 인정하는 것이 당연하다.

4. 비판 및 결론

(1) 외국인의 기본권주체성

570
법실증주의
적 논리의
문제점

'자연법이란 법의 탈을 쓰고 등장하는 정치'[229]에 불과하다고 생
각하는 H. Kelsen과 자연법을 '법에 관한 상상'[230]이라고 이해하는 G.

---

226) 앞의 방주 530 이하 참조.
227) Vgl. *R. Smend*(FN 125), insbes. S. 260ff. (264, 265, 266 Anm. 17).
228) Vgl. *R. Smend*(FN 125), S. 309ff.
229) Vgl. (FN 19).
230) Vgl. *G. Jellinek*(FN 39), S. 345.

Jellinek가 자연법사상에 바탕을 두고 주장되는 '인간의 권리' 내지 '절
대적 기본권'을 부인하는 나머지 외국인은 기본권의 주체가 될 수 없
다고 말하는 것은 그 나름대로 일리가 없는 것은 아니다. 하지만 기본
권을 '통치의 기술'로 파악한 나머지 기본권은 국가권력에 의해서 그
내용이 임의로 정해지는 '법률 속의 자유'라고 보는 경우 헌법상의 기
본권조항은 아무런 기속력이 없는 한낱 선언적인 것에 지나지 않게 된
다. 결국 기본권을 어느 범위 내에서 인정할 것인가를 정하는 것은 헌
법상의 문제가 아닌 입법정책적인 문제로 귀착된다. 이처럼 '법률유보'
를 기본권의 실질적인 내용으로 파악하는 경우, 법률유보를 통해서만
구체화될 수 있는 '자유와 '권리'로서의 기본권은 이미 헌법적인 차원
의 문제가 아닌 법률적 차원의 문제로 변질되고 만다. 그렇다면 국민
의 기본권과 외국인의 '법적 권리'가 다 같이 법률에 의해서 정해지는
입법정책의 소산인데 특별히 기본권의 주체를 헌법상의 문제로 다루면
서 외국인이 포함되느냐 제외되느냐를 놓고 논쟁을 벌여야 될 아무런
이유가 없다고 할 것이다. 외국인의 기본권주체성을 부인하는 법실증
주의적 결론의 형식논리적 단면이 바로 여기에 있다. 외국인의 '국내법
상 지위와 권리'가 우리의 법질서에 의해서 수용된 국제법과 조약에
따라 인정되고, 국민의 헌법상의 기본권도 궁극적으로 법률에 의해서
그 구체적 내용이 정해지는 것이라면, 두 가지가 모두 '법률 속의 자유
와 권리'라는 점에서 차이가 없는데 구태여 양자를 구별해서 논해야
되는 실익이 무엇인가를 묻게 된다. '국민'에게는 인정이 되는 권리라
도 '외국인'에게는 인정될 수 없는 경우가 물론 있겠지만 그것은 법실
증주의의 관점에서는 어디까지나 입법정책적인 차원의 문제이지 헌법
차원에서의 기본권의 주체의 문제라고 보기 어렵다.

　　따라서 헌법상 보장된 기본권을 외국인도 향유할 수 있느냐 없느
냐를 따지는 것이 단순히 '국민'의 개념을 풀이하는 개념법학적 차원
을 넘어서 어떤 실질적인 의미를 가지기 위해서는 입법권자를 비롯한
모든 국가권력을 기속하는 기본권의 '가치규범적 성격'이 전제되지 않
으면 아니 된다. 그 '가치규범적 성격'을 C. Schmitt처럼 자연법에서
이끌어 내느냐 아니면 R. Smend에 따라 생활공동체의 가치적인
Konsens에서 찾느냐는 별개의 문제로 치더라도 어떤 형식으로든지 국

571
외국인의
주체성과
기본권의
가치규범적
성격

가권력에 우선하는 기본권의 생활질서적 기능을 인정치 않고는 기본권
과 외국인의 상호관계를 논하는 것은 무의미하다. 기본권의 가치규범
적 성격을 전제로 해서 기본권의 권력기속적 가치가 외국인에게도 효
력이 미친다고 본다면 기본권은 국민은 물론 외국인에 관한 국가작용
의 한계를 뜻하게 되어 '외국인'의 국내법상의 지위는 '헌법상의 지위'
로까지 승화될 수 있을 것이고 반대로 외국인은 기본권의 주체가 될
수 없다고 보는 경우에는 외국인의 지위는 단순한 '법률상의 지위'에
지나지 않게 될 것이기 때문이다.

572
스멘트의
논리의
문제점

생각건대, 기본권에 의해서 징표되는 '가치질서' 내지 '문화질서'
는 R. Smend의 말[231]처럼 특정한 생활공동체를 전제로 한 것임에는
틀림없지만, 그렇다고 해서 그와 같은 '가치질서' 내지 '문화질서'가 일
단 그 '가치질서' 내지 '문화질서' 속에 들어와서 생활하는 외국인에게
는 아무런 생활질서적 기능을 가질 수 없다고 주장하는 것은 그가 강
조하는 동화적 통합의 이념과 조화되기가 어렵다. R. Smend처럼 헌법
이 추구하는 동화적 통합을 '정치적인 성질의 것'으로 좁혀서 이해하는
경우에는 외국인을 이 정치적인 통합질서에 포함시키는 것이 무리하다
고 할 수도 있다. 하지만 진정한 의미의 동화적 통합이란 자국민만의
정치적인 통합이 아니라 하나의 생활공동체 내에서 살아가는 모든 사
람이 경제·사회·문화 등 이른바 비정치적인 생활분야에서까지 하나
로 동화될 수 있을 때 비로소 실현되는 것이라고 믿는 저자의 관점에
서 볼 때는 비록 외국인이라 하더라도 하나의 생활공동체 내에서 그들
의 동화를 촉진시킬 수 있고 또 자국민의 동화적 통합을 해치지 않는
범위 내에서 그 기본권주체성을 인정하는 것이 마땅하다고 생각한다.
R. Smend가 기본권이 가지는 국가형성적이고 민주적인 기능을 강조
한 나머지 기본권을 지나치게 '정치적인 것'으로 축소해서 보려는 과오
를 범하고 있다는 점과, 기본권에 내포된 '주관적 권리'의 면을 소홀하
게 다루고 있다는 점에 대해서는 이미 지적한 바 있거니와[232] 그의 사
상적 세계에서 외국인의 기본권주체성을 부인하는 것도 결국 이같은
그의 '정치성적'인 기본권관에서 나오는 결과라고 할 것이다. 더욱이
유럽대륙을 기점으로 해서 '세계시민'의 소리가 점점 높아지고 또 민주

---

231) Vgl. (FN 226).
232) 앞의 방주 543 참조.

주의를 지향하는 모든 사회공동체의 가치적인 Konsens가 '자유'와 '평등' 그리고 '정의'로 집약되는 일정한 기본권질서에 의해서 표현되고 있는 오늘의 시대상황 속에서 외국인의 기본권주체성을 획일적으로 부인하는 것은 '인류공영에 이바지함으로써 우리들의 안전과 자유와 행복을 영원히 확보'(전문)하려는 우리 헌법상의 '동화적 통합의 목표'에 비추어 볼 때에도 바람직하지 않다고 할 것이다. 국제법상의 '상호주의 원칙'이 일반적으로 적용되는 오늘의 국제사회에서 외국인에게도 기본권을 누리게 하는 것은 결국 외국에서 생활하는 자국민을 보호하는 하나의 수단이 될 뿐 아니라 그것은 또한 국제무대에서 자국민의 발언권과 행동의 폭을 넓힐 수 있는 효과적인 방법이라고 지적하는 블렉크만(Bleckmann)의 견해[233]도 경청할 충분한 가치가 있다고 느껴진다.

따라서 우리 헌법의 해석으로도 기본권조항에 나타난 '모든 국민'이라는 문언에 얽매여 기본권의 주체를 국적법상의 '국민'에 국한시킨다든지 '외국인의 국내법상의 권리는 제 6 조 제 2 항의 규정에 따라 인정되는 특수한 법적 권리로서 제 2 장의 국민의 기본권보장과는 무관한 것'이라는 견해에는 찬동할 수 없다. 물론 헌법 제 6 조 제 2 항의 규정은 국제평화주의에 입각해서 외국인의 지위에 관한 국제법상의 일반원칙을 우리 법질서가 수용하기 위한 헌법상의 근거조문이지 외국인이 기본권을 누릴 수 있는지 없는지를 밝히기 위한 것은 아니다. 그러나 외국인의 국내법상의 권리는 모두가 제 6 조 제 2 항에만 근거를 두고 기본권규정과는 무관한 것은 결코 아니다.

573
우리 헌법과
외국인

결론적으로, 외국인은 우리 민족의 동화적 통합을 해치지 않고 그들을 우리 사회에 동화시키는데 필요한 범위 내에서 기본권의 주체가 될 수 있다고 할 것이다. 우리 헌법재판소도 외국인의 기본권 주체성을 긍정하는 판시를 하고 있다.[234] 그러나 외국인에게 국정에 관한 참정권을 인정하는 것은 우리 사회가 추구하는 동화적 통합의 '방향'에 엉뚱하고 그릇된 영향을 미칠 가능성이 있기 때문에 허용되지 않는다고 할 것이다.[235] 그러나 지방자치 차원의 선거권을 인정하는 것은 허

574
외국인의
주체성
긍정의 조건

233) Vgl. *A. Bleckmann*, Allgemeine Grundrechtslehren, 1979, S. 90ff.(99, 103, 106).

234) 헌재결 2001. 11. 29. 99 헌마 494 참조.

235) 외국인의 헌법상의 지위에 관해서는 다음 문헌을 참조할 것.

용된다고 할 것이다.236) 참정권 이외에 구체적으로 어떤 기본권을 외국인이 향유할 수 있느냐는 개별적인 경우에 결정할 문제이지 처음부터 이를 획일적으로 정할 수는 없다고 할 것이다. 외국인에게 기본권주체성을 인정해 주어야 되는 논거로서의 동화적 통합의 여건은 상황에 따라 달라질 수 있기 때문이다. 같은 이유로, 외국인의 기본권주체성을 인정해 주는 경우에도 모든 외국인을 언제나 동일하게 대우해 주어야 한다는 논리는 성립되지 않는다.237) 하지만 외국인이라도 우리의 생활질서에 동화시켜야 한다는 필요성 때문에 그들에게 기본권을 누릴 수 있게 하는 이상, 우리 헌법상 국가의 구조적 원리라고 볼 수 있는 법치국가원리와 사회국가원리가 외국인에게도 적용되어야 하는 것은 재언(再言)을 요하지 않는다.

(2) 법인의 기본권주체성

575
슈미트적인
논리의
문제점

기본권의 본질은 천부적인 '인권'이기 때문에 법률에 의해서 비로소 그 법인격이 부여되는 법인은 기본권을 향유할 수 없다고 주장하는 C. Schmitt의 주장은 그 전제와 결론에 모두 잘못이 있다고 생각한다. 기본권이 인간의 '선천적'이고 '선국가적'인 '자유'와 '권리'가 아니라는 점은 앞에서 여러 차례 강조한 바 있거니와 오늘과 같은 사회발전 단계에서 법인이 수행하고 있는 각종 '공적 기능'과 '사적 기능'을 무시한 채 그 기본권주체성(기본권능력)을 획일적으로 부인하는 것은 결과적으로 법인의 사회활동적 기능을 축소 내지 무시하는 결과가 되기 때문이다. 따라서 오늘의 시점에서는 법인의 기본권주체성을 인정할 것인지의 '여부'에 대해서는 이미 그 대답이 긍정적인 방향으로 집약이 된 것이라고 보아야 할 것이다. 결단주의의 입장에 서 있는 국내 헌법학자들까지 입을 모아 법인도 기본권을 누릴 수 있다고 주장하는 것이238) 그 단적인 증거다.

　　　　K. Doebring u. *J. Isensee*, Die staatsrechtliche Stellung der Ausländer in der Bundesrepublik Deutschland, VVDStRL 32(1974), S. 1ff. u. 50ff. 외국인의 선거권에 관해서는 상기 문헌 외에도 다음 문헌을 참조할 것.
　　　　Vgl. *M. Birkenheier*, Wahlrecht für Ausländer, 1976.
　236) 우리 공직선거법(제15조 제 2 항 제 3 호)도 우리나라 영주권을 취득한 후 3년이 경과한 18세 이상의 외국인에게 지방선거 선거권을 주고 있다.
　237) So auch *A. Bleckmann*(FN 233), S. 102.
　238) Vgl. (FN 214).

다만 법인에게도 기본권을 인정해야 되는 이유와, 공법인의 문제에 대해서는 아직도 그 이론적인 규명이 더 필요하다고 할 것이다. 왜냐하면 이 문제에 관한 종래의 주장들에는 이론상의 불협화음이 적지 않게 내포되고 있기 때문이다. 우선 법인이 기본권을 누려야 하는 이유가 국내의 대다수 헌법학자들의 견해처럼 법인을 구성하는 자연인의 이익을 간접적으로 보장하기 위한 것이라면 자연인을 그 구성요소로 하지 않는 재단법인과 공법인의 경우에는 그 기본권주체성을 인정할 이유가 없게 된다. 또 '자연인'과 '법인'을 다같이 구체적인 법질서에 의해서 형성된 '법적인 크기'로 이해한 나머지 법인도 자연인과 마찬가지로 기본권의 주체가 된다고 생각하는 법실증주의의 관점에서는 법률에 의해서 비로소 그 법인격이 인정되며 권리와 의무의 주체가 되는 법인과는 달리 '권리능력 없는 사단'(정당·노동조합 등)은 기본권의 주체가 된다고 보기가 어렵다.

또 H. Kelsen의 '관계이론' 또는 C. Schmitt의 자연법적 기본권사상에서 볼 때 기본권은 국민의 '국가에 대한' '주관적 공권'인 동시에 '국가로부터의 자유'를 그 본질로 하는 것이기 때문에 '국가'를 비롯한 모든 '공법인'은 기본권을 보장해 주는 기본권의 객체일 따름이지 절대로 기본권의 주체가 될 수 없게 되는데, 그렇다면 예컨대 지방자치단체가 소송의 일방당사자가 되었을 때 '법률이 정하는 법관에 의해서 법률에 의한 재판을 받을 권리'와 같은 이른바 '사법절차적 기본권'조차도 인정해 줄 수 없는 것인지? 사법절차적 기본권을 소송의 타방당사자인 국민에게만 인정하고 지방자치단체에게는 공법인이라는 이유로 이를 적용하지 않는다면 소송법상의 '무기평등의 원칙'의 관점에서 어떻게 정당화될 수 있겠는지의 의문이 생기게 된다. 또 그렇다고 해서 '공법인'의 기본권주체성을 제한 없이 긍정하는 경우에는 기본권의 대사인적 효력과의 관계에서 심지어 공법인인 국가가 국민을 상대로 해서도 '기본권'을 주장할 수 있다는 결과가 되는데 그것은 즉 지금까지의 기본권이론의 180° 전환이 아니겠는가? 이같은 문제를 의식해서 공법인의 기본권주체성을 국고작용(Fiskus)의 분야에서만 긍정하려는 이른바 '국고작용설'(Fiskaltheorie)을 따르는 경우 '국고작용설'이 주장된 본래의 목적과는 어떻게 조화될 수 있겠는가의 문제가 또 생기게 된다. 아무리 국가작용이라 하더라도 권력행정의 분야가 아닌 국고작용

576
법인의
주체성
긍정의
전통적 논거

577
공법인의
문제

의 분야에서는 공법이 아닌 사법의 적용을 받게 해서 사인과 동등하게 다루어져야 한다는 것을 그 주내용으로 하는 '국고작용설'은 처음에 국가권력을 어떠한 형식으로든지 법에 기속시키기 위한 목적으로 주장된 것이지 거꾸로 공권력의 주체인 공법인에게 기본권을 인정해 주기 위한 논리형식은 아니었기 때문이다. 즉, 국가권력에 대한 공법적 기속이 실현되지 못할 때 국가권력을 최소한 사법상의 일반원칙에라도 기속시키기 위해서 나타난 이론이 바로 '국고작용설'이었기 때문이다.239)

법인의 기본권주체성은 이처럼 많은 이론상의 어려움을 내포하고 있는 매우 심층적인 문제240)이기 때문에 이에 대해서는 매우 조심스런 헌법이론적 접근이 요청된다고 할 것이다.

578
결사의
자유와
법인의
기본권
주체성

생각건대, 법인의 기본권주체의 문제는 '결사의 자유'와 기본권의 '객관적 규범질서'로서의 성격을 염두해 두고, 더 나아가서는 19세기적인 개인주의적 사상으로부터 탈피해서 인간의 상호협동과 공동체이익을 중요시하는 현대생활의 '가치적인 당위성'의 측면 등을 거시적이고 종합적으로 검토하는 경우에만 비로소 그 합리적인 설명이 가능하다고 본다. 즉, 현대국가는 '사회성'과 '자주성'을 구비한 자주적 인간에게 타인과 더불어 사회생활을 책임 있게 함께 형성해 나갈 기회를 부여하기 위해 모든 국민에게 '결사의 자유'를 보장하고 있다. 현대사회에서 '결사'는 일종의 동화적 통합의 형식인 동시에 수단이다. 따라서 법인은 그것이 '사익법인'이건 특별법상의 '공익법인'이건을 막론하고 동화적 통합이라는 일정한 '공적 기능'을 수행하고 있음을 부인할 수 없다.

---

239) 이 점에 대해서 자세한 것은 특히 다음 문헌을 참조할 것.

J. Burmeister, Der Begriff des "Fiskus" in der heutigen Verwaltungs-rechtsdogmatik, DÖV 1975, S. 695.

240) 법인의 기본권주체성과 관련된 헌법이론적 문제점들에 대해서는 특히 다음 문헌을 참조할 것.

W. Rüfner, Zur Bedeutung und Tragweite des Art. 19 Abs. 3 des GG, AöR 89(1964), S. 261ff.; *S. Maser*, Die Geltung der Gundrechte für juristische Personen und teilrechtsfähige Verbände, 1964; *A. v. Mutitus*, Zur Grund-rechtssubjektivität privatrechtlicher Stiftungen, VerwArch 65(1974), S. 87ff.; *K. A. Bettermann*, Juristische Personen des öffentlichen Rechts als Grund-rechtsträger, NJW 1969, S. 1321ff.; *H. v. Olshausen*, Zur Anwendbarkeit von Grundrechten auf juristische Personen des öffentlichen Rechts, 1969; *G. Ulsamer*, Zur Geltung der Grundrechte für juristische Personen des öffentlichen Rechts, in: FS f. W. Geiger(1974), S. 199ff.; *A. Bleckmann*(FN 233), S. 68ff., 77ff.; BVerfGE 6, 45; 13, 132; 21, 362.

더욱이 '결사의 자유'가 '결사형성·과정의 자유'만을 그 내용으로 하지 않고 결사조직 후의 '결사활동의 자유'를 함께 보호하는 것이라면 그 같은 결사활동의 보호는 결사를 구성하는 개인이 아닌 '법인'이나 '사단'·'단체'의 기본권주체성을 인정하는 경우에만 그 실효성이 기대될 수 있는 것은 더 말할 나위가 없다. 또 기본권은 방어권적 성질을 가지는 '주관적 공권'만이 아니고 '객관적 규범질서'인 동시에 '제도보장'으로서의 성격을 함께 가지기 때문에(기본권의 양면성) '자유'와 '권리'뿐 아니라, '책임'과 '의무'를 함께 내포하고 있다는 점을 이미 강조한 바 있거니와[241] '객관적 규범질서'의 형성에 적극 참여하고 그 규범질서가 정하는 일정한 생활패턴에 따라 사회생활을 영위함으로써 동화적 통합을 실현시킬 '책임'과 '의무'는 자연인뿐 아니라 '법인'도 마찬가지로 가지는 것이라고 보아야 한다.

다만 공법인 중에서 국가와 지방자치단체는 '기본권적 가치질서'를 실현시켜야 되는 그들의 통치기능적인 '책임'과 '의무'가 그들이 기본권주체로서 생활하는 데 따르는 '책임'과 '의무'를 훨씬 능가하기 때문에 이 두 가지 종류의 '책임'과 '의무'가 조화될 수 있는 범위 내에서만 기본권의 주체가 된다고 보아야 한다. 따라서 국가와 지방자치단체는 제한된 범위 내에서 스스로 기본권의 주체가 되는 경우에도 그들이 가지는 통치기능적 책임 때문에 절대로 사인을 상대로 그 효력을 주장할 수는 없고 '공법인 대 공법인'의 관계에만 그 효력이 국한된다고 보아야 할 것이다.

579
공법인의 제한적 주체성

이렇게 볼 때 법인의 기본권주체성의 문제는 실정법의 규정을 떠나서 헌법이론적으로도 해결될 수 있는 성질의 것이다. 따라서 독일기본법(제19조 제3항)처럼 법인에게 기본권을 부여하는 명문의 규정이 없는 우리 헌법의 해석으로도 법인의 기본권주체성을 인정할 수 있다고 본다. 물론 기본권의 성질상 법인에게 인정될 수 없는 기본권은 마땅히 제외된다. '인신권', '생명권', '양심의 자유' 등 '자연적인 인격'을 전제로 한 기본권들이 그것이다. 그러나 구체적으로 법인이 그 주체가 될 수 있는 기본권의 종류를 획일적으로 열거하는 것은 무의미하고 불필요하다. 왜냐하면 '법인'도 그 수행하는 사적·공적 기능이 다양할 뿐 아니

580
법인의 주체성과 기본권의 성질

---

241) 앞의 방주 551 참조.

라 '법인'·'사단'·'단체' 등의 설립목적에 따라 그들에게 특별히 빼놓을 수 없는 기본권이 각각 다르기 때문이다. 예컨대, 출판목적의 법인체에게는 무엇보다도 '언론·출판의 자유'가 중요할 것이고, 교육목적의 재단법인에게는 학문과 예술 및 교육에 관한 기본권이, 그리고 각종 직업단체에게는 직업의 자유, 재산권 등이 특히 중요한 의미를 가지기 때문이다. 따라서 국내 일부 학자[242]가 '학문과 예술의 자유'를 획일적으로 법인에 적용할 수 없는 기본권이라고 못박는 것은 이같은 관점에서 문제가 있다.

결론적으로 기본권의 성질이 허용하는 한 사법인은 물론 이에 준하는 '권리능력 없는 사단'도 기본권의 주체가 된다. 또 공법인과 공법상의 영조물도 그 스스로 '기본권적 가치질서'를 실현시켜야 되는 통치기능적 책임 내지 의무와 조화될 수 있는 범위 내에서 기본권의 주체가 된다. 국가에게 '사법절차적 기본권'이 인정되고[243] 또 지방자치단체[244]·국공립대학·국공영방송국·국책은행 등이 국가에 대해서 기본권을 주장할 수 있는 것은 그 때문이다. 우리 헌법재판소도 공법상의 영조물인 서울대학교와 사법인인 동아일보사와 중앙일보사의 기본권 주체성을 인정하는 판시를 하고 있다.[245]

581
판례 입장

5. 기본권능력과 기본권의 행사능력

582
개념

헌법상 보장된 기본권을 향유할 수 있는 능력을 '기본권능력'(Grundrechtsfähigkeit, Grundrechtsträgerschaft)이라고 말하고, '기본권능력'을 가진 기본권주체가 기본권을 구체적으로 행사할 수 있는 능력을 '기본권의 행사능력'(Grundrechtsmündigkeit, Grundrechtsausübugsfähigkeit)이라고 말한다.[246]

---

242) 관련문헌은 2017년판 414면 각주 247 참조.
243) 이것이 독일연방헌법재판소의 판례의 입장이다.
    Vgl. z. B. BVerfGE 6, 45; 21, 362(373).
244) 독일연방헌법재판소는 재산권이 사인의 재산(das Eigentum Privater)을 보호하기 위한 것이지 공법인의 사적인 재산(Privateigentum)을 보호하기 위한 것이 아니라는 이유로 지방자치단체가 국가를 상대로 재산권을 주장할 수 없다고 판시했다. BVerfGE 61, 82(105ff.) 참조.
245) 헌재결 1992. 10. 1. 92 헌마 68·76; 헌재결 1991. 4. 1. 89 헌마 160; 헌재결 1991. 9. 16. 89 헌마 165.
246) Vgl. dazu G. Dürig, in: Maunz/Dürig/Herzog/Scholz, GG-Kommentar(FN 192),

헌법상의 '기본권능력'은 민법상의 '권리능력'(Rechtsfähigkeit)과 반드시 일치하는 것은 아니다. 민법상으로는 예외적으로만 '권리능력'이 인정되는 태아(nasciturus)가 헌법상으로는 원칙적으로 생명권의 주체가 되는가 하면, 민법상 '권리능력 없는 사단'에게 기본권능력이 인정되고, 반대로 '권리능력' 있는 법인의 '기본권능력'이 생명권, 인신권, 양심의 자유 등에서 제한되는 경우가 있기 때문이다. 또 '기본권의 행사능력'도 민법상의 '법률행위능력'(Geschäftsfähigkeit)과 일치하지 않는다. 민법상으로는 그 '법률행위능력'이 제한되는 미성년자와 한정치산자라도 '기본권의 행사능력'을 가질 수 있고, 반면에 민법상으로는 완전한 '법률행위능력'이 있는 경우라도 헌법상으로는 그 '기본권의 행사능력'이 제약되는 경우가 있기 때문이다. 민법상 성년자라고 해서 누구나 공무담임권 내지 각종 피선거권을 가질 수 없는 것은 그 하나의 예이다.

'기본권능력'을 가진 사람은 모두가 '기본권의 주체'가 되지만 기본권주체가 모든 기본권의 '행사능력'을 가지는 것은 아니다. 예컨대 '영아'가 '집회의 자유'를 행사할 능력이 없는 것처럼 기본권의 성격상 '기본권능력'과 '기본권의 행사능력'을 구별할 필요성이 있는 경우가 있다. 또 헌법이 명문의 규정을 두어 '기본권의 행사능력'을 따로 정하는 경우도 있다. 공무담임권($^{제25}_{조}$)을 일정한 연령과 결부시켜 헌법($^{제67조}_{제4항}$)이 직접 정하고 있는 것은[247] 그 대표적인 예라고 볼 수 있다. 또 '기본권의 행사능력'을 헌법이 직접 정하지 않고 입법권자의 입법형성권에 일임하고 있는 경우가 있는데, 이 경우에는 '기본권의 행사능력'이 법률에 의해서 비로소 구체적으로 정해진다. 예컨대, 우리 헌법($^{제24조, 제25조,}_{제41조 제3항}$)과 공직선거법($^{제15조}_{제16조}$)에 의해서 국회의원과 지방자치단체의 의회의원 및 장의 선거권과 피선거권이 각각 18세와 25세로 정해진 것이라든지, 국민의 공무담임권이 법관정년제를 규정하는 헌법($^{제105조}_{제4항}$)과 법원조직법($^{제45조}_{제4항}$)에 따라 대법원장과 대법관의 경우 70세, 기타 법관의 경우 65세까지로 제한되는 것 등이 그 예이다. 헌법에는 명문의 규정이 없음에도 불구하고 민법($^{제4}_{조}$)이 성년기를 19세로 정하고 미성년자의 재산권행사 등 적지 않은 권리행사를 친권 내지는 법정대리인의 동의

583

민법상의
능력과의
관계

584

기본권능력
과 기본권
행사능력의
불일치

RN 9ff., 16ff. zu Art. 19 Abs. 3; *D. Reuter*, Die Grundrechtsmündigkeit, FamRZ 1969, S. 622ff.

247) 우리 헌법상 대통령피선거권은 40세(제67조 제4항)로 헌법이 직접 정하고 있다.

요건에 의해서 제한하는 것도 이 유형에 속한다고 볼 수 있다. 미성년자가 가지는 '거주·이전의 자유'($\frac{\text{헌법}}{\text{제14조}}$)가 친권자의 '거소지정권'($\frac{\text{민법}}{\text{제914조}}$)에 의해서 제약을 받는 것은 그 대표적인 예이다.

585
기본권의 행사능력의 제한과 한계

'기본권의 행사능력'이 헌법적 수권에 의한 법률에 의해서 구체화된다든지, 심지어는 헌법에는 명문의 규정이 없는데도 입법작용에 의해서 제한될 수 있는 법리는 민주국가에서 입법권자에게 주어져 있는 광범위한 '입법형성권'에 근거한다고 볼 수 있다. 특히 미성년자의 행위능력을 제한하는 것은 부모의 교육의무에 바탕을 둔 친권과 현대생활에서 매우 중요한 의미를 가지는 '거래의 안전' 내지 '법적 안정성'의 관점에서 불가피하다고 할 수도 있다. 하지만 입법권자가 '기본권의 행사능력'을 구체화하거나 제한하는 경우에는 헌법상 일정한 한계가 있다고 보아야 한다. 따라서 인간의 정신적·신체적 성숙도가 점점 빨라져가는 생리학적 인식을 무시한 채 예컨대 성년기를 30세로 올림으로써 모든 사람에게 30세까지 많은 '기본권의 행사능력'을 제한한다면 그것은 확실히 과잉금지의 원칙에 어긋나는 위헌적인 입법이라고 할 것이다. 결국 미성년자의 '기본권행사능력'을 제한하는 친권은 미성년자가 독자적으로 결정할 능력이 없고 법정대리인인 부모의 보호를 필요로 하는 범위 내에서, 또 미성년자의 인격형성과 교육에 도움이 되는 방향으로 규정 내지 행사될 때만(헌법차원에서) 정당화된다고 할 것이다.[248] 사실상 Dürig가[249] 지적하듯이 미성년자가 가지는 '기본권적 이익'과 부모의 친권은 대립적인 것이 아니고 '교육의 필요성'이라는 '당위적 명제'에 의해서 연결되는 동일방향의 이해관계라고 보아야 한다. 독일기본법($\frac{\text{제6조}}{\text{제2항}}$)과는 달리 자녀에 대한 부모의 제1차적이고 자연적인 교육의 권리와 의무에 관한 규정을 두지 않고, 부모와 자녀의 관계가 '보호관계'라는 것을 간접적으로만 암시하고 있는($\frac{\text{제31조}}{\text{제2항}}$) 우리 헌법질서 내에서도 기본권주체로서의 자녀의 '기본권의 행사능력'과 부모의 자녀에 대한 '교육권'(친권)과의 상호조화를 모색하려는 독일의 이론적인 시도[250]가 본받아져야 한다고 생각한다.

친권의 내용과 한계

---

248) 이 점에 대해서 자세한 것은 다음 문헌을 참조할 것.

    G. Dürig(FN 246), RN 16ff.(22) zu Art. 19 Abs. 3.

249) Vgl. (FN 248).

250) 부모의 친권과 자녀의 기본권과의 상호관계에 대해서는 다음 문헌을 참조할 것.

더욱이 '가족생활이 개인의 존엄을 기초로 유지되어야 하며, 국가
는 이를 보장한다'($\frac{제36조}{제1항}$)는 우리 헌법정신을 존중한다면, 가족구성원의
'인격적 가치'를 무시하고 개성신장의 기회를 근본적으로 봉쇄하는 봉
건적이고 전근대적인 친권의 행사는 확실히 부모의 자녀에 대한 교육
권(친권)의 한계를 일탈하는 것이고, 그와 같은 친권행사를 정당화하는
입법이 이루어진다면, 그것은 분명히 '기본권의 행사능력'에 관한 입법
권의 한계를 어기는 과잉입법이라고 할 것이다.

제 3 절 기본권의 내용과 효력

법실증주의와 결단주의헌법이론에 따라 기본권을 국가권력에 의
해서 베풀어진 실정법상의 권리(실정권설=법실증주의)라고 설명하거나
기본권을 인간의 선천적이고 천부적인 초국가성의 자유와 권리(자연권
설=결단주의)라고 이해하는 경우 기본권은 국민의 '국가권력에 대한 방
어적 권리' 내지는 '국가로부터의 자유'를 뜻하게 된다.[251]

586
실정권설과
자연권설

따라서 기본권의 내용은 한마디로 말해서 국민의 국가에 대한 '주
관적 공권'(subjektive öffentliche Rechte)으로 요약되고, '주관적 공권'은
G. Jellinek의 말[252]처럼 국민의 국가에 대한 일정한 지위(Status)를 상
징하는 개념이기 때문에 '주관적 공권'을 그 내용으로 하는 기본권은
어디까지나 국가권력을 대상으로 하고 그 효력도 마땅히 국가권력에게
만 미치게 된다. 이른바 '기본권의 대국가적 효력'이 그것이다. 이처럼
기본권의 내용을 '주관적 공권'으로만 파악해서 기본권을 '국민 대 국
가'의 문제로 한정하는 경우에는 기본권이 사인 상호간의 관계에서 문

주관적 공권

G. *Dürig*(FN 246), RN 16ff. zu Art. 19 Abs. 3; *A. Bleckmann*(FN 233), S.
295ff.; *Hildegard Krüger*, Grundrechtsausübung durch Jugendliche (Grund-
rechtsmündigkeit) und elterliche Gewalt FamRZ 1956, S. 329ff.; *G. Kuhn*,
Grundrechte und Minderjährigkeit, 1965; *D. Reuter*, Kindergrundrechte und
elterliche Gewalt, 1968; *E. Quambusch*, Die Persönlichkeit des Kindes als Grenze
der elterlichen Gewalt, 1973; *W. Schmitt Glasser*, Das elterliche Erziehungsrecht
in staatlicher Reglementierung, 1980, insbes. S. 48ff.; *derselbe*, Die Eltern als
Fremde, DÖV 1978, S. 629ff.; *Th. Oppermann*, Die erst halb bewältigte
Sexualerziehung, JZ 1978, S. 289ff.; *Ch. Strack*, Staatliche Schulhoheit, pädago-
gische Freiheit und Elternrecht, DÖV 1979, S. 269ff.; BVerfGE 47, 46.

251) 이 점에 대해서 자세한 것은 앞의 방주 517 참조할 것.
252) Vgl. (FN 47).

제될 여지는 전혀 없게 된다.

587
객관적
가치질서와
사인간의
기본권효력

　　그럼에도 불구하고 오늘날에 와서는 기본권에 내포된 '객관적 가치질서'(objektive Wertordnung)로서의 성질을 강조하는 한편 기본권의 효력도 '대국가적인 것'에 국한시키지 않고 사인 상호간에도 기본권의 효력을 미치게 하려는 움직임이 학설과 판례를 통해서 점점 정착되고 있다는 사실을 간과할 수 없다. 이른바 '사인간의 기본권효력' 내지 '기본권의 대사인적 효력'(Drittwirkung der Grundrechte)이라는 Topik으로 다루어지는 문제가 바로 그것이다.

　　아래에서는 먼저 기본권이 국가권력에 어떠한 효력을 미치는 것인가를 살펴본 다음, '사인간의 기본권효력'의 문제를 논하고, 마지막으로 기본권의 효력과 불가분의 관계에 있는 '기본권의 경쟁'(Konkurrenz der Grundrechte) 문제와 '기본권의 상충'(Kollision der Grundrechte) 문제에 대해서 언급하기로 한다.

1. 기본권의 내용과 대국가적 효력

588
주관적 공권

　　기본권의 제 1 차적인 내용이라고 볼 수 있는 '주관적 공권'은 처음에 H. Kelsen,[253] G. Jellinek,[254] C. Schmitt[255] 등의 사상적 세계를 바탕으로 발전한 것으로 국민이 국가권력에 대해서 가지는 일정한 '법상의 힘'을 나타내는 개념형식임에는 틀림없으나, 그 '법상의 힘'이 구체적으로 어떠한 '힘'을 의미하느냐에 대해서는 이들 사이에도 반드시 견해가 일치하는 것은 아니다.

(1) H. Kelsen의 주관적 공권이론

589
기속력 없는
실정법상의
선언적 성격

　　국가와 법질서를 동일시하고 '국가란 법질서를 실현하는 수단'[256]이라고 이해하는 H. Kelsen의 안목에서 '주관적 공권'은 어디까지나 법질서에 의해서 인정되는 법질서 내에서의 제한적인 '법상의 힘'을 뜻하기 때문에 국가권력이 '주관적 공권'에 의해 기속된다는 ('주관적 공권'이 국가권력을 기속한다는) 논리는 처음부터 성립될 수가 없다. '주관적 공권'은 따라서 국민이 법질서(=국가) 내에서 가지는 '실정법상의 힘'

---

253) 앞의 방주 502 참조.
254) 앞의 방주 510 참조.
255) 앞의 방주 517 참조.
256) Vgl. (FN 13).

인데, 그 '힘'의 실체는 국가적인 강제질서에 의해서 규제되지 않는 범위 내에서 '자유'로울 수 있는 매우 소극적이고 제한적인 성질의 것에 지나지 않는다. H. Kelsen이 이른바 그의 '관계이론'[257]에서 국민의 국가에 대한 적극적 지위를 전혀 인정하지 않고, 국민의 국가에 대한 관계를 주로 수동적인 의무관계로 이해하고 있는 것도 그 때문이다. 사실상 H. Kelsen은 '주관적 공권'이라는 개념 자체에 대해서 매우 부정적인 입장을 견지하면서[258] 법질서에 의해서 규제될 수 없는 주관적인 권리나 자유는 존재할 수 없다고 역설한다. 결국 H. Kelsen에 따르면 '국가로부터의 자유' 또는 '국가의 부작위'를 내용으로 하는 '주관적 공권'은 인정되지 않는다.[259] 하물며 국가의 일정한 작위나 급부를 요구할 수 있는 내용의 '주관적 공권'같은 것은 처음부터 생각할 수조차 없다.

이와 같은 H. Kelsen의 관점에서 주관적 공권의 주된 내용은 처분권적 성질의 '자유권'으로 축소되지만, 자유권의 보장도 이론상 '법률유보'를 전제로 한 제한적인 자유의 보장이기 때문에 엄밀히 따져서 '법률이 정하는 범위 내에서의 자유권'에 지나지 않게 된다.

따라서 그의 사상적 세계에서는 '주관적 공권'의 대국가적 효력이란 주관적 공권이 국가권력을 기속하는 그러한 적극적인 성질의 것이 아니고, 단순한 선언적 의미만을 갖는 소극적인 성질의 것에 지나지 않게 된다.

(2) G. Jellinek의 주관적 공권이론

G. Jellinek는 주관적 공권의 내용이나 성질 그리고 그 효력에 대해서 H. Kelsen과는 다소 견해를 달리한다. 그가 '자연법을 부정하는 강도가 H. Kelsen에서 보다 많이 약화되었다고 하는 점[260]과도 이념상의 연관성이 없지 않다고 볼 수 있다.

590
자유권·
수익권·
참정권의
한계

아무튼 G. Jellinek는 그의 '지위이론'[261]을 통해서 국민의 국가에 대한 '소극적 지위'뿐 아니라 '적극적 지위'와 '능동적 지위'를 강조하면서, 국민은 이들 지위에서 국가에 대하여 일정한 부작위 또는 작위

257) Vgl. (FN 29).
258) Vgl. (FN 33).
259) Vgl. (FN 35).
260) Vgl. (FN 45).
261) Vgl. (FN 47).

를 요구하거나 직접 국정에 참여할 것을 요구할 수 있는 '법상의 힘'으로서의 '주관적 공권'을 가진다고 주장한다. 따라서 G. Jellinek에 따르면 주관적 공권의 내용은 '자유권'·'수익권'·'참정권'으로 요약되는데, 법질서에 의해서 규제되지 않는 범위 내에서 각자가 가지는 '자유영역'을 지키기 위해서 국가의 부작위를 요구할 수 있는 주관적 공권이 '자유권'이고,[262] 국가의 일정한 작위나 급부를 요구할 수 있는 주관적 공권이 '수익권'이고,[263] 국민이 국정에 참여할 수 있는 주관적 공권이 '참정권'[264]이라고 한다.

그러나 G. Jellinek도 H. Kelsen처럼 국민의 국가에 대한 '수동적 지위'와 그로부터 나오는 복종의무를 특히 강조하고[265] 있을 뿐 아니라 '사실의 규범적 효력'을 중요시하는 '힘의 국가론'을 전개하고 있기 때문에 그가 주장하는 '주관적 공권'도 국가권력을 기속할 수 있는 적극적인 효력을 가지지는 못하게 된다.

(3) C. Schmitt의 주관적 공권이론

591
국가권력을 기속하는 주관적 공권

국가의 목적은 인간의 '선천적'이고 '선국가적'인 '자유의 영역'을 보호하는 것이고 국가는 바로 이같은 자유의 보호기능 때문에 그 존립이 정당화된다고 역설하면서[266] 기본권의 핵심을 '자유권'으로 보고 기본권의 본질을 '국가로부터의 자유'라고 이해하는 C. Schmitt의 안목에서 '주관적 공권'은 무엇보다도 '자유의 영역'에 대한 국가의 간섭을 배제할 수 있는 '법상의 힘'을 의미하게 된다는 것은 자명하다. C. Schmitt의 생각에 따르면 이 '법상의 힘'은 이른바 '배분의 원리'(자유의 무제한성과 국가권력의 제한성)에 의해서 뒷받침되기 때문에 적어도 국가권력에 대해서 단순한 선언적 의미가 아닌 직접적 효력을 미치게 된다. 그 직접적 효력은 입법권, 행정권, 사법권은 물론 심지어는 헌법개정권력까지를 기속하는 힘을 가지기 때문에 초국가성의 '자유의 영역'에 대한 '본질적인 내용의 침해'는 그 어떤 국가권력에 의해서도 허용되지 않는다.[267] C. Schmitt는 천부적인 '자유의 영역'을 지키기 위한

262) Vgl. (FN 49).
263) Vgl. (FN 50).
264) Vgl. (FN 51).
265) Vgl. (FN 52).
266) Vgl. (FN 73).
267) Vgl. (FN 76).

'법상의 힘'으로서의 '주관적 공권'을 실현하기 위한 하나의 수단으로서 법치국가원리를 또한 강조한다.268)

그러나 C. Schmitt에게 있어서도 주관적 공권에 내포된 '법상의 힘'이 언제나 동일한 효력을 국가에 미치는 것은 아니다. 천부적인 '자유의 영역'을 지키기 위한 주관적 공권(자유권)은 국가권력에 절대적인 효력을 미치지만, 국정에 참여할 수 있는 주관적 공권(참정권)과 국가의 일정한 행위와 급부를 요구할 수 있는 주관적 공권(수익권)은 천부적인 성질을 가지지 않기 때문에 그 국가권력에 미치는 효력도 제한적이고 상대적이어서 국가권력에 광범위한 입법형성권이 허용된다고 한다.269) 더 나아가 C. Schmitt가 국민이 국가권력에 대해서 가지는 일정한 '법상의 힘'을 그 실체로 하는 '주관적 공권'과 그와 같은 '법상의 힘'을 내포하지 않는 '제도적 보장'270)을 구별하고 있다는 점은 이미 언급한 바 있다.271)

(4) 비판 및 결론

a) '주관적 공권'이론의 문제점

기본권을 국가의 법질서에 의해서 인정되는 실정법상의 권리라고 이해한 나머지 기본권의 내용으로서의 주관적 공권이 국가권력에 대해서 아무런 기속적인 효력을 미치지 못한다는 H. Kelsen과 G. Jellinek의 법실증주의적 결론이 오늘의 시점에서 공감을 얻기 어렵다는 것은 두말할 필요조차 없다. 또 기본권의 자연법적 성질을 강조하면서 기본권을 '자유권' 중심으로 파악하고, 천부적인 '자유의 영역'을 지키기 위한 주관적 공권만은 국가권력을 기속하는 힘이 있지만, 수익권·참정권 등의 비천부적인 영역에서는 주관적 공권이 국가권력을 기속하는 힘을 가질 수 없다는 C. Schmitt의 '결단주의적' 입장이 설득력을 가지는 것도 아니다. 이들은 처음부터 '기본권'과 '국가권력'을 유리적 관계 내지는 대립적인 관계로 보고, 기본권이 가지는 국가권력창설적 기능과 동화적 통합기능 같은 것을 무시한 채 기본권의 내용을 '주관적 공권'만으로 축소해서 이해한 나머지 기본권의 대국가적 효력의 강약만

268) Vgl. (FN 77).
269) Vgl. (FN 102).
270) Vgl. (FN 98).
271) 앞의 방주 524~526 참조.

선언적 효력
또는 자유권
중심의 이론

자유권의
생활권화
현상과
국가기능의
확대

을 따지려는 잘못을 범하고 있다는 점을 지적하지 않을 수 없다. 법실
증주의처럼 기본권을 이해하는 경우 H. Kelsen에서처럼 '주관적 공권'
그 자체가 부정되든지 아니면 '주관적 공권'이 겨우 선언적 효력밖에
가질 수 없는 것은 명백하다. 또 결단주의처럼 기본권의 자연권성을
강조한다면 기본권은 '자유권'으로 그 내용이 축소되고 배분의 원리의
이론적 뒷받침에 의해서 이른바 천부적인 '자유의 영역'만은 국가권력
의 침해로부터 보호받을 수 있게 될 것도 스스로 자명하다. 그러나 오
늘날 선언적 효력밖에 가지지 못하는 '주관적 공권', 또는 겨우 '자유
의 영역'만을 국가권력으로부터 지킬 수 있는 기본권의 효력만으로는
다원적인 현대공동생활을 형성해 나가기가 어렵다는 것은 두말할 필요
조차 없다. 기본권의 중점이 '자유권'에서 '생활권'(사회권)으로 옮겨지
고 사회국가의 이념과 함께 '자유권의 생활권화 현상'이 날로 더해가는
사회환경 속에서 기본권의 내용과 효력을 언제까지나 선언적인 권리
내지는 자유권 중심으로만 설명할 수는 없다. '자유권' 중심의 시대에
'국가권력에 의한 자유의 침해가 허용되지 않는다'는 소극적인 효력론
이 당연시되었던 것과 마찬가지로, 오늘날에는 국가가 공권력에 의한
자유의 침해만을 자제하는 소극적인 자세에서 벗어나 국민의 자유가
실효성 있는 것으로 실현될 수 있도록 적극적인 보호자세를 가져야 할
뿐 아니라, 심지어는 국민의 생존배려를 위한 국가적인 급부활동의 폭
을 넓혀가야 된다는 적극적인 효력론이[272] 강력히 요청되는 만큼 기본
권의 내용과 효력에 대한 새로운 이론구성이 필요하게 되었다.

b) 기본권의 양면성과 국가권력에 대한 기속력

593

권리성과
질서성 및
국가창설적
기능

그러기 위해서는 먼저 다음 세 가지 전제조건이 충족되어야 한다.
첫째가 기본권과 국가권력을 대립적인 관계로 보는 고전적인 사상의
청산이고, 둘째가 기본권을 지나치게 '권리'(주관적 공권)의 시각에서만
이해하는 입장의 탈피이고, 셋째가 기본권에 내포된 '양면성'의 인식이
다. 다시 말해서 기본권이 가지는 권리로서의 방어적 기능과 질서로서
의 형성적 기능의 상호보완작용에 의해 비로소 국가권력이 창설되고
유지된다는 논리의 수용이다. 기본권은 사회공동체의 동화적 통합을
달성하기 위해서 꼭 존중되고 실현시켜야 되는 사회의 '가치적인

---

272) 동지: *K. Hesse*(FN 172), RN 350.

Konsens'라고 볼 때, 기본권은 국민 개개인의 '주관적 권리'에 그치지 않고 그것은 동시에 동화적 통합의 생활형식을 뜻하기 때문에 기본권은 또한 동화적 통합의 기본이 되는 '객관적인 질서'가 아닐 수 없다. 이처럼 '권리성'과 '질서성'을 동시에 내포하고 있는 기본권을 실현하기 위해 국가권력이 창설되고 그 권력행사가 정당화되는 것이라면 기본권은 적어도 국가권력의 창설적 기능과 사회공동체의 동화적 통합기능을 함께 갖는다는 점을 부인할 수 없다. 따라서 국가권력의 행사가 이 '가치적인 Konsens'로서의 기본권에 기속되는 것은 너무나 당연하다. 즉, 국가권력을 기속하는 기본권의 효력은 기본권의 양면성에서 나오는 논리적인 필연의 귀결이다. 독일기본법(제1조 제3항)처럼 기본권의 기속력에 관한 명문의 규정을 두는 것은 이같은 이론의 실정법적 수용이라고 보아야 하고, 우리 헌법(제10조 제2절)도 표현은 다르지만 동일한 입장을 취하고 있다. 따라서 기본권과 국가권력은 대립관계가 아니라는 것은 더 말할 나위가 없다. 다만 국가권력의 창설과 그 권력행사의 최후적 정당성이 국민의 가치적인 Konsens에 귀착되는 민주주의도 결국은 사람의 사람에 대한 통치형식에 지나지 않을 뿐 아니라 권력은 그 본질상 남용의 가능성을 내포하고 있기 때문에 기본권의 방어적 기능은 민주국가에서도 불가피하다는[273] 인식은 언제나 필요하다.

이같은 논리형식에 따라 기본권이 국가권력을 기속한다는 것은 (다시 말해서) 국가의 모든 권력행사가 궁극적으로 기본권적인 가치의 실현에 기여해야 된다는 것이기 때문에, 입법권·행정권·사법권은 물론, 헌법개정권력과 지방자치권력까지도 마땅히 기본권을 존중해야 할 헌법적 기속을 받는다는 뜻이다. 따라서 기본권의 양면성을 바탕으로 한 기본권의 대국가적 효력은 모든 국가권력에 포괄적으로 그리고 직접적으로 미치는 것이기 때문에 국가작용의 형태(예컨대, 권력작용·관리작용·국고작용 등) 또는 국가권력 내에서의 특수한 신분관계 때문에 그 효력의 정도가 약화될 수는 없다.[274] 또 가치적인 Konsens로서의 기본권은 물론 시대상황의 변천과 생활양태의 변화에 따라 그 내용과 중점이 달라질 수는 있겠으나, 원칙적으로 인간의 존엄과 가치를 그 핵심

594

기속력의
의미와 내용

---

273) Vgl. (FN 208).
274) 동지: *K. Hesse*(FN 172), RN 351; *E. Stein*, Staatsrecht, 6. Aufl.(1978), S. 252.

적인 내용으로 하는 자유·평등·정의의 실현으로 집약될 수 있기 때문에, 기본권에 의한 국가권력의 기속은 사생활영역을 비롯한 정치적·경제적·사회적·문화적·정신적 생활의 모든 영역에서 똑같이 이루어지는 것이라고 볼 수 있다. 그 구체적인 내용은 예컨대 사생활불간섭 내지 사생활보호(국가는 국민의 안방에서 찾을 것이 없다), 정신적·문화적 생활풍토의 조성, 정치적 input의 보장, 경제적 개성신장과 기회균등의 보장, 사회적 자치능력의 계발 및 보장의무 등이라고 요약할 수 있다. 이같은 기본권의 국가권력에 미치는 효력은 사회적 기본권의 영역이라고 해서 다를 것이 없다. 따라서 사회적 기본권의 영역에서도 국가권력은 '사회적 기본권'의 형식으로 표현된 사회국가실현을 위해서 교육의 기회균등, 사회보장, 고용증진, 근로조건의 개선, 영세민생활대책, 환경보전 등 적극적인 교육정책·사회정책·조세정책·노동정책·환경정책 등을 개발해야 할 헌법적 기속을 받고 있다고 보아야 한다. 이와 같은 사회적 기본권의 효력을 경시하고 가능한 헌법적 소임을 게을리하는 국가권력은 이미 그 권력의 정당성을 상실한 것이기 때문에 '불법권력'의 이론에 따라 저항권행사의 대상이 된다고 할 것이다.

2. 사인간의 기본권효력

595
사인에 의한
기본권 침해
가능성

국민의 생활관계가 국가의존적인 획일관계에서 사회의존적인 다원관계로 변모된 오늘날에는 기본권에 대한 위협이 국가권력뿐 아니라 여러 형태의 사회적인 '압력단체'(pressure group) 또는 사인으로부터도 나올 수 있게 되었다. 더욱이 정보통신기술과 인터넷(internet)의 발달로 인간의 생활영역이 사이버공간(cyber space)으로 확대됨에 따라 사이버공간에서의 기본권침해가 새로운 법적·사회적 문제로 등장하고 있다.[275] 따라서 이제는 이들 사회세력 내지 사인으로부터, 또 사이버공간에서도 기본권을 보호할 현실적인 필요성이 생겼고, 그 결과 기본권의 효력을 '대국가적인 것'에 국한시킬 수만은 없게 되었다. 이른바 '기본권의 대사인적 효력'(Drittwirkung der Grundrechte)이라는 문제가

---

275) 새 미디어 인터넷이 야기한 헌법과 기본권적 문제점에 관해서는 다음 문헌을 참조할 것.

H. Kube, Neue Medien-Internet, in: Isensee/Kirchhof(Hrsg.), Handbuch des Staatsrechts, Bd. 4, 3. Aufl., 2006, S. 843ff.

헌법학에 새로이 등장하고 사인 상호간에도 기본권의 효력을 미치게
하려는 경향이 점점 보편화되어 가는 이유도 그 때문이다.

하지만 사인간의 기본권효력의 문제는 보다 심층적인 접근을 요
하는 복잡한 헌법이론적인 문제이기 때문에 아래에서는 먼저 기본권의
효력을 사인에게도 미치게 할 수 있는 이념적 기초가 무엇인가를 밝힌
다음, 기본권의 대사인적 효력에 관한 이론구성을 검토한 후에 끝으로
우리의 현행헌법과 사인간의 기본권효력에 관해서 설명하기로 한다.

(1) 기본권의 대사인적 효력의 이념적 기초

오늘날 국가권력에 의한 것과 마찬가지로 사인에 의한 기본권의
침해를 막아야 한다는 현실적이고 생활경험적인 요청이 커진 것은 두
말할 나위가 없다. 그렇다고 해서 기본권의 대사인적 효력에 대해서
너무나 성급하게 결론을 내리는 것은 위험하다. 이 문제가 내포하고
있는 심층적인 헌법이론적 문제성을 인식하고 그에 알맞는 합리적인
논증방법을 모색하려는 노력이 앞서야 한다. 그러나 이 문제에 관한
종래의 문헌에서는 사인에 대해서도 기본권을 지켜야 되겠다는 현실
적인 요청만을 의식하고 그 논증방법의 합리성에 대한 검토를 소홀히
한 채 이 문제를 너무 안일하게 다루고 있다는 인상을 씻어버리기 어
렵다. 이를테면 기본권의 본질과 기능을 법실증주의 또는 결단주의의
입장에서 설명하고 있는 많은 학자들이 아무런 망설임도 없이 유행
을 따라 기본권의 대사인적 효력을 인정하고 있는 것은 그 하나의 예
이다.

하지만 법실증주의 또는 결단주의처럼 기본권을 국민의 국가에
대한 '주관적 공권'만으로 이해한 나머지 '기본권의 수신인'을 국가권
력으로 한정하고 기본권이 가지는 '양면성'에 대해서 부정적 내지는 회
의적인 시선을 보내는 입장에서 어떻게 '현실적인 필요성'이 있다는 이
유만으로 기본권의 '대사인적 효력'을 선뜻 인정할 수 있는 것인지 의
문이 생기지 않을 수 없다.

생활양상의 변화에 따른 '현실적인 필요성' 때문에 기본권의 효력
을 '대국가적인 것'에 국한시키지 않고 '대사인적인 것'으로까지 확대
시키기 위해서는 먼저 기본권의 본질과 기능에 대한 법실증주의적·결
단주의적 사상의 탈피가 선행되지 않으면 아니 된다고 생각한다. 법실

596
법실증주의
와 자유주의
적 기본권
사상의 탈피

기본권의
양면성

바이마르
헌법과
대사인적
효력

증주의와 결단주의의 사상이 절대적인 영향을 미치고 있던 바이마르 공화국 헌법질서하에서 사인간의 기본권효력의 문제가 별로 빛을 볼 수 없었던 것도 결코 우연한 일만은 아니다. 더욱이 바이마르헌법 $\left(\begin{smallmatrix}제118조\ 제1항\\제2절과\ 제159조\end{smallmatrix}\right)$276)에도 현행독일기본법$\left(\begin{smallmatrix}제9조\ 제3항\\제1절과\ 제2절\end{smallmatrix}\right)$277)처럼 기본권의 대사인적 효력을 인정하는 명문의 규정이 있었음에도 불구하고, 오늘의 독일과는 달리 기본권의 대사인적 효력을 일반적으로 인정하는 이론이 형성될 수 없었던 것은 그 당시를 지배하고 있던 기본권에 대한 관념과 '기본권의 대사인적 효력' 사이에는 쉽게 넘을 수 없는 이념적인 장벽이 가로놓여 있었기 때문이었다고 볼 수 있다. '의사표현의 자유' $\left(\begin{smallmatrix}바이마르헌법\ 제118조\\제1항\ 제2절\end{smallmatrix}\right)$와 '근로자의 단결권'$\left(\begin{smallmatrix}동헌법\\제159조\end{smallmatrix}\right)$의 효력이 사인에게도 미친다는 뜻을 명백히 밝힌 바이마르헌법규정은 그 당시 헌법제정권자가 마련한 하나의 실정법적인 예외규정으로 받아들여졌기 때문에 기본권의 대사인적 효력은 이 두 규정에 엄격히 제한해야 된다는 것이 당시의 한결같은 견해였다.278)

597   그러나 현행독일기본법은 근로자가 가지는 단결권의 대사인적 효

---

276) Vgl. Art. 118 Abs. 1 Satz 2 WRV: "An diesem Rechte (scil. Meinungs-äußerungsfreiheit) darf ihn kein Arbeits- oder Anstellungsverhältnis hindern, und niemand darf ihn benachteiligen, wenn er von diesem Rechte Gebrauch macht."

   Art. 159 WRV: "Die Vereinigungsfreiheit zur Wahrung und Förderung der Arbeits- und Wirtschaftsbedingungen ist für jedermann und für alle Berufe gewährleistet. Alle Abreden und Maßnahmen, welche diese Freiheit einzuschränken oder zu behindern suchen, sind rechtswidrig."

   즉, 바이마르헌법 제118조 제1항 2절에는 '의사표현의 자유가 근무 내지 고용관계 때문에 영향을 받아서는 아니 될 뿐 아니라, 그 누구도 이 자유를 행사한다는 이유 때문에 불리한 처우를 받아서는 아니 된다'는 취지의 규정이 있었고, 제159조에는 '근로자의 근로조건 내지는 경제적 지위향상을 위해서 모든 사람과 직업에게 보장된 근로자의 단결권을 제한하거나 방해하기 위한 어떠한 협약이나 조치도 위법하다'는 내용이 담겨 있다.

277) Art. 9 Abs. 3 Satz 1 u. 2 GG: "Das Recht, zur Wahrung und Förderung der Arbeits- und Wirtschaftsbedingungen Vereinigungen zu bilden, ist für jedermann und für alle Berufe gewährleistet. Abreden, die dieses Recht einschränken oder zu behindern suchen, sind nichtig, hierauf gerichtete Maßnahmen sind rechtswidrig"(근로조건과 경제조건을 유지하고 개선하기 위해서 단체를 조직할 수 있는 권리는 모든 사람과 모든 직업에 보장된다. 이 권리를 제한하기 위한 협약이나 시도는 무효이며, 이 같은 목적을 위한 조치는 위법하다).

278) Vgl. v. a. G. Anschütz, Die Verfassung des deutschen Reichs, Kommentar, 14. Aufl.(1933), ND 1968, S. 556f., 731ff.

력만을 명시(제9조)하고 있을 뿐인데도 독일의 학설·판례[279]가 기본권의 대사인적 효력을 이 특정한 기본권에만 국한시키지 않고, 모든 기본권에 일반적으로 인정하게 된 것은 이미 바이마르공화국시대와는 기본권에 대한 이해를 달리하고 있기 때문이라는 점을 주의할 필요가 있다. 바이마르시대를 지배하던 법실증주의와 결단주의의 사상적인 영향 밑에서 기본권의 내용으로 간주되던 '주관적 공권' 외에도 기본권에 내포된 '객관적 가치질서'의 측면을 인식해서 '기본권의 양면성'을 강조하게 된 것이 그 결정적인 이론적 전기가 되었다고 할 것이다.[280] 기본권은 사회공동체의 가치적인 Konsens로서 동화적 통합의 실질적인 원동력을 의미하기 때문에[281] 결국 국가창설의 원동력인 동시에 그 존립에 정당성을 부여해 주는 '질서의 원리'를 뜻하게 되고, 사회구성원은 이 질서를 지키고 존중하여 동화적 통합을 실현시킬 책임과 의무를 지게 된다는 인식이 확산되면서부터, 기본권에 내포된 '객관적 가치질서'로서의 성질이 주목의 대상이 되고 그와 함께 기본권의 효력이 사인 상호간에도 미칠 수 있다는 논증이 나타나기 시작한 것이다.[282]

국내의 일부 헌법학자는 기본권의 이같은 객관적 가치질서로서의 성질이 마치 독일기본법의 특정한 조문(제1조)[283]을 근거로 한 전형적인

독일기본법 과 대사인적 효력

헌법이론적 인 기본권의 양면성

---

279) 가장 기본적이고 대표적인 문헌으로는 다음 것을 들 수 있다.

H. C. Nipperdey, Grundrechte und Privatrecht, 1961; W. Leisner, Grundrechte und Privatrecht, 1960; G. Dürig, Grundrechte und Zivilrechtsprechung, in: FS f. H. Nawiasky(1956), S. 157ff.; R. Echterhölter, Grundrechte und Privatrecht, BB 1973, S. 393ff.; W. Schick, Drittwirkungsprobleme im Bereich des Art. 14 GG, Bay VBI 1962, S. 348ff.; B. Schlink, Abwägung im Verfassungsrecht, 1976; 가장 대표적이고 효시적인 판례로는: BAGE 1, 185(193f.); BGHZ 33, 145(149f.); 38, 317(319f.); BVerfGE 7, 198(204); 12, 113(124); 24, 278(282ff.); 25, 256; 30, 173(178); 37, 132(141).

280) 동지: K. Hesse(FN 172), RN 352.

281) 앞의 방주 551 참조.

282) 동지: W. Leisner(FN 279), S. 1.

독일의 공법이론이 우리 학계에 아직도 많은 영향을 미치고 있다는 점을 상기할 때, 독일의 이같은 학설의 경향은 '사인간의 기본권효력'의 문제를 해결하는 데 있어서 우리에게 시사하는 바가 크다고 느껴진다.

283) Art. 1 Abs. 2 GG: "Das Deutsche Volk bekennt sich darum zu unverletzlichen und unveräußerlichen Menschenrechten als Grundlage jeder menschlichen Gemeinschaft, des Friedens und der Gerechtigkeit in der Welt."(독일국민은 불가침하고 불가양한 인권을 이 세상의 정의와 평화와 모든 인류공동생활의 기초로 신봉한다.)

독일풍의 학설인 것처럼 설명하고 있지만, 기본권의 '양면성'의 문제는 실정법적인 문제이기 이전에 기본권의 내용과 본질에 관한 헌법이론적인 문제라는 점을 간과해서는 아니 된다고 생각한다. 우리 헌법재판소가 기본권의 양면성을 인정하는 판시를 하고 있는 이유도 그 때문이다.[284] 아무튼 기본권의 'Konsens적 가치성'과 그 동화적 통합기능을 인정하고 기본권에 내포된 '주관적 공권' 외에 그 통합촉진적인 '객관적 질서성'을 중요시하는 이른바 '양면성'의 논리를 받아들이지 않고는 헌법이론적으로 기본권의 대사인적 효력을 논증하기가 어렵다.[285] 바로 이곳에 헌법관 내지 기본권관과 '사인간의 기본권효력'과의 불가분한 이념적 연관성이 있다.

598
기본권의 양면성

결국 기본권의 대사인적 효력의 이념적 기초는 '기본권의 양면성'이라고 말할 수 있다. 따라서 기본권의 '양면성'을 공론시하거나 부인할 수밖에 없는 헌법관 내지 기본권관에 집착한 채, 기본권의 대사인적 효력을 긍정하는 것은 논리적인 일관성이 없는 논리의 비약이 아닐 수 없다. 기본권의 '양면성'을 받아들이기가 어려운 헌법관 내지 기본권관을 고수하려는 경우에는 기본권이 사인간에는 효력이 미칠 수 없다는 입장을 지키는 것이 적어도 헌법이론적으로는 일관성이 있다.

(2) 사인간의 기본권효력에 관한 이론구성

599
사적 자치의 일반원칙

사인간의 사적인 법률관계는 원칙적으로 사적 자치의 원칙에 따라 각자의 임의에 맡겨지는 일이지만, 모든 일을 사인 상호간의 임의에만 맡기다 보면 때로는 정의와 형평에 어긋나는 일이 생길 수도 있기 때문에 사법의 일반법이라고 볼 수 있는 민법에서는 '사적 자치'가 이루어질 수 있는 테두리로서 신의성실의 원칙(제2조 제1항), 권리남용금지의 원칙(제2조 제2항), 공서양속의 원칙(제103조), 공정의 원칙(제104조), 불법행위책임(제750조) 등을 규정하고 있다. 따라서 사인 상호간의 법률관계는 우선은 이들 사법상의 일반원칙과 기타 사법규정에 의해서 규율되기 마련이다.

600
대사인적

그러나 그렇다고 해서 사인간의 법률관계가 기본권과 아주 무관할 수는 없다. 만일 기본권이 사회공동체의 동화적 통합을 달성하기

---

284) 헌재결 1996. 8. 29. 94 헌마 113 참조.
285) 예컨대 E. Forsthoff가 사인간의 기본권효력에 대해서 매우 회의적인 입장을 취하는 것도 그 때문이다.
　　Vgl. DÖV 1957, S. 97f.

위해서 꼭 실현시켜야 되고 존중되어야 하는 '객관적인 가치'를 헌법에
규범화한 일종의 '질서의 원리'라고 한다면 사인 상호간의 사적인 법률
관계라고 해서 기본권이 무시되어도 좋다는 논리는 성립되기가 어렵기
때문이다. 물론 기본권이 가지는 '객관적 가치질서'로서의 성질을 무시
하거나 부인하는 입장에서는 기본권이 사인간의 사적인 법률관계에도
반드시 적용되어야 한다는 논리를 받아들이기가 어렵다는 점은 이미
지적한 바 있다. 그러나 오늘날 사인간의 기본권효력을 부인하는 입장
이[286] 별로 동조자를 얻지 못하고 있는 것은 기본권을 보는 관점이 많
이 달라져서 기본권의 '양면성'이 일반적인 인식으로서 보편화되고 있기
때문이다. 따라서 '사인간의 기본권효력'의 문제는 이제 다만 그 이론구
성을 어떻게 하느냐의 문제로 집약되고 있다고 해도 과언이 아니다.

그런데 기본권의 대사인적 효력을 인정하기 위한 이론구성의 방법
은 미국과 독일의 학설이 현저하게 다르다는 점을 주의할 필요가 있다.

a) 미국헌법상의 기본권규정과 사인간의 기본권효력

α) 미국헌법상의 기본권규정

처음 미국연방헌법이 제정(1787년)될 당시에는 헌법에 기본권에
관한 이른바 권리장전(Bill of Rights)이 포함되지 않았으나 1791년에 있
은 10개조의 수정헌법(10 Amendments) 중 8개조에 '종교의 자유'(free-
dom of religion)를 비롯한 상세한 기본권규정이 추가되었다.[287] 그 후에

효력의
전제로서의
기본권의
양면성

601
구체적 내용

---

286) 오늘날 독일에서 사인간의 기본권효력을 근본적으로 부인하는 공법학자는 그리 많지
않은데 대표적인 학자만을 소개하면 다음과 같다.
J. Schwabe, Probleme der Grundrechtsdogmatik, 1977, S. 211ff.; *derselbe*, Die
sog. Drittwirkung der Grundrechte, 1971, passim, insbes. S. 154ff.; *v. Mangoldt*,
Grundrechte und Grundsatzfragen des Bonner GG. AöR, N. F. 36(1949), S.
273ff.(278); *v. Mangoldt-Klein*, Das Bonner GG, Komm. 2. Aufl.(1957), S. 65f.;
W. Geiger, Die Grundrechte in der Privatrechtsordnung, 1960, passim, insbes.
31f.; *W. Schätzel*, Welchen Einfluß hat Art. 3 Abs. 2 auf das Arbeits-
vertragsrecht, RdA 1950, S. 248ff.; *H. Peters*, Geschichtliche Entwicklung und
Grundfragen der Verfassung, 1969, S. 243ff.
이들은 대체로, ① 기본권의 역사와 전통, ② 명시적인 규정의 결핍, ③ 헌법제정
권자는 사인간의 법률관계에 대해서는 규율권이 없다는 점, ④ 헌법제정사적 고찰, ⑤
독일기본법(제19조 제 4 항)상 공권력에 의한 기본권침해에 대해서만 언급이 있다는
점, ⑥ 독일기본법 제 1 조 제 3 항도 기본권이 국가권력만을 기속한다고 밝힌 점 등을
그 논거로 해서 기본권의 대사인적 효력을 부인하고 있지만, 오늘날에는 거의 설득력
을 상실한 공허한 이론으로 받아들여지고 있다.
287) 종교의 자유 외에도 '의사표명의 자유', '보도의 자유', '집회의 자유', '청원의 자유'

도 1865년의 수정헌법 제13조[288])에 의해 노예제도(slavery)와 강제노역 (involuntary servitude)이 폐지되고, 1868년의 수정헌법 제14조(Sec. 1)[289])에 의해 수정헌법 제 5 조의 '적법절차'(due process of law)가 모든 주에까지 확대적용되게 되고(equal protection of the law), 1870년의 수정헌법 제15조[290])(Sec. 1)에 의해 선거에 있어서의 인종차별금지 등이 실현되었다. 성에 의한 참정권제한은 1920년 수정헌법 제19조(Sec. 1)[291]) 에 의해 비로소 폐지되었다.

적법절차 및 평등보호 조항

이들 기본권조항 중에서도 권리보호의 면에서뿐 아니라 '사인간의 기본권효력'의 면에서도 특히 중요한 의미를 가지는 것이 수정헌법 제14조(Sec. 1)의 이른바 '적법절차조항'(due process clause)과 '법의 평등보호조항'(equal protection clause)이다. '어느 주(State)도 정당한 법적절차에 의하지 아니하고 국민의 생명, 자유, 재산을 박탈해서는 아니될'(due process clause) 뿐 아니라 '누구나 사법절차에서 법에 의한 평등한 보호를 받아야 된다'(equal protection clause)는 내용의 이들 규정은[292]) 수정헌법(Amendments)에 의해서 보장된 기본권에 실질적인 의미를 부여해 주는 '실체적인 기본권'으로 간주되고 있다.[293])

β) 국가작용의제이론의 근거와 내용

602
수정헌법

그런데 이 수정헌법 제14조(Sec. 1)의 규정은 미국연방대법원 (Supreme Court)이 '사인간의 기본권효력'에 관해서 이론구성을 하는

(제 1 조), '무기소지의 자유'(제 2 조), 개인주택병영화의 금지(제 3 조), 주거의 자유(제 4 조), 생명, 자유, 재산침해시의 적법절차(due process of law)보장(제 5 조), 공공필요에 의한 재산권수용시의 적정보상보장(제 5 조), 이중처벌금지(double jeopardy)(제 5 조), 불리한 진술거부권(제 5 조), 신속한 공개재판을 받을 권리(제 6 조), 배심재판제도(제 7 조), 과다한 보석금의 금지(제 8 조), 잔인한 형벌금지(제 8 조), 등이 보장되고 있다.

Vgl. The first ten Amendments (took effect December 15, 1791) Art. I ~ Art. VIII.

288) Vgl. XIII. Amendment, proclaimed Dec. 18, 1865.

289) Vgl. XIV. Amendment, Section 1, proclaimed July 28, 1868.

290) Vgl. XV. Amendment, Section 1, proclaimed March 30, 1870.

291) Vgl. XIX. Amendment, Section 1, proclaimed August 16, 1920.

292) XIV. Amendment, Section 1: "… nor shall any State deprive any person of life, liberty, or property, without due process of law; nor deny to any person within its jurisdiction the equal protection of the laws."

293) Vgl. K. Loewenstein, Verfassungsrecht und Verfassungspraxis der Vereinigten Staaten, 1959, S. 477f.

데 있어서도 중요한 논거를 제공해 주고 있다는 점을 주목할 필요가 있다. 왜냐하면 미국연방대법원은 처음에는 이 조문을 논거로 해서 기본권의 대사인적 효력을 부인하는 입장을 취하다가 나중에는 오히려 기본권의 대사인적 효력을 인정하기 위해서도 바로 이 조문을 내세우고 있기 때문이다. 즉, 미국연방대법원은 처음에는 수정헌법 제14조 (Sec. 1)에 '…nor shall any State deprive any person of life…'라고 규정된 점을 들어 그 규범의 수신인이 명백히 '국가권력'(State)이라고 강조하면서 기본권이 사인에게는 효력을 미칠 수 없다는 입장을 취했다.[294] 그러다가 미국의 연방대법원은 그 후 '사인간의 기본권효력'을 인정하는 방향으로 그 입장을 바꾸게 되는데 이 때에도 수정헌법 제14조(Sec. 1)가 그 이론구성의 출발점이 된다.

즉 미국연방대법원은 이른바 '국가작용설'(State-action-doctrine) 내지 '국가동시설'(Doctrine of looks like government)이라고 불려지는 일종의 국가작용의제이론을 구성해서 기본권의 대사인적 효력을 인정하려고 하는데, 이 이론은 사인에게도 기본권의 효력을 미치게 하려면 사인의 행위(private action)를 국가의 행위(State action)와 동시하거나 적어도 국가작용인 것처럼 의제하지 않으면 아니 된다고 한다.[295] 사인의 행위(private action)을 '국가의 행위'(State action)와 동시하거나 적어도 국가작용으로 의제하지 않고는 기본권을 그 사인에게 적용할 수 없다는 이 이론구성은 물론 수정헌법 제14조(Sec. 1)에 근거를 둔 것으로서, 따지고 보면 연방대법원이 이 조문에 대해서 내린 자신의 과거해석(기본권의 대국가적 효력)을 재확인하고 이를 지키기 위해서 찾아낸 일종의 우회적인 이론구성에 지나지 않는다고 할 것이다. 기본권의 효력

제14조 제 1
항

603
국가작용설
내지
국가동시설

---

294) 이것이 이른바 '민권사건'(Civil Rights Cases)에 대한 판례인데, '사인간의 기본권효력'에 관한 최초의 기본적인 판례로 평가되고 있다. Vgl. 109 U.S. 3, 20(1883). 이 사건의 자세한 내용은 vgl. *W. B. Lockhart/Y. Kamisar/J. H Choper*, The American Constitution, Cases and Materials, 1975, S. 1012ff. 그러나 미국연방대법원은 수정헌법 제14조(Sec. 1)의 해석과 관련해서 이미 그 이전에도 판례와 동일한 내용의 State action requirement를 여러 사건에서 언급한 바 있기는 하다.

Vgl. United States v. Harris, 106, U.S. 629, 637~40(1883); Ex parte Virginia, 100 U.S. 339, 346~47(1880); Virginia v. Rives, 100 U.S. 313, 318(1880); United States v. Cruikshank, 92 U.S. 542, 554~555(1876).

295) State action doctrine에 대해서 자세한 것은 vgl. *L. H. Tribe*, American Constitutional Law, 1978, S. 1147ff.

이 원칙적으로 국가권력에게만 미치고 사인에게는 미칠 수 없다는 전제하에 '사인간의 기본권효력'을 인정하기 위해서는 최소한 사인의 행위를 국가작용인 것처럼 의제하지 않으면 아니 된다는 미국식의 이론구성에서 우리는 이념적으로 아직도 자연법적인 기본권사상이 미국의 헌법이론을 지배하고 있다는 사실을 잘 엿볼 수 있다.

604
사인효력
확대경향

아무튼 오늘날 미국에서는 국가작용의제이론에 따라 사인간의 기본권 효력을 인정하고 있는데, 기본권의 효력을 사인에게 인정하려는 폭이 크면 클수록, 국가작용과 동시하거나 국가작용으로 의제해야 되는 사인행위의 폭도 커지지 않을 수 없다는 점을 주의해야 한다. 사실상 미국의 연방대법원은 특히 1937년대로부터 사인효력의 범위를 되도록 넓게 인정하려는 의도하에 사인행위와 국가작용과의 상호관련성을 찾아 내는데 많은 이론적인 모색을 계속하고 있다는 점을[296] 주목할 필요가 있다. 사인의 행위에 국가가 어떠한 형태로든지 관련되었거나 또는 앞으로 관련될 것이라는 흔적만 있으면, 그것이 i) 국가의 행정적 기능의 수행에 의한 것이든, ii) 사법적인 집행을 통해서든, iii) 국가의 물질적·시설적 지원에 의한 것이든, iv) 국가의 재정적 원조 내지는 v) 조세법상의 특혜에 의한 것이든[297] 그것을 국가행위와 동시하거나 국가작용으로 의제해서 그 사인의 행위에 기본권의 효력을 미치게 하려는 경향이 특히 인종차별,[298] 의사표현의 자유 및 종교의 자유,[299] 보도의 자유[300] 등의 사례에서 뚜렷하게 나타나고 있다.[301]

---

296) Vgl. *L. H. Tribe*(FN 295), S. 1155ff.

297) 국내 일부 문헌에는 이것을 ① 통치기능의 이론, ② 사법적 집행의 이론, ③ 국유재산의 이론, ④ 국가원조의 이론, ⑤ 특권부여의 이론 등으로 설명하고 있지만 대동소이하다.

298) 주요판례로는 다음 것을 들 수 있다.
  Shelley v. Kraemer, 334 U.S. 1(1948); Burton v. Willmington Parking Authority, 365 U.S. 715(1961); Hampton v. City of Jacksonville, Florida, 304 F. 2d 320(5th Cir. 1962); Simkins v. Cone Hospital, 323 F. 2d(4th Cir. 1963); James v. Marineship Corporation, 155 P. 2d(4th Cir. 1944); Evans v. Newton, 382 U.S. 296(1966).

299) Vgl. Marsh v. Alabama, 326 U.S. 501(1946); Amalgamated Food Employees Union v. Logan Valley Plaza, 391 U.S. 308(1968).

300) Vgl. e. g. New York Times Co. v. Sullivan, 376 U.S. 254(1964); Curtis Publishing Co. v. Butts, 388 U.S. 130(1967).

301) 이 점에 대해서 자세한 것은 다음 문헌을 참조할 것.
  W. B. Lockhart/Y. Kamisar/J. H. Choper(FN 294); *L. H. Tribe*(FN 295).

b) 사인간의 기본권효력에 관한 독일의 이론

독일기본법은 모든 근로자에게 근로조건과 경제적 지위향상을 위해서 단체(예컨대 노동조합)를 조직할 권리를 보장하면서, 이 권리를 제한하거나 방해할 목적의 어떠한 협약이나 조치도 위법하고 무효라는 규정($^{제\,9\,조}_{제\,3\,항}$)[302]을 둠으로써 근로자의 단결권이 사인인 고용주에게도 그 효력을 미칠 수 있는 헌법적 근거를 마련해 놓고 있다. 하지만 독일에서 오늘날 학설과 판례를 통해 인정되고 있는 사인간의 기본권효력은 그 이론적 근거가 이 헌법조문에 바탕을 둔 실정법적인 것이 아니고, 오히려 헌법이론적인 것이라는 점[303]이 미국에서의 이론구성과 다르다. 미국연방대법원의 입장은 수정헌법($^{제14}_{조}$)을 근거로 기본권이 사인간에는 적용되지 않는다는 원칙을 전제로 해서, 이 원칙을 다치지 않기 위해 국가작용의제이론을 전개하지만, 독일의 학설과 판례는 헌법상의 근거유무를 떠나 기본권에 내포된 객관적 가치질서로서의 성질을 바탕으로 해서 기본권의 대사인적 효력을 논증하고 있기 때문이다. 기본권은 객관적 가치질서로서의 성질을 가지기 때문에 공생활뿐 아니라 사생활영역에서도 마땅히 적용되어야 한다는 것이 그 이론구성의 핵심이다.[304]

605
헌법이론적
논증

물론 오늘날 독일에서도 사인간의 기본권효력을 부인하는 소리가[305] 없는 것은 아니지만, 학설과 판례의 대체적인 흐름은 사인간의 기본권효력을 당연한 것으로 전제하고, 다만 어떠한 절차와 방법을 통해서 기본권이 사인간에 적용되는 것인지에 대해서만 논쟁이 집중되고 있을 뿐이다. 이른바 '직접적 사인효력설'(unmittelbare Drittwirkungslehre)과 '간접적 사인효력설'(mittelbare Drittwirkungslehre)의 대립이 그것인데, 연방헌법재판소의 판례와 대다수 학자는 '간접적 사인효력설'을 취한다.

606
직접적
효력설과
간접적
효력설

α) 간접적 사인효력설

사인간의 사적인 법률관계를 규율하는 것은 우선은 사법이기 때문에 기본권은 이 사법의 '일반원칙'이라는 매개물을 통해서 간접적

607
기본권의
파급효과와

---

302) Vgl. (FN 277).

303) So auch z. B. *K. Hesse*(FN 172), RN 352.

304) Vgl. z. B. BVerfGE 7, 198(205); 10, 302(322); 13, 318(325); 25, 256(263); 34, 269(280).

305) Vgl. (FN 286).

사법상의
일반원칙

으로 사인 상호간에도 적용될 수 있다고 하는 것이 간접적 사인효력설
이다.306) 이 학설에 따르면 기본권은 우선 '국가권력에 대한 국민의 방
어권'307)이지만 또한 공동생활의 기초가 되고 국가존립에 정당성을 부
여해 주는 '객관적인 가치질서'를 뜻하기 때문에 모든 생활영역에 이른
바 '파급(방사)효과'(Ausstrahlungswirkung)308)를 미치게 된다고 한다. 따
라서 비록 사인간의 사적인 법률관계라 할지라도 기본권의 '파급효과'
가 미치게 되는데, 이 때 기본권의 '파급효과'가 사적인 법률관계에 뚫
고 들어가는 창구309)가 바로 사법상의 일반원칙이라고 한다. 결국 기본
권의 '파급효과' 때문에 '신의성실', '권리남용금지', '공서양속', '공정
성', '불법행위금지' 등 사법상의 일반원칙을 해석·적용하는 경우에는
반드시 기본권적인 가치의 실현에 그 초점이 맞추어져야 된다고 한
다.310) 다시 말해서 사법상의 일반원칙의 내용이 기본권적인 가치로 채
워져서 사인 상호간의 법률관계에 적용되어야 한다는 것이다.

　　따라서 사인간의 사적인 법률관계에 사법상의 일반원칙을 구체
적으로 적용해야 되는 법관의 입장에서 볼 때 기본권은 법관이 그 일
반원칙의 규범내용을 찾아 내는 데 있어서의 인식의 지침인 동시에 인
식의 한계를 뜻하게 된다. 예컨대 사인의 일정한 행동이 '신의성실',
'공서양속', '공정성' 등의 요청에 어긋나는지, 또 그것이 '권리남용'
내지는 '불법행위'인지의 여부를 판단함에 있어서 기본권적 가치가 필
수적인 해석의 기준311)이 되어야 한다는 것이다.

---

306) 처음에 G. Dürig가 주장한 이 학설은 독일의 연방헌법재판소가 그 판례에서 수용한
　　이후 오늘날 독일의 통설이 되고 있다.
　　　　Vgl. *G. Dürig*(FN 279); BVerfGE 7, 198; *A. Bleckmann*(FN 233), S. 137ff.; *K.*
　　Hesse(FN 172), RN 356; *E. Stein*(FN 274), S. 250f.; *Th. Maunz/R. Zippelius*,
　　Deutsches Staatsrecht, 24. Aufl.(1982), insbes. S. 133ff.
307) So BVerfGE 7, 198(LS 1).
308) Vgl. etwa BVerfGE 7, 198(207); 34, 269(280).
309) So *G. Dürig*, in: Neumann/Nipperdey/Scheuner(Hg.), Die Grundrechte, Ⅱ, S.
　　525.
310) Vgl. z. B. BVerfGE 7, 198(205f.); *G. Dürig*(FN 192), RN 127ff. zu Art. 1 Abs.
　　3.
311) 독일연방헌법재판소의 표현을 그대로 빌리면: "… im Lichte der besonderen
　　Bedeutung des Grundrechts…ausgelegt werden."(BVerfGE 7, 198, (LS 5 u. S.
　　205).

β) 직접적 사인효력설

기본권은 공권력에 대한 '주관적 공권'뿐 아니라 사인에 대한
'주관적 사권'(subjektive private Rechte)도 함께 부여하기 때문에 구태여
사법상의 일반원칙과 같은 '매개물'을 통할 필요없이 직접 사인 상호
간의 법률관계에도 적용된다고 하는 것이 직접적 사인효력설이다.[312]
말하자면 기본권을 근거로 한 사법상의 권리가 생길 수 있다는 것이
다. 따라서 아무리 사인 상호간의 사법상의 계약이라 할지라도 그것
이 기본권을 무시하고 체결된 것인 때에는 마치 민법상의 금지규범
(예컨대 독일 민법 제134조)을 어긴 법률행위처럼 당연히 무효가 된다고 한다.[313]

하지만 직접적 사인효력설도 모든 기본권이 예외 없이 사인간
의 법률관계에 직접 적용된다고 주장하지는 않는다. 헌법에 직접적 사
인효력에 관해서 명문의 규정이 있거나, 기본권의 성질상 사인 상호간
에 직접 적용될 수 있는 것에 한해서 그 직접적 사인효력을 인정하려
고 한다.[314]

특히 라이스너(Leisner)는 간접적 사인효력설이 민법상의 '신의
성실', '공서양속' 등의 '백지규범'(Blankettnormen)을 기본권과 결부시
킴으로써 이들 개념이 사생활영역에서 수행해야 되는 독자적인 생활규
율적 기능마저도 위태롭게 하고 있다고 비판하면서, 기본권은 이들 매
개물을 통하지 않고 직접 사인간에 적용되는 것이라고 역설한다.[315]
Leisner는 기본권이 사인간에 직접 적용될 수 있는 유형을 다음과 같
이 분류하고 있다.

(ⅰ) 먼저 사회적인 압력단체와 사인간의 관계처럼 일방당사자
가 타방당사자보다 우월한 지위에 있는 경우인데, 이 경우 사회적 압

608
주관적
사권인
기본권

609
Leisner의
이론

사회적 압력
단체

312) 이 학설은 처음에 H. C. Nipperdey가 주장한 이래 그가 책임을 맡았던 독일의 연
　방노동법원(Bundesarbeitsgericht)의 노사분쟁에 관한 판례를 통해서 확립된 것이다.
　그 후 독일의 연방대심원(BGH)도 간혹 이 입장을 취하는 경우도 있다(z. B. BGHZ
　33, 145(149f.); 38, 317(319f.)). 그러나 또 BGHZ 26, 217(223)에서는 그 입장이 다
　르다.
　　Vgl. *H. C. Nipperdey*, Das Arbeitsrecht im GG, RdA(1949), S. 218ff.; *derselbe*
　(FN 279); BAGE 1, 185(193f.); 24, 438(441); BAGE, NJW 1978, 1874f.; *W.
　Leisner*(FN 279).
313) Vgl. *W. Leisner*(FN 279), S. 354ff.(356).
314) Vgl. *H. C. Nipperdey*, RdA 1950, S. 125; *derselbe*, DVBl 1958, S. 447f.; BAGE,
　NJW 1955, S. 606f.
315) Vgl. *W. Leisner*(FN 279), passim, insbes. S. 354ff.(371).

력단체는 물론 공권력의 주체는 아니지만, 이들은 그 조직과 기능으로
보아 공권력의 주체와 유사한 점이 많기 때문에, 이들 압력단체에 대해
서는 마치 공권력에 대한 것처럼 기본권의 효력이 직접 미친다고 한다.

계약관계와
비계약관계

(ⅱ) 다음에 대등한 사인간의 사적인 법률관계인데 이는 다시
'계약관계'와 '비계약관계'로 나누어서 ⅰ) 계약관계에서는 사인 상호간
에 계약에 의한 기본권의 자기제약도 가능하지만 그 제약의 정도는 법
률에 의해서 그 기본권이 제한될 수 있는 범위를 넘지 말아야 된다
고 한다. ⅱ) 그리고 대등한 사인간의 비계약관계에서는 기본권주체
가 서로 자기의 기본권을 주장할 수 있기 때문에 기본권이 서로 충
돌하게 되고 충돌하는 기본권간의 효력의 우선순위는 '이익형량의 원
칙'(Grundsätze der Interessenabwägung)에 따라서 정해져야 된다고 한
다.316)

γ) 비판 및 결론

610
Leisner이론
의 문제점

생각건대, 직접적 사인효력설은 기본권규정을 포함한 헌법규범
이 관념적인 규범이 아니고 모든 국가생활을 직접 규율하는 '직접효력
규범'이라는 것을 강조하고 있다는 점에서는 이론상 타당성이 있어 보
이지만, 사인 상호간의 법률관계는 원칙적으로 대등한 기본권주체간
의 법률관계이기 때문에 국민과 공권력간의 법률관계에서처럼 어느
일방만의 기본권이 타인을 완전히 기속할 수 있는 관계가 아니라는
점을 간과하고 있다는 점에 그 이론상의 문제점이 있다고 느껴진다.
사인 상호간의 '기본권기속'은 성질상 상호적일 수밖에 없다는 점을
상기할 때, 사인간의 사적인 법률관계는 법형식상으로는 일단 사법상
의 분쟁형식으로 나타나게 되고 그것을 해결하기 위해서는 제1차적으
로 사법규정을 적용할 수밖에 없다는 점을 잊어서는 아니 된다고 생각

사적 자치와
공사법 구별
배제

한다. 공·사법의 이원체계를 인정하고 사법의 분야에서 '사적 자치'
를 금과옥조처럼 중요시하는 이유도 '사적 자치'의 보장이 바로 '자율
적 책임'과 '자유'의 신장을 돕는 길이기 때문이라는 점을 생각할 때
'사적 자치'의 불필요한 제약은 다름 아닌 '자유'의 제한이요 '자율적
책임'의 후퇴를 초래하게 된다는 점을 경고하지 않을 수 없다. 따라서
사인 상호간의 법률관계에도 기본권을 적용하려는 집념에만 사로잡

---

316) Vgl. *W. Leisner*(FN 279), insbes. S. 378ff.

혀, 공·사법의 이원체계와 사적 자치의 완전한 배제효과를 가져오는
직접적 사인효력설은 일반적인 지지를 받을 수 없는 이론구성이라 할 것
이다.

특히 Leisner가 주장하는 사회적인 압력단체와 사인간의 관계는
정확히 따지고 보면 기본권의 효력을 압력단체에까지 확대시킴으로써
압력단체로부터 나오는 기본권의 침해를 최소한으로 줄이려는 기본권
보호의 이론으로서는 몰라도, 사인간의 기본권효력이론으로서는 너무
사인의 기본권만 중요시하는 편파적 이론이라는 비난을 면할 수 없다.
또 Leisner의 이른바 '계약유보이론'(Vertragsvorbehaltstheorie)은 기본권
과 국가권력관계에서 적용되는 법률유보(Gesetzesvorbehalt)이론을 모델
로 한 이론구성이라는 점은 쉽게 알 수 있으나 법률유보이론이 기본권
의 효력론으로서보다 기본권의 제한이론으로서의 성질이 더 강하다는
점을 상기할 때, 그의 이른바 '계약유보이론'은 직접적 사인효력설의
논거가 될 수는 없다고 할 것이다. 끝으로 Leisner가 내세우는 사인간
의 비계약관계에서의 기본권의 충돌문제는, 비단 직접적 사인효력설에
서만 문제되는 논리형식이 아니고 간접적 사인효력설에서도 마찬가지
로 제기되는 문제이기 때문에 그 또한 기본권이 사인간에 직접적용되
어야 한다는 논증으로서는 설득력이 없다고 할 것이다.

계약유보
이론

이렇게 볼 때, 독일기본법 제 9 조 제 3 항(근로자의 단결권)처럼
헌법이 기본권의 직접적 사인효력을 명시하고 있는 경우를 제외하고는
기본권은 원칙적으로 사법규정을 통해서 간접적으로만 사인간에 적용
될 수 있다고 보는 것이 옳다. K. Hesse[317]가 적절히 지적한 것처럼,
국가권력을 기속하는 기본권의 본질상 기본권의 정신에 맞도록 사법질
서를 마련하는 책임은 물론 제 1 차적으로 입법권자에게 있지만, 만일
입법권자가 사법의 제정과정에서 '불특정한 법률개념'이나 '일반원칙'
등을 사법에 수용한 경우에는 이들 불특정개념이나 일반원칙의 해석·
적용을 통해서 기본권을 실현시킬 제 2 차적인 책임이 법관에게 넘어가
고, 기본권은 법관의 이 책임이행을 통해서 간접적으로 사인간에도 적
용된다고 할 것이다. 다만 이 때에도 주의할 점은, 사법규정을 기본권
에 기속시키고 '기본권에 비추어' 해석·적용한다는 미명하에 이를테면

611
원칙적인
간접적용설

---

317) Vgl. *K. Hesse*(FN 172), RN 355, 356.

기본권적인 자유보다 더 포괄적인 자유를 보장하는 사법규정을 오히려
제한적으로 축소해석하는 어리석음을 범해서는 아니 된다는 점이다.
따라서 Hesse[318]의 말대로 사인간에는 기본권이 간접적으로 적용된다
고 해서 사적 자치가 완전히 배제되는 것은 아니기 때문에, '의사표현
의 자유'에도 불구하고 의사표현의 자유를 제한하는 사법상의 계약이
가능할 수도 있다. 또 평등권의 규정에도 불구하고 고용주가 종교 또
는 정치관의 이유로 특정인을 고용하지 아니할 자유를 가진다든지, 유
증자가 아들에게만 또는 딸에게만 상속재산을 물려 주는 것 등이 전혀
불가능한 것은 아니라는 점을 주의할 필요가 있다. 다만 '사적 자치'가
행해지는 상황과 배경 그리고 내용에 따라 기본권이 사법규정을 통해
서 사인간에 효력을 미치는 진지성이 다를 뿐이다. 따라서 사인 쌍방
중 일방당사자가 경제적·사회적으로 우월한 지위에 있으면 있을수록
그 상대방이 갖는 기본권의 효력이 사법규정을 통해서 그에게 강하게
미치기 마련이다. 하지만 경우에 따라서는 경제적·사회적으로 강력한
힘을 가진 사인에게 기본권의 효력을 간접적으로 미치게 할 사법상의
매개물(Medium)이 없을 수도 있는데, 이런 경우에는 사회공동체의 '객

**기본권의
기속효과와
사인효력**

관적인 질서'로서의 기본권에서 나오는 '기속효과'가 직접 그러한 경제
적·사회적 세력에 미치게 된다.[319] 예컨대, 시장지배적인 위치에 있는
신문·잡지 등의 정기간행물출판사(A)가 자기 출판사의 정치적 견해를
관철시키기 위해서 신문·잡지판매상을 상대로 행한 보이코트 선동(A
사 이외의 출판물 취급금지) 때문에 간접적으로 피해를 입은 영세출판사
(B)와의 민사분쟁에 대해서, 독일연방헌법재판소[320]가 독일기본법(제5조)
에 보장된 '언론·출판의 자유'의 '기속효과'를 근거로 B사가 가지는
'언론·출판의 자유'의 효력을 A사에게 미치게 함으로써 A사에 의한
기본권침해를 인정한 것은[321] 그 대표적인 예이다.

---

318) Vgl. *K. Hesse*(FN 172), RN 356.
319) 동지: *K. Hesse*(FN 172), RN 357.
320) Vgl. BVerfGE 25, 256(263ff.).
321) 일명 "Blinkfüer" 판결이라고 불려지는 이 판례에 대한 평석으로 대표적인 것은 *P. Lerche*, Zur verfassungsrechtlichen Bedeutung der Meinungsfreiheit, in: FS f. Gebhard Müller(1970), S. 197ff.

c) 우리의 현행헌법과 사인간의 기본권효력

a) 헌법규정과 학설

우리 현행헌법에는 독일기본법($^{제9조}_{제3항}$)처럼 '근로자의 단결권'($^{제33}_{조}$)에 관해서 직접적 사인효력을 인정하는 명문규정을 두지도 않았고, 사인간의 기본권효력을 부인하는 명문의 규정도 없다. 다만 '언론·출판의 자유'에 관해서 그 한계와 책임을 명시하는 규정($^{제21조}_{제4항}$)을 둠으로써 사인간에도 경우에 따라서는 기본권에 의한 권리침해가 생길 수 있다는 점을 암시하고 있을 뿐이다. 따라서 사인간의 기본권 효력을 인정할 것인지의 여부와 인정한다면 어떠한 방법과 절차를 통해서 기본권을 사인간에 적용할 것인지의 문제가 전적으로 학설과 판례에 일임되고 있다고 볼 수 있다.

우리나라 학설의 경향은 독일의 이론적인 영향 밑에 원칙적으로 사인간의 기본권효력을 인정하지만 학자에 따라 그 설명방법이 다소 다를 뿐이다. 사인간의 기본권효력에 관한 학자들의 대체적인 Konsens를 요약해서 정리해 보면 다음과 같다. 즉 기본권은 그 성질상 사인간에 적용될 수 없는 것을 제외하고는[322] 사법상의 일반원칙($^{민법 제2조와}_{제103조 등}$)을 통해서 간접적으로 사인간에도 효력을 미치는 것이 원칙이지만 헌법의 명문상 사인간에 직접적인 효력을 미치는 기본권도 있는데, 예컨대 i) 인간의 존엄성과 이를 바탕으로 하는 행복추구권($^{제10}_{조}$), ii) 근로자의 노동 3권($^{제33}_{조}$)을 비롯한 합리적인 근로조건의 보장에 관한 규정($^{제32조 제3항·}_{제4항·제5항}$), iii) 언론·출판의 자유($^{제21}_{조}$), iv) 참정권($^{제24조, 제25조, 제72조,}_{제130조 제2항 등}$) 등이 여기에 속한다고 한다.

그러나 학자 중에는 '간접적 사인효력설'과 '사인효력부인설'을 내용상 동일시하면서 '간접적 사인효력설'은 따지고 보면 '헌법의 근본규범이 사인관계에 그 정신이 적용되는 것'에 지나지 않기 때문에 사인효력부인설과 내용상 실질적인 차이가 없다고 주장하는 사람도 있다. 즉, 그의 설명에 따르면, 이른바 '간접적 사인효력설'은 헌법의 기본권규정이 민법의 일반규정을 통해서 간접적으로 사인간에도 적용된다고 주장하지만 그것은 따지고 보면 '사법의 일반원칙 그 자체가 직접(사인간에) 적용되는 것이지 헌법의 어느 조항이 적용되는 것이 아니'

우측 여백:
612
불명확한
헌법규정

613
학설

사인효력
부인설

---

322) 사인간에 적용될 수 없는 기본권의 종류에 대해서도 학자간에 의견대립이 있다.

라고 한다. 더욱이 '사인효력부인설'을 취한다고 해서 '헌법이 국가의 기본법'이라는 것까지 부인하는 것은 아니기 때문에 '민법의 일반규정을 해석하는데 헌법의 기본권 규정의 취지가 기준이 되는' 것은 당연하므로 '헌법의 기본권규정이 민법의 일반규정을 통해서 간접적으로 사인간에 적용된다는 말과는 결국 같다'고 한다. 따라서 이 학자의 입장은 '사인효력부인설'과 '간접적 사인효력설'의 어느 쪽으로도 평가할 수 있겠지만, 그 주장의 핵심은, 역시 사인효력부인설이라고 보는 것이 옳을 것 같다. 헌법에 명문으로 사인효력을 규정한 경우를 제외하고는 기본권은 '사인관계에서는 적용되지 않는다는 것을 솔직히 일단 인정하고 넘어가야 한다'는 그의 말에도 사인효력부인의 뜻이 잘 나타나 있다고 생각한다.

β) 비판 및 결론

614
이원적 접근과 직접적 사인효력

① 다수설의 문제점   사인간의 기본권효력에 관한 국내의 다수설은 개별적인 기본권에 따라 직접적 사인효력 혹은 간접적 사인효력을 인정하려는 이원적인 접근방법을 취하면서도 간접적 사인효력을 보다 강조하는 입장이라고 평가할 수 있다. 그러나 현행헌법상 사인간의 기본권효력이 이처럼 이원적인 방법으로 설명될 수 있을 것인지에 대해서는 특히 직접적 사인효력을 인정하는 기본권의 종류와 관련해서 의문의 여지가 없지 않다. 왜냐하면, 현행헌법이 직접적 사인효력을 어렴풋이나마 명문으로 인정한 기본권은 '언론·출판의 자유'($^{제21조}_{제4항}$)뿐이라고 느껴지기 때문이다. 다수설이 직접적 사인효력을 인정하려는 기타의 기본권들, 즉, 인간의 존엄성과 행복추구권($^{제10}_{조}$), 근로자의 노동 3권($^{제33}_{조}$)과 합리적인 근로조건의 보장($^{제32조\ 제3항,}_{제4항·제5항}$), 참정권($^{제24조,\ 제25조,\ 제72조}_{제130조\ 제2항\ 등}$) 등은 그 조문내용으로 보아 직접적 사인효력을 인정하기에는 많은 해석상의 무리가 따른다고 생각된다. 참정권의 사인효력을 인정할 정도로 기본권조문을 확대해석한다면 환경권($^{제35}_{조}$)을 비롯해서 통신의 자유($^{제18}_{조}$), 여성근로자차별금지($^{제32조}_{제4항}$) 등 직접적 사인효력을 인정해야 되는 기본권은 현행헌법에 얼마든지 있다. 또 실제로 현행헌법상 근로자의 단결권에 관한 규정내용도 이 점에 관해서 직접적 사인효력을 인정하는 독일기본법($^{제9조}_{제3항}$)의 규정내용과는 본질적 차이가 있다. 또 '인간의 존엄성'은 모든 기본권의 '가치적인 핵'으로서의 성격

을 가지고 우리 헌법질서의 절대적이고 양보할 수 없는 최고의 '가치적인 Konsens'이기 때문에, 모든 기본권의 '핵'인 '인간의 존엄성'만을 따로 떼어서 그 직접적 사인효력을 논하는 것은 '인간의 존엄성'과 타 기본권과의 이같은 이념적·가치적 연관성을 너무 소홀히 다루는 결과라 할 것이다. '인간의 존엄성'은 우리나라 기본권질서의 이념적·정신적 출발점이고 기초를 의미하기 때문에 직접적이든 간접적이든 모든 국가생활(공생활과 사생활)의 가치지표가 된다고 볼 때 '인간의 존엄성'의 직접적 사인효력을 인정하는 것은 결과적으로 모든 기본권의 직접적 사인효력을 긍정하는 것이나 다름없다 할 것이다.

따라서 현행헌법은 '언론·출판의 자유'가 현대사회에서 가지는 사회통합적·민주적 기능의 중요성을 감안해서 이 기본권에 대해서만 특별히 직접적인 사인효력을 인정하고 있고, 나머지 기본권들은 사법상의 일반원칙을 통해서 간접적으로만 사인간에 적용될 수 있다고 보는 것이 해석상 무리가 없다고 생각한다. 이렇게 해석할 때만 현행헌법 제21조 제 4 항의 헌법상 의의도 명백해진다고 할 것이다. 민법상의 불법행위에 관한 규정(제750조이하)만으로도 충분히 해결될 수 있는 사항을 헌법에 특별히 규정한 이유는 '언론·출판의 자유'가 현대사회에서 가지는 사회통합적·민주적 기능 때문에 이 기본권에 대해서 특별히 직접적 사인효력을 인정함으로써 언론의 사회적 책임을 강조하고 동화적 통합의 분위기조성을 촉진하고자 하는데 그 헌법상 의의가 있다고 보아야 할 것 같다.

② '간접적 사인효력설'과 '사인효력부인설'을 동일시하는 견해의 문제점   일부 학자의 주장과는 달리 '간접적 사인효력설'은 결코 '사인효력부인설'과 그 내용이 동일할 수는 없다. 왜냐하면, '민법의 일반규정을 해석하는데 헌법의 기본권규정의 취지가 기준이 된다'는 말과, '헌법의 기본권규정이 민법의 일반규정을 통해서 간접적으로 사인간에 적용된다'는 말과는 결코 같지 않기 때문이다. 이 주장이 본질적으로 사인간의 기본권효력에 대해서 매우 회의적 내지 부정적인 입장에서 나오는 것임은 충분히 느낄 수 있지만, 이 주장은 이론상 기본권의 '객관적 가치질서'로서의 성질을 바탕으로 하는 '기본권의 대사인적 효력'의 문제와 헌법의 '최고규범성'을 바탕으로 하는 '합헌적 법률

615
언론의
자유와
직접적
사인효력

616
사인간의
효력과
합헌적
법률해석의
차이

해석'의 문제와를 엄격히 구별하지 않고 있다는 비난을 면하기 어렵다.

　　규범의 계층구조를 인정하고 규범통제가 제도화된 헌법질서 내에서는 헌법의 최고규범성 때문에 헌법에 위배되는 법률이 그 효력을 가질 수도 없고 모든 법규범은 마땅히 헌법정신에 맞도록 해석·적용되어야 한다는 것은 두말할 필요조차 없다. 하지만 헌법의 최고규범성은 어디까지나 그 수신인이 입법권을 비롯한 국가권력이지 국민은 아니다. 따라서 국가권력을 뜻하는 사법권이 사법상의 일반원칙을 헌법정신에 맞도록 해석·적용해야 된다는 것은 헌법의 최고규범성을 존중해야 되는 공권력의 헌법적 의무에 불과하지, 그로부터 사인간의 기본권효력에 관한 해답이 나오는 것은 아니다. 사법권이 사법상의 일반원칙을 헌법정신에 맞도록 해석·적용해야 되는 것은 헌법이 가지는 최고규범성의 요청이고, 그 결과는 일반원칙의 구체화를 가져 오지만, 그렇다고 해서 기본권의 효력이 사인간에 미치는지에 대해서 직접적인 해답을 주는 것은 아니다. 즉, 헌법의 최고규범성은 헌법을 존중하고 지켜 나가야 할 공권력의 헌법적 의무를 수반하는 개념형식이기 때문에 규범저촉(Normenkollisionen)의 해결지침적 성질을 갖고 오히려 기본권의 대국가적 효력을 강화시켜 주는 결과를 초래하지만 '사인간의 기본권효력'과는 직접적인 연관성은 없다. 헌법에 보장된 기본권의 효력이 사법상의 일반원칙을 통해서 간접적이나마 사인 상호간에도 미친다는 '간접적 사인효력설'은 기본권에 내포된 '객관적 가치질서'로서의 성질 때문에 기본권이 사인간의 사적인 법률관계에도 마땅히 적용되지 않을 수 없다는 헌법이론적인 인식을 그 바탕으로 하는 이론형식이다. 즉, 기본권으로 표현된 사회의 '가치적인 Konsens'가 사인간의 사생활영역이라고 해서 무시된다면 사회공동체의 동화적 통합은 이루어질 수 없다는 논리의 소산이다.

　　결국, '법률의 합헌적 해석'과 '사인간의 기본권효력'은 그 헌법이론적인 바탕이 다르기 때문에 '헌법의 기본권규정이 민법의 일반규정을 통해서 간접적으로 사인간에도 적용된다'는 간접적 사인효력설의 논리와, '민법의 일반원칙을 해석하는데 헌법의 기본권규정의 취지가 기준이 되는 것은 당연하기 때문에 이것은 사법의 일반원칙 그 자체가 직접 적용되는 것이지 헌법의 어느 조항이 간접적으로 적용되는 것이 아니라'는 논리와는 현저한 내용상의 차이가 있다는 점을 간과해서는 아니 된다. 따라서 이와 같은 두 명제의 차이점을 무시하고 '간접적 사인효력설'과 '사인효력부인설'이 내용상 같다고 주장하는 것은 옳지 못하다.

③ 결 론   결론적으로, 우리 현행헌법은 '언론·출판의 자유'($\frac{제21조}{제4항}$)에 대해서만 직접적인 사인효력을 인정하는 규정을 두고 있지만, 다른 기본권들도 사법상의 일반원칙을 통해서 간접적으로 사인간에 그 효력을 미친다고 생각한다. 다만 기본권규정의 성질상 사인 상호간의 관계에는 전혀 영향을 미칠 수 없는 사항들이 있는데, 이들이 '사인간의 기본권효력'의 문제에서 고찰대상이 될 수 없는 것은 스스로 자명하다. 현행헌법의 기본권편 중에는 그와 같은 사항들이 적지 않은데, 그것은 대개가 이른바 '사법절차적 권리'에 속하는 것들이다. 예컨대, 실체적 권리로서의 '생명권'과 '신체의 자유'를 제한하려고 할 때 입법권자가 반드시 존중해야 되는 헌법적 지도원리가 여기에 속하는데, 죄형법정주의·이중처벌금지원칙·사전영장주의·연좌제금지·자백의 증거능력제한·무죄추정원칙 등이 그것이다. 또 인신권 중에서도 명백히 사법절차에서의 헌법적 권리라고 볼 수 있는 것들은 처음부터 그 수신인이 국가권력이기 때문에 사인간의 관계에서 그 적용이 문제될 수가 없다. 여기에 속하는 것으로는, 고문을 받지 아니할 권리 및 불리한 진술거부권($\frac{제12조}{제2항}$), 영장제시요구권($\frac{제12조}{제3항}$), 체포·구속 이유를 알 권리($\frac{제12조}{제5항}$), 변호인의 도움을 받을 권리($\frac{제12조\ 제4}{항·제5항}$), 구속적부심청구권($\frac{제12조}{제6항}$), 법관에 의하여 법률에 의한 재판을 받을 권리($\frac{제27조}{제1항}$), 군사법원 재판의 거부권($\frac{제27조}{제2항}$), 신속한 공개재판을 받을 권리($\frac{제27조}{제3항}$), 형사보상청구권($\frac{제28}{조}$) 등을 들 수 있다. 인신권과 관련된 사법절차에서의 헌법적 권리는 아니지만, 그 수신인이 국가권력일 수밖에 없는 것으로는 소급입법에 의한 참정권제한과 재산권박탈금지($\frac{제13조}{제2항}$), 청원권($\frac{제26}{조}$), 국가배상청구권($\frac{제29}{조}$), 범죄피해자의 구조청구권($\frac{제30}{조}$), 형사피해자의 공판진술권($\frac{제27조}{제5항}$) 등도 들 수 있다.

617

우리 헌법의 합리적 이해

3. 기본권의 경쟁 및 상충관계

기본권의 주체가 국가권력에 대해서 기본권을 주장하거나, 또는

618

<table>
<tr>
<td>개념상의
구별</td>
<td>사인 상호간의 관계에서 기본권이 적용되는 경우에 자주 제기되는 문제가 이른바 기본권의 경쟁(Konkurrenzen) 및 상충(Kollisionen) 문제이다. 학자에 따라 그 개념사용이 상이하긴 하지만, 지금까지 확립된 일반적인 관례에 따르면 기본권이 서로 경쟁(Konkurrenz) 관계에 있는 경우와 기본권이 서로 상충(Kollision)관계에 있는 경우를 구별하는 것이 원칙이다. 동일한 기본권주체가 자기의 일정한 행위를 보호받기 위해서 동시에 여러 기본권의 효력을 주장한다면, 이들 기본권 상호간에는 이른바 경쟁관계가 성립된다. 그에 반해서 상이한 기본권주체가 서로 상충하는 이해관계의 다툼에서 각각 나름대로의 기본권을 들고 나오는 경우 이들 기본권은 서로 상충관계에 있다고 말한다. 따라서 기본권의 경쟁문제는 동일한 기본권의 주체를 전제로 한 개념형식이고, 기본권의 상충문제는 상이한 기본권의 주체를 전제로 한 개념형식이다. 그러나 기본권의 경쟁문제와 상충문제는 그 성질상 '기본권의 해석'에 관한 문제인 동시에 '기본권의 효력'에 관한 문제라는 점에서는 공통점이 있다. 학자에 따라서는 이 두 가지 문제를 포괄하는 개념으로 '기본권의</td>
</tr>
</table>

<table>
<tr>
<td>기본권의
갈등</td>
<td>갈등'(Grundrechtskonflikte)[323] 또는 '기본권의 교차'(Grundrechtsüberschneidungen)[324]라는 말을 사용하는 사람도 있다.[325] 아래에서는 기본권이 경쟁관계에 있는 경우와 상충관계에 있는 경우를 나누어서 그 해결책을 살펴보기로 한다.</td>
</tr>
</table>

(1) 기본권의 경쟁관계

<table>
<tr>
<td>619
개념정의</td>
<td>일정한 공권력작용에 의해서 어느 기본권 주체의 여러 기본권영역이 동시에 침해를 받았거나, 동일한 기본권주체가 국가권력에 대해서 동시에 여러 기본권의 효력을 주장하는 경우에 헌법이 그들 기본권의 제한가능성과 제한정도를 각각 다르게 정하고 있다면 어느 기본권</td>
</tr>
</table>

---

323) Vgl. z. B. *W. Rüfner*, Grundrechtskonflikte, in: BVerfG und GG, Bd. 2(1976), S. 453ff.; *M. Lepa*, Grundrechtskonflikte, DVBL 1972, S. 161ff.

324) Vgl. etwa *H. Peters*(FN 286), S. 297ff.

325) 기본권의 경쟁 및 상충관계에 대해서는 위의 문헌(FN 323, 324) 외에도 다음 문헌을 참조할 것.

　H. Bethge, Zur Problematik von Grundrechtskollisionen, 1977; *W. Rüfner*, Überschneidungen und gegenseitige Ergänzungen der Grundrechte, Der Staat 7(1968), S. 41ff.; *W. Berg*, Konkurrenzen schrankendivergenter Freiheitsrechte im Grundrechtsabschnitt des GG, 1968; *Blaesing*, Grundrechtskollisionen, Diss. Bochum 1974.

의 효력을 얼마만큼 인정할 것인가의 문제가 제기된다. 이 때 기본권
상호간에는 경쟁관계가 성립된다고 한다. 따라서 기본권의 경쟁문제는
주로 기본권의 대국가적 효력의 측면에서 중요한 의미를 갖는다. 이
점이 주로 기본권주체 상호간에서 누구의 기본권을 보다 우선시킬 것
이냐의 문제로 제기되는 '기본권의 상충'과 다르다. 예컨대 집회와 시
위에 참여하는 사람이 '집회의 자유'와 '의사표현의 자유'를 함께 주장
한다면 그것은 기본권의 경쟁이론에 따라 해결될 문제이지만, 타인소
유의 아파트건물에 입주하고 있는 전세권자가 아파트건물의 외부벽에
정치적 선전을 위한 플래카드를 부착하면서 '정치적 의사표현의 자유'
를 주장하고, 그를 못마땅하게 생각하는 건물소유권자가 사유재산권을
근거로 그 플래카드의 철거를 요구한다면 이것은 기본권의 상충문제
이다.

이론상으로는 모든 기본권이 서로 경쟁할 수 있지만, 그 중에서도
특히 '양심의 자유', '종교의 자유', '정치적 의사표현의 자유'(예컨대, 언
론·출판·집회·결사의 자유), '청원권', '학문과 예술의 자유', '직업의 자
유', '거주·이전의 자유', '사유재산권', '환경권' 등이 비교적 자주 경쟁
관계에 서게 되는 기본권들이다.[326] 기본권이 서로 경쟁하는 경우 보통은
기본권의 상호보완 내지 상승작용에 의해서 국가권력이 기본권에 기속
되는 정도가 심화되고 기본권의 효력이 오히려 강화되는 것이 원칙이지
만,[327] 경쟁하는 기본권의 성질상 '상호보완'(gegenseitige Ergänzungen)
관계가 성립될 수 없는 경우의 해결책이 마련되어야 한다. 이른바 '최
강효력설'(stärkere Wirkungstheorie)과 '최약효력설'(schwächere Wirkungs-
theorie)이 대립되고 있는 이유도 그 때문이다.

620
경쟁관계의
효과

a) 최약효력설

소수설인 최약효력설에 따르면, 둘 이상의 기본권이 서로 경쟁하
는 경우에 그 기본권의 효력은 헌법상 제한의 가능성과 제한의 정도가
제일 큰 가장 약한 기본권의 효력만큼만 나타난다고 한다.[328] 이 '최약

621
소수설

---

326) Vgl. *R. Herzog*, in: Maunz/Dürig/Herzog/Scholz, GG-Kommentar(Stand: April
1983), RN 31ff. zu Art. 5 Abs. 1 u. 2.

327) So ähnlich etwa *P. Wittig*, in: FS f. G. Müller(1970), S. 575ff.(590).

328) 이것이 바로 "in dubio contra libertatem"의 입장이다.
　　Vgl z. B. y. *Mangoldt-Klein*, Das Bonner GG, Bd. 1, 2. Aufl.(1957), S. 125f.,
3a vor Art. 1, Anm. Ⅲ 5 b zu Art. 4.

효력설'은 '한 쇠사슬은 그 제일 약한 부분만큼만 강하다', '한 쇠사슬의 강하기는 그 제일 약한 부분에 의해서 정해진다'[329]는 물리적인 법칙을 그 논거로 삼고 있지만, 자연과학에서나 통하는 법칙을 전혀 성질이 다른 헌법학에 그대로 옮겨 놓으려 함으로써 기본권을 최대한으로 존중하고 보호하려는 헌법정신에 오히려 역행하는 결과를 초래한다는 비난을 면하기 어렵다.

b) 최강효력설

622
다수설

다수설인 최강효력설에 따르면, 서로 경쟁하는 기본권 중에서 그 제한의 가능성과 제한의 정도가 제일 적은 가장 강한 기본권에 따라서 국민의 자유와 권리가 보호되어야 한다고 한다.[330] 이 주장은 기본권존중사상에 바탕을 둔 것으로 오늘날처럼 인권사상이 고조된 상황 속에서 호감이 가는 학설임에는 틀림없다. 또 기본권을 침해하는 공권력작용은 그것이 헌법상 가장 강하게 보호되고 있는 기본권과도 조화될 수 있을 때 비로소 정당화되는 것이기 때문에 이론적으로도 설득력이 있는 것이 사실이다.

c) 비판 및 결론

623
기본권 우호
적 개별적
해결책

하지만 모든 기본권의 경쟁문제를 획일적으로 최강효력설에 따라서만 해결하려고 하는 경우에는 경쟁관계에 있는 기본권 중에서 구체적인 사안과 가장 밀접한 관계에 있는 핵심적인 기본권이 오히려 제 2선으로 물러나야 되는 경우도 생길 수 있을 것이다. 따라서 기본권이 경쟁하는 사례가 발생한 경우에는 그 특정사안과 가장 직접적인 관계가 있는 기본권을 중심으로 해서 최강효력설에 따라 풀어나가려는 융통성 있는 자세가 필요하다고 생각한다.[331] 더욱이 현행헌법처럼 기본권에 대한 제한가능성과 제한정도를 기본권마다 다르게 정하지 않기 위해 이른바 '개별적인 법률유보조항'을 두지 않은 기본권질서하에서

---

329) "Jede Kette ist nur so stark, wie ihr schwächstes Glied."

330) Vgl. etwa *P. Lerche*, Übermaß und Verfassungsrecht, 1961, S. 128; *derselbe*, Werbung und Verfassung, 1967, S. 103; *M. Lepa*(FN 323), S. 164; *H. Peters*(FN 286), S. 298; *W. Berg*(FN 325), S. 82ff., 142, 162, 168; *W. Rüfner*(FN 323), S. 477; *W. Knies*, Schranken der Kunstfreiheit als verfassungsrechtliches Problem, 1967, S. 78ff.; *R. Bäumlin*, Das Gewissensfreiheit, VVDStRL 28(1970), S. 3ff.(23f.).

331) 동지: *R. Herzog*(FN 326), RN 37 zu Art. 5 Abs. 1 u. 2.

는 기본권 상호간의 효력의 우열을 획일적으로 말하기는 어렵다고 할
것이다. 물론 모든 기본권의 핵심이 '인간의 존엄과 가치의 존중'인 동
시에 '개성신장'이라고 볼 때 이 기본권의 '핵심권'에 가까우면 가까울
수록 그 보호의 필요성이 커지는 것은 사실이다. 그렇지만 특수한 예
외적인 경우를 제외하고는 이 '핵심권'과의 원근여부를 판단하는 자체
가 그리 쉽지 않다고 생각한다. 따라서 경쟁하는 기본권간의 효력의
우열은 기본권을 주장하는 기본권주체의 의도와 기본권을 제한하는 공
권력의 동기를 감안해서 개별적으로 판단하되 기본권의 효력이 되도록
강화되는 방향의 해결책을 모색하는 것이 가장 바람직하다고 할 것이
다. 예컨대, 집회에서 행해진 일정한 의사표현 때문에 집회의 해산명령
이 내려졌다면 집회참가자는 '집회의 자유'와 '의사표현의 자유'를 동
시에 주장하면서 그 해산명령의 위헌성을 주장할 수 있겠지만, 이 경
우 그 집회의 의도와 해산명령의 동기로 미루어 '집회의 자유'보다는
'의사표현의 자유'가 문제해결의 주안점이 되어야 할 것이다. 따라서
'집회 및 시위에 관한 법률'을 이 경우에 적용하려는 것은 옳지 못하
다. 반면에 집회의 해산명령이 집회를 통한 의사표현과는 관계 없이
전염병예방 내지는 폭력사태의 방지 등 순수한 국민건강 내지 치안목
적을 위해서 행해졌다면 '의사표현의 자유'보다는 '집회의 자유'가 판
단의 기준이 되어야 할 것이다.[332]

(2) 기본권의 상충관계

a) 기본권의 상충관계의 의의와 성질

사인 상호간에서 발생하는 사적인 이해관계의 충돌은 종종 기본
권의 다툼으로 발전하는 경우가 있는데, 그것은 이해관계의 쌍방이 모
두 기본권의 주체일 뿐 아니라 기본권은 사생활영역에서도 존중되어야
하는 객관적 가치질서를 뜻하기 때문이다. 이 때 이해관계의 당사자가
각각 자기의 이익을 위해서 주장하는 기본권 상호간에는 상충관계가
성립된다고 한다.[333]

624
개념

기본권의 경쟁관계가 주로 기본권의 대국가적 효력의 문제인 데
반해서 기본권의 상충관계는 원칙적으로 기본권의 대사인적 효력의 영

625
상충기본권
과 국가권력

---

332) Vgl. (FN 331).
333) Vgl. v. a. *W. Rüfner*(FN 323), S. 453.

의 관계

역에서 발생하는 문제이다. 그렇지만 기본권은 사인 상호간의 관계에서 원칙적으로 간접적인 효력을 미치는 것이기 때문에 기본권이 상충하는 경우에도 기본권주체와 기본권주체가 서로 직접 맞서는 것이 아니고 기본권주체가 일단은 국가권력을 상대로 자기의 기본권을 주장하게 된다. 이 때 상충하는 기본권의 이해관계를 조정해야 되는 국가권력은 국민을 상대로 하는 일방적인 공권력행사때와 마찬가지로 기본권을 존중해야 하는 헌법적 의무를 진다. 따라서 상충하는 기본권은 우선은 국가권력에게 그 효력이 미치게 된다. 다시 말해서, 사적인 이해관계의 다툼에서 기본권이 상충하게 되는 경우 이해관계의 당사자인 기본권주체는 일단 국가권력을 상대로 자신이 갖는 기본권의 효력을 주장하게 되고, 국가권력은 쌍방당사자가 주장하는 기본권의 내용과 효력을 이익형량해서 양측의 기본권이 충분히 존중될 수 있는 합헌적인 해결책을 찾아내야 하는 헌법적 의무를 지게 된다. 따라서 국가권력이 '이익형량'을 하는 데 있어서 기본권의 내용과 효력을 충분히 인식치 못하고 어느 한쪽의 기본권만을 지나치게 과대평가하거나 또는 반대측의 기본권을 지나치게 과소평가하는 등 잘못된 판단을 하는 경우에는 기본권주체는 상대방 기본권주체를 상대하지 않고 직접 국가권력을 상대로 기본권의 구제수단을 강구할 수 있게 된다. 기본권의 상충관계가 궁극적으로는 기본권의 대국가적 효력의 문제로 평가되는 이유도 바로 그 때문이다. 따라서 기본권의 상충문제는 대립되는 두 기본권주체와 국가권력의 삼각관계의 문제라고도 말할 수 있을 것이다.

b) 기본권의 상충과 이익형량

626
헌법상의
이익형량

아무튼 기본권의 상충문제는 사적인 이해관계의 다툼에서 발생하는 기본권의 충돌을 해결하기 위해서 '이익형량'이라는 수단을 동원해야 하는 문제이기 때문에 '헌법상의 이익형량'[334]의 문제와는 상호밀접한 연관성이 있다고 할 것이다.[335] 하지만 '이익형량'에 관한 모든 법

---

334) 헌법상의 이익형량(특히 공익과 사익의 형량)의 문제에 대해서는 특히 다음 문헌을 참조할 것.
　　Z. B. *B. Schlink*, Abwägung im Verfassungsrecht, 1976.
　　이 문헌에 대한 서평으로는 다음 것(FN 336)이 있다. 이익형량에 관한 일반문헌으로는 *Hubmann*, Grundsätze der Interessenabwägung, ACP 155(1956), S. 85ff.
335) 그러나 '헌법상의 이익형량'의 문제와 '기본권의 상충' 문제와는 완전히 동일한 문제는 아니다. 왜냐하면 공공이익을 위해서 국민의 기본권을 제한하는 경우에도 공익과

이론을 기본권의 상충시에 그대로 원용하는 데는 스스로 일정한 한계가 있다. 그 이유는 기본권의 상충시에 그 효력의 우열을 결정하는 일은 바로 헌법적 가치질서에 대한 '형성기능'을 의미하기 때문이다. 레르헤(Lerche)[336]가 기본권의 상충시에 제기되는 이익형량의 문제를 '하나의 중심적인 헌법학의 과제'라고 평가하는 이유도 이 문제에 내포된 헌법형성적 의미 때문이다. 또 적지 않은 독일의 학자들이 헌법차원에서 행해지는 '이익형량'의 헌법형성적 기능과 의미를 강조하면서 이를 '법형성의 과제'[337]라고 보고 사법기관에 의해서 행해지는 이익형량의 폭을 줄이는 대신 입법권에 의한 법형성의 범위를 넓히려고 노력하는[338] 이유도 같은 맥락에서 이해할 수 있다고 생각한다.

이익형량의
헌법형성적
기능

심지어 어떤 학자[339]는 두 법익을 서로 비교해서 그 우열을 결정하는 전통적인 이익형량의 모델을 비판하면서, 법익간의 모든 갈등문제는 꼭 이익형량을 거치지 않더라도 충분히 해결할 수 있다고 역설한다. 즉 그에 따르면, 예컨대, 공공이익을 위해서 국민의 기본권을 침해 내지 제한한 경우에 그 정당성을 가리기 위해서 흔히 '공익'과 '사익'을 비교형량한다고 말하지만, 사실은 이와 같은 이익형량이란 가능하지도 않고 또 불필요하다고 한다.[340] 국가권력에 의한 기본권의 침해는 '정당한 목적'을 달성하기 위해서 '적합'하고 '필요'한 침해이면서도 '국민의 최소한의 이익'을 보장하는 것일 때 비로소 정당화되는 것이기[341] 때문에 어디까지나 '침해의 양태'에 비추어 그 합헌성여부를 판단하면 되는 것이지 꼭 공익과 사익을 이익형량해야 하는 것은 아니라고 한다. '사익'이 서로 충돌하는 경우에도 '공익'과 '사익'의 갈등때와 마찬가지로 우선 목적을 분석한 후 목적에 대한 수단의 '적합성'과 '필요성'을 심사하고, 그리고 상대방의 최소한의 이익이 존중되었는지 등

627
이익형량
배척론

사익의 무게를 가늠하는 '헌법상의 이익형량'은 행해지기 때문이다. 따라서 '기본권의 상충'은 헌법상의 이익형량이 행해지는 하나의 유형(계기)에 불과하다.

336) Vgl. *P. Lerche*, Buchbesprechung zu B. Schlink(FN 334), in; Der Staat, 1978, S. 449ff.(449). Schlink에 대한 저자의 서평 참조, 연세법학 제 5 집(1983), 201면 이하.

337) So z. B. *W. Rüfner*(FN 323), S. 471.

338) Vgl. etwa *B. Schlink*(FN 334), passim, insbes. S. 127ff.(153, 190).

339) Vgl. *B. Schlink*(FN 334).

340) Vgl. (FN 334), S. 127ff.

341) Vgl. (FN 334), z. B. S. 215, 219.

을 검토함으로써 그 해결이 충분히 가능하기 때문에 이익형량은 역시 필요치 않다고 한다.[342]

628
이익형량
불가피론

그렇지만 Lerche[343]가 적절히 지적하는 바와 같이 헌법차원에서 발생하는 모든 공익과 사익의 상충을 그처럼 '목적분석', '적합성', '필요성', '국민의 최소한의 이익보장' 등의 '침해사고적 모형'에 의해 해결할 수도 없거니와, 사익과 사익이 상충하는 경우에는 더욱이 그와 같은 침해모형의 공식만으로는 문제가 풀리지 않는다고 할 것이다. 따라서 공익과 사익이 갈등을 일으키는 경우도 물론 그렇거니와, 사익과 사익이 대립해서 기본권의 상충관계가 야기되는 경우에는 더 더욱이나 어떠한 형식으로든지 기본권의 이익형량이 불가피하다고 생각한다. 다만 문제는 이익형량의 기준을 어떻게 설정하느냐 하는 것이 중요한 과제로 남아 있다고 할 것이다.

a) 이익형량의 전제

629
기본권의
제한성과
위계질서

기본권의 상충시에 이익형량이 행해지기 위해서는 우선 몇 가지 전제되어야 하는 사항이 있다. 먼저 '무제한한 기본권'을 고집하지 말아야 한다. 기본권이란 그 본질상 타인과 공존하기 위한 '행동의 양식'을 뜻하기 때문에, '타인의 기본권'을 침해하지 않는 범위 내에서만 법적인 보호를 받을 수 있다는 인식이 전제되어야 한다. 따라서 모든 기본권의 주체에게 균등하게 기본권을 누릴 수 있게 하기 위해서 제정된 '일반적인 법률'은 반드시 지켜져야 되고 그와 같은 '일반적인 법률'의 입법정신에 비추어 구체적인 기본권의 '보호범위'를 결정하는 일은 엄격히 따져서 이익형량과는 다르다. 둘째, 이익형량이 이루어지기 위해서는 기본권 상호간에 일정한 '위계질서'가 있다는 가설이 전제되어야 한다. 기본권질서가 사회공동체의 가치적인 Konsens인 동시에 동화적 통합의 생활형식을 뜻한다고 볼 때 모든 기본권은 독자적인 의미와 기능을 갖기 때문에 원칙적으로 동급의 자유와 권리임에 틀림 없다.[344] 하지만 기본권은 또한 '인간의 존엄성'이라는 가장 근본적인 가치를 사생활영역을 비롯한 정신생활·정치생활·경제생활·사회생활·문화생활영역에서 실현하기 위한 수단이라고 볼 때, 모든 기본권의 가

---

342) Vgl. (FN 334), S. 214ff.(215).

343) (FN 336), S. 452ff.(453 u. 454).

344) 동지: *U. Scheuner*, Pressefreiheit, VVDStRL 22(1965), S. 1ff.(55).

치적인 핵이라고 할 수 있는 '인간의 존엄성'이 다른 기본권보다 상위
에 있다는 점을 또한 부인하기 어렵다.345) 또 모든 기본권을 행사하기
위한 전제가 되는 '생명권' 이 역시 다른 기본권보다 앞선다는 것도 스
스로 명백하다. 이렇게 볼 때 기본권 상호간에는 제한적이긴 하지만
일정한 '위계질서'가 있다는 논리가 충분히 성립된다고 할 것이다.

β) 이익형량의 기준

상이한 기본권주체의 기본권이 서로 상충하는 경우 그 효력의
우열을 결정하기 위해서 상충하는 기본권에 대한 이익형량이 불가피
다고 하는 것은 이미 말한 바와 같거니와 이익형량의 기준이 명백하지
않다면 그 판단을 그르칠 수밖에 없다. 따라서 이익형량의 기준을 합
리적으로 정하는 일은 기본권의 상충관계를 해결하기 위한 가장 중요
하고도 선결적인 과제에 속한다. 그러나 기본권 상호간에 명백한 효력
의 우열이 있다고 말할 수 있는 몇 가지 경우를 제외하고는 그 기준을
정하기가 그리 쉽지 않다. 기본권의 '위계질서'를 바탕으로 한 몇 가지
기준을 든다면 다음과 같다.

630
구체적 기준

① 상하기본권간의 상충시   상위기본권과 하위기본권이 상
충하는 경우에는 상위기본권우선의 원칙에 따라 상위기본권에 우선적
인 효력이 인정되는 것이 마땅하다. '인간의 존엄성' 또는 '생명권'과
같은 기본권 질서의 가치적인 핵이 다른 모든 기본권보다 상위에 있다
고 하는 점에 대해서는 의심의 여지가 없지만,346) 나머지 기본권들 상
호간에도 어떤 획일적인 상하의 위계질서가 있다고 말하기는 어렵다.
따라서 상위기본권우선의 원칙에 의해서 해결될 수 있는 사례는 그리
많지 않다고 할 것이다.

631
상위기본권
우선의 원칙

② 동위기본권간의 상충시   기본권상충사례의 대부분은 동
위기본권간의 충돌이라고 볼 수 있는데, 이 경우에는 '인격적 가치우선
의 원칙'과 '자유우선의 원칙'에 따라 이익형량이 행해질 수 있으리라

632
인격적
가치와 자유

---

345) 동지: BVerfGE 6, 32(36); 12, 45(53); 30, 173(193); 35, 202(225); *G. Dürig*
   (FN 192), RN 14f. zu Art. 1. Abs. 1; *E. Friesenhahn*, Der Wandel des
   Grundrechtsverständnisses, Tagungsbericht G z. 50. DJT(1974), S. 11.
346) 생명권을 다른 기본권보다 우선시킨 가장 대표적인 예는 인공임신중절행위에 대한
   독일연방헌법재판소의 판례에서 찾을 수 있다. Vgl. BVerfGE 39, 1(43), 이 판결에서
   동재판소는 임산부의 '개성신장의 자유'보다 태아의 '생명권'에 우선적인 효력을 인정
   했다.

우선의 원칙   고 본다.

    (ㄱ) 인격적 가치우선의 원칙   인격적 가치를 보호하기 위한 기본권에 재산적 가치를 보호하기 위한 기본권보다 우선하는 효력을 인정하는 것이 바람직하다고 생각한다.347)

    (ㄴ) 자유우선의 원칙   자유를 실현하기 위한 기본권과 평등을 실현하기 위한 기본권이 상충하는 경우 '자유'의 가치를 '평등'의 가치보다 우선시킴으로써 '자유 속의 평등', '자유의 평등'을 실현하는 것이 옳다고 생각한다. '자유'와 '평등'의 상호관계는 매우 어려운 문제이긴 하지만 '평등'이란 '평등' 그 자체에 의미가 있는 것이 아니고, '자유'의 조건으로서, '자유'를 실효성 있는 것으로 실현하는 데 그 본래의 기능과 의미가 있다고 본다면 Dürig의 말처럼 '자유우선348)의 원칙'을 지키는 것이 합리적이라고 생각한다.

    위에서 든 세 가지 원칙은 기본권의 상충관계를 해결하기 위한 지극히 기초적인 기준에 지나지 않는다. 따라서 이러한 기준만으로는 도저히 합리적으로 해결할 수 없는 기본권의 상충사례가 얼마든지 있을 수 있다. 기본권의 상충관계를 해결하기 위한 수단으로서의 이익형량의 방법적 한계가 바로 여기에 있다. 이익형량의 수단이 전혀 미치지 못하거나 이익형량의 수단만으로는 그 해결이 어려운 기본권의 상충관계를 원만하게 풀어나가는 방법은 '규범조화적 해석'(praktische Konkordanz)뿐이라고 강조하는 소리가 높아지는 이유도 그 때문이다.349)

    c) 기본권의 상충과 규범조화적 해석

     α) 규범조화적 해석의 구체적인 방법

633

헌법의
통일성 위한

    기본권의 상충관계를 해결하기 위한 수단으로 요구되는 이른바 '조화의 원칙'(Prinzip der Harmonisierung)350) 내지 규범조화적 해석

---

347) 동지: *G. Dürig*, Grundrechtsverwirklichung auf Kosten von Grundrechten, in: Summum jus, summa iniuria, 1963, S. 80ff.(84). Dürig의 표현을 그대로 빌리면: "Persongutwert geht vor Sachgutwert."; *J. Wintrich*, Zur Problematik der Grundrechte, 1957, S. 13; *W. Hamel*, Die Bedeutung der Grundrechte im sozialen Rechtsstaat, 1957, S. 18f.

348) Vgl. *G. Dürig*(FN 192), RN 120ff.(134 u. 135) zu Art. 3 Abs. 1.

349) Vgl. etwa *K. Hesse*(FN 172), RN 72, 317ff.; *P. Lerche*, Übermaß und Verfassungsrecht, 1961, insbes. S. 125ff.; *U. Scheuner*(FN 344), S. 53; *derselbe*, Diskussionsbeitrag, VVDStRL 20(1963), S. 125; *W. Rüfner*(FN 323), S. 465ff.

350) 조화의 원칙을 특히 강조하는 것은 U. Scheuner이다. Vgl. (FN 344), VVDStRL

(praktische Konkordanz)[351]은 두 기본권이 상충하는 경우에도 이익형량에 의해 어느 하나의 기본권만을 타기본권에 우선시키지 않고 헌법의 통일성(Einheit der Verfassung)을 유지하기 위해 상충하는 기본권 모두가 최대한으로 그 기능과 효력을 나타낼 수 있는 조화의 방법을 찾으려는 것이다.[352] 기본권의 상충관계를 해결하기 위한 이익형량의 방법과 다른 점은 기본권 내의 위계질서를 반드시 그 전제로 하지 않는다는 점이다. 또 이익형량의 방법이 상충하는 두 기본권의 가치를 서로 이익형량해서 보다 큰 기본권의 가치에 효력의 우선권을 주려는 것인데 반해서, '규범조화적 해석' 방법은 상충하는 두 기본권의 효력을 함께 존중할 수 있는 '조화'의 길을 찾으려는 것이기 때문에 어느 의미에서는 이념적으로 서로 대립적인 관계에 있다고도 볼 수 있다. 이처럼 '규범조화적 해석'은 상충하는 기본권 상호간의 긴장 · 부조화현상을 최대한으로 완화시켜 조화적인 효력을 나타낼 수 있도록 꾀하는 것이기 때문에 헌법의 통일성의 관점에서는 이익형량의 방법보다도 헌법정신에 더 충실한 해결방법이라고 말할 수 있다. 다만 문제는 어떻게 그와 같은 조화점을 찾아 내느냐 하는 방법적인 어려움이다.

① 과잉금지의 방법　　일반론으로는 상충하는 기본권 모두에게 일정한 제약을 가함으로써 두 기본권 모두의 효력을 양립시키되[353] 두 기본권에 대한 제약은 필요한 최소한에 그쳐야 된다(과잉금지의 원칙)는 점을 강조할 수 있다. 즉, 상충하는 두 기본권의 효력을 양립시킨다는 목적을 달성하기 위해서 두 기본권 모두에게 어느 정도의 제약을 가한다는 방법을 택하되, 소기의 목적(두 기본권의 양립)을 달성하기 위해서 두 기본권에게 가해질 수 있는 제약의 정도는 목적달성에 필요한 최소한에 그쳐야 된다는 것이다. 말하자면 '비례성'(Proportionalität)과 '필요성'(Erforderlichkeit) 그리고 '적합성'(Geeignetheit)의 요구를 모두 충족시키는 것이어야 한다.[354] 상충하는 기본권을 조화시킨다는 목

조화모색

634
비례성 ·
필요성 ·
적합성의
존중 통한
조화

20(1963), S. 125.

351) 이 개념은 K. Hesse에서 유래한다. Vgl. *K. Hesse*(FN 349).

352) Vgl. *K. Stern*, Das Staatsrecht der Bundesrepublik Deutschalnd, Ⅰ, 1977, S. 109; BVerfGE 2, 1(72ff.); 5, 85(137ff.); 3, 225(241ff.); 10, 59(66); 35, 202(225f.); *F. Ossenbühl*, DÖV 1965, S. 655; 앞의 방주 165 참조.

353) 이 원칙에 대해서 자세한 것은 vgl. *P. Lerche*(FN 349), S. 19ff.

354) 이 점에 대한 자세한 내용은 vgl. (FN 353).

적을 달성하기 위해서는 두 기본권 모두에게 최소한의 제한을 가하는 것만이 적합한 최선의 비례적인 방법이라는 인식에서 출발하는 것이 바로 규범조화적 해석방법이다. 극단적으로 표현한다면 상충하는 두 기본권의 '본질적 내용'을 최대한으로 보호해 주기 위해서 두 기본권의 원심영역(Randzonen)을 최소한으로 제한하려는 것이다.[355] 그 결과 우선하는 기본권이라고 해서 절대적인 효력을 나타낼 수도 없고 또 열세한 기본권이라고 해서 완전히 그 적용이 배제되는 일이란 있을 수 없다.[356] 독일연방헌법재판소가 '인간의 존엄성'과 '예술의 자유'가 상충한 이른바 메피스토(Mephisto)판결[357]이나 '인격권'과 '보도의 자유'가 상충한 이른바 Lebach 판결[358] 등에서 상충하는 두 기본권의 조화점을 찾아 내려고 노력하는 이유도 바로 그 때문이다. 우리 헌법재판소도 이 방법을 활용하고 있다.[359]

635
대안의 모색

② 대안식해결방법   그렇지만 규범조화적 해석방법도 그 이상에 비해서 그 현실적인 측면은 그렇게 단순하지만은 않다. 우선 상충하는 두 기본권의 효력을 함께 인정할 수 있는 조화점을 발견한다는 자체가 그리 손쉬운 일이 아니기 때문이다. 뤼푸너(W. Rüfner)[360]가 이른바 '대안식해결'(Alternativenlösung)지침을 제시하면서 규범조화적 해석방법의 실용성을 높이려고 노력하는 것도 바로 그 때문이다. Rüfner에 따르면 예컨대 독일기본법상의 병역의무와 양심상의 이유로 인한 집총거부권(제4조제3항)간의 상충관계가, 그 어느 쪽도 희생되지 않고 현역복무와 비길 수 있는 대체적인 민간역무(Ersatzdienst)의 부과에 의해서 조화적으로 해결되듯이, 많은 기본권의 상충관계도 양측이 다치지 않는

독일연방헌법재판소의 관련판례로는 '적합성'에 관한 BVerfGE 36, 146(165ff.), '필요성'에 관한 BVerfGE 10, 59(80ff.) 참조할 것. 연방헌법재판소의 이 문제와 연관된 판례 선반에 관해서는 vgl. *E. Grabitz*, Der Grundsatz der Verhältnismäßigkeit in der Rechtsprechung des BVerfG, AöR 98(1973), S. 568ff.

355) Vgl. *U. Scheuner*(FN 344), S. 54f.; *Maunz/Zippelius*(FN 306), S. 149ff.; *W. Leisner*(FN 279), S. 398; *W. Berg*(FN 325), S. 134ff.; *M. Lepa*(FN 323), S. 167; *Blaesing*(FN 325), S. 152ff.; *W. Rüfner*(FN 323), S. 466, 467; *R. Scholz*, Koalitionsfreiheit als Verfassungsproblem, 1971, S. 116; BAGE 19, 217(224f.).

356) 동지: *M. Lepa*(FN 323), S. 167.

357) Vgl. BVerfGE 30, 173(198ff.).

358) Vgl. BVerfGE 35, 202(225f.).

359) 헌재결 1991. 9. 16. 89 헌마 165; 헌재결 2007. 10. 25. 2005 헌바 96 참조.

360) Vgl. *W. Rüfner*(FN 323), S. 470f.

일종의 '대안'을 찾아 냄으로써 순조롭게 풀릴 수 있다고 한다. 예컨대, '양심상의 이유로 인한 계약불이행'의 경우,[361] 계약의 상대방이 가지는 '계약상의 권리'와 '양심의 자유'의 어느 쪽도 다치지 않고 문제를 해결할 수 있는 '대안식해결방법'은 '양심의 자유'를 다치지 않고도 그 상대방의 '계약상의 권리'를 충족시켜 줄 수 있는 '대안'을 찾아 내는 것인데, 그것은 계약이행을 군이 강요하지 말고 계약불이행으로 인한 손해배상청구권을 그 상대방에게 인정하는 것이라고 한다.[362] 또 자녀의 생명을 구하는 길은 수혈뿐인데도 종교적인 양심 때문에 자녀에 대한 수혈을 동의할 수 없는 부모에게 구태여 그 동의를 강요하는 것보다는 예컨대 후견법원이나 친족회의 동의를 얻어 내는 '대안식해결방법'이 상충하는 두 기본권을 모두 보호하는 최상의 길이라고 Rüfner는 강조한다.[363]

③ 최후수단의 억제방법   이같은 '대안식해결방법'에 의해서도 상충하는 기본권을 조화시킬 수 없는 경우에 대한 해결책으로서 Rüfner는 불리한 위치에 있는 기본권이라고 해서 버리지 말고 끝까지 사랑의 눈길을 보낼 것을 촉구하면서 유리한 위치에 있는 기본권의 보호상 가능하고 필요한 수단일지라도 그 모든 수단을 최후의 선까지 동원하는 것만은 삼가야 한다고 역설한다.[364] 모든 질병과 싸워서 이기는 최상의 치료법은 하느님께 열심히 기도하는 것이라는 종교상의 확신 때문에 위독한 배우자의 입원치료를 강력히 권유하지 못하고 결국 배우자를 사망케 한 형사피고인(구조부작위죄, unterlassene Hilfeleistung)(독일형법제323c조)에게 가장 강력한 사회적 응징수단이라고 볼 수 있는 형법상의 형벌을 가하는 것은 '종교의 자유'의 '파급효과'(Ausstrahlungswirkung)를 제대로 인식하지 못한 위헌적인 처사라고 판시한 독일연방헌법재판소의 판결[365]에서 Rüfner는 그의 논리에 대한 유력한 후원자를 찾았다고 생각하는 것 같다.[366]

636

극단적
수단의 배제

---

361) 이 사례에 대해서 자세한 점은 vgl. *R. Herzog*(FN 326), RN 142~144 zu Art. 4.

362) So *W. Rüfner*(FN 323), S. 471.

363) Vgl. (FN 362).

364) Vgl. (FN 362).

365) Vgl. BVerfGE 32, 98(108ff.). 우리 대법원은 여호와의 증인의 신도인 어머니가 수혈을 거부해서 11세된 딸을 죽게 한 사건에서 어머니를 유기치사죄로 1년 6월의 실형으로 처벌했다. 1980. 9. 24. 대판 79 도 1387 참조.

366) Vgl. (FN 362).

β) 비판 및 결론

생각건대, 이익형량의 방법만으로 기본권의 상충관계를 원만하게 해결할 수 없는 것과 마찬가지로, 규범조화적 해석방법만으로도 모든 상충문제가 무리 없이 풀린다고 보기는 어렵다. 규범조화적 해석의 기준으로 제시된 '과잉금지의 방법'이나 '대안식해결방법' 또는 '최후수단의 억제방법' 등이 기본권의 상충관계를 해결하기 위한 중요한 기준과 방법임에는 의심의 여지가 없지만, 역시 상충하는 기본권의 문제는 '이익형량'과 이들 '규범조화적 해석방법'을 모두 동원해서 다각적인 검토를 해야 하는 매우 복합적인 성질의 사안이라고 생각한다. 앞으로 이 분야에 대한 더욱 활발하고 깊이 있는 연구가 기대되는 이유도 그 때문이다. 사생활영역에서의 사적인 분쟁이 기본권의 다툼으로 발전하는 기본권의 생활화시대를 맞이해서 기본권의 상충관계를 해결할 수 있는 뚜렷하고 설득력 있는 방안을 마련하는 일은 오늘의 우리 헌법학계에 부여된 가장 무겁고도 시급한 과제라고 생각한다. 헌법재판이 활성화되면서 우리 헌법재판소도 기본권의 상충문제의 중요성을 인식하기 시작한 것 같다. 파스퇴르유업과 중앙일보사간의 정정보도청구사건에서 내린 헌법재판소의 판시가 그 단적인 증거이다.[367]

제 4 절 기본권의 내재적 한계와 기본권의 제한

638
기본권의
내재적
한계와
기본권의
제한의 구별

국민의 기본권을 헌법에 규정하는 현대 민주국가는 한편 그 자유와 권리의 실효성을 보장하기 위해서 국가의 권력행사를 제한하는 등 여러 가지 제도적인 장치를 마련하면서도, 또 한편 국가의 존립 내지 헌법적 가치질서의 보호를 위해서 꼭 필요한 경우에는 기본권을 제한할 수 있는 방법을 함께 마련해 놓고 있다. 즉, 기본권을 제한할 수 있는 기준과 방법 그리고 한계를 헌법에 미리 명시하는 것이 보통이다. 그러나 경우에 따라서는 기본권의 일부에 대해서나마 기본권을 제한할 수 있는 사유에 관해서 헌법에서 아무런 언급을 하지 않을 수도 있다. 한 나라 헌법이 기본권의 제한에 관해서 명문의 규정을 두고 있는 경우에는, 구체적인 기본권제한의 문제는 결국 그 헌법규정의 해석·적

---

367) 헌재결 1991. 9. 16. 89 헌마 165 참조.

용의 문제로 집약되지만, 헌법에서 기본권의 제한에 관해서 부분적으로나마 침묵을 지키고 있는 경우에는, 헌법의 침묵에도 불구하고 그 기본권을 제한할 수 있는 것인지, 만일 제한할 수 있다고 한다면 그 이론적인 근거는 무엇인지, 그리고 그 제한의 한계는 어떤 것인지 등의 헌법이론적인 의문이 생길 수 있다. '기본권의 내재적 한계'(immanente Schranken der Grundrechte)368)의 문제가 논의되는 이유도 바로 그 때문이다. 따라서 '기본권의 내재적 한계'의 문제는 처음부터 그 제한가능성을 전제로 해서 그 제한의 기준과 방법 및 한계를 따지는 헌법해석적인 '기본권제한'(Begrenzung der Grundrechte)의 문제와는 다르다. '기본권의 내재적 한계'는 헌법이론적으로 기본권 속에서 일종의 불문의 한계를 찾아 냄으로써 기본권에 대한 불가피한 제한을 정당화하려는 논리형식이기 때문이다. 따지고 보면 '기본권의 내재적 한계'는 그 헌법이론적인 문제성 때문에, 헌법해석적인 '기본권제한'의 이념적인 바탕이 되는 것이라고도 볼 수 있다. '기본권에는 내재적 한계가 있기 때문에 제한이 가능하다'는 논리가 바로 그것이다. 그러나 뒤에서 살펴보는 바와 같이 '기본권의 제한'은 어디까지나 '법률유보'의 본질을 밝히려는 것이기 때문에 그 이론적 기초가 되는 '기본권의 내재적 한계'의 문제와는 엄격히 구별할 필요가 있다. 아래에서 먼저 '기본권의 내재적 한계'의 문제를 살펴본 다음에 '기본권의 제한'에 관해서 설명하기로 한다.

1. 기본권의 내재적 한계

(1) 기본권의 내재적 한계의 본질

법률에 의해서도 제한할 수 없는 이른바 '절대적 기본권'369)을 규정하고 있는 헌법질서 내에서 그 절대적 기본권의 제한필요성이 현실적으로 생긴 경우(예컨대, 전염병 지역에서의 종교의식의 금지), 이를 합리적으로 설명할 것을 요구하는 '법학적 양심'의 번뇌를 해결하기 위해서

639
내재적
한계논리의
전제와
당위성 및
위험성

---

368) 이 개념을 최초로 사용한 것은 독일연방헌법재판소이다.
   Vgl. BVerfGE 3, 248(252f.).
369) 기본권은 그 법률에 의한 제한가능성의 유무에 따라 '상대적 기본권'(relative Grundrechte)과 '절대적 기본권'(absolute Grundrechte)으로 나누는 것이 고전적인 분류방법의 하나였다. 그러나 오늘날에는 절대적 기본권의 개념이 성립되지 않는다.

생각해 낸 헌법이론적 이론형식이 바로 '기본권의 내재적 한계'라고 볼 수 있다. 즉, 독일기본법처럼, 한 나라 헌법이 비록 법률에 의해서도 제한할 수 없는 이른바 '절대적 기본권'을 규정하고 있는 경우[370]라고 하더라도, 이웃과 더불어 살아가야 하는 인간공동생활에서는 각자의 기본권행사가 일정한 제약을 받을 수밖에 없는 불가피한 경우가 있을 수 있다. 더욱이 기본권주체로서의 인간은 역사성이나 사회성에서 유리된 개인주의적 인간이 아니고 인간공동생활을 책임있게 함께 형성해 나갈 사명을 간직한 사회적인 인격체로서의 인간을 뜻한다고 볼 때, 기본권주체의 이같은 사회연관성은 이미 기본권의 일정한 한계를 시사하고 있다고 볼 수도 있다. 기본권을 천부적인 자유와 권리라고 이해하면서 그 원칙적인 제한불가능성을 강조하는 결단주의를 도외시한다면, 기본권은 사회공동체가 동화적인 통합을 이루기 위해서 꼭 실현해야 되는 가치적인 Konsens로서 헌법에 의해서 보장되고 있는 법상의 권리이기 때문에, 모든 '법적인 자유와 권리'에 내재되고 있는 일정한 한계가 기본권에도 내재되고 있다는 논리를 쉽사리 떨쳐 버리기는 어렵다. 현실적으로도 타인의 기본권과 공존해야 되는 기본권의 본질상, 타인의 기본권과 나의 기본권이 서로 상충하는 경우 서로가 절대적이고 무제한한 자유와 권리를 고집할 수 있다고 한다면 기본권의 상충관계는 도저히 해결할 수 없게 된다. 기본권의 상충관계를 해결하려는 여러 가지의 이론적인 시도는 따지고 보면 기본권의 내재적 한계를 이미 전제로 하고 있다고 말할 수도 있다.[371]

그러나 또 한편 '기본권의 본질적 내용'이 절대적으로 침해할 수 없는 가치로 보장되고 있는 헌법질서 내에서 함부로 기본권의 내재적 한계를 확대하는 것은 자칫하면 기본권에 대한 '본질적 내용의 보장'을 유명무실하게 할 위험도 없지 않다. 따라서 '기본권의 내재적 한계'에 관한 논의는 매우 조심스런 헌법이론적인 접근이 필요하다.

---

370) 예컨대 독일 기본법상의 평등권(제 3 조의 제 1 항), 신앙과 양심의 자유(제 4 조 제 1 항), 학문과 예술의 자유(제 5 조 제 3 항), 혼인의 자유(제 6 조 제 1 항), 평화로운 집회의 자유(제 8 조 제 1 항), 단체교섭권(제 9 조 제 3 항), 청원권(제17조) 등이 그 예이다.

371) 특히 Maunz/Zippelius가 기본권의 상충관계의 시각에서 기본권의 한계문제를 다루고 있다.

   Vgl. *Maunz/Zippelius*(FN 306), S. 149, 158, 179, 183.

(2) 기본권의 내재적 한계의 논증형식

그 개념의 불명확성을 들어 '기본권의 내재적 한계'를 불필요한 논리형식이라고 배척하는 소수의 학자를 제외하고는[372] 오늘날 독일의 학설과[373] 판례[374]에서는 일반적으로 '기본권의 내재적 한계'를 인정하고 있다. 다만 그것을 논증하는 방법에 있어서는 대체로 다음 네 가지 입장으로 나누어진다고 볼 수 있다.

640
네 가지
논증형식
적용

a) 3 한계이론

독일기본법이 '개성신장의 자유'($\substack{제2항\\제1항}$)에 관해서 규정하고 있는 세 가지 한계를[375] 다른 기본권에 관해서도 그 내재적 한계의 논거로 삼으려는 입장인데 이를 '3 한계이론'(Schrankentrias-Lehre)이라고 부르는 것이 관례이다. 즉, 독일기본법은 개성신장의 자유를 규정하면서, 이 자유는 '타인의 권리'를 침해하지 않고, '헌법질서'와 '도덕률'에 반하지 않는 범위 내에서만 인정된다고 말하고 있는데, 여기에서 '개성신장의 자유'의 한계로 제시되고 있는 '타인의 권리', '헌법질서', '도덕률'의 세 가지는 다른 모든 기본권의 내재적 한계로도 적용되어야 한다고 한다.[376] 일종의 사회공동체유보이론이라고도 볼 수 있다.

641
개성신장의
자유에 관한
한계 유추
적용

---

372) 예컨대 *F. E. Schnapp*, Grenzen der Grundrechte, JUS 1978, S. 729ff.(732f.); *Hamann/Lenz*, Das Grundgesetz für die Bundesrepublik Deutschland, 3. Aufl.(1970), S. 124.

373) Z. B. *K. A. Bettermann*, Grenzen der Grundrechte, 1968, passim, S. 14; *K. Hesse* (FN 172), RN 308, 310; *Maunz/Zippelius*(FN 371); *H.-L. v. Pollern*, Immanente Grundrechtsschranken, JUS 1977, S. 644ff.; *E.-W. Böckenförde*, Der praktische Fall, JUS 1966, S. 359ff.(363); *H. L. Graf*, Die Grenzen der Freiheitsrechte ohne besondere Vorbehaltsschranke, Diss. München(1970); *F. C. Zeitler*, Immanente Grundrechtsschranken oder Normenkonkordanz?, BayVBl 1971, S. 417ff.; *H.-U. Evers*, Privatsphäre und Ämter für Verfassungsschutz, 1960, S. 33ff.

374) Z. B. BVerfGE 3, 248(252f.); 28, 243(260f.); BVerwGE 1, 48(52); 7, 358(361); 16, 241(248); 49, 202.

375) Vgl. Art. 2 Abs. 1 GG: "Jeder hat das Recht auf die freie Entfaltung seiner Persönlichkeit, soweit er nicht die Rechte anderer verletzt und nicht gegen die verfassungsmäßige Ordnung oder das Sittengesetz verstößt."

376) 독일기본법 제2조 제1항에서 규정하는 '개성신장의 자유'의 독자적인 기본권적 성질을 인정할 것인지의 여부와, 이 기본권에서 규정하고 있는 세 가지 한계를 다른 기본권에 직접적으로 적용할 것인지 아니면 간접적으로만 적용할 것인지에 대해서는 학자간에 견해의 차이가 있지만 대체로 다음 학자들이 이 이론을 대변하고 있다고 볼 수 있다.
  v. Mangoldt-Klein, Das Bonner GG, 2. Aufl.(1966), S. 167, 175ff.; *H. Peters*, in: FS f. Laun(1953), 677f.; *F. Klein*, in: Schmidt-Bleibtreu/Klein, Kommentar zum GG, 5. Aufl.(1980), S. 135; *G. Dürig*, AöR 79(1953/54), S. 57ff.(59, 63);

b) 개념내재적 한계이론

642

기본권의
개념축소

'기본권의 내재적 한계'를 개별적인 기본권의 개념정의를 통해서 논증하려는 입장이다. 즉, 문제가 되고 있는 개별적인 기본권의 개념을 되도록 좁게 해석함으로써, 결과적으로 그 기본권의 내재적 한계를 인정하려는 것이다. 예컨대, 독일 기본법상 법률유보조항이 없는 '예술의 자유'(제5조제3항)의 내재적 한계를 논증하기 위해서 '예술'의 개념에 '윤리적인 요소'를 요구함으로써 이른바 '도덕적이고 윤리적인' 예술활동만을 예술의 자유에 의해서 보호하려는 것이다.377) 이것을 개념내재적 한계이론(begriffsimmanente Schranken-Theorie)이라고 부를 수 있다.

c) 국가공동체유보이론

643

국가존립의
보장

모든 기본권은 국가공동체의 존립을 전제로 할 뿐만 아니라 국가공동체에 의해서 비로소 보장되는 것이기 때문에 국가의 존립을 위해서 꼭 필요한 법익을 침해하는 기본권의 행사는 있을 수 없다고 한다. 즉 '국가존립의 보장'을 기본권의 내재적 한계로 보는 입장이다.378)

이 '국가공동체유보'(Gemeinschaftsvorbehalt)이론은 그 내용과 성질이 '3 한계이론'과 비슷한 점이 있어서 독일의 학자들간에도 그 개념사용에 혼동이 생기는 경우가 있지만, '3 한계이론'은 주로 '타인의 권리', '도덕률' 등 사회연관적인 법익을 기본권의 내재적 한계로 보려는 것이고, '국가공동체유보이론'은 주로 '국가의 존립'을 비롯한 국가연관적인 법익을 기본권의 내재적 한계로 보려는 것이기 때문에, 이를 개념적으로 구별해서 사용하는 것이 옳다. 따라서 두 이론을 동일한 'Gemeinschaftsvorbehalt'라는 개념으로 표시하는 경우에도379) 그것이

---

derselbe, (FN 192), RN 69ff. zu Art. 2 Abs. 1; O. Bachof, Die Rechtsprechung des Bundesverwaltungsgerichts. JZ 1957, S. 334ff.(337); H.-U. Evers(FN 373), S. 33ff.(38).

377) 예컨대 H. Riedel, Urteilsanmerkung, NJW 1954, S. 1260(1261); F. Schäuble, Rechtsprobleme der staatlichen Kunstförderung, Diss. Freiburg(1965), S. 30, 237. '망명권'(Asylrecht)(통일전 독일기본법 제16조 제 2 항 제 2 절)의 내재적 한계를 논증하기 위해서 K. Doehring도 '망명'의 개념을 매우 좁게 해석하고 있다.

378) Vgl. z. B. BVerwGE 1, 48(52): Es gehört "zum Inbegriff aller Grundrechte, … daß sie nicht in Anspruch genommen werden dürfen, wenn dadurch die für den Bestand der Gemeinschaft notwendigen Rechtsgüter gefährdet werden. Denn jedes Grundrecht setzt den Bestand der staatlichen Gemeinschaft voraus, durch die es gewährleistet wird."

379) 예컨대, V. Mangoldt-Klein(FN 376), S. 175,는 '3 한계이론'을 설명하면서

3 한계이론을 뜻하는 것일 때는 우리 말로는 '사회공동체유보', 그렇지 않을 경우에는 '국가공동체유보'라고 옮겨 쓰는 것이 바람직하다.

이 '국가공동체유보'이론은 독일연방행정재판소가 그 초기의 판례에서[380] 정립한 것인데, 이 이론은 악용 위험성이 많다는 학자들의 날카로운 비판[381]이 계속되자 동재판소가 그 후에 여러 차례 이론적인 수정을 모색하다가[382] 1975년부터는[383] 아주 포기한 이론이다.

d) 규범조화를 위한 한계이론

기본권의 내재적 한계를 '헌법의 통일성'과 헌법에 의해서 보장되는 '전체적인 가치질서'의 관점에서 논증하려는 입장이다. 즉, 아무리 법률유보가 없는 기본권이라 하더라도 그 기본권의 행사에 의해서 타인의 기본권 또는 헌법이 보호하고 있는 다른 가치와 충돌이 생기는 경우에는 '헌법의 통일성'과 헌법이 추구하는 전체적인 가치질서의 관점에서 그 기본권에 대한 개별적인 관계에서의 제한이 불가피하다고 한다.[384] 따라서 기본권의 내재적 한계를 찾아 내기 위해서는 '헌법의 통일성'이 유지되고 헌법이 보호하는 '가치의 전체'가 조화될 수 있도록 '이익형량'을 해야 하는데 그 경우에도 헌법적 최고가치인 '인간의 존엄성'을 지키기 위해서 과잉금지원칙(특히 최소침해의 원칙)을 존중해야 된다고 한다. 말하자면, '헌법의 통일성'을 지키고 헌법이 추구하는 '전체적인 가치질서'를 실현하기 위한 이른바 '규범조화적 해석'(praktische Konkordanz)의 필요성에서 기본권의 내재적 한계를 이끌어 내려는 입장이다. 독일연방헌법재판소가 1970년에 정립한[385] 이래 오늘날 독일의 학설·판례를 통해 지배적인 이론으로 평가되고 있다.[386]

644

헌법의
통일성 유지

"Gemeinschaftsvorbehalt"라는 개념을 사용하고 있다.

380) Vgl. BVerwGE 1, 48(52); 1, 92(94); 1, 303(307); 2, 345(346); 2, 295(300); 5, 153(159); 5, 283; 7, 125(139).

381) Vgl. *O. Bachof*(FN 376); *G. Dürig*(FN 192), RN 70 zu Art. 2 Abs. 1 GG.

382) 예컨대, vgl. BVerwGE 7, 358(361); 16, 241(248); 23, 104(110).

383) Vgl. BVerwGE 49, 202(LS 2).

384) So BVerfGE 28, 243(LS 2 u. 260f.).

385) Vgl. (FN 384).

386) Vgl. BVerfGE 30, 173(191ff.); 32, 98(108); BVerwGE 49, 202(LS 2); *K. Hesse*(FN 172); *F.-C. Zeitler*(FN 373); *H. Ehmke*, VVDStRL 20(1963), S. 91f.; *U. Scheuner*, Staatstheorie und Staatsrecht, 1978, S. 235f.; *F. Müller*, Die Positivität der Grundrechte, 1969, S. 47f., 89; *P. Lerche*, Übermaß und Verfassungsrecht, 1961, S. 125ff.

e) 비판 및 결론

생각건대, 기본권의 내재적 한계는 기본권의 본질 내지 기능에 대한 일정한 철학적인 인식 위에서만 수긍될 수 있는 논리형식이다. 즉, 기본권의 양면성에 입각해서 그 객관적 가치질서로서의 성격과 그 동화적 통합기능을 인정하는 관점에서 볼 때, 기본권은 그것이 사회공동체를 구성하는 모든 사람에게 균등하게 효력이 미치는 질서의 원리요, '가치적인 Konsens'를 뜻하기 때문에 타인의 기본권은 물론이요, 기타의 공감대적인 가치를 다치지 않는 범위 내에서만 기본권으로서 보호를 받을 수 있는 것은 너무나 자명한 이치이기 때문이다.

기본권의 내재적 한계는 또 정의에 바탕을 둔 실질적인 자유의 본질과도 불가분의 상호관계에 있다. 자유가 본래 자유로서의 의미와 기능을 갖는 것은 그 '다양성'과 '개성'에 대한 우호적인 포용력 때문이다. '자유란 본래 생각을 달리하는 사람의 자유를 의미한다'는 칸트철학적 명제가 커다란 설득력을 가지고 우리 인간의 마음 속에 넓게 자리 잡을 수 있는 것도 결국은 이 명제에 내포된 '자유의 한계성' 때문이다. 나의 자유가 소중한 만큼 남의 자유도 소중하기 때문에 내 자유를 존중받기 위해서는 남의 자유도 존중해야 된다는 의미의 '자유의 한계성'은 바로 자유의 본질이다. 생각을 달리하는 다른 사람의 자유를 존중해야 된다는 전제가 성립되지 않고는 '생각을 달리하는 나의 자유'를 주장할 수 없다. 따라서 '자유'란 그 본질상 절대로 무제한할 수 없다. 무제한한 자유는 '절대적인 힘'을 뜻하고, 그것은 남과 더불어 생활하는 인간공동사회에서는 타인에 대한 절대적인 힘이다.[387] 자유가 '다양성'과 '개성'에 대한 우호적인 포용력을 상실하고 타인에 대한 절대적인 힘으로 횡포화하는 경우에 사회공동체의 동화적 통합은 기대하기 어렵다. 따라서 '자유의 한계성'은 사회공동체가 '다양성'과 '개성'을 포용한 채 동화되고 통합되어 가기 위한 필수적인 전제조건이다.

이렇게 볼 때 기본권의 본질 내지는 기능의 시각에서는 물론 자유의 본질면에서도 기본권의 내재적 한계를 부인할 수는 없다고 할 것이

---

387) 동지: *E.-W. Böckenförde*, VVDStRL 28(1969), S. 54: "Freiheit als rechtliche Freiheit kann niemals schrankenlos und absolut sein; denn es gehört zu ihrem Begriff, daß sie mit der Freiheit anderer zusammenbestehen kann. Absolute unbegrenzte Freiheit bedeutet nur absolute Macht, und zwar über andere."

다. 다만 독일 기본법상의 이른바 '절대적 기본권'이 가지는 내재적 한계의 논리형식으로서는 역시 '규범조화를 위한 한계이론'(Schranken-theorie der Normenkonkordaz)이 가장 설득력이 있는 설명이라고 생각한다. 이 이론은 '3 한계이론'처럼 특별히 '개성신장의 자유'에 관해서 규정한 것을 그대로 다른 기본권에 적용하기 위한 이론구성의 어려움을 겪을 필요도 없고, '개념내재적 한계이론'이 풍기는 지나치게 기교적인 색채도 띠지 않는다. 또 '국가공동체유보이론'에서처럼 헌법상의 아무런 규범적 근거도 없이 '국가의 존립'이라는 애매한 내용의 유보사항에 의해서 기본권이 상대화될 위험도 없다. 이 규범조화를 위한 한계이론의 가장 강한 장점은, 역시 구체적인 필요시에 기본권의 내재적 한계를 헌법규범의 테두리 속에서 찾으려고 노력함으로써 '기본권의 내재적 한계'를 '추상적이고 일반적인 한계'가 아닌 '구체적인 경우의 개별적'인 한계로 이해하게 된다는 점이다. 그러나 규범조화를 위한 한계이론은 '헌법의 통일성'을 그 주요한 논거로 삼고 있기 때문에 기본권과 통치기능의 연관성을 강조하게 되고 기본권과 통치기능의 상호교차효과를 중요시하는 만큼 통치기능상의 여러 가지 제도가 경우에 따라서는 기본권의 내재적 한계의 논거로 제시될 수도 있다는 이론상의 유연성을 또한 지적하지 않을 수 없다.

(3) 우리 헌법과 기본권의 내재적 한계

우리 헌법은 '국가안전보장'·'질서유지'·'공공복리'를 위해서 필요불가피한 경우에 한해서 그리고 기본권의 본질적 내용을 다치지 않는 범위 내에서 모든 기본권을 법률로써 제한할 수 있도록 규정하고 있기 때문에, 독일기본법에서와 같은 '절대적 기본권'을 우리 헌법이 인정하고 있다고 보기는 어렵다. 따라서 '절대적 기본권'이 규정되고 있는 헌법질서 내에서 그 기본권의 제한가능성을 둘러싸고 전개되는 '기본권의 내재적 한계'에 관한 논쟁은 우리나라에서는 현실적으로 제기될 수 있는 이론상의 소지가 희박하다고 보아야 한다.

다만 우리 헌법처럼 원칙적으로 모든 기본권을 법률에 의한 제한 대상으로 삼는 경우에도 자유와 권리의 성질상 법률에 의한 제한이 사실상 어려운 기본권이 있을 수 있다면, 그와 같은 법률유보에 적대적인 자유와 권리의 한계를 지적하기 위해서 보조적으로 '기본권의 내재적 한계'이론을 원용할 수는 있다고 본다. 사실상 Bettermann[388]이 정확히 지적하고 있는 바와 같이 '신앙과 양심의 자유'(Glaubens- u. Gewissensfreiheit)처럼 법률에 의한 외부적인 제약을 가하는 것이 적당치 못한 기본권이 있다는 점도 부인하기 어렵다. 기본권을 사회생활과 국가생활을 위한 국민의 행동양식이라고 볼 때, 법규범이 관심을 가지는 것은 사회적인 접촉을 가지고 사회에 영향을 미치는 인간의 행동양식이기 때문에, 사람의 내심영역에 머물러 있으면서 아무런 외부적인 표출이 없는 인간의 내심작용을 법적인 규제의 대상으로 삼는 것은 사실상 불가능하다. 그와 같은 인간의 숨겨진 내심영역은 도덕률이나 종교상의 계율에 의한 규제는 받을지언정 법규범에 의한 규제를 받을 수는 없다고 보아야 한다. 따라서 우리 헌법상 '기본권의 내재적 한계'가 문제될 수 있다면 이같은 법률의 규제권 밖에 있는 기본권이 다른 기본권 또는 헌법에 의해서 보호되고 있는 다른 '헌법적 가치'와 충돌을 일으키는 경우, 그 구체적인 문제를 해결하기 위한 수단으로 원용되는 때에 국한된다고 보아야 한다.

그렇지 않고 '기본권의 내재적 한계'를 일반화시켜서 이를 모든 기본권에 확대 적용시키려고 하는 것은 적어도 '일반적 법률유보' 조항과도 조화되기가 어려울 뿐 아니라, 자칫하면 법률에 의한 기본권제한의 최후적 한계로 명시되고 있는 '본질적 내용의 침해금지'를 공허한 것으로 만들어 버릴 위험성마저 갖게 된다. '일반적인 법률유보'에 의해서 어차피 법률로써 제한할 수 있는 기본권을, '기본권의 내재적 한계성'을 이유로 또 제한할 수 있다고 한다면 '기본권의 본질적 내용'은 마침내 모두 증발하고 말 가능성이 크다. 기본권을 제한하려는 입법권자의 입장에서 볼 때도 여러 가지 번거로운 제약이 따르는 법률유보에 의한 제한보다도, '기본권의 내재적 한계'를 내세워, 그것은 기본권의 제한이 아니고, 그 '기본권에는 이러한 한계가 있다는 것을 다만 선언적으로 … 확인한 것에 지나지 않는 것'이라고 주장하는 것이 훨씬 편한 방법이겠기 때문이다. 우리 헌법의 해석상 '기본권의 내재적 한계'를 매우 조심스럽게 다루어야 하는 이유도 여기에 있다. 법률에 의한 기본권의 제한은 기본권의 내재적 한계를 그 이념적인 기초로 하고 있

인간의
내심영역에
대한 규제

본질적
내용의
침해금지

기본권제한

388) Vgl. *K. A. Bettermann*(FN 373), S. 8f.

는 것은 사실이지만, 모든 기본권의 제한이 기본권의 내재적 한계에
의해서 정당화되는 것은 아니라는 점을 명심할 필요가 있다. 우리 헌
법은 기본권에 관해서 구태여 내재적 한계의 이론을 원용하지 않더라
도 법률유보의 이론만 가지고도 충분히 해결할 수 있는 길을 열어 놓
고 있기 때문에, '내재적 한계'는 지극히 예외적인 경우의 보완적인 논
리형식으로 생각하는 것이 옳다고 본다. '기본권의 내재적 한계'는 법
률에 의해서도 제한할 수 없는 기본권을 전제로 해서 성립된 이론형식
이기 때문이다.

의 보완적
논리

2. 기본권의 제한

기본권을 단순한 실정법상의 권리라고 이해하는 법실증주의는 물
론이고, 심지어 결단주의와 동화적 통합이론도 합리적인 기본권의 제
한은 헌법적 가치질서의 실현을 위해서 불가피한 것으로 받아들이고
있다. 다만 현대의 대다수 헌법국가는 공공의 이익을 위해서 필요불가
피한 경우에 한해서 기본권을 제한할 수 있도록 기본권제한의 기준과
방법 및 한계를 헌법에 명문화함으로써 기본권이 국가권력에 의해서
함부로 침해되는 일이 없도록 미리 충분히 예방조치를 마련해 놓고 있
다. 기본권의 한계를 처음부터 헌법의 개별적인 기본권조항에서 명시
함으로써 입법권자가 갖는 재량의 여지를 줄이거나, 법률에 의해서만
기본권을 제한할 수 있도록 하는 것 등이 그것이다. 이를 나누어서 살
펴보기로 한다.

649

기본권제한
의 필요성과
방법

(1) 기본권의 헌법적 한계

현대의 민주적인 헌법국가는 헌법에서 국민의 기본권을 보장하면
서 때때로 개별적인 기본권의 한계를 함께 기본권 조항에서 명시하는
경우가 있는데 이를 '기본권의 헌법적 한계'(Verfassungsangeordnete
Schranken der Grundrechte)라고 부른다. 따라서 기본권의 헌법적 한계
는 말하자면 헌법제정권자에 의한 기본권의 제한이라고 볼 수 있다.

650

헌법제정
권자에 의한
제한

독일기본법에서, '타인의 권리'를 침해하지 않고 '헌법질서'와 '도
덕률'에 반하지 않는 범위 내에서만 '개성신장의 자유'($\frac{제2조}{제1항}$)를 보장하
는 것이나, 양심상의 이유로 인한 집총거부를 인정하면서도, 현역이 아
닌 다른 민간역무를 과할 수 있게 한다든지($\frac{제4조\ 제3항,}{제12a조\ 제2항}$), '집회의 자유'

651

독일기본법
의 규정 예

중에서 사전신고나 허가를 필요로 하지 않는 집회는 평화롭고 무장하지 아니한 집회에 국한시킨다든지($^{제8조}_{제1항}$), 결사의 자유를 보장하면서($^{제9조}_{제1항}$) 범죄목적의 결사와 헌법질서에 도전하기 위한 결사 그리고 인류공영의 정신에 반하는 결사를 명문으로 금지하고 있는 것은($^{제9조}_{제2항}$) 헌법제정권자가 정한 기본권의 헌법적 한계의 예라고 볼 수 있다. 독일기본법이 언론·출판의 자유($^{제5조}_{제1항}$)를 일반적인 법률과 청소년보호 내지는 명예권보호를 위한 법률의 규정과 저촉되지 않는 범위 내에서만 보장하고 있는 것도 같은 유형의 '헌법적 한계'에 속한다고 볼 수 있다.

652
우리 헌법의
규정 예

우리 헌법도 기본권의 헌법적 한계를 규정하는 사례가 적지 않다. 예컨대 언론·출판의 자유를 보장하면서도, 언론·출판이 타인의 명예나 권리 또는 공중도덕이나 사회윤리를 침해하지 못하도록 그 한계를 명시한 것($^{제21조}_{제4항}$)이라든지, 국민의 사유재산권을 보장하면서도 공공복리에 적합하게 재산권을 행사하도록 규정한 것이라든지($^{제23조}_{제2항}$), 국민의 국가배상청구권을 보장하면서도 군인·군무원·경찰공무원 등의 배상청구권을 제한한 것($^{제29조}_{제2항}$)이라든지, 노동 3권을 보장하면서 공무원인 근로자는 부분적으로 노동 3권을 가질 수 있도록 제한하고 있는 것($^{제33조}_{제2항}$) 등이 그것이다. 또 국민의 정치적 의사형성에 참여하는 데 필요한 민주적인 조직과 활동을 전제로 해서 정당성립의 자유를 보장하고($^{제8조\ 제1}_{항과\ 제2항}$) 정당의 목적이나 활동이 민주적 기본질서에 위배되지 못하도록 투쟁적 민주주의의 수단(위헌정당해산제도)($^{제8조}_{제4항}$)을 헌법에서 마련해 놓고 있는 것도 말하자면 정당의 자유에 대한 헌법적 한계라고 볼 수 있다.

653
헌법적
한계의 기능

헌법제정권자가 기본권의 헌법적 한계를 헌법에 명시하는 것은 주로 입법권자에 대한 방어적인 의미를 갖는다고 볼 수 있다. 즉, 입법권자가 법률에 의해서 기본권을 제한하는 경우에 지켜야 되는 재량권의 한계를 처음부터 헌법에 명시함으로써, 적어도 헌법제정권자가 정한 헌법적 한계를 갖는 기본권에 관한 한 입법권자의 기능을 단순히 선언적인 것으로 약화(축소)시키기 위한 것이라고 볼 수 있다. 따라서 입법권자는 헌법제정권자가 스스로 정한 기본권의 한계 내에서 그 기본권을 법률로 구체화하고 현실화하는 것은 가능하지만, 그것은 어디까지나 헌법제정권자가 이미 정한 기본권의 한계를 단순히 선언적으로 확인하는 것에 지나지 않게 된다.389) 이 점이 입법권자가 법률로써 행하는 기본권의 제한과는 그 성질이 다르다. 그러나 헌법제정권자가 기본권의 한계를 처음부터 헌법에서 정해 놓는 것은 위에서 말한 입법권자에 대한 방어적 의미 외에도, 문제가 되는 기본권의 내용을 헌법제정권자 스스로 명백히 밝힘으로써 해당되는 기본권이 남용 내지 악용될 수 있는 소지를 줄이고 기본권과 다른 법익과의 합리적인 조화를 모색하려는 헌법정책적 고려가 함께 작용하고 있다고 볼 수도 있다.

국내학자 중에는 기본권의 헌법적 한계를 '헌법유보'라는 개념으로 표시하면서, 이를 '법률유보'와 연관시켜서 일종의 '유보조항'으로 보면서도, 또 이를 내재적 한계의 시각에서 설명하는 등, 다소 이론상의 혼선을 빚고 있는 듯한 느낌을 받는다.390) 그러나 기본권의 헌법적 한계는 이미 밝혀진 바와 같이, 기본권의 한계를 헌법제정권자 스스로가 헌법에서 명시하고 있는 경우이기 때문에 '유보조항'과는 그 성질이 다를 뿐 아니라,391) 우리 학자들에게 이론적인 영향을 미치고 있는 독일의 학계에서도 '헌법유보'라는 개념이 거의 사용되지 않고 있다는 점을 감안해서,392) 이 개념을 되도록 피하는 것이 문제의 본질을 이해하는 데 보다 도움이 되리라고 생각한다.

654
헌법유보

(2) 법률에 의한 기본권의 제한

a) 법률유보의 의의와 유형

헌법이 보장하는 국민의 기본권을 제한하는 가장 원칙적인 방법은 공공의 이익을 보호하기 위해서 필요불가피한 경우에 한해서 입법권자가 제정하는 법률로써 기본권을 제한하는 것이다. 즉, 입법권자가 법률로써 기본권을 제한할 수 있는 근거를 헌법에서 마련해 놓는 것이다.

655
법률에 의한
제한

이처럼 국민의 대표기관으로 간주되는 국회에서 제정하는 법률에

656

389) 동지: *K. Hesse*(FN 172), RN 312.
390) 해당 문헌은 2017년판 472면 각주 410을 참조할 것.
391) 동지: *F. E. Schnapp*(FN 372).
392) K. A. Bettermann이 "Vorbehalt der Verfassung"이라는 개념을 사용한 적은 있지만, 그 이후 이 개념은 별로 인용되지 않고 있다. Bettermann 자신도 '법률유보'와 다른 의미의 '헌법유보'라는 개념을 사용하는 것이 아니고, '법률유보'는 따지고 보면 헌법적 근거에 의해서 행정권이나 사법권이 기본권을 제한할 수 있는 근거를 마련해 주는 것에 지나지 않기 때문에 결국 '헌법유보'와 같다는 뜻으로 이 개념을 사용하고 있다는 점을 주의할 필요가 있다. Vgl. *K. A. Bettermann*(FN 373), S. 6.

기본권
제한의 한계

의해서만 기본권을 제한할 수 있도록 기본권제한의 방법으로 '법률의 형식'을 요구하는 것을 '기본권의 법률유보'(Gesetzesvorbehalte der Grundrechte)라고 말한다. 따라서 법률유보는 법률에 의한다면 기본권을 얼마든지 제한할 수 있다는 뜻이 아니고, 기본권을 제한하려면 적어도 입법권자가 제정하는 법률에 의하거나, 법률의 근거가 있어야 한다는 뜻이다. 오늘날 대의민주주의 국가에서 법률유보가 의회유보(Parlamentsvorbehalt)로 인식되어 본질성이론에 따라 포괄적인 위임입법을 금지하는 법원리로 작용하고 있는 것도 그 때문이다.393) 우리 헌법재판소도 법률유보를 이런 관점에서 이해하는 판시를 하고 있다.394) 이렇게 볼 때 '법률유보'는 그 자체가 일종의 기본권제한의 한계를 의미하게 된다. 이처럼 법률유보의 의미와 내용을 올바르게 이해하는 것은 기본권보장의 실효성을 위해서 매우 중요한 의미를 갖는다.

657
개별적
법률유보와
일반적
법률유보

　　헌법에 '기본권의 법률유보'를 규정하는 방법에는 크게 두 가지가 있는데, 기본권을 제한 가능한 것과 제한 불가능한 것으로 나누어서, 제한 가능한 기본권에만 개별적으로 법률유보조항을 두는 방법과, 개별적인 기본권조항에서는 원칙적으로 법률유보를 규정하지 않고, 모든 기본권에 모두 적용될 수 있도록 법률유보를 일반적으로 규정하는 방법이 그것이다. 전자를 '개별적인 법률유보'(einzelner Gesetzesvorbehalt), 후자를 '일반적인 법률유보'(allgemeiner Gesetzesvorbehalt)라고 부르는데, 예컨대 독일기본법은 전자의 방법을, 그리고 우리나라 헌법($^{제37조}_{제2항}$)은 원칙적으로 후자의 방법을 택하고 있다.

　　그런데, 독일기본법처럼 개별적 법률유보를 원칙으로 하는 나라에서 만일 법률유보조항이 없는 기본권을 그 헌법에서 보장했다고 한다면, 그것은 법률에 의해서도 제한할 수 없는 이른바 '절대적 기본권'을 규정한 것이라고 볼 수도 있기 때문에, 그같은 기본권의 제한가능성과 관련해서 '기본권의 내재적 한계'가 논의된다는 것은 이미 앞에서 언급한 바와 같다.

---

393) 그러나 법률유보는 기본권제한과 관련해서, 그리고 의회유보는 위임입법과 관련해서 사용되는 개념이기 때문에 두 개념은 구별하는 것이 원칙이다. 포괄적 위임입법이 금지되는 이유는 의회유보의 원칙 때문이고 법률유보와는 간접적으로만 관련이 있다.

394) 예컨대 헌재결 1999. 5. 27. 98 헌바 70 참조.

b) 법률유보의 순기능과 역기능

α) 순기능과 역기능의 의의

법률유보는 결국 기본권과 법률의 상호관계를 표현하는 개념형식이지만, 법률유보는 순기능과 역기능을 함께 가진다는 점을 주의할 필요가 있다. 즉, 헌법에 보장된 기본권을 제한하기 위해서는 반드시 입법권자가 제정하는 법률에 의하거나 법률의 근거가 있어야 한다는 의미로 법률유보를 이해하는 경우에는 법률유보는 오히려 행정권이나 사법권으로부터 기본권을 보호해 주고 기본권을 강화해 주는 순기능을 가진다고 볼 수 있다. 반면에 입법권자가 법률로써 한다면 헌법에 보장된 기본권이라도 제한할 수 있다는 의미로 법률유보를 이해하는 경우에는 법률유보는 오히려 입법권자에게 기본권제한의 문호를 개방해 주는 역기능을 가지게 된다. 법률유보가 이처럼 역기능을 가지는 경우에는 법률유보는 위법하거나 법률의 근거가 없는 행정권이나 사법권의 기본권침해로부터 기본권을 보호해 준다는 정도의 의미만을 가지게 된다. 따라서 법률유보를 순기능적으로 이해하느냐 역기능적으로 이해하느냐 하는 것은 기본권의 시각에서는 매우 중요한 의미를 가진다.

β) 순기능과 역기능의 이념적 기초와 그 의미

그런데 법률유보의 순기능에서는 물론이고 그 역기능에서도 상징적인 현상은 입법권자에 대한 커다란 신뢰가 그 논리의 저변에 깔려 있다는 점이다. 즉, 입법권자가 기본권을 적대시하지 않으리라는 기대와 신뢰가 그것이다. 이같은 입법권자에 대한 신뢰사상은 따라서 기본권의 법률유보이론을 지탱해 주는 하나의 커다란 지주라고 볼 수 있다. 사상적으로는 영국의 '의회주권사상'과 Rousseau의 '총의론' 내지 C. Schmitt의 '의지론'에 영향받은 바 크다고 볼 수 있다. 즉, 군권과 맞서서 국민의 생명과 자유와 재산을 보호해준 것이 영국의 '의회'였다는 사실[395]을 들추지 않는다 하더라도, '법률'을 국민의 '총의'(volonté générale) 내지는 '다수의지'의 표현형태로 이해하고, 그와같은 '총의'와 '다수의지'의 형성에 주권자인 국민이 직접 또는 그 대표자를 통해서

658
법률유보의
양면성

659
입법권에
대한 신뢰

---

395) 영국 찰스 1세(Charles Ⅰ, 1625~1649) 때 1628년 의회가 왕으로부터 조세에 대한 의회의 동의권과 자의적인 체포·감금을 금하는 이른바 '권리청원'(Petition of Rights)을 얻어 낸 것을 비롯해서 영국의 헌정사에서는 의회의 기본권보호적 기능이 특히 두드러진다.

참여하고 있다고 믿는 루소와 칼 슈미트의 사상적 세계에서는 입법권
자가 법률로써 기본권을 침해하리라는 생각을 하기가 어렵다.[396] 형식
적 법치국가[397]가 주장되는 이유도 그 때문이다. 기본권을 국가권력의
자제에서 나오는 단순한 실정법상의 권리로 이해하고, '법'(Recht)과
'법률'(Gesetz)의 구별을 부인할 뿐 아니라 법치국가를 모든 국가의 대
명사로 생각한 H. Kelsen의 사상적 세계에서도 법률이 기본권에 적대
적일 수 있다는 논리를 납득하기가 어려운 것은 마찬가지이다. 결국
이들 사상의 복합적인 영향에 의해서 기본권을 맡길 수 있는 곳은 입
법권자밖에 없다는 '법률유보'이론이 나오게 된 것이다. 따라서 법률유
보이론이 정립된 사상적 기초의 면에서 볼 때는 법률유보는 그것을 순
기능적으로 이해하는 것이 옳다. 다시 말해서 '법률유보'는 그것이 이
념적으로 '기본권제한의 한계'적인 의미를 갖는 것이지, 절대로 '기본
권제한의 수권'적인 의미를 갖는 개념형식이 아니라는 점을 강조해 둘
필요가 있다. 따지고 보면 P. Häberle가 그의 '제도적 기본권이론'에
서 '법률을 권리침해의 혐의에서 해방시켜야 된다'고 강조하고 있는 것
도 법률유보의 이같은 이념적인 순기능을 상기시키는 것에 지나지 않
는다고 볼 수도 있다. 우리 헌법상의 법률유보를 이해하는데 시사하는
바가 크다고 할 것이다.

기본권제한의 한계와 수권

γ) 역기능현상의 대응책

660

대응책의 구체적 내용

그러나 법률유보의 사상적 유래를 들어 아무리 그 순기능적인
의미를 강조한다고 하더라도 결과적으로 '법률유보'라는 법형식은 H.
Krüger[398]가 날카롭게 지적한 바와 같이 '법률의 정하는 바에 따른 기
본권'(Grundrechte nach Maßgabe der Gesetze)의 결과를 초래할 위험성
이 크다. 따라서 오늘날 기본권보장을 중요시하는 나라에서는 법률유
보가 초래하는 그와 같은 역기능적인 결과를 방지하기 위해서, 첫째
입법권을 기본권에 기속시키고, 둘째 법률유보를 부분적으로는 헌법적
한계로 승화시키고, 셋째 일반적인 법률유보를 피해서 기본권의 성질
에 따라서 법률유보를 개별적인 차등유보로 다원화시키고, 넷째 본질
적 내용의 침해금지조항을 두어 기본권제한의 최후적 한계(Schranken-

396) Vgl. *K. A. Bettermann*(FN 373), S. 4.
397) 앞의 방주 419 참조.
398) Vgl. *Herb. Krüger*, DVBI 1950, S. 624.

Schranken)를 명시하는 방법을 택하고 있다.[399]

특히, 그 중에서도 입법권을 기본권에 기속시키는 것은 법률유
보의 이념적 기초가 되고 있는 의회주권사상은 물론이고, 루소적·칼
슈미트적·켈즌적 사상의 세계에서는 쉽사리 설명되지 않는, 기본권제
한이론의 일대 변혁을 뜻한다고 볼 수 있다. 왜냐하면, 기본권이 입법
권을 기속하는 헌법질서 내에서는 H. Krüger의 말대로[400] '기본권에
저촉되지 않는 법률'(Gesetze nach Maßgabe der Grundrechte)만이 그 효
력을 인정받을 수 있기 때문에, 마땅히 법률의 '형식'보다는 법률의
'질과 내용'이 중요시되겠기 때문이다. 법실증주의와 결단주의의 시대
가 지나갔다는 실증적인 예이다. 다만, 비록 헌법이 입법권을 기본권에
기속시킨다 하더라도, 헌법현실적으로는 Bettermann의 인식[401]처럼
기본권과 입법권이 서로 교차적인 영향을 미치는 것이 보통인데, 그것
도 효율적인 헌법재판기능에 의해서 입법권의 행사가 철저히 감시되는
상황에서만 가능하다고 할 것이다. 따라서 헌법재판기능이 없이 기본권
의 효력을 논하는 것은 일종의 탁상공론에 지나지 않는다고 할 것이다.

c) 법률에 의한 기본권제한의 한계

법률유보의 의미와 기능을 올바로 이해하는 한 기본권의 법률유
보 그 자체가 이미 기본권제한의 한계를 뜻한다고 하는 것은 앞에서도
이미 강조한 바 있거니와, 입법권자가 공공의 이익을 보호하기 위한
불가피한 사정 때문에 헌법적 수권에 의해서 기본권을 제한하는 법률
을 제정하려 하는 경우에도 자유로운 결정권을 갖는 것이 아니라 절대
로 넘어설 수 없는 일정한 한계가 있다. 전자가 법률유보의 '개념본성
적 한계'(begriffssubstantielle Schranke)라면 후자는 법률유보의 '규범적
한계'(normative Schranke)라고 볼 수 있다. 법률유보의 규범적 한계를
목적·형식·내용·방법의 면에서 살펴보기로 한다.

α) 목적상의 한계

'기본권의 법률유보'에 의해서 헌법제정권자가 달성하려는 궁극

661
기본권에
기속되는
입법권과
헌법재판

662
기본권
제한의
규범적 한계

663

399) 이 점에 대해서 자세한 것은 다음 문헌을 참조할 것.
    A. Bleckmann, Allgemeine Grundrechtslehren, 1979, S. 227ff.; *W. Krebs*,
    Vorbehalt des Gesetzes und Grundrechte, 1975, passim.; *K. Hesse*(FN 172), RN
    308ff.; 313ff.; *Maunz/Zippelius*(FN 306), S. 148ff.
400) Vgl. (FN 398).
401) Vgl. (FN 373), S. 6.

헌법적
가치의
조화목적

적인 목적은 기본권을 최대한으로 존중하면서도 헌법에 의해서 보호되고 있는 기타의 법익, 기본원칙, 제도 등을 기본권적인 가치와 조화시킬 수 있는 방법을 입법권자에게 모색시킴으로써 헌법적 가치를 전체적으로 그리고 통일적으로 실현하려는 것이라고 말할 수 있다.402) 따라서 예컨대 국제평화주의를 하나의 헌법상의 기본원칙으로 채택하고 있는 우리 헌법질서 내에서(전문,제5조), 국제평화를 파괴하거나, 침략전쟁을 준비하는 방향의 기본권행사를 막기 위한 법률을 제정해서 기본권을 제한하는 것은 이 같은 목적적 한계의 관점에서 허용될 수 있는 일이라고 할 것이다. '국가의 안전보장' 또는 '헌법의 보호'를 위한 불가피한 기본권의 제한도 같은 차원에서 평가할 수 있다. 이 경우 다만 '국가의 안전보장'과 '정권의 안전보장'은 엄격히 구별할 필요가 있다. 그러나 Bettermann의 말대로403) 막연히 '사회에 해악'을 끼친다는 이유로 기본권을 제한하는 법률을 제정하는 것은 우선 목적적 한계의 시각에서 기본권제한의 한계를 넘어서는 일이라고 말할 수 있다.

β) 형식상의 한계

664

일반적인
법률

기본권을 제한하기 위한 법률은 또 '일반적인 법률'의 형식으로 제정되어야 한다. '일반적인 법률'이란 두 가지 요건을 충족시키는 법률을 말하는데, '규범수신인의 일반성'과 '규율대상의 일반성'이 그것이다. 기본권을 제한하는 법률이 우선 불특정한 다수인을 상대로 불특정한 다수의 경우를 규율하는 '일반적인 규율'의 형식으로 제정되어야지 일종의 '처분적 법률'(Maßnahmegesetze)의 형식을 가져서는 아니 되는 까닭은 민주주의와 법치주의 그리고 사회국가의 중요한 핵심적인 내용으로 간주되는 '평등의 실현', '특권배제의 사상'과도 불가분의 밀접한 관계가 있다.404) 독일기본법은 이 형식상의 한계를 명문화하고 있다(제19조, 제1항).

γ) 내용상의 한계

665

본질적 내용
침해금지

기본권을 제한하는 법률은 그 내용면에서도 일정한 한계가 있다. 즉, 기본권을 제한해야 할 현실적인 필요성이 아무리 크다고 하더라도 기본권의 '본질적인 내용'(Wesensgehalt)을 침해하는 기본권제한

---

402) 동지: *K. Hesse*(FN 172), RN 317.
403) Vgl. (FN 373), S. 17.
404) 동지: *K. A. Bettermann*(FN 373), S. 27.

입법은 허용되지 아니한다. 헌법상의 기본권은 따지고 보면 '인간의 존엄과 가치'라는 '가치의 핵'을 모든 인간의 생활영역에서 실현하기 위한 일종의 Konsens의 가치질서라고 볼 수 있기 때문에, '인간의 존엄과 가치'를 정면으로 침해하는 기본권의 제한은 법률에 의해서도 허용되지 않는다고 할 것이다. 예컨대 '종교의 자유'와 '양심의 자유'가 보장되고 있는 헌법질서 내에서 국가가 국민 개개인에게 '외형적인 복종'뿐 아니라, 복종해야 되는 '내심적인 확신'까지를 함께 요구하기 위한 입법을 시도한다면, 그것은 분명히 양심의 주체가 가지는 '인간으로서의 존엄성'을 본질적으로 짓밟은 위헌적인 기본권제한방법이라고 할 것이다. 독일기본법($^{제19조}_{제2항}$)과 우리 헌법($^{제37조}_{제2항}$)은 이러한 의미의 내용상의 한계를 명백히 밝히고 있다. 그러나 이 내용상의 한계는 법률유보의 '개념본성적 한계'에서 마땅히 나오는 한계라고 볼 수 있기 때문에 헌법이론적으로는 '본질적 내용의 침해금지조항'은 다만 내용상의 한계에 대한 선언적 의미를 갖는 것이라고 평가할 수도 있다.

δ) 방법상의 한계

법률에 의한 기본권의 제한은, 기본권의 제한을 불가피하게 하는 현실적인(미래의 개연성이 아님) 사정을 감안해서 목적을 달성하기 위해서 필요한 최소한의 범위 내에서만 허용될 뿐 아니라, 보호되는 '법익'과 제한되는 기본권 사이에는 합리적이라고 평가할 수 있는 일정한 비례관계가 성립되어야 한다. 즉, 기본권을 제한하기 위한 법률을 제정하려는 입법권자는 국민의 기본권이 필요한 정도를 넘어서 조금이라도 더 침해되는 일이 없도록 유의해야 할 뿐 아니라(최소침해의 원칙), 국민의 기본권을 제한하는 정도와 그 제한에 의해서 얻어지는 공익을 엄격하게 비교형량해서 더 큰 공익을 보호하기 위해서 기본권을 제한하는 것이 필요불가피한 부득이한 경우(비례의 원칙)에만 기본권제한입법을 추진할 수 있다고 할 것이다. 따라서 구태여 국민의 기본권을 제한하지 않고서도 충분히 공익목적을 달성할 수 있거나, 보다 더 가벼운 기본권의 제한만으로도 충분히 공공의 이익을 보호할 수 있는데도 불구하고 단순한 편의주의에 따라 무거운 기본권의 제한입법을 시도하는 것, 그리고 기본권의 제한을 정당화시킬만한 공공의 이익이 인정될 수 없는데도 기본권을 제한하기 위한 법률을 제정하는 것 등은 명백

666
과잉금지의
원칙

히 방법상의 한계를 일탈하는 것이라고 볼 수 있다. '과잉금지의 원칙'
(Prinzip des Übermaßverbotes)405)이라고 불려지는 이 방법상의 한계는
사실상 법률에 의한 기본권제한의 가장 핵심적인 한계를 뜻하는 것으
로 기본권질서의 사활을 좌우하는 중요한 한계이다. 기본권침해에 대
한 사법적 심사의 대상도 대개의 경우 이 방법상의 한계가 지켜졌는지
를 심사하는 것으로 집약될 정도로 우리나라와 독일의 헌법판례에서도
매우 중요한 의미가 부여되고 있다.406)

(3) 기본권형성적 법률유보

667
기본권의
실현형식

기본권의 법률유보와 엄격히 구별하여야 하면서도 실제에 있
어서는 그 구별이 쉽지 않은 것이 이른바 '기본권형성적 법률유보'
(Ausgestaltungsvorbehalte der Grundrechte)이다. '기본권의 법률유보'가
기본권의 '제한형식'으로서의 법률을 염두에 둔 개념형식이라면, '기본
권형성적 법률유보'는 기본권의 '실현형식'으로서의 법률을 염두에 둔
개념형식이다.

668
기본권
형성입법과
제한입법의
구별

헌법에 의해서 보장되는 적지 않은 기본권은 그것이 일상생활에
서 기본권으로서 효력을 나타내기 위해서는 그 내용을 법률적으로 구
체화하는 이른바 형성작업이 선행되어야 한다.407) 이 형성작업은 민주
국가에서 우선 입법권자에 의해서 법률의 형식으로 이루어지기 때문
에, 법률의 형식으로 행해지는 기본권의 제한과 혼동을 일으키는 수가

---

405) Vgl. *P. Lerche*, Übermaß und Verfassungsrecht, 1961.
406) Vgl. z. B. BVerfGE 2, 266(280); 16, 194(201f.); 17, 108(117f.); 27, 211(229);
49, 24(58); *E. Grabitz*, Der Grundsatz der Verhältnismäßigkeit in der
Rechtsprechung des Bundesverfassungsgerichtes, AöR 98(1973), S. 568ff.; *H.
Schneider*, Zur Verhältnismäßigkeitskontrolle insbesondere von Gesetzen, in: FS
f. BVerfG, Bd. 2(1976), S. 390ff.; *A. Arndt*, Zur Güterabwägung bei Grund-
rechten, in: Gesammelte juristische Schriften, 1976, S. 185ff. 우리 헌법재판소도
과잉금지의 원칙에 입각해서 예컨대 국가보안법 제7조 제1항·제5항과 제9조 제
2항 등의 규정은 「국가의 존립·안전이나 자유민주적 기본질서에 실질적인 해악을
끼칠 위험이 명백하고 구체적인 경우에만」 제한적으로 적용해야 한다고 한정합헌결정
을 했다. 헌재결 1990. 4. 2. 89 헌가 113; 헌재결 1990. 6. 25. 90 헌가 11; 헌재결
1992. 1. 28. 89 헌가 8; 헌재결 1992. 4. 14. 90 헌바 23 참조.
407) So auch z. B. *Ch. Starck*, in: FS f. BverfG, Bd. 2(1976), S. 84ff.; *K. Hesse*(FN
172), RN 358ff.; BVerfGE 10, 205(262f.); 12, 205(261ff.); 14, 263(277); 21,
73(82f.); 21, 173(180); 24, 119(144f.); 24, 367(389, 396); 28, 295(306); 31,
229(240f.); 31, 314(326, 338f.); 33, 303(345); 34, 314(325ff.); 35, 79(120ff.); 43,
242(267); 43, 291(314, 316f.).

있다. 또 실제로도 입법권자가 기본권을 '규율'하는 것은 Hesse[408]나 Krebs[409]의 지적대로 형성적 의미와 제한적 의미를 함께 갖게 되는 경우가 적지 않다. 하지만 개념적으로는 기본권의 내용을 실현하는데 그 주안점이 있는 기본권형성적 법률유보와, 기본권의 불가피한 제한을 규율하기 위한 기본권의 법률유보는 구별할 필요가 있다.

따라서 기본권에 관련된 헌법상의 법률유보는, 그것이 기본권의 제한을 주목적으로 하는 '기본권의 법률유보'인지 아니면 기본권의 내용을 실현하는데 주안점이 있는 '기본권형성적 법률유보'인지를 정확히 구별해서 이해하는 것이 중요하다. 전통적인 '기본권의 법률유보'의 관념에 사로잡혀 기본권에 관한 모든 헌법상의 법률유보를 오로지 기본권의 '제한형식'으로만 이해하려는 태도는 옳지 못하다. 또 그렇다고 해서 Häberle의 제도적 기본권이론처럼 모든 헌법상의 법률유보를 기본권의 '실현형식'으로만 이해하려는 극단적인 반대입장도 찬성할 수 없다는 것은 이미 제도적 기본권이론에 대한 비판에서 밝힌 바 있다. '기본권형성적 법률유보'의 논리형식과 관련해서 분명히 해 두어야 할 사실은 Hesse[410]의 말처럼 입법권자가 기본권의 적으로만 평가되어서는 아니 되겠다는 점이다. 입법권자는 헌법의 명시적인 또는 묵시적인 수권에 의해서 개별적인 기본권을 실효성 있는 것으로 형성해야 할 일정한 헌법적 과제를 가지고 있기 때문에 이 과제를 이행하기 위한 입법권자의 기능은 오히려 기본권의 친구로 평가되어야 한다. 예컨대 우리 헌법상 '재산권의 내용'에 관한 법률유보(제23조 제1항 제2절), 환경권의 내용과 행사에 관한 법률유보(제35조 제2항), 선거권(제24조), 공무담임권(제25조), 청원권(제26조) 등에 관한 법률유보는 이들 기본권을 실현하기 위한 기본권형성적 법률유보에 속한다. 이 점에 대해서는 뒤에 다시 자세히 설명하기로 한다.

(4) 소위 '특별권력관계'와 기본권의 제한

공무원·군인·수형자 등처럼 이른바 '특별권력관계'에 있는 사람들도 일반국민과 마찬가지로 기본권을 주장할 수 있는 것인지, 아니면 이들의 기본권은 법률에 의하지 않고서도 얼마든지 제한할 수 있는 것

669
기본권의
효력 인정

408) Vgl. *K. Hesse*(FN 172), RN 307; auch BVerfGE 10, 99; 21, 92(93); 24, 396; 28, 243(259).
409) Vgl. *W. Krebs*(FN 399), S. 72ff.; so auch *D. Lorenz*, NJW 1977, S. 865ff.(868).
410) Vgl. *K. Hesse*(FN 172), RN 304.

여부

인지 하는 문제가 이미 바이마르공화국시대 이전부터 진지하게 논의되어 왔다. 처음에는 이른바 '특별권력관계'와 기본권이 양립할 수 없다는 견해가 지배적이었지만 오늘날에 와서는 오히려 그 정반대의 주장이 지배적인 위치를 차지하게 되었다. 아래에서 그 이론적인 변천과정을 간단히 살펴보기로 한다.

a) 고전적인 '특별권력관계'이론의 내용과 그 이념적 기초

670

명령·복종
관계에서의
기본권효력
부인과 그
논거

19세기적인 공법이론에 의하면 국가와 국민의 '일반권력관계'(das allgemeine Gewaltverhältnis)와 엄격히 구별해야 되는 이른바 '특별권력관계'(das besondere Gewaltverhältnis)가 있는데, 이 '특별권력관계'는 권력의 주체가 국민을 포괄적으로 지배하고, 국민은 권력의 주체에게 절대적으로 복종하는 특별한 법률관계를 뜻하기 때문에, '일반권력관계'에서와는 달리 '법률에 의한 기본권제한의 원칙'이 존중될 필요가 없다고 한다.[411] 국가가 수행해야 되는 여러 가지 특수한 공법상의 목적을 달성하기 위해서는 여러 가지 유형의 '특별권력관계'가 필요한데 '특별권력관계'에서도 '일반권력관계'에서처럼 기본권제한의 여러 가지 한계를 지키려고 하다가는 '특별권력관계' 본래의 목적을 도저히 달성할 수 없기 때문에, '법률에 의한 기본권제한의 원칙'을 무시할 수밖에 없다고 한다.[412] '법률에 의한 기본권제한의 원칙'을 무시하고 기본권을 제한할 수 있는 이론적인 근거로서는 특별권력관계성립에 대한 당사자의 동의와 이 동의속에 함께 내포되고 있다고 믿은 이른바 '기본권의 포기'가 자주 거론되었다.[413] 그러나 고전적인 '특별권력관계'이론의 이념적 기초를 보다 심층적으로 살펴본다면, 당시의 국가관 내지 기본권사상이 '특별권력관계'이론의 성립에 결정적인 영향을 미쳤다고 볼 수 있다. 즉, 기본권을 국가권력에 대한 국민의 '방어적 권리'로 이해한 당시의 기본권관에서 평가할 때, 공무원·군인 등 이른바 특별권력관계에 있는 사람들은 이미 국가권력의 중요한 구성부분을 뜻하지 순수한 의미의 국민은 아니기 때문에 국민에게 인정되는 기본권을 이들 국가권력의 구성부분에게 인정한다는 것은 이론상 모순이라는 사상이 짙

411) Vgl. *Freudenberger*, Beiträge zur Lehre vom besonderen Gewaltverhältnis im öffentlichen Recht, 1931, S. 163ff.
412) Vgl. so auch E. *Forsthoff*, Verwaltungsrecht Ⅰ, 9. Aufl.(1966), S. 121.
413) Vgl. *O. Mayer*, Deutsches Verwaltungsrecht, 3. Aufl.(1924), Bd. 1, S. 98, Bd. 2, S. 285f. 오늘에 와서도 예컨대 *Maunz/Zippelius*(FN 306), S. 156f.

게 깔려 있었다고 볼 수 있다. 따라서 '특별권력관계'에는 기본권의 효력이 미칠 수 없게 되고 기본권침해를 전제로 하는 권리구제절차도 처음부터 생각할 수 없게 된다.[414]

b) '특별권력관계'이론의 동요

고전적인 특별권력관계이론의 이념적 기초가 되고 있는 기본권관과 국가관이 여러 측면으로부터 비판을 받게 되고, 고전적인 특별권력관계이론의 논거로 제시된 '당사자의 동의'가 '국가와 수형자의 관계' 또는 '병역관계'처럼 통할 수 없는 영역이 있을 뿐 아니라, '기본권의 포기'가 이론상 허용될 수 없는 논리형식으로 입증되면서부터 고전적인 특별권력관계이론은 동요와 변질을 경험하지 않을 수 없게 되었다.[415] 그 결과 '특별권력관계'에도 기본권의 효력을 미치게 함으로써 '법률에 의한 기본권제한의 원칙'을 이른바 '특별권력관계'에서도 관철하기 위한 이론구성이 특히 제 2 차 세계대전 후에 싹트기 시작했다. 즉, '특별권력관계'를 '기본관계'(Grundverhältnis)와 '내부관계'(Betriebsverhältnis)로 나누어서 적어도 '특별권력관계'의 설정·변경·존속에 직접적인 영향을 미치는 '기본관계'에서는 기본권의 효력을 완전히 인정하고 그 침해에 대한 사법적 권리구제도 허용하려는 것이다. 1956년 독일공법학회에서 발표한 울레(C. H. Ule)의 논문[416]에서 최초로 정립된 이 이론은 당시 공법학회에서도 일반적인 공감을 얻었을 뿐 아니라 그 후에도 많은 이론적인 동조자를 얻어, 이른바 '특별권력관계'에서도 기본권의 제한에 일정한 한계가 있음이 일반적인 인식으로 굳어졌다.[417] 마침내 1972년에는 독일연방헌법재판소[418]도 수형자의

671
기본관계와
내부관계의
구별 및
기본권효력
의 제한적
인정

---

414) Vgl. dazu *I. v. Münch*, in: Erichsen/Martens, Allgemeines Verwaltungsrecht, 2. Aufl.(1977), S. 44ff.; *A. Bleckmann*(FN 399), S. 251ff.

415) 이 점에 대해서는 특히 vgl. *Herb. Krüger* u. *C. H. Ule*, Das besondere Gewaltverhältnis, VVDStRL 15(1957), S. 109ff., 133ff.

416) Vgl. (FN 415), S. 133ff.(152f.) u. LS 7~9.

417) Vgl. *I. v. Münch*, Freie Meinungsäußerung und besonderes Gewaltverhältnis, 1957; *derselbe*, Die Grundrechte des Strafgefangenen, JZ 1958, S. 73ff.; *W. Veit*, Die Rechtsstellung des Untersuchungsgefangenen, 1971; *E. Kempf*, Grundrechte im besonderen Gewaltverhältnis, JUS 1972, S. 701ff.; *W. Martens*, Das besondere Gewaltverhältnis im demokratischen Rechtsstaat, ZBR 1970, S. 197ff.; *R. Rupprecht*, Grundrechtseingriffe im Strafvollzug, NJW 1972, S. 1345ff.; *W. Schick*, Der Beamte als Grundrechtsträger, ZBR 1969, S. 67ff.

418) Vgl. BVerfGE 33, 1.

기본권을 제한하기 위해서는 반드시 법률의 근거가 있어야 한다는 점
을 판례로써 명백히 밝힘으로써 '법률에 의한 기본권제한의 원칙'이 이
른바 '특별권력관계'에도 적용되어야 한다는 점을 최초로 확인하기에
이르렀다.

c) '특별권력관계'에 대한 새로운 이론적 접근

a) Hesse의 이론

672
특수한
신분관계와
특수한
생활관계

소위 '특별권력관계'에서도 기본권이 존중되어야 한다는 인식이
점점 확산되어 마침내 지배적인 견해로 정착되어 가는 과정에서 소위
'특별권력관계'에 대한 새로운 이론적인 접근이 특히 Hesse[419]에 의해
서 시도되었다. 즉, Hesse는 오늘과 같은 민주적인 헌법국가에서 국가
의 권력에 단순히 복종만하는 국민의 관계가 성립될 수 없는 것처럼
'명령'과 '복종'에 바탕을 둔 의지예속관계로서의 이른바 '특별권력관
계'도 존재할 수 없는 것이라고 강조한다.[420] 즉, Hesse에 따르면 종래
'특별권력관계'라는 개념으로 표시하려던 국가와 국민의 관계는 말하
자면 일반적인 권리의무의 관계만으로는 설명할 수 없는 매우 밀접한
유착관계를 뜻하는 것으로서, 일반적인 국민이 부담하는 의무보다 더
큰 의무를 과할 수도 있고 또 반대로 일반국민보다는 더 많은 권리를
인정할 수도 있는 일종의 '특수한 신분관계'(Sonderstatusverhältnis)에 지
나지 않는다고 한다. 따라서 개념적으로도 '특별권력관계'보다는 '특수
한 신분관계'라고 부르는 것이 현실적으로 존재하는 다양한 형태의 '특
수한 신분관계'를 설명하는데 도움이 된다고 한다.[421] Hesse의 시각에
서 평가할 때, 그와 같은 '특수한 신분관계'는 사회공동체가 정치적인
일원체로서 기능하는데 없어서는 아니 되는 '특수한 생활관계'로서, 그
특수한 생활관계마다 독자적인 생활질서를 가지는 것이기 때문에, 그
와 같은 고유한 생활질서에 의해서 유지되고 지탱되는 '특수한 신분관
계'를 모두 획일적으로 다룰 수는 없는 것이라고 한다. 그러면서 예컨
대, '수형자'와 '학생'을 어떻게 같은 형태의 '특별권력관계'라고 설명

---

419) Vgl. *K. Hesse*(FN 172), RN 321ff.

420) Vgl. *K. Hesse*(FN 172), RN 323.

421) Vgl. (FN 420), RN 322, 323. *H. J. Wolff/O. Bachof*, Verwaltungsrecht, Bd. 1,
9. Aufl.(1974), S. 212, 도 '행정법적인 특별관계'(verwaltungsrechtliche Sonder-
verhältnisse)라는 표현을 쓰고, *Maunz/Zippelius*(FN 306), S. 157,도 '특별한 법률관
계'(Sonderrechtsverhältnisse)라는 표현을 쓴다.

할 수 있겠는가 하고 반문한다.[422] 사회공동체의 존립과 기능을 위해서 꼭 필요한 그와 같은 '특수한 생활관계'는 헌법질서의 테두리 내에서 헌법에 의해서 직접 설정되거나(예컨대 공무원관계) 아니면 적어도 헌법에서 그와 같은 '특수한 생활관계'가 전제되고 있는 것이기(예컨대 수형자관계) 때문에 이를 일반적인 시민의 생활관계와 구별하기 위해서 '특수한 신분관계'라고 부를 수 있을 뿐이라고 한다.[423]

이른바 '특별권력관계'에 대한 Hesse 이론의 진면목은 위에 소개한 개념적 차원에서보다는 그 기본권제한에 관한 설명에서 더 진지하게 느낄 수 있다. Hesse도 법률에 의하지 아니한 기본권의 제한은 '특수한 신분관계'라고 해서 용납될 수는 없다고 경고하면서도,[424] '특수한 신분관계'를 원활하게 유지하기 위해 불가피한 기본권의 제한은 이른바 '규범조화적 해석'(praktische Konkordanz)의 방법에 따라 그 정당성 여부가 평가되어야 한다고 한다. 즉, '특수한 신분관계'라고 해서 그 기본권제한에 있어서 완전히 새로운 기준과 한계가 적용되는 것이 아니고, 기본권제한에 관한 일반적 이론이 '특수한 신분관계'에서도 그대로 적용되는 것이라고 강조한다. '헌법의 통일성'을 중요시하고, 헌법에 의해 마련된 모든 제도가 서로 최대한의 기능적 효과를 나타낼 수 있도록 모든 헌법규범은 언제나 조화가 극대화될 수 있는 방향으로 해석되어야 한다고, 이른바 '규범조화적 해석' 이론[425]을 정립한 그의 안목에서 볼 때, '특수한 신분관계'도 사회공동체의 기능을 위해서 헌법이 마련한 제도이고, 기본권도 역시 헌법적 가치질서에 속하는 것이라면 어느 한쪽이 완전히 무시되거나, 다른 한쪽만이 독자적 효력을 나타내는 식의 이른바 '특별권력관계'이론이 받아들여질 수 없는 것은 너무나 명백하다.

요컨대, 종래 법률에 의한 기본권제한의 예외 또는 기본권제한의 특수형태로 설명되어 온 이른바 '특별권력관계'를 Hesse는 다른 모든 기본권제한의 문제와 마찬가지로 그의 특유한 '규범조화적 해석'과 '헌법의 통일성'의 테두리 내에서 설명하고 있는 점이 그의 이론적인 독창성이라고 평가할 수 있다. 따라서 Hesse에 따르면 '특수한 신분관

673
기본권제한
의 일반원리
인 규범조화
적 해석적용

---

422) Vgl. (FN 420).
423) Vgl. (FN 420).
424) Vgl. *K. Hesse*(FN 172), RN 325.
425) Vgl. *K. Hesse*(FN 172), RN 72; 앞의 방주 157 참조.

계'는 절대로 법률에 의한 기본권제한의 예외가 될 수도 없고, '특수한 신분관계'라고 해서 법률에 의한 기본권제한의 한계가 무시되어야 할 아무런 이유가 없다. 헌법적인 제도로서의 '특수한 신분관계'와 '기본권'이 서로 조화될 수 있는 합리적인 범위 내에서의 기본권의 제한만이 허용된다는 점에서, 공익목적을 위한 일반적인 기본권의 제한과 본질적으로 다른 점이 없게 된다.426) 즉, '특수한 신분관계' 그 자체가 헌법에 의해서 직접 설정된 것이거나 적어도 그 설정이 예정된 것이고, 그 '특수한 신분관계'의 성질이 기본권의 제한을 불가피하게 요구하는 지극히 예외적인 경우에만 '규범조화적인 해석'에 의해서 용납될 수 있는 범위의 기본권제한이 가능하다는 점에서 일반적인 공익목적의 기본권제한과 본질적으로 같다고 한다.427)

β) 비판 및 결론

674

고전적
특별권력
관계 이론의
극복

생각건대, 이른바 '특별권력관계'가 기본권의 공백지대가 아니라고 하는 점에 대해서는 오늘날 독일은 물론 우리나라에서도 이론이 없는 것 같다. 다만 이른바 '특별권력관계'라는 고전적인 개념을 그대로 사용할 것인지의 여부와, 그를 대체할 수 있는 적절한 개념을 선택하는 문제, 그리고 이른바 '특별권력관계'에서 허용되는 기본권제한의 근거와 한계 등에 대해서는 아직도 정설적인 견해가 확립되고 있는 것 같지 않다. 하지만, 이른바 '특별권력관계'라는 개념을 아무런 제한 없이 그대로 사용하는 것은 오늘날의 헌법관 내지 국가관과 조화되기가 어렵다고 느껴지기 때문에 되도록이면 이 개념을 사용치 않거나 부득이한 경우 '이른바 특별권력관계'라고 제한해서 사용하는 것이 바람직하다고 생각한다. 독일428)은 물론 우리나라에서도 그와 같은 움직임이 얼마 전부터 일고 있는 것은 매우 다행스런 일이다. 그리고 이른바 '특별권력관계'에서 허용되는 기본권제한의 근거와 한계 등에 대해서는 Hesse의 이론에 따라 이를 이해하는 것이 가장 무리가 없다고 생각한다. Hesse의 이론이 독일에서도 학설과 판례의 일반적인 지지를 받고 있는 것도 그 때문이다.429) 따라서 이른바 '특별권력관계'를 '법률에 의

---

426) Vgl. (FN 424).

427) Vgl. *K. Hesse*(FN 172), RN 326.

428) Vgl. (FN 421).

429) Z. B. vgl. *F. E. Schnapp*(FN 372), S. 733ff.; *F.-C. Zeitler*(FN 373), S. 419;

한 기본권제한의 원칙'이 적용되지 않는 예외의 경우라고 설명하는 일부 국내학자들의 견해에는 찬동할 수 없다.

우리 헌법을 보더라도, 이른바 전통적인 '특별권력관계'에 해당하는 공무원근무관계(제7조, 제29조, 제33조
제2항, 제78조)·병역복무관계(제39조, 제27조
제2항, 제110조)·학생교육관계(제31
조)·수형자복역관계(제12조, 제13조,
제27조, 제28조) 등이 이미 헌법에 의해서 직접 설정된 것이거나 적어도 그 설정이 예정된 것이고, 이들 이른바 '특별권력관계'는 우리 대한민국이라는 사회공동체가 기능하는데 없어서는 아니 되는 '특수한 생활관계'로서 공무원근무·병역복무·학생교육·수형자복역 등은 각각 독자적인 생활질서를 가지는 것이기 때문에, 그 각각의 독특한 생활질서가 요구하는 범위 내에서 법률로써 기본권을 최소한으로 제한하는 것은 그와 같은 '특수한 생활관계'를 설정한 헌법의 뜻에도 어긋나지 않는다고 할 것이다. 따라서 그것은 결코 '법률에 의한 기본권 제한의 원칙'에 대한 예외일 수가 없고, '법률에 의한 기본권제한의 원칙'이 적용되는 하나의 유형에 지나지 않는다고 보아야 한다. 예컨대, 헌법이 이미 공무원근무관계라는 '특수한 생활관계'를 마련해 놓고 있는 이상 공무원의 정상적인 근무관계의 유지를 위해서 국가공무원법을 제정해서 공무원근무라는 독특한 생활관계가 요구하는 필요불가피한 최소한의 범위 내에서 공무원이 가지는 여러 가지 기본권을 제한하는 것은 그것이 기본권 제한입법의 한계를 일탈하지 않는 한 헌법규범의 조화적인 실현을 위해서 불가피한 일에 속한다. 병역복무관계430)·학생교육관계·수형자복역관계 등도 모두 마찬가지이다. 우리 헌법은 한걸음 더 나아가 공무원의 정상적인 근무관계를 위해서 공무원은 원칙적으로 근로 3권을 가질 수 없다는 점을 기본권의 헌법적 한계로 명시하고(제33조
제2항), 공무원의 정상적인 근무관계와 조화될 수 있는 범위 내에서 법률로써 예외를 인정할 수 있도록 하고 있다(제33조
제2항). 또 병역복무관계를 정상적으로 이끌어 나가기 위해서 필요불가피하다고 느껴서인지 헌법 스스로가 군인·군무원이 가지는 재판청구권을 일반

675
우리 헌법과
특수한
신분관계

특수한
신분관계와
기본권의
제한

BVerfGE 40, 276(238ff.); 41, 251(259ff.); BVerwGE 30, 29(30ff.). Ferner vgl. (FN 417).

430) 우리 헌재는 군형법이 상관살해죄의 법정형을 사형으로만 정한 것은 범행의 동기와 행위태양 등을 도외시하고 책임과 형벌간의 비례성을 지키지 않아 기본권제한의 한계를 일탈했다고 위헌결정했다. 헌재결 2007. 11. 29. 2006 헌가 13 참조.

법원이 아닌 군사법원의 재판청구권으로 제한하고($\binom{제110}{조}$), 군인·군무원·경찰공무원 등이 가지는 국가배상청구권을 제한하고 있다($\binom{제29조}{제2항}$). 이 모든 헌법상의 규제는 헌법 스스로가 설정했거나 그 설정을 예정하고 있는 이른바 '특별권력관계'의 원활한 기능을 위해서 헌법이 스스로 마련한 헌법적 규제 내지 제한에 지나지 않지만, 법률에 의한 규제 내지 제한이 규범조화적인 범위 내에서 가능한 것은 물론이다.

(5) 국가긴급권에 의한 기본권의 제한

676

국가긴급권은 헌법보호수단

헌법이 확립해 놓은 헌정생활의 법적·정치적 기초가 중대한 위협에 직면하게 되는 이른바 '국가비상사태'(Ausnahmezustand) 내지는 '국가긴급상태'(Staatsnotstand)를 당해서 이에 효과적으로 대처함으로써 되도록 빠른 시일 내에 헌법질서를 되찾기 위한 헌법보호수단이 바로 '국가긴급권'(Staatsnotstandsrecht)이라고 하는 것은 이미 헌법의 보호에 관한 설명에서 언급한 바 있다.431) 이처럼 헌법보호를 위해서 국가긴급권이 발동되어야 하는 국가비상사태는 일시적인 헌법장애상태와는 다르기 때문에 헌법에서 국가긴급권의 발동기준과 내용 그리고 그 한계에 관해서 상세히 규정함으로써 그 남용 내지 악용의 소지를 줄이고, 심지어는 국가긴급권의 과잉행사 때는 저항권의 행사를 가능케 하는 등 필요하다고 생각되는 제동장치도 함께 마련해 두는 것이 현대의 민주적인 헌법국가의 일반적인 태도이다.432) 우리 헌법도 긴급조치를 필요로 하는 긴급상황과 계엄선포를 요하는 비상사태에 대해서 규정하면서($\binom{제76조와}{제77조}$) 국가긴급권의 내용과 효력 및 그 한계에 관해서 밝히고 있다. 그런데 이같은 국가긴급권에 의해서 국민의 기본권이 제한될 수 있는 것은 물론인데, 국가긴급권에 의한 기본권의 제한은 국가긴급권 그 자체가 정당하게 발동된 경우에는 단순한 기본권의 차원이 아닌 헌법질서의 존립의 차원에서 평가되어야 할 일종의 '긴급헌법'(Notstands-verfassung)적인 성질의 것이기 때문에 정상적인 헌법질서를 전제로 하는 기본권의 제한과는 그 성질이 전혀 다르다. 따라서 국가긴급권에 의한 기본권의 제한은 뒤에 긴급사태와 통치기능을 논하는 곳에서 자세히 설명하기로 한다. 다만 이 자리에서 한가지 명백히 밝혀 두어야

---

431) 앞의 제 4 장 제 4 절 참조.

432) 예컨대, 독일기본권 제12a, 17a, 80a, 81, 91, 115a-115L의 국가긴급권과 제20조 제 4 항의 저항권에 관한 규정을 참조할 것.

할 사항은, 국가긴급권에 의한 기본권의 제한은, 올바른 국가긴급권을

전제로 할 때, 거시적으로는 그 자체가 '기본권 보호의 수단'일 수 있 기본권보호
의 수단

다는 역설적인 의미를 갖는다는 점이다. 이 점이 위에서 설명한 기본

권제한의 일반적인 유형과 본질적으로 다른 점이다. 이처럼 국가긴급

권의 본질상, 기본권제한은 절대로 그 '목적'일 수 없고 하나의 '수단'

내지 '방법'에 그쳐야 하는데도 불구하고, '기본권제한'을 그 '목적'으

로 하는 오용된 '국가긴급권'이 발동되는 경우에는, 헌법상 명문의 규 국가긴급권
과 저항권

정 유무에 관계 없이, 저항권의 행사가 불가피하다고 할 것이다. 국가

권력이 행사할 수 있는 가장 강력한 무기가 '국가긴급권'이라면, 그와

의 헌법이론적인 균형(Kompensation)을 위해서 국민이 갖는 방어무기

는 바로 저항권이기 때문이다. 국가긴급권의 본질은 '양의 심성을 가진

사자'이기 때문에 '사자의 심성을 가진 사자'의 행태는 이미 국가긴급

권과는 거리가 멀다.

(6) 우리 헌법상 기본권의 제한과 실현

우리 헌법은 한편 국가의 기본권보장의무를 강조하면서($^{제10}_{조}$) 또 한 677

편 기본권의 헌법적 한계를 명시하고($^{예컨대 제21조}_{제 4 항}$) 형식상으로는 '일반적 헌법상의
규정유형

인 법률유보조항'($^{제37조}_{제 2 항}$)을 두어 필요불가피한 경우의 기본권제한을 허

용하고 있지만, 기본권제한입법의 한계를 아울러 제시하고 있다. 또한

우리 헌법은 많은 기본권조항에서 기본권의 내용을 실현하기 위한 입

법의 필요성을 암시함으로써 이른바 기본권형성적 법률유보를 여러 형

태로 규정하고 있다. 이를 나누어서 살펴보기로 한다.

a) 기본권의 헌법적 한계에 관한 우리 헌법규정

우리 헌법이 기본권의 헌법적 한계를 명시하는 몇 가지 규정을 두 678

고 있다고 하는 것은 이미 앞에서[433] 언급한 바 있다. 즉, 우리 헌법은 기본권의
내용과
주체에 관한
헌법적 한계

언론·출판의 자유를 보장하면서도 언론·출판이 타인의 명예나 권리

또는 공중도덕이나 사회윤리를 침해하지 못하도록 그 헌법적 한계를

명시하고 있고($^{제21조}_{제 4 항}$), 재산권의 헌법적 한계로서 공공복리에 적합치 아

니한 재산권의 행사를 원칙적으로 금하고($^{제23조}_{제 2 항}$) 있으며, 정당활동의 자

유에 대한 헌법적 한계로서 민주적 기본질서에 반하는 정당의 조직이

나 활동을 금하고($^{제 8 조}_{제 2 항}$) 이를 투쟁적 민주주의의 수단으로 채택하고 있

---

433) 앞의 방주 650~652 참조.

다$\binom{제8조}{제4항}$.

이처럼 우리 헌법은 '언론·출판의 자유'와 '재산권' 그리고 '정당 활동의 자유'에 대해서는 그 각각의 기본권내용에 관한 헌법적 한계를 명시하고 있지만, 근로자의 '노동 3권'과 '국가배상청구권'에 대해서는 그 기본권의 주체에 관한 헌법적 한계를 명시하고 있다. 즉, 공무원이 라는 특수한 신분관계에 있는 사람들에게는 노동 3권을 예외적으로만 인정하고$\binom{제33조}{제2항}$, 군인, 군무원, 경찰공무원 등의 특수한 신분관계에 있 는 사람들에게는 그 직무집행과 관련된 배상청구권을 인정치 않는다 $\binom{제29조}{제2항}$. 또 근로자의 단체행동권 중에서 '법률이 정하는 주요방위산업 체에 종사하는 근로자의 단체행동권은' 법률이 정하는 바에 의하여 이 를 제한하거나, 아주 인정치 않을 수도 있는 헌법적 근거를 마련해 놓 고$\binom{제33조}{제3항}$ 있다.

b) 기본권의 법률유보에 관한 우리 헌법규정

679

일반적인
법률유보
형식의
기본권제한
입법의 한계

우리 헌법은 기본권의 법률유보를 규정하면서 '개별적인 법률유보' 를 원칙적으로 피하고 '일반적인 법률유보'의 형식으로 제37조 제 2 항 에서 기본권제한입법의 한계를 명백히 밝히고 있다. 즉, 국민의 모든 자유와 권리는 '국가안전보장·질서유지·공공복리를 위하여' '필요한 경우에 한하여' '법률로써 제한할 수' 있지만, '제한하는 경우에도 자유 와 권리의 본질적인 내용을 침해할 수 없다'고 못박고 있다. 우리 헌법 제37조 제 2 항은 그 규정형식상 '일반적인 법률유보'처럼 보이지만, '기본권의 법률유보'에 내포되고 있는 순기능을 특히 강조하는 형식의 문구를 채택하고 있기 때문에, 그 내용상으로는 '기본권제한입법의 한 계'를 네 가지 차원에서 강조하고 있다고 할 것이다. 즉, 국민의 기본 권을 제한하는 법률이 지켜야 되는 목적상의 한계(국가안전보장·질서유 지·공공복리를 위하여), 형식상의 한계(법률로써 제한할 수 있으며), 내용상 의 한계(본질적 내용은 침해할 수 없다), 그리고 방법상의 한계(필요한 경우 에 한하여)를 간결하지만 명백하게 밝히고 있다. 따라서 우리 헌법 제37 조 제 2 항은 그것이 비록 규정형식으로는 '일반적인 법률유보' 조항처 럼 보이지만 그 내용면에서는 '기본권제한입법의 한계조항'이라고 보 는 것이 옳다고 생각한다. 우리 헌법 제37조 제 2 항이 '일반적인 법률 유보'의 형식으로 규정되고 있다는 점만을 지나치게 의식하고, 그 내용과 '기본권의 법률유보'의 순기능적인 의미를 도외시한 채, '국민의 모든 자유와 권리는 필요하다면 법률로써 제한할 수 있다'는 식의 이른바 법률유보의 역기능적인 해석을 국내문헌에서 접할 때마다 헌법이론적인 저항감을 느끼게 된다.

우리 헌법에서 '개별적인 법률유보조항'을 찾을 수 있느냐에 대해서 일부 학자는 '신체의 자유'($^{제12조 제1}_{항 제2절}$)와 '재산권'($^{제23조 제1}_{항 제2절}$)에 관한 규정에는 여전히 개별적인 법률유보조항이 남아 있다고 한다. 그러나 '신체의 자유'에 관해서 '개별적인 법률유보'를 논하는 것은 그런대로 이해할 수 있지만, '재산권'에 관해서 '개별적인 법률유보'를 논하는 것은 납득하기가 어렵다. 재산권에 관해서 규정된 법률유보는 재산권제한적 의미보다는 재산권형성적 의미가 더 강하게 내포되고 있다고 보아야 하기 때문에 이를 '개별적인 법률유보조항'으로 유형화하는 데에는 문제점이 있다고 생각한다. 모든 국민의 재산권은 보장하지만 '그 내용과 한계를 법률로 정한다'는 의미는 이미 존재하는 재산권을 법률로 제한하겠다는 뜻이 아니고, 보장될 수 있는 재산권의 내용과 한계를 법률로 정하겠다는 뜻이기 때문에, 이는 오히려 기본권의 실현에 주안점이 있는 기본권형성적 법률유보라고 평가해야 하리라고 생각한다. 물론 재산권의 내용과 한계를 정하는 법률을 제정하면 그것이 재산권을 형성하는 의미뿐 아니라 재산권을 제한하는 의미도 함께 가지게 되겠지만, 그 중점은 역시 기본권형성에 있다고 보아야 하기 때문에 재산권형성적 법률유보로 성격화하는 것이 옳다고 생각한다.

c) 기본권의 실현을 위한 기본권형성적 법률유보

우리 헌법의 기본권에 관한 규정 중에는 그 내용의 실현을 '법률'에 맡기고 있는 예가 많기 때문에 기본권의 구체화와 실효성을 위해서는 많은 양의 입법조치가 필요한 것이 사실이다. 따라서 기본권조문 중에 나타나는 '법률'은 기본권제한적인 의미보다 '기본권실현적'이고 '기본권보장적'인 의미가 더 많다는 사실을 유의할 필요가 있다. 예컨대 '손실보상의 방법과 내용'($^{제23조}_{제3항}$), '선거권'($^{제24}_{조}$), '공무담임권'($^{제25}_{조}$), '청원권'($^{제26}_{조}$), '형사보상청구권'($^{제28}_{조}$), '국가배상청구권'($^{제29조}_{제1항}$), '교육의 자주성·전문성·정치적 중립성 및 대학의 자율성'($^{제31조}_{제4항}$), '국가유공자 등의 우선적 근로권'($^{제32조}_{제6항}$), '범죄피해자의 구조청구권'($^{제30}_{조}$), '형사피해자의 공판진술권'($_{제5항}^{제27조}$), '생활무능력자의 보호청구권'($_{제5항}^{제34조}$), '환경권'($_{제2항}^{제35조}$) 등은 이를 구체화하는 법률의 규정에 의해서 비로소 실현되거나 행사될 수 있는 기본권들이다. 따라서 이들 기본권에 규정된 법률의 유보는 일종의 '기본권실현적' 내지 '기본권 행사절차적' 법률의 유보라고 볼 수 있다.

682
기본권
강화적
법률유보

또 '국선변호인의 도움을 받을 권리'($_{제4항}^{제12조}$), '저작자·발명가·과학기술자와 예술가의 권리'($_{제2항}^{제22조}$), '재산권제한과 보상의 법률유보'($_{제3항}^{제23조}$), '정당한 재판을 받을 권리'($_{제1항}^{제27조}$), '민간인에 대한 군사재판의 특례'($_{제2항}^{제27조}$), '교육제도의 법률유보'($_{제6항}^{제31조}$), '근로조건의 법정주의'($_{항과 3항}^{제32조 제2}$) 등은 오히려 이들 기본권과 제도를 법률로써 보호하고 더 강화하려는 취지가 헌법의 이들 조문에 명백히 나타나고 있기 때문에 이들 규정에 관한 법률의 유보는 '기본권보장적'인 의미가 강한 법률의 유보라고 할 수 있다.

결국 우리 헌법은 기본권을 실현하기 위해서 '기본권실현적' 내지 '행정절차적'인 법률의 제정을 예정하거나 기본권의 내용을 강화하는 '기본권보장적'인 법률의 제정을 유보하는 등 여러 가지 형태의 '기본권형성적 법률유보'를 규정하고 있다고 할 것이다.

제 5 절   기본권의 보호

683
기본권의
기속력과
기본권의
보호

기본권은 사회공동체의 동화적 통합을 달성하기 위해서 꼭 존중되고 실현해야 되는 사회의 '가치적인 Konsens'이기 때문에 국민 개개인의 '주관적 권리'에 그치지 않고, 동화적 통합의 기본이 되는 '객관적인 질서'를 뜻하게 되고, 국가권력의 행사는 물론, 사인의 법률생활관계도 기본권에 기속된다고 하는 것은 기본권의 내용과 효력을 논할 때 자세히 밝힌 바 있다. 따라서 국가권력이 기본권에 기속된다고 하는 것은 입법권·행정권·사법권·지방자치권 등이 국가작용을 할 때 마땅히 기본권을 존중해야 할 헌법적인 기속을 받는다는 뜻이기 때문에, 여기에서 살피려고 하는 '기본권의 보호'와는 서로가 이념적인 연관성이 있는 것은 사실이다. 그러나 기본권의 효력으로서 국가권력이 기본권에 기속된다는 문제와, '기본권의 보호' 문제는 엄격히 구별할

필요가 있다. 전자는 기본권의 기속효력을 존중해서 기본권을 다쳐서
는 아니 된다는 것이지만, '기본권의 보호'는 기본권의 기속효력이 지
켜졌는지의 여부를 누가 감시하며, 기본권의 기속효력에도 불구하고
기본권이 현실적으로 침해된 경우에 어떤 기관이 어떠한 전제하에서
기본권의 침해를 어떠한 형태로 문제삼아야 하느냐 하는 문제이기 때
문이다. 국내학자들이 이 문제를 '기본권침해에 대한 구제'의 시각에서
다루고 있는 이유도 바로 그것이다.

한 나라의 기본권질서가 단순한 장식적인 성질의 것인지 아니면
현실생활에서도 실효성이 있는 생활규범으로서의 성질을 갖는 것인지
의 여부를 판단하는데 중요한 기준이 되는 것이 바로 '기본권의 보호'
에 관한 여러 가지 규정들이다. 기본권의 보호가 사적인 단체나 언론
기관 등에 의해서 효과적으로 이루어지는 실례도 없는 것은 아니지만,
기본권은 궁극적으로는 국가권력을 행사하는 국가기관에 의해서 가장
효과적으로 보호될 수 있는 것이기 때문에, 무엇보다도 국가기관의 기
본권우호적인 헌법감각을 절대적으로 필요로 하는 헌법상의 제도이다.
기본권의 보호처럼 국가기관의 '헌법에의 의지'와 '합리적인 제도'와의
상호보완작용에 의존해서 지탱되는 헌법상의 제도도 그리 많지 않다.
독일연방헌법재판소[434]가 특히 근년에 들어와서 국가는 기본권을 보호
해야 할 헌법상의 의무를 지고 있다고 되풀이해서 강조하고 있는 이유
도 그 때문이다. 기본권의 보호 내지 기본권침해에 대한 권리구제는
기본권의 본질에 당연히 속하는 것으로 판단하는 독일연방헌법재판
소[435]로서는 당연한 태도이다. 아래에서 입법기능 · 행정기능 · 사법기능
으로 나누어서 기본권의 보호에 관해서 살펴보기로 한다.

684
기본권
보호와
국가기관의
역할

1. 입법기능과 기본권의 보호

모든 국가권력이 기본권에 대해서 Janus의 얼굴을 가지는 것처럼
입법권도 그 예외는 아니다. 따라서 '입법권에 대한 기본권의 보호'와
'입법권에 의한 기본권의 보호'를 구별해서 검토할 필요가 있다.

---

434) Vgl. etwa BVerfGE 39, 1(41); 46, 160(164); 49, 24(53); 49, 89(141); 53,
   30(57).
435) Zuerst BVerfGE 24, 367(401); sodann 35, 348(361); 37, 132(148); 46,
   325(334); 49, 220(225), st. Rspr.

(1) 입법권에 대한 기본권의 보호

685
입법권에
의한 기본권
침해

H. Krüger의 말대로,436) 바이마르공화국시대만 하더라도 기본권은 법률의 범위 내에서만 인정되었지만, 오늘날에 와서는 반대로 법률이 기본권의 범위 내에서만 허용되도록 입법권이 기본권에 기속된 까닭에, 입법기관이 기본권에 반하는 법률을 제정하리라고 쉽게 생각할 수 없게 되었다. 그럼에도 불구하고 입법기관이 기본권을 침해하는 위헌적인 법률을 제정하는 경우에는 어떻게 되는가? 또 입법기관이 부작위에 의해서 기본권을 침해하는 것은 위헌법률의 제정(작위)에 의한 기본권의 침해와 어떻게 다른가? 이들 의문에 대한 해답을 찾는데 어려움을 가져다 주는 두 가지 요인으로 항상 제시된 것이 '법률의 합헌성 추정'과 '입법권자의 형성의 자유'였다. 이 두 문제를 폭넓게 긍정하는 경우에는 입법권에 대한 기본권의 보호는 그만큼 약화될 것이고, 반대로 이 두 문제를 제한적으로만 긍정하는 경우에는 입법영역에서의 기본권의 보호는 그만큼 강화될 것이기 때문에 이를 살펴보기로 한다.

a) 법률의 합헌성추정

686
합헌성
추정의
내용과 효과

독일연방헌법재판소437)도 지적하듯이, 국가기관이 국가작용을 할 때 원칙적으로 헌법을 존중하리라는 일반적인 추정을 할 수 있고, 입법절차에서 지켜질 것이 요구되는 민주적 정당성과 독회제도 등을 감안할 때 입법기관에서 제정된 법률은 원칙적으로 '합헌성의 추정'(favor legis)을 받기 마련이다. 따라서 법률이 받는 '합헌성의 추정'은 예컨대 행정작용의 '합헌성추정'보다는 훨씬 강한 것이 사실이다. 그렇지만 법률이 받는 '합헌성의 추정'은 어디까지나 '추정'에 불과한 것이기 때문에 현실적으로 기본권을 침해하는 위헌적인 법률에 대해서는 그 구체적인 위헌사유를 논거로 해서 그 무효를 주장할 수 있는 것은 물론이다. 따라서 '법률의 합헌성추정'은 절대로 입법권에 대한 기본권 보호의 장애요인이 될 수 없다고 할 것이다. '법률의 합헌성추정'은 다만 위헌의 입증책임을 위헌을 주장하는 사람에게 전가시키고 있기 때문에 전문가가 아닌 일반국민의 입장에서 법률의 위헌을 주장하는데

436) Vgl. *Herb. Krüger*, DVBI 1950, s. 624; *derselbe*, GG und Kartellgesetzgebung, 1950, S. 12: "Früher Grundrechte nur im Rahmen der Gesetze; heute Gesetze nur im Rahmen der Grundrechte."

437) Vgl. z. B. BVerfGE 2, 143(158); 2, 266(282), 9, 194(200).

적지 않은 심리적·기술적 부담이 될 수는 있다.

b) 입법권자의 형성의 자유

입법권자의 형성의 자유는 또 '입법재량'이라고도 부르는데, 입법권자가 어떤 사항을 법률로 규율하려고 할 때 여러 가지의 법적인 규율가능성 중에서 그에게 가장 합목적적이라고 느껴지는 입법의 방법을 선택할 수 있는 자유 내지는 재량의 여지를 말한다. 입법권자에게 이 같은 의미의 '형성의 자유'가 있다고 하는 점에 대해서는 별로 다투어지지 않고 있다.[438] 다만 입법권자의 형성의 자유는 그 입법의 영역에 따라 다소 차이가 있을 수 있다고 보아야 하는데, 예컨대 급부작용의 분야에서는 침해작용의 분야에서 보다 더 넓은 형성의 자유를 가진다는 것이 통설이다.[439]

그러나 입법권자가 가지는 이같은 형성의 자유 때문에 입법권에 대한 기본권의 보호가 어렵다는 논리는 성립되지 않는다. 왜냐하면 입법권자의 형성의 자유도 무제한한 것이 아니고 기본권적인 가치를 침해하지 않는 범위 내에서만 허용되는 것이기 때문이다. 입법권자의 형성의 자유는 기본권의 위에 있는 것이 아니고 기본권의 밑에서 기본권에 봉사하기 위한 재량이기 때문에 '입법권에 대한 기본권의 보호'는 여전히 필요하고 중요하다. 독일연방헌법재판소가 1998년 '가족판결'(Familienbeschluß)[440]에서 편부 또는 편모가 혼자서 아이를 양육하는 경우에만 양육비지출에 대한 세금감면혜택을 주도록 한 소득세법 규정을 헌법불합치결정하면서 입법형성권에 의해서 평등권이 침해되어서는 아니 된다는 점을 강조한 것도 그 때문이다. 즉 독일기본법 제 6 조 제 1 항과 제 2 항이 규정한 혼인과 가정에 대한 국가의 특별한 보호의무는 혼인가정의 비혼인가정에 대한 차별대우를 금지하는 일종의 특별한 평등권에 관한 규정으로 이해해야 함에도 불구하고 아이에 대한 양육비지출은 편부·편모의 경우에만 소득세감면혜택을 주도록 하는 입법은 혼인가정에서 부모가 아이를 양육하는 경우를 불합리하게 차별대우하는 것이기 때문에 입법형성권의 한계를 일탈했다고 판시했다. 따라

687
입법형성권
의 내용과
한계

---

438) Z. B. vgl. BVerfGE 1, 14(15, 32); 4, 144(155); 10, 89(102); 17, 319(330); *K. Hesse*(FN 172), RN 73, 320, 439, 442, 569f.

439) So auch BVerfGE 6, 55(77); 11, 50(60); 12, 151(166); 17, 210(216).

440) Vgl. BVerfGE 99, 216.

서 입법권자가 2000년 1월 1일까지 입법개선을 하지 않는 경우에는
이 때부터 아이를 양육하는 모든 가정은 그 부모의 취업여부에 관계없
이 일정액(첫째아이 4,000DM, 둘째아이부터 2,000DM 추가)의 소득세감면혜
택을 받는다고 구체적인 기본권보호의 방안까지 제시하는 획기적인 판
결을 했다.

c) 입법권자의 부작위

688

**입법의 수권
위임의 위반**

입법권에 대한 기본권의 보호와 관련해서 가장 어려운 문제가 바
로 입법권자의 부작위에 의한 기본권의 침해이다. 입법권자가 그 형성
의 자유에 의해서 적극적인 자세로 법률을 제정한 경우에는 입법권자
가 그 형성의 자유를 남용해서 기본권을 침해했는지의 여부를 판단하
기가 별로 어렵지 않지만, 입법권자가 의도적으로 또는 무의식적으로
어떤 사항에 대한 입법적인 규율을 하지 않고, 그로 인해서 기본권이
침해된 경우에는 이른바 입법권자의 부작위(Unterlassung)를 문제 삼아
서 그에 대처하는 방법이 강구되어야 하기 때문에 그 보호수단이 그렇
게 간단치 않다. 일반적으로 부작위에 의한 권리침해가 인정되기 위해
서는 다른 법률영역에서와 마찬가지로 공법영역에서도 '작위의 법적인
의무'가 존재해야 한다. 따라서 입법권자의 부작위에 의한 기본권의 침
해가 인정될 수 있기 위해서는 무엇보다도 '입법의무의 내용과 범위를
분명히 정한 법률제정의 명백한 수권위임'이 헌법상 입증되어야 한
다.[441] 그러한 경우에만 국민 개개인은 입법권자의 일정한 작위(입법)를
요구할 수 있고 부작위에 의한 기본권침해를 논할 수 있다.[442]

---

441) So. z. B. BverfGE 6, 257(263f.); 8, 1; 15, 46(60); 23, 242(249f.).

그러한 수권위임의 대표적인 예는 통일 전 독일기본법 제6조 제5항과 제131조
그리고 제3조 제2항과 제117조 제1항의 상호관계에서 이끌어 낼 수 있는 입법의
의무이다. 즉, 이 기본법규정에 의해서 독일의 입법권자는 기본법 제정 후 늦어도
1953년 3월 31일까지는 남녀평등에 반하는 모든 법률을 개정해야 할 헌법적 의무를
지게 되었고, 또 입법권자는 사실상 그 의무를 이행했다.

442) So auch *Kalkbrenner*, Verfassungsauftrag und Verpflichtung des Gesetzgebers,
DÖV 1963, S. 41ff.(45 m. w. N.); *E. Friesenhahn*, Die Verfassungsgerichts-
barkeit in der Bundesrepublik Deutschland, 1962, S. 149ff.; *Seiwerth*, Zur
Zulässigkeit der Verfassungsbeschwerde gegenüber Grundrechtsverletzungen des
Gesetzgebers durch Unterlassen, 1962, S. 100ff.; *L. Seufert*, Die nicht erfüllten
Gesetzgebungsgebote des GG und ihre verfassungsgerichtliche Durchsetzung,
Diss. Würzburg 1969, S. 275ff.; *Stahler*, Verfassungsgerichtliche Nachprüfung
gesetzgeberischen Unterlassens, Diss. München 1966; *F. Jülicher*, Die Verfas-
sungsbeschwerde gegen Urteile bei gesetzgeberischem Unterlassen, 1972, S. 11,

그러나 입법권자의 부작위에 의한 기본권침해도 엄격히 따진다면 두 가지 유형으로 나누어서 평가할 필요가 있다. 하나는 입법권자가 입법 당시에 내린 예상이 현저하게 빗나갔거나, 입법 후의 여러 가지 사정이 입법 당시와는 많이 달라져서 처음에는 생각할 수 없었던 기본권침해가 현실적으로 나타나는데도 불구하고 입법권자가 그 법률을 고치지 않고 그대로 방치함으로써 법률에 의한 기본권침해를 방관하는 경우이고, 또 하나는 입법권자가 처음부터 입법에 관한 헌법상의 수권위임을 무시함으로써 기본권을 침해하는 경우이다. 첫번째 유형은 Badura[443]의 표현대로 '입법기관의 입법개선의무'(Nachbesserungspflicht des Gesetzgebers)를 위반한 경우이고, 두 번째 유형은 입법권자의 단순한 부작위의 경우이다. 입법기관은 헌법의 기본권에 기속되는 까닭에 한번 법률을 제정한 후에도 그 후의 상황변화 등을 고려해서 언제나 기본권의 침해가 없는 방향으로 법률을 개선해 나가야 할 이른바 '입법개선의무'를 헌법상 지고 있다는 점에 대해서는 오늘날 독일의 학설[444]은 물론 판례[445]에서도 일반적으로 긍정하고 있다. 따라서 국민의 입장에서는 입법권자가 그의 '입법개선의무'를 이행치 않음으로 인해서 기본권을 침해했다는 사실을 확인하는 헌법소원(Verfassungs-beschwerde)을 제기할 수도 있고, 또는 개선을 요하는 법률의 위헌성이 아주 명백해서 더 이상 그 효력을 인정할 수 없는 경우에는 그 법률의 무효선언을 구하는 헌법소원을 제기할 수도 있을 것이다.[446]

689
입법개선
의무위반

그러나 입법권자의 단순한 부작위의 경우에는 청원권($\binom{제25}{조}$)을 행사하거나, 정치적인 의사표현의 방법을 통해서 간접적으로 입법권자를 움직이는 방법 외에는, 입법권자에게 구체적인 입법을 강요하는 소송절차적인 방법이 있을 수 없다.[447] 헌법은 원칙적으로 Konsens의 규범

690
단순부작위

121; BVerfGE 6, 257; 8, 1; 15, 46; 18, 288; 25, 101; 28, 324.

443) Dazu vgl. *P. Badura*, Die verfassungsrechtliche Pflicht des gesetzgebenden Parlaments zur "Nachbesserung" von Gesetzen, in: FS f. K. Eichenberger(1982), S. 481ff.(486, 492).

444) Vgl. (FN 443); auch *F. Ossenbühl*, in: FS f. BVerfG, (1976), Bd. 1, S. 458ff. (518).

445) Vgl. Z. B. BVerfGE 49, 89(130, 132); 54, 11(34f., 39); 56, 54(78f.).

446) So auch *P. Badura*(FN 443), S. 492. 그런데 우리 헌재는 후자의 법령위헌소원만을 인정하는 입장이다(예컨대 헌재결 1996. 10. 31. 94 헌마 108).

447) So auch *E. Friesenhahn*(FN 442), S. 150; *Kalkbrenner*(FN 442), S. 45.

이기 때문에 그와 같은 극단적인 Dis-Konsens의 행태에 직면하게 되면, 스스로 후퇴할 망정 어떤 해결책을 제시할 수는 없는 것이 그 특징이기 때문이다. 예컨대 우리 구헌법상 지방자치제도($^{제118조}_{제119조}$)를 규정하면서 '지방의회는 지방자치단체의 재정자립도를 감안해서 순차적으로 구성하되, 그 구성시기는 법률로 정한다'($^{부칙}_{제10조}$)고 밝히고 있던 것은, 말하자면 입법의무의 내용과 범위를 분명히 정한 법률제정의 명백한 헌법적 수권위임이었다고 말할 수 있다. 따라서 구헌법에 의해서 구성된 제11대·제12대 국회가 그 임기를 다할 때까지 그와 같은 법률을 제정하지 않았던 것은 입법권자의 부작위에 의해서 국민의 참정권이 침해되었던 하나의 사례라고도 볼 수 있다. 하지만 국민은 입법권자가 하루 속히 지방의회의 구성시기를 법률로 정하도록 요구할 수는 있었지만, 이를 소송에 의해서 강요할 수는 없었다. 현행소송법이나 국가배상법 등을 확대해석하거나, 새로운 '헌법사건소송법' 같은 것을 만들어서 입법권의 부작위에 대한 기본권의 보호가 실효를 거두도록 해야 한다는 소리도 없는 것은 아니지만, 입법권의 단순한 부작위는 소송법적인 차원에서 인위적으로 해결될 수 있는 성질의 문제가 아니다. 정치의식의 선진화, 그리고 '헌법에의 의지'가 특히 우리의 정치인들에게 간절히 요청되는 소이이다.

691

현행법상의
보호수단

아무튼, 현행법상 입법권자의 부작위에 대한 기본권의 보호뿐 아니라 입법권자의 위헌입법에 대한 기본권의 보호도 우선 제도적으로 매우 불완전한 것임은 부인할 수 없다. 입법기관이 위헌적인 법률을 제정하는 경우에 우선은 대통령이 그와 같은 위헌적인 법률안에 서명·공포하는 것을 거부함으로써($^{제53조}_{제2항}$) 기본권을 보호할 수 있지만, 대통령의 거부권행사가 국회의 재의결에 의해서 효력을 잃거나($^{제53조}_{제4항}$), 대통령이 처음부터 거부권을 행사하지 않고 서명·공포해서 법률로써 효력을 발생시킨 경우에는 제 2 차적으로 법원과 헌법재판소가 가지는 법률에 대한 위헌심사제도($^{제107조 제 1 항과}_{제111조 제 1 항 1호}$)에 의해서 그 법률을 위헌결정함으로써 기본권을 보호할 수 있다. 그러나 입법권에 의한 기본권침해로부터 기본권을 보호하는 데 있어서 그처럼 대통령의 법률안거부권 또는 법률의 위헌심사제도만으로 충분히 그 실효성을 기대할 수 있다고 보기는 어렵다. 따라서 우리 현행헌법이 새로 마련한 '헌법소원제도'

$\binom{\text{제111조 제}}{\text{1 항 5호}}$는 독일의 '헌법소원제도'(Verfassungsbeschwerde)처럼 위헌법률에 의한 기본권침해를 국민이 직접 다툴 수 있는 메커니즘으로 제도화해서 '입법권에 대한 기본권보호'의 길을 넓혀야 할 것이다. 이런 뜻에서 우리 헌법재판소가 법률을 직접 헌법소원의 대상으로 인정하고, 입법부작위에 대해서도 제한적이지만 그 재판관할권을 인정하는 등 입법권에 대한 기본권보호의 제도적 미비점을 판례를[448] 통해 보완하고 있는 점은 매우 바람직한 일이다.

(2) 입법권에 의한 기본권의 보호

입법기관은 기본권의 보호를 위해서도 매우 중요한 기능을 갖는다.

a) 절차법제정에 의한 기본권보호

우선 헌법상 보장된 기본권 중에는 입법기관이 그 구체적인 절차법을 제정하지 않고는 보장될 수 없는 성질의 것이 있다. 예컨대, 범죄피해자의 구조청구권($\binom{\text{제30}}{\text{조}}$)이나 형사보상청구권($\binom{\text{제28}}{\text{조}}$), 손실보상청구권($\binom{\text{제23조}}{\text{제3 항}}$) 등은 그 대표적인 예인데, 이들 기본권은 입법기관의 절차법제정에 의해서 비로소 그 내용이 보장되는 것은 더 말할 필요가 없다. 또 행정작용에 의한 기본권의 침해는 우연한 단발적인 '결과'가 아니고 그릇된 행정절차의 누적된 소산이라고 볼 수도 있기 때문에, 합리적인 행정절차를 보장할 수 있는 법적인 근거를 마련하는 것은 기본권의 보호를 위해서 매우 중요한 의미를 가지게 된다. 최근에 독일에서 핵에너지발전소의 건설과 관련된 일련의 헌법소원사건[449]을 계기로 기본권과 각종 절차법의 관계에 대한 새로운 검토가 활발히 행해지고,[450] 그

692
효과적인
권리보호
위한 절차법

---

448) 예컨대, 헌재결 1989. 3. 17. 88 헌마 1; 헌재결 1996. 10. 31. 94 헌마 108 참조. 우리 헌재는 기본권제한 법률이 소극적 방어권으로서의 기본권을 제한하는 경우에는 과잉금지원칙(헌법 제37조 제 2 항)을 준수하도록 요구하지만, 태아의 생명권처럼 국가의 적극적인 기본권보호의무의 이행에서는 과소보호금지원칙을 존중해야 한다는 판시를 하고 있다. 헌재결 2008. 7. 31. 2004 헌바 81 참조.

449) Vgl. etwa BVerfGE 49, 89; 53, 30. 핵발전소 건설과 관련해서 제기되는 헌법적 문제점에 대해서는 다음 문헌을 참조할 것.
   F. Ossenbühl, Kernenergie im Spiegel des Verfassungsrechts, DÖV 1981, S. 1ff.; *derselbe*, Die Bedeutung von Verfahrensmängeln im Atomrecht, NJW 1981, S. 375ff.

450) Z. B. *D. Lorenz*, Grundrechte und Verfahrensordnungen, NJW 1977, S. 865ff.; *K. Redeker*, Grundgesetzliche Rechte auf Verfahrensteilhabe, NJW 1980, S. 1593ff.; *F. Ossenbühl*, Grundrechtsschutz im und durch Verfahrensrecht, in: FS f. K. Eichenberger(1982), S. 183ff.

룻된 절차 때문에 기본권이 침해되는 일이 없도록, 특히 입법기관으로 하여금 사전적·예방적인 기본권의 보호를 위해 각종 절차법(소송법)의 내용을 재검토하도록 촉구하는 소리가 높아지고 있는 것도[451] 그 때문이다. 독일연방헌법재판소도[452] 헌법상의 기본권보장에는 '효과적인 권리보호를 받을 권리'가 마땅히 내포되고 있기 때문에 권리구제절차를 포함한 각종 국가작용의 절차가 너무 번거롭거나 비능률적이어서는 아니 된다고 강조하고 있는 점을 주목할 필요가 있다.[453]

b) 청원처리에 의한 기본권의 보호

693

국회의 청원처리

입법기관은 그에게 제출되는 청원의 처리를 통해서도 기본권을 보호할 수 있다. 즉, 국민은 누구나 국가기관에 문서로 청원할 권리를 가지고 국가기관은 청원에 대하여 심사할 의무를 지기($\frac{제26}{조}$) 때문에, 국민이 기본권과 관련된 사항에 대해서도 국회에 청원할 수 있는 것은 물론이다. 이 때 국회는 청원내용이 재판에 간섭하거나 국가기관을 모독하는 내용이 아닌 한 이를 접수하고($\frac{국회법 제123조}{제3항}$) 그 청원서를 소관위원회에 회부하여 심사케 한다($\frac{국회법}{제124조}$). 소관위원회의 심사결과에 따라 청원은 본회의에 부의될 수도 있고($\frac{국회법 제125조}{제2항}$), 또 정부에서 처리함이 타당하다고 인정되는 청원은 의견서를 첨부하여 정부에 이송할 수 있다($\frac{국회법 제126조}{제1항}$). 이 때 정부는 그 청원의 처리결과를 지체없이 국회에 보고하여야 한다($\frac{국회법 제126조}{제2항}$).

물론 국회의 이같은 청원의 처리가 기본권의 보호를 위해서 매우 큰 비중을 차지하는 것은 아니라 하더라도, 다른 국가기관에 의한 기본권의 침해사례를 국회가 청원사항으로 다루고 있다는 사항만으로도 경우에 따라서는 간접적인 기본권보호의 효과가 생길 수도 있다. 또 유사한 기본권 침해사례가 청원사항으로 국회에 반복해서 접수되는 경우에 국회는 입법조치를 통해서 기본권침해의 소지를 아주 없앨 수도 있기 때문에 국회의 청원처리에 의한 기본권보호를 지나치게 과소 평가할 수도 없다고 본다.

c) 인권위원의 활동에 의한 기본권의 보호

694

입법기관이 기본권의 보호를 위해서 일종의 '인권위원'을 두고 기

---

451) Vgl. (FN 450).

452) Z. B. vgl. BVerfGE 43, 34(43f.); 49, 220(225ff.); 49, 252(257); 51, 150(156).

453) So auch *K. Hesse*(FN 172), RN 339.

본권침해사례를 감시·처리케하는 경우도 있는데, 독일기본법($^{제45b}_{조}$)상의 '병사수임위원'(Wehrbeauftragter)은 그 대표적인 예이다. 즉, '병사수임위원'은 군인의 기본권보호와 의회가 가지는 군무통제권행사의 보조기관으로서 의회에서 5년의 임기로 선출되는데, 의회의 지시에 따라서 활동할 수도 있지만, 전혀 독자적인 결정에 의해서 군인의 기본권보호를 위한 적절한 활동을 할 수 있다. 그리고 군인은 누구든지 명령계통 (지휘계통)을 밟지 않고도 직접 '병사수임위원'에게 기본권침해사례를 진정하고 그 보호를 요청할 수 있다.454) 스칸디나비아 여러 나라에서 유래하는 일종의 옴부즈만(Ombudsman)455)의 유형에 속하는 것이지만456) 우리나라에는 국가인권위원회와 군인권보호관 제도가 일종의 옴부즈만에 해당한다고 할 것이다.

독일의
병사수임
위원

2. 집행기능과 기본권의 보호

법률을 집행하는 행정기관도 기본권을 침해할 수 있는 잠재력을 가지는 동시에 또 한편 기본권의 수호자로 기능할 수도 있다.

(1) 집행권에 대한 기본권의 보호

대통령을 수반으로 하는 정부가 그 집행작용을 함에 있어서 기본권을 침해하는 경우에는 그 침해의 유형과 진지성에 따라 다음과 같이 기본권을 보호할 수 있다.

695
집행권의
기본권침해
와 구제

a) 탄핵심판에 의한 기본권의 보호

대통령, 국무총리, 국무위원, 행정각부의 장, 중앙선거관리위원회위원, 감사원장, 감사위원 기타 법률에 정한 행정고위공무원이 그 직무집행에 있어서 헌법이나 법률을 어기고 기본권을 침해한 경우에는 국회가 탄핵의 소추를 의결하고($^{제65}_{조}$), 헌법재판소가 탄핵의 결정을 ($^{제111조 제}_{1항 2호}$) 할 때까지 적어도 그 권한행사를 정지시킴으로써($^{제65조}_{제3항}$) 기본

탄핵심판

---

454) 자세한 내용에 대해서는 vgl. z. B. *P. Lerche*, Grundrechte der Soldaten, in: Bettermann/Nipperdey/Scheuner, Die Grundrechte, Ⅳ/1, 2. Aufl.(1972), S. 447ff.; *Hahnenfeld*, Soldatengesetz, 1963, S. 54ff.

455) 옴부즈만 제도에 관해서는 다음 문헌을 참조할 것.
J. Hansen, Die Institution des Ombudsman, 1972; *W. Haller*, Der Ombudsman im Gefüge der Staatsfunktionen, in: FS f. K. Eichenberger(1982), S. 705ff.

456) Vgl. *Schmidt-Bleibtreu/Klein*(FN 376), S. 592ff.(593); *J. Hansen*, (FN 455), S. 27ff.(27).

권을 보호할 수 있다.

b) 사법절차에 의한 기본권의 보호

α) 국가배상청구에 의한 기본권의 보호

국가배상
청구

공무원의 직무상 불법행위로 기본권의 침해를 받고 정신상·재산상의 손해를 받은 국민은 국가 또는 공공단체에 정당한 배상을 청구함으로써($_{제1항}^{제29조}$) 기본권의 보호를 받을 수 있다.

β) 사법절차적 기본권에 의한 인신권의 보호

사법절차적
기본권

국가의 집행권에 의해서 위법하게 인신권의 침해를 받은 국민은 헌법이 보장하는 여러 가지 사법절차적 기본권(예컨대, 불리한 진술거부권($_{제2항}^{제12조}$), 영장제시청구권($_{제3항}^{제12조}$), 체포·구속의 이유를 알 권리($_{제5항}^{제12조}$), 변호인의 도움을 받을 권리($_{제4항}^{제12조}$), 구속적부심사청구권($_{제6항}^{제12조}$), 정당한 재판청구권($_{제101조,}^{제27조,}$ $_{조}^{제103}$), 군사법원재판거부권($_{제2항}^{제27조}$), 신속한 공개재판을 받을 권리($_{항, 제109조}^{제27조 제3}$), 형사보상청구권($_{조}^{제28}$) 등)을 행사함으로써 생명권과 신체의 자유를 보호받을 수 있다.

γ) 행정소송에 의한 기본권의 보호

행정쟁송

위법한 행정행위로 인하여 기본권의 침해를 받은 국민은 행정소송을 제기함으로써 기본권의 보호를 받을 수 있는데, 우리나라는 사법형제도를 따라 일반법원(1998년 3월부터는 행정법원)으로 하여금 행정소송을 재판케 하고 있다($_{제2항}^{제107조}$). 그러나 행정재판의 전심절차로서 행정심판을 할 수 있도록 했지만, 행정심판에서도 사법절차가 준용되도록($_{제3항}^{제107조}$) 함으로써 행정심판절차에서도 기본권보호의 실효를 거두도록 노력하고 있다.[457] 현행행정심판법상 집행정지($_{조}^{제30}$) 내지 임시처분제도($_{조}^{제31}$) 등이 그것이다.

c) 명령·규칙의 위헌심사에 의한 기본권의 보호

명령·규칙

대통령, 국무총리, 행정각부의 장, 지방자치단체 등 헌법상 명령·규칙을 제정할 수 있는 집행기관이 헌법과 법률에 위반되는 명령·규칙을 제정함으로써 국민의 기본권을 침해하는 경우에는 법원이 그 명령·규칙에 대한 위헌심사권을 행사함으로써($_{제2항}^{제107조}$) 국민의 기본권을

---

457) 2008년 신설된 국민권익위원회에 둔 중앙행정심판위원회에 직접 행정심판을 청구할 수 있게 했고, 위원회는 재결권을 가지며 의무이행심판에서는 직접처분권(법 제43조 제5항 및 제50조)도 갖는다. 중앙행정심판위원회의 구성과 회의 및 의결에 관해서는 행정심판법 제8조 참조.

보호할 수 있다. 다만, 명령·규칙의 위헌심사는 그 명령·규칙을 적용
해야 되는 구체적인 재판사건을 전제로 해서만 가능하기 때문에(이른바
구체적 규범통제) 그 명령·규칙의 효력을 일반적으로 상실시킬 수는 없
다. 그러나 헌법소원에 의한 명령·규칙의 위헌심사권은 헌법재판소에
속하기 때문에 이 때에는 위헌으로 결정된 명령·규칙은 그 효력을 상
실하게 된다.458)

의 규범통제

(2) 집행권에 의한 기본권의 보호

집행권에 의한 기본권의 보호는 집행권을 담당하는 주체에 따라
나누어서 살펴보기로 한다.

696
대통령의
기본권보호
의무

a) 대통령에 의한 기본권의 보호

국가의 원수인 동시에 행정권의 수반으로서의 이중적 지위를 가
지는 대통령($^{제66}_{조}$)은 기본권의 보호에 있어서도 매우 중요한 지위를 차
지하고 있다. 구태여 대통령의 헌법수호의무($^{제66조}_{제2항}$)와, 국민의 자유와
복리의 증진에 노력한다는 그 취임선서($^{제69}_{조}$)를 상기시키지 않더라도,
대통령은 그가 가지는 법률안공포권·공무원임면권·사면권·국가긴급
권 등을 통해서 기본권을 보호할 수 있다.

α) 법률안공포권에 의한 기본권의 보호

대통령은 법률안공포권($^{제53조}_{제1항}$)을 가지는데, 이 공포권은 물론 국
무회의의 심의($^{제89조}_{제3호}$)와 국무총리 및 관계국무위원의 부서를 요하는
($^{제82}_{조}$) 행위이지만, 대통령은 그의 법률안공포권과 관련해서 법률안에
대한 실질적인 심사권을 가진다는 데 대해서 오늘날459) 이의를 제기하
는 사람은 드물다.460) 따라서 대통령은 법률안이 기본권을 침해한다고
판단한 경우에는 그 서명·공포를 거부하고 이의서를 붙여 국회에 환
부할 수 있다($^{제53조}_{제2항}$). 물론 국회는 그 법률안을 재의결함으로써($^{제53조}_{제4항}$) 그
법률안을 법률로서 확정시킬 수 있지만, 대통령의 법률안거부권은 입
법권에 대한 기본권의 보호수단으로서도 그 나름의 헌법적 의미를 가

법률안
거부권행사

458) 헌재결 1990. 10. 15. 89 헌마 178 참조.

459) 바이마르공화국헌법하에서 H. Triepel은 연방대통령에게 단지 형식적인 심사권만이
있고, 실질적인 심사권은 인정할 수 없다고 주장했었다. Vgl. *H. Triepel*, AöR 39, S.
356.

460) Vgl. z. B. *Maunz*, in: Maunz/Dürig/Herzog/Scholz(FN 192), RN 2 zu Art. 82.
오늘날에도 예컨대, 실질적 심사권을 부인하는 사람이 없는 것은 아니다. 예컨대,
vgl. *Wertenbruch*, DÖV 1952, S. 201ff.

지고 있다.

β) 공무원임면권에 의한 기본권의 보호

부당임명건
의 시정

대통령은 국회의 동의를 얻어 국무총리·대법원장·헌법재판소
의 장·대법관 및 감사원장을 임명하고(제86조 제1항, 제104조 제1항과 제
2항, 제111조 제4항, 제98조 제2항), 국무
총리의 제청에 의해서 국무위원을, 국회의 선출 및 대법원장의 지명에
의해서 헌법재판소재판관을, 감사원장의 제청으로 감사위원을 임명하
는(제87조 제1항, 제98조
제3항, 제111조 제3항) 외에 헌법과 법률이 정하는 바에 의하여 기타의 공
무원을 임면한다(제78
조). 이같은 대통령의 공무원임면권은 기본권보호의
시각에서도 전혀 무의미하지 않다. 왜냐하면 대통령의 공무원임면권은
마땅히 그 해임권을 내포하고, 또 인사에 관한 실질적 심사권을 함께
내포하는 것이라고 보아야 하기 때문에,[461] 공무원의 기본권을 침해하
는 위법적인 임명건의 또는 해임건의(예컨대 제87조
제3항)에 대해서는 이를 거부
함으로써 해당 공무원의 기본권을 보호할 수 있기 때문이다. 그러나
공무원을 임명하기에 앞서 공무원을 인선하는 데 있어서는 기관장에게
비교적 넓은 판단재량(Beurteilungsspielraum)권이 인정된다고 하는 것이
일반적인 견해이기 때문에,[462] 예컨대 경쟁에서 탈락한 후보자의 평등
권을 보호한다는 이유로 임명건의된 후보자의 공무원임면을 거부하는
것은 극히 예외적인 경우에만 허용된다고 보아야 할 것이다.[463]

γ) 사면권에 의한 기본권의 보호

인신권의
구제

대통령은 법률이 정하는 바에 의해서 사면·감형·복권을 명할
수 있는데(제79
조), 사면권의 본질상 사면여부와 그 범위의 결정이 사면권
자의 재량에 달려 있는 문제이긴 하지만, 사법권에 의해서 야기될 수
있는 기본권(인신권)의 침해에 대한 중요한 기본권보호의 수단임에 틀
림없다.[464]

---

461) 동지: v. *Mangoldt-Klein*(FN 376), Bd. 2, Art. 60, Anm. Ⅲ 8(S. 1178); *Maunz*
(FN 460), Rn 2 zu Art. 60.

462) 예컨대, vgl. BVerwGE 16, 342.

463) So auch *I. v. Münch*, JUS 1965, S. 417(420).

464) 대통령의 사면결정이 사법심사의 대상이 되는가의 여부에 대해서는 부정설이 지배적
이다.

　　Vgl. BVerwGE 14, 73; v. *Mangoldt-Klein*(FN 376), Bd. 1, Art. 19, Anm. Ⅶ
6b (S. 576); *Ule*, Verwaltungsprozeßrecht, 3. Aufl.(1963), S. 116.

δ) 국가긴급권에 의한 기본권의 보호

대통령이 행사하는 국가긴급권($^{제76조}_{제77조}$)은 기본권보호를 위한 기본권제한의 의미를 갖는다고 하는 점에 대해서는 이미 언급한 바와 같다.

ε) 국가원수로서의 기본권의 보호

위에서 열거한 여러 가지 구체적인 방법 외에도, 대통령은 행정권의 수반일 뿐 아니라 국가원수로서의 지위를 가지기 때문에 다른 국가기관에 의한 기본권침해를 지적하고 그 시정을 요구함으로써도 국민의 기본권을 보호할 수 있다. 대통령의 이같은 기본권보호의무는 대통령의 헌법수호의무($^{제66조}_{제2항}$)와 '국민의 자유와 복리의 증진에 노력한다는' 그 취임선서($^{제69}_{조}$)에서 당연히 나오는 것으로 보아야 한다.

> 헌법수호
> 의무

b) 국무총리와 국무위원에 의한 기본권의 보호

국무총리와 국무위원은 행정부의 권한에 속하는 중요한 정책을 심의하는 국무회의의 구성원으로서(^{제88}) 광범위한 국정의 심의에 임하게 된다($^{제89}_{조}$). 그뿐만 아니라 국무총리와 국무위원은 대통령의 국정행위에 대한 부서권을 갖는다($^{제82}_{조}$). 현행헌법상 국무총리와 국무위원의 임면권을 대통령이 가지고, 국무회의가 의결기관이 아니고 국정에 관하여 대통령을 보좌하는 단순한 심의기관에 불과한 까닭에 국무총리와 국무위원의 독자적인 기본권보호기능에는 일정한 한계가 있는 것이 사실이다. 하지만 국무총리와 국무위원은 국정을 심의하는 데 있어서 국민의 기본권을 보호해야 할 헌법상의 의무($^{제10}_{조}$)를 지고 있기 때문에 국민의 기본권을 침해하는 일을 스스로 하지 말아야 할 것은 물론이고, 그들이 가지는 부서권을 통해서 기본권을 침해하는 국정행위에 부서하는 것을 거부함으로써 국민의 기본권을 보호할 수 있다. 부서권에는 부서를 거부할 수 있는 실질적인 심사권이 내포되고 있다고 하는 점에 대해서는 학자들 사이에 별로 이견이 없다.[465] 그러나 국무총리와 국무위원이 기본권을 침해하는 국정행위를 어느 정도 적극적인 자세로 막고 또 경우에 따라서는 부서까지 거부할 수 있느냐 하는 것은 국무총리나 국무위원의 개인적인 인격 및 정치적 소신에 달려 있다고 할 것이다.

> 697
> 국무총리와
> 국무위원의
> 부서권

---

465) 동지: *I. v. Münch*, JUS 1965, S. 417(421).

c) 행정공무원에 의한 기본권의 보호

698
행정공무원
의
이의진술권

행정공무원도 행정행위를 함에 있어서 기본권에 기속되기 때문에
기본권을 존중해야 하는 것은 더 말할 필요가 없다. 다만 행정공무원
은 기본권에 기속되는 외에도 법률과 명령·규칙·행정지시 등에도 기
속되기 때문에 구체적인 행정작용을 할 때 기본권을 침해하는 법률·
명령·규칙·행정지시 등을 집행해야 할 법적인 의무가 있는가의 문제
가 자주 제기된다. 즉 행정공무원이 기본권을 침해한다고 판단되는 법
령의 집행을 거부함으로써 기본권을 보호하는 것을 기대할 수 있는가
의 문제이다. 행정공무원은 기본권을 침해하는 법령이라고 해서 그 집
행을 임의로 거부할 수는 없지만 행정공무원에게도 일종의 이의진술권
(Remonstrationsrecht)은 있다고 하는 것이 정설이다.466) 즉, 행정공무원
은 기본권을 침해하는 법령 또는 행정지시를 맹목적으로 집행할 것이
아니고, 그의 직속상급자에게 이의를 말하고 그것이 묵살당할 경우에
는 그 다음의 상급자에게 다시 이의를 진술해야 하고, 그 다음의 상급
자도 역시 기본권침해를 인정치 않는 경우에는, 그 법령과 행정지시를
그대로 집행해야 하지만, 그로 인해서 스스로 형법상의 범죄를 범하게
되거나 인간의 존엄성이 심히 다치게 되는 경우에는 그를 따를 필요가
없다고 하는 것이 지배적인 견해이다.467) 만일 상급자가 기본권침해에
대해서 이의를 진술하는 공무원과 견해를 같이 하는 경우에는 역시 행
정계통을 밟아 행정각부의 장에게까지 그 사유가 전달될 수 있고, 행
정각부의 장에 의해서 국무회의의 심의사항으로 제출될 수도 있는 것
은 물론이다. 따라서 행정공무원은 그의 이의진술권을 통해서 제한적
이긴 하지만 기본권을 보호할 수 있다.

3. 사법기능과 기본권의 보호

사법기능은 구체적인 쟁송을 전제로 해서 법을 선언함으로써 법
질서의 유지에 기여하는 법인식기능이기 때문에 분쟁해결의 소극적·
수동적 기능임을 그 특징으로 한다. 따라서 사법권은 입법권 또는 집

---

466) Vgl. etwa *Stegmann*, Die Verwaltung und das verfassungswidrige Gesetz,
Diss. Tübingen 1962,; *D. Kabisch*, Prüfung formeller Gesetze im Bereich der
Exekutive, 1967, passim., S. 190.

467) Vgl. etwa *H. J. Wolff*, Verwaltungsrecht, Ⅰ, 8. Aufl. (1971), S. 149.

행권과 달라서 스스로 능동적으로 활동할 수 없는데다가 분쟁의 당사자만이 소를 제기할 수 있기 때문에 그 활동영역이 다른 국가권력에 비해서 비교적 제한되어 있다. 그럼에도 불구하고 사법기능은 그 조직과 절차의 특수성 때문에 기본권의 보호를 위해서 매우 중요한 의미를 가진다.

(1) 사법권에 대한 기본권의 보호

사법기능의 성질상 사법권에 의한 기본권의 침해는 사법기관의 조직과 절차에 의해서 대개의 경우 방지되는 것이 원칙이지만 예외적으로 사실판단과 법률적용을 잘못함으로 인해서 기본권침해의 사례가 발생할 수도 있다. 사법권에 대한 기본권의 보호가 소홀하게 다루어질 수 없는 이유이다. 현행헌법은 인신보호를 위한 헌법상의 기본원리로 적법절차원리(제12조 제1항과 제3항), 죄형법정주의(제13조 제1항), 이중처벌의 금지(제13조 제1항), 연좌제금지(제13조 제3항), 자백의 증거능력제한(제12조 제7항), 무죄추정원칙(제27조 제4항) 등을 채택하고 있는데 이들 원칙은 사법권에 대한 기본권의 보호의 시각에서도 중요한 의미를 갖는다.

699

사법권에 의한 기본권 침해와 구제

헌법상의 기속원리

a) 심급제도에 의한 기본권의 보호

법원에서 사실판단과 법률적용을 잘못함으로 인해서 발생하는 기본권의 침해에 대해서는 상급법원에 상소(항소·상고)하거나, 재심청구를 함으로써 기본권의 보호를 받을 수 있다.

상소와 재심청구

b) 형사보상청구에 의한 기본권의 보호

죄가 없는데도 법원의 잘못으로 유죄로 확정되어 복역함으로써 인신권의 침해를 받은 국민은 나중에 재심요구 등을 통해서 무죄판결을 받은 때에는 국가에 형사보상을 청구함으로써 기본권의 보호를 받을 수 있다. 형사보상법이 그 자세한 내용을 규정하고 있다.

형사보상 청구

c) 대통령의 사면권에 의한 기본권의 보호

대통령은 사면·감형·복권을 명함으로써(제79조) 사법권에 의하여 야기될 수도 있는 기본권침해에 대한 최후적 보호자로서의 기능을 가진다고 하는 점은 이미 언급한 바 있다.

사면권

d) 법관에 대한 탄핵심판에 의한 기본권의 보호

법관이 그 직무집행에 있어서 헌법이나 법률을 어기고 기본권을 침해한 경우에는 국회는 탄핵의 소추를 의결하고 헌법재판소에 의한

법관의 탄핵

탄핵결정이 있을 때까지 그 권한행사를 정지시킴으로써 기본권의 보호를 받을 수 있다($^{제65}_{조}$).

e) 헌법소원에 의한 기본권의 보호

헌법소원

법원이 기본권을 침해하는 법률의 위헌심판제청신청을 기각하거나($^{헌재법\ 제68조}_{제2항}$), 헌법재판소가 위헌결정한 법령을 적용해서 재판함으로써 기본권을 침해하는 경우에는 예외적으로 법원의 재판에 대한 헌법소원을 통해서 기본권의 보호를 받을 수 있다.468)

(2) 사법권에 의한 기본권의 보호

700

사법권의
기본권보호

우리 헌법은 모든 국민에게 '재판을 받을 권리'($^{제27조}_{제1항}$)를 보장하고 사법권은 법관으로 구성된 법원에 맡기고($^{제101조}_{제1항}$) 있기 때문에 공권력에 의한 기본권침해뿐 아니라 사인에 의한 기본권침해에 대해서도 법원에 정당한 재판을 요구함으로써 사법권에 의한 기본권의 보호를 받을 수 있도록 했다. 현행헌법은 사법권에 의한 기본권보호의 실효를 거두기 위하여 사법권의 독립을 보장하고, 군사법원을 제외한 특별법원의 설치를($^{제110조}_{제1항}$) 금지하고, 법관의 자격을 법률로 정하고($^{제101조}_{제3항}$), 심급제도를 두는($^{제101조\ 제2항,}_{제110조\ 제2항}$) 외에도 변호인의 도움을 받아 공개로 구두변론을 할 수 있는 기회를($^{제12조\ 제4항,}_{제27조\ 제3항}$) 보장하고 있다.

a) 법률의 위헌결정제청권에 의한 기본권의 보호

규범통제

법률이 헌법에 위반되는 여부가 재판의 전제가 되는 때에는 법원은 헌법재판소에 그 위헌결정을 제청함으로써($^{제107조}_{제1항}$) 위헌법률에 의한 기본권의 침해로부터 기본권을 보호할 수 있다.

b) 명령·규칙의 위헌심사에 의한 기본권의 보호

명령·규칙이 헌법이나 법률에 위반되는 여부가 재판의 전제가 된 때에는 법원은 그 명령·규칙의 위헌여부를 심사하고 위헌이라고 판단된 경우에는 그 명령·규칙의 적용을 거부함으로써($^{제107조}_{제2항}$) 헌법과 법률에 어긋나는 명령·규칙으로부터 기본권을 보호할 수 있다.

c) 재판에 의한 기본권보호

민사·형사·
행정재판

행정법상의 법률관계에 관한 분쟁을 다루는 행정소송이 집행권에 의한 기본권침해로부터 기본권을 보호하는데 매우 중요한 의미를 가지고, 형사재판에 의해서 위법부당한 인권침해로부터 기본권을 보호하게

---

468) 헌재결 1997. 12. 24. 96 헌마 172 등(병합) 참조.

되는 것은 더 말할 필요가 없다. 그러나 사법상의 법률관계에 관한 분
쟁을 심판하는 민사재판도 기본권의 보호와 불가분의 관계에 있다. 우
선 공무원의 직무상 불법행위로 인한 국가배상청구사건과 공법상의 손
실보상의 청구사건이 모두 민사재판의 형식으로 이루어진다는 사실을
도외시하더라도, 사법상의 법률관계에도 기본권의 효력이 미치기 때문
에(사인간의 기본권효력) 사법상의 법률관계에 관한 다툼을 해결하는 민
사재판도 여전히 기본권보호의 의미를 갖게 된다. 특히 민사분쟁의 내
용이 노사관계에 관한 것일 때에는 민사재판은 '일할 권리' 및 '일하는
사람의 권리'의 보호와 불가분의 관계에 있게 된다.

4. 헌법재판기능과 기본권의 보호

입법권·집행권·사법권 등의 과잉행사에 의해서 기본권이 침해되 **701**
는 것을 예방하거나 보완할 수 있는 가장 강력한 기본권의 보호수단이 **기본권**
바로 헌법재판기능이다. 말하자면 헌법재판기능은 기본권보호를 위한 **보호의**
최후의 제도적인 보루라고 할 수 있다. 따라서 헌법재판기능에 의해서 **최후보루**
도 기본권이 보호될 수 없거나 오히려 헌법재판기능이 기본권을 침해
하는 예외적인 경우에는 마지막으로 저항권에 의한 기본권보호밖에는
다른 방법이 없게 된다.

(1) 헌법재판에 대한 기본권의 보호

기본권보호를 그 제도의 당위적인 존재의의로 하는 헌법재판이 **702**
오히려 기본권을 침해하는 지극히 비정상적인 상황이 발생하는 경우에 **저항권**
는 기본권을 보호하기 위한 최후의 수단은 저항권의 행사밖에는 없다.
그러나 이 점에 대해서는 '기본권보호의 최후수단'을 논할 때 다시 언
급하기로 한다.

(2) 헌법재판에 의한 기본권의 보호

헌법재판에 의한 기본권의 보호는 다시 간접적인 기본권의 보호 **703**
와 직접적인 기본권의 보호로 구별할 수 있는데, 예컨대 탄핵심판·기 **보호수단의**
관쟁의·위헌정당해산·기본권의 실효 등은 간접적인 기본권의 보호수 **내용**
단이라면, 구체적 규범통제·추상적 규범통제·헌법소원·민중소송 등
은 직접적인 기본권의 보호수단이라고 볼 수 있다.

a) 헌법재판에 의한 간접적인 기본권의 보호

α) 탄핵심판

704

간접적 보호수단

대통령·국무총리·국무위원·행정각부의 장, 헌법재판소재판관, 법관, 중앙선거관리위원회위원, 감사원장, 감사위원 기타 법률에 정한 공무원이 그 직무집행에 있어서 헌법이나 법률을 어기고 기본권을 침해한 경우에 이들을 탄핵심판함으로써 공직으로부터 파면시키는 것은 ($^{제65}_{조}$) 간접적인 기본권보호의 효과가 있다. 우리나라는 헌법재판소가

탄핵심판

탄핵심판권을 가진다($^{제111조 제}_{1항 2호}$).

β) 기관쟁의

권한쟁의

헌법기관(국가기관) 상호간의 헌법상의 권한다툼을 조정하기 위한 기관쟁의제도도 간접적인 기본권보호의 의미를 가진다. 우리나라도 헌법($^{제111조 제}_{1항 4호}$)에서 권한쟁의의 이름으로 이 제도를 채택하고 있다. 독일에서는 이 제도가 기본권의 보호에 크게 기여하고 있다($^{기본법 제93조}_{제1항 1호}$).

γ) 위헌정당해산

투쟁적 민주주의

정당의 목적이나 활동이 민주적 기본질서에 위배되는 경우에 그 정당을 헌법재판에 의해서 해산시킴으로써 정당의 형식으로 조직된 헌법의 적으로부터 헌법을 보호하기 위한 투쟁적 민주주의의 수단이 위헌정당해산제도인데,[469] 이 위헌정당해산제도는 역시 간접적인 기본권보호의 의미를 갖는다. 독일연방헌법재판소의 판례[470]를 인용하지 않더라도 민주적 기본질서에는 헌법에 구체적으로 보장된 기본권의 존중이 마땅히 포함되는 것이기 때문에 민주적 기본질서를 부인하고 전체적인 정치체제를 추구하는 위헌정당을 헌법재판에 의해서 해산시키는 것은,[471] 비단 기본권을 존중할 의사가 없는 위헌정당으로부터 헌법질서를 보호하는 것에 그치지 않고 국민 개개인의 기본권을 간접적으로 보호하는 의미도 함께 가지게 된다. 우리 헌법도 정부의 제소를 전제로 헌법재판소가 위헌정당을 해산할 수 있게 함으로써($^{제8조 제4항,}_{제111조 제1항 3호}$) 간접적으로 기본권을 보호하고 있다. 실제로 우리 헌법재판소는 2014년 통합진보당을 해산결정했다.[472]

---

469) 이 점에 대해서 자세한 것은 앞의 방주 210 및 211을 참조할 것.

470) Vgl. etwa BVerfGE 2, 1(13).

471) 예컨대, 독일에서 있었던 두 건의 위헌정당해산판결을 참조할 것.
BVerfGE 2, 1; 5, 85.

472) 헌재결 2014. 12. 19. 2013 헌다 1 참조.

δ) 기본권의 실효

헌법적 가치질서를 파괴할 목적으로 기본권을 악용하는 구체적인 경우에 헌법재판에 의해서 특정인의 특정한 기본권을 일정기간 실효시킴으로써 헌법의 적으로부터 헌법질서를 보호하기 위한 기본권의 실효제도도 투쟁적 민주주의의 한 수단이라고[473] 하는 것은 이미 언급한 바와 같다. 그런데 기본권의 실효제도는 두 가지 측면에서 기본권보호의 의미를 가진다. 우선 이 제도는 기본권이 실효되는 당사자의 기본권을 보호하는 효과를 가지는데 그 이유는 헌법재판절차에 의하지 않고는 기본권을 실효시킬 수 없는 관계로 행정기관의 자의적인 처사로부터 국민의 기본권을 보호할 수 있기 때문이다. 또 기본권의 존중을 포함한 헌법적 가치질서를 파괴할 목적으로 기본권을 악용하는 사람의 기본권을 실효시킴으로 인해서 간접적으로 모든 국민의 기본권을 보호하는 효과를 가지게 된다. 우리 헌법은 이 제도를 채택하지 않고 있지만 독일기본법(제18조)은 이를 규정하고 있다.

기본권
보호의
두 가지 의미

b) 헌법재판에 의한 직접적인 기본권의 보호

α) 구체적 규범통제

위헌법률에 의한 기본권의 침해로부터 가장 직접적으로 기본권을 보호할 수 있는 방법이 바로 구체적 규범통제이다. 즉, 법률이 헌법에 위반되는 여부가 재판의 전제가 된 경우에는 법원은 그 법률의 위헌여부를 심사하고 위헌법률의 적용을 거부함으로써 위헌법률에 의한 기본권의 침해로부터 기본권을 직접적으로 보호하게 된다. 우리나라는 법원에게는 '위헌심사권'(Prüfungskompetenz)만 인정하고, '위헌결정권'(Verwerfungskompetenz)은 헌법재판소에 전담시키고 있기 때문에 (제107조 제1항), 법원에게는 법률에 대한 위헌심사권과 위헌결정제청권만이 부여되고 있다. 그러나 현행법상 법원의 이 위헌결정제청권은 법원의 자체적인 판단에 의해서 직권으로 행사되는 경우와 소송당사자의 제청신청을 받아들여 행사되는 두 가지 경우가 있다(헌재법 제41조). 체계정당성의[474] 관점에서 무리가 없다고 본다.

705
직접적
보호수단

위헌심사권
과 위헌결정
권의 구별

---

473) 이 점에 대해서 자세한 것은 앞의 방주 207~209를 참조할 것.

474) 헌법상의 원리로서의 '체계정당성'의 이론에 대해서는 다음 문헌을 참조할 것.
  Vgl. *Ch. Degenhart*, Systemgerechtigkeit und Selbstbindung des Gesetzgebers als Verfassungspostulat, 1976.

β) 추상적 규범통제

법률의 합헌성에 대한 의문이 제기되거나 다툼이 생긴 경우에 정부 또는 국회소수당의 신청에 의해서 헌법재판기관이 법률의 위헌 여부를 심사하고 위헌이라고 판단되는 경우에는 그 법률의 효력을 일 반적으로 상실시킴으로써 위헌법률에 의한 기본권의 침해로부터 기본 권을 직접 보호하는 제도이다. 우리 헌법은 이 제도를 채택하지 않고 있지만, 예컨대 독일기본법($_{\text{항 제 2 호}}^{\text{제93조 제 1}}$)은 연방정부, 주정부 또는 연방의 회의 재적의원 1/3의 신청에 의해서 연방헌법재판소가 추상적 규범통 제를 하도록 규정하고 있다.

독일의 제도

γ) 헌법소원

입법권·집행권·사법권 등 공권력의 과잉행사에 의해서 자신의 기본권이 직접 그리고 현실적으로 침해되었다고 주장하는 국민이 헌법 재판기관에 직접 기본권의 보호와 구제를 청구함으로써 헌법재판에 의 해서 직접 기본권의 보호를 받는 제도이다. 헌법소원제도가 헌법재판 에 의한 기본권의 보호수단 중에서도 가장 효과적이고 강력한 것임에 는 의문의 여지가 없다. 그러나 이 제도를 채택하고 있는 독일에서도 이 제도의 남용 내지 악용을 막기 위해서 이 헌법소원을 하나의 보충 적인 기본권보호의 수단으로 규정하고, 원칙적으로 기본권침해에 대한 모든 사법적 권리구제절차를 다 거치지 않고는 헌법소원을 제기할 수 없게 하고 있다.[475] 우리 헌법($_{\text{1 항 5호}}^{\text{제111조 제}}$)에서도 헌법소원에 의한 기본권 보호의 길을 열어놓고 있다.

보충성

δ) 민중소송

민중소송(Popularklage)은 누구든지 헌법재판기관에 기본권을 침 해하는 법률의 무효를 구하는 소송을 제기할 수 있게 함으로써 직접 기본권을 보호하는 헌법재판제도이다. 말하자면 헌법소원의 제소권을

---

[475] Vgl. Art. 93 Abs. 1 Nr. 4a GG u. Art. 90 Abs. 2 BVerfGG; BVerfGE 51, 130(138ff.); 55, 244(247). 그 외에도 연방헌법재판소법(제93a조~제93c조)은 이른바 헌법소원의 접수여부에 관한 예심절차를 규정하고 있다. 자세한 것은 다음 문헌을 참 조할 것.

H. F. Zacher, Die Selektion der Verfassungsbeschwerden, in: FS f. BVerfG (1976), Bd. 1, S. 396ff.

독일연방헌법재판소에서 처리한 헌법소원의 자세한 통계는 독일연방헌법재판소 homepage www.bundesverfassungsgericht.de 참조할 것.

기본권침해를 받은 당사자에게만 국한시키지 않고, 모든 국민에게 개방하는 헌법소원의 특수형태라고 볼 수 있다. 독일에서도 Bayern 주에서만 그 헌법($\binom{\text{제48조 제 3 항, 제66조,}}{\text{제98조 제 4 절}}$)에 의해서 채택하고 있는 기본권보호수단이다.[476] 헌법소원제도만을 채택하고 있는 우리 헌법에서는 아직 생소한 제도이다.

독일
바이언주의
제도

5. 기본권보호의 최후수단 — 저항권

기본권침해로부터 기본권을 보호하기 위해서 모든 가능한 제도적인 수단과 방법을 전부 시도해 보았지만, 기본권의 침해가 여전히 계속되고 기본권을 보호할 수 있는 다른 방법이 없는 경우에는 기본권보호의 최후수단으로 저항권을 생각할 수 있다.[477] 그러나 저항권은 그 본질상 기본권과 헌법질서를 보호하기 위한 예비적이고 최후수단적인 것이기 때문에 절대로 예방적인 기본권보호 또는 편의적인 기본권보호의 방법으로 행사되어서는 아니 된다. 또 저항권은 정치적인 선전과 선동의 도구로 악용되어서도 아니 된다. 저항권이 기본권을 포함한 헌법적 가치질서를 보호하기 위한 국민의 최후수단적인 자조수단으로서의 궤도를 이탈해서, 이른바 '인간의 생존' 내지 '인류의 적'에 대한 정당방위적 수단으로 탈바꿈하는 경우에는, 한때 서독사회에서 본 바와 같이 대의민주적인 정책결정의 메커니즘은 중대한 위협에 직면하게 된다. 기술문명의 발달을 촉진시키고 이를 인간의 생활에 유익하게 활용하려는 정부의 미래지향적인 정책결정에 반대하여, '자연보호', '핵공포로부터의 해방', '무기경쟁의 중단', '미사일 배치의 반대' 등 각종 구호를 외치며 언필칭 '저항권'을 들고 나오는 경우 대의민주주의에 입각한 정책결정의 메커니즘은 마침내 그 설 땅을 잃게 되기 때문이다. 오늘날의 민주주의는 대의민주주의일 수밖에 없다는 Böckenförde의 주

706
저항권의
본질과 기능
및 한계

---

476) 자세한 것은 Vgl. *Th. Meder*, Handkommentar zur Verfassung des Freistaates Bayern, 1971, S. 226ff.(229ff.).

477) So auch *J. Isensee*, Das legalisierte Widerstandsrecht, 1969, S. 13, 32~37; *derselbe*, DÖV 1983, S. 565ff.(565); *H. Schneider*, Widerstand im Rechtsstaat, 1969, S. 17f.; *K. Stern*, Das Staatsrecht der Bundesrepublik Deutschland, Bd. 2, 1980, S. 1503ff.; *R. Herzog* in: (FN 192), RN 34~40 zu Art. 20 Abs. 4.
　　국내헌법학자 사이에는 기본권보호의 최후수단으로서 저항권을 인정할 것인지에 대해서 견해가 일치되지 않고 있다.

장[478]을 상기할 필요도 없이 민주주의는 참여와 복종의 메커니즘에 바
탕을 둔 통치질서이다.[479] 정책결정에 참여할 수 있는 여러 가지의
Channel이 헌법상 개방되어 있는 경우 이 Channel을 통해서 정책결
정에 적극적으로 참여해서 의사표시를 하고 일단 정책에 대한 결정이
내려진 후에는 싫든 좋든 그에 복종하는 메커니즘에 의해서 민주주의
는 그 명맥을 유지해 나가는 통치질서이다. 따라서 정책결정에 반대하
는 수단으로 저항권을 내세우는 것은 저항권의 중대한 궤도 이탈이 아
닐 수 없다. 저항권의 본질과 기능에 대한 올바른 인식이 독일에서 특
히 강조되었던[480] 이유도 그 때문이다.

707

비판적인
복종의 자세

저항권을 힘의 행사로 이해하는 전통적인 학설에 따르는 한 저항
권은 그것이 아무리 평화적인 방법으로 행사된다 하더라도 공공의 안
녕질서를 보장하기 위한 실정법과의 충돌이 일어날 수 있고, 경우에
따라서는 그 행사요건의 충족여부에 대한 심각한 의견대립이 생기고,
심지어는 국가권력에 의해서 불법적인 행위로 낙인을 찍히게 되는 경
우가 많다. 바로 이곳에 힘의 행사로서의 저항권행사의 현실적인 딜레
마가 있다. 일부 학자가 '성공하지 못한 저항권의 행사는 저항권이 아
니고 범죄이다'[481]라고 경고적인 말을 하는 이유도 그 때문이다. 따라
서 저항권을 '힘의 행사'로만 이해하는 고정관념에서 벗어나 국가권력
에 대한 국민의 '비판적인 복종의 자세'로 이해하고 '계속적인 저항'을
일시적이고 폭발적인 힘의 행사에 의한 저항에 못지 않게 중요시해야
하리라고 본다.[482] 결국 국민의 일상생활에서의 정치적인 의사표시를
최대한으로 보장함으로써 언로의 경색 때문에 쌓여가는 불만과 폭발의
가능성을 줄여 가는 정치인의 슬기는 기본권의 보호뿐 아니라 저항권
의 순화를 위해서도 매우 중요하다. 저항권은 현존하는 헌법적 가치질
서에 대한 Konsens를 전제로 해서, 현존하는 헌법적 가치질서를 보호
함으로써 기본권의 침해를 막기 위한 것이기 때문에, 헌법에 의해서

---

478) Vgl. *E.-W. Böckenförde*, Mittelbare-repräsentative Demokratie als eigentliche
    Form der Demokratie, in: FS f. K. Eichenberger(1982), S. 301ff.

479) So auch *J. Isensee*, Widerstand gegen den technischen Fortschritt, DÖV 1983,
    S. 565ff.(569f.).

480) 예컨대, *J. Isensee*(FN 479).

481) *J. Isensee*(FN 477), S. 32.

482) 이 점에 대해서 자세한 것은 앞의 방주 203 참조할 것.

보장된 정치적인 의사표시의 자유를 불필요하게 제한하는 것은, 자칫 현존하는 헌법질서 그 자체에 대한 Konsens를 약화시켜서 저항권의 궤도이탈을 초래할 위험성이 크다. 저항권의 궤도이탈을 초래하는 정치는 기본권침해의 차원을 떠나서, Konsens에 바탕을 둔 정치라고 보기 어렵다.

제 6 절 기본권의 기초

우리 헌법질서는 '조국의 민주개혁과 평화적 통일의 사명'에 입각하여 '정치, 경제, 사회, 문화의 모든 영역에 있어서 각인의 기회를 균등히 하고 능력을 최고도로 발휘하게 하며, 자유와 권리에 따르는 책임과 의무를 완수하게 하여' '자율과 조화를 바탕으로' '자유민주적 기본질서'를 실현하기 위해서(전문) 국민의 자유와 권리를 헌법적 가치로 보호하고 있다. 즉, '사회성'과 '주체성'을 구비한 자주적 인격체로서의 국민이 사생활과 정신생활영역은 물론, 정치·경제·사회·문화생활영역에서 필요로 하는 일정한 공감대적 가치를 기본권으로 보호하고 있다. 좀더 구체적으로 말하면, 우리 헌법은 기본권의 이념적 기초를 '인간의 존엄성'에 두고, 기본권 실현의 방법적 기초를 '평등권'에서 찾으면서, 모든 국민에게 사생활과 정신생활, 그리고 정치·경제·사회·문화생활에서 필요로 하는 자유와 권리를 보장하고 있다. 아래에서는 기본권의 이념적 기초와 기본권 실현의 방법적 기초 및 생명권에 관해서만 살펴보기로 한다.[483)]

708
인간의
존엄성에
기초한
기본권 보장

1. 기본권의 이념적 기초로서의 인간의 존엄성

국민의 권리와 의무에 관한 헌법 제 2 장이 인간의 존엄과 가치의 보장으로 시작한다는 것은 헌법이론적으로도 매우 특별한 의미를 갖는다. 인간의 존엄과 가치를 불가침의 기본적 인권으로 인식하면서 국가는 이를 확인하고 보장할 의무를 진다고 선언한 것은 바로 우리 헌법이 전제로 하고 있는 국가관을 잘 나타내고 있기 때문이다. 즉, 국민위에 군림하면서 국민을 단순한 지배객체로 인식하는 법실증주의적 국

709
존엄성보장
의 헌법적
의의

---

483) 나머지 개별적인 기본권은 졸저, 한국헌법론, 2021, 해당부분 참조할 것.

가관을 청산하고 국가는 국민의 불가침한 존엄성과 가치를 존중하는 데에서 그 존립의 정당성을 찾겠다는 국가관이 잘 나타나고 있기 때문이다.

그 결과 인간의 존엄성과 가치는 우리나라 헌법질서의 이념적·정신적인 출발점인 동시에 모든 기본권의 가치적인 핵으로서의 성격을 갖기 때문에 우리 헌법질서의 바탕이며 우리 헌법질서에서 절대적이고 양보할 수 없는 최고의 가치적인 공감대(Konsens)를 뜻하게 된다.

이처럼 인간의 존엄성을 존중해야 하는 것은 국가권력의 당위적 의무이기 때문에 모든 국가작용의 가치적 실천기준으로서의 성격(국가 작용의 기속규범적 성격)을 갖는다. 그것은 또한 우리 헌법질서 내에서 허용할 수 있는 국가작용(입법·행정·사법)의 한계를 뜻하기도 하다.

독일 기본법 제 1 조 제 1 항에서 '인간의 존엄성은 불가침이다. 이를 존중하고 보호하는 것은 모든 국가권력의 의무이다'라고 명문화하고 있는 독일에서도 학설과 판례를 통해 인간의 존엄성을 '최고의 헌법원리'(oberstes Konstitutionsprinzip),[484] '국가의 기초규범'(Staats-fundamentalnorm),[485] '최고의 법적가치'(höchster Rechtswert)[486] 또는 '모든 기본권의 뿌리'(Wurzel aller Grundrechte)[487]라고 평가하면서 모든 국가작용의 실천규범 내지 한계규범으로 인식하고 있다.

(1) 인간존엄성보장의 인권사적 연혁

710
칸트의 도덕철학의 영향

인간존엄성의 존중사상은 철학적으로는 이미 고대철학에서 그 효시를 찾을 수 있지만[488] 가장 직접적이고 큰 철학적 영향을 미친 것은 칸트(I. Kant)의 도덕철학이라고 할 것이다. 칸트는 인간을 이성적 존재로 인식하면서 인간은 그 자신이 목적적인 존재이므로 수단화할 수 없다고 강조했다. 즉, 인간은 누구나 자신과 타인을 동일한 목적으로 생각하는 행동을 해야지 수단으로 삼는 행동을 해서는 아니 된다고 역설했다.[489] 인간은 누구나 존엄한 목적적인 존재라는 칸트의 사상에 이미

---

484) Vgl. *Wintrich*, Recht, Staat, Wirtschaft 4, 1953, S. 139(148).
485) Vgl. *Nawiasky*, Die Grundgedanken des GG für die Bundesrepublik Deutsch-land, 1950, S. 26.
486) Vgl. BVerfGE 45, 187(227); 96, 375(399).
487) Vgl. BVerfGE 93, 266(273); *Isensee*, Der Staat 19, 1980, 367(371).
488) 예컨대 *Cicero*, De officiis, I, 105ff.(106) 및 Ⅲ, 27 참조.
489) Vgl. *Kant*, Grundlegung zur Metaphysik der Sitten, 2. Aufl. 1786, S. 66f.

인간의 존엄성은 평등이념과 불가분하다는 사상이 잘 녹아 있다.[490]

이러한 철학사상의 영향을 받아 1919년의 바이마르헌법(제151조 제1항)은 비록 경제생활에 관한 규정이기는 했지만 모든 국민의 존엄한 생존보장을 경제질서의 목적으로 삼는다는 조항을 두었다. 그 후 Hitler 나치정권의 반인륜적인 인종학살을 경험한 독일은 이미 1946년 Bayern과 Hessen주 등의 헌법이 인간의 존엄성존중을 명문화해서[491] 1949년 제정한 독일기본법의 인간의 존엄성규정의 토대를 마련했다.

헌법과
국제규약에
수용된
인간존엄성

국제적으로도 제 2 차 세계대전 후 인간존엄성존중의 중요성에 대한 인식이 확산되어 1945년 유엔헌장 전문과 1948년의 인권선언에 인간의 존엄과 가치의 보장이 명문화되었다.[492]

이러한 국내외적 인권존중의 사상적 영향에서 자유로울 수 없던 독일 기본법의 아버지들이 기본법을 만들면서 국가는 인간을 위해서 존재하는 것이지 인간이 국가를 위해서 있는 것은 아니다라는 사상적 토대 위에서 기본법 제 1 조 제 1 항의 인간의 존엄성과 가치의 보장에 관한 규정을 두었다.[493]

인간의 존엄과 가치의 존중사상은 그 후 유럽통합과정에서도 현실화되어 유럽연합인권헌장(Charta der Grundrechte der Europäischen Union)[494]의 가장 우선적인 보장대상으로 명문화되었다. 유럽연합의 리스본협정문에도 인간의 존엄성보장을 최고의 가치로 천명하면서 유럽연합의 외교적인 행위의 지향목표가 인간존엄성의 보호라는 것을 명문화하고 있다.[495]

(2) 인간의 존엄성보장의 헌법적 의의와 좌표

인간의 존엄성을 헌법적 가치로 명문화한 헌법질서에서는 인간의

---

490) Vgl. *Kant*, Die Metaphysik der Sitten, 1798, S. 139.

491) Vgl. Art. 100 BayVerf; Art. 3 HessVerf; Art. 5 Abs. 1 BremVerf.

492) "Würde und Wert der menschlichen Persönlichkeit"(유엔헌장 전문); "alle Menschen frei und gleich an Würde und Rechten"(인권선언 제 1 조 제 1 문) 참조.

493) Vgl. Art. 1 Abs. 2 HerrenChE: "Die Würde der menschlichen Persönlichkeit ist unantastbar. Die öffentliche Gewalt ist in all ihren Erscheinungsformen verpflichtet, die Menschenwürde zu achten und zu schützen." 이 기본법초안의 내용과 현 기본법 제 1 조 제 1 항의 내용은 실질적으로 동일하다.

494) Vgl. Art. 1 "Die Würde des Menschen ist unantastbar. Sie ist zu achten und zu schützen."

495) Vgl. Art. 2 S. 1 u. Art. 21 Abs. 1 EU n. F.

존엄성은 헌법질서의 최고가치를 뜻할 뿐 아니라 기본권보장의 가치지
표인 동시에 기본권 실현의 목적과 국가작용의 가치적 실천기준을 분
명히 밝힌 것이라고 할 것이다.

711
헌법상의
인간상

그에 더하여 모든 국민은 인간으로서의 존엄과 가치를 가진다는
헌법의 표현을 통해서 우리 헌법질서가 이상(理想)으로 하고 있는 인간
상(人間像)을 구체적으로 표현하고 있다고 할 것이다. 즉, 존엄성을 가
진 인간은 자주적이고 사회적인 인간일 수밖에 없으므로 우리 헌법이
전제로 하고 있는 인간은 자주적이고 사회적인 인간이라고 할 것이다.
우리 헌법재판소도 '헌법상의 인간상은 자기결정권을 지닌 창의적이고
성숙한 개체로서의 국민이다'496)라고 판시하고 있다. 결국 우리 헌법은
역사성이나 사회성에서 탈피된 채 사회로부터 유리된 개인주의적 인간
도, 또 그렇다고 해서 현대의 다원적 복합사회에서 자율성을 잃고 타
율적으로 움직이는 집단주의적 인간도 배척하고 있다고 할 것이다.

우리 헌법이 그리는 인간은 자주성을 갖는 고유한 인격의 주체가
자율적이고 책임 있는 개성신장을 통해서 모든 사회구성원과 더불어
우리 사회공동질서를 함께 형성해 나갈 사명감을 가진 자주적이고 사
회적인 인간이라고 할 것이다. 우리 헌법질서는 이러한 인간상을 전제
로 해서 마련된 우리 모두의 가치적인 통합규범이며 생활규범이라고
볼 수 있다.

(3) 인간존엄성의 규범적 의미와 기본권적 의미

a) 인간존엄성의 규범적 의미

712
자연법적
이해와
통합가치적
이해

인간의 존엄성보장을 자연법적인 관점에서 이해하려는 입장은 자
칫하면 헌법을 신학적인 과제로 전락하게 할 위험성을 내포하고 있다.
인간의 존엄성보장을 헌법적인 가치로 받아들인 독일 기본법의 초안마
련과정에서도 대부분의 기초위원이 자연법과의 연관성을 배척한 이유
도 바로 그 때문이다.497) 자연법적인 이해보다는 헌법을 마련한 정치공
동체가 인간의 존엄성을 사회통합의 공감적인 가치로 인식하고 이를
헌법의 최고가치로 규범화한 것이라고 이해하는 것이 옳다. 그 결과
인간의 존엄성보장은 헌법이 지향하는 사회통합질서의 최고가치를 뜻
한다는 의미에서 헌법은 인간의 존엄성을 최고가치로 하는 하나의 가

---

496) 헌재결 1998. 5. 28. 96 헌가 5, 판례집 10-1, 541(555면) 참조.
497) Vgl. JöR n. F. 1, 1951, 48f.

치질서(Wertordnung)라고 말할 수 있다.498)

인간의 존엄성존중을 최고의 가치로 하는 기본권의 내용은 서로
가 밀접한 상호 연관성을 갖는다고 할 것이다. 즉, 국민의 주관적 권리
는 단순히 인간의 존엄성보장에서 나오는 것이 아니라 인간의 존엄성
을 모든 생활영역에서 구체화하고 실현하려고 보장한 개별적인 기본권
과 평등권에서 나온다. 모든 개별적인 기본권은 인간의 존엄성에서만
나온다는 인식은 경계를 요한다. 개별적인 기본권마다 인간존엄성의
함축내용과 정도가 다르기 때문이다.

먼저 생명권은 인간의 존엄성과 불가분의 연관성을 갖는다. 생명
을 떠나 인간의 존엄을 논하기 어렵다. 생명은 인간존엄성보장의 활력
적인 기초를 뜻하기 때문이다.499) 인간의 존엄성이 최고의 헌법적 가치
라면 인간생명도 기본권질서의 최고가치에 해당한다.500) 독일 연방헌법
재판소도 같은 인식을 가지고 인간의 존엄성보장조항에서 인간생명의
포괄적인 보호당위성을 이끌어 내고 있다.501) 따라서 인간의 존엄성과
인간생명을 분리해서 인간의 존엄성을 생명보다 상위의 가치로 인식하
려는 입장에는502) 찬성할 수 없다. 인간의 존엄성과 생명보호는 결코
기본권적 가치의 상충관계가 아니다. 구체적인 상황에서 인간존엄성의
요구는 헌법의 최고가치로서의 인간생명보호의 관점에서 정해질 따름
이다. 우리나라에서 논의되는 이른바 '존엄사'의 논리는 빗나간 논증이
라고 할 것이다. 왜냐하면 존엄사의 논리에는 존엄성을 생명보다 우위
의 가치로 보는 사상이 깔려 있기 때문이다.503)

713
인간존엄성과
개별기본권
의 상호관계

---

498) 인간의 존엄성을 보장하는 헌법을 하나의 가치질서라고 표현한 최초의 학자는 G.
　　Dürig이다. Vgl. AöR 81, 1956, 117(119ff.). 인간의 존엄성보장을 중심으로 하는 기
　　본권 및 헌법의 가치질서적인 인식에 이의를 제기하는 학설이 많이 있지만, 그 중에서
　　도 미국의 Dworkin에서 유래하는 '원칙-규칙-모델'(Prinzipien-Regel-Modell)이 특
　　히 주목을 끄는 이론이다. 독일에서는 Alexy가 Dworkin의 모델을 따르고 있는 대표
　　적 학자다. 이들 이론의 자세한 내용은 Vgl. *Dworkin*, Taking Rights Seriously,
　　1977, S. 14ff.; *Alexy*, Theorie der Grundrechte, 3. Aufl. 1996, S. 71ff., 136f.

499) Vgl. BVerfGE 39, 1(41).

500) 우리 헌재도 같은 취지의 판시를 하고 있다. 헌재결 1996. 11. 28. 95 헌바 1, 판례
　　집 8-2, 537(545면) 참조.

501) Vgl. BVerfGE 49, 24(53); 88, 203(251).

502) 대표적으로 *Pieroth/Schlink*의 입장이다. Vgl. Grundrechte, Staatsrecht Ⅱ, 24.
　　Aufl. 2008, RN 366.

503) 그런데도 심지어 우리 대법원도 이른바 '존엄사'를 정당화하는 판결을 하고 있어 유

그 밖에도 인간의 존엄성은 인격권 내지 일반적인 행동의 자유와 아주 밀접한 관계에 있다. 우리 헌법재판소가 인간의 존엄성규정에서 인격권과 일반적 행동의 자유를 유도해 내는 것도 같은 인식에 기초하고 있다고 할 것이다. 나아가 이른바 고전적인 자유권에 속하는 신앙과 양심의 자유 또는 의사표현의 자유도 인간의 존엄성과 밀접한 연관성을 갖는다. 신체의 자유를 비롯한 사법절차적 기본권도 마찬가지이다. 반면에 집회결사의 자유는 인간의 존엄성과 밀접한 관계라고 보기 어렵다. 정당설립 및 활동의 자유도 인간존엄성의 함축내용이 크지 않은 경우이다.

그러므로 개별적인 기본권에 내포된 인간존엄성의 내용은 기본권의 본질적 내용과 구별해서 생각해야 한다.

b) 인간존엄성의 기본권적 의미

714
독자적
기본권설의
문제점

인간의 존엄성보장을 하나의 독자적인 주관적 기본권으로 인식하느냐, 아니면 단순한 '객관적 이념' 내지는 헌법상의 원리규정으로 이해하느냐는 아직도 그 논란이 끝나지 않은 쟁점이다. 앞의 논리에 따르면 인간의 존엄권침해를 이유로 하는 헌법소원이 가능하게 될 것이고, 뒤의 입장에서는 헌법소원을 인정하기 어렵다는 결론에 이른다.

생각건대 인간의 존엄성보장을 그 자체 하나의 독립적인 기본권으로 이해하고 공권력에 의한 존엄성침해를 이유로 하는 헌법소원이 가능하다고 인식하는 입장에는 동조하기 어렵다. 인간의 존엄성을 침해한다는 것은 최소한 인간의 존엄성과 불가분의 관계에 있는 생명·신체의 침해나 인간으로서의 자유로운 행동을 지나치게 제약하는 형태로 나타날 것이기 때문에 인간의 존엄성침해를 주장하는 것은 동시에 인간의 생명·신체의 자유 또는 자유로운 행동의 자유의 침해를 문제삼는 것이라고 이해할 수 있다. 그 결과 이들 기본권의 침해를 떠나 오로지 인간의 존엄권의 침해를 별도로 주장하는 것은 논리적으로 의미가 없다고 할 것이다. 인간의 존엄성에 대한 침해 자체가 허용되지 않는 일이기 때문이다.504) 우리 헌법재판소가 헌법 제10조의 인간의 존엄

감이다. 2009. 5. 21. 대판 2009 다 17417 참조.

504) 존엄성의 독자적인 기본권성을 인정하는 것은 여러 가지 논리상의 모순에 직면하게 되는데 우선 존엄권의 보호영역 자체가 성립될 수 없고, 존엄권을 인정하면 존엄권 그 자체의 상충문제가 발생하게 되어 결과적으로 존엄성을 상대화하는 모순에 빠진다. 이

과 가치의 보장조항을 인격권의 근거규정으로 이해하면서 그로부터 일반적 행동의 자유를 유도해 내는 것도 같은 인식에서 나온 결과라고 생각한다.[505] 우리 헌법재판소가 인간의 존엄성을 존엄권이라는 독자적 기본권으로 이해하고 있는지는 분명치 않다. 독일연방헌법재판소는 초기판례부터 헌법소원과의 관계에서 인간존엄성보장의 기본권적 성격을 인정하는 판시를 하고 있지만[506] 반세기가 지난 지금까지 아직도 인간의 존엄성보장조항이 왜 독자적인 기본권적 성격을 갖는 것인지 논증한 일이 없다. 우리 헌법과 달리 기본법($\frac{제2}{조}$)에서 개성신장의 자유와 생명권 및 신체적 완전성과 인격권을 따로 보장하고 있는 독일의 경우 인간의 존엄성보장의 문제는 대부분 이들 기본권과 융화된 형태로 나타나기 때문에 인간의 존엄성보장의 기본권적 성격을 따로 논증할 필요성을 느끼지 못한 것일 수도 있다. 그러나 쟁점마다 언제나 정치하고 설득력 있는 논증을 통해서 판결의 수용력을 높이고 있는 독일연방헌법재판소의 흔치 않은 논증의 공백지대에 속한다고 생각한다.

태아의 생명권보장이나 사후(死後)의 존엄성보장의 문제를 들어 인간존엄성의 기본권적 성격을 논증하려는 주장도 있지만 설득력이 약하다. 태아는 일정한 시점부터 생명권의 주체이기 때문에 국가가 태아의 생명을 보호해야 할 의무가 있는 것이지 태아가 인간존엄성을 갖기 때문에 태아의 생명권을 보호해야 하는 것은 아니다. 또 사람이 죽은 후에도 존엄성을 보장받는 것은 얼핏 생각하면 존엄성의 독자적인 기본권적 성격 때문인 것처럼 느껴지지만 오해이다. 사후에도 존엄성의 존중을 받는 것은 사람이 살아 있는 동안 형성한 인격적 가치(반드시 고매한 인격적 가치만을 뜻하지 않는다)와 유족의 망인에 대한 추모의 정을 존중해 주기 위한 것이지 이들과 유리된 주검 그 자체를 존엄성의 주체로 보기 때문은 아니다.[507] 인간의 인격체와 유리된 존엄성을 논한다는 것은 자칫 동물을 존엄성의 보호대상으로 보는 논리로까지 비약할 수도 있다. 헌법이 보장하는 것은 '인간의 존엄성'이지 '인류의 존엄성'

런 문제점에 대해서 자세한 논증은 *J. Isensee*, Würde des Menschen, in: Handbuch der Grundrechte, 2011, § 87, RN 105~110.

505) 예컨대 헌재결 1991. 9. 16. 89 헌마 163, 판례집 3, 518(524, 526면 이하) 참조.
506) Vgl. BVerfGE 1, 3322(343); 109, 133(149f.).
507) 우리 헌재도 사자의 인격적 가치를 보호할 필요성을 강조하는 판시를 하고 있다. 헌재결 2009. 9. 24. 2006 헌마 1298, 판례집 21-2(상), 685(697면) 참조.

도 '인간적인 존엄성'도 아니다. 그렇기 때문에 구체적인 인격체가 없는 미래세대의 존엄성도 헌법이 보장하는 인간의 존엄과 가치의 보호 범위에 속하지 않는다. 또 국가는 국민에게 반존엄적(존엄하지 않은)인 행동으로 스스로 존엄성을 잃지 말라고 요구할 권한이 없는 이유도 헌법은 '인간적인 존엄성'이 아닌 '인간의 존엄성'을 보장하기 때문이다.

(4) 인간존엄성의 개념적 검토

715

개념적 접근과 보호영역적 접근

인간의 존엄성은 헌법해석의 관점에서 매우 난해한 개념이다. 그래서 '비해석적인 명제'[508] 또는 '비경험상의 개념'이라고 그 개념정의의 어려움을 고백하는 학자가 많다.[509] 그렇기 때문에 인간의 존엄성을 정확한 개념정의로 접근하기보다는 인간의 존엄성이 요구하는 보호영역을 일일이 묘사하는 방법으로 이 문제를 해결하려는 시도가 많다. 그 결과 일반적으로 사람의 '인격적 자율성', '정신과 신체의 완전성', '사회적 영향력', '자의로부터의 보호' 등을 헌법이 보장하는 인간존엄성의 보호영역이라고 인식하고 있다.[510] 나아가 인간의 존엄성은 각 개개인의 구체적인 능력과는 상관 없는 보호대상이라는 점도 이론이 없다.[511] 그런데 인간의 존엄성보장의 규범적인 실효성을 가장 높일 수 있는 접근방법으로 흔히 침해의 관점에서 접근하려는 시도가 실무차원에서 많이 활용되고 있다. 특히 칸트의 도덕철학에 그 뿌리를 두고 빈트리히(Wintrich)를 거쳐 뒤리히(Dürig)에 의해서 정립된 '객체공식'(Objektformel)이 가장 보편적으로 인용되고 있다. 이 객체공식에 의하면 특정 인간을 그 자체가 목적이 아닌 단순한 지배객체 내지는 목적달성의 단순한 수단 내지는 도구로 전락시키거나 어떤 절차에서 단순한 권리 없는 객체로 취급하는 것은 인간의 존엄성을 침해하는 것이라고 한다.[512] 독일연방헌법재판소도 이 '객체공식'을 매우 자주 인용해 그 판결의 기초로 활용하고 있다.[513] 심지어 유럽인권재판소(Euro-

716

침해의 관점과 객체공식

---

508) Vgl. *Th. Heuss*, JöR n. F. 1, 1951, S. 49.

509) Vgl. *E. Forsthoff*, Der Staat 8, 1969, S. 523f.

510) Vgl. *Häberle*, HdStR Bd. 1, 2. Aufl. 1995, § 20, RN 72ff.; *Dreier*(Hrsg.), Grundgesetz-Kommentar, Bd. 1, 2. Aufl. 2004, Art. 1 Abs. 1, RN 59ff.

511) Vgl. BVerfGE 87, 209(228).

512) Vgl. *Wintrich*, FS für W. Laforet, 1952, S. 227(235f.); *Dürig*, GG-Kommentar, Stand 2009, Art. 1 Abs. 1 RN 28.

513) Vgl. BVerfGE 9, 89(95); 27, 1(6); 28, 386(391); 45, 187(228); 50, 166(175); 87, 209(228).

päischer Gerichtshof für Menschenrechte=EGMR)도 이 '객체공식'을 인용하고 있다.514) 그 결과 이 '객체공식'을 대체할 만한 더 나은 대안이 제시될 때까지는 앞으로도 상당기간 이 '객체공식'이 인간존엄성 문제를 해결하는 기준으로 활용될 것으로 보인다.

(5) 인간존엄성 보장내용의 개방성

인간존엄성침해의 '객체공식'을 적용한다면 인간의 존엄성침해가 현실적으로 나타나는 형태는 매우 다양하다. 대표적으로 집단학살, 인종 추방, 강제적인 단종, 물리적인 폭력, 인종적인 동기에 의한 여러 형태의 멸시와 차별 등을 들 수 있는데, 이런 형태의 인간존엄성의 침해는 우리 인류역사에서 경험한 고전적인 사례들이다. 미국연방대법원은 1791년의 미국연방수정헌법 제 8 조의 인권조항에 근거해서 '잔인하고 비인간적인' 형벌을 금지하는 판결을 하고 있다.515) 그리고 미국연방대법원은 이 연방헌법인권조항을 성숙한 사회에서의 인간존엄성 유지의 표준적인 지침으로 해석하고 있다.516) 국제사회에서도 인간존엄성의 보장을 중요한 명제로 인식하고 있다. 그 예로 1950년의 유럽인권협약(EMRK)517) 제 3 조는 고문금지, 비인간적이고 경멸적인 형벌 또는 비인간적인 처우의 금지를 인간존엄성보장의 가장 중심적인 내용으로 인식하고 있다.

그런데 구체적으로 어떤 것이 인간의 존엄성보장에 적합한 것인가의 평가는 각 나라의 인권상황에 따라 다르고 같은 나라에서도 역사발전과 시대상황에 따라 다르게 나타날 수밖에 없다. 그렇기 때문에 인간존엄성보장의 내용은 시대정신과 생활감각에 따라 함께 변할 수밖에 없는 개방성을 갖는다고 할 것이다. 그러나 한 가지 분명한 것은 여러 나라의 인권상황을 비교하는 비교법적 검토는 인간존엄성의 구체적 사례에서 매우 유용한 참고 기준이 될 수 있다고 할 것이다. 미국연방

717
다양한
존엄성침해
형태

718
가변적인
존엄성보장
내용과
규범적
실효성
제고방안

---

514) Vgl. EGMR, Urt. v. 25. 4. 1978, Tyrer versus Vereinigtes Königreich, Series A 26, § 33.

515) Vgl. Ford v. Wainwright, 477 U.S. 399(1986), 405.

516) Vgl. Trop v. Dulles, 356 U.S. 86(1958), 100f.: "The basic concept underlying the Eighth Amendment is nothing less than the dignity of man … The Amendment must draw its meaning from evolving standards of decency that mark the progress of a maturing society."

517) Europ. Konvention zum Schutz der Menschenrechte und Grundfreiheiten v. 4. 11. 1950.

대법원도 2000년대에 들어와 최근에는 인간의 존엄성과 관련된 구체적 사례를 해결하는 데 국제적인 법규상황을 살펴 참고하는 경향을 보이고 있다.[518]

인간존엄성 침해여부의 판단에서 간과해서는 아니 되는 명제는 인간존엄성침해를 되도록 제한적이고 엄격하게 적용해 현저하고 명백한 침해의 경우로 한정하는 것이 오히려 헌법이 보장하고 있는 인간존엄성의 규범적인 실효성을 높이는 길이라는 점이다. 사소한 경우까지 일일이 존엄성의 침해로 몰고가 법적인 대응을 하려는 것은 오히려 인간존엄성보장의 규범적인 실효성을 약화시키는 결과를 초래한다는 사실을 명심할 필요가 있다. 그런 의미에서도 우리 헌법이 인간의 존엄성보장을 상대적인 내용의 행복추구권과 연관시켜 규정하고 있는 것은 입법체계적으로도 잘못된 입법이다. 행복추구의 내용은 추상적이고 상대적이며 사람에 따라 천차만별의 차이를 보일 수밖에 없기 때문에 오히려 그런 행복추구권을 헌법상의 기본권으로 인식해서 추구하다 보면 도리어 인간의 존엄성보장마저도 아무데나 원용할 수 있는 통상의 기본권으로 착각하게 되어 그 최고의 절대적인 가치규범적 성격을 희석시키는 결과를 가져오게 한다.

(6) 인간존엄성보장의 구체적 적용

719

획일적 엄격기준과 개별적 완화기준

인간존엄성의 침해를 판단하는 규범적인 기준은 획일적으로 말하기 어렵다. 인간의 존엄성이 우리 헌법질서 내에서 갖는 최고의 가치적 성격을 고려한다면 인간의 존엄성은 불가침한 것이고 국민은 국가에 대해 존엄성을 존중해 줄 것을 요구할 수 있기 때문에 존엄성은 그 자체로 보호받을 가치이지 다른 헌법적인 가치와 비교하거나 이익형량 내지 규범조화적인 해석을 통해서 침해를 정당화할 수 있는 것은 아니라는 결론에 이르게 된다. 그 반면에 헌법의 통일성을 존중하고 모든 헌법적인 가치를 균형 있고 조화롭게 실현해야 헌법이 추구하는 사회통합을 이룰 수 있다는 관점에서 보면, 인간의 존엄성은 그 존엄의 핵심(Würdekern)을 제외하고는 각 구체적인 경우에 여러 가지 상충하는

---

518) Vgl. Atkins v. Virginia, 536 U.S. 304(2002) FN 21: "Moreover, within the world community, the imposition of the death penalty for crimes committed by mentally retarded offenders is overwhelmingly disapproved"(정신장애범인에 대한 사형형벌의 부과에 대한 사례).

다른 가치와의 비교검토를 통해서 비로소 개별적으로 그 침해여부를 판단할 수 있다는 결론에 이른다.

전자의 획일적인 엄격기준으로 보면 인간존엄성의 침해에 해당하는 경우도 후자의 개별적 완화기준을 적용하면 그렇지 않은 경우가 발생할 수 있게 된다. 전자는 획일적이고 절대적인 침해금지를 요구하지만, 후자는 개별적이고 조화적인 평가를 요구한다.

예컨대 전자의 엄격기준에 따르면 신체의 물리적인 강제, 생명박탈 등의 경우는 언제나 인간의 존엄성 침해를 의미하지만, 후자의 완화기준에 따르면 그 경우도 일률적으로 존엄성의 침해라고 말하기 어렵다. 엄격기준은 인간의 존엄을 하나의 절대적인 침해금지의 대상으로 평가하는 데 반해서, 후자는 인간의 존엄도 상황에 따른 종합적인 평가의 대상으로 인식한다. 전자의 엄격기준은 앞에서 언급한 집단학살(genocide), 인종 추방 등 인간 존엄성침해의 고전적인 사례를 근거로 정당성이 강조되는 것이라면, 후자의 완화된 기준은 사생활 영역의 도청, 주거 내의 영상감시, 본인의사에 반하는 강제급식 등의 경우처럼 그 목적과 수단의 비례성 등을 종합적으로 평가하지 않고는 획일적으로 존엄성의 침해를 단정하기가 어렵다는 데에 그 타당성의 근거가 있다.

평가의 단순함을 추구한다면 인간존엄성의 불가결한 핵심영역을 미리 정해서 이 핵심영역에 대한 침해는 예외 없이 언제나 인간존엄성의 침해로 평가하는 것이 편하다. 그러나 실무차원에서 그런 단순하고 획일적인 평가방법은 많은 제약과 어려움에 봉착하게 된다. 왜냐하면 존엄성의 핵심을 객관적으로 확정하기도 쉽지 않을 뿐 아니라, 존엄성 침해가 발생하는 상황이 다 다르고 존엄성의 주체가 국가에 대해서 존엄성존중을 요구할 수 있는 입장과 여건도 다 같지 않기 때문이다.

그렇기 때문에 인간존엄성의 침해가 문제되는 사례를 합리적으로 해결할 수 있는 가장 바람직한 방법은 역시 구체적인 상황에 따른 형량적인 평가 내지는 조화적인 평가를 하는 것이라고 할 것이다. 독일에서도 학설과 판례는 주로 이 방법에 따르고 있다.[519] 특히 존엄성 그 자체보다는 국가에 대해서 존엄성의 존중을 요구하는 존엄성의 주체가

720
조화적
평가의
필요성

---

519) 예컨대 Vgl. BVerfGE 6, 389(439); 20, 323(331); 30, 1(25f.), 173(196); 45, 187(228); 64, 261(272); 72, 105(114); 109, 133(149ff.), 279(313ff.); 120, 224 (239ff.).

처한 구체적인 상황을 종합적으로 고려해서 존엄성침해여부를 평가하는 것이 일반화되고 있다. 존엄성의 침해사례에서 존엄성의 존중요구는 그 주체가 처한 구체적인 상황을 종합적으로 검토해야만 그 요구의 타당성여부가 정해지기 때문이다. 구체적인 상황을 떠나서 추상적으로 존엄성의 침해여부를 판단하는 것은 합리적인 결론에 이르기 어려울 뿐 아니라 오히려 타부(tabu)시 되는 침해영역을 매우 좁게 제한할 수밖에 없다는 딜레마에 빠지게 된다. 왜냐하면 획일적이고 추상적인 평가에서는 범인과 희생자, 경미한 형사범과 중대한 형사범, 보호대상의 적고 많음의 구별은 할 필요가 없어지기 때문이다. 그 결과 사람에 따라 다른 평가가 나오는 것을 염려할 필요는 없어진다.

그렇지만 그런 접근으로는 인간존엄성침해 사례를 균형 있고 합리적으로 해결하기 어렵다. 예컨대 판단능력이 없는 사람에 대한 강제적인 단종조치와 상습적인 성 범죄자에 대한 강제적 · 화학적 약물치료 또는 물리적 거세조치를 같은 기준으로 평가할 수밖에 없다는 모순에 빠진다. 독일연방헌법재판소는 항공안전법(Luftsicherungsgesetz)의 위헌여부 심판에서 비행 중인 여객항공기를 테러목적의 무기로 사용하려는 항공기 납치범들이 무고한 민간 탑승자들을 인질로 삼아 테러목표물에 접근하고 있는 긴박한 상황에서 독일의 항공자위병력이 국민과 테러목표물의 생명과 안전을 보호하기 위해 해당항공기를 표적 사격해서 격추할 수 있도록 허용하고 있는 항공안전법의 수권조항에 대해서 위헌결정을 했다. 그런 수권은 인질로 잡혀있는 무고한 국민을 국가 안보목적의 단순한 수단(무기)으로 삼는 일이기 때문에 허용할 수 없다고 강조했다. 그러면서 인질로 잡힌 탑승객은 '어차피 죽을 목숨'이라는 논리나, 테러의 성공으로 야기될 더 많은 다수 국민의 생명을 보호하기 위해 인질의 희생은 불가피한 수단이라는 논리도 모두 배척했다. 다수 생명을 구하기 위한 소수 생명의 희생을 감수해야 한다는 논리는 생명과 생명을 그 수에 따라 이익형량하려는 그릇된 논리라고 비판했다. 이 판결에서 독일연방헌법재판소는 특히 항공기 납치테러범들의 인간의 존엄성침해는 전혀 문제될 것이 없다고 범인들의 책임범위를 매우 넓게 인정했다. 즉, 납치범과 인질들을 분명히 구별해서 그들이 처한 구체적인 위기상황에서의 각자의 책임과 피해의 고려를 떠난 획

일적인 생명권과 존엄성 보호여부의 평가는 비례성의 원칙에 반한다고
판시했다.[520] 범인만이 탐승하고 있거나 테러에 투입된 무인항공기에
대한 격추는 합헌이라고 판시한 이유도 그 때문이다.[521]

  이 사례에서 보듯 결국은 인간존엄성의 침해가 문제되는 경우에
는 어차피 다른 기본권침해 사례에서처럼 목적과 수단의 관련(Zweck-
Mittel-Relation) 관점에서 접근할 수밖에 없다. 기본권침해의 위헌여부
를 판단하는 과잉금지원칙이 원용될 수밖에 없다는 결론에 이른다. 그
결과 인종적인 이유 때문에 차별대우를 하는 경우처럼 그 수단이나 결
과를 떠나 그 목적 자체 때문에 존엄성의 침해로 평가할 수 있는 경우
도 있다. 독일에서도 인간존엄성의 침해여부를 과잉금지원칙에 따라
판단한 사례가 많다. 범죄의 책임에 비례하지 않는 과중한 형벌을 금
지하는 것이나,[522] 원칙적으로 인격적 존엄성의 침해에 해당하는 종신
형이라도 중대한 범죄자에 대해서 무거운 형벌책임을 물을 수밖에 없
고 다른 선택의 여지가 없다면 허용해야 한다는 판시나,[523] 보호감호처
분은 처분 대상자의 지속적인 위험성으로 인해서 불가피한 경우에 한
해서 인간존엄성과 조화될 수 있다는 판례,[524] 핵심적인 사생활영역에
대한 도청의 존엄성 침해여부에 대한 판단도 도청이 이루어진 전체적
인 상황을 종합적으로 검토해서 판단해야 한다는 판례[525] 등은 그 예이
다. 물론 과잉금지원칙을 적용하는 경우에도 인간존엄성의 침해가 존
엄성의 핵심영역에 대한 것인지 그 외곽영역에 대한 것인지에 따라 평
가가 달라질 수밖에 없는 것은 당연한 일이다. 인간존엄성의 핵심영역
에 대한 침해에 해당되어 절대적으로 금지되는 가장 명백한 존엄성침
해 사례는 사람에게 물리적으로 고통을 주는 고문이다. 고문은 어떠한
상황에서도 허용할 수 없는 대표적인 인간존엄성의 침해라고 할 것이
다.[526] 유럽인권협약 제 3 조와 유엔 고문방지협정도 고문을 절대적으

과잉금지
원칙의 적용

520) Vgl. BVerfGE 115, 118(153ff., 160ff.).
521) Vgl. BVerfGE 115, 118(160f.).
522) Vgl. BVerfGE 6, 389(439).
523) Vgl. BVerfGE 64, 261(272).
524) Vgl. BVerfGE 109, 133(149ff.).
525) Vgl. BVerfGE 109, 279(313ff.).
526) 독일에서 일부 학자는 고문의 경우에도 이익형량을 통해서만 인간존엄성의 침해여부
   를 판단할 수 있다고 주장한다. Vgl. *Kloepfer*, in: FS 50 Jahre BVerfG, Bd. Ⅱ,
   2001, S. 77(97f.); *Starck*, in: v. Mangoldt/Klein/Starck, GG I, 5 Aufl., 2005, Art.

로 금지하고 있다.527)

2. 인간존엄성의 전제로서의 생명권

721
생명은 법적
보호대상

인간은 이 세상에 태어나서 저 세상으로 갈 때까지 목숨을 아끼며 살아 간다. 스스로의 목숨을 지킨다고 하는 것은 인간의 가장 본능적인 욕망에 속한다. 하지만 자기의 목숨을 자기 스스로만이 지켜야 한다고 하는 것은 현대와 같이 법에 의해서 규제되는 사회 속에서는 생각할 수 없다. 원시사회와 달라서 국가에 대한 관계에서나 다른 사회구성원과의 관계에서나 언제나 법질서 속에서 살아가는 인간의 목숨은 역시 법적인 보호를 받지 않을 수 없게 된다. 형법을 비롯한 많은 법률 속에 인간의 생명을 보호하기 위한 무수한 규정이 들어 있는 것은 바로 그 때문이다.

722
생명권의
헌법규정

인간의 생명이 법적으로 보호를 받지 못하는 경우에는 인간이 살아가는 데 필요한 여러 가지 자유나 재산에 대한 법적인 보호도 무의미하게 된다. 생명이 없는 인간생활을 상상할 수 없기 때문이다. 따라서, 국민의 일상생활과 밀접한 관계가 있는 여러 가지 자유권과 수익권이 헌법적으로 보장되는 현대적인 헌정국가에서는 마땅히 '생명에 대한 권리'(Recht auf Leben)도 헌법적인 형태로 보호되지 않을 수 없다. 국가에 따라서는 생명권을 기본권의 형태로 헌법에 명문화하고 있는 경우도 있으나, 대다수의 국가는 생명권에 대한 헌법적 규정을 포기하고 있다. 많은 나라가 생명권에 대한 규정을 헌법에 두지 않고 있는 이유는 생명권을 경시해서라기보다는 오히려 생명권을 너무나 당연한 인간의 권리로 보기 때문이라고 말할 수 있다. 생명권을 헌법에 명문으로 규정하고 있는 대표적인 예로 독일기본법(제2조 제2항)을 들 수 있고, 그 반대의 예로 우리나라 헌법을 들 수 있다. 하지만 우리나라의 학설·판례도 인간의 존엄성과 신체의 자유의 당연한 기초를 의미하는 생명권을 헌법상의 권리로 인정하고 있다.528)

생명권문제의
다양성

생명권이 헌법에 명문화된 경우든 아니 된 경우든 생명권의 문제는 헌법이론적으로도 여러 가지 어려운 문제를 내포하고 있다. 정당방

---

1 Abs. 1, RN 79.

527) Vgl. EGMR, Urt. v. 30. 6. 2008.

528) 헌재결 1996. 11. 28. 95 헌바 1, 판례집 8-2, 537 참조.

위와 생명권의 문제, 사형의 문제, 직무수행에 수반되는 생명의 위험과 생명권의 문제, 전쟁행위에 의한 살해와 생명권의 문제, 자살행위와 생명권의 문제, 안락사와 생명권의 문제, 인공임신중절행위와 태아의 생명권의 문제 등이 그 예이다. 모두가 하나같이 가볍게 다룰 수 있는 문제는 아니다.

이 곳에서는 독일의 학설 · 판례를 중심으로 생명권에 대한 헌법적 보장의 연혁과 그 이념적 기초를 살펴보고 생명권의 내용과 한계를 논함으로써, 위에 열거한 문제들에 대한 해답을 간접적으로만 암시하는 데 그치기로 한다.

(1) 생명권에 대한 헌법적 보장의 연혁과 그 이념적 기초

a) 생명권에 대한 헌법적 보장의 연혁

독일기본법 제 2 조 제 2 항 제 1 절(누구나 생명과 신체의 자유에 대한 권리를 가진다)과 제102조(사형제도는 폐지된다)가 '생명에 대한 권리'를 보장하고 있지만, 이 두 가지 규정이 기본권에 대한 다른 헌법규정들처럼 확고한 헌법적 전통에 의해서 전래된 것은 아니다.529) Weimar 공화국 이전의 독일헌법은 물론 Weimar 공화국헌법에도 생명권에 대한 이렇다 할 명문의 언급이 없었다. 제 2 차 세계대전이 끝난 후에야 비로소 독일의 몇 개 주헌법에530) 생명권에 대한 규정이 처음으로 나타났고, 독일기본법의 생명권에 관한 규정은 이들 주헌법의 규정보다 뒤늦게(1949) 제정된 것이다.

생명권에 대한 명시적인 헌법적 보장이 다른 기본권에 대한 보장보다 뒤늦게 이루어진 것은 독일 이외의 다른 나라에서도 마찬가지다. 핀란드헌법($\binom{제 6 조}{제 1 항}$),531) 아일랜드헌법($\binom{제40조}{제 2 항}$),532) 포르투갈헌법($\binom{제 8}{조}$),533) 터키헌법($\binom{제10조}{제 1 항}$)534) 등의 생명권에 관한 규정은 그 예라고 볼 수 있다. 오스트리아의 경우는 이미 1867년에 제정된 국민의 일반적인 권리에 관

723
생명권규정의
현대성

---

529) Vgl. *R. Herzog*, Der Verfassungsauftrag zum Schutz des ungeborenen Lebens, JR 1969, S. 441; W. Leisner, Lebensrecht, in: EvStL, 2. Aufl. 1975, Sp 1331f.

530) Vgl. Art. 3 der Hessischen Verfassung; Art. 3 der Verfassung von Rheinland-Pfalz; Art. 4 der Verfassung von Württemberg-Hohenzollern.

531) Vgl. *P. C. Mayer-Tasch*, Die Verfassungen Europas, 2. Aufl. 1975, S. 140.

532) Vgl. (FN 531), S. 289.

533) Vgl. (FN 531), S. 500.

534) Vgl. (FN 531), S. 731; dazu auch *E. E. Hirsch*, Die Verfassung der türkischen Republik, 1966, S. 94/5.

한 국가기본법 제 8 조가 '인간의 자유'(Freiheit der Person)를 보장하고 있기 때문에, 이 규정 속에 당연히 생명권도 포함되고 있는 것이라고 하는 이론이[535] 비로소 최근에야 통설이 되고 있다.

생명권이 뒤늦게나마 이처럼 여러 나라의 헌법에 명문으로 규정 되게 된 것은 역시 종전 후에 생명권에 대한 국제적인 인식이 달라졌 다는 데도 그 원인을 찾을 수 있을 것 같다. 1948년 12월 10일 유엔 총회에 의해서 채택된 인권선언 제 3 조가 생명권을 인간의 권리로 선 언한 것이라든지, 1950년에 행해진 유럽인권협약 제 2 조가[536] 역시 생 명권의 보장을 상세히 규정하고 있는 것 등은 생명권의 상술한 헌법적 규정에 적지 않은 영향을 미쳤으리라고 짐작할 수 있다. 이와 더불어 1946년 유엔 결의에 의해서 1948년 12월 채택된 인종에 대한 집단살 해의 방지 및 처벌에 관한 협약이라든가, 생명에 대한 특별한 보호를 그 내용으로 하는 인간의 시민권과 정치적인 권리에 관한 국제협약 제 6 조 제 1 항과 제 7 조,[537] 1969년 11월 22일의 미국인권협약[538] 등은 생명권의 헌법적 보장과 관련해서 주목을 끄는 국제적인 움직임이라고 볼 수 있다.

생명권의 헌법적 보장규정이 지연된 이유

생명권에 대한 헌법적 보장이 왜 다른 기본권보다 훨씬 늦게 이루 어졌겠는가에 대해서는 우선 다음의 몇 가지 설명이 가능하다고 보여 진다.

724
자유권과 생명권의 밀착성

첫째, 생명권은 헌법에 특별한 언급이 없어도 인간이 갖는 자유권 의 당연한 전제로 간주되었다는 점이다. 사실상 인권보호를 위한 영국 의 대헌장이나 인신보호영장제도가 단순히 불법적인 체포·구금만을 막기 위해서 마련된 것이었다고 볼 수는 없다. 불법적인 체포·구금이 대개 고문과 교수대로 향한 제일보였었다는 그 당시의 사정을 상기할 때, 무죄인 사람의 신체의 자유와 생명을 보호하기 위해서는 우선 무

---

535) *L. Adamovich*, Handbuch des österreichischen Verfassungsrechts, 6. Aufl. 1971, S. 521f.

536) Dazu *K. J. Partsch*, Die Rechte und Freiheiten der europäischen Menschen-rechtskonvention, in: Die Grundrechte Ⅰ/1, S. 235ff.(334f.); *B. Moser*, Die Europäische MRK und das bürgerliche Recht, Wien 1972, S. 131.

537) Dazu *M. S. McDougal*, Die Menschenrechte in den Vereinten Nationen, in: Die Grundrechte Ⅰ/1, S. 493ff.(519f.).

538) ArchVR 15(1971/2), S. 346f.

엇보다도 소송절차적인 보장과 법률에 의한 법관의 제도가 필요하다는 확신하에서 마련된 제도였었다고 보아야 한다. 실제에 있어서도 사형제도와 고문이 제도적으로 인정되고 있던 당시의 상황하에서 생명권을 일반적으로 선언한다고 하는 것은 무의미한 일이었고, 생명권은 다만 자유권보호의 형태로 소송절차적으로 보호될 수밖에는 없었다. 따라서, 당시에 행해진 인간의 자유에 대한 부르짖음은 바로 인간생명을 보호하기 위한 전술이었다고 말할 수 있다. 생명권과 자유권의 이와 같은 밀접한 관계는 오늘날에 있어서도 마찬가지다. 생명권을 보장하고 있는 대부분의 국가의 헌법이나 국제적인 협약은 예외없이 자유권과 생명권을 밀착시키고 있다. 생명이 없는 인간의 자유를 생각할 수 없기 때문에 자유의 개념 속에 이미 개념적으로 생명이 내포되고 있다고 하는 것을 명백히 나타내고 있다.

둘째, 20세기 전반기까지만 해도 인간생명은 오로지 형법의 보호 대상으로만 생각했었기 때문에, 헌법적으로 따로 보호할 필요가 없었다는 점이다. 생명이나 신체가 제 3 자에 의해서 침해되는 경우에는 옛날부터 형법에 의해서 다스려졌던 것이 사실이다. 또 한편, 생명권을 구태여 헌법적인 문제로 끌어올리는 계기가 될 정치적 기폭제 같은 사건도 그 때까지 일어나지 않았었다. 결국 전통적으로 형법의 보호 객체로만 간주된 인간의 생명이 헌법적인 문제가 되기 위해서 필요한 정치적인 여건이 20세기 전반기까지만 해도 아직 갖추어지지 않았다고 하는 데 그 이유가 있다고 할 것이다.

725

정치적
여건의
미성숙

생명권의 헌법적 보장에 의해서 제 3 자에 의한 생명의 침해를 막으려고 하는 것은 기본권의 성질상(기본권의 대국가적 효력) 처음부터 불가능했다고 보는 견해도[539] 있으나, 이는 부당하다고 보아야 한다. 기본권의 대국가적 효력만을 지나치게 강조한 나머지 생명권과 같은 핵심적인 기본권의 제 3 자에 대한 효력을 완전히 부인하는 태도는 재검토할 여지가 있다.[540] 실제에 있어서도 국가권력에 의한 생명의 침해는 그것이 형사소송절차에 의한 것이든 국가의 전쟁행위에 의한 것이든 간에, 그 때까지만 해도 아직 기본권의 침해로 평가되지 않았던 것이

야경국가적
시대상황

539) So ÖstVerfGGH EuGRZ 1975, S. 74ff.(76); zutr. dagegen *R. Herzog*(FN 529), S. 443.

540) Vgl. dazu *W. Leisner*, Grundrecht und Privatrecht, 1960, S. 11f.

사실이다. 또, 20세기 전반기까지만 해도 국민생활에 대한 국가의 간섭이 오늘날의 사회국가 내지는 복지국가에서처럼 다양한 것이 아니었기 때문에, 당시의 자유주의적인 법질서하에서는 아직 국가권력에 의한 생명권의 침해를 크게 두려워할 필요가 없었다고 하는 데도 생명권에 대한 헌법적 보장이 결핍되었던 이유를 찾을 수 있다. 결국 생명권이 형법에 의한 보호에 국한되었던 당시의 상황은 당시의 야경국가적 성격과도 일정한 관계가 있다고 할 수 있다.

726

생명권침해
사례의
희소성

셋째, 오늘날도 그렇지만 특히 옛날에는 생명권이 형법의 영역을 떠나서 문제되는 경우가 극히 드물었기 때문에 헌법적인 보장이 당장 시급한 일이 아니었다는 점이다. 재산권이나 언론의 자유의 문제 등과는 달라서 헌법상 생명권이 심각하게 문제된 것은 나치 시대를 제외하고는 금세기에 들어와서 두 가지 경우가 있었다고 볼 수 있다. 안락사 및 낙태와 결부된 생명권의 문제가 바로 그것이다.541) 사실상 안락사와 낙태의 문제도 다른 나라에서는 단순히 형법의 범위 내에서 다룰 수 있는 문제였지만, 독일에서만은 나치 시대의 쓰라린 경험 때문에 심각한 정치적인 문제로 다루어질 수밖에 없었다고 말할 수 있다.

나치경험의
산물

안락사와 낙태의 문제가 독일에서 정치적인 문제로 된 것은 Weimar 헌법이 발효한 후라고 볼 수 있다. 안락사에 대한 격렬한 논쟁은 1920년 발표된 Binding과 Hoche의 논문542)이 그 계기가 되었고, 낙태에 관한 시비는 1930년 7월 7일 당시의 국회에 제출된 사민당의 법률안에 의해서 비롯되었고, G. Radbruch가 이에 동조함으로써 더욱 격렬해졌었다고 말할 수 있다. Weimar 시대의 안락사와 낙태를 둘러싼 학자들간의 진지한 논쟁과 나치정권의 생명권에 대한 거센 도전을 경험한 독일 내에서는 생명권이 가지는 커다란 정치적인 의미를 누구나가 느낄 수 있었기 때문에 1945년의 종전과 함께 인간의 존엄성과 생명권이 우선 독일에서 헌법적 보장의 형태로 나타난 것은 결코 우연한 일은 아니다.

727

이렇게 볼 때, 독일기본법상의 생명권에 관한 규정은 명백히 반나

---

541) Zur Problematik vgl. *H. E. Ehrhardt*, Schwangerschaftsabbruch und Euthanasie, Arch. f. Kriminologie 1973, S. 129ff.(139f.).

542) *K. Binding/A. Hoche*, Die Freigabe der Vernichtung lebensunwerten Lebens, ihr Maß und ihre Form, 1920.

치주의적 성격을 가진 것이라고 할 수 있고, 독일연방헌법재판소가[543] 생명권에 관한 독일기본법의 두 규정에서 인간생명의 절대적인 가치에 대한 신앙적인 고백같은 것을 찾아 내고, 인간의 생명을 단순한 국가목적의 수단으로 삼는 나치적 국가관에 대한 명백한 결별 선언을 이끌어 내는 것도 스스로 이해가 간다. 그렇다고 해서 독일기본법상의 생명권을 이해하는 데 있어서 그것을 나치적 과거의 반복을 막을 수 있는 헌법상의 만능무기로 보고 생명권에 대한 헌법적 보장을 지나치게 높이 평가하는 것도 경계해야 할 일이다. 이미 Hitler 시대에 현재와 같은 생명권의 헌법적 보장이 있었다고 가정하더라도, 한두 가지의 헌법규범에 의해서 생명권에 대한 집요한 권력의 도전을 막을 수 있었다고 판단하는 것은 천진스런 생각이 아닐 수 없다. 인간생명에 대한 정치적인 폭력행위가 어느 시대든 있게 마련이라면, 그와 같은 폭력행위는 헌법규범만에 의해서는 막을 길이 없다고 하는 달관을 간직할 필요가 있다. 아울러 인간생명에 대한 국가적인 위협은 대개가 학자들의 준비 작업에 의해서 그 바탕이 마련되는 것이라는 것을 명심할 필요가 있다. 나치정권이 정당화의 구실로 즐겨 인용한 '무가치한 생명' (lebensunwertes Leben)이라는 개념이나, "인간생명의 가치는 단순히 zero일 수 있을 뿐 아니라 나아가서 마이너스가 될 수도 있다"는 말은 결코 Hitler의 머리에서 나온 것은 아니었다. 형법학자 Karl Binding[544]에 의해서 인간의 생명이 이미 그처럼 상대적인 가치로 변질된 다음에는 어떠한 법률규범도 생명권을 보호할 힘을 나타낼 도리가 없는 것이다. 따라서 독일기본법상의 생명권에 관한 규정이 단순히 제 2 의 제 3 제국을 방지할 목적으로 있는 것이라면, 차라리 그 규정을 삭제하는 것이 현명할는지도 모른다. 한두 가지의 헌법규범이 독재자와 마주 서서 싸우기 위해서는 너무나 힘없는 종이 쪽지에 불과하기 때문이다. 따라서, 생명권에 대한 유일한 효과적인 보장은 권력행사를 효과적으로 통제하고 제약할 수 있는 합리적인 권력구조라고 말할 수 있다. 생명권에 대한 헌법적 보장은 결국 이와 같은 합리적인 권력구조를 전제로 해서만 참다운 미래지향적 기본권이 될 수 있는 것이다.

기본법의
반나치주의
적 성격

---

543) BVerfGE 18, 112ff.(117); auch BVerfGE 39, S. 1ff.(36/7).
544) Vgl. (FN 542), S. 27.

b) 생명권의 이념적 기초

728

자유권의
이념적
기초와의
연관성

생명권의 이념적 기초를 찾아 내는 것은 법학의 과제라기보다는 철학이나 신학의 영역에 속한다고 볼 수 있다. 생명권의 이념적 기초를 다룬 법학의 문헌이 극히 드문 것도545) 그 때문이다. 하지만 법리적으로 볼 때 생명권의 이념적 기초는 역시 자유권의 이념적 기초 내에서 찾아볼 수가 있다고 본다.

α) 기독교사상과 인간생명

729

개인주의적
기독교사상

생명권의 이념적 기초를 가장 명백하게 설명할 수 있는 것은 역시 기독교의 입장이라고 할 수 있다. 기독교의 교리에 의하면 인간의 생명은 오로지 창조주에 의해서 주어지는 것이기 때문에 인간의 생명은 다른 모든 것에 우선하는 절대적인 가치를 가지게 되고, 따라서 인간의 생명은 거의 신성불가침한 것으로 간주된다. 왜냐하면, 인간의 생명을 빼앗을 수 있는 자는 오로지 인간에게 생명을 준 창조주뿐이라고 믿기 때문이다. 기독교가 자살행위를 날카롭게 비판하는 것도 그 때문이다. 기독교의 입장에서 볼 때 인간의 생명은 현세적인 가치와 내세적인 가치를 함께 간직하는 것이기 때문에 인간생명의 절대적인 보호 없이는 내세지향적 기독교교리가 유지될 수 없다. 또 한편, 기독교사상에서는 개인주의가 그 중요한 부분을 차지하고 있기 때문에 사회공동체보다는 그 개개의 구성원을 더 중요시하지 않을 수 없다. 하느님은 인간 하나하나를 창조하셨지 사회공동체를 만든 것은 아니기 때문에, 사회공동체는 기독교에 있어서는 인간이 내세로 가기 위해서 거쳐가는 과정에 지나지 않는다. 사회공동체가 인간의 집단임에는 틀림없으나, 사회공동체 그 자체가 하느님의 심판을 받는 것이 아니고 결국은 하나하나의 인간만이 하느님의 심판대에 설 수 있다고 보기 때문에, 인간 하나하나의 가치가 사회공동체의 가치보다 더 중요시되게 된다. 이렇게 볼 때, 기독교의 안목에서는 인간의 생명이란 포기가 불가능하고 절대적일 뿐 아니라, 내세지향적인 현세의 최고가치를 의미하게 된다.

---

545) Vgl. etwa *Lindemann*, Körper und Name des Menschen, DVBl. 1957, S. 37ff. (38f.); *K. Marschall*, Grundsatzfragen der Schwangerschaftsunterbrechung im Hinblick auf die verfassungsrechtlich gewährleisteten Rechte auf Leben, Jur. Blätter 1972, S. 548f.

β) 휴머니즘과 인간생명

휴머니즘이 보는 인간생명의 가치는 이를 두 가지 측면에서 검토할 필요가 있다. 종교적인 휴머니즘과 비종교적인 휴머니즘이 바로 그것이다.

휴머니즘이 내세관과 결부된 경우에는 개인주의가 가장 강력한 형태로 나타난다. 따라서, 휴머니즘의 인간생명에 대한 평가는 기독교의 그것보다 더 승화하게 된다. 모든 것이 인간중심으로 생각되고 행해지는 휴머니즘에 있어서 인간의 생명은 유일무이한 '신성' 바로 그것이 아닐 수 없다. 따라서, 종교적으로 채색된 휴머니즘에서 개인주의는 비로소 그 내용이 극대화된다고 말할 수 있다.

반면에, 내세관과 결부되지 않은 휴머니즘에 있어서도 인간의 생명은 언제나 절대적인 최고의 가치를 가지게 된다. 인간의 생명이 현세에서 그치고, 내세로 이어지지 않는다고 보는 경우에 인간생명의 절대적인 가치는 내세와 결부된 것이 아니고 오로지 현세국한적인 것이 된다. 하지만 이 경우 내세 그 자체가 부인되기 때문에 인간의 생명은 오히려 전혀 보충될 수도, 재생될 수도 없는 절대적인 의미를 얻게 된다. 따라서, 내세적인 보상의 길이 없는 인간생명을 침해하는 것은 더욱 큰 죄악으로 평가된다. 이처럼 인간생명의 침해를 정당화할 만한 더 높은 가치라고 하는 것을 인정할 수 없기 때문에, 현세적인 생명의 가치는 그만큼 절대적인 것이 되고, 따라서 비종교적인 휴머니즘에 있어서도 인간의 생명은 흡사 종교적인 차원에 이르게 된다.

γ) 사회주의와 인간생명

사회주의의 이데올로기에 있어서도 그 이데올로기가 종교적인 기반 위에 서게 되는 경우나, 아니면 적어도 비종교적인 휴머니즘과 사상적인 연관 관계를 갖는 경우에는, 인간의 생명이 역시 최고의 가치를 의미하게 된다. '사회주의적 민주주의'(Sozialdemokratismus)라는 개념이 오늘날 성립될 수가 있다면, 그것은 종교적인 세계관이나 비종교적인 휴머니즘을 모두 포용할 수 있는 개념이다. 강한 사람과 약한 사람, 부유한 사람과 가난한 사람을 구별하지 않고 모든 인간의 생명을 균등하게 가치 있는 것으로 만드는 것이 사회주의의 기본이념이라면, 사회주의는 이념적으로 바로 인간생명이라는 최고 가치 위에 바탕

730

인간생명의
절대성

731

인간생명의
최고가치성

을 둔 것이라고 할 수 있다. 인간생명의 최고가치성을 인정하지 않는 사회주의는 따라서 무의미할 뿐 아니라 불합리한 것이 된다.

하지만 사회주의가 지나치게 집단주의적 경향으로 발전하는 경우에 인간생명을 귀중히 여기는 사회주의의 기본이념을 소홀히 하거나 그로부터 멀어지는 경우를 종종 볼 수 있다. 인간생명에 대한 아무런 고려를 하지 않고 계급투쟁을 능사로 삼는 것은 결국 인간의 생명을 구실로 해서 인간의 생명을 박탈하는 모순에 빠지게 된다. 미래의 세

732
인간생명에
대한
사회주의의
양면성

대에게 보다 값진 생명을 주기 위해서 오늘의 세대를 희생시켜야 한다는 것은 미래의 생명을 오늘의 생명보다 상위에 놓게 되는 것이고, 그것은 또한 인간의 생명을 '수량화'함으로써 오늘의 제한된 수의 인간생명보다 미래의 무한한 수의 생명을 더 중요한 것으로 보는 결과가 된다. 이와 같은 이론은 따라서 포기할 수도 없고 대체시킬 수도 없는 인간생명에 대한 도전을 의미할 뿐 아니라, 그 최고의 가치성을 부인하는 것에 지나지 않는다. 따라서, 어떤 형태의 것이든 간에 집단주의적 경향 내지 전체주의적 경향은 인간생명의 이름으로 이를 배척하지 않으면 아니 된다. 가까운 독일역사가 웅변으로 말해 주듯이 집단이 개인보다 앞서고 전체를 위해서 개인이 희생해야 된다는 따위의 집단위주, 전체위주의 사고방식이 궁극적으로는 제지할 수 없는 거대한 팽창력을 가지고 번져 나갈 때 오늘은 재산, 내일은 자유, 그리고 모레는 생명의 순으로 하나하나 우리 인간의 전부를 삼켜 버린다고 하는 사실을 명심해야 된다.

이렇게 볼 때 오늘날 통용되는 정치적인 이데올로기로서의 사회주의는 인간생명을 보호하는 측면과 인간생명을 위협하는 측면을 동시에 가지고 있다고 볼 수 있다.

(2) 생명권의 내용과 한계

a) 생명권의 대상—'생명'

a) 자연현상이냐 법적 개념이냐

733
자연현상 및
법적개념으
로서의 생명

생명권의 대상인 인간생명을 자연현상으로 이해할 것이냐, 아니면 법적 개념으로 파악할 것이냐의 문제가 우선 제기된다.

인간은 사회적 동물이기 때문에 생명은 하나의 생물적 현상인 동시에 사회적 현상임에 틀림없다. 따라서, 인간생명이 법적으로 보호

되는 것은 생명이 단순히 사회적 기능의 주체이기 때문만은 아니고, 그것이 하나의 자연현상이라는 사실 때문이기도 하다.[546] 그렇다고 생명의 자연현상적 측면만을 지나치게 중요시한 나머지 생명의 법적 의미를 따지는 데 있어서도 이를 자연적인 개념에 국한시키려는 견해는 찬성할 수 없다. 생명을 자연현상적 측면에서만 이해하는 경우에는 생명은 오로지 인간의 육체적인 존재 형태를 의미하게 되고, 따라서 언제부터 생명이 존재하느냐의 문제는 오로지 생물학적·생리학적 관점에 의해서 결정된다.[547] 생명에 대한 사회과학적 가치평가는 따라서 처음부터 개념적으로 불가능한 것이 되고 만다.

인간의 생명을 보호하는 것이야말로 국가의 중요한 정치적·법적 과제라고 보아야 하겠기 때문에, 국가는 생명권의 내용에 대한 결정책임을 완전히 자연과학자 또는 의학자들에게 맡기거나 그들의 견해를 받아들이는 것으로 만족할 수가 없다고 본다. 자연과학자나 의학자들 사이에도 생명의 개념에 대한 견해가 일치하지 않고 있을 뿐 아니라, 생물학적 또는 의학적 연구결과의 진전에 따라서는 심지어 매일 인간생명의 개념이 달라질 수도 있다. 이와 같은 가변적인 생명개념은 법적 안정성의 견지에서 도저히 받아들일 수가 없는 반법치국가적 현상이라고 아니 할 수 없다. 인간생명의 시기와 종기를 확정하는 문제가 결코 단순한 일이 아닌 것과 마찬가지로, 인간생명의 가치를 평가하는 문제도 간단치가 않다. 예로부터 의학자들의 입을 통해서 무가치한 인간생명의 이론이[548] 주장된 사실이나 안락사의 정당성에 관한 주장이 잦았던 사실을 상기할 때, 인간의 생명이 자연과학자나 의학자의 손에 의해서 더 잘 보호될 수 있다는 생각은 재고의 여지가 있다고 보여진다.

이렇게 볼 때 생명권의 대상으로서 생명의 개념을 정하는 것은 생물학이나 의학의 문제가 아니고 바로 법학의 문제라고 보아야 한다. 법적 개념으로서의 생명은 자연과학적 개념으로서의 생명이나 의학적 개념으로서의 생명과 달라서 하나의 '결정'(Entscheidung)이지 '인식'

---

546) So *R. Maurach*, Dt. Strafrecht, Bes. Teil, 4. Aufl., 1964, S. 15.

547) *G. Dürig*, in: GG-Kommentar, Art. 2 Abs. Ⅱ, Rn. 9; ebenso *H. Schorn*, Europ. MRK, 1965, S. 74.

548) Z. B. *Hoche*, vgl. (FN 542).

(Erkenntnis)이 아니다. 자연현상이나 사물에 대한 자연과학적·의학적 '인식'은 법학적 결정의 기초가 될 수는 있어도, 인식 그 자체가 그대로 법적 개념이 되어야 하는 것은 아니다. 생명권의 대상인 생명은 자연현상으로서의 생명을 그 바탕으로 해서 법적인 관점에서 그 내용이 정해지는 법적 개념이라고 볼 수 있다.

β) 생명의 시기와 종기

생명의 개념이나 생명권의 내용을 법적으로 결정하는 데 있어서 우선 생명의 시기와 종기, 그리고 생명의 시기와 종기 사이에 생명이라고 볼 수 없는 기간이 있을 수 있겠는가의 문제가 제기된다.

734
법분야별
생명의 시기

① 먼저 생명의 시기에[549] 관해서만 보더라도 법규정이 일률적으로 되어 있지 않다. 사법에서는 원칙적으로 분만의 완료를[550] 생명의 시기로 보는 데 반해서, 형법에서는 분만중에 태아가 모체로부터 노출되기 시작한 때를[551] 생명의 시기로 보고 있다. 그러나 사법에서도 출생 전 태아의 재산권의 보호나 불법행위에 대한 보호 등 특별한 경우에는 분만 전의 생명도 수태된 때부터 법적인 보호의 대상으로 삼고 있다.[552]

이처럼 법의 분야에 따라 생명의 시기를 각각 다르게 보는 이유는, 법의 분야마다 생명에 대한 위험의 형태가 다른 까닭에, 보호의 범위도 각각 다른 때문이라고 할 수 있다. 그러나 전통적으로 형법의 분야에서도, 모체 내의 태아의 생명도 수태된 시기부터 일정한 보호를 받는다는 것이 통설이기 때문에, 모든 법분야를 통틀어서 생명의 침해에 대한 보호는 수태시부터 시작되지만, 권리능력의 시기는 대부분 훨씬 뒤로 보는 경향이 있다고 말할 수 있다.

기본법의
생명권보장
과 생명의

독일기본법 제 2 조 제 2 항에 의한 생명의 시기도 수태의 시기와 같다고 말할 수 있다. 기본권의 의의가 국민의 생명·재산·자유를

---

549) Dazu u. z. folg. m. Nachw. *K. Saerbeck*, Beginn und Ende des Lebens als Rechtsbegriff, 1974, S. 24f.

550) Siehe *Saerbeck*(FN 549), S. 27f.; zum öst. Recht *K. Marschall*(FN 545), S. 102.

551) *Schönke—Schröder*, StGB, 16. Aufl., 1972, Vorbem. zu § 211 StGB, Rn. 9m. Nachw.; *R. Maurach*(FN 546), S. 13.

552) Vgl. m. Nachw. *Saerbeck*(FN 549), S. 43f., sowie *F. Preisser*, § 218 StGB ist nicht verfassungswidrig, DRiZ 1972, S. 170; *B. Moser*(FN 536), S. 126f. m. Nachw.; *K. Marschall*(FN 545), S. 500f.

되도록 포괄적으로 보호할 뿐 아니라, 그 침해에 대해서도 포괄적인 사법적 보호를 해 주는 데 있다고 볼 때, 또 헌법 이외의 법분야에서 이미 생명의 시기를 수태의 시기와 일치시켜서 생명에 대한 보호를 수태시부터 보장하고 있다는 점을 생각할 때, 또 헌법적 개념은 다른 법의 개념보다 일반적으로 더 광범위하고 포괄적인 특성을 갖기 때문에, 헌법상의 생명의 시기를 수태시로 보는 것은 이론상 하등의 무리가 없다고 본다. 이와 같은 입장은 독일기본법 제 2 조 제 2 항의 정신에도 맞는 것이라고 할 수 있다. 왜냐 하면, 헌법상 생명의 시기를 수태된 때로부터 친다고 하더라도 입법자가 각 구체적인 경우에 개별적인 보호목적에 따라 생명의 시기를 이와 다르게 정하는 것이 제약당하지 않기 때문이다. 이처럼 헌법상 생명의 시기를 되도록 앞당겨서 모체 내의 생명까지 확대시켜서 보려는 주장은 적어도 독일 내에서는 별로 다투어지지 않고 있는 것 같다.553) 독일기본법상의 생명권에 관한 규정의 참뜻은, 분만 후의 생명뿐 아니라 분만 전 모체 내에서 자라고 있는 태아의 생명까지 보호하려는 데 있다고 판시한 독일연방헌법재판소의 판례도554) 이를 입증해 주고 있을 뿐 아니라, 기본권의 해석에 관해서 의심스러운 경우에는 기본권규범의 효력이 가장 포괄적이고 강력하게 나타날 수 있는 해석을 택하여야 한다는 독일연방헌법재판소의 일관된 입장과도555) 일치한다고 할 수 있다.

② 생명의 종기에 관해서도 학설이 일치되지 않고 있다. '죽음'에 대한 고전적인 관념에 따라서 혈액순환과 호흡이 저절로 멈춘 때를 생명의 종기로 보려는 견해와, 뇌의 기능이 완전히 중단된 뇌의 죽음을 생명의 종기로 보려는 주장이 대립하고 있다.556) 심장 기능의 종료를 생명의 종기로 보지 않고 뇌의 죽음을 생명이 끊어진 시기로 보는 이유는, 혈액순환과 호흡이 비록 저절로 멈추었다 하더라도 Reanimation (즉 인공호흡과 인공 마사지)에 의해서 심장의 기능을 인공적으로 재생시키거나 연장시킬 수 있다는 의학적 고려에 기인한다. 따라서, 혈액순환

시기조기화

735
뇌사설의
헌법적합성

---

553) Zur MRK vgl. Nachw. in Öst. VerfGH EuGRZ 1975, S. 74(77).

554) Vgl. BVerfGE 39, 1ff.

555) Vgl. BVerfGE 6, 55ff.(72); E. 32, 54ff.(71); E 39, 1ff.(37f.).

556) Vgl. *Saerbeck*(FN 549), S. 102f.; dazu *Schönke–Schröder*(FN 551), RN 10 a, b.; *Maurach*(FN 546), S. 13; *Lindemann*(FN 542), S. 38f.

과 호흡이 멈춘 때와 뇌의 기능이 멈춘 때 사이에는 이와 같은 '인공생명'이 존재할 수 있다는 사실을 간과할 수는 없다.

헌법상 생명의 종기는, 역시 생명의 시기에 관해서 논한 바와 같은 이유 때문에 가능한 최후의 시점을 잡는 것이 헌법정신에 맞는다고 볼 수 있다. 결국 헌법상 생명의 종기는 뇌의 죽음과 일치시킬 수 있다고 할 수 있다. 그렇지 않고 혈액순환과 호흡이 저절로 멈춘 때를 생명이 끊어진 시기로 보는 경우에는 요즘 의학적 연구가 활발히 진행 중에 있는 '인공생명'에 대해서 헌법적 보호를 처음부터 배제하는 결과가 된다. 헌법상의 생명에 대한 보호를 이처럼 인공생명에까지 확대한다고 하더라도 각 구체적인 경우에 서로 대립적인 법익의 비교교량에 의해서 생명의 종기를 입법자가 이와 다르게 규정하는 길은 언제나 열려 있다고 할 것이다.

736
가치 없는 생명논리의 배척

③ 생명의 시기와 종기를 어떻게 잡든 간에 생명의 시기와 종기 사이에 이른바 '보호할 가치가 없는 생명'을 생각할 수 있겠는가 하는 문제가 논의되는 경우가 있다. 의식을 상실한 채 점점 꺼져가는 생명이건, 심한 심신상실의 상태에 있는 생명이건, 중한 불치의 질병에 걸려 있는 생명이건 간에 이른바 '가치 없는 생명'이라는 개념에 의해서 그 법적인 보호를 배제 내지 약화시키려는 노력은 적어도 독일기본법의 질서 내에서는 용납되지 않는다고 보는 것이 당연하다.[557] 인간의 생명을 헌법질서의 절대적인 최고가치로 승화시키고 있는 독일기본법의 질서 내에서는, 인간의 생명이야말로 인간 존엄성의 활력적인 기초일 뿐 아니라 다른 모든 기본권의 전제를 의미하기 때문이다.[558]

737
생명과 타법익의 비교론의 배척

인간의 생명을 때때로 다른 법익(국민보건·국가존립·건강한 종족유지 등)과 비교한 나머지 이를 이들 법익보다 가볍게 보려는 경향은, 결국 인간의 생명을 상대적인 것으로 본 나머지 '가치 없는 생명'이라는 개념을 다시 인정하고 있는 것이라고 보지 않을 수 없다. 이와 같은 경향은, 생명보다 더 높은 가치를 인정할 수 없을 뿐 아니라 생명과 동일한 가치의 차원에는 언제나 다른 생명만이 존재할 수 있을 뿐이라는

---

557) Zum Komplex "lebensunwertes Leben" vgl. aus mediz. Sicht *H. E. Ehrhardt* (FN 541), S. 137; *Hamann—Lenz*, GG, 3. Aufl., 1970, S. 144; G. *Dürig*(FN 547) Art. 2 Abs. Ⅱ, RN 11; *R. Maurach*(FN 546), S. 15.

558) Vgl. BVerfGE 39, 1ff.(42).

독일연방헌법재판소의 명백한 입장에 정면으로 어긋나는 것이다. 어떠한 형태의 자유건 그것이 생명보다 앞설 수 없고, 따라서 자유만이 생명에 어떤 의미를 주는 것이라는 논리를 내세워 자유와 생명을 동일시하는 경향도 배척해야 한다. 또, 인간존엄성을 생명에서 분리시켜 생명보다 상위에 두려는 노력도 경계해야 한다. 인간의 생명과 유리된 인간의 존엄성을 생각할 수가 없기 때문에 인간존엄성의 활력적인 기초인 생명이 부인되는 경우에는 동시에 인간의 존엄성도 끝이 나는 것이다.559) 따라서, 한 인간의 존엄성을 이유로 해서 다른 생명을 희생시키는 것은 절대로 허용되지 않는다고 볼 수 있다. 생명의 희생에 의해서 상실되는 인간의 존엄성이 생명의 희생을 통해서 얻으려는 인간의 존엄성보다 언제나 더 큰 것이기 때문이다.560) 모체의 인간 존엄성을 내세워 태아의 생명을 희생시키려는 것은(예, 강간에 의한 임신의 경우) 바로 이 경우에 속하는 것으로 비판을 면치 못할 것이다.561)

b) 생명권의 내용

α) 방어권과 보호청구권

헌법상의 생명권이 적어도 생명에 대한 각종 국가적 침해를 막는 방어권을 그 내용으로 한다고 하는 점에 대해서는 이론이 없다.562) 따라서, 국가가 국민의 생명을 완전히 박탈하는 것은 물론, 기타의 방법에 의해서 단명을 초래케 하는 것도 헌법에 위반되는 것이다. 독일 기본법은 사형의 폐지($\frac{제102}{조}$)에 의해서 이를 더욱 명백히 하고 있다.

이에 반해서 헌법상의 생명권이 제 3 자에 의한 생명권의 침해로부터 보호해 줄 것을 국가에 요구할 수 있는 적극적인 권리를 내포하고 있느냐의 문제는 학설상 다툼이 있다. 즉, 국가에 대한 보호청구

738
당연한
방어권

---

559) 인간의 존엄성이 사망 후까지 계속될 수 있는 것은 시체에 대한 존경, 고인의 이름에 대한 존경 등의 형태로 이루어지는 지극히 제한적인 것이고, 인간 존엄성의 본질적인 것은 사망과 함께 끝나는 것이다.

560) 그런 의미에서 우리 대법원의 존엄사인정 태도는 비판받아 마땅하다. 2009. 5. 21. 대판 2009 다 17417 참조.

561) 따라서 *H. A. Stöcker*, § 218. StGB verfassungswidrig!, DRiZ 1972, S. 168ff. (169),가 모체의 인간 존엄성을 위해서 태아가 희생해야 된다고 주장하는 것은 동조할 수 없다.

562) *G. Dürig*(FN 547), Art. 2 Abs. II Rn. 26; *E. Friesenhahn*, Der Wandel des Grundrechtsverständnisses, 50 DJT G22/3; *H. Engelhardt*, Ethische Indikation und Grundgesetz, FamRZ 1963, S. 1ff.(3).

권으로서의 생명권의 문제가 그것이다.

　　　　생명권의 내용으로서 국가에 대한 보호청구권을 부인하는 입장의 근거에는, 모든 기본권의 효력이 오로지 국가에만 미치는 것이지 사인 상호간에는 미치지 않는다는 사상이 깔려 있다. 결국 기본권의 제 3 자에 대한 효력을 철저히 부인하는 입장이다. 이 견해에 따르면 누구도 헌법상의 생명권을 근거로 해서 모든 살해행위를 국가가 처벌해 줄 것을 요구할 권리가 없다는 것이다.563)

　　　　생각건대, 설령 기본권의 효력이 원칙적으로 제 3 자에게는 미치지 않는다 하더라도, 생명권과 같이 절대적인 최고의 가치를 뜻하는 기본권의 효력은 마땅히 제 3 자에게까지 그 효력이 미치지 않을 수 없다고 할 것이다.564) 살인행위나 각종 치사행위의 처벌을 대안 없이 완전히 폐지하는 것은 따라서 상상할 수가 없다.565) 더욱이 인간생명에 대한 위험은 국가로부터 오는 그것보다는 국가 이외의 제 3 자에 의한 침해가 압도적으로 많다는 사실을 상기할 때, 기본권의 비사인간의 효력을 생명권에까지 적용시키려고 하는 것은 무리한 일이라고 생각한다. 생명권의 제 3 자에 대한 효력을 부인하는 경우에는, 생명권의 국가에 대한 효력도 어느 땐가는 무의미한 것이 될 가능성이 많다. 국가기관이 사인의 신분을 가장해서 생명권을 마음대로 침해할 수 있는 것이기 때문이다.

　　　　생명권을 단순히 국가에 대한 방어권만으로 보려는 입장은 이처럼 커다란 문제점을 간직하고 있다. 더욱이 오늘날처럼 국가가 무수한 조정적 기능을 그 업무로 하고 있고 권력행정보다는 관리행정 내지는 국고행정의 분야가 중요시되고 있는 시대에는, 국가가 권력주체의 위치에서 꺼려하는 기본권침해도 사법상의 형태를 가장해서 행할 가능성이 그 어느 때보다도 커졌다는 사실을 중요시할 필요가 있다. 결국 생명권의 제 3 자에 대한 효력을 부인하고, 생명권의 내용으로서 국가에 대한 보호청구권을 인정치 않으려는 입장에서는, 사인을 가장한 국가의 생명권에 대한 침해를 헌법적으로는 감수할 수밖에 없을 것이고,

---

563) 바로 이 이론을 근거로 해서 Öst. VerfGH(EuGRZ 1975, S. 74ff.(76))가 인공임신 중절행위를 처벌해서는 아니 된다고 주장한다.

564) So *R. Herzog*(FN 529), S. 443/4.

565) *R. Herzog*(FN 529), S. 444; vgl. dazu auch K. Marschall(FN 545), S. 506/7.

따라서 그것은 국가에 의한 생명권의 적극적인 침해와 전혀 다를 것이
없다는 것을 주의해야 한다. 독일연방헌법재판소가 생명에 대한 국가
의 보호 의무를 포괄적인 것으로 보고, 국가에 의한 직접적인 침해를
금지할 뿐 아니라, 생명에 대한 어떠한 위법적인 침해에 대해서도 이
를 적극적인 자세로 보호할 의무가 국가에게 있다고 하는 것은[566] 국가
에 대한 보호청구권을 긍정하는 것이라고 볼 수 있다. 기본권의 제 3
자에 대한 효력의 문제는 따라서 적어도 생명권에 관한 한 일단 긍정
의 방향으로 해결이 되었다고 할 수 있고, 그 결과 국가에 대한 방어권
에 못지않게, 국가에 대한 보호청구권도 생명권의 내용으로서 중요시
되어야 할 것이다.

β) 생명조성의 국가적 의무

생명권의 내용에 국가에 의한 생명의 침해를 방어할 권리와, 제
3 자에 의해서 생명이 침해되는 경우에 그 보호를 국가로부터 요구할
권리가 포함되고 있는 것은 위에서 말한 바와 같거니와, 그 이외에도
국가가 생명을 조성 내지 촉진할 의무가 있겠는가의 문제를 살펴볼 필
요가 있다. 즉, 생명권을 수익권의 일종으로 볼 수 있겠는가의 문제이
다. 심한 생활고 때문에 위협을 받고 있는 국민의 생명을 구하기 위해
서 국가가 어떤 생명조성적인 행정을 할 의무가 있겠는가? 죽어가는
인간의 생명을 연장하기 위해서 국가는 가능한 모든 방법을 동원할 의
무가 있겠는가? 새로운 생명의 탄생을 국가가 장려해야 할 의무가 있
겠는가? 등의 의문은 모두 이와 관련되는 문제들이다.

740
생명조성의
무의 내용

문제의 해결을 위해서 우선 '생명에 대한 조성 내지 촉진'이 개
념적으로 무엇을 의미하는 것인가를 명백히 할 필요가 있다. '제 3 자
에 대한 생명의 보호'와 '생명의 조성'을 개념적으로 동일시해서, 이를
혼용하는 경향을 독일연방헌법재판소의 판례[567]에서도 종종 찾아볼 수
있으나, 이는 절대로 동일한 개념이 아니라는 것을 강조할 필요가 있
다. 생명을 제 3 자로부터 보호해 주기 위해서는 생명의 조성을 위한
경우와 마찬가지로 국가가 경찰력을 동원하거나 입법권을 발동하는 등
어떤 적극적인 행동을 할 필요가 있는 것은 사실이다. 하지만 법리적

741
생명보호와
생명조성의
차이

---

566) BVerfGE 39, 1ff.(42).
567) Vgl. auch BVerfGE 35, S. 144.

으로는 두 개념에 현저한 차이가 있음을 주의해야 한다. 즉, 생명을 제 3자로부터 보호하는 경우는 생명을 위협하거나 침해하는 제3자를 전제로 해서 적으로부터 생명을 보호해 주는 것이지만, 생명의 조성 내지 촉진의 경우에는 적이 없는 곤경으로부터 생명의 지속 내지 연장을 국가가 도와 주는 것이기 때문이다. 전자는 생명의 적이 있는 경우이고, 후자는 적이 없는 경우이다. 따라서, 국가에 대한 보호청구권과 생명에 대한 국가의 조성 내지는 촉진의무와는 결코 표리의 관계가 아니다. 이렇게 볼 때, 인공임신중절행위에 대한 처벌의 문제는 생명의 제3자에 대한 보호의 문제이지 생명조성 내지 촉진의 문제라 할 수 없다.568)

742
생명조성의
무의 원칙적
부인

결국 순수한 생명조성 내지 촉진의 문제는, 결국 생명에 절대적으로 필요한 물질적인 바탕을 국가가 보장해 준다든가, 굶어 죽지 않도록 국가가 적절한 조처를 해 준다든가, 또는 인공적으로 생명을 연장시켜 주어야 한다든가 등의 문제로 집약이 된다. 결론부터 말해서, 자유주의의 사상에 바탕을 두고 있는 현기본권질서 내에서 그와 같은 생명조성의 국가적 의무를 일반적으로 긍정한다는 것은 매우 어려운 일이라고 생각한다. 기본권은 어디까지나 자유권을 그 본질로 하는 것이기 때문에, 침해에 대한 방어권을 그 중심으로 하는 것이지, 적이 없는 곤경한 상태를 국가가 조성적 내지 촉진적 정책에 의해서 돕는 것은 어디까지나 사회국가적 요청에 기인하는 것이고, 그와 같은 사회국가적 혜택을 국민 하나하나가 요구할 법적인 권리는 없다고 하는 것이 지배적이다.569) 따라서, 생명조성 내지 촉진의 국가적 의무는 원칙적으로 존재하지 않는 것이라고 보고, 다만 인간생명이 가지는 절대적인 최고가치를 참작해서 지극히 예외적인 극단적인 경우에만 이를 선택적으로 긍정할 필요가 있다고 본다. 그렇지 않고 생명권의 실효성을 위해서 국가가 물질적인 바탕을 언제든지 보장해야 된다고 하는 식으로 기본권이론을 무리하게 확대하는 것은, 결국 공산주의적 기본권이론으로 변질될 위험성마저 내포하게 된다. 기본권이론의 발전과정중에 언젠가는 수익권이 지금보다 더 강력히 요구되고 강조되는 시기가 오리

---

568) 따라서 *M. Kriele*, JZ 1975, S. 222ff.(223f.)의 견해는 착각이라고 볼 수 있다.
569) Vgl. die Nachw. b. *Dürig*(FN 547), Art. 2 Abs. Ⅱ Rn. 27; *H. Engelhardt*(FN 562), S. 144.

라고 하는 것은 지금도 충분히 예견할 수 있는 일이지만,[570] 그렇다고 현시점에서 생명권으로부터 생명에 대한 국가의 조성의무를 유도해 내려는 것은 지나친 논리의 비약이라고 아니할 수 없다. 따라서, 당장 굶어서 죽어가는 사람이 국가에 대해서 밥을 달라고 요구하는 것은 생명권의 문제라기보다는 사회국가적인 관점에서 다루어져야 하리라고 본다. 하물며 생명권의 규정을 근거로 해서 지금보다 '더 잘 살 권리' 같은 것을 끌어내는 것은 전혀 불가능한 일에 속한다.

국가는 그가 가지고 있는 의학적(군의관 등의 특수한 의술)·군사적(죽어가는 사람의 수송을 위해 군용 헬리콥터를 동원)·시설적(국립병원) 모든 방법을 총동원해서 인간의 생명을 구하고 또 이를 연장해 주려고 하는 것은 어느 의미에서 당연한 일이다. 하지만 이 경우에도 국가는 다른 생명이 그로 인해서 침해나 불이익을 받지 않는 범위 내에서, 국가적인 시설과 인력이 허용하는 범위 내에서, 죽어가는 사람의 Re-animation에 대한 희망을 들어 줄 수 있을 것이다. 생명권에 관한 헌법규정이 국민에게 일정한 권리를 줌과 동시에 국가작용에 대한 방향제시적 성격을 가지고 있기 때문에,[571] 국가가 자발적으로 '인공생명'의 문제를 진지하게 연구하고, 그 연구 결과로 인해서 되도록 많은 사람이 '인공생명'의 혜택을 받는 것은 헌법적으로 매우 바람직한 일이라고 아니 할 수 없다.

c) 생명권의 한계

a) 생명권과 법률유보조항

생명권을 헌법상의 권리로 보장하고 있는 독일기본법 제 2 조 제 2 항은 법률에 의한 생명권의 침해만을 허용하고 있다. 생명권에 대한 이 법률유보조항은 표현상 적지 않은 의아심을 갖게 한다. 독일기본법질서 내에서 절대적인 최고 가치를 의미하는 생명권이 단순한 입법권자의 제정법률에 의해서 침해될 수 있다고 하는 것은 선뜻 납득이 되지 않는다. 더욱이 생명권이 인간존엄성의 활력적인 기초를 의미하고, 인간존엄성은 헌법개정에 의해서도 침해될 수 없다고 선언하고 있는 독일기본법의 정신(제79조 제3 항 참조)을 생각할 때, 생명권에 대한 법률유보조

743
생명권에
대한
법률유보조
항의 의미

---

570) Dazu m. Nachw. *W. Leisner*, Der Eigentümer als Organ der Wirtschafts-
verfassung, DöV 1975, S. 73f.
571) *G. Dürig*(FN 547), Art. 2 Abs. 2 Abs. Ⅱ, Rn. 26.

항은 분명히 독일기본법의 구조상의 모순인 것 같은 인상을 짙게 풍기는 것이 사실이다. 이 같은 인상은 생명권침해가 가져오는 결과를 생각할 때 더욱 짙어지기 마련이다. 즉, 생명권에 대한 침해는 생명의 성질상 언제나 완전한 침해, 즉 생명의 박탈을 뜻할 수밖에 없다는 사실을 감안할 때, 생명권에 대한 침해는 그 성질상 정도의 차이가 있을 수 없다. 생명권에 대한 침해가 생명의 박탈에까지 이르지 않고 신체의 전신기능을 해치는 정도에 그치고 만 경우에는 오히려 생명권의 침해라기보다는 신체의 자유에 대한 침해가 있었다고 보아야 할 것이다.

β) 법률유보조항과 생명권설정규정

744

생명권
침해와
생명권설정
의 구별

생명권의 법률유보조항과 관련해서 우선 살펴야 할 문제는 인간생명의 시기와 종기에 관한 법률규정이 생명권에 대한 침해규정이냐, 아니면 생명권설정규정이냐의 점이다. 넓은 의미로 해석할 때에는 생명의 시기와 종기에 관한 법률규정도 생명권을 침해하는 방향으로 오용될 수가 있겠기 때문에 광의의 '침해'라는 개념에 포함된다고 볼 수도 있겠으나, 법리적으로 볼 때 생명의 시기와 종기에 관한 법률규정은 생명권의 침해규정이라기보다는 생명권의 범위를 확정하기 위한 이른바 '생명권설정규정'(Gestaltungsnorm)이라고 말할 수 있다. 즉, 생명의 개념을 확정하기 위한 법률규정이기 때문에 이 법률규정에 의해서 생명권의 범위가 비로소 명백해진다고 볼 수 있다. 엄밀히 따져 본다면 생명의 시기와 종기를 법률로써 정하는 것은 헌법상의 법률유보조항이 없어도 충분히 가능한 일이다.

γ) 법률유보조항의 정당화 사유

745

생명권에
대한
법률유보
조항의
순기능

또 한편, 생명권에 대한 일반적인 법률유보가 반드시 필요하다는 측면도 경시할 수 없다. 국가권력을 발동해서 긴급사태를 수습해야 될 경우에 국가권력에 의해서 인간생명이 희생될 수도 있기 때문에, 이와 같은 경우에, 국가권력의 발동에 의한 생명의 희생을 정당화하기 위해서는 일반적인 법률유보에 의한 법률의 제정이 꼭 필요하기 때문이다. 경찰공무원의 무기사용·예방접종·생명의 위험이 수반되는 직무행사·전시 등이 그 좋은 예이다.[572] 경찰관의 무기사용이나, 예방접

---

572) Dazu *Dürig*(FN 547), Art. 2 Abs. Ⅱ Rn. 7, 16f.; v. *Mangoldt−Klein*, Das Bonner Grundgesetz Ⅰ, S. 186/7; *Hamann−Lenz*(FN 557), S. 146/7.

종이나, 생명의 위험이 수반되는 직업(예, 경찰공무원·소방공무원 등) 행사에 반드시 인간생명의 희생이 따라야 한다는 법은 없지만, 그 가능성은 충분히 있는 것이기 때문에 사법이나 형법에서 말하는 예견가능한 경우에 해당하고, 따라서 현실적으로 생명의 희생이 생긴 경우에 법률규정에 의한 정당한 사유가 없는 한 마땅히 범죄가 구성되기 마련이다. 이와 같은 관점에서는 생명권에 대해서도 법률유보조항이 있어야 한다는 결론이 나오고, 긴급상태가 보통 예견하기 어려운 다양한 형태로 나타난다는 점을 고려할 때 법률유보는 마땅히 일반적인 법률유보일 수밖에 없다는 결론에 이른다.

δ) 생명권의 대립과 비례의 원칙

결국 독일기본법이 생명권에 관한 규정 중에 일반적인 법률유보조항을 두고 있는 것은 일응 그 이유를 이해할 수 있다. 하지만 법률유보조항의 취지가 결코 법률에 의한 생명권의 침해를 무제한 허용하기 위한 것이 아니라는 것이 명백하기 때문에 법률 유보조항에 의한 생명권의 침해는 지극히 신중을 기하지 않으면 아니 된다고 본다. 즉, 아무리 법률에 의한 생명권의 침해라고 하더라도 그것이 최소한 생명의 가치와 대등한 다른 가치를 보호하기 위한 것이 아니면 허용되지 않는다고 봄이 타당하다. 인간생명의 가치와 최소한 동등한 다른 가치라고 하는 것은 실제에 있어서 다른 '인간의 생명'을 제외하고는 그 예가 없다고 할 것이다. 항상 논의되는 '사회공동체의 이익 — 공익'이라고 하는 것도 결코 인간생명의 가치보다 큰 것이라고 볼 수가 없다. 예컨대 정당방위·예방접종 또는 소방작전에 의한 생명권의 침해가 법률적으로 허용되는 이유도, 그것이 다른 생명의 보호 내지 안전과 불가분의 관계에 있기 때문이다. 이처럼 여러 생명권이 서로 대립하고 있는 경우에 여러 생명권을 모두 보호할 수 없는 상황하에서, 어떤 생명권을 우선적으로 보호할 것이냐를 결정하는 것은 매우 어려운 일이 아닐 수 없다. 원칙적으로 '생명'과 '생명'은 처음부터 비교교량의 대상이 되지 않는다고 말할 수 있지만, 때에 따라서는 생명과 생명을 비교교량하지 않을 수 없는 경우가 있을 수 있겠기 때문에, 그와 같은 경우에는 역시 비례의 원칙(Verhältnismäßigkeitsgrundsatz)에 따라서 대체로 다음과 같은 점을 참작할 수 있으리라고 본다.

746
생명과
생명상충해
결 위한
비례의 원칙
적용기준

첫째, 위험의 정도가 동일하다면, 다수생명을 하나의 생명보다 중요시하고, 둘째, 위험의 정도가 동일하다면, 연장의 생명보다 연소의 생명을 중요시하고, 셋째, 한 생명에 대한 중대한 위험을 모면해 주기 위해서 다른 생명에게 경미한 위험을 야기하는 것은 가능하다고 볼 수 있고, 넷째, 법률질서를 어기는 죄 있는 생명보다는 죄 없는 생명을 중요시한다는 것이 그것이다.

ε) 국가에 의한 생명권침해의 한계

747
타생명 보호
위한 경우로
한정

절대적이고 최고의 가치를 뜻하는 인간생명을 존중하고, 생명권에 대한 침해는 언제나 다른 생명을 보호하기 위한 경우에 국한하는 방향으로 생명권에 대한 일반적인 법률유보가 운용되는 경우에는 그 긍정적인 의의를 높이 평가할 수 있다. 그렇지 않고 법률유보가 이와 같은 불문율의 구속에서 벗어나서 임의적으로 운용되는 경우에는 헌법제정자가 예견하지 않은 전혀 엉뚱한 결과가 초래될 위험이 크다고 볼 수 있다. 즉, 입법권자의 기분에 따라서 인간생명에 대한 생사여탈권이 마음대로 행사되기 때문이다.

이와 관련해서 생각할 수 있는 것은, 국가가 국민의 생명을 의식적으로 박탈할 권리를 헌법상 가지고 있느냐의 문제이다. 전쟁의 경우에도 물론 문제가 있다고 하겠지만, 심지어 사형제도를 헌법적으로 폐지하고 있는 독일의 기본법질서 내에서 만일 국가에게 그와 같은 권리가 인정된다면 그것은 분명히 하나의 특수한 경우가 아니면 아니 될 것이다. 실제로 국가가 인간의 생명을 의식적으로 박탈하는 것이 필요한 것처럼 보이는 경우를 생각할 수도 있다. 즉, 보다 큰 국가적인 보호를 받아야 할 인간생명을 구하기 위해서, 꼭 필요하다면 죄 있는 다른 생명을 의식적으로 무시할 수도 있을 것이기 때문이다. 죄 없이 인질로 잡혀 있는 사람이 겪고 있는 생명의 위협이 다른 방법으로 도저히 벗어날 수 없는 경우에는, 범인을 의식적으로 살해하는 것도 생각할 수 있다. 물론 인질을 구하기 위해서 가능한 다른 방법이 있다면 먼저 그 방법을 선택해야 할 것이고, 범인을 고의적으로 살해하지 않고도 그 신체에 상해를 미치는 정도의 무기사용만으로도 인질구출이 가능하다면, 반드시 이 방법에 호소해야 할 것이다. 죄 없는 생명을 달리 구할 수 있는 방법이 있는 한, 아무리 중범인의 생명이라고 하더라도

국가가 함부로 살해해서는 아니 됨은 물론이다. 아무리 중범인의 생명
이라 할지라도 몇 억 원의 국가재산보다 더 귀중하다고 하는 인식이
일반적으로 통할 때, 비로소 헌법상의 생명권은 참된 보호를 받는다고
할 수 있다.

ζ) 생명권침해를 위한 법률의 요건

생명권을 침해하는 법률은 원칙적으로 의회가 제정한 형식적
의미의 법률이어야 한다고 하는 것은 두말할 필요가 없다.[573] 다른 기
본권의 침해가 최소한 형식적 의미의 법률을 전제로 한다면, 생명권의
침해에 형식적 의미의 법률이 필요하다는 것은 너무나 당연한 논리이
다. 생명권침해의 근거가 되는 형식적 의미의 법률은 법률규범의 형태
로 규정할 수 있는 모든 입법사항을 상세히 다룰 필요가 있다. 따라서
입법사항을 시행령에 넘기는 것은 형식적 의미의 법률을 요구하는 헌
법정신에 반하는 것이라고 볼 수 있다.[574] 경찰 공무원의 무기사용을
위한 전제조건·예방접종의 강제요건·생명의 위험이 수반되는 직업에
관한 기본사항 등은 모두가 입법사항에 속한다고 볼 수 있다. 하지만
생명의 위험이 수반되는 직업에 관한 입법에 있어서는 이른바 특별권
력관계의 특수성을 충분히 고려할 필요가 있다. 즉 그와 같은 특별권
력관계 자체가 헌법적으로 정당화된다고 볼 수 있는 경우에는, 특별권
력관계의 목적달성상 필요한 범위 내에서, 또 구체적인 침해의 양태를
규범적으로 미리 예견할 수 없는 경우에 한해서 법률에 의하지 않은
침해도 가능하다고 볼 수 있다. 예컨대 경찰공무원이나 소방공무원의
경우, 구체적인 위험 상태에 직면해서 생명의 위험을 무릅쓰고 공공의
안녕질서를 회복하라는 직무명령은 결국 해당 특별권력관계의 성질상
당연한 것이고, 따라서 이 특별권력관계의 기초가 되는 헌법이나 법률
이 내용적으로 인정하고 있는 것이라고 말할 수 있다.

748
형식적
의미의
법률과
예외적인
위임허용

η) 생명권의 본질적 요소

법률에 의한 생명권의 침해에도 일정한 한계가 있다. 즉, 독일
기본법 제19조 제 2 항이 정하는 바와 같이 생명권의 본질적 요소를 침
해해서는 아니 된다. 무엇을 생명권의 본질적 요소로 볼 것인가는 관

749
인간의
존엄성이
생명권에서

---

573) Dazu *Dürig*(FN 547), Rn. 5f.
574) 이 점에 관한 *Dürig*(FN 547), Rn. 7,의 견해는 따라서 문제점이 있다고 할 것이다.

갖는 의미

점에 따라서 다를 수가 있다. 인간존엄성의 활력적인 바탕이 생명이라는 논리에 따라서, 거꾸로 생명권의 본질적 요소는 인간존엄성이라고도 볼 수 있다. 따라서 법률에 의한 생명권의 침해가 인간의 존엄성을 침해하는 정도에 이르러서는 아니 된다는 결론이 나온다. 그러나 이미 전술한 바와 같이 생명권에 대한 침해는 생명에 대한 위험의 경우를 제외하고는 언제나 생명권의 완전한 박탈을 의미하기 때문에, 생명이 박탈된 경우에는 당연히 인간의 존엄성도 상실되기 마련이라고 할 수 있다. 이렇게 볼 때, 생명권의 본질적인 요소로서 인간의 존엄성을 내세우는 것은 한편 모순이라는 결론에 이른다.

법률에 의한 생명권의 침해시에도, 전술한 비례의 원칙에 따라서 침해법익과 보호법익을 엄격히 비교교량한 합리적인 침해인 경우에는, 생명이 비록 완전히 박탈된 경우에도 생명권의 본질적인 요소가 침해되었다고 볼 수 없다는 이론이 주장되는 이유도 그 때문이다. 이 경우 생명권에 대한 침해는 최소한 동등한 가치가 있는 타생명을 보호하기 위한 불가피한 것이기 때문에 정당화할 수밖에 없다는 논리이다.

생각건대, 생명권의 본질적인 요소로서 인간의 존엄성을 드는 경우에도 거기에 상당한 의의가 있다고 본다. 즉, 아무리 법률에 의한 생명권의 침해라 할지라도 그 침해가 인간의 존엄성을 해치는 방법으로 행해져서는 아니 된다는 침해방법적 내지 절차적인 제한의 의의가 내포되고 있다고 볼 수 있기 때문이다. 따라서, 생명권의 본질적인 요소가 침해되었느냐의 문제를 검토하는 경우에는, 마땅히 인간의 존엄성과 결부된 침해방법 내지 절차적인 측면과 비례의 원칙에 입각한 검토가 함께 행해져야 한다고 말할 수 있다.

어떠한 종교관이나 세계관의 입장에서든, 또 생명권에 대한 명문의 헌법규정이 있건 없건, 인간의 생명은 헌법적인 관점에서 헌법적인 가치질서의 최상위를 뜻하지 않을 수 없다. '생명'과 '자유', '생명'과 '재산'이 헌법적인 비교의 대상이 될 수 없는 것은 그 때문이다.[575] '생

575) 그런데도 우리 대법원은 환자의 생명권을 환자의 자기결정권과 비교형량할 수 있다는 취지의 논증을 하고 있어 비판을 면하기 어렵다. 즉 수혈을 고집스럽게 거부하는 여호와의 증인의 자기결정에 따라 무수혈 수술중에 사망한 업무상 과실치사 사건의 상고심 판결에서 환자의 자기결정권이 유효하기 위한 전제조건(환자의 나이, 지적능력, 가족관계, 수혈거부의 배경과 목적, 수혈거부가 확고한 종교적·양심적 신념에서 나오는 지속적인 것인지, 수혈거부가 실질적으로 자살목적은 아닌지, 수혈거부로 제 3

명'과 '생명'이 맞서고 있는 경우에는, 두 생명을 모두 보호하려는 국가적인 노력이 우선적으로 행해져야 할 것이고, 생명상호간의 비교가 불가피한 최후의 순간에는, 역시 비례의 원칙에 따라서 생명 하나하나의 가치를 따질 수밖에 없을 것이다.

헌법에 의해서 보호되는 인간의 생명은 자연현상으로서의 생명이 아니고 법적 개념으로서의 생명이다. 따라서, 보호되는 인간생명의 시기와 종기를 자연현상과 다르게 법적으로 규정하는 것도 가능하다고 보아야 할 것이다. 다만 헌법적인 생명의 개념은 다른 법률에서의 생명의 개념보다 일반적이고 포괄적이어야 하기 때문에 생명의 시기와 종기를 가능한 한 넓혀서 보는 것이 당연하다. 분만 전 태아의 생명이 헌법적인 생명의 개념에 포함되는 것은 따라서 당연하다고 할 것이다.

750
생명희생의
정당화
논리와
판단기준

헌법이 인간의 생명을 보호한다고 하는 것은 국가 스스로가 국민의 생명권을 존중해야 한다는 것을 뜻하는 것에 그치지 않고 국민의 생명이 국가권력 이외의 제 3 자에 의해서 침해되는 것을 적극적으로 막아 주어야 한다는 뜻을 포함하고 있다. 인공임신중절행위를 형벌권의 발동에 의해서 처벌해야 하는 것도 결국 태아의 생명을 모체 기타 제 3 자의 침해로부터 보호해 주어야 할 국가적인 의무가 있기 때문이다.

하지만, 헌법이론적으로도 생명권에 대한 침해는 절대적으로 터부일 수는 없다. 법률에 의한 생명권의 침해가 인정이 된다고 보아야 한다. 그러나 생명권의 침해에 관한 법률의 규정은 특별히 모든 입법사항을 스스로 내포하지 않으면 아니 된다. 또, 인간생명을 구하기 위한 경우가 아니면 다른 인간생명을 희생시켜서는 아니 된다는 원칙이 일관되게 존중되지 않으면 아니 된다.

생명권침해의 구체적인 경우에 최후의 헌법적인 판단기준은 불가양의 절대적이고, 최고가치를 의미하는 인간생명이 다른 인간생명을

자의 이익을 침해하는 것은 아닌지, 수혈거부 결정에 하자는 없는지 등)과 수혈없는 수술에서 의사에게 요구되는 주의의무를 열거하면서도 아래와 같이 판시하고 있다. '환자의 생명과 자기결정권을 비교형량하기 어려운 복잡한 사정이 있다고 인정되는 경우에 의사가 직업적 양심에 따라 환자의 양립할 수 없는 두 개의 가치 중에서 어느 하나를 존중하는 방향으로 행위했다면 이러한 행위는 처벌할 수 없다'. 결과적으로 생명권을 자기결정권과 비교형량할 수 있다는 전제에서 생명권을 상대화하고 있는 판시여서 동의할 수 없다고 할 것이다. 2014. 6. 26. 대판 2009 도 14407(여호와의 증인 무수혈 수술 중 사망사건) 참조.

구하기 위해서 어느 정도까지 희생이 불가피한 것인가를 살피는 것으로 귀착이 된다고 할 것이다. 인간생명의 가치를 상대적인 것으로 격하시키는 '무가치한 생명'의 이론이라든지, '인간생명의 수량화 내지 물량화' 경향이라든지, 또 '생활의 질'과 생명을 비교하려는 노력이라든지, 인간의 존엄성 때문에 인간생명을 희생시키려는 태도 등이 모두 날카롭게 비판되고 배척되는 이유는 그 때문이다.

생명권보호의 헌법정신은 심지어 전쟁의 경우에도 이를 존중해야 하고, 그것은 결국은 인간의 생명을 되도록 적게 희생하는 작전을 위해서 노력해야 한다는 결론에 이른다.

인간의 생명권이 고의적으로 무시되고 경시되는 길은 결국은 국가종말의 길로 통한다는 역사적인 교훈을 우리 모두가 명심하고, 인간의 생명권을 정점으로 하는 헌법상의 가치질서를 끝까지 지키려는 노력이 없이는, 생명체인 인간에 의해서 이룩된 모든 현대문명도 언젠가는 화성이나 수성의 신화처럼 지구상의 신화가 되고 말런지도 모를 일이다.

(3) 생명권의 적용사례

생명권이
문제되는
다양한 사례

사람의 '생명에 대한 권리'(Recht auf Leben)를 너무나 당연한 인간의 권리로 보는 현대인의 가치감각은 이른바 '생명권'이 헌법전 중에 명문화되었건 아니 되었던 간에 생명을 지키기 위한 인간의 여러 가지 노력을 당연한 것으로 받아들이고 있다.

생명권이 명문으로 규정되고 있지 아니한 우리 현행 헌법의 경우에도 학설·판례가 혹은 '인간의 존엄성'의 당연한 이념적 기초로서, 혹은 '신체의 자유'와 불가분의 권리로서 생명권을 헌법상의 권리로 인정하고 있다.[576]

그러나 생명권을 헌법상의 권리로 인정하는 것만으로 생명권의 문제가 해결되는 것은 아니다. 생명권의 문제는 헌법이론적으로 또는 법철학적으로 해결해야 하는 여러 가지 어려운 문제를 내포하고 있다. 정당방위와 생명권의 문제, 사형의 문제, 직무수행에 수반되는 생명의 위험과 생명권의 문제, 자살행위와 생명권의 문제, 안락사와 생명권의 문제, 인공임신 중절행위와 태아의 생명권[577]의 문제 등이 그 예이다.

---

576) 예컨대 헌재결 1996. 11. 28. 95 헌바 1, 판례집 8-2, 537(545면) 참조.

577) 이 문제에 대해서는 저자가 따로 논문을 발표한 바 있다. "인공임신중절과 헌법", 공법연구 제 5 편(1977), S. 79ff. 참조.

생명권의 내용을 어떻게 이해하느냐에 따라 이들 문제에 대한 결론이 달라질 수 있다. 생명권을 단순히 국가에 대한 국민의 방어권적인 것이라고 보는 경우와 생명권이 국가 이외의 제 3 자에 의해서 침해되는 것까지도 국가가 적극적으로 나서서 막아야 한다고 보는 경우 사이에는 구체적인 사례의 해결에 현저한 차이를 나타내게 되겠기 때문이다. 아래에서는 이 같은 논점을 중심으로 생명권이 문제되는 몇 가지 경우를 헌법이론적인 관점에서 검토하기로 한다.

a) 정당방위와 생명권

자기의 생명이 불법적인 위협 내지는 침해를 받고 있는 경우에 자기생명을 지키기 위한 수단으로 그 가해자의 생명권을 침해하는 것이 허용되느냐의 문제이다. 이에 대해서 긍정적인 결론을 내리는 것이 정당방위이론이다. 가해자의 생명권과 정당방위를 행하는 사람의 생명권이 서로 정면으로 충돌하는 경우 생명권을 보호하기 위한 국가적인 법질서에 도전하는 가해자의 생명권이 희생될 수밖에 없다는 논리다.[578] "자유의 적에게는 자유가 없다"라는 자유국가의 명제는 "생명의 적에게는 생명이 없다"는 명제로 통할 수도 있다고 할 것이다. 따라서 인간의 생명이 아닌 다른 법익을 보호하기 위한 생명권의 침해가 허용되지 않는 것은 이미 유럽인권협약[579]에서도 명백히 하고 있지만 우리 헌법질서하에서도 당연한 사실로 간주되어야 할 것이다.

751

생명침해
에만
정당방위
허용

b) 생명권과 사형의 문제

생명권을 보호하고 있는 헌법규정 밑에서 사형이라는 형벌이 허용되는 이유는 무엇이며, 사형제도를 입법정책적으로 확대해 나가는 것이 무제한 가능하겠느냐의 문제다.[580]

결국 다른 생명을 보호하기 위해서 필요불가피한 범위 내에서의 사형제도는 생명권을 보호하는 헌법정신에 어긋나는 것은 아니라고 할

752

사형제도의
문제점과
제한적 허용

---

578) Vgl. *G. Dürig*(FN 547), Rn. 115.

579) Vgl. dazu *H. Guradze*, Die EuMRK, S. 48/9.

580) 독일처럼 그 기본법(제102조)이 사형이라는 형벌을 폐지하고 있는 경우에는 사형제도가 인정될 수 없는 것은 자명하다. 다만 이 경우에도 사형제도를 다시 부활시키는 방향으로 사형폐지에 관한 헌법규정을 개정하는 것이 가능하겠는가라는 문제는 여전히 남게 된다. 독일의 통설은 사형제도부활을 위한 개헌이 가능하다고 한다.

   Vgl. *G. Dürig*(FN 547), RN 14; *R. Herzog*, JR 1969, S. 441ff.(444); W. *Leisner*, EStL, 2. Aufl.(1975), sp. 1459ff.; *H. Guradze*(FN 579).

것이다. 그렇다고 해서 사형이라는 형벌이 오로지 사람에 대한 살인사
건에만 적용이 되어야 하는 것은 아니라고 본다. 헌법의 차원에서 볼
때 사형이라는 형벌은 결코 살인행위에 대한 속죄를 의미할 수가 없을
뿐 아니라, 심지어 살인행위에 대한 속죄를 위한 사형제도는 위헌적인
것이라고까지 말할 수 있다. 생명권을 보호하는 헌법정신에도 불구하
고 사형제도가 허용되는 이유는 사형이라는 형벌에 기대되는 일반예방
적 또는 특별예방적 효과 때문이라고 말할 수 있다. 따라서 구태여 살
인행위가 아니더라도 인간의 경험법칙상 죄 없는 인간생명의 상실을
초래할 것이 확실시되는 범행에 대해서 사형이라는 형벌을 규정하는
것도 헌법적으로 가능하다고 볼 수 있다. 예컨대 대규모의 폭발물에
의한 범행, 중대한 교통방해행위, 미성년자유괴행위 등이 그것이다. 물
론 이와 같은 범행에 대해서 사형이라는 형벌을 규정하기 위해서는 최
소한 다음과 같은 두 가지 전제조건이 갖추어져야 하리라고 본다. 첫
째, 죄 없는 생명의 희생을 초래할 것이 거의 확실시되는 범행에 대한
것일 것, 둘째, 생명형에 의한 위협에 어느 정도 범행예방적 효과를 기
대할 수 있을 때이다. 특정범행에 대해서 생명권을 규정하는 경우에는
그 규정으로부터 거의 확실한 위협의 효과가 기대되는 경우가 아니면
아니 된다. 물론 형벌이나 형벌규정이 어느 정도의 위협효과를 나타내
느냐를 연구하는 것은 형사정책의 과제이기 때문에 여기에서 깊이 다
룰 문제는 아니다. 다만 헌법학의 입장에서는 생명형이 내포하고 있는
위협의 효과에 대해서 지나치게 확정적으로 이야기하는 것은 피해야
하리라고 본다. 왜냐하면 뒤리히(Dürig)[581]가 적절히 지적했듯이 형벌
에 의한 위협의 실효성 여부는 단순히 주장할 수 있을 뿐이지 결코 입
증할 수 있는 성질의 것이 아니기 때문이다.

　　이러한 관점에서 사형이라는 형벌이 간직하고 있는 문제점을 결
코 과소평가해서는 아니 될 것이다. 더욱이 사형집행에 의해서 희생되
는 특정한 생명의 손실과 다른 생명의 구체적인 보호간에 불가분의 명
백한 인과관계가 증명될 수 없다는 사실을 상기할 때, 사형제도는 어
느 의미에서는 특정한 생명의 희생 위에 이루어지는 형사정책적 실험
에 불과하다는 논리도 성립할 수 있다. "전체국민의 안녕을 위해서 한

---

581) Vgl. *G. Dürig*(FN 547), RN 14.

사람이 희생되는 것은 마땅하다"는 주장은 헌법적으로는 받아들일 수 없는 논리다.

결론적으로 말해서, '속죄를 위한 형벌론'은 적어도 사형에 관한 한 오늘날 그 빛을 잃었다고 볼 수 있고, 우리 헌법질서 내에서의 사형제도는 오로지 생명형에 의한 생명보호적 위협효과가 확실히 기대되는 경우에 한 한다고 보아야 한다.[582]

c) 직무수행에 따르는 생명의 위험

경찰공무원, 소방공무원 등의 직업과 같이 그 직무수행에 특별히 생명의 위험이 따르는 직업이 있다. 이 경우 경찰공무원 또는 소방공무원이 다른 사람의 생명을 구출 또는 보호하기 위해서 어느 한도까지 자기생명의 위험을 감수해야 하느냐의 문제가 제기된다.

우선 명백한 것은 인간생명 이외의 다른 법익을 보호하기 위해서는 생명의 위험이 수반되는 직무수행을 결코 요구해서는 아니 된다는 점이다. 보호하고자 하는 법익이 제 아무리 큰 가치를 가진 것이라 할지라도 그를 위해서 인간생명을 희생하는 것은 분명히 비례의 원칙에 반하는 것이기 때문이다. 오로지 인간의 생명을 구출 또는 보호하기 위해서 불가피한 경우에만 생명의 위험이 따르는 직무수행을 요구할 수 있으리라고 본다. 이 경우에도 보호 내지 구출하고자 하는 생명이 직면하고 있는 위험의 상태보다 더 큰 위험의 상태에 뛰어들지 않고는 그 생명의 보호 내지 구출이 불가능한 상황 아래서는 절대로 경찰공무원 또는 소방공무원 등에게 생명의 위험을 무릅쓰고 그 생명을 구하라고 요구할 수 없다고 보아야 할 것이다. 경찰공무원이나 소방공무원의 생명이 결코 '죄 있는 생명'이 아닌 한 그 가치를 다른 생명보다 낮게 평가할 아무런 이유가 없을 뿐 아니라, 이들 공무원이 그 직업을 선택하면서 자기의 생명을 조건부로 포기한 것도 아니겠기 때문이다. 자기생명의 희생이 확실시되는 때나 비례의 원칙에 어긋나는 정도의 자기생명에 대한 위험이 따르는 경우에 이를 감수하라고 요구할 권리는 아무리 공무원관계라 할지라도 인정할 수 없다고 보아야 한다.[583] 하지만 극히 드문 예로서, 공무원 한 사람의 생명을 희생하지 않고는 다수의

753
생명희생
수반하는
직무명령의
한계와
불복종의
책임성

---

582) 우리 헌재도 같은 입장을 취하고 있다. 헌재결 1996. 11. 28. 95 헌바 1, 판례집 8-2, 537(546면) 참조.

583) 동지: *A. Hamann/Lenz*, GG. Kommentar, 3. Aufl.(1970), S. 146f.

생명을 도저히 구할 수 없는 경우에 현실적으로 그와 같은 직무명령이
내려졌다 한다면 그 직무명령이 위법한 것이라고 보기는 어려울 것이
다.584) 다만 그와 같은 직무명령에 따르지 않은 공무원의 처벌 내지 징
계 문제에 있어서는 역시 책임성조각의 경우에 준해서 다루어져야 하
리라고 본다.

d) 전쟁과 생명권

전쟁의
정당화 논리

전쟁에 의해서 인간의 생명이 가장 대량적으로 침해된다는 것은
주지의 사실이다. 즉, 전쟁시에는 의식적으로 적군의 생명을 되도록 많
이 희생시키기 위해서 국가의 모든 인력과 재력을 이에 투입하게 되
고, 군인은 물론 일반국민에게까지 생명을 내걸고 싸울 것을 요구하는
것이 통례이다. 이처럼 적군의 생명을 대량적으로 빼앗고 또 자국민의
생명을 대량적으로 희생하는 전쟁행위가 생명권의 관점에서 헌법적으
로 긍정될 수 있겠는가의 문제가 제기된다.

α) '정의로운 전쟁'

754

정당한
전쟁논리

'정의로운 전쟁' 또는 '정당한 전쟁' 행위는 설령 인간생명의 대
량 희생을 가져오게 될지라도 헌법적으로 정당화할 수 있다고 주장하
는 입장585)부터 살펴볼 필요가 있다. 전쟁행위가 과연 '정의로운 전쟁'
인지의 여부를 심사하고 확정한다고 하는 것은 실제에 있어서 극히 예
외적인 특별한 경우를 제외하고는 불가능한 일이라고 보는 것이 마땅
할 것이다. 전선에 나가서 무기를 들고 싸우는 군인의 입장에서 그 전
쟁이 정당한 전쟁인지 불법적인 전쟁인지 또는 침략전쟁인지 방위전쟁
인지를 정확히 확인한다고 하는 것은 원칙적으로 불가능한 일에 속한
다. 따라서 인간에게 있어서 최고가치를 뜻하는 생명을 그처럼 진위를
확인할 수 없는 애매한 상황 속에서 전쟁의 제물로 삼는다는 것은 확
실히 문제점이 있다고 보여진다. 국민의 입장에서 볼 때는 전쟁이 정
당한가의 여부보다는 왜 죽어야 하느냐의 문제가 더 절실한 문제일 것
이다. 하지만 국가의 전쟁수행을 거부할 방법이 없는 한 일단 내 조국
에 의해서 방금 수행되고 있는 전쟁이 정당하고 합법적인 것이라는 인

---

584) 이 점에 대해서는 앞부분에서 생명의 비교에 관한 일종의 '비례의 원칙' 같은 것을
    제시하려고 시도한 바 있다.
585) Vgl. Z.B. v. *Mangoldt/Klein*, Das Bonner GG, kommentar, 2. Aufl., Bd. 1, S.
    186f.

식으로부터 출발할 도리밖에 없으리라고 본다.

β) 전쟁과 정당방위이론

결국 적을 죽이고 자국민을 희생하는 전쟁행위가 허용된다고 보는 것이 유럽인권협약의 해석과[586) 학설상[587) 지배적인 것 같다. 이처럼 전쟁행위를 긍정하는 이론적 근거는 대체로 다음과 같은 세 가지를 들 수 있다. 첫째, 국가의 구성원인 국민 한 사람 한 사람의 생명에 대한 적의 불법적인 공격을 방위하기 위해서 적군에 대한 살해행위 또는 자국민의 생명을 위험에 처하게 하는 것이 불가피한 것이라고 한다. 즉 국가적인 차원에서의 정당방위이론이다. 둘째, 국가가 패망하도록 방관하면서 국민이 국가에게 자기생명의 보호를 요구할 수는 없는 것이기 때문이라고 한다. 셋째, 우리 헌법은 그 제 5 조에서 침략전쟁은 금지하고 있지만 국가방위의 의사를 명백히 하고 있다는 것이다.

755
국가적
정당방위
아닌 전통적
정당방위
이론

생각건대, 전쟁의 본질상 전쟁당사국이 상대국을 공격하는 경우에는 우선 적국의 국민을 되도록 많이 희생시키는 것이 목적이 아니고 적국에게 되도록 빨리 일정한 정치적인 입장을 강요하기 위한 것이 상례이다. 따라서 전쟁을 개시한 측이 선전포고와 함께 무조건 항복을 요구하고 나오는 경우에는 인간의 생명이 문제가 된다고 하기보다는 국가의 생명(존망), 즉 국가의 총재산이 문제가 되는 것이다. 따라서 인간생명이 아닌 국가의 재산을 지키기 위한 정당방위는 이론상 정당화할 수 없다고 할 것이다. 결국 정당방위이론으로 전쟁행위에 의한 생명의 희생을 정당화하려고 하는 경우에는 이른바 '국가적인 정당방위' (Staatsnotwehr)를 인정해서, '국가의 생명'(Leben des Staates)을 '개인의 생명'보다 상위에 놓을 수밖에 없을 것이지만, '국가의 생명'이라는 추상적인 개념을 인정할 수 있을 것인가 하는 것이 문제된다. 구태여 국가적인 정당방위의 이론을 구성하지 않고도 단순히 전통적인 정당방위의 이론만으로도 전쟁에 의한 생명의 희생을 설명할 수가 있으리라고 본다. 즉, 통상적으로 전쟁이 시작되는 과정을 살펴볼 때, A국가가 B국가에게 우선 일정한 정치적인 조건을 내세워서 이를 받아들일 것을

---

586) Vgl. etwa *K. J. Partsch*, Die Rechte und Freiheiten der europäischen Menschenrechtskonvention, in: Die Grundrechte I /1, S. 337; *H. Guradze*(FN 579); S. 50.

587) *G. Dürig*(FN 547), Rn. 19f.

요구하게 되고 B국가가 이를 거부하게 된다. B국가가 A국가의 정치적
요구를 거부하는 것은 주권이론상 일반적으로 정당하다고 볼 수가 있
고 또 B국가의 국민도 그렇게 생각하는 것이 통례일 것이다. A국가는
내세운 요구조건을 관철하기 위해서 힘에 의한 정치를 시도하게 되고,
그것은 바로 무력에 의한 침략을 의미한다.

또 무력에 의한 침략이란 바로 다름 아닌 고의적인 인명살해를
뜻하기 마련이다. 이와 같은 고의적인 불법침해에 대해서는 마땅히 정
당방위로 맞설 수 있고 경우에 따라서는 예방적인 정당방위도 가능하
리라고 본다. 결국 전쟁행위에 의한 살해행위는 무리한 '국가적인 정당
방위'의 이론이 아니더라도 전통적인 정당방위의 이론에 의해서 충분
히 설명할 수 있다는 결론이 나온다.

전쟁에 의한 생명권의 희생을 정당화하기 위해서 주장되는 이
론 중에서 정당방위 이외의 다른 설명은 수긍하기가 어렵다고 본다.
즉 국민에게 생명권을 보장하는 것은 국가인 만큼 현재의 국가가 계속
존속해야 한다는 이론은 쉽사리 납득이 가지 않는다. 현존하는 국가가
사라지면 다른 국가가 다시 그 자리에 세워질 것이고, 새로 세워질 미
래의 국가가 국민의 생명권을 보장하지 않으리라고 하는 것을 처음부
터 단정할 수는 없기 때문이다. 또 헌법상의 방위전쟁에 관한 규정
($\binom{제5조}{제2항}$)이 일응 방위전쟁의 정당성을 말해 주는 간접증거가 될 수는 있
어도 그것만을 근거로 전쟁에서 인간의 생명이 무수하게 살해되는 것
을 정당화할 수는 없다고 본다. 또 헌법상의 국방의 의무($\binom{제39}{조}$)가 전쟁
에서의 생명희생을 정당화해 준다고 볼 수도 없다. 왜냐하면 병역의무
를 마치기 위해서 군에 입대한다고 해서 결코 생명을 포기한 것은 아
니기 때문이다. 또 독일기본법($\binom{제4조}{제3항}$)처럼 양심상의 이유로 무기사용과
현역병복무를 거부할 수 있는 기본권이 보장되고 있다고 해서[588] 현역
복무의 의사가 있는 사람은 마땅히 그 생명을 희생할 각오가 되어 있
다는 논리도 성립할 수 없다. 군입대와 생명의 포기는 다르기 때문이다.

---

588) 독일은 2011년 7월부터 병역의무제도가 폐지되어 이 기본법규정은 큰 의미가 없어
졌다.

γ) 생명권과 작전명령권의 관계

결론적으로, 전쟁이라고 해서 생명권을 완전히 무시해도 된다는 논리는 결코 용납할 수가 없다. 인간의 생명권은 전쟁중에도 그 헌법상의 효력을 계속 나타내기 때문이다. 다만 전쟁시에 국가가 군인들에게 생명을 희생할 각오를 요구하는 것은 전쟁으로 인해서 국가자신의 운명은 물론 모든 전우의 생명이 하나같이 위험에 직면하고 있기 때문이다. 전쟁시에 국가에게 특별히 포괄적인 명령권이 인정되는 이유도 그 때문이다. 전쟁중에는 조그마한 군기의 위반도 자칫하면 전군의 생사를 좌우할 위험을 초래할 수도 있기 때문에 사후에 가서는 그 합법성을 따질망정 우선 당장은 모든 군인에게 절대적인 복종을 요구할 수 있다고 보아야 할 것이다. 하지만 아무리 전쟁중이라 하더라도 군인들의 생명을 무의미하게 희생하거나 비례의 원칙에 어긋나도록 일방적인 생명의 위험을 초래하는 작전명령권의 발동은 허용되지 않는다고 보아야 한다. 그러나 더 많은 전우의 생명을 구출하기 위한 결사대의 조직 같은 것은 합법적인 것이라고 보아야 한다.

전쟁중에 적군의 생명을 살해하는 것도 전체적인 전선의 상황을 참작해서 정당방위상 필요한 범위 내에서만 허용되는 것이라고 보아야 한다. 이 경우 부분적으로는 적군의 살해가 불필요한 것처럼 보이는 경우에도 전체적인 전선의 상황상 그것이 반드시 필요한 경우가 있을 수 있다. 따라서 언제나 전체적인 전황이 구체적인 상황판단의 기준이라고 보아야 한다. 전쟁은 역시 일원적으로 행해지는 정당방위이기 때문에 한 부분의 전세가 다른 부분 또는 전체적인 전세를 좌우하는 힘을 가지고 있기 때문이다. 결국 전통적인 전쟁법의 범위 내에서 전쟁중에 행해지는 인간생명의 살해행위는 아군이건 적군이건 간에 허용되는 것이라고 볼 수 있다. 다만 생명존중의 우리 헌법정신상 인간생명을 되도록이면 적게 희생할 수 있는 작전이 요구되는 경우가 없지 않다고 할 것이다.

e) 자살행위와 생명권

생명권은 원칙적으로 포기가 허용되지 않는다.[589] 다른 생명을 구

756
생명희생
최소화하는
작전명령의
필요성

757
금지되는
생명포기

589) 동지: G. Dürig(FN 547), Rn. 12; R. Herzog, Der Verfassungsauftrag zum Schutz des ungeborenen Lebens, JR 1969, S. 441; A. Hamann/Lenz(FN 572), S. 144.

하기 위해서 자신의 생명을 희생하는 것은 유일한 예외라고 할 수 있다. 따라서 자살행위를 형벌의 대상으로 할 수 있는 것은 자살행위가 생명권을 보호하는 객관적인 법질서를 침해하는 행위로서, 결코 합법적일 수 없기 때문이다. 자기 생명의 희생을 뜻하는 인체실험 같은 것은 그것이 다른 생명의 구출에 절대적으로 필요하다고 인정되는 경우에만 허용된다고 보아야 할 것이다. 다만 구체적인 경우에 그 인과관계를 확정하는 것이 매우 어려운 것은 사실이다. 다른 사람을 구하기 위해서 자신의 생명을 희생하려는 결심이 아무리 도덕적으로 또 윤리적으로 높이 평가될 수 있는 일이라 하더라도 거기에는 일정한 한계가 있다고 할 수 있다. 즉, 헌법의 정신상 자기 생명의 희생에 의해서 다른 사람에게 단순히 보다 향상된 생활을 가능케 해 주는 것 같은 태도는 허용되지 않는다고 할 것이다. 본인의 촉탁 또는 승낙을 받아서 사람을 살해하는 것은 항상 위법한 것이라고 보아야 한다. 이 경우 이를 살인행위와 마찬가지로 중형으로 벌할 것이냐는 물론 별개의 문제이다. 자기생명의 포기를 헌법적으로 인정치 않는 경우에 누구도 생명의 포기에 의해서 촉탁살해와 승낙살해행위의 무죄를 주장할 수는 없다. 물론 이 이론을 끝까지 고수하는 경우에 개별적으로는 매우 어려운 인간적인 문제가 제기되는 경우도 있을 수 있겠으나, 그렇다고 해서 절대로 국가가 그를 정당화할 수는 없는 것이다. 그와 같은 경우를 일일이 정당화하는 경우에는 궁극적으로 헌법상의 생명권이 무의미한 것이 되고 말 것이기 때문이다. 생명권의 주체가 자유롭게 생명을 포기해 버릴 수 있다고 한다면 국가 또는 제3자에게 오히려 생명권침해를 쉽게 해 주는 결과밖에 되지 않는다. 자기가 버릴 수 있는 것이라면 다른 사람이 빼앗는 것도 쉽기 때문이다. 따라서 사법자치의 원칙이나 자결의 원칙 같은 것은 생명권에 관한 한 적용할 수가 없다고 보아야 힐 것이다.

f) 안락사와 생명권

758
안락사의
형태별 판단
필요성

제1회 안락사문제 국제회의가 1976년 7월 24일 일본 동경에서 열리고 '생자의 의지는 인간의 권리'로서 존중해야 한다는 이른바 동경선언이 채택되는가 하면, 미국 캘리포니아주에서는 '죽을 권리'(The Right to Die)를 법적으로 보장함으로써 불치병 환자에게 일정한 절차와

조건 밑에서 안락사를 요구할 수 있는 권리를 인정할 정도로590) 안락사
의 문제는 오늘날 중요한 시대적인 문제로 대두하고 있다.591) 하지만
동경선언이 요구하는 것처럼 생자의 의지에만 맡겨서 안락사를 일률적
으로 허용하는 것은 생명권의 견지에서 많은 문제점이 내포되고 있다
고 보여진다.

　안락사에도 여러 가지 형태592)가 있을 수 있기 때문에 경우를 나
누어서 검토할 필요가 있다. 생명을 단축하지 않는 안락사, 죽는 것을
대책 없이 방관하는 경우, 생명의 단축을 부수적으로 초래하는 안락사,
의식적으로 생명을 단축하는 안락사 등의 경우에 각각 그에 대한 법적
평가가 다를 수 있기 때문이다.

　헌법적인 관점에서는 인위적으로 인간생명이 단축되느냐의 여부
가 안락사 문제의 초점이라고 볼 수 있다. 따라서 의식적으로 인간의
생명을 단축하는 경우는 말할 것도 없고, 원하는 바가 아니지만 생명
의 단축을 부수적으로 초래하는 안락사도 생명권의 침해에 해당하는
것이라고 보아야 할 것이다.593) 또 가족이나 의사는 인간생명이 가지는
절대적인 가치를 감안해서 다른 생명을 위태롭게 하지 않는 범위 내에
서 인간의 생명을 연장하기 위해서 필요한 모든 조치를 다할 법적인
의무가 있다고 할 수 있기 때문에 대책 없이 죽도록 내버려 두는 행위
도 모두 위법적인 것으로 지탄을 받아야 할 것이다. 학자에 따라서는
생명의 단축을 정도의 차이에 따라 다시 구분하려는 입장도594) 있으나,
헌법적인 관점에서는 경미한 생명의 단축이라고 해서 이를 합법적인
것이라고 말할 수는 없다고 본다. 도대체가 경미한 생명의 단축과 상
당한(본질적인) 생명의 단축을 구별할 명백한 기준이 없을 뿐 아니라 경
우에 따라서는 순간적인 생명이 더 중요한 의미를 갖는 때도 있겠기 759

590) Vgl. dazu FAZ v. 16. 11. 1976 Nr. 259, S. 7f.
591) 우리나라에서도 1970년대 중반 특히 박희범 교수의 안락사를 계기로 이 문제가 활
　　발히 논의되었다. 그 후 2009년 대법원의 존엄사 인정 판결로 다시 논란의 대상이 되
　　고 있다.
592) 안락사의 여러 형태에 관해서 자세한 것은 H. E. Ehrhardt, Schwanger－ schaft-
　　sabbruch und Euthanasie, Arch. f. Kriminologie 1973, S. 129ff.(137).
593) 이 견해가 독일의 형법학계에서도 통일된 입장인 것 같다. vgl. Schönke/Schröder
　　(FN 551), S. 1111f.; R. Maurach, Deutsches Strafrecht, Besonderer Teil, 5. Aufl.
　　(1969), S. 14.
594) 예컨대, K. Binding(FN 542), S. 18.

생명단축
하지 않는
안락사의
허용

때문이다. 이렇게 볼 때, 헌법적으로 허용이 되는 것은 전혀 생명의 단
축을 수반하지 아니 하는 안락사뿐이라고 말할 수 있다.[595] 전혀 생명
의 단축을 초래하지 않는 안락사를 위해서 노력하는 것은 의사라는 직
업에서 나오는 당연한 의무라고까지 말할 수 있다.

　　이 같은 결론을 고수하는 경우에는 인간적으로 매우 잔인하고 가
혹한 사례도 있을 수 있을 것이다. 즉, 죽어가는 생명에게 불필요하게
고통만 더해 주는 경우도 있을 수 있겠기 때문이다. 하지만 헌법적인
관점에서는 생명권이 가지는 절대적인 의미 때문에 이 결론에서 한 발
자욱도 물러설 수가 없다고 본다. 이 결론에서 후퇴한다는 것은 결국
의사에게 삶과 죽음의 결정권을 통째로 맡겨 주는 결과가 되고, 그것
은 전통적인 의사라는 직업과는 조화될 수 없는 새로운 종류의 직업을
뜻하지 않을 수 없다. 실제로는 인정에 못 이기거나 또는 윤리적인 이
유 때문에 매일처럼 무수한 안락사가 행해지고 있는 것도 사실이고,
또 그렇다고 해서 이를 일일이 처벌할 수가 없는 것도 사실이다. 결국
현실과 법의 정신이 조화될 수 있는 방향으로 그 해결책을 찾아야 함
은 물론 헌법상 보장된 생명권의 의미가 계속해서 실효성을 가지도록
노력할 의무가 우리 모두에게 있다고 할 것이다. 인간으로서는 마땅히
법규범보다 인정이나 동정을 앞세우기 마련이지만 법학도로서는 이를
비판하는 자세를 버려서는 아니 된다고 본다.

　　그렇기 때문에 우리나라에서 2018년부터 시행하기로 한 이른바
welldying법(호스피스·완화의료 및 임종과정에 있는 환자의 / 연명의료결정에 관한 법률, 2016년 2월 제정)을 실제로 적용할 때에는
법의 목적대로 환자가 숨을 거두는 순간까지도 인간으로서의 존엄과
가치를 최대한으로 보호할 수 있도록 신중하고 세심한 운용을 해야 한
다. 특히 연명의료결정의 관리체계(법 제9조~ / 제14조)를 효율적이고 완벽하게 구
축하고, 미리 실효적인 호스피스제도를 확립함과 동시에 호스피스 전
문기관을 크게 확충해서 연명의료결정의 이행과정(법 제15조~ / 제20조)에서도 환자
본인의 결정을 존중하는 가운데 자칫 경솔한 판단과 결정이 발생하지
않도록 신중에 신중을 기해야 할 것이다. 그런데 독일연방헌법재판소
는 2020년 호스피스 대상자뿐 아니라 국민 누구나 더 이상 생존의 의

---

595) 따라서 우리 대법원이 이른바 '존엄사'를 정당화하는 판결을 통해 인위적인 치료중
　　단을 허용하는 것은 비판받아 마땅하다. 2009. 5. 21. 대판 2009 다 17417 참조.

미와 가치를 찾을 수 없다고 판단하면 스스로 또는 제 3 자의 도움으로
생을 마칠 수 있어야 한다고 의외의 결정을 했다. 독일 기본법이 보장
하는 인간의 존엄과 가치를 비롯한 개성신장의 자유와 생명권은 국민
이 자신의 개성과 정체성 및 인격적 완전성 등의 추구와 유지에 관해
서 스스로 결정할 수 있는 자유와 권리를 포함하기 때문이라고 그 이
유를 설명했다. 그 결과 직업적으로 다른 사람의 자살을 돕는 행위를
처벌하는 독일형법 제217조는 그 기능적인 연관성 때문에 형벌권의 한
계를 벗어나 죽고자 하는 사람 뿐 아니라 이 규정의 직접적인 수범자
인 협조자의 기본권까지 침해하는 위헌규정이라고 결정했다. 그렇다고
해서 제 3 자에게 자살에 반드시 협조할 의무가 생기는 것은 아니라는
점도 강조했다. 그리고 입법자는 경솔한 자살방지를 위해서 사전 상담
내지 숙려기간 등 절차적인 안전장치를 마련하거나, 자살조력기관의
신뢰성을 담보하기 위한 허가유보규정을 신설하거나 특별히 위험성이
큰 방법을 금지하는 등 판시취지에 맞는 다양한 개선방법을 고려하라
고 촉구했다.596) 이 판결은 특히 독일 기독교계의 강력한 비판을 받고
있다. 전통적인 기독교 국가인 독일에서는 생명에 관한 기독교 교리에
반하는 매우 파격적인 판결이기 때문이다.

3. 기본권실현의 방법적 기초로서의 평등권

평등권은 기본권질서의 실효성을 담보하는 핵심적인 기능을 가질 **760**
뿐 아니라 사회통합에도 매우 큰 영향을 미치는 기본권이다. 그렇지만 기본권의
그 본질과 규범적인 내용을 파악하기는 쉽지 않다. 통합효과
촉진기능

평등권은 이념적으로 인간의 존엄성 및 자유와 불가분의 연관성
을 갖는다. 그런데 현실적으로 우리 인간은 서로가 다른 개성을 가지
고 다양한 모습의 인격체로 존재하며 공동체 내에서 함께 어울려 삶을
누리고 있어 생활 현실 속에서 평등권을 구체화하는 일은 쉽지 않다.

흔히 평등권이 가장 어려운 헌법적인 agenda로 인식되는 이유도
그 때문이다. 이처럼 평등권이 어려운 헌법적인 도그마로 인식되는 바
탕에는 우리 인간의 이율배반적인 속성이 자리잡고 있다. 사람은 누구
나 끊임없이 남과 비교하면서 같음과 다름을 동시에 추구하는 이중적

---

596) Vgl. 2 BvR 2347/15 등 6건.

인 속성을 가지고 있다. 따라서 인간의 이러한 이중적인 속성이 평등
권의 실현을 어렵게 하고 있다.

(1) 평등권의 이념적 기초 및 자유와의 관계

761

이념적 기초는 인간의 존엄성

평등권의 뿌리는 인간의 존엄성이다. 인간의 존엄성은 자기실현을
추구하는 인간의 자연적인 본성에서 나온다. 인간의 존엄성은 생물학,
인류학, 진화론 등의 경험적인 자연과학에 그 뿌리를 두고 있는 것이
아니다. 인간은 인간이기에 존엄성을 갖는다. 그래서 누구나 동일한 존
엄성을 주장할 수 있다. 병자, 장애인, 어린이, 범죄인 등이 존엄성을
갖는 이유도 그 때문이다.

자유와의 연관성

존엄성의 주체인 인간은 누구나 자기실현을 추구하기 때문에 동
일한 자유를 주장할 수 있다. 자유는 존엄한 인간의 자기실현의 수단
이다. 따라서 인간의 자유와 평등은 인간의 존엄성과 불가분의 연관성
을 갖는다.

존엄한 인간은 누구나 동일한 인격체로서 동일한 자유를 주장할
수 있다. 인간은 자유의 영역에서 차이가 있을 수 없다. 나의 자유가
소중하다면 내 이웃의 자유도 소중하다. 자유권의 한계는 이미 자유
속에 내재되어 있다고 인식되는 이유도 그 때문이다. 자유권의 한계는
바로 평등한 자유에서 나온다. 내가 개성신장을 위해서 누릴 수 있는
자유의 한계는 내 이웃의 자유와 불가분의 관계에 있다. 내 이웃도 나
와 동일하게 개성신장을 위한 자유를 누릴 수 있어야 하기 때문이다.
그래서 대부분의 경우 자유가 제한당하는 이유는 바로 내 이웃의 자유
때문이다.

내 자유는 내 이웃의 코 끝에서 끝난다.

자유의 한계

누구나 존엄한 인간으로서 인격체로 대우받고 동일한 자유를 누
릴 수 있는 근거는 헌법에서 보장하는 여러 가지 신분적인 속성과는
무관하다. 인간은 인간이라는 이유 하나만으로 동일한 자유와 평등을
주장할 수 있는 것이므로 자유와 평등은 성, 사회적 신분, 종교, 직업,
소득, 연령, 능력, 덕성, 세계관, 심지어는 국적 등과는 무관하다. 존엄
한 인간은 누구나 자신의 문제를 스스로 결정할 수 있고 자신의 개성
을 자유롭게 신장할 수 있다. 그리고 자신의 결정으로 내 이웃과 더불
어 자유롭고 평화로운 생활공동체를 형성할 수 있다.

그런데 자유에는 언제나 남용 또는 악용의 위험성이 따른다. 남용 또는 악용이 불가능한 자유는 이미 자유의 본질과는 거리가 멀다. 하지만 자유의 남용 또는 악용은 남과 더불어 함께 살아가는 생활공동체 안에서는 결국 자유의 제한 내지는 심지어 자유가 완전히 박탈되는 법적인 결과에 이를 수밖에 없다. 그러면 존엄한 인간의 자유에 의한 자기실현은 불가능하다. 따라서 자유가 자기실현의 제 기능을 다할 수 있기 위해서는 누구나 남과 더불어 동일한 자유의 주체라는 인식을 가지고 내 이웃의 동일한 자유를 존중해야 한다. 그런 의미에서 평등은 자유를 극대화하기 위한 수단이며 평등은 자유의 전제조건으로서 자유 속의 평등만이 자유도 평등도 제 값을 다할 수 있게 하는 길이다. 평등은 '자유의 전제조건'이며 '자유를 증대시켜주는 수단'이라고 인식되면서 평등에 비해서 자유의 가치를 더 우위에 두는 이유도 그 때문이다.

(2) 평등권의 구조

평등권은 자유권과는 다른 독특한 구조를 가지고 있다. 자유와 평등의 상호관계가 '자유 속의 평등', '자유의 전제조건으로서의 평등', '자유의 증대수단으로서의 평등'으로 평가되는 것에서도 알 수 있듯이 자유와 평등은 기능적으로도 불가분의 관계에 있다. 그래서 종종 자유권의 구조를 평등권에 대입시키고 평등권의 구조를 자유권의 구조로 전환하려는 시도가 행해지기도 한다. 그래서 우리 헌법 제37조 제 2 항의 기본권제한입법의 한계조항을 그대로 평등권에도 적용하려는 시도로 이어진다. 이를테면 외견상의 차별대우를 평등권 제한으로 간주해서 평등권의 제한(차별대우)과 제한목적(차별목적)간의 상관관계를 구성해서 과잉금지원칙에 따른 법익형량을 시도하는 일이다.

762
자유권과의
구조적 차이

그렇지만 그러한 시도는 결코 옳지도 않고 성공할 수도 없다. 자유권은 일정한 보호범위(영역)를 가지고 있기 때문에 그 보호범위를 제한하는 경우에 그 제한의 헌법적 정당성을 판단하기 위해서 헌법 제37조 제 2 항의 과잉금지원칙을 심사기준으로 삼는다. 그에 반해서 평등권은 일정한 보호범위(영역)를 가지고 있지 않다. 구태여 평등권의 보호범위를 논한다면 '정의기준에 부합하는 대우'를 받을 권리라는 관념적 보호범위에 불과하다. 평등권은 실체적 보호범위를 갖지 않는 독특한 구조를 가지고 있기 때문이다. 그 결과 아무리 평등권의 관념적 보호범위를 자유권의 보호범위로 의제해서 평등권을 자유권 구조로 전환해도 실체적 보호범위가 없는 평등권의 특성 때문에 평등권에 대한 '과도한 제한'은 존재하지 않는다. 평등권에 관해서는 보호범위를 전제로 해서 사용되는 '제한' 내지 '침해'라는 개념은 엄밀히 따져 논리적으로 성립하지 않는다. 평등권에서는 '제한' 내지 '침해가' 아닌 '위반' 현상만이 존재하기 마련이다. 따라서 관행적으로 평등권과 관련해서도 '제한' 내지 '침해'라는 개념을 사용한다고 해도 내용적으로는 '평등권 위반'을 뜻하는 것으로 이해하는 것이 옳다.

결론적으로 평등권 심사에서 자유권 심사에서와 같이 과잉금지원칙을 원용하려는 심사방법은 부당하다고 할 것이다. 평등권 심사에서 적용되는 과잉금지 심사는 정확히는 '균형성 심사'에 불과하다고 할 것이다. 그렇기 때문에 우리 헌법재판소가 완화심사(합리성 심사 내지 자의성 심사)와 엄격심사(비례성 심사)를 구별해서 심사해도 그것은 일종의 불완전한 비례심사 내지는 확장된 자의심사에 지나지 않아 실제로는 같은 내용의 심사를 하는 것에 불과하다고 할 것이다. 이 점은 독일 연방헌법재판소가 이미 확인한 내용이다. 뒤에서 살펴보는 바와 같이 독일연방헌법재판소의 제 1 원(1. Senat)과 제 2 원(2. Senat)의 심사방법이 형식적으로 다른 것처럼 보여도 실제로는 같은 결론에 이른다는 사실이 많은 경우에 확인되고 있다.

(3) 법 앞의 평등의 의미

a) 니코마코스 정의론

763
상대적 평등
같은 것과
같지 않은
것

법 앞의 평등은 흔히 '같은 것은 같게, 다른 것은 다르게' 대우해야 한다는 말로 이해하고 있다. 이 말은 그 유래를 따지면 고대 그리스의 철학자 플라톤(Platon)에서 싹 트고 아리스토텔레스(Aristoteles)가 완성한 니코마코스 윤리학(Nicomachean Ethics)의 '정의론'에서 나오는 말이다.

'같은 것'과 '다른 것'의 평가에서 주의할 점은 비교대상이 같거나 다르다는 것은 모든 속성이 같거나 다르다는 뜻이 아니라 비교대상의 부분적 속성, 즉 일부의 속성이 같거나 다르다는 의미일 뿐이다. 그렇기 때문에 '같은 것은 같게, 다른 것은 다르게'의 명제를 이해하는 데 있어서는 언제나 같은 것과 다른 것을 분리해서 검토할 필요가 있다.

예컨대 갑과 을 두 사람이 모두 사기죄를 범했다면 두 사람 모두 사기죄($\frac{형법}{제347조}$)로 10년 이하의 징역이나 2천만원 이하의 벌금으로 처벌받는다(물론 그 밖의 형사법상의 고려사항을 도외시한다면 말이다). 그러나 갑은 사기죄를 범했지만 을은 사기죄를 범하지 않았다면 두 사람은 사기죄와 관련해서는 다르게 대우받아야 한다. 그렇지만 이 경우에도 갑과 을을 언제나 다르게 대우해야 하는 것은 아니다. 왜냐하면 을은 사기죄를 범하지 않았어도 공갈죄($\frac{형법}{제350조}$)를 범했을 수도 있고, 이 공갈죄는 사기죄와 마찬가지로 10년 이하의 징역 또는 2천만원 이하의 벌금으로 처벌하게 되어 있기 때문이다. 그래서 을도 갑처럼 동일하게 처벌받아야 마땅하다. 따라서 이 경우에 '다른 것은 다르게' 대우해야 한다는 논리는 옳지 않게 된다. 갑과 을은 우연히 동일한 형량의 각기 다른 범죄를 범했다는 점에서만 같을 뿐 죄목에서는 다르다는 점을 간과하면 그런 논리적인 모순에 빠진다.

아무튼 '같은 것은 같게, 다른 것은 다르게' 취급해야 한다는 평등의 명제는 아리스토텔레스의 인식처럼 정의(正義)를 뜻한다. 따라서 평등은 정의를 뜻하고 정의의 반대는 자의(恣意)라는 스위스 연방 대법원의 법인식은 수긍이 간다고 할 것이다. 그렇지만 막상 무엇이 정의인지 정의를 정의(定義)하는 일은 아주 어려운 일이다. 그래서 무엇이 정의에 부합하는지를 찾아내려는 적극적인 접근보다는 무엇이 정의에 반하는가를 찾아 내려는 소극적인 접근이 보다 용이하다고 느껴질 때가 많다.

정의와의
관계

결과적으로 '법 앞의 평등'은 보다 구체적으로 표현하면 '본질적으로 같은 것을 자의적으로 다르게 대우하는 것'은 정의에 반한다는 뜻으로 이해할 수 있다. 이 경우에도 '본질적'이라는 개념과 '자의적'이라는 개념은 또 다른 설명을 필요로 하는 추상적인 개념이라 이해에 어려움이 따르기 마련이다. 그렇지만 결국은 '사물의 본성'(Natur der Sache) 내지는 '이성의 내용'(Inhalt der Vernünftigkeit)을 본질성의 판단기준으로 삼고 '합리성의 결여'(Mangel der Rationalität)를 자의성의 평가기준으로 삼을 수밖에는 없다고 할 것이다. 다만 이 때에도 불공정(unfair)은 자의(arbitrariness)와는 구별해야 한다는 점을 간과해서는 아니 된다. 불공정한 대우가 평등의 위반은 아니기 때문이다.

평등권이 어렵다고 인식되는 바탕에는 이처럼 평등권이 정의와 직결되어 있고 정의가 내용적으로 난해한 '사물의 본성' 등 여러 추상적인 개념과 관련되어 있기 때문이기도 하다.

b) 행위규범과 통제규범

입법자의
행위규범과
헌재의
통제규범

법 앞의 평등은 처음에는 법 집행과 적용의 평등을 의미했지만 1925년 Leibholz의 노력으로 법제정의 평등까지 포괄하면서 이제는 그 적용의 중점영역이 입법작용으로 인식되고 있다는 점에 대해서는 다툼이 없다.

그 결과 '법 앞의 평등'이라는 명제는 이제는 무엇보다도 입법자의 행위규범을 뜻하는 것으로 인식되고 있다. 즉 입법자는 '같은 것은 같게, 다른 것은 다르게' 규율함으로써 실질적 평등을 실현할 헌법적인 의무를 지고 있다고 할 것이다. 다만 '법 앞의 평등'을 실현할 입법자의 의무는 언제나 최상의 이상적인 입법을 실현하도록 명하는 것이 아니고, 헌법이 정한 헌법적인 가치의 최종적인 한계를 준수하는 내용의 입법을 하도록 촉구하는 의미를 갖는다는 점을 유의할 필요가 있다. 다시 말하면 입법자에게는 평등권 실현과 관련해서 광범위한 입법형성의 자유가 인정되고 있다. 평등권 위반여부에 대한 위헌심사에서 사법적인 자제가 불가피해지는 이유도 그 때문이다. 즉 '법 앞의 평등'을 실현하기 위해서 헌법재판소에게 부여한 위헌심사권은 일종의 '통제규범'을 뜻하는 것으로 헌법재판소는 입법자가 행위규범의 헌법적인 한계를 준수했는지 여부만을 감사하되 입법자의 평등권 실현 관련 입법형성권을 침해하는 일이 있어서는 아니 된다.

(4) 기회균등의 원칙과 평준화의 문제

764
기회균등과
결과의 평등

법 앞의 평등의 요청으로 '같은 것은 같게, 다른 것은 다르게' 대우한다는 뜻은 결국은 기회균등의 요청이라고 말할 수 있다. 같은 조건의 사람에게 같은 기회를 부여해야 한다는 말이다. 그렇지만 이 때 기회균등의 요청이 결코 평준화의 요청은 아니라는 점을 간과해서는 아니 된다. 평준화는 다분히 결과와 관련된 개념형식으로서 결과의 평등을 지향하는 내용을 담고 있기 때문에 법 앞의 평등의 본질과는 거리가 멀다.

예컨대 교육의 기회균등과 경쟁의 기회균등의 경우 전자는 사회

와 국가의 장래를 좌우하는 중요한 agenda이고, 후자는 자유시장경제
질서의 중심적인 요청이다.

특히 경쟁의 기회균등은 직업의 자유에 기초한 시장경제의 핵심
적인 내용이다.

그렇지만 교육의 기획균등에서는 사람마다 다른 선천적인 재능의
차이로 인한 교육결과의 불평등을 극복하는 문제가 제기된다. 경쟁의
기회균등에서도 자유주의 국가에서는 결국 강자만이 살아남는 역기능
을 초래하기 때문에 경쟁의 결과는 불평등을 발생시킨다.

인간은 신분과 재능의 태생적인 한계를 가지고 이 세상에 태어나
기 때문에 인간 출생환경을 도외시한 채 아무리 교육의 기회균등을 실
현한다고 해도 성과면에서의 차이를 무시할 수는 없다. 취학의무, 의무
교육, 무상교육, 무상급식 등 사회적 약자계층 출신자의 출발선에서의
불평등을 완화하는 우대정책을 편다는 것은 이미 그 자체가 출신성분
에 따른 차별금지라는 평등이념과는 이율배반적인 것이 아닐 수 없다.
실제로 기회균등을 실현하는 수단으로 사회적 약자계층에게 많은 재정
지원을 하는 정책을 펼 수도 있겠지만 그 결과가 반드시 균등한 결과
로 나타난다는 보장이나 통계도 없다. 그 결과 기회균등을 물질적 기
회균등으로 이해하려는 평준화정책은 평등이념과는 상호 모순된다.

나아가 기회균등의 실현 가능성과 관련해서 사람의 아름다움이나
재능에 관해서는 기회균등을 논하기 어렵다. 그렇지만 실제로 사회생
활에서 '미'와 '재능'의 중요성을 무시할 수 없다. 그렇다고 '못난 사
람'에게 성형수술비용을 지원해 줄 수는 없는 일이다. 또 재능이 없는
사람에게 K. Marx의 환경이론에 따라 재능 취약계층의 특별과외 등
재능향상정책을 따로 펼 수도 없다.

흔히 재능의 문제를 출신가정환경과 연관시키려는 환경이론은 자 　　환경이론의
칫 가족제도, 상속제도, 사유재산제도 그 자체를 파괴할 위험성을 간직 　　문제점
하고 있다. 재능의 차이가 가정환경 때문이라면 결국은 가족제도를 없
애면 그런 재능의 차이가 극복될 수 있다는 논리로 이어질 수 있기 때
문이다. 그것은 혼인 · 가족제도의 보호라는 헌법이념과 조화할 수 없
는 결과이다. 또 재능의 차이에서 나타나는 성과의 불평등을 상속제도
의 탓으로 돌리려고 시도하면서 상속제도의 폐지를 주장하는 사람도

있다. 가족제도는 한 세대만의 기회불평등을 야기하지만, 상속제도는 기회불평등을 전가시키고 상속시켜 심화해 기회불평등을 부단히 이어지게 하기 때문에 기회균등의 요청에 반한다고 주장한다. 국가의 기회균등의 실현의무와 상속제도는 이념적으로 갈등관계에 있다는 논리이다. 기회균등은 상속포기를, 상속보장은 기회균등포기를 요구한다는 주장이다. 이 이념적인 갈등관계를 조화할 수 있는 방법을 찾기 어려우므로 더 우월한 헌법적인 가치인 기회균등을 실현하기 위해서 상속제도를 포기할 수밖에 없다는 논리이다.

생각건대, 가족제도와 상속제도의 포기는 결국 시장경제질서의 핵심제도인 재산권 보장과도 관련된 문제이다. 사유재산제도와 상속제도는 상호 불가분한 관계이므로 헌법에서도 함께 보장하고 있다. 또 사유재산제도와 상속제도를 떠나서 경쟁의 기회균등이나 시장경제질서를 논할 수 없다.

결과적으로 기회균등의 실현을 위해서 과도한 국가개입을 정당화하려는 좌파적인 논리는 국가를 새로운 힘의 주체로 이끌어 국가권력을 강화하는 결과를 초래하게 된다. 그 결과 자유주의의 이념인 기회균등이 결과적으로 반자유주의적인 독재국가에 문호를 개방해 주는 역기능을 하는 현상이 발생하게 된다. 바로 이곳에 기회균등을 평준화형식으로 이해하려는 논리의 위험성이 도사리고 있다. 말하자면 기회균등의 원칙의 역설이라고 말할 수 있다.

이러한 기회균등의 원칙의 역설적인 결과를 방지하기 위해서는 기회균등의 원칙을 결과의 평등이나 평준화의 형식으로 인식하는 사고방식을 과감하게 떨쳐 버려야 한다.

(5) 평등권의 심사단계

765
3단계 심사

평등권의 위반여부를 심사하는 데는 흔히 3단계의 과정을 거치게 된다. 먼저 본질적인 차별대우의 유무를 심사해야 하는데 그러기 위해서는 비교대상을 확인하고 그 비교대상간에 존재하는 차별대우를 확인하게 된다. 그리고 나서 마지막으로 확인한 차별대우의 헌법적인 정당성을 검토하게 된다. 요약하면 비교대상확인, 차별대우확인, 차별대우의 헌법적 정당성 검토의 절차이다.

a) 비교집단의 확정 및 차별대우 확인

α) 비교의 기준과 대상

차별대우는 항상 비교집단을 전제로 한다. '누구' 또는 '무엇'과 비교해서 차별을 하고 있는지를 먼저 살펴야 한다. 이 때 중요한 것은 비교의 기준과 대상을 선정하는 일인데, 비교대상간에 모든 면에서의 동일성이나 차이는 있을 수 없다. 비교대상간에 일부의 속성과 관련된 사실적 동일성 여부의 판단이다. 즉 부분적인 사실적 동일성 여부를 따지는 것이므로 그 동일성은 상대적인 동일성에 대한 가치판단이라고 할 것이다. 그리고 동일성 여부를 판단하는 기준을 정해야 한다.

비교집단과
비교기준

예컨대 경제적인 빈곤으로 인해서 국가의 생활지원이 필요한 사람과 그렇지 않은 사람을 비교한다면, 이 경우 비교기준을 사람으로 보느냐 재산으로 보느냐에 따라 비교대상의 범위가 달라지게 된다. 사람을 기준으로 비교한다면 비교대상의 범위는 넓어지고 평등권 침해주장은 용이해진다. 반면에 재산을 기준으로 비교한다면 비교대상의 범위는 좁아지고 평등권 침해 주장은 어려워진다.

그런데 비교기준을 정하기 위해서는 심사대상 법규정의 의미와 목적의 검토가 필요하다. 심사대상 법규정은 차별하는 배경이 있고 차별을 통해서 달성하려는 입법의 목표를 가지고 있기 때문이다.

예컨대 배기가스를 적게 배출하는 차량에 대해서 자동차세를 감면해주는 혜택을 주는 법규정을 예로 든다면, 이 법규정을 만든 입법자는 자동차의 배기가스의 배출량을 기준으로 삼은 것을 알 수 있다. 그리고 입법목적은 환경보호를 위한 것이라고 추정할 수 있다. 이러한 비교기준과 입법목적에 비추어 배기가스의 배출량이 적은 차량은 차종에 관계없이 본질적으로 같다고 보아야 한다. 따라서 동일하게 자동차세 감면혜택을 받아야 마땅하다.

β) 차별대우의 확인

그런데 만일 입법자가 화물차에게만 자동차세 감면혜택을 주면서 승용차를 감면혜택에서 제외한다면 화물차와 승용차는 달리 취급하는 것이 된다. 이 경우 화물차와 승용차간의 차별대우는 화물차만을 우대하는 또 다른 입법목적을 찾아서 두 차종간의 차별을 정당화할 수 있는 것인지를 살펴보아야 한다. 따라서 처음에는 비교기준이 배기가

차별대우
확인

스 배출량이었지만 뒤에 가서는 비교기준이 차종으로 바뀌게 된다. 그 결과 차종에 따른 차별대우가 확인되면 그 차별목적에 대한 헌법적인 정당성을 판단해야 한다.

그런데 평등권에서의 비교대상의 선정은 자유권에서의 보호범위의 설정과 유사한 기능을 가지고 있다. 그 결과 자유권에서 보호범위를 넓게 설정하면 제한 가능성이 많아지면서 제한을 공익상의 이유로 정당화하기는 용이해지지만 자유권 침해를 인정하기는 어려워지는 것처럼, 평등권에서도 비교대상을 넓게 잡는 것은 위반가능성을 많게 하면서 평등권 위반을 주장하기는 쉬워지지만 평등권 위반여부의 심사는 어려워지게 된다.

b) 헌법적 정당성 심사기준

차별대우의
정당성심사

평등권 심사에서 심사기준을 어떻게 정할 것인지는 우리의 헌법재판에서도 그렇지만 미국이나 독일의 헌법재판에서도 통일적인 심사기준을 마련하지 못하고 있다. 그 만큼 심사기준의 설정은 어렵고도 중요한 문제이다. 그런데도 대체로 심사기준으로 자의금지원칙과 비례원칙의 두 가지 방법이 흔히 활용되고 있다.

α) 자의금지원칙

자의금지
원칙

자의금지원칙에 의한 심사는 흔히 합리성의 심사라고 일컬어지는 심사방법이다. 즉 차별하는 입법목적의 관점에서 보아 합리적인 고려에 기인하거나 사물의 본성으로부터 나오는 합리적인 이유에 의한 것인지를 중점적으로 검토하는 심사방법이다. 만일 이러한 검토결과 법률적인 차별에 대한 합리적인 근거를 찾을 수 없다든지 사물의 본성에 비추거나 내용적으로도 해명할 수 있는 근거를 찾을 수가 없다면 그 차별은 합리성을 결여한 자의적인 차별이라고 할 것이다. 그렇기 때문에 법적인 차별에는 그것을 정당화할만한 충분한 근거가 있어야만 한다. 이 때 그 근거를 충분한 것으로 인정하는 것은 평가의 문제이지만 법적인 차별을 허용하거나 명령할만한 '충분한 근거'가 무엇인가는 평등원칙 그 자체로는 대답할 수 없는 문제이다. 그것은 하나의 평가적인 판단이 필요한 문제이기 때문이다. 다만 평가의 주체를 입법자로 보아야 한다는 주장도 없는 것은 아니지만 헌법재판이 이루어지고 있는 나라에서는 평가의 주체는 궁극적으로 헌법재판소로 볼 수밖에 없다고 할 것이다. 헌법재판소가 입법형성권을 다치지 않는 범위 내에서 입법자의 자체평가를 헌법적인 기준에 비추어 재평가해서 통제할 수밖에 없다.

β) 비례원칙

비례원칙

비례심사의 핵심은 균형성 심사를 말하는데 비교대상의 차이와 차별대우의 내용을 비교 형량해서 법적인 차별을 정당화할 수 있을 정도의 비중에 걸맞는 그러한 비교대상간의 차이가 있는지를 검토하는 심사방법이다.

이 비례심사에서는 법적인 차별대우와 차별(입법)목적간의 비례관계가 핵심적인 심사기준이 된다. 즉 i) 차별목적이 헌법적으로 정당화할 수 있는 정당한 차별목적인지를 우선 심사하고, ii) 법적인 차별대우가 차별목적의 실현에 기여할 수 있는 것인지에 대한 차별대우의 적합성을 심사하게 된다. iii) 그리고 나서 입법목적의 관점에서 법적인 차별대우가 과연 필요하고 불가피한 것인지를 검토하게 되는데 차별을 하지 않고도 입법목적을 달성할 수 있다면 그 차별은 불가피한 것이 아니어서 불필요한 차별이 된다. 이 때 법적인 차별대우로 자유권의 행사에 불리한 영향을 미치게 되면 차별효과의 최소침해성도 어기게 된다. iv) 마지막으로 법익 균형성을 심사하게 되는데 법적 차별에 대한 헌법적 정당성 심사의 핵심이라고 할 것이다. 즉 비교대상간의 사실상의 차이 정도 또는 차별대우로 달성하려는 입법목적의 비중과 법적인 차별대우의 비중이 적절한 균형관계를 이루고 있는지를 심사하게 된다.

자유권 제한에서의 비교형량은 자유권 제한을 통해 달성하려는 공익과 제한되는 자유권 사이의 비교형량인데 반해서 평등권에서의 비교형량은 차별목적인 공익 또는 비교대상간의 사실상의 차이와 법적인 차별대우의 정도를 비교형량하는 점이 다르다. 따라서 비례심사의 이름으로 자유권에서와 같은 패턴의 과잉금지원칙에 따른 도식적인 심사를 하는 것은 평등권의 심사에서는 적합하지 않다는 것을 인식해야 한다.

c) 평등권 심사사례

우리의 의료법규정($\frac{제6}{조}$)과는 달리 독일에서는 조산사(산파)의 정년을 60세로 정하는 정년규정을 마련하면서 의사의 정년규정은 없었다. 이 경우 입법자가 조산사의 정년규정을 둔 입법목적은 고령 조산사의

구체적 사례

조산행위로 산모와 신생아의 생명·신체에 발생할 수 있는 위험을 사전에 방지하기 위한 것이라고 볼 수 있다.

이 사례에서 비교기준은 조산행위의 직업적인 행사 즉 '직업적 조산행위'가 될 것이다. 따라서 이 비교기준에 비추어 조산사와 대비되는 비교집단은 조산사와 마찬가지로 직업적인 조산행위를 하는 직업이 될 것인데 산부인과 의사가 바로 그 비교집단이 될 것이다. 같은 의사라도 산부인과를 제외한 다른 전문의는 비교집단이 될 수 없다.

그런데 비교집단에 속하는 조산사와 산부인과 의사 사이에서 조산사에게만 정년을 정하고 있으므로 두 비교집단을 차별하고 있는 것을 확인할 수 있다. 즉 직업적인 조산행위에서 조산사와 의사를 다르게 취급하고 있는 것이다.

그렇다면 이와 같은 차별대우가 헌법적으로 정당성을 갖는 것인지 검토해야 한다. 이때 조산사와 산부인과의사 사이의 직업적인 특성과 교육과정, 직업상(像) 등을 종합적으로 검토해서 두 직업을 '직업적 조산행위'에서 같은 것으로 볼 것인지 다른 것으로 볼 것인지를 판단해야 한다. 두 비교집단이 동일하게 직업적인 조산행위를 한다는 점과 두 비교집단 간에는 직업구조나 교육과정 및 직업상 등이 많이 다르다는 차이점 중에 어느 쪽을 더 존중하고 더 큰 비중이 있다고 볼 것인지에 따라 평등권 위반여부가 정해질 것이다. 이 사례에서 독일 연방헌법재판소는 차이점에 더 큰 비중을 두어 조산사와 산부인과 의사를 정년규정에서 차별하고 있는 것은 충분히 합리적인 근거가 있다고 보아 같은 것을 달리 취급한 것이 아니고, 다른 것을 달리 취급하고 있는 것에 불과해서 평등권 위반이 아니라고 판시했다.[597]

(6) 우리 헌법재판소의 평등권 심사구조

766
이원적 심사

우리 헌법재판소는 평등권의 심사에서 크게 '완화심사'와 '엄격심사'의 두 가지 심사기준을 적용하고 있다. 완화심사에서는 자의금지원칙에 따른 합리성 심사를 행하지만, 엄격심사에서는 비례의 원칙에 따른 비례성심사를 활용하고 있다. 이처럼 헌법재판소가 2원적인 심사방법을 적용하게 된 계기는 1999년 제대군인 가산점 규정 위헌결정[598]

---

597) Vgl. BVerfGE 9, 338(349ff.).
598) 헌재결 1999. 12. 23. 98 헌마 363, 판례집 11-2, 770 참조.

이다.

a) 완화심사

헌법재판소는 제대군인 가산점규정 위헌결정 이전에는 평등권 사례에서 일관되게 자의금지원칙에 따른 합리성심사로 만족했다. 즉 "평등원칙 위반여부에 대한 헌법재판소의 판단은 단지 자의금지원칙을 기준으로 차별을 정당화할 수 있는 합리적인 이유가 있는가의 여부만을 심사하게 된다"라는 판시내용이 그 것이다.599)

(우측 여백) 합리성 심사

b) 엄격심사

α) 헌법재판소의 판시내용

헌법재판소는 1999년 제대군인 가산점 위헌결정을 계기로 이른바 엄격심사에 따른 비례성심사를 새롭게 도입했는데, 내용은 다르지만 미국 연방대법원의 판례영향을 받은 것으로 보인다. 즉 헌법재판소는 '평등위반여부를 심사함에 있어 엄격한 심사척도에 의할 것인지, 완화된 심사척도에 의할 것인지는 입법자에게 인정되는 입법형성권의 정도에 따라 달라지게 될 것이다. 첫째, 헌법에서 특별히 평등을 요구하고 있는 경우 엄격한 심사척도가 적용될 수 있다. 헌법이 스스로 차별의 근거로 삼아서는 아니 되는 기준을 제시하거나, 차별을 특히 금지하고 있는 영역을 제시하고 있다면, 그러한 기준을 근거로 한 차별이나 그러한 영역에서의 차별에 대해서는 엄격하게 심사하는 것이 정당화된다. 둘째, 차별적 취급으로 인하여 관련 기본권의 중대한 제한을 초래하게 되는 경우 입법형성권은 축소되어 보다 엄격한 심사척도가 적용되어야 할 것이다. (중략) 엄격한 심사를 한다는 것은 자의금지원칙에 따른 심사, 즉 합리적 이유의 유무를 심사하는 것에 그치지 아니하고, 비례성원칙에 따른 심사, 즉 차별취급의 목적과 수단간에 엄격한 비례관계가 성립하는지를 기준으로 한 심사를 행함을 의미한다'라고 판시하고 있다.600)

(우측 여백) 비례성 심사

헌법재판소의 판시내용을 요약하면 엄격한 기준에 따라 비례성심사를 해야 하는 경우는 (i) 헌법상 특별히 평등을 요구하고 있는 경우인데, 예컨대 (가) 차별의 근거로 삼아서는 아니 되는 기준을 제시하거

---

599) 예컨대 헌재결 1997. 1. 16. 90 헌마 110, 판례집 9-1, 90(115) 참조.

600) 헌재결 1999. 12. 23. 98 헌마 363, 판례집 11-2, 770(787면 이하) 참조.

나, (나) 차별금지영역을 제시하고 있는 경우가 그에 해당한다. 그리고 (ii) 차별취급으로 관련 기본권에 중대한 제한을 초래하게 되는 경우도 엄격심사 대상이다.

β) 헌법재판소 판시의 문제점

심사방법의 문제점

엄격심사에 관한 헌법재판소의 판시내용은 몇 가지 문제점을 가지고 있다. i) 가장 큰 문제점은 헌법재판소가 심사기준과 심사결과를 혼동하고 있다는 점이다. 차별취급으로 관련 기본권에 중대한 제한을 초래하게 될 것인지의 여부는 심사를 통해서 비로소 밝혀질 내용이지 심사하기 전에 미리 판단할 수 있는 사항은 아니다. 그런데도 헌법재판소는 심사결과로 판명될 내용을 미리 예단해서 심사기준으로 삼고 있다는 점이 문제이다. ii) 나아가 헌법재판소는 엄격심사가 비례성원칙에 따른 심사라고 하면서 내용적으로는 자유권의 심사에서와 같은 패턴으로 비례성원칙(과잉금지원칙)을 그대로 적용하고 있다는 점도 지적할 수 있다. 자유권과 평등권의 구조적인 차이를 무시한 채 무리하게 비례성원칙을 기계적으로 평등권에 적용하는 것은 적절치 못하다고 할 것이다. iii) 더욱이 자의금지원칙에 따른 합리성 심사에서도 합리성을 판단할 때 어느 정도 비례성의 검토가 불가피하기 때문에 구태여 이원적인 심사방법을 고집하는 실익이 무엇인지 의문이다. 헌법재판소는 완화심사와 엄격심사 사례를 시험삼아 서로 다른 방법으로 교차 심사하는 시도를 해 볼 필요가 있다. 과연 그 심사결과에 어떤 차이가 나타나는지 살펴볼 필요가 있다고 생각한다. 실제로 거의 차이가 없을 것이라고 판단한다. iv) 마지막으로 미국 연방대법원이 워런(Warren) 대법원장 시대에 도입한 이른바 이중적인 심사방법은 다민족국가인 미국 헌정의 전통속에서 점차적으로 확립된 심사기준이어서 우리가 수용하기에는 부적절한 면이 있다. 또 미국에서 말하는 '의심스러운 구분'(suspect classification)이나 '근본적 권리'(fundamental rights) 침해를 전제로 한 엄격심사는 그 판단의 기초가 우리와는 완전히 다르다는 점도 간과해서는 아니 된다. 그렇기 때문에 아래에서 우리 헌법재판에 가장 많은 영향을 미치고 있는 미국 연방대법원과 독일 연방헌법재판소의 평등권 심사기준을 살펴보기로 한다.

(7) 미국 연방대법원의 평등권 심사기준

미국 연방대법원은 미국 연방헌법 제14조 제 1 항[601]을 근거로 평
등권 심사를 하고 있지만 미국 건국역사의 특성상 처음에는 평등권 심
사가 주로 흑인인종차별문제에 집중되어 있었다. 즉 흑인의 인종차별
은 큰 흐름으로 본다면 다음과 같은 다섯 단계 과정을 거쳐서 점진적
으로 개선되어 왔다고 할 것이다.

1865년 Lincoln 대통령의 노예해방선언을 기점으로 1875년 민권
법(Civil Rights)이 제정되고 1896년 '분리하지만 평등하다'(separate but
equal)는 Plessy 판례[602]를 거쳐, 1954년 Brown 판례[603]를 통해서 이
'분리하지만 평등하다'는 판례를 폐기하고 1964년 마침내 새로운 민권
법을 제정함으로써 흑인에 대한 집단적인 인종차별은 어느 정도 제도
적으로는 개선되었다고 할 것이다.

결국 미국에서의 평등권은 이러한 역사적인 발전과정을 거쳐 다
분히 '집단적인 평등권'에서 '개인적인 평등권'으로 발전해 왔다고 평
가할 수 있다. 이 점이 서유럽의 평등권 발전역사와 다른 점이다.

미국 연방대법원의 평등권 심사기준은 큰 흐름으로 본다면 대체
로 다음의 세 가지 과정으로 변천해 왔다고 할 것이다. 워런(Warren)
대법원장시대 이전과 워런 대법원장 시대 그리고 버거(Burger)대법원장
시대의 세 단계로 구분할 수 있다고 할 것이다.

a) Warren 대법원장 이전

1953년 미국의 제14대 연방대법원장 워런(Earl Warren)이 취임하
기 이전에는 미국 연방헌법 제14조 제 1 항을 근거로 평등권 심사보다
는 적법절차의 위반여부에 관한 심사가 주류를 이루었고 평등권 심사
는 위헌논의의 마지막 수단으로 인식되었다. 그리고 평등권 심사가 행
해져도 거의 합헌결정이 주류를 이루었다. 그 결과 평등권에 관한 의
견은 판결문에서 별로 큰 주목을 받지 못하거나 각주에 표시되기도 했
다. 그래서 이 시대의 평등권 관련 판시내용은 시간이 지난 Warren 대

767
심사방법의
3단계 구분

768
1953년
워런 이전
예외적
평등권 심사

---

601) 미국연방헌법 제14조 제 1 항 중에는 다음과 같은 due process clause와 equal
    protection clause가 들어 있다. "어떠한 주(state)도 적법절차에 의하지 아니하고는
    어떠한 사람으로부터도 생명(life), 자유(liberty) 또는 재산(property)을 박탈할 수 없으
    며 그 관할권 안에 있는 사람에 대하여 법률에 의한 평등한 보호를 거부하지 못한다."
602) Plessy v. Ferguson, 164 U.S. 537(1896) 참조.
603) Brown v. Board of Education of Topeka, 347 U.S. 483(1954) 참조.

법원장 시대나 Burger 대법원장 시대에 비로소 빛을 보게 되어 뒤늦게 인용되는 일이 잦았다. 대표적으로 1920년의 Royster Guano 사건[604]에서 이루어진 판시내용 '차별취급은 반드시 그 차별이 합리적(reasonable)이어야 하고 자의적(arbitrary)이어서는 아니 되며, 차별이 입법목적에 공정하고 실질적인 관계가 있어야 한다'는 판시문구를 1972년의 Eisenstadt 사건[605]에서 합리적 심사의 기준으로 인용한 것이 그 예이다. 또 1938년 Stone 대법관(1941년 제12대 대법원장에 취임)이 한 판결문의 각주[606]에서 밝힌 의견이 그 후 Burger 대법원장 시대의 엄격심사의 기준으로 수용되기도 했다.

b) Warren 대법원장 시대(1953~1969)

769

이중
심사기준

Warren 대법원장 시대에는 사법적극주의의 경향을 보여 평등권 심사기준을 이원화해서 이중적인 심사기준(double standards)을 적용했다. 즉 합리성 심사(rational basis test) 이외에 엄격심사(strict scrutiny)를 도입해서 i) 의심스러운 구분(suspect classification)에 의한 차별과 ii) 근본적인 권리(fundamental rights)를 침해하는 경우에는 엄격심사를 적용했다. 인종, 국적 등에 의한 차별은 의심스러운 구분으로 평가했고, 투표권, 여행할 권리, 사법절차에의 접근권, 종교의 자유, 언론의 자유, 자녀 출산 등 가족자치권 등은 근본적인 권리로 평가했다. 그래서 정부의 목적을 달성하기 위한 불가피(compelling government purpose)한 차별만을 합헌으로 인정함으로써 Warren 시대 이전의 판시방향과는 정반대의 판시경향을 보였다.

한 예로 기혼자만 의사 또는 의사의 처방에 의해서 약사로부터 피임용구(약 포함)를 받을 수 있고 미혼자는 피임용구를 받을 수 없도록 정한 법규정을 어겼다는 이유로 형사처벌을 받게 된 Baird의 소송 사건에서 연방대법원은 차별대우의 합리적인 이유가 없는 자의적인 차별대우로서 평등보호조항에 위배된다고 판시했다. 연방대법원의 논증과정도 주목할 가치가 있다. 즉 연방대법원은 이 규정의 입법목적으로 순수성의 보장, 순결의 유지, 금욕과 자제의 조장을 들면서 이러한 입법목적에 비추어 기혼자에게만 피임용구의 제공을 허용함으로써 기혼

---

604) Royster Guano v. Virginia, 253 U.S. 412(1920) 참조.

605) Eisenstadt v. Baird, 405 U.S. 438(1972) 참조.

606) United States v. Carolene Products Co. 304 U.S. 144(1938) 참조.

자의 불결한 성생활에 관한 한 이 목적은 완전히 포기한 것이나 마찬
가지라고 평가했다. 그러면서 기혼자의 성관계와는 달리 혼인 외 또는
혼인 전의 성관계를 죄악시하고 있는 것으로 보이지만, 성생활은 사생
활(privacy)에 속하는 일이고, 사생활은 인간으로서의 권리이므로 기혼
자와 미혼자의 구별이 있을 수 없다고 판시했다. 나아가 입법목적이
국민보건을 위한 것이라면 기혼자와 미혼자간의 합리적인 차별근거가
없을 뿐 아니라 의사의 처방에 의한 피임용구의 필요성은 기혼자보다
미혼자가 더 크다고 논증했다.607)

c) Burger 대법원장 시대(1969~1986)

제15대 버거(Warren E. Burger) 대법원장은 Warren 시대의 심사기
준을 대부분 그대로 수용하면서도 중간심사(intermediate-level scrutiny)
를 도입해서 삼중심사기준(triple standards)을 정립했다. 이중심사기준의
유연성부족을 보완하는 하나의 실질적이고 포괄적인 심사기준을 도입
한 것이라고 주장하지만 크게 실효성을 나타내지는 못했다. 즉 Burger
는 성(gender)이나 적·서자 차별 등은 '거의 의심스러운 차별'에 해당
한다고 보아 중간심사기준을 적용했다.

770
삼중
심사기준

α) 합리성 심사(rational basis test)

경제적·사회적 복지입법영역이거나, 의심스러운 구분이 아니거
나 근본적 권리와 무관한 입법은 사법소극주의적인 경향을 보여 차별
의 합리성 여부와 정부의 입법목적과 정당하고 실질적인 관련성이 있
는지 여부를 심사기준으로 삼았다.608)

합리성 심사

β) 중간심사(intermediate-level scrutiny)

중요한 정책목적을 위한 입법으로서 입법목적 달성과 실질적인
관련이 있는 성(gender)이나 적출·서출 등의 이유로 인한 차별에는 중
간심사기준을 적용했다.

중간심사

한 예로 Oklohoma 주법에는 남자는 21세, 여자는 18세를 성
년으로 규정하면서 알코올도수 3.2%의 맥주를 20세 이하 남자, 18세
이하 여자에게는 판매를 금지하는 규정에 대해서 여성차별의 평등권
위반이라고 판시했다. 성년 남자와 성년 여자를 차별하고 있는 것을

---

607) Eisenstadt v. Baird, 405 U.S. 438(1972) 참조.
608) 이미 소개한 Royster Guano 사건이나 Eisenstadt 사건이 이에 해당한다.

문제삼은 것이다. 입법이유로 18세부터 20세까지의 음주운전자로 체포된 비율이 여자는 18%인데 반해서 남자는 2%에 불과해 남녀간에 차이가 있었다는 통계를 제시했지만, 성에 따른 차별은 교통단속 목적만으로 합리화할 수 없어 평등보호조항 위반이라고 판시했다.[609]

그 밖에도 문면상 중립적인 입법이라도 차별적 영향(impact)이나 집행을 수반해 효과(effects)상의 차별을 수반하는 간접적인 여성·적서출 차별의 경우도 차별목적이 있는 경우는 차별로 인정했다.

예컨대 중립적인 문면과는 달리 효과면에서 여성을 차별하는 입법의 경우 여성차별의 목적 유무에 따라 평등권 위반여부를 판단했다. 한 예로 교도관을 채용하면서 신체조건으로 신장 5피트 2인치, 체중 120파운드 이상이라는 조건을 제시한 경우 이러한 신체조건의 기준을 충족하지 못하는 여성이 대부분이라는 이유로 여성차별의도가 있었다고 판시했다.[610] 반면에 공무원 채용에서 제대군인(90일 이상 군 복무자 또는 전시에 하루 이상 복무 후 명예제대자)에 우선권을 주는 규정에 대해서는 입법목적에 여성차별을 의도했다는 증거를 찾을 수 없다고 여성에 대한 차별이 아니라고 판시했다.[611]

γ) 엄격심사(strict scrutiny)

엄격심사

i) 의심스러운 구분에 의한 차별이거나(예컨대 인종·출신국가 등에 의한 차별), ii) 근본적 권리(투표권, 여행할 권리, 사법절차 접근권, 종교의 자유, 언론의 자유, 가족자치권 등)를 제한하는 입법은 엄격한 심사기준을 적용했다. 그 결과 정당화할 수 있는 중요한 입법목적이나 이해관계를 추구하는 입법으로서 목적달성을 위해서 차별이 불가피하다는 점을 입증할 것을 요구했다. 앞에서도 언급했듯이 이 엄격심사는 1938년 Horlan F. Stone 대법관(1941년 제12대 대법원장으로 취임해 5년간 재직)의 사상적인 영향이 뒤늦게 나타난 것이라고 기록되고 있다.

(8) 독일 연방헌법재판소의 심사기준

771

기본법
규정과

독일 기본법(Grundgesetz)은 우리 헌법과 같은 방향의 평등권 규정을 두고 있다. 즉 기본법 제 3 조 제 1 항에서는 '모든 인간은 법 앞에 평등하다'고 규정하면서 제 2 항에서는 남녀평등을 규정하면서 국가에

---

609) Craig v. Boren, Governor of Okahoma, 429 U.S. 190(1976) 참조.

610) Dothard v. Rawilson, 433 U.S. 321(1977) 참조.

611) Personal Administration of Mass. v. Feency, 442 U.S. 256(1979) 참조.

게 남녀평등을 실현할 의무를 부여하고, 제 3 항에서는 누구도 성, 신분, 인종, 언어, 고향, 출신, 신앙, 종교적·정치적 세계관에 의한 차별대우를 받아서는 아니 된다는 점을 강조한 후 특히 장애를 이유로 불리한 대우를 받아서는 아니 된다는 점을 따로 규정하고 있다.

독일 연방헌법재판소는 이 평등권 규정을 근거로 평등권 위배여부를 심사하고 있다.

a) 제 1 원과 제 2 원의 평등권 심사방법의 내용

독일 연방헌법재판소는 제 1 원(1. Senat)과 제 2 원(2. Senat)으로 조직되어 각각 다른 재판관할사항을 독점적으로 심판하는 것이 통상적인 재판관행이다. 물론 제 1 원과 제 2 원의 판시내용이나 방향이 다른 경우 합동재판부를 구성해서 재판하는 경우도 있지만 흔치 않은 일이다.

그러다 보니 평등권 심사에서도 두 원의 심사방법이나 기준이 통일되어 있지 않다. 세부적인 사항을 도외시하고 큰 흐름으로 평가한다면 제 2 원은 일관되게 일원적인 심사기준을 적용해서 자의금지원칙에 따른 합리성 심사를 해 오고 있다. 반면에 제 1 원은 심사기준을 일관해서 적용하기보다 1980년까지 적용하던 자의금지원칙에 의한 합리성 심사방법을 1980년부터는 이원적인 심사 또는 삼원적인 심사로 바꾸는 경향을 보이고 있다.[612] 그런데도 두 원이 평등권 심사기준과 관련해서 합동재판부를 구성한 일은 없는데, 그 이유는 어떤 심사방법을 적용해서 심사해도 결과는 늘 동일하게 나타난다는 사실이 확인되었기 때문이다. 따라서 제 1 원의 다양한 심사방법은 말하자면 심사를 효율적으로 하기 위한 하나의 편의적인 수단에 불과하지 다른 결과에 이르기 위한 수단이거나 완전히 다른 결론에 이르는 것은 아니라고 할 것이다. 평등권 심사방법을 둘러싼 불필요한 논란의 비효율성이 바로 여기에 있다.

그런 점을 전제로 제 1 원의 심사방법을 좀더 살펴보기로 한다.

제 1 원은 1980년 10월 이후 종래의 자의금지원칙에 따른 합리성 심사 이외에 새로운 심사기준을 도입했는데, 즉 평등권 심사에서 인적 차별인지 사항적 차별인지를 구분하는 방법이 그것이다. 그래서 인적 집단에 따른 차별의 경우에는 개인의 핵심영역을 침해하는 정도에 따

제 1 원과
제 2 원의
심사방법
차이

772
제 2 원의
일원적 심사·
합리성 심사

773
제 1 원의
이원적 심사

---

612) 그 최초의 판례가 제 1 원이 1980년 10월에 선고한 BVerfGE 55, 72(88~90)이다.

른 비례성(균형성) 심사를 한다. 그에 반해서 인간의 생활관계나 행위에 따른 사항적 차별에서는 자의금지원칙에 따라 차별의 합리성여부를 심사하는 종전의 방식을 이어가고 있다. 그러면서 간접적으로 인적 차별을 가져오는 사항적 차별에서는 인적 차별에서와 같은 비례성 심사를 한다. 또 인적 차별이라도 인적 관련 특성이 차별기준으로 사용되지 않는 경우에는 이른바 비례심사와 자의금지원칙의 중간수준의 심사를 하는 경향을 보이고 있다.

인적·물적
구분심사
(새공식)

흔히 인적·사항적 차별의 구별에 따른 심사방법을 '새로운 공식'(neue Formel)이라고 부르고 중간심사방법을 '최신의 심사기준'이라고 부르기도 하지만 별로 효용성이 큰 명칭은 아니라고 생각한다. 그보다는 심사방법의 내용 그대로 '인적·물적구분심사'라고 부르는 편이 이해하기에 훨씬 쉽다.

인적 차별의 판례를 예로 든다면 사무직 근로자와 생산직 근로자를 구분한다든지, 기혼자와 이혼자를 구분한다든지, 성전환수술을 한 사람을 나이에 따라 25세 이상과 25세 미만으로 구분한다든지 하는 것들이 있다. 이러한 인적 차별의 경우에는 차별을 정당화하는 합리적인 이유의 유무 외에도 두 인적 집단간의 차이의 성질과 비중이 차별대우의 내용과 적절한 비례관계(균형관계)에 있는지 여부에 대한 비례성 심사(균형성 심사)를 추가하게 된다.

자의성
심사와
균형성 심사

아무튼 독일 연방헌법재판소의 제 1 원의 심사방법을 요약하면 크게 자의성 심사와 균형성 심사로 나눌 수 있는데, i) 사항관련 차별이면서 차별규정이 다른 기본권에 불리한 영향을 미치지 않는 경우, ii) 자의적인 법 적용과 집행의 경우(명백히 잘못된 법원의 재판이나 행정부의 행정처분 등)에는 자의성 심사를 한다.

그러나 i) 인적인 차별의 경우, ii) 사항관련 차별이 간접적으로 인적 차별을 가져오는 경우, iii) 인적·사항적 차별이 다른 기본권의 행사에 영향을 미치는 경우 등에는 비례성 심사(균형성 심사)를 한다.[613]

그렇지만 판례를 분석한 결과 자의성 심사의 결과와 균형성 심사의 결과가 다르게 나오는 경우는 없는 것으로 확인된다는 것이 독일

---

613) 자세한 내용은 예컨대 BVerfGE 55, 72(88~90); 60, 123(134); 82, 126(146); 89, 15(23) 등 참조.

학계의 값진 연구결과이다. 자의성 심사 방법 외에 별도로 '인적·물적
구분심사' 방법을 원용해야 할 실효성이 의문시되는 이유이다.

b) '인적·물적구분심사' 방법 도입 판례

독일 연방헌법재판소 제 1 원은 1980년 10월 민사소송법$\binom{제528조}{제3항}$[614]
상의 소송촉진을 위한 집중심리제에 장애가 되는 소송행위 해태에 따
른 불이익규정에서 제 1 심에서 소송당사자가 필요한 공격·방어방법의
신속한 수행의무를 해태함으로써 보정신청이 기각된 경우에는 항소심
에서도 보정이 불가능하도록 정하고 있다. 제 1 심에서 해태한 후 사실
심인 항소심 계류 중에 뒤늦게 처음으로 사용되는 공격·방어 방법의
경우($\binom{제528조 제1}{항과 제2항}$)와는 다르게 정하고 있는 것이다. 이 차등규정의 위헌제
청 및 헌법소원 사건에서 제 1 원은 소송법상 소송행위의 해태로 인하
여 발생한 공격·방어방법의 보정허용여부를 항소심에서 달리 규정한
것은 청구인의 해태 및 보정요구시점에 달려있기 때문에 인적 차별이
아니라 사항적 차별에 해당한다고 분류했다. 그러면서 규정 내용은 동
일한 소송 당사자의 소송상의 행위를 상황에 따라 달리 취급하는 것에
불과하므로 인적 차별이 아니어서 자의금지원칙에 따라 심사하는 것이
마땅하다고 판시했다. 그러나 심사대상 법규정의 차별취급은 소송촉진
을 추구하는 집중심리제의 도입배경에 비추어 명백히 비합리적이라고
볼 수 없다는 이유로 기각결정했다.[615]

이 판례에서 제 1 원은 처음으로 '인적·물적구분심사' 방법을 채
택한 후 많은 후속사건에서 이 선례를 인용하면서 반복해서 적용하고
있다.[616]

그렇지만 이 사례에서 '인적·물적구분심사' 방법을 떠나 종전처
럼 자의금지원칙에 따른 심사를 한다고 해도 동일한 결론에 이른다는
사실은 쉽게 확인할 수 있는 일이다.

인적·물적
구분
심사사례

---

614) 우리 민사소송법에는 꼭 이에 해당하는 규정은 없지만, 민사소송법 제100조와 제
149조의 내용이 그 규정정신은 유사하다고 생각한다. 왜냐하면 당사자가 적당한 시기
에 공격이나 방어의 방법을 제출하지 아니하였거나, 기일이나 기간의 준수를 게을리
하였거나, 그 밖에 당사자가 책임져야 할 사유로 소송을 지연시킨 때에는 불이익을 주
는 내용이기 때문이다.

615) Vgl. BVerfGE 55, 72, 88~93, 특히 89와 91.

616) 예컨대 BVerfGE 60, 123(134); 82, 126(146); 89, 15(23f.).

(9) 법적 평등과 사실적 평등

a) 행위관련적 해석과 결과관련적 해석

774
행위관련적
해석과
결과관련적
해석의 차이

평등권과 관련되는 국가의 공권력 작용을 해석하는 방법에는 두 가지를 꼽을 수 있다. 문면상 차별대우를 피하려는 공권력 행위 그 자체만을 겨냥하는 '행위관련적 해석'(Aktbezogene Auslegung)과 공권력 작용의 실제적인 영향 내지 효과에 따른 사실적인 결과를 중요하게 여기는 '결과관련적 해석'(Folgenbezogene Auslegung)이 바로 그 것이다.

그런데 법적 평등이라고 하더라도 인간의 사실적인 차이 때문에 모든 사실적 불평등을 완전히 지양하기는 어렵다. 즉 법적 평등의 실현은 사실적인 불평등을 결과로 야기할 수도 있다. 예컨대 두 아들에게 똑같이 축구공을 선물한 아버지의 행위를 예로 든다면, 아버지의 행위를 행위관련적으로 평가한다면 아버지는 두 아들을 완전히 평등하게 대우했다고 말할 수 있다. 따라서 아버지의 행위는 행위관련적 평가관점에서는 완전히 평등하고 정의롭다. 그런데 두 아들 중에서 한 아들은 축구공 선물을 받고 행복하지만, 다른 아들은 행복하지 않다면 두 아들의 행복의 평등이라는 기준에 비추어 결과관련적으로 평등을 실현한 것은 아니라고 말할 수 있다. 물론 행복의 평등이라는 기준은 사실적 평등의 기준 가운데도 가장 불확실한 기준의 하나이기는 하지만, 아버지는 축구공 선물을 통해서 결과적으로 두 아들을 행복하게 하는 사실적 평등은 실현하지 못한 것이 된다. 그렇지만 축구공을 선물하는 아버지가 두 아들이 축구공을 받고 다 같이 행복하게 생각할 것이라는 사실적 평등의 과정을 미리 예견하고 그에 따라 행동하는 것은 사실상 기대하기 어렵다. 그 결과 법적 평등이 언제나 사실적 평등을 함께 실현하는 것은 아니라는 점과 행위관련적 해석과 결과관련적 해석이 다를 수 있다는 사실을 알 수 있다.

b) 평등의 모순

평등의
모순

그렇다고 해서 사실적 평등의 원칙을 위해서 법적 평등의 원칙을 포기할 수는 없고 또 사실적 평등을 완전히 도외시할 수도 없다. 이처럼 평등원칙 속에서 법적인 평등뿐 아니라 사실적 평등도 이끌어 내야 한다면 평등원칙 안에는 이미 어떤 극복하기 어려운 근본적인 충돌이 내재해 있다는 점을 특히 '평등의 모순'이라고 부른다.

이러한 평등의 모순을 해결하기 위해서는 법적 평등의 원칙이나 사실적 평등의 원칙 가운데 하나를 포기해야 할 것이다. 그런데 법적 평등의 원칙을 포기할 수 없다는 것은 의문의 여지가 없다. 왜냐하면 법적 평등의 원칙은 '법 앞의 평등'을 규정하는 헌법의 가치이고 포기할 수 없는 헌법적 가치질서에 해당하기 때문이다. 그렇다고 사실적 평등을 포기하면 된다는 논리를 그대로 쉽게 수용하기에는 문제가 그처럼 단순하지는 않다. 예컨대 변호사강제주의가 적용되는 소송절차에서 국선변호인제도를 마련하지 않는다고 가정할 때, 입법자는 소송절차에서 어느 소송당사자에게도 국가의 경제적인 지원을 하지 않도록 규정했으므로 행위관련적인 관점에서 법적인 평등은 실현한 것이 된다. 그렇지만 경제적인 어려움 때문에 소송을 할 수 없는 경제적인 무자력자의 입장을 고려한다면 결과관련적으로 사실적인 평등을 실현한 것은 아니다. 이러한 결과를 그대로 수용하기에는 우리의 정의감이 만족하기 어렵다. 민사소송법($^{제128}_{조}$)상의 소송구조제도라든지 헌법소원심판절차에서 국선대리인제도($^{헌재법}_{제70조}$)의 도입취지가 바로 여기에 있다.

c) 사실적 평등원칙의 헌법이론적 근거

사실적 평등원칙은 법적 평등의 원칙 안에서 찾아야 한다.

즉 '같은 것은 같게'의 법 앞의 평등원칙은 '불평등 대우를 허용할 만한 충분한 근거가 없다면 평등대우가 명령된다'는 뜻이다. 또 '다른 것은 다르게 다루어야 한다'는 법 앞의 평등원칙은 '불평등 대우를 명령할만한 충분한 근거가 있다면 불평등대우가 명령된다'는 뜻이다.

이 두 가지 법 앞의 평등원칙에 들어있는 '충분한 근거'라는 개념 안에서 사실적 평등원칙의 모습을 떠올릴 수 있다. 사실적 평등원리는 불평등을 허용할 만한 충분한 근거일 뿐 아니라 그것을 명령할 충분한 근거이기도 하기 때문이다. 즉 사실적 평등이 법적 불평등을 허용할만한 충분한 근거가 된다면 일정한 법적 평등대우에 관한 권리는 약화하는 것을 의미한다. 또 사실적 평등이 법적 불평등을 명령할만한 충분한 근거가 된다면 사실적 평등에 기여하는 일정한 법적 불평등대우에 관한 수인을 의미한다. 다시 말해서 어느 정도 사실적 평등을 주장할 수 있는 근거를 마련하게 된다.

이처럼 법적 평등의 원칙 안에서 사실적 평등개념을 찾는다고 해

775
법적 평등을
근거로 한
사실적 평등

도 사실적 평등실현에 따른 몇 가지 문제점을 피해가기는 어렵다.

첫째, 사실적 평등을 실현하려고 어떤 집단에 특혜를 주는 것은 다른 집단에 대한 불평등한 대우를 한다는 것을 뜻하게 된다. 즉 사실적 평등을 실현하기 위한 모든 법적인 불평등은 법적 평등원리 실현을 제한하는 것이 된다.

둘째, 사실적 평등의 실현에 상당한 규모의 재정적 수요를 수반하는 경우 그것은 입법자의 형성의 자유의 영역에 속하기 때문에 헌법재판소가 사실적 평등을 실현하도록 요구하기는 어렵다.

셋째, 사실적 평등권은 헌법의 평등원칙에서 도출할 수 없기 때문에 헌법 제11조 제1항 제1문에서 사실적 평등을 형성하도록 요구하는 구체적·확정적 권리를 도출하려는 시도는 헌법재판소에서 기각될 수밖에 없다.

넷째, 사실적 평등은 '행복', '만족감', '자긍심' 등 실제로 해석 기준의 다양성으로 인해서 구체적인 경우에 사실적 평등의 기준의 해석과 관련해서 해석상의 합의점을 찾기가 쉽지 않다.

이러한 여러 가지 문제점에도 불구하고 사실적 평등은 특히 '재화의 분배', '복지평등', '정책결정과정 참여', '선거', '소송절차 접근'등의 영역에서 자주 거론되며 사회평화와 사회통합에 기여하는 일정한 기능을 수행하고 있다.

d) 헌법과 사실적 평등

776
사회국가 원리와 기타 헌법규정

이미 언급한대로 헌법 제11조 제1항 제1문에서 사실적 평등을 도출하는 일은 반대의견이 없는 것은 아니지만 부정적인 견해가 압도적으로 많다. 그렇기 때문에 불가피한 사실적 평등을 정당화할 수 있는 다른 헌법적인 근거를 찾으려는 노력은 계속되고 있다. 그 결과 사실적 평등을 재판상 요구하는 일은 불가능하지만, 사실적 평등을 사회국가원리와 연관시켜 입법자를 구속하는 규범으로 해석할 수는 있다는 견해가 지배적이다. 사회국가원리는 법 앞의 평등원칙을 합리적으로 요구하는 정도까지 계속해서 실현할 것을 요구할 뿐 아니라 현존하는 사실상의 불평등을 제거할 수 있는 기회를 충분한 근거 없이 포기하는 것은 허용하지 않기 때문이다. 즉 사회국가원리는 사실적 평등을 주관적 권리로 정당화하는 원리는 아니지만, 주관적 권리를 정당화하는 규범을 제한하는 규범으로 해석하는 것은 가능하다.

그 결과 입법자는 법적 평등과 사실적 평등을 모두 고려하면서 동시에 두 가지 원리가 함께 공존할 수 있는 공간을 사회국가원리의 관점에서 찾도록 노력해야 한다. 다만 이 경우에도 사실적 평등이 법적 평등보다 우선하는 사안은 존재할 수 없다는 '비존재이론'을 잊어서는 아니 된다.

물론 사실적 평등을 사회국가원리에서 이끌어 내는 경우의 문제점이 없는 것은 아니다. 사회국가원리는 평등권 규정과는 달리 기본권 규정은 아니기 때문이다. 그렇기 때문에 사실적 평등의 비중이 아주 커서 사실적 평등을 형성하도록 하는 확정적인 구체적 권리의 형성이 필요한 경우에는 사회국가원리 이외에도 국선변호인제도에서의 재판청구권처럼 헌법상 다른 근거를 찾는 방법을 모색할 필요가 있다.

4. 기본권생활의 물질적 기초로서의 재산권

영국 자유주의 사상의 선구자로 불리는 존 로크(John Locke)는 사람이 살아가는데 반드시 지켜야 하는 세 가지 가치로 생명(life)과 자유(liberty)와 재산(property)을 꼽았다. 자유주의 인권사상의 고전적 세 가치(klassische Trias der Werte)이다. 이 세 가지 가치는 그 후 미국 연방헌법과 프랑스 인권선언 등에 수용되어 헌법상 인권보장의 사상적인 토대가 되었다.

777
헌법상
재산권
보장의 의의

따라서 오늘날 헌법이 보장하는 기본권은 따지고 보면 이 고전적인 세 가치를 현대의 실생활에서 실현함으로써 사회통합을 달성하려는 헌법적인 보장책이라고 할 것이다. 따라서 자유민주주의 헌법의 기본권질서를 근원적으로 이해하기 위해서는 재산권의 본질과 기능에 대한 깊이 있는 이해가 필요하다.

이 책에서 인간의 존엄과 가치, 생명권 및 평등권에 이어 재산권을 기본권의 기초로 다루려는 이유도 그 때문이다.

(1) 재산권의 개념과 내용

우리 헌법($_{조}^{제23}$)이 보장하는 재산권은 재산가치 있는 모든 권리를 그 주체가 임의로 이용·수익·처분할 수 있는 권리를 보장하는 것이다. 그렇기 때문에 재산권은 헌법적인 개념이지 법률적인 개념이 아니다.

778
재산권의
개념

재산의 이용·수익·처분권 중에서 재산권의 핵심 내지는 실체가 무엇인지를 밝히는 문제는 재산권 보장의 실효성과 연관된 문제이므로 매우 중요하다. 즉 재산권의 공동화 현상을 방지하기 위해서는 적어도 재산권의 핵심가치는 재산권 주체에게 남아 있어야 하기 때문이다. 그렇지만 아직도 학설과 판례가 재산권의 핵심적인 가치의 실체를 구체적으로 밝히는 데까지는 발전하지 못하고 있다. 우리 헌법과 거의 동일한 재산권보장 규정을 기본법(제14조)에 두고 있는 독일의 연방헌법재판소도 재산권 보장은 재산권의 '공동화금지'(Aushöhlungsverbot)를 포함하고 있고,617) 어떤 상황에서도 재산권의 핵심가치(Kernwerte)는 훼손할 수 없고 재산권주체에게 남아 있어야 한다고618) 강조하지만 막상 그 구체적인 내용에 대해서는 명백한 기준을 제시하지는 못하고 있다. 다만 재산의 이용·수익·처분권 중에서 이용·수익권보다는 처분권에서

779

재산권의 핵심적인 보장내용

보다 강력한 재산권 보장을 실현하려는 판례경향을 통해 재산의 가치보장(Wertgarantie)보다는 재산의 존속보장(Bestandsgarantie)을 재산권의 가장 핵심적인 보장내용으로 파악하고 있는 점을 엿볼 수 있다. 특히 공공복리를 위해서 행해지는 재산권수용과 손실보상의 영역에서 재산권의 존속보장 때문에 공용수용에 제약이 따르는 것도 그 때문이다. 그렇다고 해서 재산의 이용·수익권 등 재산의 가치보장을 완전히 도외시하는 것은 아니다. 독일연방헌법재판소가 '재산권은 우선적으로 존속보장의 형식에 의한 가치보장'619)이라고 강조하고 있기 때문이다. 결국 재산권 보장에서는 존속보장이 그 핵심이지만 가치보장과는 기능적인 연관성을 갖는다고 할 것이다. 존속보장만 강조하면 재산가치를 거의 박탈 내지 감소시키고 재산관리만 남겨둔 경우도 존속은 보장된 것이어서 재산권침해가 아니라고 강변할 수 있는 여지를 남기기 때문이다.

(2) 재산권의 범위와 재산권의 내용결정

780

재산권의 보호대상은 재산가치 있는 모든 권리이다. 동산과 부동

---

617) 예컨대 BVerfGE 91, 294(308) 참조.

618) 예컨대 BVerfGE 45, 142(173); 93, 121(137) 참조.

619) 'Eigentum ist Wertsicherung, in erster Linie in Form des Bestandsschutzes'. 이른바 재산권보장에 관한 독일연방헌법재판소의 중요한 선례결정 중의 하나인 '자갈채취결정'(Naßauskiesungsentscheidung)에서 특히 강조하는 대목이다. BVerfGE 58, 300 참조.

산에 대한 각종 물권과 채권, 사법상 및 공법상의 청구권,[620] 특허권·상표권 등 지식재산권, 어업권·광업권·수렵권 등 특별법상의 권리가 모두 재산권의 보호대상이다. 주로 자신의 소유물에 의존해서 생활하던 자급자족의 시대와 달리 현대국가에서는 재산권의 보호범위가 경제생활의 기초가 되는 모든 재산가치 있는 사법상·공법상의 권리로까지 확대되었다.

그런데 개체별 소유대상인 동산물권을 제외한 나머지 재산권은 입법자가 보호범위를 법률로 정해야 비로소 재산권으로 인정된다. 부동산 물권만 하더라도 부동산의 경계를 획정하고 부동산 등기부에 기록하는 등 물권적인 전제를 마련해야 한다. 말하자면 법질서에 의한 형성이 필요하다. 입법자가 법률로 정하기 전까지는 보호되는 재산권의 범위를 전혀 알 수 없기 때문이다. 즉 입법자는 자연적으로 경계가 정해진 재산은 그대로 인정하고, 경계가 불명확한 재산은 경계를 분명하게 정하고, 자연적으로 선재하지 않는 재산가치 있는 재화는 구체적으로 범위를 정해서 재산능력 있게 만들어 주어야 한다. 우리 헌법($\binom{제23조\ 제1}{항\ 제2문}$)이 말하는 재산권의 내용은 법률로 정한다는 재산권 형성의 의미가 바로 그것이다. 그렇지만 입법자는 법률로 재산권의 내용을 정한다는 구실로 재산권의 내용을 임의로 조작하는 것은 재산권 형성의 한계를 벗어나는 일이므로 허용되지 않는다. 예컨대 지하수처럼 자연적으로 존재하는 재산가치 있는 재화에 대해서 재산권적 성질을 부인할 수는 없다.

결국 입법자가 법률로 재산권의 내용을 정하는 재산권 형성은 헌법에 의해서 보호받을 수 있는 재산권의 보호영역의 범위를 정하는 일이다. 즉 재산권의 가치내용과 재산권의 주체가 그것을 활용할 수 있는 권리를 정하는 일이다.

이처럼 재산권의 내용이 정해진 다음에 비로소 공익상의 필요에 의한 재산권의 한계가 정해질 수 있다. 따라서 재산권의 내용 속에서 재산권의 한계를 동시에 생각하는 사고방식은 허용되지 않는다. 우리 헌법($\binom{제23조\ 제1}{항\ 제2문}$)이 정하는 '그 (재산권의) 내용과 한계는 법률로 정한다'는

재산권의
보호대상

법률에 의한
재산권형성

781
재산권의
내용과
한계의 구별

---

620) 독일에서 공법상의 청구권을 헌법상 재산권보호의 범위에 포함시킨 최초의 연방헌법재판소 판결은 자갈채취결정(Naßauskiesungsentscheidung)이다. BVerfGE 58, 300 참조.

조문내용을 이해하는데도 이 점을 염두에 두어야 한다. 그렇지 않고 재산권의 내용을 곧 재산권의 한계로 이해하는 경우 마치 재산권이라는 모터에 법률이라는 제동장치를 다는 것과 같아, 자칫 헌법상의 재산권이 법률상의 재산권으로 격하되어 '법률에 따른 재산권'으로 변질될 위험성이 있다. 그렇게 되면 입법자의 뜻에 따라 재산권의 내용과 한계가 동시에 정해지기 때문에 헌법상 재산권보호규정은 무의미해질 뿐 아니라, 공익상의 필요에 따라 재산권을 제한하는 준칙으로 작용하는 이익형량의 원칙이나 과잉금지원칙 등은 불필요하게 된다. 재산권규정은 결과적으로 입법권능규정에 지나지 않게 되어 법치국가개념 이외에는 더 이상 다른 보호규정이 필요 없는 규정으로 전락하고 만다. 그렇게 되면 헌법국가가 법치국가에 의해서 공동화되는 현상이 생기게 되어 헌법국가의 정신에 반하게 된다.

그러나 헌법국가에서 보장하는 재산권은 독자적인 헌법적 재산권개념을 바탕으로 재산권의 기본권적인 보호영역이 전제되어야 비로소 헌법상의 재산권보호가 의미를 갖게 된다고 할 것이다. 헌법이 보장하는 재산권의 본질적 내용은 절대적인 것이어서 비례의 원칙에 따른 이익형량의 결과 상대화될 수 있는 영역이 아니다. 또 헌법상의 재산권은 '모든 재산가치 있는 권리'를 보호하는 것이기 때문에 법률이 규정하는 범위보다 더 넓다고 할 수 있다. 예컨대 화폐는 따로 법률의 규정이 없어도 당연히 헌법상 재산권의 보호범위에 속하지만, 다만 화폐의 교환가치를 보장하지 않을 따름이다. 화폐의 교환가치는 금융시장에서 정해지기 때문이다.[621] 또 자신 또는 가족의 특별한 희생적인 노력의 결과 얻어진 보상적 성질의 권리도 당연히 헌법상의 재산권에 속한다. 사회법상의 각종 청구권이 그 대표적인 예이다. 결국 보호받지 못하는 재산권은 존재하지 않는다.

그러나 재산권은 이미 확정된 재산적인 법적 지위를 말하는 것이므로 아직 확정되지 않은 단순한 기대이익, 반사적인 이익, 경제적인 기회, 직업상의 이익의 기회,[622] 우연한 법적 지위 등은 재산권의 범위

(좌측 여백) 모든 재산가치 있는 권리

(좌측 여백) 782

재산권의 범위에 속하지 않는 사항

---

621) 독일연방헌법재판소도 화폐재산권(Geldeigentum)을 헌법상의 재산권으로 인정하면서도 그 교환가치가 보장되는 것은 아니라고 판시했다. BVerfGE 105, 17(30) 참조.

622) 예컨대 직업종사자가 직업과 관련해서 갖는 임금청구권이 이미 취득한 재산권의 보호대상이냐 직업의 자유의 보호대상이냐의 논란은 그 이익의 실현을 위해서 앞으로

에 속하지 않는다. 그런데 사업(Unternehmen) 또는 영업(Betrieb)의 재산권적인 성질에 관해서는 아직도 견해가 갈리고 있다. 독일에서도 학설과 판례의 입장이 통일되어 있지 않다. 독일연방대법원623)과 연방행정법원624)은 사업과 영업을 헌법상 재산권의 보호범위에 포함되는 것으로 판시했다. 그러나 독일연방헌법재판소는 처음에 사업과 영업을 단순한 물권적인 소유물과 동일한 평가를 하다가625) 나중에는 사업과 영업을 추가로 헌법적인 재산권의 보호대상에 포함시키는 것에 대해서 의문을 제기했다.626) 사업과 영업은 사업주 또는 영업주가 관리하는 인적·물적인 종합체에 불과하고 그 내용이 유동적이어서 객관화할 수 없을 뿐 아니라, 미래의 사업 내지 영업기회도 불확실하다는 점을 강조했다. 그러면서 사업과 영업은 직업의 자유의 보호영역에 속한다고 보았다. 그러나 학설은 사업과 영업을 재산권의 보호범위에 포함해야 한다고 주장하는 입장이 강하다.627) 사업 또는 영업을 일종의 재산가치 있는 조직적인 통일체로 파악해서 재산권적인 보호를 해 주어야 한다고 한다. 즉 사업주의 특별한 노력과 자본 투자로 확보한 고객과 영업망 등은 그 자체로서 확실히 이룩한 사업, 즉 이미 취득한 것으로 인정해 주어야지 단순한 사법상의 기대권으로 평가해서는 아니 된다는 것이다. 그러면서 그런 사법상의 기대권을 단순한 '이익의 기회'로 보고 헌법상 재산권이 아닌 영업의 자유에 의해서 보장될 뿐이라고 말하면서 이미 '취득한 것'의 재산권적 보호를 거부하려는 경향을 경계해야 한다고 강조한다. 결국 사업주의 많은 노력과 투자를 통해서 '형성해 놓은 기업'은 이미 취득한 것으로서 재산권의 내용으로 보호해야 하는 대상이라는 것이다.

다만 사업과 영업을 헌법상 재산권의 보호대상에 포함시킨다고 해서 사업활동의 외형적인 조건의 존속을 보장한다는 의미는 아니므로

사업 또는 영업의 재산권적 평가

얼마나 더 기여해야 하느냐에 따라 답을 찾아야 할 것이다. 앞으로 기여할 부분이 크면 직업의 자유의 문제이고, 적으면 재산권의 문제로 평가할 수 있다고 할 것이다.

623) BGHZ 23, 157(162f.); 92, 34(37) 참조.
624) BVerwGE 62, 224(226) 참조.
625) BVerfGE 1, 264(277f.); 22, 380(386); 50, 290(340) 참조.
626) BVerfGE 66, 116(145); 105, 252(277ff.) 참조.
627) 대표적으로 *H.-J. Papier, Maunz/Dürig/Herzog/Scholz.*, Grundgesetz-Kommentar, Stand Juli 2010, Art. 14 RN 95ff. 참조.

필요한 경우 법률로 영업활동의 외형적인 조건에 대한 제한은 물론 가
능하다. 그 결과 사업상의 유·불리를 떠나 영업활동의 외형적 조건은
법률에 의해 정해지고 수시로 바뀔 수 있다. 즉, 영업활동상의 사실
적·법적·지리적인 이점, 사업장의 연결 및 이용통로, 국가사업의 필
요에 의한 활용, 경쟁체제확립을 위한 제한, 경영참여 등 영업활동의
외형적인 조건에 변화가 생기는 것은 불가피하다. 결론적으로 사업과
영업은 헌법상 재산권의 내용으로 인정하지만 법률에 의한 재산권 제
한을 통해 합리적으로 조정하고 문제를 해결하게 된다.

(3) 재산권보장의 내용과 성질

a) 사유재산제도와 사유재산권

783
사유재산권과
제도적 보장

재산권보장은 사유재산을 허용하는 사유재산제도와 사유재산에
관한 사적인 이용·수익·처분권 등 사유재산권을 보장하는 것이다. 전
자는 제도적 보장으로서의 재산권이고 후자는 주관적 공권으로서의 사
유재산권이다. 이처럼 재산권보장의 내용을 이원적으로 이해하는 것은
시원적으로 독일 바이마르공화국 헌법(제153조)해석에서 유래하는 것으
로[628] 오늘날에는 구태여 제도적 보장으로서의 재산권이론을 빌리지
않고도 재산권의 문제를 무리 없이 다 해결할 수 있게 되었다. 실무에
서도 제도적 보장으로서의 재산권의 특별한 의미가 많이 감소하게 되
었다. 왜냐하면 사유재산제도의 보장이나 사유재산권의 보장이나 다
같이 사유재산을 허용하는 전제에 터 잡고 있기 때문이다. 전자는 법
률제도를, 그리고 후자는 권리를 강조하고 있을 따름이다. 그 결과 사
유재산제도의 보장과 주관적 공권으로서의 사유재산권 사이의 대립이
란 있을 수 없고 상호 기능적인 보완관계에 있다고 할 것이다. 즉 사유
재산제도에 의해서 사유재산권의 전통적인 의미와 인권으로서의 성격
이 나타나고 재산권의 이중적인 성격이 더 분명해지는 효과가 있다.
그리고 재산권의 제도적 보장에 의해서 재산권법질서의 기본적인 존속
이 보장된다.

제도적
보장으로서
의 재산권의
내용

그렇기 때문에 제도적 보장으로서의 재산권에서는 이른바 '과소보
호금지원칙(Minderschutzverbot)'이, 그리고 주관적 공권으로서의 재산
권에서는 '과잉침해금지원칙(Übermaßverbot)'이 이원적으로 따로 적용

---

628) BVerfGE 20, 351(355); 50, 290(339) 참조.

된다는 일부 학설과 판례의 입장은 문제의 본질을 바르게 평가한 것이라고 이해하기 어렵다. 재산권의 과잉침해금지원칙을 어기는 것은 결과적으로 과소보호금지원칙을 어기는 것과 결과에서 크게 다를 것이 없기 때문이다.

그에 더하여 현대국가에서 사회공동체 구성원 상호간의 생활의존성과 연대필요성이 증가하고 재산권의 사회기속성이 중요하게 평가됨에 따라 재산권보장의 내용도 변하고 있는 것을 부인할 수 없다. 그렇지만 아무리 시대상황에 따라 재산권보장내용이 달라진다고 하더라도 헌법이 보장하는 재산권의 핵심적인 가치를 무시하는 입법적인 제약은 여전히 허용되지 않는다고 할 것이다. 법률의 근거가 없거나 위법한 재산권침해가 금지되고, 정당한 보상 없는 재산권수용이 금지되며, 신뢰보호의 원칙에 반하는 소급입법으로 재산권을 침해할 수 없고 공권력 이외의 사인에 의한 재산권침해로부터 재산권을 보호해야 하는 등의 국가의무는 재산권 보장의 핵심적인 내용이다. 그 밖에도 재산권보장의 핵심적인 내용이 존속보장이라는 점과 불가분의 관계에 있는 것이 상속권의 보장이다. 상속권의 보장을 부인하고 존속보장의 의미를 설명하기 어렵기 때문이다. 따라서 재산권주체의 자유의지에 따라 피상속인을 지정할 수 있는 유언의 자유도 상속권의 당연한 내용이라고 보아야 한다. 헌법에 상속권이나 유언의 자유에 관한 특별한 명시적인 언급이 없다고 해도 마찬가지이다.

784
재산권보장
의 내용

b) 재산권의 성질

재산권은 처음에 언급한 것과 같이 연혁적으로 '생명' 및 '자유'와 함께 고전적인 3가치의 한 축을 이루면서 발전해 왔기 때문에 자유권적인 기본권의 성질을 갖는 것으로 인식해 왔다. 그 결과 재산권도 방어권적인 성질을 갖는 기본권으로 이해하여 '국가로부터의 자유'(Freiheit vom Staat)를 재산권의 본질로 인식했다. 자연법적인 기본권사상에 따르면 사법영역에서 전통적으로 재산으로 보호받던 것을 국가권력으로부터 지키는 것은 인간의 천부적인 자유와 권리를 국가로부터 지키는 것과 성질이 다르기 때문에 독일 바이마르시대에는 재산권을 일종의 제도적인 보장(Institutsgarantie)으로 보기 시작했다.[629] 그러나 인간생활

785
자연법사상
과 재산권

---

629) 자세한 것은 앞의 Carl Schmitt 기본권 이론 방주 525 참조.

의 형태가 변하고 그에 따라 국가의 생활간섭적·생존배려적인 기능이 확대됨에 따라 전통적인 사법상의 재산 이외에도 재산권적인 보호를 받아야 하는 보호범위가 넓어지게 되었다. 그 결과 이제는 재산권을 제도적인 보장만으로 설명할 수 없게 되었다. 그에 더하여 이제는 자연법사상이 많이 약화됨에 따라 재산권의 방어권적인 성질도 함께 약화되고, 재산권을 다른 기본권과 마찬가지로 하나의 통합가치로 인식하게 되어 사회통합을 이루기 위한 객관적인 질서로서의 재산권의 성질이 강조되는 상황에서 재산권을 구태여 제도적 보장으로 설명해야 하는 필요성이 감소한 것이 사실이다. 따라서 재산권의 제도적 보장은 이제 재산권의 헌법적인 보호에 관한 하나의 연혁적이고 역사적인 의미를 갖는 것으로 그 기능이 약화되었다.

c) 재산권보장과 사법질서

786
재산권의 제
3자적 효력

개인의 헌법상 재산권(Verfassungseigentum Privater)은 헌법에 의한 보호를 받지만, 개인의 사법상의 재산권(zivilrechtliches Privateigentum)은 사적자치의 원칙이나 계약의 자유 등 사법질서에 의해서 규율된다. 다시 말하면 개인의 사법상 재산권은 일차적으로 사법질서에 의해서 규율되므로 공권력이 개입할 영역이 아니다. 다만 사인간의 재산관계를 정하는 사법질서도 재산권보장의 헌법정신에 합치되어야 한다. 즉 개인의 사법상 재산권을 규율하는 사법질서는 헌법상의 재산권 보장에 관한 규정과 조화할 수 있도록 형성되어야 한다. 또 헌법상의 기본권질서는 사법질서에도 파급효력을 미치므로 헌법상 재산권 보장을 실현하기 위한 국가의 재산권보호의무는 사인에 의한 사법상의 재산권침해에서도 그대로 적용된다. 그 결과 사법상의 재산권에 관한 사인간의 재산분쟁은 결국은 소송절차를 통해 공권력으로 해결할 수밖에 없다. 이 때 물론 우선적으로 사법규율이 분쟁해결의 기준이 되지만, 사법규정을 해석할 때 원용되는 사법상의 일반원칙, 즉 신의칙, 공서양속, 공정성, 권리남용금지, 불법행위금지 등의 적용에서는 헌법상의 재산권 보장 정신에 맞는 헌법합치적인 해석이 불가피하다. 사법상의 재산권에 관한 개인 간의 법률분쟁에 헌법상 재산권의 제3자적인 효력이 나타나는 것이라고 할 것이다. 그 결과 개인은 사적자치의 원칙이나 계약의 자유에 따라 사법상의 재산권을 임의로 행사할 수 있고 심지어

자신의 재산권적 지위를 포기할 수도 있고 자기에게 현저히 불리한 계
약을 체결할 수도 있지만, 사법상의 일반원칙을 통해 나타나는 헌법상
재산권의 제 3 자적 효력을 무력화할 수는 없다고 할 것이다. 즉 개인
의 사법상의 재산권에 대한 자유처분권은 헌법에 우선해서 사법질서에
의해 보장되지만, 궁극적으로는 사법질서의 일반원칙을 통해 나타나는
헌법상 재산권보장의 제 3 자적인 효력에 의해서 제약을 받을 수밖에
없다. 헌법상 재산권의 대사인적인 효력의 결과로 나타나는 당연한 제
약이다.

d) 재산권보장과 '재산 그 자체' 및 조세부담

종래 '재산 그 자체'(Vermögen als solches)가 헌법상 재산권보장의
대상에 포함되는가에 대해서 논란이 있었다. 대체적으로 '재산 그 자
체'는 재산권보장의 대상이 아니라는 견해가 지배적이었다. 헌법이 보
장하는 재산권은 사유재산의 주체가 임의로 자기 재산을 사용 · 수익 ·
처분할 수 있는 '권리'를 보장하는 것이지 재산권 주체에 귀속하는 '재
산 그 자체'를 보장하고자 하는 것이 아니라는 논리였다. '재산 그 자
체'가 재산권 보장 대상이라면 재산의 증감자체가 헌법의 규율대상이
되는 무리한 결과가 초래된다는 것이다.

이러한 주장은 주로 재산권보장과 국가의 과세권 행사에 따른 국
민의 조세부담에 관한 논의를 중심으로 전개되었다. 즉 국가의 과세권
행사도 헌법상 재산권을 침해해서는 아니 된다는 생각을 근거로 한동
안 '재산 그 자체'는 헌법상 재산권의 보호대상이 아니므로 국가의 과
세권 행사에 따른 국민의 조세부담은 재산권침해의 관점에서 평가할
문제가 아니라고 인식했었다.[630] 조세부담은 '재산 그 자체'에 변화를
가져오겠지만, '재산 그 자체'는 재산권 보호대상이 아니므로 재산권침
해가 생기지 않는다는 논리이다.

그러나 그 후 독일연방헌법재판소는 헌법상 재산권보장과 조세부
담의 관련성을 인정하는 입장을 취했다. 우선 조세부과로 인해서 납세
의무자가 지나치게 큰 금전부담을 지게 되어 그의 재산관계가 감당키
어려울 정도로 과도하게 감소하게 되는 '도살적 효과'(erdrosselnde
Wirkung)를 나타내는 경우에는 과세권 행사로 재산권침해가 발생하게

787
'재산 그
자체'의
재산권적
평가

788
조세부과의
재산권적
평가

---

630) 특히 독일연방대법원(BGH)의 판례입장이었다. BGHZ 92, 495(595) 참조.

된다고 판시했다.[631] 헌법상 재산권보호규정은 보호대상과의 관련성만 있는 것이 아니라 과세권 행사의 기준적인 의미(Maßstabsqualität der Besteuerungsgewalt)도 갖는다는 중요한 판시라고 할 것이다. 그에 더하여 독일연방헌법재판소는 1995년 재산세(Vermögenssteuer)부과와 관련해서 재산세를 일종의 '미실현소득에 대한 조세'(Soll-Ertragssteuer)라고 평가하면서 재산세부과로 인해서 재산권의 사적인 이용·수익권이 지나치게 제약을 받게 되면 역시 재산권을 침해할 수 있다고 하면서 이른바 '절반과세의 원칙'(Halbteilungsgrundsatz)을 제시하기도 했다.[632] 그러나 그 후 2006년에는 소득세(Einkommenssteuer) 및 영업세(Gewer-besteuer)를 다투는 헌법소원사건에서 앞서 제시한 절반과세기준의 적용을 배제하는 결정을 했다.[633] 그러면서 앞서 제시한 절반과세기준은 재산세와 관련한 기준이었으므로 조세의 성질이 전혀 다른 소득세와 영업세에 그 기준이 그대로 적용될 수는 없다고 판시했다. 그에 더하여 앞선 절반과세기준은 결정주문이나 핵심적인 결정이유로 제시한 기준은 아니었으므로 기속력이 있는 판시내용이라고 볼 수도 없다고 판시했다. 그렇지만 중요한 점은 연방헌법재판소가 이 2006년 결정에서도 그 앞의 결정[634]과 같은 취지로 과도한 과세가 납세의무자에게 도살적 효과를 나타내게 되면 재산권침해가 생길 수 있다고 재산권과 조세와의 관련성을 인정하는 입장을 유지했다는 점이다. 결과적으로 연방헌법재판소는 1995년 제시한 재산세관련 절반과세기준을 그 후 다른 종류의 조세에 대해서는 적용하지 않고 상대화하면서도 조세와 재산권의 일정한 관련성은 여전히 인정하면서 지나친 과세권행사에 경종을 울리고 있다고 할 것이다.[635]

학계에서도 1970년대 이후 '재산 그 자체'를 재산권의 보호대상으로 인정하려는 주장이 증가하고 있다. 재산권은 결국 재산에 대한 권리인데 '재산 그 자체'를 보호대상에서 제외하는 것은 너무 어색한 논

---

631) 예컨대 BVerfGE 14, 221(241); 19, 119(128f.); 95, 267(300); 108, 186(233) 참조.

632) BVerfGE 93, 121(138) 참조.

633) BVerfGE 115, 97 참조.

634) BVerfGE 95, 267(300) 참조.

635) 예컨대 BVerfGE 95, 267(300) 이후에도 BVerfGE 105, 17(32f.); 108, 186(233); 117, 272 등 참조.

리라는 것이다. 다만 '재산 그 자체'에 대한 재산권 보호를 인정한다고
해도 과세권 문제의 해결이 불가능하게 되는 것은 아니라는 점을 함께
강조한다. '재산 그 자체'의 재산권적 보호와 과세권은 양립할 수 있다
는 것이다. 특히 헌법상 재산권이 재산을 전체로서 보호하는가의 문제
는 적어도 소득세나 영업세의 부과에서는 중요한 문제가 아니라는 연
방헌법재판소의 '관련성 이론'(Anknüpfungstheorie)을 지지하는 입장이   관련성 이론
다. 즉 소득세와 영업세의 부과는 납세의무자의 재산에 대해서 부과
한 것이 아니라, 그의 소득자 또는 영업자로서의 법적 지위(Rechts-
positionen)와 관련해서 부과한 세금이므로 그 관련성에 대한 평가가 합
당하고 그 법적 지위에 대해서 부과한 조세가 헌법상의 과세요건을 갖
추었다면 재산권침해는 생기지 않는다는 이론이다.[636] 이 경우 소득세
와 영업세는 재산세와 달라 어떤 재산으로 부담할 것인가의 문제가 아
니라, 조세부담이 납세의무자의 소득자 또는 영업자라는 구체적인 법
적인 지위에 가해지는 제한에 해당하므로 구체적 · 주관적 법적인 지위
의 조세관련성이 중요한 판단기준이 되는 것이지 재산권의 내용을 정
하거나 제한하는 것이 아니라는 것이다. 따라서 그 구체적 · 주관적인
법적 지위의 조세관련성이 인정되면 과세권으로 인한 재산권침해는 생
기지 않는다고 한다. 이 '관련성 이론' 이후 논란대상이 되었던 '재산
그 자체'의 재산권적인 의미나 미해결과제로 인식했던 국가의 과세권
과 재산권보호의 상관성의 문제를 조화롭게 해결할 수 있게 되었다.

    그런 뜻에서 조세와는 다른 또 하나의 공과금인 특별부담금   재산권과
(Sonderabgabe)[637]에 대한 독일연방헌법재판소의 판시입장도 주목해야   특별부담금
할 부분이다. 즉 특별부담금은 그 재원으로 실현해야 할 특별한 공익
적인 정책과제와 특별히 큰 객관적인 이해관계를 가지고 있어서 그 과
제의 실현에 두드러진 책임을 지고 있는 집단에게 부과하는데 그 집단
은 결국은 그 과제의 실현으로 이익을 누리게 된다고 설명한다. 그러
면서 결코 일반적인 재정수요를 충당할 목적으로 특별부담금을 부과할

---

636) BVerfGE 115, 97(108ff.) 참조.

637) 조세와 특별부담금은 국민을 대상으로 아무런 반대급부 없이 금전적인 부담을 준다
   는 점에서 같지만 전자는 국가의 일반적인 재정목적으로 모든 국민에게 부과하는 것
   이고 후자는 특별한 정책을 실현하기 위해서 특별히 관련이 있는 일부 국민에게만 부
   과한다는 차이가 있다. 조세와 특별부담금의 이런 본질적인 차이점을 상세하게 설명하
   고 있는 독일연방헌법재판소의 BVerfGE 18, 315(328) 참조.

수 없다는 점도 강조한다.[638] 다시 말해서 연방헌법재판소는 국가가 특별한 공익적인 정책을 실현할 필요성이 아주 절실해서(compelling interest) 일부 국민에게 정책실현목적의 특별부담금을 부과하는 경우에도 일정한 요건을 충족해야만 한다는 점을 강조하고 있는데, 흔히 말하는 '집단적 동질성'(Gruppenhomogenität), '객관적 이해관련성'(Sachnähe), '집단적 책임'(Gruppenverantwortung), '집단적 효용성'(Gruppennützlichkeit)의 네 가지 정당화 요건이 바로 그것이다.

우리 헌법재판소도 부담금 또는 특별부담금의 부과에 관한 위헌 심사에서 독일의 이러한 판시입장의 영향을 받고 있는 것으로 보인다.[639]

e) 재산권보장의 의미

789
재산권 보장의 세 가지 의미

헌법상 재산권보장의 의미는 크게 세 가지로 나누어 볼 수 있다. 보장주체인 국가권력에 대해서 갖는 의미와 재산권주체에 대해서 갖는 의미 그리고 제 3 자에 대해서 갖는 의미이다.

먼저 보장주체인 국가는 비록 재산권을 형성하는 입법권을 행사한다고 해도 재산권은 연혁적으로 '국가로부터의 자유'라는 자유권적 성질을 갖는 주관적 공권으로서의 방어권(status negativus)이라는 점을 인식해야 한다. 그래서 재산권형성적인 입법권으로도 함부로 없앨 수 없는 절대적인 보호영역이 존재한다는 사실을 잊어서는 아니 된다. 따라서 재산권 자체를 인정하지 않는 입법을 하거나, 재산권의 내용을 정하면서 동시에 재산권의 한계를 함께 정하려는 시도를 하거나, 고전적인 제도보장이론과 연관시켜 재산권의 본질적인 내용을 과소보호금지의 차원에서 상대화하려고 한다든가, 재산권제한의 필요성에 대한 입증책임을 전가시킨다든지 하는 등의 공권력행사는 재산권을 침해하게 된다.

자유의 기초로서의 재산권

재산권의 주체에게는 헌법에서 보장하는 재산권이 연혁적으로 자유권적인 인권에서 유래한 이유로 재산권은 자유의 기초이고 출발점이라는 의미를 갖는다. 즉 자유가 재산권의 정당화 근거라는 의미는 재산권이 그 주체에게 재산권영역에서 일정한 자유의 공간을 제공해 주

---

638) BVerfGE 55, 274(298) 이래 일관된 판시 입장이다. BVerfGE 57, 139; 92, 91 참조.
639) 예컨대 헌재결 2003. 1. 30. 2002 헌바 5, 판례집 15-1, 86(102) 참조.

고 그에게 자신의 생활을 자기 책임 아래 자율적으로 형성할 수 있는
물질적인 기초를 제공해 준다는 의미를 갖는다.640) 특히 헌법상 재산권
보장에는 생존보장적인 의미도 들어있기 때문에 생존보장과 불가분의
관련성을 갖는 모든 재화는 우선적인 재산권보호의 대상이 된다. 따라
서 일상생활의 기본적인 수요를 충족시키는 것은 재산권보장의 불가결
한 내용이다.

나아가 자유로서의 재산권은 재산권의 주체에게 재산권의 활용에
대한 자율적인 결정권을 준다. 그렇지만 자유의 이름으로 재산권을 상
대화해서는 아니 되기 때문에 평준화한 개인적 수요에 따른 재산권보
호란 있을 수 없다.

재산권의 주체는 자신의 재산권 중에서 일부를 타인에게 점유를
이전해서 사용하게 할 수도 있는데 그렇게 발생한 사법상의 물권에는
헌법상 재산권적 지위가 주어진다. 부동산 임대차계약이 그 예인데 임
차인도 점유에 대한 재산권적 지위를 주장할 수 있다. 그렇다고 해서
계약대상이 된 부동산에 임대인과 임차인의 공동재산권이 생기는 것은
아니다. 왜냐하면 재산권에 대한 제 3 자의 참여권이 헌법상 재산권에
서 나올 수는 없기 때문이다. 재산권은 재산에 대한 권리이므로 재산
권을 갖든지 갖지 않는 문제이지 타인 재산에 대한 참여권이란 있을
수 없다. 그러나 현대생활에서 타인 재산권에 의존적인 현상은 있을
수 있다. 특히 현대사회에서 요구되는 사회구성원 상호간의 연대의식
은 사회평화와 사회통합을 위해서 매우 중요한 기능을 한다. 그래서
타인의 재산권에 의존적인 사회구성원의 이익을 사회 공공의 이익으로
평가해서 재산권자의 권리를 합리적인 범위 내에서 제한하는 근거로
삼을 수는 있다. 그래도 타인 재산권에 참여할 수 있는 권리를 인정할
수는 없다. 다만 재산권자가 자진해서 타인에게 자신의 재산에 대한
이용권을 부여한 경우에는 이용자의 이익도 충분히 보호해야 하므로
재산권의 제한이 불가피하게 된다. 즉 타인 재산권에의 의존성관계가
크면 클수록 재산권 주체는 그에 상응하는 보다 폭넓은 입법적인 기속
을 받게 된다.641)

790
타인 재산에
대한
참여권의
한계

---

640) 독일연방헌법재판소도 늘 이 점을 강조한다. BVerfGE 24, 367(389); 30, 292(334);
    79, 292(303f.) 참조.
641) BVerfGE 84, 382(384); 87, 114(149); 101, 54(76); 102, 1(17)도 같은 취지의 판

이 경우 주의해야 할 일은 타인 재산권에의 의존성을 너무 확대해서 적용하면 결과적으로 타인 재산권에의 참여권을 인정하는 부당한 결과에 이를 수 있다는 점이다. 타인 재산에의 의존성은 재산권제한의 근거가 될 수는 있어도 재산권의 내용이 될 수는 없다. 사회환경과 시대정신의 변화에 따라 재산권의 기능이 변할 수 있다는 논리를 내세워 사회적인 필요성에 따른 재산권에의 참여권을 재산권의 내용으로 인정하려는 경향은 단호히 배격해야 한다. 특히 기업재산권에서 근로자들의 경영참여를 마치 재산권에의 정당한 참여권으로 주장하는 일은 재산권보장의 제 3 자적인 의미와는 거리가 멀다.

경영참여권

재산권보장에서 자본투자로 형성된 재산권과 근로의 대가로 형성된 재산권은 동일한 평가를 받는 것이어서 어느 한쪽이 우월한 보호를 받을 수는 없다. 따라서 근로자들의 임금청구권은 재산권적인 보호가치가 있고 사회법적인 영역에서 특별한 보호의 대상이 되지만 그것이 기업재산권에의 경영참여권을 정당화하는 근거로 작용할 수는 없다.

791
신뢰재산의
보호

재산권보장에서 특별한 의미를 갖는 부분이 이른바 '신뢰재산' (Vertrauenseigentum)의 문제이다. 즉 재산권주체가 신뢰하고 있는 재산권적인 지위에 어느 정도의 재산권적인 보호를 하는가의 문제이다. 법치국가의 원칙에서 유래하는 신뢰보호는 중요한 헌법적인 가치이므로 재산권영역에서도 당연히 존중해야 하지만, 특별히 재산권적인 지위에 대한 정당한 신뢰는 일반적인 신뢰보호보다 더 강한 보호의 대상이다. 즉 단순한 기회이익 또는 순수한 영업상 소득의 가능성 등과 달리 자신의 노력과 투자로 이미 달성한 재산권적인 지위에 대한 신뢰는 법치주의적인 신뢰보다 더 강한 '신뢰재산'의 보호를 받는다. 이 경우 신뢰재산이 형성된 기간과 신뢰의 정도 등이 보호의 정도를 정하는 중요한 판단근거가 될 것이다. 이미 성취한 재산권적인 지위에 대해서 형성된 신뢰의 기간이 상당히 길고 신뢰의 정도가 아주 강한 경우에는 신뢰재산의 보호가치는 그만큼 더 커진다고 할 것이다. 그 결과 그런 유형의 신뢰재산은 법치주의에서 요구하는 소급효의 원칙보다 더 강한 소급효적인 보호를 받는다. 따라서 그런 유형의 신뢰재산을 소급입법으로 제한하는 것은 재산권의 침해로 평가된다. 우리 헌법(제13조 제 2 항)이 정하는 소

시를 했다.

급입법에 의한 재산권박탈금지를 이해하는데 중요한 기준이 될 것이다.

(4) 재산권의 한계

a) 재산권의 내용과 한계의 구별

재산권은 다른 자유권적인 기본권과 달리 처음부터 일정한 한계를 갖는 기본권으로 보장하고 있는 점이 특이하다. 우리 헌법도 재산권을 보장하면서 '그 내용과 한계는 법률로 정한다'($^{제23조\ 제1}_{항\ 제2문}$)고 하면서 '재산권의 행사는 공공복리에 적합하도록 하여야 한다'($^{제23조}_{제2항}$)고 규정하고 있다. 독일기본법도 마찬가지로 재산권과 상속권을 보장하면서 '내용과 한계는 법률로 정한다'($^{제14조\ 제1}_{항\ 제2문}$)고 정하면서 재산권은 의무를 수반한다는 점과 재산권의 행사는 동시에 공공복리(Wohle der Allgemeinheit)에도 기여해야 한다고 명문화($^{제14조}_{제2항}$)하고 있다.

792
재산권의
한계의
의미와 기능

앞부분에서도 이미 강조한대로 재산권의 내용과 재산권의 한계를 정하는 일은 처음부터 분명하게 구별해야 한다. 즉 재산권의 '내용과 한계를 법률로 정한다'는 의미는 재산권의 한계를 정해서 재산권의 내용을 확정한다는 뜻이 아니라, 헌법에서 이미 보장한 재산권의 내용을 전제로 해서 그 한계를 정한다는 뜻이다. 재산권의 내용을 재산권의 한계 속에서 이끌어 낼 수는 없기 때문이다. 법리적으로도 제한할 대상이 이미 정해져 있어야 제한할 수 있는 것이지 제한할 대상이 없는 상태에서 제한을 통해서 비로서 대상이 생길 수는 없는 일이다.

그런데 독일연방헌법재판소는 1981년 '자갈채취결정'(Naßauskie-sungsentscheidung)[642]에서 이 문제를 분명하게 하지 않고 마치 재산권의 내용이 재산권의 한계에 따라 정해지는 듯한 표현을 사용해서 혼란을 가중시켰다. 그러나 다행히 그 후 '문화재보호결정'(Denkmal-schutzentscheidung)[643]에서는 내용과 한계를 구별하는 입장을 보였다. 학설도 재산권의 내용과 한계의 문제에 대해서 분명하게 정리된 입장

---

642) BVerfGE 58, 300(336) 참조. 관련 표현은 다음과 같다 "Aus der Gesamtheit der verfassungsmäßigen Gesetze, die den Inhalt des Eigentums bestimmen, ergeben sich somit Gegenstand und Umfang des durch Art. 14 Abs. 1 Satz 1 GG gewährleisteten Bestandsschutzes und damit auch, wann ein zur Entschädigung verpflichtender Rechtsentzug vorliegt".

643) BVerfGE 100, 226(241): "Das Wohl der Allgemeinheit ist nicht nur Grund, sondern auch Grenze für die dem Eigentum aufzulegenden Belastungen……. Der Kernbereich der Eigentumsgarantie darf dabei nicht ausgehöhlt werden." 참조.

을 가진 것 같지 않다. 특히 재산권의 형성과 재산권제한의 상호관계
를 혼동하고 있는 것으로 보인다. 주로 재산권의 법률유보개념을 재산
권형성개념과 혼용하는 경향에서 나타난다. 그러나 분명한 것은 재산
권의 제한은 재산권의 형성과 다르고, 재산권의 법률유보개념이 재산
권의 형성 개념으로 오용되어서는 아니 된다는 점이다. 재산권도 나머
지 기본권처럼 다른 헌법적인 가치와 충돌할 수 있고 그런 경우 재산
권의 법률유보에 의한 재산권의 제한이 불가피하지만, 그것은 재산권
의 형성은 아니다. 법률유보에 따라 재산권을 제한할 때도 입법자는
재산권의 주체에게 더 이상 자율적인 이용의 여지가 남아있지 않을 정
도로 과잉 제한해서는 아니 되는 것은 바로 재산권의 제한은 재산권의
형성이 아니기 때문이다.

b) 재산권의 사회기속

α) 재산권의 사회기속과 재산권의 한계

793

**재산권의
사회기속성**

재산권은 나머지 자유권적인 기본권과 달리 재산권의 사회기속
성을 함께 명문화한다는 점이 특징이다. 그래서 우리 헌법($^{제23조}_{제2항}$)이나
독일기본법($^{제14조}_{제2항}$)은 앞서 언급한대로 재산권행사의 공공복리적합의무
를 규정하고 있다. 즉 재산권의 사회기속성을 강조하고 있다.

재산권의 사회기속성(Sozialbindung bzw. Sozialpflichtigkeit)에 관
한 헌법규정을 통해서 앞서 말한 재산권의 한계의 의미를 분명하게 하
고 있다. 즉 재산권의 사회적인 연관성과 그를 근거로 하는 공공복리
를 위한 재산권제한은 이미 제한대상인 헌법적인 재산권의 존재를 전
제로 하는 것이고, 재산권이 공공복리적인 한계를 가지고 있다는 것을
암시하고 있다고 할 것이다. 즉 재산권의 한계는 재산권의 사회기속성
을 암시하는 것이고, 재산권의 사회기속성은 재산권의 공공복리기속
(Gemeinwohlbindung)을 의미한다고 이해할 수 있다. 이를 통해서도 재
산권의 보장이 우선이고 재산권의 한계나 사회기속은 종적인 것임을
알 수 있다.

β) 사회기속에 따르는 재산권제한과 보상의 문제

794

**재산권제한
과 공용수용**

재산권의 사회기속성에 따르는 재산권의 한계는 재산권제한을
통해서 나타나는데, 이러한 재산권제한(Schranke)은 보상이 따르는 재
산권수용(Enteignung)과는 구별해야 한다. 그렇지만 보상이 따르는 재

산권의 수용과 보상의무가 없는 재산권의 제한을 명확하게 구별하는 일은 결코 쉬운 일이 아니다. 특히 우리 헌법($_{제3항}^{제23조}$)에 따라 재산권의 공용수용이 공용사용 또는 공용제한의 형태로 나타나는 경우에는 더욱 어렵다. 학설과 판례가 여러 형태의 논의를 전개하면서 다양한 입장을 보이고 있는 이유도 그 때문이다.

　　우선 재산권제한을 정당화하는 '공공복리'라는 개념을 둘러싸고 도 논란이 있는데, 분명한 점은 공공복리는 사회전체의 이익을 말하는 것이지 결코 '사회적인 약자' 또는 '못 가진자'의 이익만을 뜻하는 것 이 아니라는 점이다. 그 결과 공공복리는 사회 구성원의 '평준화된 수 요충족'을 지향하는 개념이 아니다. 또 아무리 공공복리의 필요성이 있 다고 하더라도 재산권의 '전체적인 사회기속'은 허용되지 않는다. 재산 권의 주체에게 적어도 개인적인 유용성에 필요한 실체적인 내용은 남 아 있어야 한다. 재산권의 본질적 내용의 침해금지도 이를 뒷받침하고 있다. 결국 입법자가 재산권의 한계를 정할 때 헌법이 정하는 비례의 원칙에 맞게 사유재산권과 사유재산제도 및 재산권의 존속보장을 제한 한다면 재산권의 내용침해는 생기지 않는다고 할 것이다.

공공복리의 내용

재산권제한 의 한계

　　그러나 실무에서 어려운 점은 허용되는 사회기속적인 재산권의 제한정도를 정하는 일이다. 독일연방헌법재판소가 재산세부과와 관련 해서 '절반과세원칙'(Halbteilungsgrundsatz)으로 이 문제를 해결하려고 했지만,[644] 소득세 및 영업세 부과관련 등 후속판례[645]에서는 이 원칙 을 수용하지 않았다는 점은 이미 앞서 설명한 바 있다. 그러나 적어도 이 '절반과세원칙'은 재산권제한의 정도를 정하는데 하나의 방향제시 적인 기준으로 보아도 무방하다고 할 것이다.

　　재산권이 공공복리적인 다른 공익과 충돌하는 경우 균형 있는 이익형량으로 재산권을 제한하게 되는데 이 때 이익형량에서 '제한의 한계'로 기능하는 것이 재산권의 실질적인 가치의 존중인데 실질적 가 치의 존중이 없다면 재산권은 빈 껍질만 남게 될 위험성이 있다. 그래 서 '제한의 한계'를 정해줄 실용적인 기준이 필요한데 '절반과세원칙' 은 하나의 기준으로 고려할 수 있다고 할 것이다. 그러한 기준도 없이

---

644) BVerfGE 93, 121(138) 참조.
645) BVerfGE 95, 267(300); 105, 17(32f.); 108, 186(233); 115, 97(108ff.) 참조.

막연히 이익형량 내지 비례의 원칙을 적용하는 것은 자칫 지나친 추상적인 논의로 흐를 가능성을 배제하기 어렵다. 이익형량 내지 비례의 원칙에 따른 판단에서도 일정한 기준은 있어야 하기 때문이다.

γ) 독일의 판례

795
재산권제한
관련 독일
판례

독일에서도 재산권의 사회기속에 따른 단순한 재산권제한과 보상의무 있는 재산권수용과의 구별을 둘러싸고 최고법원들 사이에서도 견해가 일치하지 않았다. 그 중에서도 하나의 결정적인 전기를 마련한 가장 대표적인 사건은 토지소유자의 재산권에 지표면 밑의 지하수이용권이 당연히 포함되는가의 문제였다. 먼저 독일연방대법원(BGH)은 지하수이용권이 당연히 토지재산권에 포함되는 것으로 인식해서 토지소유자가 지표면 밑의 지하수를 개발하려면 별도의 행정적인 개발허가를 받도록 새로운 법률규정을 두는 것은 단순한 재산권의 한계를 정하는 것이 아니라 보상의무 있는 재산권수용에 해당한다는 입장을 취했다.646) 그렇기 때문에 보상규정을 두지 않은 수자원관리법의 해당 규정은 재산권을 침해하는 위헌규정이라고 연방헌법재판소에 위헌심판제청을 했다.

그러나 독일연방헌법재판소는 이 위헌심판제청사건에서 제청법원인 연방대법원과는 다른 견해를 밝혔다. 즉 토지소유자의 재산권은 소유토지의 지표면 밑에 있는 지하수개발이용권을 포함하지 않고 소유토지의 지표면 밑의 지하수가 시작되는 지점까지만 미친다는 입장을 취했다. 그 결과 제청된 수자원관리법의 해당 규정이 공공의 용수확보를 위해서 토지소유권과 지하수이용권을 분리해서 규율하면서 지하수개발에 별도의 행정허가를 받도록 정한 것은 재산권의 침해가 아니므로 보상의무 있는 재산권수용이 아니라 재산권제한에 해당한다고 판시했다.647)

즉 수자원관리법에 따라 토지소유자가 소유토지의 지표면 밑의 지하수를 사업목적으로 이용·개발하는 것을 아무런 보상 없이 불허하는 것은 재산권의 침해가 아니라는 취지이다. 연방헌법재판소의 논증에 따르면 지하수는 지하의 수로를 따라 흐르기 때문에 어느 하나의

---

646) BGH 60, 125(133)을 시작으로 독일연방대법원이 독일연방헌법재판소의 반대되는 판결이 나올 때까지 취한 입장이다.

647) BVerfGE 58, 300(Naßauskiesungsentscheidung: 자갈채취결정) 참조.

특정 토지재산권에 한정된 재화라고 보기 어렵다는 것이다. 또 지하수
개발로 다른 토지소유자의 지하수이용이 어렵게 되거나 지하수 오염의
원인이 되어 식용수로 이용할 수 없는 악영향을 초래할 수도 있다는
것이다. 지하수개발이 주위환경에 미치는 영향을 무시할 수 없고 공공
용수의 확보와도 불가분의 관련성을 갖기 때문에 입법자가 수자원관리
의 효율성이라는 공적인 기능을 위해서 토지소유권과 지하수에 관한
권리를 구별해서 지하수이용권을 공법적인 규율대상으로 삼는 것은 정
당하다는 것이다. 지하수개발로 특히 공적인 상수도급수의 공공이익에
장해가 생기지 않도록 이 공익과 조화되는 범위의 지하수 이용권을 허
용하기 위해서 허가유보조항을 둔 것은 정당한 재산권의 제한이지 공
용수용이 아니라는 것이다.

　　이 결정을 통해 연방헌법재판소는 재산권의 한계를 정하는 재
산권제한과 재산권의 입법적인 수용(Legalenteignung) 및 행정적인 수용
(Administrativenteignung)을 구별하고 이 세 가지는 각각 독자적인 법제
도이므로 상호 배타적인 관계라는 점을 강조한다. 그 결과 재산권제한
으로 수용이 생길 수도 없을 뿐 아니라 입법자가 법률로 수용한 것이
면 다시 행정적인 수용의 대상이 될 수 없다고 지적한다. 그런데도 연
방대법원은 이 세 가지를 구별하지 않는 불합리한 논증을 한다고 비판
한다.

　　다만 재산권의 한계를 정하는 장래효를 갖는 객관적인 법률에
의해서 토지소유자가 구법에 따라 누리던 권리가 박탈당하는 입법적인
수용의 효과가 나타나게 되는 경우를 완전히 배제할 수는 없지만, 제
청된 수자원관리법의 규정은 헌법에 따라 재산권의 한계를 정하는 규
정이지 입법적인 수용도 행정적인 수용도 아니라고 한다. 연방대법원
이 사법원리를 내세워 토지소유권은 원칙적으로 경제적으로 합리적인
모든 가능한 이용권을 다 포괄하는 권리이므로 토지소유자에게 속하는
지하수의 자유로운 이용권을 새롭게 제한하는 것은 수용에 해당한다는
논리를 펴는 것은 옳지 않다고 한다. 그 이유는 헌법상의 재산권은 재
산권자에게 가능한 최대한의 경제상의 이익을 보장하도록 요구하는 권
리를 주는 것도 아니고, 사법상의 소유권질서가 공법상의 재산권규정
보다 우월한 효력을 갖는다는 시각은 기본법의 재산권보장 정신과 조

화되지 않기 때문이라고 한다. 헌법상 보호받는 재산권은 헌법에서 직
접 찾아야지 사법규정에서 나오는 것은 아니라고 한다. 사법상의 재산
권규정이 재산권의 내용과 한계에 관한 유일한 규정은 아니라는 점을
잊지 말아야 한다는 것이다.

또 연방헌법재판소는 지하수개발권의 신뢰재산적인 측면에 대
해서도 다음과 같은 입장을 밝혔다. 즉 구법질서에 의해서 인정되던
지하수개발권을 행사하던 사람은 많은 시설투자를 하고 장기간 그 권
리를 행사해 왔다면 입법자가 새로운 법질서를 형성하면서 행정기관이
아무런 과도적인 경과기간도 없이 하루 아침에 그런 권리를 박탈할 수
있게 정하는 것은 신뢰재산의 관점에서 재산권보장내용과 조화되지 않
는다. 그렇다고 해서 다른 한편 토지소유권자가 행사하던 구법상의 지
하수개발권을 언제까지나 무제한적으로 허용해야 한다거나 보상이 따
르는 공용수용의 방법으로만 박탈할 수 있다는 논리도 헌법상의 재산
권보장으로부터 이끌어 낼 수는 없다. 왜냐하면 새로운 법적인 형성을
불가피하게 하는 공공복리의 요청이 기득권자의 정당한 신뢰재산의 존
속보장보다 더 큰 비중을 차지하는 경우 입법자는 새로운 법률질서를
형성해야 하는데 이 때 종래 구법이 인정하던 법적인 지위를 모두 그
대로 인정해야 하는 것은 아니고, 합리적이고 기대 가능한 경과규정을
통해서 구법질서가 인정하던 법적 지위를 새롭게 형성할 수도 있기 때
문이다.[648] 그런데 문제가 된 수자원관리법은 8년 내지 17년간의 경과
규정을 두어 기득권자가 구법에 의해서 누리던 권리를 합리적으로 보
호하고 있으므로 입법형성권의 남용에 의한 재산권의 침해는 생기지
않는다고 판시했다.[649]

δ) 독일판례에 따른 도그마

796
경계이론과
분리이론

우리나라와 일본의 학계에서는 위에서 소개한 독일 연방대법원
과 연방헌법재판소의 판례를 근거로 재산권에 관한 하나의 도그마를
정립했는데, 이른바 '경계이론'(Schwellentheorie)과 '분리이론'(Trennungs-
theorie)에 관한 논의가 바로 그것이다. 그러나 독일에서는 이러한 개념

---

648) 이러한 입장은 BVerfGE 31, 275(285, 290); 36, 281(293); 43, 242(288) 등의 여
러 판례를 통해서 이미 밝힌 바 있지만 BVerfGE 58, 300(350ff.)(자갈채취결정)에서
다시 한번 강조했다.

649) BVerfGE 58, 300(353~354) 참조.

의 도그마가 학계에서 널리 확산되어 있는 것도 아니고 많은 공법학자가 이 도그마적인 개념자체를 매우 생소하게 느끼는 점을 주의해야 한다. 그런데도 우리 학계에서는 이 도그마가 마치 독일에서 확립되어 널리 사용되고 있는 일반적인 개념인 것처럼 잘못 소개되고 있다.

아무튼 우리나라에서는 위에서 소개한 연방대법원의 입장을 '경계이론'으로, 그리고 연방헌법재판소의 입장을 '분리이론'으로 소개하고 있다. 즉 연방대법원은 법률에 의한 재산권의 제한과 보상의무 있는 재산권수용을 처음부터 명확하게 분리하지 않고 재산권제한의 정도에 따라 재산권의 사회기속에 의한 단순한 재산권의 제한과재산권의 공용수용을 판단하겠다는 것이어서 그 경계가 유동적이므로 '경계이론'이라는 것이다. 그에 반해서 연방헌법재판소는 처음부터 사회기속에 의한 재산권제한과 보상의무 있는 재산권수용을 분리해서 생각하므로 '분리이론'이라는 것이다. 그 결과 경계이론에 따르면 법률에 보상규정이 있건 없건, 또 재산권제한이 처음부터 적법한지 위법한지를 따질 필요도 없이 제한의 한계를 넘어서면 법원의 판단에 따라 적절한 보상이 이루어져야 하므로 재산권보장은 존속보장의 의미보다는 가치보장적인 측면이 강하게 나타나게 된다. 연방대법원이 '수용유사적 재산권침해'(enteignungsgleicher Eigentumseingriff)[650] 또는 '수용적 재산권침해'(enteignender Eigentumseingriff)[651]라는 개념을 통해 재산권의 공용수용의 범위를 확대하게 되는 것도 그런 이유 때문이다.

수용유사적
재산권
침해와
수용적
재산권침해

반면에 분리이론에 따르면 재산권의 공용수용은 헌법이 정하는 엄격한 수용의 요건을 충족하는 경우에만 허용되는 것이므로 재산권제한으로 설령 수용적인 결과와 효과가 나타나도 공용수용으로 평가할 수는 없다. 따라서 이런 경우에는 재산권을 침해하는 결과가 되어 보상을 통해 합법화할 수는 없고 재산권을 제한하는 공권력작용이 위법 내지 무효로 되어 취소 내지 무효소송을 통해 구제받아야 한다.

650) BGHZ 6, 270(290ff.) 참조. 재산권의 제한이 법률의 적법요건을 갖추지 못했어도 그 내용과 효과가 수용에 해당한다는 것을 예견할 수 있었다면 적법요건을 충족한 경우처럼 수용으로 인정해서 보상을 해야 한다는 이론이다. 적법의 경우에 보상을 하는 데 하물며 위법의 경우에는 더더욱 보상을 해야 형평성에 맞는다는 논리이다.
651) BGHZ 57, 359 참조. 국가가 합법적인 공권력작용을 하다가 전혀 예견하지 못한 공권력작용의 부수적인 효과로 수용적인 결과가 초래하면 수용과 같이 보상이 되어야 한다는 이론이다.

797
보상의무있는
재산권제한

다만 독일연방헌법재판소가 특히 '문화재보호판결'(Denkmal-schutzentscheidung) 등에서 판시한 것처럼 극히 예외적으로 위헌인 재산권의 제한이지만 보상을 통해서 용인하게 할 수 있는 경우가 있다면 그것은 일종의 '보상의무 있는 재산권제한'이라고 할 수 있지만 그렇다고 해서 그것이 수용으로 전환되는 것은 아니다.[652] 일종의 조정적인 보상조치(ausgleichskompensatorische Maßnahmen)라고 볼 수 있는데, 연방헌법재판소도 강조하는 바와 같이 조정적인 보상규정은 반비례적인 재산권제한을 재산권보장의 헌법규정과 조화시키는 일반적인 수단은 결코 아니다. 재산권제한이 재산권주체에게 수인의 기대가능성이 없을 정도로 반비례적이고 불평등한 부담을 주는 경우에 반비례적이고 불평등한 특별희생을 조정하기 위해서 극히 예외적으로만 고려할 수 있는 일종의 비상수단이다. 이 비상수단은 법률적인 근거가 있는 경우에만 허용되는 것이어서 행정부나 법원이 임의로 활용할 수 있는 수단이 아닐 뿐 아니라, 이 비상수단을 사용할 때도 재산권의 존속보장을 존중할 수 있는 최선의 방법을 우선 모색해야 하므로 단순한 조정적인 금전보상으로 만족해서는 아니 된다. 실제로 조정적인 금전보상으로 해결할 수 없는 사례도 없지 않다. 따라서 우선은 반비례적인 재산권제한이 실제로 생기지 않도록 예방적인 조치가 먼저 이루어져야 하고, 재산권의 사적인 효용가치가 최대한으로 유지되게 해야 한다. 경과규정, 예외규정 또는 면책규정을 둔다거나 행정적·기술적인 예방조치를 강구한다든지 등의 방법을 생각해 볼 수도 있다. 그렇지만 그런 방법의 활용이 비례성에 반할 정도로 과도한 비용과 노력을 들여야만 가능하다고 판단하는 극히 예외적인 경우에 한해서 금전적인 조정보상을 생각해 볼 수 있다. 예컨대 문화재적인 보존가치가 상대적으로 적은 건축물의 소유자에게 많은 유지보수비용을 감당하면서 건물을 그대로 유지하라고 요구하는 것은 지나치게 가혹할 뿐 아니라 건물소유자의

---

652) BVerfGE 100, 226(244 aa): "입법자는 공익상 필요하다고 판단하는 재산권제한적인 조치를 재산권 주체의 사정이 아주 딱한 경우에도 관철할 수 있지만, 그런 경우에는 재산권자가 받게 되는 반비례적이고 불평등한 부담을 덜어주는 보상적인 사전조정이 있어야 할 뿐 아니라 보호가치 있는 재산권자의 신뢰도 적절히 배려해주는 것이어야 한다." 이 판시를 하면서 관련 선 판례인 BVerfGE 58, 137(149f.)(출판업자의 무상의무납본제도결정); 79, 174(192)(도로소음결정); 83, 201(212f.)(선매권결정) 등의 관련 판시부분을 인용하고 있다.

보호가치 있는 이해관계가 단순한 금전보상에 국한하는 것이 아닌 경
우에는 건축물을 철거할 수 있는 면책의 예외규정을 적용하는 것이 재
산권보장정신에 보다 충실한 결과이다.[653] 또 한편 독일연방헌법재판소
는 입법자가 법률로 출판도서의 무상의무납본제도를 규정하면서 많은
출판비가 들어갔을 뿐 아니라 극히 소수의 부수만을 발간한 출판업자
에게도 무상으로 의무납본을 하도록 강요하는 것은 재산권제한의 한계
를 벗어난 일이므로 위헌이라고 판시하면서 적절한 조정적인 보상조치
가 필요하다는 점을 강조했다.[654] 결론적으로 연방헌법재판소의 판례에
서 인정하는 극히 예외적인 조정적인 조치(Ausgleichsregelungen)는 결
코 금전보상만을 뜻하는 것이 아닐 뿐 아니라 금전보상은 오히려 예외
적인 현상임을 간과해서는 아니 된다. 즉 연방헌법재판소는 공용수용
이 아닌 지나친 재산권의 제한에 대해서는 종래 연방대법원이 공용수
용과 유사한 재산권 침해이론을 동원해 공용수용에서와 같은 손실보상
을 하던 것을 원칙적으로 배척하면서 재산권이 아닌 평등권을 근거로
한 조정적인 조치만을 예외적으로 인정하는 입장에 서 있다. 그 결과
종래 연방대법원과 연방행정재판소가 활용하던 '공용수용 및 공용수용
유사의 침해에는 손실보상'이라는 공식을 '공익목적의 과잉 기속에는
합당한 조정'이라는 내용으로 바꿔 이해함으로써 조정은 보상이 아님
을 분명히 하려고 노력했다. 문헌상으로도 연방헌법재판소의 이런 입
장을 지지하는 경향이 확산되어 '손실보상'과 '조정적인 조치'의 두 가
지 방법을 적절히 활용해야 재산권의 보호는 실효성을 기대할 수 있다
고 이해한다. 특히 재산권에 대한 지나친 제한은 꼭 손실보상이 아니
어도 조정적인 조치가 불가피해진다는 인식을 입법자나 행정부가 갖도
록 경각심을 일깨워 주는 것만으로도 재산권의 보호에는 큰 의미를 갖
는다는 것이다. 그런데 주목할 부분은 연방헌법재판소의 이런 예외적
인 조정적인 조치에서는 재산권주체보다 비교할 수 있는 다른 사람에
그 초점이 맞추어져 있어서 평등권적인 평가요소가 크게 작용한다는
점이다. 즉 비교대상이 되는 이웃이나 다른 사람과 비교해서 지나치게
가혹한 희생을 강요해서는 아니 된다는 것이므로 평등권적인 평가가

---

653) 앞의 BVerfGE 100, 226(245~246) 참조.
654) BVerfGE 53, 137 참조.

평등권적인
평가

중요해진다고 할 것이다. 다만 평등권을 근거로 한다고 해도 조정적인 조치의 구체적인 기준은 아직 확실하게 확립하지 못하고 있는데, 결국은 지나친 제한을 받고 있는 사람의 재산권적인 부담을 비교 대상인 다른 사람의 부담과 견주어 부담을 줄여줄 수 있는 합리적인 방법을 모색할 수밖에 없을 것이다. 연방대법원이 연방헌법재판소의 조정적인 조치에도 결국은 손실보상의 기준을 적용할 수밖에 없지 않느냐고 말하는 이유도 그 때문이다.[655]

　　아무튼 연방대법원과 연방헌법재판소의 재산권관련 판례내용에는 경계이론 또는 분리이론으로 설명할 수 있는 요소가 들어 있는 것은 사실이다. 그렇지만 독일의 관련판례가 강조하는 핵심적인 내용은 어떤 공식에 따른 모든 사건의 획일적이고 도그마적인 해결이 아니라 각 사건의 내용과 성질에 부합하는 가장 타당하고 설득력 있는 해결책을 찾는 것이므로, 획일적인 도그마적인 접근은 결코 독일의 판례입장을 정직하게 대변하는 것이라고 말할 수 없다. 그렇기 때문에 독일판례를 이해할 때 중요한 것은 획일적으로 도그마에 맞게 설명하려고 하는 것보다는 독일 판례가 제시한 해결책의 논증내용을 되도록 충실하게 소화하는 것이라고 생각한다.

798
재산권제한과
공용수용의
구별기준

　　그런데 '경계이론'에서는 말할 것도 없고 '분리이론'에서도 재산권제한과 공용수용을 구별할 기준이 필요하게 되는데, 재산권주체에게 미치는 제한의 효과가 특별한 희생을 뜻하는가를 기준으로 하는 '특별희생이론'(Sonderopfertheorie), 재산권제한의 진지성 내지 수인의 기대가능성을 기준으로 하는 '침해진지성 내지 기대가능성 이론'(Eingriffs-schwere bzw. Zumutbarkeitstheorie), 특히 부동산재산의 입지조건이나 자연적인 현상 유지와의 관련성을 기준으로 하는 '상황기속이론'(Theorie der Lagebedingtheit), 제한대상 재산권의 사적인 유용성의 허용정도를 기준으로 하는 '절반의 이론'(Halbteilungstheorie) 등 다양한 기준이 제시되었다. 이 여러 기준이 각각 착안점이 다르고 사건의 성질에 따라 때로는 매우 유용한 기준으로 적용할 수도 있겠지만, 일반적으로 볼 때 모든 재산권관련 사건을 어느 하나의 기준만으로 획일적으로 판단할 수는 없다고 할 것이다. 그러므로 사건별로 가장 적합한 하

---

655) BGHZ 126, 379ff. 참조.

나 또는 둘 이상의 기준을 선정해서 종합적으로 판단하는 것이 가장 합리적이라고 할 것이다. 독일연방헌법재판소가 재산세관련사건에서 제시한 '절반의 원칙'을 소득세관련 사건에서는 적용하지 않고 배척한 이유도 그 때문이다.

또 우리 헌법재판소도 '그린벨트결정'656)에서 그린벨트의 지정으로 토지를 종래의 목적으로 사용할 수 없게 해서 토지의 효용가치가 현저히 감소한 경우에 보상을 하지 않는 것은 재산권제한의 한계를 벗어난 재산권의 공용수용에 해당하므로 재산권을 침해한다고 판시한 것은 상황기속이론을 기초로 한 것이라고 할 것이다. 토지소유자에게 매수청구권을 인정하는 등의 보완조치가 필요한 이유도 그 때문이다. 그런데 우리 학계에서는 우리 헌법재판소가 이 결정을 통해서 '분리이론'을 수용한 것이라고 평가하고 있다. 일종의 조정적인 보상의 필요성을 강조한 것이라고 볼 수 있기 때문이다. 그러나 이 결정은 그 내용으로 볼 때 경계이론을 기초로 '상황기속'에 따라 재산권제한과 공용수용의 경계를 정한 것이라고 볼 수도 있으므로 '경계이론'을 수용했다고 해도 크게 빗나간 평가는 아니라고 생각한다. 앞서 지적한 것처럼 도그마에 지나치게 집착한 평가의 문제점을 잘 보여주는 경우라고 할 것이다.

ε) 재산권제한과 공용수용의 한계설정을 위한 나머지 검토사항

위에서 설명한 몇 가지 기준 이외에도 재산권의 사회기속에 따른 단순한 재산권제한과 보상이 필요한 공용수용을 판단할 때 고려해야 할 사항이 몇 가지 더 있다.

① 먼저 재산권의 상황기속과 관련된 문제이다. 일반적으로 구체적인 토지재산권의 상황기속 때문에 생기는 불가피한 토지재산권의 제한은 원칙적으로 정당화되는데, 토지재산권의 자연적인 입지조건이 이미 토지재산권 제한의 선(先) 부담으로 작용할 수도 있기 때문이다. 이 경우 토지재산권의 주체가 토지의 취득 당시에 이미 상황기속을 알았거나 예측이 가능했기 때문에 상황기속은 토지의 입지에 따른 자연적인 기속에 불과해서 공동체의 구성원으로서 재산권주체가 충분히 수용할 수 있는 수준의 기속에 불과하다고 할 것이다. 우리 대법원의 관련 판례도 대체로 같은 입장을 취하고 있다. 즉 개인 소유토지를 공공

799
토지재산권의
상황기속

---

656) 헌재결 1998. 12. 24. 89 헌마 214 등 참조.

단체가 도로로 점유해서 사용하는 경우 부당이득의 성립을 인정했지만,657) 토지소유자가 그 토지의 독점적·배타적 사용수익권을 포기하거나 타인의 사용수익을 용인했다면 부당이득반환청구권을 부정한 사례도 있다.658) 또 최근에는 서울 강남 대모산 임야소유자의 강남구청 상대 부당이득반환청구소송에서 원고의 주장에 동조하는 1심 및 항소심과 달리 대법원은 원고패소판결을 했다. 즉 많은 사람이 이용하는 대모산의 등산로는 자연발생적으로 생긴 등산로로서 강남구가 그 등산로의 개설과 정비에 관여하지 않았고, 등산로 이외에는 임야상태가 그대로 유지되고 있으므로 강남구가 배타적으로 점유해서 사용하고 있다고 볼 수 없다고 판시했다.659) 대모산 등산로의 상황기속에 따른 임야재산권의 제한을 정당하다고 인정한 사례이다.

다만 상황기속을 인정하는 경우에도 지나친 확대해석은 금물이다. 특히 자연보호 또는 문화재보호 등에서도 재산권 주체의 부담으로 실현해야 하는 자연적 보호가치 또는 문화적인 보호가치란 있을 수 없는데 재산권의 제한 사유인 부동산의 입지상황은 판단의 대상일 뿐 판단의 기준은 아니기 때문이다. 따라서 입지상황에 따른 자연적인 제한이란 성립할 수 없고 결국 판단대상인 입지상황에 대해서 공권력이 정한 기준으로 판단하게 되는데, 그 기준을 위헌 심사하게 된다.

800
누진적
재산권제한

② 다음으로 제기되는 문제가 누진적인 재산권제한의 문제이다. 즉 사회기속에 따른 재산권에 대한 제한이 한번에 그치지 않고 반복해서 행해지는 경우, 재산권제한의 한계를 따질 때 누적된 재산권제한을 총체적으로 보아서 판단할 것인지, 선행의 재산권제한과 분리해서 후속되는 재산권제한만을 기준으로 판단할 것인가의 문제가 그것이다. 독일연방헌법재판소는 후자의 개별적인 기준에 따르는 입장을 취하고 있다.660) 그러나 재산권에 대한 누적되는 제한을 무시하고 개별적인 제한만을 기준으로 판단하는 경우 결과적으로 재산권이 자칫 권리가 아닌 부담으로 작용할 수도 있다는 점을 간과해서는 아니 된다. 그

657) 1987. 9. 22. 대판 86 다카 2151 참조.
658) 1974. 5. 28. 대판 73 다 399 참조.
659) 2012. 3. 29. 대판 2011 다 105256 참조.
660) BVerfGE 52, 1(27)(Kleingartenentscheidung 소규모 텃밭결정); 58, 300(320)(Naßauskiesungsentscheidung 자갈채취결정); 79, 174(192)(Straßenlärmentscheidung 도로소음결정) 참조.

렇기 때문에 연방헌법재판소도 조세법의 분야에서는 동일 과세물건에 대한 선행과세와 전체적인 조세부담을 고려해서 후속과세가 이루어져야 한다고 강조하는 판시를 하고 있다.[661]

③ 그 밖에도 물가상승과 재산권보호의 상호관계인데, 원칙적으로 국가의 경제정책 내지는 금융정책이 물가상승에 결정적으로 기여했다고 입증할만한 확실한 증거가 없는 한 재산권은 물가상승으로부터 보호 받지는 못한다고 할 것이다. 지금 유럽의 금융 및 재정위기상황과 관련해서 어려움을 겪고 있는 나라에서 발생하는 재산가치의 감소도 유럽연합(EU)에의 가입과 유로화(EURO)의 도입만이 유일한 이유라는 결정적인 입증 자료가 없는 한 재산권 침해라고 할 수 없다고 할 것이다.

801
재산권보호와
물가상승

④ 재산권의 사회기속성에 따른 재산권의 제한과 재산권의 사회연관성(gesellschaftliche Bezüge)의 문제도 주의를 요하는 대목이다. 즉 사회기속성과 사회연관성은 비슷한 개념으로 인식할 수 있지만, 사회기속성이 일반적·추상적인 개념이라면 사회연관성은 구체적인 생활공동체와의 관련성을 강조하는 개념이라는 점에서 약간의 내용상의 차이가 있다. 구체적으로 재산권 보장에서 사회구성원 상호간의 상부상조를 강조하는 일종의 연대유보(Solidarvorbehalt)적인 요소를 고려하려는 개념형식이라고 할 것이다. 그래서 재산권은 공동체와의 관련성이 크면 클수록 더 큰 제한을 감수해야 한다는 인식이다. 그렇다고 해서 공동체관련성이 약자보호나 하향식 평준화의 분배적인 의미를 갖는 것으로 인식되거나 재산권의 한계가 마치 재산권의 내용으로 변질되는 방향으로 적용되어서는 아니 된다. 재산권의 공동체관련성이 자칫 사회정책적인 요구개념으로 오해되면 시장경제질서와도 갈등이 생길 뿐 아니라 추구하는 공동체관련성에 따른 재산권제한이 제 구실을 할 수가 없다. 공동체관련성에 따른 재산권의 제한은 그 필요성이 발생할 '가능성이 있을 때' 하는 것이 아니라 그 필요성이 '현실적으로 있을 때'만 허용할 수 있다. 공동체관련성의 개념은 사회법 분야에서 매우 유용한 개념일 수 있지만 결코 재산권의 사회기속을 확대하거나 왜곡

802
재산권보장과
연대유보

---

661) BVerfGE 93, 165(Erbschaftsteuerentschedung 상속세결정); 115, 97(113ff.) (Einkommensteuerentscheidung 소득세결정) 참조.

하는 도그마로 작용해서는 아니 된다. 특히 임대차보호법의 분야에서 시대정신과 경제환경의 변화에 따라 임차인의 법적 지위를 강화한다는 명목으로 임대인의 권리를 지나치게 약화시키는 재산권의 제한은 경계해야 한다. 독일연방헌법재판소가 '소규모 텃밭(Kleingarten)결정'662)에서 대도시 근교에 소규모 텃밭단지를 개발해서 임대하는 사업자의 재산권행사를 여러 가지 조건을 붙여 제한할 뿐 아니라 심지어 임대차계약 해지권의 행사에 관할행정관청의 허가를 받도록 하는 등 해지권의 행사를 사실상 어렵게 정하는 소규모 텃밭관련 규정이 임대인의 재산권을 지나치게 제한하는 것이라고 위헌결정한 이유도 그 때문이다.

803

토지재산권과
건축의 자유

⑤ 토지재산권과 건축자유(Baufreiheit)의 관계도 논란이 자주 발생하는 분야이다. 토지재산권의 행사는 다른 재산권에 비해서 더 강한 사회적인 기속을 받는 것은 사실이지만, 그렇다고 해서 다른 공공이익을 언제나 토지재산권보다 우월한 가치로 평가하는 것은 경계해야 한다. 환경보호나 도시계획을 이유로 하는 토지재산권의 제한에서 자주 발생하는 쟁점이다. 특히 종래 건축에 대한 허가이론(Konzessions-theorie)은 건축의 자유는 토지재산권의 내용으로 인정되는 권리가 아니라 국가가 내 주는 건축허가에 의해서 비로서 생기는 권리라고 인식했었다.

그러나 그런 인식은 오늘날 더 이상 통용되지 않는다고 할 것이다. 독일연방헌법재판소도 반복되는 결정을 통해서 토지소유자가 법률의 테두리 안에서 건축할 수 있는 자유는 헌법상 재산권보장의 한 내용이라고 판시하고 있다.663) 토지재산권은 단순히 토지 자체의 존속만을 보장하는 것이 아니라 토지의 가능한 여러 이용권을 함께 보장하는 것이라는 인식은 독일연방행정재판소도 확고하게 유지하고 있다.664) 독일연방대법원도 같은 취지로 합리적이고 경제적인 판단에 비추어 객관적으로 인정할 수 있는 모든 가능한 토지재산권의 행사는 헌법의 보호를 받는다는 입장이다.665)

---

662) BVerfGE 52, 1(30ff.) 참조.
663) BVerfGE 14, 263(277); 24, 367(389); 35, 263(276f.); 58, 300(335f. u. 349); 102, 1(15); 104, 1(11) 참조.
664) BVerwGE 26, 111(117); 47, 126(130ff); 55, 272(274) 등 확립된 입장 참조.
665) BGHZ 60, 126(131) 참조.

⑸ 재산권의 공용수용과 손실보상

a) 공용수용의 개념

재산권의 공용수용(Enteignung)이란 국민의 구체적인 재산권적 지 위를 특정한 공익목적을 위해서 전부 또는 부분적으로 수용(박탈)하는 것을 말한다. 이 점에서 재산권의 사회기속성을 근거로 하는 재산권제 한과 구별한다.666) 헌법(제23조 제1항 제2문)이 정한 재산권의 내용결정으로는 개 념상 재산권을 수용할 수 없다. 왜냐하면 아직 수용대상 재산권이 확 실하게 정해지지 않았기 때문이다. 또 손실보상이 따르는 재산권의 '수 용적인 침해'라는 개념도 성립할 수 없다. 그런 경우 혹시 일반 법률 또는 법관법에 의해서 특별희생적인 조정적인 금전청구권이 생길 수는 있어도 그것은 헌법이 보장하는 손실보상청구권과는 구별해야 한다. 헌법이 유일하게 그 전제와 법적인 효과를 정한 재산권침해는 공용수 용에 의한 손실보상뿐이다. 우리 헌법(제23조제3항)도 '공공필요에 의한 재산 권의 수용·사용 또는 제한 및 그에 대한 보상은 법률로써 하되, 정당 한 보상을 지급하여야 한다'고 규정하고 있다. 그 결과 헌법상 재산권 의 공용수용에 따른 손실보상은 재산권보호를 강화하는 것인데, 재산 권을 '보상 없는 수용'으로부터 보호해 주는 것이다. 그런데 공용수용에 따른 손실보상은 재산권의 '존속보장'(Bestandsgarantie)이 '가치보장' (Wertgarantie)으로 바뀌는 것이어서 '수용에서의 보상보장'을 의미한다.

공용수용의 개념적인 전제로 목적성과 합법성이 필요한가의 논란 이 있다. 그런데 합법성은 공용수용의 개념적인 전제라고 볼 수 있다. 불법적 또는 위법적인 공용수용은 재산권의 침해일 뿐 헌법상 공용수 용은 아니다.

또 공용수용은 적극적인 작위를 요구하는 개념으로서 부작위에 의한 공용수용이란 성립할 수 없다. 또 개념상 사실적인 행위에 의한 공용수용도 배제된다. 그리고 합법적인 공용수용에는 이미 공공필요 또는 공공복리라는 공용수용의 목적이 들어 있으므로 목적성은 공용수 용의 별도의 개념적인 전제요소는 아니라고 할 것이다.

나아가 헌법상 공용수용은 법률, 행정작용, 공법상의 계약 등 법 률에 근거한 공권력작용으로 이루어지므로 입법적 공용수용과 행정적

804
공용수용의
개념요소

입법적
공용수용과
행정적

---

666) BVerfGE 58, 300(320); 83, 201(211); 101, 239(259); 102, 1(15f.) 등 참조.

공용수용

공용수용으로 나눌 수 있는데 이 중에서 입법적 공용수용의 형식은 그에 따르지 않으면 공공복리에 심각한 피해가 예상되는 경우에만 매우 제한적으로 허용된다. 그래서 행정적인 공용수용의 형식이 입법적인 공용수용보다 우선한다고 할 것이다.667) 그 이유는 세 가지다. 우선 행정작용을 대상으로 하는 행정상의 권리구제가 공용수용 법률을 대상으로 하는 헌법소원의 권리구제보다 더 용이하다. 그리고 입법자의 입법권남용·악용을 막는 효과를 기대할 수 있다. 즉 입법자가 공용수용의 한계를 정한다는 미명 아래 재산권의 내용을 재산권제한으로 확정하려하거나 재산권의 사회화에 가까운 탈선적인 형태의 공용수용을 할 기회를 줄이는 이점이 있다. 마침내 개별사정을 고려하는 데 유리하다. 즉 공공복리를 위한 공용수용은 각 개인의 개별적인 사정에 맞도록 해야 한다는 상황적합적인 행정작용의 요청을 더 효과적으로 충족할 수 있다.

b) 공용수용의 목적

805

공용수용의
정당화요건

재산권의 공용수용은 공공복리에 기여하는 정도를 넘어서 공공복리의 실현을 위해서 불가피하게 필요한 경우에만 정당화할 수 있다.668) 따라서 공용수용을 정당화하는 공익목적은 일반적인 공익을 넘어서 구체적인 작위를 통해서 실현해야 할 실제적인 행위를 필요로 해야만 충족한다. 공익을 위한 단순한 일반적인 계획은 공용수용을 정당화하지 못한다. 독일연방헌법재판소는 일반적으로 입법재량을 널리 인정하는 태도와 달리 입법적인 공용수용에서는 공익목적의 엄격한 심사 필요성을 강조하면서 매우 예외적인 경우에만 정당화할 수 있다는 입장을 취한다.669) 국가의 재정목적을 충족하거나 국가의 재산증식을 목적으로 하는 공용수용은 허용할 수 없다. 또 사적인 이익을 충족하기 위한 공용수용은 불가능하고, 공용수용은 재산권의 분배목적으로 이용할 수도 없다. 다만 독일연방헌법재판소는 전력공급과 같은 공법적인 생존배려(Daseinsvorsorge)의 영역에서 사법상의 전기에너지 공급업체에게 제한적으로 사익을 위한 공용수용을 허용한다.670) 즉 지방자치단체가 행정

---

667) 같은 취지의 BVerfGE 24, 367(402); 45, 297(331ff.); 95, 1(22) 등 참조.
668) BVerfGE 38, 175(180); 45, 297(321f.) 참조.
669) BVerfGE 24, 367(LS 7) 참조.
670) BVerfGE 66, 248(257f.) 참조.

목적의 공법적 또는 사법적인 실현형식에 관한 선택권을 가지고 그 실
천과제를 사인에게 위임하는 이른바 '공무수임사인'이 허용된 후에는
행정목적 실현을 위임받은 사인을 위한 공용수용을 허용한다. 이 경우
그 사인이 추구하는 공익목적의 실현이라는 공적인 목표를 그 사인의
사법적인 조직 형태라든지 사적인 이익의 획득도 노린다는 관점보다
더 중요하게 평가한다. 그래서 수용당한 재산권자가 감수해야 하는 희
생은 정당화된다.671) 다만 유념해야 할 일은 예컨대 지역적 경제구조의
개선이나 일자리 창출 및 유지와 같은 공익목적을 위한 공용수용을 허
용하면 공용수용의 목적개념은 매우 희석되고 약화된다는 점이다. 그
래서 공익목적을 지나치게 확대하면 안 된다.

사인을 위한
공용수용

이와 관련해서 공용수용한 대상은 즉시 공익목적으로 활용하지
않으면 공용수용의 정당화사유가 사라지기 때문에 재산권주체에게 환
매권(Rückübereignungsanspruch)이 발생하게 된다. 그래서 환매권이 공
공복리를 빙자한 공용수용의 남용과 악용을 방지하는 효과가 있다. 다
만 공용수용의 대상재산이 아주 단기간만 공익목적에 필요한 경우, 또
는 공용수용에 관한 법적인 분쟁을 해결하는 행정법원이 공용수용의
주체에게 공용수용된 재산을 공익목적에 투입할 때까지 지나치게 긴
시간을 허용하는 경우 등에는 환매권의 인정과 관련해서 법리상 논란
의 여지가 많다. 그런 때에는 언제나 재산권의 존속보장이 강화되는
방향의 해결책을 모색하는 것이 바람직하다.

환매권

c) 공용수용과 불가분조항

공용수용은 언제나 법률의 근거가 있어야 허용되는 법 제도이므로
공용수용과 법률은 상호 불가분의 관계에 있다. 그래서 공용수용에 관
한 우리 헌법(제23조제3항)과 독일기본법(제14조제3항)은 공용수용과 법률의 불가분성
을 명문으로 규정하고 있는데 일반적으로 '불가분조항'(Junktimklausel)
이라고 부른다. 불가분조항은 대개 세 가지 기능을 한다고 볼 수 있다.
우선 수용 당하는 사람에게 수용대상 재산에 상응한 가치를 보장해 준

806
불가분조항

---

671) BVerfGE 66, 248(257): "Die besondere Zielrichtung des Unternehmens
'überlagert' dessen privatrechtliche Struktur sowie den auf die Erzielung von
Gewinn gerichteten Zweck und läßt diese unter dem Blickwinkel des
Enteignungsrechts in den Hintergrund treten. Dies rechtfertigt das Opfer, das
der Enteignete zu erbringen hat" 참조.

다는 보장기능이다. 그리고 수용관서에 대해서는 수용의 결과 생기는 손실보상에 대한 경각심을 갖도록 해 주는 경고기능이다. 마지막으로 수용에 따른 손실보상의 재정적인 책임을 국회가 지도록 국회의 재정권을 보장하는 기능을 한다.

그런데 이러한 불가분조항은 재산권의 한계를 정하는 재산권제한에는 적용하지 않으므로 그 의미와 기능이 많이 약해지는 것을 부인하기 어렵다. 그런 재산권제한의 경우에 적용되는 조정적인 보상에서는 불가분조항의 준수가 불필요하기 때문이다. 나아가 불가분조항이 적용되는 손실보상의 경우에도 불가분조항의 취지에 맞게 손실보상이 이루어지는 경우가 실제에는 많지 않다. 따라서 불가분조항의 의미와 기능을 지나치게 맹신하는 것보다는 그 의미와 기능이 훼손되지 않게 적용하도록 노력하는 일이 중요하다.

d) 손실보상액의 결정

807

정당한
보상의 의미

재산권의 존속보장이 가치보장으로 바뀌는 공용수용의 본질상 손실보상액의 결정은 가장 민감하고 중요한 문제이다. 우리 헌법(제23조 제3항)이 정하는 '정당한 보상'이나 독일기본법(제14조 제3항)이 정하는 '정당한 이익형량'(gerechte Abwägung)의 의미는 가치보장의 관점에서 수용대상의 가치에 상응한 보상액을 정하라는 명령으로 이해해야 한다. 공용수용이 본질상 강제수용이라고 해서 보상액도 시장의 가격형성과 별도의 강제가격으로 보상하는 것은 처음부터 허용되지 않는다. 시장의 가격형성에 기준을 맞추되 다만 긴요한 사회정책적인 목표달성을 위해서 불가피한 경우에만 시장가격 형성과 달리 정할 수 있지만 그렇다고 해도 지나치게 낮은 가격을 정하는 것은 재산권보장의 헌법규정에 반한다는 것이 독일연방헌법재판소의 입장이다.[672] 그런 경우에도 처분적인 법률을 금지하는 법치국가적인 요청 때문에 일반적인 규율이 아니라 특정한 개별사건에만 적용하기 위한 손실보상규정은 위헌을 면치 못한다.

우리 헌법재판소는 헌법의 '정당보상' 원칙을 존중해서 초기의 판례부터 정당보상은 객관적인 재산가치를 완전하게 보상하는 완전보상을 의미한다는 취지를 분명하게 밝혔다.[673] 그런데 객관적인 재산가치

---

672) BVerfGE 87, 114(146, 149) 참조.
673) 헌재결 1989. 12. 22. 88 헌가 13 이래 일관된 입장이다.

를 판단하는데 혼선이 있는 점이 아쉽다. 즉 보상관청은 공시가격을 객
관적인 재산가치로 평가하여 보상하는 것을 일반화하고 있다. 그러나
아직은 공시가격과 시장가격(Marktpreis) 내지 거래가격(Verkehrspreis)
사이에는 차이가 있는 실정이므로 적어도 공시가격＝시장가격의 상태
가 실현할 때까지는 공시가격이 아닌 시장가격에 따른 보상이 이루어
져야 완전보상이라고 말할 수 있을 것이다. 그런데 우리 헌법재판소
는674) 토지를 수용할 때 개발이익을 보상액의 범위에 포함하지 않는 것
은 허용되는 일이라고 판시했다. 개발이익은 일종의 기회이익이어서
객관적인 시장가격이라고 평가하기 어렵다는 뜻으로 이해하지만 재고
의 여지는 있다고 할 것이다.675)

독일에서는 손실보상액을 정할 때 우리와 달리 처음부터 '정당한
이익형량'에 따르기 때문에 우리처럼 완전보상을 해야 하는 것은 아니
다. 독일기본법은 처음부터 이익형량을 통해 보상액의 상·하한선을
정할 수 있게 허용하고 있다. 그래서 독일에서는 결국 시장가격을 기
준으로 적절한 보상액을 정할 수 있다. 독일 바이마르 공화국 헌법
($^{제153조}_{제2항}$)에서는 적절한 보상(angemessene Entschädigung)을 하되 입법자
가 그와 다르게 정할 수도 있게 했었다.

그래서 독일연방헌법재판소는 1968년 '방파제판결'(Deichurteil)676)
에서 입법자는 구체적 상황의 특수성과 시기적인 상황도 고려해서 보
상액을 결정할 수 있다고 보상한도의 유동성을 인정하는 판시를 했다.
그 후 이 판결에 대해서는 많은 비판이 있었다.677) 즉 이 판결은 연방
헌법재판소가 입법자에게 보상액 결정의 주체가 되라고 촉구한 것에
불과한데 독일기본법이 정하는 '정당한 이익형량'이라는 공허한 규정
형식에서 오는 불가피한 결과이긴 하지만, 재산권보장의 헌법정신과는
거리가 먼 판결이라는 지적이 주류를 이룬다. 이 판결은 결과적으로
재산권보장의 객관적인 가치관련성을 공용수용에서는 폐지하고 보상액
결정의 기준인 '이익형량'을 단순히 하나의 이해관계의 비교로 변질시

674) 헌재결 2005. 4. 28. 2002 헌가 25 참조.
675) 다음 방주 808 Leisner견해 참조.
676) BVerfGE 24, 367(LS 11 u. 421) 참조.
677) 대표적으로 *Walter Leisner*, Das Eigentum Privater — Grundpfeiler der sozialen
Marktwirtschaft, in: *ders*. Eigentum, 1996, S. 712ff.; *Ders*. Eigentum, in: HStR
VIII, 3.Aufl. 2010, § 173, Rn. 229 참조.

키고 있다는 것이다. 그 결과 재정상태가 만성적으로 취약한 국가가
부유한 국민에게는 전혀 보상하지 않아도 된다는 엉뚱한 결과가 초래
될 수도 있다고 한다. '이익형량'을 피수용자의 절실한 '이해관계'의 비
교로 이해한다고 해도 공익과 사익은 매우 불균형하게 반영되는 결과
를 초래할 수밖에 없다고 한다. 예컨대 국방의 요청에 의한 비행장건
설의 필요성과 대단위 영농단지의 조성에 의한 농업생산성제고를 위한
공용수용에서 추구하는 공익목적은 이익형량에서 언제나 사익보다 우
세할 수밖에 없다는 것이다. 결과적으로 '정당한 이익형량'은 그 적용
과정에서 자칫 법치국가의 원칙에 반하는 불평등한 자의의 결과를 초
래할 위험성이 크다고 지적한다. 그렇기 때문에 '정당한 이익형량'이라
는 보상액 결정의 기준은 실무에서 공정한 실현이 불가능한 공허한 기
준에 지나지 않게 된다고 비판한다.

생각건대 독일에서도 보상액의 결정은 결국 피수용재산의 객관적
인 가치인 시장가격을 기준으로 할 수밖에 없다고 할 것이다. 시장가
격은 거래대상 재산에 대해서 매수인과 매도인이 합리적으로 형량해서
정한 가격이므로 공용수용에 의한 강제매수에서도 시장가격을 기준으
로 하는 것이 헌법의 취지에 부합한다고 할 것이다. 다만 시장가격의
결정에서는 시장에 영향을 미치거나 시장조정적인 입법적인 결정은 함
께 반영하는 것이 옳다고 할 것이다. 또 독일연방대법원은 공용수용이
없어도 피수용자가 감수할 수밖에 없었던 가치감소 내지 상실은 보상
액에서 감액하는 것이 가능하다는 입장이지만,[678] 그에 반대하는 학자
도 있다. 그런 요소는 이미 시장가격형성에 반영되었거나, 아직 그런
조건이 존재하지 않아 시장가격에 반영되지 않았을 때는 그런 감액을
하는 것은 평등권을 침해할 뿐 아니라 독일기본법($\binom{제19조\ 제1}{항\ 제1문}$)이 정하는
처분적 법률의 금지에도 어긋날 가능성이 있다는 것이다.[679]

808
개발이익의
문제

나아가 Leisner는 국가의 도시계획 확정 등 공권력 작용으로 유발
된 가격상승분도 보상액에서 감액하지 말아야 한다고 한다. 그러한 가
격상승분은 시장의 가격형성기능에 의해서 재산권자에게 귀속하는 가
치지 국가가 차지할 가치는 아니라는 것이다. 공용수용에 의한 수용대

---

678) BGHZ 78, 41(51f.); 92, 34(50) 참조.
679) Walter Leisner, Eigentum, in: HStR Ⅷ, aaO. Rn. 233 참조.

상 재산의 공적 이용가능성이 대상물의 시장가격을 상승시키는 것은
수요증가가 가격상승으로 이어지는 시장질서의 결과인데 그렇다고 해
서 피수용자는 더 큰 가격상승을 이유로 공용수용을 강력하게 반대할
수 없다는 정황이 이미 공익을 충분하게 고려한 것이라는 것이다. 그
런 상승가치를 국가가 차지한다면 허가이론을 내세워 토지소유자의 건
축의 자유를 부인하는 것과 같다는 것이다. 결과적으로 입법자는 공용
수용의 시점에 수용재산을 취득하고자 하는 제 3 자가 지불하려는 가격
과 비교해서 보상액을 정해야 한다고 주장한다.680)

결론적으로 독일에서도 보상액의 결정에 관해서 개별사건에 적용
할 개별적인 기준의 제시는 있었어도 학계에서도 이론없이 수용할 수
있는 설득력 있는 독일연방헌법재판소의 기본적인 결정은 아직 나오지
않고 있다고 말할 수 있다.

손실보상액의 산정은 원칙적으로 보상시기를 기준으로 하되,681)
보상액의 지급이 늦어지면 지급시기 또는 판결시기가 그 기준이 되어
야 할 것이다.

(6) 재산권보장과 상속권

a) 상속권의 본질과 내용

재산권은 상속권을 당연히 포함한다. 우리 헌법(제23조)에는 따로 상
속권의 언급이 없지만, 독일기본법(제14조 제1항 제1문)은 재산권과 상속권을 함께
보장한다. 그러나 우리 헌법재판소는 상속권을 재산권의 당연한 내용
으로 인정한다.682) 독일연방헌법재판소도 상속권은 재산권의 불가피한
전제조건인 동시에 재산권의 보완적인 의미를 갖는다고 설명한다.683)
상속권을 부인하는 것은 재산권주체의 죽음에 즈음한 재산처분권을 배
척하는 것이고 재산권자의 헌법상 권리를 생존한 동안만 보장하는 불
합리한 결과를 초래한다.

그런데 상속권을 재산권의 당연한 내용으로 이해하지 않고, 상속
권을 재산권에서 분리해서 하나의 독자적인 기본권으로 보려는 시각에
서는 상속권을 재산권보장을 위한 쌍둥이 권리로 인식하면서 상속권은

809

상속권과
재산권의
불가분성

---

680) Leisner, aaO. Rn. 234 u. 235 참조.
681) 동지 BGHZ 12, 374 참조.
682) 헌재결 1998. 12. 24. 96 헌바 73 참조.
683) BVerfGE 91, 346(358) 참조.

죽음에서의 재산처분권을 보장하는 것이라고 한다. 그래서 독일기본법
은 재산권과 상속권을 별도로 언급하고 있다고 한다. 이러한 입장은
또 재산권을 대상으로 하는 재산세와 상속권에서의 상속세의 부과를
다른 기준으로 평가할 수밖에 없다는 점을 내세운다. 독일연방헌법재
판소가 재산세의 위헌성을 확인하면서도 상속세의 부과를 합헌으로 보
는 이유도 그 때문이라고 설명한다. 나아가 재산권에는 처분권의 일종
으로 증여권이 당연히 들어 있지만, 상속권에는 증여권이 포함되지 않
는 것만 보아도 상속권의 독자적인 성질을 인정해야 한다고 한다. 적
어도 재산세와 상속세의 법적인 평가를 달리하는 독일에서는 논의의
가치가 있는 주장인데, 이러한 인식을 바탕으로 해서 상속권의 제한을
강화하려는 경향이 있다. 그 결과 재산권과 달리 상속권은 인권으로
인정하지 않아서 상속세부과의 재량권이 매우 넓어지게 된다.

아무리 그렇다고 하더라도 상속권과 재산권은 불가분한 연관성을
가지므로 상속권은 헌법상의 권리이지 법률상의 권리로 취급해서는 아
니 된다. 법률로 상속권을 제한하는데도 일정한 한계가 있을 수밖에
없는 이유도 그 때문이다. 상속권도 다른 기본권과 마찬가지로 입법형
성으로 그 보호영역이 확정되는데 그 중에서도 '상속이 가능한 재산'
(vererbungsfähige Güter)의 내용을 형성할 때는 엄격한 제약을 받는다고
할 것이다. 재산권의 내용을 정하는 입법형성의 경우처럼 자칫하면 '법
률에 의한 상속'의 위헌적인 결과를 초래할 수 있기 때문이다. 원칙적으
로 재산권과 상속권의 불가분한 관계 때문에 헌법적인 보호를 받는 모
든 재산권은 상속이 가능한 권리로 인정해야 한다. 다만 특별히 피상속
인의 개인적인 법적인 지위의 보장을 위한 사회법적인 청구권에 대해서
는 예외를 인정할 수 있다고 할 것이다. 이 때도 불가분한 개인전속적인
권리의 범위를 지나치게 넓혀서 인정하는 것은 경계할 필요가 있다고
할 것이다. 또 상속권에 관한 입법형성에서 상속으로 인한 권리이전의
과정을 정할 때도 재산권보호의 관점에서 출발해야지 단순히 사망으로
인한 재산권 양도의 차원에서 규율하는 것은 옳지 않다고 할 것이다.

810
상속권과
제도적 보장

상속권도 재산권과 마찬가지로 개인의 권리인 동시에 제도적 보
장으로서의 성질도 가진다. 개인의 권리로서의 상속권은 일종의 배타
적인 권리이고 제 3 자적인 효력도 갖기 때문에, 상속권의 주체와 상속

상의 순위 및 상속지분 등에 관한 사법규정은 헌법이 보장하는 상속권에 의한 파급효과의 영향을 받는다. 독일연방헌법재판소는 독일기본법($\begin{smallmatrix}제6조 제1\\항과 제5항\end{smallmatrix}$)을 근거로 사생아[684]와 동성간 생활동반자(Lebenspartner-schaft)[685]의 상속권을 인정하고 있다.[686]

제도적 보장으로서의 상속권은 그 내용과 법적인 효과가 개인적 권리로서의 상속권과는 분명히 구별된다. 제도적 보장으로서의 상속권에는 상속의 자유에 대해서 전통적으로 인정되던 내용에 대한 암시가 들어 있고 그 내용은 개인의 상속권을 체계적으로 이해하는 데 기여하게 된다. 유언상속과 별개로 인정되던 법정상속의 오랜 전통이 그 한 예이다. 그렇다고 해서 상속권이 법률에 따른 상속권으로 전환하는 것은 결코 아니다. 전통적으로 인정되던 상속의 자유의 내용이 상속권의 내용을 정하는 데 기여한다고 해서 상속권을 법률상의 권리로 이해할 수는 없기 때문이다.

b) 유언의 자유

상속권은 재산권의 주체가 죽은 후에도 재산권을 임의로 처분할 수 있는 재산권의 불가분한 권리이므로 일종의 사적 자치의 표현이라고 할 수 있다. 그래서 상속권에는 상속재산의 처리를 결정하는 유언의 자유(Testierfreiheit)가 당연히 포함되는데 유언의 자유는 상속권의 핵심적인 내용이라고 할 수 있다. 유언의 자유에 상응해서 상속인의 상속 승인 또는 거절의 자유도 보장된다. 유언의 자유에서는 유언자 즉 피상속인의 의지가 중요하기 때문에 유언내용에 대한 이유를 밝힐 의무는 없다. 민법($\begin{smallmatrix}제103\\조\end{smallmatrix}$)상의 반사회질서적인 내용에 해당하지 않는 한 헌법상의 평등원칙에 기속되지 않기 때문에 헌법이 정하는 기본권 중에서도 가장 사회기속 내지 공공복리기속의 영향을 적게 받는 기본권이다. 유언의 자유는 상속에 관한 입법형성권의 한계를 정해준다고 말할 수 있는데, 유언자(피상속인)가 표명한 유언의 실효성을 훼손하거나 유언의 기회를 박탈하는 입법은 허용할 수 없기 때문이다. 독일연방헌법재판소가 판단능력이 있는 문맹농아자의 유언가능성을 차단하는 유

811

유언의
자유의 내용

---

684) BVerfGE 74, 33(42) 참조.

685) BVerfGE 105, 313(355f.) 참조.

686) 그 밖에도 상속권 관련 사법규정에 대한 위헌심사를 한 다음판례를 참조할 것.
BVerfGE 78, 132(150); 93, 165(175f.).

언의 형식에 관한 독일민법과 공증법 규정을 위헌 판결한 것도 그 때문이다.[687]

가족상속권   이 문제와 관련해서 피상속인과의 혈연관계를 기준으로 배우자, 혈족, 인척 등을 구분하고 그에 따른 상속순위($\binom{민법}{제1000조}$)와 법정상속분($\binom{민법}{제1009조}$)을 정하는 것은 오랜 전통에 기초한 입법형성으로서 문제가 없다고 할 것이다.[688] 독일연방헌법재판소는 독일민법에서 정한 이른바 친족의 상속권에 관해서 오래 미해결과제로 두었다가[689] 결국은 그러한 전통적인 가족상속권이 있음을 인정하면서 합헌성을 확인했다.[690] 즉 독일연방헌법재판소는 가족상속권을 상속권보장의 기초적인 내용으로 인정하면서 독일기본법이 '혼인과 가족은 국법질서의 특별한 보호를 받는다'고 정한 가족에 관한 헌법규정($\binom{제6조}{제1항}$)을 그 근거로 제시했다.[691] 그러나 가족상속권은 유언의 자유에 뒤지는 보호대상으로서 입법자는 가족상속권의 내용인 상속지분에 관한 권리를 법률로 정할 의무가 있는가에 대해서는 논란이 있다. 독일연방헌법재판소는 이 문제에 대해서 분명한 입장을 밝히지 않고 있다.[692] 이와 관련해서 법정상속에 의한 상속지분을 상속 후에 환수할 수 있는가의 문제도 쟁점의 하나이다. 혼인과 가족생활을 보호한다는 독일기본법규정과 유언의 자유를 폭넓게 인정해야 하는 상속권의 기본취지에 비추어 상속지분의 환수는 가족간의 유대가 심하게 훼손된 경우에 한해서 예외적으로 인정할 수 있다고 할 것이다.

유증   상속권의 한 내용으로 법정상속인이 아닌 수증자가 유언자의 법적인 권리를 계승하는 것도 인정한다. 포괄적 수증자는 상속인과 같이 유언자의 일신에 전속한 권리와 의무를 승계한다. 인간의 존엄성을 보장하는 헌법정신에 비추어 유언자의 인격은 그의 사망 후에도 효력을 미치므로 유증(Vermächtnis)의 의사표시는 소멸하지 않는다. 유증은 법

---

687) BVerfGE 99, 341(350ff.) 참조.

688) 우리 헌법재판소는 유족들의 생존권보호 및 상속재산형성에 대한 기여보장과 법적 안정성이라는 공익목적을 추구하는 유류분제도에서 피상속인이 생전에 증여한 재산의 가액을 가산하여 유류분을 산정하도록 하는 것은 재산권의 침해가 아니라고 판시했다. 헌재결 2013. 12. 26. 2012 헌바 467 참조.

689) BVerfGE 67, 329(341) 참조.

690) BVerfGE 91, 346(359) 참조.

691) BVerfGE 93, 165(173f.) 참조.

692) BVerfGE 67, 329(341); 91, 346(359); 105, 313(355f.) 참조.

률생활에서 선의의 신뢰자를 보호하고 상속절차를 용이하게 하기 위한
일종의 질서법적인 성격을 갖는다고 할 것이다.

c) 상속권과 공공복리기속

재산권과 마찬가지로 상속권도 그 내용과 한계를 정하는 일을 구
별해야 한다. 즉 상속권의 내용에 그 한계를 포함시켜서도 안되지만
상속권의 내용에서 한계를 이끌어내서도 아니 된다. 상속권도 당연히
공공복리에 의한 사회적인 기속을 받지만, 상속권의 내용을 정하는 입
법자는 상속재산권의 핵심가치를 훼손하는 법률을 제정하면 아니 된
다. 따라서 상속권에는 상속재산의 이용권과 처분권을 당연히 함께 포
함하도록 정해야 한다.

812
상속권의
한계

d) 상속권과 상속세의 부과

상속권이 공공복리에 의한 기속을 강하게 받는다는 가장 상징적
인 표징이 상속세의 부과로 나타난다. 특히 정의국가의 실현과 공평한
사회질서의 확립을 위한 소득분배를 강조하는 입장에서는 사회윤리적
으로 재산의 편중현상과 부의 대물림을 촉진하는 재산상속에 대해서
강한 거부감을 갖는다. 그래서 사회정책적으로 과격한 누진적인 상속세
부과를 주장한다. 독일에서도 재산세의 폐지 이후 이러한 경향은 더욱
커졌다고 할 수 있다. 근래에 불거진 이른바 '부자세'(Reichensteuer)의
도입논의가 그러한 경향을 말해준다. 상속세의 본질을 지연되거나 뒤
로 미룬 재산세의 기능을 갖는 조세로 인식하는 경향도 있다.

813
상속세
부과와
그 한계

상속세 부과는 헌법상 정당하지만 그 한계가 문제이다. 조세부과
에 관한 독일연방헌법재판소의 일관된 입장은 납세자의 재산관계를 지
나치게 침해하지 않아야 한다는 것이다.[693] 상속세 부과도 같은 관점에
서 상속인의 상속으로 인한 증가재산을 지나치게 침해하지 않는 선에
서 이루어져야 한다고 한다.[694] 결국은 상속세 부담의 양적인 한계가
문제되는데, 상속인이 과세대상 상속재산을 경제적으로 의미 있게 사
용할 수 있는 가능성을 훼손하지 않는 범위 내에서 상속세를 부과해야
한다는 것이다. 그 결과 상속인이 구체적인 상속세 부과 대상 재산을
처분하여야만 상속세를 납부할 수 있는 정도의 많은 상속세 부과는 허

---

693) BVerfGE 14, 221(241) 이래 일관된 입장이다.
694) BVerfGE 63, 312(327) 참조.

용할 수 없다고 할 것이다. 그래서 상속세 부과의 적정한 기준을 정하는 일이 필요하게 되는데 역시 재산세 부과에서와 같이 '50%의 기준'을 고려할 수 있다고 할 것이다. 이런 한계가 없는 지나친 상속세 부과는 재산권과 상속권을 훼손하는 결과를 초래할 수 있기 때문이다.

그런데 상속세 부과에서는 독일연방헌법재판소의 판시대로 피상속자와의 혈연관계에 따라 다른 기준을 적용하는 것도 가능하다고 할 것이다.[695] 우선 직계존·비속과 배우자 등 가족에 대한 상속세 부과에서는 혼인과 가족생활을 보호하는 헌법정신의 취지에 맞게 상속받은 재산의 큰 부분이 납세 이후에도 상속인에게 남아 있도록 상속세를 부과해야 한다.[696] 그에 반해서 형제자매와 방계혈족은 혼인·가족생활보호의 대상은 아니어서 상속세 부과의 기준을 강화할 수는 있겠지만, 그렇다고 해서 상속재산을 거의 대부분 몰수하는 정도의 과세는 허용되지 않는다. 혈연관계가 없는 수증자에 대한 상속세 부과에서는 특히 유증자의 유언의 자유의 관점에서 부과기준을 정해야 할 것이다.

독일연방헌법재판소는 2006년 상속대상 재산권의 다양성을 무시하고 기업재산권, 부동산재산권, 주식재산권, 농업 및 산림재산권 등에 동일한 과세기준(세율)을 적용하는 상속 및 증여세법(ErbStG)규정과, 상속세 부과에서 상속재산의 유형과 상속인의 개별적인 특성을 무시하고 상속재산을 유통가치와 지나치게 동 떨어진 비현실적인 가치로 평가해서 과세하는 것은 평등권 침해라고 위헌결정했다.[697]

그런데 독일 학계에서는 현행 상속 및 증여세법에 대해서도 몇 가지 점에서 위헌성을 지적하는 목소리가 있다. 즉 직계가족이 직접 사용하는 상속부동산에 대한 면세조건으로 10년간 의무보유기간을 두는 것은 상속인의 처분권을 지나치게 제한하는 것으로서 재산권 보장정신에 어긋나고 국가재정목적 이외의 합리적인 논증이 어렵다고 비판한다. 나아가 피상속인의 부모에게는 상속세 납부의무를 부과하면서 배우자와 직계비속에 대해서만 상속세 면세혜택을 주는 것은 독일기본법(제6조 제1항)이 정하는 혼인·가족보호규정의 취지에 반한다고 지적한다.[698]

---

695) BVerfGE 63, 165(175) 참조.
696) BVerfGE 93, 165(175) 참조.
697) BVerfGE 117, 1(68) 참조.
698) 대표적으로 *W. Leisner*, aaO. § 174, Rn. 37 u. 38 참조.

제10장 통치구조의 본질과 기능

통치구조는 기본권에 의해서 징표되는 공감대적 가치를 실현함으 814
로써 사회공동체의 동화적 통합을 달성하기 위해서 마련된 통치기능의 통치구조는
조직적·기능적 메커니즘이다. 따라서 통치구조는 결코 기본권적인 가 기본권실현
치와 유리될 수 없고, 언제나 기본권실현의 수단적인 의미와 기능을 수단
갖는다.

그러나, 통치구조의 본질과 기능에 관한 이와 같은 이해는 모든
헌법관에 의해서 다같이 이론 없이 받아들여지는 것은 아니기 때문에
통치구조를 보는 각 헌법관의 입장을 먼저 살펴볼 필요가 있다. 그런
다음에 저자의 관점에서 자유민주적 통치구조의 근본이념과 기본원리
를 찾아보기로 한다.

제 1 절 통치구조와 헌법관

헌법의 본질,[1] 국가의 본질과 기능,[2] 그리고 기본권의 본질과 기
능[3]에 대한 이해가 헌법관에 따라 다른 것처럼 통치구조의 본질과 기
능을 보는 시각에도 현저한 차이가 있다. 법실증주의·결단주의·통합
과정론이 각각 그들의 입장에서 통치구조를 어떻게 이해하고 있는가를
살펴보기로 한다.

1. 법실증주의(Rechtspositivismus)적 헌법관에서 본 통치구조

(1) 법실증주의와 통치구조

한스 켈즌(Hans Kelsen)에 의해서 대표되는 순수법학이론(Reine 815
Rechtslehre) 내지 법실증주의헌법관에 따르면 '법'과 '국가'는 동일하 국가·법
동일설

---

1) 이 점에 관해서 자세한 것은 앞의 방주 5 이하 참조.
2) 이 점에 관해서 자세한 것은 제 5 장 참조.
3) 이 점에 관해서 자세한 것은 제 9 장 제 1 절 참조.

기4) 때문에 국가는 즉 '법질서'를 뜻하고,5) 국가로서의 '법질서'는 인간의 행동양식에 관한 '강제질서'6)인데, 이 '강제질서'를 실현하는 것이 곧 국가목적(=법목적)을 실현하는 것이 된다.7) '국가목적'이 '법목적'이요, '법목적'이 '국가목적'인 켈즌적 관점에서 모든 '국가작용'은 법질서를 실현하기 위한 '법작용'에 지나지 않는다.8) Kelsen의 사상적 세계에서 모든 국가가 마땅히 '법치국가'(Rechtsstaat)일 수밖에 없는 이유도 그 때문이다.9) 따라서 현대적 법치국가의 관점에서 국가작용의 정당성(Legitimität)을 따지는 것은 전혀 무의미한 일이 되고 만다.10)

국가를 이처럼 법질서와 동일시함으로써 법질서의 실현에 의해서 비로소 국가목적이 달성된다고 믿는 경우에는 Kelsen의 말대로11) 국가는 일종의 '자기목적적인 강제질서'인 동시에 '힘의 조직'12)에 지나지 않게 된다. Kelsen의 생각처럼 '국가의 주권'은 국민이 아닌 국가 스스로인 법질서 속에 있게 되는 이유도 그 때문이다.13) 국민을 떠나서 국가권력이 스스로 정당화될 수 있다는 논리이다. Kelsen이 '국가의 힘'

국가주권은 법주권

4) So *H. Kelsen*, Allgemeine Staatslehre, Nachdruck der 1. Aufl.(1925), Berlin 1966, z.B. S. 16f., 42, 76, 250; *derselbe*, Hauptprobleme der Staatsrechtslehre, Tübingen 1923, S. XV m. w. Nachw.; *derselbe*, Reine Rechtslehre, 1934, z.B S. 117ff.

5) So *H. Kelsen*, Allgemeine Staatslehre(FN 4), z.B. S. 16f.; *derselbe*, Reine Rechtslehre(FN 4), S. 117.

6) So *H. Kelsen*, Reine Rechtslehre(FN 4), S. 127; *derselbe*, Die Lehre von den drei Gewalten oder Funktionen des Staates, in: Kant－Festschrift(1924), S. 214ff. (214).

7) So *H. Kelsen*, Allgemeine Staatslehre(FN 4), S. 39ff.

8) So *H. Kelsen*, Allgemeine Staatslehre(FN 4), z.B. S. 44: "Alle Staatsakte sind Rechtsakte, weil und sofern sie eine als Rechtsordnung zu qualifizierende Ordnung realisieren."

9) So *H. Kelsen*(FN 8), S. 44; *derselbe*, Reine Rechtslehre(FN 4), S. 126.

10) So *H. Kelsen*, Reine Rechtslehre(FN 4), S. 126: "Und dann enthüllt sich der Versuch, den Staat als Rechtsstaat zu legitimieren, darum als völlig untauglich, weil jeder Staat ein Rechtsstaat sein muß."

11) So *H. Kelsen*(FN 8), S. 39f. Kelsen의 말을 그대로 빌리면 국가는 자기목적(Der Staat als Selbstzweck)이다.

12) So *H. Kelsen*(FN 8), z.B. S. 43.

13) So *H. Kelsen*(FN 8), S. 102ff. (109): "Souveränität des Staates bedeutet, daß die staatliche Rechtsordnung höchste, sohin alle anderen Ordnungen als delegierte Teilordnungen umfassende, diese daher in ihrem Geltungsbereich bestimmende, selbst aber von keiner höheren Ordnung bestimmte, einige und... einzige Ordnung ist."

을 강조하고, 국가를 '힘'으로 이해하는 것도[14] 결국은 국가를 국민과 유리된 '법질서' 내지는 '규범체계'[15]라고 생각한 나머지 국가현상을 국민과는 무관한 '법현상'으로만 보기 때문이다.

'국가의 주권'을 법질서 속에서 찾고, 국민과 영토를 법규범의 단 순한 인적·공간적 효력범위 정도로밖에 평가하지 않는[16] Kelsen의 안 목에서 볼 때에는 심지어 옐리네크(Georg Jellinek)적인 국가의 3요소 론[17] 조차도 발붙일 곳이 없게 된다는 점을 주목할 필요가 있다. 국가 는 바로 법질서이기 때문에 규범질서만이 국가를 구성하는 유일무이한 요소에 속하고, 법질서의 실현이 그 본질상 '힘'과 '강제력'에 의존할 수밖에 없다면, 국가란 결국 다름 아닌 '규범'과 '힘'을 그 본질적인 요 소로 하는 자기목적적 존재형식에 지나지 않게 된다. _{국가는 자기 목적적 존재형식}

법실증주의의 사상적 세계에서 '힘의 국가론', '국가목적적 국가 관'이 고개를 드는 이유도 그 때문이다. Kelsen처럼 '규범' 속에서 '힘' 을 찾든, Jellinek처럼 '사실'(Faktum) 속에서 '힘'을 찾든,[18] 국가는 결 국 '힘'에 의해서 정당화되는 자기목적적 존재형식이 되고 만다. Jellinek가 국가의 통치질서에 관한 헌법문제를 '법의 문제'가 아닌 '힘 의 문제'로 이해하는 것도[19] 그의 '힘의 국가론'과 맥락을 같이한다고 볼 수 있다. 힘의 국가론

국가의 법목적성을 강조하고 국가와 법의 동일성(Identität von Recht und Staat)[20]에 입각해서 국가의 법목적실현이 바로 국가목적실현 으로 이해되는 경우에 국가의 통치기능은 다름 아닌 법의 실현기능으로 집약된다. 이 경우 법의 실현기능이란 Kelsen의 말을 빌리면 '규범의 _{통치기능은 법정립기능}

14) So *H. Kelsen*, Reine Rechtslehre(FN 4), S. 125; *derselbe*, Allgemeine Staats-
    lehre(FN 4), S. 17f.

15) So *H. Kelsen*, Die Lehre von den drei Gewalten oder Funktionen des Staates,
    in: Kant-Festschrift(1924), S. 214ff.(214).

16) Dazu vgl. *H. Kelsen*, Allgemeine Staatslehre(FN 4), z.B. S. 102ff., 137ff., 149ff.

17) Dazu vgl. *G. Jellinek*, Allgemeine Staatslehre, 3. Aufl.(1928), ND 1976, S.
    394ff.

18) Dazu vgl. *G. Jellinek*(FN 17), S. 337ff.

19) So *G. Jellinek*, Verfassungsänderung und Verfassungswandlung, 1906, S. 72:
    "Verfassungsfragen sind ursprünglich nicht Rechtsfragen sondern Machtfragen."

20) So *H. Kelsen*, Reine Rechtslehre(FN 4), S. 117; *derselbe*, Allgemeine Staats-
    lehre(FN 4), S. 16f.

단계적 정립기능'(stufenweise fortschreitender Prozess der Normsetzung)[21]
인 동시에 또한 '규범의 단계적 실현기능'(stufenweise fortschreitende
Realisierung von Normen)을 뜻한다. Kelsen이 강조하는 '규범의 계층구
조론'(Lehre der Normenhierarchie)[22]에서 볼 때 국가의 규범정립기능도
헌법을 정점으로 법률정립기능·명령정립기능·규칙정립기능·처분기
능 등으로 단계화되고, 그에 따라서 국가목적을 뜻하는 규범의 실현도
단계적으로 이루어진다는 논리이다.

816
삼권분립과
법정립관계

　　아무튼 Kelsen은 국가의 통치기능을 '법정립기능'(Rechtserzeu-
gungsfunktion)으로 이해한[23] 나머지 전통적인 삼권분립과 그에 따른
국가의 입법, 행정, 사법기능을 단순한 규범정립의 단계(Normerzeu-
gungsstufen)로서 설명하려고 한다.[24] 즉, 그에 따르면 '입법'과 '집행'
은 따지고 보면 같은 법정립기능에 속하지만, 법단계론의 관점에서 입
법은 상위법을, 집행은 하위법을 정립한다는 차이가 있기 때문에, 하위
법을 정립하는 집행기관은 입법기관에 의해서 정립된 상위법의 정신에
따라 그것을 구체적으로 실현하는 내용의 하위법을 정립해야 할 책임
이 있다고 한다.[25] 또 Kelsen의 설명에 따르면 입법기능과 집행기능이
서로 다른 기관에 맡겨져야 하는 것은 집행작용의 법적 안정성과 '예
측가능성'의 요청 때문에 바람직하지만, 그렇다고 해서 두 기관 사이에
완전한 독립성이 유지될 수는 없다고 한다.[26] 입법기능과 집행기능을
한 손에 쥐고 마음대로 통치하던 절대군주제에 대한 항의적 이데올로
기로서는 몰라도 현대의 민주공화국가에서는 입법기능과 집행기능이
상호완전독립한 국가기관에 의해서 행사될 수는 없기 때문에,[27] 몽테
스키외(Montesquieu)적인 권력분립이론은 현실적으로 '기관의 독립성'
의 요청이라고 하기보다는 '기능의 분리'를 주장하는 이론으로 받아들

---

21) So *H. Kelsen*(FN 4), S. 238.
22) Vgl. dazu *H. Kelsen*, Reine Rechtslehre(FN 4), S. 73ff.
23) So *H. Kelsen*(FN 15), S. 238: "Darum ist Staatsfunktion Rechtserzeugungsfunktion."
24) So *H. Kelsen*, Reine Rechtslehre(FN 4), S. 125.
25) Vgl. *H. Kelsen*, Allgemeine Staatslehre(FN 4), S. 229ff.(257f.)
26) Vgl. dazu *H. Kelsen*(FN 25), S. 258.
27) H. Kelsen은 현대의 민주사회에서 대통령이 법률제정에 관여하고, 반면에 내각이
　　그의 집행작용에 관해 의회에 책임을 지는 것을 들어 입법기관과 집행기관이 완전독
　　립성을 유지할 수는 없게 되었다고 주장한다. Vgl. dazu(FN 25), S. 258.

여야 한다고 한다.[28] 그뿐 아니라 Kelsen의 시각에서는 집행기관을 다시 행정(Verwalltung)과 사법(Justiz)작용으로 구별하려는 전통적인 시도는 충분한 근거가 없을 뿐 아니라, 오늘날처럼 행정사법작용이 증가하고 있는 상황 속에서는 그 합리적인 구별의 기준을 찾기도 어렵다고 한다.[29]

결국 Kelsen의 관점에서 국가기능은 궁극적으로 단계를 달리하는 법정립기능이라고 요약할 수가 있고, 모든 국가기관도 따지고 보면 상이한 단계의 '법정립기관'에 지나지 않게 된다.[30] 따라서 국가의 통치기능이란 말하자면 여러 단계의 법정립기관에 의해 효력상 우열의 차이가 있는(규범의 단계구조에 맞는) 법을 정립해서 법목적(=국가목적)을 실현하는 법의 강제기능이라고 말할 수 있다.

이 경우에 법정립이 어떠한 절차와 방법에 따라서 행해지느냐에 따라 Kelsen은 국가형태(Staatsform)를 구별할 수 있다고 한다.[31] 즉 국가형태의 문제를 '법정립방법'의 문제로 설명하려는 것이다. 전통적으로 '국가권력의 주체가 누구냐' 또는 '국가의 의사결정이 어떠한 형태로 이루어지느냐'에 따라 국가형태를 군주국(Monarchie), 귀족국(Aristokratie), 민주국(Demokratie) 등으로 구별해 왔지만,[32] Kelsen의 견해에 의하면 '국가의사'란 결국 '통일된 법체계'에 의해서 나타나고 국가가 지향하는 것은 결국 그 '법질서의 당위성'에 지나지 않기 때문에 국가의 법질서를 떠나서 또 다른 국가의사를 논할 수 없다고 한다.[33] 따라서 전통적인 국가형태의 분류방법을 그대로 따른다 하더라도 '국가의 당위적 의사표시로서의 '법'이 어떠한 절차와 방법에 따라 정립되느냐'를 따지는 것은 국가형태를 결정하는 데 매우 중요한 의미를 가지게 된다. 다만 모든 국가작용을 법정립의 단계 내지 법실현의

817
국가형태와
법정립방법

---

28) Vgl. dazu(FN 26).

29) Vgl. dazu H. Kelsen(FN 25), S. 238, 242, 246, 259ff.

30) Vgl. H. Kelsen(FN 25), S. 262ff.

31) Dazu vgl. H. Kelsen(FN 25), S. 320ff.

32) 국가형태의 다양성과 그 분류문제에 관해서 자세한 것은 제 7 장 제 1 절과 제 2 절을 참조할 것.

33) Dazu vgl. H. Kelsen, Allgemeine Staatslehre(FN 4), S. 320ff. (320): Daß das "Wollen" des Staates nur das Sollen seiner Ordnung ist, der Staatwille nur ein Bild für das einheitliche System von Normen ist, das die staatliche Ordnung bildet, geht ja aus allen bisherigen Darlegungen zur Genüge hervor."

과정으로 이해하는 Kelsen의 입장에서는 단순히 입법작용만을 '국가의 의사결정'으로 보려는 종래의 시각과는 달리 집행작용의 양태도 국가형태를 결정하는 데 중요한 기준이 된다는 점을 강조하게 된다.[34]

818

국가와
강제력

이렇게 볼 때 Kelsen의 사상적 세계에서 국가의 통치기능이란 다름 아닌 '법정립기능'이고, 국가의 통치구조도 '법정립구조'에 지나지 않게 된다. 단계적인 법정립기능에 맞추어 법정립구조도 단계적인 구조의 양상을 띠는 것은 당연하다. 법의 본질이 Kelsen의 말처럼 '인간의 행동양식에 관한 강제규범'[35]이라고 본다면 결국 국가의 통치기능은 인간의 행동양식을 강제력에 의해서 정해 주는 명령적 기능이 되고 국가의 통치구조는 인간의 행동양식을 정해 주기 위한 권능구조에 지나지 않게 된다. Kelsen의 국가가 법의 강제력을 확보하기 위한 엄청난 '관료조직'[36]과 '강제기구'[37]를 갖춘 '관권국가'[38]일 수밖에 없는 이유도 그 때문이다. '법'의 본질이 그 강제력에 있고 '법'이 즉 '국가'라면 '국가'의 강제력은 국가의 본질적인 속성에 속한다. Kelsen이 모든 '관권작용'의 '자생적 정당성'(Selbstlegitimation obrigkeitlicher Akte)[39]을 강조하는 것도 결코 우연은 아니다.

(2) 비   판

통치구조에 관한 Kelen의 시각은 그 이론적 기초가 되고 있는 순수법학이론의 관점에서 본다면 당연한 논리적 귀결이라고 볼 수도 있다. 그러나, 순수법학이론 그 자체에 내포되고 있는 이론적 모순 때문에 Kelsen의 통치구조에 관한 설명도 설득력이 없다고 생각한다.

819

자기목적적
국가관

우선 문제가 되는 것은 Kelsen의 자기목적적 국가관이다. Kelsen처럼 국민과 국가를 별개의 것으로 보고, 국가주권(＝법주권)을 강조하면서 국가는 국민의 의사와는 무관한 독자적인 완성물로서 스스로 '자기목적'을 추구하는 '강제기구'라고 보는 것은, 오늘날의 국민주권사상

---

34) Dazu vgl. *H. Kelsen*(FN 33), S. 321.

35) Vgl. (FN 6); *H. Kelsen*, Reine Rechtslehre(FN 4), S. 25: "Das Recht als Zwangsnorm."

36) H. Kelsen 자신이 국가를 관료조직으로 설명한다.
   Vgl. Reine Rechtslehre(FN 4), S. 121.

37) H. Kelsen 자신이 국가를 강제기구로 보고 있다.
   Vgl. Allgemeine Staatslehre(FN 4), S. 17 u. 40.

38) H. Kelsen 자신의 설명이다. Vgl. Reine Rechtslehre(FN 4), S. 110.

39) So *H. Kelsen*, Allgemeine Staatslehre(FN 4), S. 259ff.(295).

이나 국민의 이익을 위한, 국민의 의사에 바탕을 둔, 국민에 의한 민주적 통치질서의 요청과는 너무나 거리가 있는 구시대적 이론이라고 말할 수 있다. 국민을 떠난 국가가 존재할 수도 없고, 국민의 이익을 무시한 국가이익을 인정할 수 없다는 저자의 시각에서 볼 때, Kelsen의 '자기목적적 국가'란 그가 추구하는 이른바 순수법학적 형식논리의 비극적 부산물에 지나지 않는다고 평가할 수 있다. 국가란 인간적인 사회생활과정에서 일정한 목적에 의해서 조직된 사회의 정치적인 활동단위를 뜻하기 때문에 인간의 필요성에 의해서 존재하는 것이지, 인간적인 이해관계를 떠나 또 다른 독자적인 '자기목적'을 위한 실체일 수는 없다. Kelsen의 자기목적적 국가는 결국 '국가목적적 국가'를 뜻하게 되고, '국가지상주의'의 이론적인 바탕이 된다는 점을 주의하지 않으면 아니 된다. 국가를 위한 국가가 마침내 통치를 위한 통치를 낳고, 그것은 또 통치의 전능적 권력행사로 이어져서 독재정치의 온상이 된다는 점을 잊어서는 아니 된다. 국가는 어디까지나 인간중심의 것이고, 인간의 이익 때문에 그 권력행사가 정당화되는 것이라고 생각하는 저자의 입장에서는 국가목적적 국가론으로 흐르기 쉬운 Kelsen의 자기목적적 국가관을 받아들일 수 없는 것은 자명한 이치이다. 공감대적 가치관에 입각해서 사회구성원의 동화적 통합을 촉구하고 보장하는 인간의 조직된 활동단위를 국가라고 이해하는 우리의 안목으로 볼 때, 국가의 정당성은 바로 사회구성원의 자발적인 통합의지와 통합촉진적인 Konsens에서 찾아야 한다고 믿기 때문에[40] 국민의 이해관계나 Konsens를 떠난 국가의 자기목적적 통치기능은 있을 수 없다.

국가지상주의

두 번째로 지적할 점은 Kelsen이 통치기능을 '법정립기능'으로 좁혀서 이해하고 있는 점이다. 법정립기능이 통치기능에 속하는 것은 사실이지만, 그것이 통치기능의 전부일 수는 없기 때문이다. Kelsen이 통치기능=법정립기능의 등식을 성립시키기 위해서 입법기능 외에 집행기능까지를 법정립기능으로 평가한다는 것은 이미 앞에서 소개한 바 있지만, 그가 생각하는 단계적 법정립기능이란, 법단계설에서 나오는 법효력론으로서는 몰라도, 국가의 통치기능에 관한 설명으로서는 문제점이 있다고 할 것이다. 전통적으로 국가의 통치기능을 입법·행정·사

820
법정립기능
중심의
통치기능론

---

40) 국가의 본질과 저자의 국가관에 관해서 자세한 것은 방주 267 참조할 것.

법의 세 기능으로 나누고, 이들 세 기능을 상이한 국가기관에 맡김으로써 통치기능의 독점에서 오는 권력의 독재화를 방지하고 국민의 자유와 권리를 보호한다는 권력분립이론은 세 가지 통치기능의 기능적인 차이를 전제로 한 이론이라고 볼 수 있다. 따라서 세 가지 통치기능의 성격상의 차이를 무시하거나 과소 평가하고, 모든 통치기능을 일률적으로 법정립의 단계적인 차원에서만 이해하려는 Kelsen의 시각은 모든 국가작용을 법작용시함으로써 국가권력의 '법치성' 내지는 '자생적 정당성'을 입증하려는 법실증주의적인 논증형식으로서는 몰라도, 현대민주국가의 민주적 정당성에 입각한 통치기능의 이론으로서는 그 보편적 타당성을 인정하기가 어렵다고 생각한다. 법을 정립하고(입법), 법을 집행하고(행정), 법을 적용하는(사법) 통치기능 상호간에는 물론 상호관련성도 있고 또 경우에 따라서는 엄밀한 기능상의 구별이 어려운 때가 있는 것도 사실이지만, 원칙적으로 세 기능 사이에는 독자적인 기능원리가 지배한다는 점을 잊어서는 아니 된다. 입법기능에서 존중하여야 하는 민주적 정당성에 입각한 다수결원리[41]·체계정당성의 원리,[42] 행정기능에서 존중하여야 하는 법치행정의 원리나 국가책임의 원리, 행정계통의 원리, 그리고 사법기능에서 존중해야 하는 실체적 진실발견의 원리와 죄형법정주의, 형벌불소급의 원리 등이 바로 그것이다. 따라서 행정기능과 사법기능을 단순한 하위단계의 법정립기능만으로 볼 수는 없다. 행정기능과 사법기능은 결코 입법기능의 단순한 명령집행기능 내지는 하수적 기능만은 아니고, 구체적인 상황에 맞추어 각각의 기능원리를 존중하면서 합리적인 결정을 할 수 있는 독자적인 통치기능이라고 보아야 한다. 결국 행정기능과 사법기능에 내포된 법정립적 의미는 그 일부분에 지나지 않는다고 할 수 있다.

---

41) 이 점에 대해서 자세한 것은 방주 338~346 참조할 것.

42) 이 점에 대해서 자세한 것은 방주 705 참조.; *Ch. Degenhart*, Systemgerechtigkeit und Selbstbindung des Gesetzgebers als Verfassungspostulat, 1976.

　우리 헌재도 입법자를 기속하는 체계정당성의 원리를 강조하면서 이는 법치주의원리로부터 도출되는 헌법적 원리라고 설명한다. 그리고 체계정당성의 위반은 비례의 원칙이나 평등원칙위반 내지 자의금지위반 등의 위헌성을 시사하게 된다고 한다. 헌재결 2004. 11. 25. 2002 헌바 66 참조.

　동지: 헌재결 2005. 6. 30. 2004 헌바 40 등, 판례집 17-1, 946(962면 이하) 참조. 예컨대 야간흉기협박죄를 5년 이상의 징역형에 처하게 하는 폭처법 제 3 조 제 2 항이 위헌인 이유도 그 때문이다. 헌재결 2004. 12. 16. 2003 헌가 12 참조.

세 번째로, Kelsen이 통치권의 '자생적 정당성'(Selbstlegitimation)을 주장하면서 통치권의 '민주적 정당성'이나 '절차적 정당성'을 소홀히 하는 점은 비판을 면하기 어렵다. 그가 생각하는 통치권의 '자생적 정당성'은 물론 국민과 유리된 '법질서로서의 국가'의 본질에서 나오는 논리적인 귀결이긴 하지만, 현대의 민주국가적 관점에서 볼 때 도저히 받아들이기 어려운 견해이다. 국가권력의 창설과 국가 내에서 행사되는 모든 권력의 정당성이 국민의 Konsens에서 나와야 한다고 믿는 저자의 입장에서 볼 때, 통치권의 '자생적 정당성'이란 마치 독재자의 자기변호적인 궤변에 지나지 않는다고 생각한다. 국민주권의 현대민주국가에서는 국민의 Konsens와 직결되는 '민주적 정당성'만이 통치권행사를 정당화시켜 줄 수 있기 때문이다. 따라서 '민주적 정당성'이 아닌 '자생적 정당성'을 바탕으로 하는 Kelsen의 통치구조에 관한 견해는 이미 시대성을 상실한 이론이라고 볼 수 있다. 더욱이 국가의 통치권이 국가의 변신인 Mida의 왕의 입을 통해 '법의 이름으로 나타나서[43] 법의 '자생적 정당성'을 낳기 때문에, Mida의 왕은 어떠한 내용의 '법'도 정당화시킨다는 결론으로 이어져서 이른바 법률만능주의의 통치현상에 직면하게 된다는 사실을 간과할 수 없다. '법으로 다스린다'는 이론에 내포된 법실증주의적 독소요인이 바로 그 곳에 있다.

끝으로 Kelsen의 통치구조는 국민의 기본권과는 무관한 일종의 자기목적적 권능구조라는 점에서 문제가 있다. Kelsen의 시각에서 국민의 기본권이 별로 큰 의미를 가질 수 없다는 점은 우리가 이미 잘 알고 있는 일이지만,[44] 국민의 자유와 권리가 Kelsen적인 통치질서 내에서 얼마나 나약한 존재인가 하는 것은 그의 통치구조에 관한 설명에서도 잘 나타나고 있다. 즉, 법질서와 동일시되는 국가가 여러 계층의 권능기구(=법정립기구)를 마련하고 그 기구에서 제정한 계층적(단계적)인 법규범을 '자생적 정당성'의 관권작용에 의해서 '강제'와 '힘'으로 실현함으로써 비로소 국가목적(=법목적)이 달성된다고 생각하는 Kelsen

821
통치권의
자생적
정당성 논리

822
기본권과
유리된 자기
목적적
권능구조

43) H. Kelsen의 말을 그대로 빌리면 "Der Staat ist ein König Midas, dem alles, was er ergreift, zu Recht wird." Vgl. Allgemeine Staatslehre(FN 4), S. 44.

44) H. Kelsen의 기본권관에 관해서 자세한 것은 방주 502~509 참조. H. Kelsen이 자유권을 말하면서 「소위 자유권」(die sogenannten Freiheitsrechte)이라는 표현을 쓴다는 점을 주목할 필요가 있다. Vgl. Allgemeine Staatslehre(FN 4), S. 154.

의 사상적 세계에서 한 나라의 통치구조는 결국 '법목적'으로 징표되는 '자기목적'을 달성하기 위한 자생적 권능(강제)구조에 지나지 않는다. 이처럼 국가가 '자기목적' 때문에 '자생적 정당성'에 입각해서 강제력으로 '인간의 행동양식'을 규율하게 되는 상황 속에서 국민의 자유와 권리가 설 땅은 없다. 국민의 기본권이 국가에 의한 '은혜로서의 성격' 내지 국가권력의 자제에 의한 '반사적 이익으로서의 성격'[45]을 갖게 되는 것은 너무나 당연한 논리적인 귀결이다.

결론적으로 Kelsen이 생각하는 통치구조는 국민의 기본권실현과는 무관한 자생적 권능구조로서 법정립이라는 자기목적을 달성키 위한 관권구조에 지나지 않게 된다. '힘'과 '강제'와 '관권'과 '무통제'로 징표되는 그와 같은 통치구조가 궁극적으로 법률만능주의적 통치현상을 초래해서 '법률의 독재' 내지는 '법'의 이름으로 행해지는 강권통치를 낳게 하리라는 것은 예측하기 어렵지 않다.

2. 결단주의(Dezisionismus)적 헌법관에서 본 통치구조

(1) 결단주의와 통치구조

823
이원질서론

칼 슈미트(Carl Schmitt)의 결단주의에 따르면 헌법은 사회공동체의 정치적 생활방식에 대해서 국민이 내린 '정치적 결단'(politische Entscheidung)이다.[46] 그리고 헌법이 한 나라 법질서 중에서 가장 강한 효력을 가지는 이유는 바로 헌법에 의해서 징표되는 국민의 '정치결단적 의지' 때문이다. 즉 주권자인 국민이 가지는 정치결단적인 입헌의지 때문에 헌법은 그 정당성을 인정받게 된다고 한다.[47] 따라서 결단주의에서는 국민의 입헌의지에 의해서 정당화되지 않는 헌법을 인정할 수 없는 만큼, 국민의 정치적 결단과 무관한 통치질서도 인정할 수 없게 된다. 이 점이 헌법의 '근본규범'(Grundnorm)으로부터 나온다는 자생적 정당성을 내세워 국민의 정치활동과는 무관한 통치질서가 있다고 믿는 법실증주의와 다르다. 법실증주의가 '정당성'을 무시하고 '합법성'만의 법률만능적 통치질서를 강조한다는 점은 이미 앞에서 살펴본 바와 같지만, 결단주의는 그와는 달리 주권자인 국민의 뜻을 존중하고 국민의

---

45) 이 점에 대해서 자세한 것은 방주 509 참조.
46) So *C. Schmitt*, Verfassungslehre, 5. Aufl.(1970), z.B. S. 23.
47) Vgl. *C. Schmitt*(FN 46). S. 87ff.(90).

정치적 결단에 따라서 행해지는 국민의 통치로서의[48] '민주적 정당성'(demokratische Legitimation)을 통치질서의 불가결한 요소로 간주할 뿐 아니라, 인간이 갖는 자연법적인 자유와 권리의 실현을 통치질서의 중요한 목적으로 생각한다.[49] 따라서 결단주의의 사상적 세계에서 통치질서는 결국 국민주권의 원리에 입각한 '민주적 정당성'의 요청을 충족시키고 자연법사상에서 유래하는 인간의 천부적인 자유와 권리를 실현하기 위한 이원질서로 집약할 수 있다. 따라서 현대 자유민주국가의 통치질서에서는 '민주적 정당성'의 요청을 충족하기 위한 민주주의원리와 자연법적인 자유의 실현을 보장하기 위한 법치국가원리가 통치구조의 중요한 기본원리로 작용하게 된다. 이 두 기본원리가 결단주의의 사상적 세계에서 구체적으로 각각 어떠한 통치구조적 의미와 기능을 갖는지 알아보기 위해서 C. Schmitt가 생각하는 자연법적인 자유의 본질로부터 시작해서 법치국가원리와 민주주의원리의 기능을 살펴보기로 한다.

a) 국가의 목적으로서의 자연법적인 자유

법실증주의가 국가·법동일사상에 입각해서 국가와 법질서를 동일시하고 '법'을 오로지 국가의 또 다른 표현형태 내지 단순한 국가의 명령으로 이해한 나머지 '실정법'(positives Recht)만을 법질서로 인정하는 것과는 달리, C. Schmitt는 '법의 이원론'(Rechtsdualismus)[50]에 입각해서 실정법보다는 초국가적이고 선국가적인 자연법(Naturrecht)의 중요성을 강조한다.[51] 자연법을 단순히 '법적 개념의 탈을 쓰고 등장하는 정치'[52]에 지나지 않는다고 비판하면서 자연법의 존재를 부인하는 Kelsen과는 정반대의 입장이다. C. Schmitt가 국가의 궁극적인 존재이유와 과제는 '법(Recht)을 실현하는 것이라고 하면서도[53] 그 '법'은 국

824

초국가적인
자연법사상
과 자연법의
우선적 효력

---

48) 결단주의의 민주주의이론에 관해서 자세한 것은 방주 321 참조할 것. Vgl. auch *C. Schmitt*, Verfassungslehre(FN 46), S. 234ff.

49) Dazu vgl. *C. Schmitt*(FN 46), S. 123ff., 223ff.

50) Vgl. *C. Schmitt*, Der Wert des Staates und die Bedeutung des Einzelnen, 1917, S. 75f., 82. C. Schmitt는 "Dualismus im Recht"라는 표현을 쓰고 있다.

51) So *C. Schmitt*(FN 48), z.B. S. 75: "⋯ das Recht, das vor dem Staat da war und als Gedanke unabhängig von ihm ist, das in seiner Beziehung zum Staat als herrschendes, originäres⋯"

52) *H. Kelsen*, Allgemeine Staatslehre(FN 4), S. 40.

53) Dazu vgl, *C. Schmitt*(FN 50), S. 52, 55, 80: "⋯ weil das Recht vom Staat als

가와 동일한 것도 아니고, 또 단순한 국가의 명령을 뜻하는 것이 아니라 선국가적이고 초국가적인 '자연법'이라는 점을 강조하는[54] 것도 그때문이다. '법'과 '국가'와의 상호관계에 대해서 C. Schmitt가 Kelsen과는 달리 '법'을 우선시키는 입장에 서서 '법 속의 국가'(Staat im Recht)[55]를 강조하는 것도 그의 초국가적 자연법사상과 불가분의 관계가 있다고 볼 수 있다. 결국 초국가적인 자연법의 우선적 효력과 그 내용으로서의 자유의 실현을 국가적인 과제로 생각하는 C. Schmitt의 국가관은 본질적으로 '국가절대주의'(Staatsabsolutismus) 내지 '국가지상주의'(Staatherrlichkeit)와는 거리가 멀다고 할 수 있다. 이 점은 C.

배분의 원리 Schmitt가 기본권과 국가권력의 상호관계에 대해서 이른바 '배분의 원리'(Verteilungsprinzip)를 주장하면서 인간의 자유는 무제한한 것이지만 국가권력은 제한적인 것이라는 점을 되풀이 강조하고[56] 있는 점에서도 잘 나타나고 있다. 국가 스스로가 어떤 목적일 수는 없고, 자연법적인 자유의 실현이 바로 국가의 목적이고, 이 자유실현의 목적이 국가를 정당화시켜 주고, 국가를 충족시켜 준다는 C. Schmitt의 견해는[57] 그가 강조하는 국가의 법봉사적, 자유봉사적 기능(Staat als erster Diener des Rechts, Staat als erster Diener der Freiheit)[58]과 함께 그의 자유주의적 국가관을 잘 나타내 주고 있다. C. Schmitt에 따르면 국가는 국민에게 일방적인 명령만을 강제하는 '강제기구'도 아니고 '힘의 복합체'도 아니다.[59] '강제'와 '힘'에만 의존하려는 국가는 머지않아 국가로서의 뿌리를 잃게 된다고 강조하는 C. Schmitt의 국가철학에서[60] 우리는 법실증주의적 국가관과의 현격한 차이를 느끼게 된다. C. Schmitt에 따르면

---

seinem Exactor zwangsweise verwirklicht werden soll…"

54) Vgl.(FN 50), S. 75.

55) So C. Schmitt(FN 50), S. 48.

56) So C. Schmitt, Verfassungslehre(FN 46), z. B. S. 126, 131, 164, 166, 167, 175, 177, 181; derselbe, Grundrechte und Grundpflichten, in: Verfassungsrechtliche Aufsätze, 1958, S. 181ff.(222, 227).

57) So C. Schmitt(FN 50), S. 53: "Der Staat hat also nicht den Zweck, sondern der Zweck erfüllt den Staat und bestimmt ihn."

58) Vgl. (FN 57), S. 53.

59) Vgl. (FN 57).

60) Vgl. (FN 57), S. 54: "Der Staat würde sich selbst aufgeben und ausliefern, wenn er sich auf seine bloße Macht berufen wollte."

국가에 주어지는 통치권은 오로지 국가에 주어진 자연법실현이라는 과제 때문에 정당화되는 것이기 때문에 국가의 이같은 과제를 떠난 통치권이란 인정할 수 없다고 한다.[61] 그에 따르면 강제는 결코 법의 본질이 아니고 법을 실현하기 위한 수단에 지나지 않기 때문이다.[62] 따라서 C. Schmitt는 '힘'이 즉 국가를 뜻할 수는 없고, '힘'은 자유실현이라는 국가적 과제의 성취를 위한 국가의 기능적 본질에 불과하다.[63] 이처럼 자연법질서에 속하는 자유의 실현이 국가의 '목적'이라면, 국가는 이 목적달성을 위한 '수단'에 지나지 않는다고 생각하는 C. Schmitt의 사상적 세계에서 국가의 법질서가 실정법질서만으로 이루어질 수 없는 것은 너무나 당연하다. C. Schmitt가 '법'을 국가의 의지화해서 법과 국가를 동일시하는 법실증주의를 날카롭게 비판하는 것도[64] 그 때문이다. C. Schmitt가 생각하는 국가의 법질서란 단순한 실정법질서만이 아니고 자연법질서와 실정법질서의 이원적인 것이라는 것은 그의 사법작용에 관한 설명에서도 잘 나타나고 있다. 즉, C. Schmitt는 '법관이 법률의 입'(der Richter sei Mund des Gesetzes)이라는 법실증주의적인 명제를 비판하면서 법관은 '법률의 입'이 아닌 '법(Recht)의 입'이어야 하기 때문에 일체의 자의적인 간섭이나 권력으로부터 독립해야 할 필요성이 있다고 강조한다.[65] C. Schmitt가 법관의 기능을 '법의 발견'(Rechtsfinden) 내지 '법의 기능'(Funktion des Rechts)이라고 보는 것도[66] 그 때문이다.

b) 자유의 보장수단으로서의 법치국가원리

아무튼 C. Schmitt가 자연법사상에 젖어 인간의 선천적이고 선국가적인 자유의 영역을 중요시한 나머지 국가의 목적은 바로 인간이 가지는 그 같은 선천적인 자유의 보장이라고 강조하면서, 국가의 그같은

825

법치국가원리는 자유의

---

61) Vgl. (FN 50), S. 55.

62) Vgl. (FN 50), S. 56, 68: "Der Rechtsnorm kann… nicht ein Zwang oder eine Erzwingbarkeit als Begriffsmerkmal zugeschrieben werden. Die richtige Stelle, an die der Zwang und die Wirkung gehört, ist der Staat als der Mittler des Rechtes, dessen Sinn darin liegt, Recht zu verwirklichen." Siehe ferner auch S. 79.

63) Vgl. (FN 50), S. 69.

64) Vgl. (FN 50), S. 71.

65) Vgl. (FN 50), S. 72ff.(73).

66) Vgl. (FN 50), S. 74: "… daß der Richter der Idee nach Funktion des Rechts ist. Darin liegt seine Würde und seine wahre Unabhängigkeit…".

보장수단
내지
국가권력의
통제수단

자유보장기능을 담보하는 수단으로 이른바 '법치국가원리'(Rechts-staatsprinzip)를 끌어 들인다는 것은 이미 기본권론을 통해 알고 있는 사실이다.[67] 즉, C. Schmitt는 인간이 가지는 자연법적인 자유의 영역을 국가권력으로부터 보호하기 위해서 헌법 속에 법치국가원리를 제도화하는 것이 불가피하다고 역설하면서 이른바 '배분의 원리'(Verteilungs-prinzip)와 '조직의 원리'(Organisationsprinzip)의 두 가지를 법치국가를 실현하기 위한 양대지주라고 강조한다.[68] 그의 설명에 따르면 인간의 자유는 국가권력에 선재하는 것으로 원칙적으로 무제한한 것이지만, 이 인간의 자유영역을 침해하기 위한 국가권력은 원칙적으로 제한적인 것이기 때문에(배분의 원리), 이 무제한한 인간의 자유영역이 헌법상의 기본권으로 보호받기 위해서는 제한적인 국가권력을 일정한 권능체계에 따라 분리해야 한다고 한다.[69] C. Schmitt는 결국 '조직의 원리'를 전통적인 '권력분립의 이론'과 동일시하는 셈이다. 그가 국가권력행사를 입법(Legislative), 행정(Exekutive), 사법(Justiz)으로 나누어야 한다고 강조하면서, 이와 같은 국가권력의 분리는 국가권력의 '견제와 통제'(checks and controls)를 위해서 불가피하고, 그것은 결국 배분의 원리의 실현에 기여하게 된다고 말하는 것도[70] 전통적인 권력분립이론의 내용과는 별로 다를 것이 없다고 할 것이다. 또 C. Schmitt가 국가권력의 분리 못지 않게 분리된 국가권력 상호간의 견제와 균형(gegenseitige Einwirkung und Balancierung)장치의 중요성을 강조함으로써 권력의 분리는 결코 분리 그 자체에 뜻이 있지 않고 '견제와 균형'을 통한 권력의 순화를 위한 것이라고 주장하는 것도[71] Montesquieu의 사상적 세계와 일치하는 점이다. 아무튼 C. Schmitt는 기본권보장과 권력분립을 현대국가의 헌법이 갖추어야 하는 법치국가원리의 본질적인 내용이라고 평가하면서[72] '힘의 국가'와 구별되는 법치국가의 조직상·기능상의 징표로서 '법치행정', '국가작용의 예측가능성', '통제가능성', '사법적

---

67) 이 점에 대해서는 방주 419 및 518~519 참조.
68) Dazu vgl. *C. Schmitt*(FN 46), S. 125ff.(126).
69) Vgl. *C. Schmitt*(FN 46), S. 126.
70) Vgl. *C. Schmitt*(FN 46), S. 127, 182ff.
71) Vgl. *C. Schmitt*(FN 46), S. 182ff.(186, 187ff., 196ff.).
72) Vgl. (FN 46).

권리구제', '법관의 독립'[73] 등을 들고 있다. 그러나, C. Schmitt도 이른바 '정치적 사법'(politische Justiz)작용의 특수성을 강조하면서, 탄핵심판·규범통제·통치작용·선거소송(대통령과 국회의원)사건 등을 일반적인 사법작용과 구별하는 것은 법치국가의 원리에 어긋나는 것이 아니라고 한다.[74]

　　이처럼, C. Schmitt에게 있어서, 법치국가원리는 '자유의 보장수단'(Garantie der bürgerlichen Freiheit) 내지 '국가권력의 통제수단'(Relativierung staatlicher Macht)으로서 단순히 '국가작용의 형식'만을 정해 주는 '형식적이고 비정치적인 원리'(formelles und unpolitisches Prinzip)에 지나지 않는다.[75] 그러나 C. Schmitt처럼 법치국가원리를 '비정치적인 형식원리'로 이해해서 '자유를 보장'하고 '국가권력을 통제'하기 위한 '형식적이고 비정치적인 기교'[76]라고 설명하는 경우에는, 법치국가원리는 국가의 '정치적인 형태원리'(politisches Formprinzip) 내지 국가의 '구조적 원리'(Strukturprinzip)[77]로서의 기능을 할 수 없기 때문에 법치국가원리에 의해서 국가질서가 새로이 형성되는 것이 아니고, 그의 말대로,[78] 이미 존재하는 국가질서를 전제로 하게 된다. 다시 말해서 국민의 기본권이 국가권력을 비로소 창설하는 것이 아니고, 이미 다른 정치적 형태원리 내지 구조적 원리에 의해서 창설된 국가권력 내에서 그 국가권력으로부터 국민의 선국가적 기본권을 보장받는 수단으로 법치국가원리가 작용하게 된다는 논리이다. C. Schmitt는 처음부터 국민의 기본권이 국가권력의 창설적 기능과 input 기능을 가질 수 있다는 점을 부인한다.[79] 그의 말을 빌리면 자유는 국가권력의 제한원리이지 그 창설원리가 될 수는 없다고 한다.[80] 바로 이 점이 기본권의

형식적·
비정치적인
기교

---

73) Vgl. *C. Schmitt*(FN 46), S. 130ff.

74) Vgl. *C. Schmitt*(FN 46), S. 134, 273f.

75) Vgl. dazu *C. Schmitt*(FN 46), S. 125ff., 200ff.

76) So. *C. Schmitt*(FN 46), S. 125ff.(126, 131), 200ff.(200), 236ff.

77) 현대국가의 구조적 원리에 관해서 자세한 것은 제8장을 참조할 것.

78) So. *C. Schmitt*(FN 46), S. 200: "Der Staat selbst, der kontrolliert werden soll, wird in diesem System vorausgesetzt."

79) Dazu vgl. *C. Schmitt*(FN 46), S. 200ff.(200).

80) So *C. Schmitt*(FN 46): "Die Prinzipien der bürgerlichen Freiheit können wohl einen Staat modifizieren und temperieren, aber nicht aus sich heraus eine politische Form begründen. Die Freiheit konstituiert nichts."

국가를 향한 input 기능과 기본권행사에 의한 국가권력의 창설을 중요
시하는 동화적 통합이론과의 결정적인 차이이다. 또 바로 이곳에 결단
주의에서의 기본권과 통치구조의 이념적인 단절관계가 있다. 기본권과
통치구조의 이같은 이념적인 단절관계는 C. Schmitt의 이원적인 통치
질서론에서 중요한 몫을 차지하고 있다는 사실을 잊어서는 아니 된다.
자연법사상을 바탕으로 선국가적이고 천부적인 국민의 자유와 권리를
강조하고 그 보장을 위한 법치국가원리를 중요시하면서도, 이를 헌법
질서의 비정치적인 구성부분으로 성격화함으로써, 국가권력의 창설에
관한 또 다른 헌법질서의 정치적인 구성부분이 있다고 생각하는 C.
Schmitt의 통치질서관은[81] 확실히 이원적인 성질의 것이라고 할 수 있
다. C. Schmitt가 국가는 아무리 법치국가원리에 의한 권력행사의 제
약을 받는다 해도 역시 국가일 수밖에 없기 때문에 국가를 국가일 수
밖에 없게 하는 국가의 또 다른 정치역학적 측면을 무시할 수 없다고
실토하는 것도[82] 통치질서에 관한 그의 이원적인 견해를 잘 말해 주는
것이라고 생각한다. 결국 C. Schmitt의 생각에 따르면, 국가로부터 자
연법적 자유를 보장받는 데 필요한 법치국가원리는 국가권력의 창설과
는 무관한 비정치적이고 형식적인 구성부분에 지나지 않기 때문에,[83]
국가의 통치질서에는 국가권력의 창설에 관한 정치적인 구성부분
(politischer Bestandteil)이 또 따로 있을 수밖에 없다고 한다.[84] 즉, '국
민의 정치적인 일원체'(politische Einheit eines Volkes)가 국가인만큼 국
가의 본질은 '정치적인 것'이고 '정치적인 것'을 뺀 국가를 상상할 수

기본권과
통치구조의
이념적인
단절

비정치적
구성부분과
정치적
구성부분

---

81) Vgl. *C. Schmitt*(FN 46), insbes. S. 200ff.

82) So *C. Schmitt*(FN 46), S. 125: "In Wahrheit bleibt der Rechtsstaat, trotz aller
Rechtlichkeit und Normativität, doch immer ein Staat und enthält infolgedessen
außer dem spezifisch bürgerlichrechtsstaatlichen immer noch einen anderen
spezifisch politischen Bestandteil."

83) So *C. Schmitt*(FN 46), S. 204.

84) So *C. Schmitt*(FN 46), S. 125: "Das Rechtsstaatliche ist vielmehr nur ein Teil
jeder modernen Verfassung." S. 199: "Dabei ist aber verkannt, daß die
Verfassung eines politisch existierenden Volkes nicht nur aus rechtsstaatlichen
Prinzipien bestehen kann, diese vielmehr nur einen mäßigenden, zu den
politischen Prinzipien hinzukommenden Bestandteil der Verfassung bilden." S.
200:" "Darum folgt, daß in jeder Verfassung mit dem rechtsstaatlichen
Bestandteil ein zweiter Bestandteil politischer Formprinzipien verbunden und
vermischt ist."

없기 때문에 국가의 통치질서에도 정치적인 구성부분이 불가결한 것이라고 한다.[85) C. Schmitt가 통치구조의 기본원리로 내세우는 민주주의원리가 바로 그것이다.

c) 통치구조의 기본원리로서의 민주주의원리

C. Schmitt의 관점에서 헌법질서(통치질서)는 결국 국민의 선국가적 자유의 보장에 관한 비정치적 구성부분과 '국민의 정치적인 통일체'로서의 국가를 정치형태적으로 어떻게 형성하는 것인가에 관한 정치적 구성부분의 이원질서 내지 복합질서라고 볼 수 있는데 전자의 경우에는 형식적인 법치국가원리가, 후자의 경우에는 주권재민의 민주주의원리가 지배하게 된다.[86) 따라서 이와 같은 안목에서 볼 때 한 나라의 통치구조는 결국 그 나라의 정치형태를 어떠한 '정치적 형성원리' (politische Gestaltungsprinzipien)에 따라서 정할 것인가를 규율하는 통치질서의 정치적 구성부분에 지나지 않게 된다.[87) C. Schmitt가 현대의 자유민주국가의 통치구조를 민주주의통치원리의 실현에 관한 제도적인 메커니즘으로 이해하는[88) 이유도 그 때문이다.

어쨌든 C. Schmitt는 통치구조를 일단 기본권과는 이념적으로 분리시켜서 국가의 정치적인 권력구조의 문제로 이해하기 때문에, 현대국가의 통치구조에서 중요한 것은 민주주의원리를 어떠한 형태로 구체화할 것인가의 문제라고 주장한다.[89) C. Schmitt가 통치질서의 정치적 구성부분(통치구조)과 관련해서 민주주의의 여러 실현형태와 의회제도 등을 집중적으로 다루고 있는 것도[90) 그 때문이다. 그런데 C. Schmitt처럼 민주주의를 동일성이론(Identitätstheorie)에 따라 치자와 피치자가 동일한 통치형태라고 이해하면서[91) '국민의 자기통치'[92)에 의해서 비로소 주권재민의 이념이 실현될 수 있다고 믿는 경우에는 통치구조의 중심적인 과제는 결국 '국민의 자기통치'를 합리적이고 실효성있게 제도

826
국민의 자기
통치실현
위한 정치
형성원리

동일성이론

---

85) Vgl. *C. Schmitt*(FN 46), S. 125.

86) Dazu vgl. *C. Schmitt*(FN 46), insbes. S. 125ff., 223ff.

87) Dazu vgl. *C. Schmitt*(FN 46), S. 204.

88) So *C. Schmitt*(FN 46), S. 204ff., 223ff.

89) Vgl. *C. Schmitt*(FN 46), S. 252ff.

90) Vgl. *C. Schmitt*(FN 46), S. 223ff.

91) Vgl. *C. Schmitt*(FN 46), S. 234ff.

92) *C. Schmitt*(FN 46), S. 235: "Demokratie ist eine Herrschaft des Volkes über sich selber."

화하는 것이라고 볼 수 있다. '정치적인 통일체'(politische Einheit)로서의 국민(Citoyen)이 '현실적인 크기'(wirkliche Größe)[93]로 존재하면서 '통일된 정치의사'를 가지고 '통일된 정치활동'을 할 수 있다는 것을 논증하기 위해서 C. Schmitt가 벌이는 꾸준한 노력도[94] 따지고 보면 '국민의 자기통치'가 가능하다는 것을 입증하려는 것이라고 평가할 수 있다.

　　아무튼 C. Schmitt가 민주주의를 이처럼 '국민의 자기통치'형태라고 이해하기 때문에 민주국가의 통치구조에서는 모든 국민이 평등하게 정치적인 의사결정에 참여하고, 모든 정치적인 결정이 국민에 의해서 직접 행해질 수 있는 제도적인 장치가 불가피하게 된다. C. Schmitt의 통치구조에서 선거제도[95]와 국민투표제도,[96] 그리고 의회제도[97]와 의회해산제도[98] 등이 중요한 의미를 갖게 되는 것도 그 때문이다. 그러나 민주주의는 C. Schmitt의 생각에 따르면 한편 치자=피치자의 '동일성'의 이상을 실현시키는 것이지만 또 한편 '대의성'(Repräsentation)의 필요성과 중요성도 무시할 수 없는[99] 것이기 때문에 이 두 가지 '정치적 형성원리'(politische Gestaltungsprinzipien)를 어떻게 합리적으로 조화시켜서 제도화하느냐하는 것이 결국 통치구조의 과제라고 볼 수 있다. 주권자인 국민은 원칙적으로 그 누구에 의해서도 대표될 수 없기 때문에[100] 대의정치사상은 본질적으로 치자=피치자의 '동일성의 원리'에 반한다고 보면서도[101] 또 한편 이 두 '정치적인 형성원리'의 조화를 모

（좌측 난외: 동일성과 대의성）

---

93) *C. Schmitt*(FN 46), S. 242.

94) *C. Schmitt*는 그가 주장하는 동일성이론의 이론적인 전제로서 '국민'이 단순한 '관념적인 크기'(ideele Größe)에 불과한 것이 아니고, '통일된 전체'로서 '통일된 정치의사'를 가질 수 있다는 점을 자주 강조하고 있다. 그러나 현대의 다원적인 산업사회에서 '국민'은 다양한 이해관계를 가지는 다원적인 인간의 집단을 상징적으로 표현하기 위한 '관념적인 크기'에 지나지 않는다는 점을 잊어서는 아니 된다.

　　Vgl. *C. Schmitt*(FN 46), insbes. S. 238ff.(242ff.), 253ff., 258ff.

95) Vgl. *C. Schmitt*(FN 46), S. 239ff.

96) Vgl. *C. Schmitt*(FN 46), S. 259ff.

97) Vgl. *C. Schmitt*(FN 46), S. 303ff.

98) Vgl. *C. Schmitt*(FN 46), S. 353ff., 263.

99) Vgl. *C. Schmitt*(FN 46), insbes. S. 204ff. u. passim.

100) So *C. Schmitt*(FN 46), S. 243, 262: "Das Volk kann nicht repräsentiert werden."

101) So *C. Schmitt*(FN 46), S. 262: "Der Gedanke der Repräsentation widerspricht dem demokratischen Prinzip der Identität des anwesenden Volkes mit sich selbst als politischer Einheit."

색하는[102] C. Schmitt의 노력에서 우리는 C. Schmitt적인 민주주의철학과 그에 바탕을 둔 통치구조의 문제점을 느낄 수 있다. 국민의 절대적인 평등[103]과 동질성(Homogenität)[104]이라는 지극히 이상적인 관념의 세계를 바탕으로 C. Schmitt가 동일성이론에 의한 '국민의 자기통치'를 통치구조의 이상으로 생각하지만, 진정한 민주주의적 통치구조는 결코 자기통치적인 통치구조가 아니고 국가권력의 민주적 정당성이 '부단한 정당성의 신진대사'(eine ununterbrochene Legitimationskette)[105]에 의해 확보될 수 있는 통치구조라고 보아야 할 것이다. 따라서 통치구조를 C. Schmitt처럼 국민주권의 이념을 실현하기 위한 '정치형성적 구조'(politische Gestaltungsstruktur)라고 이해하려면 그것을 국민의 자기통치적인 메커니즘으로 설명하는 것보다는 차라리 국가권력의 민주적 정당성을 확보하기 위한 구조적인 메커니즘으로 보는 것이 더욱 설득력이 있다고 할 것이다.

아무튼 C. Schmitt가 생각하는 통치구조는 국가의 정치형성적 구조에 해당하는 것으로서 현대자유민주국가에서는 무엇보다도 국민의 '자기통치'를 위한 정치형성적 구조가 불가피하게 된다. 말하자면 국민의 '자기통치구조'인 셈이다. C. Schmitt가 국가의 입법작용과 통치작용(Regierungsakte) 등 전형적인 정치형성적 작용은 말할 것도 없고[106] 심지어 비정치적인 행정작용과 사법작용의 영역에까지 국민의 자기통치적인 메커니즘을 끌어들이려고 노력하는 것도 그 때문이다. 행정작용에서 선거직공무원의 수를 늘려야 한다든지[107] 비공무원인 명예직국민의 행정참여기회를 넓혀야 한다고[108] 주장하는 것이 바로 그것이다.

자기통치적 통치구조 장치

---

102) Vgl. *C. Schmitt*(FN 46), z.B. S. 206: "Identität und Repräsentation schließen sich nicht aus, sondern sind nur zwei entgegengesetzte Orientierungspunkte für die konkrete Gestaltung der politischen Einheit. Das eine oder andere überwiegt in jedem Staat, aber beide gehören zur politischen Existenz eines Volkes." siehe auch S. 276.

103) Vgl. *C. Schmitt*(FN 46), S. 226ff.

104) Vgl. *C. Schmitt*(FN 46), S. 228ff.(229f.): "Der Staat beruht also nicht auf Vertrag, sondern auf Homogenität und Identität des Volkes mit sich selbst."

105) So BVerfGE 47, 253(275); auch BVerfGE 38, 258(270f.); 44, 125(138).

106) Vgl. *C. Schmitt*(FN 46), S. 258ff., 265ff.

107) Vgl. *C. Schmitt*(FN 46), S. 271.

108) Vgl. *C. Schmitt*(FN 46), S. 272.

또 법관의 '법기속'과 '독립성'과의 불가분의 상호관계를 강조하고[109] '정치적 사법작용'(politische Justiz)의 분리취급을 주장함으로써,[110] 사법작용의 비정치적 성격을 중요시하면서도[111] 법관의 선거제도와 비법률가로서의 국민이 직접 참여하는 배심재판(Schöffen- od. Geschworenengericht)제도에 호의적 반응을 나타내는 것도[112] 바로 그 때문이라고 볼 수 있다.

결과적으로 C. Schmitt에게 있어서 통치구조는 국가의 권력작용에 관한 정치형성적인 구조로서 이념적으로 국민의 기본권보장과는 무관한 것이고, 현대 자유민주국가에서는 치자＝피치자의 요청(동일성의 요청)을 충족시켜 주기 위한 국민의 자기통치의 메커니즘이라고 평가할 수 있다.

(2) 비 판

827
결단주의의
공로

C. Schmitt의 결단주의이론이 법실증주의의 자기목적적인 국가관을 탈피하고, 인간의 선천적이고 초국가적인 자유와 권리의 보장을 국가의 목적이자 과제로 내세우면서 이를 위해서 국가권력의 제한(배분의 원리)과 권력분립의 필요성 등을 강조함으로써 자유주의적인 국가관을 정립한 것은 확실히 큰 이론적인 발전이라고 볼 수 있다.

828
결단주의적
인 통치질서
론의 문제점

그러나 결단주의적인 통치질서론은 특히 다음 세 가지 점에서 비판을 면하기 어렵다고 생각한다. 첫째, 결단주의가 자연법사상을 바탕으로 국민의 자유와 권리를 오로지 자연법질서의 측면에서만 파악함으로써 국민의 '기본권'을 자유권의 질서로 좁혀서 이해할 뿐 아니라, 자유권의 본질을 '국가로부터의 자유'라고 설명함으로써 자유권에 내포된 input 기능과 국가형성적 기능을 무시하고 있다는 점이다. 둘째, 결단주의가 국가의 헌법질서(통치질서)를 이원적(dualistisch)인 것으로 이해함으로써, 기본권보장에 관한 규정과 그를 위한 법치국가원리를 통치질서의 비정치적인 구성부분으로, 그리고 국가의 권력작용을 규율하기 위한 정치형성적인 원리를 통치질서의 정치적인 구성부분으로 분리시켜 다루고 있다는 점이다. 다시 말해서 결단주의가 한 나라의 통치

---

109) Vgl. *C. Schmitt*(FN 46), S. 274.
110) Vgl. *C. Schmitt*(FN 46), S. 134, 274f.
111) Vgl. *C. Schmitt*(FN 46), S. 274.
112) Vgl. *C. Schmitt*(FN 46), S. 275.

질서를 별개의 이원질서로 이해하면서 각 질서의 성격과 지배원리를 각각 다른 곳에서 찾고 있다는 점이다. 법치국가원리의 지배를 받는 기본권부분의 비정치적 성격과, 민주주의원리의 지배를 받는 통치구조 부분의 정치적 성격을 강조하는 것이 바로 그것이다. 셋째, 결단주의가 법치국가원리를 '자유보장'과 '권력통제'를 위한 '비정치적이고 형식적인 기교'라고 이해함으로써 그 실질적 의미와 기능을 오해하고 있을 뿐 아니라, 민주주의를 동일성이론에 따라 국민의 '자기통치형태'로 이해함으로써 민주주의이념의 기초가 되는 인류사회의 기본가치(Grundwerte)를 소홀히 하는 결과 스스로 법치국가원리와 민주주의원리의 이념적인 단절관계를 자초하고 있다는 점이다. 결단주의적 통치질서론에서 불가피하게 나타나는 기본권편과 통치구조편의 이념적인 단절관계는 따지고 보면 법치국가원리와 민주주의원리에 대한 그릇된 인식에서 비롯되는 것이라고도 볼 수 있다.

생각건대, 자연법적인 자유주의사상과 루소적인 국민주권사상을 바탕으로 하는 결단주의적 통치질서론은 저자의 관점에서 볼 때 많은 문제점을 내포하고 있다고 생각한다. 우선 국민의 기본권에 대한 이해부터 문제가 있다. 하지만 자유주의적 기본권관의 헌법이론상 문제점은 이미 기본권을 논하는 자리에서 충분히 살펴보았기 때문[113]에 여기서는 재론을 피하기로 한다. 다만 국민의 기본권질서는 결코 자유권만의 질서도 아니고, '국가로부터의 자유'만을 그 본질로 하는 것도 아니며, 자유권을 포함한 참정권 등 모든 기본권적인 가치는 사회공동체의 동화적 통합을 달성키 위해서 반드시 실현하여야 되는 공감대적 가치(Konsens)에 해당하는 것이기 때문에, 기본권 그 자체에 이미 국가를 향한 input 기능과 국가창설적인 기능이 내포되고 있다는 점만을 다시 강조해 두고자 한다. 따라서 C. Schmitt가 생각하는 것처럼 기본권은 국가의 권력구조 내지 정치형성적인 구조와는 무관한 비정치적인 성질의 것이 아니고, 오히려 기본권행사에 의해서 비로소 국가의 정치형성적인 구조가 정해지고 영향을 받는 지극히 정치적인 성질을 갖고 있다고 보아야 한다. C. Schmitt 자신이 민주정치를 '여론에 의한 정치'(government by public opinion, Herrschaft der öffentlichen

기본권에 대한 그릇된 이해

---

113) 이 점에 대해서는 방주 528~529 참조.

Meinung)[114]로 이해하면서 여론형성의 중요성과 여론형성을 위한 '의사
표현의 자유'의 민주정치적 기능을 강조하면서도[115] 또 한편 자유권의
비정치적 성격을 거듭 주장하는 것은[116] 확실히 전후모순된 논리가 아
닐 수 없다. 또 C. Schmitt가 자유와 평등을 다같이 민주주의의 내용으
로 이해하는 입장을 비판하면서, '자유'는 인간의 선천적인 것이기 때
문에 정치형성적인 원리와는 무관하고, 오로지 '평등'만이 민주주의의
원리와 불가분의 관련성이 있다고 주장하는 것도[117] 결과적으로는 자
유권중심의 기본권질서의 비정치적 성격을 강조하기 위한 것이지만 역
시 받아들이기 어렵다고 할 것이다. 자유를 무시한 평등의 실현이 무
의미하기 때문이다.[118]

기본권과
통치구조의
단절

　　그뿐 아니라 한 나라의 통치질서는 사회공동체가 일정한 가치적
인 공감대를 바탕으로 정치적인 통합을 이루기 위한 정치적인 생활질
서를 뜻하기 때문에 그것을 전체로서 파악해야지, 그것을 인위적으로
두 구성부분으로 나누어 기본권부분과 통치구조부분을 구별하고, 그
두 구성부분 사이에 인위적인 장벽을 쌓으려는 결단주의적 논리는 통
치질서의 본질과 기능을 무시하고 있다는 비판을 면하기 어렵다고 생
각한다. '헌법의 통일성'(Einheit der Verfassung)[119]이 강조되고 헌법의
동화적 통합기능이 중요시되는 현대의 다원적인 산업사회에서 헌법질
서(통치질서)의 가치실현기능과 통합기능을 약화시키는 결과를 초래하
는 결단주의적 이원질서론이 설득력을 갖기는 어렵다고 느껴진다. C.
Schmit가 자유의 보장을 국가의 목적 내지 과제로 보는 것은 옳지만,
그 자유는 결코 그의 생각처럼 선국가적인 것이기 때문에 국가가 보장
하고 실현하여야 하는 것이 아니고, 자유가 공감대적인 가치에 해당하
는 것으로서 그 자유실현이 곧 사회공동체의 동화적 통합을 달성하는
원동력이 되기 때문이다. 따라서 한 나라의 헌법질서(통치질서)는 그 전

---

114) So *C. Schmitt*(FN 46), S. 246.

115) Vgl. *C. Schmitt*(FN 46), S. 247ff.

116) 가장 대표적인 주장이 '자유는 아무것도 창설할 수 없다'(Die Freiheit konstituiert
nichts.)는 C. Schmitt의 말이다. Vgl. (FN 46), S. 200.

117) Vgl. dazu *C. Schmitt*(FN 46), S. 224ff.(225).

118) 자유와 평등의 상호관계를 대해서는 방주 455 참조.

119) Dazu vgl. *K. Hesse*, Grundzüge des Verfassungsrechts der Bundesrepublik
Deutschland, 14. Aufl.(1984), z.B. S. 26.

체가 공감대적 가치로서의 기본권보장을 통한 사회공동체의 정치적인 통합질서라고 보아야 하기 때문에 기본권과 통치구조는 결코 C. Schmitt의 견해처럼 별개의 지배원리에 따라 별개의 목적을 추구하는 이념적인 단절관계에 있지 않다. 기본권이 한 나라 통치질서의 목적이라면 통치구조는 이 목적달성을 위한 수단 내지 방법에 지나지 않기 때문에, C. Schmitt의 생각처럼 통치구조 그 자체가 어떤 독자적인 목적을 가지는 것은 아니라고 보아야 한다.

법치국가원리와 민주주의원리는 C. Schmitt의 주장처럼 '비정치성' 또는 '정치성'에 의해 징표되는 상이한 본질의 원리가 아니고, 다같이 자유, 평등, 정의와 같은 인류사회의 기본가치, 즉 공감대적 가치를 실현하기 위한 국가창설과 존립의 구조적 원리(Strukturprinzipien)에 속한다고 보아야 한다.120) 다만 법치국가원리는 국가의 모든 기능과 조직을 법우선의 원칙에 따라 형성·조절함으로써 실질적인 자유, 평등, 정의를 실현하려는 국가의 기능형태적 구조원리인 데 반해서, 민주주의원리는 통치권이 특정인 또는 특정계층에 의해서 독점행사되는 것을 배제함으로써 국민주권과 국민의 정치적인 자유와 평등을 실현하기 위한 국가의 통치형태적 구조원리라는 차이만이 있을 따름이다.121) 그렇기 때문에 법치국가원리와 민주주의원리는 같은 목적을 추구하는 이념적·기능적인 연관성을 가지고 있다는 점을 잊어서는 아니 된다. 그렇지 않고 C. Schmitt처럼 법치국가원리를 선재하는 국가권력에 대한 '자유의 보장수단' 내지 '권력의 통제수단'으로 이해하고, 민주주의원리를 치자=피치자의 동일성이론에 따라 국민의 자기통치형태로 파악하는 경우에는 이 두가지 원리 사이에 발생하는 이념적인 대립·갈등관계를 부인할 수 없게 된다. 왜냐하면 국민의 자기통치로 이해되는 민주주의질서 내에서는 국가권력은 결국 자기통치의 표현이요 그 결과를 뜻하기 때문에 국가권력에 대한 '자유의 보장'이라든지 '국가권력의 통제'란 결국 '자기보장'과 '자기통제'에 지나지 않아 논리상 자가당착적인 넌센스에 지나지 않기 때문이다.122) C. Schmitt가 내세우는 이원질서론의 가장 심각한 문제점이다. 물론 C. Schmitt도 이와 같은 문제

법치주의와 민주주의에 대한 그릇된 이해

120) 이 점에 대해서 자세한 것은 방주 326 이하, 423 이하, 432 이하 참조.
121) 방주 433 참조.
122) 이 점에 대해서 자세한 것은 방주 434 참조.

의 심각성을 어느 정도 느끼고 있었기 때문에 두 원리 사이의 양자택일의 문제에서, 때로는 법치국가원리의 우위성[123]을, 또 때로는 민주주의원리의 우위성을[124] 주장하고 있지만 근본적인 해결책을 제시하지는 못하고 있다는 점을[125] 상기할 필요가 있다. C. Schmitt가 두 원리의 합리적인 조화의 길을 찾지 못하는 한 그의 통치질서론은 처음부터 갈등의 이론에 지나지 않는다고 말할 수 있다.

결론적으로 C. Schmitt처럼 한 나라의 통치질서를 이원질서로 보고 통치구조만을 정치질서로 파악해서 통치구조를 국가의 권력작용에 관한 정치형성적인 구조라고 이해하는 시각은 기본권질서와의 사이에서 발생하는 이념적인 긴장·갈등관계를 원만히 해결하지 못하는 한 합리적인 이론으로 받아들이기가 어렵다고 할 것이다.

3. 통합과정론(Integrationslehre)적 헌법관에서 본 통치구조

(1) 통합과정론과 통치구조

829
국가과정론과 통합 구조론

통합과정론(Integrationslehre)의 입장에서 볼 때 '국가'는 사회공동체가 일정한 가치세계를 바탕으로 정치적인 일원체로 동화되고 통합되어가는 끊임없는 과정(Integrationsprozeß)을 뜻한다.[126] 따라서 국가란 결코 국민생활과 유리된 단순한 '법질서'도 아니며, 국민의 단 한 번의 정치적인 결단에 의해서 그 조직이 완성되는 '정적(靜的)인 전체'(ein ruhendes Ganzes)[127]도 아니다. 루돌프 스멘트(Rudolf Smend)가 법실증주의와 결단주의를 비판하면서, '과정으로서의 국가론'(Staat als Integrationsprozeß)을 주장하는 이유도 그 때문이다. 또 Smend의 견해에 따르면 한 나라의 헌법은 단순한 '근본규범' 또는 '국민의 정치적 결단'에 의해서 징표되는 몰가치적인 것이 아니고 동화적 통합의 가치

과정으로서의 국가

---

123) Vgl. *C. Schmitt*(FN 46), z.B. S. 256, 258.

124) Vgl. *C. Schmitt*(FN 46), z.B S. 150.

125) C. Schmitt의 불분명한 입장에 대해서는 vgl. *C. Schmitt*, Grundrechte und Grundpflichten, in: Verfassungsrechtliche Aufsätze, 2. Aufl.(1973), S. 189ff.(191, 193, 194f. 196, 201, 229).

126) Vgl. *R. Smend*, Verfassung und Verfassungsrecht, in: *derselbe*, Staatsrechtliche Abhandlungen und andere Aufsätze, 2. Aufl.(1968), S. 119ff.(136). 통합과정론의 헌법관과 국가관 그리고 기본권관에 대해서 자세한 것은 방주 19 이하와 530 이하를 참조할 것.

127) So *R. Smend*(FN 126).

지표와 방향을 제시해 주는 '생활형식'(Lebensform) 내지 '법질서' (Rechtsordnung)를 뜻하고,[128] 국민의 기본권은 그와 같은 '생활형식' 내지 '법질서'의 바탕이 되는 '가치체계'(Wertsystem) 또는 문화체계 (Kultursystem)를 의미하게 된다.[129] 국가를 동화적 통합의 과정으로 이해하고, 헌법을 동화적 통합의 법질서로, 그리고 기본권을 동화적 통합의 가치지표 내지 실질적인 원동력으로 파악하는 Smend의 관점에서 한 나라의 통치질서는 바로 동화적 통합질서(Integrationsordnung)[130]를 뜻하기 때문에 국가의 통치구조도 결국 사회공동체를 정치적인 일원체로 동화시키고 통합시키기 위한 '통합구조'(Integrationssystem)[131]에 지나지 않게 된다. Smend가 국가기관과 국가기능을 철저하게 통합기관과 통합기능으로 설명하고 있는[132] 이유도 그 때문이다. 또 Smend가 헌법에 의해서 실현하여야 되는 '사회통합의 기능적인 전체' (funktionelle Totalität der Integration)[133]를 강조하면서 단순한 '기술법'인 행정법(Verwaltungsrecht ist technisches Recht)과 달라 '통합법'인 헌법 (Staatsrecht ist Integrationsrecht)[134]은 그 강한 정치적 성격[135] 때문에 부분적인 해석보다는 '전체적인 해석(Auslegung der Verfassung als ganzes)[136]이 필요하다고 역설하는 이유도 그 때문이다. 헌법규정 하나하나의 어의적인 의미보다는 헌법에 의해서 추구하는 '사회통합의 기능적인 전체'의 관점에서 '헌법을 전체로서' 파악할 것을 요구하는 Smend의 주장[137]은 바로 '헌법의 통일성'(Einheit der Verfassung)을 존중할 것을 요구하는 것이라고 볼 수 있다. 이처럼 '헌법을 전체로서' 파악하고 '헌법의 통일성'을 존중해야 한다는 스멘트적인 사상의 세계에서 기본권과 통치구조의 이념적인 단절을 의미하는 결단주의적인 이원질서론이

가치체계

통합법인 헌법

헌법의 통일성

128) Vgl. *R. Smend*(FN 126), z.B. S. 189.
129) Vgl. *R. Smend*(FN 126), S. 119ff.(187ff., 215ff., 260ff.).
130) *R. Smend*(FN 126), S. 187ff.(195).
131) *R. Smend*(FN 126), S. 241.
132) Vgl. *R. Smend*(FN 126), S. 198ff., 205ff., 242ff., 253ff.
133) *R. Smend*(FN 126), S. 239.
134) *R. Smend*(FN 126), S. 236, 251 에서는 '헌법을 정치적인 통합법'이라고 부른다. "Verfassung als politisches Integrationsrecht."
135) So. *R. Smend*(FN 126), S. 238.
136) *R. Smend*(FN 126), S. 233ff.
137) *R. Smend*(FN 126), S. 190.

발 붙일 수 없는 것은 너무나 당연하다. 결국 Smend의 시각에서 한 나라의 헌법질서(통치질서)는 사회공동체의 공감대적 가치로서의 기본 권실현을 통해서 사회공동체의 동화적 통합을 달성키 위한 '통합질 서'(Integrationsordnung)[138]에 해당하기 때문에 통치구조도 자기목적적 인 구조가 아니고 기본권적 가치의 실현을 위해서 마련된 헌법상의 통 합기능적인 메커니즘에 지나지 않는다.[139] 따라서 기본권과 통치구조는 결코 서로 다른 원리의 지배를 받는 단절관계가 아니고 기능적인 상호 교차관계에 있는 것으로서 통치구조란 동화적 통합의 실질적인 원동력 으로서의 기본권을 실현하기 위한 하나의 '정돈된 기능구조'에 불과하 게 된다.[140] Smend가 '정적인 존재'(ein ruhender Bestand)[141]로서의 선 재하는 확정된 국가를 전제로 그에게 일정한 '법률행위적인 의사기 관'(rechtsgeschäftliche Willensorgane)을 붙여 준다는 식의 통치구조관을 배척하는[142] 이유도 그 때문이다.

830

기본권의 목적성과 통치구조의 수단성

헌법상의 기본권이 동화적 통합의 가치적인 방향을 제시하고 기 본권적 가치가 모든 실정법질서의 정당성근거를 뜻한다고 보는[143] Smend의 논리형식에 따르면 기본권적 가치는 동시에 모든 국가작용 의 가치기준이며 그 정당성근거를 의미하게 된다.[144] 따라서 기본권적 가치는 모든 국가작용, 즉 입법·행정·사법작용을 기속하기 때문에 기 본권적 가치를 무시한 국가작용은 당연히 그 정당성을 상실하게 된 다.[145] 기본권의 '목적성'과 통치구조의 수단적인 의미가 여기에서 나 온다. 결단주의에서처럼 기본권과 통치구조의 이념적인 갈등·대립관 계가 성립할 수 없는 이유이다. 국민의 기본권이 단순한 초국가적인

---

138) *R. Smend*(FN 126), z.B. S. 187ff.(195): "Diese Orientierung der Staats-verfassung als einer Integrationsordnung nach dem Integrationswert…" Vgl. ferner S. 242, wo Smend von einer "Verfassung als Integrationsordnung" spricht. R. Smend는 또 헌법을 '통합체계'(Integrationssystem)라고 부르기도 한다. Vgl. z.B. S. 241.

139) Vgl. *R. Smend*(FN 126), S. 89ff.(91).

140) Vgl. *R. Smend*(FN 139), Auch (FN 126), S. 170ff.

141) *R. Smend*(FN 139).

142) Vgl. *R. Smend*(FN 139), auch(FN 126), S. 205.

143) Vgl. *R. Smend*(FN 126), S. 260ff.(265).

144) Vgl. *R. Smend*(FN 126), S. 89ff., 160ff., 215ff., 260ff.

145) Vgl. *R. Smend*(FN 126), S. 89ff.(102).

자유와 권리가 아닌 것처럼, 국가도 국민과는 별도로 선재하는 완성물
이 아니고, 공감대적 가치로서의 기본권실현을 통한 계속적인 통합과
정을 뜻하기 때문에, 국민의 기본권은 국가창설의 실질적인 원동력이
되고 또 국가존립의 가치질서적 당위성을 의미하게 된다. Smend가 기
본권의 본질론에서 '국가를 향한 자유'(Freiheit zum Staat)의 면을 특히
강조하는 이유도 바로 그 때문이다.[146] Smend에 따르면 기본권은 결
국 국가창설의 원동력인 동시에 그 존립에 정당성을 부여하는 일종의
'질서의 원리'를 뜻하기 때문에 모든 국민은 이 기본권적인 질서를 지
키고 존중하여 사회공동체의 동화적 통합을 실현시킬 책임과 의무를
지게 된다. Smend가 기본권에서 '주관적 권리'의 측면보다는 '객관적
질서'의 측면을 강조하고,[147] 또 기본권을 처음부터 전체를 지향한 '초
개인적'이고 '제도적'인 것으로 이해하는 것도[148] 그 때문이다. Smend
처럼 국가지향적인 기본권의 동화적 통합기능을 강조함으로써 기본권
이 가지는 정치적·민주적 의미를 중요시하고, 또 기본권의 질서적 측
면과 제도적 의미를 특별히 부각시키는 경우, 기본권은 이미 개인이
누리는 사적인 자유의 영역만은 아니라고 볼 수 있다. 바로 이 곳에
'기본권의 양면성'[149]이 강조되는 이론적인 단면이 있다.

어쨌든, Smend에게 있어서 헌법상의 통치구조는 기본권과 유리
된 단순한 권력구조가 아니고, 어디까지나 기본권적 가치를 실현하기
위해서 마련된 헌법상의 기능적·제도적 메커니즘이기 때문에, 기본권
적 가치는 통치권행사의 가치지표이다. 민주주의에 대한 동일성이론의
입장에서 국민의 '주권적인 결단'(souveräne Dezision) 그 자체만을 통
치구조의 중심문제로 생각하는 C. Schmitt의 논리를 비판하면서, '결
단' 그 자체보다는 '결단'의 '과정'과 '방법'을 더욱 본질적인 문제로
파악하는 Smend의 시각은[150] 통치권능의 자기목적적인 행사를 배척하
고, 그 가치지향적인 동화적 통합기능을 강조하는 것이라고 평가할 수
있다.

국가를 향한
자유

기본권의
양면성

831
결과보다
절차와
과정의
중요성 강조

---

146) Vgl. *R. Smend*(FN 126), S. 89ff.(92f.), 260ff.(265ff.), 309ff.(316, 318).
147) Vgl. *R. Smend*(FN 126), S. 309ff.(318f.).
148) Vgl. *R. Smend*(FN 126), S. 89ff.(90ff., 101ff.), 260ff(263ff.), 309ff.(316, 318).
149) '기본권의 양면성'에 관해서 자세한 것은 앞의 방주 551~553 참조할 것.
150) Vgl. *R. Smend*(FN 126), S. 186.

이와 같이 헌법질서(통치질서)의 동화적 통합기능을 특히 강조하는[151] Smend의 사상적 세계에서는 단순한 '기관중심'의 통치구조란 있을 수 없고, 통치구조는 어디까지나 기능 중심으로 이해하여야 한다. Smend가 '통치기능'의 '통합기능적 성격'을 강조하면서 최상의 통합효과(Optimum an Integrationswirkung)[152]를 나타낼 수 있는 기능의 분배와 기관의 설치를 요구하고[153] 있는 것도 그 때문이다. Smend에 따르면 '통치기관'의 '동화적 통합효과'(Integrationswirkung der Organe)는 물론 '통치기관'을 구성하는 인적인 요소에 의해서도 나타날 수 있지만[154] 그보다는 '통치기관의 구성과정'(Bildungsvorgang der Organe)과 '통치기관의 기능양태'에 따라 크게 좌우된다고 한다.[155] 그가 선거의 결과보다는 선거방식과 선거과정을, 그리고 통치기능의 형식적인 합법성보다는 그 절차와 방법을 더욱 중요시하는 이유도 그 때문이다.[156]

832

법가치적·행정가치적·통합가치적 영역

이러한 입장에 서서 Smend는 헌법상의 권력분립의 메커니즘도 동화적 통합의 기능적인 측면에서 이해하고 있다는 점을 주목할 필요가 있다. 즉, 그에 따르면 국가권력을 입법·행정·사법의 셋으로 나누어서 이를 각각 다른 국가기관에 맡김으로써 권력 상호간의 견제와 균형을 통해 국민의 자유와 권리를 보호한다는 전통적인 권력분립이론은 그 이론적인 중점이 '권력현상'에 있기 때문에 '통합현상'으로서의 국가기능을 설명하는 데 부족한 점이 있다고 한다.[157] 따라서 '통합현상'을 중심으로 평가할 때에는 국가권력을 단순히 그 작용형식에 따라 입법, 행정, 사법의 셋으로 나누는 것보다는, 각 권능작용이 추구하는 통합기능과 통합가치에 따라 국가작용을 '법가치적 영역'(Reich des Rechtswerts), '행정가치적 영역'(Reich des Verwaltungswerts), '통합가치적 영역'(Reich des Integrationswerts)의 셋으로 나누고, 그 각 영역에서 행해지는 각 기능의 특수성과 그 기능의 상호관계를 밝히는 것이 더

---

151) Vgl. *R. Smend*(FN 126), z.B. S. 192 bis 196 u. passim.

152) *R. Smend*(FN 126), S. 249.

153) Vgl. *R. Smend*(FN 126), S. 198ff., 205ff., 242ff.(246), 200: "…Schema primärer Funktionen und diesen als dann dienender Organe…"

154) R. Smend는 이것을 '인격적인 통합'(persönliche Integration)이라고 부른다. Vgl. (FN 126), S. 142ff., 200.

155) Dazu vgl. *R. Smend*(FN 126), S. 200, 201.

156) Vgl. *R. Smend*(FN 126), S. 200, 201, 202 und auch S. 60ff., 68ff., 500ff.

157) Vgl. *R. Smend*(FN 126), S. 205ff.(213).

필요한 일이라고 한다.[158] 이와 같은 관점에서 Smend는 입법기능
(Legislative)과 집행기능(Exekutive)의 정치적인 상호역학관계에 의해서
나타나는 정치적 통합기능,[159] 법가치적 영역의 주체로서의 입법기능과
사법기능, 그리고 행정가치적인 영역에 속하는 '기술적인 복지증진작
용'(technische Wohlfahrtsförderung)으로서의 행정기능 등을 구별한
다.[160] 그러면서 대부분의 국가기능은 반드시 어느 하나의 '가치영역'
에만 속하는 것이 아니기 때문에 다른 가치영역의 목적달성을 위해서
도 행해질 수는 있지만, 기능고유의 '가치영역'을 완전히 무시해서는
아니 되고, 기능고유의 가치영역을 지나치게 이탈하는 경우에는 이른
바 '형식오용'(Formenmißbrauch)의 문제가 생긴다고 한다.[161] 국가작용   형식오용
의 영역을 '통합가치적 영역'·'법가치적 영역'·'행정가치적 영역'의
셋으로 나누고, 입법작용과 정치적 집행작용을 '통합가치적 영역'에,
입법작용과 사법작용을 '법가치적 영역'에 그리고 고유한 행정작용을
'행정가치적 영역'에 소속시키면서 그 각 작용에서 나타나는 통합효과
의 현실성을 중요시하는 Smend의 견해는 확실히 전통적인 권력분립
과 통치기능의 이해에 대한 새로운 접근방법임에는 틀림없다고 할 것
이다. 결국 그의 생각에 따르면 '사법작용'과 '고유한 행정작용'은 각각
제 1 차적으로 '법가치적 영역'과 '행정가치적 영역'에 속하는 것으로서
적어도 직접적으로는 '통합가치적 영역'과는 관계가 없는 것이 된다.
Smend가 사법작용은 '통합가치'에 기여한다기보다는 '법가치'에 기여하
는 것이라고 강조하는 것도[162] 그 때문이다. Smend의 논리형식에서 특
징적인 것은 그가 '입법작용'을 '통합가치'와 '법가치'의 두 가지 영역의
기능으로 평가한다는 점과 '정치적 집행작용'(=통치작용), 그리고 '입법
작용'과 '정치적 집행작용'의 상호관계에도 커다란 통합가치적인 의미를
부여하고 있다는 점이다. Smend가 특히 '독재권'(Diktaturgewalt)에 대
해서 그것을 C. Schmitt처럼 '결단적 권력'(Dezisionsgewalt)[163]으로 보

---

158) Vgl. dazu *R. Smend*(FN 126), S. 205ff.(206ff., 214).

159) *R. Smend*(FN 126), S. 213.

160) Vgl. *R. Smend*(FN 126), S. 213.

161) Vgl.(FN 160).

162) Vgl. *R. Smend*(FN 126), S. 208: "Die Justiz dient nicht dem Integrations-,
sondern dem Rechtswert."

163) Vgl. dazu *C. Schmitt*, Die Diktatur, 3. Aufl.(1964), insbes. S. 130ff.(137ff.).

기보다는 그 '통합가치'적 의미를 강조하고 있는 것도[164] 같은 맥락에서 이해할 수 있다고 본다. 또 Smend가 헌법기관의 기능적인 상호관계에서 통합효과와 통합가치를 강조하는 점이라든지,[165] C. Schmitt와는[166] 달리 '국회해산제도'도 국민의 정치결단 내지 정치참여를 보장한다는 시각에서보다는 그 '통합가치'적인 측면에서 설명하려고[167] 하는 것 등도 같은 뜻이라고 볼 수 있다. 아무튼 Smend의 관점에서 볼 때 국가의 통치기능 중에서도 그 정치적인 성격이 강하면 강할수록 그 통합가치적인 의미가 중요시되기 때문에 정치색이 짙은 통치기능일수록 그 작용에 의한 '통합효과'(Integrationswirkung)의 면이 충분히 고려되어야 한다는 결론에 이르게 된다.

결론적으로 Smend의 헌법관에 따르면 한 나라의 헌법질서(통치질서)는 사회공동체의 동화적 통합을 달성하기 위한 동화적 통합질서에 해당하고 사회공동체의 동화적 통합은 그 사회의 저변에 깔려 있는 공감대적 가치의 실현에 의해서만 기대할 수 있는 것이기 때문에, 기본권의 이름으로 징표되는 그 공감대적 가치의 실현은 한 나라 통치질서의 가장 핵심적이고 중심적인 과제에 속하게 된다. 따라서 헌법상의 통치구조는 결코 기본권적인 가치와 분리해서 생각할 수 없고, 그것은 결국 기본권적 가치의 실현을 위해서 마련된 헌법상의 기능적·제도적 메커니즘에 지나지 않게 된다.

(2) 비   판

833
스멘트의
이론적 공적

한 나라의 헌법질서(통치질서)를 단순한 '법정립질서'로 이해하면서 통치구조를 기본권과는 무관한 '자생적 권능구조'라고 설명하는 Kelsen적인 법실증주의는 물론이고, 통치질서를 '이원질서'로 파악한 나머지 기본권과 통치구조의 이념적 단절관계를 전제로 통치구조를 국가의 권력작용에 관한 정치형성적 구조라고 설명하는 C. Schmitt적인 결단주의를 극복하고, 통치질서의 사회통합적인 목적과 기능을 특별히 부각시킨 Smend의 통합과정론은 분명히 그 이론적인 참신성을 부인할 수 없다고 생각한다. Smend적인 통합과정론의 입장에서는 국민과

---

164) Vgl. *R. Smend*(FN 126), S. 212f.
165) Vgl. R. *Smend*(FN 126), S. 246.
166) Dazu vgl. *C. Schmitt*, Verfassungslehre, 4. Aufl.(1965), S. 353ff.
167) Vgl. *R. Smend*(FN 126), S. 252.

유리된 '국가목적적 국가'와 단순한 '힘'을 배경으로 하는 '관권구조'로
서의 '통치구조'란 처음부터 상상하기가 어렵다. 또 국민의 기본권적
가치의 실현과는 동떨어진 치자＝피치자(동일성이론)의 민주주의원리만
에 충실한 '정치형성적 구조'로서의 통치구조도 그 이론적인 설득력을
갖기 어렵다. 통치질서는 바로 사회공동체의 정치적인 '통합질서'이지
만 사회공동체의 정치적인 통합은 관권과 힘을 배경으로 하는 물리적
인 통합이 아니고, 사회공동체 내의 공감대적 가치의 실현을 바탕으로
하는 가치지향적이고 자생적인 통합을 뜻한다고 강조하는 Smend의
논리는 이미 기본권과 통치구조의 이념적·기능적 불가분성을 전제로
하는 이론이라고 볼 수 있다. 일정한 '가치세계'(Wertwelt)를 촉매로 한
일체감 내지 연대의식의 조성에 의한 가치지향적이고 자주적인 동화적
통합은 Smend의 말대로[168] 가치실현에 봉사하는 국가기관과 국가기능
에 의해서 비로소 가능해지기 때문이다. Smend가 국가기관과 국가기
능의 통합촉진적 의미를 되풀이 강조하는 것도 따지고 보면 통치구조
의 통합기능구조적인 성격을 분명히 해 두려는 의도에서 나온 것이라
고 평가할 수 있다.

기본권과
통치구조의
불가분성

　아무튼 Smend의 사상적 세계에서 헌법상의 통치구조는 법실증주
의 또는 결단주의에서와는 달리 기본권적 가치의 실현에 봉사하는 일
종의 봉사적인 권능구조로서의 의미를 갖기 때문에, 결코 기본권적 가
치를 침해하는 권능행사가 정당화될 수 없게 된다. 통치권행사의 기본
권적 한계가 바로 그로부터 나온다. 통치권의 '자생적 정당성'과 통
치권행사의 '형식적 합법성'만을 중요시하는 법실증주의와 달리, 또 통
치권과 통치권행사의 '민주적 정당성'만을 중요시하는 결단주의와 달
리, Smend의 통합과정론에서는 통치권의 '민주적 정당성'뿐 아니라
통치권행사의 기본권적 한계를 보장하기 위한 '절차적 정당성'(Ver-
fahrenslegitimation)이 강조되는 이유도 그 때문이다. 이와 같은 시각에
서 볼 때 Smend에게 있어서 통치구조의 문제는 궁극적으로 기본권실
현을 보장하기 위한 통치권행사의 제한적인 권능구조의 문제로 집약된
다고 볼 수 있다. 이처럼 Smend가 기본권과 통치구조의 이념적·기능
적 상호관계를 설득력 있는 논리로 부각시킴으로써, 헌법질서의 전체

통치권
행사의
절차적
정당성

168) Vgl. *R. Smend*(FN 126), S. 198ff., 205ff.

적인 연관성을 분명히 밝힌 점은 그의 큰 이론적인 공적이라고 보아야
할 것이다.

834
스멘트
이론의
문제점

　그렇지만 Smend의 통치질서에 관한 설명은 그의 뛰어난 논리성
에도 불구하고 다음 세 가지 점에서 다소 문제가 있다고 느껴진다.
Smend가 한 나라의 통치질서를 통합질서로 이해하고 기본권실현을
통한 동화적 통합을 강조하는 것은 좋지만, Smend의 사상적 세계에서
는 기본권의 '주관적 권리'로서의 성격이 많이 탈색되고 오히려 그 '객
관적 규범질서'로서의 성격과 '제도적' 성격이 지나치게 큰 비중을 차
지하게 되어 기본권이 마치 '권리'로서보다는 '의무'와 '책임'의 징표인
것처럼 인식될 가능성이 있다는 점이다. 또 기본권을 국가창설적인 민
주적 기능과 input 기능면에서 주로 설명하고 있기 때문에 기본권의
사적·사회적 기능이 도외시된 채 오로지 그 정치적 기능만이 기본권
의 전체기능인 것처럼 착각을 불러일으킬 위험성이 있다는 점이다. 그
러나 이 두 가지 Smend적인 기본권이론의 문제점은 이미 기본권을 논
하는 자리에서[169] 충분히 다루었기 때문에 여기서는 더 이상의 언급을
피하기로 한다.

　Smend의 통치구조에 관한 논리형식에서 세 번째로 문제가 되는
것은 그의 권력분립에 대한 이해이다. Smend의 지적대로 고전적인 권
력분립이론이 현대자유민주국가의 복합적이고 다원적인 통치기능과 권
능간의 율동적인 상호관계를 설명하는 데 부족한 점이 있는 것은 사실
이다. 그렇지만 Smend처럼 국가작용을 '통합가치'·'법가치'·'행정가
치'의 관점에서 평가함으로써 '법가치'와 '행정가치' 영역에 속하는 것
으로 분류되는 '사법작용'과 '고유한 행정작용'의 통합가치적인 의미를
처음부터 무시 내지 부인하는 것이 과연 Smend가 그처럼 강조하고 있
는 통치구조의 통합기능적 성격과 조화될 수 있겠는가의 의문이 생기
지 않을 수 없다. '사법작용'이 실질적 정의의 발견을 통해 '법가치'의
실현에 기여하는 국가작용임에는 틀림없지만, 그렇다고 해서 Smend처
럼 '사법작용'을 '통합가치'와는 무관한 '법가치영역'의 문제로만 평가
하는 것은 문제가 있다고 느껴진다. 더욱이 공감대적 가치로서의 국민
의 자유와 권리는 아무리 통치구조의 수단적 성격을 강조한다 하더라

---

169) 스멘트적인 기본권관의 문제점에 대해서는 앞의 방주 543 참조.

도 권력현상에 의해서 침해되기 마련이고, 그 때마다 사법적인 권리구
제절차에 따라 자유와 권리의 제 모습이 되찾아지지 않는다면, 사회공
동체의 가치지향적인 동화적 통합을 기대하기 어렵다고 생각할 때 '사
법작용'은 통합질서로서의 통치질서 내에서 통합가치적인 면에서도 상
당히 중요한 비중을 차지하고 있다고 보아야 할 것이다. '고유한 행정
작용'도 그것이 Smend의 말대로 '기술적인 복지증진작용'으로서의 성
격을 갖는 것은 사실이지만 그렇다고 해서 '복지증진작용'의 통합가치
적인 의미를 무시하는 것은 옳지 않다고 생각한다. 국민생활의 대부분
영역이 고유한 행정작용에 의해서 규율된다는 점을 생각할 때, '고유한
행정작용'이 기본권실현과 '통합가치'의 면에서 중성적인 영역이라고
보기는 어렵다. 물론 Smend 스스로도 국가작용이 반드시 어느 하나의
가치영역에만 전속되는 것은 아니라는 점을 강조함으로써 모든 국가작
용의 가치교차적인 의미를 인정은 하고 있지만 그의 이른바 '형식오용
의 논리'가 보여 주듯이 Smend에게 있어서 국가작용의 가치영역적인
분류는 크게 융통성이 있는 것은 아니라고 생각한다. Smend가 '정치
적인 집행작용'과 '입법작용'의 '통합가치'적인 의미를 부각시키고 입
법작용의 '법가치적' 의미를 동시에 내세움으로써 이들 작용의 '기본권
기속'과 '법기속효과'를 강조하는 것은 이론적인 탁견이라고 볼 수 있
지만, '사법작용'과 '고유한 행정작용'에 내포되고 있는 '통합가치'의
면을 과소평가하고 있는 것은 분명히 Smend적인 이론체계 내의 불협
화음이라고 생각한다.

결론적으로, Smend의 통치구조에 관한 이해는 기본권과 통치구
조의 이념적·기능적 불가분성과 통치구조의 통합기능을 위한 구조로
서의 성격으로 징표되는데, Smend가 경시하고 있는 기본권의 '주관적
권리'의 면과 그 '사적·사회적 기능'의 면을 그의 이론체계 내에서 적
절히 소화시키고, 국가작용 중에서 '사법작용'과 '고유한 행정작용'이
간직하고 있는 '통합가치'를 그의 가치중심의 권력분립이론에서 올바
르게 평가한다면 헌법질서의 이해에 크게 유익한 길잡이가 될 수 있는
이론이라고 생각한다.

제 2 절 자유민주적 통치구조의 근본이념과 기본원리

835
물리적인 힘
내지 다수의
힘에 의한
통치의 한계

통치구조의 본질과 기능에 대한 이해가 헌법관에 따라 현저한 차이가 있다는 것은 앞에서 살펴본 바와 같거니와 저자의 관점에서 볼 때 현대자유민주국가의 통치질서 내에서 통치구조는 결코 '자생적 권능구조'도 아니며, 또 단순한 '정치형성적 구조'도 아니라고 생각한다. 현대 자유민주국가의 통치질서를 일종의 '통합질서'라고 이해하는 저자로서는 기본권 위에 군림하는 힘의 '관권구조'나 기본권과 유리된 '자기통치'의 '정치형성적 구조'를 통치질서의 핵심적인 구성부분으로 받아들이기는 어렵다. 힘의 '관권구조'나 단순한 '정치형성적 구조'는 통치권행사를 '물리적인 힘' 또는 '다수의 힘'으로 일시적으로 뒷받침해 줄 수는 있을지 몰라도 사회공동체의 동화적 통합이라는 통치질서의 궁극적인 목적달성과는 상당한 거리가 있다고 느껴지기 때문이다. 한 나라의 통치질서가 추구하는 동화적인 분위기 속의 사회평화와 사회안정은 사회구성원의 가치적 일체감 내지 정치적 연대의식을 떠나 단순히 물리적 내지 '다수'의 힘만으로 성취할 수는 없다. 선진자유민주국가가 Konsens를 바탕으로 하는 통치질서를 마련하고 Konsens에 입각한 사회통합을 모색하는 것도 그 때문이다.

이같은 관점에서 현대자유민주국가의 통치질서를 단순한 자기목적적 '법정립질서' 또는 법치국가원리와 민주주의원리를 실현하기 위한 '이원질서'라고 이해하는 법실증주의와 결단주의의 이론은 이미 그 시대성을 상실했다고 볼 수 있다. 이들 이론은 비록 그 논증방법은 다르다 하더라도 다같이 전근대적인 '힘의 통치'를 그 이론적인 바탕으로 하고 있기 때문이다. 하지만 자유민주적 통치구조에서는 '관권'이나 '힘'의 요소가 결코 그 근본이념으로 간주될 수는 없다. '힘의 통치'가 결과적으로 우리 인류에게 어떤 비극을 가져다 주었는지를 현대사가 웅변으로 말해 주고 있다. 이슨제(J. Isensee)가 자유민주국가를 '절제의 나라'(ein Staat des Maßes)라고 부르면서 절제 있는 '힘의 행사'(maßvolle Ausübung der Macht)를 자유민주적 통치질서의 주요한 덕목으로 내세우는 것도[170] '힘

---

170) Dazu vgl. *J. Isensee*, Die Säkularisierung der Kirche als Gefährdung der

의 통치'가 자유민주적 통치질서와 조화될 수 없다는 점을 강조하는
것이라고 볼 수 있다.

이와 같은 당위적인 인식에 입각해서 '관권'이나 '힘'의 요소를 자
유민주적 통치구조의 근본이념으로 받아들일 수 없다면 자유민주적 통
치구조를 지배하는 근본이념과 기본원리는 과연 무엇이겠는가? 생각건
대, 자유민주적 통치구조의 중심적이고 기본적인 과제는 무엇보다도
모든 권능이 기본권적 가치의 실현을 위해서 행사되도록 '권능의 기본
권기속'(Grundrechtsbindung der Gewalt)을 제도화하고, 통치질서 내에
서 행사되는 모든 권능의 '민주적 정당성'(demokratische Legitimation der
Gewalt)을 확보하고, 권능의 남용이나 악용이 불가능하도록 권능행사에
대한 합리적이고 효율적인 통제수단(effektiver Kontrollmechanismus)을 마
련하는 것이라고 볼 수 있다. 결국 '기본권실현'(Grundrechtsverwirklichung),
'민주적 정당성'(demokratische Legitimation), '권력통제'(Machtkontrolle)
의 세 가지 근본이념과 기본원리에 의해서 규율되고 운용되어야 하는
것이 자유민주적 통치구조이다. 아래에서 이를 좀더 구체적으로 살펴
본 다음 이같은 근본이념 내지 기본원리가 우리 현행헌법에 어떻게 표
현되고 있는지 알아보기로 한다.

836
기본권
실현 · 민주
적 정당성 ·
권력통제

1. 자유민주적 통치구조의 기본과제

자유민주주의를 이념으로 하는 현대의 자유민주국가에서 그 통치
구조는 결코 자기목적적인 권능구조가 아니고 다양한 이해관계를 내포
하고 있는 사회공동체를 일정한 공감대적 가치의 실현을 통해서 동화
시키고 통합시키기 위한 제도적인 장치에 해당하기 때문에 사회의 정
치적인 통합을 실현시켜야 하는 중요한 기능적인 과제가 주어진 권능
구조이다. 통치구조에 주어진 이와 같은 기능적인 과제를 해결하기 위
해서 자유민주적 통치구조가 반드시 존중하고 지켜야 하는 근본이념
과 기본원리가 있는데, 통치권의 '기본권기속성'(Grundrechtsbindung
der Herrschaftsgewalt), '민주적 정당성'(demokratische Legitimation der
Herrschaftsgewalt),[171] 그리고 통치권행사의 '절차적 정당성'(Verfahrens-

837
통치권의
기본권기속
성 · 민주적
정당성 · 절
차적 정당성

Säkularität des Staates, in: G. W. Hunold/W. Korff(Hrsg.), Die Welt für mor-
gen, 1986, S. 164ff.(174).

171) '민주적 정당성'의 개념은 독일어 "demokratische Legitimation"의 우리말 번역으로

legitimation der Herrschaftsgewalt)의 요청이 바로 그것이다. 이를 나누어서 검토하기로 한다.

(1) 통치권의 기본권기속성

838
기본권에
기속되는
권능행사

　자유민주적 통치구조의 제 1 차적인 과제는 국가 내의 모든 권능이 단순한 '권능목적' 때문에 있는 것이 아니고 Konsens에 바탕을 둔 기본권적 가치의 실현을 위해서 존재하기 때문에 모든 권능행사는 언제나 기본권에 기속된다는 통치권의 '기본권기속성'을 확보할 수 있는 제도적인 장치를 마련하는 것이다. 한 나라의 통치구조가 기본권실현을 통한 사회통합을 위해서 마련된 헌법상의 기능적·제도적 메커니즘이라는 관점에서 나오는 당연한 결론이다. 따라서 한 나라 통치질서의 가치지표를 뜻하는 국민의 기본권을 도외시한 채 단순히 통치기관의 기능적인 시각에서 통치구조를 이해하는 것은 옳지 못하다. 통치구조는 기본권에 의해서 징표되는 통치질서의 가치지표를 실현함으로써 사회의 정치적인 통합을 이루기 위한 수단에 지나지 않기 때문에 통치질서 내의 모든 권능행사는 언제나 기본권적 가치의 실현에 초점이 맞추어져야 한다. 즉, 통치질서 내의 모든 권능은 어디까지나 기본권실현의 수단이고 기본권에 봉사하는 기능에 지나지 않기 때문에 통치권능은 절대로 '자기목적적'인 것일 수 없다. 자유민주적 통치구조에서 통치권능의 '기본권기속성'의 원리가 중요시되는 이유도 그 때문이다. 따라서 통치구조의 주요내용인 통치기관의 조직과 권한분배, 권능행사의 방법과 절차, 통치기관 상호간의 관계를 규율하는 경우에는 통치권의 '기본권기속성'의 원리가 실현될 수 있는 제도적인 장치를 찾아 내는 것이 중요하다.

(2) 통치권의 민주적 정당성

839
　자유민주적 통치구조는 통치권의 '기본권기속성'뿐 아니라 통치권

서 때로는 '국민적 정당성'이라는 말로도 번역할 수 있다고 생각한다. 그러나, 민주주의정치이념과의 관련성을 분명히 할 필요가 있을 때에는 '국민적 정당성'보다는 '민주적 정당성'이라는 용어를 사용하는 것이 더 적절하다고 느껴진다. 왜냐하면 Hesse의 말대로 Legitimität(정당성)의 논리는 때로 독재정치의 '탈법통치' 내지 '불법통치'를 합리화하기 위한 목적으로 오용될 수도 있는데 그 때마다 정치적 후진국에서는 흔히 국민의 이름을 내세운 '국민적 정당성'의 용어가 난무하기 때문이다. 그러나, 이 책에서는 두 가지 용어를 동일한 내용으로 혼용하는 경우가 있을 것임을 밝혀 둔다. Vgl. K. Hesse, Grundzüge(FN 119), RN 197.

의 '민주적 정당성'의 요청을 충족시킬 수 있는 것이어야 한다. 통치권 국민의
에 관한 '민주적 정당성'의 요청이란 통치권의 창설은 물론이고 국가 공감대에
내에서 행사되는 모든 권능이 언제나 국민의 Konsens에 바탕을 두어 뿌리를 둔
야 할 뿐 아니라, 국민의 Konsens에 귀착될 수 없는 통치권행사는 정 통치권능
당화될 수 없다는 원리이다. 통치권이 필요로 하는 '민주적 정당성'은
그러나 단순히 통치권의 창설과 존속에 관한 당위적 전제조건만은 아
니다. 아무리 통치권생성의 정당성이 인정된다 하더라도 통치권능을
행사하는 통치기관의 헌법적 권능이 그 기관이 바탕으로 하고 있는
'민주적 정당성'의 크기와 일정한 균형관계를 유지하지 못하는 경우에
는 통치권의 참된 '민주적 정당성'은 인정하기가 어렵다. 통치기관의
선출 내지 구성방법과 그 통치기관에게 주어지는 헌법적 권능 사이에
는 불가분의 상관관계가 성립할 수밖에 없는 이유도 그 때문이다. 통
치기관이 누리는 '민주적 정당성'의 크기는 그 기관의 선출 내지 구성
방법에 따라 정해지고, 큰 '민주적 정당성'에 바탕을 둔 통치기관에게 민주적
는 그에 상응하는 큰 헌법적 권능이 주어지는 것이 바로 '민주적 정당 정당성의
성'의 요청이다. 원칙적으로 국민의 직접선거에 의해서 선출된 통치기 질과 권능의
관은 간접선거에 의해서 선출된 통치기관보다는 그 '민주적 정당성'이 크기
크다고 보아야 한다. 국민의 직접선거에 의한 대통령의 권한이 간접선
거에 의한 대통령의 권한보다 클 수 있는 이유도 그 때문이다. 결국 현
대자유민주국가에서 통치권이 필요로 하는 '민주적 정당성'은 통치권
창설(생성)의 '민주적 정당성'과 통치권의 양에 관한 '민주적 정당성'을
함께 포괄하는 것이라고 볼 수 있다.

어쨌든 자유민주국가에서는 통치권이 '민주적 정당성'에 뿌리를 민주적
두고 있어야 하기 때문에 통치권의 창설과 통치권의 행사가 '민주적 정당성 위한
정당성'에 의해서 뒷받침될 수 있는 여러 가지 제도적 장치가 마련되 제도
어야 한다. 선거제도와 국민투표제도 등은 그 대표적인 예이다. 또 언
론·출판·집회·결사의 자유와 같은 의사표현의 자유를 통한 '계속적
인 국민투표'[172](das tägliche Plebiszit)도 '민주적 정당성'의 시각에서 중
요한 input 기능을 갖게 된다. 나아가 참정권을 비롯한 여러 가지 기본

---

172) So auch *R. Smend*(FN 126), S. 182; *A. Weber*, Die Krise des modernen
Staatsgedankens in Europa, 1963, S. 35f.

권의 행사도 단순한 방어권적 기본권만의 문제가 아니고 통치권이 갖추어야 하는 '민주적 정당성'의 근원이 됨은 물론이고, '민주적 정당성'의 '신진대사'(Erneuerung der demokratischen Legitimation)[173]를 촉진하는 중요한 input 기능을 갖게 된다. 기본권과 통치구조의 이와 같은 기능적인 상호교차관계를 도외시한 채 통치질서를 기본권과 통치구조의 이원질서로 이해하는 결단주의를 받아들일 수 없는 이유도 그 때문이다. 또 국민의 기본권과는 무관하게 통치권이 자생적으로 생성·존속할 수 있다고 생각하면서 통치질서를 '자기목적적인 강제질서'로 이해한 나머지 통치구조의 '민주적 정당성'의 요청을 무시하는 법실증주의적 헌법관이 배척될 수밖에 없는 이유도 여기에 있다.

(3) 통치권행사의 절차적 정당성

840
권능행사의
효율적
통제수단

자유민주적 통치구조는 통치권행사의 '절차적 정당성'의 요청을 충족시킬 수 있는 제도적인 장치를 마련해야 한다. 즉, 권능의 남용 내지 악용이 불가능하도록 권능에 대한 합리적이고 효율적인 통제수단을 마련함으로써 통치권의 행사가 그 행사방법과 행사과정의 측면에서도 정당성을 가질 수 있도록 적절한 권력통제장치를 마련해야 한다. 아무리 '민주적 정당성'의 요청을 충족시키는 통치권이라 하더라도 통치권은 현실적으로 권력행사를 그 본질로 하기 때문에 통치권의 남용 내지 악용으로 인해서 생길 수 있는 권력의 '독재화' 내지 '폭력화' 현상을 막을 수 있는 제도적인 장치가 반드시 필요하다. 다시 말해서 통치권행사에 대한 효율적인 견제·감시장치를 마련함으로써 통치권이 그 '기본권기속성'을 잃지 않도록 해야 한다. 자유민주적 통치구조에서 권능의 분산과 권능간의 균형관계, 권능에 대한 견제·감시수단의 형평성, 그리고 통제수단의 효율성 등이 강력히 요구되는 이유도 그 때문이다. 통치권의 '기본권기속성'의 요청은 통치권행사의 '방법'과 '과정'이 정당성을 가질 수 있도록 적절한 제도적인 대책이 강구되는 경우에만 비로소 그 실효성을 기대할 수 있다. 따라서 자유민주적 통치구조가 필요로 하는 권력통제의 메커니즘은 통치권행사에 관해서 이와 같은 '방법과 과정의 정당성' 즉 '절차적 정당성'을 보장하기 위한 불가결한 제도적인 장치이다.

---

173) Vgl. z.B. *N. Luhmann*, Legitimation durch Verfahren, 1969, passim.

(4) 결   론

자유민주주의를 지향하는 현대국가의 통치구조는 궁극적으로 통치권의 '민주적 정당성'과 통치권행사의 '절차적 정당성'을 최대한으로 확보함으로써 통치권의 '기본권기속성'을 지속적으로 지켜 나가게 하기 위한 제도적인 장치라고 볼 수 있다. 따라서 통치구조상의 여러 가지 제도, 예컨대 대의제도·권력분립제도·선거제도·헌법재판제도를 비롯해서 통치구조상의 여러 가지 기구와 권능 등은 결국은 통치권의 '기본권기속성'의 요청을 충족시키기 위한 제도요 기구요 기능으로서의 의미와 성격을 갖게 된다. 이와 같은 시각에서 통치구조를 자기목적적 '관권구조'로 이해하는 법실증주의적 사고방식은 물론이고, 통치권의 '민주적 정당성'만을 중요시한 나머지 그 '기본권기속성'을 소홀히 한 채 통치권행사의 '방법과 과정의 정당성'(=절차적 정당성)을 경시하는 결단주의적 입장도 비판을 면할 수 없다고 할 것이다.

결론적으로 자유민주적 통치구조는 통치권의 '기본권기속성'과 '민주적 정당성', 그리고 통치권행사의 '절차적 정당성'의 세 가지 요청을 충족시킬 수 있도록 제도화하여야 한다. 또 자유민주적 통치질서 내에서 통치구조상의 여러 가지 제도와 기구와 기능을 해석하고 운용하는 경우에도 언제나 자유민주적 통치구조의 이와 같은 근본이념과 기본원리가 존중되도록 특별한 주의가 필요하다. 제도적으로 자유민주적 통치구조의 기본적인 요건을 갖추지 못했거나, 운영면에서 자유민주적 통치구조의 근본이념과 기본원리를 무시하는 통치질서는 사회공동체의 동화적인 통합이라는 헌법의 목표를 달성하기가 어렵다고 할 것이다.

통치구조에 관한 이와 같은 인식에 입각해서 아래에서는 우리 현행헌법에 자유민주적 통치구조의 근본이념과 기본원리가 어떻게 표현되고 있는지를 개괄적으로 살펴보기로 한다.

841
기본권
실현수단인
통치구조

2. 우리 현행헌법상의 통치구조와 그 문제점

우리 현행헌법은 현대자유민주국가의 헌법질서에서 흔히 볼 수 있는 바와 같이 한편 국민의 자유와 권리를 기본권으로 보장하는 한편, 국가의 권능기구와 권능에 관한 통치구조적인 메커니즘을 마련해

842
자유민주적
통치구조의
형태

놓고 있다. 그런데 우리 헌법질서 내에서 기본권보장의 의의와 성격이
어떤 것인지에 대해서는 이미 기본권을 논하는 자리에서[174] 자세히 언
급한 바 있다. 즉, 우리나라 국민은 '조국의 민주개혁과 평화적 통일의
역사적 사명'(동화적 통합의 당위성)에 입각해서 '자유민주적인 기본질
서'(동화적 통합의 방향)로의 동화적 통합을 달성하기 위해서 '정치, 경
제, 사회, 문화의 모든 영역에 있어서 각인의 기회를 균등히 하고, 능
력을 최고도로 발휘하게 하며, 자유와 권리에 따르는 책임과 의무를
완수하게 하여'(동화적 통합의 방법) '안으로는 국민생활의 균등한 향상
을 기하고 밖으로는 항구적인 세계평화와 인류공영에 이바지함으로써
우리들과 우리들의 자손의 안전과 자유와 행복을 영원히 확보'(동화적
통합의 목표)할 수 있는 자유민주적인 통치질서를 마련한 것이라고 생각
한다. 따라서 자유민주적 통치구조의 세 가지 근본이념과 근본원리가
우리 헌법질서에도 적용된다고 할 것이다. 이제 그 구체적인 표현형태
를 살펴본다.

(1) 통치권의 기본권기속성

843

권능행사를
기본권에
기속시키는
구체적
헌법규정

우리 헌법은 우리나라 통치질서의 가치지표를 뜻하는 기본권실현
을 통해서 우리 배달민족의 동화적 통합을 달성하기 위한 통치구조를
마련해 놓고 있다. 즉, 인간의 존엄과 가치를 그 핵으로 하는 국민의
기본권을 모든 생활영역에서 보호하기 위해서 국가권력을 기능적으로
입법·행정·사법으로 나누어 각각 다른 국가기관에 맡기고($\binom{제66조\ 제4항,}{제40조,\ 제101조\ 제1항}$) 그들 국가권력의 행사를 기본권에 기속시키고 있다($\binom{제10조}{제2절}$). 입법작
용이 기본권실현에 역행하는 일이 없도록 입법작용의 한계를 명시하고
($\binom{제37조}{제2항}$), 법치행정의 원칙을 실현하기 위해서 행정작용의 내용과 범위를
법률로 정하도록 하고($\binom{제96조,\ 제100조,}{제114조\ 제7항\ 등}$) 사법권의 독립을 보장함으로써
($\binom{제101조~}{제106조}$) 효과적인 권리구제의 실효를 기하도록 한 것은 그 때문이다.
그뿐 아니라 법률에 대한 위헌심사제도($\binom{제107조\ 제1항,}{제111조~제113조}$)와 명령·규칙·처
분에 대한 위헌·위법심사제도($\binom{제107조}{제2항}$) 그리고 헌법소원제도($\binom{제111조\ 제1}{항\ 제5호}$)를
통해서 기본권실현에 역행하는 통치권의 행사가 그 효력을 나타낼 수
없도록 제동장치를 마련해 놓고 있다. 또 대통령의 국가긴급권에 대해
서도 과잉금지의 원칙을 명문화함으로써($\binom{제76조과\ 제1}{항과\ 제2항}$) 대통령의 국가긴급

---

174) 이 점에 대해서는 앞의 방주 556~560 참조.

권행사가 갖는 헌법보호적인 기능과 의의를 강조하고 있다. 경제생활 영역에서도 국민의 기본권을 실현하기 위해서 국민의 경제활동상의 자유와 창의를 최대한으로 존중하고 국가권력에 의한 경제간섭을 필요한 최소한의 범위로 국한시키고($\frac{제119}{조}$) 있을 뿐 아니라 사영기업의 국·공유화와 사영기업에 대한 국가의 경영간섭을 예외적으로만 허용하고 있다($\frac{제126}{조}$).

우리 헌법은 이처럼 기본권적인 가치의 실현을 통치구조상의 근본이념 및 기본원리로 받아들여 그것을 구체화하기 위한 통치구조상의 여러 제도를 마련하는 한편, 그들 제도가 민주적 정당성을 상실한 국가권력의 남용 내지 악용으로 인해서 그 실효성을 상실하는 일이 없도록 통치권의 민주적 정당성과 통치권행사의 절차적 정당성을 확보하기 위한 제도를 함께 마련해 놓고 있다. 통치권을 기본권에 기속시키는 통치구조상의 근본이념과 기본원리는 국가권력의 민주적 정당성을 확보하고 국가권력의 행사를 순화시킬 수 있는 효과적인 권력통제장치에 의해서만 그 실효성을 기대할 수 있기 때문이다.

(2) 통치권의 민주적 정당성

우리 현행헌법은 통치권의 민주적 정당성을 확보하기 위해서 국민의 국가권력에 대한 input 통로(channel)를 열어 놓고 있을 뿐 아니라 모든 헌법기관으로 하여금 적어도 간접적으로나마 민주적 정당성을 인정받을 수 있도록 하는 제도를 마련해 놓고 있다.

a) 국가권력에 대한 input-channel

우리 헌법은 통치권의 창설은 물론 국가 내에서 행사되는 모든 권능의 최후적 정당성을 국민의 정치적 합의에 귀착시킬 수 있도록 통치권의 민주적 정당성을 확보하기 위해서 한편 기본권행사를 통한 정치적인 Konsens 형성의 길을 열어 놓음과 동시에, 또 한편 '민주적 정당성의 신진대사'를 가능케 하는 국민투표 및 선거제도 등을 마련해 놓고 있다.

α) 상설적인 input-channel

우리 헌법이 보장하고 있는 참정권을 비롯한 정치·사회생활에서의 기본권(언론·출판·집회·결사의 자유, 청원권 등)[175]은 민주적 정당성

844
국민의
투입통로

기본권 및
민주적
정당성의
신진대사

---

175) 이들 기본권에 관해서 자세한 것은 졸저, 한국헌법론, 청원권과 언론·출판의 자유에

실현제도

의 바탕이 되는 정치적 Konsens 형성의 길을 열어 놓음과 동시에 국가권력에 대한 정치적인 input의 길을 상설화하고 있는 것이라고 볼 수 있다. 그런데 '민주적 정당성의 신진대사'를 실현하기 위한 국민투표제도 · 선거제도 · 지방자치제도 · 복수정당제도 등은 이 상설적인 input-channel과 불가분의 기능적인 상관관계가 있다. 왜냐하면 이들 여러 제도는 참정권과 언론 · 출판 · 집회 · 결사의 자유, 그리고 청원권 등 특히 정치 · 사회생활영역을 보호하기 위한 기본권에 내포된 객관적 규범질서로서의 성격176)과 제도보장의 효과에서 나오는 당연한 결과이기도 하기 때문이다. 언론 · 출판 · 집회 · 결사의 자유만 하더라도 이들 자유에 내포된 객관적 규범질서로서의 성격과 제도보장의 효과 때문에 이들 자유의 행사가 단순한 '주관적 공권'의 행사에 그치지 않고 일종의 '계속적인 국민투표'(immerwährendes tagtägliches Plebiszit)로서의 input 기능을 갖게 된다.177) 청원권도 마찬가지이다.178) 또 정당설립 및 활동의 자유에 내포된 복수정당제도가 '민주적 정당성의 신진대사'를 위한 불가피한 제도라는 것은 두말할 필요가 없다. 이렇게 볼 때, 특히 국민의 정치 · 사회생활영역을 보호하기 위한 기본권의 보장은 통치권으로 하여금 '민주적 정당성'을 갖도록 하는 가장 기본적이고도 실효성 있는 제도적 장치라고 말할 수 있다.

β) 주기적인 input – channel

선거제도와
국민투표
제도

우리 헌법은 정권이 특정인 또는 특정계층에 의해서 독점되는 것을 막음으로써 평화적인 정권교체의 정치적 정의를 실현하고 통치권이 갖는 '민주적 정당성의 신진대사'를 촉진하기 위해서 선거제도와 국민투표제도 등 주기적인 input-channel을 마련해 놓고 있다. 즉, '외교 · 국방 · 통일 기타 국가안위에 관한 중요정책'에 대한 임의적 국민투표제도($\frac{제72}{조}$)와179) 헌법개정안에 대한 필수적 국민투표제도($\frac{제130조 \, 제 2}{항 \cdot 제3항}$)를 비롯해서 국회의원선거제도($\frac{제41}{조}$), 대통령선거제도($\frac{제67}{조}$), 지

대한 설명 참조.

176) 이 점에 대해서는 앞의 방주 551~553 참조.

177) 이 점에 대해서는 졸저, 한국헌법론, 언론 · 출판의 자유에 대한 설명 참조.

178) 청원권이 갖는 input 기능에 대해서는 졸저, 한국헌법론, 청원권에 대한 설명 참조.

179) 임의적 국민투표제도는 특정정책에 대한 것이므로 대통령의 재신임국민투표는 허용되지 않는다. 또 특정정책과 대통령의 재신임을 결부시키는 것도 허용되지 않는다. 헌재결 2004. 5. 14. 2004 헌나 1 참조.

방자치를 위한 선거제도($^{제118}_{조}$) 등이 그것이다. 이들 선거제도는 '임기제도'를 당연한 이념적인 전제로 하고 있다. 우리 헌법이 대통령·국회의원 등 선거직헌법기관의 임기를 규정하고 있는 것($^{제70조,}_{제40조}$)도 그 때문이다.

다만 국가원수인 동시에 행정수반으로서의 이중적 지위를 가지고 광범위한 통치권능을 부여받고 있는 대통령의 선거를 구헌법이 대통령선거인단을 통한 간접선거로 하고 있었던 것은 민주적 정당성의 관점에서 문제가 없는 것도 아니었다. 비록 대통령선거인의 수를 5천명 이상으로 함으로써 제4공화국헌법에 비해서 대통령의 선출기반을 넓혔고 그 때와는 달리 정당으로 하여금 대통령후보를 추천할 수 있도록 했었고, 정당원이 대통령선거인에 당선될 수 있도록 했었다고는 하지만, 선거인단에 의해서 간접선거된 대통령은 국민에 의해서 직접선거된 대통령보다 그 '민주적 정당성'이 뒤떨어지는 것이 사실이다. 대통령의 간접선거는 미국의 대통령선거제도처럼[180] 직접선거와 같은 효과를 나타낼 수 있도록 제도화하지 않는 한 헌법이론상으로는 특히 '민주적 정당성'과 '체계정당성'(Systemgerechtigkeit)[181]의 관점에서 대통령제정부형태와 조화되기가 어렵다. 현행헌법($^{제67}_{조}$)이 대통령의 선거방법을 간접선거에서 직접선거로 바꾼 것은 그 때문이다. 헌법기관의 헌법적 권능과 그 헌법기관의 민주적 정당성 사이에는 언제나 정비례관계가 유지하는 것을 이상으로 하는 '민주적 정당성'의 원리에 비추어 볼 때 우리 개정헌법상의 대통령선거제도와 대통령의 헌법적 권능 사이에는 그와 같은 합리적인 정비례관계가 유지되고 있다고 말할 수 있다. *민주적 정당성과 권능과의 비례관계*

또 국회의원선거제도가 주기적인 input-channel로서, 또 통치권의 '민주적 정당성' 확보를 위해서 매우 중요한 통치구조적 의미를 갖는다고 볼 때 1991년 12월 이전의 구국회의원선거법에 의한 비례대표의석의 배분방법은 '투표가치의 평등'을 요구하는 평등권($^{제11}_{조}$) 내지 평등선거제도($^{제41조,}_{제1항}$)의 관점에서뿐 아라 입법기관이 확보해야 하는 '민주적 정당성'의 차원에서도 문제가 없지 않았다고 느껴진다. 예컨대 제 *국회의원 선거제도*

180) 미합중국의 대통령선거제도에 관해서 자세한 것은 다음 문헌을 참조할 것. z.B. S. *Magiera*, Die Vorwahlen(Primaries) in den Vereinigten Staaten, 1971.

181) '체계정당성'의 이론에 대해서는 특히 다음 문헌을 참조할 것. *Ch. Degenhart*, Systemgerechtigkeit und Selbstbindung des Gesetzgebers als Verfassungspostulat, 1976.

1 당과 제 2 당 사이에 지역구의석수가 비슷하게 나타나고 득표율에 있어서는 오히려 제 2 당이 제 1 당보다 앞선 경우를 상정할 때, 그럼에 도 불구하고 제 1 당이 지역구의석총수의 1/2을 확보하지 못한 경우 제 1 당에게 무조건 비례대표의석의 1/2을 배분해야 하는 것은 국회의원 선거결과 제 1 당이 국민으로부터 획득한 '민주적 정당성'의 크기와는 조화되기가 어렵기 때문이다.182) 국회의원선거법개정(1991년 12월)에 의 해서 제 1 당에 대한 우선배분제도가 폐지되고, 지역구의석비율에 따라 단순배분하도록 했던 것은 그나마 발전적인 제도개선이었다고 할 것이 다. 그러나 국회의원선거제도는 그 후 개정한 구 '공직선거법'(제189조)이 정당투표제를 도입함으로써 각 정당에게 그 정당이 정당투표에서 얻은 득표비율에 따라 비례대표의석을 배분하도록 함으로써 비로소 완전히 민주적 정당성의 요청을 충족하게 되었었다. 그런데 2020년 12월 정부 와 여당인 민주당이 제 1 야당을 배제하고 군소정당과 연대해 변칙적으 로 개정한 현행 공직선거법이 이른바 '준연동형 비례대표제'를 도입해 서 다시 위헌적인 선거결과를 초래하게 되었다. 무엇보다 이 선거제도 는 헌법이 정하는 직접선거원칙에 어긋나기 때문이다. 조속한 재개정 이 필요하다.183)

b) 국회를 통한 간접적인 '민주적 정당성'의 제도

845
국회의
헌법기관
구성관여권

우리 현행헌법은 행정부·사법부·헌법재판소·감사원·중앙선거 관리위원회 등의 헌법기관의 구성에 국회가 관여케 함으로서 이들 헌 법기관으로 하여금 간접적이나마 '민주적 정당성'을 인정받을 수 있는 제도적인 장치를 마련해 놓고 있다. 즉, 국회는 헌법재판소의 장, 대법 원장, 국무총리, 감사원장, 대법관임명에 대한 동의권(제104조 제1항과 제2항, 제86조 제1항, 제98조 제2항, 제111조 제4항)을 가질 뿐 아니라, 헌법재판소재판관 3인과 중앙선거관리 위원회위원 3인의 선거권(제111조 제3항, 제114조 제2항)을 가지고 이들 헌법기관의 구성에 관여하게 되어 있다. 이처럼 주요헌법기관의 구성에 국민의 대표기관 인 국회로 하여금 직접·간접으로 관여케 한 것은 적어도 주요헌법기 관의 존립과 기능이 집적적이든 간접적이든 '민주적 정당성'의 바탕 위

182) 이 점과 관련된 구국회의원선거제도의 문제점에 대해서는 다음 졸고 참조할 것. "국 회의원선거법 — 무엇이 문제인가?," 연세춘추 1984년 3월 19일(제978호) 제 2 면; "현 행국회의원선거제도의 문제점과 개선책," 고대신문 1985년 2월 25일(제988호) 제 5 면.
183) 이 선거제도의 자세한 내용은 뒤 방주 1027 국회의원 선거제도를 참조할 것.

에서 이루어져야 한다는 자유민주적 통치구조의 근본이념과 기본원리를 받아들여서 제도화하고 있는 것이라고 볼 수 있다.

(3) 통치권행사의 절차적 정당성

우리 현행헌법은 기본권적 가치의 실현을 위해서 창설된 여러 헌법상의 권능이 그 기본권기속성의 원리를 존중해서 궤도를 이탈하는 일이 없이 그 맡은 기능을 충실히 수행케 하기 위해서 권력분립에 의한 권력통제의 메커니즘을 통치구조상의 기본원리로 받아들이고 있다. 즉, 우리 헌법은 국가권력을 그 기능과 성격에 따라 입법·행정·사법으로 나누어 각각 다른 국가기관에 분담시킴으로써 권력 상호간의 '견제와 균형'을 통해서 국민의 자유와 권리를 보호한다는 Montesquieu의 고전적·구조적 권력분립이론[184]에 따라 통치구조의 기본골격을 짜면서도, 정당을 통한 입법부와 행정부간의 권력융화현상을 회피하기 위한 방법으로 의원내각제가 아닌 대통령제중심의 절충형정부형태를 채택하는 한편, 헌법기관들의 임기를 각각 다르게 하는 이른바 '임기차등제도'를 통해 '견제와 균형'의 메커니즘이 '민주적 정당성'과의 연관 속에서 그 본래의 구실을 해 낼 수 있도록 배려하고 있다. 그뿐 아니라 우리 헌법은 현대의 기능적 권력통제의 메커니즘을 통해 Montesquieu적인 구조적 권력분립제도의 약점을 보충하고 권력통제의 실효를 기함으로써 통치권행사의 절차적 정당성을 보장하려고 꾀하고 있다. 이를 나누어 살펴보기로 한다.

846
고전적
권력분립과
기능적
권력통제

a) 고전적·구조적 권력분립제도에 의한 권력통제

우리 헌법은 Montesquieu의 고전적·구조적 권력분립이론에 따라 국가권력을 입법권·행정권·사법권으로 나누어 행정권은 대통령을 수반으로 하는 정부에(제66조 제4항), 입법권은 국회에(제40조), 사법권은 법관으로 구성된 법원에(제101조 제1항) 맡기고, 이들 3권이 서로 견제하면서 균형을 유지할 수 있는 '견제와 균형'의 메커니즘을 제도화하고 있다.

847
3권분립에
의한 견제·
균형 장치

α) 행정부와 입법부의 상호견제장치

i) 대통령의 국회임시회소집요구권(제47조 제1항), 정부의 법률안제출권(제52조), 대통령의 법률안거부권(제53조 제2항), 대통령과 국무총리·국무위원 또는 정부위원의 국회출석·발언권(제81조, 제62조 제1항) 등이 행정부에 부여한 중요

---

184) Montesquieu의 권력분립이론에 대해서는 뒤의 방주 899를 참조할 것.

한 입법부 견제수단이라면, ii) 대통령·국무총리·국무위원·행정각부의 장 등에 대한 국회의 탄핵소추의결권($\substack{제65\\조}$), 국무총리와 국무위원에 대한 해임건의권($\substack{제63\\조}$), 국무총리와 감사원장임명동의권($\substack{제86조\ 제1항,\\제98조\ 제2항}$), 국정감사 및 조사권($\substack{제61조\\제1항}$), 국무총리·국무위원·정부위원 등에 대한 국회출석요구권($\substack{제62조\\제2항}$), 예산안 및 국가재정작용에 관한 심의확정권($\substack{제54조\sim\\제58조}$), 특정한 조약의 체결·비준에 대한 동의권($\substack{제60조\\제1항}$), 선전포고 및 특정한 군사행동에 대한 동의권($\substack{제60조\\제2항}$), 일반사면에 대한 동의권($\substack{제79조\\제2항}$), 국회의장의 법률공포권($\substack{제53조\\제6항}$), 계엄해제요구권($\substack{제77조\\제5항}$) 등은 입법부가 갖는 중요한 행정부 견제수단이라고 볼 수 있다.

β) 행정부와 사법부의 상호견제장치

i) 대통령이 갖는 대법원장과 대법관임명권($\substack{제104조\ 제1\\항과\ 제2항}$)과 대통령의 사면·감형·복권권($\substack{제79조\\제1항}$)은 행정부에게 준 사법부견제수단이라면, ii) 명령·규칙·처분에 대한 법원의 최종적인 위헌·위법심사권($\substack{제107조\\제2항}$)은 사법부가 가지는 행정부 견제수단이다.

γ) 입법부와 사법부의 상호견제장치

i) 국회가 행사하는 대법원장 및 대법관임명동의권($\substack{제104조\ 제1\\항과\ 제2항}$), 사법부예산심의확정권($\substack{제54\\조}$), 법관에 대한 탄핵소추의결권($\substack{제65\\조}$) 등은 입법부의 사법부견제수단이고, ii) 법원의 법률에 대한 위헌심사권과 위헌결정제청권($\substack{제107조\\제1항}$)은 그 반대로 사법부의 입법부 견제수단이다.

임기차등
제도와
정부형태

그러나 이러한 '견제와 균형'의 메커니즘은 그것이 실효성 있는 권력통제의 메커니즘으로 기능하기 위해서는 입법부·행정부·사법부가 각각 '민주적 정당성'에 뿌리를 두고 존립하면서 권력 상호간에 정치적인 독립성을 유지하고 정당을 통한 권력융화현상을 막을 수 있는 또 다른 보완적인 제도가 마련되지 않으면 아니 된다. 우리 헌법이 '임기차등제도'를 택해서 대통령의 임기 5년($\substack{제70\\조}$)과 국회의원의 임기 4년($\substack{제42\\조}$), 대법원장과 대법관의 임기 6년($\substack{제105조\ 제1\\항과\ 제2항}$)을 각각 다르게 정함으로써 이들의 존립기반적 독립성을 보장하려고 꾀한 점이라든지, 정부형태면에서도 대통령제 골격을 따름으로써 입법부와 행정부간의 존립기반적 상호의존관계 내지 권력융화현상을 피하려고 한 점은 바로 그와 같은 맥락에서 이해할 수 있다고 생각한다. 사실상 순수한 대통령제도, 의원내각제도 아닌 우리 헌법상의 정부형태가 갖는 헌법이론상의 당위성은 '임기차등제'와의 보완작용에 의해서 나타낼 수 있는 그 권력통제적 기능에서 찾아야 하리라고 본다. 정부형태(Regierungsform)가 결코 자기목적적인 것이 아니고, 권력분립주의의 조직적·구조적 실현형태라고 한다면 권력분립에 의해서 달성하려는 기본권적 가치의 실현과 권력통제의 기능에서 그 제도의 의미를 찾는 것이 마땅하기 때문이다. 따라서 정부형태를 통치권의 절차적 정당성의 관점에서 이처럼 기능적으로 이해하려 하지 않고, 지나치게 제도중심으로만 논하는 것은[185) 별로 실익이 없다고 생각한다.

b) 기능적 권력통제의 메커니즘

우리 헌법은 고전적 권력분립이론을 통치구조의 기본원리로 받아들이면서도 그 권력통제의 실효성을 확보하기 위한 수단으로 헌법기관의 임기차등제도와 대통령제를 골격으로 하는 정부형태를 채택하고 있다는 것은 이미 말한 바 있다. 그런데 우리 헌법은 한 걸음 더 나아가 기본권실현을 위한 권력통제의 실효성을 높이기 위해서 몇 가지 기능적인 권력통제의 메커니즘[186)을 마련해 놓고 있다는 점을 잊어서는 아니 된다.

848
**권력통제의
실효성제고
장치**

α) 여당과 야당간의 기능적인 권력통제(소수의 다수에 대한 기능적 권력통제)

우리 헌법은 원칙적으로 다수결원리를 의사결정의 방법으로 채택하면서도 소수에게도[187) 일정한 헌법상의 견제기능을 부여함으로써 소수의 보호를 통해서 다수의 독주를 견제할 수 있는 여당과 야당간의 기능적인 권력통제[188)를 제도화하고 있다. 국회의원의 법률안제출권(제52조)을 비롯해서 국회재적의원 1/4에게 부여한 국회의 임시회소집요구권(제47조제1항), 국회재적의원 1/3의 국무총리와 국무위원에 대한 해임건의발의권(제63조제2항), 대통령을 제외한 고위직공무원에 대한 탄핵소추발의권

**다수의
독주견제**

---

185) 국내 헌법교과서의 정부형태에 관한 논술은 대부분 기능중심이라기보다는 제도중심적인 인상을 풍기고 있다.
186) 기능적 권력통제의 메커니즘에 대해서 자세한 것은 뒤의 방주 909 이하 참조.
187) 헌법 제49조, 제67조 제2항, 제77조 제5항, 제53조 제4항, 제63조 제2항, 제64조 제3항, 제65조 제2항, 제113조 제1항, 제128조 제1항, 제130조 제1항과 제2항 등 참조.
188) 여당과 야당의 기능적인 권력통제의 문제에 관해서는 특히 다음 문헌을 참조할 것. *K. Hesse*(FN 119), RN 496; *N. Gehrig*, Gewaltenteilung zwischen Regierung und parlamentarischer Opposition, DVBl 1971, S. 633ff.

$\left(\begin{smallmatrix}제65조\\제2항\end{smallmatrix}\right)$ 등은 국회의 소수세력(야당)이 행사할 수 있는 다수세력(여당)에 대한 기능적인 권력통제수단이라고 볼 수 있다.

β) 관료조직과 정치세력간의 기능적인 권력통제

관료조직의 정치세력 견제

우리 헌법은 공무원의 국민에 대한 봉사와 책임을 강조하고 공무원의 정치적 중립성과 신분을 보장하는 직업공무원제도를 확립함으로써$\left(\begin{smallmatrix}제7\\조\end{smallmatrix}\right)$ 공무원중심의 관료조직이 유동적인 정치세력을 직능적으로 견제할 수 있는 기능적인 권력통제의 바탕을 마련해 놓고 있다.[189] 집행작용을 이른바 '정치적 집행작용'(Regierungsakte)과 '고유한 행정작용'으로 나누고 특히 '고유한 행정작용'의 영역에서 법치행정의 원리와 공무원의 책임원리$\left(\begin{smallmatrix}제29조 제1\\항 단서\end{smallmatrix}\right)$가 강조되는 것도 따지고 보면 관료조직의 정치세력에 대한 견제의 의미를 가진 것이라고 볼 수 있다.

γ) 지방자치단체와 중앙정부간의 기능적인 권력통제

중앙정부 견제

우리 헌법은 '보충의 원리'(Subsidiaritätsprinzip)[190]에 입각해서 지방자치를 제도적으로 보장함으로써$\left(\begin{smallmatrix}제117조\\제118조\end{smallmatrix}\right)$, 지방자치의 제도적 보장을 침해하거나 지방자치단체의 자치기능을 지나치게 제약하는 중앙정부의 독선적인 업무비대화현상을 견제할 수 있는 제도적인 장치를 마련해 놓고 있다. 따라서 헌법이 보장하는 지방자치를 실현하는 것은 단순한 민주주의의 요청만은 아니고 기능적 권력통제를 통한 국가권력의 '절차적 정당성' 확보의 관점에서도 매우 중요한 의미를 갖는다는 점을 잊어서는 아니 된다.[191]

---

189) 관료조직과 정치세력간의 기능적인 권력통제의 관점에 관해서는 다음 문헌을 참조.
H. D. Jarass, Politik und Bürokratie als Elemente der Gewaltenteilung, 1975.

190) '보충의 원리'에 관해서 자세한 것은 다음 문헌을 참조. J. Isensee, Subsidiaritäts-prinzip und Verfassungsrecht, 1968; A. Süsterhenn, Das Subsidiaritätsprinzip als Grundlage der vertikalen Gewaltenteilung, in: H. Rausch(Hrsg.), Zur heutigen Problematik der Gewaltenteilung, 1969, S. 113ff.

191) 지방자치를 포함한 모든 자치제도가 기능적인 권력통제의 관점에서도 중요한 의미를 갖는다는 점에 대해서는 다음 문헌을 참조.
H. Peters, Geschichtliche Entwicklung und Grundfragen der Verfassung, 1969, S. 194; W. Steffani, Gewaltenteilung im demokratisch-pluralistischen Rechtsstaat, in: H. Rausch(Hrsg), Zur heutigen Problematik der Gewaltenteilung, 1969, S. 313ff.(346); W. Kägi, Von der klassischen Dreiteilung zur umfassenden Gewaltenteilung, in: H. Rausch(ebenda), S. 286ff.(307); H. Zacher, Sozialpolitik und Verfassung im ersten Jahrzehnt der Bundesrepublik, 1980, S. 408ff.; Wolff-Bachof, Verwaltungsrecht I, 9. Aufl. (1974) § 16Ⅲ c 2.

δ) 헌법재판을 통한 기능적인 권력통제

우리 헌법은 제4의 국가작용이라고 평가할 수 있는 헌법재판을 제도화함으로써($\binom{\text{제111조~}}{\text{제113조}}$) 국가권력의 과잉행사로 인해서 헌법적 가치질서가 침해되는 것을 예방할 수 있는 강력한 권력통제장치를 두고 있다. 법률에 대한 위헌심사제도($\binom{\text{제107조 제1항,}}{\text{제111조 제1항 제1호}}$) · 탄핵심판제도($\binom{\text{제65조, 제111조}}{\text{제1항 제2호}}$) · 위헌정당해산제도($\binom{\text{제8조 제4항,}}{\text{제111조 제1항 제3호}}$) · 권한쟁의심판제도($\binom{\text{제111조 제1}}{\text{항 제4호}}$) · 헌법소원제도($\binom{\text{제111조 제1}}{\text{항 제5호}}$) 등이 그것이다. 헌법재판이야말로 통치권행사시 절제를 지키게 함으로써 그 절차적 정당성을 확보케 하는 가장 강력한 기능적 권력통제수단이라고 볼 수 있다.[192]

권력의
과잉행사
견제

ε) 독립한 선거관리조직을 통한 기능적인 권력통제

우리 헌법은 통치권의 '민주적 정당성'을 위해 매우 중요한 의미를 가지는 각종 선거관리와 정당에 관한 사무를 일반행정사무와 기능적으로 분리시켜서 이를 독립한 선거관리위원회에 맡김으로써($\binom{\text{제114조~}}{\text{제116조}}$) 일반행정관서의 부당한 선거간섭을 기능적으로 배제 내지 견제할 수 있도록 했다.

선거관리의
공정성 담보

(4) 우리 통치구조의 헌법이론상의 문제점

우리의 현행 통치구조는 자유민주적 통치구조의 근본이념과 기본원리를 받아들여서 이를 제도화하려고 노력하고 있는 것은 사실이지만, 헌법이론상 적지 않은 문제점을 내포하고 있다는 것을 부인할 수 없다.

849
민주적
정당성의
문제점

첫째, 통치권의 '민주적 정당성'의 요청과 조화되기 어려운 통치구조상의 문제를 지적하지 않을 수 없다. i) 이미 앞에서도 언급한 바와 같이 새 헌법은 대통령직선제도를 도입함으로써 대통령의 헌법적 권능과 그가 바탕으로 하고 있는 민주적 정당성간의 균형관계를 유지하려고 꾀한 점은 긍정적으로 평가할 수 있으나, 대통령선거방법에서 상대다수선거제도를 채택했기 때문에 선거권자의 과반수에도 미치지 못하는 소수의 지지만으로도 대통령에 당선될 수 있게 하여($\binom{\text{제67조 제2}}{\text{항과 제3항}}$) 결과적으로 국가원수인 대통령이 행사하는 통치권의 민주적 정당성이 약화되는 경우가 생길 수 있도록 했다.[193] 그러나 자유민주국가가 필요

---

192) So auch z.B. *K. Stern*, Das Staatsrecht der Bundesrepublik Deutschland, Bd. 2, 1980, S. 556.

193) 제13대 대통령선거에서 노태우 대통령이 유효투표 37%, 그리고 제14대 대통령선거

850

단임제의
문제점

851

부통령제
실종의
문제점

로 하는 통치권의 민주적 정당성의 관점에서 볼 때, 대통령직선제도하에서는 절대다수선거제도에 의해서 선거권자 과반수의 지지를 받는 대통령이 당선될 수 있는 제도적인 장치가 함께 마련되어야 한다.194) ii) 새 헌법은 대통령의 임기를 5년 단임으로 정함으로써($\frac{제70}{조}$) 국민에 의한 심판의 길을 처음부터 제도적으로 막아 민주적 정당성의 이념 그 자체를 경시하고 있다. 물론 대통령의 단임 및 중임금지규정이 1인 장기집권으로 얼룩진 우리 헌정사에 대한 반성적 의미를 갖고, 장기집권으로 인한 독재의 우려에서 나온 것이라고 볼 수도 있지만, 대통령의 독재를 막을 수 있는 강력한 권력통제장치를 마련해 놓고 대통령의 중임을 허용하는 것이 보다 합리적이고 민주적인 해결책이다. 대통령의 임기조항은 통치구조의 전체적인 테두리 내에서 검토되어야 할 뿐 아니라, 국민에 의해서 직선된 대통령에 대해 국민이 선거를 통해 심판의 기회를 갖는 것은 대통령직선제가 추구하는 민주정치의 본질적 요청이기 때문이다. iii) 우리 헌법은 부통령제도를 두지 않고, 대통령 궐위시에 국무총리 내지 국무위원이 그 권한을 대행케 함으로써($\frac{제71}{조}$) 통치권의

에서 김영삼 대통령이 유효투표 42%, 제15대 대통령선거에서 김대중 대통령이 유효투표 40.3%, 제16대 대통령선거에서 노무현 대통령이 48.9%, 제17대 대통령선거에서 이명박 대통령이 48.7%, 제19대 문재인 대통령이 41.1%의 지지만으로 당선된 것이 그 단적인 예이다.

194) 프랑스 제 5 공화국헌법(제 7 조 제 1 항)이 대통령 선거에 관해 절대다수선거제도를 채택하고 있는 것도 그 때문이다. 오스트리아헌법 제60조 제 2 항, 소련연방헌법(1990년 3월) 제127조의 1의 제 2 항과 폴란드헌법(1992년) 제86조도 같은 제도를 채택하고 있다. 그 밖에 핀란드·우크라이나·우루과이·브라질·인도네시아·콩고·슬로바키아·불가리아·이란·칠레·아프가니스탄·크로아티아·키프로스·케냐·리투아니아·콜롬비아·터키 등의 대통령선거도 절대다수대선거제도에 따른다. 그리고 남미의 여러 나라는 대통령선거에서 절대다수대표선거제도를 원칙으로 하면서도 보충적으로 제한적 상대다수대표선거제도를 가미하고 있다. 즉 예컨대 아르헨티나와 에콰도르는 대통령선거에서 과반수득표자가 없는 경우에는 최다득표자가 40% 이상 득표하고 2위와 10% 이상 득표차가 날 때만 대통령에 당선된다. 그 외의 경우는 1·2위 득표자에 대한 결선투표를 실시한다. 2007. 10. 아르헨티나 대선에서 45% 득표한 페르난데스가 23% 득표에 그친 차점자를 제치고 대통령에 당선된 것도 그 때문이다. 또 니카라과는 제한적 상대다수대표선거제도로 대통령을 뽑는데, 최다득표자가 40% 이상 득표하면 대통령에 당선되지만, 35% 이상 40% 미만 득표하면 차점자와 적어도 5% 이상 득표 격차가 나야만 당선되고 그렇지 않으면 1·2위 후보간 결선투표를 한다. 멕시코는 2006. 6. 17. 대통령선거를 실시한 후 연방선거위원회(Instituto Federal Electoral)가 대통령선거제도를 절대다수대표선거제도로 바꾸는 선거법개정을 논의했지만 선거제도 개혁에 실패해서 선거절차법이 여전히 상대다수대표선거제(제 9 조)를 채택하고 있다. 멕시코 대통령은 임기 6년 단임제(헌법 제83조)이다.

민주적 정당성에 잠시나마 공백상태가 생길 수 있도록 했다. 그러나 통치권의 민주적 정당성을 높이기 위한 대통령직선제에서는 미국처럼 대통령선거시에 부통령을 함께 뽑아 대통령 궐위시에 부통령으로 하여금 대통령직을 승계케 하는 것이 원칙이다. 국민에 의해서 직선된 대통령이 그의 강력한 민주적 정당성을 바탕으로 국정을 주도해 나가는 대통령중심의 통치구조에서 대통령의 궐위는 중대한 헌법장애상태인 동시에 경우에 따라서는 국가비상사태를 뜻할 수도 있기 때문에 대통령 궐위시에 대비해서 그 직위승계권자를 미리 뽑아 놓는 것은 통치권의 민주적 정당성의 관점에서 반드시 필요하다. 국무총리(서리) 내지 국무위원이 대통령 궐위로 야기되는 정치적 혼란을 제대로 수습하기에는 그들이 갖는 민주적 정당성의 기반이 너무나 약하다. 실제로 2016/2017년 박근혜 대통령 탄핵소추 당시 국무총리 황교안 대통령 권한대행은 결원인 헌법재판관과 임기 만료된 헌법재판소장도 임명하지 못하고 결국 헌법재판소장 권한대행을 포함한 7명의 헌법재판관만으로 대통령 탄핵심판을 해서 대통령을 파면시킨 우리 정치현실이 이를 단적으로 입증한다. iv) 공직선거법($제25조$)은 지역선거구간의 인구편차를 최고 200%까지 허용하고 있지만 선거구의 분할에서도 중앙선거관리위원회의 선거구획정위원회가 작성한 선거구 획정안을 국회에서 확정할 때 현역 국회의원의 부당한 개입으로 부분적으로 Gerrymandering식의 자의적인 분할을 하고 있어 평등선거의 원칙을 침해하고 있다. 투표가치의 평등의 관점에서 우리 헌법재판소가 그동안 400% 또는 300%의 인구편차를 허용하는 판시를 했던 것은 비판의 여지가 많다.[195] 2014년에야 2 : 1의 인구편차기준을 제시했다.[196]

852
지역선거구의 인구편차 문제

둘째, 우리 통치구조는 통치권행사의 '절차적 정당성'을 보장하기 위한 권력통제의 메커니즘을 마련하고 있는 것은 사실이지만, 대통령중심의 능률적인 국정의 운영이라는 대통령제정부형태의 제도적인 이념이 훨씬 강하게 강조되고 있기 때문에, 고전적·구조적 측면에서는 물론이고 기능적인 측면에서도 그 권력통제의 실효성이 매우 약화되고 있다는 점을 지적할 수 있다. 구조적인 측면에서 볼 때 국무회의를 단

853
명목적 권력통제의 문제점

---

195) 헌재결 1995. 12. 27. 95 헌마 224·239·285·373(병합); 헌재결 2001. 10. 25. 2000 헌마 92 등(병합) 참조.
196) 헌재결 2014. 10. 30. 2012 헌마 190 등 참조.

순한 심의기관으로 한 것($^{제88조~}_{제89조}$)이 그 단적인 예이다. 또 기능적인 측면에서도 행정조직의 지나친 수직성 때문에 행정조직내부의 기능적인 권력통제가 사실상 불가능해서, 예컨대 부서(副署)제도($^{제82}_조$)가 갖는 권력통제적 기능을 기대하기 어렵다. 그뿐 아니라 야당의 여당에 대한 권력통제를 실효성 있게 뒷받침해 줄 수 있는 헌법재판수단(추상적 규범통제)의 결핍 때문에 야당과 여당간의 기능적인 권력통제가 유명무실하게 되어 있다. 결국 기본권을 중심으로 하는 헌법적 가치의 실현을 위한 가장 강력한 기능적 권력통제장치라고 볼 수 있는 헌법재판제도가 있는 것은 사실이지만, 그것이 불완전한 형태로 제도화되어 있기 때문에 통치권행사의 '절차적 정당성'을 보장해 주기는 어렵다.

854
불균형한 견제·균형 장치의 문제점

그에 더하여 우리 헌법상 입법·행정·사법권 상호간의 견제·균형의 메커니즘이 불균형 내지 불합리하다는 점도 문제점으로 지적할 수 있다. 즉, i) 새 헌법은 대통령에게 국회해산권은 주지 않으면서 국회의 국무총리 또는 국무위원에 대한 해임건의권만 규정하고 있다($^{제63}_조$). 그러나 국회의 해임건의가 대통령을 기속하지 않는 것이라면, 그러한 기속력 없는 해임건의권은 헌법이론상 전혀 무의미한 헌법규정이다. 왜냐하면 설령 헌법에 명문규정이 없다 하더라도 국회는 그런 종류의 해임건의를 언제든지 할 수 있기 때문이다. 반대로 국회의 해임건의가 대통령을 기속한다고 해석한다면, 그것은 실질적으로 해임의결권을 의미하게 되어 국회해산권이 없는 대통령제의 본질과 조화되기 어렵다. ii) 우리 헌법은 국회에 국정감사권과 국정조사권을 함께 주고 있는데($^{제61}_조$), 그것은 국회의 국정통제기능을 강화한다는 긍정적인 면도 있겠지만, 행정부의 효율적인 국정수행에 불필요한 장애요인으로 작용하게 될 역기능도 무시할 수 없다고 생각한다. '강한 정부에 약한 국회'라는 우리 헌정사의 오랜 질곡에서 벗어나려는 국회의 지나친 기능강화가 자칫 또 다른 국정마비 내지 부조리의 원인이 될 수도 있다. 입법부와 행정부의 균형적인 견제라는 관점에서도 국회에만 지나친 행정부 견제수단을 주는 것은 헌법이론적으로 문제가 있다. 따라서 국회 재적의원 1/5 정도의 요구만 있으면 국정조사가 언제나 행해질 수 있도록 국회에 국정조사권만을 인정하는 것이 합리적이라고 생각한다. iii) 새 헌법에 사법권독립이 불완전하게 보장되어 사법적 권력통제의 실효성이 의문시된다. 새 헌법은 대통령의 대법원장과 대법관 임명에 국회의 동의를 받도록 함으로써 간접적으로 사법권의 민주적 정당성을 높이고 있고, 대법원장이 대법관회의의 동의를 얻어 법관임명권을 행사케 함으로써($제104조$) 법관인사에 대한 행정부의 간섭을 배제할 수 있는 제도적인 장치를 마련하고 있다. 그러나 대법관수의 상·하한선을 헌법에 명시하지 않고 있어 행정부가 법률개정만으로 대법관의 수를 임의적으로 조정해서 사법부에 영향을 미칠 수 있게 되어 있다.[197] 따라서 우리 제3공화국과 제4공화국헌법에서처럼 대법관의 수를 헌법에 명시하는 것이 바람직하다. iv) 헌법재판소의 불합리한 구성방법과 불완전한 권한이 헌법기관간의 견제와 균형의 실효성을 약화시키고 있다. 즉 헌법재판관의 임명에서 대법원장이 헌법재판관 3인의 임명제청권을 갖게 한 것은 불행했던 제4공화국의 유신헌법시대에 대통령이 대법원장의 이름을 빌어 전횡적인 인사권을 행사하려던 독재적인 제도를 그대로 답습한 것인데 견제와 균형의 조직원리에 어긋날 뿐 아니라 헌법재판소의 민주적 정당성에도 부정적으로 작용한다. 헌법재판관은 9명 모두를 국회에서 가중된 의결정족수를 통해 선출하는 방법으로 개선하는 것이 바람직하다. 또 헌법재판소가 위헌적인 사법작용을 통제할 수 있는 재판소원제도도 도입해야만 헌법보호와 기본권 보장의 제구실을 다 할 수 있다.

이렇게 볼 때 우리의 현행통치구조는 자유민주적 통치구조의 근본이념과 기본원리를 불완전하게 실현하고 있기 때문에 그 제도와 운영의 양면에서 모두 진지하고 냉철한 재검토가 요청된다고 할 것이다.

---

197) 미국 *F. Roosevelt* 대통령의 court-packing-plan이 그 대표적인 예이다. 자세한 것은 다음 문헌을 참조할 것.

　　K. Loewenstein, Verfassungsrecht und Verfassungspraxis der Vereinigten Staaten 1959, S. 416ff.

제11장 통치를 위한 기관의 구성원리

855
민주국가와
명령·복종
관계

기본권적인 가치를 실현시킴으로써 사회공동체의 동화적 통합을 달성하기 위해서는 가치실현과 관련되는 구체적 권능(Kompetenzen)과 그 권능을 담당할 국가기관이 필요하다. 자유민주주의를 그 정치이념으로 하는 현대의 자유민주국가에서도 가치실현의 권능에 입각한 명령과 그에 대한 복종의 관계가 성립하는 것은 그 때문이다. 다만 자유민주국가에서의 명령·복종관계는 독재국가의 경우와는 달라서 그 명령권을 어떠한 형식으로든지 주권자인 국민의 의사에 귀착시킬 수 있고 (명령권의 민주적 정당성) 맹목적이고 절대적인 복종이 아닌 비판적인 복종이 요구된다는 점에서, 민주적인 동시에 제한적인 성질을 가질 따름이다.

856
국민주권의
참뜻과
국민의
헌법상 지위

그럼에도 불구하고 동일성이론에 따라 '국민주권'(Volkssouveränität)과 민주주의이념을 '국민의 자기통치형태'로 이해한 나머지 '국민전체'를 하나의 '통치기관' 내지 '국가기관'으로 의제하려는 결단주의적 논리는[1] 자유민주적 통치질서가 필요로 하는 통치를 위한 기관의 본질을 오해하고 있는 것이라고 볼 수 있다. 국가의 '주권이 국민에게 있고, 모든 권력이 국민으로부터 나온다'는 국민주권의 원리는 국가권력의 정당성이 국민에게 있고, 모든 통치권력의 행사를 최후적으로 국민의 의사에 귀착시킬 수 있어야 한다는(국가권력의 민주적 정당성) 뜻이지 국민전체가 직접 '국가기관' 내지 '주권행사기관으로서 통치권을 손에 쥐고 행사한다는 의미는 아니다.[2] 즉 국민주권의 원리는 '주권의 소재'와 '통치권의 담당자'가 언제나 같을 것을 요구하는 것이 아니고,

---

1) 많은 국내 헌법학자들이 통치기관을 논하는 자리에서 '국가기관으로서의 국민' 또는 '주권행사기관으로서의 국민'을 국가기관의 한 유형으로 설명하는 것도 같은 사상적인 세계에서 나온 것이라고 볼 수 있다.

2) So auch *K. Stern*, Das Staatsrecht der Bundesrepublik Deutschland, Bd. 2, 1980, S. 23: "Volkssouveränität bedeutet nicht auch Ausübung der Staatsgewalt unmittelbar durch das Volk, sondern nur ihre Herleitung vom Volk."

국민이 직접 주권을 행사하는 예외적인 경우 외에는 '통치권의 담당자'
가 국민의 의사에 의해서 결정되어야 하고 그를 통해서 국가권력의 행
사도 궁극적으로 국민의 의사에 의해 정당화될 것을 요구하는 것이다.
주권자인 국민이 선거권을 행사해서 국가기관을 선출하고, 국민투표
등을 통해서 국가의 의사결정에 직접 참가하는 것 등은 모두가 주권자
로서 국가기관을 창조하고 국가정책의 결정에 민주적 정당성을 부여해
주기 위한 국민주권원리의 표현이지 그 자체가 '국가기관'으로서의 행
위를 뜻하는 것은 아니다. 국민은 그 전체로서 하나의 '기관'을 구성해
서 하나의 통일된 행동을 할 수 있는 속성을 지니고 있지 못하다.[3] '국
민'은 다양한 개성과 능력과 이해관계를 가지는 무수한 인간의 집단을
상징적으로 표현하기 위한 하나의 '관념적 크기'(ideelle Größe)에 지나
지 않기 때문이다. '국가기관으로서의 국민'이라는 논리형식에 전제되
고 있는 '통일된 전체'로서의 '국민'이라든지 국민전체의 '통일된, 유일
한 정치의사'라는 것은 정치현실과는 거리가 먼 하나의 의제에 불과하
다.[4] 더욱이 하나의 '거시적인 조직'(Makroorganisationen)으로 징표되는
다원적인 현대국가에서 국민이 직접 국가 '기관'으로서 통치권을 행사
한다는 것은 하나의 환상에 지나지 않는다고 볼 수 있다.[5] '거시적인
조직으로서의 현대국가'에서 '국민의 정치적인 무력화'(Mediatisierung
des Volks)[6]가 심각한 문제로 제기되고 베버(W. Weber)[7]가 '국민의 정
치적인 무력화'현상과 관련해서 국민주권의 현대적 의미를 과연 어디
에서 찾아야 할 것인가를 묻는 것도 그 때문이다.[8] 하지만 국민주권의

*'국가기관
으로서의
국민' 논리*

---

3) So auch *K. Stern*(FN 2), S. 4ff., 22ff.

4) 이 점에 대해서는 방주 319 와 320 참조.

5) So auch *N. Achterberg*, Die parlamentarische Demokratie als Entfaltungsraum
für Bügerinitiativen, NJW 1978, S. 1993.

6) W. Weber에 의해서 만들어진 "Mediatisierung des Volkes"라는 개념은 특히 정당
정치의 발달로 인해 국민이 정치 1선에서 제 2 선으로 후퇴해서 일종의 정치적인 배석
자의 지위로 전락하는 현상을 나타내는 말이지만, 일단 '국민의 정치적인 무력화'라고
번역해 보기로 한다. Vgl. *W. Weber*, Spannungen und Kräfte im westdeutschen
Verfassungssystem, 3. Aufl.(1970), S. 19.

7) Vgl. *W. Weber*(FN 6), S. 189.

8) W. Weber는 정당정치의 발달로 인해서 국민의 의사가 국정에 직접 반영될 수 있는
기회가 줄어들기 때문에 국민주권의 원리를 살리기 위해서는 국민투표를 비롯해서 국
민이 직접 정치적인 결정을 내릴 수 있는 기회가 많아지는 것이 바람직하다고 주장
한다.

현대적 의미는 국민이 '국가기관'으로서 직접 통치권을 행사하는 데 있는 것이 아니고, 주권자인 국민은 모든 '국가권력의 샘'(Quelle staatlicher Gewalten)[9]으로서 헌법제정권력으로 기능하고, 선거권을 통해서 헌법상의 여러 국가권력을 창조하고, 그 권능행사에 민주적 정당성을 제공해 줄 뿐 아니라 국가의 정치적인 의사결정과정에 '여론'의 힘으로 영향력을 행사함으로써 국가작용의 민주적인 조종사로서 기능하는 데 있다고 보는 것이 옳다.[10]

결국 현대의 자유민주국가에서 '국민'은 그 자체로서 '국가기관'이라고 하기보다는 주권자인 동시에 헌법제정권력의 주체로서 모든 국가권력의 원천이며 그 정당성근거를 뜻한다고 보는 것이 합리적이라고 생각한다.[11] 따라서 주권자인 국민의 합의에 의해 정당화되는 여러 가지 기능과 국가기관은 자유민주국가가 국가로서의 기능을 다하기 위한 필수적인 전제조건이다. 슈테른(K. Stern)[12]이 현대의 자유민주국가에서 국민주권의 실현은 현실적으로 여러 가지 대의제도에 의해서만 가능하다고 강조하는 이유도 그 때문이다.

다만 자유민주국가에서 통치를 위한 여러 국가기관은 '국민주권'의 이와 같은 이념을 실현시키고 그 현대적 의미가 존중될 수 있도록 조직되고 구성되어야 한다. 대의제도(repräsentatives System) · 권력분립(Gewaltenteilung) · 정부형태(Regierungsform) · 선거제도(Wahlsystem) · 공직제도(öffentlicher Dienst) · 지방자치제도(kommunale Selbstverwaltung) · 헌법재판제도(Verfassungsgerichtsbarkeit) 등이 통치를 위한 기관의 구성에서 중요한 의미를 갖는 것도 그 때문이다.

아래에서 이들 원리들을 하나하나 검토하기로 한다.

Vgl.(FN 6), 2. Aufl.(1958), S. 21ff., 55ff., 60ff.

9) K. Stern은 '권력 중의 권력'(Gewalt der Gewalten), M. Imboden은 '기본권력'(Grundgewalt)이라는 개념을 사용하지만 역시 같은 현상을 나타내는 말이다. Vgl. *K. Stern*, Das Staatsrecht der Bundesrepublik Deutschland, Bd. 1, 2. Aufl. (1984), S. 146; *M. Imboden*, Politische Systeme, Staatsformen, 1964, S. 175.

10) So auch BVerfGE 44, 125(138ff.); auch 20, 56(97ff.).

11) So ähnlich auch *K. Stern*(FN 2), S. 10, 17, 23. K. Stern(ebenda)이 국민을 '국가기관의 창조자'(Erzeuger von Staatsorganen) 내지 '창조기관'(Kreationsorgan)이라고 부르는 것도 그 때문이다.

12) Vgl. *K. Stern*(FN 2), S. 23.

제 1 절 대의제도(Repräsentatives System)

구태여 쇼이너(U. Scheuner)[13]의 말을 빌릴 필요도 없이 현대의 자유민주국가는 모든 국민의 정치적인 자주성과 자결력을 그 존립의 바탕으로 하고 있다. 따라서 민주정치가 제대로 기능하기 위해서는 모든 국민이 올바른 사고력과 판단력을 가지고 정치문제에 대한 자주적이고 독자적인 의사결정을 할 수 있는 것이 절대적으로 필요하다. 민주주의가 모든 국민으로부터 수준높은 윤리적 생활철학을 요구하고,[14] 그렇기 때문에 민주주의가 가장 어려운 통치형태로 간주되는 것도 무리가 아니다. 그렇지만 민주주의를 이처럼 가장 어려운 통치형태로 평가하는 인식의 밑바탕에는 국민의 정치적인 자결력에 대한 깊은 회의가 깔려 있다는 점을 잊어서는 아니 된다. 흔히 현대인을 집단적인 '대중인간'으로 부르면서 그 판단능력과 자결력에 대한 회의를 나타내게 된 곳에 바로 민주주의의 현대적인 비극이 도사리고 있다고 볼 수 있다. 국민의 정치적인 자결력과 책임감을 바탕으로 하는 민주정치가 그 기초를 상실하는 것을 의미하는 이와 같은 현상은 Scheuner의 지적대로[15] 대의제도의[16] 발생근거인 동시에 그 정당성근거라고도 말할 수 있다. 또한 케기(W. Kägi)의 말처럼[17] 넓은 국토를 가지고 다양한 기능을 수행해야 하는 현대국가에서는 통치를 위한 기관을 구성하는 데 있어서 대의제도가 유용한 정도를 넘어서 반드시 필요한 것이 사실이다. 이렇게 볼 때 현대의 자유민주국가가 통치를 위한 국가기관을 구성함에 있어서 국민의 직접적인 정책결정참여(예컨대, 국민투표·국민발안 등)보다는 국민이 그 대표자를 통해서 정책결정에 간접적으로 참여하는

857
대의제도의
불가피성

---

13) Vgl. *U. Scheuner*, Das repräsentative Prinzip in der modernen Demokratie, in: *derselbe*, Staatstheorie und Staatsrecht, 1978, S. 245ff.(246).

14) 민주주의가 필요로 하는 국민의 윤리적 생활철학에 대해서는 방주 349 참조할 것.

15) Vgl. *U. Scheuner*(FN 13), S. 246.

16) 대의제도에 관한 기본문헌으로는 특히 다음 것을 들 수 있다.
　　H. Rausch(Hrsg.), Zur Theorie und Geschichte der Repräsentation und Repräsentativverfassung, 1968; *G. Leibholz*, Das Wesen der Repräsentation und der Gestaltwandel der Demokratie im 20. Jh., 3. Aufl.(1966); *Hasso Hofmann*, Repräsentation, 1974.

17) Vgl. *W. Kaägi*, ZSR Bd. 75(1956), S. 784aff.

대의제도를 그 기본적인 구성원리로 삼고 있는 것도 결코 우연한 일만
은 아니다.

즉 통치를 위한 기관의 구성원리로서의 '대의제도'(repräsentatives
Prinzip)는 국민주권의 이념을 존중하면서도 현대의 대중사회가 안고
있는 여러 가지 민주정치에 대한 장애요인들을 합리적으로 극복하기
위해서 창안된 '조직원리'라고 말할 수 있다. 따라서 대의제도는 국민
주권의 이념을 실현하기 위한 통치기관의 구성원리로서 매우 중요한
의미를 가지고 있다. 심지어 크뤼거(H. Krüger)[18]는 '대의의 이념'이야
말로 현대국가의 본질적인 구성원리라고 강조하고 있다. 여러 형태의
대의기관이 마치 통치기관의 대명사처럼 불려지는 이유도 그 때문이다.

이제 대의제도를 그 이념적 기초, 발전과정, 기능과 현대적 실현
형태 등의 차례로 살펴보고 끝으로 우리나라의 대의제도에 언급하기로
한다.

1. 대의제도의 이념적 기초

(1) 기관구성권과 정책결정권의 분리

858
극단적
직접민주주
의 이념의
극복

대의제도는 우선 민주주의에 대한 합리적인 이해를 그 이념적인
바탕으로 하고 있다.[19] 즉 대의제도는 치자와 피치자의 구별을 부인하
는 이른바 동일성이론에 입각한 극단적인 직접민주주의이념(radikal-
demokratische Ideen)과는 조화되기가 어렵다.[20] 대의제도는 국민이 직
접 정치적인 결정을 내리지 않고 그 대표(Delegation)를 통해서 간접적
으로만 정치적인 결정에 참여하는 기관의 원리요, 의사결정의 원리를
뜻하기 때문이다.[21] 대의제도가 때때로 대의민주주의(repräsentative

---

18) Vgl. *H. Kruüger*, Allgemeine Staatslehre, 1964, S. 232ff.(236): Die Idee der
   Repräsentation sei "ein wesentliches, wenn nicht sogar das entscheidende
   Bildungsgesetz des modernen Staates."
19) So auch *U. Scheuner*(FN 13), S. 249, 254.
20) So auch *U. Scheuner*(FN 13), S. 260.
21) So *U. Scheuner*(FN 13), S. 254: "Die Repräsentation ist eine Ordnung der
   Delegation vom Volk her, nicht der unmittelbaren Entscheidung durch das
   Volk." Vgl. ferner *E. Fraenkel*, Die repräsentative und die plebiszitäre
   Komponente im demokratischen Verfassungsstaat, in: H. Rausch(Hrsg.), Zur
   Theorie und Geschichte der Repräsentation und Repräsentativverfassung, 1968,
   S. 330ff.

Demokratie), '간접민주주의'(mittelbare Demokratie) 또는 '의회민주주의'(parlamentarische Demokratie)와 같은 말로 쓰이는 이유도 여기에 있다.[22]

루소(Rousseau)의 사상적 세계에서 유래하는 극단적인 직접민주주의이념에 따르면 모든 정치적인 문제에 대해서 주권자인 국민이 직접 결정을 내리는 것만이 민주주의의 실현이고, 대의제도는 민주주의의 약화를 뜻하게 된다. 이처럼 정치문제에 대한 국민의 직접결정을 민주주의의 유일한 수단으로 생각하고, 국민의 이름으로 국민에 의해서 직접 내려진 모든 정치적 결정을 절대시하는 경우 민주주의는 궁극적으로 일종의 '전체민주주의'(totalitäre Demokratie)로 전락할 수밖에 없게 된다.[23] 오늘날 루소적인 민주주의철학이 '과격민주주의'(Radikaldemokratie)라고 배척되는 이유도 그 때문이다. 사실상 Rousseau처럼 민주주의를 극단적으로 이해해서 '모두의 모두에 대한 지배'(Regieren aller über alle)만을 민주주의라고 주장한다면, 그것은 모두의 '인식'(Empfindung)과 '의욕'(Wollen)과 '사상'(Gesinnung)의 통일성(Uniformität)을 요구하게 되어 오히려 '전체주의'(Totalitarismus)로 흐를 가능성이 크다는 점을 부인하기 어렵다. Rousseau가 그의 사회계약론에서 '정치권력의 불가분성'과 '정치적 통일'을 강조하고, '국민의사'의 절대성을 내세워 '대의제도'와 '권력분립'을 배척하고, 심지어 압력단체의 '중간권력'(intermediäre Gewalten)의 존재까지도 부인하는 것은[24] 그의 극단적

---

22) '대의제도', '간접민주주의', '대의민주주의', '의회민주주의'라는 개념은 때때로 동의어처럼 쓰이기도 하지만, 엄격한 의미에서는 구별해서 사용하는 것이 옳다. 즉 '대의제도'는 '간접민주주의', '대의민주주의', '의회민주주의'의 세 가지 개념을 포괄하는 가장 넓은 개념형식이다. 그리고 '대의민주주의'는 민주주의의 유형을 나타내는 '간접민주주의'의 대명사이기도 하다. 동지: *M. Hättich*, Zur Theorie der Repräsentation, in: H. Rausch(FN 16), S. 498ff.(498).

그러나 '대의민주주의'와 '의회민주주의'는 결코 동의어가 아니라는 점을 주의할 필요가 있다. 왜냐하면 '의회민주주의'는 특히 정부형태와 관련해서 '의원내각제'처럼 강한 의회의 정치적 기능을 강조하기 위해서 사용되는 개념형식이기 때문이다. 따라서 미국·우리나라처럼 '대의민주주의'이지만 '의회민주주의'는 아닌 나라도 있고, 영국·독일·일본처럼 '대의민주주의'이면서 동시에 '의회민주주의'인 나라도 있다.

이런 점에 대해서는 방주 358 참조할 것.

23) 이 점에 대해서는 Vgl. *J. L. Talmon*, The Origins of Totalitarian Democracy, 1952, S. 40ff., 98ff.

24) Vgl. *J. J. Rousseau*, Contrat Social, insbes. Ⅱ 2, 3 u. Ⅲ 7, 13, 15.

인 직접민주주의철학에서 나오는 당연한 결과이긴 하지만, 오늘날의 정치현실과는 조화되기가 어렵다고 할 것이다. Rousseau는 분명히 국민주권을 강조하고 국민의 정치적 자유신장을 염두에 두고 직접민주주의이론을 전개했지만 그의 이론 속에는 일부 학자들의 이견에도[25] 불구하고 '절대적'이고 '전체적'인 색채가 다분히 내포되고 있는 것이 사실이다.[26] 이와 같은 Rousseau의 직접민주주의철학에 뿌리를 두고 주장되는 C. Schmitt의 동일성이론이[27] 대의제도와 이념적으로 조화될 수 없는 것은 너무나 당연하다.[28][29]

859
치자와
피치자의
역할분담

대의제도는 치자가 동시에 피치자가 되는 국민의 자기통치제도가 아니고 치자와 피치자가 다르다는 것을 전제로, 치자에게는 '정책결정권'과 '책임'을, 그리고 피치자에게는 '기관구성권'과 '통제'를 손 안에 쥐어 주는 통치기관의 구성원리이기 때문이다. 일찍이 록크(J. Locke)에 의해서 정립된 '신임사상'(Trust-Gedanke)[30]이 대의제도에서 중요한 의미를 갖게 되는 것도 그 때문이다. 따라서 대의제도의 본질은 국민이 직접 정치문제에 대한 결정권을 행사하는 데 있는 것이 아니고, 주권자인 국민은 정치문제에 대한 결정권을 행사할 기관을 선임하고 그 기관을 통제·감시함으로써 기관의 민주적 정당성이라는 젖줄에 계속해서 우유를 공급하는 위치에 머물러 있는 데 있다. 즉 '기관구성권'과 '정책결정권'의 분리를 전제로 해서 전자만을 주권자인 국민이 행사한다는 데 대의제도의 본질이 있다. 영·미 등의 국가에서도 대의제도가 "government of the people, for the people, with but not by the people"[31]이라고

---

25) Z. B. John W. Chapman, Rousseau – Totalitarian or Liberal?, 1956, passim; F. Glum, J. J. Rousseau, Religion und Staat, 1956, S. 295ff.

26) So auch U. Scheuner(FN 13), S. 260.

27) C. Schmitt의 동일성이론에 입각한 민주주의철학에 관해서는 방주 321 참조할 것.

28) 이 점은 C. Schmitt 스스로도 시인한다. Vgl. C. Schmitt, Verfassungslehre, 5. Aufl.(1970), S. 262.

29) C. Schmitt가 두 가지 정치적인 형성원리(politische Gestaltungsprinzipien)로 '동일성'(Identität)원리와 '대의'(Repräsentation)의 원리를 들고, 이 두 가지 정치적인 형성원리가 상호 공존할 수 있다고 강조하면서도, 대의제도를 동일성원리에 입각한 '자기통치'가 실현될 수 없는 경우의 불완전한 보충원리로 생각하는 것도 그 때문이다. Vgl. C. Schmitt, Verfassungslehre(FN 28), S. 204ff.

30) Vgl. dazu J. Locke, Two Treatises, Teil Ⅱ § 156; J. W. Gough, John Locke's Political Philosophy, 1950, S. 136ff.

31) L. S. Amery, Thoughts on the Constitution, 3rd ed.(1949), S. 2.

평가되는 것도 같은 맥락에서 이해할 수 있다고 본다.

치자와 피치자의 구별을 부인하고 치자요 피치자인 국민의 의사를 절대시함으로써 이른바 '총의' 내지 '일반의지'(volonté générale)로 표현되는 국민의 의사에 만병통치의 효력을 부여하려는 극단적인 직접민주주의의 이론은 그 외형상의 민주적 색채와는 달리 현실적으로는 국민의 이름을 내세운 전제적인 통치를 불러들일 가능성이 크다는 점을 주의할 필요가 있다.[32] '민주'와 '전제'가 이처럼 이념적으로 가장 이웃한 사이에 있다는 사실은 우리 모두에게 민주주의를 이해하고 제도화하는 데 있어서 심각한 경계심을 불러일으킨다고 할 것이다.

대의제도는 말하자면 이와 같은 경각심을 바탕으로 마련된 통치기관의 구성원리이기 때문에 그 본질상 '정치권력의 절제' 위에서만 제대로 꽃을 피울 수 있다. 대의제도가 권력의 '견제와 균형'(checks and balances)의 메커니즘인 권력분립(Gewaltenteilung)의 원리와 이념적인 연관성을 갖게 되는 것도 그 때문이다. 뢰븐슈타인(K. Loewenstein)[33]에 따르면 대의제도야말로 정치권력을 여러 국가기관에 나누어 맡길 수 있는 가장 중요한 전제조건이다. '정치권력의 통일성'이 강조되는 Rousseau적인 사상의 세계에서는 '권력분립'이 쉽사리 논의될 수 없다는 이야기이다.

이렇게 볼 때 대의제도는 '신임'과 '책임'과 '통제'와 '절제'를 바탕으로 하는 통치기관의 구성원리라고 말할 수 있다. 따라서 대의의 원리를 제도화하는 데 있어서는 극단적인 직접민주주의를 단순히 배척하는 데 그칠 것이 아니라 대의제도에 내포되고 있는 이와 같은 이념들이 충분히 생동할 수 있는 제도적인 메커니즘을 찾아내도록 노력해야 한다. 결국 대의제도는 통치의 권력이 주권자인 국민의 정치적 Konsens에서 나와서 '신임'과 '책임'과 '절제'에 의해서 행사되기 때문에 그 대의기관의 의사결정이 국민전체에게 기속력을 미치지만, 대의기관의 통치권력은 주권자의 '기관구성권'과, 계속적이고 다양한 정치통제에 의해서 그 민주적 정당성을 상실할 수도 있는 통치기관의 구성원리라고[34] 결론지을 수 있다.

---

32) Hennis도 이 점을 특히 강조한다. Vgl. Meinungsforschung und repräsentative Demokratie, 1957, S. 38f.

33) Vgl. *K. Loewenstein*, Verfassungslehre, 1959, S. 36.

34) So ähnlich *U. Scheuner*(FN 13), S. 262.

(2) 정책결정권의 자유위임

860
국가의사와
국민의사의
관계

'대의제도'는 대의기관에 의해서 내려지는 여러 가지 '의사결정' (정책결정)이 국민전체를 기속한다는 이념적인 기초 위에서 마련된 통치기관의 구성원리이다. 그런데 대의기관의 의사결정이 국민을 정치적으로 또는 법적으로 기속할 수 있는 것은 대의기관의 의사결정이 국민의 의사와 완전히 일치하기 때문이 아니고, 대의기관의 의사결정과 국민의 의사가 일치할 수 있도록 유도하는 여러 가지 input-channel이 제도적으로 보장되고 있기 때문이다.[35] 바두라(P. Badura)의 말처럼[36] 대의기관에 의해서 정해지는 '국가의사'(Staatswille)와 '국민의사'(Volkswille)가 일치한다는 희망적인 상념은 대의제도의 이념적·기능적 기초에 대한 오해에서 비롯한다고 볼 수 있다. '국가의 의사'와 '국민의 의사'가 일치하는 상태를 유도하는 것이 물론 민주정치의 이상임에는 틀림없지만, 대의제도는 그 '일치의 가능성'을 높여 주기 위한 여러 가지 input-channel을 제도적으로 보장함으로써 대의기관의 의사결정이 국민의 정치적인 Konsens에 의해서 정당화되도록 노력하는 의사결정의 메커니즘이지, '국가의사'와 '국민의사'가 현실적으로 그리고 항상 일치한다는 정치적인 환상에서 출발하는 제도가 아니라는 점을 잊어서는 아니 된다.[37] 바로 이곳에 '국민의사'와는 거리가 있는 '국가의사'라도 국민에 대한 기속력을 가질 수 있는 이론적인 근거가 있다. 다만 그와 같은 '국가의사'는 국민의 기본권 행사 또는 선거 등을 통해서 그 민주적 정당성이 박탈될 수도 있다는 데 대의제도의 본질이 있다.

861
대의제도와
대리제도

통치를 위한 기관의 구성원리로서의 '대의제도'가 '대리제도' 내지 '대표제도'와 그 본질을 달리하는 것도 그 때문이다. '대의제도'는 '정당성의 원리'(Rechtfertigungsprinzip)[38]에 그 기초를 두는 데 반해서 '대리제도' 내지 '대표제도'는 '의사대리'(Meinungsvertretung)를 그 본질로

---

35) 따라서 대의기관의 행위가 국민의 행위로 간주되는 이론적 근거와 관련해서 논의되는 고전적, 법실증주의적 논리형식은 법실증주의적인 헌법관에서 유래하는 지극히 형식적이고 공허한 이론으로서 이미 그 시대성을 상실했다고 보는 것이 옳다.
　　법실증주의적 관점에서 주장되는 대의제도의 이론구성에 대해서는 특히 비판적인 다음 문헌을 참조할 것. *G. Leibholz*(FN 16), S. 150 Anm. 1.

36) Vgl. *P. Badura*, Staatsrecht, 1986, S. 296.

37) G. Leibholz도 특별히 이 점을 강조한다. Vgl.(FN 16), S. 106, 140ff.

38) So auch *P. Badura*(FN 36), S. 296.

하기 때문이다.[39] 이렇게 볼 때 국민에 의해서 선출되는 대의기관의 구성원은 국민의 의사를 단순히 대변해 주는 '대변자'가 아니고 국민으로부터 부여받은 '민주적 정당성'에 입각해서 기본권실현의 방향으로 독자적인 의사결정을 해야 하는 '국가기관'이다. 예컨대 일정한 선거구에서 선출된 국회의원도 그를 뽑아 준 선거구민만을 대표하는 것이 아니고 전체국민을 대표하기 때문에 선거구의 이익에 집착하기보다는 전국민의 이익을 위하여 행동해야 한다는 대의제도의 기본적인 요청이 그로부터 나온다. Badura[40]가 각종 사회적 압력단체 내지 이익집단에서는 '대리' 내지 '대표의 원리'가 적용될 수는 있어도 '대의의 원리'가 적용될 수는 없다고 강조하는 이유도 그 때문이다. '대의'는 '전체'를 위한 독자적인 의사 '결정'을 그 기능의 기초로 하지만, '대리' 내지 '대표'는 '부분'을 위한 간접적인 의사 '전달' 내지 의사 '실현'을 그 본질로 하기 때문이다.

이렇게 볼 때 대의제도는 이른바 '명령적 위임관계'(imperatives Mandat)와는 이념적으로 조화되기가 어렵다.[41] 이미 말한 바와 같이 대의기관은 법적 의미에서 국민의 '대리기관'은 아니기 때문이다. 국민이 선출한 대의기관은 일단 국민에 의해서 선출된 후에는 법적으로 국민의 의사와 관계 없이 독자적인 양식과 판단에 따라 정책결정에 임하기 때문에, 선출 후에도 정책결정을 할 때마다 국민의 의사를 타진하고 국민의 구체적인 지시에 따라서 행동하고 그 위임사항만을 집행하는 이른바 '명령적 위임관계'와는 달리 '자유위임관계'(freies Mandat)를 그 본질로 한다.[42] 이처럼 대의제도에 있어서의 '대의관계'는 '자유위임관계'를 그 본질로 하기 때문에 대의기관의 정책결정이 설령 국민의 의

862

명령적
위임과
자유위임

---

39) '대의'(Repräsentation)와 '대리'(Vertretung)의 기능상의 차이에 대해서는 다음 문헌을 참조할 것. *G. Leibholz*(FN 16), S. 32ff.; *M. Imboden*, Die politischen Systeme, 1962, S. 124; *H. Hofmann*(FN 16), S. 116ff.

40) So vgl.(FN 38).

41) So auch *G. Leibholz*(FN 16), S. 82f.

42) '명령적 위임관계'와 '자유위임관계'의 자세한 내용에 대해서는 특히 다음 문헌을 참조할 것. *Ch. Müller*, Das imperative und freie Mandat, Diss., 1966; *P. Kevenhörster*, Das imperative Mandat, 1975; *Fr. Koja*, Das freie Mandat des Abgeordneten, 1971; *K. Stern*(FN 9), S. 1044ff.; *E. Bahgat*, Freies Mandat in der repräsentativen Demokratie, Diss.(Graz), 1974; *K. Hesse*, Abgeordneter, in: EStL, 2. Aufl.(1975), Sp. 12ff.; *H. Martens*, Freies Mandat oder Fraktionsdisziplin?, DVBl 1965, S. 865ff.

사에 반한다 하더라도 다음 선거나 기타 input-channel을 통해서 그 책임과 신임을 물을 때까지는 당연히 국민을 기속하고 국민의 추정적인 동의가 있는 것으로 간주되는 것이 그 특징이다. 대의제도가 '신임'과 '책임'을 그 이념적 기초로 하고 있다고 평가되는 이유도 그 때문이다.

따라서 대의제도에서는 대의기관의 구성방법의 여하에 따라 그 대의기관이 내리는 '정책결정의 질'이 좌우되기 마련이다. 대의기관의 구성 내지 선출에 관한 합리적인 제도 마련이 대의제도의 성패에 큰 영향을 미치는 것은 그 때문이다.[43] 대의제도와 선거제도 내지 정부형태와의 불가분한 이념적인 연관성이 여기에서 나온다.

결론적으로 대의제도는 '기관구성권'과 '정책결정권'의 분리를 전제로 하고 '정책결정권'의 자유위임을 그 이념적인 바탕으로 하는 통치기관의 구성원리라고 말할 수 있다.

2. 대의제도의 발전과정

863
버크의
대의이론

카이저(J. Kaiser)의 말처럼[44] 오늘날에 와서는 '대의' 없는 통치구조를 상상할 수 없지만, 근대적인 의미의 대의제도가 확립된 것은 그리 오래지 않다. 임보든(M. Imboden)[45]이나 라이브홀츠(G. Leibholz)[46]에 따라 '관념적인 존재형식을 현실적인 존재형식'으로 나타나게 하는 것을 근대적인 의미의 '대의'라고 한다면 이와 같은 의미의 대의제도가 통치를 위한 기관의 구성원리로 인정된 것은 18C 후반 영국에서 비롯되었다고 볼 수 있다. 즉 사상적으로는 버크(E. Burke)의 '대의이론' (Repräsentativtheorie)이 현대적인 대의제도의 이념적인 온상이라고 할 것이다. Burke(1729~1797)가 18C 후반(1774) 그의 대의이론을 통해서 의원 개개인은 그의 선거구민만을 대표하는 것이 아니고 전체국민을

---

43) 대의제도에 내포되고 있는 이같은 간접민주주의 속성에 관해서는 앞의 방주 356~358 참조할 것.

44) Vgl. *J. H. Kaiser*, Repräsentation, in: Staatslexikon, Bd. 6, Sp. 866.

45) Vgl. *M. Imboden*(FN 39), S. 123: "Nicht-Gegenwärtiges gegenwärtig werden lassen." "Repräsentation wird etwas realisiert, dessen Wirklichkeit seiner Natur nach eben ideell-geistige Wirklichkeit ist."

46) Vgl. *G. Leibholz*(FN 16), S. 26: "Repräsentation bedeutet, daß etwas nicht real Präsentes wieder präsent, d. h. existentiell wird, etwas, was nicht gegenwärtig ist, wieder anwesend gemacht wird." "Durch die Repräsentation wird somit etwas als abwesend und zugleich doch gegenwärtig gedacht."

대표할 뿐 아니라 그 선거구민의 지시에 따라 움직이는 것이 아니고 독자적인 양식과 판단에 따라 행동한다는 점을 강조한 것이[47] 근대적인 대의이론의 효시로 간주되고 있다.[48]

이미 앞에서 지적한 바와 같이 오늘날에 와서는 '대리'와 '대의'를 개념적으로 엄격히 구별하고 있지만 Scheuner의 지적대로[49] 근대적인 의미의 '대의의 원리'도 시원적으로는 중세의 '대리제도'에서 나온 것이라고 볼 때 대의제도의 기원은 엄밀히 따져서 중세까지도 거슬러 올라갈 수 있다고 할 것이다. 그렇다면 중세적인 '신분계급의 대리'(Ständevertretung)현상이 근대적인 '대의제도'로 발전하게 된 경위는 과연 어떤 것인가?[50]

중세의 봉건적인 신분사회에서는 소속신분을 대리해서 영주(Fürst)에게 신분이익을 대변한다는 이른바 부분적인 '신분대리'의 현상은 있었어도 한 신분이 영주의 통치하에 있는 모든 계층의 신분을 전체적으로 대표한다는 대의현상이 있을 수 없었던 것은 당연하다. 그러나 여러 영주의 통치지역이 세력이 강한 영주를 중심으로 일종의 '통합국가'로 발전하고, 통합국가의 통치자는 소속영주 전체의 이익을 위해서 통치하기 때문에 필요한 재정적 협력을 소속영주들로부터 요구할 수 있도록 되었다. 이 때 재원의 염출을 협의하기 위해서 소집되는 영주회의(Ständeversammlung)에서 통합국가의 통치자는 모든 영주들에게 결정사항의 원만한 집행을 담보하기 위해서 '완전한 대표권'을 가지고 회의에 나올 것을 요구하게 되었다. '완전한 대표권'이란 자기지배하에 있

864
중세봉건
사회의
신분대리

---

47) Burke의 이같은 대의사상은 특히 그의 다음 두 글에 잘 나타나고 있다. Vgl. *Edmund Burke*, Gedanken über die Ursachen der gegenwärtigen Unzufriedenheit.; *derselbe*, Rede an die Wähler von Bristol, in: v. d. Gablentz, Die politischen Theorien seit der französischen Revolution, Politische Theorien, Teil III, 2. Aufl.(1963), S. 49f.

48) So auch *U. Scheuner*(FN 13), S. 245ff.(250).

49) Vgl. *U. Scheuner*(FN 13), S. 251.

50) 중세기에 있어서의 '대리제도' 내지 '대의제도'의 발전과정에 대해서 자세한 것은 다음 문헌을 참조할 것. *H. Hofmann*(FN 16), S. 102ff.; *J. Russell Major*, The Estates General of 1560, 1951; *derselbe*, Representative Institutions in Renaissance France 1421~1559, 1960; *G. L. Haskins*, The Growth of English Representation, 1948; *Gaines Post*, Plena Potestas and Consent in Medieval Assemblies, Traditio 1(1943), S. 355ff.; *Helen M. Cam*, Medieval Representation in Theory and Practice, Speculum 29(1954), S. 347ff.

는 모든 계층의 신분을 위해서 발언하고 행동할 수 있는 권한을 말한
다. 일종의 기초적인 형태의 '대의권'이라고 볼 수 있다. 이처럼 처음
에는 로마법의 전통(Quod omnes tangit, ab omnibus approbetur)[51]에 따
라 재원 염출에만 국한되었던 '대의권'이 중세 말경에는 이미 중요한
모든 안건의 협의로 확대되고, 그 후 16세기에 와서는 Renaissance와
계몽주의 내지 자연법사상에 힘입은 자유주의적 국가사상의 영향으로
이미 Konsens의 이론이 싹트고 마침내 통치권도 피치자의 동의에서
나와야 한다는 근대적인 대의사상으로 발전하게 되었다.[52]

　　그러나 이와 같은 대의제도의 일반적인 발전과정에도 불구하고
대의제도는 중세 유럽 여러 나라의 정치적·사회적 전통의 차이 때문
에 나라에 따라 다소 상이한 발전과정을 거쳤다는 점을 잊어서는 아니
된다.

(1) 영국에서의 대의제도의 발전과정

865

**버크의
대의사상과
통합적 기능**

　　Scheuner[53]와 Leibholz[54]의 말을 빌릴 필요도 없이 국민에 의해
서 뽑힌 의원이 그 선거구만이 아닌 전체국민을 대표하고 선거구의 이
익이 아닌 전체국민의 이익을 위해서 활동한다는 근대적 의미의 대의
제도는 역시 영국에서 이미 17C에 확립되었다고 볼 수 있다.[55] 즉 블
랙스톤(W. Blackstone)[56]을 거쳐 E. Burke[57]에 의해서 정리된 이같은
근대적 대의사상은 그 후 프랑스혁명헌법과 독일의 여러 근대헌법에도
큰 영향을 미쳤다.[58] 그럼에도 불구하고 영국에서의 대의제도의 발전

---

51) '모두에 관계되는 일은 모두가 동의해야만 효력이 있다'(Was alle berührt, muß
　　von allen zugestimmt werden.)는 로마법에서 나온 법원리이다.

52) 이상의 내용에 대해서는 *U. Scheuner*(FN 13), S. 250ff.와 (FN 50)에 표시한 문헌
　　을 참조할 것.

53) Vgl. *U. Scheuner*(FN 13), S. 250.

54) Vgl. *G. Leibholz*(FN 16), S. 54ff.

55) Dazu vgl. *Gardiner*, The Constitutional Documents of the Puritan Revolution
　　1625~1660, 1906, S. 368.

56) Vgl. *W. Blackstone*, Commentaries on the Laws of England, 1783, Bd. 1,
　　Chap. 2, S. 159; "Every member, though chosen by one particular district,
　　when elected and returned serves for the whole realm."

57) Vgl. *E. Burke*, The Speech to the Electors of Bristol, in: The Works, 1899,
　　Bd. Ⅱ, S. 96. Burke의 대의사상에 대해서 자세한 것은 *H. Hofmann*(FN 16), S.
　　454ff. 참조할 것.

58) Dazu vgl. *H. Hofmann*(FN 16), S. 338ff., 342ff.

배경은 엄밀한 의미에서 프랑스·독일 등 대륙의 여러 나라의 상황과
는 달랐다는 점을 주의할 필요가 있다. 즉, 영국에서는 일찍부터 봉건
제후들의 세력을 압도하는 중앙집권적인 군권이 확립되어 군주에 의한
통치가 영국의 전영토에 미칠 수가 있었기 때문에 대의제도도 군주에
대한 의회의 효과적인 견제의 필요성에서 생겨난 것이라고 볼 수 있
다.[59] 말하자면 영국에서의 대의제도는 영국의회가 강력한 군권에 맞
서서 국민의 대표기관으로서의 기능을 충분히 수행하는 한편, 주권을
내세우는 국민으로부터도 그 독자적인 지위를 확보하기 위한 투쟁적·
항의적 이데올로기로서의 의미를 갖고 싹트기 시작한 것이라고 말할
수 있다.[60] Burke의 대의사상이 특히 영국 죠지 3세(George Ⅲ)의 군
권통치와 Rousseau의 국민주권사상에 대한 항의적 의미를 내포하고
있다고 평가하려는 학자가[61] 있는 것도 그 때문이다. 아무튼 절대군주
에 대한 의회의 통제기능을 강화하기 위해서는 의회가 반드시 대의의
원리에 따라 활동해야만 한다고 강조하는 Burke의 이론에는 대체로
다음과 같은 기본적인 인식이 깔려 있다. 절대군주에 맞서기 위해서는
의회 내에 행동을 통일할 수 있는 강력한 다수세력이 형성되어야만 하
는데, 그와 같은 다수세력의 형성은 원외정당조직이 미쳐 생기지 않았
던 당시의 상황 아래서는 의원 상호간에 가치에 대한 인식을 같이 했
을 때만 가능하다. 즉 다수의원이 함께 받아들일 수 있는 일정한 '객관
적 가치'를 매개체로 해서만 의회 내의 다수세력이 형성되고 절대군주
에 대항할 수 있다. 그러나 만일 의원 개개인이 자신을 뽑아 준 선거구
민만의 대표자로서 선거구민의 특수이익만을 대변하는 소위 명령적 위
임기능만을 갖는다면 의원 상호간에는 다양한 이해관계의 갈등만이 존
재할 뿐 공감대적 가치를 통한 다수세력의 형성이 불가능하게 된다.
따라서 군주에 대항하기 위한 의회다수세력의 형성을 촉진시키기 위해
서는 '명령적 위임관계'가 지양되고, 의원 각자가 선거구민만이 아닌
국민전체의 대표자로서 오로지 '공공복리'(Gemeinwohl)의 관점에서 스
스로의 양식과 양심에 따라 판단하고 행동하는 것이 절대적으로 필요
하다. 말하자면 절대군주에 대항하기 위한 의회의 효과적인 활동을 위

---

59) So auch *H. Hofmann*(FN 16), S. 342f.
60) So auch *E. Fraenkel*(FN 21), S. 337.
61) So etwa *E. Fraenkel*(FN 60).

해서는 의원이 선거구의 기속에서 벗어나고, 의원 모두가 받아들일 수 있는 '객관적 가치'를 매개체로 해서 의회가 하나의 뭉친 힘으로 나타나야 한다는 논리이다.[62] 대의제도가 오늘날 특히 통합과정론의 관점에서 중요한 통합적 기능(integrierende Funktion)을 갖는다고 평가되고,[63] Kelsen적인 상대적 민주주의이론이[64] 대의제도와 이념적으로 조화되기 어렵다고 지적되는[65] 이유도 따지고 보면 이같은 Burke의 대의사상에 그 근거를 두는 것이라고 할 수 있다.

또 Burke의 대의사상은 그가 생각하는 범세계적인 국민개념과도 불가분의 관계가 있다는 점을 간과할 수 없다. 즉 Burke에 따르면 의회에 의해서 대표되는 '국민'(Nation)은 단지 현실적으로 정치활동이 가능한 현존세대만이 아니고 과거세대와 잠재적인 미래세대까지를 포함하는 포괄적인 개념이기 때문에 의회가 이 모든 세대의 '국민'을 대표해서 군주와 대항하기 위해서는 의원 개개인이 그를 뽑아 준 선거구민만을 대표한다는 이른바 명령적 위임사상을 버리고 전체국민의 이익을 위해서 활동한다는 보다 강력한 정당성의 논리가 필요하다는 것이다. 즉, 단순히 자기의 선거구만을 대표하고 그 선거구의 이익만을 위해서 활동하는 의원들로 구성된 의회는, 그 나름의 전통과 권위를 가지고 군림하는 절대군주를 상대로 국민전체의 이익을 위해 싸울 힘을 가질 수 없다는 것이다. Burke가 그의 대의이론에서 이른바 '현실적인 대의'(aktuelle Repräsentation)보다는 오히려 '잠재적인 대의'(virtuelle Repräsentation)[66]를 더욱 강조하고 중요시하는 것도 그 때문이라고 볼 수 있다.

현실적·
잠재적 대의

어쨌든 Burke는 18세기적인 영국의 군주정치상황을 눈앞에 보면서 군권과 대항해서 국민의 자유와 재산을 보호하려는 의회의 정치활

---

62) 이 점에 대해서는 E. Fraenkel(FN 21), S. 337ff. 참조할 것.

63) Vgl. R. Smend, Verfassung und Verfassungsrecht, 1928, insbes. S. 18ff.; G. Leibholz(FN 16), S. 58.
    그러나 대의제도의 통합적 기능에 대해서는 결단주의의 C. Schmitt도 인정하고 있다. Vgl. C. Schmitt, Verfassungslehre, 5. Aufl.(1970), S. 207.

64) 이 점에 대해서 자세한 것은 앞의 방주 324 참조.

65) Vgl. z. B. E. Fraenkel(FN 21), S. 339.

66) Burke의 이같은 대의사상에 대해서는 다음 문헌을 참조할 것.
    E. Burke, A Letter to Sir Hercules Langrische, in: The Works of the Right Honourable E. Burke, Bd. Ⅳ(1899), S. 241~306; H. Hofmann(FN 16), S. 454ff.

동을 강화해 주기 위한 논리형식으로 그 때까지의 명령적 위임사상을
비판하고 '대의의 원리'를 강조한 것이라고 말할 수 있다. 따라서 이처
럼 Burke에 의해서 확립된 영국의 대의제도는 말하자면 그 이념적인
바탕이 어디까지나 통일군주에 대한 의회기능의 강화에 있었다는 점을
염두에 둘 필요가 있다. 특히 영국에서 일찍이 17세기에 이른바 '의회
주권'(Parlamentssouveränität)[67]이 확립된 것도 영국의 이같은 대의제도
발전과 무관하지 않다고 생각한다. 또 일찍이 J. Locke에 의해서 정립
된 '신임사상'(Trust-Idee)[68]도 영국적 대의제도의 발전 및 '의회주권'의
확립에 적지 않은 사상적 영향을 미쳤다는 점을 부인하기 어렵다.

의회주권과
신임사상

   그러나 이처럼 Burke에 의해서 확립된 영국의 근대적인 대의사상
도 그 후 미국식민지에 대한 과세문제를 둘러싼 논쟁과정에서[69] 스스
로 새로운 이론적인 도전에 봉착하게 되었다. 즉, 영국의회에게는 미
국식민지에 대한 과세권이 인정될 수 없다는 논거로 제시된 'no
taxation without representation'(대표 없이 세금 없다)의 논리는 Burke
적인 대의이론에 대한 정면으로부터의 도전이었기 때문이다. 이 때부
터 영국에서도 전체이익을 구성하는 '부분이익'(Gruppeninteressen)의
중요성이 강조되고, 다원적인 복합사회의 '전체이익'(Gesamtinteressen)
의 실현은 그 복합사회를 구성하는 부분집단의 이익을 적절하게 존중
해 주는 경우에만 기대할 수 있다는 인식이 자리를 넓혀가기 시작했
다. 따라서 전체이익을 추구하는 의회의 활동이 명실공히 그 실효성을
나타내기 위해서는 되도록이면 모든 부분집단의 이익을 대표하는 사람
들이 빠짐없이 의회의 구성원으로서 의회활동에 참여하는 것이 필요하
다고 생각하게 되었다. 물론 이 같은 인식의 변화는 Burke적인 대의이
론의 완전한 포기를 뜻하는 것이 아니고 그 부분적인 수정을 뜻하는

866
미국식민지
에 대한
과세권과
부분이익

---

67) 영국에서의 의회주권의 확립과정에 대해서는 특히 다음 문헌을 참조할 것.
   P. Ritterbusch, Parlamentssouveränität und Volkssouveränität in der Staats-
   und Verfassungsrechtslehre Englands, 1929, S. 9ff.; *F. W. Maitland*, The
   Constitutional History of England, 1908, S. 302ff.; *C. R. Lovell*, English
   Constitutional and Legal History, 1962; *J. W. Allen*, A History of Political
   Thought in the 16. C., 3rd ed.(1951), S. 121ff.
68) Vgl. dazu *J. Locke*, Two Treatises on Government(1690), P. Laslett-Edition,
   1960, 2. Book, § 95ff., 134ff., 149, 156, 161, 164, 171.
69) Vgl. dazu *M. Beloff*, The Debate on the American Revolution(1761~1783),
   1949, S. 205ff.

것에 지나지 않는다. 왜냐하면 의회가 경험적으로 조사된 국민의사의 단순한 대변기관이 아니고, '전체국민이익의 집행기관'이라는 대의의 기본이념은 그대로 인정되기 때문이다. 다만 의회를 통해서 실현되고 관철되는 '전체이익'이란, 형이상학적인 관념적 존재형식이 아니고, 사회를 구성하는 각종 이익집단들의 끊임없는 이해관계의 조정과정을 통해서 비로소 얻어지는 현실적이고 구체적인 존재형식이라는 사실이 새로이 강조되고 있을 뿐이다. 말하자면 Burke의 형이상학적 대의이론이 Bentham적인 공리주의(Utilitarismus)의 영향에 의해서 다소 다른 색채를 띠게 된 것이다.[70) 19세기의 영국의회가 스스로를 '이익대표'(Interessenvertretung)라고 생각하게 된 것도 그 때문이다.[71)

867

선거 및 정당제도와 대의제도의 관계

그 후 영국의 선거제도개혁(1884~1885)에 의해서, 유도된 국가와 사회의 '저변으로부터의 민주화'(Fundamentaldemokratisierung)가 단행된 후부터는 경험적으로 조사된 국민의 의사를 실현하는 것이 곧 전체국민의 이익을 실현하는 것이라는 인식이 더 짙어졌다. 즉 의회의 대의활동은 언제나 선거를 통해서 나타난 국민의사를 존중하는 방향으로 행해져야 한다는 것이다. 그것은 즉 의회선거의 성격이 대의를 실현시킬 대표자의 선출에서 현실정치에 대한 국민투표적 성격으로 변화되었음을 뜻한다. 영국의 왕과 수상에게 인정된 제한 없는 의회해산권이 이와 같은 성격의 변화를 잘 입증해 주고 있다. 이렇게 볼 때 영국의 대의제도는 오늘날 중요한 전환기에 서 있다고 말할 수 있다. 그렇지만 영국에서 대의제도가 현실정치에 대한 국민투표적 성격의 선거에 의해서 그 본래의 비중과 기능을 상실하고 그 대신 국민투표적 직접민주주의가 자리를 잡는데는 일정한 한계가 있다는 점을 주의할 필요가 있다. 그것은 특히 두 가지 이유 때문이다. 첫째는 영국의 오랜 사상적 전통에 의해서 영국국민의 가슴 속에 심어진 '신임사상'(Trust-Idee) 때문이다. 이 신임사상의 영향으로 영국국민은 통치기관을 여전히 '국민의 수탁자'(Treuhänder des Volkes)라고 생각하고 있는데 이처럼 통치기관이 '국민의 수탁자'로 평가되는 정치분위기 속에서는 치자＝피치자의 동일성이론이 발붙일 수 없고, 아무래도 통치기관의 구성과 활동에

---

70) So auch *Elie Haléry*, The Growth of Philosophic Radicalism, 1955, S. 257ff.
71) Vgl. dazu *S. H. Beer*, Pressure Groups and Parties in Britain, in: The American Political Science Review, Bd. 50(1956), S. 1ff.

는 여전히 대의원리가 지배할 수밖에 없다.[72] 둘째는 영국적 정당구조
의 특수성을 그 이유로 들 수 있다. 즉, 영국의 정당들은 멕킨치
(McKenzie)의 지적대로[73] 원내교섭단체의 시녀로서의 성격을 가지고,
그 정당활동도 어디까지나 원내교섭단체를 이끄는 지도자들의 결정에
따라 행해지기 때문에 국민의사가 통치기관의 정책결정에 직접적 영향
을 미칠 수 있는 정당조직적인 통로가 넓지 않다는 점이다. 정당조직
과 활동이 지구당을 중심으로 상향식으로 되어 있는 경우와 달라서 영
국의 정당조직은 원내교섭단체를 중심으로 하향식으로 단계구조화
(hierarchische Struktur)되어 있기 때문에 정당의 원내지도자들은 의회와
여론에 의한 통제는 받더라도 국민의사를 크게 의식하지 않고, 독자적
판단에 따라 국민전체의 공공복리를 위한 정책결정을 할 수 있다.[74] 따
라서 영국의 정당구조가 의회의 원내교섭단체 중심에서 원외지구당 중
심으로, 그리고 정당의 의사결정이 원내교섭단체의 지도자의 손으로부
터, 지구당대의원들로 구성된 전당대회로 넘어가기 전에는 역시 영국
의 통치기관은 여전히 대의의 원리에 의해 지배된다고 말할 수 있다.
물론 베버(M. Weber)의 말대로[75] 정당조직이 영국처럼 관료조직화
(Bürokratisierung)하는 경우 의원이 정당지도자들의 단순한 시녀의 지위
로 전락해서 오히려 대의의 요소가 약화될 위험성이 없는 것도 아니지
만, 정당이 '절대적인 지도자'가 아닌 '동료중의 장'에 의해 이끌어지는
한 그와 같은 위험성은 크지 않다고 할 것이다.

　　결론적으로 영국에서의 대의제도는 17~18세기에 '군주주권'과
'국민주권'에 대한 투쟁적·항의적 이데올로기로서의 성격을 가지고 발
전해서 일찍이 '의회주권'을 확립하는 데 기여한 바 있지만, 18세기말
내지 19세기초부터는 '공리주의'의 영향으로 '이익대표'의 중요성이 강
조되고 19세기말 선거제도의 개혁 이후 오늘날에 와서는 통치를 위한
기관의 구성이 마치 현실정치에 대한 국민투표적 성격을 띠게 되어 통
치의 패턴(pattern)이 대의를 통한 간접민주정치보다는 경험적으로 조

868

3단계
발전과정

---

72) So auch *E. Fraenkel*(FN 21), S. 343.

73) Vgl. *R. T. McKenzie*, British Political Parties, 1955, S. 146.

74) So auch *E. Fraenkel*, Deutschland und die westlichen Demokratien, 1964, S.
110ff.

75) Vgl. *M. Weber*, Wirtschaft und Gesellschaft, 1922, S. 174.

사된 '국민의 의사'를 존중하고 실현하기 위한 국민투표적 직접민주정
치의 방향으로 변하고 있다고 할 것이다. 그렇지만 이같은 변화에도
일정한 한계가 있기 때문에 영국적인 의회정치의 본질은 여전히 대의
제도에 바탕을 둔 의회민주주의라는 점을 잊어서는 아니 된다.

(2) 프랑스에서의 대의제도의 발전과정

869
프랑스혁명
및 루소와
쉬에스의
영향

Scheuner[76]나 Leibholz[77]의 지적처럼 프랑스에서 대의제도가 확
립된 것은 시기적으로 영국보다 뒤떨어진 것은 사실이지만, 1789년 프
랑스대혁명을 전후해서 프랑스에서 일기 시작한 대의제도에 관한 치열
한 논의[78]는 그 진지성에 있어서 결코 영국의 그것보다 뒤지지 않는다
고 말할 수 있다. 결국 프랑스에서의 대의제도는 프랑스혁명의 과정에
서 발생한 하나의 제도적인 산물이라고도 볼 수 있다. 그렇다면 프랑
스대혁명을 전후해서 일어난 대의제도의 논쟁이란 과연 어떤 것인가?
그것은 한마디로 말해서 혁명헌법을 제정하는 데 있어서 Rousseau의
사상을 따를 것인가 아니면 쉬에스(Abbé Sieyès)의 주장을 받아들일 것
인가에 관한 이론 다툼으로 집약할 수 있다고 할 것이다.

Rousseau는 국민주권사상에 입각해서 국가존립의 근거를 사회구
성원의 사회계약에서 찾고(사회계약론) '경험적인 국민의사'(empirische
Volkswille)[79]와 '추정적·잠재적인 국민의사'(hypothetische Volkswille)[80]
가 언제나 일치한다는 가정 아래 국민의 '총의'(volonté générale)를 중
요시한 나머지 직접민주주의의 통치형태를 찬양하고 헌법제정에서부터
법률제정에 이르기까지 전체국민이 직접 맡을 것을 강력히 주장했다.
즉 이와 같은 Rousseau의 사상에는 '국민의사란 대표될 수 없다'(Der
Volkswille lasse sich nicht repräsentieren)는 그의 확고한 신념이 깔려 있

---

76) Vgl. *U. Scheuner*(FN 13), S. 250.

77) Vgl. *G. Leibholz*(FN 16), S. 67. Leibholz의 표현에 따르면 영국은 대의제도의 모
  국이다(England als Mutterland des Repräsentativsystems.).

78) Dazu vgl. *Burdeau*, Traité de Science Politique, Bd. 4, 1952, S. 232ff.; *R.
  Redslob*, Die Staatstheorie der französischen Nationalversammlung von 1789,
  1912; *K. Loewenstein*, Volk und Parlament nach der Staatstheorie der
  französischen Nationalversammlung von 1789, 1922, insbes. S. 278ff.

79) '경험적인 국민의사'란 경험적으로 조사되거나 표현 내지 인식된 국민의 의사를 말
  한다.

80) '추정적·잠재적인 국민의사'란 경험적으로 조사되거나 표현된 국민의사와는 달리,
  '객관적으로 추정되는 국민의 진정한 의사'를 지칭하는 개념이다.

었다고 할 것이다.[81] 그에 반해서 Sieyès는 철저한 대의사상에 입각해
서 이른바 '경험적인 국민의사'로부터 완전히 독립된 대의기관의 의사
만이 진정한 국민의 이익을 대변할 수 있다고 강조하면서 심지어 국민
에게 속하는 헌법제정권력(pouvoir constituant)까지도 국민이 선출하는
대의기관에 의해서 행사될 수 있음을 역설했다.[82]

이처럼 프랑스 사회에 뿌리 깊었던 봉건적인 신분계급이 무너짐
과 동시에 제3신분계급(시민계급)의 정치적 발언권이 강화되고 Ancien
Régime(1760~1789)의 절대군주제가 입헌공화제로 바뀌는 프랑스대혁
명(1789년 6월 17일)은 필연적으로 새로운 통치제도에 관한 이론적 논
쟁을 함께 불러일으킬 수밖에 없었다. 물론 '군주주권'이 '국민주권'
으로, 봉건적 '신분회의'(＝등족회의)(Ständeversammlung)가 '국민회의'
(Nationalversammlung)로 탈바꿈하는 역사적이고 극적인 전환과정에서
사상적으로는 Montesquieu(1689~1755)와 Rousseau(1712~1778) 등의
영향이 컸다는 것을 부인할 수는 없지만, 프랑스혁명을 통치제도적으
로 마무리 짓는 혁명헌법(1791년)의 제정에 있어서는 Sieyès의 대의사
상이 결정적인 영향을 미쳤다고 말할 수 있다. 따라서 Sieyès의 대의사
상이 어떤 것인가를 살피지 않고는 프랑스에서의 대의제도의 발전과정
을 논하기가 어렵다. 프랑스의 혁명헌법뿐 아니라 오늘날까지도 대의
제도와 관련해서 Sieyès의 이름이 자주 거론되는 이유도 그 때문이다.

Sieyès는 정치적인 이유에서뿐 아니라 사회분석적인 측면에서도
대의의 필요성과 불가피성을 논증하려고 노력한 대표적인 사상가였다.
즉, 사회활동이 다원화하고 각자의 능력에 따른 기능적인 분업이 불가
피한 현대사회에서는 사적인 생활영역이건 공적인 생활영역이거나를
막론하고 모든 일을 스스로 직접 처리하는 것은 비능률적이고 불가능
하기 때문에 자기를 위해서 일해 줄 수 있는 타인(또 다른 자기)을 많이
두면 둘수록 그만큼 더 많은 분야에서 더 큰 성과를 올릴 수 있다는

870
1791년의
혁명헌법과
쉬에스의
대의사상

---

81) Vgl. *Willy Real*, Rousseau, in: Staatslexikon, Bd. 6(1961), Sp. 977ff.; *W. Ritzel*, J. J. Rousseau, 1959.

82) Vgl. *Emmanuel Sieyès*, Politische Schriften, vollständig gesammelt von dem deutschen Übersetzer, 1796, Bd. 1, S. 139f., 431; *E. Zweig*, Die Lehre vom Pouvoir Constituant－Ein Beitrag zum Staatsrecht der französischen Revolution, 1909, S. 124, 128ff.; *Sieyès*, Meinung über die Grundverfassung der Konvention (Thermidorrede v. 20. 7. 1795), in; Politische Schriften(ebenda), Bd. 2, S. 372.

점을 들어 대의제야말로 현대의 기능적인 산업사회가 제대로 굴러가기 위한 중요한 '사회원리'(soziales Prinzip)라고 강조했다.[83] Sieyès는 사회의 조직적·기능적 원리로서의 '대의의 원리'가 국가적인 차원에서도 중요시되고 존중되어야 한다는 점을 특히 강조했는데, 그에 따르면 국민은 대의기관을 통해서 말하고 행동할 때 비로소 그 진정한 의사를 표현하고 관철할 수 있다고 한다. 왜냐하면 대의(표)자야말로 더 우수한 나를 뜻할 뿐 아니라 대의되지 않은 국민은 참된 의사를 가졌다고 인정받기 어렵기 때문이라고 한다. 따라서 국민의 의사를 존중하고 실현하기 위한 통치구조를 구성하는 데 있어서는 반드시 '대의의 원리'에 따라야 하고, '대의의 원리'가 충분히 반영되었는지의 여부에 따라 '좋은 헌법'과 '그릇된 헌법'을 구별할 수 있다고 한다.[84] 특히 Sieyès는 대의제도가 국민의 자유신장을 위해서 불가결한 제도임을 강조했는데, 이러한 Sieyès의 주장[85]은 Leibholz의 말처럼[86] 대의제도와 기본권과의 상호관계에 관한 중요한 이론적인 시사라고 볼 수 있다.

Sieyès의 이같은 대의사상은 '국민의사가 대표될 수 없다'는 Rousseau의 주장과는 정반대의 입장일 뿐 아니라 Rousseau가 그처럼 강조하는 '경험적인 국민의사'와 '잠재적인 국민의사'의 항상적인 일치론에 대한 정면으로부터의 도전을 뜻한다. Sieyès의 대의론에서는 대의되는 사람이 갖는 이른바 '경험적인 국민의사'보다는 대의하는 사람이 판단한 '잠재적인 국민의사'에 더 큰 가치를 부여해서 후랭클(Fraenkel)의 지적대로[87] '잠재적인 국민의사'를 신성시하는 반면 '경험적인 국민의사'는 무시하는 결과가 되기 때문이다. Rousseau가 강조한 주권재민의 원칙에 비추어 볼 때, 국민은 그 대표자를 선출하는 과정에서 주권자로서 행동한다고 보여지지만, 일단 대표자를 선출한 후에는 모든 정치문제의 판단에서 일종의 정치적인 무능력자의 지위로 전락하게 된다

---

83) Vgl. *Sieyès*, Meinung über die Grundverfassung der Konvention(Thermidor-rede v. 20. 7. 1795), in: E. Sieyès, Politische Schriften(FN 82), Bd. 2, S. 365ff.(372ff.); Vgl. dazu auch *E. Schmitt*, Repräsentation und Revolution, 1969, S. 190ff.

84) Vgl. *Sieyès*, Politische Schriften(FN 82), Bd. 2, S. 209ff.(214).

85) Vgl. dazu *Sieyès*, Politische Schriften(FN 82), Bd. 2, S. 277ff., auch Bd. 1, S. 417, 462f.

86) Vgl. *G. Leibholz*(FN 16), S. 68.

87) Vgl. *E. Fraenkel*(FN 21), S. 359.

고, Sieyès의 극단적인 대의이론을 비판하는 소리가[88] 들리는 것도 그 때문이다.

아무튼 Sieyès의 대의사상은 1791년 프랑스혁명헌법에[89] 그 실정법적인 뿌리를 내려 입헌사상 최초의 대의민주제헌법을 탄생시키기에 이르렀다. 즉 국민주권의 원칙을 확인하고 주권의 '통일성'(einheitlich)·불가분성(unteilbar)·불가양성(unveräußerlich)을 선언한 프랑스 '국민회의'는 제3계급(시민계급)의 주도하에 혁명헌법을 제정함에 있어 Sieyès의 대의사상을 받아들여 통치를 위한 기관의 구성원리로 삼았다. 그 결과 직접민주주의적인 여러 제도, 그 중에서도 특히 의회의 직접선거제도, 의회해산제도, 의원에 대한 명령적 위임, 국민투표제도, 국민투표의 형식을 통한 헌법제정권력의 행사 등을 제도적으로 배제하기에 이르렀다. 1791년의 프랑스혁명헌법상 국민의 대의기관으로 설치된 입법기관(Corps Législatif)이 가장 핵심적인 통치기관으로 기능하게 된 것도 그 때문이다. 주권자인 국민이 선출한 대표자로 구성된 입법기관은 법적으로 국민의 '경험적인 의사'에 기속되지 않고 독자적인 판단에 따라 국사를 결정할 수 있었기 때문에, 주권자인 국민은 그 대표자의 선출에 있어서만 주권적이었지, 구체적인 국사의 결정에서는 완전히 소외되는 이른바 극단적인 대의제도가 확립된 것이었다. 더욱이 '경험적인 국민의사'의 형성과 표출에 중심적인 역할을 담당해 온 모든 사회적 압력단체(pressure groups)의 조직을 엄격히 금지시킨 1791년 프랑스혁명헌법상의 대의제도는 그 지나치게 극단적인 성격 때문에 'démocratie gouvernée'와 'démocratie gouvernante'[90] 사이의 긴장관

---

88) Z. B. *E. Fraenkel*(FN 87).
89) 1791년에 제정된 프랑스혁명헌법은 대의제도에 관한 다음과 같은 명문규정을 두었다.
　(1) La Nation, de qui seule émanent tous les pouvoirs, ne peut les exercer que par délégation. La Constitution francaise est repräsentative; les repräsentants sont le Corps législatif et le Roi(Titre Ⅲ Art. 2).
　국가권력의 유일한 원천으로서의 국민은 대표에 의해서만 그 권력을 행사할 수 있다. 프랑스헌법은 대의민주제이다. 대의기관은 입법기관과 군주이다(제3편 제2조).
　(2) Les représentants nommés dans les départements ne seront pas représentants d'un département particulier, mais de la nation entière, et il ne pourra leur être donné aucun mandat(Titre Ⅲ Chap. 1 Section Ⅲ Art. 7).
　지방에서 선출된 대표는 그 지방의 대표자가 아니라 전국민의 대표자이며, 대표는 어떠한 명령적 위임도 받을 수 없다(제3편 제1장 제3절 제7조).
90) So *G. Burdeau*(FN 78), S. 448ff., 470ff.

대의
전제주의

계를 불러일으켰고, 심지어 '대의전제주의'(repräsentativer Despotismus)[91] 라는 새로운 개념을 탄생시키기도 했다. 결국 1791년의 프랑스혁명헌 법은 입헌사상 처음으로 대의제도를 정착시켰다는 점에서 그 헌법사적 인 의의를 인정받아야 하지만, 주권자인 국민의 '경험적인 의사'를 국정 에 그대로 반영시킬 수 있는 '국민투표적 요소'(plebiszitäre Komponente) 를 철저하게 배제시킴으로써 스스로 그 운명을 재촉하는 결과가 되었 다고도 볼 수 있다.[92]

871

대의제도와
의회해산
제도

이 자리에서 1791년 프랑스혁명헌법상의 대의제도와 관련해서 한 가지 반드시 짚고 넘어가야 할 사항은 대의의 이념과 의회해산제도와 의 상용성(相容性)에 관한 당시의 격렬한 논쟁이다. 그것은 결국 의회의 대의기관적 성격을 얼마만큼 인정할 것인지에 대한 논쟁이기 때문이 다. 즉 의회를 경험적인 국민의사의 단순한 대변자(Sprachrohr)로 기능 케 할 것인지, 아니면 의회로 하여금 경우에 따라서는 명백히 표현된 국민의 '경험적인 의사'를 무시하고 국민의 '잠재적인 의사'에 따른 독 자적인 결정을 할 수 있게 할 것인지의 문제로 집약되는 논쟁이었다. 의회의 단순한 대변자적 기능을 강조하는 경우에는 의회의 대의기관적 성격이 최소화할 수밖에 없고, 반대로 의회의 대의기관적 성격을 강조 하는 경우에는 의회의 의사결정과 '국민의 경험적인 의사'와의 사이에 큰 gap이 생길 수도 있다. 따라서 의회해산제도를 찬성하는 입장에서 는 언제나 의회활동이 국민의 '경험적인 의사'에 따라 행해져야 하기 때문에 집행기관에게 의회해산권을 주어 의회로 하여금 국민의 뜻을 존중하고 '의회절대주의'(parlamentarischer Absolutismus)로 흐르지 못하 도록 제동장치를 마련해야 한다고 주장했고,[93] 의회해산제도를 반대하 는 입장에서는 의회해산제도가 결국 의회의 대의기관적 성격을 박탈하 게 될 뿐 아니라 집행기관에게 모호한 국민의 '경험적인 의사'를 내세 워 의회활동을 제약하는 수단으로 악용할 가능성만을 제공케 된다고 강조했다.[94] 집행기관과 의회와의 긴장·대립관계에서 집행기관에게

---

91) So *J. L. Talmon*(FN 23), S. 298.

92) So auch *E. Fraenkel*(FN 21), S. 360.

93) 가장 대표적인 찬성자는 Cazalès였다. Cazalès가 1790년과 1791년 프랑스국민회의 에서 행한 연설문에 대해서는 다음 문헌을 참조할 것.
     R. Redslob(FN 78), S. 276 Anm. 1.

94) 가장 대표적인 반대자는 Charles Fox였다.

의회해산권을 주는 것은 결국 주권자인 국민을 최종적인 심판관으로 기능케 한다는 사상에 바탕을 두는 것이기 때문에 의회해산제도는 적어도 이념적으로는 국민의 '경험적인 의사'를 무시할 수도 있는 대의제도와는 조화되기가 어려운 면이 있는 것이 사실이다. 프랑스혁명헌법과 관련해서 당시 의회해산제도의 채택여부가 가장 핵심적인 논란의 대상이 되었던 것도 바로 이 제도와 대의사상과의 이념적인 긴장·갈등 관계 때문이었다. 그뿐 아니라 영국의 왕에게 주어진 '군주특권'(königliche Prärogative)의 하나인 의회해산권으로 인해서 1784년경 야기된 영국의회의 혼란상을 지켜본 프랑스국민회의에게 의회해산제도는 바로 자기들과 직접적인 이해관계가 있는 문제로 어필할 수밖에 없었다고 보여진다.[95]

어쨌든 1791년 프랑스혁명헌법에서는 그 극단적인 대의이념 때문에 의회해산제도가 채택될 수 없었지만, 그 후에도 이 문제가 계속해서 하나의 부정적인 전통으로 이어지게 되었다. 그 결과 그 후 1848년(제2공화국)의 프랑스헌법(제68조)에서는 의회해산을 시도하는 대통령은 자동적으로 그 직을 상실할 뿐 아니라 심지어 반역죄에 의해서 다스리도록 규정하기에 이르렀다.

그러나 모든 헌법이 다 그러하듯이 1848년의 프랑스헌법도 1851년 Napoleon 3세의 국가정변을 막지 못하고 엄격한 해산금지규정에도 불구하고 의회가 해산되는 결과가 초래되고 말았다. Napoleon 3세가 자신의 정변을 국민투표의 방법으로 정당화시켰던 것은 다 아는 일이다. Napoleon 3세의 정변 이후 프랑스에서는 엄격한 의회해산금지규정이 오히려 반의회적 정변을 부채질할 수도 있다는 이유로 의회의 대의기관적 성격을 박탈하고 의회로 하여금 경험적 국민의사의 단순한 대변자 내지 집행자로서의 지위만을 갖도록 하자는 유력한 주장이[96] 대두하기도 했었지만 동조자를 얻지는 못했다.

그 결과 1791년 프랑스혁명헌법에서 뿌리를 내린 철저한 대의제

872
1848년 헌법 이후의 변화

Fox의 주장에 대해서 자세한 것은 다음 문헌을 참조할 것.
Richard Pares, King George Ⅲ. and the Politicians, 1953, S. 134 Anm. 3; *Cecil S. Emden*, The People and the Constitution, 2nd. ed.(1956), S. 194.
95) Dazu vgl. u. a. *K. Loewenstein*(FN 78), S. 241.
96) Vgl. *Prévost-Paradol*, La France Nouvelle, 1868, S. 142f.

도는 1946년(제 4 공화국)과 1958년(제 5 공화국)의 프랑스헌법에도 그 기본골격이 그대로 이어지게 되었다. 그러나 프랑스에서의 대의제도도 혁명 당시의 엄격하고 순수한 모습이 시간의 흐름과 함께 많이 변모된 것도 사실이다. 따라서 오늘날 프랑스의 대의민주주의는 Fraenkel의 예리한 지적처럼[97] 대의의 원리에 대한 강한 믿음보다는 국민투표적 직접민주주의원리에 대한 전통적인 불신에 의해서 그 맥을 유지하고 있다고 평가하는 것이 옳을지도 모른다.

결론적으로 프랑스에서의 대의제도는 1789년 프랑스혁명을 계기로 발전한 혁명의 제도적인 산물로서 Sieyès의 철저한 대의사상이 그 이론적인 바탕이 되었고, 그 후 여러 세기 동안 프랑스헌정제도에서 통치기관의 구성원리로 중추적인 기능을 맡아 왔지만, 오늘날에 와서는 여러 가지 정치정세와 사회구조의 변화로 인해서 대의의 원리에 두었던 프랑스 국민의 이성적인 믿음이 많이 약화된 채 주로 직접민주주의원리에 대해서 프랑스 국민이 갖는 감성적인 혐오감에 의해서 아직도 겨우 그 기능을 지탱하고 있다고 말할 수 있다.

(3) 독일에서의 대의제도의 발전과정

영국과 프랑스에서 대의제도가 각각의 정치상황을 배경으로 이론적인 논쟁을 통해서 일찍부터 뿌리를 내린 것과는 대조적으로, 독일에서는 대의제도의 발전이 매우 뒤늦게서야 이루어졌다는 점을 주의할 필요가 있다. 따라서 독일에서의 대의제도의 발전에는 영국과 프랑스의 이론적·제도적인 영향이 클 수밖에 없었다. 더욱이 영국이나 프랑스의 Burke, Fox, Madison, Hamilton, Mirabeau, Sieyès 등처럼 뚜렷한 대의이론을 펴낸 이렇다 할 이론가를 갖지 못했던 18~19C의 독일로서는 특히 프랑스혁명을 전후해서 프랑스에서 전개된 여러 가지 대의제도에 관한 논쟁의 그늘 밑에서 그 사상적인 영향을 받을 수밖에 없었다. 구태여 대의제도에 관한 이론적인 언급을 한 독일의 사상가를 들자면 Kant와 Hegel 정도를 꼽을 수 있겠지만, 이 두 사람도 영국이나 프랑스의 사상가들처럼 깊이 있는 대의이론을 제시한 것이 아니었고 프랑스혁명헌법에 표현된 대의제도를 이론적으로 수용하거나(Kant의 대의적 공화국이론처럼),[98] 현대국가의 광역성과 관련된 직접민주주의

873
영국과
프랑스의
영향

---

97) Vgl. *E. Fraenkel*(FN 21), S. 364f.

98) Vgl. *I. Kant*, Metaphysik der Sitten, 1797, in: Sammelwerke, Bd. 7, § 49(S.

의 제한형태 정도로(Hegel처럼)만[99] 대의제도를 이해했기 때문에 대의
제도에 관한 독자적인 이론정립과는 거리가 멀다고 할 것이다. 이렇게
볼 때 독일에서의 대의제도는 처음부터 영국이나 프랑스의 경우와는
달리 독자적인 철학이나 경험을 바탕으로 발전했던 것이 아니고, 이웃
나라의 정치상황을 관찰하고 연구함으로써 얻어진 일종의 수용적 성격
을 띤 것이었다고 말할 수 있다.

사실상 독일에서 대의제도가 지극히 비독일적이고 낯선 것으로   **874**
사시(斜視)되었던 것도 그 때문이었다. 영국에서 일찍부터 '의회주권'   반대의제적
이, 그리고 프랑스에서 '국민주권'이 도도하게 그 자리를 굳혀가는 동   사상
안에도 독일에서는 군주주권론에 따라 군주와, 군주에 봉사하는 관료
조직만이 국민의 이익을 존중하고 공공복리를 실현하는 진정한 대표자
로 인식되었기 때문에 의회가 국민의 '잠재적인 의사'를 대표한다는 따
위의 대의의 논리가 쉽사리 발을 붙일 수 없었는지도 모른다. 군주를
중심으로 하는 정부가 국민의 진정한 대표자라는 뿌리깊은 인식 때문
에 의회의 구성원은 객관적이고 잠재적인 국민의 의사를 대표하는 국
민의 대표자라기보다는 권위적인 국가권력과 국민과의 사이에서 국민
의 경험적인 의사를 국가에게 전달하는 대변자(Sprachrohr) 내지 '국민
의 사신'(Volksbote)[100]에 지나지 않는 것으로 평가되었다.[101] 독일 바이
마르공화국에까지 면면히 이어진 선량의 참된 사명에 관한 그릇된 인
식(즉, 경험적으로 조사된 국민의 의사를 그대로 국정에 반영시키는 대변인으로
서의 선량)은 이처럼 독일에서 뿌리가 깊고, 그것은 동시에 독일에서의
대의제도의 발전에는 장애물이 될 수밖에 없었다.

독일에서 이처럼 대의제도의 정착이 늦어진 원인을 독자적인 자   **875**
유주의(Liberalismus)에서 찾으려는 견해[102]도 있지만 별로 설득력이 없   대의제도의
                                                                          후진원인

134f.) u. § 51(S. 156f.).

99) Vgl. *Hegel*, Vorlesungen über die Philosophie der Geschichte, S. 81f. in: H.
   Glockner(Hrsg.), Sämtliche Werke, 3. Aufl.(1949), Bd. 11.

100) 사신(Bote)은 타인의 의사를 단순히 전달하는데 그치지만, 대리인(Vertreter)은 수임
   사항에 관해서는 독자적인 판단권과 결정권을 갖되, 위임자의 지시에 기속된다는 점에
   서 구별된다. 그러나 대표자(Repräsentant)는 대표되는 사람의 의사에 기속됨이 없이
   독자적인 양식과 판단에 따라 행동하게 된다. 따라서 대의가 요구되는 경우에 대표자
   를 선출하는 행위에는 매우 큰 법적인 의미가 부여되기 마련이다.

101) Vgl. *G. Jellinek*, Allgemeine Staatslehre, 3. Aufl.(1914), S. 566.

102) Z. B. *E. Fraenkel*(FN 21), S. 369.

다고 생각한다. 그보다는 기르케(O. Gierke)의 말대로[103] 이웃나라 프랑
스에서 일어난 혁명의 이념적인 발화점이라고 볼 수도 있는 Rousseau
의 직접민주주의사상이 게르마니아민족의 가슴 속에 이미 너무 큰 인
상을 남겨 놓았기 때문에 새로운 대의제도에 대한 거부감이 처음부터
지나치게 크게 작용했었다고 보는 것이 옳을지도 모른다. 또 독일에서

초기
사회주의
운동

대의제도의 발전이 늦어지게 된 데에는 1849년의 혁명을 전후해서 독
일에서 거세게 일었던 초기사회주의운동이 적지 않게 작용했었다는 점
도 무시할 수 없다고 생각한다. 물론 당시 사회주의운동가들이 모두
리팅하우슨(M. Rittinghausen)[104]처럼 대의제도의 폐지와 국민에 의한 직
접적인 법률제정을 요구하고 나서지도 않았고, Rittinghausen의 극단
적인 반대의제도의 입장은 마르크스(Marx), 엥겔스(Engels), 라살레
(Lassalle)를 비롯해서 사회주의운동가들 사이에서도 적지 않은 비판을
받았던 것도 사실이지만,[105] 초기사회주의의 관점에서 대의제도를 크게
환영할 수 없었던 것도 또한 사실이다. 따라서 초기사회주의운동에서
는 대의제도의 문제를 진지하게 다루려고 생각하지도 않았었고, 감정적
으로는 물론이고 이념적으로도 대의제도보다는 직접민주주의의 통치형
태에 더 큰 매력을 느꼈다고 보아야 할 것이다. Marx[106]에 의해서 구상

위원회제
민주주의

되고 레닌(Lenin)[107]에 의해서 요구된 이른바 '위원회제'(Rätesystem)민
주주의는 프랑스혁명과 대의제도에 대한 그들의 실망에서 출발한, 말
하자면 노동자와 농민의 직접적인 자기통치를 실현하기 위한 사회주의
적인 통치철학이었다고 생각되기 때문이다. 국민이 뽑은 '위원회'(Räte)

---

103) Vgl. dazu *O. Gierke*, Johannes Althusius und die Entwicklung der natur-
rechtlichen Staatstheorien, 1929, S. 223.

104) Vgl. *M. Rittinghausen*, Über die Notwendigkeit der direkten Gesetzgebung
durch das Volk, 1869.

105) Dazu vgl. *F. Mehring*, Geschichte der deutschen Sozialdemokratie, 11. Aufl.
(1921), Bd. 3, S. 58; K. Marx, Randglossen zum Programm der deutschen
Arbeiterpartei, in: Marx-Engels, Ausgewählte Schriften, Bd. 2, S. 25, 139; *F.
Engels*, in: F. Salomon, Die deutschen Parteiprogramme, 4. Aufl.(1932), S. 89;
Kautsky, Der Parlamentarismus, die Volksgesetzgebung und die Sozialdemo-
kratie, 1893, passim.

106) Vgl. *K. Marx*, Bürgerkrieg in Frankreich, in: Marx-Engels(FN 105), Bd. 1, S.
491ff.

107) Vgl. *Lenin*, Staat und Revolution, in: Ausgewählte Werke, 1947, Bd. 2, S.
188ff.; Ferner *A. J. Vyshinsky*, The law of the Soviet State, 1954, S. 352.

에 전권을 위임하되, 위원회는 국민의 위임사항에 엄격히 기속되는 까닭에 언제든지 국민에 의해서 소환될 수 있는 이른바 '명령적 위임관계'를 그 본질로 하는 사회주의적 위원회제민주의[108]가 이념적으로 대의제도와 조화될 수 없는 것은 너무나 명백하다.

결과적으로 이런 저런 원인들이 복합적으로 작용해서 독일에서는 대의제도보다는 직접민주주의적인 통치제도가 더 큰 비중을 가지고 발전했다고 말할 수 있는데, 그 실증적인 예가 바로 1919년의 바이마르 공화국헌법이다. 바이마르공화국헌법의 아버지들이 바이마르헌법을 제정함에 있어서는 당연히 이웃 서방나라들의 헌법을 참고로 할 수밖에 없었음에도 불구하고, 그들 헌법과는 비교도 할 수 없는 많은 직접민주제적 요소가 바이마르헌법에 스며든 데는, 물론 이미 언급한 독일적인 특수 상황의 영향이 컸었다고도 말할 수 있겠지만, 그보다는 이웃 서방 나라들의 헌법제도와 그 헌법현실에 대한 인식이 잘못되었던 것이 가장 큰 원인이었다고 보여진다.[109] 입법부와 행정부의 엄격한 분리에 바탕을 두는 미국대통령제를 입헌군주제와 구조적으로 유사하다는 이유로 거부한 프로이스(H. Preuß)[110]의 주장만 해도 미국헌정에 대한 그릇된 인식에서 나온 것이었다고 볼 수 있다. 또 영국의 왕이 마치 독자적인 의회해산권을 가질 뿐 아니라 바로 그것이 영국의 통치제도를 성공시킨 결정적인 요소인 양 선전하면서 의회해산제도를 골자로 하는 이른바 '진정한 형태의 의회정치'(Parlamentsregierung in ihrer wahren Form)를 주장한 레즐로프(R. Redslob)의 이론도[111] 베죠트(Bagehot)[112]의 설명을 통해 알 수 있듯이 당시 영국의 헌정제도에 대한 잘못된 인식에서 유래하는 것이었음이 분명하다. 이처럼 바이마르헌법은 그 제정 당시부터 Hugo Preuß나 Robert Redslob와 같은 강력한 직접민주주의의 신봉자들에 의해서 의식적으로 또는 무의식적으로 이웃 서방나라들의 헌정제도까지 잘못 소개하면서 직접민주주의 통치형태 쪽으로 유

876
바이마르
헌법과
반대의 이념

---

108) 대의민주주의와 위원회제민주주의의 본질적인 차이에 대해서는 방주 356 참조할 것.

109) So auch *E. Fraenkel*(FN 21), S. 375.

110) Vgl. *Hugo Preuß*, Staat, Recht und Freiheit, 1926, S. 386.

111) Vgl. *R. Redslob*, Die parlamentarische Regierung in ihrer wahren und unechten Form, 1918.

112) Vgl. *W. Bagehot*, The English Constitution, 1867; auch Sir Ivor *Jennings*, Cabinet Government, 3. Aufl.(1959), S. 379.

도된 것이었기 때문에 처음부터 대의제도가 크게 빛을 볼 수는 없었
다. 바이마르헌법에서 대통령의 의회해산권이 처음부터 제헌논의의 중
심과제로 등장할 수밖에 없었던 것도[113] 그 때문이었다. 또 대통령의
의회해산권이 인정되지 않는 프랑스헌법이 비민주적인 헌법으로 매도
되고, 의회는 그때 그때의 '경험적인 국민의사'를 반영시키는 기관이어
야 하기 때문에 의회의 의사결정과 '경험적인 국민의사' 사이에 불일치
가 발견되는 경우에는 의회가 마땅히 해산되는 것이 민주주의원리에
맞는 것이라는 신앙 비슷한 인식이 지배적이었다.[114] 따라서 의회는 국
민의 '경험적인 의사'를 반영하는 국민의 '사신기관' 정도로 인식되었
기 때문에 국민의 '경험적인 의사'에 반하는 의회의 결정이 효력을 가
질 수 있다는 대의적인 사고는 고개를 들 수가 없었다. 그 결과 국가를
대표하고, 모든 국민의 전체적인 이익을 실현하는 국민의 참된 대표기
관은 의회가 아니라 대통령이라는 인식이 함께 싹트게 되었다. 바이마
르헌법상 대통령의 강력한 지위는 바로 이같은 이념적인 배경 아래서
제도화된 것이었다. 의회가 국민의 '경험적인 의사'의 대변기관이라면
행정부의 장인 대통령은 '추정적인 국민의사'를 대표하는 참된 대표기

**대통령의
의회해산권**

관이라고 믿어진 것이다. 따라서 국민을 진실로 대표하는 대통령과 같
은 중립적인 기관에게 의회해산권을 주는 것은 의회가 국민의 '경험적
인 의사'로부터 멀어지는 것을 막기 위한 불가피한 제도로 받아들여졌
었다. 프랑스의 대의제도발전과정에서 까잘레(Cazalès)나 뿌레보-빠라
도(Prévost-Paradol)의 끈기 있는 노력에도 불구하고 철저하게 배척된
의회해산제도가 뒤늦게 바이마르공화국에서 꽃을 피게 된 것이다. 바
이마르헌법상 대통령이 갖는 의회해산권에 대해서 C. Schmitt가 의회
의 의사보다는 국민의 의사를 존중하기 위한 바이마르헌법상의 핵심제
도라고 평가[115]하는 것도 이 제도에 전제되고 있는 직접민주주의적 요
청을 잘 말해 주고 있다고 생각한다.

877   아무튼 바이마르헌법은 처음부터 대의제도가 아닌 국민투표적 직

---

113) Vgl. Verfassunggebende deutsche Nationalversammlung, Aktenstück Nr. 391,
    S. 231ff.
114) Vgl. Die Verfassung des Freistaates Preußen v. 30. 11. 1920, JöR Bd. 10
    (1921), S. 265f.
115) Vgl. *C. Schmitt*(FN 28), S. 358.

접민주주의를 이상으로 삼고 제정된 것이었기 때문에 직접민주주의적 사고가 많이 내포될 수밖에 없었지만 이미 말한 것처럼 표본으로 삼은 외국의 헌법제도에 대한 진실발견의 면에서 잘못이 있었던 관계로 그 탄생 때부터 결함을 안고 태어났고, 그 낳을 때의 결함 때문에 단명일 수밖에 없었다고 볼 수 있다.[116] 그렇다면 바이마르헌법이 안고 있는 가장 결정적인 결함은 무엇이겠는가? 그것은 역시 현대적인 헌법이론에 따라 평가한다면 외국제도의 도입에 있어서 풍토적인 고려를 소홀히 했고, 헌법상의 제도에 관한 체계정당성의 요청을 존중하지 않은데서 나온 여러 가지 제도상의 결함이라고 말할 수 있을 것 같다. 즉 미국식 정당제도의 특수성과 미국식 대통령선거제도의 불가분한 함수관계를[117] 전혀 고려하지 않고 미국과는 상이한 정당제도의 풍토 위에 미국식의 대통령 직접선거제도를 도입한 것을 우선 결함으로 지적할 수 있다. 또 입법부와 행정부의 상호의존성과 정치적인 동질성(politische Homogenität)을 바탕으로 하는 영국식 의원내각제를 따르면서도 의회의 독재를 방지한다는 구실로, 의회와는 관계 없이 국민에 의해서 직접선거되는 대통령을 두고 대통령에게 강력한 비상대권을 줌으로써 정치적으로 혼란할 때에는 대통령의 비상대권에 의해, 그리고 정치적으로 안정된 때에는 의원의 교섭단체기속을 통해서 정치의 광장이어야 하는 의회의 활동과 독립성을 심하게 제한하게 되는 통치구조의 제도적인 결함도 꼽을 수 있다.[118] 그뿐 아니라 의회에 행정부불신임권을 주기만 하면 행정부에 대한 의회의 정치적인 영향력을 높일 수 있다는 그릇된 편견에 사로잡혀 의회로 하여금 행정부에 대한 불신임권을 갖도록 하면서도 또 한편 의회절대주의(Parlaments-Absolutismus)를 방지한다는 이유로 직접민주주의적 요소를 가미해서 대통령의 직접선거제도, 대통령의 의회해산권, 국민투표 및 국민발안제도, 그리고 대통령의 임의적인 수상임면권 등을 함께 제도화함으로써 오히려 의회의 기능과 독자성 그리고 행정부에 대한 정치적 영향력을 지나치게 감소시키는

바이마르
헌법의 결함

116) So auch *E. Fraenkel*(FN 21), S. 382.

117) 미국정당제도의 특수성에 관해서는 다음 문헌을 참조할 것.
   W. Goodmann, The Two Party System in the United States, 1960; *Ranney/ Kendall*, Democracy and the American Party System, 1956.

118) Dazu vgl. *K. Loewenstein*, AöR 75(1949), S. 181ff.; *E. Friesenhahn*, VVDStRL 16(1958), S. 68.

자기모순적인 결과를 가져온 결함도 지적할 수 있다. 이러한 여러 가지 제도적 결함 때문에 바이마르헌법은 처음부터 제대로 기능할 수 없었을 뿐 아니라 이러한 제도적 결함을 정치적으로 교묘하게 악이용하는 정치세력들에 의해 오히려 바이마르공화국의 몰락을 재촉하는 방향으로 역기능했었다는 역사적 교훈을 우리 모두가 명심할 필요가 있다. 현행독일기본법이 바이마르헌법의 부정적 경험을 거울삼아 직접민주주의적 통치방식을 배제하고 철저한 대의의 원리에 입각한 통치구조를 마련하고 있는 것도 결코 우연한 일은 아니다.

878
독일
기본법의
초대의제도

이렇게 볼 때 독일에서의 대의제도의 발전은 엄격히 따져서 1949년 기본법의 제정과 때를 같이 한다고 해도 과언이 아니라고 생각한다. 이처럼 유럽 여러 나라 중에서도 가장 뒤늦게 대의제도의 대열에 뛰어든 통독전 서독이 그 기본법에서 대의의 원리를 가장 철저하게 존중해서 이른바 '초(超)대의적 헌법'(superrepräsentative Verfassung)[119]을 마련함으로써 오히려 또 다른 의미에서의 바이마르적인 우려를 낳게 하고 있는 것은 일종의 아이러니가 아닐 수 없다. 물론 기본법의 아버지들은 바이마르헌법의 결함을 고쳐보려는 노력에 의해서 현행 기본법과 같은 대의제도를 마련했겠지만 국민의 '경험적인 의사'가 국정에 그대로 반영될 수 있는 제도적인 장치가 전혀 결핍된 오늘날의 독일헌정에서 국민의 '경험적인 의사'를 국가의 정책결정에 반영시키려는 여러 가지 대체적인 직접민주주의의(국민투표적 성향) 움직임(각종 여론연구소의 여론조사결과 발표, 여러 형태의 시민운동 등)이 나타나고 있는 것은 오히려 불가피한 현상인지도 모른다. W. Weber가 '국민의 정치적인 무력화'(Mediatisierung des Volkes)[120]를 개탄하는 것이나, 영국의 이른바 '위임이론'(mandate theory)[121]에 따라 선거시에 국민에게 제시되지 않은 정책의 결정에는 국민투표를 요구하는 소리가 높아지는 것도 모두가 '초대의제도'에 대한 경고적인 의미 내지는 직접통치형태에 대한 향수적 의미가 있다고 보아야 할 것이다.

결론적으로 대의제도에 관한 한 후발국이라고 볼 수 있는 독일에

---

119) So *E. Fraenkel*(FN 21), S. 383.
120) Vgl. *W. Weber*, Spannungen und Kräfte im westdeutschen Verfassungssystem, 1961, S. 12, 20, 22f. und 48.
121) '위임이론'에 대해서는 *Jennings*(FN 112), S. 50ff. 참조할 것.

서 대의의 원리가 가장 철저하게 제도화되어 오히려 지나친 대의제도의 폐단을 우려하는 소리가 높아지고 어떠한 형태로든지 국민의 '경험적인 의사'가 국정에 반영될 수 있는 제도적인 장치를 마련해야 한다는 인식이 서서히 그 자리를 넓혀가고 있다고 말할 수 있다.[122)]

3. 대의제도의 기능과 현대적 실현형태

(1) 대의제도의 기능

대의제도는 주권자인 국민이 직접 국가의 정책결정에 참여하는 대신 정책결정을 맡을 대의기관을 선거하고 이 대의기관의 정책결정 내지 통치권행사를 여론 내지 주기적 선거를 통해 통제 내지 정당화시킴으로써 대의기관의 선거를 통해 국민주권을 실현하는 통치기관의 구성원리를 뜻한다. 대의제도가 간접민주주의의 통치제도로 이해되는 이유도 그 때문이다. 그렇다면 이같은 대의제도는 통치질서 내에서 어떠한 기능을 갖는 것인가?

a) 책임정치실현기능

이미 살펴본 바와 같이 대의제도는 '국가기관구성권'과 '국가정책결정권'의 분리를 전제로 해서 국민과 대의기관 사이의 신임에 입각한 '자유위임관계'를 그 이념적 기초로 하고 있다. 대의제도의 본질로 간주되는 이 '자유위임관계'의 요청상 대의기관은 일단 선출된 후에는 법적으로 국민의 경험적인 의사와 관계 없이 독자적인 양식과 판단에 따라 정책결정에 임하고 선거구민뿐 아니라 국민전체의 공공이익을 대표하는 까닭에 대의기관의 정책결정이나 정책수행이 설령 국민의 경험적 의사에 반한다 하더라도 다음 선거에서 그 책임과 신임을 물을 때까지는 당연히 국민의 추정적인 동의가 있는 것으로 간주되어 '책임정치'의

879
자유위임과
책임정치

---

122) 그러나 통독 전에 서독기본법개정을 위한 연구를 목적으로 1973년에 설치되었던 서독 연방국회의 앙케트위원회(Enquete-Kommission Verfassungsreform des deutschen Bundestages)는 그 최종연구보고서에서 당시 서독기본법 제29조에서 규정하는 경우(각 주의 경계변경) 외에 따로 국민투표·국민발안·국민여론조사 등의 직접민주적인 방법을 채택하는 것을 반대하는 결론을 내리고 있다는 점을 주목할 필요가 있다.

　Vgl. Beratungen und Empfehlungen zur Verfassungsreform, Zur Sache 3/76, S. 52ff.(55). 또 독일통일 후에 이루어진 부분적인 기본법개정에서도 직접민주주의적인 요소는 전혀 도입하지 않았다. 이점에 대해서 자세한 것은 졸편저, 독일통일의 법적 조명, 1994, 249면 이하 참조.

실현에 크게 기여하는 기능을 갖게 된다.[123]

b) 통치기관의 기본적 구성원리로서의 기능

대의제도는 그 본질상 국민의 정책결정 '참여'가 아닌 정책의 '통제' 내지 '정당화'에 의존하는 통치기관의 구성원리이기 때문에 효율적인 권력통제의 메커니즘과, 선거를 통한 민주적인 정당화절차를 그 필수적인 부속장치로 요구하게 된다. 대의제도가 권력통제의 메커니즘을 발전시키고 민주적인 선거제도를 정착시키는 데 중요한 기여를 한다고 평가되는 이유도 그 때문이다.

사실상 선거 없는 대의제도를 상상할 수 없기 때문에 합리적인 선거제도와, 선거제도의 공정한 운영이 대의제도의 성패를 좌우하는 결정적인 관건이 된다는 것은 두 말할 필요가 없다. 대의제도가 선거제도의 연구를 촉진시키고 합리적인 선거제도의 정착 · 발전에 기여하는 기능을 갖는다면, 선거제도는 대의제도의 기능적인 출발점으로서 그 사활을 좌우하는 통치기관의 구성원리라고 말할 수 있다. 또 대의제도는 대의기관의 정책결정과 정책수행에 대한 효율적 통제에 의해 유지되는 통치기관의 구성원리이기 때문에 권력분립과 같은 권력통제의 메커니즘과도 불가분의 이념적 · 기능적 연관성을 갖는다. 그런데 대의제도와 권력분립제도는 상호보완적인 양면적 연관성을 갖는다는 점을 주의할 필요가 있다. 우선 Loewenstein의 지적처럼[124] 대의제도는 국가권력을 여러 국가기관에 나누어서 맡기기 위한 하나의 제도적 전제조건을 뜻한다는 점이다. 왜냐하면 국민의 직접통치형태는 주권자인 국민의 이름으로 무엇이든지 결정할 수 있다고 믿기 때문에 본질적으로 국가권력의 한계를 부인하게 되고 그 결과 국가권력의 한계를 정해 주기 위한 권력분립의 원칙과 이념적으로 조화되기 어렵기 때문이다. 국민의 직접통치형태만을 민주주의라고 이해한 Rousseau가 그의 사회계약론에서 권력분립의 원리를 배척한 것도[125] 바로 그 때문이다. 반대로 권력분립제도는 대의제도가 제대로 기능하기 위한 제도적인 전제조건으로서 대의제도의 기능적인 활력소를 뜻할 뿐 아니라 대의제도에 의해서 비로소 그 제도적인 존재가치가 인정된다는 점이다. 이렇게 볼

---

123) So auch *R. Bäumlin*, Demokratie, EvStL, 2. Aufl.(1975), Sp. 364ff.(365).

124) Vgl. *K. Loewenstein*, Verfassungslehre, 1959, S. 36.

125) Vgl. *J. J. Rousseau*, Contrat Social, Ⅱ 2.

때 대의제도는 권력분립제도의 조직원리로서의 기능을 비로소 실효성
있게 해 주는 중요한 기능을 갖는다고 말할 수 있다.

더 나아가 대의제도는 비단 선거제도와 권력분립제도뿐 아니라
대의기관의 구성원리 내지 권력분립의 조직적 실현형태로서의 정부형
태, 대의에 입각한 국가정책의 실현수단으로서의 공직제도, 대의의 원
리의 지역적 실현형태인 지방자치제도 등 통치기관의 다른 구성원리와
도 이념적·기능적인 연관성을 갖기 때문에 말하자면 통치를 위한 기
관의 여러 가지 구성원리 중에서도 가장 기초적이고 중추적인 구성원
리로서의 기능을 갖는다고 할 수 있다.

c) 엘리트에 의한 전문정치실현기능

대의제도는 '기관구성'과 '정책결정'을 분리해서 '정책결정'을 위
한 전문기관을 따로 설치하는 것을 그 본질로 하기 때문에 현대와 같
은 고도의 산업사회에서 요구되는 전문적인 정책결정을 보장하는 데
크게 기여하는 기능을 갖는다는 점도 간과해서는 아니 된다. 오늘날처
럼 대부분의 정책결정이 순수한 정치적인 결정이라기보다는 전문적인
식견을 요구하는 '사항강제'(Sachzwang)126)에 의한 정책결정이라는 점
을 고려할 때 전문가의 의견이나 발언권이 존중될 수 있는 '정책결정
기관'을 따로 설치해서 그 기관이 국민의 경험적인 의사와는 관계 없
는 독자적인 결정을 내리도록 하는 대의제도야말로 현대의 분업화된
산업사회가 요구하는 이른바 '엘리트민주주의'(Elitédemokratie)를 실현
하는 데 가장 적합한 통치기관의 구성원리라고 볼 수 있다. 대의기관
의 기능이 단순한 정치적인 정책결정기능에서 전문적인 정책결정기능
으로 바뀌고, 그에 따라 대의기관의 구성을 위한 선거가 전문적인 지
식과 책임감이 강한 엘리트를 선발하는 성격을 아울러 띠게 된다면
Leibholz의 말처럼127) 대의제도는 어차피 엘리트를 선발하고 양성하는
기능까지 함께 가지게 된다고 말할 수 있다. 물론 Scheuner의 지적처
럼128) 대의기관의 지나친 엘리트화가 자칫하면 국민과의 거리를 넓혀
대의가 과두적(oligarchisch)으로 변질될 위험성도 없는 것은 아니지만,

881
전문적인
정책결정
보장

---

126) 이 점에 대해서는 방주 365 참조할 것.
127) Vgl. *G. Leibholz*(FN 16), S. 166f., 173; So auch wohl *U. Scheuner*(FN 13), S.
254.
128) Vgl. *U. Scheuner*(FN 127).

이같은 위험성을 언제나 염두에 두고 '국민과의 근거리'(Nähe zum Volk)[129] 유지에 노력한다면 대의제도의 엘리트민주주의적 기능은 충분히 그 긍정적인 실효성을 나타낼 수 있다고 생각한다.

d) 제한정치·공개정치의 실현기능

882

통치권의 순화 및 정책결정의 투명성보장

대의제도는 선거에 의한 기관구성과, 대의기관의 정책결정 내지 정책수행에 대한 민주적 통제를 그 본질적인 요소로 하기 때문에 대의기관의 권능은 무제한하고 절대적인 것이 아니고 다음 선거에서 그 신임과 책임을 물어 그 민주적 정당성을 인정받아야 되는 제한적이고 한시적인 성질의 것으로서 통치권의 순화와 제한정치의 실현에 크게 이바지하는 기능을 갖게 된다.[130] 대의제도가 대의기관의 임기제도를 그 필수적인 전제로 하는 것도 바로 대의제도에 내포된 책임정치의 이념에서 나오는 당연한 결과라고 볼 수 있다. 대의제도는 이처럼 책임정치의 구현을 그 이념적 기초로 하고 대의기관에 맡겨진 통치권의 행사가 국민의 통제에 의해서 순화되고 정당화되어야 하는 까닭에 대의기관의 정책결정과정을 국민에게 공개하는 것이 반드시 필요하다. Leibholz[131]가 대의제도에서의 회의공개의 원칙을 강조하고 정책결정과정의 투명성을 요구하고 나서는 것도 그 때문이다. 그런데 회의공개는 완전한 '언론의 자유'의 보장 없이는 무의미하기 때문에 '언론·출판의 자유'를 보장하는 것은 회의공개원칙을 살리기 위한 전제조건에 속한다.[132] 회의공개를 통해서 대의기관의 정책결정과정이 국민 앞에 상세히 공개되고, 그에 대해서 국민이 자유로이 의사표현을 함으로써 여론형성에 적극적으로 참여할 수 있을 때 대의기관에 대한 통제와 책임추궁은 비로소 그 실효성을 나타낼 수 있다. 대의제도가 결과적으로 공개정치의 실현과 '언론·출판의 자유'의 신장에 기여하는 기능을 갖게 되는 이유가 바로 여기에서 나온다. 대표적인 대의기관이라고 볼 수 있는 의회의 활동과 관련해서 '의사공개의 원칙'과 의원의 '면책특권'(Immunität)이 특히 중요한 의미를 갖게 되는 이유도 그 때문이다.

---

129) Dazu vgl. *U. Scheuner*(FN 127).
130) So auch *U. Scheuner*(FN 13), S. 255.
131) Dazu vgl. *G. Leibholz*(FN 16), S. 176ff.
132) So auch vgl. *G. Leibholz*(FN 16), S. 177ff.

e) 사회통합기능

Leibholz의 날카로운 지적처럼[133] 대의제도는 사회공동체의 동화적 통합을 촉진시키는 통합기능을 갖는다.[134] 국민에 의해서 선거된 대의기관의 구성원은 선거지역의 부분이익만을 대변하는 선거구민의 대변자가 아니고 국민전체의 공공복리의 관점에서 전체를 위해서 생각하고 활동하는 이른바 전국민의 대표자이다. 대의기관이 이처럼 일부 국민의 경험적인 의사에 얽매이지 않고 전체국민의 추정적인 의사에 따라 공동선을 실현하기 위해서 노력한다고 하는 것은 결국 모든 사회구성원이 다 함께 인정할 수 있는 공감대적인 가치를 존중하는 결과가 되어 사회통합의 중요한 계기를 마련하는 것이라고 볼 수 있다. 국민전체의 공공복리의 관점과는 관계 없이 소속집단의 부분이익(partikulares Interesse)만을 추구하고 대변하는 각종 사회적 이익집단(Interessen-gruppen)[135]과는 달라서 대의기관은 부분이익의 단순한 합계로서의 전체이익이 아니고, 부분이익을 초월한 공감대적 가치를 추구하고 실현함으로써 사회공동체를 통합시키는 중요한 사명을 간직하고 있다고 할 것이다. 일찍이 Rousseau가 말한 바와 같이 국민 개개인의 의사를 단순히 합한 것(volonté de tous)과 국민의 '일반의사' 내지 '총의'(volonté générale)가 질적으로 같지 않은 것처럼, 사회 내에 존재하는 모든 사회적 이익집단의 부분이익을 아무리 빠짐없이 합한다 하더라도 그것이 결코 '전체이익'을 뜻할 수는 없다고 하는 곳에 각종 이익집단의 활동과는 관계 없이 따로 Konsens에 입각한 사회통합을 추구하는 대의기관의 존재이유가 있다고 생각한다. 후버(H. Huber)의 말을[136] 빌린다면 각종형태의 사회적 이익단체는 기껏해야 '실존적(생존적) 대의'(existentielle Repräsentation)현상에 지나지 않기 때문에 국민이 선거한 대의기관의 '헌법적 대의'(konstitutionelle Repräsentation)기능과는 그 추구하는 목적이 다르다. 사회적 이익단체가 그 실존적 대의활동을 통해

883
공감적
가치추구를
통한
사회통합

실존적
대의와
헌법적 대의

133) Vgl. *G. Leibholz*(FN 16), S. 57, 58, 60, 166.
134) 이 점은 심지어 C. Schmitt도 인정하고 있다. Vgl. *C. Schmitt*(FN 28), S. 207.
135) 각종 사회적 이익집단의 기능과 활동에 대해서는 특히 다음 문헌을 참조할 것.
    J. H. Kaiser, Die Repräsentation organisierter Interessen, 1956; *H. Eckstein*, Pressure Group Politics, 1960; *V. O. Key jr.*, Political Parties and Pressure Groups, 4. Aufl.(1958); *H. Huber*, Staat und Verbände, 1958.
136) Vgl. *H. Huber*(FN 135), S. 19.

서 국가대의기관의 의사결정에 영향을 미치려고 노력하는 것은 그들이
추구하는 부분이익의 실현을 위한 부분통합의 이기적 활동에 지나지
않지만, 국가대의기관의 헌법적 대의활동은 그들 부분이익의 요청을
받아들이건, 배척하건 관계 없이 언제나 '새로운 전체'를 향한 통합기
능이라는 점을 강조해 둘 필요가 있다.

결론적으로 대의제도는 국민과 대의기관의 신임을 바탕으로 하는
책임정치와 공개정치를 통해서 통치권을 순화하고, 합리적인 선거제도
를 통해서 현대의 산업사회가 요구하는 전문인과 엘리트에 의한 전문
정치를 가능케 할 뿐 아니라, 권력통제를 위한 권력분립적 통치조직을
통해 국민의 자유신장을 돕고, 부분이익이 아닌 전체의 공감대적인 공
공이익을 실현함으로써 사회공동체를 통합시키는 다원적 기능을 갖는
다고 말할 수 있다.

(2) 대의제도의 현대적 실현형태

884
경험적
의사의
투입효과
보장

현대 자유민주국가의 통치구조에서 대의제도가 중요한 조직원리
를 뜻한다고 하는 것은 지금까지의 검토에서 충분히 밝혀졌다고 믿는
다. 다만 현대의 대다수 헌법국가는 대의제도를 통치기관의 구성원리
로 수용하는 데 있어서 대의의 본질과 이념에 따라 대의기관으로 하여
금 국민의 추정적 의사를 그 경험적 의사보다 존중하도록 요구하면서
도, 또 한편 대의기관의 의사결정에 국민의 경험적 의사도 최대한으로
반영할 수 있는 제도적인 장치를 마련하려고 노력하는 모습을 보여 주
고 있다. 민주정치가 반드시 국민의 직접통치를 요구하지도 않고, 국가
의 의사결정이 반드시 국민의 경험적인 의사에 따라 이루어져야만 민
주주의가 실현되는 것도 아니지만 주권자인 국민의 추정적인 의사뿐
아니라 그 경험적인 의사까지도 국정에 반영할 수 있는 합리적인 방법
이 있다면 구태여 그 길을 피할 이유가 없다는 현실정치적인 인식에서
출발하는 것이 바로 대의제도의 현대적인 유형이라고 볼 수 있다. 말
하자면 대의제도의 본질적인 골격을 그대로 유지하면서도 국민의 경험
적인 의사를 최대한으로 국정에 수용하기 위한 여러 가지 통로
(channel)를 아울러 마련하고, 이 통로를 통해서 들어오는 국민의 경험
적 의사가 이 통로를 지나는 동안 합리적이고 이성적인 추정적 의사로
용해될 수 있도록 모색하는 것이 바로 현대적인 모습의 대의제도이다.

a) 대의제도와 정당국가의 조화

대의제도와 정당국가적 헌법질서가 서로 조화될 수 있다고 평가
되는 것도 바로 이같은 대의제도의 현대적인 모습 때문이다. 사실상
대의제도의 고전적인 형태만을 고집하는 관점에서 본다면 Leibholz처
럼[137] 대의제도와 정당국가적 현상은 서로 조화될 수 없다는 편견에 사
로 잡히기 쉽다. 헌법이론적으로는 물론이고 헌법현실적인 면에서도
현대의 정당국가적인 현상이 대의제도의 현실에 적지 않은 문제점을
안겨 주는 것은 사실이다. 왜냐하면 정당국가적인 경향이 심해지면 질
수록 대의기관의 구성을 위한 선거가 국민의 진정한 대표자를 뽑는 행
위라기보다는 마치 정당의 리더(Leader)나 정당의 정강정책에 대한 일
종의 국민투표적인 행위로서의 성질을 띠게 되어 선거의 대표선정기능
이 상대적으로 그만큼 약화될 수밖에 없기 때문이다. 그뿐 아니라 정
당국가적인 경향이 크면 클수록 의원의 정당 내지 교섭단체기속
(Partei- bzw. Fraktionsdisziplin des Abgeordneten)이 강해져서 의원 개개
인의 판단과 의사결정의 독립성이 제약을 받게 되기 때문이다. 이처럼
대의기관의 구성을 위한 선거가 정당지도자에 대한 국민투표적인 성격
을 띠게 되고, 의원 개개인의 양심과 양식에 따른 판단과 결정이 정당
내지 교섭단체기속 때문에 제약되는 결과를 초래하는 정당국가적 현상
이 외견상 대의제도의 이념 내지 본질과 조화되기 어려운 것처럼 보이
는 것은 부인할 수 없다. 대의제도와 정당국가가 조화될 수 없다는
Leibholz의 주장도 바로 이런 점에 그 논거를 두고 있다.[138]

하지만 Scheuner[139]가 적절히 지적한 것처럼, 정당국가적인 현상
이 인물중심의 선거에서 정당중심의 선거로 선거의 성격을 변질시킨
것은 사실이지만, 국민의 선거행위에 의해서 어느 특정정당이 바로 국
가의 대의기관으로 바뀌는 것도 아니고, 국가의 대의기관은 여전히 그
정당의 의사결정기구와는 다른 형태로 구성되고 활동하고 또 통제된다
는 점에서 대의기관의 구성을 위한 국민의 선거는 정당의 Leader나 정

885
정당국가의
반대의제적
요소

886
정당국가
현상과
대의적
요소의 조화

---

137) Dazu vgl. *G. Leibholz*, Parteienstaat und repräsentative Demokratie, in: H.
Rausch(Hrsg.), Zur Theorie und Geschichte der Repräsentation und Repräsen-
tativverfassung, 1968, S. 235ff.(244); auch *derselbe*, Der Strukturwandel der
modernen Demokratie, 1952, S. 16ff.

138) Vgl. dazu(FN 137).

139) Dazu vgl. *U. Scheuner*(FN 13), S. 245ff.(261ff.).

강정책에 대한 단순한 국민투표적 성격 이상의 대의제도적 의미를 여전히 갖는다고 보는 것이 합리적이라고 생각한다. 따라서 대의기관의 구성을 위한 선거가 갖는 이같은 대의제도적 의의를 소홀히 생각하고 정당국가에서의 국민의 선거행위를 오로지 정당에 대한 국민투표적인 시각에서만 이해함으로써 대의제도의 '대의적 요소'가 정당국가에서는 더 이상 그 기능을 나타낼 수 없게 되었다고 과장하는 Leibholz의 주장은[140] 경계해야 하리라고 본다. Leibholz가 현대정당국가에서 정당의 헌법상 지위가 강화된 사실을 상기시키거나, 국가의 정책결정에서 정당의 발언권과 정치적 비중이 커지고, 정당을 통한 권력통합현상으로 인해서 민주정치의 양상과 의회의 운영방식이 달라진 사실을 지적하는 것은 수긍이 가지만, 그렇다고 해서 정당국가를 '정당＝국가'로 이어지는 국민투표적 관점에서만 이해한 나머지 인간적 신임관계에 바탕을 두는 인간정치적 대의의 요소를 정당국가에서 완전히 배제하려는 경향은 비판을 면할 수 없다고 할 것이다. Scheuner의 말을[141] 빌릴 필요도 없이 정당국가도 정당을 통한 국민의 직접통치형태는 아니라는 점을 유의할 필요가 있다. 정당 내지 교섭단체의 정책결정은 국민의 선거행위에 의해서 정해지는 것이 아니고, 어디까지나 정당 내지 교섭단체의 고유한 결정사항으로 남아 있게 되기 때문이다. 또 제닝스 (Jennings)의 말처럼[142] 아무리 정당국가라 하더라도 결국은 정당지도층이나 정당소속입후보자에 대한 선거구민의 인간적 신임관계가 없으면 국민과 정당과의 접근관계가 성립할 수 없다. 나아가 독일연방헌법재판소의 인식에 따라[143] 정당국가라 하더라도 무소속정치인의 선거참여나 정치활동을 제한하거나 차별대우하는 것은 자유ㆍ평등선거의 원리를 침해하는 것으로 허용되지 않는다고 볼 때 정당국가에서의 선거가 언제나 정당에 대한 국민투표적 성격만을 갖는다고 말할 수는 없다. 또 Leibholz의 주장처럼[144] 선거인과 의원간의 인간적인 신임을 바탕

---

140) Vgl. dazu *G. Leibholz*(FN 137), S. 16ff.

141) Dazu vgl. *U. Scheuner*, Die Parteien und die Auswahl der politischen Leitung im demokratischen Staat, in: *derselbe*, Staatstheorie und Staatsrecht, 1978, S. 347ff.(354f.); auch(FN 13), S. 263.

142) Dazu vgl. *Jennings*(FN 112), S. 467; *derselbe*, Parliament, 2nd ed.(1957), S. 452.

143) Vgl. etwa BVerfGE 41, 399(416ff.).

144) Vgl. *Leibholz/Rinck*, Grundgesetz, Art. 21 RN 3; auch G. Leibholz, Struktur-

으로 하는 대의제도적인 '자유위임관계'가 정당국가적 경향에서 나오
는 의원의 정당 내지 교섭단체기속요청과 대립하는 것처럼 보이지만,
Scheuner의 말대로[145] 대의가 반드시 의원 개개인의 개별적 행동만을
전제로 하지도 않을 뿐 아니라 의원 개개인이 전체국민의 이익을 희생
시키지 않는 범위 내에서만 소속정당 내지 교섭단체의 방침에 기속된
다고 생각한다면 정당 내지 교섭단체기속과 자유위임관계가 반드시 모
순 내지 대립적인 것이라고만 보기는 어렵다. 정당국가현상이 아직 두
드러지게 나타나지 못했던 대의제도의 고전적 형태에서는 의원 개개인
의 독자적인 개별활동만을 이상적인 대의활동으로 간주했었지만, 정당
국가경향이 심화된 오늘날의 대의활동은 개별활동이 아닌 집단행동으
로 나타날 수도 있다는 점을 유념할 필요가 있다. 정당국가에서 나타
나는 집단적 대의현상은 대의제도의 현대적 실현형태의 관점에서 이
해해야 한다. 그리고 정당국가적 경향에도 불구하고 정당 내지 교섭단
체기속보다는 언제나 자유위임관계에 우선하는 효력을 인정하는 것이
옳다.[146] 따라서 정당국가적 경향에 의해서 자유위임관계를 그 기본으
로 하는 대의적 요소가 소멸 내지 약화된 것이라고 보기는 어렵다.
독일연방헌법재판소를[147] 비롯해서 오늘날 독일의 통설이[148] 독일기본
법상의 정당조항($^{제21}_{조}$)과 대의제도의 자유위임관계에 관한 헌법조항
($^{제38조 제1}_{항 제2절}$)을 대립·갈등적인 관계로 보지 않는 이유도 그 때문이다. 물
론 정치의 현장에서는 정당이 가지는 입후보자추천권 등이 소속의원을
정당 내지 소속교섭단체에 강하게 기속시키는 압력의 수단으로 사용될
수도 있겠으나, 헌법이 요구하는 것처럼 민주적인 내부조직을 가져야

probleme der modernen Demokratie, 1974, S. 108ff.(112f.).

145) Dazu vgl. *U. Scheuner*(FN 13), S. 245ff.(261ff.)

146) So auch *Stern*, Das Staatsrecht der Bundesrepublick Deutschland, Bd. 1, 1977,
S. 827f., 847; *I. v. Münch*, in: *derselbe*(Hrsg.), Grundgesetz-Kommentar, Bd. 2,
1976, Art. 38 RN 64; *K. Hesse*, Grundzüge des Verfassungsrechts der Bun-
desrepublik Deutschland, 14. Aufl.(1984), S. 227f.; *P. Badura*, Staatsrecht, 1986,
S. 307.

147) Vgl. BVerfGE 4, 144(149); 40, 296(311ff.).

148) Vgl. *K. Stern*(FN 146), S. 827, 843, 844f.; Beratungen und Empfehlungen(FN
122), S. 72ff.; *J. Henkel*, DÖV 1974, S. 181ff.; *E. Bahgat*, Freies Mandat in der
repräsentativen Demokratie, 1974; *K. Hesse*(FN 146), S. 65ff., 227(RN 598); *P.
Badura*(FN 146), S. 296, 307; *Maunz-Zippelius*, Deutsches Staatsrecht, 26. Aufl.
(1985), S. 81; *Th. Oppermann*, VVDStRL 33(1975), S. 43.

하는 정당에서 국리민복을 위한 자신의 정치적 확신을 관철시킬 능력
도 없고 또 그렇다고 정당이나 교섭단체의 방침을 반대하는 자신의 정
치적 소신을 끝까지 밀고 나감으로써 그로부터 오는 정치적 책임을 감
수할 자세가 갖추어지지도 않은 선량은 헷세(Hesse)의 말대로[149] 현대
적인 대의제도가 요구하는 의원상에는 맞지 않는다고 할 것이다. 특히
이 점과 관련해서 주의할 점은 정당소속의원이 정당 내지 교섭단체의
결정에 어긋나는 정당활동을 했다는 이유로 이에 제재를 가하는 경우
에도 그것은 최악의 경우 정당으로부터의 제명에 그칠 일이지 의원직
사임을 요구한다든지 미리 의원직사임에 관한 백지위임장 등을 받아
두는 것 등은 자유위임관계에 바탕을 둔 대의제도의 정신에 어긋나는
일로 지적되고 있다는 점이다.[150] 따라서 의원직을 상실함이 없이 임기
중 정당이나 교섭단체를 바꾸는 것도 가능하다.[151] [152]

결론적으로 정당국가적 현상에 따라 국가의 의사결정이 정당활동
에 의해 좌우되고 정당은 선거에서 국민의 지지를 얻기 위해 국민의
추정적 의사보다는 그 경험적 의사를 그 정당활동의 지침으로 삼으려
는 생리를 갖기 때문에 현대정당국가적 헌법질서에서 대의제도가 통치
기관의 구성원리로서 제대로 기능하기 위해서는 그 형태적인 현대화가
필요하다. 또 한편 아무리 정당국가적 요청이 크다고 하더라도 전통적
인 대의제도를 무시한 현대국가의 통치구조를 상상할 수 없기 때문에
정당의 조직이나 의사결정방법도 대의제도의 기본정신과 조화될 수 있
는 방향으로 정해져야 한다. 대의제도를 선량 개개인의 자유활동의 관
점에서만 이해하려는 고전적인 유형의 대의의 관념이 정당국가에서 나
타나는 단체적·집단적 형태의 대의현상을 설명하는 데 어려움을 겪는
것과 마찬가지로, 의원의 정당 내지 교섭단체기속을 지나치게 극단적
으로 요구함으로써 정당차원에서의 의원활동 마저도 부자유스럽게 제

---

149) Dazu vgl. *K. Hesse*(FN 146), S. 228(RN 600).

150) So *P. Badura*(FN 146), S. 307; *Maunz-Zippelius*(FN 148), S. 81.

151) So auch *K. Hesse*(FN 146), S. 228(RN 601); *D. Tsatsos*, Mandatverlust bei
Verlust der Parteimitgliedschaft?, DÖV 1971, S. 253ff.; *K. Stern*(FN 146), S. 846
u. 847; *I. v. München*(FN 146), Art. 38 RN 64; *Maunz-Zippelius*(FN 148), S. 81.;
P. Badura(FN 148), S. 307(RN 28).

152) 이 문제에 관한 자세한 것은 졸고, "국회의원 선거와 자유위임 및 정당기속의 한
계," 고시계 2000년 12월호, 4~17면 참조.

한하는 그릇된 정당국가의 인식도, 선거에 의해서 국민과 의원 사이에
형성된 자유위임관계를 합리적으로 수용하기가 어렵다. 따라서 대의제
도의 바람직한 현대적 실현형태는 정당국가적 현상에서 나타나는 여러
가지 새로운 정치양상을 대의기구에서 충분히 수용함으로써 국민의 직
접통치의 필요성을 줄이는 것이라고 말할 수 있다. 또 반면에 정당국
가도 대의의 이념과 조화될 수 있는 방향으로 정착되어야 하리라고 본다.

b) 대의제도와 직접민주제적 요소와의 조화

현대의 대다수 자유민주국가는 대의제도를 통치기관의 구성원리
로 삼으면서도 필요하다고 인정하는 경우에는 국민의 직접통치적 요소
를 통치구조에서 보충적으로 채택하는 경향을 보이고 있다. 따라서 대
의제도의 현대적 유형은 경직된 순수한 대의제도가 아니고, 국민의 직
접통치적 요소를 함께 허용하는 완화된 형태의 대의제도라고 볼 수 있
다.[153] 즉 대의의 요소와 '직접통치적 요소'(plebiszitäre Elemente)가 공
존과 상용(相容)의 원리에 의해서 지배되는 것이 바로 대의제도의 현대
적 유형이다.[154] 대의제에 입각한 통치구조를 가지는 나라에서도 여러
가지 직접통치적 요소의 제도를 마련함으로써 대의적 요소와 직접통치
적 요소의 조화를 모색하는 것은 그 때문이다. 행정부에 의한 의회해
산제도, 법률안의 국민발안(Gesetzesinitiative) 내지 국민투표(Gesetzes-
referendum)제도, 헌법개정안에 대한 국민투표제도, 국가원수의 국민에
의한 직접선거제도, 대의기관의 국민소환제도(Recall) 등이 대의제도에
입각한 현대국가의 통치구조에서 자주 나타나는 직접민주제적 요소들
이다. 이들 직접민주주의적인 여러 제도들은 따지고 보면 국민의 직접
통치를 실현하기 위한 이른바 '극단적 민주주의'(Radikaldemokratie)의
이념에 그 바탕을 두는 것이기 때문에, 자칫하면 국민에 의해서 행사
되는 국가권력의 절대성과 무제한성의 제도적인 표상인 것처럼 잘못
인식되어, 국가권력의 제한성과 법적 기속성을 바탕으로 하는 대의의
이념과 조화될 수 없다고 생각할 소지가 없는 것도 아니다. 그러나 대
의의 이념과 직접민주주의적인 이념의 조화에 근거를 두는 현대적인

887
대의제도와
직접통치적
요소

---

153) 이 점과 관련해서 어떤 국내학자는 일부 일본학자(예컨대 히구치(통구양일))의 이론
　　에 따라 이른바 '반대표' 내지는 '반직접민주제'의 개념을 사용하기도 하지만, 그것은
　　문제의 본질과 내용을 정확히 표현치 못하는 부적합한 개념이라고 생각한다.

154) So auch *U. Scheuner*(FN 13), S. 256ff.

형태의 대의제도에서는 이미 국가권력의 절대성과 무제한성에 관한
'극단적 민주주의'의 환상을 버린 것이라고 보는 것이 옳다. 왜냐하면
Scheuner[155]의 말처럼 대의제도와 직접민주주의적인 요소와의 조화는
'국가권력의 제한성'과 '국가권력의 법적 기속성'의 전제 위에서만 실
현될 수 있는 것이기 때문이다.[156]

888
직접민주
제적 요소의
기능변화와
수용의 한계

사실상 대의제도의 현대적 유형에서 흔히 나타나는 직접민주주의
적인 여러 제도들은 그 전통적이고 고유한 국민의 직접통치적인 제도
로서의 의미가 많이 약화되어 대의제도와 조화될 수 있는 새로운 제도
로 정착되어 가고 있다는 점도 무시할 수 없다. 선거에 의한 대의기관
의 구성뿐 아니라 국가의 정책결정에까지 국민이 직접 관여할 수 있는
길을 열어 주는 국민발안 내지 국민투표제도만 하더라도 외형상 주권
자인 국민에게 법률안 등에 대한 최종적인 결정권을 주는 것처럼 보이
지만 실질적으로는 대의기관에 의해서 이미 그 내용이 정해진 법률안
내지 국가정책에 대한 선택권 내지 가부결정권만을 주는 것에 지나지
않는다. 국민에게 법률안 또는 국가정책에 관한 추상적인 제안권과 선
택권, 그리고 가부결정권만 주는 것이 아니라, 법률안 또는 국가정책의
세부적이고 구체적인 내용까지를 국민이 결정케 하는 이른바 루소적인
의미의 '국민입법권'(Volksgesetzgebung)은 대의제도의 현대적인 유형에
서도 허용할 수 없는 것으로 평가되고 있다.[157] 또 의회해산제도도 행
정부와 입법부의 대립시에 주권자인 국민에게 공정한 심판권을 행사케
한다는 그 본래의 의미보다는[158] 집권당으로 하여금 유리하다고 생각
되는 선거시기를 선택케 하는 여당의 선거정략적인 무기로 활용되고
있는 것이 현실이다. 따라서 오늘날 대의제도의 측면에서 문제가 되는
것은 의회의 자발적인 해산인데, 특히 그 자발적인 해산이 선거인의
주도권이나 요구에 의해서 실현되는 경우,[159] 그것은 분명히 대의기관

155) Dazu vgl. *U. Scheuner*(FN 13), S. 259ff.(261).
156) So auch *W. Kägi*, Rechtsstaat und Demokratie, in: FS f. Giacometti, 1953, S.
    107ff.; *derselbe*, ZSR 75(1956), S. 773aff.; *H. Schneider*, Volksabstimmungen in
    der rechtsstaatlichen Demokratie, in: Gedächtnisschrift f. W. Jellinek, 1955, S.
    164ff.
157) So *U. Scheuner*(FN 13), S. 257.
158) Dazu vgl. *Jennings*(FN 112), S. 8.
159) 예컨대 독일의 몇 개 주헌법과 스위스의 몇 개 Kanton 헌법에서 채택하고 있는 제
    도이다.

의 집단적인 소환에 해당하는 것으로서 소수당의 선거정략적인 무기로 악용될 수도 있을 뿐 아니라 E. Fraenkel[160]의 말처럼 선거인과 의회와의 신임관계에 그 기초를 두고 있는 대의제도의 심각한 제한이 될 수도 있다. 따라서 선거인의 주도권 내지 요구에 의한 의회의 자발적 해산제도는 대의제도의 현대적 유형에서도 그 수용에 일정한 한계가 있다고 할 것이다.[161] 또 헌법개정안에 대한 국민투표제도는 오늘날 직접민주주의적인 관점에서보다는 헌법의 최고규범적인 성격과, 헌법에 의해서 마련된 헌정제도와 법질서의 안정추구라는 관점에서 그 제도적인 당위성을 인정하려는 경향이 높아지고 있다.[162] 국민에 의한 대통령 직접선거제도는 국민에 의해서 집행부의 수장이라는 대의기관이 선거된다는 점에서 대의제도와 근본적으로 상충될 소지는 없다고 느껴지지만, 다만 바이마르공화국헌법처럼 원칙적으로 의원내각제정부형태를 채택하면서 대통령을 직선케 하는 것은 특히 의회에 강력한 안정세력이 확보되지 못한 상황하에서는 국민의 경험적인 의사를 홀로 대표한다고 착각하는 대통령의 권위적인 통치를 불러들일 소지가 없는 것도 아니다.[163] 그러나 미국의 헌정제도에서 보는 것처럼 정당조직의 강력한 지방분권성으로 인해서, 같은 정당소속의원의 대통령으로부터의 독립성이 정당적인 차원에서도 최대한으로 보장되는[164] 대통령제정부형태에서 대통령을 국민이 직접선거하는 것은 오히려 입법부와 행정부의 상호견제의 실효성을 높여 주기 때문에 제한정치의 실현이라는 대의제도의 이념과 잘 조화된다고 볼 수 있다. 그러나 같은 대통령제정부형

Vgl. Art. 18 BayVerf.(1백만명 이상의 유권자가 요구하는 경우); Art. 43 Bad-Württembergischer Verf.(전체유권자 1/6 이상의 발의에 의해서 실시된 국민투표에서 유권자 과반수가 요구하는 경우); *Giacometti*, Das Staatsrecht der schweizerischen Kantone, 1941, S. 296.

160) Dazu vgl. *E. Fraenkel*(FN 21), S. 384.

161) So auch *U. Scheuner*(FN 13), S. 257.

162) Dazu vgl. *U. Scheuner*(FN 13), S. 257.

163) 바이마르공화국이 실패한 가장 큰 이유를 이 점에서 찾고 있는 학자도 있다.
   Vgl. z. B. *K. Loewenstein*, AöR 75(1949), S. 181ff.; *E. Friesenhahn*, VVDStRL 16(1958), S. 68.
   그러나 U. Scheuner는 이들과는 견해를 달리해서 대통령직선제와 의원내각제의 부조화현상 때문에 바이마르공화국이 실패한 것은 아니라고 한다.
   Vgl. *U. Scheuner*(FN 13), S. 258.

164) Dazu vgl. *W. Goodmann*(FN 117), S. 70f.; *Ranney/Kendall*(FN 117), S. 392f.

태라고 하더라도 강력한 중앙집권식 정당제도하에서 정당의 내부조직
과 의사결정이 비민주적인 하향식으로만 이루어지는 경우에는 대통령
선거가 마치 국민의 직접정치를 실현하는 투표로 변질되어 정당당수를
겸하는 대통령의 직접선거제도가 오히려 대의의 실현이라기보다는 직
접민주주의적인 수단으로 변질될 가능성이 크다는 점을 잊어서는 아니
된다. 바로 이곳에 대통령직선제도와 대의제도와의 갈등의 소지가 있다.

889
대의제도와
여론조사

끝으로 직접민주주의적인 요소를 완전히 배제해 버리고 대의의
원리만을 충실히 실현한 통치구조를 마련한 독일과 같은 헌법질서하에
서[165] 어떤 특정한 국정사안에 관해서 관의 주도하에 국민의 경험적인
의사를 조사키 위한 국민여론조사(Volksbefragung)를 실시하는 것은 대
의제도의 이념상 허용되지 않는다고 보는 것이 옳다.[166][167] 왜냐하면
독일기본법에 의해서 명시적으로 대의기관에만 주어진 국가의 정책결
정권이 그와 같은 여론조사에 의해서 제한 내지 침해될 가능성을 배제
할 수 없기 때문이다. 특정사안에 관한 국민의 의사를 경험적으로 조
사한다는 것은 단순한 민주적인 여론형성의 차원을 넘어서 국가의 대
의기관으로 하여금 정책결정을 하는 데 있어서 무시할 수 없는 확정된
정책내용을 미리 정해 주는 것과 같은 효과를 나타내기 때문이다.[168]

결론적으로 현대의 대다수 헌법국가는 여러 가지 직접민주제적인
요소를 함께 수용함으로써 국가의 정책결정에서 국민의 경험적인 의사
까지도 함께 존중할 수 있는 방향으로 대의의 원리를 제도화하고 있다

---

165) 독일기본법상 직접민주주의적 요소로 간주될 수 있는 제도는 수상선거 또는 수상에
대한 신임투표와 관련된 의회해산제도(제63조 제 4 항과 제68조 제 1 항)와 주경계의
변경에 관한 국민투표(제29조)뿐인데, 이 두 가지 제도는 각각 의원내각제정부형태를
안정시키고 연방국가적인 구조를 지키기 위한 것이기 때문에 엄격한 의미에서 국민의
직접통치를 실현하기 위한 것이라고 보기는 어렵다.

166) So auch *U. Scheuner*(FN 13), S. 258. 그러나 그러한 여론조사가 허용된다는 입장
을 취하는 학자가 없는 것은 아니다. Z. B. vgl. *Fuß*, AöR 83(1958), S. 395.

167) 이 점에 대해서는 이미 독일연방헌법재판소의 판례가 있다. Vgl. BVerfGE 8,
104ff.(122ff.). 즉 1958년 독일연방정부가 원자무기를 군의 장비로 도입하려고 하자,
일부 주정부와 지방자치단체가 공동으로 그에 관한 국민여론조사를 실시해서 연방정
부의 국방정책을 저지하려고 시도함으로써 발단된 사건이었다.

그러나 동 재판소는 그러한 국민여론조사를 금지시키는 판결에서 주정부에 의한 연
방정부권한침해의 관점만을 그 논거로 삼았으므로 대의제도의 관점에서 그러한 국민
여론조사가 어떻게 평가되는지의 문제는 독일에서도 여전히 미해결의 숙제로 남아 있
다고 할 것이다.

168) So auch *W. Kägi*, Rechtsstaat und Demokratie(FN 156), S. 107ff.(123).

고 볼 수 있지만, 국민의 직접통치적인 성격을 강하게 내포하고 있는 몇 가지 직접민주주의적 제도는 대의제도의 현대적 유형에서도 그 수용을 기대하기 어렵다고 할 것이다.

c) 대의제도의 현주소와 개선책

대의제도는 본질적으로 대의기능의 정상적인 작동을 전제로 하는 통치구조의 조직원리이다. 그런데 정상적인 대의기능은 대의기관에 대한 국민의 신뢰와 대의기관의 책임의식에서 나온다. 선거를 통한 대의기관의 구성에 전제된 정책결정권의 자유위임은 대의기관에 대한 정책적인 신뢰에 근거하고 있다. 그 신뢰 속에는 대의기관이 정책결정을 함에 있어서 언제나 국민의 이익에 부합하는 정책을 추구하리라는 확고한 기대가 들어 있다. 정치적 이념과 정강정책을 달리하는 다양한 정당이 국민의 정치적 의사형성과정에 영향을 미치려고 경쟁하고 있는 정당국가적 대의민주주의 국가에서 대의기관은 다양한 정당이 정책경쟁을 벌이는 정책경쟁의 대의적인 광장을 뜻한다. 그렇기 때문에 대의기관의 정책결정과정은 언제나 진지한 정책토론과 절충 내지 타협의 과정이어야 하고 그 과정은 투명성을 유지해야 한다. 그런 투명한 정책결정과정을 거치는 동안 국민은 대의기관의 대의활동에 대한 평가자료를 축적해서 다음 선거에서 책임추궁과 선택의 근거로 삼는다.

890
정상적인
대의기능

그런데 대의제도가 이런 정상적인 기능의 궤도를 벗어나 정당간 무한정치투쟁의 장으로 변질되거나 대의기관의 구성원이 국민의 이익보다는 당리당략에 따른 당론만을 고집하고, 당론 결정과정에서 자유위임의 기능은 실종한 채 정당 기속만이 강조되고, 정책에 관한 토론과 절충 및 타협의 정신보다는 무조건적인 당론관철만이 중요시되며, 정책결정과정은 투명성을 잃은 채 이른바 비정상적인 절차와 방법에 따른 정책결정이 반복되는 상황이 벌어진다면 대의제도는 더 이상 제 구실을 할 수 없다.

비정상적인
대의기능과
그 결과

그 결과는 국민의 정치혐오감의 증가와 정치불신 내지는 정치인의 신뢰상실이다. 국민의 신뢰를 상실한 채 국민의 대표가 아닌 정당의 하수인으로 전락한 이른바 정치꾼이 대의기관의 구성원으로 활동하는 상황은 특히 대의민주주의의 후진국에서 흔히 볼 수 있는 현상이다. 우리나라의 국회도 그 예외는 아니다.

따라서 대의제도의 이러한 궤도이탈에 대한 합리적인 대응책을 시급하게 마련하지 않으면 대의민주주의는 통치구조의 한낱 허울좋은 비효율적인 장식에 불과하게 된다.

또 독일처럼 대의제도가 그 이념에 상응하게 제대로 기능하고 있는 나라에서도 대의제도는 새로운 도전에 직면하고 있다. 대의기관의 정책결정에 국민이 반기를 들고, 정상적이고 투명한 과정을 거쳐 결정한 정책을 무효화하려는 국민운동이 빈발하는 상황이 최근 벌어지고 있기 때문이다.[169]

이렇게 볼 때 대의제도는 선진국이나 후진국이나 다 같이 중대한 도전에 직면해 있다고 할 것이다. 이러한 대의제도의 시련은 변화한 생활환경과도 연관이 있는 것으로 보인다. 즉, Digital의 생활혁명으로 불리는 internet시대를 맞아 모든 생활영역이 on-line 디지털화해서 편리해졌을 뿐 아니라 정보의 접근이 국경을 넘어 쉽게 가능해 졌고, 소셜네트워크서비스(SNS)를 통한 실시간 쌍방향 의사소통이 활성화된 상황에서 국민은 이제 주기적인 선거를 통한 단순한 대의기관의 구성권자에 머물지 않고 생활 밀착적인 정책에 대해서 함께 정책결정에 참여하려는 욕구가 강해졌다고 할 것이다. 말하자면 정책의 수동적인 수용자에서 적극적인 정책의 요구자로 바뀐 것이다. 그렇다고 모든 생활 밀착적인 정책을 국민이 직접 결정하겠다는 것이 아니라, 대의기관의

---

169) 가장 대표적이고 상징적인 사건은 2010년 Bayern주, Hamburg시, Stuttgart시 주민이 해당대의기관의 정책결정에 대해서 반기를 들어 무효화시킨 일이다. 즉, Bayern주에서는 선거를 앞두고 주의회(Landtag)가 선거전략적인 고려에 따라 흡연자들의 요구를 수용해 연방헌법재판소도 합헌이라고 판시한 종래의 대중음식점에서의 절대적인 금연법률을 고쳐 예외적으로 흡연을 허용하도록 개정했다. 그러자 주민이 이 개정입법에 반대하면서 절대적 금연을 다시 관철하려고 주헌법(제74조)에 따른 국민투표안을 발의해서 통과시킴으로써 다시 절대적인 금연규정으로 돌아갔다. Hamburg시는 독일 기본법이 주정부에 위임한 교육자치권을 근거로 시의회가 여야 합의로 Hamburg의 전통적인 학제(초등과정 4년, 중고등과정(Gymnasium) 9년)를 영미식 학제(초등과정 6년, 중고등과정 6년)로 변경하는 학제개편 시조례를 제정했다. Hamburg 시민들은 이 학제개편에 반대해서 Hamburg 헌법(제48조와 제50조)에 근거한 국민투표를 통해 종래의 전통적인 학제로 환원시켰다. Stuttgart시는 14년에 걸친 오랜 논의 끝에 시의회와 주의회 그리고 연방정부의 찬성을 얻어 모든 정당이 다 찬성하는 이른바 'Stuttgart역 프로젝트'(Bahnprojekt Stuttgart 21)를 확정해 현재의 지상 철도역사를 지하화하는 대규모 정책사업을 착공했다. 그러자 다수 정책반대자들이(여론조사결과 과반수 시민이 반대) 반대시위를 계속하는 가운데 중도적인 유력한 정치인의 조정노력도 수포로 돌아갔다.

정책결정을 지켜보고 그 결과가 마음에 들지 않으면 다음 선거 때까지 기다리지 않고 그때그때 바로 대의기관에게 책임추궁을 해서 정책을 바꾸겠다는 것이다. 따라서 국민의 이러한 욕구변화에 부응해서 대의제도가 지속적으로 통치기구의 구성원리로 작동하려면 이제는 대의기관의 정책결정과정이 더욱 투명하고 정책결정 절차의 정당성을 높여야 할 것이다. 특히 대형 국책사업과 같은 정책결정에서는 이런 필요성이 한층 더 커진다고 할 것이다. 그래서 대의기관이 결정한 정책을 국민이 저항 없이 수용할 수 있도록 해야만 대의제도는 앞으로도 통치기구의 조직원리로 지속적인 효용성을 갖게 될 것이다.

문제는 우리와 같은 대의제도의 후진국의 상황이다. 우리의 경우 대의제도의 시련과 위기상황은 아주 심각한 지경에 이르렀다. 따라서 이런 상황이 더 지속되면 대의기관 무용론이 힘을 얻어 완전히 다른 형태의 통치 패러다임이 자리를 잡게 되는지도 모른다. 그런데 아직은 대의제도보다 더 우수하고 민주적인 정책결정방법이 실용화되고 있지 못한 상황에서는 대의제도가 제대로 기능하지 못하는 원인을 정확하게 찾아내 개선책을 강구하는 일만이 우리의 민주주의를 선진화하는 길이다. 흔히 학계 일각에서 디지털시대에 맞는 이른바 전자민주주의의 도입을 주장하는 목소리도 들리지만 올바른 해결책이 아니고 오히려 또 다른 문제와 부작용을 초래할 따름이라고 생각한다. Internet과 각종 social network를 통한 국민 사이의 의사소통이 매우 활발하게 이루어지고 있는 것은 사실이지만 internet과 social network의 역기능이 점점 확산되는 양상도 간과해서는 아니 된다. 언어의 폭력화 현상, 무명성 뒤에 숨어 인신공격을 일삼는 악의적인 댓글문화의 창궐, 표현의 자유를 악용한 무책임한 주장의 남발 등 이미 internet문화의 부정적인 역기능은 많이 경험하고 있다.[170] 인터넷 중심의 사이버공간은 쉽고 편하게 필요한 정보에 접근하고, 사회구성원 상호간에 쌍방향 의사소통을 하며, 국가에 대한 단발적인 투입(input)의 창구로 활용할 수는 있지만, 중요한 국가정책을 진지하게 토론하고 절충과 타협을 거쳐 책임

전자민주주의 주장의 문제점

---

170) 불행한 천안함 사건에 대한 무책임한 허위사실 유포, 타블로 사건 등 사이버 명예훼손 내지 인격모독 등 사이버공간에서의 명예훼손사건이 연 5,000건에 이른다는 통계가 있다. 전자민주주의를 주장하는 논리의 허구성과 문제점은 졸고, 60 Jahre Grundgesetz aus der Sicht Koreas, JÖR Bd. 58, 2011 참조.

있는 정책결정을 할 수 있는 공간은 아니다. 더욱이 세계화(Globaliza-
tion)시대를 맞아 많은 중요한 정책은 국제적인 연관성을 갖는 것이고
높은 전문성을 필요로 하는 내용이어서 사이버공간에서 단순한 수적인
개념만으로 결정할 수 있는 사항이 아니다. 특히 미국의 사회심리학자
필립 짐바르도(Philip Zimbardo)와 스탠리 밀그램(Stanley Milgram) 등이
경험적인 실험을 토대로 주장하는 '상황의 힘'이나 '3의 법칙'171)을 생
각한다면 전자민주주의는 매우 위험한 방향으로 발전할 수도 있다. 왜
냐하면 이 두 사람이 입증하려고 노력한 것처럼 사람은 개인의 내면적
양심이나 성격보다는 주어진 상황의 영향을 받아서 행동하는 경향이
강한데 그 상황은 대부분 악의적인 3인이 뭉치기만 하면 선의의 3인을
무력화하면서 충분히 조성할 수가 있는 것으로 나타나기 때문이다.

892
바람직한
개선방향

따라서 우리 대의제도의 개선책은 전자민주주의의 도입은 아니라
고 생각한다. 그보다는 전통적인 대의제도의 본질과 기능에 입각한 개
선책을 모색해야 하리라고 본다. 우선 대의기관의 정책결정에서 그 구
성원들이 자유위임의 정신에 따라 당명에 맹목적으로 복종하지 않고
독자적인 양심과 판단에 따른 결정을 할 수 있도록 정당 기속 내지 교
섭단체 기속에서 벗어나게 하는 것이 시급하다고 할 것이다. 그러려면
정당의 대의기관 후보자 공천방법과 절차를 획기적으로 바꿔야 한다.
지금과 같은 중앙당 주도의 하향식 공천을 지양하고 대의민주주의 선
진국처럼 지역구 주도의 상향식 공천으로 고쳐야 한다. 지금의 하향식
공천문화가 지속되는 한 의원들은 소속 정당의 명령과 지시에서 자유
로울 수 없다. 미국·독일 등 선진국 의회에서 정당소속 의원들이 소속
정당에 크게 구속당하지 않고 자유롭게 정책결정과정에 참여하는 이유
도 철저한 지역구 중심의 공천제도 때문이다. 나아가 대의기관의 운영
방법을 획기적으로 바꿔야 한다. 대의기관 구성을 위한 선거를 했으면
프랑스처럼172) 바로 대의기관이 소집되어 대의활동을 할 수 있는 법
적·제도적인 장치를 마련할 필요가 있다. 이른바 원 구성을 둘러싼 여
야간의 지루한 힘겨루기와 줄다리기가 대의기관의 소집과 활동을 장기

---

171) Vgl. *Zimbardo*, Obedience to Autority, 1974; *Milgram*, The Lucifer Effect,
2007.
172) 프랑스에서는 의회가 선거 후 2주 이내에 집회하도록 헌법이 정하고 있다. 헌법 제
12조 참조.

간 막거나 지연시키는 일이 없도록 선거에서 국민의 더 많은 지지를 받아 원내 다수의석을 차지한 정당이 대의활동의 주도권을 잡을 수 있게 하되 다수당의 입법독재를 막는 제도적인 장치를 마련해야 한다. 그리고 마침내 대의기관의 의사결정과정도 원내 의석분포의 비율에 맞게 합리적으로 조정해서 야당이 반대하면 모든 의사결정이 봉쇄되는 상황은 지양해야 한다. 그래서 야당이 무리한 봉쇄작전으로 대의기관을 무력화하는 경우 민주적 정당성에 기초한 또 다른 대의의 책임을 지고 있는 행정부에게 시급한 법률에 대해서 잠정적인 비상입법권을 부여해서 정책을 시행할 수 있게 해야 한다. 헌법이 정한 예산안의결 시한을 넘기는 일을 되풀이하고 정부가 추진하는 중요한 국책사업안을 제때에 의결하지 못하는 국회는 대의책임을 망각한 것이기 때문에 행정부의 비상입법권에 의한 견제를 받을 필요가 있다. 그런데 비상입법권은 국가비상사태를 전제로 하는 국가긴급권의 발동과는 본질이 다르다. 비상입법권은 평상시에 제 기능을 못하는 국회를 견제하기 위한 수단에 불과하기 때문이다. 비상입법권의 발동에 의한 정책은 추후에 국회의 동의를 받아야 하는 것은 당연하다. 약간의 제도적인 차이는 있지만 이런 형태의 비상입법권은 프랑스와 독일에도 제도화되어 있다.[173] 그리고 국회 내 폭력금지와 질서유지를 강화해 정상적인 의사진행을 물리력으로 방해하는 의원에 대해서는 형사법적인 처벌은 물론이고 예외적으로 국민소환이 가능하도록 제한적인 국민소환제의 도입이 필요하다. 나아가 앞에서 소개한 독일의 사례에서 보듯 국민의 적극적인 정치참여욕구를 충족하기 위해서는 우리 헌법($^{제72}_{조}$)이 정하고 있는 국민투표사안의 범위를 다소 넓힐 필요가 있다. 대의제도와 국민의 직접통치적인 성격의 직접민주주의제도는 조화가 어렵지만, 국민투표사항을 지금보다 제한적으로 다소 확대하는 것은 대의제도와 충분히 조화할 수 있다고 생각한다.[174]

---

173) Vgl. Art. 38 Die Verfassung der Republik Frankreich v. 2008; Art. 81 GG.

174) 프랑스헌법은 의회의원 1/5 또는 선거권자 1/10 이상의 찬성으로 국민투표안을 발의할 수 있게 정하고 있다. 헌법 제11조 참조. 그 밖에도 앞에서 소개한 독일 Bayern, Hamburg 등 여러 주헌법도 국민투표제를 도입해서 국민의 정책적인 발언권을 강화하는 수단으로 활용하고 있다.

4. 우리 현행헌법상의 대의제도

893
정당국가 및
직접
민주주의적
요소 포함한
현대적
대의제도

우리 현행헌법은 통치를 위한 여러 가지 국가기관을 구성하는 데 있어서 대의의 원리를 그 기초적인 구성원리로 삼고 있다고 볼 수 있다. 그러나 우리 현행헌법이 채택하고 있는 대의제도는 고전적인 형태의 경직된 대의제도가 아니고, 정당국가의 이념은 물론이고 직접민주제적인 여러 요소와도 그 조화와 공존이 가능한 현대적인 유형의 대의제도라는 점을 강조해 둘 필요가 있다. 실제로 우리 헌법은 정당조항($^{제8}_{조}$)을 비롯한 여러 정당관련규정($^{제89조\ 제14호,\ 제41조\ 제3항,\ 제111조\ 제1}_{항\ 제3호,\ 제114조\ 제1항,\ 제116조\ 제2항}$)을 통해서 정당국가로서의 기틀을 마련하고, 중요정책에 관한 임의적인 국민투표제도($^{제72}_{조}$)와 헌법개정안에 대한 필수적 국민투표제도($^{제130조}_{제2항}$), 그리고 대통령직선제도($^{제67}_{조}$)와 같은 직접민주주의적인 여러 통치수단을 함께 채택하고는 있지만, 기본적으로는 대의의 원리에 입각해서 국민에 의해서 선출된 의원으로 구성되는 국회($^{제41조}_{제1항}$)와 국민에 의해서 직접선거된 대통령($^{제67조}_{제1항}$)을 중심적인 대의기관으로 설치하고 국가의 입법권($^{제40}_{조}$)과 집행권($^{제66}_{조}$)을 맡김으로써 국가의 정책결정과 정책집행이 이들 대의기관의 독자적인 판단과 책임에 의해서 행해질 수 있도록 하고 있다. 특히 국회의원의 자유위임관계에 관해서는 명문의 규정을 두어 '국회의원은 국가이익을 우선하여 양심에 따라 직무를 행한다'($^{제46조}_{제2항}$)고 정하고 있다. 국회의원의 청렴의무에 관한 규정($^{제46조}_{제1항}$)과 국회의원의 지위남용금지에 관한 규정($^{제46조}_{제3항}$), 그리고 국회의원의 면책특권에 관한 규정($^{제45}_{조}$)과 의원의 겸직제한규정($^{제43}_{조}$), 국회의 자율권에 관한 규정($^{제64}_{조}$) 등도 따지고 보면 대의제도의 이념적 기초로 간주되는 자유위임적인 의원활동을 뒷받침해 주기 위한 것이라고 풀이할 수도 있다. 그뿐 아니라 국회의사공개의 원칙($^{제50}_{조}$)과 국회의 국정감사 및 조사권($^{제61}_{조}$), 그리고 국무위원 등의 국회출석·답변의무($^{제62}_{조}$) 등은 대의제도에서 필요로 하는 공개정치를 실현하기 위한 것이고, 국무총리·국무위원 등에 대한 국회의 해임건의권($^{제63}_{조}$)과 국회의 탄핵소추의결권($^{제65}_{조}$)은 신임에 바탕을 둔 책임정치를 확립함으로써 신임과 책임정치를 요구하는 대의의 이념을 구현키 위한 제도적인 장치들이라고 볼 수 있다. 또 우리 현행헌법상의 권력분립제도($^{제66조\ 제4항,\ 제40조,}_{제101조\ 제1항}$)도 이미 앞에서 말한 대로 대의

제도와 이념적·기능적 연관성을 갖는다는 점을 간과해서는 아니 된다. 나아가 대의제도가 선거를 통한 대의기관의 구성과 정책결정권의 분리를 그 이념적 기초로 하고 있다면, 우리 헌법상의 각종선거제도(대통령·국회의원·지방자치단체의 장과 의원 등)와 이들 선거를 공정하게 관리하고 실시하기 위한 선거관리에 관한 규정($\substack{제114조~\\제116조}$)들도 대의제도를 정착시키기 위한 것이라고 말할 수 있다. 그리고 국회의원선거에 있어 비례대표제($\substack{제41조\\제3항}$)를 채택한 것은, 물론 선거에 나타난 국민의 경험적·추정적 의사를 되도록 충실하게 국회의 의석분포에 반영하려는 직접민주제적인 색채가 없는 것은 아니지만[175] 또한 대의제도에서 필요로 하는 전문정치의 실현을 위한 전문인의 확보에 기여하는 의미도 함께 가진다는 점을 잊어서는 아니 된다.

이렇게 볼 때 우리 현행헌법은 국민의 기본권적인 자유의 실현을 통한 사회공동체의 동화적 통합을 달성키 위해서 통치기관을 구성하는 데 있어서도 국가권력의 제한성과 그 법적 기속성의 전제에서 대의제도를 그 기초적인 구성원리로 채택함으로써 대의민주주의(repräsentative Demokratie)를 추구하고 있다. 그러나 우리 헌법상의 대의제도는 복수정당과 제한된 형태의 국민투표를 통해서 나타나는 국민의 경험적 의사의 수렴에도 소홀하지 않는 대의제도의 현대적 실현형태에 속한다고 결론지을 수 있다.

제 2 절 권력분립의 원칙

국민의 자유와 권리를 실현하기 위한 통치기구를 조직하는 데 있어서 통치권의 행사가 전제화되는 것을 막을 수 있는 통치기관의 구성원리를 찾아 내려는 인간의 노력은 그 역사가 오래이다. 권력의 집중이 권력의 전제와 횡포를 낳고 권력의 횡포 앞에 인간의 자유와 권리는 그 설 땅을 잃게 된다는 오랜 인류역사의 경험에서 얻어진 귀중한 결론이 바로 권력분립의 원칙이다. 즉 국가권력을 그 성질에 따라 여러 국가기관에 분산시킴으로써 권력 상호간의 '견제와 균형'을 통해 국민의 자유와 권리를 보호하려는 이 '권력분립의 원칙'(Gewaltenteilungsprinzip)

894
권력분립의
의의와 내용

---

175) Darüber vgl. *E. Fraenkel*(FN 21), S. 377.

은 현대자유민주국가의 통치질서에서 빼 놓을 수 없는 통치기관의 구성원리로 간주되고 있다.[176] 권력분립의 원칙이 종래 법치국가를 실현하기 위한 가장 핵심적인 수단으로 인식되어 온 것도 이 원칙이 시원적으로 자유실현의 수단으로 창안된 제도이기 때문이다.

전통적으로 국가권력을 그 성질에 따라서 입법권(Legislative)·행정권(vollziehende Gewalt)·사법권(Justizgewalt)의 셋으로 분류하고 이를 각각 의회·행정부·법원에 나누어 맡김으로써 이들 국가기관 상호간에 서로 그 권력행사를 감시·통제케 해 온 역사적 유래 때문에 '권력분립의 원칙'은 흔히 '3권분립의 원칙'이라고도 일컬어져 왔다. 그러나 마운츠(Th. Maunz)[177]의 말대로 국가권력은 크게는 '입법권'과 '법집행권'의 둘만으로도 나눌 수 있고, 또 작게는 '입법권'·'통치권'·'행정권'·'사법권'의 넷으로도 분류할 수 있기 때문에 '3권분립'(Dreiteilung der Gewalten)만을 고집하는 것은 옳지 못하다. 그뿐 아니라 전통적인 권력분립이론이 국가권력의 '수평적인 분립'(horizontale Gewaltenteilung)만을 염두에 두고 있었으나 오늘날에 와서는 국가권력의 '수직적인 분립'(vertikale Gewaltenteilung) 또한 중요시되고, 권력의 기계적이고 조직적인 분리보다는 실효성 있는 권력통제장치가 요구되고 있다는 점도 잊어서는 아니 된다. 또 고전적·조직적 권력분립이론은 선재하는 국가권력을 전제로 그것을 분리·견제·통제함으로써 국민의 자유와 권리를 보호하려는 소극적 원리로서의 성격을 가졌지만 오늘날의 기능적 권력통제이론은 국가권력을 민주적 정당성에 따라 창설하고 그 권력행사의 절차적 정당성을 보장하기 위한 적극적 원리로서의 성격을[178] 갖는다는 점도 명심해야 한다. 따라서 권력분립의 원칙을 이해하는 데 있어서는 그 고전적인 논리형식에 집착하기보다는 오히려 그 현대적인 기능을 정확하게 파악하도록 노력해야 한다.

아래에서는 이와 같은 시각에서 권력분립의 원칙을 보다 자세히 살펴보고, 우리 현행헌법은 이 원칙을 어떻게 실현하고 있는지를 알아보기로 한다.

---

176) So BVerfGE 2, 1(13).

177) Dazu vgl. *Maunz-Zippelius*(FN 148), S. 91, 109.

178) Dazu vgl. *K. Hesse*(FN 146), S. 185(RN 482).

1. 고전적 권력분립이론의 유래와 내용 및 영향

(1) 고대 그리스의 국가철학과 권력분립사상

고전적 권력분립사상의 기초라고 볼 수 있는 국가권력을 제한해야 한다는 인식은 이미 고대 그리스의 국가철학에서 싹튼 것이라고 볼 수 있다. 즉 고대 그리스의 국가철학을 대표하는 플라톤(Platon)(Gesetze), 아리스토텔레스(Aristoteles)(Politik), 폴리비오스(Polybios)(Historiae) 등에 의해서 가장 이상적인 국가형태로 주장된 이른바 '혼합형태'(status mixtus, gemischte Staatsform)[179]는 군주국에서 나타나는 군주의 1인독재를 제한하기 위해서 귀족계급과 시민계급의 정치참여를 허용하는 국가형태를 뜻하는 것이었기 때문이다. 따라서 이미 서력 기원 전 3·4세기경에 고대 그리스에서 주장된 이른바 '혼합형태'로서의 통치질서론은 권력제한(Gewaltenhemmung)의 인식에서 출발한 권력분립사상의 가장 원시적인 형태라고 평가할 수 있다. 더욱이 Aristoteles에 의해서 주장된 국가권력의 3분론(trias politica)[180]은 국가의 기능을 그 성질에 따라 세 가지 부문으로 구분하려고 시도한 것으로서 많은 고전적인 국가사상가들의 주목을 끌기에 충분한 새로운 이론이었다. 즉 Aristoteles는 고대 그리스국가의 통치권을 심의권(beratende Gewalt)·집행권(exekutive Gewalt)·사법권(richterliche Gewalt)의 셋으로 나누고 특히 심의권에는 전쟁과 평화에 대한 결정권, 군사동맹의 체결과 해제권, 법률제정권, 사형·유배, 재산몰수에 관한 결정권, 재정심의권 등이 속한다고 보았다.[181] 물론 Aristoteles의 이와 같은 3분론은 그 후 17~18C에 확립된 J. Locke나 Montesquieu 등의 고전적 권력분립사상과는 달라서 집행권이나 사법권에 속할 사항까지를 심의권에 포함시키는 등 그 원시적 색채가 짙고, 또 당시의 그리스정치현상을 중심으로 국가의 통치기능을 그 성질에 따라 단순히 셋으로 분류해 놓은 것에 지나지 않기 때문에 국가권력을 셋으로 나누어서 각각 다른 기관에 분류시켜야 한다는 뚜렷한 권력분립의 인식이 있는 것은 아니라고 보아야 한다.[182] 따라서 권력분립

---

179) 고대 그리스의 국가철학과 국가형태의 분류에 관해서는 방주 290 참조할 것.

180) Vgl. *Aristoteles*, Politik, 4. Buch, 14. Kapitel. In Deutsch abgedruckt bei *W. Schätzel*, Der Staat 3. Aufl.(1962), S. 37; auch bei K. *Stern*(FN 2), S. 514.

181) Vgl. dazu *W. Schätzel*(FN 180); *K. Stern*(FN 180).

182) So auch *K. Kluxen*, Die Herkunft der Lehre von der Gewaltentrennung, in: H.

사상의 기원을 Aristoteles의 국가권력의 3분론에까지 소급시키는 것은[183] 지나친 논리의 비약이라는 비난을 면하기 어렵다.[184] 다만 국가의 통치작용에는 그 성질상 상이한 분야가 존재한다는 Aristoteles의 확인적인 인식이 그 후 J. Locke나 Montesquieu의 고전적 권력분립사상에 어떤 이론적인 시사가 되었을 가능성을 완전히 배제하기는 어렵다고 할 것이다. 이렇게 볼 때 고대 그리스의 국가철학, 특히 그 국가형태에 관한 혼합정부론에서 권력제한의 원시적인 씨앗을 발견할 수 있고, Aristoteles의 3분론에서 국가작용의 상이한 유형에 관한 인식을 찾아볼 수 있지만 역시 권력분립의 필요성과 타당성 그리고 그 방법론에 관한 구체적인 인식이 결핍되어 있기 때문에, 고전적인 권력분립론의 기원은 고대 그리스의 국가철학이 아닌 17~18C의 영국의 정치상황에서 찾는 것이 합리적이라고 생각한다.[185]

(2) 고전적 권력분립이론의 탄생과 발전

a) 자유주의적 국가사상의 영향

896
자연법사상
및
국가주권과
기관주권의
구별

P. Badura[186]의 말을 빌릴 필요도 없이 '국가권력의 제한', '권력남용의 저지' '자유실현'의 세 가지 기본목적에 의해서 징표되는 고전적 권력분립이론은 전제군주에 의한 전제정치가 제한정치로 바뀌는 17C의 영국적인 정치상황에서 처음으로 나타난 법치국가 실현의 한 수단이었다고 볼 수 있다. 그런데 고전적 권력분립이론의 탄생에 결정적인 영향을 미친 것이 바로 자연법사상에 바탕을 두는 자유주의적 국가사상이었다.[187] 보당(J. Bodin)의 주권이론[188]에 따라 '주권'(Souveränität)과

Rausch(Hrsg.), Zur heutigen Problematik der Gewaltentrennung, 1969, S. 131ff.(133).

183) 국내에서 주장하는 학자도 있었다.

184) So auch K. Kluxen(FN 182), S. 132, 142.

185) So auch K. Stern(FN 2), S. 517 Anm. 18; K. Kluxen(FN 182), S. 152.

186) Vgl. P. Badura(FN 146), S. 205.

187) 자연법에 입각한 국가론을 전개한 당시의 대표적인 사상가로는 J. Althusius (1557~1638), H. Grotius(1583~1645), Th. Hobbes(1588~1679), S. Pufendorf (1632~1694), Chr. Thomasius(1655~1728), Chr. Wolff(1632~1692) 등을 들 수 있다. 이들의 사상에 관해서 자세한 것은 다음 문헌을 참조할 것.

   J. Althusius, Politica methodice digesta, 1603; H. Grotius, Die jure belli ac pacis libri tres, 1625; Th. Hobbes, De cive, 1642 u. Leviathan, 1651; S. Pufendorf, De jure naturae et gentium libri octo, 1672; Ch. Thomasius, Institutiones juris prudentiae Divinae, 1699; Ch. Wolff, Jus naturae methodice pertractum(9 Bde), 1749.

188) J. Bodin, Les six livres de la Republique, 1576.

'군권'(Majestät)을 동일시하고, 주권의 최고성과 불가분성을 강조함으로써 이른바 군주주권이론을 확립해서 전제군주제를 옹호하고, 전제군주가 행사하는 무제한한 권력을 정당화하려는 이른바 절대주의국가사상[189]에 대하여 강한 반발을 보인 것이 바로 자연법사상에 입각한 자유주의적 국가사상이었다. 자유주의적 국가사상은 국가권력을 기속하는 자연법질서를 인정하고, '국가주권'(Staatssouveränität)과 '기관주권'(Organ-souveränität)을 구별해서 군주에게는 '기관주권'만을 인정하고, 국가에 속하는 '국가주권'과는 달리 군주의 '기관주권'은 나눌 수 있는 것으로 보아 그 때까지만 해도 군주에게 독점된 '기관주권'을 여러 국가기관에 나누어 맡기는 것이 가능하다고 생각했다.[190] 고전적 권력분립이론이 바로 이와 같은 자유주의적 국가사상과 이념적인 연관성을 갖는다는 것은 두 말할 필요가 없다. 특히 영국에서는 모든 국가작용이 군권행사의 상이한 표현형태라는 인식에 따라 입법작용을 "King in Parliament" 그리고 사법작용을 "King in Court" 등의 형식으로 부르는 언어관행이 생긴 것도 바로 군주에 속하는 기관주권의 가분성을 믿는 자유주의적 국가사상의 영향이었다.[191] 이처럼 자유주의적 국가사상은 절대주의국가사상과는 달라서 국가작용이 여러 국가기관에 의해서 여러 가지 형태로 나타날 수 있다는 인식에서 출발하기 때문에 국가작용을 그 기능형태에 따라 여러 가지로 나누고, 이 여러 형태의 국가작용을 각각 상이한 국가기관에 맡김으로써 국가작용의 독점에서 오는 권력남용을 막고 그를 통해 자연법적인 자유를 실현할 수 있다고 믿었다. 바로 이와 같은 사상을 명예혁명(1688년) 후의 영국적인 정치상황의 분석과 설명에 이용한 것이 다름 아닌 J. Locke(1632~1704)와 Montesquieu(1689~1755)의 고전적인 권력분립이론이다.[192]

---

189) Dazu vgl. *G. Jellinek*, Allgemeine Staatslehre, 3. Aufl.(1929), S. 597; *H. Rehm*, Geschichte der Staatsrechtswissenschaft, 1896, S. 218ff.; *H. U. Scupin*, Der Staat, Bd. 4(1965), S. 1ff.; *L. S. Agesta*, Der Staat, Bd. 16(1977), S. 357ff.

190) So auch *K. Stern*(FN 2), S. 516.

191) Vgl. dazu *W. Blackstone*, Commentaries on the Law of England, 1765, Bd. 1, 7, S. 270.

192) Vgl. dazu *M. Rostock*, Die Lehre von der Gewaltenteilung in der politischen Theorie von J. Locke, 1974; *E. Klimowsky*, Die englische Gewaltenteilungslehre bis Montesquieu, 1927; *W. Kägi*, Zur Entstehung, Wandlung und Problematik des Gewaltenteilungsprinzips, 1937, Diss.(Zürich); *M. Imboden*, Montesquieu

b) J. Locke와 Montesquieu의 고전적 권력분립이론

α) J. Locke의 이론과 보통법의 영향

897
록크의
권력분립
이론

스튜어트(Stuart) 왕조의 절대주의를 몰락시킨 1688년의 명예혁명은 영국의 정치사에서 중요한 전기를 마련하게 된다. 즉 명예혁명의 결과 제정된 1689년의 '권리장전'(Bill of Rights)에 의해서 국왕의 권한이 의회제정법률에 의해서 제한되고 국왕의 영향을 벗어난 독자적인 사법절차가 보장되고, 국민의 청원권이 강화되는 등 절대군주의 전제정치가 제한정치로 바뀌는 정치형태적인 변화가 초래되었을 뿐 아니라, 이처럼 변화된 새로운 정치질서를 옹호하고 그 새로운 통치체제의 기능적인 정당성을 전래적인 보통법(Common Law)의 이론에 따라서 체계적으로 설명한 권력분립이론이 탄생되는 결정적인 계기가 마련되었기 때문이다. John Locke의 '시민정부에 관한 두 논문'(1690)[193]에서 정립된 그의 고전적 권력분립이론은 따지고 보면 명예혁명 후의 영국의 정치상황을 이론적으로 분석한 명예혁명의 이론적인 부산물이라고도 볼 수 있다. 즉 Locke는 당시의 정치상황에서 나타나는 구체적인 통치권의 표현형태에 따라 국가권력을 입법권·집행권·외교권(federative power)[194]·대권(prerogative power)[195]의 네 가지로 나누고 이 네 가지 권한이 국왕(King)과 의회(Parliament)의 두 기관에 의해서 행사된다는 점을 강조함으로써 그 당시 통치권의 핵심이 이 두 기관에 집중되고 있었던 정치상황을 그대로 그의 이론에서 정당화시키고 있다. 따라서 Stern[196]의 지적처럼 Locke는 엄밀한 의미에서 국가권력의 4권분립(Verteilung der Gewalten)을 주장한 것이라고 보아야 한다. 다만 Locke가 집행권과 외교권에 관해서 '이 두 권한이 다른 것은 분명하지만 그렇다고 이 두 권한을 각각 다른 기관에 맡기기도 어려운 일'이라고[197]

---

und die Lehre der Gewaltenteilung, 1959.

193) *J. Locke*, Two Treatises on Civil Government, 1690.

194) J. Locke의 설명에 따르면 선전, 강화 및 조약체결과 같은 외국과의 외교관계를 처리하는 권한이 외교권에 속한다고 한다.

195) '대권'은 예컨대 국민전체의 공공복리(public good)를 위해서 행사하는 국왕의 대권을 말한다.

196) Vgl. *K. Stern*(FN 2), S. 517.

197) J. Locke는 집행권과 외교권의 관계에 관해서 다음과 같이 말한다:
   "···really distinct in themselves, yet they are hardly to be separated and placed at the same time in the hands of distinct persons". Vgl. *J. Locke*(FN

말한 점을 들어 Locke의 권력분립론을 흔히 입법권과 집행권의 2권분립론이라고 주장하는 경향이 없는 것도 아니다.[198] 하지만 외교권을 집행권에 포함시킨다 하더라도 그가 말하는 '대권'을 도외시한 채 Locke의 이론을 2권분립론으로 단정하는 것은 문제가 있다고 생각한다. 2권분립론의 정당성근거를 구태여 찾는다면 Locke의 이론을 기능중심이 아닌 기관중심으로 이해하는 것이다. 즉 국가의 네 가지 통치기능이 국왕과 의회의 두 통치기관에 의해서 행사된다는 시각에서 Locke의 이론을 이해하는 경우 2권분립이라는 말이 성립할 수도 있겠지만, 그것은 이미 그가 생각한 기능중심의 권력분립이론은 아니다. 사실상 Locke의 이론을 2권분립론이라고 볼 것인가, 아니면 4권분립론이라고 볼 것인가는 문제의 본질면에서 그렇게 중요한 것이 아니라고 생각한다. 왜냐하면 국가의 통치기능을 그 성질에 따라 분류하고 이 상이한 통치기능을 각각 다른 국가기관에 맡겨야 한다는 권력분립적 인식[199]이 Locke이론의 핵심적인 내용을 뜻하기 때문이다. 그러나 Locke의 이론에는 그의 입법권우위사상이 보여 주듯이 Montesquieu에서처럼 '권력균형'(Balance der Gewalten)의 관점이 뚜렷히 나타나지 못하고 그 이론의 중점이 '권력분리'(Trennung der Gewalten)에 있었던 것은 사실이다.[200] 그렇지만 국가권력을 기능적으로 분리하는 것이 결과적으로 권력남용을 막고 그것이 자유의 보호에 도움이 된다는 잠재적인 인식은 Locke도 갖고 있었다고 보는 것이 옳다.[201]

기능중심과 기관중심

　　Locke의 이같은 권력분립이론은 결코 그의 독창적인 사상이 아니고 이미 전래적인 보통법의 전통에 따라 영국에 확립되어 온 기존의 권력분립사상을 다만 이론적으로 정리한 것에 지나지 않는다는 점을 잊어서는 아니 된다.[202] 즉 전래적으로 영국의 헌정생활과 법률문화에서 중요한 기능을 담당해 온 것이 이른바 보통법(Common Law)의 사상이다. 영국에서 오랜 전통을 갖는 보통법의 인식에 따르면 법(Law)은

898
영국보통법 정신의 영향

---

187), Ⅱ, § 145~8.
198) 그러나 지금은 흔치 않은 주장이다.
199) Vgl. *J. Locke*(FN 197), Ⅱ, § 107: "… balancing the power of government by placing several parts of it in different hands."
200) So auch *J. W. Gouch*, John Lock's Political Philosophy, 1950, S. 98.
201) So auch *K. Stern*(FN 2), S. 517.
202) Darüber Näheres vgl. *K. Kluxen*(FN 182), insbes. S. 140ff.

확립된 관행(Customs)의 표상이기 때문에 인간의 의사와는 관계 없이 자연발생적으로 생성된 기속규범을 뜻한다. 따라서 법(Gesetz)을 '국가의 명령' 내지 '주권자의 의사표시'로 이해함으로써 '법'을 '주권'의 의사작용으로 이해하는 대륙법의 법률개념과는 본질적인 차이가 있다. 그뿐 아니라 보통법우월사상(Supremacy of Common Law)에 따라 모든 국가생활이 보통법의 지배를 받는 것으로 인식되었다.203) 이같은 보통법의 전통이 일찍부터 영국에 확립되었기 때문에 전제군주제하에서도 전제군주의 전제정치를 제한하는 실효성 있는 법원리로 기능할 수 있었다.204) 더욱이 보통법사상이 자연법사상과 융화되어 '이성'(reason)과 '합리성'이 강조되어 군권을 제한하는 중요한 원리로 작용하게 되었다.205) 이러한 보통법의 전통 때문에 영국에는 일찍부터 정치도 일정한 '법적인 절차'(by due process of law)에 따라 행해져야 한다는 관념이 지배하고, 보통법과 자연법이 요구하는 '누구도 자기 자신의 심판관이 될 수 없다'(any judge in his own cause)는 기초적인 법원리에 따라 '사람의 통치'(Empire of Men)가 아닌 '법의 통치'(Empire of Laws) 그리고 '힘의 통치'(Government de Facto)가 아닌 '법의 통치'(Government de Jure)를 실현시키기 위해서는 입법권(law- making-power)과 집행권(law-executing-power)을 구별해서 의회에는 입법권만을 행사케 해야 된다는 권력분립사상이 이미 확고하게 뿌리를 내리고 있었다.206) 입법권이 동시에 행정권을 행사하는 것은 마치 입법기관이 법 위에 서서 자신의 심판관으로 행세하는 결과가 되어 '누구도 자신의 심판관이 될 수 없다'는 기초적인 법원리에 반하는 것으로 인식된 것이다.

Locke가 정립한 고전적 권력분립이론은 이처럼 보통법의 정신에 잠재하고 있는 권력분립사상을 명예혁명이라는 유리한 시대상황을 이용해서 체계적으로 정리한 보통법정신의 이론적인 결실이라고 볼 수

---

203) So *Chief Justice Holt*, in: Holdsworth, Some Lessons from our Legal History, 1928, S. 70: "The Common Law is the overruling jurisdiction of the realm."

204) Dazu *Mcilwain*, The English Common Law, Barrier against Absolutism, American History Review, 1944, S. 23ff.

205) Vgl. *Sir Frederick Pollock*, Essays in the Law, 1922, S. 40ff.; R. O 'Sullivan, Natural Law and Common Law, 1946, S. 130.

206) Dazu vgl. *Francis D. Wormuth*, The Origins of Modern Constitutionalism, 1949, S. 60ff.; *K. Kluxen*(FN 182), S. 140ff.

있다. 그러나 Locke의 이론에는 아직 사법권에 관한 언급이 없고[207] 권력분립의 당위성에 관한 논증보다는 권력분립의 상황설명이 그 주류를 이루고 있다는 점에서 Montesquieu에 의한 이론계승과 발전이 불가피했다고 말할 수 있다.

β) Montesquieu에 의한 Locke 이론의 계승과 발전

Montesquieu(1689~1755)는 1729년부터 1731년까지의 2년간에 걸친 영국체류에서 얻은 영국헌정에 대한 경험을 토대로 쓴 유명한 '법의 정신'(1748)[208]에서 영국헌정을 모델로 한[209] 고전적 권력분립이론을 완성했다. Montesquieu의 권력분립이론이 탄생하는데 직접적인 영향을 미친 요인으로서 Locke의 이론적 영향과[210] 그 자신이 영국에서 얻은 헌정생활의 경험을 들 수 있다. Montesquieu가 마침 영국에 체류하던 시기는 야당(Tory당)이 정치적인 자유와 시민의 자유보장을 위한 권력분립의 중요성을 거듭 강조하면서 Walpole 정부(Whig당)에 의한 의회무력화공작을 비판하고 여론의 동조를 구하던 때였기 때문에 영국헌정생활의 산 모습을 체험하는 좋은 계기가 되었다고 볼 수 있다.[211] 그러나 Montesquieu는 그가 체험한 이같은 영국헌정의 현실을 그대로 전달하기 위해서 그의 '법의 정신'($\binom{제11편}{제6장}$) 중에 특별히 '영국헌법'을 다룬 것이 아니고, 영국의 헌정에서 느낄 수 있었던 정치적인 자유의 원인을 나름대로 분석하고 정치적 자유의 신장을 가능케 해 주는

899

몽테스키외의 '법의 정신'과 3권분립이론

---

207) J. Locke가 그 이론을 정립할 때에는 아직 '법관의 독립'을 보장하는 "Act of Settlement"(1701)가 제정되기 전이었기 때문에 Locke는 그 때까지의 보통법의 전통에 따라 사법권과 집행권을 동일한 것으로 간주했을 것이 분명하다.

　Dazu vgl. *K. Loewenstein*, Verfassungslehre, 3. Aufl.(1975), S. 44; *C. J. Friedrich*, Verfassungsstaat der Neuzeit, 1953, S. 201.

208) *Charles de Montesquieu*, De l'Esprit des Lois, 1748; *E. Forsthoff*(Hrsg.), Vom Geist der Gesetze, 1951, Bd. 1. Montesquieu의 '법의 정신'은 그 당시 대단한 Sensation을 불러일으켜 발간 2년 만에 22판을 찍어야 했었다고 전해지고 있다. So *K. Stern*(FN 2), S. 517.

209) Montesquieu가 영국의 헌정을 그 이론의 모델로 하고 있는 것은 그의 권력분립이론이 그의 '법의 정신' 중에서도 '영국의 헌법'(제11편 제6장)에 관한 부분에서 다루어지고 있다는 것만 보아도 명백하다. Ferner vgl. *P. Badura*(FN 146), S. 207.

210) Locke의 이론이 Montesquieu에 미친 영향은 Locke의 '시민정부론'(제2논문)과 Montesquieu의 '법의 정신'(제11편 제6장)을 비교하면 분명히 나타난다.

　Vgl. dazu *J. Dedieu*, Montesquieu et la tradition politique anglaise en France, 1909, S. 161ff.

211) Vgl. dazu *K. Kluxen*(FN 182), S. 135.

어떤 통치구조의 모델을 찾아보려는 의도로 권력분립을 주장했었다고 말할 수 있다.[212]

아무튼 Montesquieu는 모든 국가에 세 가지 형태의 권력이 존재한다는 전제하에 '입법권'(puissance législative), '국제법에 속하는 사항의 집행권', '시민권에 속하는 사항의 집행권'을 든다. 그에 따르면 '입법권'에 의해서 통치자는 법률을 제정·개정·폐지하고, '국제법에 속하는 사항의 집행권'에 의해서 통치자는 선전·강화와 외교사절의 파견·영접을 하며, 국가안전을 확보하고 외국의 침략에 대비하며, '시민권에 관한 사항의 집행권'에 의해서 통치자는 범인을 처벌하고 개인 간의 쟁송을 재판하게 된다고 한다. 그러면서 Montesquieu는 '국제법에 관한 사항의 집행권'을 단순히 '집행권'(puissance exécutrice)으로, 그리고 '시민권에 관한 사항의 집행권'을 '사법권'(puissance de juger)이라고 부르는 것이 좋겠다는 제안을 한다. Montesquieu는 국가권력을 이처럼 입법권·집행권·사법권의 셋으로 나누는 데 그치지 않고, 이 세 가지 국가권력은 시민의 자유가 보장될 수 있도록 각각 다른 국가기관에 나누어서 맡겨야 한다고 강력히 주장한다. 그의 설명에 따르면 시민의 자유를 보장하기 위해서는 오로지 권력분립을 조직적으로 실현하는 길뿐인데, 그 이유는 입법권과 집행권을 동일한 국가기관에 맡기는 경우에는 전제적인 법률을 만들어 전제적으로 집행할 것이 명백하고, 입법권과 사법권이 한 손에 들어가면 법관이 동시에 입법자가 되어 시민의 생명과 자유에 대한 자의적인 권한이 생기게 되고, 집행권과 사법권이 함께 주어지면 법관이 전제자의 권한을 갖게 되어 시민의 자유는 사라지기 때문이라고 한다. 따라서 국왕이건 귀족이건 시민이건, 한 사람 또는 한 기관이 이 세 가지 권한을 함께 행사하게 되면 모든 것을 잃게 된다고 경고한다.[213]

Montesquieu의 이 같은 이론은 시민의 자유를 보장하기 위한 수단으로서 구상되고 주장된 이론이라는 점에 그 특징이 있다. 그의 권력분립이론이 법치국가의 원리로 간주되는 이유도 그 때문이다. 권

---

212) So auch *R. Shackleton*, Montesquieu, Bolingbroke and the Separation of Powers, in: French Studies, 1949, Ⅲ, S. 25ff.

213) Vgl. *Montesquieu*(FN 208), Ⅺ, 6; *E. Forsthoff*(FN 208), S. 214f.; *K. Stern*(FN 2), S. 518.

력의 집중이 권력의 남용을 낳고, 권력남용이 결국 독재와 인권침해를 초래한다는 기본적인 인식에서 출발하는 Montesquieu의 3권분립이론은 권력의 분산을 통한 권력제한을 실현함으로써 시민의 자유를 보호하겠다는 것이 그 주안점이라고 볼 수 있다. 따라서 Montesquieu에게는 권력의 분리는 결코 자기목적적인 것이 아니고 권력제한의 한 수단이기 때문에, 분리된 권력 상호간에 일정한 '권력견제'(Gewaltenhemmung)가 이루어지는 것이 중요하다. 그가 '힘의 힘에 대한 견제'(le pouvoir arrête le pouvoir)[214]만이 시민의 자유를 보장해 준다고 강조하는 이유도 그 때문이다.[215] 결국 Montesquieu의 3권분립이론은 국가권력을 그 기능에 따라 입법권·집행권·사법권의 셋으로 나누어서 이 세 가지 기능을 각각 다른 세 기관에 맡김으로써 이 세 기관끼리 권력을 상호견제케 하고 그를 통해 시민의 자유를 보호하겠다는 법치국가적인 자유보장이론이라고 말할 수 있다.[216]

따라서 Montesquieu의 3권분립이론에서 유념해야 하는 일은 그가 국가 '기능의 분리'와 국가 '조직의 분리'를 함께 요구했지만, 그가 주장한 '조직의 분리'는 결코 자기목적적인 것이 아니고 '조직의 분리'를 '권력견제'와 '권력제한'의 한 방법으로, 그리고 '권력제한'을 '자유실현'의 수단으로 생각했다는 점이다. 다만 Montesquieu가 국가의 기능을 분리하고 그 기능을 맡을 국가기관의 조직을 분리하기만 하면 자동적으로 '권력견제'와 '권력제한'의 결과가 생길 것이라고 믿었다는 점에서 그의 사상의 고전성을 느낄 수 있다.

(3) 고전적 권력분립이론의 영향

3권력분립이론을 완성한 Montesquieu는 그의 시대에는 말할 것도 없고 2세기 반이 지난 오늘날까지도 세계 대다수 헌정국가에 가장 큰 영향을 미치고 있는 고전적인 사상가의 위치를 굳히고 있다. 즉 영

900
몽테스키외
이론의

---

214) Vgl. *Montesquieu*(FN 208), XI, 4.

215) Montesquieu는 셋으로 분리된 각 권력 내에서의 견제장치도 중요시한다. 그가 입법권을 '귀족원'과 '시민의회'의 두 기관에게 맡기는 것이 좋다고 제안하면서 이 두 기관의 상호견제에 언급하는 것이 그 단적인 증거이다.

Vgl. *E. Forsthoff*, Gewaltenteilung, EvStL, 2. Aufl.(1975), Sp. 860.

216) So auch *H. Peters*, Die Gewaltentrennung in moderner Sicht, in: H. Rausch (Hrsg.), Zur heutigen Problematik der Gewaltentrennung, 1969, S. 78ff.(82); *E. v. Hippel*, Gewaltenteilung im modernen Staat, 1948, S. 7; *P. Badura*(FN 146), S. 207; *K. Stern*(FN 2), S. 518.

헌정제도적
영향

국식민지시대의 미국의 여러 주와 미국연방헌법(1787)을 비롯해서 유럽제국의 헌법제정에 결정적인 영향을 미치고 오늘날까지도 현대국가의 통치기구의 조직에 여전히 불멸의 고전적인 표본을 제시해 주고 있다. 특히 1787년 미국연방헌법의 제정에 미친 그의 사상적인 영향은 절대적인 것이어서 미국연방헌법의 아버지들은 Montesquieu의 3권력분립이론을 금과옥조로 삼아 통치기관을 구성했다고 해도 과언이 아니

미국
연방헌법

다. 미국연방헌법에 나타나는 통치구조상의 특징(3권의 엄격한 기능상·조직상의 분리와 견제·균형의 제도)은 바로 Montesquieu의 3권분립이론을 가장 표본적으로 제도화한 결과라고 평가되고[217] 있다.

프랑스혁명

또 Montesquieu는 프랑스혁명에도 적지 않은 영향을 미쳐 1789년 프랑스혁명 당시 국민회의가 제정한 인권선언($^{제16}_{조}$)에는 Montesquieu의 사상을 그대로 표현해서 '인권보장과 권력분립이 확립되지 아니한 나라는 헌법을 갖지 않은 것'[218]이라고 단언하고 있다. 1791년의 프랑스혁명헌법이 엄격한 권력분립을 그 기본골격으로 하고 있는 것은 두말할 필요도 없다.

독일헌정

반면에 Stern[219]의 말대로 19C의 독일은 그 당시 독일적인 특수성 때문에 Montesquieu의 영향을 상대적으로 적게 받은 예로 꼽히고 있다. 영국이나 프랑스와는 달리 비교적 늦게까지 군주의 절대적인 권한이 이렇다 할 저항을 받지 않았을 뿐만 아니라 독일제국의 연방국가적인 성격 때문에 단일국가를 모델로 하고 있는 Montesquieu 적인 권력분립의 도식을 그대로 독일적 상황에 적용하는 데 어려움이 있기 때문이었다. 국가작용을 그 기능에 따라 분류하는 것은 가능했지만, 때로는 같은 국가기능이 여러 국가기관의 공동기능으로 되어 있었기 때문에[220] Montesquieu의 도식대로 '기능의 분리'와 '조직의 분리'를 엄격하게 관철시키기가 어려웠다. 따라서 독일에서는 토마(Thoma)[221]의 말처럼 우선은 권력통합(Gewaltenvereinigung)의 실현이 중요시되고 '권력

---

217) So z. B. K. *Stern*(FN 2), S. 528.

218) "Eine Gesellschaft, in der die Garantie der Rechte nicht zugesichert und die Teilung der Gewalten nicht festgelegt ist, hat keine Verfassung."

219) Vgl. K. *Stern*(FN 2), S. 519f.

220) 예컨대 1850년 프로이슨헌법(제62조)에 따르면 입법권이 국왕과 양원제의회에 함께 주어지고 있었을 뿐 아니라 국왕과 양원의 합의에 의해서만 법률제정이 가능했다.

221) Vgl. *R. Thoma*, HdBDStR Ⅱ, 1932, S. 113.

분립'(Gewaltentrennung)은 권력통합하에서의 제 2 차적인 문제로 생각되었다. 1919년의 바이마르헌법도 이의 큰 예외는 아니었다. 바이마르헌법상의 통치구조가 '둔중하고 장애적인 것'(lourd et embarassé)[222]이라고 불려질 정도로 그 권력분립이 불분명했다. 현 기본법의 아버지들이 비로소 권력분립의 원칙을 통치기관의 구성원리로 채택한 것은 바이마르헌법하에서 국가긴급권($^{제48}_{조}$)을 악용해서 실현시킨 극단적인 '권력통합'과 '권력의 일원화'가 엄청난 폐해를 가져다 준 헌정사에서 얻은 지혜라고 볼 수 있다.

아무튼 Montesquieu의 3권분립이론은 우리 인류의 헌정사에 큰 공을 세우고 아직도 그 영향이 계속되고 있지만 그 이론의 고전성 때문에 오늘날에 와서는 그 이론의 시대적응적 변용이 불가피하게 되었다. Rousseau(1712~1778)의 사상적 세계에서 주장되는 국민주권의 표현으로서의 국가권력의 무제한성이 권력분립을 배척하는 것은[223] 논외로 친다 하더라도, 오늘날 사회구조의 변화로 인한 각종 이익집단의 출현과 정당국가적 경향으로 인해서 정치의 양상이 달라졌을 뿐 아니라, 국가의 급부국가적 기능이 강조되고 통치질서의 본질에 관한 통합과정론적 인식이 자리를 넓혀 감에 따라 Montesquieu의 3권분립이론은 권력제한과 자유실현이라는 그 본래의 기능을 제대로 다 하지 못하게 되었다. 그 결과 현대의 자유민주국가에서는 권력제한의 실효성을 높여 주고 통치권행사의 절차적 정당성을 보장해 주는 새로운 권력통제의 메커니즘을 모색하지 않을 수 없게 되었다. Montesquieu의 3권분립이론이 오늘날 고전적 권력분립이론이라고 불려지는 이유도 그 때문이다.

그러나 Montesquieu의 3권분립이론이 아무리 오늘의 정치상황에는 그대로 적용될 수 없는 고전적 이론으로 전락했다 하더라도 현대국

901
몽테스키외
이론의
고전성

902
3권분립이론
의 영속적

---

222) *E. Vermeil*, La Constitution de Weimar, 1923, S. 366ff.

223) Dazu vgl. *K. Stern*(FN 2), S. 528f.
　　Rousseau의 사상에 따라 민주주의를 동일성이론으로 이해하는 C. Schmitt도 권력분립이 민주주의이론과 대립된다는 점을 강조한다. C. Schmitt가 권력분립의 원칙을 통치기관의 구성원리로 설명하지 않고, 권력분립이 즉 헌법을 뜻한다는 입장을 취함으로써 헌법의 본질적인 측면에서 권력분립을 정당화하려고 노력하는 것도 그 때문이다.
　　Vgl. *C. Schmitt*, Die geistesgeschichtliche Lage des heutigen Parlamentarismus, 5. Aufl.(1979), S. 47, 52.

기본이념과
그 영향

가의 통치질서에서도 반드시 존중하고 명심해야 하는 네 가지 헌법상의 원칙을 제시해 주고 있다는 점을 소홀히 생각해서는 아니 된다. 첫째, 권력의 집중이 권력남용을 초래하고 권력이 남용되면 국민의 자유와 권리가 침해될 위험성이 크기 때문에 권력을 여러 국가기관에 분산시켜야 한다는 인식이다(권력남용의 방지를 위한 권력분산). 둘째, 국가권력을 여러 국가기관에 분산시키는 데 있어서는 기능중심으로 입법권·집행권·사법권의 셋으로 나누고 이를 각각 조직이 독립한 상이한 국가기관에 맡겨야 한다는 인식이다(국가작용의 기능별 3권분리와 조직의 분리). 셋째, 국가권력의 분산은 결국 권력 상호간의 '견제와 균형'(checks and balances)으로 인한 권력제한을 위한 것이라는 인식(권력제한의 메커니즘으로서의 권력간의 견제와 균형), 넷째, 3권분리는 분리 그 자체가 목적이 아니고 국민의 자유와 권리를 보장하기 위한 수단에 불과하다는 인식(자유보장의 수단으로서의 권력분리) 등이 바로 그것이다.

　　Montesquieu의 이 같은 네 가지 기본인식은 아무리 사회구조가 변하고 정치의 양상이 달라졌다 하더라도 한 나라의 통치질서에서 반드시 존중해야 하는 헌법상의 원리를 뜻한다. 오늘날 헌법상의 당연한 원리로 간주되고 있는 '겸직금지의 원칙'(Inkompatibilitätsprinzip)만 하더라도 이미 그 이념적인 기원은 Montesquieu의 3권분립이론에서 찾을 수 있다고 본다. 그가 그의 이론에서 '기능의 분리'와 '조직의 분리'를 함께 요구한 것은 바로 기능만 분리하고 조직은 같이 하는 겸직을 금한 것이라고 풀이되기 때문이다. Hesse[224]나 Badura[225]가 '권력분립의 원칙'을 '겸직금지 원칙'의 이념적 기초로 평가하는 것은 바로 그 때문이다. 또 오늘날 국가작용(입법·행정·사법작용)을 기능중심으로 이해할 것인가(실질적 의미의 입법·행정·사법작용), 아니면 기관중심으로 이해할 것인가(형식적 의미의 입법·행정·사법작용)에 관한 많은 논의도 따지고 보면 그 뿌리는 Montesquieu의 3권분립이론에 의해 이미 심어진 것이라고 볼 수 있다. 그가 '기능의 분리'와 '기관의 분리'를 함께 실현하여야 한다고 주장한 것은 실질적 의미의 입법·행정·사법작용과 형식적 의미의 입법·행정·사법작용이 언제나 일치하는 것이 이상적이

---

224) Dazu vgl. *K. Hesse*(FN 146), S. 187(RN 489).
225) Dazu vgl. *P. Badura*(FN 146), S. 208.

라는 그의 사상을 다른 방법으로 표현한 것에 지나지 않는다고 보여지기 때문이다.[226] 종래 많은 사람에 의해서 법치국가의 원리와 권력분립의 원칙이 목적과 수단의 관계로 설명되어 온 것도 그 유래는 자유보장의 수단으로써 권력분립을 주장한 Montesquieu에 있다고 보아야 한다. 나아가 현대국가의 정부형태도 본질적으로는 고전적 권력분립이론의 조직적·구조적 실현형태에 지나지 않는다.

이렇게 볼 때 Montesquieu의 3권분립이론은 그 이론의 고전성에도 불구하고 현대국가의 통치질서에서 통치를 위한 기관의 구성원리로서 아직도 중요한 몫을 차지하고 있다고 결론지을 수 있다.

2. 시대상황의 변화와 새 권력분립제의 모색

Montesquieu의 고전적 권력분립이론이 오늘날까지도 현대국가의 통치질서에 많은 제도적인 영향을 미치고 있는 것은 사실이지만, 오늘날에 와서는 Montesquieu의 이론적 바탕이 되고 있던 18C의 사정과는 비교할 수 없을 정도로 시대상황이 많이 변했고, 사회구조와 정치제도가 달라졌을 뿐 아니라 통치질서를 이해하는 헌법관에도 큰 흐름의 변화가 생겼기 때문에 통치구조의 조직원리로서의 권력분립제에 대한 재검토가 필요하게 되었다. 적지 않은 학자들이[227] 변화된 현대의 새로운 시대상황에 입각해서 권력분립이론을 재정립해 보려고 노력하는 것도 바로 그와 같은 시대적인 요청 때문이다. 그렇다면 Montesquieu의 이론에 대한 수정적 수용과 새 권력분립제의 모색을 불가피하게 만든 시대상황의 변화란 도대체 어떤 것인가? 그것은 물론 여러 가지를 들 수 있겠지만, 그 중에서도 가장 중요한 것은 역시 다음 다섯 가지라고 생각한다. 즉 i) 민주주의이념의 정착으로 인한 봉건적 신분사회의 몰락과 만민평등의 자유민주적 평등사회의 실현, ii) 사회구조

903
시대상황의
변화내용과
권력분립

---

226) So auch *K. Stern*(FN 2), S. 518f.

227) Z. B. *K. Hesse*(FN 146), S. 183ff.; *K. Loewenstein*, Verfassungslehre, 3. Aufl. (1975), S. 39ff., 69ff., 167ff.; *H. Peters*, Die Gewaltenteilung in moderner Sicht, in: H. Rausch(Hrsg.), Zur heutigen Problematik der Gewaltentrennung, 1969, S. 78ff.; *W. Weber*, Die Teilung der Gewalten als Gegenwartsproblem, in: H. Rausch(ebenda), S. 185ff.; *W. Kägi*, Von der klassischen Dreiteilung zur umfassenden Gewaltenteilung, in: H. Rausch(ebenda), S. 268ff.; *K. Stern*(FN 2), S. 546ff.

와 사회기능의 변화로 인한 각종 사회적 이익단체(pressure groups)의 출현과 그 정치적·사회적 영향증가, iii) 정당국가의 발달로 인한 권력통합현상, iv) 사회국가의 요청에 의한 국가의 급부국가적 기능의 확대, v) 헌법관의 변화 등이 바로 그것이다.

(1) 자유민주적 평등사회의 실현

904
봉건적
신분사회의
폐지

Montesquieu가 그의 권력분립이론을 정립하던 1748년경의 유럽사회는 나라마다 정도의 차이는 있어도 엄격한 봉건적 신분사회의 제한군주제 내지는 전제군주제였다. 왕족·귀족·시민·노예계급으로 구분되는 신분의 세습제가 국가생활과 사회생활의 모든 분야에서 차별대우를 정당화시켰던 봉건적 신분사회의 시대적 배경 아래서 구상된 Montesquieu의 3권분립이론은 어차피 당시의 시대상황적인 산물로서의 성질을 가질 수밖에 없었다. 그가 세습적인 군주를 당연한 집행권의 담당자로 생각한 점이라든지, 입법권을 맡을 의회의 구성에 관해서 '귀족원'과 '시민의회'의 양원제를 주장한 점, 그리고 사법권을 집행권의 테두리 내에서 이해하려고 한 점 등이 바로 그 단적인 증거이다.

그러나 오늘날의 시대상황은 어떠한가? 민주주의이념이 보편적인 가치로 정착되어 세습적인 신분계급이 폐지된 것은 말할 것도 없고, 봉건적인 신분사회에서 통하던 여러 형태의 차별대우가 헌법에서 명문으로 금지되는 만민평등의 자유민주적 평등사회가 실현된 것이다. 따라서 봉건적 신분사회와 제한군주제를 전제로 한 Montesquieu적인 3권분립이론이 그대로 현대의 평등사회와 평등의 이념에 의해서 구성되어야 할 자유민주적 통치구조의 조직원리로 받아들여질 수는 없게 되었다. 물론 현대국가에서도 전통적인 이유 때문에 세습적인 국가기관을 두는 것은 가능한 일이고 또 현실적으로도 그 예가 없는 것도 아니지만(영국, 일본, 벨기에, 스웨덴 등) 자유민주국가에서 통치권이 갖추어야 하는 민주적 정당성의 요청을 무시한 채 그와 같은 세습적인 국가기관에 본질적인 통치권을 맡기는 통치구조는 이미 자유민주국가의 통치구조는 아니다. 오늘날에도 입법권을 양원제의 의회에 맡기는 것은 물론 허용되겠지만, 그 중의 일원에는 특수신분을 가진 사람만이 그 구성원이 될 수 있게 하는 의회의 조직원리가 허용되지 않는 것은 더 말할 필요가 없다. 또 사법권의 독립이 국민의 자유와 권리보호를 위하여

무엇보다도 중요시되고 있는 현대의 자유민주국가에서 사법권을 집행
권의 하나의 유형으로 보는 사고방식이 통할 수 없는 것도 당연하다.
Montesquieu적인 고전적 이론의 수정과 새로운 권력통제의 모색이 요
청되는 이유가 여기에서 나온다.

(2) 사회적 이익단체의 출현과 영향증가

Montesquieu의 시대와 현시대의 두드러진 차이의 하나가 국가
내에서 차지하는 사회의 기능이 달라지고 그와 함께 사회구조도 사회
의 현대적 기능에 적합하도록 변했다는 점이다. 전제군주제 내지는 제
한군주제하에서는 비록 군주에 의해서 상징되는 국가권력과 통치대상
으로서의 사회가 각각 이원적(dualistisch)인 것으로 이해되기는 했어도,
'국가와 사회'는 각각 그 인적인 구성성분을 달리했을 뿐[228] 아니라,
국가의 사회에 대한 일방적인 output만이 있고 사회의 국가에 대한
input 기능[229]은 거의 그 모습을 찾아볼 수 없었던 시대였다. 그 당시
사회 내에 이익단체의 조직이 정치적으로 별로 큰 의미를 가지지 못하
고 따라서 이익단체의 출현을 기대할 수 없었던 이유도 바로 그 때문
이었다.

그러나 자유민주주의의 통치질서가 확립되면서부터 국가와 사회
의 양면적 교차관계[230]가 중요시되고 국가의 사회에 대한 output 못지
않게 사회의 국가에 대한 input 기능이 Konsens에 입각한 국가활동의
기초라고 생각되었다. 국가의 정책결정에 대한 사회참여의 길이 열리
고 국가의 정책결정에 관심을 표명하는 여러 이익단체가 생기게 된 것
은 그 당연한 결과이다. 이른바 사회적 압력단체(social pressure groups)
로 불려지는 각종 이익단체의 출현이 바로 그것이다. 현대자유민주적
통치질서 내에서는 '집회·결사의 자유' 등을 통해 이같은 이익단체의
출현을 오히려 조장하고 있다고 볼 수 있다. 각종 이익단체의 조직이
Konsens 형성과 사회의 동화적 통합을 달성하는 하나의 수단이요 과
정일 수도 있기 때문이다. 그 결과 현대와 같은 다원적인 복합사회에
서는 여러 형태의 이익단체가 조직되어 국가전체적인 공공복리의 실현
보다는 이기적인 부분이익의 관철에 역점을 두고 국가의 정책결정에

905
사회의
투입기능의
증대

---

228) '국가'와 '사회'의 상호관계의 문제에 대해서는 제 6 장 참조할 것.
229) 헌법학에서 사용되는 input, output의 개념에 대해서는 방주 280 참조할 것.
230) 이 점에 대해서는 방주 282 참조할 것.

영향을 미치려고 노력하는 현상이 두드러지게 늘어나고 있다. 심지어 현대국가를 '이익단체국가'(Verbändestaat)라고 부르는 학자231)가 생길 정도로 사회적 이익단체는 현대국가의 헌법질서에서 그 중요성을 더해 가고 있다. 물론 강한 발언권을 갖는 사회적 압력단체의 출현과 그 영향력의 증가가 민주정치의 신장을 위해서 긍정적인 효과를 가져오는 점이 많지만 그 반면에 대의제도에 대한 위협과 국민의 자유침해의 위험성 등 부정적인 측면232)이 없는 것도 아니다. 이처럼 긍정적이든 부정적이든 국가의 통치질서 내에서 현실적으로 하나의 '힘의 집단'으로 활동하면서 국가작용에 적지 않은 영향을 미치고 있는 각종 사회적 이익단체의 존재를 무시한 채 Montesquieu의 고전적인 권력분립의 도식에 따라 국가권력을 기능적·조직적으로만 분리하는 것이 권력분립의 목적달성에 별로 큰 도움이 되지 못한다는 인식이 커지게 된 것이다. 새로운 권력분립의 메커니즘을 모색하게 된 또 하나의 이유이다.

(3) 정당국가의 발달로 인한 권력통합현상

906
권력통합
요인인
정당의
기능증대

　　Montesquieu의 시대에도 정당조직이 없었던 것은 아니고, 영국의 Whigs와 Tories당233)의 활발한 정당활동은 Montesquieu 자신도 스스로 체험한 바 있었다. 그러나 그 당시의 정당은 그 조직이나 기능 면에서 아직도 원시적인 형태를 벗어나지 못했고, 집행권을 독점한 국왕의 존재로 인해서 정당의 활동은 자연히 의회 내의 입법활동에 국한될 수밖에 없었다. 그러나 현대국가는 '정당국가'(Parteienstaat)로 불려질 정도로 정당의 조직과 기능이 커져서 정당이 국정운영의 중추적인 기능을 담당하게 되었다. 특히 20C에 들어와서 더욱 강화된 정당국가적 경향 때문에 심지어 정당을 '헌법기관'으로 보려는 학자234)가 나올 정도로 자유민주적 통치질서와 정당은 불가분의 관계에 있게 되었다.235) 현대의 자유민주국가에서는 모든 국가작용이 집권당의 정책에

---

231) So z. B. *P. Badura*(FN 146), S. 207.

232) 예컨대, Kaiser가 사회적 압력단체에 대한 국가적 규율의 필요성을 강조하는 이유도 그 때문이다.

　　Vgl. *J. H. Kaiser*, Die Repräsentation organisierter Interessen, 1956, S. 308ff. (319ff.), 338ff.(338).

233) 영국에서의 정당발생기원에 대해서는 방주 371 참조할 것.

234) Vgl. z. B. *G. Leibholz*, Der Parteienstaat im Bonner Grundgesetz, in: Recht-Staat-Wirtschaft, Bd. 3(1951). S. 99ff.

235) 자유민주적 통치질서에서 차지하는 정당의 위치와 기능에 대해서 자세한 것은 방주

따라 행해질 정도로 정당의 정치적 활동영역이 넓어졌다. 그것은 즉 국가작용을 아무리 그 기능에 따라 입법·행정·사법작용으로 나누고 또 그 조직을 분리한다 하더라도 정당을 통한 권력통합현상 때문에 결국에 가서는 모든 국가작용이 집권당의 정책대로 행해지고, 집권당의 정책은 실질적으로 집권당의 수뇌부에 의해서 결정되기 때문에 국가의 권력이 정당의 수뇌부로 집중되는 결과를 초래하고 말았다. 이처럼 정당국가적 경향으로 인해서 나타나는 여러 가지 통치구조상의 변화는 특히 의원내각제에서 두드러진다. 의원내각제는 의회다수당이 동시에 행정부를 구성하는 의회와 행정부의 정치적 동질성에 그 바탕을 두는 정부형태를 뜻하기 때문에 입법권과 행정권이 정당을 통해서 융화되는 이른바 권력융화적인 일원주의를 그 특징으로 하기 때문이다. 따라서 국가권력을 단순히 기능적·조직적으로 분리시키는 Montesquieu적인 권력분립만으로는 권력제한이라는 본래의 목적을 달성하기가 어렵다. 이같은 현상은 대통령제에서도 비슷하게 나타난다. 정당국가적 경향 때문에 대통령이나 의회의원의 선거가 마치 대통령이나 의원소속정당에 대한 국민투표적 성격을 띠게 되어 흔히 대통령직과 의회가 같은 정당에 의해서 지배되는 현상이 나타나기 때문이다.[236] 이렇게 볼 때 오늘날에는 권력통합적 요인으로서의 정당의 정치적 기능을 도외시한 채 Montesquieu의 고전적인 도식대로만 국가권력을 분산시키는 것은 권력제한과 자유실현이라는 권력분립의 목적과는 정반대의 결과를 초래할 수도 있다는 점을 간과해서는 아니 된다. 새로운 권력분립제를 모색하지 않을 수 없는 커다란 시대상황의 변화라고 말할 수 있다.

(4) 급부국가적 기능의 확대

　Montesquieu가 그의 권력분립이론을 정립할 당시의 18C의 국가는 주로 질서유지적·야경국가적 기능에만 국한되었던 소극적인 국가였다. 따라서 국가가 국민의 생존배려(Daseinsfürsorge)를 위해 적극적인 사회복지정책을 시행하는 일은 지극히 예외적인 현상이었다. 그러

907
행정국가
현상과
사법권의
비중증가

394~398 참조할 것.
236) 미국의 헌정에서 볼 수 있듯이 대통령과 의회다수당의 소속정당이 다른 경우가 생기는 것은 미국의 정당조직이 중앙당중심이 아니고 지구당중심으로 되어 있어 중앙당의 지구당에 대한 통제기능이 없는 미국적 정당제도의 특수성 때문에 나타나는 현상이라고 보아야 한다.

나 오늘날의 자유민주국가는 '빵'과 '자유'와 '재난으로부터의 해방'을 동시에 요구하는 국민의 기본적 수요를 충족시켜 주어야 하는 사회국가[237]이어야 하기 때문에 국가의 적극적이고 생존배려적인 기능이 급격히 증가하게 되었다. 그 결과 옛날의 자급자족의 시대와는 비교할 수 없을 만큼 국가의 생활간섭이 늘어나고 국민생활의 국가의존도도 높아졌다. 이처럼 국가의 복지정책적 활동영역(행정계획의 생활기속력, 행정입법과 처분적 법률의 증가 등)이 커진다는 것은 국가권력과 국민의 자율적 생활형성권과의 마찰의 가능성도 함께 커진다는 것을 의미하기 때문에 자유보호의 필요성이 그 어느 때보다도 더 절실히 요구되게 된다. 국민의 자유보호를 위한 사법작용의 중요성이 현대의 사회국가에서 특히 강조되는 이유도 그 때문이다. 사회국가의 요청에 의한 국가의 급부국가적 기능이 확대됨으로 인해서 집행권의 비중이 커지고, 집행권의 영역확대로 인한 행정국가적 현상이 마침내 자유보호의 필요성을 더 크게 해 주는 결과를 초래한 셈이다. 행정국가적 경향과 비례해서 사법권의 강화를 의미하는 사법국가의 요청이 함께 나타나는 것도 결코 우연한 일만은 아니다. 국가기능의 중점이 이와 같이 집행권과 사법권으로 모아지는 시대상황 아래에서 사법권을 경시하는 Montesquieu의 고전적 3권분립이론[238]이 통치기구의 조직원리로서 그대로 적용될 수 없다는 것은 스스로 자명한 일이다. 국민의 자유와 권리보호를 시대상황에 맞게 실현할 수 있는 헌법재판기능이 사법기능의 일부로, 혹은 정치적 사법기능으로 또는 제4의 국가작용으로 새로이 주목을 끌면서 통치구조 내에서 강력한 권력통제장치로 등장하게 된 것도 시대상황의 변화로 인한 새 권력통제의 요청 때문이라고 볼 수 있다.

(5) 헌법관의 변화

908
법실증주의
와
결단주의의
퇴조 및
통합과정론

오늘의 시대상황 속에서 Montesquieu의 고전적 권력분립이론이 비판되고 그 재검토가 요청되는 중요한 원인 중의 하나는 헌법질서를 보는 시각에 근본적인 변화가 생겼다는 점이다. 즉 법실증주의에 따라 국가권력 중심으로 통치질서를 이해하거나, 결단주의에 따라 한 나라의 통치질서를 이원질서로 파악해서 통치구조와 기본권을 각각 다른

---

237) 사회국가에 관해서 자세한 것은 제8장 제3절 참조할 것.
238) Montesquieu가 사법권을 경시한 것은 Loewenstein도 지적하고 있다.
　　　Vgl. *K. Loewenstein*, Verfassungslehre, 3. Aufl.(1975), S. 44.

영역에 속하는 문제로 설명하려고 하는 경우에는 Montesquieu의 고전 의 영향
적 3권분립이론이 여전히 그 이념적인 정당성을 인정받을 수도 있다.
왜냐하면 Montesquieu의 3권분립이론처럼 법실증주의와 결단주의는
선재하는 국가권력을 전제로 하거나 국민의 기본권과는 무관하게 국가
권력이 생성·존립할 수 있다고 믿기 때문이다. 선재하는 국가권력을
전제로, 그것을 셋으로 분리하고 권력간에 견제와 균형을 유지케 하는
권력통제의 제도적 메커니즘에 의해 국민의 선천적이고 초국가적인 자
유와 권리를 보호하겠다는 사고방식은 Montesquieu의 사상적 세계에
서 나온 것이긴 하지만, 법실증주의와 결단주의의 헌법관에서도 본질
적으로 큰 저항 없이 수용될 수 있는 논리형식이다.

  그러나 한 나라의 통치질서는 국민의 자유와 권리를 떠나서 결코
선재하는 질서일 수도 없을 뿐 아니라, 선재하는 국가권력도 존재할
수 없다는 통합과정론적인 관점에서 볼 때, 선재하는 국가권력을 전제
로 한 Montesquieu적인 권력분립론은 마땅히 비판되고 재검토될 수밖
에 없다. 사회공동체가 동화되고 통합되기 위한 생활형식 내지 법질서
가 헌법이고 헌법이 추구하는 동화적 통합은 기본권으로 징표되는 공
감대적인 가치를 실현할 수 있는 통치구조에 의해서만 달성될 수 있기
때문에, 현대의 자유민주국가에서는 민주주의·법치주의·사회국가원
리 등을 국가의 구조적 원리로 삼고 기본권적 가치의 실현에 적합한
통치구조의 구성원리로서 권력분립의 원칙을 채택하는 것이라고 이해
하는 저자의 관점에서 볼 때 권력분립의 원칙은 Montesquieu가 생각 소극적
하는 것처럼 선재하는 국가권력의 단순한 '소극적 제한원리'가 아니고 제한원리와
기본권실현수단으로서의 국가권력을 창설하고, 국가기능과 그 한계를 적극적
설정하고, 권능간의 견제와 협동관계를 정함으로써 통치권행사의 절차 창설원리
적 정당성을 보장해 주기 위한 국가권력의 '적극적인 창설원리'라고 이
해하는 것이 옳다고 생각한다. Hesse[239]의 말을 빌린다면 권력분립의 원
칙은 국가권력의 '창설의 원리'(Prinzip der Konstituierung)요, '협동의 원
리'(Prinzip der Zuordnung)요 또 '균형의 원리'(Prinzip der Balancierung)
이다. 그가 Montesquieu의 고전적 논리형식에 따라 권력분립의 원칙
을 선재하는 국가권력의 제한원리로만 이해하는 시각을 강력히 배척하

---

239) Dazu vgl. *K. Hesse*(FN 146), S. 185(RN 482, 483), 190(RN 497).

면서 Montesquieu의 이론이 그 당시의 특수한 시대상황을 배경으로
하는 역사적 원리로서의 성격을 갖는다는 점을 강조하는 이유도 그 때
문이다.240) Montesquieu의 이론에 따라 권력분립의 원칙을 법치국가
의 차원에서만 이해하려는 전통적인 입장도 이제는 지양하는 것이 마
땅하다. 왜냐하면 국민의 자유와 권리의 보호를 법치국가원리만의 과
제로 생각하는 법실증주의 또는 결단주의의 시대는 이미 지난 것으로
보는 것이 옳기 때문이다.241) 동화적 통합의 실질적 원동력으로서의 기
본권적 가치를 실현하는 과제는 단순한 법치국가만의 문제가 아니고,
국가의 모든 구조적 원리의 공동의 과제이며 자유민주국가의 존립근거
를 의미한다고 보아야 한다. 따라서 권력분립의 원칙은 권력제한을 통
해서 국민의 천부적인 자유를 실현하기 위한 법치국가적 원리로서의
성격을 갖는다기보다는 독일연방헌법재판소242)의 인식대로 국가권력의
창설과 합리화, 그리고 국가권력행사의 절차적 정당성을 보장해 주는
자유민주적 통치기구의 '중추적인 조직원리'(tragendes Organisations-
prinzip)로서의 성격을 갖는다고 보는 것이 합리적이다.243) 이러한 관점
에서 볼 때 Hesse244)의 말대로 권력분립의 원칙을 지나치게 고전적이
고 추상적인 차원에서 하나의 고정된 정형이론으로만 다루려는 입장은
자유민주적 통치구조의 기본과제에 기여하는 권력분립의 원칙의 포괄
적인 조직원리로서의 기능을 충분히 부각시키지 못할 위험성을 갖게
된다. 페터스(H. Peters)245)가 현대적 시각에서 권력분립의 원칙을 이해
할 것을 촉구하고, W. Weber246)가 권력분립을 현시대의 문제로 이해
하며, W. Kägi247)가 고전적 권력분립의 고정관념에서 탈피해서 포괄적
인 권력분립에 눈을 돌리도록 요구하고 나서는 것은 바로 그러한 정형
이론에 대한 경고적인 의미를 갖는다고 보아야 할 것이다.

　어쨌든 지금까지 살펴본 시대상황의 변화로 인해서 Montesquieu

240) Dazu vgl. *K. Hesse*(FN 146), S. 184(RN 480, 481); so auch *K. Stern*, Das
　　Staatsrecht der Bundesrepublik Deutschland, Bd. 2, 1980, S. 535.
241) So auch *K. Hesse*(FN 146), S. 191(RN 499).
242) Vgl. dazu BVerfGE 3, 225(247).
243) So auch *K. Hesse*(FN 146), S. 190(RN 498).
244) Dazu vgl. *K. Hesse*(FN 146), S. 184(RN 480).
245) Dazu vgl. *H. Peters*(FN 227).
246) Dazu vgl. *W. Weber*(FN 227).
247) Dazu vgl. *W. Kägi*(FN 227).

의 3권분립이론은 그 이론적 고전성이 더욱 짙어져 현대 자유민주국가
에의 이론적 수용에 한계가 생기고, 특히 헌법질서에 관한 헌법관의
변화로 인해서 그 접근방법의 재검토와 새 권력분립제의 모색이 현대
헌법학의 당면과제로 등장하게 되었다.

3. 현대의 기능적 권력통제이론과 그 모델

현대의 자유민주국가에서는 권력분립에 관한 Montesquieu의 고
전적 이념을 존중하면서도 단순한 초국가적 자유의 보호수단으로서의
권력분립의 기술보다는 자유민주적 통치구조의 근본이념과 기본원리를
실현하기 위한 통치구조의 조직원리를 모색한다는 관점에서 국가권력
행사의 절차적 정당성을 보장할 수 있는 실효성 있는 권력통제의 메커
니즘을 찾게 되었다. 국가권력 또는 국가기능[248]의 단순한 조직적·기
능적인 분리보다는 사회공동체의 동화적 통합이라는 헌법질서의 기본
과제를 효과적으로 수행할 수 있는 통치기관의 구성원리를 더 중요시
하게 된 것이다. 따라서 현대자유민주국가의 통치구조에서는 국가권력
의 엄격하고 기계적인 분리보다 입법·행정·사법의 세 가지 기본적인
국가기능이 기본권적 가치의 실현을 위해서 서로 기능적인 협력관계를
유지하면서도 서로의 기능을 적절히 통제함으로써 국가의 통치권행사
가 언제나 '협동'과 '통제' 아래에서 조화될 수 있는 제도적인 메커니
즘을 마련하는 데 신경을 쓰고 있다.[249] 기계적이고 획일적인 '권력분
리'에서 목적지향적이고 유동적인 '기능분리'로, 그리고 권력간의 '대
립적인 제한관계'가 '기관간의 협동적인 통제관계'로 바뀐 것을 의미한
다. 권력분립의 주안점이 '형식적인 권력분리'에서 '실질적인 기능통

909
실질적인
기능통제
모델

---

248) 예컨대, K. Stern은 '국가권력'(Staatsgewalt)이라는 개념의 부정확성과 포괄성을 들어
'권력분립'(Gewaltenteilung)이라는 전래적인 개념보다는 '국가기능'(Staatsfunktion)
의 분리라는 표현을 쓰는 것이 합리적이라고 주장한다. 그러나 '국가권력'이라는 개념
은 물론 그 연혁상 '국가기능' 내지 '국가작용'의 뜻으로만 쓰이는 것은 아니지만, 권
력분립론과의 관계에서는 그것을 국가기능으로 좁혀서 이해하는 경우 필요에 따라 '권
력분립'과 '기능분리'라는 두 개념을 함께 사용해도 문제의 본질을 이해하는 데 큰 잘
못은 없다고 생각한다. 다만 '권력분리'와 '기능분리'라는 말은 이미 그 액센트를 다르
게 두는 것임을 명심할 필요는 있다.
Vgl. *K. Stern*(FN 240), S. 521ff.(522).
249) So *K. Hesse*(FN 146), S. 188(RN 492), 189(RN 495); *K. Stern*(FN 240), S. 530;
K. Loewenstein(FN 238), S. 167.

제'로 옮겨진 셈이다.

　　Montesquieu의 이상대로 '기능의 분리'와 '조직의 분리'가 엄격히 함께 이루어져서 실질적 국가작용(입법·행정·사법)과 형식적 국가작용(입법·행정·사법)의 구별이[250] 불필요하게 되는 상황이라면 권력간의 '대립적인 제한관계'가 가능하고 또 어느 정도 권력제한적 의미를 가질 수도 있을 것이다. 그러나 현대국가에서는 국가기능을 아무리 정밀하게 분류하고 '기능에 적합한 기관의 조직'(funktionsadäquate Organisation)[251]과 '조직에 적합한 기능분배'(organadäquate Funktionenverteilung)[252]를 한다 해도 많은 국가작용(그 대표적인 예가 계획분야이다)은 그 기능의 성격이 모호해서 이를 입법, 행정, 사법의 어느 하나의 국가기능으로만 분류하기가 어렵게 되었다.[253] 따라서 현대국가에서는 국가작용의 기능별 분리와 기능별 기관구성에도 불구하고 실질적 국가작용(국가작용의 내용을 중심으로 한 실질적 개념)과 형식적 국가작용(국가작용의 기관을 중심으로 한 형식적 개념)의 이원적인 고찰이 불가피하게 되었다. 같은 성질의 국가기능이 여러 국가기관에 의해서 함께 행해지는 것[254]을 의미하는 이러한 상황 아래서 '기관간의 협동적인 통제관계'는 국정수행의 당연한 패턴으로 등장하게 된 것이다.

　　오늘날 연방국가제도, 지방자치제도, 직업공무원제도, 복수정당제도, 헌법재판제도, 국가와 사회의 교차관계적 이원론 등이 실질적인 기능통제의 관점에서 중요한 새 권력분립제의 모델로 등장하고 있는 것도 바로 그 때문이다. 또 Loewenstein[255]이 특히 정치동태적인 측면을 중요시해서 국가의 통치기능을 '정책결정'(policy determination), '정책집행'(policy execution), '정책통제'(policy control)의 세 가지로 나누려

기관간의
협동적 통제

---

250) 이 구별은 시원적으로 19C Schmitthenner에서 유래하는 것으로 전해지고 있다.
　　　Vgl. *F. Schmitthenner*, Grundlinien des allgemeinen oder idealen Staatsrechts, 1845, S. 474ff.; dazu *E.-W. Böckenförde*, Gesetz und gesetzgebende Gewalt, 1958, S. 106ff.; *K. Stern*(FN 240), S. 526.
251) *K. Stern*(FN 240), S. 526.
252) *R. Zippelius*, in: Maunz-Zippelius(FN 148), S. 92.
253) So auch K. *Stern*(FN 240), S. 526, 531; *K. Hesse*(FN 146), S. 186(RN 487); *C. Schmitt*(FN 28), S. 187ff.
254) 예컨대 입법기능이 입법부와 행정부에 의해서 함께 행해지는 것, 사법기능이 입법부와 사법부에 의해서 함께 행해지는 것 등이 그 예이다.
255) Dazu vgl. *K. Loewenstein*(FN 238), S. 39ff.

고 시도하는 것도 고전적이고 형식적인 권력분리의 정당성과 실효성에
대한 회의에서 나온 이론적인 모색이라고 평가할 수 있다.

　　아래에서 기능적인 권력통제를 중시하는 새로운 권력분립제의 여
러 모델을 좀더 자세히 살펴보기로 한다.

(1) 연방국가제도의 권력분립적 기능

　　연방국가[256]는 종래 단일국가와 대립되는 국가형태의 문제로 다루
어져 왔다. 그러나 오늘날에 와서는 연방국가제도가 현대국가의 과업
을 능률적으로 성취하기 위한 현대국가의 중요한 구조적 원리인 동시
에 권력통제의 실효성을 높일 수 있는 국가의 조직원리로 평가되고 있
다.[257]

　　입법·행정·사법 등 국가작용을 연방과 지방간에 수직적으로 분
할하는 연방국가적 구조가 권력분립적 효과를 더욱 증대시킬 것이라
는 생각은 이미 미국의 연방헌법을 제정할 때부터 특히 연방론자
(Federalist)들에 의해서 주장된 바 있었지만,[258] 오늘날에 와서는 새로
운 기능적 권력통제의 모델로 많은 학자들[259]에 의해서 그 중요성이 강
조되고 있다. 특히 Hesse[260]에 따르면 오늘날 연방국가구조가 정당화
되는 가장 중요한 이유는 그것이 현대적인 권력분립의 한 수단을 의미
하기 때문이라고 한다. 즉, 연방국가적 구조는 두 가지 측면에서 강력
한 권력분립의 효과를 발휘하게 된다고 한다. 그는 연방국가적 구조가
연방과 지방간의 '수직적인 권력분립'과 '수평적인 권력분립'의 두 입
장을 함께 나타내게 되는 점을 강조한다. 그러나 현대적인 연방국가에
서처럼 연방과 지방의 국가적 과업이 서로 밀접한 연관성을 가지게 되
고 대부분의 국가적 과업이 연방과 지방의 공동작업에 의해서만 처리

910
수직적·
수평적
권력분립

---

256) 연방국가에 관해서 자세한 것은 제 8 장 제 4 절을 참조할 것.

257) So auch *K. Stern*(FN 9), S. 658; *derselbe*(FN 2), S. 553.

258) Vgl. *Madison*, The Federalist, Kritische Ausgabe v. J. E. Cooke, Wesleyan
　　Uni. Press, 1961, No. 10, S. 63.

259) Z. B. *K. Hesse*(FN 146), S. 189f.(RN 496); *derselbe*, Der unitarische Bun-
　　desstaat, 1962; *K. Stern*(FN 257); *Maunz-Zippelius*(FN 148), S. 91; *H. Peters*(FN
　　227), S. 101; *W. Kägi*(FN 227), S. 307; *H. Nawiasky*, Der Bundesstaat als
　　Rechtsbegriff, 1920, S. 67; *W. Leisner*, Gewaltenteilung innerhalb der Gewalten,
　　in: FS f. Maunz(1971), S. 267ff.(275); *F. Ermacora*, Allgemeine Staatslehre, 2.
　　Teilb., 1970, S. 621ff.; *K. Loewenstein*(FN 238), S. 296ff.

260) Vgl. *K. Hesse*(FN 259), S. 26ff.(27); *derselbe*(FN 146), S. 89(RN 231f.) 189f.(RN
　　496).

될 수 있는 상황 아래서는 연방과 지방의 수직적 권력분립의 측면보다
는 연방정부와 연방의회를 한 당사자로 하고, 지방의 대표로 구성되는
연방참사원(Bundesrat, Senat)을 또 다른 당사자로 하는 수평적 권력분
립의 의미가 더욱 중요시된다고 한다. 특히 연방정부와 연방의회를 지
배하는 정치세력과 연방참사원을 지배하는 정치세력이 같지 않은 경우
에는 이 수평적 권력분립의 효과가 더욱 뚜렷해지기 때문에, 단일국가
차원에서 입법·행정·사법권으로 나누어진 수평적 권력분립보다 더
큰 권력통제의 실효성을 기대할 수 있다는 것이다. 결국 Montesquieu
의 고전적 3권분립이론이 특히 정당국가적 경향으로 인한 권력통합현
상 때문에 그 권력분립의 실효성을 크게 상실하고 있는 오늘날 연방국
가적 구조에 의한 수평적 권력분립의 효과야말로 정당국가적 경향에
의한 권력통합현상을 저지하고 수정할 수 있는 가장 강력한 권력통제
수단이라는 것이다. 설령 연방과 지방다수국의 정치적인 세력분포가
같은 경우라 하더라도 연방참사원을 주로 지방국의 관료대표로 구성하
는 경우에는 정치세력과 관료조직 간의 권력의 '견제와 균형'의 효과를
기대할 수 있을 뿐 아니라 행정적 경험을 국가의 정치적 의사형성과정
에 반영할 수 있는 효과가 있다는 것이다. 더욱이 현대국가처럼 '계획
적'(planend)·'유도적'(lenkend)·'급부적'(leistend) 국가활동이 불가피
한 시대에는 정치적 의사형성에 행정적 경험을 반영할 수 있는 제도적
장치가 꼭 필요하다고 한다.261) 결국 연방국가적 구조는 연방과 지방간의
'대치적'(gegeneinander)·'대등적'(nebeneinander)·'협조적'(miteinander)
상호관계에 의해서 국가권력의 '견제와 균형'의 효과를 나타낼 뿐만 아
니라, 이를 통해서 결과적으로는 국민의 자유를 보호해 주는 권력분립
의 실질적인 기능을 나타내게 된다고 한다.

분권적
단일국가

그러나 연방국가제의 존립근거를 그 권력분립적 기능에서만 찾으
려는 입장을 비판하는 소리가 없는 것도 아니다. Scheuner262)가 지방
분권적 단일국가의 구조에 의해서도 연방국가적 권력분립의 효과를 기

---

261) Vgl. *K. Hesse*(FN 259), S. 28.
262) Vgl. dazu *U. Scheuner*, Struktur und Aufgabe des Bundesstaates in der
    Gegenwart, in: *derselbe*, Staatstheorie und Staatsrecht, 1978, S. 415ff.(425ff.);
    derselbe, Wandlungen im Föderalismus der Bundesrepublik, ebenda, S. 435ff.
    (452).

대할 수 있기 때문에 연방국가적 구조를 주로 권력분립의 관점에서만 정당화하려는 것은 옳지 못하다고 지적하는 것이 그 한 예이다. 그러나 Stern[263]의 지적대로 지방분권적 단일국가의 구조에서는 특히 행정조직의 위계질서로 인해 권력분립의 실효성이 연방국가에서처럼 크지 못한 것이 사실이기 때문에, 연방국가적 구조에 내포되고 있는 권력분립적 기능을 강조하는 것은 결코 과장된 논리라고 말할 수 없을 것 같다. 따라서 Hesse가 생각하는 '통합적 연방국가'(unitarischer Bundesstaat)와 Scheuner가 말하는 '지방분권적 단일국가'(dezentralisierter Ein-heitsstaat)는 권력분립적 관점에서도 같은 것이라고 볼 수는 없다.

통합적
연방국가

아무튼 연방국가제도는 이제 단순한 국가형태만의 문제가 아니고, 권력통제의 실효성을 높여 줌으로써 통치권행사의 절차적 정당성을 보장해 주는 중요한 새 권력분립제의 모델로 등장하고 있다는 사실을 간과해서는 아니 된다.

(2) 지방자치제도의 권력분립적 기능

지방자치제도(local government, kommunale Selbstverwaltung)[264]는 지방자치단체가 독자적인 자치기구를 설치해서 자치단체의 고유사무를 스스로의 책임 아래 처리함으로써 '주민근거리행정'(Bürgernähe der Verwaltung)을 실현시켜 다원적인 복합사회의 다원적이고 이해상반적인 다양한 행정수요를 충족시킴으로써 행정목적을 효율적으로 달성하기 위한 행정조직의 한 유형으로 인식되어 왔다.[265] 지방자치제도가 종래 주로 집행작용의 차원에서 다루어져 온 것도 그 때문이다.[266] 그리고 지방자치단체는 그 지방주민의 선거에 의해서 구성된 독자적인 자치기구에 의해서 그 고유사무를 처리하거나, 지방주민을 직접·간접으로 자치사무처리에 참여케 함으로써 지방주민에게 참정의 기회를 넓혀 주는 조직이라는 의미에서 지방자치가 민주정치의 실현에 크게 기여하는 이른바 '풀뿌리의 민주정치'(Wurzeldemokratie)로 간주되어 온 것도 사실이다.[267] 그러나 오늘날에 와서는 지방자치제도가 단순히 '주민근

911
수직적
권력분립의
기능

---

263) Vgl. *K. Stern*(FN 2), S. 554.
264) 지방자치제도에 관해서 자세한 것은 뒤의 제6절 지방자치제도에 관한 설명을 참조할 것.
265) Vgl. dazu *K. Stern*(FN 9), S. 391ff.
266) 일부 헌법학자의 입장이었다.
267) Vgl. *James Bryce*, The American Commonwealth, 1888, New Edition 1950;

거리행정'을 실현하고 민주정치의 기초를 다지기 위한 제도라는 전통
적 인식 못지 않게, 그 권력분립적 기능에 대한 새로운 인식이 커지고
있다는 점을 간과할 수 없다. 적지 않은 학자들이[268] 지방자치제도에서
'수직적 권력분립'(vertikale Gewaltenteilung)의 요소를 강조하고 있는
것도 바로 그 때문이다. 특히 '단체자치'가 유럽에서 일찍이 중앙집권
에 의한 '타율행정'(Fremdverwaltung)과 '수동적 행정'(Verwaltetwerden)
에 대한 항의적 성격을 띠고 발달했었다는 점을[269] 상기할 때, 지방자
치제가 중앙정부의 통치권행사에 대한 견제적 기능을 갖는다는 점에
대해서는 의심의 여지가 없다. 다만 중앙정부에 대한 지방자치단체의
견제기능은 중앙정부의 지방자치단체에 대한 감독기능에 의해서 많이
약화되는 것이 사실이고, 중앙정부의 그러한 감독기능은 국가전체의
공공복리의 관점과, 지방자치단체에 대해서도 국민의 기본권을 보호해
주어야 할 국가의 의무 때문에 불가피한 것이지만, 지방자치단체의 고
유사무에 대한 감독권에는 그 성격상 스스로 일정한 한계가 있기 때문
에 지방자치제의 중앙정부견제적 기능을 너무 과소평가하는 것도 옳지
않다고 할 것이다. 지방자치단체의 이러한 견제적 기능이 더욱 커지기
위해서는 무엇보다도 지방자치단체의 기관구성이 그 지역주민의 민주
적 정당성에 뿌리를 두고 있어야 하기 때문에 지방자치단체의 기관을
민주적인 방법으로 구성하는 것이 반드시 필요하다. 지방의회는 물론
이고 지방자치단체장도 주민의 선거에 의해서 구성함으로써 자치기관
스스로의 민주적 정당성과 그 자체 내의 견제·균형의 메커니즘을 확
보하는 것은 지방자치제도의 권력분립적 기능을 높이기 위한 전제조건
이다. 현대 대다수 헌법국가가 지방자치를 제도적으로 보장하고 지방

derselbe, Modern Democracies, 2 Bde, 1921, deutsch u. d. T. Moderne Demo-
kratien, 1931.

268) Vgl. z. B. *K. Stern*(FN 2), S. 553f.; *W. Steffani*, Gewaltenteilung im demo-
kratisch-pluralistischen Rechtsstaat, in: H. Rausch(Hrsg.), Zur heutigen
Problematik der Gewaltentrennung, 1969, S. 313ff.(343ff.,); *H. Peters*,
Geschichtliche Entwicklung und Grundfragen der Verfassung, 1969, S. 194;
derselbe(FN 216), S. 103; *G. Jellinek*(FN 101), S. 637ff.; *W. Kägi*(FN 227), S.
286ff.(307); *Wolff-Bachof*, VerwR Ⅰ, 9. Aufl.(1974), § 16Ⅲc2; *H. Zacher*,
Sozialpolitik und Verfassung im ersten Jahrzehnt der Bundesrepublik, 1980,
408ff.

269) Dazu vgl. *P. Laband*, Das Staatsrecht des deutschen Reichs, 5. Aufl.(1911),
Bd. 1, S. 103.

자치단체에 선거에 의한 집행기관과 의결기관을 따로 설치하는 것
은270) 바로 그 권력분립적인 관점에서도 당연한 일이라고 할 것이다.

권력분립의 관점에서 지방자치제도와 구별을 요하는 것이 '지방분 지방분권적
행정조직
권적 행정조직'(dezentraler Verwaltungsaufbau)이다. '지방분권적 행정조
직'은 행정업무를 중앙행정관서에 집중시키지 않고 지방행정관서에 대
폭 이양함으로써 행정업무의 능률과 신속성을 도모하기 위한 행정업무
의 분산조직을 뜻한다. 따라서 '지방분권적 행정조직'이 행정기능의 중
앙집중으로 인한 행정권의 비대화를 어느 정도 약화시키는 것은 사실
이지만, 행정조직의 계층구조와 중앙행정관서가 갖는 행정지시 등 훈
령권 때문에 그 권력분립적 효과는 거의 기대할 수 없다.271) '지방자치
제도'와 단순한 '지방분권적 행정조직'을 혼동해서는 아니 되는 이유가
여기에 있다.

(3) 직업공무원제도의 권력분립적 기능

예로부터 관료조직은 국가존립과 국가활동의 초석으로 간주되어 912
정치세력과
관료조직의
권력통제
왔지만 현대적 의미의 직업공무원제도(Berufsbeamtentum)272)는 현대국
가의 통치구조에서 빼놓을 수 없는 국가조직의 대들보로 간주되고 있
다. 공무원의 책임과 정치적 중립성, 그리고 그 신분보장이 헌법상의
명문규정으로 강조되는 것도 현대국가의 통치기능과 직업공무원제도가
불가분의 관계에 있기 때문이다. 그러나 종래 직업공무원제도는 주로
공무원의 공복으로서의 책임과 그 정치적 중립성을 강조함으로써 국가
적 과제를 불편부당하게 합리적으로 수행하고 공무원의 국가에 대한
충성의 대가로 그 신분을 보장함으로써 국가와 공무원의 특별한 관계
를 유지한다는 이른바 특별권력관계273)의 관점에서 다루어져 왔다. 그
러나 오늘날에 와서는 국가적 과제를 수행하기 위한 단순한 도구로서
의 직업공무원제도라는 고전적 관념에서 탈피해서, 직업공무원제도가

---

270) 지방자치제도의 비교법적인 문헌으로는 다음 것을 참조할 것.
   Humes-Martin, The Structure of Local Government, A Comparative Study of
   81 Countries, 1969; *Council of Europe*, Report of "Regional Institutions in
   Europe," 1980 und die Beiträge in: Handbuch der kommunalen Wissenschaft
   und Praxis(HKWP), Bd. 2, 2. Aufl.(1982), S. 515ff.; *E. Harloff*, in: HKWP
   (ebenda), S. 587ff.

271) So auch *K. Stern*(FN 2), S. 554.

272) 직업공무원제도에 관해서는 뒷부분 제 5 절 관련 항목 참조할 것.

273) 특별권력관계에 관해서는 앞의 방주 669 이하 참조할 것.

현대자유민주국가의 통치이념을 실현하기 위한 불가결한 통치기관의 구성원리로 평가되게 되었다. 직업공무원제도 속에서 권력분립적 요소를 찾아 내려고 노력하는 학자들의[274] 시도도 따지고 보면 이 제도가 갖는 통치기구의 조직원리로서의 기능을 높여 주기 위한 것이라고 풀이할 수 있다. 어쨌든 오늘날 직업공무원제도는 두 가지 측면에서 권력분립적 기능을 갖는 것으로 인식되고 있다. 첫째는, 국가의 행정업무가 정권교체 또는 정당국가에서의 권력통합에 영향받지 않고 계속적으로 동일한 기준과 방법에 의해서 처리되는데 공무원의 정치적 중립성과 신분보장이 큰 기여를 할 수 있기 때문에 직업공무원제도는 정태적이고 계속적인 행정조직이, 동태적이고 한시적인 정치세력을 견제하고 통제하는 중요한 권력분립적 효과를 나타낸다는 것이다. 말하자면 직업공무원제도의 본질적인 요소로 간주되는 공무원의 정치적 중립성, 공무원의 신분보장, 공무원의 헌법존중의무 등이 '정치세력'에 대한 '관료조직'의 견제기능을 높여 준다는 이야기이다.[275] 둘째, 직업공무원제도는 물론 위계적인 조직형태를 벗어날 수는 없지만, 이 제도의 기본정신에 따라 능력본위승진제, 신분보장, 합리적인 상벌제, 경력직·전문직주의 등이 엄격하게 지켜지는 경우에는 행정조직내부의 '수직적 권력분립'의 효과를 기대할 수 있다는 것이다.[276] 공무원법을 마련하고 직업공무원제도를 정착시키는 데 있어서 이 제도의 권력분립적 기능을 충분히 살릴 수 있도록 직업공무원제도의 여러 본질적 요소가 철저히 지켜져야 한다고 강조하는 소리가 점점 커지는 것도 그 때문이다. 아무튼 직업공무원제도는 현대헌법학에서 그 자체가 통치기관의 구성원리로 간주될 뿐 아니라, 권력분립의 관점에서도 그 헌법상의 의의가 커지고 있다는 점을 잊어서는 아니 된다.

---

274) Vgl. z. B. *H. D. Jarass*, Politik und Bürokratie als Elemente der Gewaltenteilung, 1975, passim; *K. Stern*(FN 2), S. 554f.; *R. Zippelius*, in: W. Leisner(Hrsg.), Das Berufsbeamtentum im demokratischen Staat, 1975, S. 215ff.; *Th. Ellwein*, Das Regierungssystem der Bundesrepublik Deutschland, 3. Aufl.(1973), S. 376f.; *W. Thieme*, Verwaltungslehre, 3. Aufl.(1977), S. 82ff.; *H. Peters*(FN 227), S. 105f.; *J. Kölble*, DÖV 1969, S. 25ff.

275) Darüber vgl. *H. D. Jarass*(FN 274), insbes. S. 134ff.

276) Darüber vgl. *W. Thieme*(FN 274); *Th. Ellwein*(FN 274); *N. Luhmann*, in: Demokratie und Verwaltung, 1972, S. 211ff.; *H. Peters*(FN 216), S. 102.

(4) 복수정당제도의 권력분립적 의미

　오늘날과 같은 대중민주주의시대에는 정당[277]이야말로 민주정치를 실현하기 위한 제도적인 전제조건이다. 즉 정당은 국민의 정치적 의사형성에 적극적으로 참여해서 이를 촉진시키고 구심점으로 결합시킴으로써 상향식 국가의사형성의 중개자로 기능함은 물론, 민주주의가 필요로 하는 권력행사의 정당성을 언제나 국민과 이어지게 하는 교량적 역할을 담당하기 때문에 민주정치의 전제인 동시에 그 산실로 평가되고 있다. 현대의 헌법국가에서 '정당설립의 자유'를 국민의 기본권으로 보장하고 정당의 정치적 활동을 최대한으로 보장하고 있는 것은 바로 그 때문이다. 따라서 종래 복수정당제도는 민주주의의 필수요소로 간주되고 평화적 정권교체를 위한 당연한 전제로 인식되어 왔다. 복수정당제도가 민주정치의 불가결한 수단으로 이해된 것이다. 그러나 정당국가의 발달과 정당국가적 경향으로 인해서 정당이 국정운영의 중심적인 기관으로 부상하고 국가의 모든 기능이 집권당의 손 안에서 좌우되는 권력통합현상으로 인해 고전적인 3권분립의 실효성이 의문시되자 Montesquieu가 주장한 '힘의 힘에 대한 견제' 원리를 정치적인 힘의 표상으로 등장한 정당의 차원에서 적용해 보려는 새로운 권력분립의 모델이 제시되고 있는데, 그것이 바로 복수정당제를 전제로 하는 여당과 야당간의 권력분립(Gewaltenteilung zwischen Regierung und Opposition)[278]이다. 정당국가에서 정치적인 힘의 중력이 정당으로 옮겨진 상황하에서 정당이 차지하는 정치적 힘의 역학관계를 무시한 채 권력통제를 논한다는 것이 무의미하다는 현실적인 인식에서 출발하는 것이 바로 여당과 야당간의 권력분립이론[279]이다. 여당과 야당의 헌법상 지위와 기능을 권력분립의 시각에서 재정립해야 한다고 하는 것이 이 이론의 골자이다. 특히 국가작용의 모든 분야를 지배하게 되는 여당의 '힘'에 대항해서 그를 견제하고, 여당수뇌에 의해서 행사되는 통치권을 효과적으로 통제하기 위해서는 '잠재적인 여당'을 의미하는 야당의 헌

913

여당과
야당간의
권력통제

---

277) 정당에 관해서 자세한 것은 방주 369 이하 참조할 것.

278) Darüber vgl. *K. Stern*(FN 9), S. 1022ff.; *W. Kägi*(FN 227), S. 306; *M. Duverger*, Die politischen Parteien, 1959, S. 452ff.; *N. Gehrig*, Parlament-Regierung-Opposition, 1969, passim, insbes. S. 233ff.(239ff.).

279) So *N. Gehrig*(FN 278), S. 234ff.

법상 지위와 권한을 강화해야 한다는 것이다.[280] 따라서 여당과 야당의
관계는 정권획득을 위해서 국민의 지지를 얻으려는 단순한 정권적 차
원의 경쟁자가 아니고, 통치권행사의 절차적 정당성을 보장해 주기 위
한 권력분립의 관계라는 새로운 인식이 반드시 필요하다. Stern[281]의
말대로 복수정당제도의 권력분립적 의미는 특히 의원내각제에서 하나
의 제도본질적인 요소로 간주되고 있지만 대통령제에서도 그 의미는
마찬가지라고 생각한다. 왜냐하면 대통령제라고 해서 하나의 정당이
입법부와 집행부를 동시에 지배하는 현상이 완전히 배제되는 것은 아
니기 때문이다.

이렇게 볼 때 종래 민주정치의 관점에서만 다루어져온 '다수'와
'소수'의 관계 그리고 '소수의 보호' 등은 이제 권력분립의 차원에서도
중요한 의미를 갖게 되었다고 할 것이다.

(5) 헌법재판제도의 권력통제적 기능

914

**제 4 의
국가작용인
강력한
권력통제**

헌법재판제도(Verfassungsgerichtsbarkeit)[282]는 연혁적으로 헌법의 최
고규범성을 지킴으로써 헌법에 의해서 마련된 헌정생활의 안정을 유지
하고 헌법적 가치질서를 실현하기 위한 일종의 헌법보호수단으로서 발
달되어 왔다. 헌법재판의 가장 원시적인 제도가 규범통제와 탄핵심판
이었다는 사실이 헌법보호수단으로서의 헌법재판제도의 연혁적 의미를
잘 말해 주고 있다. 헌법재판제도의 이러한 연혁적 유래 때문에 헌법
재판은 종래 사법작용의 한 유형으로 간주되고 사법부의 기능으로 인
식되어 왔다. 그러나 주로 정치규범으로서의 헌법의 해석과 적용에 관
한 헌법재판은 전통적인 의미의 사법작용과는 그 성질이 다를 뿐만 아
니라, 헌법재판이 헌정생활에 미치는 영향이 크다는 사실을 인식하게
되면서부터 헌법재판의 정치형성적 기능을 깨닫게 되었다. 현대헌법학
의 관점에서 볼 때 권력분립의 궁극적인 목적이 통치권행사의 절차적
정당성을 보장함으로써 기본권적 가치를 중심으로 하는 헌법적 가치를
실현하기 위한 것이라면 헌법재판에 의해서 추구하는 헌법보호와 결국
동일한 방향의 목적을 지향하고 있다고 볼 수 있다. 따라서 헌법재판
제도를 권력분립의 관점에서 이해하는 것은 적어도 현대헌법학의 입장

280) Dazu vgl. *N. Gehrig*(FN 278), S. 243ff.(249), 276ff.(309).
281) Dazu vgl. *K. Stern*(FN 240), S. 1032.
282) 헌법재판제도에 관해서 자세한 것은 뒷부분 제 7 절의 관련 항목 참조할 것.

에서는 오히려 당연한 것으로 받아들여지게 된다. 헌법재판은 통치권
행사의 기본권기속과 절차적 정당성을 보장함으로써 사회공동체의 동
화적 통합에 기여키 위한 제 4 의 국가작용이기 때문이다. 헌법재판이
입법·행정·사법 등 다른 국가기능에 대한 강력한 통제효과를 나타내
는 것은 헌법규범의 해석과 적용에 대한 규범의 최종적인 인식작용인
헌법재판의 본질상 당연한 것이기 때문에 헌법재판은 국가권력의 분립
이나 국가기능의 분리라는 제도적 메커니즘을 통해서 달성하려는 권력
통제의 가장 강력한 수단이 될 수밖에 없다. 다만 헌법재판은 단순한
제도만으로는 그 실효성을 기대할 수 없고, 합리적인 제도 못지 않게
헌법을 존중하고 지키려는 강한 '헌법에의 의지'를 전제로 하는 권력통
제수단이기 때문에 어느 의미에서는 가장 실현하기가 어려운 권력통제
장치일는지도 모른다. 그러나 헌법적 가치질서에 대한 폭넓은 Konsens
가 형성되고, 정치인과 국민 모두가 강력한 '헌법에의 의지'를 가지고,
헌법재판이 언제나 법리적인 설득력과 정치적인 타당성에 의해서 행해
질 수만 있다면 헌법재판제도야말로 가장 강력하고 이상적인 권력통제
수단이라고 말할 수 있다. 미국·독일·프랑스 등 정치적 선진국의 헌
법재판제도가 이를 웅변으로 증명해 주고 있다.

(6) 기능적 권력분립의 모델로서의 국가와 사회의 구별

종래 '국가'와 '사회'의 상호관련성에 대해서는 각자의 국가관·헌
법관에 따라 이를 완전히 동일한 것으로 보려는 일원론(Monismus)과
이를 각각 다른 영역으로 보고 이를 구별하려는 이원론(Dualismus)이
대립되어 왔다.283) 그런데 오늘날에 와서는 '국가'와 '사회'의 구별을
기능적 권력분립의 관점에서 정당화하려는 입장이 더욱 강해지고 있
다.284) 물론 지금까지도 특히 '국가'와 '사회'의 교차관계적 이원론285)
을 주장하는 입장에서는 '국가'와 '사회'의 구별이 국민의 자유보호를
위한 불가결한 전제조건이라는 점을 강조해 오긴 했지만,286) '국가'와

915
양면적
교차관계의
권력통제적
기능

---

283) 이 점에 대해서 자세한 것은 제 6 장 참조할 것.
284) Dazu vgl. z. B. *K. Stern*(FN 240), S. 549ff.
285) 이 점에 대해서는 방주 279 이하 참조할 것.
286) 가장 대표적인 학자가 E.-W. Böckenförde와 J. Isensee이다.
　　Vgl. *E.-W. Böckenförde*, Die verfassungstheoretische Unterscheidung von Staat
　　und Gesellschaft als Bedingung der individuellen Freiheit, 1973; *J. Isensee*,
　　Subsidiaritätsprinzip und Verfassungsrecht, 1968, S. 149ff.

'사회'의 구별이 통치권행사의 절차적 정당성을 보장해 주는 권력분립적 의미를 갖는다는 점에 대해서는 명시적인 언급이 없었던 것이 사실이다. 그럼에도 불구하고 '국가'와 '사회'의 교차관계적 2원론의 논증 속에는 이미 국가의 기능이 사회의 Konsens에 의해서 뒷받침되어야 한다는 기능적 권력분립의 사고가 잠재하고 있었다는 점을 부인하기는 어렵다. '국가'의 사회조정적·사회통합적·사회형성적 기능은 '사회' 내의 자발적인 수용태세를 전제로 해서만 그 소기의 성과를 거둘 수 있고 '사회' 내의 자발적인 수용태세는 '국가'의 정책결정에 대한 적극적인 '사회' 참여를 통해서만 생길 수 있기 때문에 '국가'의 정책결정은 언제나 개방적이고 투명한 분위기 속에서 이루어져야 한다는 교차관계적 이원론은 이미 '사회'의 '국가'에 대한 통제기능을 강조하고 있는 것이나 다름없기 때문이다. 따라서 통치기구를 조직하는 데 있어서 '국가'와 '사회'를 구별해서 '국가'의 output 못지않게 '사회'의 input 기능을 존중하고, output와 input 기능의 균형적인 조화 속에서 통치가 행해질 수 있도록 하는 조직 모델을 찾는 것은 권력분립의 관점에서도 중요한 의미를 가질 수밖에 없다. 더욱이 현대의 다원적인 복합사회에서처럼 다양한 이해관계의 대립으로 인해서 각종 이익단체의 조직과 그 이익단체의 대국가적 활동이 불가피한 상황 아래서 '국가'와 '사회'를 기능적으로 구별하는 것은 '사회적 압력단체'(social pressure groups)가 존립할 수 있는 이론적인 전제조건이기도 하다. 그뿐 아니라 '국가'와 '사회'의 기능적 구별은 '사회여론'(öffentliche Meinung)의 국가에 대한 정책통제적 기능을 높여 줌으로써 국가정책의 합리성을 지키게 하는 중요한 전제가 된다. 이렇게 볼 때 '국가'와 '사회'를 구별하는 이원론의 입장, 특히 '국가'와 '사회'의 구별을 전제로 한 '양면적 교차관계론'은 '국가'와 '사회'의 상이한 기능을 인정하고 '국가'에 대한 여러 형태의 '사회' 참여를 가능케 함으로써 권력통제의 실효성을 나타내게 하는 새로운 권력분립론의 의의도 함께 갖는다고 할 것이다. 현대 헌법학에서 '국가'와 '사회'의 이원론이 강조되는 이유가 바로 여기에 있다.

(7) 정치동태적인 기능분류이론

916   정치동태적 헌법학을 대표하고 있는 Loewenstein은 헌법을 '권

력통제의 기본도구'(grundlegendes Instrument der Kontrolle des Macht-
prozesses)[287]라고 이해하면서 헌법의 목적은 상이한 국가기능을 여러
국가기관에 분담시킴으로써 한 사람의 손 안에 절대적인 권력이 형성
되는 것을 막기 위한 것이라고 설명한다.[288] 따라서 그의 사상적 세계
에서는 한 나라의 헌법이 전체로서 하나의 거대한 '권력통제'의 메커니
즘에 해당한다. 그가 헌법을 정치권력에 대한 통제의 차원에서 접근
하면서 이른바 '수평적 통제'(horizontale Kontrolle)와 '수직적 통제'
(vertikale Kontrolle)를 구별하고,[289] '수평적 통제'를 또다시 '기관간의 통
제'(Inter-Organ-Kontrolle)와 '기관 내의 통제'(Intra-Organ-Kontrolle)[290]
로 나누며, 이러한 통제의 메커니즘이 실질적으로 존재하는지의 여부
에 따라 정치제도를 '입헌민주정치'(Konstitutionalismus)와 '전제정치'
(Autokratie)로 구별하는[291] 등 '권력통제'를 그의 헌법이론의 중심과제
로 다루고 있는 것도 정치동태 내지 정치현상을 중요시하는 그의 사상
을 잘 나타내 주고 있다. 그의 시각에서는 이처럼 헌법전체가 정치권
력에 대한 통제의 메커니즘을 뜻하기 때문에 '권력통제'를 위한 또 다
른 기계적 권력분립이라는 것이 무의미할 수밖에 없다. 그에게 있어서
중요한 것은 정치동태적인 관점에서 국가작용을 기능별로 분류함으로
써 그와 같은 국가기능이 하나의 권력주체(Machtträger)에 독점되지 않
고 다원적인 권력주체(mehrere Machtträger)에게 분산되도록 하고 다원
적인 권력주체 상호간에 '견제와 균형'(checks and balances)을 통한 권
력통제가 이루어지도록 하는 것이다.[292] Loewenstein이 국가기능을 그
정치동태적인 표현형식에 따라 '정책결정'(policy determination)[293] · '정

헌법의
권력통제적
이해

정책결정 ·
정책집행 ·
정책통제

---

287) So *K. Loewenstein*(FN 238), S. 127.
288) Dazu vgl. *K. Loewenstein*(FN 238), S. 46, 167.
289) Darüber vgl. *K. Loewenstein*(FN 238), S. 127ff., 296ff.
290) Darüber vgl. *K. Loewenstein*(FN 238), S. 167ff., 188ff., 232ff., 266ff.
   Loewenstein의 설명에 의하면 대통령의 법률안거부권, 정부의 의회해산권, 법원의
   위헌법률심사권 등은 대표적인 '기관간의 통제수단'이고, 양원제의회제도에서의 양원
   의 관계, 집행부 내의 부서제도 등은 대표적인 '기관 내의 통제수단'이다(vgl.
   ebenda, S. 168.). 그리고 예컨대 연방국가제도, 인권보장, 다원적 사회구조와 이익단
   체의 조직 등은 '수직적 권력통제'를 위한 것이라고 한다(vgl. ebenda, S. 296ff.).
291) Dazu vgl. *K. Loewenstein*(FN 238), S. 26ff., 39ff.(43, 45, 49).
292) Dazu vgl. *K. Loewenstein*(FN 238), S. 45ff.(47).
293) *K. Loewenstein*(FN 238), S. 39ff.(40ff.).
   Loewenstein에 따르면 사회공동체의 정치적 운명에 관한 근본적이고 기본적인 결

책집행'(policy execution)[294]·'정책통제'(policy control)[295]의 세 가지로
나누는 것은 그 분류 자체에 어떤 권력통제의 의미를 부여하기 위한
것이 아니고, 그와 같은 분류를 기초로 해서 따로 통제의 메커니즘을
마련키 위한 것이다.[296] 즉, 그가 국가기능을 '정책결정'·'정책집행'·
'정책통제'의 셋으로 나누는 것은 이 세 가지 국가기능 사이에 어떤 권
력통제가 이루어진다는 뜻이 아니고, 이 세 가지 국가기능이 다원적인
권력주체에 의해서 독자적으로 또는 협동적으로 행해지는 경우에 '기

기관간의
통제와
기관 내의
통제

관 내의 통제'(Intra-Organ-Kontrolle), '기관간의 통제'(Inter-Organ-
Kontrolle) 또는 '수직적 통제'(vertikale Kontrolle)가 항상 따라야 된다는
점을 강조하기 위한 것이다. Loewenstein이 특히 '정책통제기능'을
가장 핵심적인 국가기능이라고 이해하고 정책통제는 '분산된 권력'
(geteilte Macht)과 '통제된 권력'(kontrollierte Macht)[297]의 두 가지 요소
가 함께 작용해야 효과적이라고 주장하면서, 정책통제의 이념적 기초
요 그 가장 효과적인 기술로서의 '정치적 책임'의 중요성을 강조하는

정을 내리는 것이 바로 '정책결정'인데, 예컨대 정치형태, 정부형태, 경제질서, 중요한
외교문제에 관한 결정 등이 여기에 속한다고 한다. 그러나 이러한 정책결정권은 입법
부와 행정부가 함께 가지게 되고, 경우에 따라서는 국민의 참여도 필요하게 된다고 한다.

294) *K. Loewenstein*(FN 238), S. 39ff.(43ff.).

　　Loewenstein에 따르면 '정책집행'은 결정된 정책을 현실화해서 시행하는 기능이기
때문에 모든 국가작용의 영역에 관련된다고 한다. 예컨대 '정책집행'은 입법의 형식으
로도 행해질 수 있고, 또 '행정입법'이나 '행정행위'에 의해서도, 그리고 '사법작용'에
의해서도 가능하다고 한다.

295) *K. Loewenstein*(FN 238), S. 39ff.(45ff.).

　　Loewenstein은 국가기능 중에서도 정책통제기능을 가장 핵심적인 기능이라고 하면
서 입헌주의의 역사가 효과적이고 실효성 있는 정책통제수단의 모색의 역사였다고 주
장한다. 그리고 정책통제기능은 정치형태와 정부형태에 따라 다르지만 입헌민주정치
체제하에서는 행정부, 의회, 국민의 세 권력주체가 이 기능을 갖게 된다고 한다.

296) N. Gehrig는 이와 같은 시각에서 Loewenstein의 기능분류가 권력분립의 차원에서
는 별로 의미가 없는 것이라고 지적한다.

　　Vgl. *N. Gehrig*(FN 278), S. 234.

297) *K. Loewenstein*(FN 238), S. 47.

　　Loewenstein은 '분산된 권력'과 '통제된 권력'이 다르다는 점을 강조하면서 예컨대
상·하양원에 의한 법률제정, 미국대통령에 의해서 임명된 공무원에 대한 상원의 임명
동의, 대통령의 국정행위에 대한 국무위원의 부서, 헌법개정안에 대한 필수적인 국민
투표 등은 '분산된 권력'의 예이고, 의회의 내각불신임권, 내각의 의회해산권, 대통령
의 법률안거부권, 법관의 위헌법률심사권 등은 '통제된 권력'의 실례에 속한다고 한다.
그리고 '통제된 권력'의 특징은 그 권한이 권력주체의 자주적인 재량권에 의해서 그
행사여부가 결정된다는 점에 있다고 한다.

것도298) 그 때문이다. Loewenstein은 전래적인 국가권력의 3분법(입법·행정·사법)이 현대국가에서 흔히 나타나는 기능수행기관의 다원화와 기능수행상 불가피한 기관간의 협동관계 때문에 무의미해졌다는 점을 특히 강조한다.299) 그에 따르면 국가기관을 그 기능에 따라 획일적으로 입법기관·집행기관·사법기관으로 구분하는 것은 '기능의 분산' 현상 때문에 불가능할 뿐 아니라 전혀 구시대적인 발상에 지나지 않고, 오늘날 중요한 것은 국가기능이 어떤 기관에 의해서 행해지든 그 기능의 내용과 비중에 상응하는 통제의 메커니즘을 마련하는 일이라고 한다.

결론적으로 Loewenstein의 정치동태적인 기능분류이론300)은 기능분류 그 자체에 의미가 있다기보다는, 기능분류를 바탕으로 한 '기능의 분산'과 '기능의 통제'를 실현시켜 정치권력을 효과적으로 통제할 수 있는 정치형태의 모델을 찾아 내려고 노력했다는 점에서 그 의의를 찾을 수 있다고 할 것이다.301)

4. 우리 현행헌법상의 권력분립제도

우리 현행헌법은 통치를 위한 기관을 구성하는 데 있어서 권력분립의 원칙을 채택함으로써 통치권행사의 절차적 정당성을 확보하려고 노력하고 있다는 점에 대해서 이미 앞에서302) 자세히 살펴보았다. 즉 Montesquieu의 고전적 권력분립이론에 따라 국가권력을 전통적인 3분법에 따라 입법·집행·사법권의 셋으로 나누고, 이를 국회·정부·법원에 각각 나누어 맡김으로써 권력분산을 통한 권력견제와 균형의 효과를 추구하는 한편, 복수정당제도·직업공무원제도·지방자치제도·헌법재판제도·독립한 선거관리제도 등 새로운 권력통제의 메커니즘도

917
3권분립과
기능적
권력통제

---

298) Darüber vgl. *K. Loewenstein*(FN 238), S. 45ff.

299) Vgl. *K. Loewenstein*(FN 238), S. 43, 45.

300) K. Loewenstein의 이 이론은 이미 1938년에 발표된 그의 아래 논문에서 싹트기 시작했다고 볼 수 있다.

Vgl. Das Gleichgewicht zwischen Legislative und Exekutive: Eine vergleichende verfassungsrechtliche Untersuchung, in: H. Rausch(Hrsg.), Zur heutigen Problematik der Gewaltentrennung, 1969, S. 210ff.

301) 따라서 Loewenstein의 이론을 '정책결정'·'정책집행'·'정책통제'라는 기능분류중심으로만 설명하는 것은 그의 사상을 정확히 전달하지 못할 위험이 있다.

302) 이 점에 대해서는 앞의 방주 846 참조할 것.

함께 마련하고 있다고 하는 것이 바로 그것이다. 따라서 우리 현행헌법은 '수평적 권력분립'뿐 아니라 '수직적 권력분립'의 모델도 함께 실현시킨 것이라고 평가할 수 있다. 그뿐 아니라 우리 현행 헌법은 통치권행사의 절차적 정당성을 확보한다는 관점에서 '견제·균형의 메커니즘'을 통치기관의 인적인 구성과 권능행사의 차원에서도 실현하려고 노력하고 있다. 즉 국민에 의해서 선출되는 대통령과 국회의원의 임기를 다르게 정함으로써$\binom{제70조,}{제42조}$ 집행권과 입법권의 주체의 선출기반을 달리해서 의원내각제적 기관의존성을 배척하고, 대통령의 국무총리$\binom{제86조}{제1항}$·감사원장$\binom{제98조}{제2항}$·대법원장$\binom{제104조}{제1항}$·대법관$\binom{제104조}{제2항}$·헌법재판소의 장$\binom{제111조}{제4항}$ 임명에 국회의 동의를 얻도록 하고, 대통령의 국무위원$\binom{제87조}{제1항}$·대법관$\binom{제104조}{제2항}$ 임명에는 각각 국무총리와 대법원장의 제청을 받도록 하고, 헌법재판소$\binom{제111조}{제2-4항}$와 중앙선거관리위원회$\binom{제114조}{제2항}$구성에 대통령·국회·대법원장이 함께 관여케 하고, 모든 통치권담당자의 임기제를 마련한 것 등은 통치기관의 인적인 구성에서부터 '견제·균형'을 실현하려고 꾀한 것이다. 또 법률안제출권을 국회와 정부에 함께 주고$\binom{제52}{조}$, 대통령에게 법률안에 대한 공포권 및 거부권을 주고$\binom{제53}{조}$, 정부에도 행정입법권을 인정하고$\binom{제75조,}{제95조}$, 국회에 예산심의권 등 재정에 관한 권한을 주고$\binom{제54조}{이하}$, 국회로 하여금 대통령의 긴급재정·경제처분 및 명령승인권$\binom{제76조}{제3항}$과 계엄해제요구권$\binom{제77조}{제5항}$을 갖도록 하고, 대통령의 국정행위에 대한 부서제도$\binom{제82}{조}$를 두고, 대통령의 겸직금지$\binom{제60}{조}$를 명시하고, 국회에게 중요한 외교·군사행위에 대한 동의권을 주고$\binom{제60}{조}$ 선거관리사무를 기능적으로 분산시키고$\binom{제114조}{제1항}$, 헌법재판소로 하여금 탄핵심판과 법률의 위헌심사, 그리고 권한쟁의와 헌법소원의 심판을 하도록 한 것$\binom{제111조}{제1항}$ 등은 통치권행사가 견제·균형의 원리에 따라 합리적으로 이루어지도록 꾀한 것이라고 할 수 있다. 또 우리 현행헌법은 이른바 '기관 내의 권력통제'가 가능하도록 각 기관의 내부조직을 다원화하고 있는데, 예컨대 집행기관을 대통령과 국무총리를 중심으로 하는 행정부로 이원화하고$\binom{제66조,}{제86조}$, 행정부 내에 그 기능의 독립성이 보장되는 감사원을 따로 설치하고$\binom{제97조}{이하}$, 각종 자문회의$\binom{제90조, 제91조, 제92조,}{제93조, 제127조 제3항}$를 두어 대통령의 자문에 응하게 하고, 법원의 조직을 합의제와 부제로 하게 하는 것$\binom{제102조}{제1항}$ 등이 그 예이다.

견제·
균형의 장치

이렇게 볼 때 우리 현행헌법은 국가기능의 엄격한 분리와 통치기관의 단절적인 조직분리를 지양하고, 국가기능의 상호연관성을 인정하는 전제하에서 입법·행정·사법기능 중에서 특히 그 핵심적인 영역만을 국회, 행정부, 법원에서 독점적으로 맡게 하되 이들 통치기관의 기능행사가 그 기관 내에서까지도 언제나 견제·균형의 원리에 따라 행해질 수 있도록 그 권력분립의 중점을 '분리'보다는 '견제·균형'과 '통제'에 두고 있다고 말할 수 있다. 결국 Stern의 개념을 빌린다면 '권력분립의 원칙'이 우리 현행헌법에서는 '기능질서원리'(Funktionsordnungs-prinzip)[303]로 기능하는 것을 뜻하며, 국가기관 중에서도 입법·행정·사법의 핵심영역만을 엄격하게 분리하고 이를 통제하는 원리(funktionale Kernbereichsthese)[304]로 작용하고 있다고 평가할 수 있다. 따라서 우리 현행헌법을 해석하고 운용하는 데 있어서는 이와 같은 권력분립의 이념과 실현형태를 존중해서 어느 통치기관의 통치기능도 견제와 균형의 테두리를 벗어나는 일이 없도록 그 통제의 역학관계에 특별히 신경을 써야 하리라고 본다. 권력분립의 원칙이 통치기관의 구성원리로 채택된 헌법질서 내에서는 어느 국가기관도 타국가기관 위에 군림하는 현상이 용납될 수 없다. 통제된 통치권의 행사만이 헌법이 추구하는 기본권적 가치실현과 조화될 수 있기 때문이다.

제 3 절 정부형태

정부형태(Regierungsform, Regierungssystem, government)라 함은 권력분립주의의 조직적·구조적 실현형태를 말한다. 앞에서 살펴본 권력분립의 원칙을 통치기관의 구성원리로 채택하는 경우에도 그 권력분립의 원칙에 내포되고 있는 '기능과 조직의 분리', '견제·균형의 메커니즘', 그리고 '통제의 원리' 등을 구체적으로 어떤 형태로 실현하느냐에 따라 한 나라의 통치구조는 그 조직적·기능적인 측면에서 현저한 차이를 보일 수 있다. 한 나라의 정부형태가 마치 그 나라 통치구조의 실질적인 표현형태로 간주되는 이유도 그 때문이다. 하지만 한 나라의

918
정부형태의 의의와 그 유형적 다양성

---

303) So vgl. *K. Stern*(FN 240), S. 536.
304) So vgl. *K. Stern*(FN 240), S. 542, 543.

통치구조는 권력분립의 원칙만을 조직적·구조적으로 실현한 통치의
틀이 아니라 대의제도를 비롯한 선거제도·공직제도·지방자치제도 등
모든 통치기관의 구성원리를 복합적이고 종합적으로 실현한 통치권행
사의 제도적인 틀에 해당하는 것이기 때문에 정부형태와 통치구조를
같은 것으로 평가하는 시각은 옳지 못하다. 다만 직업공무원제도와 지
방자치제도가 권력분립의 관점에서 새로운 제도적인 의미를 얻게 되
고, 대의의 원리와 선거제도가 현대자유민주국가의 통치질서에서 정부
형태의 중요한 이념적·기능적 전제로 작용하고 있기 때문에 통치를
위한 여러 가지 기관의 구성원리가 한 나라의 정부형태와 직접·간접
의 연관성을 갖는다고 생각할 때, 통치구조 내에서 정부형태가 가장
중심적인 좌표를 차지한다는 점을 부인하기는 어렵다.

국가의 의사결정이 구체적으로 어떻게 내려져서 어떻게 시행되며,
정책결정과 정책집행의 책임을 지고 정치를 해 나가는 국가기관이 어
떻게 구성되어 어떠한 견제와 통제를 받으며, 주권자인 국민은 국가의
정치적 의사형성과정에 어느 정도 참여의 기회를 가지고 국가권력의
주체인 동시에 수신자로 기능하는 것인지 등이 정부형태와 직접적으로
관련되는 문제들이다.305)

이러한 문제들을 해결하는 방법은 여러 가지가 있을 수 있고, 그
다양한 해결방법은 또 각 나라의 구체적인 정치전통과 사회구조에 따
라 각각 상이한 헌법현실로 나타날 수도 있기 때문에 정부형태에 관해
어떤 정형을 논하기는 어렵다. 정부형태의 분류에 관해서 학자에 따라
그 기준과 방법에 차이가 있고 전통적인 2원적 분류방법 이외에 다양
한 기준에 의한 정부형태의 다원적 분류방법이 학문적 논의의 대상이
되는 것은 그 때문이다.306) 엄격한 의미에서는 전혀 동일한 정부형태란
현실적으로 있을 수 없기 때문에 이 지구상에 존재하는 국가의 수만큼
그 정부형태도 다양하다고 볼 수 있다. 그러나 이들 모든 다양한 정부

---

305) So auch *Th. Ellwein*(FN 274), S. 2f. 따라서 정부형태를 설명하는 자리에서 마치
    '광의의 정부형태'와 '협의의 정부형태'가 따로 있는 것처럼 설명하는 것은 전혀 무의
    미할 뿐 아니라 정부형태의 본질과도 조화되기 어렵다. 적어도 정부형태라는 개념은
    이런 문제들을 모두 포함하는 포괄적인 개념이기 때문이다.

306) Darüber vgl. insbes. *K. Loewenstein*(FN 238), S. 50ff., 67ff.; *M. Duverger*, Les
    institutions françaises, 1962; *derselbe*, Institutions politiques et droit con-
    stitutionnel, 7. ed.(1963). 자세한 것은 뒤의 방주 974 및 976 이하 참조할 것.

형태는 고전적이고 전통적인 정부형태로서의 '대통령제'(Präsidialsystem, presidential government)와 '의원내각제'(parlamentarisches Regierungs-system, parliamentary government)를 그 나라의 정치실정에 맞게 변형시 킨 것이라고 볼 수 있기 때문에 어디까지나 그 표본이 되는 정부형태 의 유형은 역시 '대통령제'와 '의원내각제'라고 말할 수 있다. 그러나 표본적인 이 두 정부형태의 변형에는 두 제도의 본질적인 요소 때문에 일정한 한계가 있기 마련이다. 이를테면 아류로서의 제3·제4의 정부 형태가 나타날 수 있는 이유는 그 때문이다. 아래에서 이 두 제도를 중 심으로 정부형태를 자세히 살펴보고 다원적 분류이론을 간단히 소개한 후 우리의 정부형태에 대해서 언급하기로 한다.

1. 대통령제와 의원내각제

대통령제와 의원내각제는 정부형태 중에서 가장 고전적이고 전통 적인 유형에 속한다. 미국연방헌법의 아버지들이 새 독립국가를 건설 함에 있어서 Montesquieu의 권력분립사상을 충실하게 받아들여 연방 헌법의 통치기구를 마련함으로써 탄생된 대통령제307)와, 영국입헌주의 의 발전과정에서 특히 큰 정치적 공헌을 한 강력한 의회의 의회주의 (parliamentarism)를 배경으로 탄생된 의원내각제는 그 제도의 발생기원 부터도 상이한 정치상황에서 출발했다고 볼 수 있다. 아무튼 대통령제 는 그 기원을 1787년의 미국연방헌법에서 찾을 수 있고, 의원내각제는 의회정치의 모국인 영국에서 그 입헌군주제와 함께 17세기에 그 모습 을 갖춘 정부형태라고 말할 수 있다. 오늘날까지도 대통령제와 의원내 각제의 표본을 각각 미국과 영국에서 찾으려는 경향이 있는 것도 두 제도의 이같은 역사적 기원 때문이다.

아무튼 대통령제는 의회로부터 독립하고 의회에 대해서 정치적 책임을 지지 않는 대통령중심으로 국정이 운영되는 정부형태인 데 반 해서, 의원내각제는 의회에 의해서 선출되고 의회에 대해서 정치적 책 임을 지는 내각중심으로 국정이 운영되는 정부형태이다. 대통령제는 권력분립의 이념에 입각해서 '조직 및 기능의 분리'와 '견제·균형의

919
제도상의 차이점

---

307) Dazu vgl. *C. J. Friedrich*, Verfassungsstaat der Neuzeit, 1953, S. 202; *K. Loewenstein*, Verfassungsrecht und Verfassungspraxis der Vereinigten Staaten, 1959, S. 15.

독립성의
원리와
의존성의
원리

원리'를 보다 충실하게 실현하는 데 그 주안점을 두고 있다면, 의원내
각제는 의회주의와 대의의 이념에 입각한 책임정치를 일상적으로 실현
하는 데 역점을 두는 정부형태이다.308) 대통령제가 입법부와 집행부의
조직·활동·기능상의 독립성을 최대한으로 보장하기 위한 권력분립주
의의 실현형태라면, 의원내각제는 그 반대로 입법부와 행정부의 조직·
활동·기능상의 의존성을 지속적으로 지켜나가기 위한 권력분립주의의
실현형태이다. 결국 대통령제와 의원내각제는 특히 입법부와 집행부
의 조직·활동·기능상의 상호관계가 '독립성의 원리'(Unabhängigkeits-
prinzip)에 의해서 지배되느냐 아니면 '의존성의 원리'(Abhängigkeits-
prinzip)에 의해서 지배되느냐를 기준으로 하는 정부형태의 구별이라고
말할 수 있다. 이를 나누어서 살펴본다.

(1) 대통령제

a) 대통령제의 본질적 요소

920
독립성의
원리와
견제·균형
의 장치

대통령제(Präsidialsystem, presidential government)309)는 의회로부터
독립하고 의회에 대해서 정치적 책임을 지지 않는 대통령중심으로 국
정이 운영되고 대통령에 대해서만 정치적 책임을 지는 국무위원310)에
의해 구체적인 집행업무가 행해지는 정부형태를 말한다. 그 발상국이
미국이고 그 표본적인 유형을 미국의 정부형태311)에서 찾을 수 있다는
것은 이미 말한 바와 같다. 대통령제는 고전적 권력분립사상에 입각해
서 통치기관의 조직 및 기능의 분리(separation of powers)와 권력에 대
한 '견제·균형의 원리'(checks and balances of powers)를 충실하게 실
현하기 위한 정부형태를 뜻하기 때문에 통치기관의 조직·활동·기능

---

308) So auch *Maunz-Zippelius*(FN 148), S. 73.

309) 대통령제를 표현하는 영어와 독어의 개념은 매우 다양해서 Präsidialsystem(Stern,
Maunz), präsidentielles Regierungssystem(Fraenkel), Präsidentialismus, presi-
dential government(Friedrich), Presidentialism(Loewenstein), Präsidialregierung
(Loewenstein) 등의 용어가 혼용되고 있으나, 이 책에서는 Präsidialsystem(독어)과
presidential government(영어)라는 용어로 통일해서 쓰기로 한다.

310) C. J. Friedrich의 견해에 의하면 미국의 국무위원들은 전통적으로 대통령의 비서에
지나지 않는다고 한다. Vgl. *C. J. Friedrich*(FN 307), S. 443.

311) 미합중국의 정부형태에 관해서 자세한 것은 다음 문헌을 참조할 것.
  E. Fraenkel, Das amerikanische Regierungssystem, 1960; *K. Loewenstein*(FN
307), insbes. S. 177ff., 364ff.; *C. J. Friedrich*(FN 307), S. 440ff.; *C. P. Patterson*,
Presidential Government in the United States, 1947; *H. Laski*, The American
Presidency, 1940.

상의 독립성이 최대한으로 보장되는 권력분립주의의 실현형태라고 말할 수 있다. 대통령제의 가장 본질적인 요소는 입법부와 집행부의 조직과 활동이 '독립성의 원리'에 의해서 지배된다는 점이다.[312] 대통령을 의회가 선출하지 않고, 대통령을 중심으로 한 집행부의 구성원들이 의회에 대해서 정치적 책임을 지지 않는 대신, 의회의 조직과 활동도 집행부와 완전히 독립해서 독자적으로 이루어지고 대통령에게 의회해산권이 인정되지 않는 것은 그 때문이다. 다같이 민주적 정당성에 바탕을 두고 조직된 상호독립된 국가기관에 의해 입법기능과 집행기능이 행해지지만 주기적인 선거를 통해서 주권자인 국민에 대해서만 그 정치적 책임을 지는 것이 바로 대통령제의 제도적 특징이며 그 본질적 요소이다. 집행부구성원이 의회의 의원을 겸할 수 없다든지, 대통령의 의회해산권과 의회의 집행부구성원에 대한 불신임권이 인정되지 않고, 집행부에게 법률안제출권이 없는 것은 물론, 집행부구성원은 의회의 요구가 없는 한, 의회출석·발언권을 갖지 못하는 점 등은 모두가 대통령제의 본질적 요소인 '독립성의 원리'에서 나오는 당연한 제도적 특징들이다. 다만, 대통령제에서 대통령의 법률안거부권(veto-power)은 '독립성의 원리'에 대한 예외적 성격을 갖지만, 법률안제출권도 없고 법률안심의과정에서 의회출석·발언권도 갖지 못하는 집행부가 의회의 입법활동을 견제할 수 있는 유일한 수단으로서 권력분립사상에 내포되어 있는 견제·균형의 이념을 실현하기 위한 불가피한 제도라고 볼 수 있다.[313] 또 대통령의 조약체결과 대법원장 등 고위직공무원의 임명에 대해서 의회(상원)가 갖는 동의권도 '독립성의 원리'로서는 설명하기가 어렵지만, 견제·균형의 원리에 의해서 이해해야 하리라고 본다.[314] 이렇게 볼 때 대통령제는 '독립성의 원리'에 충실하면서도 견제·균형의 요청상 불가피한 경우에는 그 예외를 허용하는 권력분립주의의 실현형태라고도 말할 수 있다.

b) 대통령제의 유래와 그 사상적 배경

α) 미합중국연방헌법의 제정사

대통령제의 역사적 유래는 미합중국연방헌법의 제정사에서 찾   921

---

312) So auch *K. Loewenstein*(FN 307), S. 13.

313) So auch *K. Loewenstein*(FN 307), S. 15, 372.

314) So auch *K. Loewenstein*(FN 307), S. 302f., 15.

필라델피아
헌법회의
활동

아야 한다. 콜럼버스(Christoph Columbus)가 1492년 신대륙을 발견한 이후 신대륙에는 18세기 중엽까지 13개의 영국식민지가 국가의 형태를 갖추고 각각 소속영토에 대한 통치권을 행사하고 있었다. 이 13개의 식민국가가 모국인 영국의 정치경험과 통치이념을 그대로 모방하고 전통적인 보통법(Common Law)의 정신에 따라 그 정치질서를 마련했었다는 것은 결코 새로운 사실이 아니다. 영국헌정의 영향은 그러나 미국이 모국과의 독립전쟁을 거쳐 모국인 영국으로부터 독립한 후(1776년의 독립선언과 1783년의 파리평화조약)에는 많이 약화된 것이 사실이다. 독립국가로서의 13개 국가가 마련한 헌법이 자연법사상과 사회계약사상에 따라 국민의 자유와 권리보호를 그 이념으로 내세운 것이라든지, 국민의회에서 선출케 되어 있는 집행권담당자(Gouverneure)의 권한을 제한한 것이라든지, 입법기관을 국가권력의 중심적인 주체로 강조한 점이라든지, 특히 종교의 자유를 강조하고 국민주권의 민주주의원리와 권력분립사상을 중요시한 점 등이315) 그 단적인 증거이다. 독립전쟁의 성공적인 수행과 13개국가간의 효과적인 협동체제를 마련키 위해서 1777년에 제정된 '연합동맹규약'(Articles of Confederation)은 13개의 독립국가로 구성된 '국가연합'(Staatenbund)을 하나의 연방국가(Bundes-staat)로 발전시키기 위한 일종의 합의문서로서의 성격을 가졌었기 때문에 Loewenstein의 말대로316) 사실상 미국이 가졌던 최초의 연방헌법이었다고 볼 수 있다. 그러나 이 규약은 효과적인 중앙집행권의 결핍으로 인해서 그 소기의 목적을 달성할 수가 없었다. 이 규약의 개정을 위해서 1787년에 이른바 필라델피아(Philadelphia) 헌법회의(Konvent)가 소집된 것도 그 때문이다. 결국 Rhode Island를 제외한 12개국가의 의회에서 파견한 55명의 회의참석자들은 와싱턴(George Washington)을 의장으로 뽑고 곧 새로운 연방헌법의 제정에 합의하고 불과 4개월 만인 그 해 9월에 55명 중 51명이 서명한 미합중국연방헌법을 제정해서 13개국가의 의회에 그 인준을 요청하기에 이르렀다. 다음해인 1788년 6월에는 이미 새 연방헌법이 효력을 발생하기에 충분한 9개국의 인준이 있었지만($^{제7}_{조}$) 헌법제정의 주도권을 행사한 버지니아(Virginia)와 뉴

---

315) So auch *K. Loewenstein*(FN 307), S. 7.

316) Vgl. *K. Loewenstein*(FN 307), S. 7.

욕(New York)[317] 두 나라에서의 인준이 늦어져 그 효력발생을 늦출 수밖에 없었다. 이들 국가도 결국 기본권조항을 추가할 것을 조건으로 연방헌법을 인준하게 되고 이들 국가의 인준조건에 따라 헌법수정작업이 이루어져 첫 10개 수정조문(The First Ten Amendments)이 1791년에 효력을 발생했다.[318]

미합중국연방헌법의 모태가 된 필라델피아(Philadelphia)헌법회의의 55명은 주로 상류계급출신자들로서 영국의 전통교육을 받았고 계몽주의를 비롯한 합리적인 세계관을 가진 지식인들이었다.[319] 55명 중 33명은 법학에 조예가 있는 사람이었고, 8명은 사업가였다. 그러나 수공업 내지 농업에 종사하는 사람은 한 사람도 없었다. 그런데 한 가지 주목해야 할 일은 이들 모두가 기본적으로 보수적인 성향을 가진 사람들로서 대중민주주의(Massendemokratie)에 대해서는 깊은 회의를 가지고 있었다는 점이다.[320] 또 그들 대부분이 자본주의사상을 가지고 있었고, 55명 중 11명은 스스로 노예를 가진 사람들이었다는 점도 소홀히 할 수 없는 점이다.[321] 아무튼 이들 미국연방헌법의 아버지들은 기본적으로 영국보통법(Common Law)의 기본원리와 마그나 카르타(Magna Carta), 영국혁명의 자유주의정신, Locke와 Montesquieu의 정치사상 등을 바탕으로 짧은 기간 내에 간결하면서도[322] 가장 수명이 길고 효과적인 헌법을 제정하는 데 성공했다고 볼 수 있다.

β) 대통령제탄생의 사상적 배경

그렇다면 연방국가적 구조[323]와 엄격한 권력분립, 그리고 사법

922

---

317) State New York에서는 연방헌법의 인준을 둘러싸고 연방론자와 반연방론자 사이에 열띤 논쟁이 벌어졌고, Alexander Hamilton, James Madison, John Jay를 중심으로 한 연방론자들이 연방헌법의 인준을 촉구하기 위한 여러 가지 연방헌법의 해설서를 발표하게 되었는데, 이른바 'Federalist Papers'라고 불려지는 것이 바로 그것이다. 이 'Federalist Papers'는 오늘날까지도 미국연방헌법의 이해에 큰 도움을 줄 뿐 아니라 그 깊이 있는 국가이론이 높이 평가되고 있다.

318) Darüber vgl. *K. Loewenstein*(FN 307), S. 8ff.

319) 그 대표적인 인물로는 Washington, Adams, Madison, Hamilton, Franklin 등을 들 수 있다.

320) Vgl. z. B. *Hamilton*, The Federalist Papers, Cap. 70; *E. Fraenkel*(FN 311), S. 224.

321) Darüber vgl. *K. Loewenstein*(FN 307), S. 8f.

322) 미국연방헌법은 제정 당시 전문 7조로 되어 있었지만, 그 후 27개의 수정조문 (Amendments)이 추가되었다(2021. 4. 현재).

323) 미국연방헌법은 헌법사에서 연방국가헌법의 효시로 간주되고 있다. 13개의 국가연합

미국의
독창적인
정부형태

권의 강화로 징표되는324) 미국연방헌법상의 대통령제정부형태는 과연 어떠한 사상적 배경하에서 탄생된 것인가? 미국연방헌법의 아버지들이 직접·간접으로 영국의 정치제도를 체험했고 의회중심의 영국정치제도에 관해서 적지 않은 호감을 가지고 있었던 사실을 상기할 때, 바로 그들이 무엇 때문에 영국의 정치제도와는 판이하게 다른 대통령제를 채택했었는가를 살피는 일은 대통령제를 이해하는 데 있어서 매우 중요한 의미를 갖는다고 할 것이다. 한 가지 분명한 사실은 미국연방헌법의 아버지들이 Philadelphia에서 연방헌법에 관한 논의를 할 때 정부형태에 관한 이상적인 모델로서의 의원내각제와 대통령제를 놓고 그 장단점을 비교한 후에 대통령제를 택한 것은 아니라는 점이다. 미국연방헌법상의 대통령제는 일정한 역사적 상황에서 그 때까지 지배적이었던 영국의 정치제도가 노출시키는 여러 가지 정치적인 폐단을 시정하고, 정치적 내지 법적으로 무책임한 군주 대신에 정치적 내지 법적으로 책임질 수 있는 대통령을 국가원수의 자리에 앉힘으로써, 통치권행사가 제한되는 '제한된 정부'(limited government)를 구성해서 자유보장에 만전을 기하려는 한결같은 집념의 소산이었다고 보는 것이 옳을 것 같다. 즉 대통령제는 영국적 정치상황의 부정적인 측면을 거울삼아 이를 긍정적으로 발전시키려는 역사교훈적 산물로서의 성격을 갖는 한편, 제한된 정부의 책임정치를 실현하려는 자유민주주의이념에 뿌리를 두고 탄생된 미국의 독창적인 정부형태라고 볼 수 있다. 이를 좀더 자세히 검토하기로 한다.

923
영국헌정의
혼란이 준
부정적
영향과
모방 기피

① 영국헌정의 역사교훈적 영향   먼저 미국연방헌법상의 정부형태에 적지 않은 영향을 미쳤을 것으로 추측되는 필라델피아 헌법회의 당시의 영국의 헌정상황은 어떠했었는가? 한마디로 요약하면 미국연방헌법이 제정될 당시의 영국의 헌정상황은 의원내각제가 이론적으로 또 현실적으로 아직 정착되지 않았던 정치적 혼란기였다고 말할 수 있다. 의회다수세력의 지지를 받지 못한 피트(William Pitt) 내각이

에서 출발한 미국의 역사상 미국의 국가형태가 연방국가일 수밖에 없었던 것은 오히려 불가피한 일이었다고 볼 수 있다.

324) K. Loewenstein에 따르면 연방제도, 공화적 정부형태, 권력분립, 제한된 통치권행사(limited government), 국민주권주의, 사법권의 우위 등 여섯 가지가 미국연방헌법의 특색이라고 한다. Vgl.(FN 307), S. 14ff.

계속해서 소수내각으로 재임함으로써 야기되는 정치적 혼란(1783년과 1784년)과 헤스팅즈(Warren Hastings)장관을 상대로 한 탄핵소추(im-peachment)가 정치의 중심문제로 다루어졌던 18세기 말의 영국정치상황은 Philadelphia에 모인 미국연방헌법의 아버지들에게 영국적 정치제도에 대한 회의를 불러일으키기에 충분했다고 볼 수 있다.325) 13개의 이질적인 독립국가를 하나의 연방국가로 통합시켜야 하는 미국헌법의 아버지들은 직감적으로 의회에 안정된 다수세력이 계속해서 확보되는 이상적 정치상황보다는, 군소정치집단의 대립으로 인해 의회의 정치세력분포가 불안정해지리라는 정치전망이 더 현실적으로 느껴졌을 것이 분명하다. 따라서 영국적 정부형태를 그대로 모방하는 것은 그것이 동시에 영국적 정치혼란의 재현을 뜻하게 된다고 믿었기 때문에 의원내각제의 채택에 부정적 결정을 내렸을 것으로 짐작된다.326) 말하자면 소수내각으로 인한 영국의 정치혼란에 대한 생생한 경험과 연방국가의 성격상 안정된 다수세력의 형성이 어려우리라는 직감적 정치전망이 미국연방헌법의 아버지들로 하여금 영국적 정부형태의 채택을 어렵게 했다고 말할 수 있다.

② 군주제에 대한 반동과 공화제의 책임정치추구　　두 번째로 미국연방헌법의 아버지들이 대통령제를 그 정부형태로 채택한 것은 다분히 유럽의 전통군주제에 대한 항의적 의미를 갖는다고 볼 수 있다. 즉 '왕권신수설'(divine right of kings)에 입각해서 '왕은 잘못을 저지를 수 없다'(The King can do no wrong)는 유럽식의 전통적인 군주사상이 영국을 비롯한 유럽대륙에서 전제군주제와 제한군주제의 이념적 기초로 작용하고 있었기 때문에 전통적인 군주사상을 탈피해서 신이 아닌 국민으로부터 그 권한을 부여받고 잘못된 권한행사에 대해서는 국민에 대하여 책임을 질 수 있는 정부형태를 마련해 보겠다는 강한 집념이 대통령제를 탄생시킨 또 하나의 사상적 배경이라고 할 수 있다.327) E. Fraenkel의 지적대로328) '왕은 잘못을 저지를 수 없다'는 신성군주원리는 물론 절대적인 왕권의 정당화논거로서 주장되는 것이 상

924
전통군주제에 대한 거부감과 책임정치의 추구

---

325) So auch *E. Fraenkel*(FN 311), S. 244ff.(248).

326) So auch *E. Fraenkel*(FN 311), S. 250.

327) So auch *E. Fraenkel*(FN 311), S. 223 u. 244ff.(245).

328) Vgl.(FN 327), S. 244.

레지만, 또 반대로 무력한 왕권 내지는 제한군주제를 정당화시키는 데 원용될 수도 있다. '왕은 잘못을 저지를 수 없기 때문에 책임을 질 수 없다'면 '책임을 질 만한 행위는 왕이 행해서는 안 된다'라는 역논리도 성립될 수 있기 때문이다. 물론 이 역논리의 바탕은 '법우선의 원칙' (supremacy of law)에 입각한 책임정치의 강조에 있고 절대군주제가 제한군주제로 넘어오는 과정에서 커다란 헌법이론적인 기여를 한 것이 사실이다. 제한군주제에서 군주의 국정행위가 그 효력을 발생하기 위해서는 의회에 대해서 책임을 지는 내각의 부서(副署)를 필요케 한 것도 따지고 보면 무책임한 군주를 대신해서 누군가가 책임을 지도록 하기 위한 책임정치의 소산이었다고 할 것이다. 입헌군주제의 영국에서도 처음에는 법적인 책임을 중요시해서 탄핵심판제도(impeachment)를 두었었지만, 18세기 말 앞에서 언급한 Warren Hastings에 대한 탄핵심판절차를 끝으로 그 후에는 정치적인 책임을 중요시하는 불신임제도(vote of censure)로 변질되었다. 아무튼 영국의 정부형태는 '책임지지 않는 왕'의 전통을 유지하면서 의회에 대해 법적·정치적으로 책임질 수 있는 내각을 둔다는 데 그 특징이 있었지만, 미국연방헌법의 아버지들은 '법적으로 무책임한 군주' 대신에 '책임지는 대통령'을 국가원수의 자리에 앉힘으로써 의회에 대해서는 법적인 책임을, 그리고 국민에 대해서는 정치적 책임을 지는 대통령중심으로 정치가 행해지도록 모색한 것이다.[329] 미국연방헌법(제1조 제2항 끝줄과/제3항 제6절)에 대통령에 대한 탄핵심판제도를 두어 대통령의 법적 책임을 강조하면서도 그의 국정행위에 대한 부서제도와 국무위원에 대한 불신임제도를 두지 않은 것은 이 두 제도가 무책임한 군주의 존재를 전제로 한 군주제의 잔재라고 믿었기 때문이다.

925
자유주의
사상에 의한
제한된
정부 추구

③ 자유보호를 위한 '제한된 정부'에의 집념   세 번째로 미국연방헌법의 아버지들은 계몽주의와 자유주의사상의 영향을 받은 진취적인 국가철학을 가진 사람들이 대부분이었기 때문에 천부적인 국민의 자유와 권리의 보호에 도움이 되는 '제한된 정부'(limited government)를 만들겠다는 의지가 Montesquieu의 권력분립이론을 원색적으로 받아들이게 되고, 그 결과 입법·집행·사법권의 조직적·기능적 독

---

329) Dazu vgl. *E. Fraenkel*(FN 311), S. 245.

립에 입각한 대통령제를 낳게 했다고 볼 수 있다.[330] 국가권력을 입
법·집행·사법권의 셋으로 나누어서 각각 다른 국가기관에 맡김으로
써 이들 국가기관 상호간의 '견제와 균형'을 통해서 국가권력의 전제화
를 막아 국민의 자유와 권리를 보호한다는 Montesquieu의 3권분립이
론은 어쩌면 미국연방헌법의 아버지들이 찾고 있던 바로 그 '제한된
정부'의 실현에 꼭 알맞는 통치기구의 조직원리였는지도 모른다.[331]
Montesquieu의 이론에 따라 입법권·집행권·사법권을 그 조직과 기
능면에서 엄격하게 분리시키다 보니 결과적으로 영국의 정부형태와는
다른 대통령제가 탄생케 된 것이라고 볼 수 있다. Loewenstein의 말
처럼[332] 미국연방헌법상의 권력분립은 적어도 이념적으로는 국가적 과
제의 효율적인 수행을 위한 국가기능의 사항적인 분리보다는 '제한된
정부'를 실현하기 위한 '권력의 분립'(separation of powers)을 지향하고
있었다고 할 것이다.[333] 물론 미국연방헌법의 제정자들은 '권력의 분
립'과 함께 권력간의 '견제·균형'(checks and balances)의 메커니즘도
소홀히 하지 않았는데, 대통령에게 법률안에 대한 서명·공포권과 거
부권을 준 것이나, 대통령의 조약체결과 일정한 고위직공무원임명은
의회(상원)의 임명동의를 받도록 한 것 등이 그 대표적인 예이다. 일정
한 국정분야에서 국가의사의 결정을 위해서 여러 권력주체가 협동해야
하는 이른바 '협동적 권력'(coordinated powers)의 이념은 미국연방헌법
의 본질적인 것이라기보다는 미국연방헌법의 운영과정에서 나타난 헌
법변질적 요소라고 보는 것이 옳다.[334]

결론적으로 1787년에 제정된 미합중국연방헌법에 그 기원을 두
고 있는 대통령제는 영국의 의회주의적 의원내각제에 대한 반성과 군
주제에 대한 반동, 그리고 인간의 자유실현을 위한 '제한된 정부'에의
열망 등이 Montesquieu의 3권분립모델에 따라 제도화된 미국의 독창
적인 정부형태라고 말할 수 있다.[335] 따라서 대통령제정부형태를 바르

926

미국적인
풍토의
독창적
산물인
대통령제

---

330) So auch vgl. *K. Loewenstein*(FN 307), S. 14.

331) Ähnlich *E. Fraenkel*(FN 311), S. 220ff.(220).

332) Vgl. dazu(FN 330).

333) So auch *E. Fraenkel*(FN 311), S. 220.

334) So auch *K. Loewenstein*(FN 330).

335) 미국의 대통령제에 대해서는 다음 문헌을 참조할 것.

　　K. v. Beyme, Das präsidentielle Regierungssystem der Vereinigten Staaten in

게 이해하고 대통령제의 본질적인 내용을 파악하기 위해서는 언제나 대통령제가 나타나게 된 이같은 사상적 배경에 대한 뚜렷한 인식을 갖는 것이 절대적으로 필요하다. 대통령제가 미합중국의 토양에서만 성공할 수 있는 정부형태라고 평가되고, 대통령제가 미합중국 이외의 나라에서 별로 성공하는 사례가 없는 것도 어쩌면 대통령제의 본질적 내용과 그 탄생의 사상적 배경을 무시한 채 대통령제를 지나치게 제도외적 요소와 혼합시키기 때문이라고 볼 수 있다. 대통령제가 뿌리 내릴 수 있는 책임정치풍토가 조성되고 대통령제에 내재하고 있는 권력분립의 정신과 '제한된 정부'의 이념을 존중하고 실현하려는 강력한 정치도의가 확립되지 못한 사회에 대통령제를 이식하려는 것은 마치 사막에 장미꽃을 심으려는 것이나 다름없다. 아름다운 장미꽃은 볼 수 없고, 장미나무의 날카로운 가시만이 그 위력을 발휘하는 사이비대통령제가 이 지구상에는 너무도 많다. 우리의 헌정사도 결코 그 예외는 아니다.

c) 미합중국대통령제의 내용

a) 헌법상의 제도내용

927

3권분립적
조직과
기능의
독립성보장

미합중국의 대통령제는 앞에서 설명한 대통령제의 본질적 요소를 그대로 갖춘 정부형태라는 데 그 표본적인 의미가 있다. 즉 미합중국연방헌법은 국가권력을 입법권·집행권·사법권의 셋으로 나누어, 입법권은 국민이 선거하는 의원으로 구성되는 하원(House of Repre-sentatives)과 상원(Senate)에($\frac{제1}{조}$),336) 집행권은 역시 국민(Electoral College)에 의해서 선거되는337) 대통령에($\frac{제2}{조}$), 그리고 사법권은 연방대법원

---

der Lehre der Herrschaftsformen, 1967.

336) 미합중국연방헌법의 조문구조는 우리의 헌법조문구조와 달라서 Article, Section, Clause 등으로 나누어져 있지만, 우리의 조문표기 관례에 따라 조, 항, 절 등으로 표시하기로 한다.

337) 미국대통령선거제도가 흔히 간접선거제도라고 불려지지만 오늘날에 와서는 직접선거와 다름없게 그 제도가 변질되었다는 점을 유의할 필요가 있다. 미국대통령선거제도에 대해서 자세한 것은 다음 문헌을 참조할 것. 졸고, "대통령직선제,"월간조선 1985년 5월호, 92면 이하.

  K. Loewenstein(FN 307), S. 266ff.; F. A. Hermens, Demokratie oder Anarchie?, 1951, S. 307ff.; S. Magiera, Die Vorwahlen(Primaries) in den Vereinigten Staaten, 1971.

  미국 대통령 선거일은 11월 둘째 화요일이고 이 때 선출된 선거인단이 12월 14일 주별로 모여 형식적인 투표로 대통령 당선인을 공식적으로 확정한다. 그리고 그 다음

(Supreme Court)과 의회가 설치하는 기타의 연방하급법원에($\frac{제3}{조}$) 나누어서 맡기고 있다. 하원의원과 상원의원의 임기는 각각 2년($\frac{제1조}{제2항}$)과 6년($\frac{제1조\ 제3항,}{수정\ 제17조}$)이고, 대통령의 임기는 4년($\frac{제2조}{제1항}$)이며, 연방대법원의 법관은 상원의 동의를 얻어 대통령이 임명하지만($\frac{제2조}{제2항}$) 원칙적으로 종신직(tenure)이다($\frac{제3조}{제1항}$). 따라서 조직적인 면에서 입법부・집행부는 완전히 독립되어 있는데, 대통령의 궐위시에 대통령직을 승계하는 부통령을 대통령선거시에 함께 뽑도록 한 것도($\frac{제2조}{제1항}$) 집행부조직의 독립성을 보장해 주기 위한 제도적 장치라고 할 것이다.[338] 양원제의회의 상원과 하원의 조직도 하원은 각 주의 주민수에 따라, 그리고 상원은 각 주에서 두 명씩 뽑히는 임기가 다른 대표들로 분리해서 구성한다. 다만 사법부에 속하는 최고법원의 구성만은 대통령과 상원의 협력에 의해서 이루어지지만, 최고법원의 법관이 종신직으로 되어 있기 때문에 관직의 독립성이 역시 유지된다고 볼 수 있다.[339] 이같은 입법부・집행부・사법부의 조직의 독립성은 집행부 또는 사법부의 관직과 의원직을 겸할 수 없게 하는 겸직금지규정($\frac{제1조}{제6항}$)에 의해서 강조되고 그 기능과 활동의 독립성으로 이어진다. 즉 대통령은 의회에 대해서 탄핵심판절차($\frac{하원의\ 탄핵소추에\ 의한\ 상원의\ 탄핵심판,}{제1조\ 제2항과\ 제3항\ 제6절}$)에 의한 법적인 책임을 지는 경우 이외에는 그 임기 동안 그가 임명하고 그에게만 정치적 책임을 지는 그의 집행부구성원(Cabinet)들의 도움을 받아 집행권을 행사하고, 대통령을 비롯한 집행부구성원들은 의회의 입법활동을 간섭할 수 없다($\frac{제1조}{제7항}$). 집행부에 법률안제출권이 없으며, 의회의 요청이 없는 한 의회에 출석・발언할 수도 없고, 대통령에게는 교서에 의한 의견진술권만이 허용된다($\frac{제2조}{제3항}$). 대통령에게 의회해산권이 없는 것과 마찬가지로 의회에 집행부

해 1월 20일 대통령에 취임한다. 다만 대통령 선거인단 선거일로부터 12월 14일 사이에 사실상의 당선인이 사망 등 유고한 경우에 관해서는 명문 규정도 실제 사례도 아직 없다. 그 결과 결국에는 연방대법원이 최종적으로 결정할 수밖에 없을 것이다.

338) 미국 헌법 제2조와 수정헌법 제25조가 대통령 유고시 부통령의 대통령 권한대행 내지는 승계원칙과 절차를 분명히 규정하고 있다. 그리고 부통령 유고시에는 하원의장, 상원 임시의장(평소에는 부통령이 상원의장이지만 이 경우에는 상원 최연장자가 임시의장의 직무 수행한다), 국무장관, 재무장관, 국방장관, 법무장관, 내무장관, 농무장관, 상무장관의 순으로 권한을 대행하도록 승계관련법률을 제정 내지 개정했다 (1792, 1868, 1947). 차기 대통령 당선인이 사망한 경우에는 차기 부통령 당선인이 대통령 직무를 수행한다(수정헌법 제20조 제3절).

339) Darüber vgl. *K. Loewenstein*(FN 307), S. 409ff.

에 대한 불신임권이 없는 것은 물론이다.[340] 의회활동의 독립성을 보장
하기 위해서 의원에게는 불체포특권과 면책특권이 주어진다($\frac{제1조}{제6항}$).

928
3권간의
견제·균형
장치

　　미국연방헌법은 이처럼 3권분립이론에 충실해서 3권의 조직
적·기능적 독립성을 최대한으로 보장하기 위한 정부형태를 마련하면
서도, 또 한편 3권의 '견제·균형'을 위한 메커니즘도 잊지 않고 있다.
대통령의 권한에 속하는 외국과의 조약체결에는 상원재석(출석)의원
2/3 의 동의를 받도록 하고, 대사·공사·연방대법원법관·기타 고위직
공무원의 임명에 상원의 동의를 필수요건으로 정하고($\frac{제2조 제2}{항 제2절}$), 의회로
하여금 집행부의 예산안 및 재정지출에 대한 심의권을 갖도록 하는
($\frac{제1조 제9}{항 제7절}$) 한편, 대통령에게는 의회제정법률안에 대한 서명·공포권과
거부권을 인정하고($\frac{제1조 제7}{항 제2절}$) 있는 것이 바로 그것이다. 즉, 대통령은
의회제정법률안에 대해서 이의가 있는 경우에는 법률안의 이송을 받은
날로부터 10일 이내에 그 법률안이 발의된 의회에 환부하고 그 재의를
요청할 수가 있다.[341] 그러나 환부거부된 법률안이라도 양원에서 각각
그 재적의원 2/3의 찬성으로 재의결(override)된 경우에는 그 법률안은
법률로서 확정된다. 환부거부가 허용되는 10일 내에 의회가 회기만료
로 폐회케 되는 경우에는 대통령은 그 법률안을 의회에 환부치 않고
그대로 유보시킴으로써 폐기시킬 수가 있는데 이를 보류거부(pocket
veto)라고 한다. 의회가 재의결할 기회를 갖지 못하는 이 보류거부는
환부거부보다 그 거부의 효력이 강하다고 볼 수 있다. 의회가 이미 그

---

340) 대통령과 의회의 상호관계에 대해서 자세한 것은 다음 문헌을 참조할 것.
　　K. Loewenstein(FN 307), S. 364ff.
341) 미국은 대통령이 법률안과 예산안에 대하여 항목별로도 거부권을 행사할 수 있도록
　　1996년 입법했는데 이 선택적 거부권법(Line-Item Veto Act)이 자신들의 헌법상 권
　　한을 침해한다고 제기한 일부 연방의원들의 소송에 대해서 Columbia 지방법원의 견
　　해와는 달리 1997년 6월 연방대법원은 소송을 제기한 연방의원들이 구체적인 권리침
　　해를 충분히 입증하지 않았다는 이유로 그들의 소송을 받아들이지 않음으로써 이 법
　　률의 합헌성을 확인했었다(Frederick D. Raines et. al. v. Robert C. Byrd et. al.
　　(117 S. Ct. 2312; U.S. Supreme Court 96-1671). 그로부터 1년이 지난 1998년 6월
　　연방대법원은 Clinton et. al. v. City of New York et. al. 사건에서 선택적 거부권법
　　은 연방헌법의 의회입법원칙(제1조)에 위배된다고 위헌결정을 했다(U.S. Supreme
　　Court 97-1374). 이 위헌결정에는 Stevens, Rehnquist, Kennedy, Souter, Thomas,
　　Ginsberg 등 6명의 재판관이 찬성했고, Breyer, O'Connor, Scalia 등 3명의 재판관
　　이 반대의견을 냈다. 그런데 Kennedy는 위헌별개의견을 냈고, Scalia는 부분별개·부
　　분반대의견을 내서 O'Connor가 동조하고, Breyer도 Scalia의 부분반대의견에 동조하
　　면서 자신의 반대의견을 개진해서 O'Connor와 Scalia의 동조를 받았다.

회기를 끝낸 후에도 대통령은 보류거부 대신에 법률안에 서명할 수 있는지의 다툼에 대해서 연방대법원은 이를 긍정적으로 판결했다.[342] 의회가 아직 회기중인데도 10일 이내에 환부거부되지 아니한 법률안은 자동적으로 법률로서 확정된다.[343] 그리고 사법부가 행사하는 법률에 대한 위헌심사제도는 미국연방헌법에 명문의 규정은 없지만, 연방헌법(제6조제2절)에 명시된 최고법조항(supreme law of the land-clause)을 근거로 해서 1803년부터 판례로[344] 확립된 헌법전통으로서 입법권에 대한 중요한 견제기능을 하고 있다.[345]

β) 대통령제의 운용실태

① 선거제도의 변화　　　Fraenkel의 지적대로[346] 군주정치(Monarchie)를 거부하고, 귀족정치(Aristokratie)를 증오하며, 민주정치(Demokratie)를 두려워하면서 만들어진 미국연방헌법은 군주가 아닌 대통령, 귀족원이 아닌 상원, 그리고 민주적 색채가 약한 하원을 만들기는 했지만, 적어도 제헌 당시의 헌법상의 제도만을 놓고 볼 때에는 대통령의 간접선거제도와 상원의원의 간접선거제도[347] 등을 통해서 결과적으로는 군주정치와 귀족정치 그리고 민주정치의 세 가지 요소가 함께 공존하는 일종의 '혼합헌법'(gemischte Verfassung)을 제정한 셈이 되고 말았다.[348] 미국연방헌법은 통치권의 민주적 정당성이라는 측면에서 처음부터 문제점을 내포한 혼혈아였다고 볼 수 있다. 따라서 미국연방헌법의 운용과정에서 대통령선거가 정당정치의 발달과 함께 사실상의 직접선거로 변질되고, 상원의원의 간접선거제도가 1913년의 헌법개정에 의해서 직접선거제도로 바뀐 것은 말하자면 통치권의 민주적 정당성이라는 시대적 요청에 의한 불가피한 변화였다고 할 것이다. 이처럼

929

민주적
정당성
강화요청과
직선제

---

342) Vgl. Edwards v. United States, 226 U.S. 482(1932).

343) 미국대통령의 거부권에 대해서 자세한 것은 다음 문헌을 참조할 것.
　　 K. Loewenstein(FN 307), S. 372ff.

344) Vgl. Marbury v. Madison(1 Cr. 137, 1803) und dazu *K. Loewenstein*(FN 307),
　　 S. 420ff.(421f.).

345) 미국의 위헌법률심사제도에 대해서 자세한 것은 다음 문헌을 참조할 것.
　　 K. Loewenstein(FN 307), S. 418ff.

346) Dazu vgl. *E. Fraenkel*(FN 311), S. 224.

347) 제헌 당시의 헌법규정에 따르면 상원의원은 각주의 주의회에서 2명씩 간접선거토록
　　 되어 있었다. 그 후 1913년 수정헌법 제17조에 의해서 상원의원도 국민의 직선제로
　　 바뀌었다.

348) So *E. Fraenkel*(FN 311), S. 224.

기교적인 혼합헌법의 구상이 대통령과 상원의원의 선거제도변화와 그로 인한 민주적 정당성의 증가로 무의미하게 되자 남은 문제는 미국대통령제의 본질적인 요소로 간주되는 통치기관의 '조직과 기능의 분리' 및 통치기관간의 '견제와 균형'의 메커니즘이 어떤 형태로 정착되어 나가느냐 하는 것이었다.

930
상·하원간
의 관계

② 견제적 협동체제의 운영실태   미국연방헌법의 아버지들은 제헌 당시에 특히 두 가지 점을 중요시했다고 볼 수 있는데, 그 하나는 영국의회주의(parliamentarism)의 영향에 의한 '의회우월'적 통치기구의 추구이고,[349] 또 하나는 Montesquieu의 권력분립정신에 따라 통치권을 엄격히 분리시키되 통치기관간의 견제적 협동체제(separated and coordinated powers)[350]를 확립함으로써 국가적 과제의 원만한 수행을 꾀한다는 점이었다.[351] 의회를 견제할 수 있는 헌법상의 무기로 대통령에게는 법률안거부권만을 인정하면서 의회에게는 입법권과 예산심의 및 재정에 관한 권한, 대통령의 조약체결과 고위직공무원임명에 대한 동의권, 그리고 국정조사권 등 많은 대통령 견제수단을 주고 있는 것은 의회우월을 겨냥하면서도 국가의사를 대통령과 의회의 협동에 의해서 결정케 하려는 필라델피아정신의 제도적인 표현이라고 할 것이다.양원제의회를 두되, 간선제에 바탕을 두고 구성되는 상원과 직선제에 따라 구성되는 하원과의 세력균형을 유지키 위해서 상원의원의 임기를 하원의원보다 길게 6년으로 하고 상원에게 대통령의 조약체결과 공무원임명에 대한 동의권을 준 것도 견제·균형을 염두에 둔 제도적인 표현이었다고 평가할 수 있다.[352] 그러나 상원의원의 선출이 직선제로 바뀐 뒤부터는 주단위의 대선거구에서 6년임기로 선거되고 매 2년마다 그 재적의원 1/3 만이 교체됨으로써(제1조 제3항 제2절), 기관의 계속성과 동질성이 보다 잘 유지되는 소규모의 상원이, 소선거구에서 임기 2년으로 선출된 대규모의 하원보다 상대적으로 더 우세한 위치에 서게 되었다. 연방헌법제정 당시의 예상과는 달리 하원이 아닌 상원이 의회활

---

349) Vgl. The Federalist Papers(No. 51); "In republican government the legislative authority necessarily predominates."
350) Vgl. *K. Loewenstein*(FN 307), S. 365.
351) Vgl. The Federalist Papers(No. 51).
352) So auch *E. Fraenkel*(FN 311), S. 225.

동의 주도권을 장악하는 헌법현실이 나타나고, 하원은 예산안심의를
비롯한 재정작용의 분야에서 우선권[353]을 가짐으로써 어느 정도 상원
에 대한 정치적 열세를 만회하고 있는 형편이다.[354] 따라서 미국연방헌
법의 제정자들이 양원제의회를 채택함으로써 추구하던 상원과 하원간
의 상호견제기능은 사실상 기대할 수 없게 되었다고 말할 수 있다. 오
늘날 미국의회활동이 전체회의(본회의)가 아닌 각종 위원회중심으로 이
루어지고 각종 위원회구성이 위원회 상호간의 '견제와 균형'을 촉진시
키는 방향으로 행해지고 있다는 점을 상기할 때 의회 내의 견제·균형
의 메커니즘은 상·하원간의 관계에서 위원회간의 관계로 옮겨졌다고
말할 수 있을 것 같다.[355]

      ③ 의회와 대통령의 경쟁관계   의회와 대통령의 상호관계만
하더라도 의회우위의 통치구조적인 의도가 반드시 그대로 헌법현실로
나타나고 있다고 보기는 어렵다. Loewenstein[356]에 따라 미국대통령제
의 핵심적인 요점은 의회와 대통령이 서로 조직과 기능의 독립성을 유
지하면서도 국가의사의 결정에는 상호교차적인 영향력을 행사하는 데
있다고 본다면 미국대통령제는 그 창안자들의 의도야 어떠했던 간에
의회와 대통령의 경쟁관계를 처음부터 제도잠재적인 요인으로 간직하
고 있었다고 볼 수 있다. 전체적으로 볼 때에는 미국연방헌법의 창안
자들이 생각했던대로 의회와 대통령 사이에 힘의 균형관계가 유지되고
이 두 헌법기관이 정치적인 절충과 타협의 미덕을 발휘해서 미국 특유
의 대통령제를 성공시키고 있는 것은 사실이지만, 부분적으로 또 시기
적으로는 의회와 대통령이 그들에게 주어진 헌법상의 기능을 정치적인
주도권장악을 위한 수단으로 남용한 사례도 없지 않았다. 그럼에도 불
구하고 의회와 대통령 사이의 정치적인 갈등과 헤게모니싸움이 미국의
헌정사상 한 번도 정치의 파탄을 가져오지 않고 적절한 선에서 매듭지
어질 수 있었던 것은 Loewenstein[357]의 말대로 미국적 정치신화의 비

931

의회견제
요소와
대통령독재
요소의 명암

---

353) 대통령이 매년 의회에 제출하는 예산안은 먼저 하원에 보내는 것이 헌법적 관례로
    확립되어 있다.
354) 상원과 하원의 상호관계에 대해서는 다음 문헌을 참조할 것.
    E. Fraenkel(FN 311), S. 288ff.
355) So auch *E. Fraenkel*(FN 311), S. 226.
356) Vgl. dazu *K. Loewenstein*(FN 307), S. 366, 368.
357) Vgl. *K. Loewenstein*(FN 307), S. 390.

밀일는지도 모른다.

    아무튼 미국헌정사를 통해 볼 때 의회와 대통령의 힘의 균형관
계는 대통령제가 성공하기 위한 결정적인 요인으로 작용하고 있다. 미
국의 정부형태는 본질적으로 의회전제(Parlamentsdespotismus)의 요소와
대통령독재(Präsidentdiktatur)의 두 요소를 모두 내포하고 있어 정치상
황에 따라서는 그 어느 한쪽으로 기울 가능성을 배제하기 어렵다.358)
미국의 정부형태가 의회전제형태로 기능하느냐 아니면 대통령독재체제
로 변신하느냐 하는 것은 Loewenstein의 인식359)에 따르면 대통령의
인품과 의회 내의 정당세력분포의 두 가지 요인에 의해서 결정된다고
한다. 개성과 리더십(leadership)이 강한 강력한 대통령이 의회에 다수
지지세력을 확보하는 경우에는 대통령의 지위와 권한이 커져서 이른바
1인통치형태(Einmannherrschaft)가 나타나게 된다. 이 경우 미국대통령
은 후리드리히(C. J. Friedrich)의 말대로360) 비록 군주의 칭호는 갖지 않
는다 하더라도 입헌군주제의 어느 군주도 꿈꾸지 못할 많은 권한을 행
사하게 된다.361) 그러나 개성과 지도력이 약한 대통령의 경우에는 설령
의회 내에 다수세력이 확보된다 하더라도 정치의 중심이 의회쪽으로
옮겨지게 되고,362) 리더십이 약한 대통령이 반대세력에 의해서 지배되
는 의회와 맞서게 되는 경우에는 오히려 의회전제의 가능성이 커진다
고 한다.363) 그래서 Loewenstein364)은 미국의 대통령제가 마치 언제나
대통령중심으로 국정이 운영되는 대통령 1인통치형태인 것처럼 인식하
는 경향은 잘못된 것이라고 지적한다. 물론 강력한 민주적 정당성에
뿌리를 두는 대통령의 헌정상 지위는 사회국가적 요청에 의한 행정영
역의 확대와 행정업무의 통합 내지 조정의 필요성으로 인한 연방정부
의 권한증가현상 때문에 어차피 향상되기 마련이지만, 그 지위향상이
마치 대통령제의 본질에서 나오는 불가피한 현상인 것처럼 인식하는

---

358) So auch *K. Loewenstein*(FN 307), S. 394.
359) Vgl. *K. Loewenstein*(FN 358).
360) So *C. J. Friedrich*(FN 307), S. 440, 441.
361) *K. Loewenstein*(FN 307, S. 395)에 따르면 Roosevelt 대통령 재임시가 그 대표적인
    예라고 한다.
362) *K. Loewenstein*(FN 361)은 Truman 대통령시대를 그 예로 든다.
363) *K. Loewenstein*(FN 361)은 Eisenhower 대통령시대를 그 예로 든다.
364) Vgl. dazu *K. Loewenstein*(FN 307), S. 366.

그릇된 시각은 지양할 필요가 있다. 오늘날 만일 미국의 헌법현실에서 대통령의 지위와 권한이 강화되고 의회의 지위와 권한이 그와 반비례해서 약화되었다면 그것은 대통령제의 본질에서 나오는 필연적인 결과라기보다 대통령이 갖는 정치적 지도력과 의회 내 세력분포의 결과라고 볼 수 있다. 또 그것은 대통령권한을 강화하는 쪽으로 헌법규정을 확대해석해 온 꾸준한 헌법전통의 결과이기도 하며[365] 헌법제정 당시의 '이원적 연방주의'(dual federalism)가 '협동적 연방주의'(cooperative federalism)로 변질되어 주의 지위와 권한은 약화되고 연방정부의 지위와 권한은 강화된 결과이기도 하다.

④ 연방제도의 변화   미합중국은 13개 독립국가의 국가연합에서 연방국가로 발전한 것이었기 때문에, 헌법의 아버지들은 주의 고유권한을 우선시키고 연방정부의 권한을 보충적 내지 예외적인 것으로 하는 내용의 연방국가적 헌법을 제정했었다. 연방정부의 권한을 헌법에 제한적으로 열거하고(제1조제8항), 연방정부의 권한사항으로 명시되지 않았거나 명문으로 주에게 금지된 사항(예컨대, 외국과의 조약체결, 제1조 제10항 제3절)을 제외하고는 원칙적으로 주의 권한에 속한다(수정제10조)는 명문규정을 둔 것은 그 때문이었다. Loewenstein의 말대로[366] 주의 주권을 계속해서 인정하면서 연방의 주권을 새로이 창설하는 이른바 연방적 주권 내지 이중주권적인 이원적 구조의 연방국가를[367] 모색했다고 볼 수 있지만, 그것은 어디까지나 이상에 불과하다는 것이 이른바 1861년의 남북전쟁(Sezessionskrieg)에 입증되고 말았다. 더욱이 자유경제체제가 몰고온 생활관계의 불균형 때문에 생존배려의 문제가 제기되고, 국가의 사회정책적 적극행정의 분야가 넓어짐에 따라 행정업무의 통합·내지 조정의 필요성이 커지고, 그것은 결과적으로 집행권의 강화와 연방정부의 권

932
연방과
주의 위상
관계 변화

365) 미연방헌법에 명시된 대통령의 권한은 국군통수권, 국제법상의 국가대표권, 조약체결권, 공무원임명권뿐이다. 그러나 미연방헌법 제2조 제3항 중에 대통령은 법률이 충실히 집행되도록 유념해야 한다(he shall care that the laws be faithfully executed…)는 규정이 있는데, 이 규정의 해석을 통해서 대통령의 기타 권한을 유도해 내고 있다.
366) Dazu vgl. K. Loewenstein(FN 307), S. 14.
367) 연방국가의 구조적 특징에 관해서 방주 493~497 참조할 것.
그리고 미국의 연방국가구조에 관해서 자세한 것은 다음 문헌을 참조할 것.
Vile, The Structure of American Federalism, 1961; K. C. Wheare, Federal Government, 3. Aufl.(1953), S. 16ff.; E. Fraenkel(FN 311), S. 100ff.

한중가현상으로 나타나게 되었다. 이처럼 집행권이 강화되고 연방정부의 지위와 권한이 강화된다는 것은 바로 집행권과 연방정부를 대표하는 대통령의 지위향상과 권한증가를 뜻하게 된다. 이렇게 볼 때 미국의 정부형태에서 의회와 대통령의 정치역학적 비중이 대통령쪽으로 기울어졌다면 그것은 어느 의미에서는 연방제도의 변화 등 헌법의 운용과정에서 나타난 여러 가지 제도외적인 요인들의 영향도 적지 않다는 점을 명시할 필요가 있다.

933
미국정당
조직의
특성과
대통령의
정당 장악력

⑤ 양당제도의 확립과 대통령제   이와 관련해서 정당제도 및 정당정치의 발달이 미국의 대통령제에 어떤 영향을 미쳤으며 그로 인해 의회와 대통령 사이의 견제·균형의 메커니즘이 어떻게 변화되었는지 살펴볼 필요가 있다. 결론부터 말한다면, 미국의 헌정사에서 확립된 민주·공화의 양당제도는 영국을 비롯한 유럽대륙의 정당제도와 달라서 처음부터 지구당중심으로 발달한 관계로 중앙당조직이 없고, 정당 내의 연대의식이 미약할 뿐 아니라 원내교섭단체기속같은 행동통일의 메커니즘이 존재하지 않기 때문에[368] 대통령소속정당이 동시에 상원과 하원 또는 그 중의 일원을 지배하는 현상이 일어난다 하더라도[369] 정당을 통한 입법부와 집행부의 정치적 융화가 꼭 이루어지는 것은 아니라는 점이다.[370] 그것은 즉 대통령제의 본질적 요소로 간주되는 입법부와 집행부의 정치기반적 이질성이 크게 위협받지 않는다는 것을 뜻한다. 양당제도가 미국의 대통령제에서 결코 결정적인 징표로 평가될 수 없다고 지적하는 Loewenstein의[371] 말도 따지고 보면 미국의 정당이 유럽의 의원내각제에서처럼 권력통합의 Channel로 역기능할 수 없다는 사실을 강조하는 것이라고 볼 수 있다. 통계적으로 민주·공화양당이 의회의 정책결정에서 언제나 1/4 정도의 이탈자(crossvoting)[372]를 내고 있다는 것이 미국정당의 산만한 조직상황과 그 불완전한 행동통

---

368) 미국정당제도에 관해서 자세한 것은 다음 문헌을 참조할 것.

    W. Kendall/A. T. Ranney, Democracy and the American Party System, 1956; *A. Leiserson*, Parties and Politics, 1958; *W. Goodmann*, The Two-Party System in the United States, 1956.

369) 이 점에 대한 구체적인 통계자료는 다음 문헌을 참조할 것.

    K. Loewenstein(FN 307), S. 379f.

370) Darüber Näheres vgl. *K. Loewenstein*(FN 307), S. 366, 379ff.

371) Dazu vgl. *K. Loewenstein*(FN 307), S. 366.

372) 자세한 통계는 vgl. *K. Loewenstein*(FN 307), S. 381f.

일능력을 잘 말해 주고 있다. 미국의 대통령제가 헌법제정자들의 뜻대로 의회와 대통령의 견제·균형관계를 유지하면서, 대통령독재체제로 변질되지 않은 가장 큰 원인 중의 하나가 바로 미국적 정당제도의 특수성에 있다고 볼 수 있다. 대통령소속정당이 의회에서도 다수당이 되는 경우에 의원내각제적 사고방식에 따르면 대통령이 정당을 통해 집행부와 의회를 함께 지배하는 권력통합현상이 나타날 것 같지만, 미국의 헌법현실은 그렇지 않았다는 점에 미국의 대통령제가 미국이라는 토양에서 꽃을 피울 수 있는 결정적인 소지가 마련된 것이다. 미국의 대통령제가 미국을 떠나서는 이른바 신대통령제(Neopresidentialism)[373]로 변질되어 실패하게 되는 가장 큰 이유 중의 하나가 바로 권력통합의 촉진제가 될 수 있는 중앙집권적 정당조직 때문이다. Loewenstein의 말대로 미국의 양당제도가 미국의 대통령제에서는 결코 결정적인 징표가 되지 않는다 하더라도, 정당조직의 양상과 정당소속의원들의 정치적 신념의 강약은 대통령제의 성공가능성을 판별하기 위한 중요한 기준이 된다는 사실을 명심할 필요가 있다.

아무튼 정당정치의 발달이 미국대통령제의 본질을 해칠 정도로 큰 변화를 가져오지는 않았다 하더라도 의회와 대통령 사이의 기능분리와 견제·균형의 메커니즘에 적지 않은 변화를 가져온 것은 사실이다.

⑥ 대통령의 입법관여기능 증가　　　Loewenstein[374]이나 Fraenkel[375]의 설명처럼 정당정치의 발달로 인해서 헌법의 명문규정이나 헌법정신에 어긋나게 대통령의 입법관여가 현저하게 증가했다는 점도 주목을 요한다. 미국연방헌법이 대통령에게 준 입법관여기능은 이미 설명한 법률안서명공포권 및 거부권[376]과 교서(Messages)로써 의회에 국정보고(State of the Union) 내지 정책소견(Consideration)을 피력하는 권한(제2조 제3항), 필요하다고 판단되는 경우에 의회의 임시회를 소집할 수 있는 권한(제2조 제3항), 그리고 양원간에 회의연기에 관해서 합의가 이루

934
대통령의
헌법상 권한
과 실제상의
권한

---

373) Dazu vgl. *K. Loewenstein*(FN 238), S. 62ff.

374) Dazu vgl. *K. Loewenstein*(FN 307), S. 368ff.

375) Dazu vgl. *E. Fraenkel*(FN 311), S. 226f.

376) 미국건국 이래 Eisenhower 대통령 첫임기 때까지 2,097건의 거부권행사가 있었지만 불과 71건의 법률만이 의회에서 재의결(override)되었다는 통계가 있다. Vgl. *K. Loewenstein*(FN 307), S. 375.

어지지 않는 경우 의회의 회의연기를 결정할 수 있는 권한377)$\binom{제2조}{제3항}$ 등 뿐이다. 그럼에도 불구하고 Loewenstein의 지적대로378) 오늘날 미국대통령이 그의 대부분의 시간을 법률안준비 내지 검토를 위해서 보낼 만큼 대통령의 입법관여기능이 커진 것은, 교서권이 실질적으로 법률안제안권으로 변질되어 매년 정기회 초에 교서권에 의해서 의회에 제출되는 국정보고와 예산안·경제보고 등이 입법제안적 성격을 띠게 된 데도 물론 이유가 있겠지만, 그보다 더 큰 이유는 실질적으로 대통령을 중심으로 하는 각 집행부서(Departments)에서 준비하고 입안된 법률안이 정당의 통로를 통해서 의원의 이름으로 제출되어 의회에서 심의통과되기 때문이다.379) 특히 1921년에 '예산회계법'(Budget and Accounting Act)이 제정되고 대통령에 의해서 임면되는 예산관서(Bureau of the Budget)가 따로 설치된 뒤부터는 헌법이 의회에 독점적으로 부여한 지출승인권에도 불구하고 재정분야에서의 대통령의 입법주도권이 눈에 띄게 활발해졌다.380) 어쨌든 Loewenstein이 밝힌 것처럼381) 의회에서 제정되는 중요법률의 약 20%가 대통령의 손에서 나올 만큼 대통령의 적극적인 입법관여기능은 미국의 헌법현실에서 결코 빼놓을 수 없는 중요한 통치기능을 하고 있으며 의회에 대한 대통령의 지위향상에도 적지 않게 기여하고 있다. 대통령의 이같은 입법관여기능은 또 법률의 집행명령과 위임명령 등 법률의 집행을 위해서 필요한 행정법규의 제정권에 의해서 강화되고 있는데, 그것은 모든 입법기능을 의회의 권한으로 명문화하고 있는 헌법$\binom{제1조}{제1항}$상의 '위임입법의 금지'(delegatus delegare non potest) 정신이 오늘날에 와서는 '위임입법의 허용'쪽으로 변질되고 있다는 것을 뜻한다. 미국연방대법원도 원칙적으로 위임입법을 허용하는 입장을 취하고 있다. 다만 미국연방대법원은 위임입법의 내용과 목적과 범위를 명백히 법률로써 미리 정해 줄 것을 요구하는 한편,382) 일반적인 기속력을 가지는 규범정립권능을 사적인

---

377) 이 회의연기에 관한 권한은 지금까지 한 번도 행사된 사례가 없는 것으로 전해지고 있다. Vgl. *K. Loewenstein*(FN 307), S. 369.

378) Dazu vgl. *K. Loewenstein*(FN 307), S. 371.

379) So auch *K. Loewenstein*(FN 307), S. 370.

380) Darüber vgl. *E. Fraenkel*(FN 311), S. 227.

381) Dazu vgl. *K. Loewenstein*(FN 307), S. 370, 372.

382) Vgl. Panama Refining Co. v. Ryan(239 U.S. 388(1935)).

단체에 위임하는 것만은 철저히 금지하고 있다. 루스벨트(Roosevelt) 대통령이 시행한 뉴딜(New Deal)정책의 핵심적인 법률들이 연방대법원에 의해서 위헌법률로 결정된 것도[383) 바로 그 때문이었다.

ⓐ 사법권의 강화   미국정부형태의 운용과정에서 연방헌법 제정자들의 예상을 빗나가게 한 또 하나의 헌법변질은 미국헌정사상 가장 강력한 대통령으로 지목되는 Roosevelt의 New Deal 법률들을 위헌선언할 수 있을 정도로 사법권의 지위와 권한이 통치구조 내에서 크게 강화되었다는 점이다. 미국연방헌법은 최고법원인 연방대법원 (Supreme Court)을 의회 및 대통령과 함께 헌법기관으로 설치함으로써 입법권·집행권·사법권의 주체가 헌법상 대등하고 병렬적인 지위를 갖도록 유념하고 있긴 하지만, 연방대법원의 구성에 있어 대통령이 상원의 동의를 얻어 그 법관을 임명토록 하고 법관의 독립에 관해서는 침묵을 지키고 있어 자칫하면 사법권이 상대적으로 약해질 소지가 없는 것도 아니었다. 그러나 연방대법원을 정점으로 하는 미국의 사법권은 연방대법원법관의 종신직을 바탕으로 꾸준히 그 독립성을 확보하고, 특히 연방헌법상의 최고법조항($\frac{제6}{조}$)을 근거로 해서 법률에 대한 위헌심사권을 쟁취한(1803년)[384) 뒤부터는 명실공히 국민의 자유보호와 헌법수호를 위한 마지막 보루로서의 지위를 지키고 있다. 미국의 통치구조 내에서 권력의 핵심이 연방대법원쪽으로 옮겨가는 것을 염려하면서 심지어 '사법권의 우위' 내지는 '사법국가현상'을 경계해야 한다고 강조하는 소리가[385) 들리는 것도 그 때문이다. 어쨌든 미국의 연방대법원은 그 위헌법률심사권을 무기로 의회와 대통령을 견제하면서 대통령제의 핵심적인 요소인 '분리 및 견제·균형'의 메커니즘이 제대로 기능하는 데 큰 기여를 하고 있다는 점을 잊어서는 아니 된다.

935
연방대법원의 권한 및 위상 강화

γ) 대통령제의 성공요인

미국의 대통령제가 의회전제 내지 대통령독재체제로 변질될 가능성을 충분히 내포하고 있으면서도 전체적으로 통치기구의 구성원리로서의 제 기능을 잘 나타내고 있는 이유는 과연 무엇이겠는가? 결론부터 말하자면 미국에서 대통령제가 성공하고 있는 것은 여러 가지 복

936
복합적인 성공요인

383) Vgl. Schechter Poultry Co. v. United States(295 U.S. 495(1935)).
384) Vgl. Marbury v. Madison, 5 U.S.(1 Cr.) 137(1803).
385) So z. B. *K. Loewenstein*(FN 307), S. 15.

합적인 요인들이 함께 작용하는 결과라고 볼 수 있기 때문에 어느 하나의 요인만을 들어 그 성공요인이라고 말하기는 어렵다고 생각한다. 따지고 보면 미국대통령제의 운용실태에서 이야기한 여러 가지 헌법변질 내지는 정치현상이 모두 대통령제를 성공시킨 요인들이라고 볼 수 있다. 그러나 미국대통령제가 성공하는 가장 큰 이유는 권력분리가 '권력유리'현상으로 경직되지 않고, 대통령 또는 상원의 상대적인 권한증가에도 불구하고 사법권을 비롯한 견제·균형의 메커니즘이 제대로 그 기능을 발휘하고, 국민의 투철한 '헌법에의 의지'가 무서운 여론의 힘으로 뭉쳐 통치권행사를 감시하기 때문이라고 볼 수 있다. 대통령을 비롯한 모든 정치인들이 강한 민주성향을 가지고 자유민주주의이념에 입각한 통치질서의 실현에 깊은 책임감을 느끼고 있다는 것도 대통령제 성공의 요인이라고 할 것이다. 정당정치의 발달에도 불구하고 정당을 통한 권력통합현상이 쉽게 나타나지 않는 것이나, 대통령선거를 비롯한 각종 선거가 철저한 자유·평등선거의 정신에 따라 실시될 수 있는 것도 따지고 보면 미국국민의 피 속에 흐르고 있는 강한 민주성향과 미국국민의 정치적 신앙이 되어버린 자유민주주의에 대한 무서운 집념 때문이라고 할 수 있을 것이다. 말하자면 미국의 정부형태는 헌법제정자들의 정치적 슬기와 대통령제의 본질적 요소들이 헌법의 운용과정에서 모든 정치인과 국민에 의해서 꾸준히 보살펴진 결과로서 이념과 제도와 의지와 운용의 화음과 같다고 평가할 수 있을 것 같다.

제도와
운용의 조화
성공요인의
보완·상승
작용

결론적으로 미국의 대통령제를 성공시킨 요인들을 구태여 열거해 본다면, i) 연방국가적 구조에 의한 수직적 권력분립의 성공적 정착, ii) 정당을 통한 권력통합현상을 방지할 수 있는 지방분권적 정당조직의 특수성, iii) 사법권의 강력한 권력통제적 기능, iv) 여론의 강한 정치형성적 기능과 그 input 효과, v) 정치인과 국민의 투철한 민주의식과 현명한 정치감각, vi) 각종 선거의 공정한 시행을 통한 민주적 정당성의 확보와 평화적 정권교체의 기회보장 등이라고 할 것이다. 결국 이들 모든 원인들이 서로 보완 내지는 상승작용을 해서 미국의 대통령제를 성공시키고 있다고 볼 수 있다. 특히 의원내각제에서와는 달리 의회의 집행부불신임과 집행부에 의한 의회해산이 제도적으로 허용되지 않는 대통령제에서는 입법권과 집행권이 모두 국민으로부터 부여받은 신임을 바탕으로 일정기간 그 권능행사를 자기책임하에서만 행할 수 있기 때문에 권능행사의 절차적 정당성을 확보하기 위한 권력통제의 메커니즘과, 임기 만료 후에 그 정치적 책임을 추궁할 수 있는 합리적이고 공정한 선거제도야말로 대통령제의 사활을 좌우하는 관건이 된다고 할 것이다. 권력통제의 메커니즘이 제대로 기능하지 않고, 선거제도가 불합리하고 그 운영이 불공정한 정치풍토에서 정당까지 권력통합의 매개체로 작용하는 경우에는 대통령제가 대통령독재체제 내지는 이른바 신대통령제로 변질된다는 사실을 많은 나라의 헌법현실이 웅변으로 증명해 주고 있다. 따라서 대통령제에서는 최소한 권력통제와 평화적 정권교체의 메커니즘이 합리적으로 마련되어 효율적으로 운영되어야 하고, 조직과 기능의 분리라는 제도본질적 이념이 정당을 통한 권력통합현상에 의해서 공동화되는 일이 없도록 정당조직을 지방분권적으로 다원화시킬 필요가 있다. 미국연방헌법상의 대통령제와 그 헌법현실이 우리에게 주는 중요한 교훈이라고 생각한다.

(2) 의원내각제

a) 의원내각제의 본질적 요소

의원내각제(parlamentarisches Regierungssystem, parliamentary government)는 의회에서 선출되고 의회에 대해서 정치적 책임을 지는 내각(cabinet)중심으로 국정이 운영되는 정부형태를 말한다. 의원내각제는 의회주의(Parlamentarismus)와 대의의 이념에 입각한 책임정치를 일상적으로 실현하는 데 그 주안점을 두기 때문에[386] 의회와 내각의 조직·활동·기능상의 의존성을 지속적으로 지켜나가게 되는 권력분립주의의 실현형태이다. 즉 입법부와 집행부의 상호관계가 '의존성의 원리'에 의해서 규율되는 정부형태로서 '독립성의 원리'에 충실한 대통령제와 대조적이다. 집행부의 장인 수상이 의회에서 선출되고 수상에 의해서 인선되는 각료들이 수상의 정책지침에 따라 구체적인 집행업무를 담당하지만, 수상과 함께 언제나 의회에 대해서 정치적 책임을 지는 것이 의원내각제의 제도적 특징이다. 따라서 의회의 내각불신임권과 내각의 의회해산권, 의원직과 각료직의 겸직허용, 내각의 법률안제출권과 각

937
의존성의
원리와
의회중심의
정치

---

386) U. Scheuner도 의원내각제가 대의의 이념에 바탕을 두고 있다는 점을 강조한다. Vgl. Entwicklungslinien des parlamentarischen Regierungssystems in der Gegenwart. in: *derselbe*, Staatstheorie und Staatsrecht, 1978, S. 317ff.(322).

료의 자유로운 의회출석·발언권, 내각 내에서의 수상의 우월적 지위
(primus inter pares), 잠재적인 여당으로서의 소수의 보호제도 등은 의
원내각제의 본질적 요소에 속한다.387) 의회와 내각은 그 조직과 기능이
상호의존적이어서 의회의 신임을 받지 못하는 내각이 존속할 수 없고,
의회도 수상에 의해 해산될 수 있을 뿐 아니라 내각은 의회다수당 내
지 다수세력의 정책집행기구로서의 성격을 갖기 때문에 의회와 내각의
상호관계는 마치 '협동적이고 병렬적인 통합관계'(coordinate integra-
tion)와도 같다고 볼 수 있다.388) 수상의 절대적 임기가 처음부터 정해
지기 어렵고 의회의 임기도 상대적 의미를 갖게 되는 것은 그 때문이다.

국민이 선출하는 의원들의 의회가 통치기관(특히 집행부)의 조직모
체로 기능하고 또 통치기구 내에서 중심적인 좌표를 차지하기 때문에
의원내각제는 의회주의(Parlamentarismus)389)의 가장 순수하고도 직접적

387) So auch *K. v. Beyme*, Der Begriff der parlamentarischen Regierung, in: K.
Kluxen(Hrsg.), Parlamentarismus, 5. Aufl.(1980), S. 188ff.(189).
388) Vgl. dazu *M. J. C. Vile*, Constitutionalism and the Separation of Powers, 1967,
S. 212ff.
389) '의회주의'는 민주적 정당성에 바탕을 두는 의회로 하여금 국가의사결정의 원동력이
되게 하려는 정치원리를 뜻하기 때문에 원칙적으로 '의원내각제'와 동의어가 아니다.
'의회주의'는 정치원리이고 '의원내각제'는 정부형태원리 내지 권력분립의 실현형태를
의미하기 때문이다.
　또 '의회주의'와 '의회민주주의'라는 개념도 엄격한 의미에서는 구별하는 것이 좋다.
왜냐하면 '의회민주주의'는 흔히 '의원내각제'를 지칭하는 개념으로 사용되기도 하지
만, '의회주의'는 정부형태면에서는 중립적인 개념이기 때문이다(vgl. FN 22).
　그러나 '의회주의', '의회민주주의', '의원내각제'가 개념적으로 혼용되는 경향이 없
는 것도 아니다. 특히 K. Loewenstein처럼 의회주의의 본질을 의회와 집행부의 실질
적인 상호견제수단에서 찾고 의회의 정부불신임권과 정부의 의회해산권을 의회주의의
제도적 징표라고 이해하는 경우에는 의회주의는 즉 의원내각제의 대명사에 지나지 않
게 된다. 그러나 Loewenstein도 의회의 정부불신임권과 정부의 의회해산권만으로 의
회주의가 되는 것이 아니고, 신대통령제처럼 두 요소를 갖추었어도 대통령의 권한이
강화된 경우에는 의회주의라고 볼 수 없다는 점을 강조한다. 결국 Loewenstein은 의
회주의를 '기관간의 통제'(Inter-Organ-Kontrolle)수단인 불신임권과 해산권이 제도
상으로뿐 아니라 헌법현실에서도 제대로 기능하는 의원내각제와 동의어로 이해한다.
　Vgl. *K. Loewenstein*, Zum Begriff des Parlamentarismus, in: Kluxen(Hrsg.),
Parlamentarismus, 5. Aufl.(1980), S. 65ff.(67).
　또 Bracher는 의원내각제와 의회민주주의를 동일시하면서 대통령제와 대칭적인 것
으로 이해한다.
　의회주의에 관해서 자세한 것은 다음 문헌을 참조할 것.
　K. Kluxen(Hrsg.), Parlamentarismus, 5. Aufl.(1980); *derselbe*, Geschichte und
Problematik des Parlamentarismus, 1983; *C. Schmitt*, Die geistesgeschichtliche
Lage des heutigen Parlamentarismus, 5. Aufl.(1979); *A. Ritter*, Deutscher und

인 표현형태로 평가된다.390) 의원내각제에서 의회활동의 공개성과 자유
토론 등 의회주의의 기본원리가 특히 강조되는 이유도 그 때문이다.391)
의원내각제는 이념적으로 Montesquieu의 권력분립사상을 통치기구의
조직원리로 받아들이면서도 조직의 엄격한 분리보다는 입법부와 집행
부의 조직기반적 동질성의 바탕 위에서 '기능의 분리'가 실효성 있게
나타날 수 있도록 책임정치의 메커니즘을 계속해서 지켜나가는 정부형
태이다.

    대통령제에서의 견제·균형의 메커니즘은 주로 '조직과 기능분리'
라는 '독립성의 원리'를 전제로 해서 통치기관간의 협동적 정책결정을
촉진시키기 위한 제도로서의 성격을 갖는 것이지만, 의원내각제에서의
견제·균형의 메커니즘은 의회와 내각의 조직과 기능의 의존성을 전제   통합 및 견제
로 해서 다수에 대한 소수의 통제효과를 높이기 위한 제도로서의 성격
을 갖게 된다. 대통령제가 '분리 및 견제'의 정부형태라면 의원내각제
는 '통합 및 견제'의 정부형태이기 때문에 견제의 메커니즘이 주로 다
수에 대한 소수의 통제장치적인 의미를 갖게 된다는 데 그 특징이 있
다.392) 의원내각제에서의 '다수와 소수의 상호관계' 및 '소수의 보호'가
대통령제에서 보다 기능적 권력통제의 관점에서 더 큰 의미를 갖게 되
는 것도 그 때문이다.393)

    말하자면 의원내각제는 '통합'과 '갈등'의 적절한 조화 속에서 그   938
진가를 나타낼 수 있는 정부형태이기 때문에 '통합'을 지속시키고 '갈   의원내각제
등'을 건설적인 방향으로 유도하기 위한 상징적인 국가원수가 필요하   의 전제
게 되는데, 입헌군주제에서의 '군주', 공화제에서의 대통령이 의원내각
제에서 그러한 상징적인 국가원수로서 기능하게 된다. 따라서 상징적
이면서 정치적으로 중립적인 국가원수의 존재가 의원내각제에서는 불

     britischer Parlamentarismus, 1962; *K. D. Bracher*, Gegenwart und Zukunft der
     Parlamentsdemokratie in Europa, in: Kluxen(ebenda), S. 70ff.(insbes. 87).

390) So *C. Schmitt*(FN 389), S. 42.

391) Vgl. *C. Schmitt*(FN 389), S. 41ff.(62f.).

392) Vgl. dazu *N. Gehrig*, Parlament, Regierung, Opposition, 1969, S. 85ff., 94ff.;
     K. v. Beyme(FN 387), S. 190; *U. Scheuner*(FN 386), S. 321, 331.

393) Dazu vgl. *S. Landshut*, Formen und Funktionen der parlamentarischen
     Opposition, in: Kluxen(FN 389), S. 401ff.; *O. Kirchheimer*, Wandlungen der
     politischen Opposition, in: Kluxen(FN 389), S. 410ff.; *K. v. Beyme*(FN 387), S.
     189f.; *C. Schmitt*(FN 389), S. 58.

가결한 제도의 내용으로 간주된다.394)

또 의원내각제는 내각의 조직과 활동이 의회의 세력분포에 따라 직접적인 영향을 받기 때문에 의회 내에 안정세력이 확보되어 내각을 정치적으로 뒷받침해 주는 것이 제도의 성공적인 운용을 위해서 반드시 필요하다. 군소정당의 난립보다 소수의 대정당제도가 정착할 수 있는 합리적인 선거제도 등의 마련이 의원내각제의 전제조건으로 강조되는395) 이유도 그 때문이다. 끝으로 의원내각제는 의회의 내각불신임권과 내각의 의회해산권 때문에 정국의 불안정을 가져올 소지가 특히 큰 관계로 정치적으로 중립적인 위치에서 집행업무를 담당해 나가는 직업공무원제도가 필수요건으로 간주된다.

b) 의원내각제의 유래와 발전 및 그 사상적 기초

α) 의원내각제의 유래

939
영국헌정사와 의원내각제의 생성

의원내각제는 의회정치의 모국인 영국에서 유래하는 것으로 전해지고 있다.396) 즉 찰스 1세(Charles I) 때 소위 '장기의회'(Long Parliament, 1640~49)에 의해서 확립된 의회우위의 회의정부제(assembly government)가 의원내각제의 기원이라고 전해진다.397) 따라서 의원내각제는 영국에서 입헌군주제 내지 공화정(1649)이 확립된 17세기에 그 모습이 드러난 정부형태라고 말할 수 있다.

이미 튜도어(Tudor)시대로부터 상원(House of Lords)398)과 하원(House of Commons)의 양원으로 구성된 의회(Parliament)가 군주와 더불어 중심적인 정치세력으로 기능하면서 영국을 로마교황의 정치적 영향권에서 독립시키고 세계의 대국으로 그 국세를 성장시킨 공로 때문

---

394) So *C. J. Friedrich*(FN 307), S. 429; *Sir Ivor Jennings*, Parliament, 2. Aufl. (1957), S. 167ff.; *A. Arndt*, Neue Sammlung 8(1968), S. 2; *U. Scheuner*(FN 386), S. 331.

395) Vgl. Zur Neugestaltung des Bundestagswahlrechts, Bericht des Beirats für Fragen der Wahlrechtsreform, 2. Aufl.(1968), S. 24ff.

396) Vgl. *U. Scheuner*(FN 386), S. 319; *H. Widder*, Parlamentarische Strukturen im politischen System, 1979, S. 80, 93ff., 112ff.

397) Vgl. *K. Loewenstein*(FN 389), S. 68.

398) 영국 상원은 전통적으로 세습의원(귀족)과 임명직 종신의원(귀족)으로 구성했었는데 1999년 600년 전통의 상원제도를 개혁하기 위한 상원개혁법이 제정되어 세습의원 중에서 667명을 퇴직시키고 92명만 남겨 상원은 이제 이들 소수의 세습의원과 임명직 종신의원 및 성공회 성직자 등 628명으로 구성되는 신분기구로 개편되었다. Vgl. House of Lords Act 1999.

에 의회의 권위가 매우 컸었지만, 의회가 정치의 본산으로 승격된 것
은 역시 하원과 스튜어트(Stuart)왕조와의 정치투쟁에서 Stuart왕조를
몰락시킨 명예혁명(1688년) 후였다고 할 것이다.[399] Stuart왕조의 왕정
복고(1660)에 종지부를 찍은 명예혁명은 영국헌정사에서 국왕에 대한
의회의 정치적 우위를 확보하고 의회주권(Parlamentssouveränität)의 바
탕을 마련하는 중요한 전기를 뜻한다. 1689년에 제정된 '권리장전'
(Bill of Rights)에 따라 의회의 선거제도와 의회의 입법 및 군권통제기
능이 일반적으로 인정되어 조세문제와 법률제정·국방문제 등에 대한
의회의 정책간섭이 공식화되기에 이르렀다. 그 후 18C초에 의회를 중
심으로 정당(Tories와 Whigs)이 조직되고 정당중심의 선거가 행해지자
국왕은 의회다수당의 대표로 그의 국정원(Privy Council)을 구성하는 헌
법관행이 생겼다.[400] 죠지 1세(George I) 때부터는 국왕의 권한이 더
욱 약화되고 앤여왕(Queen Anne) 때부터는 수상(prime-minister)이 의회
내의 정당세력분포를 감안해서 정당소속의원들로 내각(cabinet)을 구성
하는 전통이 확립되어[401] 내각과 의회의 상호관계가 밀접하게 되고, 의
회의 내각불신임에 대항하기 위한 의회해산권이 1784년 Pitt 내각에
의해서 처음으로 발동되었다.[402] 말하자면 의회와 내각의 의존성의 발
단이라고 볼 수 있다. 그러나, 이 때까지만 해도 선거권의 제한을 비롯
해서 의회민주주의의 장애요인들이 적지 않았기 때문에 아직 의원내각
제의 본질적 요소들이 뚜렷하게 형성되지는 못했다. 그런 가운데도
Burke의 대의사상의[403] 영향에 의해 '대의정부'(representative govern-
ment)와 '책임정부'(responsible government)[404]의 관념이 서서히 자리잡
기 시작했다. Burke 자신이 죠지 3세(George III)의 정부를 '집행정부'
(executory government) 또는 단순히 'constitute government like
ours'[405]라는 개념으로 표현한 것도 그 당시에는 아직 의원내각제

---

399) So auch *P. Badura*(FN 146), S. 295; *K. Stern*(FN 9), S. 947.

400) Darüber vgl. *J. H. Plumb*, The Growth of Political Stability in England
    1675~1725, 1967, S. 129ff.

401) Vgl. *G. Holmes*, British Politics in the Age of Anne, 1967, S. 285ff.

402) Vgl. dazu *K. Stern*(FN 9), S. 947; *Sir Ivor Jennings*, Party Politics, Bd. 1, 1960,
    S. XXIV.

403) 이 점에 대해서 앞부분 방주 865 참조.

404) Vgl. *J. P. Mackintosh*, The British Cabinet, 2. Aufl.(1968), S. 155ff.

405) Vgl. *E. Burke*, Present Disconts, Works Bd. 1, 1864, S. 331; *Sir Lewis Namier*,

(parliamentary government)라는 개념이 적절치 못하다는 인식에서 나온 것이라고 말할 수도 있다.406) 그럼에도 불구하고 그 당시의 의회는 산만한 정당조직과 미약한 정당의 통제력, 그리고 대의이념에서 나오는 철저한 자유위임사상 등 때문에 그 누구에게도 제약받지 않는 의원들의 활발한 정치활동장이 되었다. 의회가 활발한 자유토론과 정책비판 (control of government by talk)의 장소로 기능하게 된 것도 그 때문이었다. 명예혁명(1688년) 때부터 선거제도의 개혁이 단행되기 시작한 1832년까지를 영국의회주의의 황금기라고 평가하는 학자가407) 있는 것도 말하자면 누구의 지시나 감독도 받지 않고 오로지 자신의 신념과 양심에 따라 발언하고 자유롭게 행동할 수 있던 당시의 독립된 의원상에 바탕을 두는 논리라고 이해할 수 있다.

β) 의원내각제의 제도적 정착 및 발전

940
선거제도와
의회제도의
개혁

영국의 헌정사에서 '의원내각제'의 골격이 어느 정도 갖추어진 것은 국왕과 의회의 마지막 실력대결이 의회의 승리로 끝나고408) 선거제도와 의회제도의 개혁이 단행되기 시작한 1832년 후였다고 보는 것이 옳을 것이다.409) 특히 1867년과 1884~85년에 이루어진 선거권의 확대와 선거제도의 민주화 및 그에 따른 정당조직의 정비는 중앙당의 통제력과 정당규율이 강화되어410) 정당소속의원들의 의회 내의 행동통일이 보장되면서부터411) 영국의 정부형태는 비로소 오늘과 같은 의원내각제412)의 제 모습을 갖추게 되었다고 할 것이다. 이를 좀 더 자세히

The Structure of Politics at the Accession of George Ⅲ, 2. Aufl.(1957).

406) So auch *K. v. Beyme*(FN 387), S. 188ff.(188).

407) So etwa *K. Kluxen*, Die geistesgeschichtlichen Grundlagen des englischen Parlamentarismus, in: *derselbe*(Hrsg.), Parlamentarismus, 5. Aufl.(1980), S. 99ff. (100).

408) 그 결과 의회다수당의 지지에도 불구하고 Wilhelm Ⅳ.에 의해서 해임된 Melbourne 수상이 재취임하게 되었다.

409) So *K. v. Beyme*(FN 387), S. 189, *K. Stern*(FN 9), S. 948; *Bagehot*, The English Constitution, 1867, Ed. The World's Classics, 1958, S. 9.

410) Vgl. dazu *Jennings*(FN 402), S. 134ff., 154ff.; *R. T. Mckenzie*, British Political Parties, 2. Aufl.(1963), S. 7f., 147f.

411) 보수당의 경우 1860년의 57.3%가 1881년에는 82.9%로 그리고 1899에는 94.1%로 그 의회내 행동통일의 비율이 높아졌다고 한다. Vgl. *Samuel H. Beer*, Modern British Politics, 1965, S. 257.

412) 오늘날 영국의원내각제의 실제 모습에 대해서는 다음 문헌을 참조할 것.
    J. Harvey/L. Bather, The British Constitution, 2. Aufl.(1970).

살펴보기로 한다.

① 의회우위제도의 성립   1832년부터 시작된 선거제도의 개혁에 의해서 선거권이 점점 확대되어 종래 봉건제후들의 독무대였던 의회(하원)에 재력이 있는 시민계급(plutokratische Schichten)의 참여가 가능해지면서부터 하원(Commons)이 마치 사회적·경제적 엘리트들의 집합장으로 간주되게 되었다. 물론 여러 차례(1832년·1867년과 1884~5년)에 걸친 선거제도의 개혁에도 불구하고 재력이 없는 일부 시민계급의 선거참여가 상당히 오랫동안 봉쇄되었기 때문에[413] 하원이 전체국민의 대표기구라고 보기는 어려웠지만 하원은 그 당시 영국사회를 이끌어 나가던 중심적인 제 사회세력의 국가조직적 표현형태로 인식되어 국왕(King)·상원(Lords)·내각(Cabinet) 등 타 통치기관에 비해 그 정치적 비중과 발언권이 커질 수밖에 없었다.[414] 하원을 중심으로 하는 의회주권이 확립되는 중요한 사회심리적 전제조건이 충족된 셈이었다. 따라서 국가의 모든 중요한 정치적 정책결정과 정책통제기능은 말할 것도 없고, 국민의 시선도 당연히 하원으로 집중되는 의회중심의 통치기틀이 마련된 것이다. 통치구조 내에서 차지하는 하원의 이같은 우세한 지위 때문에 내각은 흡사 하원의 한 집행위원회와 같은 지위를 벗어나기 어려웠다.[415] 더욱이 영국의회의 전통이라고 볼 수 있는 무제한의 자유토론과 비판정신이 하원의원들의 엘리트적인 대표의식에 힘입어 더욱 진지하게 의회활동으로 표현되어 영국하원은 마치 끝없는 토론장을 연상케 하고 그에 따라 'Government by Talk'[416]라는 개념까지 생기게 되었다.

② 내각책임제로의 발전과 그 원인

㈀ 산업사회화에 따른 입법수요의 증가 및 전문입법의 필요성

그러나 산업혁명의 영향으로 인해서 사회구조가 변하고 산업에 종사하는 노동자 및 서민계급의 권리의식 및 발언권이 커지고, 다원화

941
하원의
엘리트집
단화

942
전문입법과
내각의

413) 영국에서 선거제도가 완전히 민주화되어 보통·평등선거제도가 확립된 것은 1918년부터였다.
414) Dazu vgl. *K. Kluxen*, Die Umformung des parlamentarischen Regierungs-systems in Großbritannien beim Übergang zur Massendemokratie, in: *derselbe* (Hrsg.) Parlamentarismus(FN 389), S. 112ff.(114).
415) Vgl. *K. Kluxen*(FN 414), S. 112ff.(144).
416) *K. Kluxen*(FN 414), S. 112.

영향력 증가

된 산업사회의 여러 가지 정책수요에 부응하기 위한 국가작용의 영역이 질·양면에서 넓어짐에 따라 하원의 입법작용도 그만큼 전문화되고 신속해질 수밖에 없었다. 하원의 전통적인 의사규칙과 회의진행방법에 여러 가지 혁명적인 개혁이[417] 이루어진 것도 그 때문이었다. 하지만 하원의 제도적인 개혁에도 불구하고 하원 혼자서 이같은 시대적 요청을 충족하기에는 그 전문성의 면에서는 넘을 수 없는 일정한 한계가 있었기 때문에 전문적인 입법분야에서의 내각의 주도권과 발언권이 상대적으로 커지게 되었다. 또 내각은 내각대로 전문적인 입법수요와 법률집행의 원활한 수행을 위해서 전문적인 행정기구의 마련에 노력하게 되어 'Civil Service'라는 전문적인 관료조직이 처음으로 생기게 되었다.[418] 영국에서 직업공무원제도의 효시라고 볼 수 있는 이 'Civil Service'의 탄생은 의원내각제의 정착에도 큰 의미를 갖는다고 보아야 하는데, 정치적으로 중립적인 'Civil Service'가 조직되어 법률집행과 모든 행정업무를 중립적이고 독자적으로 수행해 나가는 전통이 확립됨으로 인해서 비로소 의원내각제의 본질적 요소라고 볼 수 있는 내각의 불신임과 의회해산이라는 통치의 메커니즘이 국가정책의 계속성이라는 측면에서 큰 위험부담 없이 제대로 기능할 수 있었기 때문이다. 국왕이 정치일선에서 물러나고 관료조직을 정치투쟁에서 해방시킨 'Civil Service'의 정착과 함께 영국의 의원내각제는 비로소 제 자리를 잡게 되었다는 클룩슨(Kluxen)[419]의 견해를 과장으로만 돌릴 수는 없다고 생각한다.

아무튼 하원에 대한 내각의 지위향상은 점점 더 전개되어 결국에 가서는 오늘날과 같은 내각우위(primacy of cabinet)의 의원내각제로 발전하게 되었는데, 내각의 지위향상을 촉진시킨 기타의 주요요인으로

---

417) 예컨대, 하원의장(Speaker)에 의한 토론중단(Closure, 1882), 다수당에 의한 토론종결신청(Guillotine, 1887), 본회의를 줄이기 위한 상임위원회(Standing Committee)의 설치, 예산토론의 단축(Balfour, 1896), 긴급입법을 이유로 하는 의원발언권의 제한(Rules of Urgency, 1902) 등이 그것이다. Dazu vgl. *Lord Campion*, An Introduction to the Procedure of the House of Commons, 3rd ed.(1958), S. 36ff.

418) 영국에서 행정개혁이라고 볼 수 있는 "Civil Service"라는 관료조직은 1825년부터 1875년 사이에 정착된 것으로 전해지고 있다. Vgl. dazu *Oliver Mac Donagh*, The Nineteenth-Century Revolution in Government: A Reappraisal, Historical Journal Ⅰ, 1958, S. 52ff.

419) Vgl. *K. Kluxen*(FN 414), S. 120.

서는 다음 세 가지를 더 들 수 있다고 할 것이다.

(ㄴ) 선거제도의 민주적 개혁에 따른 정당조직의 정비   즉, 선거권의 꾸준한 확대와 비밀선거(Ballot Act, 1872) 등 선거제도의 민주적 개혁에 발맞추어 진행된 정당조직의 정비 및 정당규율의 강화를 들 수 있다. 선거구중심의 산만하던 정당조직이 중앙당중심으로 정비되어[420] 중앙당의 통제력과 지도력이 커지고 정당소속의원들의 이탈표(cross-voting)가 줄어들었을 뿐 아니라 정당의 당수가 수상을 겸하는 관례에 따라 수상이 하원의 다수당을 이끌게 되었다는 점이다. 일종의 '정당정부'(party government)[421]가 형성된 것이다. 따라서 수상을 중심으로 하는 내각은 하원다수당의 간부회의와 같은 성격을 띠게 되어 모든 중요한 정책결정이 실질적으로 내각에서 이루어지고 하원은 내각이 마련하는 정책 내지 법률안을 단순히 형식적으로만 추인하는 일종의 통법부로 전락할 수밖에 없었다. 하원의 집행위원회적 성격을 갖던 내각이 이제는 반대로 하원을 그 정책집행의 도구로 이용하게 된 것이다. 본래 국왕과 집행부에 대한 권력통제의 보루로서 기능하던 하원이 어느 틈에 내각의 권력수단으로 변질되고 만 것이다. 영국의 의원내각제가 흔히 '내각책임제'(Cabinet Government)[422]라고 불려지는 이유도 그 때문이다.

(ㄷ) 정당정치의 발달로 인한 선거의 국민투표적 성격   또, 정당정치의 발달과 여론정치의 실현으로 인해서 하원의 구성을 위한 선거의 성격과 양상이 지역구입후보자의 인물을 중심으로 하는 인물선거에서 정당과 정당의 리더(leader)에 대한 국민투표적 선거로 변질되었다는 점도 꼽을 수 있다. 선거에서 다수당이 된 정당의 지도자는 마치 국민에 의해서 직선된 영도자처럼 강력한 민주적 정당성을 인정받아 의회와 내각의 실질적인 지도자가 될 뿐 아니라, 정치의 실력자로 주목되어 국민의 신임과 존경을 받게 되었다.[423] 영국의 수상은 내각의

943
정당정부의
탄생

944
국민투표적
선거와
수상정부제

420) Disraeli가 이끄는 보수당(Tories)의 중앙당(National Union)은 1872년에, 그리고 Chamberlain을 당수로 하는 자유당(Whigs)의 중앙당(National Liberal Federation)은 1877년 경에 생긴 것으로 전해지고 있다. Vgl. dazu *Ivor Bulmer-Thomas*, The Growth of the British Party System, Bd. 1, 1965; *Jennings*(FN 402).
421) Vgl. *Bagehot*(FN 409), S. 128.
422) So *K. Loewenstein*(FN 238), S. 103ff.
423) Vgl. *v. Beyme*(FN 392), S. 195; *C. J. Friedrich*(FN 307), S. 424.

수반일 뿐 아니라, 원내다수당의 사령탑이고 여당의 당수로서의 지위
를 겸하는 강력한 지위를 가질 뿐 아니라, 수상의 내각인선에 대한 국
왕의 거부권이 사실상 폐지되고, 수상의 요청이 있으면 국왕에 의해서
당연히 의회가 해산되는 헌정전통이 1850년 이래[424] 확립되어 영국의
수상은 명실공히 영국통치질서 내에서 가장 강력한 헌법상의 지위와
권한을 행사하게 되었다. 오늘날 영국의 의원내각제가 ‘수상정부제’
(Prime Ministerial Government)[425]라고 평가되는 것도 충분한 이유가 있
다고 할 것이다. 1911년부터는 상원의 절대적인 거부권까지도 폐지되
어 수상의 권한이 더욱 강화되었다는 점을 상기할 때 오늘날 영국의
수상은 어느 의미에서는 대통령제의 대통령보다도 더욱 우월한 통치자
의 위치를 굳히고 있다고 볼 수도 있다. Friedrich[426]가 의원내각제에
서 수상의 1인독재가능성이 대통령제에서보다도 더 커지고 있다고 경
고하는 것도 그 때문이다.

945
내각의
선거인에
대한
의존성 증가

　　　(ㄹ) 내각과 국민과의 직접적인 유대관계형성　　하원선거의 성
격과 양상이 국민투표적인 방향으로 바뀜으로 인해서 내각의 하원에
대한 의존성보다는 내각의 여론과 선거인에 대한 의존성이 더욱 커져
서, 의원내각제에서 예상하지 않던 내각과 국민과의 직접적인 유대관
계가 형성되었다는 점도 주목을 요하는 점이다. 이같은 현상은 정당당
수가 선거전에서 직접 국민 속에 파고드는 대중상대적 선거운동(appeal
to the people)과 대정당에게 유리한 1구 1인의 상대적 다수선거제도
(1885년 이래)에 의해서 더욱 가속화되었을 뿐 아니라, 국민의 직접적인
심판을 기대하는 수상의 하원해산권에 의해서 더욱 굳어졌다고 볼 수
있는데,[427] 어쩌면 하원의 지위와 발언권을 약화시키고 영국의 의원내각
제를 ‘내각책임제’ 내지는 ‘수상정부제’로 발전시킨 결정적인 이유일는
지도 모른다. 정당국가적 경향과 여론정치의 실현으로 인한 직접민주주
의적 요소가 영국의 전통적인 대의제적 의원내각제에 가미되어 ‘의회주
권’을 사실상 퇴색하게 만드는 결정적인 계기가 형성되었기 때문이다.[428]

424) Vgl. *K. Kluxen*(FN 414), S. 134.
425) Vgl. *v. Beyme*(FN 387), S. 193.
426) Vgl. *C. J. Friedrich*(FN 307), S. 422.
427) Dazu *K. Kluxen*(FN 414), S. 132~133.
428) So auch *K. Kluxen*(FN 414), S. 133.

③ 여론 및 공개정치와 야당보호전통의 확립　　이처럼 영국의 헌정에서 정당정치의 발달과 함께 정치의 중심이 개개 의원으로부터 정당으로 옮겨지고, 정당을 통한 권력통합현상으로 인해 통치의 주도권이 하원에서 수상에게 넘어가는 과정에서 의원내각제의 불가결한 본질적 요소라고 볼 수 있는 여론 및 공개정치의 전통과 야당의 보호에 관한 헌법전통이 확립되었다는 점도 잊어서는 아니 된다.

　　(ㄱ) 여론 및 공개정치로의 발전　　본래 영국의회의 회의와 투표는 외부에 대해서 비공개가 원칙이었다.[429] 하지만 선거제도의 민주적 개혁으로 인해서 선거권이 확대되어 선거인의 수가 엄청나게 늘어나고 산업화에 따라 선거인의 정치적 의식이 뚜렷해졌을 뿐 아니라, 정당정치의 발달로 인해서 대중을 상대로 한 선거운동이 불가피해지면서 비공개로 행해지던 의회 내의 정책논쟁이 자연히 원외의 선거전으로 이어질 수밖에 없었다. 즉 선거전에서 이기기 위해서는 종래 의회 내에서 비공개로 다루어지던 정책사안들을 직접 선거인에게 공개하고 그에 대한 정당의 입장을 밝힘으로써 그들의 지지를 호소하는 것이 불가피해진 것이다. 정당정치의 발달로 인한 잦은 대중집회와 여론의 힘이 비공개회의의 의회벽을 무너뜨리고 정치를 의회 밖으로 끌어낸 셈이다. 회의비공개의 원칙이 무너지고(1832년), 의회 내에서 행해진 투표명단이 공개됨은 물론이고(1836년), 심지어는 의회 내의 투표과정에 참관하는 것까지도 허용되기에(1853년) 이르러 1867년경부터는 회의공개와, 정당조직을 통한 여론의 의회에 대한 input 기능이 확고한 관행으로 제도화되었다.[430] 특히 의원의 임기가 7년에서 5년으로 줄어든 후(1911년)부터는 여론정치의 현상이 더욱 강해져서 영국민주정치의 삼두마차(troika)라고 할 수 있는 선거인과 수상과 하원의 정치역학적 삼각

946

여론 및
공개정치의
정착

---

429) 합리주의사상으로 유명한 Bentham이 그의 작품 "An Essay on Political Tactics"(1816)을 통해서 의회운영의 여러 기초원리를 주장하면서 공개회의를 요구한 것은 잘 알려진 이야기였지만, 그 당시에는 큰 반응이 없었다. Bentham이 공개회의를 요구한 이유는 다음 여섯 가지였다. i) 의회구성원들로 하여금 그 의무를 다하도록 강제하는 수단, ii) 의회결정에 대한 국민의 신임과 지지를 확보하기 위해, iii) 통치자로 하여금 피치자의 생각을 접하는 기회를 마련키 위해, iv) 선거인에게 선거시에 올바른 선택의 기회를 주기 위해, v) 대의기구로 하여금 여론수집을 통해 도움을 받게 하기 위해, vi) 흥미를 위해서 등이 바로 그것이다.

430) Dazu *K. Kluxen*(FN 414), S. 122~123.

관계가 선거인우세 쪽으로 기울어졌다고 할 것이다.[431] 영국의원내각제의 이념적 기초에 해당하는 대의제도에 대한 중대한 도전이 아닐 수 없다. 그럼에도 불구하고 대의의 이념은 영국의 통치구조에서 여전히 중요한 기능을 맡고 있는데 신임사상(trust)이 여전히 영국정치의 바탕을 이루고 있을 뿐 아니라, 영국의 정당이 시원적으로 의회내 교섭단체의 보조조직으로 출발했었던 연혁적인 이유 때문에 아직도 정당의 원내지도자들의 영향력이 정당을 통해서 스며드는 여론의 영향력보다는 크다고 보아야 하기 때문이다.[432]

947

야당보호
입법과
의회의
기능유지

　　(ㄴ) 야당보호제도의 확립　　비록 영국의 하원이 수상과 내각에게 통치의 주도권을 빼앗겼다고는 하지만, 여전히 정치의 중심지로 기능하면서 의원내각제의 핵심적인 통치기구로 인식되고 있는 것은 영국하원이 여전히 내각의 공식적인 산실일 뿐 아니라 내각에 경쟁하는 '잠재적인 내각'(야당)의 실효성 있는 정치활동장으로서 평화적 정권교체의 불가결한 터전을 뜻하기 때문이다.[433] 영국에서 보는 것처럼 정당정치의 발달과 정당규율의 강화로 인해서 내각과 정당의 권력통합이 이루어지고 여당의원들의 행동통일이 관례화하는 경우, 이 통합된 권력을 통제하기 위한 강력한 야당의 육성과 보호야말로 의원내각제의 성공을 위한 불가결한 전제조건이라고 할 것이다. 영국이 1937년의 입법(Ministers of the Crown Act)을 통해서 의회 내 야당(His Majesty's Opposition)의 존립과 활동을 제도적으로 보장함으로써 야당의 지위와 역할에 관한 법적 근거를 마련한 것도 바로 그와 같은 인식에서 나온 것이라고 볼 수 있다. 오늘날 영국의 야당은 이같은 법적인 보호를 받으면서 종래 내각을 상대로 하던 의회의 통제기능을 훌륭히 수행하면서 변화된 정치여건에도 불구하고 영국의 의원내각제를 지탱시켜 주는 영국정치의 결정적인 활력소로 작용하고 있다. Kluxen의 말처럼[434] 정당국가의 경향이 심화되면 될수록 야당의 보호는 의원내각제의 필수적인 요소에 속한다. 영국에서도 야당의 보호가 하원의 내각에 대한 비

---

431) So *K. Kluxen*(FN 414), S. 133.

432) So auch *A. H. Birch*, Representative and Responsible Government, 1964, Chap. 7 u. 8.

433) Vgl. *K. Kluxen*(FN 414), S. 135.

434) Vgl.(FN 414), S. 136.

중을 계속해서 유지시켜 주는 의원내각제의 가장 중요한 요소로 평가
되고 있다. 야당의 존립과 활동이 보장됨으로 인해서 하원은 여전히
내각의 상대역 내지 견제역의 지위를 지킬 수 있고, 정치적 의사형성
의 중심적인 광장으로서 정책과 대안의 산실이 되고, 잠재적인 내각의
정치적 훈련장으로 기능할 뿐 아니라, 행정재판제도가 없는 영국에서
는 특히 내각에 대한 질문(Questions)을 통해 '국민의 청문법정'(Grand
Inquest of the Nation)으로서의 전통적인 의회기능을 수행해 나가고 있
다.435)

결론적으로, 영국의 의원내각제는 17세기에 그 기원을 두고 18
세기의 Walpole에서 20세기의 처칠(W. Churchill)에 이르기까지 오랜
세월에 걸쳐 '타성'과 '발전' 그리고 '전통주의'와 '실용주의'의 적절한
조화 속에서 꾸준히 단계적으로 확립된 정부형태이기 때문에 그 제도
의 생명력과 시대적응력이 특히 강하다고 볼 수 있다. Stern에 따라436)
영국의회의 기원을 11세기의 대회의(Magnum Concilium, Great Council)
에서 찾는다면 영국의 의원내각제는 거의 900년에 걸친 의회정치의 산
물이라고 말할 수도 있기 때문에 1787년 연방헌법의 제정에 의해서 그
골격이 일시에 마련된 미국의 대통령제보다도 토착성과 전통성이 훨씬
강한 정부형태라고 평가할 수 있다. 영국의원내각제의 모방에 일정한
한계가 있는 것도 바로 그 강한 토착성과 전통성 때문이다.

γ) 의원내각제의 사상적 기초

영국의 의회정치에서 유래하는 의원내각제는 오랜 세월에 걸친
헌법관행의 산물로서, 주로 절대군주(Stuart 왕조)에 대한 항의적 이데올
로기로서의 성격을 띠고 생성·발전된 제도라고 볼 수 있다. 즉 의회가
절대군주와 맞서서 싸운 것은 주로 오랜 관행(use and custom)에 의해
서 형성된 전통적인 의회의 권한을 지키기 위한 것이었기 때문에 영국
의회는 정치적인 대의기관이었다기보다는 보통법의 전통을 지키기 위
한 법심의기관으로서의 성격이 강했다고 할 것이다. 17세기의 영국의
회가 일종의 대법정(High Court of Parliament) 또는 '국가의 고발기구'

948

의원내각제
의 토착성과
전통성

949

영국의회의
법수호기관
적 성격

---

435) Vgl. *K. Kluxen*(FN 414), S. 136.
436) Vgl. *K. Stern*(FN 9), S. 946.
　　'Magnum Concilium'은 왕족과 왕측근귀족으로 구성되어 국왕의 국사를 자문하고
　사법권을 행사하던 영국의 원시적 형태의 의회였다.

(Grand Inquest of the Nation)로 인식되었던 것도 그 때문이다. 절대군주를 상대로 '법우선의 원칙'(rule of supremacy of law)을 상기시키면서 보통법의 전통을 지켜야 했던 영국의회는 스스로 회의진행이나 의사절차에서 일정한 관행의 형식을 준수함으로써 의회전통의 확립에 힘써야만 했었다. 영국의회의 의사절차와 의회주의의 기틀이 마련된 계기였다고 할 것이다.437)

950
**정교분리와
영국의회의
정치무대화**

　　본래 절대군주에 대항하는 법수호기관으로서 기능하던 영국의회가 정치적 기관으로 탈바꿈한 것은 명예혁명(1688년) 때였다. 국가와 교회의 상호관계에 관한 국교주의파(Tories)와 반국교주의파(Whigs)의 대립이 가톨릭교에 속하는 국왕(Jakob Ⅱ)에 대항하기 위한 동맹세력으로 제휴되어 명예혁명을 성공시킨 후438)부터, 특히 Tories에 의해서 주장되었던439) 왕권신수사상이 무너지고 왕권을 세속적인 권한으로 인식하게 되었다. 종교와 정치를 분리하는 정교분리의 원칙이 싹트고 신앙의 자유주의가 고개를 들기 시작한 것이다. 물론 이같은 정치발전은 당시에 꽃을 피운 자연과학의 발달(Newton의 법칙 등)과 그에 영향을 받은 경험주의(Bacon)·공리주의(Calvin) 등에 의해서 촉진되었을 뿐 아니라440) 이탈리아에서 건너온 마키아벨리(Machiavelli)적인 정치사상에 자극받았던 것도 부인할 수 없다.441) 이들 사상의 복합적인 영향과 시대조류의 흐름에 따라 정치가 인간공동생활을 합목적적으로 형성해 나가기 위한 수단으로 인식되고, 종교를 지키기 위한 국가의 기능 대신에 국가와 사회를 지키기 위한 교회의 사명이 강조되게 되었다. 말하자면 희랍철학적인 자유의 열정과, 신교적인 종교의 자유와, 칼빈교적인 공리주의와 Machiavelli적인 정치사상이 함께 작용해서 정치를 세

---

437) Vgl. dazu *M'Cilwain*, The English Common Law, Barrier against Absolutism, 1944.

438) Vgl. *G. M. Trevelyan*, Die englische Revolution, 1688~89, 1950; *J. Deane Jones*, The English Revolution 1603~1704, 1931; *G. N. Clark*, The later Stuarts 1660~1714, 1934.

439) Vgl. *K. G. Feiling*, A History of the Tory Party, 1640~1714, 1924, S. 278ff.

440) Vgl. dazu *M. H. Carré*, Phases of Thought in England, 1949, S. 273f.; *G. P. Gooch*, The History of English Democratic Ideas in the 17th Century, 1898, S. 345.

441) Vgl. *E. Faul*, Der Machiavellismus im englischen politischen Denken, in: Der moderne Machiavellismus, 1961, S. 113ff.

속화시킨 셈이다.[442] 그 결과 정치의 투쟁적 성격과 정책경쟁적 의미가
일반적으로 인식되어 의회가 정치의 무대로 바뀌고 의회에서의 자유토
론과 정책비판의 자유가 폭넓게 인정되었다.

　　그런데 17세기 후반부터 18세기에 걸쳐 영국에서 활발히 전개
된 정치의 본질에 관한 다양한 이론추구도 영국적인 의회민주주의의
발전에 중요한 사상적 기초가 되었다는 점을 잊어서는 아니 된다. 즉
헤링튼(Harrington)[443]은 그의 자유주의적 국가구조론(Oceana, 1655년)을
통해서 자유국가란 주권이 제한되는 국가가 아니라 베니스(Venice)[444]
처럼 주권이 여러 기능영역으로 나누어져서 주권의 형평을 이루는
'equal system'의 나라를 뜻하기 때문에 통치기능도 '토론'과 '결정'의
두 기관으로 나누어 '슬기'(wisdom)와 '이해'(interest)가 서로 견제와 교
정역할을 하도록 해야 한다고 주장했다. 두 소녀가 하나의 빵을 가장
공평하게 나누어 갖는 방법은, 빵을 두 조각으로 자르는 사람과 빵을
먼저 골라 잡는 사람을 각각 다르게 하는 것(Das eine teilt, das andere
wählt)이라고 주장한 것도 그의 기능분배사상에서 나온 실증적인 예이
다. 빵을 먼저 골라 잡는 사람은 더 커 보이는 쪽을 선택할 것이 분명
하기 때문에 빵을 자르는 사람도 되도록 공평하게 자르도록 노력하게
된다는 것이다. 말하자면 빵을 자르는 사람의 '슬기'와 골라잡는 사람
의 '이해'가 서로 합해져서 최상의 빵의 분배가 이루어지듯이 이해관계
의 대립은 정치에 있어서도 상호견제와 상호교정의 최상의 정치를 가
능케 한다고 한다. 의회의 운영도 이해관계의 대립을 통한 상호견제
와 상호교정이 이루어질 수 있어야 좋은 정치를 기대할 수 있기 때문
에 이해의 대립을 전제로 한 의회에서의 자유토론이야말로 좋은 정치
를 실현하기 위한 필수요건이라고 한다.[445] 이처럼 '대립주의'(Anta-
gonismus)를 자유주의적 국가구조의 이상모델로 생각한 Harrington의

951
대립주의의
내용과 영향

---

442) So auch *K. Kluxen*(FN 407), S. 103.

443) Vgl. *James Harrington*, The Oceana and the Other Works, Ed. Toland, 1737;
　　A. E. Levett, Harrington, in: F. J. C. Hearnshaw(Ed.), The Social and Political
　　Ideas of some great Thinkers of the 16th and 17th Century, 1929, S. 193f.

444) 베니스의 통치체제가 영국정치현상에 미친 영향에 대해서는 다음 문헌을 참조할 것.
　　V. Z. Fink, Venice and English Political Thought in the 17th Century, Modern
　　Philology, Bd. 38, 1940/ I .

445) Vgl. *James Harrington*(FN 443), S. 47, 48, 431.

정치사상은 17~18세기 영국의 정치이론을 대표하는 것으로서 그 당시 '지배와 피지배', '법치와 자의', '힘과 법', '질서와 자유'의 대립관계를 정치의 본질로 이해하는 것이 Bacon, Hobbes, Milton, Temple, Halifax, Davenant 등 모든 정치사상가들의 공통된 태도였다.446)

952
심리주의적
정치학

정치의 본질을 '대립주의'의 시각에서 이해하고 정치현상에 내재하는 이원주의적 요소를 중요시하는 18세기의 사상적 경향은 그 당시 심리주의(Psychologismus)에 바탕을 두고 유행하던 심리학적 또는 인간학적인 정치학과는 불가분의 관계에 있다는 점을 소홀히 할 수 없다.447) 국가현상을 인간의 생리 내지 인간심리의 차원에서 설명하려고 노력하던 당시의 심리학적 또는 인간학적인 정치학은 인간과 국가를 그 본질면에서 같은 것으로 보고 인간의 심리 속에 작용하는 '감성'(passion)과 '이성'(reason)의 대립과 갈등이 국가에도 마찬가지로 나타난다고 믿었다. 인간이 '감성'(passion) 및 '충동'(appetite)과 '이성'(reason)의 끊임없는 대립과 갈등에 의해서 비로소 도덕적 인간이 되는 것처럼 국가도 이상적인 도덕국가가 되기 위해서는 '감성' 및 '충동'적인 부분과 '이성'적인 두 부분으로 구성되는 것이 불가피하다고 보았다.448)

Whigs와 Tories의 둘로 갈라진 정치세력의 대립과 갈등을 이같은 관점에서 정당화하면서, 합리주의(Rationalismus)를 추구하던 Whigs가 '이성'(ratio)의 표상이라면, '신비주의'(Mystizimus)에 빠진 Tories는 '감성'(passion)과 '충동'(appetite)의 화신이라고 설명된 것449)도 같은 이유에서였다.

953
정치사상적
대립주의와
도덕철학적
이원주의

아무튼 국가와 정치현상을 이처럼 인간학적·도덕심리적인 관점에서 설명하려던 당시의 정치사상은 앞에서 말한 '대립주의'와 함께 영국의 의회주의발전에 큰 영향을 미쳐, 정권을 둘러싼 '분열'과 '대립'과 '갈등' 속에서도 조화를 이룰 수 있는 영국 의회민주주의의 사상적 기초가 되었다고 할 것이다. 집권당이 된 Whigs가 Walpole 체제에

---

446) Darüber vgl. *F. Pollock*, History of the Science of Politics, 1930.

447) Vgl. *G. P. Gooch*(FN 440), S. 299.

448) 이같은 주장은 특히 Shaftesbury에 의해서 대표되었다.
Vgl. *Shaftesbury*, Characteristics of Men, Manners, Opinions, Times, 1900, Treatise Ⅲ, Soliloquy Ⅰ, S. 113.

449) Vgl. *Shaftesbury*(FN 448), S. 123f.

의해 21년간(1721~1742) 정권을 차지하고 부패와 부정의 유혹에 빠져
들자, '이성'의 표상이던 Whigs가 이처럼 '감성'과 '충동'의 화신으로
변질된 것은 장기집권이 초래한 부정적인 결과이기 때문에 잦은 정권
교체(rotation)만이 정권의 부패를 막을 수 있다고 역설하면서 정권에
대한 비판과 야당(Tories)의 활발한 정권투쟁을 마치 '이성'적인 애국주
의(Patriotismus)로 찬양하던 18세기 영국의 여론과 정치의식[450]이 오늘
날 영국 의회민주주의의 밑거름이 되고 있는 것은 의심의 여지가 없
다. 의회가 여당과 야당의 이원구조를 가져야 하고, 정권교체를 실현하
기 위한 야당활동의 보호가 의원내각제의 불가결한 요소로 인식된 것
도 바로 그 때였다. Walpole 내각의 부정부패를 규탄하기 위해서 관례
적인 탄핵절차(impeachment) 대신에 불신임결의가 1741년 처음으로 시
도된 것도[451] 통치구조 내에서 야당의 지위가 크게 향상된 결과였다고
할 것이다. 의회 내의 정책토론이 마치 법적 분쟁의 판결을 찾기 위한
변론(pleading)과 비교되어 의회 내의 의사절차가 여·야의 당연한 대
립관계를 바탕으로 형성되고, 여당과 야당은 국민 앞에 더 좋은 국가
를 선보이기 위한 소송당사자로 인식된 것이다.[452] 정치사상적 '대립주
의'와 인간심리에 바탕을 두는 도덕철학적인 '이원주의'(Dualismus)가
영국의 의회정치에서 야당의 통치기능적 지위를 크게 높이고, 불법 내
지 위법을 이유로 하는 탄핵적 문책(act of attainder or impeachment) 대
신에 실정 내지 부도덕을 이유로 하는 내각불신임이 여론의 적극적인
지원에 의해서 의회정치의 확고한 관례로 확립되면서 영국의 의회민주
주의는 튼튼한 뿌리를 내리게 되었다.

     결국 영국 의원내각제의 기틀이 된 야당의 지위향상은 사상적
으로는 '대립주의'와 국가현상에 대한 인간학적·심리학적 접근방법에
서 나온 도덕철학적인 '이원주의'에 힘입은 바 크다고 볼 수 있지만,
영국의 보통법(Common Law)에 의해서 수용된 자연법원리도 야당의 지

954

보통법에
수용된
자연법사상

---

450) 당시의 여론과 정치의식을 말해 주는 대표적 문헌으로는 Gordon과 Trenchard에 의
    한 이른바 "Cato-Paper"와 Bolingbroke의 작품이 있다.
       Vgl. Cato's Letters, 1724; *Bolingbroke*, The Works, 5 Bde, Ed. David Mallet,
    1754; ferner vgl. *J. M. Robertson*, Bolingbroke and Walpole, 1919.
451) 그 당시 불신임결의는 Walpole 내각의 매표(買票)작전 때문에 실패로 돌아갔지만,
    Walpole은 그 다음해인 1742년에 사임하는 결과를 초래했다.
452) Vgl. dazu *J. Hatschek*, Englische Verfassungsgeschichte, 1913, S. 709ff.

위와 통제기능을 강화시키는 데 큰 사상적 지주가 되었다는 점을 간과할 수 없다. 즉, '누구도 자신의 심판관이 될 수 없다'는 영국보통법의 원리 때문에 영국의 헌정에서 정권과 무관한 야당은 객관적인 입장에서 여당의 심판관이 될 수 있다는 자연법적인 논거와 도덕적인 권위를 인정받을 수 있었다.[453] 자신을 심판할 수 없는 인간은 타인을 심판하기에는 가장 적합한 속성을 지니고 있기 때문에, 정권에 관여하지 않는 야당이 여당을 심판하는 것은 영국의 전통적인 도덕철학 내지 보통법의 원리와도 조화된다는 논리이다. 그 결과 야당은 일종의 '국민의 당'(national party)으로서 전체국민의 입으로 기능할 뿐 아니라 '국민의 감각'(the sense of the nation)을 대변하는 것으로 인정받게 된 것이다.

이렇게 볼 때 영국 의회민주주의는 정치적 대립과 갈등을 자유민주주의의 불가결한 기본요소로 생각하고, 정치의 순화를 위해서 야당활동의 보호가 반드시 필요하다는 '대립주의'와 '이원주의' 그리고 '자연법' 사상에 그 기초를 두고 발전해 온 통치기구의 조직원리라고 결론 지을 수 있다. 영국의회의 오랜 법전통과 17~18세기에 전성하던 유럽의 여러 사상적 흐름이 조화를 이루어 나타낸 영국의 의원내각제는 16~17세기의 종교적 분열이 18세기의 사상적 통일을 거쳐 19세기의 '다원 속의 통합'(Einheit in der Vielfalt) 내지는 '갈등 속의 통합'(Einheit im Konflikt) 형태로 발전된 의회민주주의의 가장 대표적이고 성공적인 표본이라고 할 것이다.[454]

c) 프랑스의 의원내각제

955
제3공화국 이후의 정부 형태

의회와 내각의 조직·활동·기능상의 의존성을 그 본질로 하는 의원내각제는 프랑스헌정사에서도 찾아볼 수 있는데, 프랑스 제3공화국(1875~1940)과 제4공화국(1946~1958)의 정부형태가 바로 그것이다. 또 현재의 프랑스 제5공화국(1958~)정부형태도 대통령의 직선을 위한

---

453) Vgl. dazu *F. Pollock*(FN 446), S. 71.

454) So auch *K. Kluxen*(FN 407), S. 111. 영국은 2009년 10월 미국의 연방대법원을 모방한 대법원(Supreme Court)을 신설하면서 정부형태에 또 하나의 변화가 생겼다. 즉 영국 전통적인 귀족문화의 유산으로 법률귀족(Law Lords)으로 불리는 상원의원 12명이 종래 대법원 기능을 했다. 그러나 이제는 독립한 대법원의 출범으로 의회와 사법기관이 완전히 분리되었다. 영국 대법원은 대법원장을 포함해서 12명으로 구성하는데 모두 종신직이다. 우선은 12명의 법률귀족들이 자연스럽게 대법관직을 맡고 있지만, 앞으로 충원되는 대법관은 상원의원직을 겸직할 수 없게 했다.

헌법개정이 단행된 1962년까지는 의원내각제적 성격이 적지 않았다고
볼 수 있다.

α) 제 3 공화국까지의 프랑스의 정부형태

프랑스대혁명(1789년)을 계기로 절대군주제가 무너지고 입헌군
주제 내지는 공화제로 그 통치형태가 바뀐 프랑스는 Rousseau의 직접
민주주의사상에 영향받아 국민의 대표기관인 단원제의 국민의회가 유
일한 주권적인 통치기관으로 기능하는 이른바 회의정부제(assembly
government)[455]를 채택했었다. 즉, 국민의회에 의해서 구성되는 내각은
국민의회의 결정사항을 단순히 집행하는 일종의 집행위원회적 성격을
갖게 되어 언제든지 국민의회에 의해 불신임될 수 있으나, 내각에게는
국민의회의 해산권이 인정되지 않은 정부형태로서 내각에 대한 의회의
절대적 우위와 의회주권을 그 본질적 요소로 하는 것이었다.[456] 1793
년의 정부형태가 그 대표적인 것이었다.

그러나 이 회의정부제는 하나의 이상에 머물러 Napoleon의 통
치와 왕정복고(루이 18세)의 입헌군주시대를 거치는 동안 집행부가 우
세한 방향으로 역전되어 내각은 군주에 의해서 임명되고 군주에 대해
서만 책임을 지게 되어, 의회는 그의 입법권과 예산심의권 그리고 조
세동의권 등을 통해서만 군권과 집행부를 통제하고 견제하는 정치의
제 2 세력으로 약화되었다.[457]

프랑스의 헌정에서 의회가 또다시 그 권한과 지위를 강화하기
시작한 것은 특히 1830년(Juillet-Monarchie: 7월 군주제)부터라고 볼 수
있는데 선거권의 제한에도 불구하고 의회의 국민대표의식이 높아지고
군주의 시정연설에 대한 의회의 답변과 대집행부질문을 통해서 집행부
에 대한 통제권을 그 책임추궁권으로까지 발전시켜 마침내 집행부에
대한 불신임과 집행부의 의회해산이 제도화되기에 이르렀다. 이같은
제도는, 1848년의 혁명에 의해 또 다시 공화제가 탄생되고 의회에 의
해서 대통령이 선출되는 제 2 공화국헌법이 제정됨으로써 더욱 굳어져

956

회의정부제
와 그 후의
변화

---

455) 회의정부제에 관해서 자세한 것은 뒤의 방주 978 및 다음 문헌을 참조할 것.
Vgl. *K. Loewenstein*(FN 238), S. 75ff.

456) So *K. Loewenstein*(FN 389), S. 65ff(68).

457) Vgl. dazu *François Goguel*, Geschichte und Gegenwartsproblematik des
französischen Parlamentarismus, in: K. Kluxen(Hrsg.), Parlamentarismus, 1980,
S. 161ff.

집행부에 대한 의회의 우위와 의회주권이 재확립되었다.[458] 그 후 나폴 레옹 3세(Napoleon Ⅲ)의 쿠데타(1851년) 통치시기를 제외하고는 이 의 회주권이 계속되어 제3공화국 직전의 과도기(1871~1875년)적 정부형 태에서도 그대로 나타났다.[459]

결국 제1공화국의 회의정부제에서 출발한 프랑스의 정부형태 는 입헌군주제시대의 진통기와 공백기를 거쳐 제2공화국에서 공화제 와 의회주권을 되찾고, Napoleon 3세의 등장으로 인한 의회정치의 일 시 시련에도 불구하고 의회우위의 전통을 지켜 제3공화국의 의원내각 제로 발전했다고 말할 수 있다.

β) 프랑스 제3공화국의 의원내각제

957

의회와 내각의 세력균형 모색한 제도내용과 운용실태

프랑스 제3공화국(1875~1940)헌법의 제정자들은 적어도 의도 적으로는 의회의 지위와 권한을 직전의 과도기(1871~1875)정부형태에 서 보다 크게 약화시킴으로써 의회와 내각의 세력균형이 실제로 실현 될 수 있는 의원내각제를 모색했다고 볼 수 있다.[460] 그러나 그러한 헌 법제정자들의 의도가 반드시 그대로 제도화된 것은 아니었다. 왜냐하 면 두 차례의 Napoleon 절대권력을 경험한 프랑스 사람들의 피 속에 는 집행권의 강화에 대한 일반적인 혐오감이 자리잡고 있었기 때문이 다.[461]

① 헌법상의 제도내용   프랑스 제3공화국헌법은 입법기관 인 의회를 양원제로 하고, 상·하양원합동회의에서 대통령을 선출해서 그에게 내각구성권을 줌으로써 집행권을 대통령과 내각으로 이원화시 키고, 대통령의 국무상 행위는 관계각료의 부서를 받도록 해서 각료만 이 의회에 대해서 책임을 지고, 대통령은 의회에 대해서 무책임한 위 치에 있으면서도 의회해산권을 갖도록 했다. 헌법상 집행권을 대통령

집행권의 이원화

과 내각으로 이원화(dual executive)시키면서도 의회에 대해서는 대통령 을 제외한 각료만이 책임을 지도록 해서 의회와 집행부의 기능상의 의

---

458) 1830년 헌법과 1848년 제2공화국의 정부형태에 대해서는 견해가 갈리지만, 이 두 헌법이 의회의 지위와 권한을 강화해서 의원내각제의 기틀을 마련한 점은 부인할 수 없다.

　　Vgl. *K. Loewenstein*(FN 238), S. 86 Anm. 15.

459) Vgl. *dazu François Goguel*(FN 457), S. 162f.

460) Vgl. dazu(FN 457), S. 163.

461) Vgl. dazu C. J. *Friedrich*(FN 307), S. 429.

존성을 의회와 대통령이 아닌 의회와 내각과의 사이에서만 성립케 한 것이다. Friedrich의 말처럼[462] 내각(Conseil des Ministres)으로 하여금 대통령과 의회 사이의 정치적 교량역할을 하도록 한 것이다. 그 결과 헌법상 명백히 대통령의 권한에 속하는 사항에 대해서도 내각이 의회에 대해서 책임을 지고, 대통령은 정치적인 책임권 밖에 서게 되어 대통령의 권한이 마치 내각의 권한으로 간주되는 결과를 낳게 되었다. 의회에 대한 내각의 정치적 책임이 그만큼 커지는 것을 뜻하고 대통령의 정치력이 약화되는 경우, 수상(Präsident du Conseil des Ministres)을 중심으로 한 내각의 발언권이 강해질 뿐 아니라, 대통령의 의회해산권이 제 기능을 못하게 되는 경우 의회의 집행부에 대한 일방적인 우세가 불가피하게 되어 있다.

② 제도의 운용실태   프랑스 제 3 공화국의 의원내각제는 그 운용과정에서 여러 가지 제도상의 문제점과 제도 외적인 요인들이 복합작용을 일으켜 결과적으로 대통령의 권위가 떨어지고 그의 의회해산권이 무용지물이 되어 내각의 불안정이 계속되고 의회의 지위와 권한만이 강화되어 내각이 완전히 의회에 예속되는 비정상적인 헌법현실을 낳고 말았는데 그 실패의 주요원인들을 살펴보면 다음과 같다.[463]

내각의
의회예속화

i) 1877년 맥마옹(MacMahon) 대통령이 의회해산권을 악용하고 실각(1879년)한 후부터는 대통령의 신망과 권위가 떨어졌음은 물론이고 대통령의 의회해산권이 사실상 사문화되어 집행부의 의회견제수단이 없어졌다는 점, ii) 프랑스인의 개인주의성향 때문에 군소정당이 난립했었고, 1인1구의 다수대표선거제도가 군소정당의 난립을 오히려 촉진시켰었다는 점, iii) 대통령이 갖는 수상지명권과 내각구성권도 임의적이고 자유로운 권한이 아니고 의회 내의 정당세력분포에 따라 제약을 받게 되어 끝내는 하나의 공증인적 기능으로 변질되고 말았다는 점, iv) 내각이 의회내 여러 정치세력의 리더들로 구성되어 서로간의 경쟁심리와 공명심 때문에 행동통일을 위한 결속력이 약해서 각료 개개인의 대

---

462) Vgl.(FN 461), S. 431.
463) 이 점에 대해서는 다음 문헌을 참조할 것.
K. Loewenstein(FN 238), S. 86ff.; F. Goguel(FN 457), S. 163ff.; C. J. Friedrich (FN 307), S. 429ff.; F. Goguel/A. Grosser, Politique à la Française, 1966, S. 183ff.

(對)의회활동은 가능했어도 하나의 조직체로서 의회에 맞서기 어려웠다는 점, v) 정당규율과 교섭단체기속이 해이해서 의원직을 상실함이 없이 정당과 교섭단체를 마음대로 바꾸는 의원들의 잦은 이합집산 때문에 내각의 의회조직기반이 자주 무너질 수밖에 없었다는 점, vi) 프랑스혁명에 의해서 성취한 대의제도와 의회우위사상이 계속적으로 의회제도운영에 영향을 미쳤다는 점, vii) 내각이 의회의 위원회적 성격을 띠게 되고 의회가 그의 입법권을 내각에게 백지위임(pleins pouvoirs)하는 관례가 점점 확산되었지만 의회는 내각에 대한 책임추궁과 통제권을 계속행사함으로써 내각의 책임영역이 넓어졌다는 점, viii) 일찍부터 프랑스에 확립된 강력한 관료체제에 대한 프랑스인의 일반적인 반감과 혐오감 때문에 빈번한 내각교체를 관료체제에 대한 통제수단으로 이해하는 경향이 강했다는 점 등이다.

　　이러한 여러 가지 요인들이 복합적으로 작용해서 프랑스 제3공화국의 의원내각제는 65년간에 무려 100개 이상의 내각을 교체시키는[464] 지극히 불안정한 정부형태가 되고 말았는데, 1914년 제1차 세계대전으로 인해서 전시내각이 구성되고 전쟁수행을 위한 전시내각의 권한이 대폭강화될 때까지 프랑스 제3공화국은 불안정한 정국의 연속이었다. 두 차례의 세계대전을 치르는 동안에도 프랑스 제3공화국의 의원내각제는 전혀 제 기능을 나타내지 못하고 전시상황에 따른 의회기능의 약화를 초래하고 결국에 가서는 비쉬(Vichy) 독재정권을 출현(1940년)시키는 불행을 맞보게 되었다.

　　γ) 프랑스 제4공화국의 의원내각제

958

의회의 독주예방제도 및 운용실태

　　제2차 세계대전이 끝나고 1946년에 제정된 프랑스 제4공화국(1946~1958년)헌법은 제3공화국의 경험을 토대로 집행부의 지위와 권한을 강화함으로써 의회의 일방적 독주를 방지함과 동시에 대통령의 자의적 내각구성권을 제한함으로써 대통령의 독재를 예방하기 위해서 제3공화국의 의원내각제를 다소 변형시키는 정부형태를 채택했다.[465]

　　① 헌법상의 제도내용　　　　양원제의회[466]와 집행부의 이원적

---

464) Dazu vgl. *K. Loewenstein*(FN 238), S. 87; *C. J. Friedrich*(FN 307), S. 430.

465) Dazu vgl. *F. Goguel*(FN 457), S. 166.

466) 하원은 국민의 보통·직접선거에 의해 선출된 의원으로 구성되지만, 상원은 오랜 전통에 따라 여전히 지방자치제도의 대표들로 구성된다. 상원의 구성방법과 기능에 대해

구조(dual executive), 대통령의 간접선거제도 등은 제3공화국의 제도를 그대로 이어 받았지만 의원의 임기를 1년 늘려 5년으로 하고, 선거제도를 비례대표선거제도로 바꾸었다.[467] 제3공화국의 제도와 현저히 달라진 것은 다음 세 가지 점이었다. 첫째, 대통령이 수상을 지명하는 경우, 수상은 미리 정책계획과 내각명단을 의회에 제출해서 의회의 동의를 받은 후에야 취임토록 한 점(Investiturabstimmung), 둘째, 내각의 안정을 도모하기 위해 내각은 의회에서 그 재적의원과반수의 찬성으로 불신임결의안이 가결되거나 신임요청이 부결된 경우에만 사퇴케 하되, 이 경우 그 발의와 투표 사이에 일정한 냉각기간을 두도록 한 점, 셋째, 의회해산권행사를 제한해서 의회가 구성된 날로부터 18개월 후에나 의회를 해산시킬 수 있도록 했지만, 이 경우에도 위에 말한 내각불신임결의 또는 신임거부 등으로 내각이 사퇴하는 사태가 1년 6월 이내에 적어도 두 번 발생한 것을 전제로 해서만 의회해산권을 발동할 수 있도록 한 점[468] 등이다.

수상지명권
과 불신임
및 해산요건
강화

    ② 제도의 운용실태   프랑스 제4공화국의 의원내각제는 위에 말한 몇 가지 제도적인 개혁에도 불구하고 결과적으로 성공하지 못하고 13년간에 25개의 내각[469]이 바뀌는 역시 불안정한 정부형태가 되고 말았는데 그 실패의 주요요인은 대체로 다음과 같이 지적되고 있다.[470] i) 선거제도의 개혁에도 불구하고 의원내각제의 바탕이 되는 의회내 안정다수세력이 확보되지 않아 언제나 연립내각의 구성에 의존할 수밖에 없었는데, 중요정책을 둘러싼 정당간의 견해차이 때문에 연립내각의 구성이 어려웠을 뿐 아니라, 한번 구성된 연립내각도 쉽게 붕괴되는 경우가 많았다는 점, ii) 대통령의 수상임명시에 요구되는 정책과 내각명단에 대한 의회의 동의요건 때문에 내각의 구성이 처음부터 어려웠다는 점(따라서 1954년에 이 제도는 폐지되고 말았다), iii) 의회해산조건이 매우 까다롭게 정해져서 의회해산규정이 거의 사문화될 수밖에 없었는데다가 1955년 Edgar Faures 수상의 경솔한 의회해산으로 인해

정국불안정
초래

    서는 vgl. *F. Goguel*(FN 457), S. 182ff.

467) Vgl. *K. Loewenstein*(FN 238), S. 88.

468) Vgl. dazu *K. Loewenstein*(FN 238), S. 88; *F. Goguel*(FN 457), S. 166, 173.

469) Vgl. dazu *K. Loewenstein*(FN 238), S. 87.

470) Vgl. dazu *F. Goguel*(FN 457), S. 170ff.; *K. Loewenstein*(FN 238), S. 88ff., 215.

서 내각의 의회해산권이 그나마도 무용지물이 되고 말았다는 점, iv)
의회의 의사규칙 내지 의사절차가 내각의 의회내 발언권을 극도로 약
화시켜 내각의 정책발의나 정책수행을 매우 어렵게 만들고, 내각의 의
회의존성을 더욱 심화시켰다는 점, v) 헌법이 규정하는 내각사퇴요건
이 충족되지 않았는데도 의회 내에서의 사소한 패배를 구실로 내각이
스스로 물러나는 사례가 많았다는 점, vi) 헌법이 명문규정(제13조)으로
금지하는 데도 불구하고 제3공화국에서 유래하는 내각에 대한 입법권
의 백지위임형식(pleins pouvoirs)이 국사원(Conseil d'Etat)[471]의 지원하
에 계속 성행했다는 점 등이다.

　　　　제4공화국헌법에서 새로 채택한 내각의 신임요구제도가 내각
에 의해서 자주 활용되고 특히 여러 개혁사안을 함께 묶어 일괄적인
(en bloc) 신임투표를 요구하는 슬기로운 기술에 의해서 내각의 지위가
다소 강화된 점도 없지 않았지만[472] 위에 지적한 여러 요인들 때문에
프랑스 제4공화국의 의원내각제도 정국을 안정시키지는 못했다. 제3
공화국과 마찬가지로 제4공화국도 결국은 정국불안을 지속시키고 국
정을 마비시켜 끝내는 강력한 실력자에 의한 권위정부의 출현을 재촉
한 셈이 되고 말았다.

　　　　δ) 프랑스 제5공화국의 정부형태

959
집행권강화
한 드골헌법
　　　　강력한 실력자인 드골(de Gaulle)에 의해서 주도된 프랑스 제5
공화국헌법(1958년)[473]은 제3·4공화국헌정의 경험을 거울 삼아 집행
권을 강화하는 데 주안점을 두고 그 정부형태를 마련했기 때문에 제도
적으로 앞서 있던 두 공화국의 의원내각제와는 다른 점이 많다. 특히
대통령의 직선제개헌이 단행된 1962년 이후의 현 프랑스정부형태는
신대통령제(Neo-Presidentialism)[474]적 요소가 강하기 때문에 의원내각제
1962년의　　와는 다르다.[475] 그런데 1962년까지의 정부형태도 Loewenstein[476]에

---

471) Conseil d'Etat의 기능에 관해서는 다음 문헌을 참조.
　　　H. Paris, The Conseil d'Etat in the Fifth Republic, Government and Opposition,
　　　3(1966~67).
472) Dazu vgl. *F. Goguel*(FN 457), S. 173.
473) 드골헌법은 헌법상의 제정절차를 벗어나 비정상적인 국민투표(79.2%의 지지율)에
　　　의해서 제정되었다. 그 자세한 제정경위에 대해서는 vgl. *K. Loewenstein*(FN 238), S.
　　　94f., 431. 현행헌법은 2013. 12. 13. 개정된 것이다.
474) 이 정부형태에 대해서 자세한 것은 *K. Loewenstein*(FN 238, S. 62ff.) 참조할 것.
475) Dazu vgl. *K. Loewenstein*(FN 238), S. 430ff.; *U. Scheuner*(FN 386), S. 321f.

따라 순수한 의원내각제가 아니고 '순화(제어)된 의원내각제'(gebändigter ·직선제개헌
Parlamentarismus) 또는 '규제된 의원내각제'(disziplinierter Parlamen-
tarismus)라고 보는 경우에는 프랑스에서의 참된 의원내각제적 경험은
이미 제4공화국에서 끝났다고 할 수 있다.

    ① 헌법상의 제도내용   프랑스 제5공화국헌법은 그 주도
자인 de Gaulle의 의도대로 의회의 지위와 권한을 약화시키고 헌정의
주도권을 의회에서 이원적인 구조의 집행부로 옮기는 데 초점을 맞추
어 그 정부형태를 마련했기 때문에 대통령과 내각의 통치기구 내의 위
치가 크게 강화된 것이 특징이다.[477]

    대통령은 임기 5년으로 절대다수 대표선거제도에 따라 국민이
직선하는데 연임은 1회로 제한되며($_{제7조}^{제6조와}$)[478] 탄핵심판을 받는 경우
($_{제1항}^{제68조}$) 외에는 재직중 법적인 소추가 불가능할 뿐 아니라($^{제67}_{조}$) 그 임기
동안 정치적으로도 책임을 지지 않게 되어 있다. 대통령은 여러 통치   대통령의
기관의 중재자(arbitrage)인 동시에 국가의 계속성과 통일성의 보장자로   지위와
서 기능할 뿐 아니라($^{제5}_{조}$), 임의로 수상을 임명하고 수상의 제청에 의   권한 강화
해서 각료를 임명한다($^{제8}_{조}$). 대통령은 중요한 정책사안을 국민투표에
회부할 수 있고($^{제11}_{조}$), 의회를 해산시킬 수 있는데($^{제12}_{조}$), 의회해산권행사
는 해산 후 의회가 다시 구성된 다음 해에는 할 수 없다는 제약($_{제4항}^{제12조}$)
외에는 대통령의 자유재량에 속하는 것으로서 의회의 내각불신임
($_{제50조}^{제49조}$)을 꼭 전제로 하지 않는다는 점에서 앞서 있던 두 공화국에서의
의회해산권과는 본질적으로 다르다. 대통령은 또 헌정질서가 중대한
위협을 받거나 국가의 존립이 위태로운 경우에는 헌정질서의 정상회복
과 국가의 안전을 확보하기 위해서 필요하다고 판단되는 모든 조치를
강구할 수 있는 국가긴급권을 갖는다($^{제16}_{조}$). 이른바 '입헌독재'(kon-   입헌독재권

---

476) Vgl. *K. Loewenstein*(FN 238), S. 94, 103.

477) 자세한 것은 다음 문헌을 참조할 것.

    A. Sattler, Die Verfassung der 5. Republik und das parlamentarische
Regierungssystem, AöR 87(1962), S. 335ff.; *H. W. Ehrmann*, Die Verfassungs-
entwicklung in Frankreich der 5. Republik, JöR, N. F. 10(1961), S. 353ff.; *G.
Ziebura*, Frankreichs neues Regierungssystem, 1960.

478) 1962년 직선제 개헌 전에는 대통령은 인구비례에 따라 지방자치단체의 장과 그 지
방의회의원들로 구성된 선거인단(약 8만명)에 의해서 임기 7년으로 간접선거했었다.
직선제 도입 후에도 임기는 그대로 7년이었지만 2000년 대통령임기를 5년으로 줄이는
개헌이 있었고 2008년 개헌으로 대통령 연임을 1회로 제한했다.

stitutionelle Diktatur)를 가능케 하는 이러한 국가긴급권까지를 손에 쥐고 있는 프랑스대통령은 Loewenstein의 표현처럼[479] 다른 모든 헌법기관의 상위에 존재하는 말하자면 '공화적 군주'(republikanischer Monarch)와 같다고 할 수 있다. 다만 대통령은 통상적인 집행업무를 직접 담당하지 않고 수상을 중심으로 하는 내각에게 정책결정권과 정책집행권이 맡겨진다($\binom{제20조}{제1항}$)는 점에서 대통령제의 대통령과는 다르지만 대통령은 각료회의의 의장이며 내각의 국정행위는 대통령의 서명이 있어야 효력이 발생한다는 점에서 집행업무에도 적지 않은 영향을 행사한다.

정책결정권과 정책집행권 등 실질적인 집행업무를 담당하는 내각은 하원에 대해서 정치적 책임을 지지만($\binom{제20조}{제3항}$), 의원직을 겸할 수 없다($\binom{제23조}{제1항}$). 본질적으로 의원내각제와 조화되기 어려운 이 겸직금지규정은 내각의 집행업무수행을 의회의 정당정치적 영향으로부터 격리시킴으로써 의회의 내각불신임을 어렵게 만들려는 의도가 담겨 있다고 볼 수 있다.[480] 의회의 내각불신임요건과 절차가 어차피 매우 어렵게 정해져 있는 점을 감안할 때 드골헌법이 얼마나 내각의 안정에 신경을 썼는지를 짐작할 수 있다. 즉, 내각불신임의 요건과 절차는 다음과 같다. 첫째, 하원이 그 재적의원 1/10 의 발의와 그 재적의원 과반수의 찬성으로 수상에 대한 불신임결의를 하면 내각이 사퇴한다($\binom{제49조 제2}{항, 제50조}$). 수상에 대한 불신임결의안이 부결되는 경우 불신임결의안발의에 서명한 의원은 같은 임시회의 회기 내에는 또다시 불신임결의안을 발의할 수 없다($\binom{제49조 제2}{항 제5절}$).[481] 둘째, 수상은 내각의 구체적 정책 내지는 일반적 시정방침에 대해 하원의 신임을 물을 수 있는데($\binom{제49조}{제1항}$), 하원재적의원 과반수의 찬성으로 신임을 얻지 못하면 불신임된 것과 마찬가지로 내각이 사퇴한다($\binom{제50}{조}$). 셋째, 내각은 하원에 예산안 또는 기타 법률안을 제출하면서 신임투표와 결부시킬 수 있는데, 이 때 하원에서 24 시간 이내에 불신임결의안이 가결되지 않는 한 그 법률안은 통과된 것으로 간주된다($\binom{제49조}{제3항}$).

프랑스 제 5 공화국헌법의 또 다른 특징은 의회의 입법권과 자

불신임요건
강화

---

479) Vgl. *K. Loewenstein*(FN 238), S. 97.

480) So auch *K. Loewenstein*(FN 238), S. 97f.

481) 다만 같은 정기회의 회기중에는 모두 3번에 한해 불신임결의안을 발의할 수 있다.

율권을 크게 제한하는 대신 내각의 입법에 관한 권한을 크게 강화했다
는 점이다. 즉 의회의 입법권에 의해서 규율되어야 할 사항을 헌법에
일일히 제한적으로 열거하고($\frac{제34}{조}$), 여기에 속하지 않는 사항은 대통령
과 내각이 법규명령으로 규율할 수 있게 했을 뿐 아니라($\frac{제37}{조}$), 의회의
입법사항에 대해서도 내각이 입법에 관한 전권위임(pleins pouvoirs)을
하원에게 요구할 수 있도록 했다($\frac{제38}{조}$). 의회입법원칙에 대한 중대한 제
한이 아닐 수 없다. 나아가 의회의 자율권과 기능을 약화시키기 위해
서 의회의 회기를 크게 제한해서 정기회는 매년 10월 1일부터 다음해
6월 30일까지 열리는데 이 기간 동안 전체회의 일수는 120일을 초과
할 수 없도록 했다($\frac{제28}{조}$). 그리고 1년에 전체회기일수가 6개월을 넘지
않는 범위 내에서 내각 또는 의회재적과반수의 요청에 의해서 대통령
이 임시회를 소집할 수 있으나, 이 경우 그 회기는 12일을 초과할 수
없을 뿐 아니라($\frac{제29조\sim}{제30조}$) 임시회소집요구에 대통령이 기속되는 것도 아니
라고 해석되고 있다.[482] 또 의회의 상임위원회수를 8개로 제한한 것이
나($\frac{제43조}{제1항}$), 의회의 대내각질문을 정기회 또는 임시회 기간중 최소한 주
1회로 정하면서($\frac{제48}{조}$), 대내각질문 후의 결의안채택을 헌법위원회가 위
헌으로 결정했을 뿐 아니라,[483] 의회의 예산심의권을 제한해서 국가의
세입을 감소시키거나 세출을 증가시키는 제안을 의회가 하지 못하도록
하고($\frac{제40}{조}$) 하원에 예산안이 제출된 후 70일 내에 의회에서 예산안이 통
과되지 않는 경우에는 내각이 법규명령으로 예산안을 확정시킬 수 있
도록 했다($\frac{제47}{조}$).

> 의회의
> 입법권과
> 자율권 제한

결과적으로 드골헌법은 Loewenstein[484]이 적절히 지적하는 것
처럼 의식적으로 반의회적이고 친집행부적인 내용이 되도록 제정한 것
으로서 의회는 이제 더 이상 주권적인 통치기관이라고 볼 수 없다. 가
글(Goguel)[485]이 프랑스 제5공화국의 의회를 '면목을 잃은 굴종의 의
회'(gedemütigtes Parlament)라고 부르는 것도 그 때문이다.

> 굴종의 의회

프랑스 제5공화국의 헌정질서에서 빼 놓을 수 없는 것이 헌법
위원회(Conseil Constitutionnel)의 기능이다. 헌법위원회는 대통령과 상·

> 헌법위원회

482) So auch *F. Goguel*(FN 457), S. 174f.
483) Vgl.(FN 482), S. 179.
484) Vgl.(FN 238), S. 100.
485) Vgl.(FN 457), S. 181.

하양원의장에 의해서 각각 3명씩 임명되는 9명의 위원으로 구성되는데 위원의 임기는 9년이며 연임이 금지되고 3년마다 그 위원의 1/3 을 개선하게 된다. 전직대통령은 자동적으로 그 위원이 된다. 헌법위원회 위원장은 대통령이 임명하며 가부동수인 경우에 결정권을 갖는다($\frac{제56}{조}$). 헌법위원회는 헌법해석에 관한 최종적인 유권해석기관인 동시에 대통령과 국회의원선거 및 국민투표의 합법성을 보장하는 선거소송기관이기도 하다($\frac{제57조~}{제60조}$). 나아가 헌법위원의 임명기관과 수상 또는 의원 60인 이상의 요청에 의해서 법률의 위헌여부를 사전심사할 수 있는 권한을 가지고($\frac{제61조 제2}{항과 제62조}$), 의회와 내각의 입법영역에 관한 권한쟁의를 조정한다. 또 헌법위원회는 법원의 소송절차에서 제기된 법령의 기본권침해 주장을 꽁세유데따(Conseil d'Etat) 또는 대법원(Cour de cassation)이 기각한 경우에 그 위헌여부를 심사할 수 있다($\frac{제61-1}{조}$). 그 밖에도 헌법위원회는 2008년 개헌으로 예외적이긴 하지만 법률을 사후에 심사하는 사후적인 규범통제도 할 수 있다. 즉 의회가 입법사항이 아닌 것을 법률로 정한 경우 그것을 정부가 법규명령(décret)으로 개정할 수 있는 성질의 것인지를 심사하는 경우이다($\frac{제37조}{제2항}$). 이것을 비법률화제도라고 한다. 또 헌법위원회는 법원의 소송절차에서 당해 소송에 적용할 법령규정이 헌법상의 기본권 보장에 위배된다는 당사자의 제청신청을 받아 들여 꽁세유데따 또는 일반소송의 최고법원이 제청한 문제를 심사할 수 있다. 제청 후에는 3개월 이내에 헌법위원회의 결정이 있을 때까지 원심소송절차가 정지된다($\frac{제61-1}{조}$). 위헌결정은 헌법위원회가 정하는 바에 따라 즉시효 또는 장래효를 갖는다($\frac{제62조}{제2항}$). 의회의 의사규칙도 헌법위원회에 의해서 그 합헌성이 인정된 경우에만 효력이 발생케 되어 있다. 아무튼 이같은 헌법수호적인 기능을 갖는 헌법위원회는 프랑스 제 5 공화국 통치구조의 특색에 속하는 것으로서 헌정질서의 안정에 큰 기여를 하고 있다.[486]

하원의원의 절대다수 대표선거 제도

끝으로 프랑스 제 5 공화국의 정부형태와 불가분의 관계에 있는 것이 5년 주기로 실시하는 그 하원의원선거제도이다. 왜냐하면 군소정당의 난립을 방지하기 위해서 이른바 '선거구절대다수대표선거제도'를 채택해 선거구에서 유효투표의 과반수의 득표를 한 사람만을 당선자로

---

486) So auch *K. Loewenstein*(FN 238), S. 100, 101.

하고, 과반수득표를 한 당선자가 없는 선거구에서는 1주일 후에[487) 유권자 12.5% 이상을 득표한 후보자에 대한 2차투표를 실시해 다수득표자를 당선자로 결정토록 한 것이다(제24조 제2항과 선거법).[488) 프랑스 하원의원수는 577명을 초과할 수 없으며, 간접선거인 상원의원수는 348명을 초과할 수 없다(제24조 제3항과 제4항).

　② 제도의 성격과 문제점 및 운용실태　　내각의 안정과 통치가능한 정부를 그리면서 만들어진 프랑스 제5공화국의 정부형태는 제도적인 측면에서 의회의 지위와 권한이 크게 약화된 대신에 상대적으로 내각의 지위와 권한이 그만큼 강화된 것이 사실이다. 그러나 드골헌법의 정부형태는 헌법이론상 의원내각제와 조화될 수 없는 요소를 적지 않게 내포하고 있어 문제가 되는데 그 주요한 것만을 지적하기로 한다.[489) 첫째, 국민의 보통·평등·직접선거에 바탕을 두고 조직되는 하원이 프랑스의 통치구조 내에서 민주적 정당성이 가장 강한 통치기관인데도 불구하고, 헌법상 지위와 권한은 단순히 임명된 수상과 내각에 비해 크게 떨어져 민주적 정당성과 헌법상 권능과의 합리적인 비례관계가 유지되지 못하고 있다는 점이다. 둘째, 대통령에게 준 자유재량적 하원해산권은 하원의 내각불신임과는 무관하게 임의로 행사할 수 있어 의회해산권과 내각불신임권의 '상호견제적 기능이 전혀 도외시되기 때문에 의회해산권의 남용 내지는 악용에 의해서 내각불신임권이 그 효력을 상실할 위험성이 크다는 점이다. 셋째, 수상을 비롯한 각료직과 의원직의 겸직금지규정은 의회와 내각의 조직·활동·기능상의 독립성을 유지하려는 대통령제의 본질적 요소로서 의원내각제와는 조화될 수 없다는 점이다. 넷째, 비례대표선거제도를 포기하고 절대다수대표선거제도를 채택함으로써 군소정당의 의회진출을 완전히 봉쇄해서 정당조직과 정당활동을 필요 이상 제약하는 정당적대적인 선거제도를

960
체계부조화
의 문제점

---

487) 프랑스의 하원의원선거는 반드시 일요일에만 실시되기 때문에 다음 일요일에 2차투표를 하게 된다.

488) 프랑스의회선거법은 최근 수년 동안, 다소의 변혁을 겪었다. 즉 본래의 다수대표선거제도가 미테랑 대통령에 의해서 1985년 제한된 비례대표선거제도로 바뀌고(Loi Nr. 85-690), 이 새 제도에 의해서 1986년 3월의 총선거가 실시되었다. 그러나 총선 후에 시락(Chirac) 수상에 의해서 선거법이 다시 옛날의 다수대표선거제도로 바뀌었는데(Loi Nr. 86-1197) 프랑스의 헌법위원회가 1986년 11월 18일 이 시락의 선거법개정을 합헌으로 결정했다(Decision Nr. 86-218).

489) Darüber vgl. *K. Loewenstein*(FN 238), S. 101ff., 430ff.

마련했다는 점이다. 다섯째, 드골헌법의 정부형태는 그 통치기능면에
서 대통령과 하원의 신임을 동시에 받는 수상을 전제로 하고 있기 때
문에, 대통령의 신임 없이 하원의 신임만 받거나 그 반대의 상황이 생
겼을 때 심각한 헌정의 마비가 초래될 소지를 내포하고 있다는 점이
다. 즉 하원의 신임과 지지를 받는 수상을 대통령이 해임하거나, 하원
에 의해 불신임된 수상을 해임시키는 대신 하원을 해산시키는 사태
(1877년 MacMahon 대통령처럼)가 생겨 정국불안이 초래될 수도 있다는
점이다. 그뿐 아니라 헌법상 강력한 지위와 권한을 갖는 대통령과, 하
원의 다수세력을 배경으로 하는 수상 사이에 정치적인 긴장관계가 생
기는 경우에는 헌정이 어려워질 수도 있다. 1986년 3월 총선거 이후의
프랑스정치현상(미테랑 대통령 대 시락 수상의 갈등)이 이를 잘 입증해 주
고 있다.

　　　결론적으로 지나치게 드골 개인을 표준으로 해서 만들어진 프
랑스 제 5 공화국의 정부형태는 Loewenstein의 말처럼[490] 조화될 수
없는 '물과 불'을 함께 내포하고 있는 야누스(Janus)의 머리와 같다고
평할 수 있다. 산업사회가 필요로 하는 강력한 행정국가적 요청을 충
족하기 위해서 집행권을 강화한다는 선진적 요소가 담겨 있는가 하면,

**신대통령제·
공화적 군주
제·반대통
령제** 의회의 지위와 권한을 제 2 공화국 이전의 수준으로 약화시킨 퇴영적
요소도 함께 내포하는 드골헌법의 정부형태는 의회민주주의의 궤도에
서 벗어나 신대통령제의 궤도를 향해 달리는 정부형태의 새로운 유성
과도 같다고 할 것이다.[491] 특히 대통령의 직선제가 실현된 1962년 이
후의 현 프랑스정부형태는 집행권의 실질적인 실력자로서의 대통령과
입법기관인 의회가 조직과 기능면에서 완전한 독립성을 유지하고 있기
때문에 의원내각제의 궤도에서 완전히 사라지고 신대통령제의 궤도에
정착했다고 보아야 한다.[492] Loewenstein[493]이 현 프랑스정부형태를 주

490) Vgl.(FN 238), S. 103.
491) So auch *K. Loewenstein*(FN 238), S. 103.
492) So auch *K. Loewenstein*(FN 238), S. 436. 1962년 이후의 프랑스 제 5 공화국정부
　　형태에 관해서 더 자세한 것은 다음 문헌을 참조할 것.
　　　P. Zürn, Die republikanische Monarchie. Zur Struktur der Verfassung der V.
　　Republik in Frankreich, 1965; *Dorothy Pickles*, The Fifth Republic, Institutions
　　and Politics, 3. Aufl.(1965); *Jacques Chapsal*, La Vie Politique de la France
　　dépuis 1940, 1966.
493) Dazu vgl.(FN 238), S. 430ff.(433, 442).

저없이 신대통령제 또는 '공화적 군주제'(Megalokratie)라고 분류하는 이유도 그 때문이다. 또 프랑스 제 5 공화국정부형태와 관련해서 '반대통령제'(semi-presidentialism)[494]라는 개념이 등장하는 이유도 그 때문이다.

　　프랑스 제 3·4 공화국의 의원내각제 경험과 그 제도적인 결함을 시정해 보겠다는 의욕에서 비롯된 결과라고는 하겠지만, 너무 지나친 제도의 변혁일 뿐 아니라 그것을 위해서 치러야 되는 민주주의 후퇴라는 대가가 너무 크다는 Loewenstein의 지적[495]이 결코 과장이 아니라고 생각한다. 대통령제는 이념적으로는 물론이고 제도적으로도 집행부와 입법부의 대등한 지위와 견제기능을 그 본질로 하는 데 비해서 프랑스의 현정부형태는 민주적 정당성이라는 간판을 내세운 대통령의 지위와 권한은 일방적으로 강화되고 입법부의 그것은 약화되는 불대등한 관계로 되어 있어 대통령에 의한 독재정치의 가능성이 미국의 대통령제에서보다도 훨씬 크기 때문이다. 프랑스대통령이 '공화적 군주'라고 불려지고, 드골 대통령이 실제로 공화적 군주로 군림하면서 독재를 했었던 것은[496] 주지의 사실이다. Loewenstein이 프랑스현정부형태의 운명을 지극히 비관적으로 점치면서 민주주의가 되살아나는 제 6 공화국의 출현이 멀지 않았다고 예언한 지도(1968년)[497] 벌써 53년이 지났지만, 아직까지 프랑스에 정치혁명이 일지 않고 있는 것은 de Gaulle 이후(1969년)의 대통령들이 그 권력행사를 조심스럽게 자제함으로써(2000년 임기도 7년에서 5년으로 단축. 제 6 조) de Gaulle 때와 같은 독재의 인상을 피하려고 노력하는 한편 국민의 민주에의 열정에 불 붙이는 일을 삼가하고 있기 때문이라고 말할 수 있다. 2008년 사르코지 대통령은 실제로는 대통령이 뒤에서 다 결정하면서 총리만이 책임지는 위선적인 2원적 통치구조를 개혁해야 한다는 명분으로 개헌을 성사시켰다. 그래서 대통령이 국정의 전면에 나설 수 있는 대통령의 의회연설권을 보장하는(제18조 제 2 항) 대신, 대통령의 연임을 1

---

494) So z. B. *M. Duverger*, Institutions Politiques et Droit Constitutionnel, Bd. 1, 15. Aufl.(1978), S. 545; *v. Beyme*(FN 335), S. 64ff.; *M. Beloff*, Das semi-präsidentielle System, 1958~59, S. 43.

495) Dazu vgl.(FN 238), S. 101.

496) 드골 대통령의 헌법개정절차를 무시한 헌법개정(1962년)을 비롯해서 위헌적인 국민투표적 입법 등 여러 가지 독재정치형태에 대해서는 *K. Loewenstein*(FN 238, S. 430ff.)과 (FN 492)에서 소개한 문헌을 참조할 것.

497) Vgl. *K. Loewenstein*(FN 238), S. 442.

회로 제한하고$\left(\begin{smallmatrix}제6조\\제2항\end{smallmatrix}\right)$, 대통령의 일반사면권을 폐지하고 특별사면권만 인정하며$\left(\begin{smallmatrix}제17\\조\end{smallmatrix}\right)$ 유권자 1/10 이상의 서명과 의원 1/5 이상의 찬성으로 법률안에 대한 국민투표를 발의할 수 있게 하는$\left(\begin{smallmatrix}제11조\\제3항\end{smallmatrix}\right)$ 등 대통령의 권한행사를 제한하는 견제장치도 함께 마련했다. 그 밖에도 프랑스 헌법$\left(\begin{smallmatrix}제64조와\\제65조\end{smallmatrix}\right)$은 대통령을 보좌해서 법관과 검사의 임명 및 징계에 관한 권한을 갖는 최고사법회의(le Conseil superieur de la magistrature)의 권한을 강화했다. 최고사법회의에는 법관분과위원회[498]와 검사분과위원회[499]를 둔다$\left(\begin{smallmatrix}동조\\제1항\end{smallmatrix}\right)$. 법관분과위원회는 대법원 법관(대법관), 고등법원장, 지방법원장의 임명제청권과 나머지 법관의 임명에 대한 동의권을 가지며$\left(\begin{smallmatrix}동조\\제4항\end{smallmatrix}\right)$ 법관징계위원회로 기능하는데 이 경우 검사분과위원회 소속 검사도 함께 위원으로 참여한다$\left(\begin{smallmatrix}동조\\제6항\end{smallmatrix}\right)$. 검사분과위원회는 검사임명과 징계$\left(\begin{smallmatrix}이 경우 법관분과위원\\회의 법관도 참여한다\end{smallmatrix}\right)$에 대한 의견제시권만 행사하도록 했었지만$\left(\begin{smallmatrix}동조 제5\\항과 제7항\end{smallmatrix}\right)$ 법관분과위원회의 권한처럼 구속력을 부여하는 내용의 헌법개정안이 2016년 4월 상·하원에서 각각 의결하였다. 이 헌법개정안은 상·하원 합동회의에서 유효투표 3/5 이상의 찬성을 얻거나 국민투표로 확정되어야 하는데 2017년 6월 하원의원 총선거 후에 그 확정절차가 진행될 예정이었지만 확정되지 않았다.

d) 독일의 의원내각제

제 2 차 세계대전 후 서독과 통일 후(1990년)의 독일은 기본법(Grund-gesetz)에 의해서 의원내각제를 그 정부형태로 채택하고 있는데[500] 독일의 현 의원내각제를 이해하는 데는 기본법이전의 독일정치질서를 아는 것이 도움이 된다고 생각하기 때문에 이를 먼저 개괄적으로 살펴본 후에 현 독일의 정부형태를 언급하기로 한다.

---

498) 법관분과위원회는 법관 5인, 검사 1인, 국사원(꽁세유데따) 지명사 1인, 변호사 1인, 대통령과 상·하 양원 의장이 해당 원의 소관 상임위와 협의해서 각 2인씩 지명하는 일반인 6인 등 14명으로 구성하고 대법원(파기원)장이 주재한다(동조 제 2 항).

499) 검사분과위원회는 검사와 판사의 수만 법관분과위원회와 반대로 하고 나머지 구성원은 동일한 방법으로 선출하는 14명으로 구성하고 대법원 검찰총장이 주재한다(동조 제 3 항).

500) 독일통일은 서독이 동독을 흡수하는 흡수통일의 방법을 택했기 때문에 일부 개정·폐지·신설된 조문(전문, 제51조 제 2 항, 제146조, 제143조, 제135a조, 제23조)을 제외하고는 서독기본법이 통일독일의 기본법으로 그대로 효력을 갖고 있는데 정부형태 면에서는 전혀 변화가 없다. 자세한 개정내용은 졸편저, 독일통일의 법적 조명, 1994년, 249면 이하 참조.

a) 바이마르공화국 이전의 독일의 정치질서

독일의 헌정사에서 절대군주제가 입헌군주제로 바뀐 것은 영국과 프랑스에서보다 훨씬 뒤였다. 즉 프랑스대혁명(1789년)에 의해서 프랑스 정치질서가 큰 변화를 겪는 과정에서도 독일의 39개 군소제후국과 자치도시에서는 여전히 절대권력을 가진 군주 내지 귀족의 통치가 그대로 계속되었다. 그러나 1848년 2월에 일어난 프랑스 제 2 혁명은 독일에도 큰 영향을 미쳐 1849년에 독일헌정사상 최초의 입헌군주제헌법(Paulskirchenverfassung)을 탄생시키고 그 다음해에는 흠정헌법 내지는 협약헌법이라고 볼 수 있는 프로이슨(Preußen) 헌법이 선포되기에 이르렀다. 이 두 헌법은 물론 군권을 견제하는 양원제의 회를 두고 있긴 했지만, 그 의회구성이 국왕에 의한 임명에 의하거나 불평등·제한선거에 의하게 되어 있어 의회로서의 기능을 전혀 할 수 없었다.[501]

961
1849년의
입헌군주제
헌법과
1867년의
비스마르크
헌법

따라서 독일의 입헌주의(Konstitutionalismus)는 1867년에 프로이슨을 중심으로 비스마르크(Bismarck)에 의해서 주도된 '북독일연합'(Norddeutscher Bund)의 헌법에 그 기원을 둔다고 보는 것이 옳다.[502] 이 Bismarck의 '북독일연합헌법'이 1871년에는 거의 그대로 통일된 독일제국헌법으로 수용발전되었는데, 의회의 구성에 관해 보통·직접선거 제도가 마련되고, 연방수상의 정치적 책임이 강조되는 등 민주적 요소가 없었던 것은 아니지만, 이 헌법은 의회정치를 혐오하던 Bismarck의 통치철학이 그대로 반영된 것이었기 때문에 국왕이 수상을 임의로 임명케 하고 의회의 정치적 기능을 극히 약화시켜 의회가 조세동의권을 통해 국왕의 재정정책을 어느 정도 견제하는 외에는 별로 발언권을 갖지 못하게 했었다.[503] 그 당시 슈탈(Stahl)[504]에 의해서 최초로 이론정립된 '입헌주의'의 통치이념, 즉 군권과 의회의 대등한 균형관계는 결국 하나의 이론으로만 그치고 만 셈이었다. 이같은 정치질서가 제 1 차 세계대전까지 큰 변화 없이 그대로 지속되다가, 1918년 패전으로 기우는

---

501) Vgl. dazu *E. R. Huber*, in: E.-W. Böckenförde(Hrsg.), Moderne deutsche Verfassungsgeschichte(1815~1914), 2. Aufl.(1981), S. 171ff.

502) So auch *L. Bergsträsser*, Die Entwicklung des Parlamentarismus in Deutschland, in: K. Kluxen(Hrsg.), Parlamentarismus(FN 389), S. 138ff.(145).

503) Dazu vgl.(FN 502), S. 145ff.

504) Vgl. *F. J. Stahl*, Die Philosophie des Rechts, Bd. 2, 3. Aufl.(1856).

전세를 정치제도의 개혁으로 만회해 보려고 수상의 의회에 대한 정치적 책임을 제도화하는 헌법개정을 단행하는 등 이른바 '숨은 의회주의'(Kryptoparlamentarismus)[505]로의 정치개혁을 시도했지만 때는 이미 늦었었다.[506] 결국 1919년 바이마르공화국이 탄생됨으로써 독일에서의 입헌군주정치는 그 막을 내리게 되었다.

β) 바이마르공화국의 정부형태

962
순수한 형태
아닌
의원내각제

독일헌정사상 최초의 공화국인 바이마르공화국은 영국 또는 프랑스에서와는 달리 뚜렷한 의회정치의 전통과 경험도 없이 오로지 군주제의 폐지와 민주정치의 집념만 가지고 그 헌법을 제정했기 때문에 그 정부형태에 있어서도 전혀 새로운 시도였다. 바이마르공화국정부형태의 성격에 관해서는 학자간에도 견해가 갈려 '의원내각제',[507] '절름발이의원내각제'(hinkendes parlamentarisches Regierungssystem),[508] '혼합형의원내각제',[509] '부진정의원내각제'(unechter Parlamentarismus),[510] 또는 '이원정부제'(die zweigeteilte Exekutive)[511] 등 다양한 표현이 사용되고 있지만, 학자들의 공통된 의견은 전통적인 순수형태의 의원내각제로 볼 수는 없다는 점이다.

① 헌법상의 제도내용   바이마르공화국의 정부형태는 집행권을 대통령과 내각으로 이원화시키고 집행권과 입법권의 담당기관을 다같이 국민의 민주적 정당성에 바탕을 두고 조직토록 했다는 점에 그 특징이 있다.[512] 즉 입법기관인 연방의회(Reichstag)가 국민의 보통·평

직선대통령
의 강력한
권한

등·직접선거와 비례선거제도에 의해서 임기 4년으로 구성되고 임기 7년의 연방대통령(Reichspräsident)도 국민이 직접선거토록 함으로써 입법권과 집행권이 민주적 정당성의 관점에서 서로 균형을 이루어 상호

---

505) Darüber vgl. *M. Raub*, Die Parlamentarisierung des deutschen Reichs, 1977, S. 363ff., 397.

506) Vgl. *K. Stern*(FN 9), S. 951.

507) So *G. Anschütz*, Kommentar zur WRV, Art. 54 Anm. 1; *H. Peters*, Geschichtliche Entwicklung und Grundfragen der Verfassung, 1969, S. 82f.

508) So *R. Thoma*, HdbDStR Ⅰ, S. 504.

509) So *C. Schmitt*, Verfassungslehre, 5. Aufl.(1970), S. 340f.

510) So *K. Loewenstein*(FN 238), S. 90ff.

511) So *K. Loewenstein*(FN 510).

512) Darüber vgl. *K. Stern*(FN 9), S. 951f.; *L. Bergsträsser*(FN 502), S. 153; *K. Loewenstein*(FN 238), S. 91.

견제의 실효를 거두도록 했다는 점이다. 국민에 의해서 직선되는 대통령은 국가의 원수로서 국제법상 국가를 대표하는 여러 가지 권한을 가지며, 연방수상(Reichskanzler)을 자유로 임명하고, 그의 제청에 의해서 연방각료(Reichsminister)를 임명할 뿐 아니라 수상과 각료를 임의로 해임시킬 수도 있었다. 대통령은 또 연방의회해산권을 가지며, 연방의회에서 제정된 법률안을 국민투표에 회부할 수도 있었다. 나아가 대통령은 광범위한 국가긴급권을 가지며 국군통수권까지도 장악하는 강력한 지위와 권한의 통치기관이었다. 대통령의 모든 국정행위는 수상 또는 관계각료의 부서를 받도록 했지만, 그것도 대통령의 자유로운 수상임명권에 의해서 공동화되고 탄핵소추절차에 의한 탄핵심판 이외에는 대통령의 권한행사를 통제할 방법이 없었다.513) 바이마르공화국의 대통령은 W. Weber514)의 말처럼 흡사 '입헌군주의 민주적 대역자(代役者)'(demokratischer Statthalter des konstitutionellen Monarchen)에 비유될 수 있다.

고유한 집행업무는 수상을 중심으로 하는 내각의 소관사항이었는데, 수상이 정책의 기본방향을 결정하고 이 기본방향에 따라 각 각료는 독자적인 책임하에 소관업무를 담당했었다. 수상과 각료는 연방의회에 출석·발언할 수 있으며, 연방의회의 요구가 있으면 반드시 출석·답변해야 하고 그 소관업무에 대해서 연방의회에 정치적 책임을 지기 때문에 연방의회의 불신임결의가 있으면 물러나야 했다.515) 따라서 수상과 각료는 임명권자인 대통령과 불신임권자인 연방의회의 신임을 동시에 받는 것을 전제로 하는 통치구조였다. 다만 대통령의 수상임명에는 연방의회의 동의가 필요치 않았기 때문에 대통령에 의해서 임명된 내각은 연방의회의 불신임결의가 있을 때까지 연방의회의 추정적 신임을 받는 것으로 간주되었다. 이른바 대통령의 '자의내각'(자의내각)(Präsidialkabinett)516)이 탄생될 수 있는 헌법상의 통로가 마련된 셈이었다. 의원내각제의 본질적 요소로 간주되는 입법부와 집행부의 조

513) Vgl. Art. 41, 53, 25, 73, 48, 47, 50, 59 WRV.
514) Vgl. dazu *W. Weber*, Spannungen und Kräfte im westdeutschen Verfassungs-system, 3. Aufl.(1970), S. 159.
515) Vgl. Art. 54, 55, 56 WRV.
516) So *K. Loewenstein*(FN 238), S. 91.

직·활동·기능상의 의존성이 극히 불완전하게 실현된 것으로서 의회
해산권과 수상 및 각료임면권을 가진 강력한 지위의 직선대통령과 내
각불신임권을 갖는 의회의 사이에서 독자적인 정치좌표를 찾기가 매우
어려웠던 것이 바이마르헌법상의 내각이었다.517) 집행권이 대통령과 내
각으로 이원화되고, 대통령의 권한이 독재화할 가능성을 내포하고 있
을 뿐 아니라, 대통령의 의회해산권남용에 대한 통제수단의 결핍으로
의회의 지위가 상대적으로 약화될 수밖에 없었던 바이마르공화국의 정
부형태는 처음부터 구조적으로 많은 문제점을 안고 있었던 것은 사실
이다. 바이마르공화국의 정부형태를 두고 다양한 비판적 견해가 나와
있는 것도 결코 우연한 일만은 아니다. 아무튼 바이마르공화국헌법은
토마(Thoma)518)의 말처럼 대의의 원리에 입각한 의회주의와 직접민주
주의의 이념을 함께 실현하려는 이상적인 통치구조를 추구했지만 실패
로 돌아가 결과적으로 절름발이 의원내각제를 탄생시키고 말았다고 할
것이다.

② 제도의 운용실태   처음부터 절름발이로 출발한 바이마르
공화국은 끝내 정국의 불안 속에서 나치독재정권의 제물이 되고 말았
는데, 물론 제1차 세계대전의 커다란 짐을 지고 출발했고 또 세계적
인 경제공황 등 불리한 국제정치·경제적인 영향도 없었던 것은 아니
지만 바이마르공화국의 실패에는 헌법제도적으로도 책임이 없었다고
보기 어렵다. 특히 의원내각제와 전혀 조화될 수 없는 직선대통령에게
강력한 헌법상의 지위와 권한을 부여함으로써 민주적 정당성을 배경으
로 한 대통령과 의회의 대립 내지는 대통령독재의 길을 열어 주고, 대
통령과 의회의 사이에서 무력하고 불안정한 지위밖에는 가질 수 없었
던 내각의 수명을 단축시킴으로써 정국의 혼란을 제도적으로 가속화시
켰다는 점을 부인하기는 어렵다. 1919년 바이마르공화국헌법이 제정된
때로부터 1933년 이른바 '수권법'(Ermächtigungsgesetz)의 제정으로 히
틀러(Hitler)독재가 시작되기까지 14년간 무려 21개의 내각이 바뀌는
정치혼란을 초래하고 만 것이다.519) 바이마르공화국정부형태의 주요문

이원화된
집행권

963
바이마르헌
정의 실패와
그 원인

517) So *K. Stern*(FN 9), S. 952.
518) Vgl. *R. Thoma*(FN 508), S. 194.
519) Dazu vgl. *E. R. Huber*, Deutsche Verfassungsgeschichte seit 1789, Bd. 6, Die
Weimarer Verfassung, 1981, S. 47ff.

제점과 그 실패원인을 정리해 보면 대체로 다음과 같다.[520] i) 이념적으로 서로 조화될 수 없는 대통령제와 의원내각제의 요소를 함께 수용함으로써 대통령제와 의원내각제의 결함만이 나타나 직선대통령의 독재적 경향과 대통령 및 의회에 예속된 내각의 불안정을 초래했다는 점이다. 즉 의원내각제와 양립할 수 없는 직선대통령에게 통치의 주도권을 부여함으로써 의원내각제의 중심기관인 의회의 지위와 기능을 약화시키고 수상 및 각료임면권과 국가긴급권에 의한 대통령독재의 제도적 통로가 마련되었다는 점이다. 바이마르공화국의 초대 에버트(F. Ebert) 대통령의 재임시기를 제외한 나머지 기간은 대통령의 독재가 가속화되던 시기였다. ii) 철저한 비례대표선거제도에 의해서 군소정당이 난립하고 의회 내의 안정다수세력의 형성이 어려워 언제나 연립내각의 구성이 불가피했었는데, 정당간의 극한적인 이념대립 때문에 의회내 다수세력의 지지를 받는 연립내각이 출현하지 않고 의회다수세력의 뒷받침 없이 단순히 대통령의 신임에 의해서만 존속하는 이른바 '대통령내각'(Präsidialregierung)이 임명되어 언제나 과도기내각으로서의 성격을 벗어나기 어려웠다는 점이다. 수상과 내각의 지위가 약화되는 중요한 이유 중의 하나였다. iii) 집행권을 대통령과 내각에게 이원화시키는 이른바 이원정부의 형태가 대통령의 자유로운 수상임면권 때문에 사실상 그 기능을 나타내지 못하고, 오히려 의회에 대해서 무책임한 대통령의 권한만을 강화시키는 결과를 초래했다는 점이다. iv) 대통령의 직선제, 의회통과법률안에 대한 국민투표제도, 법률안의 국민발안제도 등 지나치게 많은 직접민주주의적인 요소를 도입함으로써 대의의 이념에 바탕을 두는 의회주의를 약화시켜 결과적으로 의회의 지위와 권한을 축소시키고 무력한 의회가 되도록 했다는 점이다. v) 연방국가적 구조를 약화시키고 중앙집권적인 통치구조를 만들어 연방과 주의 수평적 권력분립의 메커니즘이 제대로 권력통제의 기능을 나타낼 수 없었다는 점이다. vi) 제1차 세계대전의 상처, 세계적 경제공황, 실업자의 급격한 증가 등 불안한 사회정세를 정치적으로 악용하는 극우(Hitler의 NSDAP)와 극좌(공산당) 세력이 점점 그 당세를 넓혀 Hitler 정권의 탄생을 가

520) Dazu vgl. *E. R. Huber*(FN 519); *L. Bergsträsser*(FN 502), S. 152ff; *C. J. Friedrich*(FN 307), S. 433ff.; *K. Loewenstein*(FN 238), S. 90ff.; *K. Stern*(FN 9), S. 952; *C. Schmitt*(FN 509), S. 341.

속화시켰다는 점이다. 그 결과 1933년 초에 합헌적인 방법으로 정권을 장악한 Hitler는 12년간 헌법을 무시한 독재정치의 통치구조 속에서 스스로의 운명은 물론이고 나라의 운명까지도 함정으로 몰아넣고 말았다.

결론적으로 바이마르공화국의 정부형태는 Friedrich[521]의 말처럼 미국·영국·프랑스의 정부형태를 함께 혼합해 보려고 시도했지만 조화될 수 없는 이질적인 요소들을 무리하게 한데 묶어 결과적으로 실패로 돌아간 대표적인 헌정사적인 사례라고 할 것이다.

γ) 독일의 의원내각제

964

**독창적인
의원내각제
(통제적
의원내각제)**

Stern[522]의 말을 빌릴 필요도 없이 독일의 현 의원내각제는 바이마르공화국의 정부형태를 바탕으로 그 제도적인 모순과 결함을 시정한 것으로서 바이마르의 제도적 경험이 그 바탕이 되고 있는 것은 의심의 여지가 없다. 그러나 독일기본법상의 의원내각제는 바이마르헌법의 정부형태와는 그 본질상 내용이 전혀 다르다는 점을 잊어서는 아니된다. '의원내각제'라는 정부형태의 유형으로 평가하기가 어려웠던 것이 바이마르의 제도였다면, '의원내각제'의 본질적 요소를 모두 갖추고 있는 것이 독일의 현 정부형태이기 때문이다. Loewenstein처럼 독일의 정부형태를 '통제적 의원내각제'(kontrollierter Parlamentarismus)[523]라고 부르면서 그 '민주적 권위'(demoautoritär)의 요소를 지적하는[524] 사람이 있긴 하지만, 그것은 어디까지나 프랑스 제3·4공화국의 고전적 형태와의 제도적인 차이를 강조하기 위한 것이지, '의원내각제'의 본질을 문제삼기 위한 것은 아니라고 할 것이다. Stern[525]이 현 독일제도의 독창적인 성격을 강조하면서 Loewenstein의 명명에 이의를 제기하는 것도, 그러한 명명이 자칫 독일제도의 본질에 관한 오해를 불러일으킬 수도 있다는 인식과 독일제도의 독창성과 우수성에 대한 자부심에서 나온 것이라고 할 수도 있을 것이다. 아무튼 독일의 현 의원내각제는 그 제도의 내용면에서 선례가 없는 독창적인 것임에 틀림없고, 또 오늘과 같은 독일의 정치안정을 이룩하는 데 결정적인 기여를 한 제도라

---

521) Vgl. dazu *C. J. Friedrich*(FN 307), S. 436.

522) Vgl. dazu *K. Stern*(FN 9), S. 953.

523) Vgl. dazu *K. Loewenstein*(FN 238), S. 92ff.

524) Z. B. *K. Loewenstein*(FN 238), S. 93.

525) Vgl. dazu(FN 9), S. 954.

는 점에 이의가 있을 수 없다. 그러나 Stern[526])의 지적대로 정부형태 하나만으로 독일의 안정된 헌정질서를 단순화시키는 것은 옳지 못하다고 생각한다. 자유민주적 기본질서, 기본권의 직접적 효력과 국가권력 기속, 사회적 법치국가원리, 연방국가적 구조, 광범위한 통제기능을 갖는 헌법재판제도, 민주적 정당국가원리와 선거제도 등이 함께 조화를 이루어 독일의 헌법질서를 형성하고 있어, 이들 여러 헌법상의 원리 내지 제도와 정부형태가 서로 기능적인 보완효과를 나타냄으로써 오늘날의 정치안정이 이룩되었다고 보는 것이 옳다.

① 기본법상의 제도내용과 운용실태   1949년에 제정된 독일기본법은 국민투표적인 직접민주주의를 완전히 지양해서 대의제도와 정당국가를 바탕으로 하는 연방적 구조의 의원내각제를 그 정부형태로 채택하고 있는데, 그 제도의 주요내용은 다음과 같다.[527])

(ㄱ) 연방대통령의 지위와 기능   연방대통령(Bundespräsident) 은 단순한 국가의 상징으로서 의례적이고 형식적인 공중인적 권능만 을 갖는 간접선거된 통치기관이다. 연방대통령은 연방총회(Bundes-versammlung)에서 임기 5년으로 선거되는데 1차에 한해서 중임할 수 있다. '연방총회'는 필요에 따라 연방의회(Bundestag)의장에 의해서 소 집되는 비상설선거기관(ad hoc-Wahlorgan)으로서 연방의회(Bundestag) 의 의원전원(598명)과 동수의 주대표자(598명)로 구성되는데(총 1,196명) 주대표자는 각 주의회에서 비례선거원칙에 따라 선출된다. 이 때 각 주의회의원만이 주대표자로 선출되는 것은 아니며, 주대표자는 누구의 지시·감독도 받지 않고 독자적인 양심에 따라 대통령선거에 임한다. 연방대통령으로 당선되기 위해서는 연방총회에서 재적의원 과반수의 찬성을 얻어야 하는데, 두 번의 투표에서도 당선자가 나오지 않는 경 우에는 제 3 차투표를 실시하고 최다득표자를 대통령당선자로 한다 ($\frac{제54}{조}$). 연방대통령은 단순한 국가의 상징인 동시에 공중인에 불과하기 때문에 정치적 책임을 지지 않고 대통령의 국법상 행위에 부서하는 연 방수상 또는 관계각료가 의회에 대한 책임을 진다($\frac{제58}{조}$). 그러나 연방대 통령도 헌법과 법률을 어기는 경우에는 탄핵심판의 대상이 된다($\frac{제61}{조}$).

965

상징적
연방대통령

---

526) Vgl.(FN 9), S. 954f.
527) 독일의원내각제의 내용과 실태에 관해서 자세한 것은 특히 다음 문헌 참조할 것. *K. Stern*(FN 9), S. 977ff.; *Th. Ellwein*(FN 274).

연방대통령의 유고시에는 연방참사원(Bundesrat)의장이 그 직무를 대행한다($^{제57}_{조}$). 연방대통령은 전혀 정치의 실질적인 주도권을 갖지 못하게 되어 있어 그의 연방수상(Bundeskanzler)추천권($^{제63조}_{제1항}$)과 연방의회해산권($^{제63조 제 4 항 제 3 절과}_{제68조 제 1 항 제 1 절}$)은 지극히 그 요건이 제약되어 있다. 하지만 연방대통령은 국제법상 국가를 대표하는 권한($^{제59조}_{제1항}$), 국가공무원임면권($^{제60조}_{제1항}$), 사면권($^{제60조}_{제2항}$), 법률안서명공포권($^{제82조}_{제1항}$) 등 형식적인 권한 이외에도 몇 가지 중요한 실질적 권한을 행사할 수 있는데 연방의회소집요구권($^{제39조 제 3}_{항 제 3 절}$), 법률안의 서명공포권과 관련된 법률안의 형식적·실질적 심사권($^{제82조}_{제1항}$),[528] 기관쟁의제소권($^{제93조 제 1}_{항 제 1 호}$) 등이 그것이다.[529]

966

실질적인
통치자인
연방수상

(ㄴ) 연방수상의 지위와 권한   연방수상은 독일의 통치구조 내에서 통치의 주도권을 장악하고 정책결정과 정책집행의 중심기관으로 기능하는데 연방대통령의 추천에 의해서 연방의회가 선출한다($^{제63조}_{제1항}$). 연방대통령의 수상추천권은 물론 그의 재량과 책임에 속하는 일이지만, 연방의회의 정당세력분포를 감안해서 다수당의 대표자를 연방수상으로 추천하는 것이 원칙이고 또 관례로 되어 있다. 그러나 Badura[530]의 말처럼 연방수상으로서 부적격자로 생각되는 사람을 단순히 다수당의 대표자라는 이유만으로 추천해야만 할 정치적인 의무는 없다고 보아야 한다. 다만 대통령의 연방수상추천권은 단 한번에 그치기 때문에, 그가 추천한 사람이 연방의회에서 수상으로 선출되지 못하면 연방대통령에게는 더 이상의 추천권이 없고, 연방수상의 선출은 전적으로 연방의회

---

528) 연방대통령은 법률안을 서명·공포할 때에 그 법률안이 합헌적인 입법절차에 의해서 제정되었는지를 검토하는 형식적 심사권을 갖는다는 점에 대해서는 이론이 없다. 법률안의 내용이 헌법에 위반되는지의 여부를 따지는 실질적 심사권까지도 대통령이 갖는지에 대해서는 다소 견해가 갈리지만 지배적인 견해는 이를 긍정한다. Vgl. *P. Badura*(FN 146), S. 337. 지금까지(2020년 말) 연방대통령이 법률안의 위헌적인 내용을 이유로 그 서명을 거부한 일이 여덟 차례 있었다. Dazu vgl. *P. Schindler*, Datenhandbuch zur Geschichte des deutschen Bundestages 1949~1982, 3. Aufl. (1984), S. 719f. 현직(2007년) Köhler 대통령이 2006년 비행안전업무의 민간이양에 관한 법률안에 대해서 국가적 과제의 사유화의 한계를 일탈했다는 이유로 거부권을 행사한 것이 일곱 번째 거부권 행사이다. 2006년 12월 소비자정보증진법에 대한 것이 여덟 번째이다.

529) 독일연방대통령의 지위와 권한에 관해서 자세한 것은 다음 문헌을 참조할 것.
P. Badura(FN 146), S. 328ff.; *K. Stern*(FN 240), S. 189ff.; *Maunz-Zippelius* (FN 148), S. 392ff.; *K. Hesse*(FN 146), S. 244ff.

530) Vgl. dazu *P. Badura*(FN 146), S. 333.

의 독자적인 권한에 속하게 된다. 연방대통령이 연방수상을 추천하는 경우에 신중을 기하게 되는 이유도 그 때문이다. 연방대통령이 추천한 사람이 연방의회에서 그 재적의원 과반수의 찬성으로 연방수상에 선거되면 연방대통령은 그를 연방수상으로 임명한다($\substack{\text{제63조}\\\text{제2항}}$). 연방대통령의 추천이 있었지만 연방의회에서 연방수상으로 선거되지 못하면, 연방대통령의 연방수상추천권은 그것으로 소멸되고, 연방의회가 14일 이내에 그 재적의원 과반수의 찬성으로 연방수상을 선출할 수 있는데, 이때 연방대통령은 선출된 사람을 연방수상으로 임명해야 한다($\substack{\text{제63조 제2}\\\text{항과 제3항}}$). 이 14일이라는 기간 내에 연방의회에서 재적과반수의 지지를 받는 연방수상이 선출되지 못하는 경우에는 14일이 경과된 후 즉시 연방의회에서 다시 수상선거를 위한 투표를 해야 하는데 이 때에는 단순다수의 지지만 받아도 수상으로 선출될 수 있다. 이 경우 다행히도 재적과반수의 지지를 받는 사람이 나오면 연방대통령은 그로부터 7일 이내에 그를 연방수상으로 임명해야 하지만, 재적과반수의 지지를 받는 사람이 여전히 나오지 않고 단순 다수의 지지를 받는 사람이 수상으로 선출된 때에는 연방대통령이 7일 이내에 그를 수상으로 임명하든지 아니면 연방의회를 해산하든지 결단을 내려야 한다($\substack{\text{제63조}\\\text{제4항}}$). 의회의 다수세력의 지지를 받지 못하는 '소수내각'(Minderheitsregierung)이 나타날 수 있는 헌법상의 가능성이 열려 있고, 또 이 경우 연방대통령의 결정이 정치적으로 중대한 영향을 미칠 수 있는 것은 사실이지만, 독일기본법은 연방수상의 선출에 관해 연방대통령보다는 연방의회의 권한을 크게 강화하고 있다는 점을 간과해서는 아니 된다.[531]

　　연방수상과는 달리 연방각료는 연방수상의 제청에 의해서 연방대통령이 임명하는데($\substack{\text{제64조}\\\text{제1항}}$), 특별한 법적인 하자가 없는 한 수상의 제청대로 각료가 임명되는 것이 원칙이다. 각료의 해임도 마찬가지이다 ($\substack{\text{제64조}\\\text{제1항}}$). 연방내각은 연방수상과 연방각료로 구성되는데 이들이 의원직을 겸할 수 있어 의회에 자유로 출석·발언할 수 있는 것은($\substack{\text{제43조,}\\\text{제44조}}$) 물론

---

531) 연방내각의 구성과정에서의 연방대통령의 기능에 대해서 자세한 것은 다음 문헌을 참조할 것.

　　H. Rein, Die verfassungsrechtlichen Kompetenzen des Bundespräsidenten bei der Bildung der Regierung, JZ 1969, S. 573ff.; *H. Schneider*, Die Mitwirkung des Bundespräsidenten bei der Regierungsbildung nach dem GG, in: FS f. B. Kraft(1955), S. 129ff.

이고, 각료는 연방수상이 정하는 '정책의 기본지침'(Richtlinien der Politik)에 따라 각부의 소관업무를 독자적인 판단과 책임하에 집행하고, 연방수상은 연방내각의 제1인자인 동시에 집행업무의 총괄자 및 조정자로 기능한다(제65조).[532] 국군통수권은 평상시에는 국방상에게 속하지만(제65a조), 방위사태의 선포와 동시에 연방수상에게로 넘어간다(제115b조).

967

건설적
불신임권과
의회해산권

(ㄷ) 연방의회와 연방내각의 상호견제기능 독일기본법은 의회의 연방수상 불신임권(제67조), 연방수상의 신임투표요청권(제68조), 의회해산권(제68조) 등을 규정하고 있는데 그 내용을 간략히 살펴보기로 한다. 즉, 독일기본법은 다음 두 가지 점에서 고전적 의원내각제와 다른 내각불신임제도를 채택하고 있다.

첫째, 각료 개개인에 대한 개별적 불신임제도와 내각총사퇴를 겨냥한 연대적 불신임제도를 지양하고 있다. 연방수상에 대한 불신임결의만을 허용하고 있지만 연방수상에 대한 불신임결의가 결과적으로 내각총사퇴를 초래하기 때문에 연방수상의 정치적 비중이 그만큼 높아진다는 점, 둘째, 연방수상에 대한 불신임결의도 먼저 연방의회재적과반수의 지지를 받는 새 연방수상을 선출하고 연방대통령에게 구연방수상의 해임과 신연방수상의 임명을 요청하는 절차와 방법에 따라서만 행할 수 있도록 했다는 점이다(제67조). 의회가 그 재적과반수의 찬성으로 수상에 대한 불신임을 결의하면 수상이 먼저 물러나고, 후임수상의 선출은 그 다음에 또 다른 정치적 절충과 타협에 의해서 이루어지는 전통적인 불신임제도[533]와는 다르기 때문에, 이를 특히 '건설적 불신임제도'(konstruktives Mißtrauensvotum)[534] 내지는 '구성적 불신임제도'(organisches Mißtrauensvotum)[535]라고 부르는 것이 보통이다.[536] 건설적 불신임결의의 발의는 연방의회재적의원 1/4 이상이 연기명으로 특정인

---

532) 연방수상 및 연방내각의 지위와 권한 및 조직에 관해서 자세한 것은 다음 문헌을 참조할 것.
　　P. Badura(FN 146), S. 339ff.; K. Stern(FN 240), S. 268ff.; Maunz-Zippelius(FN 148), S. 398ff.; K. Hesse(FN 146), S. 235ff.

533) 즉 일종의 '파괴적 불신임제도'(destruktives Mißtrauensvotum)이다.

534) Darüber vgl. P. Badura(FN 146), S. 350; K. Stern(FN 9), S. 989f.; K. Hesse(FN 146), S. 238(RN 635); Maunz-Zippelius(FN 148), S. 402.

535) So etwa L. Bergsträsser(FN 502), S. 158.

536) 이 '건설적 내지 구성적 불신임제도'의 유래에 대해서는 JöR 1(1951), S. 444ff. 참조할 것.

물을 새 연방수상으로 선출할 것을 제안함으로써 이루어지는데 이 발의와 투표 사이에는 최소한 48 시간이 지나야 한다(^{독일국회법}_{제97조}). 이같은 '구성적 불신임제도'가 의원내각제의 결점으로 지적되고 있는 내각의 불안정과 정치적 공백기를 제도적으로 봉쇄할 뿐 아니라 수상을 중심으로 한 내각의 정치적 안정에 크게 기여하고 있는 것은 독일의 헌법현실이 웅변으로 증명해 주고 있지만, 이를 지나치게 과대평가하는 것은 금물이라는 소리[537])에도 귀를 기울일 필요가 있다. 독일기본법질서 아래서 통일 전(1990년)까지 '구성적 불신임'이 두 번 시도되었으나 한 번만이 성공했었다.[538])

　　　연방수상에 대한 '건설적 불신임결의'의 발의권은 위에 말한 대로 연방의회의원에게 있지만 예외적으로 연방수상 자신에 의해서도 유도될 수 있다는 점을 주의해야 한다. 즉, 독일기본법은 연방수상을 정책결정과 정책집행의 중심인물로 제도화하고 있기 때문에 연방수상에게 중요정책을 소신대로 밀고 나가는 데 필요한 헌법적 무기를 제공하고 있는데, 연방수상이 갖는 '신임투표요청권'(Vertrauensantrag)(^{제68}_조)이 바로 그것이다. 연방수상은 중요하다고 생각하는 정책사안이나 법률안의 관철을 위해서 또는 연방의회에 대한 발언권의 강화를 위해서 연방의회를 상대로 자신에 대한 신임투표를 요청할 수 있는데, 신임요청 후 48 시간 경과 후에 연방의회재적과반수의 찬성으로 신임이 확인되면 별 문제가 없다. 그 반대의 경우에는 연방수상의 정치적 재량에 의해서 결정해야 할 두 가지 길이 열리게 된다. 그 하나는 연방대통령에게 연방의회해산을 요청하는 길이고, 그 둘은 연방의회해산 대신 계속 연방수상직에 머물러 이른바 '입법비상절차'(Verfahren des Gesetz-gebungsnotstandes)(^{제81}_조)에 따라 통치하는 길이다. '입법비상절차'란 연방수상이 긴급을 요하는 법률이라고 명시했거나, 연방수상의 신임과 특정법률안의 통과를 연계시켰음에도 불구하고 연방의회가 그 법률안을 거부한 경우에는 연방수상의 요청에 의해 연방대통령이 연방참사원

연방수상의
신임투표
요청권

입법비상
절차

---

537) Z. B. *K. Hesse*(FN 146), S. 238(RN 635); *K. Stern*(FN 9), S. 990; *E. Brandt*,
　　 Die Bedeutung parlamentarischer Vertrauensregelungen, 1981, S. 71f.

538) 즉, 1972년 4월 당시의 브란트(Willy Brandt) 수상에 대한 것은 실패로 돌아갔고,
　　 1982년 10월 당시의 슈미트(Helmut Schmidt) 수상에 대한 것만이 콜(Helmut Kohl)
　　 수상의 선출에 의해서 성공했었다. 자세한 것은
　　 Vgl. *P. Schindler*(FN 528), S. 418ff.

(Bundesrat)의 동의를 얻어 그 법률안에 대해 '입법비상사태'를 선언하는 것인데, 입법비상사태의 선언도 아랑곳하지 않고 연방의회가 그 법률안을 또 다시 거부하거나, 연방수상이 받아들이기 어려울 정도로 원안과 현저히 다른 내용으로 수정통과시켰거나, 4주가 지나도록 의회에서 그 법률안을 재의결치 않는 경우에는 그 법률안은 연방참사원의 동의만 있으면 연방의회를 통과한 것으로 간주되는 절차이다. 이 '입법비상절차'는 그러나 소수내각에게 단기적으로 연방의회의 지지와 관계없이 필요불가피한 정책을 수행토록 하는 지극히 예외적인 제도일 뿐 아니라, 이 절차는 어디까지나 연방대통령과 연방참사원의 동의와 협조 없이는 불가능하고, 또 연방수상재직기간중 원칙적으로 한 번에 국한하도록 규정($_{제81조}$)된 점을 잊어서는 아니 된다. 독일에서 지금까지 한 번도 이 입법비상절차가 동원된 일이 없는 것도 그 때문이다.

연방의회에서 신임을 거부당한 연방수상이 이 두 가지 길 중에서 첫번째 길을 택함으로써 연방의회해산을 연방대통령에게 요청한 경우, 연방대통령은 21일 이내에 연방의회를 해산할 수 있게 되어 있다($_{제1항}^{제68조}$). 그러나 연방대통령의 연방의회해산권은 연방수상의 요청에 기속되지 않고 그의 정치적 재량과 판단에 속하는 사항이기 때문에 21일간은 그 결정을 유보한 채 관망할 수도 있다. 다만 연방대통령의 연방의회해산권은 연방의회에서 재적과반수의 지지를 받는 새 연방수상이 선출됨과 동시에 소멸된다는 점을 주의할 필요가 있다($_{항\ 제2절}^{제68조\ 제1}$). 따라서 연방수상의 신임요청이 경우에 따라서는 그에 대한 건설적 불신임결의로 연결될 수도 있다. 연방수상에 대한 건설적 불신임결의의 발의가 원칙적으로는 연방의회에 의해서 행해지기 마련이지만, 현직연방수상도 능동적으로 그 계기를 마련할 수 있다는 논리는 그 때문에 성립한다.

독일기본법이 규정하고 있는 연방수상의 신임요청권과 관련해서 한 가지 짚고 넘어가야 할 사항이 있다. 연방수상의 신임요청권은 물론 자기목적적인 제도가 아니기 때문에 신임요청의 궁극적인 목적은 연방의회의 해산이거나 아니면 연방의회를 우회하는 비상절차에 의한 법률제정이다. 하지만 연방수상이 신임요청을 하고 않는 것은 어디까지나 그의 정치적 판단과 재량에 속하는 일이라는 점이다. 따라서 연방수상이 그에게 주어진 신임요청권을 독일기본법이 예정치 않은 연방의회의 '자발적 해산'(Selbstauflösung)을 가능케 하는 방편으로 악용 내지 남용하지 않는 한 그의 신임요청권은 원칙적으로 그의 넓은 정치적 재량에 속하는 기능이라고 볼 수 있다. 그렇지만 독일연방헌법재판소는 연방수상의 신임요청권을 법적인 영역으로 끌어들여 되도록 좁게 해석하려고 한다. 즉, 그에 따르면 연방수상은 연방의회의 세력분포로 보아 도저히 확실한 지지세력의 확보가 불가능하다고 판단되는 상황 속에서만 신임투표를 요구할 수 있다고 한다.[539] 독일연방헌법재판소의 이와 같은 입장에 대해서는 물론 비판의 소리가 없지 않다.[540] 독일의 헌정사에서 지금까지 네 번 연방수상에 의한 신임요청이 있었다.[541]

　　(ㄹ) 입법기관　　　독일기본법상 입법권은 연방의회(Bundestag)와 연방참사원(Bundesrat)에 속하는데, 연방의회는 국민의 보통·평등선거에 의해서 선거된 임기 4년의 의원(598명)으로 구성되지만($^{제38}_{조}$), 연방참사원은 국민이 선거한 의원으로 구성된 의회가 아니라 독일연방공화국을 구성하고 있는 16개주의 정부각료 또는 그들이 파견한 행정공무원으로 구성되고 있는 일종의 주대표기구이다($^{제50조}_{이하}$). 독일의 의회가 마치 양원제인 것처럼 우리나라에 흔히 소개되고 있지만, 엄밀히 따져서 독일의회가 전통적인 의미의 양원제는 아니다. 왜냐하면 우리나라에 독일의 상원이라고 잘못 소개되고 있는 '연방참사원'은 연방의회(Bundestag)와는 그 구성과 성격이 전혀 다르기 때문이다. 각 주는

968

연방의회와 연방참사원

539) Vgl. BVerfG 62, 1.

540) Z. B. *P. Badura*(FN 146), S. 351(RN 108).

541) 1972년 9월 브란트 수상의 신임요청은 결국 제6대 연방의회가 해산되는 결과를 초래했고, 1982년 2월 슈미트 수상의 신임요청은 신임결의로 끝났고, 1982년 12월 콜 수상이 처음부터 연방의회해산을 목표로 요청한 신임투표는 결국 연방의회해산과 다음해 (1983년 3월)의 총선거로 이어졌다. 연방대통령의 이 마지막 연방의회해산결정에 대해서는 연방의회의 많은 의원들이 그 위헌성을 주장하고 연방대통령을 상대로 연방헌법재판소에 기관쟁의소송을 제기했지만 연방대통령의 연방의회해산결정은 합리적이고 정당했던 것으로 판결되었다. 그리고 2005년 여름 슈뢰더 수상의 신임요청은 의회해산과 2005년 9월 총선거로 이어져 메르켈 수상(CDU)이 이끄는 사민당(SPD)과의 대연정을 탄생시켰다. Vgl. BVerfGE 62, 1; *H. H. Klein*, Die Auflösung des Bundestages nach Art. 68 GG, ZfP 1983, S. 402ff.; *H. P. Schneider*, Die vereinbarte Parlamentsauflösung. JZ 1983, S. 652ff.; *W. Zeh*, Bundestagsauflösung über die Vertrauensfrage-Möglichkeiten und Grenzen der Verfassung, ZfP 1983, S. 191ff.

그 인구비례에 따라 최소 3명에서부터 6명까지의 주대표를 '연방참사원'에 보낼 수 있는데 연방참사원은 현재 69명으로 구성되어 있다. 또 각 주는 연방참사원에서 그들이 인구비례에 따라 내보낸 대표수에 상응하는 투표권을 갖는데 각 주의 대표들은 그들의 투표권을 각자 임의로 행사할 수 있는 것이 아니라, 그들을 파견한 주정부의 지시에 따라 통일적(en bloc)으로만 행사할 수 있기 때문에 소속주정부와 철저한 명령적 위임관계에 서 있다고 할 수 있다. 따라서 독일의 '연방참사원'은 결코 전통적인 양원제국가에서 볼 수 있는 이른바 '상원'의 위치에 서 있지 않다. 이 점은 독일의 '연방참사원'이 주와 이해관계가 있는 연방입법에 참여하는 입법기능 이외에 연방의 주에 대한 행정적인 권능행사에 폭넓게 관여할 수 있는 이른바 집행기능까지를 수행토록 되어 있다는 점에서 더욱 뚜렷하게 나타난다. 연방참사원을 '제2 정부'(zweite Regierung)라고 부르는 학자542)가 있는 것도 그 때문이다. 이렇게 볼 때 독일의 '연방참사원'을 '상원', '제2 원', '참의원' 등으로 부르는 것은 옳지 못하다. 독일의 헌법학자543)들도 그러한 칭호를 삼가하고 있다는 사실을 주의할 필요가 있다. 독일의 '연방참사원'이 비록 전통적인 의미의 상원은 아니라 하더라도 독일의 정부형태에서 빼놓을 수 없는 특징적인 기구일 뿐 아니라 독일의 정치발전과 민주화에 결정적으로 기여한 헌법기관임을 잊어서는 아니 된다. 특히 독일의 헌정사가 보여주듯이 연방의회 내지 연방내각의 정당별 세력분포와 각 주의회 내지 주정부의 정당별 세력분포가 반드시 일치하지 않는 상황 속에서는 연방참사원은 연방의회 내지 연방내각에 대해 명실공히 강력한 견제기구로서 기능할 수 있다는 점을 주목해야 한다.544)

969   (ㅁ) 선거제도   독일의 의원내각제와 독일의 연방의회의원의

---

542) *Z. B. Th. Ellwein*(FN 274), S. 179.

543) Vgl. z. B. *Maunz-Zippelius*(FN 148), S. 384ff.; *K. Hesse*(FN 146), S. 231(RN 609ff., 612) ; *K. Stern*(FN 9), S, 741f.; *derselbe*(FN 240), S. 111ff.(126); *Th. Ellwein*(FN 268), S. 172ff.(179); *P. Badura*(FN 146), S. 321f.

544) '연방참사원'의 조직과 기능에 대해서 자세한 것은(FN 543)에서 소개한 문헌 이외에 특히 다음 문헌을 참조할 것.

　　Bundesrat(Hrsg.), Der Bundesrat als Verfassungsorgan und politische Kraft, 1974; *H. H. Klein*, Der Bundesrat der Bundesrepublik Deutschland, AöR 108(1983), S. 329ff.; *R. Scholz*, Landesparlamente und Bundesrat, in: FS f. K. Carstens(1984), S. 831ff.; *G. Ziller*, Der Bundesrat, 7. Aufl.(1984).

선거제도가 기능적으로 불가분의 연관성이 있다는 것은 의문의 여지가 없다. 바이마르공화국헌법이 비례대표선거제도를 명문화했던 것과는 달리 독일기본법은 의원선거에 관해서 보통·평등·직접·자유·비밀선거의 5대원칙만을 명시할 뿐(제38조 제1항) 구체적인 선거제도에 관해서는 침묵하고 있기 때문에 자세한 사항은 연방선거법(Bundeswahlgesetz)으로 정하고 있다. 그에 따르면 독일의 연방의회의원은 인물을 중심으로 한 소선거구의 상대다수대표선거제도와 정당을 중심으로 한 주단위의 비례대표선거제도의 연계적인 선거제도(personalisierte Verhältniswahl)에 의해서 선거된다. 즉 598명의 연방의원 중에서 1/2에 해당하는 299명은 전국 299 지역선거구에서 상대다수대표선거제도에 의해서 선출되고, 나머지 299명은 각 정당이 주단위로 작성하는 전국구후보자명단에 따라 선거된다. 따라서 모든 선거권자는 누구나 두 개의 투표를 하게 되는데, 한 표는 지역구후보에게 직접, 그리고 또 한 표는 주단위로 전국구후보자명단을 제시해 놓은 정당 중에서 한 정당을 골라 투표하게 된다. 지역선거구의 분할은 기본법이 제시한 평등선거의 원칙에 따라 행해져야 하기 때문에 투표가치의 평등에 위배되는 30% 이상의 지나친 선거인수의 편차는 허용되지 않는다는 것이 선거법과 학설의[545] 일치된 입장이다. 각 정당이 차지하는 의석수를 정하는 데 있어서는 오로지 비례대표선거제도의 정신이 존중되기 때문에 각 정당이 획득한 제2투표의 수가 그 배분의 기준이 된다. 즉 소수민족을 대표하는 특수정당을 제외하고는 원칙적으로 전국에서 유효한 제2투표의 5% 이상을 획득했거나 지역선거구에서 최소한 3명 이상의 당선자를 낸 정당만이 비례적인 의석배분에 참여할 수 있게 되어 있다.[546] 이 이른바

지역구대표와 비례대표의 연계적인 선거제도

---

545) Vgl. § 3 BWahlG; *P. Badura*(FN 146), S. 292.

546) 독일통일(1990년 10월 3일) 후 최초로 실시된 1990년 12월 2일의 독일연방의회의 원선거는 다음과 같은 과정을 거쳐 행해졌기 때문에 이 원칙에서 벗어난다. 즉, 1990년 8월 3일 서독과 동독 사이에는 '통일독일연방의회의원선거에 관한 조약'(Vertrag zur Vorbereitung und Durchführung der ersten gesamtdeutschen Wahl des Deutschen Bundestages)이 체결되었다.

　서독의 선거관련법률과 정당법 등이 약간 개정된 형태로 동독지역에도 그대로 적용된다는 것이 그 주요내용이었다. 흡수통일의 성격이 이 선거조약에서도 분명히 표현된 것이다. 특히 서독연방선거법 제53조 제2항에 경과규정을 두었고 선거규정에 관한 부속문서가 함께 마련되었다. 이 중 선거구조정에 관한 부속문서는 1990년 8월 20일 선거조약에 관한 개정조약(BGB I.II. S. 831)으로 다시 고쳐졌다. 이 조약은 서독연방의회의 동의(1990년 8월 29일 BGB I.II. S. 813)를 거쳐 1990년 9월 3일 효력을

5% 저지선을 넘어선 각 정당은 본래 돈트식(d'Hondt)계산방법에 따라 각 정당이 차지할 전체의석수와 주별의석수가 정해지게 되어 있었으나, 1985년 3월의 선거법개정 후에는 해어/니마이어식(Hare/Niemeyer)계산방법에 따르게 되어 있다. 그 결과 돈트식방법에 따를 때와는 달리 대정당에 비해 군소정당이 의석배분에서 상대적으로 다소 유리한 입장에 서게 된다.[547]

초과의석과
조정의석
제도

그런데 2012년 연방헌법재판소의 초과의석(Überhangmandat)규정에 대한 위헌결정[548]으로 2013년 2월 개정된 연방선거법에서는 초과의석 때문에 각 정당의 득표율과 의석수의 비율이 일치하지 않게 되는 것을 바로잡기 위해서 초과의석을 배분받지 못한 정당에게 '조정의석'

발생했다(BGB I.Ⅱ. S. 868).

그런데 서독연방헌법재판소는 통일독일연방의회의원선거를 불과 두달 남짓 앞둔 1990년 9월 29일 선거조약에 의해서 확정된 연방선거법의 일부규정에 대한 헌법소원 및 기관쟁의사건의 심판에서 연방선거법의 일부규정(제6조 제6항과 제53조 제2항)을 위헌이라고 결정했다(BVerfGE 82, 322). 연방선거법(제6조 제6항)의 5%저지규정을 40년 동안 전혀 다른 정당구조와 정당문화를 가졌던 동독지역까지 확대적용함으로써 서독의 군소정당과 동독의 정당들에게 의회진출의 기회에서 불리한 조건을 마련해 주는 것은 정당간의 기회균등을 해친다는 것이다. 또 이 5%저지규정 때문에 생기는 군소정당과 동독정당들의 불이익을 줄여주기 위해서 예외적으로 도입한 비경쟁관계에 있는 정당들간의 연합명부제도(Listenverbindung: 제53조 제2항)도 동·서독 정당구도의 현실성을 무시한 제도로서 오히려 대정당에 의한 선거조작의 위험성마저 안고 있어 평등·자유선거의 원칙에 위배된다는 것이다.

서독연방의회는 연방헌법재판소의 이 위헌결정을 존중해서 1990년 10월 8일 연방선거법과 정당법을 고쳐(BGB I. S. 2141) 통일 후의 처음 총선거에서만은 서독지역과 동독지역의 정당별 득표를 분리해서 계산함으로써 5%저지규정의 확대적용으로 인한 군소정당과 동독정당의 불이익을 최소화하도록 하였다.

1990년 12월 2일 실시된 역사적인 통일독일의 첫번째 연방의회의원선거에서 60,373,753명의 선거권자 중에서 77.8%가 투표에 참가해서 656명의 연방의회의원을 선출했는데 각 정당별 득표율과 의석수는 다음과 같다.

CDU/CSU	43.8%(44.1%	43.4%)	319명
SPD	33.5%(35.9%	23.6%)	239명
F.D.P.	11.0%(10.6%	13.4%)	79명
PDS	2.4%(0.3%	9.9%)	17명
B'90/GRÜNE	1.2%(0.0%	5.9%)	8명

(참고: 괄호 안의 숫자 중 앞의 것은 서독지역 득표율이고 뒤의 것은 동독지역 득표율을 나타낸다. 또 선거결과 6명의 초과의석(Überhangmandat)이 발생해서 의원총수는 662명이 되었다).

547) Vgl. dazu *P. Badura*(FN 146), S. 292ff.; *D. Nohlen*, Wahlrecht und Parteiensystem 1986, S. 156ff.; *Hübner/Rohlfs*, Jahrbuch der Bundesrepublik Deutschland, 1985~86, S. 316ff.

548) BVerfGE 131, 316(334ff.).

(Ausgleichsmandat)을 배분하는 새로운 의석배분기준을 마련해서 처음으로 2013년 9월의 연방의회선거에서 적용했다. 그 결과 제18대 연방의회는 초과의석과 조정의석 33석을 합해서 전체의원수가 631명으로 증가했다.

종합적으로 독일의 선거제도는 독일형의원내각제를 성공적으로 뒷받침해 주는 중요한 기둥일 뿐 아니라, 군소정당의 난립과 정당간의 이합집산을 막아서 오늘과 같은 안정된 소수정당제도를 확립하는 데 가장 결정적인 작용을 했다고 볼 수 있다. 특히 '5%저지규정'(5%-Klausel)과 정당에 대한 투표제도, 그리고 선거권자의 정치적 세력분포를 그대로 의석배분에 반영시킬 수 있는 철저한 비례대표선거제도, 그리고 지구당중심의 정당활동과 민주적인 후보자선정제도 등은 독일의 의원내각제를 성공시킨 가장 중요한 요인들이라고 생각한다.

(ㅂ) 헌법재판제도   독일의 정부형태에서 빼놓을 수 없는 특징적인 것 중의 하나가 바로 연방헌법재판소의 헌법보호적인 기능이다. 사실상 독일기본법처럼 의원내각제와 연방국가적 구조원리를 채택하는 경우, 헌법기관간의 기관쟁의, 내각과 의회다수당의 정치적 동질성으로 인한 헌법침해의 가능성(예컨대, 위헌법률제정), 그리고 연방국가분쟁 등 때문에 어떤 형태로든지 헌법재판기능을 강화하는 것은 헌법이론상 체계정당성의 시각에서 불가피하다고 볼 수 있다. 독일기본법이 제4의 헌법기관이라고 볼 수 있는 연방헌법재판소를 설치하고 규범통제, 기관쟁의조정, 연방국가적 분쟁조정, 위헌정당해산결정 등 광범위한 헌법보호적인 헌법재판기능을 맡기고 있는 것은($\binom{\text{제92조}\sim}{\text{제94조}}$) 그 때문이라고 볼 수 있다.[549]

즉, 독일의 연방헌법재판소는 독일기본법제정 당시에 여러 가지 헌법정책적·헌법이론적인 고려에 의해서 설치된 제도이긴 하지만, 40여년에 걸친 독일의 헌정사를 통해서 볼 때, 오늘날 독일의 헌정질서에서 연방헌법재판소가 이룩해 놓은 큰 업적을 결코 과소평가할 수 없

970
강력한
헌법보호
제도

549) 독일연방헌법재판소의 조직과 기능에 대해서는 다음 문헌을 참조할 것.
    K. Hesse(FN 146), S. 248ff.; *K. Stern*(FN 240), S. 330ff.; *P. Badura*(FN 146), S. 473ff.; *K. Schlaich*, Das Bundesverfassungsgericht, 1985; 졸고, "서독에 있어서의 헌법재판," 공법연구 제9집(1981년), 5면 이하; 졸저, 헌법소송법론, 2020, 36면 이하 참조.

다. 물론 제도적인 측면에서 연방헌법재판소의 구성과 권능과 소송절차 등이 합리적으로 되어 있다는 점도 부인할 수 없겠으나 지금까지 쌓아 놓은 연방헌법재판소의 큰 업적은 이 기관을 구성하고 있는 구성원들의 뛰어난 슬기와 연방헌법재판소의 결정을 존중하고 받아들인 정치인들의 민주적인 양심과 그리고 연방헌법재판소의 헌법보호적인 기능을 여론으로 지원하고 성원해 준 모든 민주시민의 '헌법에의 의지' 등이 조화를 이루어 만들어 놓은 독일기본법질서의 큰 민주적 · 법치적 작품이라고 볼 수 있다.

971
독일제도의 교훈

② 독일의 제도와 그 헌법현실이 주는 교훈   지금까지 살펴본 독일의원내각제의 특징과 그 헌법현실에서 이끌어 낼 수 있는 결론과 교훈은 무엇이겠는가? 그것은 다음 네 가지로 요약해서 말할 수 있다고 생각한다.

첫째, 역사적인 전통에 의한 것이긴 하지만, 독일의 헌법질서에서 연방국가적 · 지방분권적인 권력구조가 결과적으로 독일의 민주정치 발전에 크게 기여하고 있다는 점이다. 말하자면 국가권력을 분산시켜야 된다는 Montesquieu적 권력분립의 필요성을 독일기본법은 기능적인 측면에서 실현시킴으로써 연방과 주정부 간의 기능적인 권력분립을 통해 의원내각제의 취약점이라고 볼 수 있는 고전적 · 조직적 권력분립의 허점을 효과적으로 보완해 주고 있다는 사실을 결코 과소평가할 수 없다. 이미 '연방참사원'의 기능에서도 언급한 바 있지만, 독일의 헌법현실에서도 연방참사원의 연방정부 내지 연방의회에 대한 권력통제적 기능을 빼놓을 수 없을 정도로 독일의 연방국가적 구조와 그 연방국가적 구조의 기능적 · 제도적 메커니즘은 독일헌법질서의 확고한 기초가 되고 있다는 점을 잊어서는 아니 된다.

연방국가적 구조의 권력 통제적 기능

둘째, 독일의 정부형태는 결코 자기목적적인 제도중심의 것이 아니고 기능중심의 권능과 정당성의 비례적인 메커니즘일 뿐 아니라, 책임과 통제의 철저한 제어장치라는 점에서 민주적 정당성에 바탕을 둔 책임정치의 표본적인 권력기구라는 점이다. 의원내각제정부형태 그 자체가 제도적으로 책임정치의 실현을 이상으로 삼고, 내각존립의 기반을 민주적 정당성에 두고 있다는 것도 두말할 필요가 없거니와, 독일의 의원내각제는 이같은 제도의 이상을 철저하게 관철시키면서도,

통제적 의원 내각제의 기능

내각 내지 정국불안정을 제도적으로 방지할 수 있는 창의적인 메커니즘을 마련하고 있다는 점을 높이 평가할 수 있다고 생각한다. 연방수상의 선거제도와 건설적·구성적 불신임제도, 그리고 연방수상의 신임투표요청권 등과 제도적·기능적으로 불가분의 연관성이 있는 연방의 회해산제도 등을 합리적으로 조화시켜서 마련해 놓은 독일의 정부형태는 말하자면 의원내각제의 단점을 줄이고 그 장점만을 크게 살린 기능적이고 통제적인 의원내각제의 표본이라고 부를 수 있을 것 같다.

셋째, 의원내각제정부형태는 정당제도의 발전을 떠나서는 생각할 수 없다는 것이 상식으로 되어 있거니와, 독일의 의원내각제는 안정된 정당제도에 의해서 뒷받침되고 있기 때문에 독일의 정부형태는 단순한 정부형태나 권력구조의 문제라기보다는 오히려 정당제도의 문제라고 보는 것이 옳을 것이라는 점이다. 정당의 발전과 육성이 하루아침에 이루어질 수 없는 것은 두말할 필요가 없다. 정당정치의 정착을 위해서는 정당의 활동과 정당의 기반을 굳게 다질 수 있도록 뒷받침해 주는 합리적인 선거제도와 효율적인 정당의 육성책이 필요한데, 독일은 선거제도면에서 정당을 키워 나가는 데 가장 효과적인 방안을 마련해 놓고 있다는 점을 간과해서는 아니 된다. 선거제도와 정당제도, 그리고 정부형태 내지 권력구조는 말하자면 기능적으로 상호불가분의 함수관계에 있다는 점을 또다시 명심할 필요가 있을 것 같다.

선거제도와
정당제도

넷째, 독일의 정부형태는 민주적 정당성에 바탕을 둔 책임정치의 실현을 강조하면서도 바이마르의 경험을 살려 민주적 정당성의 이원주의를 지양하고 권력행사에 대한 법치적인 통제를 강화함으로써 권력행사의 방법과 과정의 정당성을 보장하고 있다는 점이다. 권력이 남용되기 쉽고, 민주적 정당성이라는 권력의 뿌리가 자칫하면 권력의 전제화를 가속화시킬 수도 있다는 점을 상기할 때, 권력의 민주적 정당성을 존중하면서도 그에 대한 법치국가적인 견제와 통제를 결코 소홀히 하지 않는 독일의 헌법재판제도는 말하자면 독일의 정부형태 내지 권력구조에서 가장 '비정치적인 정치제도'라고 볼 수 있다. 독일의 헌법현실에서 중요한 정책결정이 있을 때마다, 또 그 정책결정이 정당간의 Konsens를 기대하기 어려우면 어려울수록 연방헌법재판소의 조정적이고 통제적인 기능이 중요한 의미를 갖게 되는 것도 그 때문이다.

헌법재판
제도

결론적으로 독일이 채택하고 있는 정부형태로서의 의원내각제
는 단순한 권력구조의 정태적 내지 제도적인 고찰만 가지고는 그 참된
기능과 문제점을 파악하기가 어렵다고 생각한다. 독일기본법상의 여러
제도들은 서로 기능적으로 보완하면서 헌법질서를 형성하고 있기 때문
에 전체제도를 서로 연관시켜서 이해하려는 노력이 없이는 독일의 헌
법현실을 정확히 파악하기가 어렵다고 할 것이다. 다른 모든 나라의
헌법질서도 그렇듯이 독일의 제도도 물론 독일이라는 특정한 정치집단
을 전제로 구상되고 마련된 정치제도이기 때문에 독일기본법상의 여러
제도들은 당연히 정치토양적으로 특수한 면역성을 가지고 있다는 점을
잊어서는 아니 된다. 독일의 제도들이 독일에서 아무리 훌륭히 기능하
고 있다고 하더라도 그것을 그대로 다른 나라에 이식한 후의 모습은
스스로 달라질 수도 있다는 것은 바로 그와 같은 제도의 토양적 면역
성 때문이다. Scheuner[550)]가 제도보다 정치력의 중요성을 특히 강조하
는 이유도 그 때문이다. 따라서 독일의 헌법질서에서 우리가 배워야
할 것은, 제도 그 자체보다는 제도를 마련하는 과정에서 보여 준 여러
세력들의 Konsens를 찾기 위한 집요하고도 진지한 노력과, 제도를 둘
러싼 Dissens를 슬기롭게 극복할 수 있었던 여러 정치집단의 타협과
절충과 양보의 민주적인 자질이라고 생각한다. 어떤 헌법상의 제도도,
그것이 아무리 이상적인 것이라 하더라도 Konsens를 떠난 제도일 때
제대로 기능할 수 없다는 것은 헌정사의 교훈인 동시에 헌법이론상의
상식이기 때문이다.

(3) 대통령제와 의원내각제의 구조적 허실

대통령제와 의원내각제는 연혁적으로 각각 다른 역사적 상황 속
에서 생성·발전된 것이기 때문에 그 제도의 이념과 본질면에서 차이
가 있는 것은 당연하다. 대통령제가 미국적인 건국의 상황 속에서
Montesquieu의 3권분립사상의 영향을 받아 국가권력을 조직과 기능면
에서 완전히 분리함으로써 분리를 통한 견제·균형(checks and balances)
을 실현시키기 위한 권력구조로 마련된 것이라면 의원내각제는 영국이
자랑하는 의회정치의 역사적인 전통 속에서 대의의 이념과 군권제한이
라는 입헌주의의 요청에 따라 책임정치의 실현을 위한 권력구조로 발

*제도와
운용의 조화*

*972
생성환경 및
이념상의
차이*

---

550) Vgl. dazu *U. Scheuner*(FN 386), S. 317ff.(335).

전한 것이었기 때문에 그 제도의 기능적 메커니즘이 다를 수밖에 없다. 대통령제에서 그 본질적인 내용으로 요구되는 집행권과 입법권의 조직과 활동상의 독립성이 의원내각제에서는 오히려 이질적인 요소로 배척되는 이유도 그 때문이다. 따라서 대통령제와 의원내각제는 그 순수한 형태만을 놓고 볼 때, 어느 의미에서는 구조적으로 정반대의 제도라고도 볼 수 있어 대통령제의 강점이라고 볼 수 있는 사항들은 의원내각제의 약점이 될 수도 있고, 또 그 반대의 현상이 일어날 수도 있다.

하지만 두 제도의 구조적인 허실을 지나치게 고정관념만으로 평가하는 것은 옳지 않다고 생각한다. 일반적으로 대통령제의 장점이요 의원내각제의 단점이라고 지적되는 정국안정의 문제만 하더라도, 오늘의 영국과 독일헌법현실이 보여 주듯이 대통령제에 못지않게 정국이 안정되는 의원내각제도 있을 수 있기 때문이다. 또 대통령제의 장점이라고 강조되는 의회다수세력의 횡포방지와 소수보호의 문제도 구조적으로는 오히려 의원내각제에서 잠재적인 다수로서의 야당의 보호를 통해 소수보호가 제도적으로 더욱 강력히 실현되고 있다는 점을 잊어서는 아니 된다. 의원내각제의 장점으로 거론되는 능률적인 국정의 운영과 책임정치의 실현, 민주적 정당성의 강화 등은 임기제에 의해서 주기적인 선거가 행해지고 평화적 정권교체가 보장되는 대통령제에서도 마찬가지로 나타나는 현상들일 뿐 아니라, 대통령제의 단점으로 꼽히는 국력분산과 국력소모적인 정치투쟁과 정치혼란은 군소정당이 난립한 의원내각제에서 더욱 심화될 수 있다. 나아가 의회다수당과 집행부의 정치적 동질성으로 인한 독재정치의 위험성은 두 제도가 모두 간직하고 있는 구조적인 허점으로서 대통령제에서는 정당조직의 유연성과 지방분권을 통해서, 그리고 의원내각제에서는 기능적 권력통제의 메커니즘을 통해서 보완하고 대처할 수밖에 없는 일이다. 또 대통령과 의회가 정면대결로 치닫는 극한적인 정치상황에서의 중재기관의 결핍이 흔히 대통령제의 단점으로 지적되면서, 의원내각제의 상징적인 군주나 국가원수의 중재자적 기능이 바로 이 제도의 장점으로 찬양되기도 하지만, 의원내각제의 상징적인 국가원수가 그러한 극한적인 정치상황 속에서 실질적인 중재기능을 한다는 것은 하나의 이상에 불과할 뿐 아니라, 극한적인 정치상황을 몰고 온 근본원인에 대한 정치적인 타협

973
장·단점의
상대성

없이는 어떠한 중재적 기능도 그 실효를 기대하기 어렵다고 할 것이다. 끝으로 의원내각제의 장점으로 간주되는 '인재기용기회증대'라는 논리는 단명내각을 염두에 둔 다분히 희망적 관점의 색채가 농후할 뿐 아니라 정당제도가 합리적으로 마련된 정치풍토에서는 그 점에 있어서 대통령제와는 큰 차이가 있다고 보기는 어렵다.

이렇게 볼 때, 종래 대통령제와 의원내각제의 장·단점으로 거론된 여러 가지 현상과 논리형식은 경직된 전통적인 고정관념의 산물로서 그 타당성과 설득력에 한계가 있다는 점을 지적하지 않을 수 없다. 정부형태로서의 대통령제와 의원내각제가 어떤 절대적인 정형이 아닌 것처럼 두 제도의 구조적인 장·단점도 상대적인 성격밖에는 가질 수 없다는 점을 간과해서는 아니 된다. 정부형태가 한 나라의 통치질서 내에서 차지하는 통치기능적인 의미 및 다른 제도들과의 기능적인 연관성을 무시한 채 정부형태를 단순히 하나의 자기목적적인 제도만으로 생각하는 제도중심의 사고방식과 거기에서 나오는 양 제도의 장·단점에 관한 천편일률적인 표피적 설명은 이제 지양되는 것이 옳다고 생각한다. Scheuner[551]가 제도보다 정치력의 중요성을 특히 강조하면서 어느 정부형태든지 절대적인 허실이 있을 수 없다고 역설하는 것도 바로 그 때문이라고 할 것이다. 대통령제와 의원내각제는 제도적인 면에서 그 어느 것도 타제도에 대한 구조적 우수성을 주장할 수 없다고 보아야 한다. 어느 것이나 그 제도의 본질적 요소를 존중하고 헌법상의 다른 제도 내지 원리와 조화될 수 있도록 체계정당성에 따라 마련되고 운용된다면 정치안정을 기대할 수 있다는 점을 명심하고 합리적인 제도의 마련에 힘쓰는 것이 두 제도의 구조적인 우열을 따지는 일보다 훨씬 중요하다고 할 것이다.

2. 절충형정부형태

974

변형 내지 혼합된 정부형태의 집합개념

절충형정부형태란 일정한 제도적 요소를 그 본질로 하는 특정한 유형의 정부형태를 말하는 것이 아니고, 대통령제와 의원내각제를 변형시켰거나 두 제도의 요소를 적절히 혼합시킨 모든 정부형태의 집합개념이다. 따라서 대통령제와 의원내각제를 제외한 나머지 정부형태는

---

551) Vgl.(FN 386), S. 332ff.

모두가 절충형정부형태라고 볼 수 있다.

대통령제와 의원내각제를 변형시키거나 두 제도의 요소를 적절히 혼합시켜 제3의 정부형태를 마련하는 것은 물론 가능하고 또 나라의 정치상황에 따라서는 오히려 바람직할 수도 있다. 다만 문제는 두 제도를 변형시키거나 혼합시키는 데 있어서 변형 및 혼합의 한계와 헌법상의 체계정당성을 엄격히 지켜야 한다는 점이다. 제3의 정부형태로서의 이른바 절충형정부형태가 많은 나라에서 실패하게 되는 가장 큰 원인 중의 하나가 체계정당성의 원리를 무시한 무리한 변형과 혼합 때문인데, 바이마르공화국의 정부형태가 그 대표적인 예이다. 사실상 순수한 대통령제 또는 의원내각제는 그 발생국에서나 원형대로 찾아볼 수 있는 정부형태이기 때문에 오늘날 세계 대다수국가의 정부형태는 따지고 보면 이 두 제도를 변형시켰거나 혼합시킨 절충형이 그 주종을 이루고 있다고 보아야 한다.

바이마르공화국의 정부형태를 둘러싸고 '부진정의원내각제', '혼합형의원내각제', '이원정부제', '절름발이의원내각제' 등 다양한 개념이 사용되고,[552] 프랑스 제5공화국의 정부형태가 '신대통령제', '반대통령제', '공화적 군주제' 등으로[553] 불려지는 이유도 그들 제도의 절충적 성격을 나타내기 위한 것이지, 어떤 새로운 유형의 정부형태를 징표하기 위한 것은 아니라고 할 것이다. 바이마르식의 절충형이 의원내각제를 바탕으로 하고 있다면, 현 프랑스식의 절충형은 대통령제를 그 기본으로 삼고 있다는 인식에서 나온 학자들의 개념장난에 불과하다. 또 우리나라에서 거론되는 이른바 '이원적 집정부제' 내지 '이원정부제'도 결코 새로운 제도나 이론이 아니고 바이마르제도에 관한 Loewenstein[554]의 설명과 개념을 그대로 받아들이고 있는 것에 지나지 않는다.[555]

따라서 정부형태의 분류에 있어서 3권분립이론을 바탕으로 해서 그 기준을 집행부와 입법부의 상호관계에 두고 두 기관 사이의 '독립

975

기본이 되는

---

552) 방주 962 참조.

553) 방주 960 참조.

554) Vgl. (FN 238), S. 90ff.

555) 따라서 구태여 이원정부제와 절충형을 개념적으로 구별하려고 하는 것은 의미가 없다고 생각한다. 왜냐하면 집행부의 이원적 분권도 절충형의 개념으로 충분히 설명할 수 있기 때문이다.

정부형태의
판단기준

성'과 '의존성'을 중요시하는 경우에는 대통령제·의원내각제·절충형
의 세 가지 유형이 있을 따름이다. 다만 절충형의 경우, 그 변형과 혼
합의 정도에 따라 다시 i) 변형된 대통령제 내지는 대통령제중심의 절
충형과 ii) 변형된 의원내각제 내지는 의원내각제중심의 절충형으로 구
별할 수는 있을 것으로 보인다. 전자는 대통령제를 기본으로 의원내각
제적 요소를 가미한 제도이고 후자는 그 반대의 경우이다. 기본이 되
는 제도가 어느 것이냐를 판단하는 것이 경우에 따라서는 쉽지 않을
수도 있지만, i) 국민의 직접적인 민주적 정당성에 그 존립의 기초를
두는 국가원수가 존재하는지의 여부, ii) 집행권의 실질적인 담당자가
누구인지, iii) 조직·활동·기능적인 면에서 입법기관과 집행기관 사이
에 독립성과 의존성의 어느 쪽이 더 강조되고 있는지 등을 종합적으로
검토하면 대통령제와 의원내각제 중 어느 것이 중심이 되고 있는지 구
별이 될 수 있다고 생각한다. 이같은 판단기준에 따른다면 예컨대 우
리 현행헌법상의 정부형태를 비롯해서 현 프랑스 제 5 공화국헌법과 핀
란드(1999년헌법)의 정부형태는 '대통령제중심의 절충형'에 속하고, 현
오스트리아의 정부형태는 의원내각제중심의 절충형이라고 볼 수 있다.

3. 정부형태의 다원적 분류이론

3권분립이론을 바탕으로 통치권의 세 가지 유형인 입법권·집행
권·사법권의 조직·활동·기능상의 상호관계가 구체적으로 어떻게 제
도화되고 있는가를 기준으로 하는 고전적이고 전통적인 정부형태의 이
원적 분류(대통령제와 의원내각제)와는 달리 국가권력의 이념적·제도적
표현형태를 기준으로 해서 정부형태를 다원적으로 분류하려는 이론이
있는데, Loewenstein의 다원적 분류이론556)이 그 대표적인 것이다.557)

---

556) Darüber vgl. *K. Loewenstein*(FN 238), S. 50ff., 67ff.

557) 그 밖에도 '정부형태'(Regierungsform)와 정치체제(politische Form, politisches
System)를 같은 차원에 두고 정치체제에 속하는 자유민주주의, 권위주의, 공산주의,
전제주의 등을 정부형태의 분류와 연관시키려는 이론적인 시도가 있긴 하지만, '정부
형태'와 '정치체제'를 동일시하는 그 출발점부터가 잘못된 것이기 때문에 여기서는 고
려의 대상에서 제외하기로 한다. Vgl. dazu *Th. Stammen*, Regierungssysteme der
Gegenwart, 3. Aufl.(1972); *M. Duverger*, Institutions Politiques et Droit
Constitutionnel, 7. ed.(1963); *S. E. Finer*, Comparative Government, 1970, S.
66ff.; *B. Crick*, Basic Forms of Government, 1973, S. 11ff.

(1) Loewenstein의 다원적 분류이론

Loewenstein은 국가권력의 분산여부를 기준으로 해서 정치체제(politisches System)를 우선 전제주의(Autokratie)와 입헌민주주의(konstitutionelle Demokratie)[558]의 둘로 크게 나누면서, 전제주의정치체제하에서는 국가의 통치권이 유일한 통치기관에 독점되어 정책결정과 정책집행의 구별이 없을 뿐 아니라 효율적인 권력통제장치가 없는 것이 그 특징이라고 한다.[559] 그에 반해서 입헌민주주의 정치체제하에서는 국가의 통치권이 상호독립한 여러 통치기관에 분산되어 국가의 정책결정이 이들 여러 통치기관의 협동에 의해서만 이루어지게 되는데, 국가정책의 결정과 집행 및 통제가 이들 여러 통치기관의 어떠한 상호작용에 의해서 행해지느냐에 따라 다시 입헌민주주의의 상이한 여러 가지 정부형태(Regierungstypen)가 나타난다고 한다.[560] 즉 Loewenstein의 견해에 따르면 주권재민사상에 따라 모든 권력이 국민으로부터 나오고 통치권행사가 언제나 국민의 의사에 따라 행해지며, 자유롭고 공정한 선거를 통해서 사회 내의 여러 정치세력간에 정권경쟁이 이루어지고, 국가권력이 의회와 집행부와 국민의 삼원주체에 의해서 형

976
전제주의와
입헌민주
주의
정치체제

---

558) K. Loewenstein 자신이 비민주주의적인 '입헌주의'(Konstitutionalismus)가 있을 수 있다고 지적하면서, '입헌주의'와 '입헌민주주의'(konstitutionelle Demokratie)를 개념적으로 구별해야 한다고 강조하면서도 '전제주의'에 대칭되는 개념으로 '입헌주의'라는 개념을 사용하고 있는 것은 전후 모순이 아닐 수 없다. 따라서 '전제주의'와 대칭으로 사용하는 '입헌주의'는 언제나 '입헌민주주의'로 쓰기로 한다. Vgl. *K. Loewenstein* (FN 238), S. 67f.

559) K. Loewenstein은 전제주의정치체제를 지칭하는 여러 가지 개념형식(Diktatur, Despotismus, Tyrannei, Polizeistaat, Totalitarismus, Autoritarismus)의 유사성에 언급하면서 전제주의를 다시 크게 '권위체제'(autoritäres Regime)와 '전체체제'(totalitäres Regime)로 나눈다. 전자는 정치권력이 독점되고 국가의사결정과정에서 국민이 소외되는 정치체제인 데 반해서, 후자는 정치생활에서뿐 아니라 사회생활과 도덕생활의 영역에까지 국가가 정하는 일정한 이데올로기를 명령과 권력적 강제수단으로 관철시키려는 명실공히 전체적인 권력추구의 체제라고 한다. 따라서 무제한한 경찰권력과 일당주의는 전체주의의 불가결한 요소인데 개혁 전의 소련과 중국을 비롯한 이른바 인민민주주의를 표방하는 공산국가와 이탈리아의 파시즘, 나치시대의 독일 등이 그 대표적인 예라고 한다. Loewenstein의 설명에 따르면 '권위체제'는 '절대군주제'(absolute Monarchie)와 Napoleon식의 정치체제(국민투표적 황제체제, Bonapartismus, Napoleons plebiszitärer Cäsarismus), 그리고 신대통령제(Neopräsidentialismus)의 세 가지 유형으로 세분되는데, 프랑스의 루이 14세, 보나파르트 나폴레옹의 통치체제, 터키의 케말파샤(Kemal Pascha)체제가 각각 그 대표적인 예라고 한다. Vgl. darüber(FN 238), S. 52~66.

560) Vgl. *K. Loewenstein*(FN 238), S. 50.

성되고, 국가권력이 여러 권력주체에 분산되어 이들 권력주체 상호간
에 상호교차적인 권력통제가 행해지는 것이 입헌민주주의에 속하는 모
든 정부형태의 공통분모에 해당한다고 한다.561) 결국 이 공통분모에 속
하는 사항들이 현실적으로 어떻게 구체화되고 제도화되느냐에 따라 입
헌민주주의의 다양한 정부형태가 나타나게 되는데, 특히 국가권력의
세 주체(의회 · 집행부 · 국민) 중에서 누가 우월한 지위를 갖게 되느냐 하
는 것이 정부형태구별(분류)의 중요한 기준이 된다고 한다. 하지만
Loewenstein도 순수한 정부형태보다는 여러 정부형태의 요소가 혼합
된 모자이크정부형태가 주종을 이루고 있다고 하는 점과, 모든 나라에
통용되는 최상의 정부형태가 있을 수 없다는 점을 특히 강조한다.562)
그러면서도 Loewenstein은 '직접민주주의'(unmittelbare Demokratie),
'회의정부제'(Versammlungs-Regierung), '의원내각제'(Parlamentarismus),
'내각책임제'(Kabinett-Regierung), '대통령제'(Präsidentialismus), '집정부
제'(Direktorialregierung)563)의 여섯 가지를 입헌민주주의정부형태의 기
본유형(Grundtypen)으로 꼽는다. 나아가 Loewenstein은 모든 권력주체
에게 국가권력이 균등하게 배분되어 권력주체간에 절대적인 균형관계
가 유지되는 이른바 '이상적인 정부형태'의 꿈은 초기입헌민주주의 이
래 하나의 꿈으로 끝나고, 정치상황에 따라 입법부와 집행부가 서로
번갈아 우월적 지위를 갖게 되는 것이 헌정사의 현실인데 궁극적으로
는 집행부의 강화와 입법부의 약화가 세계적인 추세라는 점을 지적한
다.564) 아래에서 Loewenstein이 제시하는 여섯 가지 기본형의 내용을
간추려 소개하기로 한다.

a) 직접민주주의

977
고대 그리스

직접민주주의(unmittelbare Demokratie)는 선거인으로 조직된 국민
이 주된 권력주체로 기능하는 정치체제를 말한다고 한다. 즉 주권자인

561) Vgl. dazu *K. Loewenstein*(FN 238), S. 69.
562) Vgl. dazu(FN 561).
563) 스위스의 정부형태를 칭하는 '집정부제'란 용어는 일본학자들의 개념사용을 우리 학
자들이 그대로 받아들인 것인데 Loewenstein이 사용하는 영어의 'Directory Gov-
ernment'나 독어의 'Directorial-Regierung'은 우리말로는 오히려 '대표정부제' 또는
'위원회정부제'라고 옮겨 쓰는 것이 좋다고 생각한다. 그러나 고정관념에 사로잡힌 독
자들의 개념상의 혼란을 덜어 주는 의미에서 이 책에서도 '집정부제'란 개념을 함께
사용키로 한다.
564) Vgl. dazu(FN 556), S. 70.

국민이 직접 정책결정과 정책통제를 행하고 단기간의 임기로 선출되거 나 위임된 기관이 정책집행을 맡는 정치체제를 뜻하기 때문에 입법·집행·사법의 명백한 기능분리가 배제되는 것이 그 특징이라고 한다. 직접민주주의는 비교적 단순한 사회구조와 사회질서를 전제로 하는 정치체제로서 고대 그리스도시국가의 정치체제가 그 대표적인 예로 꼽힌다고 한다. 그러나 고대 그리스의 정치사가 보여 주듯이 직접민주주의는 정치체제로서는 적절치 못한 것으로 나타나 결국 실패로 돌아가고 말았는데, 13세기경부터 스위스의 소수 영농지역단체에서 다시 그 모습을 나타내는 듯했으나 얼마 안가 대의제도로 교체되고 오늘날에는 거의 그 자취를 감춰 일종의 정치사적인 박물관의 의미밖에는 갖지 못하게 되었다고 한다. 다만, 기본적인 정책결정과 정책통제를 위한 국민투표제도와 국민소환제도, 헌법개정을 위한 국민투표제도, 국민발안제도 등 직접민주주의에서 유래하는 여러 가지 국민의 직접적인 통치기술이 아직까지도 스위스를 비롯한 여러 나라에서 여전히 활용되고 있을 뿐이라고 한다.565)

도시국가의 정치체제

b) 회의정부제

'회의정부제'(Versammlungs-Regierung)란 국민의 대의기관인 의회가 우월한 권력의 주체로 기능하는 정치체제를 말한다고 한다. 지금까지 가장 적게 알려진 이 정치체제는 영국 장기의회(Long Parliament, 1640~1649) 때의 정치체제, 프랑스대혁명 후의 정치체제(1793년) 등에서 비롯되었으나 전자는 크롬웰(Cromwell)의 군사독재로, 그리고 후자는 로베스삐어(Robespierre)의 독재로 이어져 그 정치체제로서의 성가가 좋지 못했지만 그 후에도 스위스(1848년과 1874년 헌법)가 모방한 적이 있고, 오늘날에도 개혁 전의 옛 소련(1936년 소련의 스탈린 헌법)566)을

978
옛 소련 및 동구권의 정치체제

---

565) Vgl. darüber(FN 556), S. 73ff.

566) 옛 소련은 고르바초프의 개혁(페레스트로이카)과 개방(글라스노스트)정책에 따라 1990년 3월 3권분립의 원칙에 따른 새로운 헌법을 채택하고 공산당일당지배체제를 포기하는 역사적인 정치개혁을 단행했었다. 따라서 옛 소련의 정부형태는 회의정부제로 분류할 수 없다고 할 것이다. 옛 소련헌법상 대통령이 보통·평등·직접·비밀선거의 원칙에 따라 절대다수대표선거제로 5년임기(1 차중임 허용)로 국민에 의해서 직선되었고 집행권의 실질적인 담당자인 동시에, 입법기관인 소련최고회의에 책임지지 않는다는 점에서는 대통령제의 성격을 가지고 있었다고 볼 수 있다. 그러나 또 한편 소련 국가권력의 최고기관인 인민대의원대회(2,250명으로 구성)가 그 재적대의원 2/3 의 찬성으로 대통령해임결의를 할 수 있던 점이라든지 이 인민대의원대회가 헌법개정권

비롯한 동구공산국가(1989년 이전)[567]와 중국 등에서 그 예를 찾아볼 수
있다고 한다.[568] Loewenstein의 설명[569]에 따르면 '회의정부제'는 마치
'야누스의 머리'(Januskopf)와 같아서 민주주의와 전제주의체제의 조직
모델로 함께 간주될 수 있는 것이 그 특징이라고 한다. '회의정부제'의
제도적 징표는 대체로 다음 몇 가지로 요약할 수 있다고 한다.[570] i) 국
민에 의해서 선거되고 주기적인 선거를 통해서 국민에 대해서만 책임
을 지는 의회가 다른 국가기관의 상위에 서서 다른 국가기관의 절대적
지배자로 기능한다. ii) 의원내각제에서의 의회와 집행부의 수평적인
대등관계와는 달리 회의정부제에서는 집행부가 의회에 완전히 예속되
어 의회의 단순한 시녀인 동시에 집행기관에 불과하고 의회가 임의로
집행기관을 임명하고 또 해임시킬 수도 있다. 따라서 의회가 집행부에
일정한 집행업무를 맡기는 것은 단순한 사무처리를 위한 기술적 성격
을 가질 뿐이고 의회의 지시·감독에 따라 맡겨진 집행업무를 처리하
는 이외에 집행부는 아무런 고유권한을 갖지 못하게 된다. iii) 의회의
권력독점과 자율권을 제약할 수 있는 어떤 국가기관도 존재하지 않기
때문에 집행부가 의회해산권을 갖지 못하는 것은 당연하다. 의회해산
을 유도할 수 있는 것은 오로지 주권자인 선거인뿐이다. iv) 양원제의
회는 회의정부제와 조화될 수 없다. v) 국가원수나 대통령이 형식적이
고 의례적인 기능만을 갖기 위한 것이라면 몰라도 원칙적으로 회의정
부제와 조화될 수 없는 것처럼, 의회의 통제에서 벗어난 군주도 이 체
제와 조화되기 어렵다. 결국 회의정부제는 루소의 정치철학에 입각해
서 민주적으로 선거된 회의체가 유일한 권력의 주체로서 모든 국가권

과 소련최고회의제정법령의 취소권 그리고 국민투표실시결의권 등을 갖는 사실상의
최고기관으로 기능하고 있었던 점 등을 고려한다면 역시 대통령제를 중심으로 한 절
충형에 속한다고 볼 수 있을 것이다.

567) 헝가리, 폴란드, 체코슬로바키아, 유고슬라비아, 루마니아 등 동구공산국가들도 1989
년 이후 정치적인 대변혁을 겪고 새로운 헌정질서로 옮겨가고 있기 때문에 이제는 획
일적으로 회의정부제로 평가할 수가 없다. 폴란드만 해도 1990년 새헌법을 채택하고
민주적인 선거법에 따라 국민에 의해서 선출된 대통령이 국가원수인 동시에 행정부의
장으로 기능하고 있다. 더욱이 폴란드 대통령은 옛 소련 대통령처럼 절대다수대선거
제도에 의해서 선출되기 때문에 강력한 민주적 정당성에 뿌리를 두고 있다는 점을 주
목할 필요가 있다. 1992년의 개헌으로 폴란드 대통령의 지위는 더욱 강화되었다.

568) Vgl. darüber(FN 556), S. 75ff.

569) So vgl.(FN 238), S. 76.

570) Vgl. dazu(FN 556), S. 77.

력을 독점행사하는데 그 제도적 징표가 있기 때문에 민주주의와 공화제의 원형인 동시에 일원적 권력체제(monolithisch)의 표본이라고 할 수 있다는 것이다. Loewenstein의 설명에 따르면 회의정부제처럼 헌법제도와 헌법현실 사이에 큰 gap이 생기는 정치체제도 드문데, 그 이유는 회의체의 성격상 의회가 스스로 통치하는 것이 불가능하기 때문에[571] 어차피 통치를 위한 과두집단을 구성할 수밖에 없는데, 일단 과두집단이 구성되고 나면 회의정부제는 거의 생물학적 법칙처럼 전제체제로 변질되고 말기 때문이라고 한다.[572] Loewenstein에 따르면 공산국가들이 즐겨 회의정부제를 채택하는 이유도 바로 이같은 변질의 매력 때문일 것이라고 한다.[573] 정치개혁 이전의 소련을 비롯한 공산국가에서 소위 원(原)민주주의(Urdemokratie)라는 가면을 쓰고 행해지던 일당독재 내지는 과두적 전제정치의 실상에서 바로 회의정부제의 표본적인 변질의 모습을 볼 수 있다고 한다.[574]

  c) 의원내각제

  의원내각제(Parlamentarismus)란 독립한 권력주체로서의 의회와 집행부 사이의 힘의 균형관계가 집행부의 의회로의 통합 속에서도 추구되는 정치체제라고 한다.[575] 의회의 구성원이 동시에 집행부구성원이 될 수 있는 것처럼 의원내각제는 통합을 통한 상호의존의 정치체제라는 것이다.[576] Loewenstein은 의원내각제가 정치의 실제에서 두 가지 전혀 다른 유형으로 나타난다는 점을 지적하면서 프랑스의 고전적 의원내각제처럼 의회가 정치권력면에서 집행부를 압도하는 유형이 있는가 하면, 영국의 내각책임제(Kabinettsregierung)처럼 내각이 의회보다 우월적인 지위를 갖는 유형도 있다고 한다.[577] Loewenstein의 인식에 의하면 의원내각제는 여러 가지 유형으로 분류되고 또 여러 형태로 표현될 수 있기 때문에 이 다양한 유형과 형태를 모두 포함하는 일종의

979
다양한
유형의
집합개념

---

571) Vgl. dazu(FN 238), S. 79: "Eine Versammlung kann nicht regieren."

572) Vgl.(FN 571).

573) Vgl. dazu(FN 571).

574) Vgl. darüber(FN 238), S. 80f.

575) Vgl. darüber(FN 238), S. 69.

576) Vgl. dazu(FN 238), S. 69f.: "Parlamentarismus ist also gegenseitige Abhängig-
keit und Verbundenheit durch Integration."

577) Vgl. dazu(FN 238), S. 70.

집합개념(Gattungsbegriff)과도 같은데, '회의정부제'와 '대통령제'가 기교적인 정치이론의 산물인 것과는 달리, 영국에서 오랜 세월에 걸쳐 조직적으로, 그리고 경험적으로 발전한 정부형태라는 점에 그 특징이 있고, 오늘날 입헌민주주의의 가장 흔한 정부형태라고 한다.[578] Loewenstein은 또 대의기관 내지는 의회의 존재와 의원내각제를 혼동해서는 아니 된다는 점과, 의원내각제의 영국적 유형에만 해당하는 내각책임제라는 개념을 의원내각제와 동일시해서는 아니 된다는 점, 그리고 의원내각제로 평가되기 위해서는 타정부형태에서는 찾아볼 수 없고, 의원내각제의 여러 유형에 공통적으로 나타나는 일정한 제도적 요소를 갖추어야 한다는 점 등을 강조한다.[579] 아무튼 Loewenstein에 따르면 의원내각제에서 중요한 것은 의회와 집행부가 상호독립한 권력주체로서 '힘의 균형'을 유지함으로써 한 기관이 타 기관보다 우월한 지위를 갖지 못하게 하는 것이라고 한다. 그래야만 두 기관이 정책결정과 입법을 통한 정책집행에 함께 참여하고 '기관간의 통제'(Interorgankontrolle)를 통해서 상호교차적인 견제와 균형의 실효를 나타낼 수 있다고 한다.[580] 그러나 의회와 집행부가 완전한 힘의 균형을 유지하면서 선거인의 주기적인 심판에 복종하는 이상적인 형태로서의 의원내각제는 프랑스대혁명 이후 꾸준히 그 제도적인 최선책이 모색되어 왔으나, 역시 성공치 못하고, 결국에는 의회와 집행부의 두 기관 중에서 어느 한쪽이 더 큰 비중을 차지하게 되는 '힘의 불균형관계'가 여전히 나타나고 있다고 한다. 이처럼 의회와 집행부간에 정치적인 힘의 균형유지가 어려운 것이 어쩌면 의원내각제의 특징이며 본질적인 것일지도 모른다고 말하는 Loewenstein[581]의 상념 속에는 그가 그리는 이상적인 모델의 실현이 불가능하다는 체념같은 것이 깔려 있는 것인지도 모른다.

980
의원내각제의 구조적 요소

어쨌든 그의 생각에 따르면 다음 여섯 가지가 의원내각제의 모든 표현형태에 공통된 특징적인 구조적 요소에 해당한다고 한다.[582] 첫째는, 의회구성원이 동시에 집행부구성원이 되는 겸직현상이다. 그 가장

---

578) Vgl. dazu(FN 238), S. 81, 82.
579) Vgl. dazu(FN 238), S. 82f.
580) Vgl. dazu(FN 238), S. 83.
581) Vgl. dazu(FN 580).
582) Darüber vgl.(FN 238), S. 84ff.

철저한 실현형태를 영국에서 찾아볼 수 있는데 수상 이하 모든 각료가 예외 없이 의원직을 겸하고 있기 때문이다. 다른 의원내각제 나라에서 도 대체로 이 원칙을 따르고 있지만 예외가 없는 것은 아니다.583) 이 겸직제도의 의미는 원외인사보다는 원내인사에 대한 정치적 통제가 보다 용이하고 절차적으로도 간편하다는 데 있다고 한다.584) 둘째는, 집행부 내지 내각은 의회 내 다수세력의 리더 또는 다수세력을 형성하는 연립정당의 리더들로 구성된다는 점이다. 집행부 내지 내각의 구성원이 동시에 의회의원의 신분을 갖기 때문에 집행부는 의회의 한 위원회적 성격을 갖고 실질적으로 의회와 융해된 상태에서 의회의 한 구성부분을 이루지만 의회와 집행부는 기능적으로는 상호 독립·분리되어 있어 마치 통합을 통한 상호교차적 의존관계라고 표현할 수 있다고 한다.585) 셋째는, 집행부 내지 내각은 수상을 정점으로 하는 피라밋구조로 구성되어 있다는 점이다. 수상의 내각 내에서의 우월적인 지위는 반드시 일률적인 것은 아니라 하더라도 일반적인 경향은 수상의 타각료에 대한 우월적 지위가 굳어져서 집행권이 수상에게 집중되는 현상이 나타나고 있다고 한다.586) 넷째는, 집행부 내지 내각은 의회 내 다수세력의 지지를 받는 동안만 재임하게 된다는 점이다. 따라서 내각이 의회 내 다수세력의 지지기반을 상실하거나 새로운 총선거에 의해서 의회 내 세력분포가 달라지는 경우에는 내각의 집행권은 그 정당성을 상실하게 된다고 한다.587) 다섯째는, 원칙적으로 정책결정기능은 집행부와 의회에 분산된다는 점이다. 두 기관은 결정된 정책의 집행을 위한 법률제정에는 함께 협동하지만 행정을 통한 정책집행은 내각의 소관사항에 속하고 의회는 내각의 정책집행을 항상 감시하게 된다고 한다.588)

---

583) 예컨대, 네덜란드에서 각료로 임명된 의원은 그 의원직을 최장 3개월까지만 겸직할 수 있다는 헌법규정(제99조 제2항)을 그 예로 든다. 그러나 이 헌법규정은 그 후 2002년 개정되어 기간의 정함이 없이 한시적으로만 겸직을 허용하고 있다(제57조 제2항과 제3항). 또 바이마르공화국에서도 의원 아닌 사람이 각료로 임명된 예가 있을 뿐 아니라, 심지어는 Cuno 수상처럼 의원 아닌 수상까지도 있었다는 점을 지적한다. Vgl.(FN 238), S. 84.
584) Vgl. dazu(FN 238), S. 84.
585) Vgl. dazu(FN 584).
586) Vgl. dazu(FN 584).
587) Vgl. dazu(FN 238), S. 84f.
588) Vgl. dazu(FN 238), S. 85.

여섯째는, 정책통제의 취약점이 의원내각제의 허점으로 나타난다는 점이다. 진정한 의원내각제이기 위해서는 적어도 의회와 집행부에게 상호통제의 수단이 주어지고 또 이를 현실적으로 행사할 수 있는 가능성이 열려 있어야 하는데, 가장 효과적인 통제수단은 의회의 내각불신임권 내지는 신임거부권과 내각의 의회해산권이다. 의회의 내각불신임 내지는 신임거부에 의해서 또는 내각의 의회해산에 의해서 새로운 총선거가 실시되는 경우에는 선거인이 심판관으로 기능하는 것으로서 선거인은 의회편에 서는 결정을 내릴 수도 있고 또 반대로 내각을 지원하는 결정을 내릴 수도 있는데, 특히 양당제도하에서 선거인의 심판이 가장 뚜렷하게 나타나게 된다고 한다.589) 그리고 의회해산과 내각불신임은 상호표리의 불가분한 관계에 있기 때문에 이 두 바퀴의 상호작용에 의해서만 의원내각제라는 수레는 굴러가기 때문에 두 바퀴의 균형이 깨지게 되면 의원내각제는 더 이상 그 수레로서의 기능을 해 나갈 수 없다고 한다. 의회해산권이 제대로 기능하지 않거나 내각불신임제도가 극히 제약되어 있는 두 상황이 모두 의원내각제에서는 지극히 불행한 사태인데 특히 정당구조가 거기에 적지 않은 영향을 미쳐 다당제냐 양당제냐에 따라서도 그 영향에 큰 차이가 생기게 된다고 한다. 하지만 다당제와 양당제의 선택의 문제는 자유선택 또는 합리성의 문제라기보다 각 나라의 정치전통과 역사, 그리고 국민성에 의해서 정해지는 문제이기 때문에 단순한 헌법규정만으로 어떤 제도를 강요할 수는 없는 일이라고 한다.590)

981

의원내각제 의 분류

이러한 여섯 가지 구조적 요소를 갖춘 의원내각제라도 의회와 집행부의 힘의 균형관계가 어떻게 제도화되어 있느냐에 따라 다시 프랑스 제3·4공화국의 '고전적 의원내각제'(klassischer Parlamentarismus), 바이마르공화국의 '부진정의원내각제'(unechter Parlamentarismus) 내지는 '이원정부제'(die zweigeteilte Exekutive), 독일의 '통제적 의원내각제'(kontrollierter Parlamentarismus), 프랑스 제5공화국(1962년까지)의 '순화된 의원내각제'(gebändigter Parlamentarismus) 등으로 분류할 수 있다는 것이 Loewenstein의 주장이지만,591) 그 각 유형의 특징이 어떤 것인지

589) Vgl. dazu(FN 238), S. 85.
590) Vgl. dazu(FN 238), S. 86.
591) Vgl. darüber(FN 238), S. 86ff.

에 대해서는 이미 앞에서[592] 자세히 다루었기 때문에 여기에서는 중복
을 피하기로 한다.

d) 내각책임제

'내각책임제'(Kabinett-Regierung)란 특별히 영국적인 의원내각제를
일컫는 개념으로서 수상을 정점으로 하는 내각이 의회보다 우월한 지위
를 가지고 정치의 주도권을 행사하는 정부형태라고 한다.[593] Loewen-
stein은 그러나 영국의 내각책임제가 오랜 세월에 걸쳐 우여곡절을 겪
고 확립된 정부형태라는 점을 상기시키면서[594] 영국적 제도의 특징을
다음 몇 가지로 요약할 수 있다고 한다.[595] i) 영국의 내각책임제는 양
당제도와 다수대표선거제도에 바탕을 두고 있다는 점, ii) 내각은 의회
내다수세력의 지도자들로 구성되는 비교적 소규모의 기관인데 모두가
하원 또는 상원의 의석을 갖고 있다는 점, iii) 정당당수와 수상직을 겸
직하는 것이 원칙이어서 총선거에서 승리한 정당의 당수가 당연히 수
상이 되고, 수상의 자유재량에 의해서 내각이 구성되는 까닭에 수상은
명실공히 내각 내에서 제 1 인자의 월등한 지위와 권한을 행사함으로써
때로 '입헌적 독재자'(konstitutioneller Diktator)로 불려지기도 하지만,
수상의 권력자제와 야당과 여론의 존중 등을 통해서 권력남용이나 정
치적 탈선이 방지되고 있다는 점, iv) 모든 정책결정이 수상과 내각의
손에 의해서 내려지기 때문에 의회는 단순한 추인기능만을 갖게 되고,
심지어 법률제정도 그 주도권과 발안권이 수상과 내각에 전속되는 전
통이 확립되어, 의원제안법률안은 그 예를 찾아보기 힘들고, 수상과 내
각이 의회의 입법절차와 의사일정을 조종하게 되지만, 수상과 내각은
자발적으로 야당의 지도자들과 협의를 거치는 민주적인 의회운영이 제
도화되고 있다는 점, v) 정책통제기능은 상하양원과 선거인의 임무에
속하는데 특히 하원의 야당과 여당 내의 Outsider들의 질의시간을 통
한 통제·비판기능이 중요시될 뿐 아니라 여론에 의한 정책통제와, 보
궐선거 내지 원칙적으로 매 5년마다 실시되는 총선거를 통한 국민의
민주적 정책통제가 계속해서 민주적 정치풍토를 가꾸어 나가고 있다는

982
영국의
정부형태

---

592) 자세한 것은 앞부분 방주 955 이하 참조할 것.

593) Vgl. dazu(FN 238), S. 103ff.

594) Vgl. darüber(FN 238), S. 104.

595) Vgl. darüber(FN 238), S. 105ff.

점, vi) 의회구성원들의 질적인 수준이 다른 의회제도의 나라에서보다 비교적 높은데도 불구하고 엄격한 정당규율과 강력한 교섭단체기속에 의해서 여당의 행동통일이 실질적으로 보장되고 있고, 또 의원들은 의원직에 대한 강력한 매력 때문에 어차피 정당의 소속원으로 남아 있어야 한다는 실리적인 계산 밑에서 정당의 지시대로 행동하게 되어 의회해산을 초래할지도 모르는 이탈행동(cross voting) 같은 것이 극히 드물게 나타난다는 점 등이라고 한다.

결국 영국의 내각책임제는 내각과 의회가 하나의 권력장치로 용해되는 정부형태를 뜻하지만, 여론과 야당의 계속적인 권력통제와 선거에 의한 권력통제에 의해서 민주적인 궤도를 그대로 지켜나가는 가장 성공적인 정부형태인데, 이 제도의 기초는 역시 정권담당능력이 있는 비슷한 세력의 양당제도에 있다는 것이 Loewenstein의 설명이다.596) 영국의 정치적 영향권에 속하는 캐나다, 오스트레일리아, 뉴질랜드 등 영국처럼 양당제도가 확립되어 있는 나라에서 내각책임제가 모방되고 있는 것은 물론이고 심지어 다당제의 스칸디나비아제국과 벨기에 네덜란드, 이스라엘 등에서도 비교적 이 정부형태가 성공하고 있는데, 이 내각책임제가 다른 나라에서 성공하기 위한 가장 중요한 전제조건은 정치적 일원체의 사회적·경제적 동질성과 특히 정치인이 가져야 하는 고도의 정치적 책임감 및 권력의 자제력이라고 Loewen-stein은 지적한다.597)

e) 대통령제

983

미국의 고유한 정부형태

대통령제(Präsidentialismus)란 독립한 권력의 주체인 집행부와 의회가 완전히 분리되어 있지만 헌법상 국가의사결정에 상호협력하게 되어 있는 정부형태로서 미합중국이 그 대표적인 예라고 한다.598) 미국의 대통령제가 때로 '권력분립의 정부형태' 또는 권력분리와 권력협동의 정부형태라고 불려지는 것도 바로 그 때문이라고 한다.599) 대통령제의 특징은 통치구조 내에서의 대통령의 지배적인 지위에 있고 이념적으로는 Montesquieu의 권력분립이론에 바탕을 두고 있지만, 권력의 분리가

---

596) Vgl. darüber(FN 238), S. 108.
597) Vgl. darüber(FN 238), S. 109.
598) Vgl. dazu(FN 238), S. 70, 109ff.
599) Vgl.(FN 598).

권력의 균형으로 이어져서 권력의 주체 사이에 힘의 균형관계가 유지되어 국가 내에 언제나 힘의 조화가 지속되리라는 3권분립이론의 이상은 한낱 공허한 꿈에 지나지 않을 뿐 아니라, 분리된 같은 비중의 권력주체가 공공의 이익을 위해서 자발적으로 함께 협력하리라는 가상도 권력의 본질을 망각한 하나의 희망에 불과하다는 것이 프랑스혁명헌법(1791년)의 역사를 통해서 입증되었다고 한다. 그럼에도 불구하고 대통령제가 미국에서 아직까지 큰 문제 없이 성공하고 있는 것은 미국의 정부형태에서 정책결정·정책집행·정책통제의 세 가지 기능적인 메커니즘이 잘 운영되고 있고, 권력분리와 동시에 권력간의 협동이 잘 제도화되고 있기 때문이라고 한다. '통합에 의한 상호의존성'(gegenseitige Abhängigkeit durch Integration)을 그 본질로 하는 의원내각제와는 달리 '협동에 의한 상호의존성'(gegenseitige Abhängigkeit durch Koordination)을 그 본질로 하는 대통령제에서는 입법·집행·사법의 독립한 세 권력주체가 그 권력의 영역 내에서는 독자적으로 권력행사를 할 수 있지만 일정한 정해진 분야에서는 상호협력하게 되는데,[600] 대통령의 법률안서명·공포권과 거부권을 통한 입법참여와, 국제조약의 체결비준 및 고급공무원의 임명에 대한 동의권을 통한 상원의 집행참여 등이 그 대표적인 예라고 한다. 그러나 Loewenstein의 견해에 따르면 다른 정부형태와 구별되는 대통령제의 특징은 역시 대통령과 의회의 상호독립성에 있기 때문에 대통령은 그 4년 임기동안 의회에 대해서 책임을 지지 않고 의회도 그 임기중 해산될 수 없는 것이 가장 중요한 대통령제의 요소라고 한다. 의원직과 집행부구성원의 겸직이 절대적으로 금지되는 것도 바로 그 때문이라고 한다.[601] 대통령과 의회의 이같은 완전한 상호독립성이 자칫하면 정치의 마비현상을 초래할 위험이 있음에도 불구하고 미국에서 그러한 현상이 일어나지 않는 것은 바로 정치의 윤활유역할을 하며 독립한 권력주체 사이를 연결시켜 주는 양대정당의 기능 때문이라고 한다. 그러면서도 Loewenstein은 미국의 정당제도가 대륙의 그것과는 달라서 정당소속의원들의 행동통일을 기대할 수 없다는 점이 바로 단점인 동시에 또 장점도 될 수 있다고 한다. 만일 미국의

---

600) Vgl. dazu(FN 238), S. 111.
601) Vgl. dazu(FN 238), S. 112f.

정당제도가 영국에서처럼 엄격한 정당규율에 따라서 운영되고 대통령
소속정당이 상·하양원에서 다수당이 되는 경우에는 미국의 대통령제
도 영국의 내각책임제와 유사한 형태로 운용되리라고 한다.602) 그러나
미국적인 정당질서하에서는 대통령이 의회다수세력과 소속정당을 달리
하는 경우에는 말할 것도 없고, 설령 그 정당소속을 같이한다 하더라
도 대통령이 의회에 대해서 자신의 의사를 강요하는 것은 도저히 기대
할 수 없다는 점을 특히 강조한다.603) 또 Loewenstein은 미국대통령제
의 운용실태에 언급하면서 미국의 대통령제가 바탕으로 하는 3권분립
의 이념이 현실적으로 그대로 지켜지지 않는 하나의 진부한 이론이라
고 지적하고, 입법·집행·사법의 3권분립 대신에 정책결정·정책집
행·정책통제의 세 가지 기능이 현실적으로 어떻게 이루어지고 있는가
를 살펴야만 미국 헌정의 참모습을 엿볼 수 있다고 강조한다.604) 즉 미
국의 헌정에서 정책결정과 정책집행이 다같이 대통령과 의회의 공동협
력하에서만 가능하게 되어 있는데, 그 이유는 의회의 예산승인 없는
어떤 정책결정도 무의미할 뿐 아니라, 정책집행도 의회의 입법과 예산
정책통제 상의 조치가 따라야 하기 때문이라고 한다. 그리고 정책통제는 견제·
수단 균형(checks and balances)의 메커니즘에 따라 행해지는데, 예컨대 대통
령의 법률안거부권, 상원의 국제조약과 고급공무원임명동의권, 의회의
예산심의권과 각종 조사위원회의 활동 등이 정책통제의 대표적인 수단
들이라고 한다.605) 나아가 매 2년마다 실시되는 하원의 총선거를 통한
선거인의 정책통제도 무시할 수는 없으나, 고정된 임기제도 때문에 그
실효성은 그리 크지 않다고 한다. 그보다는 미국의 연방대법원에 의해
서 확립된 법률의 위헌심사제도가 정책통제면에서 큰 효과를 나타내고
있지만, 그 자체가 민주적 정당성의 시각에서 문제가 없는 것도 아니
라고 지적한다.606)

결론적으로 Loewenstein은 미국의 대통령제가 그 제도와 운영의
양면에서 가장 어렵고 복잡한 정부형태라고 지적하면서 이처럼 어렵고

---

602) Vgl. dazu(FN 238), S. 114f.
603) Vgl.(FN 602).
604) Vgl. dazu(FN 238), S. 115.
605) Vgl. dazu(FN 238), S. 116.
606) Vgl. dazu(FN 238), S. 117.

복잡한 제도가 미국에서 그래도 성공하고 있는 것은 하나의 기적에 가깝고, 미국특유의 다원적인 복합요인에 의해서 뒷받침된 결과라고 한다.[607] 그가 정부형태에 관한 미국의 기적은 미국헌법에서 나온 것이 아니고, 그 헌법에도 불구하고 생긴 것이라고 비아냥거리는 것은[608] 미국대통령제의 성공에는 헌법 외적인 요인이 더 많이 작용했다는 점을 분명히 밝히려는 의도에서 나온 것이라고 볼 수 있다. Loewenstein은 미국의 대통령제가 미국을 떠나서 뿌리를 내린 역사가 없다는 점을 강조하면서, 미국대통령제를 유럽의원내각제에 접목시키는 경우에는 입헌민주주의의 '죽음의 키스'(Todeskuß)로 변하고 만다는 헌정사의 교훈을 프랑스 제2공화국, 바이마르공화국, 스페인, 라틴아메리카, 대한민국제1공화국(1949) 등에서 찾을 수 있다고 상기시킨다.[609] 그것은, 즉 그의 말대로 미국대통령제가 미국 국민에 의해서 창안되고 정착된 거의 유일한 민족적인 산물로서의 성격이 강하기 때문에 그 모방에는 적지 않은 어려움이 따른다는 결론에 이르게 된 것이다.[610]

입헌민주주의의 죽음의 키스

f) 집정부제(대표정부제)

'집정부제' 내지 '대표정부제'(Direktorialregierung)란 스위스의 제도를 말하는데, 의회에서 선출되는 동격의 여러 동료로 구성되는 대표위원회가 통치를 행하고 그 정무수행에 대해서 의회와 국민에게 연대책임을 지는 정부형태라고 한다.[611] 스위스의 정부형태는 대체로 다음과 같은 요소로 구성되어 있다. i) 스위스의 최고권력은 '연방의회'(Bundesversammlung)에 속하는데, 연방의회는 국민의 대의기관인 하원(Nationalrat)과 연방기관인 상원(Ständerat)의 양원제로 되어 있지만 상원과 하원 사이에는 미국에서와 같은 큰 권한과 지위상의 차이는 없다. ii) 연방정부(Bundesrat)는 연방의회에서 임기 4년으로 선출되는 7인으로 구성되는데, 이 7인의 집행기구가 정부의 기능을 맡는다는 뜻에서 '대표정부제' 또는 '집정부제'라는 명칭이 생겼다. 이 연방정부는 스위스의 최고집행기관인 동시에 정책주도기관이지만 헌법상 연방의회

984
스위스의
정부형태

---

607) Vgl. dazu(FN 238), S. 118.
608) Vgl. dazu(FN 238), S. 120: "Das Wunder … beruhte nicht auf der amerikanischen Verfassung, sondern es geschah trotz dieser Verfassung."
609) Vgl. dazu(FN 238), S. 118.
610) Vgl. dazu(FN 238), S. 119.
611) Vgl. darüber(FN 238), S. 120ff.

에 예속된 봉사기관이지 고유권한을 갖는 독립한 권력의 주체는 아니다. 이 점에서 '회의정부제'와 유사한 점이 있다고 지적된다. iii) 연방정부구성원은 정당의 지도자 중에서 선출되는 것이 보통이지만 연방의회의 의원직을 겸할 수는 없다. 그럼에도 불구하고 그들은 연방의회의 본회의나 각종 위원회에 자유로이 출석·발언할 수 있는 권한을 갖는다. iv) 연방의회는 연방정부에 대해서 연대책임 내지는 개별책임을 추궁할 수 있는 불신임권이 없다. 이 점이 '의원내각제'와도 다르고 또 '회의정부제'와도 다른 점이다. v) 연방정부도 연방의회를 해산시킬 수 없다. vi) 실질적 권한을 갖는 연방대통령이 따로 존재하지 않고, 연방정부의 구성원 중에서 매년 교대로 연방대통령의 칭호를 붙여 의례적 기능만을 행사할 따름이다.[612]

스위스의 이같은 '대표정부제'도 '회의정부제'에서처럼 헌법현실에서는 크게 변질되어 연방정부를 구성하는 7인대표위원회가 실질적인 정치의 주도기관으로 자리를 굳히고 연방의회는 거의 모든 권한을 연방정부에 위임하는 정치의 전통이 확립되고 있다. 스위스의 정부형태가 대표정부제 내지 집정부제라고 불려지는 이유도 바로 여기에 있다. 스위스의 정부형태에서 중요한 것은 국민이 국민투표·국민발안 등 폭넓은 직접민주주의적인 메커니즘을 통해 연방의회와 연방정부를 통제할 수 있다는 점이다.[613] 따라서 스위스의 헌법현실에서는 정치의 주도권이 연방의회에서 연방정부로 넘어가고 국민의 계속적인 국민투표적 정치통제가 가장 실효성 있는 권력통제장치로 기능하고 있다. Loewenstein은 스위스의 정부형태도 정치적으로 성숙하고, 사회적으로 동질적인 스위스라는 정치집단 속에서 비교적 냉철한 판단력을 갖는 스위스 국민들에 의해서 창안된 정치제도이기 때문에 그 성공적인 모방이 쉽지 않다는 점을 강조한다.[614]

(2) 비 판

985
다원적
분류이론의

정부형태에 관한 Loewenstein의 다원적 분류이론은 정치동태를 중요시하는 그의 헌법이론과 Montesquieu의 고전적 3권분립이론 대신에 국가기능을 정책결정과 정책집행 그리고 정책통제로 나누는 그의

612) Vgl. darüber(FN 238), S. 121.
613) Vgl. darüber(FN 238), S. 122f.
614) Vgl. dazu(FN 238), S. 123.

기능분리이론에 바탕을 두고 시도되는 새로운 시각임에 틀림없다. 또 비교헌법 내지는 비교정부론의 차원에서 가치 있는 연구임도 부인하기는 어렵다. 하지만 Loewenstein의 분류이론은 다음과 같은 점에서 비판을 면하기 어렵다고 생각한다.

우선 그가 정치체제(politisches System)와 정부형태(Regierungsform)를 같은 선상에 두고 이론을 전개하고 있다는 점이다. 정부형태는 이미 여러 차례 강조한 바와 같이 권력분립주의의 조직적·구조적 실현형태를 뜻하는 것으로서 통치기구의 한 조직원리에 지나지 않기 때문에 그 자체에 어떤 독자적인 목적이 있다기보다는 기본권으로 징표되는 공감대적 가치를 최상의 방법으로 실현함으로써 정치적 일원체의 국민적 통합을 달성하기 위한 하나의 수단이요, 통치를 위한 기관의 구성원리에 지나지 않는다. 반면에 정치체제는 헌법에 의해서 규범적으로 또 현실적으로 표현되는 헌정질서의 정치학적 대명사에 해당하기 때문에 정부형태와는 그 개념형식과 개념효용이 전혀 같지 않다. 따라서 한 나라에 대한 정치체제적인 평가가 언제나 정부형태적인 평가와 일치한다고 볼 수는 없는데도 Loewenstein은 이 두 가지를 같은 차원에서 평가함으로써 정치학적 개념형식과 헌법학적 개념형식을 엄격하게 구별치 않고 있다는 비난을 면하기 어렵다고 생각한다. 이같은 방법론상의 비판은 정치체제와 정부형태를 같은 것으로 간주하고 출발하는 다른 다원적 분류이론에도 그대로 적용된다고 할 것이다.

둘째, Loewenstein의 다원적 분류이론은 지나치게 정치현상을 중요시하는 동태론적 성격이 짙어서 정태적인 제도의 평가와 분류라기보다는 오히려 여러 나라의 정치현상에 대한 정치분석적인 경향이 짙다는 점이다. 물론 헌법상의 제도와 원리를 논함에 있어서 헌법현실로 불려지는 정치현상을 완전히 도외시할 수도 없고 또 그것이 바람직한 일도 아니지만, 우선은 제도가 평가의 기준이 되어야지 정치현상이 그 출발점이 되어서는 아니 된다고 생각한다. 그러나 이 점은 정치동태학적 헌법이론을 추구하는 Loewenstein으로서는 불가피한 일일지도 모른다.

셋째, Loewenstein의 다원적 분류이론은 다분히 기교적 색채가 농후하다는 점이다. 그 대표적인 예가 영국의 정부형태를 의원내각제

문제점

정치체제와 정부형태의 혼동

정치현상의 정치분석적 영향

기교적 색채

에서 분리시켜 따로 내각책임제로 분류하고 있다는 점이다. 그가 어차피 의원내각제를 하나의 집합개념으로 이해함으로써 고전적 의원내각제, 이원정부제, 통제적 의원내각제, 순화된 의원내각제 등을 모두 의원내각제의 상이한 표현형태로 간주한다면 왜 영국의 제도만은 구태여 따로 이 테두리에서 분리시켜야만 하는 것인지 그 설득력이 약하다고 생각한다.

자의적 모델선정

넷째, Loewenstein의 다원적 분류이론은 서구선진제국과 옛 소련 등의 일부 공산국가가 그 모델이 되고 있는데, 그 모델의 선정이 지극히 자의적이라는 인상을 씻어버리기 어렵다는 점이다. Loewenstein처럼 특정국가의 정치체제를 그 이론정립의 기초로 삼는 경우에는 모델의 선택에 따라 그 이론체계도 달라질 수 있는 위험성을 배제하기 어렵다는 점을 지적하지 않을 수 없다.

일관성의 결핍

다섯째, Loewenstein의 다원적 분류체계는 그 이론전개와 예시면에서 다소 일관성이 결핍되어 있다는 점이다. Loewenstein은 한편 '신대통령제'(Neopräsidentialismus)를 전제주의정치체제의 한 유형으로서의 '권위체제'(autoritäres Regime)에 귀속시키면서도[615] 또 한편 프랑스의 현 제5공화국정부형태에 '신대통령제'라는 개념을 부여하고 있기 때문이다.[616] 그러나 프랑스의 현정치체제는 전제주의라기보다는 입헌민주주의정치체제라고 보는 것이 보다 합리적이라고 생각한다.

이론적 공과

결론적으로 Loewenstein의 다원적 분류이론은 따지고 보면 정부형태에 관한 전통적인 이원적 분류이론을 토대로 대통령제와 의원내각제의 다양한 운용실태에 따라서 두 형태를 다원화시킨 것이라고도 볼 수 있기 때문에 전혀 새로운 이론적인 시도라고 보기도 어렵거니와, 그 방법론적인 문제점을 비롯한 여러 가지 모순과 결함 때문에 일반적인 이론으로서 인정받기는 더욱 어렵다고 할 것이다. 다만 정치동태적인 측면에서, 그리고 비교헌법학적인 차원에서 볼 때 참고의 가치는 충분히 있다고 생각한다. 더욱이 Loewenstein이 프랑스의 현 제5공화국정부형태를 비롯한 터키의 케말파샤(Kemal Pascha)정권, 독일의 Hitler Nazi 정권, 페론(Perón)정권을 위시한 많은 라틴아메리카의 정

---

615) Vgl. darüber(FN 238), S. 52ff., 62ff.
616) Vgl. darüber(FN 238), S. 430ff.

치체제, 이집트의 나세르(Nasser)정권, 월남의 고디엠(Ngo Diem)정권, 한국의 이승만정권 등을 모델로 제시하고 있는 '신대통령제'[617] 내지는 '공화적 군주제'(Megalokratie)[618]라는 새로운 정부형태의 개념이라든지, '군사독재'(Militärdiktatur)[619]현상에 대한 정치체제적인 연구는 오늘날 많은 정치적 후진국의 정치현상을 설명하고 이해하는 데 큰 이론적인 기여를 하고 있는 것이 사실이다.

4. 대한민국의 정부형태

우리나라의 헌정사는 헌법의 규범적 효력이 정치생활을 주도하고 규율했다기보다는 반대로 정치현상에 의해 헌법의 규범적 효력이 좌우되는 비정상적인 개헌의 역사였다고 볼 수 있다. 그런데 개헌의 주된 동인이 언제나 정권연장을 꾀하거나 아니면 정부형태를 위한 것이었기 때문에 임기조항이나 정부형태가 헌법의 가장 핵심적인 구성부분인 것처럼 잘못 인식되는 경향이 널리 퍼져 있다. 정부형태의 본질과 기능에 대한 뚜렷한 인식과 이해가 간절히 요청되는 소이이다.

우리나라가 지금까지 채택했던 정부형태는 제 2 공화국(1960년)의 의원내각제를 제외하고는 거의 모두가 대통령제와 의원내각제의 요소를 집권자 내지는 실력자의 기호에 따라 임의로 혼합시킨 절충형이었다는데 그 공통적인 특징이 있다. 또 지금까지의 모든 정부형태가 절충형이었지만, 대통령제와 의원내각제의 요소를 혼합시키거나 변형시키는 데 있어서 헌법이론상의 체계정당성의 원리보다는 일정한 정치목적달성을 더욱 중요시했기 때문에 그 정부형태적인 기능면에서 적지 않은 문제점을 노출시키고 말았다는 점도 하나의 공통된 현상이었다. 사실상 지금까지의 우리 헌정사는 합리적인 제도와 슬기로운 운용의 역사였다기보다는 모순된 제도와 강권적인 운용의 역사였다고 보는 것이 솔직한 평가라고 생각한다. 아래에서 지금까지의 헌정사를 통해 나타난 정부형태의 내용과 그 문제점을 개관해 보기로 한다.

(1) 제 1 공화국의 정부형태

제 1 공화국(1948~1960년)에서는 정부형태에 손을 대는 두 차례의

986
체계정당성
무시한
정략적
절충형

---

617) Vgl. darüber(FN 238), S. 62ff., 430ff.
618) Vgl. dazu(FN 238), S. 442.
619) Vgl. darüber(FN 238), S. 445ff.

개헌으로 인해서 정부형태가 자주 바뀌었는데 그 내용은 다음과 같다.

a) 최초헌법상의 정부형태

α) 제도내용

987
대통령제
중심의
절충형

우리의 건국헌법에 해당하는 제 1 공화국의 최초헌법(1948년)이 채택한 정부형태적 구조는 다음과 같았다. i) 대통령은 국회에서 임기 4년으로 간접선거되고 집행권의 실질적인 담당자로 기능하며 국회에 출석·발언하고, 법률안제출권을 갖지만, 국회에 대해서 정치적인 책임을 지지 않았다. ii) 대통령유고시에 그를 계승할 부통령을 두었다. iii) 대통령에 의해서 임면되는 국무총리와 국무위원이 국무원을 구성해서 중요국책을 의결하는데, 대통령의 국무총리임명에는 국회의 승인을 받아야 했다. iv) 국무총리와 국무위원의 국회의원직 겸직이 허용되었고, 국회출석·발언권, 법률안제출권 등이 인정되었다. v) 대통령의 국무에 관한 행위는 국무총리와 관계국무위원의 부서를 받도록 했다. vi) 대통령은 법률안에 대한 거부권을 가졌다.

β) 평가 및 문제점

우리의 최초헌법이 택한 정부형태는 대통령제와 의원내각제의 요소를 혼합한 절충형 중에서도 '대통령제중심의 절충형'이라고 평가할 수 있지만, 다음과 같은 문제점이 지적될 수 있다고 생각한다. 첫째, 집행부와 입법부의 조직상의 의존성(국회의 대통령선출·국무총리임명 승인, 겸직허용)은 철저하게 제도화하면서도 집행부와 입법부의 활동·기능상의 의존성은 거의 도외시함으로써 견제·균형의 메커니즘이 전혀 마련되어 있지 않은데다가 국회에 대해서 전혀 책임을 지지 않는 대통령에게 법률안거부권만을 줌으로써 대통령의 국회에 대한 지위를 일방적으로 강화시켜 힘의 균형이 처음부터 고려되지 않았다는 점이다. 둘째, 집행부의 법률안제출권, 국회출석·발언권 등 입법절차에의

체계정당성
의 결함

참여가 폭넓게 허용되고 있는데도 불구하고 또다시 대통령에게 법률안 거부권을 주는 것은 불필요한 제도일 뿐 아니라 국회의 입법기능을 약화시키고 집행부의 권한을 강화시켜 주는 결과를 초래하게 되었다는 점이다. 셋째, 대통령이 행정권의 수반으로서 실질적인 집행권자인데도 불구하고 또다시 국무총리를 둠으로써 행정구조상 불필요한 이원구조를 만들었을 뿐 아니라 국회의 승인을 받아 임명되는 국무총리를 대

통령이 임의로 해임시킬 수 있도록 했는데 이것은 대통령제와 의원내
각제요소를 잘못 혼합시킨 체계정당성의 결함이었다.

b) 제1차개헌(발췌개헌) 후의 정부형태

α) 제도내용

i) 대통령과 부통령은 임기 4년으로 국민이 직접선거토록 직선
제를 도입했다. ii) 국회를 단원제에서 양원제로 고쳤다. iii) 국무총리
는 여전히 대통령이 임명하고 국회의 승인을 받아야 하지만, 국무위원
은 국무총리의 제청에 의해서 대통령이 임명토록 했다. iv) 국회의 국
무원에 대한 불신임제도를 신설해서 국무총리와 국무위원의 연대책임
과 개별책임을 제도화했다.

β) 평가 및 문제점

제1차개헌 후의 정부형태도 개헌 전과 마찬가지로 여전히 '대
통령제중심의 절충형'이라고 평가할 수 있을 것으로 보인다. 그러나 집
행부의 불필요한 이원구조라든지, 집행부의 입법절차 참여의 길이 열
려 있는데도 대통령의 법률안거부권이 인정된 점 등은 여전히 문제점
으로 남게 된 셈이다. 다만 집행부와 입법부의 활동·기능상의 의존성
을 높이기 위한 국회의 국무원불신임제도를 신설한 것은 발전적인 개
선으로 보여지지만, '견제·균형의 메커니즘'에서 불신임제도와 표리의
불가분한 관계에 있는 국회해산권이 배제됨으로써 집행부와 입법부의
'힘의 균형관계'가 합리적으로 유지되었다고 보기 어렵다. 더욱이 대통
령이 갖는 국무총리임명권 때문에 국무총리의 국무위원제청권이 실질
적으로는 유명무실해지고 대통령의 직선제에 의해서 그 민주적 정당성
이 강화된 대통령의 권한만을 더욱 크게 해 주는 결과를 초래해서 실
질적인 집행권의 귀속처라고 볼 수 있는 대통령의 통치기구 내의 좌표
만을 필요 이상 격상시키는 셈이 되고 말았다. 말하자면 대통령직의
'성역화'가 실현된 셈이다.

c) 제2차(사사오입)개헌 후의 정부형태

α) 제도내용

i) 국무총리제를 폐지함으로써 집행부의 구조를 일원화시켰다.
ii) 국회의 국무원에 대한 연대적 불신임제를 폐지하고 국무위원 개개
인에 대한 개별적 불신임제만 두었다. iii) 국무위원의 국회의원겸직허

988
대통령제
중심의
절충형

대통령직의
성역화

989
대통령제
중심의
절충형

용, 집행부의 법률안제출권, 국회출석·발언권 등을 그대로 두었다.
iv) 대통령의 법률안거부권도 계속 유지시켰다. v) 일정한 국정사안(주
권의 제약 또는 영토의 변경을 가져올 국가안위에 관한 중대사안)에 대한 국민
투표제를 도입했다.

β) 평가 및 문제점

이른바 사사오입개헌으로 불려지는 제2차개헌 후의 정부형태
는 의원내각제적인 요소가 많이 줄어 들기는 했지만, 여전히 '대통령제
중심의 절충형'이었다고 볼 수 있다. 왜냐하면 불신임제, 겸직허용, 법
률안제출권, 국회출석·발언권 등 의원내각제의 본질적 요소에 속하는
사항들이 그대로 남아 있기 때문이다. 집행부의 이원구조를 지양하고
대통령제에서처럼 대통령중심의 일원적인 구조로 바꾼 것은 대통령제
로의 접근을 의미하는 것이긴 했지만, 허다한 의원내각제적 요소가 그
대로 남아 있는 한, 그것을 대통령제로 평가할 수는 없다고 생각한다.
집행부에게 법률안제출권, 국회출석·발언권 등 입법참여기회를 보장
하면서도 대통령의 법률안거부권을 여전히 존속시킨 점이라든지, 대의
제도의 후퇴를 의미하는 국민투표제를 새로이 도입함으로써 국회의 대
의기능을 약화시킨 점 등은 제2차개헌 후의 정부형태가 갖는 문제점
으로 지적될 수 있고, 이와 같은 문제점 때문에 정부형태의 운영면에
서 Loewenstein이 말하는 신대통령제의 방향으로[620) 변질되었다면 그
것은 제도의 문제라기보다는 헌법현실의 문제라고 보는 것이 옳을 것
이다.

*의원내각제
요소 감소*

(2) 제2공화국의 정부형태

*990
의원내각제*

학생주도의 4·19혁명에 의해서 탄생된 제2공화국헌법(1960년)은
비록 단명이긴 했어도 우리 헌정사상 의원내각제를 채택한 최초의 유
일한 헌법이었다.

a) 제도내용

제2공화국헌법이 채택한 의원내각제의 주요내용은 다음과 같았
다. i) 국가의 원수이며 의례상 국가를 대표하는 대통령은 양원합동회
의에서 간접선거되는데, 의례적이고 형식적인 권한만을 갖는 것이 원
칙이었지만, 국무총리를 지명하고, 헌법재판소심판관을 임명함은 물론

---

620) Vgl. dazu (FN 238), S. 64.

정부의 계엄선포요구에 대한 거부권을 행사하고, 위헌정당에 대한 정부의 해산제소를 승인하는 등 예외적으로 실질적 권한도 몇 가지 갖고 있었다. ii) 실질적인 집행권은 국무총리를 수반으로 하는 국무원에 속했는데 국무총리는 대통령이 지명해서 민의원의 동의를 얻어 임명하고 국무위원은 국무총리가 임면하여 대통령이 이를 확인했었다. iii) 대통령의 국무상 행위는 원칙적으로 국무원의 발의와 의결에 따르되 관계국무위원의 부서를 받도록 했다. iv) 국무총리와 국무위원의 과반수는 반드시 국회의원 중에서 임명토록 했다. v) 국무원구성원은 법률안을 국회에 제출할 수 있고, 자유로이 국회에 출석·발언할 수 있었다. vi) 국회는 양원제인데 민의원이 국무원불신임권을 갖는 반면, 국무원도 민의원해산권을 가졌었고, 민의원해산권은 민의원으로부터 불신임을 받은 경우, 법정기일 내에 신년도예산안이 민의원에서 통과되지 않은 경우, 민의원이 조약비준을 거부한 경우 등에만 행사하게 했었다. vii) 헌법재판소를 두어 광범위한 헌법재판기능을 맡도록 했었다.

b) 평가 및 문제점

제2공화국의 정부형태는 입법부와 집행부의 조직과 활동·기능상의 의존성을 제도적으로 실현시킨 의원내각제였다는 데 대해서 국내 학자간에도 이론이 없는 것 같다. 또 제도내용상으로도 중대한 결함이나 체계정당성에 반하는 사항은 별로 발견되지 않는다고 생각한다. 다만, 국무총리임명에 있어서 선거의 의미를 부각시키는 대신 임명동의의 형식을 취함으로써 국무원구성에 관한 국회의 권한보다는 대통령의 지명권과 임명권을 강조한 듯한 인상을 준 점이라든지, 민의원의 국무원불신임권과 국무원의 민의원해산권과의 견제·균형의 메커니즘이 너무 산만하고 불확실하게 제도화된 점 등이 지적될 수도 있다고 할 것이다. 그러나 제2공화국이 1년도 채 못가 무너지고 만 것은 그 제도에 문제가 있었던 것이 아니고 5·16 군사쿠데타 때문이었다.

불균형한 견제·균형 장치

(3) 제3공화국의 정부형태

1961년 5·16 군사쿠데타에 의해서 들어선 혁명정부가 모든 통치권을 독점한 혁명위원회(국가재건최고회의)제도를 채택한 것은 쿠데타의 성공을 위한 과도적인 제도였기 때문에 큰 의미를 부여할 가치가 없다.[621]

991
대통령제 중심의 절충형

---

621) 5·16군사정부의 정부형태를 구태여 '회의정부제'의 유형으로 설명하려는 것은 옳지

따라서 쿠데타가 성공한 후의 1962년헌법의 정부형태를 살펴보기로 한다.

a) 제도내용

적어도 형식적으로는 국민투표에 의해서 확정된 제3공화국헌법 (1962년)은 다음과 같은 내용의 정부형태를 마련했었다. i) 대통령은 임기 4년으로 국민에 의해서 직선되는데 집행권의 실질적인 담당자로서 국무총리를 임명하고 그리고 그의 제청에 의해서 국무위원을 임명하여 국무회의를 구성·주재하고 중요정책을 심의케 했으나 국무회의는 대통령의 단순한 보좌기관이었다. ii) 대통령의 국무상행위는 국무총리와 관계국무위원의 부서를 받도록 했다. iii) 대통령은 탄핵소추를 받는 경우 이외에는 그 임기 동안 누구에 대해서도 정치적 책임을 지지 않고 집행권을 행사할 수 있었다. iv) 대통령 유고시에 그를 승계할 부통령을 두는 대신 국무총리가 그 권한을 대행하며 잔임기간 2년 미만을 남겨 두고 대통령이 궐위되었을 때에 한해서는 국민에 의한 직선을 피하고 국회에서 후임대통령을 간접선출케 해서 전임대통령의 잔임기간만 재임케 했다. v) 단원제국회는 국무총리와 국무위원의 해임건의권을 통해서만 집행권을 견제할 수 있었으나 해임건의는 기속력이 없었다. vi) 정부에게 법률안제출권과 국회출석·발언권을 주면서도 대통령은 법률안거부권을 행사할 수 있었다. vii) 1969년의 개헌(제6차)에 의해서 국무총리와 국무위원의 국회의원겸직이 예외적으로나마 허용되었다. viii) 대통령은 계엄선포권을 비롯한 긴급명령과 긴급재정·경제명령권을 행사할 수 있었다. ix) 정당국가적 요소를 도입해서 대통령의 당수직겸임을 허용했을 뿐 아니라, 국회의원의 필수적인 정당공천제와 당적이탈·변경시 및 소속정당 해산시의 의원자격상실제를 통해서 정당기속을 강화함으로써 대통령의 정당을 통한 국회지배를 용이하게 했었다.

b) 평가 및 문제점

제3공화국의 정부형태에 대해서는 학자에 따라 다소 견해차이가 있는 듯하나 역시 '대통령제중심의 절충형'이라고 보는 것이 옳을 것

못하다고 생각한다. 왜냐하면 '회의정부제'는 적어도 이념적으로는 국민의 대의기관인 의회를 전제로 하는 것인데, 당시의 국가재건최고회의는 단순한 쿠데타주체세력으로 구성된 혁명위원회였지 국민의 대의기관은 아니었기 때문이다.

같다. 제 3 공화국정부형태는 그 제도내용면에서 대통령제적 요소가 강한 것은 사실이지만 또 한편 정부의 법률안제출권과 국회출석·발언권을 비롯한 국무총리와 국무위원의 국회의원겸직허용, 국회의 국무총리와 국무위원에 대한 해임건의권, 국무총리제를 통한 집행부의 이원적 구조와 대통령의 국무행위에 대한 부서제도 등 적지 않은 의원내각제적 요소도 함께 내포하고 있었기 때문에 대통령제로 평가하기는 어렵기 때문이다. 더욱이 예외적인 현상이긴 하겠지만 잔임기간 2년 미만을 남겨두고 대통령이 궐위되었을 때 국회에서 후임대통령을 선출케 한 것은 집행부의 조직을 국회에 의존시킨 것으로서 대통령제의 본질과 조화되기는 어렵다고 할 것이다. 사실상 제 3 공화국의 정부형태가 대통령을 통치권행사의 중심기관으로 부각시킴과 동시에 그의 통치기능을 실효성 있게 담보하기 위한 여러 가지 제도적인 장치를 마련하고 있고, 특히 국회의원의 정당기속을 강화하기 위한 정당국가적 요소를 도입해서 당수를 겸하는 대통령의 우월적 지위를 확보하는 실질적인 기틀을 마련하고 있어서 강력한 대통령의 통치를 가능케 하고 있다는 점을 부인하기는 어렵다. 또한 제 3 공화국의 정부형태는 이처럼 우월적 지위에 서 있는 대통령의 강력한 통치를 추구하면서도 의원내각제적 요소를 가미해서 집행부의 입법부에 대한 견제의 메커니즘은 폭넓게 인정하면서도 입법부의 집행부에 대한 그것은 기속력이 없는 단순한 해임건의권에 국한시켜 두 통치기관간의 힘의 균형관계가 집행부쪽으로 현저하게 기우는 불균형의 정부형태였다는 점도 부인하기 어렵다. 결과적으로 제 3 공화국의 정부형태야말로 Loewenstein이 말하는 '신대통령제'적인 요소를 고루 갖춘 절충형이었다고 말할 수 있다.

신대통령제적 요소

(4) 제 4 공화국의 정부형태

1972년의 이른바 유신헌법에 의해서 마련된 제 4 공화국의 정부형태는 우리 헌정사상 대통령의 지위와 권한을 가장 강화시킨 반면, 헌법이론상 허다한 문제점을 내포하고 있는 가장 비정상적인 제도였는데 그 주요내용과 문제점은 다음과 같았다.

992
대통령제 중심의 절충형

a) 제도내용

제 4 공화국의 정부형태는 다음의 여러 가지 특이한 제도내용으로 구성되어 있었다. i) 대통령은 국가의 원수이며 행정권의 수반으로서 대통령선출을 위해서 따로 구성된 통일주체국민회의에서 임기 6년으로 간접선거되는데 그 임기중 탄핵소추를 받지 않는 한, 어떠한 정치적 책임도 지지 않았다. ii) 대통령은 국무총리와 국무위원을 임명하여 국무회의를 구성하고 중요정책을 심의케 했지만 국무회의는 의결기관이 아니었고, 단순한 심의기관 내지 보좌기관에 지나지 않았다. iii) 대통령의 국무총리임명에는 국회의 동의를 받도록 했고, 국무위원은 국무총리의 제청으로 대통령이 임명했는데, 이들은 국회의원을 겸할 수 있었다. iv) 국회는 국무총리와 국무위원에 대한 해임의결권을 갖는데 국무총리에 대한 해임의결은 전체국무위원의 연대책임을 초래했었다. v) 대통령은 임의로 국회를 해산할 수 있었다. vi) 대통령은 국회의원정수의 1/3에 해당하는 수의 국회의원을 통일주체국민회의에 추천해서 선출케 했었다. vii) 정부가 법률안제출권과 국회출석·발언권을 통해 입법절차에 참여할 수 있었음에도 대통령에게는 법률안거부권을 인정했었다. viii) 대통령은 전통적인 국가긴급권 외에도 예방적인 긴급조치권을 갖고 있었다. ix) 대통령은 국가의 중요정책을 국민투표에 회부할 수 있을 뿐 아니라 대통령이 발의한 헌법개정안은 반드시 국민투표에 의해서만 확정토록 했다. x) 대법원장은 국회의 동의를 얻어 대통령이 임명하고 나머지 법관은 대법원장의 제청으로 대통령이 임명하며 헌법위원회정수의 1/3에 해당하는 3인의 위원도 대통령이 임의로 임명했었다.

  b) 평가 및 문제점

  제4공화국의 정부형태에 대해서는 국내학자 사이에도 그 평가가 매우 다양하다. '영도적 대통령제', '절대적 대통령중심제', '변형된 대통령제', '권위주의적 대통령제', 내지 '전제적 혼합정부제', '신대통령제', '혼합형정부형태', '권력융화주의적 대통령제', 등이 바로 그것이다. 이들 다양한 평가의 저변에 흐르고 있는 공통된 점은 대통령제의 범주에 포함시키는 것이 옳다는 판단에서 대체로 '대통령제'의 칭호를 선호하면서도 미국의 대통령제에서는 찾아볼 수 없는 대통령의 절대적인 지위와 권한을 특히 강조하는 의미에서 '영도적', '절대적', '권위주의적' 등의 여러 가지 수식어를 붙이고 있는 점이라고 할 수 있다. 일부 학자는 유신헌법상의 정부형태가 갖는 대통령제적 특징을 강조하기 위해서 그 의원내각제적 요소를 애써 과소평가하려는 입장을 취하기까

비정상적인
헌법상의
제도

지 한다.[622]

생각건대, 제4공화국의 정부형태에 관한 이같은 다양한 평가는 이 정부형태의 독창적인 제요소 때문에 비롯된 것이라고 믿어지지만, 헌법이론상으로는 여전히 그 절충적 성격을 부인할 수 없고, 절충형 중에서도 '대통령제중심의 절충형' 내지는 '변형된 대통령제'라고 보는 것이 합리적이라고 생각한다. 제4공화국정부형태에서 타 통치기관에 비해 대통령의 지위와 권한이 월등한 것은 사실이지만, 그렇다고 해서 대통령의 막강한 통치기능만을 의식한 채 의원내각제적 요소를 완전히 도외시하려는 입장은 지나치게 편파적인 평가라는 비난을 면하기 어렵다고 할 것이다. 따라서 헌법에 내포되고 있는 여러 가지 정부형태적 요소들을 모두 함께 평가의 대상으로 삼는다면 역시 대통령제와 의원내각제적 요소가 섞여 있다는 것을 부인하기는 어렵고, 다만 그 섞인 비율면에서 대통령제적 요소가 훨씬 큰 비중을 차지하고 있을 따름이다. '변형된 대통령제' 내지는 '대통령제중심의 절충형'이라는 평가가 그래서 나온다.

어쨌든 유신헌법의 정부형태는 그 제도의 내용면에서도 적지 않은 문제점을 내포하고 있었는데 그 주요사항만을 열거하면 다음과 같다. 첫째, 대통령선거방법과 대통령의 지위와 권한 사이에 조화되기 어려운 민주적 정당성의 갭(gap)이 존재한다는 점이다. 즉 통일주체국민회의에서 간접선거되는 대통령으로 하여금 제약 없는 국회해산권, 예방적 긴급조치권, 국회의원정수의 1/3 추천권 등 지나치게 많은 권한을 행사케 함으로써 대통령의 권한이 그의 선거방식에 따른 민주적 정당성의 크기와 현저한 불균형 관계에 있다는 점이다. 이 점은 제4공화국통치구조의 가장 결정적인 결함이었다. 둘째, 이념과 제도면에서는 대통령제를 지향하면서도 대통령에게 국회의원정수 1/3의 추천권을 줌으로써 집행부와 입법부의 조직의 독립성이라는 대통령제의 본질적 요소를 스스로 파괴했다는 점이다. 바로 이 점 때문에도 유신체제의 정부형태를 대통령제로만 평가하는 데 이론상 무리가 따른다. 대통령이 가진 국회의원추천권을 대통령의 권한의 시각에서만 볼 것이 아니라 그로 인해서 집행부와 입법부의 조직의 독립성이 깨지고 만다는

---

[622] 이미 고인이 된 헌법학자의 입장이었다.

정부형태적인 의미를 보다 정확히 이해할 필요가 있다. 셋째, 대통령의 권력행사를 통제할 수 있는 실효성 있는 권력통제장치가 전혀 마련되어 있지 않은데다가, 집행부의 입법참여기회의 보장에도 불구하고 대통령에게 법률안거부권을 부여함으로써 대통령과 국회의 힘의 균형이 제도적으로 깨지고 말았다는 점이다. 넷째, 의원내각제적 요소에 해당하는 국회의 국무총리와 국무위원에 대한 해임의결권과 대통령의 국회해산권 사이에 전혀 기능적인 연관을 배제한 채 대통령의 국회해산권을 자의로운 권한으로 제도화함으로써 그나마 채택된 해임의결권이 유명무실한 제도로 되고 말았다는 점이다. 다섯째, 대통령의 선출기반이 통일주체국민회의인데도 불구하고, 대통령에게 중요정책의 국민투표회부권을 주고 대통령발의헌법개정안의 필수적인 국민투표제를 도입하는 한편 국회가 제안한 헌법개정안은 통일주체국민회의의 의결을 거치도록 함으로써 대통령과 국회 사이에 조직기반적인 기능교체의 결과를 초래했는데, 그것은 오로지 국회무력화의 제도적인 징표에 지나지 않았다는 점이다.

이러한 여러 가지 제도상의 문제점을 내포하고 있던 제 4 공화국의 정부형태는 처음부터 합리적인 제도의 마련보다는 이른바 '유신'으로 표방되는 정권연장과 독재체제의 고착에 그 주목적을 두었던 당시의 정치상황을 그대로 반영한 지극히 비정상적인 헌법상의 제도였다고 볼 수 있다.

⑸ 제 5 공화국 및 제 6 공화국의 정부형태

1980년에 탄생된 제 5 공화국의 정부형태는 1987년 대통령직선을 위한 개헌 전과 후(이른바 제 6 공화국)[623]에 다소 차이가 있다.

a) 최초헌법상의 정부형태

α) 제도내용

993

대통령제중심의 절충형

최초헌법상의 정부형태를 징표하는 특징적인 요소로는 대체로 다음 사항을 들 수 있다. i) 국가의 원수이며 행정권의 수반인 대통령은 임기 7년으로 대통령선거인단에 의해서 간접선거되는데, 국회의 탄핵소추를 받지 않는 한 그 임기중 아무런 정치적 책임도 지지 않는다(제38조 제1항과 제4항, 제39조, 제45조, 제101조). ii) 대통령은 국회의 동의를 얻어 국무총리를, 그리고 그의 제

---

623) 앞 방주 117 및 118 참조.

청으로 국무위원을 임명해서 국무회의를 구성하고 국정을 심의케 하지
만 대통령의 단순한 보좌기관이며 심의기관에 불과하다($^{제62조~}_{제65조}$). iii) 대
통령의 국법상 행위는 국무총리와 관계국무위원의 부서가 있어야 한다
($^{제58}_{조}$). iv) 국무위원은 의원직을 겸할 수 있다($^{제79조, 국회법}_{제31조}$). v) 국회는 국
무총리와 국무위원에 대한 개별적인 해임의결권을 갖는데, 국무총리에
대한 해임의결은 전국무위원의 연대책임을 초래한다($^{제99}_{조}$). vi) 대통령은
국회해산권을 갖는다($^{제57}_{조}$). vii) 대통령을 비롯한 국무총리와 국무위원
은 법률안제출권과 국회출석·발언권을 갖는데도 대통령에게는 따로
법률안거부권이 인정된다($^{제56조, 제88조,}_{제89조, 제98조}$). viii) 대통령은 특히 국가긴급권
과 헌법개정발의권 및 중요정책에 대한 국민투표회부권 등을 갖는다
($^{제51조, 제52조, 제47조,}_{제129조 제1항}$). ix) 대통령은 국회의 동의를 얻어 사법부의 장인 대
법원장을 임명하고, 그의 제청에 의해서 대법원판사를 임명한다($^{제105}_{조}$).
x) 헌법위원회를 설치해서 법률의 위헌결정, 탄핵심판, 위헌정당의 해
산기능을 맡기고 있는데 그 위원정수의 1/3은 대통령이 임명한다
($^{제112}_{조}$).

　　β) 평가 및 문제점

　　최초헌법상의 정부형태를 평가하는 학자들의 시각은 매우 다양
하다. '대통령제를 토대로 한 절충형', '이원정부제' 내지 '프랑스식대
통령제', '프랑스형대통령제' 내지 '반대통령제, '대통령우월의 대통령
제', '위기정부적 대통령주의제', '대통령책임제', '대통령중심제' 등 다
양한 표현이 나와 있다. 이들 견해의 공통점은 정부형태를 대통령제의
카테고리로 분류하거나 아니면 1962년까지의 프랑스 제5공화국의 정
부형태와 같은 유형으로 평가하려는 경향이 크다는 점이다. 따라서 개
헌 전의 정부형태에 관한 여러 주장의 공통분모를 찾는다면 '대통령
제', '변형된 대통령제', '프랑스형의 대통령제', '이원정부제' 등으로 요
약할 수 있다고 할 것이다.

　　생각건대, 개헌 전의 정부형태는 그 제도내용으로 볼 때 대통령
제와 의원내각제의 요소를 함께 내포하고 있다는 점에서는 절충형으로
분류되는 것이 옳겠지만 그 비중면에서 대통령제의 요소가 의원내각제
의 요소보다 크다는 의미에서 '대통령제중심의 절충형'으로 평가하는
것이 옳다고 생각한다. 프랑스를 비롯한 선진외국의 정부형태와 우리

의 제도를 비교하는 것은 물론 가능하고, 또 우리 제도를 이해하는 데 도움이 될 수도 있지만, 그것은 어디까지나 비교헌법학 내지 비교정부론의 차원에서 행해지는 것이어야 한다. 따라서 우리 정부형태에 대한 평가의 기준으로 외국의 정부형태를 끌어들여 제 5 공화국의 정부형태를 '프랑스형' 또는 '프랑스식의 대통령제'라고 평가하는 것은 비교헌법학적 설명으로서는 몰라도 우리 제도에 대한 헌법이론적 평가로서는 부적합하다고 생각한다. 또 개헌 전의 정부형태에 내포되고 있는 의원내각제적 요소 때문에 당시의 집행부구조가 대통령과 국무총리의 이원적으로 되어 있던 것은 사실이지만 국무총리의 임명에만 국회의 동의가 필요할 뿐 그 해임이 대통령의 임의에 속하고, 기능면에서도 단순한 대통령의 보좌기관에 불과한 국무총리의 헌법상 지위와 권한을 생각할 때 과연 당시의 정부형태가 Loewenstein의 개념형식에서 나타나는 '이원정부제'라고 볼 수 있겠는가도 의문의 여지가 많다고 생각한다. 또 개헌전 정부형태의 중요한 구성부분에 속하는 의원내각제적 요소를 완전히 도외시한 채 그 당시 제도를 일방적으로 '대통령제'의 유형으로 분류하는 것도 합리적인 평가라고 보기 어렵다. 이렇게 볼 때 개헌 전의 정부형태는 위에서 말한 것처럼 '대통령제중심의 절충형' 또는 '변형된 대통령제'라고 보는 것이 가장 타당한 평가라고 느껴진다.

제도상의 문제점   개헌 전의 정부형태는 제 4 공화국의 그것에 비해서는 헌법이론상 문제점이 적다고 보여지지만, 그래도 적지 않은 결함을 내포하고 있었다. 첫째, 간접선거되는 대통령의 민주적 정당성에 비해 그의 헌법상 지위와 권한이 지나치게 불균형적으로 강화되고 있다는 점이다. 통치기관의 민주적 정당성과 그의 헌법상 권능 사이에 합리적인 정비례관계가 유지되어야 하는 것은 민주적 통치구조의 본질적인 요청이기 때문이다. 둘째, 개헌 전의 헌법은 집행부구조를 이원화함에 따라 집행기능도 이원화해서 정치적 통치기능은 대통령의 고유한 전속권한사항으로, 그리고 고유한 행정기능은 대통령을 수반으로 하는 정부에 맡기고 있어서 대통령지위의 이중성을 인정하고 있는 셈인데, 이것은 대통령직을 성역화해서 대통령의 정치적 무책임성을 정당화시키는 구조로서는 몰라도 정부형태면에서는 민주적 정당성의 관점에서 문제가 있다는 점이다. 왜냐하면 고유한 행정기능에 대해서는 국무총리와 국무위원의 해임의결권을 통해서 그 정치적 책임을 추궁할 수 있다고 하지만, 대통령의 고유한 전속권한에 속하는 정치적 통치기능에 대해서는 대통령의 간접선거제도 때문에 주권자인 국민이 대통령에게 직접 정치적 책임을 물을 수 있는 통로가 전혀 마련되어 있지 않았기 때문이다. 셋째, 대통령을 수반으로 하는 행정권이 그 법률안제출권과 국회출석·발언권 등을 통해서, 그리고 국무위원과 의원의 겸직제도를 통해서 입법부의 입법절차에 능동적으로 참여할 수 있는 기회가 얼마든지 있는데도 불구하고 대통령에게 법률안거부권을 주는 것은 국회의 입법권에 대한 지나친 제약과 간섭을 의미하게 되고 입법부와 집행부의 힘의 균형이 무시된다는 점이다. 넷째, 대통령의 국회해산권은 그 요건상 다소의 제약이 있기는 하지만 그 실질요건이 불특정하고 추상적인 개념으로 일관되고 있었을 뿐 아니라, 국회해산권의 본질상 국회의 불신임권(해임의결권)과 상호견제기능을 나타내도록 제도화하여야 하는데도 불구하고 두 제도가 전혀 기능적인 연관성을 상실한 채 상호독립된 제도로 규정되고 있었다는 점이다. 따라서 헌법상의 제도내용만으로 볼 때에는 국회의 국무총리 또는 국무위원에 대한 해임의결과 대통령의 국회해산 사이에는 필연적인 연관성이 없는 것으로 되어 있었다. 다섯째, 대통령의 탄핵소추절차를 지나치게 엄격하게 정하고 있을 뿐 아니라 대통령의 탄핵심판기관인 헌법위원회의 구성에도 대통령에게 그 정수 1/3의 인선권을 주는 등 헌법상 대통령에 대한 유일한 책임추궁방법조차도 실효성 없게 제도화함으로써 헌법정책적으로 대통령의 전제와 독주를 심리적으로 뒷받침하고 있었다는 점이다. 여섯째, 국회의 동의를 받아서 임명되는 국무총리의 헌법상 지위와 권한을 단순한 대통령의 보좌기관 내지는 행정각부의 통할·조정기관으로 제한함으로써 그 기관존립의 헌법상 정당성이 의문시될 뿐 아니라 대통령과 국무총리의 이같은 집행부구조 내의 위계질서 때문에 국무총리의 국무위원임명제청권과 해임건의권이 유명무실해지고, 국무총리해임을 대통령의 임의에 맡기는 것은 그에 대한 국회에서의 임명동의절차와도 조화되기 어렵다는 점이다.

　　아무튼 이러한 여러 가지 결함과 문제점을 가진 최초헌법상의 정부형태는 그 제도와 운영의 양면에서 권력분립의 원칙이 요구하는

권력 상호간의 '견제와 균형'(checks and balances)의 메커니즘이 합리
적으로 실현된 것이었다고 평가하기는 어렵다고 생각한다.

b) 개정헌법상의 정부형태(이른바 제 6 공화국의 정부형태)

994

대통령제중심의 절충형

1987년 6월항쟁에 의해 개정된 현행헌법은 대통령의 선거방법을
간접선거에서 직접선거로 바꾼 것을 비롯하여 정부형태면에서 다소의
변화는 있지만 본질적으로는 개헌 전의 그것과 그 궤를 같이한다고 볼
수 있는데 그 제도내용과 문제점은 다음과 같다.

α) 제도내용

현행 헌법상의 정부형태를 징표하는 특징적인 요소로는 다음
사항을 들 수 있다. i) 국가의 원수이며 행정부의 수반인 대통령은 임
기 5년으로 국민에 의해서 직선되는데 그 임기중 국회의 탄핵소추를
받지 않는 한 아무런 정치적 책임도 지지 않는다(제66조 제1항과 제4항, 제67조 제1항, 제70조, 제65조).
ii) 대통령은 상대다수대표선거제도에 의해서 선거되는데, 최고득표자
가 2인 이상인 때에는 국회에서 그 재적의원 과반수가 출석한 공개회
의에서 다수결로 당선자를 결정한다(제67조 제2항). iii) 대통령은 국가긴급권과
헌법개정발의권 및 중요정책에 대한 국민투표회부권 등 통치적 권한을
갖는 국정의 최고책임자이다(제66조 제1항, 제72조, 제76조, 제77조, 제128조 제1항), iv) 대통령 궐위시
에는 국무총리 또는 국무위원이 그 권한을 대행하고 60일 이내에 그
후임자를 선거한다(제68조 제2항, 제71조). v) 최고의 국정심의기관은 대통령과 국
무총리 및 국무위원으로 구성되는 국무회의이지만 의결기관이 아니고
대통령의 단순한 보좌기관에 불과하며, 국무회의의 부의장인 국무총리
는 국회의 동의를 얻어 대통령이 임명하고, 국무위원은 그의 제청으로
대통령에 의해 임명된다(제86조~제89조). vi) 대통령의 국법상 행위는 국무총리
와 관계 국무위원의 부서가 있어야 한다(제82조). vii) 국회는 국무총리와
국무위원의 해임건의권을 갖는다(제63조). viii) 국무위원은 국회의원직을
겸할 수 있다(제43조, 국회법 제29조). ix) 대통령에게 국회해산권이 없다. x) 정부
는 법률안제출권과 국회출석·발언권을 갖는 외에, 대통령은 또 법률
안거부권도 갖는다(제52조, 제53조, 제62조, 제81조). xi) 국회는 국정조사권뿐 아니라 국정
감사권도 갖는다(제61조). xii) 최고법원인 대법원은 대법원장과 대법관으
로 구성되는데 대법원장은 국회의 동의를 얻어, 그리고 대법관은 대법
원장의 제청으로 역시 국회의 동의를 얻어 각각 대통령이 임명한다

($\binom{제104조\ 제1}{항과\ 제2항}$). xiii) 헌법재판을 위해 따로 헌법재판소를 설치하는데 헌법 재판소의 장은 대통령이 국회의 동의를 얻어 재판관 중에서 임명하고, 재판관 9인도 모두 대통령이 임명하지만, 국회와 대법원장은 각 3인씩 의 선출권 내지 지명권을 갖는다($\binom{제111조\ 제2}{항~제4항}$).

β) 평가 및 문제점

개헌 후의 현 정부형태가 개헌 전의 그것에 비해서 대통령제에 보다 접근하고 있다는 점에 대해서는 별다른 이견이 없을 것으로 보인 다. 일부 학자가 현 정부형태를 '비교적 순수한 대통령제', '제3공화 국과 유사한 대통령제,' '미국식 유사의 대통령제' 등으로 대통령제에 초점을 맞추어 평가하는 것도 바로 그런 이유에서일 것이다.

생각건대, 현 정부형태가 개헌 전에 비해서, 의원내각제의 요소 에 속하는 대통령의 국회해산권과 국회의 국무위원불신임권을 없애고, 대통령의 선거방법을 간접선거에서 직접선거로 바꾸는 등 대통령제의 요소를 강화하고 있는 것은 사실이지만, 그렇다고 해서 현 정부형태를 순수한 대통령제로 평가하기에는 헌법이론상 적지 않은 문제점을 내포 하고 있다. 왜냐하면 현행헌법에는 아직도 의원내각제적 요소가 적지 않게 들어 있기 때문이다. 대통령의 국법상 행위에 대한 국무총리와 관계국무위원의 부서제도, 정부의 법률안제출권과 국회출석·발언권, 국무위원의 의원직겸직허용, 국회의 국무총리와 국무위원에 대한 해임 건의권, 대통령선거시에 최고득표자가 2인 이상인 경우의 국회에서의 대통령 결선제도 등이 바로 그것이다. 현행헌법에 들어 있는 이와 같 은 의원내각제요소는 대통령제의 본질적 요소에 속하는 입법부와 집행 부의 '조직과 기능상의 상호독립성'을 적지 않게 제약하는 것이기 때문 에 역시 현 정부형태도 개헌 전과 마찬가지로 일단 절충형으로 분류할 수밖에 없다고 느껴진다. 즉 개헌 전에 비해서 의원내각제적 요소가 줄어든 '대통령제중심의 절충형' 내지 '변형된 대통령제'라고 평가하는 것이 옳다고 생각한다. 현행헌법상의 적지 않은 의원내각제의 요소를 무시한 채 우리 정부형태를 서슴없이 '대통령제'의 유형으로 분류하는 것은 이론상 문제가 있기 때문이다.

현 정부형태가 개헌 전과 비교해서 본질적으로 달라진 점은 없 다고 하더라도 그 제도면에서는 의원내각제의 요소를 약화시키는 대신

대통령제
요소 강화

대통령제를 강화시킴으로써 제도적인 개선을 꾀하고 있다는 점은 의심의 여지가 없다. 예컨대, 대통령직선제를 통해서 대통령의 헌법적 권능과 그가 바탕으로 하고 있는 민주적 정당성간의 균형관계를 유지하려고 노력한 것이 그 대표적인 개선점이다. 그러나 현재의 정부형태도 적지 않은 문제점을 내포하고 있다. 첫째, 대통령선거방법상의 문제점이다. 통치권의 민주적 정당성의 요청 때문에 개정헌법이 대통령직선제를 채택했음에도 불구하고, 이념적으로 그것과 조화되기 어려운 상대다수대표선거제도에 따라 대통령을 선거케 함으로써 선거권자의 과반수에도 미치지 못하는 소수만을 대표하는 대통령이 탄생될 수 있게 하였다는 점이다. 그에 더하여 대통령선거에서 최고득표자가 2인 이상인 때에는 선거권자인 국민이 아닌 국회에서 다수결로 그 당선자를 결정케 함으로써 대통령직선제에 내포된 제도본질적 기능을 변질시키고 있는 것도 문제점으로 지적되어야 한다. 따라서 현행 대통령선거방법은 절대다수대표선거제도와 국민에 의한 결선투표제도로 개선하여야 한다. 둘째, 대통령단임제와 대통령직선제의 이념적인 갈등의 문제점이다. 헌법이념적으로 볼 때 국민에 의해 직선되어 강력한 민주적 정당성을 갖는 대통령의 경우 선거를 통한 민주적 정당성의 신진대사가 보장될 수만 있다면 중임허용이 원칙인데도 불구하고 우리 헌법은 단임제로 규정하고 있다. 국민이 직선한 대통령에 대해서 국민이 다음 선거를 통해 심판의 기회를 갖는 것은 대통령직선제가 추구하는 민주정치의 본질적인 요청이다. 중임금지규정이 장기집권으로 인한 독재의 우려에서 나온 것이라면 대통령독재를 막을 수 있는 권력통제장치를 강화함으로써 독재의 가능성을 제도적으로 막고, 대통령중임을 허용하는 것이 대통령직선제의 민주적 이념과 조화된다. 셋째, 대통령궐위시의 권한대행에 있어서의 문제점이다. 대통령직선제가 통치권의 민주적 정당성을 강화하기 위한 것임에도 불구하고, 개정헌법은 부통령제도를 두지 않음으로써, 대통령이 궐위되거나 사고로 인하여 그 직무를 수행할 수 없게 되는 때에 국무총리나 국무위원으로 하여금 대통령의 권한을 대행케 해서 민주적 정당성의 심각한 공백상태를 초래하게 된다는 문제점이 바로 그것이다. 국무총리가 비록 국회의 동의를 얻어서 임명된다고는 하지만, 국무총리가 국회의 임명동의를 통해서 얻게 되는 민

제도상의
문제점

주적 정당성의 크기는 행정각부의 통할·조정기관으로서는 충분하지만, 대통령의 권한을 행사하기에는 크게 부족한 점이 있기 때문이다. 통치기관의 민주적 정당성과 그의 헌법상 권능 사이에 합리적인 정비례관계가 유지되어야 한다는 민주적 통치구조의 본질적인 요청은 대통령 궐위시라고 해서 결코 무시되어서는 아니 된다. 대통령선거시에 함께 선거되는 부통령을 두어 대통령 궐위시에 그 직을 승계케 하는 것이 대통령제적 요소를 강화한 개정헌법의 정부형태에 맞는다. 넷째, 권력간 견제수단의 불균형의 문제점이다. 즉, 개정헌법은 국회에 국무총리와 국무위원에 대한 해임건의권, 국정감사 및 조사권 등을 주어 국회의 대 행정부견제수단은 강화한 반면, 대통령의 국회해산권은 폐지함으로써 행정부의 대 국회견제수단은 약화시켜 입법부와 행정부의 상호 견제장치가 불균형하게 되어 있다는 점이 문제이다. 그뿐 아니라, 대통령에 의한 대법원장과 대법관의 임명 및 대법관의 연임제 등 사법권독립이 불완전해서 타권력에 대한 사법권의 견제기능이 약화될 수밖에 없다는 점도 문제점으로 지적할 수 있다. 다섯째, 헌법재판소 구성상의 문제점이다. 강력한 권력통제기관으로서의 헌법재판소가 그 권력통제기능에 상응한 강력한 민주적 정당성의 바탕 위에 구성되는 것이 바람직함에도 불구하고, 현행헌법상의 헌법재판소는 그 구성면에서 그에게 주어진 권력통제기능을 효율적으로 수행하기에는 그 민주적 정당성에 취약점이 있다는 점을 지적하지 않을 수 없다. 헌법재판소가 수행해야 하는 기능으로 볼 때, 그 구성원은 적어도 국회에서 각 교섭단체의 의석비율에 따라 선출하는 것이 가장 바람직하다고 생각한다.

　　　이렇게 볼 때, 우리 현 정부형태는 민주적 정당성과 권력통제의 면에서 여러 가지 문제점을 내포하고 있기 때문에 앞으로 운영의 묘를 살려 나가야 할 뿐 아니라, 문제점에 대한 개선책이 강구되어야 할 것이다.

제 4 절 선거제도

　　대의제도에 바탕을 둔 통치구조 내에서 선거제도(Wahlsystem)는 그 필수불가결한 조직원리를 의미한다. 대의제도는 선거를 통해서만

995

대의민주주
의 및

참정권과의
기능적
연관성

실현될 수 있는 통치기관의 구성원리로서 선거 없는 대의제도를 상상할 수 없기 때문이다. 따라서 합리적 선거제도를 마련하고 선거제도를 공정하게 운영하는 것은 대의제도의 성패를 좌우할 뿐 아니라 대의적인 통치구조의 기능적 출발점인 동시에 그 전제조건이다. 결국 대의제도가 선거제도의 연구를 촉진시키고 합리적 선거제도의 정착·발전에 기여하는 기능을 갖는다면, 선거제도는 대의제도의 기능적 출발점으로서 그 사활을 좌우하는 통치기관의 구성원리라고 말할 수 있다. 후리드리히(C. J. Friedrich)[624]가 선거제도를 헌법국가의 기초적인 결단사항이라고 강조하는 이유도 그 때문이다.

사실상 주권자인 국민의 의사는 선거를 통해서 구체화되고 현실화되는 것이기 때문에 자유민주국가의 통치질서에서는 국민의 의사가 굴절없이 통치기관의 구성에 반영되고, 모든 통치권의 민주적 정당성이 확보될 수 있는 선거제도를 마련하는 것이 통치구조의 가장 기본적인 요청이라고도 볼 수 있다. 오늘날의 통치질서가 대의민주적 통치질서일 수밖에 없는 것이라면 선거제도야말로 현대자유민주국가의 통치구조의 기능적인 전제조건인 동시에 그 골격적인 핵심이라고도 할 수 있다.

선거제도는 국민의 참정권을 실현시킴으로써 국가권력의 창설과 국가 내에서 행사되는 모든 권력의 최후적 정당성을 국민의 정치적인 공감대에 귀착시키게 하는 통치기구의 조직원리라는 점에서 국민의 참정권과도 불가분의 관계에 있다. 선거제도를 마련하는 데 있어서 특히 참정권의 헌법상 의의와 기능을 존중해서 참정권에 내포된 기본권적인 의미와 내용이 최대한으로 보장되고 실현될 수 있는 제도적인 장치를 찾아내야 하는 이유도 바로 그 때문이다. 현대의 자유민주국가의 헌법질서에서 흔히 '자유'·'평등'·'보통'·'직접'·'비밀'선거의 원칙이 선거법의 기본원칙으로서 명시되거나 강조되는 것도 헌법이 보장하는 참정권의 실효성과 기능을 높여 주는 합리적인 선거제도의 마련을 통해서 명실공히 공감대에 바탕을 둔 민주정치를 실현시켜 사회공동체의 동화적 통합을 촉진시키기 위한 것이라고 볼 수 있다. 아래에서 선거의 의의와 기능, 민주적 선거법의 기본원칙, 그리고 각 선거제도의 여

---

624) Vgl. dazu *C. J. Friedrich*(FN 207), S. 317ff.(341).

러 유형이 갖는 헌법정책적 의미 등 현대자유민주국가에서 제기되는
선거제도의 여러 문제점을 중점적으로 살펴보기로 한다.

1. 선거의 의의와 기능

선거(Wahl, election)는 선거인이 다수의 후보자 중에서 일정한 선 거절차에 따라 특정인을 대표자로 결정하는 행위로서[625] 국민의 대의 (표)기관을 구성하는 민주적 방법인 동시에 통치기관으로 하여금 민주 적 정당성을 확보케 함으로써 대의민주주의를 실현하기 위한 불가결한 수단이다. 현대의 산업화된 대중사회에서 국민이 그 주권에 의해서 통 치권을 통제할 수 있는 가장 효과적이고 최상의 방법이 바로 선거이기 때문에 많은 학자가[626] 선거의 현대적이고 민주정치적 의미와 기능을 강조하는 것은 결코 과장이라고 평할 수 없다.

996
선거의 의의

그러나 민주국가가 아닌 많은 나라에서도 선거가 행해지는 바와 같이 선거는 민주주의와 무관한 기관구성의 단순한 기술일 수도 있다 는 점을 잊어서는 아니 된다. 이 경우 선거는 세습제나 당연직 또는 임 명에 의한 기관구성의 방법에 갈음하는 기관구성의 또 다른 기술에 지 나지 않기 때문에 반드시 민주적 의미와 기능을 갖는 것은 아니다. 보 통선거의 원칙 등 오늘날과 같은 민주적인 선거제도가 확립되기 이전 부터 선거가 실시되었던 것은 선거가 처음에는 민주주의이념의 실현과 는 관계 없이 단순한 기관구성의 하나의 기술로 기능했었기 때문이다. 오늘날에도 공산국가를 비롯한 전체주의국가에서 행해지는 각종 선거 는 '대의민주주의이념의 실현'보다는 '기관구성의 단순한 기술'로서의 의미와 기능이 더욱 강하다고 볼 수 있다.

따라서 정치제도 내지는 통치질서에 따라 선거의 개념과 의미 그 리고 그 기능이 같지 않다는 점을 주의할 필요가 있다. 놀른(Nohlen)[627] 이 선거에서의 '선택의 가능성'(Auswahlmöglichkeit)과 '선거의 자유' (Wahlfreiheit)의 보장여부를 기준으로 선거를 '경쟁적 선거'(kompetitive

997
선거의 유형

---

625) So auch *K. Stern*(FN 9), S. 302f.

626) Z. B. *L. W. Milbrath*, Political Participation, 6th ed.(1972). S. 154: "The elections may will be the best possible approximation to popular control of government that can be achieved in modern, industrialized, mobile mass society."

627) Vgl. darüber *D. Nohlen*, Wahlrecht und Parteiensystem, 1985, S. 16ff.

Wahlen)와 '비경쟁적인 선거'(nicht-kompetitive Wahlen), 그리고 '반경쟁적 선거'(semi-kompetitive Wahlen)의 셋으로 구별하면서 선거인에게 '선택의 가능성'과 '선거의 자유'가 완전히 보장되는 '경쟁적 선거'가 민주체제의 선거라면, 그러한 보장이 전혀 없는 '비경쟁적 선거'는 전체주의체제의 선거이고, '선택의 가능성'과 '선거의 자유'에 여러 제한이 따르는 '반경쟁적 선거'는 권위주의체제의 선거라고 정치체제와 선거의 의미 및 기능과의 상관성을 강조하는 이유도 그 때문이다. 정치체제의 변화가 선거형태의 변화에서 비롯된다고 지적하면서 '경쟁적 선거'의 전제가 되는 여러 가지 선거의 형식원리와 절차628)가 지켜질 때만 선거에 의한 인적·사항적 결정이 선거인에 의해서 저항 없이 받아들여지게 된다고, 선거와 선거에 의한 기관의 민주적 정당성과의 불가분한 연관성을 강조하는 Nohlen의 주장은 민주적 통치질서가 요구하는 선거법의 기본요건이 무엇인가를 잘 말해 주고 있다고 할 것이다. 아무튼 선거의 의미와 기능은 정치체제에 따라 현저하게 다른데 이제부터 그 내용을 알아보기로 한다.

(1) 선거의 의미

a) 자유민주주의체제에서의 선거의 의미

998

통치권의
기초 내지
정당화 근거

　자유민주체제에서는 선거가 통치권의 기초인 동시에 그 민주적 정당성의 근거를 의미하기 때문에 통치권의 담당자가 선거에 의해서 정해지기 마련이다. 자유민주적 통치질서에서는 '선거'와 '민주주의'의 개념이 불가분적으로 상호밀착되어 있기 때문에 선거가 없거나, 여러 정치집단간에 정권을 쟁취하기 위한 공개적이고 개방적인 경쟁없는 민주주의를 논할 수 없게 된다. '경쟁적 선거'야말로 자유민주질서의 가장 상징적인 징표인 동시에 자유민주질서를 다른 정치체제와 구별시켜 주는 중요한 인식의 기준이 된다고 주장하는 학자가629) 있는 것도 바로 그 때문이다. 선거가 통치권을 정당화시켜 주고, 자유·보통선거에 의해서 구성된 통치기관이 합법적이고 민주적인 것으로 받아들여진다는

---

628) Nohlen은 입후보의 자유, 입후보자 상호간의 경쟁의 자유, 선거운동의 기회균등, 투표의 비밀보장, 자유선거, 선거인의 의사를 그대로 의석에 반영시킬 수 있는 합리적 의석배분방법(선거제도), 임기에 의한 선거 등을 '경쟁적 선거'의 중요한 형식원리로 꼽는다. Vgl. *D. Noblen*(FN 627), S. 17.

629) Vgl. dazu *S. Verba/N. H. Nie/J. Kim*, Participation and Political Equality, 1978, S. 4.

것은 선거가 정당성의 원천으로서의 힘을 갖는다는 뜻이기 때문에 '경쟁적 선거'야말로 통치권을 정당화시켜 주는 자유민주적 통치질서의 불가결한 필수요소를 의미하게 된다.

따라서 자유민주적 통치질서에서 선거는 민주적인 정치참여의 가장 본질적인 수단으로서의 의미를 갖게 된다. 물론 자유민주적 통치질서에서 주권자인 국민은 정당을 비롯한 각종정치단체 또는 노동조합에 가입하거나 정치적인 집회 내지 시위에 참여하는 등 선거 이외에도 민주적인 정치참여의 길을 보장받고 있기 때문에 선거는 민주적 정치참여의 한 형식에 지나지 않는다고 평가할 수도 있다. 하지만 선거는 주권자의 주류를 이루는 대다수 국민들에게 있어서 정치형성과정에 참여하는 거의 유일한 형식과 수단을 의미한다는 점에서 민주적인 정치참여의 여러 형식과 수단 중에서도 가장 중요한 의미를 갖게 된다는 점을 잊어서는 아니 된다.

오늘날 극히 적은 숫자의 국민만이 선거 이외의 방법으로 정치형성과정에 적극적으로 참여하고 있을 뿐 대다수 국민들은 특수한 경우를 제외하고는 정치적으로 무관심한 상태에 있다는 것이 경험적인 여러 조사에 의해서 입증되고 있다. '정치적 무관심집단'의 주류를 이룬다고 보여지는 서민대중은 시간과 재력과 활동면에서 사회의 중류 내지 상류계급의 사람들보다 불리한 입장에 서 있기 때문에 그 신분적 핸디캡이 크게 작용하는 정당활동·선거운동참여·각종 정치단체가입 또는 시민운동참여 등의 정치참여 방법보다는 그들의 서민적 핸디캡이 가장 적게 나타나는 선거를 통한 정치참여가 그들의 거의 유일한 민주적인 정치참여의 형식일 수밖에 없게 된다. 따라서 선거가 다양한 정치참여의 한 형식에 불과하다는 이유를 내세워 선거의 민주정치적 의미를 상대화시키기보다는, 선거가 정치적 무관심집단인 서민대중에게 정치참여를 가능케 하는 거의 유일한 형식이라는 점을 감안해서 쇄르프(Scharpf)의 주장대로[630] 오히려 정치형성과정에서의 선거결정의 비중을 높이는 방법을 모색하는 것이 민주주의이념에 보다 충실한 길인지도 모른다.

국민의
정치참여의
본질적 수단

---

630) Vgl. darüber *F. Scharpf*, Demokratietheorie zwischen Utopie und Anpassung, 1970, S. 45.

b) 사회주의체제에서의 선거의 의미

999

**통치권행사
의 수단**

민주주의를 '인민민주주의'로 이해하면서 '막스주의'(Marxismus)와 '레닌주의'(Leninismus)에 입각한 정치체제를 추구하는 사회주의국가에서 선거는 자유민주국가에서와는 전혀 다른 의미를 갖게 된다. 왜냐하면 사회주의국가에서의 공산당의 통치나 공산당의 정치주도기능은 선거에 그 뿌리를 두는 것이 아닐 뿐 아니라 선거도 통치권력의 정당화를 위한 목적으로 실시되는 것이 아니기 때문이다. 공산당의 통치권능

**공산당통치
의 역사적
필연성**

은 선거에서 나오는 것이 아니다. '막스주의' 내지 '레닌주의'에 비추어 볼 때 공산당에 의한 통치체제나 공산당의 일당통치는 사회발전의 객관적인 법칙의 필연성에서 나오는 역사적인 사명 내지 과제이기 때문에 노동자·농민계급과 그들로 구성된 공산당의 통치는 바로 역사적인 필연을 뜻하게 된다. 따라서 선거는 통치권행사의 수단 내지 도구에 지나지 않고 통치권행사의 근거와 기준 또는 그 정당성부여의 방법일 수 없다. 선거가 공산당과 국가기관의 절대적인 통제하에서만 실시되고 야당이 형성될 수 없는 것도 그 때문이다.

c) 권위주의체제에서의 선거의 의미

1000

**집권세력의
정당성
과시수단**

국가의 정책결정과정을 input의 영향에서 단절시키고 국가의 통치조직을 사회세력의 영향으로부터 완전히 독립시킴으로써 input의 가능성을 최소한으로 축소시키려는 권위주의정치체제[631]에서 선거는 현존하는 정치적인 세력관계의 정당성을 과시하는 수단으로서의 의미를 갖게 된다. 자유민주주의체제에서와는 달리 정권교체는 선거의 목적이 될 수 없기 때문에 여당이 계속적으로 여당으로 남게 된다. 전체주의 정치체제에서와 다른 점은 야당의 설립과 활동이 선거에서 허용된다는 점이다. 그러나 선거절차에 대한 감시나 통제가 불완전한 것이 특징이다.

이처럼 비록 통치권을 담당하고 있는 여당의 정권을 빼앗지는 못한다 하더라도 여당의 통치구조적 좌표를 약화시키는 선거결과는 얼마든지 나타날 수 있기 때문에, 국민의 지지율의 증감에 민감한 반응을 보이는 여당세력에게 선거가 어떤 정치적 영향을 미칠 수는 있다. 더욱이 전체주의체제에서와는 달리 여당도 선거에 즈음해서는 야당과 정강정책에 관한 논쟁을 벌이는 등 형식상의 자유선거를 통한 선의의 경

---

631) 권위주의적 정치체제에 관해서는 방주 301 참조할 것.

쟁이 불가피하기 때문에 권위주의체제에서의 선거의 정치형성적 의미
를 지나치게 과소평가할 수만은 없다고 할 것이다. 다만 권위주의정치
체제에서는 선거관계법률의 잦은 개정을 통해서 민주적인 통치질서의
실현을 위해 노력한다는 인상을 국민에게 심어 주려고 노력하는 것은
사실이지만 통치질서의 진정한 민주화가 선거를 통해 실현되기는 어렵
기 때문에 선거의 의미도 매우 제한적일 수밖에 없다는 점 또한 부인
할 수 없다.

(2) 선거의 기능

선거의 기능은 매우 다양하지만 정치체제에 따라 그 기능이 상이
할 뿐 아니라, 같은 자유민주주의정치체제에서도 선거가 언제나 동일
한 기능을 나타내는 것은 아니다.

a) 경쟁적 선거의 기능

'선택의 가능성'이 존재하고 '선거의 자유'가 보장되는 '경쟁적 선   **1001**
거'에서도 민주주의를 어떻게 이해하느냐에 따라 선거의 기능에 대한   통치권의
평가가 다를 수 있다. '선거인이 피선거인에게 그 신임을 표현하고 무   민주적
기속적(無羈屬的)인 자유위임을 하는 것'이 선거의 기능이라고 말한다   정당화 기능
면 그것은 민주주의에서 특히 '신임의 요소'를 강조하는 입장이고, '통
치기능을 수행할 수 있는 대의기관을 구성하는 것'이 선거의 기능이라
고 말한다면 그것은 '대의의 요소'를 특히 중요시한 평가라고 볼 수 있
다. 또 '정부에 대한 통제'가 바로 선거의 기능이라고 주장한다면 그것
은 '국민에 의한 통치'의 요소를 민주주의에서 특히 강조하는 입장이라
고 볼 수 있다.

따라서 일부 사회비판적인 신좌파(Neue Linke)학자들이 선거의 기   비판적 시각
능을 논하면서 'Konsens와 무관한 결정을 하기 위한 백지위임(Blanko-
Vollmacht)기능'[632] 또는 '사회적인 대립현상을 숨기고 정당과 정치인들
사이에 마치 선의의 경쟁관계가 존재하는 것처럼 보이게 하기 위한
Alibi 기능'[633] 같은 것을 특히 강조하는 것은 현대의 자본주의사회와
자유민주적 정치질서에 대한 그들의 진단과 평가가 부정적이기 때문이
다. 종래 선거가 정치제도적인 문제로만 이해되었던 것과는 달리 이들

---

632) Z. B. vgl. *C. Offe*, Strukturprobleme des kapitalistischen Staates, 1972.

633) Z. B. vgl. *J. Agnoli*, Die Transformation der Demokratie, in: Derselbe/Brück-
ner(Hrsg.), Die Transformation der Demokratie, 1968, S. 7ff.

신좌파학자들이 선거의 문제를 사회구조 내지 전체사회발전의 차원에서 다루고 평가했다는 점에서 그 공로를 부인하기는 어렵다 하더라도 자유민주적 통치질서에서 행해지는 선거가 그들의 눈에 비치는 것처럼 그토록 부정적인 기능만을 갖는다고는 말하기 어렵다고 할 것이다.

생각건대, 자유민주적 정치체제를 징표해 주는 경쟁적 선거는 어느 하나의 기능만을 나타낸다고 볼 수는 없고, 역사적인 상황에 따라 여러 가지 혼합형태로 나타나는 병렬적이고 다원적인 기능을 갖는다고 보는 것이 옳을 것 같다. 선거는 '신임의 부여'기능과 '대의기관의 구성'기능, 그리고 '정치적 통제'기능을 함께 나타내지만 다만 선거가 행해지는 역사적인 상황에 따라 그 기능의 정도와 진지성에 차이가 있을 따름이라고 보는 것이 옳을 것이다.

또 선거의 기능은 자유민주국가의 사회적·역사적·정치적 조건에 따라서도 차이가 있게 마련이다. 다원적이고 이질적인 요소로 구성된 복합적 사회구조에서 선거는 상이한 여러 이질적 사회·문화집단에게 정치적인 대의를 실현시켜 준다든지, 다수형성을 통해서 사회분열을 정치적으로 극복하는 기능을 갖는다고도 말할 수 있다. 그러나 동질적인 요소로 구성된 일원적 사회구조에서 선거는 정권획득을 목적으로 하는 정당간의 정책대결을 유도하는 기능을 갖는다고 할 것이다. 이 경우에도 소수의 대정당만으로 구성된 복수정당제도에서는 선거가 절대다수당이 되기 위한 정당간의 경쟁계기를 마련하게 되겠지만, 군소정당이 난립한 복수정당제도에서는 선거가 제 1 차적으로는 정권보다는 득표비율을 둘러싼 정당간의 경쟁의 광장으로 기능하게 된다.

선거의
기능변수

결국 경쟁적 선거의 구체적인 기능을 정해 주는 것은 궁극적으로는 '사회구조', '정치제도', 그리고 '정당제도' 등 세 가지 구조적 요인들이라고 말할 수 있다.[634] 사회의 신분구조, 인종과 종교분포, 이익단체의 수와 유형, 그리고 사회적 대립관계의 깊이 등이 '사회구조'에서 중요시된다면, '정치제도'에서는 정부형태가 어떤 것인지 또 단일국가인지 연방국가인지, 그리고 정치적인 갈등의 해결이 단순히 경쟁에 맡겨지는지 아니면 조화점의 모색이 강구되는지 등이 중요하다. 그리고 '정당제도'에서는 정당의 수, 정당간의 크기의 차이 내지는 이념적인

---

634) 이 점에 대해서 자세한 것은 vgl. *D. Noblen*(FN 627), S. 22f.

대립의 양상 등이 선거의 기능을 정해 주는 중요한 요인들이라고 할
것이다.

따라서 사회적인 대립과 갈등의 양상이 심각하지 않은 동질적인
사회구조에서 소수정당으로 구성된 정당제도에 바탕을 둔 의원내각제
의 정치제도라면 선거는 표본적으로 대체로 다음과 같은 여러 기능을
갖는다고 볼 수 있다.635) 즉 i) 정치제도를 비롯해서 일당정권 또는 연   구체적 기능
립정권을 정당화시켜 주는 기능, ii) 사람과 정당에 대한 신임부여기능,
iii) 정치적 엘리트의 충원기능, iv) 선거인의 의사와 이해관계의 대의
기능, v) 정치적인 기구와 선거인이 추구하는 이해의 연결기능, vi) 사
회적인 가치, 정치적인 목적과 프로그램, 정당정치적 이해관계를 위해
선거인을 동원하는 기능, vii) 정치적인 문제점과 그 선택의 가능성을
명백히 함으로써 국민의 정치적 의식을 높이는 기능, viii) 정치적인 갈
등을 평화적으로 해결하기 위한 정치적 갈등의 절차적 해결통로를 마
련하는 기능, ix) 다원적인 사회의 통합과 정치적인 공동의사의 형성기
능, x) 정책경쟁에 바탕을 둔 선의의 정권경쟁유도기능, xi) 의회다수
세력의 형성을 통해서 정부구성을 가능케 해 주는 기능, xii) 통제능력
있는 야당을 탄생시키는 기능, xiii) 정권교체의 기회보장기능 등이 바
로 그것이다.

그러나 동질성이 희박한 사회구조와 군소정당이 난립한 정당제도
를 바탕으로 하는 의원내각제의 정치제도에서는 선거가 위의 모든 기
능을 다 나타낸다고 보기는 어렵다. 예컨대, 정부구성만 하더라도 선거
에 의해서 정부가 자동적으로 구성된다기보다는 선거 후의 연립정부구
성협의가 오히려 정부구성의 관건이 되겠기 때문이다. 하지만 선거의
기능을 정해 주는 구조적 요인들이 어떠하든 간에 '경쟁적 선거'는 언
제나 통치권행사를 민주적으로 정당화시켜 주는 기능을 갖게 된다는
점은 부인할 수 없다고 할 것이다.

b) 비경쟁적 선거의 기능

'선택의 가능성'과 '선거의 자유'를 그 기초로 하는 경쟁적 선거의   1002
여러 가지 기능들이 사회주의체제로 징표하는 비경쟁적 선거에 그대로   사회주의
적용될 수 없는 것은 너무나 당연하다. '선택의 가능성'이 봉쇄되고   발전에
기여하는

---

635) So auch *D. Noblen*(FN 627), S. 23.

기능

'선거의 자유'가 보장되지 않는 비경쟁적 선거는 '정치권력의 정당성'
이나 '정치권력의 통제'를 위한 것이 아니기 때문이다. 그렇다고 해서
비경쟁적 선거가 전혀 아무런 기능도 갖지 않는 것은 아니다. '비경쟁
적 선거'는 통치권행사의 도구로서 막스와 레닌주의의 이념에 입각한
사회주의의 발전에 기여하는 다음의 네 가지 기능을 갖게 된다. 즉, i)
모든 사회세력을 사회주의실현을 위해 동원시키는 기능, ii) 공산주의
정책의 기준을 분명하게 밝히는 기능, iii) 사회주의 이데올로기에 입각
해서 국민의 정치적·도덕적 통일성을 굳혀 주는 기능, iv) 최대의 선
거참여와 공산당의 일원적인 입후보명단에 대한 최대의 다수투표를 통
해서 모든 근로계층과 공산당의 단결과 단합을 입증하고 확인하는 기
능 등이 바로 그것이다. 따라서 사회주의국가에서 실시되는 비경쟁적
선거는 자유민주주의국가에서 행해지는 경쟁적 선거와는 그 기능의 면
에서 현저한 차이를 보인다는 점을 주목할 필요가 있다.

c) 반경쟁적 선거의 기능

1003
권위주의
정권의
안정도모
기능

반경쟁적 선거는 여러 다양한 선거의 유형을 포괄하는 개념이기
때문에 그 기능을 단정적으로 말하기는 어렵다. 그러나 그 기능면에서
비경쟁적 선거보다는 경쟁적 선거에 보다 가깝다고 볼 수 있다. 물론
반경쟁적 선거에서 현존하는 권력관계에 변화가 생길 수 없다. 그렇지
만 권력자는 선거를 통해서 현존하는 권력관계를 정당화시키려고 노력
하기 때문에 민주주의원리에 입각한 경쟁원리가 여전히 선거의 바탕이
된다. 반경쟁적 선거에서는 야당의 설립과 활동이 허용되고 제한된 정
치활동범위 내에서 야당은 자주적인 정치노선을 추구할 수도 있지만,
그들이 선거에서 정권에 도전할 수는 없다는 점에서 정권에 대한 '선
택가능성'을 뜻하는 경쟁적 선거와는 거리가 멀다.

반경쟁적 선거는 세계여론을 의식해서 민주정치가 행해지고 있다
는 인상을 심어줌으로써, 국제무대에서의 국제정치적 지위를 향상시키
기 위해서 실시된다는 측면이 크다고 볼 수 있지만, 국내정치적으로도
정치적인 긴장을 완화시키고, 야당세력을 가시적으로 표출시키고, 경
우에 따라서는 권력구조 내에서 새로운 힘의 역학관계를 형성하는 계
기가 될 수도 있다. 그렇지만 반경쟁적 선거는 아무래도 권위주의정권
을 안정시킨다는 기능이 그 가장 주된 기능이라고 볼 수 있는데 구체

적으로는 다음의 다섯 가지 기능을 갖는다. 즉, i) 현존하는 정치적 세력관계의 정당성을 추구하고, ii) 국내정치적인 긴장을 완화시키고, iii) 국제적인 평판과 지위를 높이고, iv) 야당을 가시적으로 표출시키고, v) 권력구조의 체제안정적인 현실적응을 모색하는 기능 등이 바로 그것이다. 그러나 권위주의정치체제가 그 형태면에서 다양한 만큼 반경쟁적 선거의 기능도 언제나 나라와 정권에 따라 개별적으로 검토할 필요가 있다.

2. 민주적 선거법의 기본원칙

'선택의 가능성'과 '선거의 자유'를 그 바탕으로 하는 '경쟁적' (kompetitiv)·민주적 선거가 자유민주적 통치질서의 불가결한 기본요건이라고 하는 것은 이미 앞에서 지적한 바 있다. 그런데 경쟁적이고 민주적인 선거가 되기 위해서는 '선택의 가능성'이 주어지고 '선거의 자유'가 보장되는 것만으로는 부족하고 선거절차의 모든 과정에서 국가권력이 절대적으로 정치적인 중립을 지킴으로써 선거권과 피선거권의 결정, 선거구의 분할, 후보자의 추천과 결정, 선거운동, 투표, 개표와 합산, 득표수에 상응한 의석의 배분, 그리고 선거에 관한 소송 등에서 모든 선거참여자와 정당에게 균등한 지위와 기회가 보장되는 것이 필요하다. 그러나 '선택의 가능성'과 '선거의 자유' 그 자체가 부인되는 '비경쟁적 선거'와 그것이 제한적으로만 보장되는 '반경쟁적 선거'에서는 말할 것도 없고 심지어 '경쟁적 선거'를 표방하는 많은 자유민주국가의 선거에서도 국가권력의 절대적인 중립성의 요청이라든지 모든 선거참여자와 정당의 기회균등의 요청이 제대로 지켜지지 않는 사례가 허다하다. Loewenstein의 지적대로[636] 국민이 통치기구에서 자기를 대표할 후보자와 정당을 결정하는 선거에서 국민의 의사가 그대로 정직하게 선거결과로 나타날 수 있는 선거절차가 마련되고 보장되지 못한다면 주권적인 '권력주체로서의 국민'의 개념은 한낱 공허한 환상에 지나지 않을 뿐 아니라 정치질서를 오도하는 불필요한 가설에 지나지 않는다고 할 것이다. 따라서 국민주권에 입각한 대의민주주의를 실현해야 한다는 민주정치의 현대적인 당위명제를 충족하기 위해서 현대의

1004
통치권의
민주적
정당성
확보수단

---

636) Vgl. darüber *K. Loewenstein*(FN 238), S. 274.

대다수 자유민주국가는 선거법의 기본원칙을 헌법 또는 각종선거법에 명문으로 규정하고 그 합리적인 운용을 위한 제도적인 장치를 마련해 놓고 있다. 보통·평등·직접·비밀·자유선거의 원칙이 바로 그것이다. 우리 현행헌법($\substack{\text{제41조 제 1 항과} \\ \text{제67조 제 1 항}}$)도 이같은 선거법의 기본원칙을 명문으로 규정하고 있다. 통치권의 민주적 정당성을 확보하기 위한 수단으로서의 이같은 선거법의 기본원칙은 국민의 의사표현의 자유와 함께 자유민주적 통치질서의 가장 기본적인 전제조건이다. 따라서 선거법의 기본원칙이 국가권력을 기속하는 것은 당연하다. 또 선거법의 기본원칙은 비록 그것이 국민의 기본권의 형식으로 규정되고 있지는 않다 하더라도 Stern의 말처럼[637] 기본권과 유사한 성격을 갖는 국민의 주관적 공권을 발생시킨다고 보는 것이 옳을 것이다. 그러나 선거법의 기본원칙은 역사적인 정치발전과정에서 오랜 세월에 걸쳐 점진적으로 확립된 것이기 때문에 그 구체적인 내용도 시대와 나라에 따라 다르다는 점을 유의할 필요가 있다. 예컨대 보통선거의 원칙만 하더라도 19세기에는 단순히 남자만의 선거권을 의미했었고 스위스에서는 1971년에 와서야 비로소 여자의 선거권이 인정되었다.

(1) 보통선거의 원칙

1005

제한선거 배제

　보통선거(allgemeines Wahlrecht)라 함은 제한선거(eingeschränktes Wahlrecht)에 대한 개념으로서 평등선거의 원칙과 마찬가지로 일반적인 평등원리의 선거법상의 실현원리이다. 즉 모든 국민은 누구나 선거권과 피선거권을 가져야 한다는 원리이다. 따라서 국민인 이상 성별, 인종, 언어, 재산정도, 직업, 사회적 신분, 교육수준, 종교, 정견 등에 의해서 선거권과 피선거권의 제한을 받아서는 아니 된다는 것을 뜻한다. 그러나 불가피하고 합리적인 기준에 의해서 선거권과 피선거권을 제한하는 것은 보통선거의 원칙을 어기는 일이라고 볼 수 없다.[638] 예컨대, 국적, 연령, 주거지, 정신적인 판단능력, 법률상의 행위능력, 시민으로서의 완전한 자격능력(예컨대 자격정지여부) 등을 기준으로 하는 선거권과 피선거권의 제한이 바로 그것이다. 그러나 아무리 연령을 선거권과 피선거권의 기준으로 삼는 것이 허용된다 하더라도 예컨대 선거연령을

---

637) Vgl. *K. Stern*(FN 9), S. 321f.
638) So z. B. BVerfGE 36, 139(141); 28, 220(225).

법률상의 성년시기보다 높게 정하는 것 등은 보통선거의 원칙에 대한 침해가 될 수 있다는 점을 주의할 필요가 있다. 선거연령을 성년시기보다 낮추는 것은 그것이 정신적인 판단능력의 관점에서 정당화될 수 있다면 무방하다고 할 것이다.

역사적으로 보통선거의 원칙을 어기는 제한선거는 특히 다음 세 가지 형태로 행해졌었다. 즉, 첫째, 인종적·종교적 소수민족, 노예 등 타인의 절대적인 지배권에 복종하는 계층의 사람과 여자 등을 선거에서 배제시키는 방법, 둘째, 재산정도, 납세액, 수입정도를 선거참여의 기준으로 삼는 방법, 셋째, 교육정도 또는 직업을 기준으로 선거권과 피선거권을 제한하는 방법인데 이 경우 문맹자는 선거에서 당연히 배제되곤 했었다.[639] 따라서 오늘날의 보통선거원칙은 특히 이같은 세 가지 형태에 의한 선거권과 피선거권의 제한을 절대로 용납하지 않는다.

(2) 평등선거의 원칙

평등선거(gleiches Wahlrecht)라 함은 차등선거 내지 불평등선거 (ungleiches Wahlrecht)에 대한 개념으로서 일반적인 평등원리의 선거법상의 실현원리이다. 따라서 모든 선거참여자가 모든 선거절차에서 균등한 기회를 가져야 함은 물론이고 선거를 통한 정치적 의사형성과정에서 모든 국민은 절대적으로 평등한 영향력을 행사할 수 있어야 한다.[640] '투표가치의 평등'과 '선거참여자의 기회균등'이 평등선거의 핵심적인 두 가지 내용으로 간주되는 이유도 그 때문이다.

1006
차등선거
배제

a) 투표가치의 평등

평등선거의 원칙은 우선 모든 선거인의 투표가치가 평등하게 평가될 것을 요구한다. 평등선거는 이처럼 제 1 차적으로 투표가치가 동일하게 평가되는 선거를 뜻하기 때문에 선거인의 재산·수입·납세·교육·종교·인종·성·정치적 소견 등에 따른 투표가치의 차등평가는

1007
산술적 계산
가치와 성과
가치의 평등

639) 주요선진민주국가에서 보통선거의 원칙이 확립된 것은 그리 오래지 않다. 예컨대, 프랑스(1848, 1946), 독일(1869/71, 1919), 영국(1918, 1928), 스위스(1848/79, 1971), 일본(1925, 1947), 벨기에(1919, 1948), 이탈리아(1912/18, 1946), 캐나다(1920, 1920), 오스트리아(1907, 1918), 노르웨이(1897, 1913), 스웨덴(1921, 1921).
  * 나라 이름 안의 숫자는 첫번째 숫자가 모든 남자에게 선거권이 인정된 해이고, 두 번째 숫자가 여자까지를 포함한 보통선거가 처음 실시된 해를 표시한다.
  Vgl. darüber *D. Nohlen*, Wahlsysteme der Welt, Daten und Analysen, 1978.
640) So auch BVerfGE 6, 84(91); 8, 51(69); 11, 351(360); 14, 121(132); 16, 130(138); 34, 81(98).

허용되지 않는다.

그런데 '투표가치의 평등'(Stimmwertgleichheit)에서 특히 주의해야 할 점은 '투표가치의 평등'에 투표의 '산술적 계산가치의 평등'(Zählwertgleichheit der Stimmen)뿐 아니라 투표의 '성과가치의 평등'(Erfolgswertgleichheit der Stimmen)도 함께 포함된다는 사실이다. 따라서 평등선거에서는 이 두 가지 내용의 투표가치의 평등이 함께 실현될 수 있어야 한다. 다수대표선거제도(Mehrheitswahlsystem)에서는 그 제도의 성격상 투표의 산술적 계산가치면에서 절대적인 평등이 실현되면 되지만, 비례대표선거제도(Verhältniswahlsystem)에서는 투표의 '산술적 계산가치'뿐 아니라 그 '성과가치'까지도 평등해야 한다.[641] 다수대표제에서는 다수표를 얻은 후보자만이 당선되기 때문에 낙선자에게 주어진 투표는 제도상 전혀 '성과가치'(Erfolgswert)를 가질 수 없게 된다. 다수대표제의 바로 이같은 모순과 문제점을 시정하기 위한 것이 '비례대표제'이기 때문에 비례대표제에서 투표의 '성과가치'의 평등이 특히 중요시되는 것은 당연하다. 따라서 다수대표제와 비례대표제가 함께 도입된 경우에는 입법권자는 평등선거의 원칙이 요구하는 이같은 내용을 존중해서 투표의 '산술적 가치'뿐 아니라 그 '성과가치'의 평등까지도 실현되도록 구체적인 선거관계법률을 제정해야 할 헌법상의 의무를 진다고 할 것이다.[642] 특히 투표와 의석배분 사이에는 정당한 비례관계가 유지될 수 있어야 하기 때문에 모든 투표는 의석배분에서 원칙적으로 동일한 '성과가치'를 가질 수 있어야 한다. 보통선거와 평등선거의 원칙에서 나오는 이같은 'one man, one vote, one value'의 요청 때문에 입법권자는 특별히 선거구의 분할·의석배분방법 등을 정하는 데 세심한 주의를 해야 한다. 선거인수에 있어서 선거구간의 편차가 너무 크게 벌어지도록 선거구를 분할한다든지,[643] 투표의 성과가치의 평등을 무시

641) 이것이 독일연방헌법재판소의 일관된 판례의 입장이다. Vgl. dazu BVerfGE 1, 208(244ff.); 6, 104(111); 7, 63(70); 11, 351(362); 13, 127(129); 13, 243(246); 16, 130(139); 24, 300(340); 34, 81(100).

642) So auch BVerfGE 1, 208(246f., 248); 6, 84(90); 11, 351(362); 13, 127(129); 34, 81(100).

643) 독일연방헌법재판소는 이미 1963년에 선거구간의 선거인수의 편차가 1 : 2 이상으로 벌어지는 것은 평등선거의 원칙에 반하기 때문에 입법권자는 선거구를 재조정해야 한다는 판례를 내놓은 바 있다. Vgl. BVerfGE 16, 130(141f.). 독일연방선거법(BWG) 제 3 조 제 1 항 제 3 호는 선거구간의 인구편차는 모든 선거구의 평균인구수에서 상하

한 정책적 의석배분방법을 채택한다든지[644] 하는 것 등이 모두 평등선거의 원칙에 반하는 것은 물론이다. 하물며 과거의 차등선거때처럼 선거인을 여러 계층별 선거집단으로 나누고 각 선거집단에게 그 선거인수의 차이에도 불구하고 동일한 수의 대표를 뽑게 한다든지 또는 특정계층의 선거인에게만 복수투표권을 갖도록 한다든지 하는 일 등은 더더욱 허용할 수 없다. 이 모든 불합리한 제도들은 '대의의 비례관계'(Repräsentationsschlüssel)를 크게 그르치는 것들로서 대의의 이념에 바탕을 두는 현대민주국가의 통치구조에서 민주적 정당성을 약화시킴으로써 사회의 동화적 통합을 해치는 요인들이다. 평등선거의 원칙을 민주적 선거법의 기본원칙 중에서도 가장 중요한 것으로 평가하는 학자[645]가 있는 것도 그 때문이다.

b) 선거참여자의 기회균등

평등선거에서 중요시되어야 하는 또 다른 내용은 모든 선거참여자와 정당에게 모든 선거절차에서 '균등한 기회'(Chancengleichheit)가 보장되어야 한다는 점이다. 현대의 정당국가에서 정당의 지위와 기능이 커지고 선거가 정당중심으로 행해지게 된다는 점을 감안할 때 선거에서 모든 정당에게 균등한 기회가 주어지는 것은 민주정치의 실현을 위해 특히 중요한 의미를 갖는다. 그러나 무소속후보자나 비정당정치

1008
국가의
중립성요청
과 합리적
차별

15%(이 경우 최대선거구와 최소선거구의 인구비율은 1 : 1.35)를 초과해서는 아니 되고, 선거구간의 인구편차가 상하 25%(이 경우 최대선거구와 최소선거구의 인구비율은 1 : 1.66)를 초과하면 선거구를 재조정해야 한다고 규정하고 있다. 우리 헌법재판소도 여러 번의 판례변경을 거쳐 마침내 이 모델에 따라 선거구간의 인구편차가 2 : 1을 넘는 선거구는 위헌이라고 판시했다(헌재결 2014. 10. 30. 2012 헌마 190 등). 명백한 편차허용치의 적시는 없어도, 선거구간에 선거인수의 차이가 지나치게 큰 것은 평등선거원칙에 반한다는 판례가 미국에도 있다. Vgl. Baker v. Carr, 369 U.S. 186(1962); Reynolds v. Sims, 377 U.S. 533(1964); Wesberry v. Sanders, 376 U.S. 1(1964).
또 영국에서는 25%를 넘는 선거인수의 차이는 원칙적으로 시정을 요하는 사항으로 간주된다. Vgl. darüber *W. Ridder*, Die Einteilung der Parlamentswahlkreise und ihre Bedeutung für das Wahlrecht in rechtsvergleichender Sicht(Deutschland, Großbritannien, USA), 1976, S. 183.
1994년 12월 25일에 발효한 일본의 공직선거법은 지역선거구를 획정하는 기준으로 선거구간의 인구의 격차가 2 : 1 이상이 되지 않도록 해야 한다는 원칙을 밝히고 있다. 이 법이 제정되기 전 일본에는 선거구간의 인구편차가 3 : 1 이상이 되면 위헌이라는 대법원판례도 있었다. 일본대법정 민집 제30권 3호(1976년 4월) 223면; 대법정 민집 제37권 9호(1985년 11월) 1면.
644) 우리 국회의원선거법상의 준연동형의석배분방법이 바로 그 대표적인 예이다.
645) Z. B. vgl. *K. H. Seifert*, Bundeswahlrecht, 3. Aufl.(1976), S. 50.

단체라고 해서 선거절차에서 불리한 대우를 받아서는 아니 된다.646)

평등선거를 실현하기 위한 기회균등의 요청은 모든 선거절차에서 국가의 공권력이 엄격한 중립을 지킬 때에만 그 실효성을 기대할 수 있기 때문에 국가의 공권력이 정당간의 선거전에 편파적으로 개입하거나 간섭하는 것은 허용되지 않는다. 그러나 국가의 공권력이 합리적이고 불가피한 이유 때문에 정당을 차별대우하는 것은 허용된다고 할 것이다.647) 예컨대, 국영방송이 선거참여정당에게 선거운동을 위한 방송시간을 할당하는 경우에도 정당의 크기(직전선거에서의 득표율 또는 의석수 등)에 따라 방송의 횟수와 방송시간의 장단을 조정하는 것은 가능하다.648) 또 입후보등록을 위해서 일정수 이상의 선거인의 추천을 받도록 하는 것도 기회균등의 원칙을 어기는 일이 아니다.649) 나아가 군소정당의 난립을 막고 의회안정세력을 확보함으로써 효율적인 정책수행을 뒷받침하기 위해서 선거법에 이른바 '저지조항'(Sperrklausel)을 두어 일정률 이상의 득표를 한 정당에게만 비례대표제에 의한 의석배분을 하고650) 선거운동경비를 보상하는 것 등651)도 기회균등의 정신에 반한다

---

646) So auch BVerfGE 41, 399; 헌재결 1989. 9. 8. 88 헌가 6; 헌재결 1991. 3. 11. 91 헌마 21; 헌재결 1992. 3. 13. 92 헌마 37 · 39.

647) So auch BVerfGE 41, 399(413f.).

648) So auch BVerfGE 7, 99(108); 14, 121; 34, 160(163).

649) So auch BVerfGE 24, 300(341); 30, 227(246).
   그러나 독일연방헌법재판소의 판례에 따르면 선거구유권자수의 0.25%를 넘는 선거인의 추천을 요구하는 것은 허용되지 않는다고 한다. Vgl. BVerfGE 4, 375(384); 12, 132(134).

650) 독일연방선거법에 의해서 연방의회의원선거에서 유효투표의 5%(5%-Sperrklausel) 이상을 득표한 정당에게만 비례대표제에 의한 의석배분을 하는 것은 기회균등의 원칙을 어기는 위헌이 아니라는 독일연방헌법재판소의 판례가 있다. 또 동재판소는 '5% 저지조항'에도 불구하고 소수민족을 대표하는 정당에게는 그 저지선을 낮추는 예외규정을 두는 것도 가능할 뿐 아니라, '5% 저지조항'과의 택일관계를 인정해서 지역선거구에서 3명 이상의 당선자를 낸 정당에게는 그 정당의 득표율이 설령 5% 이하인 때라도 의석배분을 받도록 하는 것이 가능하다고 판결했다. Vgl. BVerfGE 34, 81(100ff.); 5, 77(83); 6, 84(96).
   우리의 공직선거법(제189조)이 지역선거구에서 5명 이상의 당선자를 냈거나 정당투표에서 유효투표총수의 3% 이상을 득표한 정당만이 비례대표의석배분에 참여할 수 있도록 규정한 것도 같은 차원에서 정당화된다고 할 것이다. 저지조항의 문제에 대해서 자세한 것은 다음 문헌을 참조할 것.
   G. Leibholz, Strukturprobleme der modernen Demokratie, 3. Aufl.(1967), S. 41ff.; *H. Meyer*, Wahlsystem und Verfassungsordnung, 1973, S. 225ff.

651) 독일정당법(제18조 이하)에 따르면 유럽의회 또는 연방의회선거에서 정당에 대한 전

고 볼 수 없다. 또 국회의원선거에서 지역구국회의원 후보자와는 달리 비례대표국회의원 후보자에게는 예비후보자제도를 두지 않는 것은 선거운동의 기회균등을 어기는 것이 아니다.[652] 그 반면에 정부가 선거시기에 정부시책에 대한 국민의 지지와 협조를 얻기 위한 정책홍보의 차원을 넘어서 정부·여당의 선거운동목적으로 국가예산으로 지나친 정부선전을 하는 것은 선거참여자의 기회균등의 요청에 위배된다는 독일연방헌법재판소의 판례가[653] 있다. 또 선거참여정당의 기회균등은 국가로 하여금 정당의 크기·재정능력·정당의 정책방향 등을 무시하고 모든 정당을 평준화하라는 뜻은 아니기 때문에 정당의 선거운동경비를 너무 균일적으로 제한함으로써 정당의 크기와 재정능력이 선거전에서 그 힘을 나타낼 수 없도록 하는 것은 평등선거의 관점에서 정당화될 수 있는 조치가 아니라는 것이 독일연방헌법재판소의 입장이다.[654]

(3) 직접선거의 원칙

직접선거(unmittelbares Wahlrecht)라 함은 간접선거(mittelbares Wahlrecht)에 대한 개념으로서 선거인 스스로가 직접 대의기관을 선출하는 것을 말한다. 직접선거의 경우 간접선거에서처럼 선거인과 대의기관 사이에 또 다른 중간선거인(Wahlmänner)이 없기 때문에 선거인과 대의기관 사이에는 직접적인 신임과 위임관계가 성립하게 된다. 물론 중간선거인이 원선거인의 의사와는 관계 없이 독자적인 판단에 따라 선거하는 '실질적 간접선거'(substantiell indirektes Wahlrecht)와는 달라 중간선거인이 원선거인의 결정에 기속되는 '형식적 간접선거'(formal indirektes Wahlrecht)에서는 선거인과 피선거인 사이에 간접적이긴 하지만 어느 정도의 신임적 위임관계가 성립하는 것이 사실이다. 그러나 직접선거에 의한 직접적인 신임관계보다 그 질이 약할 수밖에 없다.

1009
간접선거
배제

실질적
간접선거와
형식적
간접선거

체유효투표의 0.5% 이상을, 또 주의회 선거에서 1% 이상을 득표한 정당에게는 그 정당이 얻은 매 표마다 0.83유로(Euro)씩의 선거운동경비를 보상해 주고 있다. 다만 각 정당이 얻은 4백만표까지는 매 표당 1유로씩 보상해 준다. 이 액수는 물가 상승률에 따라 매년 인상된다. 무소속후보자의 경우에도 지역구 유효투표의 10% 이상을 얻은 사람은 마찬가지로 선거운동경비의 보상을 받는다. 모든 정당에 대한 국고보조금의 총액은 매년 물가 상승률에 따라 따라 인상되지만 정당법이 정하는 최고 액수를 초과할 수 없도록 절대적 상한선을 정했다(정당법 제18조 제 2 항).

652) 헌재결 2006. 7. 27. 2004 헌마 217 참조.
653) Vgl. BVerfGE 44, 125.
654) Vgl. dazu BVerfGE 21, 196(200).

따라서 직접선거에서 중요한 것은 선거인이 특정인 또는 특정정당에
대한 투표를 통해서 그에 대한 신임을 표시하기 이전에 이미 그 특정
인 또는 특정정당의 득표에 영향을 미칠 수 있는 모든 법적·정치적
영향행위가 완결되는 것이 바람직하다는 점이다. 이같은 관점에서 볼
때 이미 투표가 행해진 다음에 비례대표제에 의한 전국구후보의 순위
나 사람을 바꾸는 행위는 직접선거의 원칙에 대한 침해라고 할 것이
다.655) 또 같은 이유로 행정부의 각료로 임명된 의원이 그의 의원직을
임시로 다른 사람에게 맡겼다가 각료직을 떠난 후에 다시 그 의원직을
되찾는 행위도 허용될 수 없다고 생각한다.656) 그러나 비례대표제에서
그 순위가 고정된 전국구후보명단에 따라 의원을 뽑는 것은 설령 원치
않는 다른 사람을 함께 뽑는 결과가 된다 하더라도 직접선거의 원칙에
반하는 것은 아니다.657) 하지만 비례대표제에서 순위가변제를 도입해서
선거인의 투표행위에 따라 그 전국구명단의 순위가 바뀔 수 있다면(예
컨대 독일 Bayern 주의회선거에서처럼658)) 직접선거의 원칙이 가장 잘 실현
된다는 점은 더 말할 필요가 없다.

(4) 비밀선거의 원칙

1010

공개투표
배제

비밀선거(geheimes Wahlrecht)라 함은 '공개투표'(offene Stimmab-
gabe) 내지 '공개선거'(offenes Wahlrecht)에 대한 개념으로서 투표에 의
해서 나타나는 선거인의 의사결정이 타인에게 알려지지 않도록 하는
선거를 말한다. 따라서 구두로 투표하고 선거업무종사원이 그것을 기
록케 하는 방법의 공개투표는 물론이고, 공개석상에서 거수 또는 호명
의 방법으로 행하는 '공개투표'(öffentliche Stimmabgabe)가 모두 비밀선
거의 원칙에 반하는 것은 물론이다.

오늘날 비밀선거의 실현은 선거업무담당기관이 투표의 비밀을 보
장할 수 있는 투표용지·기표소·투표함 등을 사전에 완벽하게 준비함
으로써만 가능하기 때문에 비밀선거의 성패는 그 대부분이 선거준비와
선거업무조직에 달려 있다고 할 것이다. 선거업무담당기관을 일반행정
기관과는 별도의 독립기관으로 구성해야 한다는 요청이 그래서 나온

---

655) So auch z. B. BVerfGE 7, 63(72).

656) So auch *K. Stern*(FN 9), S. 313.

657) So auch BVerfGE 3, 45(51); 7, 63(69); 21, 355(356).

658) Vgl. 47 48ff. BayLWG.

다. 우리 헌법상의 선거관리위원회($\frac{제114조}{이하}$)조직은 이같은 관점에서 볼 때 적어도 그 제도면에서는 합리적인 것이라고 생각한다.

아무튼 비밀선거는 선거의 자유분위기를 보장하는 가장 중요한 제도적 장치라고 할 것이다.[659] 타인에게 투표의 공개를 요구하는 행위나 선거인 스스로가 투표를 공개하는 행위가 모두 금지되는 것은 그것이 선거의 자유분위기를 해치기 때문이다.[660] 비밀선거의 원칙은 투표 당시의 비밀뿐 아니라 선거준비과정에서도 선거인의 잠재적인 투표성향이 공공연하게 노출되지 않아야 그 궁극적인 목적을 달성할 수 있기 때문에 선거인에게 투표할 후보자와 정당의 이름을 사전에 공개토록 강요하는 것은 허용될 수 없다.[661] 그러나 후보추천제도에 따라 특정한 입후보자나 정당을 추천하기 위해서 선거인이 서명하게 되고 그를 통해 서명자의 투표성향이 사전에 공개되는 것은 선거의 또 다른 중요목적을 달성키 위한 불가피한 현상이기 때문에 비밀선거의 정신에 반하는 것은 아니라는 것이 독일연방헌법재판소의 견해이다.[662]

(5) 자유선거의 원칙

자유선거(freies Wahlrecht)란 강제선거(Zwangswahlrecht)에 대한 개념으로서 선거인이 강제나 외부의 어떠한 간섭도 받지 않고 자기의 선거권을 자유롭게 행사할 수 있는 것을 말한다. 자유선거에서 중요한 것은 선거인이 그 선거권을 자유롭게 행사하는 것이기 때문에 선거권 행사 그 자체를 제한하는 것이 아닌 한 외부의 영향이 완전히 배제되는 것은 아니다. 따라서 선거일이 임박해서 종교단체가 교인을 상대로 선거에 임하는 메시지를 발표하는 것은 자유선거의 침해가 아니라는 행정판례[663]가 독일에는 있다. 또 선거에 관한 여론조사결과의 공표·보도가 반드시 자유선거에 영향을 미친다고 단정하기도 어렵다.[664]

1011
강제선거
배제

659) Darüber vgl. *E. Jacobi*, Zum geheimen Stimmrecht, in: FS f. W. Jellink(1955), S. 141ff.; *G. Kaisenberg*, Wahlfreiheit und Wahlgeheimnis, in: Die Grundrechte und Grundpflichten der Reichsverfassung, Bd. 2(1930), S. 161ff.; *J. A. Frowein*, AöR 99(1974), S. 105.
660) Vgl. dazu *K. H. Seifert*(FN 645), Art. 38 RN 36.
661) So auch BVerfGE 4, 375(386); 12, 33(35).
662) Vgl. dazu BVerfGE 3, 19(32), 383(396).
663) Vgl. OVG Münster, JZ 1962, S. 767.
664) 여론조사결과가 선거에 미치는 영향에 관해서는 bandwagon효과설(우세자유리설)과 underdog효과설(열세자유리설)이 대립하고 있기 때문이다. 우리 선거법(제108조)

자유선거와 관련해서 제기되는 또 다른 문제는 정당국가적 경향으로 인해서 정당공천후보자 중에서만 택일하도록 선거인의 선거권이 사실상 제한되는 현상이 무소속선거인의 자유선거권과 조화될 수 있는가 하는 점이다. 독일연방헌법재판소665)의 견해에 따르면 '무소속국민의 정치적인 무력화'(Mediatisierung der keiner Partei angehörigen Bürger)를 뜻하는 그와 같은 현상은 자유선거의 원칙상 허용되어서는 아니 되기 때문에 후보자의 추천권을 정당에게만 독점시키는 것은 자유선거의 원칙에 반할 뿐 아니라 보통·평등선거의 원칙과도 조화되기 어렵다고 한다. 또 자유선거의 원칙은 '선거의 내용'(wie)뿐 아니라 '선거의 가부'(ob)까지도 선거인의 임의로운 결정에 맡겨질 것을 요구하기 때문에 '선거의무'(Wahlpflicht)를 헌법적 차원이 아닌 법률로 규정하는 것은 허용될 수 없다고 생각한다.666)

우리 현행헌법은 자유선거의 원칙을 명문으로 규정하지는 않고 있지만 민주적 선거법의 나머지 네 가지 기본원칙을 채택하고 있기 때문에 그 속에는 자유선거의 원칙도 당연히 포함된다고 보는 것이 옳다. 우리 헌법재판소도 같은 취지의 판시를 하고 있다.667)

3. 선거제도의 유형

1012
표본적인
선거제도와
정치질서

통치권의 민주적 정당성을 확보하고 대의민주주의의 이념을 실현할 수 있도록 민주적 선거법의 기본원칙을 존중하는 합리적인 선거제도를 마련하는 것은 현대자유민주국가의 통치구조에서도 가장 본질적인 요청이라고 볼 수 있다. 그런데 선거제도는 선거구의 분할에서 의석배분에 이르기까지 다원적인 요소로 구성되어 있는 매우 복합적인

은 선거일 전 6일부터만 공표·보도를 금지하고 있다.

665) Vgl. BVerfGE 41, 399(417).

666) So auch K. Stern(FN 9), S. 322f.
  독일연방헌법재판소가 자유선거의 원칙은 단순한 '투표행위보호' 이상의 의미를 갖는다고 강조하는 것도 '선거여부'(투표여부)의 보호까지를 포함시키려는 의도로 볼 수 있다.
  Vgl. BVerfGE 7, 63(69).

667) '자유선거의 원칙은 비록 우리 헌법에 명시되지는 아니했지만 민주국가의 선거제도에 내재하는 법원리인 것으로서 국민주권의 원리, 의회민주주의의 원리 및 참정권에 관한 규정에서 그 근거를 찾을 수 있다. 자유선거의 원칙은 투표의 자유, 입후보의 자유 그리고 선거운동의 자유를 뜻한다'. 헌재결 1999. 9. 16. 99 헌바 5 참조.

성질의 것일 뿐 아니라 그 상이한 요소들은 여러 형태로 혼합·변형될
수도 있어서 선거제도의 마련은 여러 가지 경험적인 조사 내지 통계자
료와 불가분의 관계에 있는 지극히 기술적인 성질을 가진다. 종래 선
거제도를 사실의 학문인 정치학의 연구대상으로[668] 생각하고 헌법학에
서 그 세부적인 제도내용까지는 다루지 않았던 이유도 그 때문이었다.
그러나 그렇다고 해서 선거제도에 내포되고 있는 통치기구의 조직원리
로서의 헌법적 의의와 기능을 완전히 도외시했던 것은 물론 아니다.

　　사실상 한 나라의 통치질서는 어떠한 선거제도를 가지느냐에 따
라 그 정치양상이 크게 달라지기 마련이다. '다수대표선거제'(Mehr-
heitswahlsystem)와 '비례대표선거제'(Verhältniswahlsystem)의 어느 것을
택하느냐, '다수대표제'를 택한다면 절대다수대표제로 하느냐 상대다수
대표제에 따르느냐, '비례대표제'를 택한다면 의석배분방법을 어떻게
정하느냐, '저지규정'을 두느냐 않느냐, 둔다면 그 저지선을 몇 %로 하
느냐, 다수대표제와 비례대표제를 병용한다면 그 비례관계를 어떻게
정하느냐, 선거구의 크기는 어느 정도로 하느냐, 선거구의 분할은 어떤
방법으로 하느냐, 한 선거구에서 몇 명의 의원을 뽑게 하느냐, 선거운
동은 공영제로 하느냐 자유경쟁에 맡기느냐, 선거에 관한 소송이 어떻
게 처리되느냐 등에 따라 한 나라의 정당제도와 정치질서가 큰 영향을
받게 마련이다. 그러나 주목할 사항은 선거제도 중 어느 것이 가장 이
상적이고 합리적이며 선거의 자유민주적 의미와 기능을 가장 잘 실현
할 수 있는 것인가에 대한 통일된 견해가 아직까지 확립되고 있지 못
하다는 점이다. 이 문제야말로 각 나라의 역사와 정치전통, 그리고 현
실적인 정치여건을 떠나서 획일적으로 논할 수는 없기 때문이다. 그러
나 일반적으로 논의되는 표본적인 선거제도는 '다수대표(선거)제'와 '비
례대표(선거)제'의 두 가지이고 이 두 제도는[669] 또 다양하게 서로 혼합

---

668) Vgl. etwa *R. Bredthauer*, Das Wahlsystem als Objekt von Politik und Wissen-
　　schaft, 1973.

669) 두 선거제도에 관해서 자세한 것은 다음 문헌을 참조할 것.
　　D. Noblen(FN 627), S. 78ff.; *F. A. Hermens*, Demokratie oder Anarchie?,
　　1951; *J. Gillessen*, Mehrheitswahlrecht oder Verhältniswahlrecht, BayVBl. 1967,
　　S. 73ff.; *H. Kaak*, Zwischen Verhältniswahl und Mehrheitswahl, 1967; *E.
　　Küchenhoff*, Volkslegitimation, Stabilität und Kontrolle des Regierens unter
　　Mehrheitswahlrecht und Verhältniswahlrecht, in: V. Zilleßen(Hrsg.), Mehrheits-
　　wahlrecht?, 1967, S. 44ff.; *St. Rokkan*, Electoral Systems, in: Intern. Enc. of the

시킬 수도 있기 때문에 아래에서는 이 두 제도의 내용과 의미를 중심
으로 선거제도를 살펴보기로 한다.[670] 우리나라의 선거제도도 이 두 표
본적인 제도의 혼합형태이다(제41조 제3항).

(1) 다수대표선거제도

a) 다수대표선거제도의 의의와 그 제도적 장·단점

1013

**다수대표
선거제도의
의의와 유형**

다수대표선거제도(Mehrheitswahlsystem)는 다수결원리의 선거제도
상의 실현형태로서 다수의 후보자 중에서 선거인으로부터 다수표를 얻
은 사람을 당선자로 결정하는 선거제도를 말한다. 비례대표선거제도보
다 더 오랜 역사를 가지고 있는 이 제도는 영국과 프랑스[671] 그리고 미
국과 캐나다 등에서[672] 가장 성공적으로 시행되고 있다. 다수대표선거
제도는 다시 '절대다수대표선거'(absolutes Mehrheitswahlsystem)와 '상
대다수대표선거제'(relatives Mehrheitswahlsystem)로 나눌 수 있는데, 전
자는 적어도 유효투표의 과반수 이상의 득표자만을 당선자로 하는 제
도로서, 제 1 차투표에서 당선자가 나오지 않는 경우 최다득표자와 차
점득표자 2인을 상대로 제 2 차투표가 실시되는 것이 보통이다. '상대
다수대표선거제'의 경우에는 그와 같은 최소득표선이 없기 때문에 누
구나 상대적으로 가장 많은 득표를 한 후보자가 당선자로 결정된다.[673]

1014

다수대표

'다수대표선거제도'는 이념적으로 다수결원리와 불가분의 직접적
인 연관성을 갖기 때문에 다수의 결단을 통치질서에서 중요시하는 결

Social Sciences, Bd. V(1968), S. 6ff.; *E. Schütt*, Wahlsystemdiskussion und
parlamentarische Demokratie, 1973.

670) 종래 헌법학에서 선거제도라 하면 으레 다수대표제도와 비례대표제도의 두 기본제도
만을 가리키는 것이 보통이었다. 그러나 H. Meyer처럼 선거제도를 보다 포괄적이고
넓게 이해하려는 사람이 없는 것도 아니다. Vgl. *H. Meyer*(FN 650), S. 20, 152ff.

671) 프랑스에서는 전통적으로 절대다수대표선거제도를 채택했었으나 미테랑(Mitterrand)
대통령이 1985년 신거법을 고쳐(Loi Nr. 85-690) 제힌된 성격의 비례대표선거제도를
도입했다. 1986년 3월의 총선거가 이 개정된 선거제도에 의해서 실시되었다. 그러나
총선 후 시락(Chirac) 수상이 선거제도를 다시 고쳐(Loi Nr. 86-1197) 다수대표선거
제도로 복귀시켰고 헌법위원회(Conseil Constitutionnel)가 1986년 11월 Chirac의 선
거법개정을 합헌이라고 결정했다(Decision Nr. 86-218).

672) 1985년을 기준으로 23개 서방선진국에서 이 제도가 채택되고 있다고 한다. 이들 주
요국가의 선거제도에 관해서는 다음 문헌을 참조할 것.
　　D. Nohlen(FN 627), S. 108ff.(119ff.).

673) 그러나 제한상대다수대표선거제의 경우에는 당선에 필요한 최소한의 득표수가 정해
진다. 예컨대 에콰도르 대통령선거에서 과반득표자가 없는 경우 40% 이상 득표자가
차점자와 10% 이상의 득표율격차가 날 때만 당선자로 결정하는 것이 그 한 예이다.

단주의와도 이념적인 연관성을 갖는 것이 사실이다. 또 '다수대표선거 선거제도의
장·단점
제도'가 '비례대표선거제도'보다는 이론상 다수세력의 형성을 촉진시키
는 데 유리하다고 평가되기 때문에 의회 내의 안정다수세력을 그 기능
적인 바탕으로 하는 의원내각제와도 제도적인 친화관계에 있는 것을
부인할 수는 없다.[674] 그러나 다수대표선거제도에서는 낙선된 모든 후
보자에게 주어진 선거인의 투표는 대의기관의 구성에서 완전히 도외시
되기 때문에 대의기관의 의사결정과정에서 정치적인 소수세력의 이해
관계를 충분히 반영할 수 있는 통로가 마련되기 어렵다는 제도상의
약점이 있다. 개개 선거인의 합계로서의 전체선거인이 대의(대표)되기
위해서는 개개 선거인이 먼저 대의(대표)되어야 한다는 '대의정의'
(gerechte Repräsentation)의 관점에서 볼 때, 그리고 대의의 진실한 평등
은 한 선거구의 선거인수와 같은 숫자의 선거인이라면 그 주소지에 관
계 없이 서로 투표의 합산을 통해서 그들의 대표를 뽑을 수 있어야 한
다는 '대의평등'(gleiche Repräsentation)의 관점에서 볼 때 다수대표선거
제도는 문제점이 있는 것이 사실이다. 일찍이 19세기에 영국의 밀(J. S.
Mill)[675]이 개인주의적 사상을 바탕으로 다수대표선거제에 반대하면서
비례대표선거제를 주장한 것도 바로 그 때문이었다. 또 다수대표선거
제에서는 선거구의 분할과 크기가 선거결과에 특별히 큰 영향을 미치
게 되는데 모든 선거구를 동일한 크기로 분할하는 것이 기술적으로
어렵기 때문에 선거구분할을 통해서 행정적으로 선거결과를 조종할
수도 있다는 비난 또한 면하기 어렵다. 그뿐 아니라 특히 '상대다수대
표선거제도'에서는 정당의 득표율과 그 의석확보수 사이에(Stimmen-
Mandate-Relation) 정비례관계가 성립하지 않는 이른바 'Bias 현상'[676]이
나타날 수도 있어 '표에서는 이기고 의석수에서는 지는' 불합리한 결과
가 초래될 수도 있다.

그러나 다수대표선거제도가 특히 소선거구제를 택할 때 비례대표
선거제에 비해서 선거인간의 유대관계는 물론, 선거인과 대표자간의

---

674) So auch z. B. *C. J. Friedrich*(FN 307), S. 317ff.(330).

675) Vgl. *John Stuart Mill*, Representative Government, 1860, Ch. Ⅶ, S. 137.

676) Bias 현상은 영국의 선거제도연구에서 유래하는 개념으로서 특히 타정당에 비해 득
표수에서는 앞섰지만 의석수에서는 뒤지는 현상을 나타내는 말이다. Vgl. darüber *D.
Nohlen*(FN 627), S. 74f.

유대관계 형성을 보다 용이하게 할 뿐 아니라 Bagehot[677]나 헤르멘스 (Hermens)[678]의 지적대로 양당제도의 확립과 정부의 정책집행을 뒷받 침해 주기 위한 다수세력의 형성이라는 면에서는 상대적으로 유리한 제도라는 점을 부인하기는 어렵다. 하지만 또 한편 Nohlen[679]의 말대 로 구체적인 사회구조 또는 정치조건에 따라서는 오히려 비례대표선거 제도가 이 점에서 보다 우수한 기능을 나타낼 수도 있기 때문에 제도 의 우열을 단정적으로 말할 수는 없다고 할 것이다.

b) 다수대표선거제도와 선거구의 분할

1015
선거인
편차와
정략적
선거구 분할
문제

　다수대표선거제도와 선거구(Wahlkreise)와는 기능적으로 불가분의 상호관계에 있다. 다수대표선거제도는 합리적인 선거구의 획정과 분할 을 통해서만 평등선거와 대의의 이념을 실현할 수 있기 때문이다. 즉, 평등선거의 원칙이 요구하는 '투표가치의 평등'이나 '비례적인 대의'의 관점에서 볼 때 선거인의 수가 완전히 동일하게끔 선거구를 분할하고 선거구의 크기(지역적 크기가 아니고 선거구의 대표정수)를 정할 수만 있다 면 그것이 가장 이상적이라고 할 것이다.

　그러나 현실적으로 '선거구의 분할'(Wahlkreiseinteilung)에 있어서 는 현존하는 지역적 행정단위를 기준으로 할 수밖에 없기 때문에 선거 인의 수가 선거구마다 완전히 동일한 것을 기대하기는 어렵다. 더욱이 끊임없이 계속되는 인구이동현상으로 인해서 한 번 행해진 선거인기준 의 선거구분할이 시간의 흐름에 따라 불균형하게 되고, 그에 따른 선 거구의 재조정이 불가피해지기 마련이다. 하지만 선거구의 재조정은 대개의 경우 기존의 선거질서에 따른 수혜자 및 정당의 이해관계 그리 고 지역주민의 보수적인 지역감정 등 때문에 큰 저항에 부딪치는 경우 가 많다. 그럼에도 불구하고 선거구간에 선거인수의 차이가 너무 크게 벌어지지 않도록 일정한 주기마다 선거구를 재조정하는 것은 다수대표 선거제도의 불가결한 전제요건이다. 다수대표선거제도인 미합중국에서 매 10년마다 선거구를 재조정하도록 의무화하고 있고,[680] 영국에서도

---

677) Vgl. *Walter Bagehot*, English Constitution, 2nd. ed.(1873), Ch. V.

678) Vgl. dazu F. A. *Hermens*(FN 669), S. 61ff., 71ff.; *derselbe*, Verfassungslehre, 2. Aufl.(1968), S. 426ff.

679) Vgl. dazu *D. Nohlen*(FN 627), S. 41.

680) Dazu vgl. *K. Loewenstein*(FN 238), S. 280. Anm. 13.

4개 지역(England, Scotland, Wales, Northireland) 선거구조정위원회 (Boundary Commissions)로 하여금 매 10~15년 간격으로 선거구현황을 조사·보고토록 한 것은[681] 바로 그 때문이다.

또 선거구분할과 관련해서 자주 제기되는 문제는 정치적인 관점과 고려에 의해서 선거구를 특정인 또는 특정정당에게 유리한 방향으로 분할하는 이른바 Gerrymandering 현상이다.[682] 이 Gerrymandering은 선거결과를 조작하는 효과가 있기 때문에 다수세력에 의해서 자주 이용되는 방법이긴 하지만 공정한 대의를 실현한다는 측면에서 바람직한 현상이 아닌 것은 두말할 필요가 없다.[683]

다수대표선거제도에서 '선거구의 크기' 즉 선거구별대표자정수를 어떻게 정하는가는 정당제도뿐 아니라 대의의 비례면에서도 매우 중요한 의미를 갖게 된다. '1구 1인대표제'(uninominal)와 '1구다수대표제' (plurinominal)는 그 정당제도에 미치는 영향과 대의의 비례면에서 반드시 같은 결과를 나타낸다고 보기는 어렵기 때문이다. 예컨대, '1구 1인대표제'가 '1구 5인대표제'에 비해 양당제도의 확립과 안정다수세력의 형성에 유리한 효과를 나타낸다면, 반대로 '1구 5인대표제'는 '1 구 1인대표제'보다는 정치적 소수세력의 대표선출을 용이케 하고 대표자의 지역초월적 대의기능을 촉진시키는 효과를 나타낸다고 할 수 있다. 따라서 같은 다수대표선거제도라도 구체적으로 어떤 내용의 제도를 마련하느냐에 따라 정당제도를 비롯한 대의기관의 구성과 기능은 적지 않은 영향을 받게 된다. 구체적으로 말해서 선거구의 크기와 당선에 필요한 득표율과의 상호관계는 소선거구와 대선거구의 경우에는 반비례한다고 볼 수 있기 때문에 소선거구에서는 당선되기 위해 비교적 높은 득표율을 필요로 하지만 대선거구에서는 낮은 비율의 득표율로도 당선될 수가 있다는 결론이 나온다.[684] 그것은, 즉 여러 정치세력의 비례적

1016
선거구별
의원정수

---

681) Dazu vgl. *D. Nohlen*(FN 627), S. 120ff.(121).

682) Gerrymandering이라는 개념은 Mr. Gerry라는 사람이 미국 Boston 시중에서 자기의 당선이 확실히 보장될 수 있도록 한 선거구를 정략적으로 분할했었는데 그 선거구의 지형 모습이 마치 Salamander(도롱뇽)라는 짐승의 모습과 비슷했기 때문에 생겨난 말이다. 따라서 우리말로는 'Gerry식 선거구분할'로 번역하거나 아니면 그대로 원어를 사용할 수밖에 없다고 생각한다.

683) Vgl. darüber *D. Nohlen*(FN 627), S. 48ff.

684) So auch *D. Nohlen*(FN 627), S. 52.

인 대의를 실현시킨다는 관점에서 볼 때 소선거구보다는 중선거구나 대선거구가 보다 소수세력의 보호에 유리하다는 이야기가 된다. '소선 거구'·'중선거구'·대선거구' 등 선거구의 크기, 즉 한 선거구에서 뽑 을 수 있는 대표자의 수를 정하는 문제가 단순한 기술적인 문제가 아 니라 중요한 통치구조적인 의미를 갖게 된다고 평가되는 이유도 그 때 문이다. 하지만 제도적으로 '절대다수대표제도'는 '1구 1인대표제'를 당연한 전제로 한다는 점을 유의할 필요가 있다. 그 가장 표본적인 시 행형태를 프랑스의 선거제도에서 찾을 수 있다.[685] 영국은 '상대다수대 표제'이지만 '1구 1인대표제'를 택해서 그 양당제도와 의원내각제 성공 의 기틀로 삼고 있다.[686] 우리 현행국회의원선거제도에서 지역구의원은 '상대다수대표제'와 '1구 1인대표제'에 따라 선출되고 있는데 '투표가 치의 평등'이나 '비례적인 대의'의 관점에서 선거구의 분할에 많은 문 제점이 있다고 하는 것은 이미 지적한 바 있다.[687] 그 시정이 시급하다 고 할 것이다. 늦었지만 국회의원지역선거구의 공정한 획정을 위하여 2015년 선거법을 고쳐 종래 국회에 두었던 국회의원선거구획정위원회 를 중앙선거관리위원회에 소속된 독립한 기관으로 개편해서 2016년 국회의원 총선거부터 적용했다. 국회의원지역선거구획정에서 국회의 간섭과 영향을 최대한 배제하도록 배려했지만, 선거구획정의 공정성과 객관성 면에서 아직은 선진국의 수준에는 이르지 못하고 있어 아쉽다. 2016년과 2020년 선거구 획정의 실상이 이를 현실적으로 말해주고 있 다. 선거구 획정에서는 선진국처럼 국회의 간섭을 완전히 차단하는 지 속적인 개선이 필요하다(선거법 제24조~ 제24조의 3 참조).

(2) 비례대표선거제도

a) 비례대표선거제도의 의의와 그 제도적 장·단점

1017

비례대표 선거제도의 의의

'비례대표선거제도'(Verhältniswahlsystem)는 소수보호의 정신과 정 치세력의 지지도에 상응한 비례적인 대의의 실현형태로서 각 정치세력 의 득표율에 비례하여 대표자수를 각 정치세력에 배분하는 선거제도를 말한다. 비례대표선거제도는 각 정치세력의 득표율에 비례하는 정치적 대표기능을 각 정치세력에 부여함으로써 되도록이면 전혀 대의(대표)되

---

685) Darüber vgl. *D. Noblen*(FN 627), S. 137ff.
686) Darüber vgl. *D. Noblen*(FN 627), S. 119ff.
687) 앞의 방주 852 및 뒤의 방주 1028 참조.

지 않는 정치세력이 나타나지 않게 하려는 선거제도이기 때문에 대의
정의의 이상을 추구함과 동시에 사회의 다양한 이해관계나 정치적인
세력판도가 그대로 대의기관의 구성에 투영되도록 하려는 것이다. 사
실상 사회구조가 비교적 동질적인 성격을 띠고 여러 사회세력간의 이
해대립이 날카롭지 않던 시대와는 달리 오늘날의 다원적인 산업사회에
서는 여러 사회세력간의 팽팽한 이해관계의 대립 때문에 다수대표선거
제도만으로는 대의정의의 이념을 실현할 수 없게 되었다. 비례대표선
거제도는 다원적인 산업사회와 대중민주주의 나라에서 대의의 이념을
합리적으로 실현하기 위해서 창안된 선거제도이기 때문에 다수대표선
거제도보다 늦게 제도화되었다. 따라서 '비례대표선거제도'는 Badura
의 말[688]대로 정당제도의 발달 및 정당국가적 경향에 힘입어 20세기에
들어와서 비로소 선거제도로서 정착되기 시작했다고 볼 수 있다.[689]
'비례대표선거제도'의 가장 근본적인 유형은 독일 바이마르공화국의
선거제도[690]에서 찾을 수 있다.

비례대표선거제도는 투표의 '산술적 계산가치의 평등'(Zählwert-
gleichheit)뿐 아니라 그 '성과가치의 평등'(Erfolgswertgleichheit)까지도
함께 실현하려는 제도이기 때문에 '평등선거'의 원리와 잘 조화된다고
할 것이다. 또 비례대표선거제도가 소수정치세력의 의회진출을 용이하
게 함으로써 '소수의 보호'에 우호적인 제도인 것도 부인할 수 없다.
또 비례대표선거제도가 다수대표선거제도하에서의 선거구분할의 불가
피한 불균형을 시정하는 기능을 갖는 점도 과소평가할 수 없다. 그러
나 Loewenstein이 적절히 지적하는 바와[691] 같이 비례대표선거제도가
마치 다수대표선거제도의 결점과 문제점을 완전히 보완해 주는 만병통
치적 처방인 것처럼 생각하는 것은 옳지 못하다. 비례대표선거제도도
적지 않은 결점과 문제점을 내포하고 있기 때문이다. 선거절차와 과정
이 정당의 일방적인 정치적 영향과 주도하에서 행해지기 때문에 일반

1018
비례대표
선거제도의
장·단점

688) Dazu vgl. *P. Badura*, Bonner Kommentar, Art. 38 Anh. RN 21.
689) 비례대표선거제도의 유래에 대해서는 다음 문헌을 참조할 것.
    C. J. Friedrich(FN 307), S. 319f.
690) Darüber vgl. Art. 22 u. 17 WRV; *D. Nohlen*(FN 627), S. 151ff.; *H. Heller*, Die
    Gleichheit in der Verhältniswahl nach der WRV, 1929; *W. Jellinek*, HdBDStR Ⅰ,
    1930, S. 620ff.
691) Vgl. dazu *K. Loewenstein*(FN 238), S. 282f.

대중이 정치에서 소외당하기 쉽고, 후보자의 선정과 그 순위결정권이 정당의 간부들에게 독점되어 금권·파벌정치 등 부조리의 온상이 될 수 있고, 군소정당의 난립으로 인해서 국민의사가 분산되고 정국주도를 위한 안정된 다수세력의 형성이 어렵다는 점 등이 바로 그것이다. 나아가 비례대표선거제도는 자칫하면 현존하는 정당질서와 정치적인 세력판도를 고착시켜서 국민 사이에 확산되는 정치의 기류변화가 쉽게 선거결과에 나타나지 않는다는 결점 또한 과소평가할 수 없다. 물론 명백히 입증된 논리라고 보기는 어렵지만 Hermens[692]나 Friedrich[693]가 바이마르공화국의 몰락에 그 비례대표선거제도가 결정적인 영향을 미쳤다고 주장하면서 다수대표선거제도를 지지하고 나서는 것도 결코 우연한 일만은 아니다. 또 비례대표선거제도는 정부와 여당에 의해서 절대다수세력 내지는 2/3 다수세력의 확보수단으로 변칙운용될 가능성도 있는데 이탈리아의 독재자 무솔리니(Mussolini)에 의해서 제정된 Acerbo 법률(1924년)에 근거한 이른바 의석배분상의 보너스제도(Prämien-oder Bonussystem)[694]가 바로 그 가장 대표적인 것이다. 우리 구국회의 원선거법(1991년 12월 개정 전)상 전국구의석배분에 있어서 제 1 당이 차지하던 보너스도 바로 그와 같은 범주에 속한다고 볼 수 있다.

그러나 비례대표선거제도가 간직하는 가장 큰 헌법이론상의 문제점은 무엇보다도 이 제도에 내재하고 있는 대의의 이념과의 갈등 및 안정다수세력을 바탕으로 하는 의원내각제와의 조화의 어려움이라고 할 것이다. 전체를 구성하는 부분의 대표 없이 전체의 대표가 불가능하다는 Mill의 논리[695]는 대의제도가 추구하는 전체국민의 대의라는 대의제도의 본질적인 이념과 모순되는 논리이다. 왜냐하면 그러한 논리형식은 전체국민을 대의해야 할 대의기관으로 하여금 단순한 부분집단만을 대의하는 부분대의(部分代議)의 기관으로 기능하도록 오도하는 것이기 때문이다. 비록 한 선거구에서 선출된 대표자라고 하더라도 그 선거구만을 대표하는 것이 아니고 전체국민을 대표한다는 대의제도의

---

692) Vgl. dazu *F. A. Hermens*(FN 669), passim.

693) Vgl. dazu *C. J. Friedrich*(FN 307), S. 336f., 340.

694) 이 제도에 따르면 가장 많은 득표를 한 제 1 당이 자동적으로 전체의석의 과반수 내지는 2/3를 차지했었다. Vgl. *K. Loewenstein*(FN 238), S. 283.

695) Vgl. darüber *J. S. Mill*(FN 675); *derselbe*, Considerations on Representative Government, 1861, Ch. Ⅶ.

이념면에서 볼 때 전국민의 대의기능을 부인하고 단순한 집단대표의
기능만을 강조하는 그와 같은 논리형식은 궁극적으로는 '나만이 나를
대의할 수 있다'는 결론에 이르러 Rousseau적인 대의부정사상과 그
맥을 같이하게 된다. 대의제도의 발상지인 영미계의 국가에서 비례대
표선거제도가 정착하지 못하는 이유도 이 선거제도에 내재하고 있는
이념적인 반대의요소 때문이라고 볼 수도 있다. 또 이념적인 면을 떠
나 기능적인 차원에서 살핀다 하더라도 정치적인 안정다수세력의 확보
를 그 기능적인 출발점으로 하는 의원내각제에서 비례대표선거제도는
오히려 그 기능을 저해하는 측면이 강하다고 할 수 있다. 비례대표선
거제도가 사회의 다양한 이해관계에 상응하는 대표들로 대의기관을 구
성케 함으로써 대의기관이 다양한 이해관계의 대변기관으로 기능케 하
는데는 도움이 될는지 모르지만 의원내각제가 필요로 하는 다수세력의
형성이나 다수의 지원에 의한 효과적인 정책수행에는 오히려 부정적인
영향을 미치기 때문이다. 비례대표선거제도는 의도적으로 '소수의 보
호'를 위해 '다수의 형성과 기능'을 희생시키는 제도이기 때문이다.696)
하지만 통치구조 내에서 '소수의 보호'가 중요시되어야 하는 것과 마찬
가지로 '다수의 의미와 기능'이 충분히 강조되는 것도 불가결한 요건이
라는 점을 잊어서는 아니 된다. Bagehot697)가 특히 의원내각제의 관점
에서 비례대표선거제도를 반대하고 다수대표선거제도를 주장하는 것도
그 때문이다.

반대의적 요소

소수의 보호 와 다수의 기능

　　그러나 영국의 헌정사가 보여 주듯이 다수대표선거제도가 언제나
안정된 다수세력의 형성을 보장해 주는 것이 아닌 것처럼 비례대표선
거제도도 반드시 안정된 다수세력의 형성을 방해하는 제도라고 단정하
기는 어렵다고 할 것이다. 따라서 이미 앞에서도 지적했듯이 선거제도
의 우열은 지극히 상대적인 성질의 것이기 때문에 그 우열을 논하는
데 있어서는 무엇보다도 구체적인 사회구조 또는 정치조건 등이 우선
적인 고려의 기준이 되어야 한다고 생각한다.

　b) 비례대표선거제도의 구체적 실현형태
　이념적으로 볼 때에는 대의의 원리가 선거제도보다 훨씬 먼저 발

1019

---

696) So auch z. B. *C. J. Friedrich*(FN 307), S. 327.
697) Vgl. dazu(FN 677).

두 선거제도
의 이념상의
차이

생했었는데[698] 대의의 원리와 선거제도는 불가분의 관계에 있다. 즉 비
례대표선거제도는 이념적으로 '국민의 거울'(Spiegel der Nation)과 같은
대의를 실현시키고 진정한 국민의 다수의사가 무엇인지를 찾아내기 위
해서 창안된 선거제도이기 때문이다. 다수대표선거제도가 다수결원칙
에 따라 주로 기능적·정치적 대의의 실현에 초점을 둔다면 비례대표
선거제도는 비례의 원리에 따른 사회적·비례적 대의의 실현에 그 주
안점을 두기 때문에 그 구체적인 제도의 형성도 이같은 제도의 이념과
목적에 맞게 이루어져야 한다. 다수대표선거제도가 추구하는 목적이
정책집행을 뒷받침할 수 있는 안정다수세력의 형성이라면, 비례대표선
거제도는 사회 내지 정치집단의 실제세력에 상응하는 다원적이고 사회
투영적인 대의의 실현을 추구하기 때문에 그 구체적 실현형태도 다수
대표선거제도와는 다른 점이 많다. 그것은 특히 입후보방식, 선거인의
투표방법, 의석배분방법과 저지규정(Sperrklausel) 등에서 나타난다. 이
를 나누어 살펴보기로 한다.

α) 입후보방식

1020

명부제 연대
입후보방식

비례대표선거제도에서는 그 입후보방식이 다수대표선거제도와
다르다. 즉 다수대표선거제도는 '개인별 독립입후보'(Einzelkandidatur)
방식을 원칙으로 하기 때문에 선거인의 투표는 후보자 중에서 특정인
물을 선택하는 의미를 갖게 된다. 그에 반해서 비례대표선거제도는 '명
부제 연대입후보방식'(Listenform)에 따르기 때문에 선거인의 투표는 원
칙적으로 특정인물이 아닌 특정명부를 선택하는 의미를 갖는다. 다만

고정·가변·
개방명부제

명부제 연대입후보방식에도 '고정명부제'(starre Liste)와 '가변명부제'
(lose gebundene Liste), 그리고 '개방명부제'(freie Liste)의 세 가지 유형
이 있어서 명부의 내용과 순위가 처음부터 고정적인 '고정명부제'[699]와
는 달리 선거인의 투표에 의해서 명부순위가 바뀔 수도 있는 '가변명
부제'와 '개방명부제'에서는 선거인은 특정명부의 특정인물을 선택함으
로써 그 특정인물의 명부 내 순위에 영향을 미칠 수가 있다.[700] 특히,

---

698) So auch *D. Nohlen*(FN 627), S. 81f.

699) 예컨대 독일연방의회의 선거에서 제 2 투표(die zweite Stimme)는 이 방법에 따르
  고 있다. Vgl. § 34 Abs. 2 BWahlG.

700) 예컨대, 독일의 Bayern 주의회선거에서 채택하고 있는 제도이다(vgl. § 48ff.
  BayLWG). 독일의 헌법개정연구위원회(Die Enquête-Kommission Verfassungs-
  reform)는 이 Bayern 주선거제도를 독일의 연방의회선거에서도 채택할 것을 건의한

'개방명부제'에서는 정당이 작성한 후보자명부는 단순한 제안적인 의미밖에는 갖지 못하고 선거인은 그 투표권행사에 의해서 각 정당의 제안 명부 중에서 자신의 선호명부를 독자적으로 작성할 수 있다. '가변명부제'와 '개방명부제'는 선거인에게 명부선택권뿐 아니라 인물선택권까지를 함께 줌으로써 정당의 수뇌부에 의해서 일방적으로 정해지는 후보자선정과 명부 내의 후보순위를 주권자의 손으로 고칠 수 있게 한다는데 그 특별한 민주적 의미가 있다. 말하자면 비례대표선거제도에 인물선거적 요소를 가미한 것이라고 볼 수 있다. '가변명부제'와 '개방명부제'는 선거인으로 하여금 대의기관의 구성에 더 많은 발언권과 영향력을 행사할 수 있게 하는 것으로서 민주주의의 요청에 더 잘 부합될 뿐 아니라 정당수뇌부가 갖는 명부후보자선정과 순위결정권을 선거인이 견제하고 수정하는 의미를 갖기 때문에 명부를 통해 당선된 대표자의 정당수뇌부에 대한 독립성보장에도 도움이 된다고 할 것이다. 다만 이 '가변명부제'와 '개방명부제'는 그 시행에 적지 않은 기술상의 어려움이 따르고 이 '가변명부제'와 '개방명부제'가 제대로의 기능을 나타내기 위해서는 선거인이 식별가능한 적정규모의 명부가 작성되어야 한다는 점, 그리고 경우에 따라서는 정당이 꼭 필요로 하는 후보자가 선거에서 낙선하고 상대적으로 지명도가 높은 후보자가 그의 정치역량과는 관계 없이 득을 보는 현상이 나타날 수도 있다는 점 등 몇 가지 문제점이 없는 것도 아니지만, 그 문제점에 비해서 제도의 장점이 훨씬 크다고 느껴진다. '가변명부제'가 실시되고 있는 독일의 Bayern주의회선거에서 선거인의 85%가 명부 중의 특정한 인물을 선택함으로써 명부 내의 후보순위를 바꾸는 권한을 현실적으로 행사하고 있다는 사실에서[701] 선거에서의 선거인의 욕구가 무엇인지가 잘 나타나고 있다고 생각한다.

β) 선거인의 투표방법

비례대표선거제도에서의 투표방법은 그 입후보방식에 따라 다르다. 즉, '고정명부제'의 비례대표선거제도에서는 선거인은 원칙적으로 하나의 투표권만을 갖고 각 정당이 제시하고 있는 명부 중에서 한

1021
입후보방식
과의 관계

바 있다. Vgl. Beratungen und Empfehlungen zur Verfassungsreform, Teil Ⅰ, 1976, S. 61ff.

701) Vgl. dazu Schlußbericht(FN 700), S. 65.

정당의 명부만을 그 전체로서 선택하게 된다. 그에 반해서 '가변명부제'의 경우에는 선거인에게는 적어도 두 개의 투표권이 주어져서, 하나의 투표는 명부의 선택에, 또 하나의 투표는 명부 내의 후보자의 선택에 사용토록 한다. 또 '가변명부제'에서 선거인에게는 선출의원수만큼의 투표권이 주어질 수도 있는데 선거인은 그가 갖는 다수의 투표권을 명부 내의 여러 후보자에게 분산시킬 수도 있지만, 원하는 경우에는 특정한 한 후보자에게만 묶어서(kumulieren) 주게 하는 방법도 가능하다. '개방명부제'에서는 선거인은 여러 개의 투표권을 가지고 여러 정당이 제안한 여러 명부 중에서 자신의 선호자명부를 독자적으로 작성투표하게 된다(panaschieren).[702] 그러나 같은 입후보방식이라도 투표방법은 또 다양하게 변형시킬 수도 있기 때문에 입후보방식별 정형화된 투표방법이 있다고 말하기는 어렵다고 할 것이다. 예컨대 '가변명부제' 하에서도 선거인은 명부순위에는 손을 대지 않고 특정정당의 명부를 그대로 받아들이는 방법의 투표권행사도 가능하겠기 때문이다. 그와 같은 투표방법이 동시에 허용되는 '가변명부제'를 특히 '제한가변명부제' (begrenzt-offene Liste)라고 부르는데 독일의 Bayern 주의회선거방법이 바로 그 대표적인 예이다. 또 다수대표선거제도와 비례대표선거제도를 함께 채택하는 경우 독일의 연방의회선거처럼 선거인은 지역구대표를 뽑기 위한 제1투표권과 정당의 주단위선거구명부후보를 뽑기 위한 제2투표권의 두 개의 투표권을 행사토록 하는 방법도 가능하지만, 우리 개정 전 국회의원선거제도처럼 모든 선거인에게 지역구대표를 뽑는 하나의 투표권만을 주는 방법으로도 비례대표선거의 목적까지도 함께 추구해 볼 수도 있지만, 그것은 엄격한 비례대표의 정신과는 조화되기 어렵다.

　　아무튼 비례대표선거제도에서의 투표방법에는 단수투표방법·복수투표방법·집중투표방법·다수투표방법·선택투표방법·기속투표방법 등 다양한 방법이 있고 후보자의 입후보방식에 따라 여러 형태의 혼합도 가능하다.[703]

---

702) 투표권행사에 있어서 선거인이 그가 갖는 다수의 투표권을 한데 묶을 수도 있고 (kumulieren) 또 분산시킬 수도 있게 하는(panaschieren) 방법은 예컨대, 독일 Bayern 주와 Baden-Württemberg 주의 지방자치단체선거에서 성공적으로 시행되고 있다. Vgl. dazu Schlußbericht(FN 700), S. 62f.

703) 이 점에 관해서 자세한 것은 다음 문헌을 참조할 것.
　　D. Nohlen(FN 627), S. 58ff.

γ) 의석배분방법과 저지규정

비례대표선거제도에서 의석배분 방법이 문제되는 것은 특히 고정의석수를 놓고 여러 정치세력이 선거경쟁을 벌이는 경우이다. 선거전에 대의기관을 구성할 의원수를 확정하지 않고 선거인의 투표율에 따라 의원수가 정해지게 하는 이른바 유동의석수의 제도하에서는 선거인의 투표수에 따라 각 정당이 차지하는 의석수가 자동적으로 정해지기 때문이다.[704]

1022
고정의석수
와 의석
배분방법

고정의석수를 놓고 각 정당이 그 득표율에 따라 의석을 배분하는 방법은 여러 가지가 있을 수 있겠으나 가장 널리 행해지는 방법은 이른바 돈트식(d'Hondt)계산방법[705]과 해어/니마이어식(Hare/Niemeyer)계산방법[706]의 두 가지라고 볼 수 있다. 돈트식계산방법은 각정당의 득표수를 각각 1, 2, 3, …10 등의 제수(除數)로 순차적으로 나눈 다음 각각의 몫을 구해 놓고, 몫의 수치가 큰 숫자부터 의석을 배분해 나가는 방법이다.[707] 이 방법에 따른 의석배석은 득표율에 정확히 비례하는 결과를 얻기가 어렵고[708] 군소정당보다는 대정당에게 상대적으로 유리하

돈트식

---

704) 예컨대, 독일 바이마르공화국 당시 연방의회의 선거법에 따르면 각 정당은 매 6만표마다 1석의 연방의회의석을 차지할 수 있었기 때문에 각 정당이 차지하는 의석수는 선거인의 투표율에 따라 좌우되었다. Vgl. § 30 ReichswahlG v. 27. 4. 1920(RGB1 S. 627).

705) 이 방법은 벨기에 수학자 Victor d'Hondt에 의해서 1882년에 창안된 최고평균법이다. Vgl. Système pratique et raisonné de représentation proportionelle, 1882. 자세한 내용은 vgl. *D. Noblen*(FN 627), S. 63ff.

706) 영국의 Thomas Hare와 독일의 수학자 Niemeyer에 의해서 창안된 수학적 정비례의 계산방법이다. 자세한 내용에 대해서는 vgl. *D. Noblen*(FN 627), S. 68ff.

707) 돈트식계산방법에 의한 의석배분의 보기를 들면 다음과 같다.
10명의 의원을 뽑는 선거에서 선거인 1만명의 유효투표 중 A정당이 4,160표, B정당이 3,380표, C정당이 2,460표를 각각 얻었다면 A정당과 B정당이 각각 4석씩, 그리고 C정당이 2석을 차지하게 된다.

제수	A정당	B정당	C정당
:1	4,160(1)	3,380(2)	2,460(3)
:2	2,080(4)	1,690(5)	1,230(7)
:3	1,386(6)	1,126(8)	820
:4	1,040(9)	845(10)	615
:5	832	676	492

(괄호 안의 숫자는 몫의 크기 순서를 나타냄)
이 예에서 보는 바와 같이 41.6%의 득표를 한 A정당과 33.8%의 득표를 한 B정당이 같은 4명의 의석을 배분받을 만큼 득표율에 정비례하는 의석배분이 이루어지기 어렵다.

708) 독일연방헌법재판소(BVerfGE 16, 130(144))에 따르면 돈트식에 따른 의석배분이

해어/니마이
어식

다고 평가되고 있다. 해어/니마이어식계산방법은 각 정당의 득표수를 전체의석수와 곱한 숫자를 다시 전체유효투표수로 나누어서 각 정당의 몫을 구해 놓고, 각 정당에게는 제1차적으로 그 몫의 자연수에 해당하는 만큼의 의석을 배분한 다음 미배분의석이 생기면 제2차적으로 각 몫의 소수점 이하 숫자의 크기 순서에 따라 나머지 의석을 배분하는 방법이다.[709] 이 방법은 돈트식계산방법과는 달리 수학적으로 비례에 꼭 맞는 의석배분방법으로서 대정당보다는 군소정당에 유리한 배분결과가 나타난다고 평가된다. 의회 내의 상임위원회구성 등에 이 방법이 자주 채택되는 이유도 그 때문이다. 그러나 또 한편 해어/니마이어식계산방법은 경우에 따라서는 절대다수의 득표율을 얻고도 절대다수의석을 배분받지 못하는 결과를 초래할 수도 있게 된다. 우리 공직선거법상 국회의원선거에서 정당의 비례대표의석의 배분방법은 원칙적으로 득표율기준인데 대체로 해어/니마이어식계산방법의 테두리에 속한다고 볼 수 있다. 또 독일의 연방의회선거에서는 종래 돈트식계산방법에 따랐지만 1985년과 1993년의 선거법개정에 의해서 지금은 해어/니마이어식계산방법에 따르고 있다.[710]

1023
저지규정

비례대표선거제도의 의석배분방법과 관련해서 흔히 제기되는 문제는 군소정당의 난립을 막기 위해서 이른바 '저지규정'(Sperrklausel)을 둘 것인지, 만일 둔다면 그 저지선을 어느 정도로 정할 것인가의 문제이다. '저지규정'이란 선거에서 일정 수 이상의 득표율을 올렸거나

정확히 득표율에 정비례하지 않는다 해도 평등선거의 원칙에 반한다고 보기 어렵다고 한다.

709) 해어/니마이어식계산방법에 따른 의석배분의 보기를 들면 다음과 같다.

21명 의원을 뽑는 선거에서 선거인 2만 5천명의 유효투표 중 A, B, C, D정당이 각각 1만표, 8천표, 4천표, 3천표씩을 얻었다고 한다면 A, B, C, D정당은 각각 8, 7, 3, 3석씩을 배분받게 된다.

A정당 $\frac{10000}{25000} \times 21 = 8.40$ 8

B정당 $\frac{8000}{25000} \times 21 = 6.72$ +1   7

C정당 $\frac{4000}{25000} \times 21 = 3.36$ 3

D정당 $\frac{3000}{25000} \times 21 = 2.52$ +1   3

         19 (+2) = 21

710) Vgl. § 6 BWahlG.

당선자를 낸 정당에게만 의석배분에 참여케 함으로써 군소정당의 난립을 막고 다수세력의 형성을 촉진시키려는 제도이다. 우리나라의 현행 공직선거법($\substack{제189 \\ 조}$)이 국회의원선거의 경우 원칙적으로 지역구에서 5명 이상의 당선자를 냈거나 정당투표에서 유효투표총수의 3% 이상을 득표한 정당만이 비례대표의석배분에 참여할 수 있도록 규정한 것이라든지, 독일의 연방의회선거법($\substack{제6조 \\ 제항}$)이 전국을 단위로 전체유효투표의 5% 이상을 얻었거나 지역구에서 적어도 3명 이상의 당선자를 낸 정당만을 비례대표의 의석배분에 참여할 수 있게 한 것 등은 '저지규정'의 좋은 예이다. 이같은 저지규정은 군소정당의 의회진출을 막고 그로 인해 새 정당의 설립을 어렵게 할 뿐 아니라 기존의 대정당들에게 상대적으로 유리한 정당풍토를 조성하는 등 정치양상에 적지 않은 영향을 미치기 때문에 선거제도에서도 중요한 의미를 갖는다. 또 저지선을 이스라엘에서처럼 낮게 하는 경우(1.5%) 그 실효성이 기대되기 어렵고,[711] 스리랑카에서처럼 너무 높게 하는 경우(12.5%)에는 비례대표선거제도의 의의와 기능, 그리고 평등선거의 관점에서 문제가 제기될 수도 있을 뿐 아니라[712] 저지선의 달성을 전국단위로 요구하느냐 지역단위로만 요구하느냐에 따라 정당의 정치활동이 큰 영향을 받기 때문에 '저지규정'의 마련에는 다각적인 고려가 따라야 한다.[713] 저지규정을 두는 경우에도 국회의원선거와 지방의회선거에서 동일한 저지선을 채택할 것인지도

---

711) 이스라엘 국회(크네셋)의원 120명은 모두 전국단위의 비례대표선거에 의해서 선출되는데 유권자의 정당투표에서 유효투표 1.5% 이상의 득표를 한 정당이 득표비율에 따라 의석을 배분받는다. 이스라엘은 의원내각제이지만, 수상도 1996년부터 절대다수 대표선거에 의해서 국민이 직선하는 것이 특징이다. 군소정당난립의 문제점을 수상직선으로 극복하고 있다.

712) 이 점에 관해서는 (FN 650)에서 언급한 독일연방헌법재판소의 판례와 문헌을 참조할 것.

713) 통일 후 최초로 실시된 독일연방의회의원선거(1990년 12월 2일)에서 과도적인 조치로써 서독지역과 동독지역을 분리해서 정당별득표율을 계산한 것도 저지규정이 정당에 미치는 심각한 영향 때문이었다. 앞부분 각주 546 참조.

　　1994년에 개정한 일본선거법도 독일처럼 정당에 대한 제 2 투표를 하도록 했지만, 독일과는 달리 지역구에서 5명 이상의 당선자를 냈거나 유효투표총수의 2% 이상을 득표한 정당만이 비례대표의 의석배분에 참여할 수 있게 했다. 의석배분에 관한 일본제도가 독일제도와 다른 또 한 가지는, 독일에서는 제 2 투표(정당투표)의 득표율에 따라 전체의석(598명)을 배분하지만, 일본에서는 정당투표의 득표율에 따라 전체의석이 아닌 비례대표의석(하원 180명, 상원 96명)만 배분한다는 점이다. 2018년 기준 일본 하원의원수는 480명, 상원의원수는 248명(2022년 까지는 245명)이다.

고려의 대상이다. 독일연방헌법재판소는 지방의회선거에서는 저지규정을 두지 않는 것이 오히려 지방자치의 본질과 기능에 더 부합할 수도 있다고 판시했다.714) 국회의원선거보다 지방의원선거의 저지선을 더 높게 설정하고 있는 우리 선거제도(선거법 제189조와 제190조의 2)의 체계정당성도 검토해 볼 필요가 있다.

1024

독일식의 초과의석·조정의석 제도

        끝으로 비례대표선거제도의 의석배분방법과 관련해서 언급해야 할 사항은 이른바 '초과의석'(Überhangmandat)과 '조정의석'(Ausgleichsmandat)의 문제이다. 즉 독일연방의회의원선거처럼 지역구중심의 다수대표선거제도와 주단위선거구 중심의 비례대표선거제도를 함께 채택함으로써 모든 선거인에게 지역구후보자를 뽑기 위한 투표권과 고정명부제에 따른 정당을 선택하기 위한 투표권의 두 가지가 같이 주어지는 경우에는 '초과의석'이 생겨 의회의 의석수가 초과의석수만큼 증가하는 예외적인 현상이 나타날 수도 있다. 특정정당이 지역구에서 확보한 의석수가 정당에 대한 제 2 투표의 득표율을 기준으로 그 정당에게 배분된 의석수보다 많은 경우에는 그만큼의 '초과의석'이 생기기 때문이다. 그러나 초과의석으로 인해서 각 정당의 득표율과 의석수의 비율관계가 깨지게 되는 선거결과는 대의기관의 구성에 관한 국민의 의사를 왜곡하는 것이어서 위헌이라는 2012년 연방헌법재판소의 결정으로 연방선거법을 고쳐 '조정의석'(Ausgleichsmandat)제도를 새로 도입해서 2013년 연방의회선거에서 처음 적용했다. 즉 초과의석이 생긴 경우에는 초과의석을 얻지 못한 다른 정당에게는 '조정의석'을 배분함으로써 연방차원에서 각 정당의 득표율에 비례한 의석 수를 유지하려는 것이다. 구체적으로 한 정당이 초과의석과 조정의석을 합해서 확보한 전체 의석을 그 정당이 각 주에서 얻은 정당 득표수에 따라 각 주에 할당하게 된다. 그 결과 연방의회의 전체의석은 초과의석과 조정의석을 합한 수만큼 증가하게 된다.715)

---

714) BVerfGE 120, 82ff.

715) 초과의석은 국민의 지지율이 비슷한 독일의 양대정당(CDU/CSU vs. SPD)구도에서 총선결과 지역구의원의 당선자수에서는 앞선 정당이 정당득표의 득표율에서는 오히려 뒤지는 선거결과가 나타날 때 발생하는 현상이다. 이렇게 생긴 초과의석은 의원사망 또는 의원직 사퇴 등으로 결원이 생겨도 그 의석을 보충하지 않는다. 따라서 초과의석 때문에 근소한 의석수 차이로 의회 다수당이 된 경우 초과의석의 감소는 경우에 따라서는 의회내 다수관계의 변화를 초래해 정권교체의 계기가 될 수도 있다.

4. 우리나라의 선거제도

자유민주주의이념을 실현하기 위해서 대의민주주의통치질서를 마련하고 있는 우리나라의 통치구조에서 선거제도가 차지하는 의의와 기능은 매우 크다고 할 수 있다. 국민주권의 원리($^{제1조}_{제2항}$)를 실현하고 통치권의 민주적 정당성을 확보하기 위해서 우리 현행헌법은 모든 국민에게 참정권을 보장했을 뿐 아니라 민주적 선거법의 기본원칙을 헌법($^{제41조 제1항과}_{제67조 제1항}$)에 명문으로 규정하면서 대통령선거제도($^{제67}_{조}$) · 국회의원선거제도($^{제41}_{조}$) · 지방자치를 위한 선거제도($^{제118}_{조}$) 등을 마련해 놓고 있다.

(1) 대통령선거제도

현행헌법상 대통령은 국민의 보통 · 평등 · 직접 · 비밀선거에 의해서 선출한다($^{제67조}_{제1항}$). 1987년 제9차 개헌에 의해 제4공화국 때부터 실시되어 온 대통령간접선거제도가 직접선거제도로 바뀌었다.

1025
대통령
직선제도

a) 선거제도의 내용

대통령은 선거일 현재 18세에 달한 선거권자에 의해서 무기명투표로 선거되는데($^{법 제15조 제1항,}_{제17조, 제146조}$), 대통령후보자 중에서 유효투표의 다수를 얻은 사람이 대통령으로 당선된다($^{법}_{제187조}$). 대통령후보자가 1인일 때에는 그 득표수가 선거권자총수의 1/3 이상에 달하여야 당선인으로 결정된다($^{제67조 제3항, 법}_{제187조 제1항 단서}$). 대통령선거에서 최고득표자가 2인 이상인 때에는 중앙선거관리위원회의 통보에 의하여 국회는 그 재적의원 과반수가 출석한 공개회의에서 결선투표를 행하고 다수표를 얻은 자를 당선인으로 결정한다($^{제67조 제2항, 법}_{제187조 제2항}$).

선거권과
선거방법

대통령의 피선거권에 관해서 현행헌법은 국회의원의 피선거권이 있고 선거일 현재 40세에 달한 국민은 대통령으로 당선될 수 있도록 했다($^{제67조 제4항, 법}_{제16조 제1항}$). 그런데 공직선거법은 선거일 현재 5년 이상 국내에

피선거권

독일에서는 건국 이후 1949년부터 2013년까지 18번의 연방의회의원선거가 실시되었는데 4번의 선거를 제외하고는 매 선거 때마다 최하 1명(1980년과 1987년)에서 최고 24명(2009년)까지의 '초과의석'이 생겼다. 1990년 12월의 통일의회(제12대의회)선거에서도 6명의 초과의석이 생겼었다. 이 점에 관한 자세한 통계와 독일의 연방의회 선거제도에 관해서는 다음 문헌을 참조할 것. *D. Nohlen*(FN 627), S. 155ff. 독일연방헌법재판소는 초과의석이 투표의 성과가치의 평등을 침해한다는 일부의 이의제기에 대해서 이미 네 번(1963, 1988, 1997, 1998년)의 합헌결정을 한 바 있지만, 2012년에는 위헌판결을 했다. 그 결과 2013년 개정된 연방선거법에서 조정의석제도를 처음으로 도입하게 되었다. Vgl. BVerfGE 79, 169; 92, 80; 131, 316.

거주하고 있는 사람만 피선거권을 갖도록 했다(법 제16조, 제1항).

대통령선거에 입후보하려면 정당의 추천을 받거나, 선거권자 3천
500인 이상 6천인 이하의 추천을 받아야 한다(법 제47조, 제48조, 제2항 제1호). 그뿐 아니
라 정당추천 후보자와 무소속후보자는 균등하게 3억원을 기탁한 후,[716]
후보자가 사퇴하거나 등록이 무효된 때 또는 후보자의 득표수가 유효
투표총수의 10%를 초과하지 못한 때에는 그 기탁금은 국고에 귀속된
다(법 제56조 제1항과, 제57조 제2항).

입후보
등록요건

대통령선거시기에 관해서 현행헌법은 대통령의 임기가 끝나는 경
우와, 대통령궐위시 또는 대통령당선자가 사망하거나 판결 기타의 사
유로 그 자격을 상실한 때를 구별해서, 전자의 경우에는 임기만료 70
일 내지 40일 전에, 그리고 후자의 경우에는 사유 발생일로부터 60일
이내에 후임 대통령을 선거토록 규정하고 있다(제68조). 공직선거법은 이
헌법규정에 따라 임기만료에 의한 대통령선거는 그 임기만료일 전 70
일 이후 첫번째 수요일에 하도록 법정하고(법 제34조 제1항 제1호), 대통령 궐위로
인한 선거 또는 재선거는 그 사유가 확정된 때부터 60일 이내에 실시
하되 선거일은 늦어도 선거일 전 50일까지 공고하도록 했다(법 제35조, 제1항).

선거시기

대통령선거의 투표는 각 투표소에서 하지만, 개표는 구·시·군선
거관리위원회가 이를 행하고 시·도선거관리위원회별의 중간집계를 거
쳐 중앙선거관리위원회가 최종 집계·공표함과 동시에 당선인을 결
정·공고하고 지체없이 당선인에게 당선통지를 한다(법 제146조 이하, 제172조 이하, 제187조).
다만 국회의 결선투표에 의하여 당선인이 결정된 때에는 국회의장이
이를 공고·통지한다(법 제187조).

투·개표

또 공직선거법은 대통령선거에 관해 당선인이 없거나 선거의 전
부무효 내지 당선무효의 확정판결이 있거나 당선인이 그 임기 시작 전
에 사망·사퇴 또는 피선거권을 상실한 경우에는 그 사유확정일로부터
60일 이내에 재선거를 실시토록 정하고 있다(법 제195조 및 제35조 제1항). 끝으로 대통령
선거에 관한 소송으로 선거소송과 당선소송의 두 가지를 인정하고 있
는데 전자는 선거일로부터 30일 이내에 선거인·대통령후보자·대통령
후보추천정당이 당해 선거관리위원회위원장을 피고로, 후자는 대통령

선거에 관한
소송

---

716) 우리 헌재는 선거법개정 전 5억원의 기탁금은 공무담임권을 침해한다는 헌법불합치
결정을 내리고 2009년 말까지 입법개선시한을 정한 바 있다. 헌재결 2008. 11. 27.
2007 헌마 1024 참조.

후보자 또는 대통령후보추천정당이 당선결정일로부터 30일 이내에 대통령당선인 또는 중앙선거관리위원회위원장 내지 국회의장을 피고로 하여 대법원에 소를 제기하는 것이다($\frac{법 제222조와}{제223조}$). 대법원은 소가 제기된 날로부터 180일 이내에 신속히 처리해야 한다($\frac{법}{제225조}$).

b) 대통령선거제도의 특징과 문제점

우리의 대통령선거제도는 직접선거제도 중에서도 '상대다수대표선거제도'라고 평가할 수 있다. 이 점 '형식적 간접선거제도'인 미국의 대통령선거제도와[717] 다르고, 또 '절대다수대표선거제도'인 프랑스, 오스트리아, 러시아, 폴란드, 핀란드, 우루과이, 우크라이나, 슬로바키아, 불가리아, 콩고 등의 대통령선거제도와도 다르다. 우리의 대통령선거제도에서 국민에 의해서 직선되는 대통령은 일응 강력한 민주적 정당성을 갖는다고 볼 수 있다. 그러나 상대다수대표선거제도 아래서는 1987년 제13대 대통령선거와 1992년 제14대 대통령선거 그리고 1997년 제15대 대통령선거와 2002년 제16대 대통령선거 및 2007년 제17대와 제19대 대통령선거 때처럼 전체선거권자 과반수에도 미치지 못하는 소수(각각 유효투표 35.9%·42%·40.3%·48.9%·48.7%·41.1%)의 득표만으로 대통령에 당선되는 일이 생겨, 당선된 대통령의 민주적 정당성에 심각한 이의가 제기될 수 있다.[718] 따라서 대통령직선제가 추구하는 통치권의 민주적 정당성의 제고를 위해서는 반드시 유효투표 과반수의 지지를 얻어야 대통령으로 당선될 수 있도록 프랑스, 오스트리아, 러시아, 폴란드, 핀란드, 우루과이, 우크라이나, 슬로바키아, 체코, 불가리아, 콩고, 짐바브웨, 브라질, 인도네시아, 이란, 아프가니스탄, 칠레, 콜롬비아, 크로아티아, 키프로스, 케냐, 리투아니아, 터키 등과 같은 절대다수대표선거제도로 고쳐야 하리라고 본다. 그에 더하여 현행대통령선거제도는 흔한 일은 아닐지라도 최고득표자가 2인 이상인 때 국회에서 결선투표를 통해 당선자를 결정케 함으로써 우리 헌법이 채택하고 있는 대통령직선제와 체계적인 면에서 갈등을 일으키고 있다는 점도 문제가 아닐 수 없다. 대통령직선제는 이른바 '대의의 대의'(Repräsentation der

1026
민주적
정당성의
문제점

---

717) 미국의 대통령선거제도에 관해서 자세한 것은 다음 문헌을 참고할 것.

　　 S. Magiera, Die Vorwahlen(Primaries) in der Vereinigten Staaten, 1971.

718) 특히 헌법 제67조 제3항의 최소한의 민주적 정당성의 요청에 비추어 볼 때 더욱 그러하다.

Repräsentation)를 허용하지 않기 때문이다.

(2) 국회의원선거제도

a) 선거제도의 내용

1027

**상대다수
대표선거
제도에 비례
대표제 가미**

우리 현행헌법은 국회의원의 선거에 관해서 보통·평등·직접·비밀선거의 원칙을 선언하고(제41조 제1항), 국회가 200인 이상의 선거구대표와 비례대표제로 구성된다는 취지만을 명시할 뿐(제41조 제2항과 제3항) 그 선거에 관한 자세한 사항은 법률로 정하게 하고 있는데 공직선거법에서 그 구체적인 사항을 상세히 규정하고 있다. 그에 따르면 우리의 선거제도는 지역구중심의 다수대표선거제도와 전국을 단위로 하는 비례대표선거제도의 혼합형태라고 볼 수 있다. 또 '단수투표제', '1구 1인대표제', 비례대표의 정당투표제 및 해어/니마이어식 유형의 배분방법, 저지규정 등이 국회의원선거법의 주요내용이다. 즉, 국회는 253명의 지역구다수대표와 47명의 비례대표를 합해 300명으로 구성되는데, 지역구대표는 각 지역선거구에서 상대다수대표선거에 의해서 선출되고, 비례대표는 정당별 후보명부에 대한 정당투표에 의해 선거된다. 우리 공직선거법은 '1구 1인대표제'를 택했기 때문에 각 지역선거구에서 최고득표자만이 그 선거구의 대표로 선출된다(법 제188조 제1항과 제21조). '1구 1인대표제'이므로 모든 선거인은 1표만을 투표하는 단수투표제이다(법 제146조). 지역구선거에서 5석 이상의 의석을 얻었거나 정당투표에서 유효투표총수의 3% 이상을 득표한 정당은 47명의 비례대표의 배분에 참여하게 되는데, 이 때 정당들이 그 비례대표후보명부에 대한 정당투표에서 얻은 득표비율에 따라 해어/니마이어식 유형의 계산방법으로 배분받게 된다(법 제189조).719) 그런데 2019년 야당을 배제한 변칙적인 선거법 개정으로 이 배분방법에 대한 특례조항을 만들었다. 즉 비례대표 47석 중에서 30석에는 이른바 준연동형제를 도입했다. 그 결과 정당득표율에 비해서 지역구 낙선자가 적은 경우 50%(2020년 선거에서만 30석)의 범위안에서 나머지 의석을 그 정당에 비례대표로 채워주게 했다. 이 선거법은 정당투표제의 도입 취지에 어긋나고 투표의 성과가치의 평등을 왜곡하는 현상이 생길 뿐

---

719) 선거법(제189조 제2항~제5항).

우리 헌재가 정당의 지역구선거 득표비율에 따라 비례대표의석을 배분하는 구 선거법 제189조를 위헌결정했었기 때문에 정당투표도입 등 비례대표의석 배분을 위한 선거법개정이 이루어졌었다. 헌재결 2001. 7. 19. 2000 헌마 91 등 참조.

아니라 비례대표의석의 배분방법이 난수표처럼 복잡해서 직접선거의
원칙에도 어긋난다. 2004년 정당투표제 도입 이전에는 지역구선거에서
의석을 얻지 못하였거나 5석 미만을 차지한 정당으로서 그 득표수가
유효투표총수의 3% 이상 5% 미만인 정당이 있는 때에는 비례대표의
석에서 그 정당에게 우선 1석씩을 배분해주고 나머지를 5석 또는 5%
이상을 얻은 정당들에 배분했었다($\binom{법 제189조}{제1항 단서}$). 이처럼 지역구에서 비록 5
석 또는 5% 이상을 얻지는 못했지만, 유효투표총수의 3% 이상을 얻은
정당에게도 비례대표의석에서 우선 1석씩을 배분해주도록 했던 것은
소수당의 의회진출기회를 보장함으로써 대의정의를 실현하려는 취지였
다고 할 것이다. 정당투표제가 시행되면서 3%의 저지규정을 두어 이
우선배분제도는 폐지되었다.

　　국회의원선거에서 만 18세가 된 모든 국민은 특별한 결격사유
($\binom{법}{제18조}$)가 없는 한 원칙적으로 선거권을 가지고($\binom{제24조, 법}{제15조 제1항}$), 만 25세가
된 국민으로서 일정한 결격사유($\binom{법}{제19조}$)가 없으면 국회의원피선거권을 갖
는다($\binom{법 제16조}{제2항}$). 국회의원선거에 지역선거구에서 입후보하려는 사람은 정당
의 추천을 받거나 해당선거구 내 선거인 300인 이상 500인 이하의 추
천을 받아 해당선거구선거관리위원회에 입후보등록을 해야 한다($\binom{법 제47조}{제1항과}$
$\binom{제48조 제2항 제}{2호 및 제49조}$). 그러나 당내 공천경선에 참여했다가 탈락한 사람은 당해
선거구의 선거에 입후보할 수 없다($\binom{법 제57조의2}{제2항}$). 비례대표의 후보자등록
은 각 정당이 후보순위를 정한 비례대표후보명부를 작성해서 본인의
후보승낙서와 함께 중앙선거관리위원회에 신청함으로써 이루어진다
($\binom{법 제49조}{제2항}$). 이처럼 비례대표의 국회의원후보는 정당원이어야 하기 때문
에 정당원인 사람이 후보자등록기간중에 그 소속정당으로부터 탈당하
거나 당적을 바꾸거나 또는 2 이상의 당적을 가지는 경우에는 당해
선거에서는 후보자로 등록될 수 없도록 했다($\binom{법 제49조}{제6항}$). 공무원 등 국회
의원과 겸직이 허용되지 않는 신분을 가진 사람이 국회의원선거에 입
후보하기 위해서는 지역구후보자의 경우 선거일 전 90일까지 그리고
비례대표후보자의 경우 선거일전 30일까지 그 직에서 해임되어야 한다
($\binom{법}{제53조}$).

　　우리 공직선거법은 국회의원선거에서 입후보의 난립을 막기 위해
서 기탁금제도를 채택하고 있는데, 그에 따르면 지역구후보자와 비례

대표후보자는 각각 1,500만원과 500만원을 그 등록시에 중앙선거관리
위원회 규칙이 정하는 바에 따라 관할선거관리위원회에 기탁해야 한다
$\left(\begin{smallmatrix} \text{법 제56조 제 1 항} \\ \text{제 2 호와 2의2호} \end{smallmatrix}\right)$. 공직선거법은 이 기탁금의 처리에 관해서도 규정하고
있는데 그에 따르면, 후보사퇴·등록무효·일정득표수 미달(유효투표총
수의 10/100 미만)의 사유가 발생하거나 비례대표후보자의 경우 그 소속
정당의 비례대표후보자 중 당선자가 없는 때에는 그 후보자의 기탁금
은 일정액의 비용을 공제한 후 국고에 귀속토록 했다$\left(\begin{smallmatrix} \text{법} \\ \text{제57조} \end{smallmatrix}\right)$.[720]

우리 공직선거법은 선거의 전부무효·당선무효·당선인의 사망·사퇴·
피선거권상실 등 일정한 사유가 발생하면 일년에 한번 4월 중 첫번째 수요일
에[721] 재선거를 실시토록 규정하고 있다$\left(\begin{smallmatrix} \text{법 제35조 제 2 항과 제203조 제 3 항과 제 4} \\ \text{항 및 제200조 제 2 항 단서와 제201조 제 1 항} \end{smallmatrix}\right)$.

끝으로 국회의원선거에 관한 소송으로는 선거소송과 당선소송의
두 가지를 인정하고 있는데, 전자는 선거일로부터 30일 이내에 선거
인·정당 또는 후보자가 관할지역구선거관리위원회위원장을 피고로,
후자는 당선결정일로부터 30일 이내에 정당 또는 후보자가 당선인 또
는 당해 선거구선거관리위원회위원장을 피고로 하여 각각 대법원에 소
송을 제기하는 것인데$\left(\begin{smallmatrix} \text{법 제222조와} \\ \text{제223조} \end{smallmatrix}\right)$, 대법원은 소송이 제기된 날로부터
180일 이내에 신속히 처리하여야 한다$\left(\begin{smallmatrix} \text{법} \\ \text{제225조} \end{smallmatrix}\right)$. 그리고 선거범의 처리를
신속히 함으로써 공명선거를 보장하기 위해서 그 재판기간을 제 1 심은
공소제기일로부터 6월 이내, 제 2 심 및 제 3 심은 전심판결선고일로부
터 각각 3월 이내에 반드시 하도록 정했다$\left(\begin{smallmatrix} \text{법 제268조} \\ \text{및 제270조} \end{smallmatrix}\right)$.

b) 국회의원선거제도의 특징과 문제점

1028
선거구간의
과다한
인구편차

우리의 현행국회의원선거제도는 지역구다수대표선거제도와 비례
대표선거제도의 혼합형태이어서 1인 2표제를 채택한 점, 지역구다수대
표선거제도에서는 상대다수의 '1구 1인대표제'를, 그리고 비례대표의
선거에서는 50% 여성공천의무할당제$\left(\begin{smallmatrix} \text{법 제47조} \\ \text{제 3 항} \end{smallmatrix}\right)$와 정당투표에 의한 정당
별득표기준에 따른 비례대표의석 배분방법을 따르되 배분상의 특례조

---

720) 법개정 전의 차등기탁금제도에 대한 헌법재판소의 헌법불합치결정(헌재결 1989. 9.
8. 88 헌가 6) 참조. 또 우리 헌재는 2,000만원의 기탁금과 유효투표총수의 20/100
이상의 득표를 해야만 기탁금을 반환하게 정한 선거법규정을 위헌결정했다(헌재결
2001. 7. 19. 2000 헌마 91 등(병합)).

721) 다만 지자체장의 경우에만 일년에 두 번 4월과 10월 중 첫 번째 수요일에 실시한다.
선거일이 민속절 등 공휴일과 겹치거나 선거일 전후일이 공휴일과 겹치면 그 다음주
수요일에 실시한다.

항을 통한 준연동형제도를 채택하고 있는 점,[722] 그리고 비례대표의석
배분에서 저지규정의 저지선을 3%로 정해 소수당의 의회진출기회를
보장한 점, 비례대표의석배분상의 저지규정도 득표율기준(3%)과 의석기
준(5석)을 함께 정한 점 등이 그 특징적인 내용이라고 평가할 수 있다.

그러나 이러한 여러 특징적인 내용에 의해서 징표되는 우리의 국
회의원선거제도는 무엇보다도 평등선거의 원리와 직접선거의 원칙에
비추어 문제점이 많다고 지적하지 않을 수 없다. 즉 지역구다수대표선
거제도가 요구하는 합리적이고 균등한 선거구분할이라는 측면에서 문
제점이 있는 것이 사실이다. 나아가 준연동형 비례대표제의 비례대표
의석 배분방법은 직접선거의 원칙에 어긋나는 측면이 있다.

현행공직선거법에 의한 지역선거구의 분할은 선거구획정위원회의
획정안에 대한 국회의 간섭과 전횡으로 게리맨더링 현상이 심해서 대
의평등과 대의정의의 정신에 어긋난다고 할 것이다. 그것이 대의기관
의 민주적 정당성을 약화시키는 요인으로 작용한다는 것은 재론을 요
하지 않는다. 우리 헌법재판소는 1995년 선거구간 인구편차의 허용폭
을 4 : 1로 제시하는 결정을 했었고,[723] 2001년에는 그 허용폭을 더 좁
혀 인구편차가 3 : 1을 넘으면 위헌이라고 판시하면서 장기적으로 선거
구간 인구편차를 2 : 1 이하로 줄이는 입법개선이 필요하다고 촉구하는
결정을 했다.[724] 다행히 우리 헌법재판소가 2014년 선거구의 인구편차
가 2 : 1을 넘으면 위헌이라고 결정함으로써 2016년 선거에서부터는
이 기준을 적용하게 되었다.[725] 그런데 2019년 선거법 개정으로 군소
정당에게 유리한 이른바 50%(2020년 총선거에서만 30석) 준연동형제를
도입해서 정당투표제를 왜곡하는 위헌적인 현상이 생기게 되었다. 반
면에 우리 헌법재판소가 미국연방대법원의 일부 판례와 일본의 입법례

722) 우리 헌재가 별도의 정당투표 없이 지역구후보자에 대한 투표를 정당에 대한 투표로
    의제하여 비례대표의석을 배분하는 것은 직접·평등선거의 원칙에 반하여 위헌이라고
    결정한 후 2004년 정당투표제도가 도입되었다. 헌재결 2001. 7. 19. 2000 헌마 91 등
    (병합) 참조. 그런데 비례대표국회의원에 궐원이 생긴 경우 그 잔여임기를 기준으로
    승계원칙의 예외를 둔 선거법(제200조 제 2 항 단서 중) 규정에 대한 헌법불합치결정
    은 대의제민주주의와 공무담임권을 강조한 판례이다. 헌재결 2009. 6. 25. 2008 헌마
    413 참조.
723) 헌재결 1995. 12. 27. 95 헌마 224 등(병합) 참조.
724) 헌재결 2001. 10. 25. 2000 헌마 92 등(병합) 참조.
725) 헌재결 2014. 10. 30. 2012 헌마 190 등 참조.

를 원용하면서 광역의원 및 기초의회의원지역선거구획정에서 국회의원
선거구획정에서보다 더 완화된 4 : 1기준을 적용한 판시를 해서 비판을
받았는데 2018년 이 기준을 3 : 1로 줄이는 판례변경을 했다.[726]

(3) 지방자치를 위한 선거제도

1029
지방자치
제도보장

우리 헌법은 '풀뿌리의 민주정치'를 실현하고 기능적인 권력통제
를 실효성 있게 하기 위해서 지방자치를 제도적으로 보장하고 있다
(제117조와 제118조). 따라서 지방자치단체는 주민의 복리에 관한 사무를 처리하고
재산을 관리하며, 법령의 범위 안에서 자치에 관한 규정을 제정하기
위해서 의결기관인 지방의회와 집행기관인 지방자치단체의 장을 두고,
이같은 자치기구를 구성하는 선거를 실시한다. 지방자치기구의 구성을
위한 선거에는 지방의회의원선거와 지방자치단체의 장 선거 그리고 지
방교육자치에 관한 법률에 따른 교육감의 선거 등이 있다.[727]

a) 지방의회의원과 지방자치단체의 장 선거제도

1030
공직선거법
상의
선거원칙

지방의회의원과 지방자치단체의 장은 지역주민의 보통·평등·직
접·비밀·자유선거에 의해서 선출된다. 선거일 현재 18세 이상의 국
민으로서 선거인명부작성기준일 현재 당해 지방자치단체의 관할구역
안에 주민등록이 된 주민은[728] 선거권을, 그리고 선거권이 있는 사람으
로서 선거일 현재 계속하여 60일 이상 당해 지방자치단체의 관할구역
안에 주민등록이 되어 있는 25세 이상인 자는 그 지방자치단체의 의회
의원 및 장의 피선거권을 가진다(선거법 제15조 제2 항과 제16조 제3 항). 지방의회의원과 지방
자치단체장의 선거는 상대다수대표선거제도와 비례대표선거제도에 따
른다. 즉 17개의 광역자치단체와 기초자치단체의회의원선거에서는 의
원정수의 10%의 범위 내에서 정당의 비례대표제(이 경우 50% 여성공천
할당제 적용)가 함께 적용된다(선거법 제20조 및 제22조와 제23조). 즉 지역구와 비례대표후보자

---

726) 헌재결 2018. 6. 28. 2014 헌마 166 참조.
727) 이 중 지방의회의원선거는 1991년 상반기에 이미 실시되어 지방의회가 활동중이며,
　　지방자치단체장 선거는 1995년 6월 27일 지방의회의원선거와 함께 실시되었다.
　　　지방교육자치를 위한 선거는 2007년부터 시행하고 있다.
728) 우리나라 영주권을 취득한 후 3년이 지난 18세 이상의 외국인으로서 당해 지방자치
　　단체의 외국인등록대장에 등재된 외국인도 지방자치선거권을 갖는다. 또 해당지방자치
　　단체의 주민등록표에 3개월 이상 계속하여 올라있고 해당 지방자치단체의 관할구역에
　　주민등록이 되어 있는 재외국민도 선거권을 갖는다(선거법 제15조 제2 항 제2 호 및
　　제3 호).

에게 각각 따로 투표하는 1인 2표제를 도입했다$\binom{\text{선거법 제146조}}{\text{제2항 후단}}$. 그리고 지역구 기초의회의원선거는 선거구마다 2인 이상 4인 이하의 의원을 뽑는 중선거구제에 따른다$\binom{\text{선거법 제26조}}{\text{제2항}}$. 시·도·특별자치도 및 시·군·구 선거구별로 비례대표후보자에 대한 유효투표총수의 5% 이상을 득표한 정당에게 각 정당의 득표비율에 따라 의회의원정수 10%의 비례대표의원을 해어/니마이어식 계산방법으로 배분하되 한 정당이 비례대표의원 2/3 이상을 차지할 수는 없도록 5% 저지조항의 예외를 인정했다$\binom{\text{선거법}}{\text{제190조의 2}}$. 그리고 비례대표후보자 중 50% 이상을 여성으로 추천하도록 여성의무할당제를 도입하면서 비례대표후보자 명부순위에 따라 매 홀수순위마다 여성 1인이 포함되도록 의무화했다$\binom{\text{선거법 제47조 제3항, 제49조}}{\text{제8항, 제52조 제1항 제2호}}$. 그리고 임기만료에 의한 시·도·특별자치도의원 선거후보자 중 30/100 이상을 여성으로 추천하도록 노력해야 한다$\binom{\text{선거법 제47조}}{\text{제4항}}$. 이 의무를 지키는 정당에게는 공직후보자여성추천보조금을 추가로 지급할 수 있게 정치자금법에서 정했다$\binom{\text{정자법}}{\text{제26조}}$.

지방의회의원과 지방자치단체장의 임기는 4년이며 지방자치단체장의 계속 재임은 3기에 한한다$\binom{\text{지자법 제32조,}}{\text{제95조}}$. 지방의회의원은 국회의원을 비롯한 일정한 직을 겸할 수 없도록 했는데, 그 중에는 농·수산업협동조합, 산림조합, 엽연초생산협동조합, 신용협동조합, 새마을금고의 상근 임·직원과 이들 조합·금고의 중앙회장과 연합회장이 포함된다 $\binom{\text{지자법 제35조}}{\text{제1항 제6호}}$. 지방자치단체의 장도 국회의원과 지방의회의원 기타 법률이 정하는 일정한 직을 겸할 수 없다$\binom{\text{지자법}}{\text{제96조}}$. 지방의회의원과 지방자치단체의 장 선거에서도 기탁금제도가 적용되는데$\binom{\text{선거법}}{\text{제56조}}$,[729] 일정수 이상의 득표를 하지 못하면 선거공영비용을 공제한 후 당해 지방자치단체에 귀속된다$\binom{\text{선거법}}{\text{제57조}}$. 지방자치를 위한 선거제도에서 특징적인 것은 지방자치단체의 의회의원 및 장 선거의 피선거권연령을 25세 이상으로 통일했다는 점이다$\binom{\text{선거법 제16조}}{\text{제3항}}$. 지역구 지방의회의원선거와 비례대표 시·군·구의원선거 및 기초자치단체의 장 선거에 관한 소송은 시·도·특별자치도선거관리위원회에 소청을 거쳐 관할 고등법원에, 그리고 시·도·특별자치도지사선거에 관한 소송과 비례대표 시·도·특별자치도

---

[729] 기초의회의원후보자는 200만원, 광역의회의원후보자는 300만원, 기초자치단체장후보자는 1,000만원, 광역자치단체장후보는 5,000만원. 이 기탁금제도에 대한 헌재결 1991. 3. 11. 91 헌마 21 참조할 것.

의원선거에 관한 소송은 중앙선거관리위원회에 소청을 거쳐 대법원에 제소할 수 있다($_{제219조~제226조}^{선거법}$).

b) 지방교육자치를 위한 선거제도

1031
폐지된
교육위원회

지방교육자치에 관한 법률(이하 법)은 광역자치단체인 시·도에만 지방교육자치를 시행하도록 하면서[730] 교육전문의결기관으로 교육위원회를, 그리고 교육전문집행기관으로 교육감을 두도록 했었다($_{제18조}^{법 제4조와}$). 그러나 교육위원회는 2014년 6월 30일 이후 폐지되고 그 이후로는 시·도의회가 지방교육자치에 관한 사항에 관해서도 심의·의결권을 갖는다.

교육감 선거

교육감은 2007년부터 주민의 보통·평등·직접·비밀선거를 통해 ($_{제43조}^{법 제22조와}$) 임기 4년으로 선출하는데 계속적인 재임은 3기에 한한다($_{제21조}^{법}$). 정당은 교육감선거에서 후보자를 추천할 수 없는데, 법이 이처럼 따로 정한 사항을 제외하고는 공직선거법의 시·도지사선거에 관한 규정을 교육감 선거에 준용한다($_{제49조}^{법 제22조와}$). 교육감후보자는 당해 시·도지사의 피선거권이 있어야 하며 후보등록일로부터 과거 1년간 정당의 당원이 아니어야 하고, 교육경력 또는 교육행정경력이 3년 이상 있거나 두 경력을 합해서 3년 이상 있어야 한다($_{제24조}^{법}$). 교육감은 국회의원·지방의회의원 등 법률이 정한 일정한 직을 겸할 수 없다($_{제23조}^{법}$). 교육감 밑에 교육감의 추천과 교육부장관의 제청으로 대통령이 임명하는 부교육감 1인(인구 800만 이상, 학생 170만 이상인 시·도는 2인)을 두는데 국가공무원법($_{조의 2}^{제2}$)의 규정에 따른 고위공무원단에 속하는 일반직 국가공무원 또는 장학관으로 보한다($_{제30조}^{법}$).

제 5 절 공직제도

1032
국가작용의
인적 도구인

기본권적인 가치의 실현을 목적으로 하는 여러 가지 통치기능은 현실적으로 공직자에 의해서 행해지기 때문에 공직자는 통치기능의 필

---

730) 우리 헌재는 '지방교육자치는 민주주의·지방자치·교육자주라고 하는 세 가지의 헌법적 가치를 골고루 만족시킬 수 있어야 한다'고 판시했다(헌재결 2000. 3. 30. 99 헌바 113, 판례집 12-1, 359(368면 이하)). 그리고 교육위원과 교육감을 학교운영위원회위원 전원만으로 구성된 선거인단에서 선거하는 것은 지역주민의 선거권과 평등권의 침해가 아니라고 결정했다(헌재결 2002. 3. 28. 2000 헌마 283 등(병합)).

수적인 전제조건이다. 통치기능을 담당하는 여러 유형의 공직자 중에 공직자
서도 '공무원단'(Beamtencorps)은 국가적인 통치를 가능케 해 주는 국
가작용의 '인적 수단이며 도구'(personales Instrument)731)이다. 그렇기
때문에 공무원의 효율적인 공직수행을 뒷받침해 주는 합리적인 공무원
제도를 마련하는 일은 현대국가의 통치질서에서 매우 중요한 의미를
갖게 된다. 현실적으로, 헌법이 마련한 통치구조는 모든 공직자들의 창
의적이고 성실하고 책임 있는 근무자세에 의해서만 비로소 실현가능하
다. 예컨대 우리 헌법에 표현된 공무원의 지위·책임·정치적 중립성
등에 관한 명문규정($\frac{제7}{조}$)도 이같은 기본인식에서 나온 것이라고 볼 수
있다. 따라서 통치기관을 구성하는 데 있어서 헌법이 정한 통치구도
를 가장 능률적이고 책임 있게 실현할 수 있는 공직제도(öffentlicher
Dienst)를 마련하는 일은 헌법상의 수권인 동시에 헌법적 명령이다. 특
히 '직업공무원제도'(Berufsbeamtentum)가 현대국가의 통치기관의 불가
결한 구성원리로 간주되는 이유도 그 때문이다.732) 직업공무원제도가
종래 단순히 공무원의 신분상의 이익이나 공무원의 권리보호를 위한
일종의 행정법적 제도 쯤으로 인식되어 온 것이 사실이지만, 직업공무
원제도는 그 자체가 통치기구의 불가결한 조직원리로서 기본권적 가치
의 실현이라는 통치질서의 목적달성에 중요한 몫을 차지하고 있다는
점을 간과해서는 아니 된다. 미국에서 직업공무원제도가 대통령의 절
대적인 권한을 제한하는 중요한 요인으로 작용함으로써 미국의 정치안
정에 기여한 점,733) 영국의 'Civil Service'(전문적인 관료조직)가 법률집
행과 행정업무를 중립적이고 독자적으로 수행해 나감으로써 의원내각
제정착의 바탕을 마련한 점,734) 그리고 프랑스 제3·4공화국시대의 극
단적인 내각불안정에도 불구하고 프랑스를 지켜준 프랑스 관료조직
(Agents Publics)의 공로 등735)이 이를 잘 입증해 주고 있다. 프로이슨시

---

731) So *J. Isensee*, Öffentlicher Dienst, in: Benda u. a.(Hrsg.), Handbuch des Ver-
fassungsrechts, 1983, S. 1149ff.(1152).

732) 따라서 스위스가 2001년부터 법관을 제외한 직업공무원제도를 폐지하고 모든 직업
공무원을 계약직으로 전환하게 한 것은 하나의 보기 드문 예외현상이다. 물론 스위스
의 직업공무원제도는 종래에도 공무원을 종신직이 아닌 4년 임기로 임용하는 등 매우
불완전한 것이기는 했다. Vgl. Bundespersonalgesetz(BPG)(1999).

733) Darüber vgl. *C. J. Friedrich*(FN 307), S. 442, 448.

734) 이 점에 대해서 앞부분 방주 942 참조할 것.

735) Darüber vgl. *K. Loewenstein*(FN 238), S. 89.

대부터 확립되어 온 독일의 직업공무원제도가 오늘날 독일의 통치질서에서 정치안정과 법치국가실현의 주춧돌로 기능하고 있다는 사실도 이미 잘 알려진 일이다.736) 따라서 공직제도, 특히 그 중심적인 내용을 이루는 직업공무원제도는 중요한 헌법적 제도이지 단순한 공무원법의 영역에 속하는 행정법적 제도만은 아니다.737) 공직제도를 통치기구의 한 조직원리로 다루려고 하는 이유도 바로 그 때문이다. 아래에서 공직제도 전반과 직업공무원제도의 내용과 기능 등에 관해서 살펴본 후에 우리의 공직제도에 언급하기로 한다.

1. 공직제도와 공무원제도

직업공무원제도는 크게는 '공직제도'(öffentlicher Dienst) 작게는 '공무원제도'(Beamtentum)를 전제로 하는 것이기 때문에 공직제도와 공무원제도의 개념과 본질을 밝히는 것은 직업공무원제도(Berufs-beamtentum)의 이해에 도움이 된다.

(1) 공직의 인력구조변화

1033

인력구조의
2원화 현상

역사적으로 볼 때 국가작용을 수행하는 공직자는 '공무원'인 것이 원칙이었다. 그러나 국가의 활동영역이 넓어지고 사회국가적 경향에 의한 급부국가적 생존배려의 행정영역이 새로이 엄청난 업무량을 가져다 주게 되자 공무원만으로 그 증대된 많은 국가작용의 수요를 감당하기가 어렵게 되었다. 그 결과 증대된 업무량을 능률적이고 신속하게 처리하기 위한 새로운 인력이 필요하게 되었다. 그래서 나타난 것이 공직제도의 이원화현상(Zweispurigkeit des öffentlichen Dienstes)738)이다. 즉 종래 국가고권작용(Staatshoheitsakt)에 의해서만 설정될 수 있었던 전통적인 공무원관계(Beamtenverhältnis) 이외에 일종의 근무계약에 의해서 공법상의 근무관계(öffentlich-rechtliches Arbeitsverhöltnis)를 바탕으로 하는 제2의 공직자집단이 생기게 된 것이다. 말하자면 공직제도 내의 인력구조가 공무원만의 일원구조에서 공무원과 비공무원인 공직자의 이원적 구조로 바뀐 것을 뜻한다. 따라서 개념적으로도 '공직자'

---

736) Darüber vgl. *K. Stern*(FN 9), S. 363ff.

737) So auch z. *B. K. Stern*(FN 9), S. 335ff.(336); *J. Isensee*(FN 731), S. 1149.

738) Darüber vgl. z. B. *J. Jung*, Die Zweispurigkeit des öffentlichen Dienstes, 1970.

(die Angehörigen des öffentlichen Dienstes)라는 말은 이 이원적 인력구조에 속하는 모든 공직담당자를 총칭하는 개념이기 때문에 '공무원'이라는 개념보다 포괄적이다. '공직제도'가 '공무원제도'라는 개념보다 포괄적인 의미를 갖게 되는 이유도 그 때문이다.

하지만 공직제도 내의 인력구조가 이원화되고 공직자의 수가 점점 팽창해진다고 하는 것은 증가된 공무수요에 대응하기 위한 불가피한 현상이긴 하지만 공직구조의 비대화를 초래하고 공무수행의 경제성을 약화시킬 뿐 아니라, 비공무원인 공직자들이 행사할 수도 있는 헌법과 노동법상의 여러 가지 권리(예컨대 쟁의권) 때문에 오히려 통치기능의 수행에 부정적인 영향을 미칠 수도 있다는 점을 간과할 수 없다. 그럼에도 불구하고 독일·프랑스·영국 등의 선진국가에서 볼 수 있듯이 공직인력구조의 이원화현상[739]은 현대국가의 통치구조에서 그 단점보다는 장점이 더 많은 것으로 평가되고 있다.[740]

(2) 공직자 및 공무원의 의의와 범위

공직자는 최광의로는 국가와 공공단체 등 모든 공법상의 단체·영조물·재단 등에서 공무를 수행하는 모든 인적 요원을 총칭하는 개념이다. 여기에는 공무원을 비롯해서 심지어 '선거직공직자'까지가 모두 포함된다. 광의의 공직자에는 공무원을 비롯해서 근무계약관계에 있는 공직자·법관·직업군인과 병역복무중의 군인 등이 포함된다. 그러나 협의의 공직자는 공무원 및 근무계약에 의한 공직자만을, 그리고 최협의로는 공무원만을 지칭하는 개념이다. 직업공무원제도는 최협의의 공직자를 전제로 한 통치기구의 조직원리이다. 그러나 일반적으로 좁은 의미의 공직제도 즉 공무원제도에서 말하는 공무원은 협의의 공직자, 즉 공무원 및 근무계약에 의한 공직자만을 지칭하는 것이 관례이다.[741]

1034

최광의·광의·협의·최협의의 공직자

---

739) 이 같은 현상은 독일·영국·프랑스 등에서 공통적으로 나타나고 있다. 즉, 독일에서는 공직제도가 'Beamte'(공무원)와 'Angestellte'(계약공직자)의 이원구조로 되어 있고, 프랑스에도 'fonctionnaires'(직업공무원) 중심의 'agents publics'라는 공직자집단 외에 사법상계약에 의한 'employés', 'ouvriers' 등이 있다. 또 영국에서도 'civil service'가 이원적으로 되어 있다. 그러나 미국의 'civil service'만은 일원적이다.

Vgl. dazu K. Stern(FN 9), S. 335ff.(338ff.); R. Janot, Beamtentum und Staat im heutigen Frankreich, AöR 81(1956), S. 423ff.; E. Tekülve, Der englische "Civil Service", ZBR 1962, S. 297ff.

740) Vgl. dazu(FN 738), passim insbes. S. 194f.

741) So auch K. Stern(FN 9), S. 340; C. H. Ule, Öffentlicher Dienst, in:

직업군인과 병역복무중의 군인은 공직을 수행하고 있는 것은 분명하지만 그들이 수행하는 공무의 성격과 내용이 특수할 뿐 아니라 그 공무수행이 주로 명령과 강제에 의해서 규율되기 때문에 일반적으로 공무원의 범위에서 제외되고, 따로 독립한 법률에서 그 공직관계의 내용이 정해지는 것이 원칙이다. 법관 역시 사법기능이라는 그 담당업무의 성격상 완전한 독립성이 요청되기 때문에 일반적인 공무원제도의 규율대상에서 제외되는 것이 원칙이다. 또 선거직공직자를 비롯한 각 부의 장·차관 등처럼 주로 통치기관으로서의 기능이나 대의기관에 대한 정치적 책임에 의해서 징표되는 이른바 정무직공직자(politische Amtsträger)는 일반적인 공무원제도에 포함되지 않는다. 우리 헌법은 '공직자'라는 개념 대신 언제나 '공무원'이라는 개념을 사용하고 있기 때문에 그것이 어떤 의미로 쓰였는지를 그때 그때 밝힐 필요가 있다. 예컨대, 헌법 제 7 조 제 1 항에서의 '공무원'은 최광의의 '공직자'를, 그리고 같은 조문 제 2 항에서의 '공무원'은 최협의의 '공직자'를 뜻한다고 보아야 한다.

(3) 공무원제도의 특성

1035
충성의 근무
관계

국가나 공공단체에 대한 공무원의 법률관계는, 국가나 공공단체에게 주어진 통치기능상의 과제 때문에 사법상의 근무관계와는 비교될 수 없는 독특한 특성을 갖게 된다. 즉, 공무원관계는 사법상의 근무관계에서와는 달리 국가나 공공단체의 임명행위에 의해서 성립되는 충성의 근무관계라는 특성을 갖는다. 이같은 공무원관계의 특성이 가장 잘 나타나는 것이 직업공무원의 경우이지만, 그것은 비록 약화된 형태나마 근무계약에 의해서 임용된 '비공무원인 공무담당자'(nichtbeamtete Personen im öffentlichen Dienst)에게도 그대로 나타나게 된다. 근무계약에 의해서 임용된 '비공무원인 공무담당자'는 원칙적으로 국가 또는 공공단체와 단순한 계약관계에 있기 때문에 계약내용에 따른 권리와 의무의 주체가 될 뿐 임명에 의한 공무원관계와는 그 본질을 달리한다고 생각할 수 있다. 그러나 '비공무원인 공무담당자'들은 그들이 수행하고 있는 공무의 통치기능적 성격 때문에 단순한 사법상의 근무관계에서와

Grundrechte Ⅳ/2, S. 537ff.(544ff.); *Fr. Mayer*, Rechtsgutachten, in: Forsthoff u. a.(Hrsg.), Verfassungsrechtliche Grenzen einer Reform des öffentlichen Dienstrechtes, Bd. 5(1973), S. 579ff.(588ff.); *G. Pfennig*, Der Begriff des öffentlichen Dienstes und seiner Angehörigen, 1960, S. 56ff.(65).

는 다른 입장에 서게 된다. 공무원이 지는 각종 의무가 그들에게도 부과되고, 또 공무원에게 베풀어지는 여러 가지 특전이 그들에게도 함께 돌아가게 되는 이유도 바로 그 때문이다. 공무원을 대상으로 하는 직업공무원제도의 여러 내용이 그들에게도 원칙적으로 그대로 준용되는 이유는 그들이 수행하고 있는 직무내용이 공무원의 직무내용과 본질적으로 동일하기 때문이다.

따라서 공무원제도를 마련하는 데 있어서 그 인력구조를 '일원적인 구조'(Einheitstyp)와 '이원적인 구조'(Zweispurigkeit)의 어느 것으로 할 것인지, 직업공무원제도를 구체적으로 어떻게 실현할 것인지, 그리고 넓은 의미의 공직자에 관한 사항들을 어떻게 규율할 것인지 등을 결정하는 일은 통치목표의 실현과도 불가분의 관계에 있는 통치구조적인 결단사항이다. Stern의 말처럼742) 현대국가의 통치질서에서 적어도 공직제도의 핵심적인 내용인 직업공무원제도에 관해서 그 기본적인 사항만이라도 헌법에 규정하려는 경향이 커지는 것은 그 때문이라고 할 것이다. 우리 현행헌법도 이 점에서 예외는 아니다.743) 공직수행의 사명을 띤 공무원에 관해서 헌법에서 그 봉사적 기능과 책임 그리고 정치적 중립성을 강조하는 것은 전문적이고 합리적이고 합법적인 공직수행을 보장함과 동시에 정치세력에 대한 조정적·통제적 기능을 해낼 수 있는 직업공무원제도의 모델을 제시하는 것이기 때문에 기본권실현과 기능적 권력통제의 관점에서도 중요한 의미를 갖는다고 할 것이다. 바로 이 곳에 직업공무원제도를 포함한 넓은 의미의 공직제도가 갖는 통치구조적 의미가 있다.

2. 자유민주적 통치구조와 공직제도의 기능적 연관성

Stern의 말처럼744) 국가나 공공단체가 그에게 주어진 헌법상의 통치기능적 과제를 어떤 방법으로 처리할 것인지를 결정하는 것은 그 재량에 속하는 일이다. 그러나 국가나 공공단체는 그들의 헌법적 과제를 완전히 사인에 의해 처리할 수는 없기 때문에 국가작용의 인적도구라고 볼 수 있는 많은 공직자를 필요로 한다는 사실만은 도외시할 수 없

1036
기능적
공직제도의
요건

742) Vgl. dazu K. Stern(FN 9), S. 336.
743) 우리 헌법 제7조, 제29조, 제33조 제2항, 제78조 참조.
744) Vgl. dazu K. Stern(FN 9), S. 347.

다. 헌법상의 통치구조가 기본권적 가치의 실현을 위해서 마련된 수단
적 권능구조라면 공직자는 이 권능구조의 실현조건에 해당한다고 볼
수 있다. 사실상 아무리 훌륭한 통치구조를 마련한다 해도 공직자의
투철한 사명의식과 책임감이 전제되지 않고는 그 통치구조는 통치기능
적 효용가치를 나타내기 어렵다. 따라서 한 나라의 통치질서에서 통치
구조와 공직자 내지 공직제도는 기능적으로 불가분의 연관성을 갖게
된다. 더욱이 자유민주주의를 통치질서의 기본이념으로 추구하고 있는
통치구조에서는 공직제도 역시 자유민주주의의 이념과 조화될 수 있어
야 하기 때문에 특별히 다음과 같은 몇 가지 요청을 충족시킬 수 있어
야 한다. 민주적 공직윤리, 민주적인 지시계통, 정치적 중립성, 법치주
의, 사회국가적 요청 등이 바로 그것이다.

(1) 민주적 공직윤리의 제고

1037
투철한
직책사명

    자유민주적 통치구조의 공직제도에서 우선적으로 요청되는 것은
오로지 '공공복리'(Gemeinwohl)의 관점만을 직무처리지침으로 삼을 수
있는 확고한 민주적 공직윤리의 정착이다. 모든 공직자가 투철한 '관직
내지 직책사명'(Amtsloyalität)을 가지고 일체의 사적인 이해관계나 인연
을 초월해서 국민의 '충직한 수임자'(Treuhänder des Volkes)로서 그 맡
은 바 임무를 충실히 수행해 나갈 수 있을 때 비로소 국가의 통치기능
은 그 실효를 나타낼 수 있기 때문이다. 공직자가 그 관직을 사리사욕
이나 개인적인 정치목적 등 공직과는 거리가 먼 방향으로 그릇되게 행
사하는 경우에는 공직제도는 머지 않아 개인적인 영달의 수단으로 전
락되어 그 본래의 기능을 나타낼 수 없게 된다. 공직자에게 탈아(脫我)
의 정신·객관적 자세·청렴성·준법정신·능동적 근무자세 등이 요청
되고 철저한 금욕주의의 미덕이 높이 평가되는 것도 바로 그 때문이
다. Isensee의 말대로[745] 관직은 결코 '이기적 자기실현의 도구'일 수
는 없다. 또 현대자유민주국가의 관직은 중세의 세습적인 권력과는 달
라서 관직을 차지한 사람에게 경제적인 생계수단을 마련해 주기 위한
것도 아니다. 공직자에게 급료인상 등을 요구하는 노동쟁의가 허용되
지 않는 것도 바로 그 때문이다. 국가나 공공단체가 그 공직자에게 지
게 되는 생활부양의무는 관직의 결과일 따름이지 그 목적은 아니다.

---

745) Vgl. dazu *J. Isensee*(FN 731), S. 1153.

따라서 이러한 민주적 공직윤리가 확립될 수 있는 공직제도를 마련하는 것이야말로 자유민주적 통치구조의 중요한 과제이다.

자유민주국가에서 모든 공직자는 이같은 민주적 공직윤리에 따라 생활해야 하는 공직자인 동시에, 개인적인 자유와 권리를 추구하는 기본권의 주체라는 이중적 지위를 갖기 때문에 자칫하면 두 가지 상이한 생활질서가 서로 혼합이 되어 공직자의 관직행사를 오도할 위험성이 없는 것도 아니다. 바로 이 점도 공직제도의 마련에서 유념해야 할 사항이다.

(2) 민주적 지시계통의 확립

자유민주적 통치구조에서는 대의민주주의에 입각한 신임 및 책임 정치의 실현과 조화될 수 있는 공직제도가 마련되어야 하는데, 그러기 위해서는 민주적 정당성의 정신에 따라 그 행위의 귀책사유가 밝혀질 수 있고 책임추궁이 가능한 합리적인 지시계통이 확립되는 것이 필요하다. 자유민주국가에서 모든 관직의 정당성은 원천적으로 주권자인 국민의 의사에 그 바탕을 두어야 하기 때문에 모든 공직자의 관권행사는 직접·간접으로 국민의 대의기관인 의회의 통제를 받고 또 의회에 대해서 책임을 질 수 있어야 한다. 따라서 아무리 말단관직의 공권행사라 하더라도 그것은 결국은 민주적 정당성의 연결통로(직무지시계통)를 따라 최종적으로는 국민의 대의기관인 의회에 책임을 질 수 있는 정무직공직자에까지 거슬러 올라갈 수 있어야만 한다. 그러기 위해서는 의회에 대해서 책임을 지는 정무직공직자를 정점으로 말단관직에 이르기까지 민주적이고도 수직적인 직무지시계통(Weisungshierarchie)이 확립되고, 의회에 대해서 책임을 지는 최상급공직자에게는 직무지시권(Weisungsrecht)이, 그리고 하급공직자들에게는 지시기속 및 복종의무(Weisungsgebundenheit und Gehorsamspflicht)가 지워져야 한다. 따라서 모든 공직자가 상급자의 직무지시에 기속되고 그에 복종하는 것은 대의민주주의의 결과인 동시에 대의민주주의가 기능하기 위한 전제조건이기도 하다.[746] 이렇게 볼 때 공직자가 상급자의 직무지시를 어

1038
상급자의
직무지시권
과 하급자의
복종의무

---

746) So auch z. B. *E.-W. Böckenförde*, Die Organisationsgewalt im Bereich der Regierung, 1964, S. 88; *W. Leisner*, Mitbestimmung im öffentlichen Dienst, 1970, S. 44ff.; *J. Isensee*(FN 731), S. 1154. H. Kelsen도 다른 각도에서 행정기관의 수직적 계층구조(Hierarchie)를 민주주의의 수단이라고 한다.

기고 독자적인 결정에 따라 행동하는 것은 민주주의 정신에 반하는 일
이라고 할 수 있다. 특히 행정조직 내에서 공직자의 정책결정참여권
(Mitbestimmungsrecht)이 제한될 수밖에 없는 것은 대의기관에 대해서
책임을 져야 하는 최상급 정무직공직자의 직무지시권을 존중함으로써
그 책임의 소재를 분명히 하기 위한 대의민주적 공직제도의 불가피한
현상이다.

　　　그러나 또 한편 대의민주적 공직제도는 공직자에게 일체의 창의
적 직무수행을 금지하고 그의 맹목적 복종(blinder Gehorsam)만을 요구
하는 것은 아니라는 점을 잊어서는 아니 된다. 모든 공직자가 주어진
직무를 창의적이며 능동적으로 수행해 나가고 비록 상급자의 직무지시
라 하더라도 그것이 법의 정신에 어긋나거나 합목적적인 것이 아니라
고 판단되는 경우에는 충직한 비판을 할 수 있는 용기와 투철한 민주
적인 사명의식을 가지고 '생각하면서 복종'(denkender Gehorsam)하는
자세를 지켜나갈 때 대의민주적 공직제도는 비로소 제 기능을 나타낼
수 있게 된다. 더욱이 대의민주적 공직제도에서 요구되는 '지시기속'이
나 '복종의무'는 어디까지나 '관직'을 전제로 하는 것이기 때문에 직무
와 관련된 그 지시내용에 대한 '기속'이고 '복종'이지 사람에 대한 '기
속'과 '복종'이 아니라는 점을 분명히 해둘 필요가 있다. 바로 이 곳에
대의민주적 공직제도에서의 복종의 한계가 있다.

(3) 정치적 중립성의 요청

1039
공직자의
여당시녀화
방지

　　　자유민주적 통치구조에서는 모든 공직자의 정치적 중립성이 유지
될 수 있는 공직제도를 마련하는 것이 매우 중요하다. 특히 정당민주
국가(Parteiendemokratie)에서 모든 공직자가 모든 정당에 대해 중립을
지키는 것은 Isensee의 말처럼747) 바로 정당민주국가의 전제조건이다.
공직자의 정당정치적 중립성(parteipolitische Neutralität)이 지켜지지 않
고, 공직자가 여당의 시녀로 전락하는 경우에는 정당민주국가의 존립
근거라고 볼 수 있는 정권교체나 정책의 변화는 이루어지기 어렵기 때
문이다. 공직자는 '한 정당의 봉사자가 아니고 전체국민의 봉사자'라는
중립적인 위치에 서서 여당의 정강정책이 아니라 정부의 정책에 따라

　　　Vgl. *H. Kelsen*, Vom Wesen und Wert der Demokratie, 2. Aufl.(1929), S.
69ff.

747) Dazu vgl. *J. Isensee*(FN 731), S. 1155.

그 맡은 바 직무를 수행해 나가고, 또 여당에 대한 충성이 아니라 정부에 대한 충성을 실천해 나감으로써 현정부에 대한 충성이 그대로 다음 정부에 대한 충성으로 이어져 나갈 수 있을 때 정당민주국가의 통치구조는 비로소 그 목적을 달성할 수 있다.

자유민주적 정당국가에서 아무리 한 정당이 의회와 정부를 지배하는 강력한 여당의 자리를 굳히고 있다고 하더라도 국민의 대의기관은 여전히 의회와 정부이지 여당은 아니다. 따라서 정부와 여당을 동일시하는 공직자의 자세는 정치적 중립성의 요청과 조화되기 어렵다. 여당은 그 소속당원과 지지자의 의사를 대변하고 있을 따름이고 전체국민을 대표하는 것은 아니기 때문에, 전체국민의 봉사자인 모든 공직자는 마땅히 여당과는 일정한 거리를 유지하면서 국민의 대의기관인 정부의 의사에 따라 행동해야 한다. 여당의 정강정책은 그것이 아무리 훌륭한 것이라도 민주적인 절차와 방법에 따라 대의기관의 정책으로 수용될 때까지는 공직자를 기속할 아무런 힘이 없다는 점을 명심해야 한다.

자유민주적 정당국가의 특징은 '한시적 정권'과 '영속적 공직제도'가 서로 견제와 보완작용을 함으로써 정치적 안정을 도모하면서도 정치적 신진대사를 가능케 한다는 데 있다. 따라서 '한시적 정권'과 그 진퇴를 같이하는 '한시적 공직제도'는 자유민주적 정당국가의 이념과 조화되기 어렵다. 선거를 원칙으로 하는 공직제도나, 선거에서 승리한 정당이 모든 관직을 그 선거의 전리품으로 생각하고 소속당원들에게 논공행상의 상품으로 분배하는 이른바 '엽관제도'(spoils system)가 자유민주적 정당국가의 공직제도에서 단호히 배척되어야 하는 이유도 그 때문이다.

엽관제도

그러나 공직자에게 요구되는 정당정치적 중립성은 어디까지나 관직행사에 국한되는 것이기 때문에 공직자의 국민으로서의 정당활동까지를 금지하는 것은 아니라는 점을 잊어서는 아니 된다.

끝으로 모든 공직자가 정치적 중립성을 지키기 위해서는 법률의 집행이나 적용을 맡고 있는 공직자가 동시에 법률의 제정에 관여하는 현상, 즉 집행공직자의 의원겸직이 허용되어서는 아니 된다. 입법기관의 의원직과 집행기관의 공직을 동시에 맡을 수 없게 하는 이른바 '겸

겸직금지

직금지'(Inkompatibilität)도 그것이 권력분립의 원칙에서 나오는 제도이긴 하지만, 자유민주적 정당국가의 공직제도가 필요로 하는 공직자의 정치적 중립성의 요청과도 불가분의 연관성을 갖는다는 점을 간과해서는 아니 된다. 공직자의 정치적 중립성이 권력분립의 실효성을 나타내 주는 기능적 전제조건으로 평가되는 이유도 바로 그 때문이다.[748] 집행부와 사법부공직자의 국회의원입후보를 제한하고, 그들로 하여금 국회의원직을 겸직하지 못하게 하는 입법조치가 헌법이론적으로 정당화될 수 있는 것은 결코 권력분립의 원칙 때문만은 아니고, 공직자에게 요구되는 정치적 중립성을 지켜 나가게 하기 위한 불가피한 조치이기 때문이라는 점을 강조해 둘 필요가 있다.[749]

공무원의 참정권, 특히 그 피선거권을 제한하는 이와 같은 조치가 권력분립과 공직자의 정치적 중립성의 요청 때문에 정당화된다고 하더라도, 되도록이면 공무원의 참정권제한이 적은 방향으로 제도화하는 것이 바람직하다. 그렇기 때문에 처음부터 공무원의 피선거권을 제한함으로써 국회의원에 입후보하기 위해서는 미리 공직에서 떠나게 하는 이른바 '무자격의 방법'(Ineligibilitätslösung)보다는 그 피선거권을 인정하고 의원으로 선출된 후에 그 의원직을 수락하는 경우에만 공무원직을 떠나게 하는 이른바 '부조화의 방법'(Inkompatibilitätslösung)이 보다 규범조화적인 해결책이라고 생각한다. 그러나 그 어느 방법을 선택할 것인지는 입법권자의 입법형성권에 속하는 문제라고 할 것이다.

무자격의 방법과 부조화의 방법

(4) 법치주의의 요청

1040
복종의무와 준법의무의 조화

자유민주국가의 공직제도는 법치주의의 이념을 실현할 수 있는 것이어야 한다. 즉, 모든 공직자로 하여금 법률을 준수하고 법의 정신에 따라 직무를 수행하게 함으로써 직무지시계통 속에서 복종의 의무만을 내세운 불법이 자행되는 일이 없도록 공직제도가 합리적으로 마련되어야 한다. 현실적으로 법률을 지키고 법의 정신에 따라서 직무를 수행해야 하는 공직자 개개인의 법적 책임과, 대의기관을 상대로 모든 소관공직자의 공권행사를 정당화시켜야 하는 최상급공직자의 포괄적인 정치적 책임 사이에는 어느 정도 긴장·갈등관계가 존재하는 것이 사

748) Dazu vgl. (FN 747).
749) So auch *K. Stern*(FN 9), S. 359.

실이다. 이 긴장·갈등관계를 원만하고 합리적으로 해소시킬 수 있는
방법을 찾아내는 것이야말로 자유민주국가의 입법권자에게 주어진 커
다란 과제이다.[750] 공직자 개개인의 법적 책임을 지나치게 강조함으로
써 공직자로 하여금 책임회피적인 소극적 직무수행자세를 갖게 한다든
지, 사소한 일에 지나치게 집착해서 능률적인 공직수행을 그르치게 한
다든지, 공직자의 직무의욕을 전체적으로 위축시키는 결과를 낳게 해
서는 아니 된다. 또 한편 공직자 개개인을 단순한 상급자의 지시집행
자로 기계화하는 것도 바람직하지 않다. 공직자 개개인의 창의력과 능
동적인 직무의욕을 북돋아 주면서도 공직자의 능동적이고 창의적인 직
무집행에서 발생하는 불법행위의 책임은 국가나 공공단체가 떠맡음으
로써 공직자의 법적 책임과 국민의 권리보호를 함께 조화적으로 실현
할 수 있는 제도가 가장 바람직한 법치주의적 공직제도라고 할 것이
다. 공무원의 직무상 불법행위로 인한 국민의 손해배상청구권과 국가
배상책임의 원리(예컨대 우리 헌법 제29조)는 이와 같은 관점에서 이해해야 하고 또 그
적용영역을 확대해석하는 것이 바람직하다고 생각한다.[751]

(5) 사회국가적 요청

자유민주국가에서는 최소한의 사회정의를 실효성 있게 실현할 수
있는 사회국가적 공직제도가 마련되는 것이 바람직하다. 사회국가이념
을 추구하는 현대의 자유민주국가에서 공직제도는 사회국가의 실현수
단인 동시에 공직제도 그 자체가 사회국가의 대상이며 과제이다. 즉,
사회국가의 이념에 따라 모든 생활영역에서 최소한의 사회정의를 실효
성 있게 실현하는 데 공직제도가 큰 몫을 차지할 수 있어야 한다는 이
야기이다. 공직제도는 사법상의 단체가 갖는 기관조직과 그 본질을 달
리하는 이유도 그 때문이다. 법치주의적 공직제도가 법률에 근거하고
법률에 합치하는 형식과 내용의 직무수행을 통해서 국민에게 안전한
생활을 보장하고 권리보호를 받도록 해 주는 것이라면, 사회국가적 공
직제도는 사회의 자체적인 힘에 의해서 달성할 수 없는 사회국가적 목
적을 실현하는 인적인 도구로서의 기능을 갖는 것이어야 한다.

또 한편 사회국가에서의 공직제도는 그 자체가 사회국가의 대상

1041
사회국가적
공직제도와
사회정의
실현

---

750) So auch vgl. *J. Isensee*(FN 731), S. 1157.
751) So auch vgl. *J. Isensee*(FN 750); *F. Ossenbühl*, Staatshaftungsrecht, 2. Aufl.
(1978), S. 17f.

이며 과제이기 때문에 공직제도도 사회국가의 이념에 따라 운영되어야
한다. 모든 공직자들의 보호가치 있는 이익과 권리를 인정해 주고, 공
직자에게 자유의 영역이 확대될 수 있도록 공직자의 직무의무를 가능
한 선까지 완화하고, 공직자들의 직무환경을 최대한으로 개선해 주고,
공직수행에 상응하는 생활부양을 해 주고, 퇴직 후나 재난·질병에 대
처한 사회보장의 혜택을 마련하는 등 공직제도 내의 사회정의를 위해
노력하는 것은 궁극적으로 공직자들의 사기를 진작시키고 생활안정을
돕게 되어 민주적인 공직윤리의 정착에도 크게 기여하게 된다는 점을
잊어서는 아니 된다.

결론적으로 자유민주적 통치구조가 그 본래의 기능을 제대로 수
행해 나가기 위해서는 위에서 열거한 여러 가지 요건을 충족시킬 수
있는 공직제도가 마련되어야 한다. 독일의 헌정사가 보여 주듯이 합리
적이고 능률적이며 책임과 관직사명을 존중하는 공직제도가 확립될 경
우에는 공직제도 그 자체만으로도 헌법상의 통치구조를 대체하는 효과
를 나타나게 된다는 사실752)을 기억할 필요가 있다.

3. 국민의 공무담임권과 공직자선발제도의 상호관계

1042
공무담임권
실현수단

모든 국민에게 '공무담임권'을 보장하고 있는 자유민주적 헌법질
서에서 공직제도는 이 공무담임권을 실현하기 위한 통치구조적인 수단
이라는 의미도 갖는다. 따라서 공직자선발제도는 단순한 공직의 인력
충원이라는 차원을 넘어서 중요한 헌법적 의의와 기능을 갖는다는 점
을 유념해야 한다.

(1) 공직자선발제도의 두 유형

1043
선거 또는
임명에 의한
공직자 선발

국민의 공무담임권은 선거직공직의 피선거권과 기타 공직의 취임
권을 그 내용으로 한다. 그런데 선거에 의한 공직자선발과 임명에 의
한 공직자선발은 각각 다른 기준과 관점에 의해서 규율되는 것이기 때
문에 이를 같이 평가할 수는 없다. 즉 선거에 의한 공직자선발에서는
국민의 피선거권을 존중해야 하는데, 국민의 피선거권은 민주적 선거법
의 기본원칙을 존중하는 선거에 의해서만 실현될 수 있다. 따라서 비

752) Dazu vgl. *H.-J. Schoeps*, Preußen-Geschichte eines Staates, 1981, S. 175, 437ff.; *J. Isensee*(FN 731), S. 1160.

선거직공직자의 선발기준이라고 볼 수 있는 적성·능력 등에 의한 후보자의 차등화는 선거직의 경우에는 처음부터 고려의 대상이 될 수 없다. 선거에 의한 공직자의 선발에서는 적성·능력 등의 법적인 기준보다는 정치적 역량과 정치적 관점이 결정적인 작용을 할 수밖에 없는데, 선거직공직은 능력주의 내지 성적주의(Leistungsprinzip)가 아닌 국민의 정치적 신임에 의해서 정당화되는 관직이기 때문이다. 선거에 의해서 표현되는 국민의 신임 이외에 선거직공직을 정당화시켜 주는 또 다른 정당화사유가 있을 수 없다. 그에 반해서 비선거직공직의 경우에는 그 공직자선발에서 정치적 관점은 오히려 금기사항에 속하고, 공직이 요구하는 전문성·능력·적성·품성 등 '능력주의'가 그 바탕이 되어야 한다. 비선거직공직에 관한 국민의 공직취임권이 원칙적으로 공직취임의 기회균등을 보장하는 것에 지나지 않는다고 이해되는 이유도 선발권자의 주관적 선택이 가능하기 때문이다. 따라서 국민의 공무담임권은 국민의 신임에 의해서 정당화되는 공직에 관한 것인지, 아니면 능력주의에 의해서 정당화되는 공직에 관한 것인지에 따라 그 실현형태가 다를 뿐 아니라 공직자선발제도와의 상관관계도 다르게 나타난다.

이처럼 공직제도가 각각 다른 원리와 기준에 의해서 선발되는 선거직과 비선거직의 이원적인 공직자로 구성된다고 하는 것은 현대자유민주국가의 통치구조가 필요로 하는 다원적 기능통제의 관점에서도 매우 큰 의미를 갖는다고 볼 수 있다.[753]

그런데 선거직공직에 관해서는 대의제도와 선거제도를 논하는 자리에서 충분히 설명이 되었기 때문에 여기에서는 비선거직공직자의 선발과 국민의 공직취임권과의 상호관계에 관해서만 살펴보기로 한다.

(2) 공직취임권과 공직자선발제도

a) 공직취임권의 내용 및 능력중심의 공직자선발

헌법이 보장하는 '공직취임권'(Recht auf Zugang zum öffentlichen Dienst)은 모든 국민에게 누구나 그 능력과 적성에 따라 공직에 취임할 수 있는 균등한 기회를 보장한다는 뜻이다. 즉 공직취임에 관한 기회균등의 보장을 그 내용으로 한다. 따라서 공직자선발에서 능력과 적성 등 해당 관직이 요구하는 직무수행능력과 무관한 요소(예컨대, 성별·종

1044
공직취임의
기회균등
보장

---

753) So auch z. B. *J. Isensee*(FN 731), S. 1169f.

교·사회적 신분·소속정당·출신지역·가족관계 등)를 이유로 하는 어떠한
차별도 허용되지 않는다. 즉, 공직자선발의 유일한 기준은 해당 관직이
요구하는 직무수행능력이어야 하기 때문에 국민의 공직취임권과 조화
될 수 있는 공직자선발제도는 마땅히 '능력주의'(Leistungsprinzip)[754]에
바탕을 두어야 한다. 공직자선발의 기준이 되는 이 능력주의는 해당
관직이 필요로 하는 가장 적임자를 선발함으로써 능률적이고 원활한
직무집행을 보장하고 그를 통해 공직제도의 통치기능적인 목적을 달성
하기 위한 것이다. 능력주의가 공직자선발에서 일체의 정당정치적인
고려와 각종 사회적 압력단체의 영향과 간섭을 배제하게 되는 이유도
그 때문이다.

그런데 공직자선발의 기준이 되는 능력주의는 관직을 희망하는
국민의 공직취임권의 실현을 위해서도 불가결한 원리이다. 능력주의에
따른 공직자선발을 통해 자의적이고 정실적인 인선이 지양된다는 것은
결국 공직취임의 기회균등의 보장에도 도움이 되기 때문이다. 이렇게
볼 때 공직취임권이 요구하는 공직자선발에서의 능력주의는 한편 공직
제도의 객관적 규범인 동시에 또 한편 공직지망자의 주관적 공권이라
는 이중적 성격을 갖게 된다.[755]

b) 공직취임권과 국가의 인력수급계획

1045
국가의 인력
수급계획의
독자성과
자율성

헌법이 보장하는 국민의 공직취임권은 충원을 요하는 관직을 전
제로 한 권리이기 때문에 공직취임권을 근거로 새로운 관직의 신설을
요구할 수는 없다. 공직취임권이 국가와 공공단체의 인력수급계획과
불가분의 관계를 갖게 되는 이유도 그 때문이다. 그런데 국가와 공공
단체의 공직에 관한 인력수급계획은 국민의 공직취임권에 따라서 정해
지는 것이 아니고, 국가와 공공단체가 해결해야 할 공적인 과제의 양,
국가의 인력예산규모, 인력정책 등에 의해서 결정된다는 점을 잊어서
는 아니 된다. 따라서 국가의 인력수급계획은 어디까지나 정치적·정
책적인 결정사항이지 기본권적인 결정사항은 아니다. 실제로도 국가와

---

754) '능력주의'에 관해서 자세한 것은 다음 문헌을 참조할 것.
  H. Krüger, Das Leistungsprinzip als Verfassungsgrundsatz, 1957; *W. Leisner*,
  Grundlagen des Berufsbeamtentums, 1971, S. 60ff.
755) Dazu vgl. *Th. Maunz*, in: Maunz/Dürig/Herzog/Scholz, Grundgesetz, Stand
  2006, Art, 33 RN 12.

공공단체는 공직자의 인력수급계획을 수립하는 데 있어서 비교적 넓은 정치적 재량권을 행사할 수 있다고 보아야 한다. 예컨대, 공석이 된 관직의 충원여부·충원시기 등에 관한 결정권이 바로 그것이다. 그러나 공직의 인력수급계획은 국가의 재정상태·국가적 과제의 양·공직의 전체적인 규모 등 여러 요건에 의해서 제약을 받는 비교적 경직된 성질의 것이기 때문에 국가가 그것을 예산절감·경제정책·고용정책 등의 도구로 삼는 데에는 일정한 한계가 있다는 점을 간과해서는 아니 된다. 공직의 인력수급은 언제나 장기적인 효과를 나타내는 일이기 때문에 단기적인 효과를 추구하는 예산절감·경기대책·실업대책 등의 도구로 활용되기에 적합치 않다.756) 예컨대, 실업자를 줄이기 위한 수단으로 행해지는 새 관직의 신설이 실업대책으로서도 실효성이 없을 뿐 아니라 공직제도에도 전혀 도움이 되지 못하는 것은 그 때문이다.

c) 공직취임권과 선발기능의 조화

공직자의 선발제도에서 가장 중요한 것은 국민의 공직취임권과 국가기관의 공직자선발기능을 합리적으로 조화시킴으로써 해당 관직에게 기대되는 공적 기능이 그 실효성을 나타낼 수 있도록 하는 것이다. 능력주의에 따른 공직자선발이 그와 같은 조화의 수단이라고 하는 것은 이미 앞에서 지적한 바 있다. 즉 구체적인 해당관직이 요구하는 공직자의 능력이란 교육정도나 시험합격 등에 의해서 징표되는 단순한 지적 능력만을 뜻하는 것은 아니고 실무능력(예컨대, 교직자의 교육능력)·건강상태·연령·체력·성격·준법정신·도덕성 등을 모두 포괄하는 종합적인 능력을 뜻한다. 따라서 공직지망자에게 요구되는 공직담당능력이란 모든 공직에 획일적인 것일 수 없고, 공직에 따라 상이할 수밖에 없다. 또 공직의 성질에 따라서는 특별히 확고한 국가관이나 정치관을 그 공직자에게 요구하는 경우도 있기 때문에 공직자의 선발에서 특별히 투철한 국가관과 정치관을 그 선발기준으로 삼는 것은 공직취임권과 평등권의 침해라고 볼 수 없다. 평등권에 내포된 차별대우금지보다 우선하는 특별법적 성질을 갖는 것이 바로 능력주의에 따른 공직취임권이기 때문이다.

1046
능력주의의
참뜻 및
엽관제 금지

---

756) Dazu vgl. z. B. *H. Lecheler*, Arbeitsmarkt und öffentlicher Dienst, 1979, S. 55ff.; *I. v. Münch*, ZBR 1978, S. 125ff.; *J. Isensee*(FN 731), S. 1161.

능력주의를 기초로 하는 공직취임권과 조화될 수 없는 것은 능력과 무관한 요건(성별·종교·사회적 신분·인종·지역·소속정당·가족관계 등)을 내세워 공직자선발에서 차별대우하는 것이다. 또 능력주의에 바탕을 둔 공직취임권과 조화될 수 없는 것이 엽관제(spoils system) 내지는 정당적 정실인사(Parteipatronage)제도이다. 한 정당에 의해서 엽관제와 정당적 정실인사가 한번 도입되기 시작하면 다른 정당에 의해서 그것이 되풀이 반복될 수밖에 없기 때문에, 이러한 인사제도는 국민의 공직취임권을 가장 계속적으로 침해하는 암적인 공직자선발방법이다. 그러한 인사제도가 공직자의 정치적 중립성을 약화시키는 것은 두말할 필요도 없다. 정당간의 담합에 의해서 이루어지는 정당적 정실인사도 결코 그 예외일 수는 없다.

d) 공직취임권과 직업의 자유의 관계 및 사법적 권리구제의 특수성

1047
공직취임권
과 직업의
자유의
상호보완
기능

공직을 희망하는 사람은 직업선택의 자유와 공직취임권을 함께 주장할 수 있고, 이 경우 공직취임권이 직업선택의 자유를 보완해 주는 기능을 갖기 때문에, 공직취임권을 침해하는 공직자선발제도는 동시에 직업선택의 자유까지도 함께 다치게 된다고 생각할 수 있다. 그러나 직업선택의 자유는 기본권의 주체에게 그가 선택한 직업을 국가가 보장해 줄 것을 요구할 권리를 주는·것은 아니고, 직업선택이 국가권력에 의한 부당한 간섭 없이 자유롭게 이루어지는 것을 그 내용으로 하기 때문에 공직자선발제도와 직접적인 연관성이 있는 것은 아니다. 물론 공직취임권도 공직희망자에게 그 희망공직을 보장해 주는 것이 아니고 다만 능력주의에 따른 공직취임의 기회균등만을 보장한다는 점에서 별로 큰 효과상의 차이는 없다고 볼 수 있다. 그러나 공직취임권은 적어도 공직자를 선발하는 국가 내지 공공단체에게 능력주의를 존중하는 공정한 선발을 요구할 수 있는 권리를 주고, 이 권리침해에 대해서는 사법적 권리구제가 인정된다는 점에서 직업선택의 자유보다는 그 기본권의 효과가 현실적이고 구체적이라고 할 것이다. 사영기업에 일자리를 구하는 사람이 그의 직업선택의 자유를 근거로 공직취임권과 같은 기본권적 보호를 받을 수 없는 것도 그 때문이다. 또 공직취임권이 공직에 대해서만 그 효력이 있다는 것은 두말할 필요도 없다. 따라서 공직을 직업으로 선택하는 경우에는 직업선택의 자유는 공직취임권

을 통해서 그 기본권적 보호를 받게 된다는 점을 주의할 필요가 있다.

다만 공직취임권의 침해가 사법적 권리구제절차에 따라 다투어지는 경우에도 그것은 어디까지나 공직을 지망하는 자기자신의 능력을 옳게 평가해 줄 것을 요구(소구)하는 것이어야지, 선발된 타 경쟁자의 공직임명을 다투는 것이거나, 그의 공직취임의 정지를 요구할 수는 없다는 점을 명심할 필요가 있다. 이른바 '공직자경쟁소송'(Beamten-Konkurrentenklage)이 허용될 수 없다고 평가되는 이유도 바로 그 때문이다.757) 또 사법부는 공직취임권에 관한 소송에서 그 심판의 폭이 매우 좁다는 사실도 무시할 수 없다. 공직자선발에 있어서는 해당 공직의 성격 및 공직지망자의 능력과 장래성 등에 대한 어느 정도의 주관적인 평가가 불가피하기 때문에 그와 같은 구체적인 선발기능은 어디까지나 공직자선발기관에 맡겨 두어야지, 사법기관이 그 기능을 대신해서 할 수는 없기 때문이다. 사법기관이 원고의 주장을 이유 있다고 받아들이는 경우에도 원고의 불임명결정을 취소하는 판결밖에는 내릴 수 없는 것도 그 때문이다.

1048
공직자
경쟁소송의
금지 및
사법적
심판의 한계

e) 대의민주적 통치구조와 공직자선발권

공직자선발이 갖는 정치적·통치기구적 의미는 결코 과소평가될 수 없다. 그릇된 공직자선발이 국정수행에 미치는 부정적인 영향은 말할 것도 없고 그로 인해서 적격자의 공직취임이 불가능해진다는 점을 감안한다면 공직자선발이 국가의 통치구조에 미치는 영향은 매우 크다고 보지 않을 수 없다. 따라서 공직자선발권의 행사도 대의민주주의이념에 따라 국민의 대의기관에 의해 통제를 받도록 하는 것이 바람직하다. 독일연방헌법재판소758)가 공무원에 대한 인사고권(Personalhoheit)을 통치권의 본질적인 한 부분이라고 평가하면서 대의기관에 책임질 수 없는 기관에 의한 인사권의 행사나 인사문제에 대한 관여권을 제한하려는 것도 같은 취지라고 볼 수 있다. 그렇기 때문에 공직자의 선발에 있어서 그 형식적 임명권은 비록 대통령이 갖는다 하더라도(우리 헌법 제78조), 적어도 그 실질적 선발권만은 대의기관에 대해서 책임을 지는 각료에

1049
선발권자의
대의적 책임

---

757) Dazu vgl. *J. Isensee*, Der Zugang zum öffentlichen Dienst, in: FS f. BVerwG (1978), S. 337ff.(354ff.); *W. Jung*, Der Zugang zum öffentlichen Dienst nach Art. 33 II GG, 1978, S. 28ff.

758) Vgl. dazu BVerfGE 9, 268(282f.).

돌아갈 수 있어야 한다고 본다.759) 모든 공직자의 민주적 정당성은 결국 공직자의 실질적 선발권을 갖는 각료의 대의기관에 대한 책임을 바탕으로 한다. 따라서 공직자의 실질적 선발권을 구체적으로 누가 갖느냐 하는 문제는 공직제도의 이같은 민주적 정당성의 관점에서 매우 중요한 의미를 갖는다.

f) 공직자선발절차의 중요성

1050
능력주의
실현의
절차적 담보

능력주의에 따른 공직자선발제도가 제대로 기능하고 그를 통해서 국민의 공직취임권이 보호받기 위해서는 무엇보다도 공직자를 선발하는 절차가 합리적이어야 한다. 공직지망자의 능력에 대한 공정한 평가는 모든 평가자료가 합리적인 절차에 의해서 수집되는 경우에만 기대될 수 있기 때문이다. 모든 공직지망자들의 평가자료가 공정하게 동일한 기준과 방법에 의해서 수집되고, 평가에 영향을 미칠수 있는 사항에 대해서는 필요하다면 타 관청의 협조를 받아서라도 빠짐없이 조사가 되어야만 올바른 능력평가와 선발이 가능하다. 따라서 공직자선발의 기준이 되는 능력평가의 자료수집에 있어서는 절차적인 면에서 원칙적으로 성역이 인정되지 않는다고 할 것이다.760) 공직지망자 자신도 모든 필요사항의 해명에 최대한의 협조의무를 진다고 보아야 한다. 공직지망자의 능력평가에 필요한 자료를 수집하고, 공직지망자에게 필요한 해명과 자료를 요구하는 일 등은 기본권침해가 아니라,761) 오히려 그 공직과 관련되는 모든 사람들의 기본권을 보호하는 의미를 갖는다는 점을 잊어서는 아니 된다. 예컨대, 교사임용을 위한 능력평가의 노력은 그 교사에 의해서 지도될 학생과 학부모의 기본권을 예방적으로 보호하는 의미를 갖게 된다.

공직자선발제도에서 가장 바람직한 것은 공직자선발절차가 상세하게 법률로 규정되는 것이지만, 언제나 그러한 세부적인 인사절차법을 기대할 수는 없기 때문에 공직자를 선발하는 기관은 언제나 어느 정도의 융통성을 가지고 인선에 임할 수밖에 없다. 다수의 공직지망자

---

759) So auch *H. Lecheler*, Die Personalgewalt öffentlicher Dienstherren, 1977, insbes, S. 142ff.

760) So auch *J. Isensee*(FN 731), S. 1167.

761) So auch *M. Kriele*, Der rechtliche Spielraum einer Liberalisierung der Einstellungspraxis im öffentlichen Dienst, NJW 1979, S. 1ff.(6); *J. Isensee*(FN 731), S. 1168.

중에서 적격자를 선발하는 판단은 종합적으로 수집된 다양한 인사자료에 대한 평가를 바탕으로 하는 일종의 예언적·전망적 성격을 띠지 않을 수 없기 때문에 형식적인 서류만에 의존할 수는 없고, 선발기관의 생활경험·인간지식·탐색기술 등을 모두 동원해야 한다.

한 번 그르친 공직자선발은 특히 직업공무원제도에서는 그 시정이 매우 어렵기 때문에 공직자선발에는 특별한 주의의무가 요청된다. 그러나 이 주의의무는 공직의 성질에 따라 차이가 있다고 보아야 한다. 해당 공직의 독립성·통제가능성·공안관련성 등이 중요한 판단기준이 된다고 생각한다.

4. 직업공무원제도

공직제도의 가장 핵심적인 내용이 직업공무원제도(Berufsbeamtentum)이다. 직업공무원제도는 국가와 공법상의 근무 및 충성관계를 맺고 있는 직업공무원에게 국가의 정책집행기능을 맡김으로써 안정적이고 능률적인 정책집행을 보장하려는 공직구조에 관한 제도적 보장을 말한다. 공직제도의 역사가 시원적으로 직업공무원제도에서 유래한다고 말할 수 있을 정도로 직업공무원제도는 15세기경부터 오늘에 이르기까지 오랜 시간에 걸쳐 점차적으로 확립되어 온 헌법상의 제도이다.[762] 그러나 직업공무원제도가 헌법상의 제도적 보장(institutionelle Garantie)으로 정착된 것은 역시 바이마르공화국헌법($\binom{제128조\sim}{제131조}$)에서 비롯되었다고 볼 수 있다. 직업공무원제도의 제도적 보장으로서의 특성과 내용이 헌법이론적으로 밝혀지기 시작한 것도 바이마르공화국시대였다.[763] 즉 C. Schmitt의 제도적 보장이론에 따르면 직업공무원제도가

1051
공직제도의
핵심적 내용

---

762) 직업공무원제도의 발전역사에 관해서는 다음 문헌을 참조할 것.
　　K. Stern(FN 9), S. 363ff.; *J. Jung*(FN 738), S. 32ff.; *W. Leisner*, Das Berufsbeamtentum im demokratischen Staat, 1975; *H. Fenske*, Monarchisches Beamtentum und demokratischer Staat, 1972, S. 117ff.; *F. Hartung*, Zur Geschichte des Beamtentums im 19. u. 20. Jh., 1948; *H. Hattenhauer*, Geschichte des Beamtentums, 1980; *S. Isaacsohn*, Geschichte des preußischen Beamtentums vom Anfang des 15. Jh. bis auf die Gegenwart, 3 Bde, ND(1967); *A. Lortz*, Geschichte des deutschen Berufsbeamtentums, 2. Aufl.(1914).

763) Darüber vgl. *C. Schmitt*, Verfassungslehre, 5. Aufl.(1970), S. 172, 181, 272; *derselbe*, Freiheitsrechte und institutionelle Garantien der Reichsverfassung, in: Verfassungsrechtliche Aufsätze, 2. Aufl.(1973), S. 140ff.

헌법상의 제도적 보장으로 규정된 헌법질서 내에서는 입법권자가 직업 공무원제도를 구체적으로 형성하는 것은 가능하지만 직업공무원제도 그 자체를 폐지하는 것은 절대로 허용될 수 없다고 한다.[764] 따라서 이 같은 시각에서 볼 때 제도적 보장으로서의 직업공무원제도는 공직구조 에 관한 헌법적 결단이라고 할 수 있다.

우리 현행헌법(제7조)도 직업공무원제도의 헌법적 근거규정을 마련 함으로써 이를 제도적으로 보장하고 있다. 아래에서 직업공무원제도의 내용과 기능을 살펴본 후에 우리 현행헌법상의 직업공무원제도에 언급 하기로 한다.

(1) 직업공무원제도의 내용

1052

기능유보와 구조의 보장

직업공무원제도의 세부적인 내용에 관해서는 시대와 나라에 따라 여러 가지의 논의가 있어 왔지만 전통적으로 확립되어 온 직업공무원 제도의 핵심적이고 본질적인 내용에 관해서는 오늘날 대체로 의견의 일치를 보이고 있는 것 같다. 즉, 안정적이고 능률적인 정책집행을 보 장하기 위해서 국가와 공공단체의 정책집행기능을 원칙적으로 직업공 무원에게 맡기고, 국가와 직업공무원 사이에는 근무 및 충성관계가 성 립되도록 함으로써 공무원은 모든 힘을 다 바쳐 맡은 바 공직을 공평 무사하게 성실히 수행하는 대신, 국가는 능력에 따른 공무원인사를 행 하고 공무원의 신분을 보장해 줌은 물론 공무원의 생활부양을 책임짐으 로써 공무원으로 하여금 오로지 국가와 국민을 위한 공직수행에만 전 념케 하는 것이 바로 직업공무원제도의 본질적인 내용이라고 설명되고 있다.[765] 따라서 직업공무원제도는 국가의 정책집행기능을 원칙적으로 직업공무원에게 맡겨서 행사케 한다는 이른바 '기능유보'(Funktions- vorbehalt)와 직업공무원을 위한 이 '기능유보'를 성공적으로 실현하기 위한 여러 가지의 '구조의 보장'(Strukturgarantie)을 그 주된 내용으로 한다고 볼 수 있다. 이 두 가지를 나누어서 살펴본다.

---

764) Vgl. dazu(FN 763).

765) Dazu vgl. *K. Stern*(FN 9), S. 363ff.(369ff.); *J. Isensee*(FN 731), S. 1170ff.; J. *Jung*(FN 738), S. 92ff.; *P. Badura*, Staatsrecht, 1986, S. 242ff.; *K. Hesse*, Grundzüge des Verfassungsrechts der BRD, 14. Aufl.(1984), S. 206(RN 541ff.); BVerfGE 8, 332(343); 15, 167(195f.); 25, 142(148f.).

a) 정책집행기능의 공무원전담

국가의 통치구조 내에서 정책집행기능을 누구에게 맡기느냐 하는
것은 통치목적의 달성과 국가적 과제의 성공적 수행을 위해서 매우 중
요한 의미를 갖는다. 그런데 국가의 정책집행을 원칙적으로 공무원에
게 맡김으로써 사인·공무수임사인(beliehene Private) 또는 근무계약에
의한 공직자들에 의해서 정책집행기능이 행사되는 것을 방지하려고 하
는 것이 바로 직업공무원제도에 내포된 '기능유보'의 내용이다. 따라서
직업공무원제도가 통치기관의 구성원리로 채택된 헌법질서 내에서 국
가의 정책집행기능이 공무원 이외의 다른 사람에게 맡겨지는 것은 원
칙적으로 허용되지 않는다.

1053
기능유보의
내용과 범위

직업공무원제도는 국가의 정책집행기능을 공무원에게 맡기는 것
이 법치주의의 실현 및 단절 없고 일관된 정책집행에 가장 도움이 된
다는 인식에서 나온 통치구조의 기본원리이기 때문에, 이같은 단절 없
는 정책집행을 위협할 수 있는 공무원의 쟁의권과는 이념적으로 조화
될 수 없다. 직업공무원제도에서 공무원의 쟁의행위가 금지되는 것은
그 때문이다.766)

또 공직인력구조의 이원화현상과 근무계약에 의한 공직담당자의
수가 증가하는 것이 직업공무원제도에서 문제점으로 제기되는 것도 바
로 그 때문이다. 공무원과는 달라서, 근무계약에 의한 공직담당자의 근
무관계는 어디까지나 사법상의 계약에 의해서 성립되기 때문에 공무원
법의 적용에 일정한 한계가 있기 마련이다. 공직인력구조의 이원화현
상을 직업공무원제도와 조화시키기 위한 이론적인 노력으로 독일에서
근무계약에 의한 공직담당자를 가급적 공무원으로 수용하는 방안과767)
그들의 급료자율교섭권(Tarifautonomie)과 쟁의권 등 계약법상의 권리를
부인하거나 최소한으로 제한하기 위한 이론이768) 모색되고 있는 것도

---

766) Dazu näher vgl. *J. Isensee*, Beamtenstreik, 1970, S. 83ff.

767) Vgl. dazu BVerfGE 9, 268(284); *P. Lerche*, Verbeamtung als Verfassungs-
autrag?, 1973, S. 49ff.; *F. Ossenbühl*, Eigensicherung und hoheitliche
Gefahrenabwehr, 1981, S. 36ff.

768) Dazu vgl. z. B. *R. Scholz*, in: W. Leisner(Hrsg.), Das Berufsbeamtentum im
demokratischen Staat, 1975, S. 179ff.; *J. Isensee* in: W. Leisner(ebenda), S. 23ff.,
38; *derselbe*(FN 731), S. 1194ff.; *G. Wacke*, Grundlagen des öffentlichen
Dienstrechts, 1957, S. 90; *derselbe*, Das Recht der Angestellten und Arbeiter im
öffentlichen Dienst, 5. Aufl.(1964), S. 29; *I. v. Münch*, DÖV 1982, S. 338ff.; *v.*

바로 그 때문이다.

하지만 직업공무원제도에 내포된 이같은 '기능유보'의 요청에도 불구하고 현실적으로 국가의 모든 정책집행기능이 공무원만으로 해결될 수는 없고, 어차피 국가의 인사정책이나 공직인력구조에 관한 어느 정도의 예외가 인정될 수밖에 없다. 그렇기 때문에 반드시 공무원에 의해서 처리되어야 할 정책집행기능의 유형과 범위를 정하는 일이야말로 매우 중요한 의미를 갖게 된다. 이 점에 관해서는 아직도 논란이 많다.[769] 명령과 강제를 그 본질적인 요소로 하는 이른바 '권력작용' (obrigkeitliche Handeln)만이 반드시 공무원에 의해서 처리되어야 할 핵심적인 '기능유보'의 영역에 속한다는 견해,[770] 권력작용뿐 아니라 공법상의 형태로 이루어지는 국가의 단순한 '관리작용'(schlicht-hoheitliche Handeln)까지를 기능유보에 포함시키고 '행정의 사법적 활동'(verwaltungs-privatrechtliche Leistungen)만을 제외시키려는 주장,[771] 국가작용의 법형식을 떠나서 공적인 국가과제를 목적으로 하는 모든 정책집행기능을 모두 기능유보의 내용으로 이해하려는 입장[772] 등의 대립이 바로 그것이다. 그러나 이같은 견해의 대립에도 불구하고 권력작용이 '기능유보'의 핵심적인 영역이라는 점과 독자적인 결정책임과는 거리가 먼 단순한 보조적·기계적 성질의 행정업무와 국고작용(Fiskalverwaltung), 그리고 행정의 사법적 활동 등이 '기능유보'에 속하지 않는다는 점에 대해서는 대체적인 의견의 일치를 보이고 있는 것 같다.[773] 따라서 아직까지 남아 있는 미해결의 문제는 이른바 국가의 생존배려적인 급부작용을 비롯한 비권력적인 관리작용을 기능유보의 관점에서 어떻게 평가할 것인가이다.

기능유보의 범위결정에 관한 학설

Mangoldt/Klein, Das Bonner GG, 2. Aufl.(1966), S. 334.

769) Vgl. etwa *J. Jung*(FN 738), S. 106ff.; *W. Leisner*, Der Beamte als Leistungsträger, in: derselbe(FN 768), S. 121ff.; *P. Lerche*(FN 767), S. 20ff.; *C. H. Ule*, Rechtsgutachten, in: Forsthoff u. a.(Hrsg.)(FN 741) S. 449ff.; *W. Thieme*, Rechtsgutachten, in: Forsthoff u. a.(ebenda), S. 348ff.; *J. Isensee*(FN 766), S. 84ff.

770) Dazu vgl. z. B. *J. Isensee*(FN 766), S. 84ff.; *J.Jung*(FN 738), S. 130ff.; *W. Thieme*(FN 769).

771) Dazu vgl. z. B. *P. Lerche*(FN 767), S. 20ff.

772) Dazu vgl. z. B. *W. Leisner*(FN 769).

773) Dazu vgl. etwa. *J. Isensee*(FN 731), S. 1172; *K. Stern*(FN 9), S. 348f.

생각건대, 현대국가가 지향하는 사회국가적·문화국가적 목표를 달성하기 위해서는 국가작용이 이루어지는 법형식(Rechtsform)과 국가작용의 내용을 함께 고려해서 기능유보의 범위를 정해야 하리라고 본다. 따라서 사인이나 공무수임사인 또는 근무계약에 의한 공직자에 의해서도 충분히 그 실현이 가능한 국가작용(예컨대, 체신·철도·오물수거·상하수도 관리 등)이라 할지라도 그 작용의 내용으로 보아 공공생활의 안전을 위해서 공법상의 엄격한 법률이 꼭 필요한 경우에는 이를 기능유보의 범위에 포함시키는 것이 바람직하다. 같은 국가작용이라도 그것이 공무원에 의해서 행해지느냐 사인에 의해서 행해지느냐 하는 것은 그 작용의 내용과 질에 적지 않은 영향을 미칠 수 있다. 예컨대 보험가입의무와 보험료강제징수를 그 내용으로 하는 국민보험의 업무가 공무수임사인에게 맡겨지는 것이 기능유보의 관점에서 문제될 수 있는 것도 그 때문이다. 결론적으로 모든 관리작용이 모두 기능유보에 포함된다고 볼 수는 없지만 적어도 공공생활의 안전과 직접적으로 연관성이 있고 그 작용이 공법의 형식을 취할 수밖에 없는 관리작용은 원칙적으로 기능유보에 속한다고 보는 것이 옳다고 생각한다.

b) 직업공무원제도의 기본이 되는 구조적 요소

국가의 정책집행기능이 원칙적으로 공무원에 의해서 행해질 것을 요구하는 기능유보는 공무원과 국가의 관계가 특별히 밀접하다는 것을 전제로 한다. 공무원과 국가의 밀접한 관계를 제도적으로 표현해 주는 것이 바로 직업공무원제도의 구조적 요소이다.

1054
공법상의
근무 및
충성관계의
제도적 표현

그런데 직업공무원제도의 구조는 그것이 하루 아침에 형성된 것이 아니고 오랜 시일에 걸쳐 점차적으로 형성된 것이며 또 시대에 따라 변할 수도 있기 때문에 각 나라의 특수성과 그 제도적 전통을 무시하고 획일적으로 논할 수 없다. 그러나 또 한편 직업공무원제도를 헌법상의 제도적 보장으로 선언하고 있는 헌법질서 내에서는 직업공무원제도가 '공법상의 근무 및 충성관계'(öffentlich-rechtliches Dienst- und Treueverhältnis)를 바탕으로 하고 공무원과 국가 사이에 헌신적인 봉사와, 특별한 보호의 상관관계가 원활하게 기능할 수 있도록 형성되어야 한다는 사실만은 다툴 수 없다. 현대의 자유민주국가에서 공무원의 원칙적인 정년주의, 국가의 공무원에 대한 생활부양의무, 공무원임명·보직·승진시의 능력주의, 공무원의 정치적 중립성, 민주적인 직무지시계통, 공무원의 신분보장과 징계절차의 엄격성, 공무원의 직무상 불법행위에 대한 국가의 배상책임 등이 직업공무원제도의 가장 기본이 되는 구조적 요소로서 간주되는 이유도 그 때문이다.774)

직업공무원제도의 이와 같은 여러 구조적 요소는 Hesse의 말대로775) 공무원이 특정정당 또는 한 사람에게만 충성하지 않고 국민전체에 대한 봉사자로서 정책집행이라는 국가적 과제를 원만히 수행함으로써 헌법이 지향하는 자유민주적인 통치목표를 성공적으로 달성하는 데 반드시 필요한 요건들이다. 따라서 직업공무원제도의 여러 구조적 요소는 결코 자기목적적이거나 공무원의 개인적 이익만을 위해서 존재하는 것은 아니다. 그것은 정책집행이라는 국가적 과제를 공평무사하게 성실히 수행케 하기 위한 제도적 장치에 불과하기 때문에 자유민주국가에서는 그 헌법이 지향하는 자유민주주의와 법치국가원리 및 사회국가의 이념 등과 조화될 수 있는 것이어야 한다.776) 바로 이곳에 직업공무원제도를 구체적으로 형성하는 데 있어서 입법권자가 존중해야 하는 헌법적 한계가 있다. 직업공무원제도에서 요구되는 공무원의 충성의무(Treuepflicht), 정책집행의 효율성(Effizienz), 공무원관계의 공법적 성격, 공무원의 법적 신분보장과 경제적 생활보장 등을 구체적으로 제도화하는 데 있어서 입법권자에게 주어진 넓은 형성권은 그러한 헌법적 원리에 의한 제약을 받을 수밖에 없다. 그것은 모든 법적인 제도가 지켜야 되는 '체계조화'(Systemvereinbarkeit)의 요청 내지 '체계정당성의 명령'(Direktiven der Systemgerechtigkeit)777) 때문이다. 예컨대 일반사기업체의 근로자들과 마찬가지로 공무원에게 근로조건의 향상을 위한 노동쟁의권을 주는 것은 법치주의를 실현하고 일관된 정책집행을 보장하기 위한 기능유보와 체계적으로 조화되기가 어렵다.778) 우리 헌법(제33조)이 공무원의 노동 3권을 예외적으로만 인정하는 것도 우리 헌법상의 직업공무원제도와의 조화 때문이다. 또 대의민주주의의 이념상 정책집행에

체계조화의
요청

---

774) Dazu näher vgl. *K. Stern*(FN 9), S. 369ff.; *J. Isensee*(FN 731), S. 1179ff.

775) Vgl. dazu *K. Hesse*(FN 765), S. 206(RN 540).

776) So auch BVerfGE 15, 167(195); 3, 58(137); 7, 155(162); 8, 1(16); 9, 268 (286).

777) So auch *J. Isensee*(FN 731), S. 1177.

778) Dazu näher vgl. *J. Isensee*(FN 766), S. 33ff.

대해서는 언제나 대의기관에게 책임을 져야 되기 때문에 공무원조직내부의 의사결정방법을 '민주화'하는 데는 일정한 한계가 있고, 공무원들의 정책결정참여권(Mitbestimmungsrecht)도 제한될 수밖에 없다.[779] 나아가 모든 힘을 다 바쳐 헌신적으로 봉사해야 하는 공무원직의 성격상 노동력과 집중력의 유실을 가져올 수도 있는 이른바 '시간제공무원제도'(Teilzeitbeamten)의 도입은 매우 엄격한 전제조건하에서만 고려할 수 있다.[780] 국·공립대학교수의 근무관계를 법률로 규율하는 경우에도 학문의 자유와 조화될 수 있는 방법이 모색되어야 한다. 또 경제성장에 알맞는 최소한의 생활안정이 유지될 수 있도록 공무원의 급료제도를 현실화해 나가는 것은 공무원의 전인적 봉사에 대한 반대급부일 뿐 아니라 사회국가를 실현하기 위한 당연한 사회보장의 요청이다.[781]

이렇게 볼 때 직업공무원제도의 기본이 되는 여러 구조적 요소를 체계조화적으로 실현하고 제도화한다는 것은 통치를 위한 기관의 구성원리를 실현한다는 의미뿐 아니라 공무원에게도 공무원으로서의 일정한 권리를 보장해 준다는 의미도 함께 갖게 된다. 예를 든다면 공무원에 대한 국가의 생활부양의무를 구체화한다는 것은 공무원에게 그 전인적 봉사에 알맞는 소구가능한 급료청구권(Alimentationsgrundrecht)을 당연한 권리로 인정해 주는 것이나[782] 다름없다.

그런데 직업공무원제도를 구체적으로 실현함으로써 공무원이 누리게 되는 이같은 여러 권리와 특전은 헌법이 요구하는 '법 앞의 평등'의 관점에서 문제가 될 수도 있다. 그러나 직업공무원제도 때문에 공

---

779) Vgl. dazu näher BVerfGE 9, 268(282); *W. Leisner*, Mitbestimmung im öffentlichen Dienst, 1970, S. 44ff., 66ff.; *G. Püttner*, Mitbestimmung und Mitwirkung des Personals in der Verwaltung, in: H. J. v. Oertzen(Hrsg.), "Demokratisierung" und Funktionsfähigkeit der Verwaltung, 1974, S. 73ff.; *W. Schmitt Glaeser*, Partizipation an Verwaltungsentscheidungen VVDStRL 31(1973), S. 232ff.; *P. Hoschke*, Mitbestimmungskonkurrenzen im öffentlichen(1973), S. 232ff.; *P. Hoschke*, Mitbestimmungskonkurrenzen im öffentlichen Dienst, 1977, S. 81ff.

780) 시간제공무원의 문제점에 대해서는 다음 문헌을 참조할 것.
H. Lecheler, (FN 756), S. 80ff.; *M. Benndorf*, Verfassungsrechtliche Zulässigkeit einer Teilzeitbeschäftigung von Beamten und Richtern, Diss.(Göttingen), 1980, insbes, S. 217, 223; *M. Schröder*, ZBR 1979, S. 189ff.

781) Dazu vgl. BVerfGE 44, 249(266).

782) Dazu näher vgl. BVerfGE 8, 1(16ff.); *H. Lecheler*, AöR 103(1978), S. 366ff.

무원이 누리게 되는 권리와 특전은 엄격한 의미에서는 공무원에게만
부과되는 특별한 책임과 의무의 반대급부적인 성격을 갖는다고 볼 수
있기 때문에 반드시 '법 앞의 평등'정신에 어긋난다고는 말할 수 없다.
더욱이 직업공무원이 누리게 되는 권리와 특전이 합리적이고 등가적인
균형관계를 유지할 수 있도록 제도화한다면 전혀 평등의 원칙에 반한
다고 볼 수 없다.[783]

공무원의
이중적 지위

직업공무원제도하에서 공무원은 국가와 '특수한 생활관계'를 형성
하고 있기 때문에 말하자면 정책집행자(Amtswalter)로서의 지위와 기본
권주체(Grundrechtsträger)로서의 지위를 함께 갖게 된다. 공무원이 갖는
이 이중적 지위 때문에 종래 '이른바 특별권력관계'의 이론으로 공무원
의 근무관계를 설명하고 공무원의 기본권주체로서의 지위를 일방적으
로 부인 내지 약화시키려는 시도가 오랜 동안 계속되어 왔었다는 점에
대해서는 이미 특별권력관계를 논하는 자리에서[784] 상세히 다루었기
때문에 여기서는 되풀이하지 않기로 한다. 다만 다시 한번 명백히 밝
혀 두고자 하는 것은 공무원의 기본권주체로서의 지위를 부인하던 시
대는 이미 지나갔다는 점과,[785] 직업공무원제도가 요구하는 공무원의
정상적인 근무관계의 유지를 위해서 필요불가피한 최소한의 범위 내에
서 공무원의 기본권을 제한하는 것은 그것이 기본권제한입법의 한계를
일탈하지 않는 한 헌법규범의 조화적인 실현을 위해서 불가피한 일에
속한다는 점이다.[786] 이 경우 공무원의 기본권을 제한하는 것은 국민의
기본권을 실현하기 위한 불가결한 전제조건일 수도 있다. 직업공무원
제도에서 공무원이 누리는 특별한 권리와 특전은 바로 그와 같은 불가
피한 기본권제한에 대한 반대급부적 의미도 함께 갖는다는 점을 유념
해야 한다. 그러나 가장 이상적인 것은 공무원에게 필요 이상의 특별
한 책임과 의무를 부과하지도 않고 또 공무원에게 필요 이상의 권리와
특전도 베풀지 않는 것이다.

---

783) Dazu näher vgl. *J. Isensee*(FN 731), S. 1186.

784) 이 점 앞의 방주 669 이하 참조.

785) Dazu näher vgl. *W. Loschelder*, Vom besonderen Gewaltverhältnis zur öffent-
lichrechtlichen Sonderbindung, 1982.

786) 예컨대, 공무원의 의사표현의 자유의 제한에 대해서 vgl. BVerfGE 39, 334(367).

(2) 직업공무원제도의 기능

자유민주주의를 지향하는 현대의 헌법국가에서 직업공무원제도는 통치기구의 중요한 조직원리로서 국가의 통치기능을 수행하는 데 매우 큰 기여를 하게 된다. 국가와 '공법적인 근무 및 충성관계'에 있고 국민전체에 대한 봉사자이며 국민에 대해서 책임을 지는 공무원이 국가의 정책집행을 도맡아 행사한다는 것은 바로 민주주의와 법치주의를 실현할 수 있는 가장 확실한 담보를 뜻하기 때문이다. 직업공무원제도의 기본이 되는 여러 구성요소가 체계조화적으로 제도화되고, 그 제도들이 합리적으로 운영된다면 헌법이 추구하는 동화적 통합의 통치목표는 보다 빠르게 달성될 수 있다. 그뿐 아니라 직업공무원제도의 구조적 요소에 속하는 공무원의 정치적 중립성이 제대로 지켜지게 되면 통치권행사의 절차적 정당성을 확보하는 데 중요한 몫을 차지하게 된다. 직업공무원제도가 갖는 기능적 권력분립의 효과가 바로 그것인데 이 점에 대해서는 이미 권력분립을 논하는 자리에서[787] 자세히 언급한 바 있다. 또 직업공무원제도는 공무원의 지위와 권리를 보호하게 되는 것은 물론이고, 국민의 공직취임권의 실현과도 밀접한 관계가 있다. 직업공무원제도의 본질적 요소의 하나인 능력주의가 잘 지켜질 때 궁극적으로 모든 국민은 공직취임의 균등한 기회를 보장받게 되기 때문이다.

이렇게 볼 때 직업공무원제도는 민주주의와 법치주의의 이념에 따라 정책집행이 실현될 수 있는 바탕을 마련함으로써 사회공동체의 동화적 통합을 촉진시켜 줄 뿐 아니라, 기능적 권력분립의 한 메커니즘으로 기능함으로써 헌정생활을 안정시키고, 공무원의 지위를 보호하고, 국민의 헌법상의 권리를 실현하기 위한 제도적 기초가 되는 등 여러 가지 중요한 기능을 나타낸다고 말할 수 있다.

(3) 우리 현행헌법상의 직업공무원제도

a) 직업공무원제도와 기타 공직에 관한 헌법규정

우리 현행헌법도 직업공무원제도를 보장하는 여러 가지 규정을 두고 있다. 공무원의 지위·책임과 정치적 중립성에 관한 기본조문(제7조)을 비롯해서 대통령의 공무원임면권(제78조), 공무원의 노동 3권을 제한하는 규정(제33조 제2항), 공무원의 직무상 불법행위로 발생한 손해에 대한

1055
통치기능에 기여하는 다양한 기능

1056
직업공무원 제도에 관한 헌법규정

---

787) 이 점 앞의 방주 912 참조할 것.

국가·공공단체의 배상책임($^{제29조}_{제1항}$), 직업공무원제도의 구조적 요소에 관한 법률유보($^{제7조}_{제2항}$)규정 등이 바로 그것이다. 따라서 입법권자는 직업공무원제도에 관한 이 헌법상의 규정들을 구체화하고 이 헌법정신에 따라 직업공무원제도의 구조적 요소들을 제도화해야 할 헌법적 의무를 지고 있다. 직업공무원제도에 관한 일반법으로서의 국가공무원법과 지방공무원법, 그에 관한 특별법으로서의 교육공무원법, 경찰공무원법, 소방공무원법 등은 그 대표적인 입법의 소산이라고 볼 수 있다.

1057
기타 공직에
관한
헌법규정

그리고 우리 헌법은 이와 같은 직업공무원제도와는 별도로 공직에 관한 또 다른 규정을 두고 있는데 국민의 선거권($^{제24}_{조}$)과 공무담임권($^{제25}_{조}$)을 바탕으로 하는 각종 선거직공직자(대통령·국회의원 등), 정무직공직자(국무총리·국무위원·헌법재판소의 장·감사위원·중앙선거관리위원회위원 등), 국군의 구성원으로서의 직업군인과 일반군인($^{제5조, 제39조, 제89조}_{제16호, 제110조}$), 사법기능을 맡는 법관($^{제101조 제1항,}_{제103조~제106조}$)에 관한 규정 등이 그것이다. 그러나 이들 공직자는 그 성격과 기능이 일반공무원과 다를 뿐 아니라 그들이 수행하는 공직의 기능과 성격이 특수해서 직업공무원제도에 포함시킬 수 없다. 그들이 수행하는 공직의 기능과 성격상 직업공무원제도의 구조적 요소가 그들 공직자에게 그대로 적용될 수는 없기 때문이다. 선거직공직자를 포함한 정무직공직자는 민주주의·대의제도·권력분립제도·지방자치제도 등의 원리에 의해 규율되는 통치기관을 뜻하기 때문에 직업공무원제도에서 제외되는 것이 마땅하다. 우리 헌법이 그들 공직자의 선출방법과 기능 및 책임 등에 관해서 특별히 상세한 규정을 하고 있는 것도 그 때문이다. 또 군인은 국가의 안전보장과 국방이라는 특수한 사명을 간직하고 있어 특히 상명하복의 엄격한 규율 및 군사행동의 기민성과 효율성이 요구되기 때문에 직업공무원제도의 테두리에서 벗어날 수밖에 없다. 우리 헌법이 군사재판의 관할을 위한 군사법원을 따로 설치하고 현역군인은 국무위원으로 임명될 수 없도록 한 것($^{제87조}_{제4항}$) 등은 그 때문이다. 또 법관은 그들이 맡는 사법기능의 성격상 보다 강한 전문성과 독립성 그리고 특별한 신분보장이 요청되기 때문에 직업공무원제도의 구조적 요소의 많은 부분이 수정 또는 제한되어 적용될 수밖에 없다. 우리 헌법이 사법기능을 법관에게만 유보시키고($^{제101조}_{제1항}$), 법관의 심판기능상의 독립을 명시($^{제103}_{조}$)하면서 그를 뒷받침하기 위하여, 법관자격의 법정주의$\binom{\text{제101조}}{\text{제3항}}$, 법관인사의 독립$\binom{\text{제104}}{\text{조}}$, 법관의 임기제$\binom{\text{제105조 제1}}{\text{항~제3항}}$, 법관정년의 법정주의$\binom{\text{제105조}}{\text{제4항}}$를 채택하는 한편 신분상 불리한 처분사유를 제한$\binom{\text{제106}}{\text{조}}$하는 등 사법권의 독립에 관해서 따로 상세히 규정하는 것도 바로 그 때문이다.

따라서 여기서는 그들 특수기능의 공직자를 제외하고 일반공무원의 직업공무원제도에 관해서만 살펴보기로 한다.

b) 직업공무원제도의 구체적 내용

α) 민주적이고 법치적인 직업공무원제도

1058
자유민주
주의 및
법치주의
이념에 따른
직업공무원
제도

우리 헌법은 공직제도와 직업공무원제도의 기본조항이라고 볼 수 있는 제 7 조 제 1 항에서 '공무원은 국민전체에 대한 봉사자이며, 국민에 대하여 책임을 진다'고 천명함으로써 우리 헌법상의 직업공무원제도가 국민주권에 바탕을 두고 국민주권의 자유민주주의를 실현하기 위한 수단으로서의 성격을 갖는다는 점을 명백히 하고 있다. 즉 우리 헌법질서 내에서 공무원은 국민 위에 군림하는 존재일 수도 없고 또 특정한 개인 또는 집단 내지 정당에게만 충성하는 사복도 아니고 주권자인 전체국민의 이익을 위해서 존재하고 활동하는 공복으로서 그 행위에 대해서도 주권자인 국민에게 책임을 진다는 뜻이다. 따라서 공무원은 이와 같은 헌법정신에 따라 정책집행에 관한 국민의 수탁자로서 모든 힘을 다 바쳐 그 맡은 바 사명을 완수하고 그 결과에 대해서 국민에게 책임을 져야 한다. 우리 헌법상의 직업공무원제도도 원칙적으로 '공법상의 근무 및 충성관계'를 그 바탕으로 할 수밖에 없는 이유는 그 때문이다. 우리의 직업공무원제도가 '공법상의 근무관계'를 바탕으로 한다는 것은 대통령에게 주어진 공무원임면권$\binom{\text{제78}}{\text{조}}$에 의해서도 단적으로 나타나며, 또 우리의 직업공무원제도가 '충성관계'를 전제로 한다는 것은 공무원의 노동 3권제한규정$\binom{\text{제33조}}{\text{제2항}}$에서도 엿볼 수 있다. 나아가 우리의 직업공무원제도가 법치국가의 이념과 '국가책임'의 원리 위에 마련되고 있다는 것은 공무원의 직무상 불법행위로 인한 손해에 대한 국가의 손해배상책임과 공무원의 책임에 관한 헌법규정$\binom{\text{제29조}}{\text{제1항}}$이 잘 말해 주고 있다. 우리 헌법이 국가의 배상책임 이외에 따로 공무원의 책임을 명시하고 있는 것은$\binom{\text{제29조 제1}}{\text{항 단서}}$ 제 1 차적으로는 국가내부에서의 공무원의 책임(기관내부에서의 변상책임·공무원법상의 책임 등)을 명시하는

것이지만 제 2 차적으로는 '공무원의 국민에 대한 책임'($_{제1항}^{제7조}$), 즉 국민
에 대한 형사책임 및 정치적 책임을 밝히는 것이라고 보아야 한다. 따
라서 공무원의 직무상 불법행위로 인한 공무원 자신의 책임과($_{항\,단서}^{제29조\,제1}$)
공무원의 국민에 대한 책임($_{제1항}^{제7조}$)을 무관한 것으로 이해하는 것은 우리
헌법이 지향하는 직업공무원제도의 정신과 조화되기 어렵다고 생각한
다. 그뿐 아니라 공무원의 국민에 대한 '책임의 성격'에 관한 논란도
불필요한 것이다. 왜냐하면 공무원의 국민에 대한 책임은 직업공무원
제도에서는 제 1 차적으로 법적인 배상책임과 형사책임을 뜻하는 것이
고, 제 2 차적으로는 민주적인 직무지시계통을 통한 대의적·정치적 책
임을 뜻하는 것이기 때문이다. 더욱이 일반적인 견해에 따라 우리 헌
법 제 7 조 제 1 항에서의 '공무원'을 광의의 공직자로, 그리고 제 7 조
제 2 항의 '공무원'을 협의의 공직자로 이해하려는 입장에서 서서 광의
의 공직자($_{제1항}^{제7조}$)의 국민에 대한 책임과 성격에 관해서 논란을 벌이는
것은 전혀 무의미한 일이라고 생각한다. 그 이유는 공직자의 유형788)에
따라 그 책임의 성격도 스스로 달라지기 때문이다.

β) 공무원의 신분과 정치적 중립성의 보장

1059
신분보장
제도와
정치활동제
한 내지
금지

우리 헌법은 직업공무원제도의 구조적 요소에 관해서는 구체적
으로 정하지 않고 이를 입법권자의 입법형성권에 맡기는 법률유보의
규정만을 두고 있다. 다만 '공무원의 신분과 정치적 중립성'의 보장만
은 이를 헌법($_{제2항}^{제7조}$)이 스스로 명시하고 있기 때문에 직업공무원제도를
구체적으로 마련하는 입법권자에게 일정한 기속적인 방향을 제시하고
있다.

그런데 공무원의 신분보장은 공무원임명·보직·승진시의 능력
주의(성적주의)와 합리적인 징계절차에 의해서만 실현될 수 있을 뿐 아
니라 참된 신분보장은 종신직이라야 가장 그 실효성이 크다고 볼 수

---

788) 우리 국가공무원법(제 2 조)과 지방공무원법(제 2 조)은 공무원을 우선 국가공무원과
지방공무원으로 나눈 다음, 이를 다시 경력직공무원과 특수경력직공무원으로 구분한
다. 경력직공무원의 종류로는 일반직공무원(1~9급), 특정직공무원(법관·검사·경찰·
군인·교직자 등) 두 가지가 있다. 또 특수경력직공무원은 다시 정무직공무원(선거
직·국무위원 등), 별정직공무원(비서관·비서 등)의 두 가지 유형으로 나뉜다. 그런데
1~3급에 해당하는 일반직·별정직·특정직 공무원으로 고위공무원단을 구성하고 계급
을 폐지하며 범정부차원에서 적격심사 등 통합적인 인사관리를 하는 이른바 고위공무
원단제도(국공법 제 2 조의 2)가 시행되고 있어(2006. 7. 1.) 계급제적 전통과 연공서
열을 중시하는 공무원의 인사관행에 큰 변화가 생겼다.

있기 때문에 공무원의 신분보장을 직업공무원제도의 기본적인 구조적 요소로 밝히고 있는 우리 헌법질서 내에서는 이들 요소가 모두 직업공무원제도의 바탕이 되어야 한다고 할 것이다. 또 공무원의 신분보장은 공무원의 생활안정을 떠나서는 무의미한 것이기 때문에, 공무원의 생활안정을 실현하는 구체적인 제도가 함께 마련되어야 한다. 직업공무원제도에 관한 현행실정법에는 이와 같은 헌법정신이 어느 정도 반영되고 있는 것은 사실이지만 실질적인 신분보장을 위해서는 아직도 개선의 여지가 많다고 할 것이다.789) 독일연방헌법재판소가 국가는 공무원의 생활안정을 보장할 수 있는 합리적인 급여제도를 마련할 의무가 있다고 강조하면서 셋 이상의 부양자녀를 가진 공무원의 과다한 부양비 지출을 충분히 반영하지 않은 공무원 급여체계는 직업공무원제도에 위배된다고 헌법불합치결정을 한 것은790) 우리에게도 시사하는 점이 많다.

우리 직업공무원제도는 공무원의 정치적 중립성을 그 필수적인 구조적 요소로 하고 있기 때문에 공무원인사에서의 '엽관제도'나 '정당적 정실인사'는 절대로 허용되지 않는다고 할 것이다. 공무원의 정당정치적 중립성을 실현하기 위해서 우리 실정법은 공무원의 정당 기타 정치단체가입을 원칙적으로 금지하고 기타 정치활동과 집단행위도 금지 내지 제한하고 있다(국가공무원법 제65조, 제66조, 지방공무원법 제57조, 정당법 제22조). 하지만 이 같은 획일적 정당가입금지와 정치활동금지가 과연 정치적 중립성의 필수적 요건인지에 대해서는 의문의 여지가 있다.

결론적으로 우리 헌법상의 직업공무원제도는 공무원의 신분과 정치적 중립성을 보장할 수 있는 구조적 바탕 위에서 공무원의 공복으로서의 기능과 공무원의 기본권주체로서의 지위가 최대한으로 조화될 수 있는 방향으로 제도화되어야 하는데, 어떤 경우라도 직업공무원제도 그 자체를 폐지할 수는 없다고 할 것이다. 바로 이곳에 직업공무원제도에 관한 입법형성권의 한계가 있으며, 제도적 보장으로서의 직업공무원제도의 헌법적 의의가 있다.

---

789) 금고 이상의 형의 선고유예를 받은 공무원의 당연퇴직규정은 위헌이다(헌재결 2002. 8. 29. 2001 헌마 788 등).

790) Vgl. BVerfGE 99, 300.

제 6 절 지방자치제도

1060
정치적
다원주의
실현수단

지방자치제도(local government, kommunale Selbstverwaltung)는 지역중심의 지방자치단체(kommunale Gebietskörperschaft)가 그 지역 내의 공동관심사(공공과제)를 단체의 자치기구에 의해서 스스로의 책임 아래 처리함으로써 국가의 과제를 덜어 주고 지역주민의 자치역량을 길러 민주정치와 권력분립의 이념을 실현하는 자유민주적 통치기구의 중요한 조직원리이다.

종래 지방자치제도가 '주민근거리행정'(Bürgernähe der Verwaltung)[791]을 실현하기 위한 행정작용의 한 형태로만 이해되어 왔지만, 오늘날에 와서는 현대의 다원적인 복합사회가 요구하는 '정치적 다원주의' (politischer Pluralismus)와 자유민주적 통치구조가 요구하는 기능적 권력통제를 실현하기 위한 통치구조상의 불가결한 제도적인 장치로 인식되게 되었다.[792] 오늘날 많은 자유민주국가의 헌법에서 지방자치제도를 그 헌법적 규율의 대상으로 삼고 이를 제도적으로 보장하고 있는 것도 그 때문이다.[793] 우리 현행헌법($\binom{제117조와}{제118조}$)도 지방자치를 규정하고 이를 제도적으로 보장하고 있다.

아래에서 지방자치의 본질과 기능을 살펴본 후에 우리 현행 헌법상의 지방자치제도에 관해서 언급하기로 한다.

1. 지방자치의 본질과 기능

(1) 지방자치의 의의와 본질 및 기능

1061
지방자치의

지방자치란 지역중심의 지방자치단체가 독자적인 자치기구를 설치해서 그 자치단체의 고유사무를 국가기관의 간섭 없이 스스로의 책

---

791) *K. Stern*(FN 9), S. 407.

792) Dazu vgl. u. a. *U. Scheuner*, Zur Neubestimmung der kommunalen Selbstverwaltung, in: derselbe, Staatstheorie und Staatsrecht, 1978, S. 567ff.; *J. Burmeister*, Verfassungstheoretische Neukonzeption der kommunalen Selbstverwaltungsgarantie, 1977, S. 108ff.

793) Vgl. z. B. Art. 28 Abs. 1 Satz 2 GG; Art. 72 der Verfassung Frankreichs; Art. 15, 116ff. der Verfassung Österreichs; Art. 5, 114ff. der Verf. Italiens; dazu vgl. auch *Humes-Martin*, The Structure of Local Government. A Comparative Study of 81 Countries, 1969.

임 아래 처리하는 것을 말한다. 이와 같은 지방자치가 실시되는 경우   의의
지역 내의 공동관심사에 대한 지역주민의 자율적 처리의욕이 커지고,
지역주민이 직접 피부로 느낄 수 있는 '주민접촉행정'(unmittelbarer
Kontakt mit dem Bürger)[794]이 이루어지고, 다원적인 복합사회가 요구하
는 정치적 다원주의가 실현될 수 있을 뿐 아니라 기능적 권력통제의
효과가 나타나는 등 통치기능면에서 여러 가지 긍정적인 영향을 미치
게 되는 것은 두말할 필요가 없다.

이와 같은 지방자치는 연혁적으로 프랑스의 '단체권력'(pouvoir   1062
municipal)과 지방분권사상, 독일의 조합 및 단체(Genossenschaft)사상,   지방자치의
영국의 지방자치(Local Government) 등에 그 유래를 두는 것으로 전해   연혁과 유형
지고 있다.[795] 그런데 프랑스와 독일 등에서 형성된 지방자치사상은 지
역에 관한 고유사무의 자율적인 처리가 주로 지역단체(municipal,
Genossenschaft)의 고유권한이라는 측면에서 주장되었는 데 반해서, 영
국의 지방자치사상은 지역에 관한 고유사무의 자율적인 처리가 주로
그 지역주민(citizen)의 고유권한이라는 측면에서 주장되었다는 점에서
그 연혁적인 차이가 있다.[796] 자치사무의 처리를 위해서 국가로부터 독
립한 단체의 자치기구를 따로 두느냐, 아니면 국가의 지방행정관청이
지방주민(명예직 공무원)의 참여하에 자치사무를 처리하느냐의 차이이
다. 우리나라와 일본에서 전자가 흔히 '단체자치', 후자가 '주민자치'라
는 이름으로 불려지는 이유도 그 때문이다. '단체자치'에서는 단체의
자치기구가 이원적으로 구성되어 의결기관과 집행기관이 분리되고, 단
체의 고유사무 외에도 국가의 위임사무까지도 자치기구가 맡아서 처리
했지만, '주민자치'에서는 국가의 지방행정관청이 단체의 자치기구로

---

794) *U. Scheuner*(FN 792), S. 572.

795) Darüber näher vgl. *H. Heffter*, Die deutsche Selbstverwaltung im 19. Jh.,
    1950; *J. Redlich*, Englische Localverwaltung, 1901; *O. v. Gierke*, Die Steinische
    Städteordnung, 1909; *H. Müthling*, Die Geschichte der deutschen Selbst-
    verwaltung, 1966; *E. Becker*, Geschichtliche Grundlagen der kommunalen
    Selbstverwaltung in Deutschland, 1932; *J. Redlich/F. W. Hirst*, The History of
    Local Government in England, 2nd ed.(1970); *Bryan Keith-Lucas/Peter G.
    Richards*, A History of Local Government in 20th Century, 1976; *K. B. Smellie*,
    A History of Local Government, 4th ed.(1968); *J. Lagroye/V. Wright*(Ed.), Local
    Government in Britain and France, Problems and Prospects, 1979.

796) Dazu vgl. *E. Becker*(FN 795), S. 73ff.; *J. Lagroye/V. Wright*(FN 795), S. 34ff.

기능하는 관계로 그와 같은 이원적 기관구성이나 사무의 구별이 있을
수 없었다. 이러한 차이는 특히 18세기와 19세기 유럽 각 나라의 정치
전통 내지 국가사상과도 불가분의 관계가 있는 것으로, 그 후에도 이
들 나라의 지방자치제도에 적지 않은 영향을 미친 것은 사실이지만,
오늘날에 와서는 그와 같은 획일적인 구별이 별로 큰 의미를 갖지 못
하게 되었다. 왜냐하면 현대자유민주국가에서의 자방자치는 한결같이
자유민주주의를 실현하기 위한 수단으로 간주되어 단체자치적인 요소
와 주민자치적인 요소의 적절한 조화가 모색되고 있기 때문이다. 또
지역단체의 자치사무가 지역'단체'의 고유권한이냐, 지역'주민'의 고유
권한이냐 하는 문제는 자기목적적 제도나 자기목적적 단체가 있을 수
없다고 이해하는 저자의 관점에서 볼 때 특별히 문제될 것이 없다고
생각한다. 국가목적적 국가관이나 국가법인설 등 법률만능주의적 논리
형식으로서 나타난 그와 같은 형식논리는 이제 지양되는 것이 옳다.
그와 같은 형식논리보다는 지방자치의 이념과 본질 그리고 그 기능 등
을 바르게 파악하고 지방자치제도를 합리적으로 형성·운용하는 일이
더 중요하다.

이와 같은 관점에서 지방자치의 이념과 본질을 먼저 알아보기로
한다.

a) 지방자치의 본질과 기능에 관한 전통적인 이론

1063
전통적 이론
의 내용

지방자치는 지금까지 대체로 다음 다섯 가지 관점에서 설명해 왔
다. 국가와 사회의 대립적 이원론의 관점, 행정목적적 관점, 민주정치
적 관점, 지역발전적 관점, 제도보장적 관점 등이 바로 그것이다.

첫째, 지방자치는 종래 국가와 사회를 대립적인 관계로 파악하는
이원주의에 입각해서 이해되어 왔다.[797] 지방자치의 본질에 관해서 그
것이 지역단체의 선국가적인 고유의 권한이냐(자치고유권설) 아니면 국

국가와
사회의
대립적
이원론

가를 전제로 국가에 의해서 비로소 위임된 권한이냐(자치위임설)의 논쟁
과, 지방자치단체의 사무를 고유사무와 위임사무로 나누어서 평가하는
것, 그리고 지방자치단체에 관한 국가의 감독권을 강조하는 것 등은
모두가 지방자치단체를 사회의 영역에 속하는 것으로 보고 이를 국가

---

797) So auch z. B. *O. Gönnenwein*, Gemeinderecht, 1963, S. 7; *U. Scheuner*(FN
792), S. 573.

와는 별개의 것으로 파악하는 이원주의적 발상에서 나온 것이라고 할
수 있다(국가와 사회의 대립적 이원론의 관점).

둘째, 지방자치는 종래 행정작용의 한 형태로만 이해되어 왔다.
행정작용의 침투력을 높여서 행정성과의 극대화를 꾀하기 위해서는 되
도록이면 '주민근거리행정'을 실현해야 된다는 행정목적과 행정기능의
차원에서 지방자치의 문제를 다루어 왔기 때문에 지방자치가 마치 '지
방행정'이라는 행정학적 장르에 속하는 행정학의 고유영역인 것처럼
간주되어 왔다(행정목적적 관점).798) 799)

행정목적적 관점

셋째, 지방자치는 흔히 '풀뿌리의 민주정치'(Wurzeldemokratie) 또
는 '민주주의의 초등학교'800)라는 논리형식에 따라 이해되어 왔기 때문
에 지방자치와 민주정치의 불가분한 연관성이 강조되어 왔다. 지역주
민의 지역문제에 대한 자치능력을 길러줌으로써 민주정치에 필요한 민
주시민을 양성하는데 지방자치가 큰 몫을 차지한다는 논리이다(민주정
치적 관점).801)

민주정치적 관점

넷째, 지방자치는 지역개발과 지역발전을 촉진하기 위한 불가피한
수단으로 이해되어 왔다. 즉 정책에 관한 지역적 이니시아티브와 정책
결정권의 분권적 다핵화를 통해서 지역특성에 맞는 정책을 개발하고
정책수행의 현장성과 능률성을 높여 지역개발과 지역발전을 촉진하기
위해서 지방자치가 불가피하다고 주장되어 왔다(지역발전적 관점).802)

지역발전적 관점

다섯째, 지방자치는 전통적으로 공법상의 제도보장(institutionelle
Garantie)으로 설명해 왔다. 지방자치를 C. Schmitt의 논리형식803)에 따

798) So auch *F. Wagener*, Neue Trends in der Kommunalverwaltung, AfK 1975, S. 187ff.(188).

799) 지방자치에 관한 국내의 행정학적 연구는 특히 다음 문헌을 참조할 것. 최창호, "한국지방행정제도의 발전과제," 김도창화갑논문집(1982); 장지호, "지방행정론," 1982; 정세욱, "80년대 지방재정의 건전화방향," 지방행정 1980년 1월호; 김안제, "지방자치의 장래모형," 지방행정 1980년 6월호.

800) Vgl. (FN 267).

801) Dazu vgl. *U. Scheuner*(FN 792), S. 572, 593ff.

802) Dazu vgl. *U. Scheuner*(FN 792), S. 579ff., 598ff.; *F. Mayer*, Selbstverwaltung und demokratischer Staat, in: Demokratie und Verwaltung, 1972, S. 327ff.(333); *H. H. Klein*, Demokratie und Selbstverwaltung, in: FS f. Forsthoff(1972), S. 165ff.(175).

803) Dazu vgl. *C. Schmitt*, Freiheitsrechte und institutionelle Garantie der Reichsverfassung, in: derselbe, Verfassungsrechtliche Aufsätze, 2. Aufl.(1973), S. 140ff.

제도보장적
관점

라 제도적 보장으로 이해한다는 것은 지방자치제도 그 자체의 폐지만
을 제외하고는 입법권자에게 지방자치의 제도화에 관한 광범위한 입법
형성권이 부여된다는 이야기이다(제도보장적 관점).[804]

b) 비   판

1064
전통적
이론의
문제점

지방자치에 관한 위의 다섯 가지 이론형식이 지방자치의 본질과
기능 및 그 법적 성격을 밝히는 데 많은 이론적인 기여를 한 것은 부
인할 수 없다. 그러나 오늘날에는 그 다섯 가지 이론형식만으로 지방
자치의 제도적 당위성을 설명하고, 지방자치를 제도화하기에는 시대상
황과 사회환경이 너무나 많이 달라졌을 뿐 아니라 국가의 통치기능면
에서도 큰 변화가 있다는 점을 간과할 수 없다. 따라서 그 이론형식의
수정 내지 보완이 불가피하다고 생각한다.

α) 국가와 사회의 대립적 이원론의 문제점

대립적
이원론의
구시대성

전통적으로 지방자치의 이념적 기초가 되어 온 국가와 사회의
대립적인 이원론의 입장은 오늘날 그 이론적인 바탕을 상실했다고 보
아야 한다.[805] 절대군주제와 계약이론을 배경으로 형성된 국가와 사회
의 대립적 이원론은 오늘날 더 이상 설득력을 갖기 어렵게 되었다. 오
늘날 국가와 사회는 결코 대립관계일 수가 없고, 서로가 조직적 · 기능
적 교차관계에 있기 때문에 상호대립이 아닌 상호협조와 상호영향에
의해서만 각각 그 기능을 완전히 발휘할 수 있기 때문이다. 국가와 사
회는 각각 그 기능적인 차이를 가지면서도, 서로가 공감대적 가치의 형
성과 실현에 함께 기여하는 기능적 상호교차관계에 있다는 점을 잊어서
는 아니 된다.[806] 따라서 국가와 사회의 대립적 이원론에 바탕을 두고
주장되는 슈타인(Freiherr v. Stein),[807] 그나이스트(Rudolf v. Gneist),[808]
슈타인(Lorenz v. Stein)[809] 등의 명예직 중심의 고전적 지방자치이론은
이제 그 설득력이 약화되었다고 볼 수 있다.[810]

---

804) 이 점에 대해서 자세한 것은 앞의 방주 524~525 참조.

805) 이 점에 대해서는 제 6 장 참조.

806) 이 점에 대해서는 방주 279 참조.

807) Darüber vgl. *D. Schwab*, Die Selbstverwaltungsidee des Freiherrn von Stein
und ihre geistigen Grundlagen, 1971.

808) Darüber vgl. *R. v. Gneist*, Verwaltung, Justiz und Rechtsweg, 1869.

809) Darüber vgl. *L. v. Stein*, Verwaltungslehre, 2. Aufl., Ⅱ, Teil, 1869.

810) So auch etwa *H. Heffter*(FN 795), S. 213; *P. Lerche*, Die Gemeinden in Staat
und Gesellschaft als Verfassungsproblem, 1965, S. 9ff. 그러나 아직도 명예직중심

국가와 사회의 교차관계이원론의 시각에서 볼 때, 지방자치는 국가가 사회에 대해서 가지는 조정적·통합적·형성적 기능이 소기의 성과를 거두기 위한 사회 내의 자발적인 input 기능[811]에 해당한다고 볼 수 있다. 사회지향적 국가정책의 수립과 수행은 국가의 정책결정에 대한 사회의 적극적인 참여하에서만 가장 효과적으로 실현될 수 있는 것이기 때문에 국가는 그의 정책결정에 관심을 표명하는 사회의 여러 세력에 과감하게 문호를 개방해서 참여의식을 복돋아 주고, 이를 통해서 사회지향적 국가시책에 대한 사회 내의 Konsens 형성에 노력해야 하는데, 지방자치는 바로 그와 같은 Konsens의 형성을 위한 사회 내의 input 기능이라고 평가할 수 있다. 사회의 Konsens에 의해서 뒷받침되지 않는 국가시책은 그것이 아무리 사회를 위한 것이라 할지라도 그 실효를 거두기 어렵기 때문이다.

β) 행정위주의 이해와 그 문제점

지방자치를 단순한 행정작용의 한 형태로만 이해하거나, 지방자치의 주된 기능을 '행정발전'이라는 논리형식으로 설명하는 지나친 행정위주의 접근방법은 지방자치의 정치형성적 기능을 과소평가하거나 무시하는 과오를 범하기가 쉽다.

지방자치가 국가시책에 대한 사회 내의 Konsens 형성을 위한 사회 내의 자발적인 기능이라면 지방자치는 단순히 지방행정 또는 행정작용의 차원에서만 평가할 수 있는 문제는 아니다. 지방주민의 자치참여는 단순한 '행정참여' 내지 '행정절차참여'의 차원을 넘어 국가시책에 대한 input적 참여라는 정치형성적 의미를 갖는다는 점을 간과해서는 아니 된다.[812] 따라서 지방자치에 내재된 '주민근거리행정'의 이념만을 과대평가한 나머지 지방자치를 지나치게 '지방행정형식화'하는 경향은 반드시 시정되어야 한다. 물론 지방자치단체는 전체적인 통치

[우측 여백] 정치형성적 기능 무시

의 지방자치제의 퇴조를 비판적인 시각에서 평가하는 학자도 있다. Z. B. *A. Köttgen*, Die Krise der kommunalen Selbstverwaltung, 1931, S. 377; *E. Forsthoff*, Die Krise der Gemeindeverwaltung, 1932, S. 51ff.

811) input 기능에 대해서는 제 7 장 제 3 절 참조.

812) 우리 헌재도 지방자치가 단순히 주민근거리행정의 실현이라는 행정적 기능만이 아니라 정치형성적 기능도 아울러 가진다는 점을 인정한다(헌재결 2003. 1. 30. 2001 헌가 4).

So auch *U. Scheuner*(FN 792), S. 573, 579ff.

구조의 테두리 내에 존재하는 행정조직의 지역단위로서의 성격을 갖는다는 점을 부인할 수는 없지만, 지방자치의 제도적 기능은 행정업무의 분업화와 능률화를 위한 것만은 아니다. 우리 헌법상의 지방자치를 실현하고 제도화하는 데 있어서도 행정기관중심의 지방자치제도보다는 정치형성기능중심의 지방자치제도가 되도록 노력해야 하는 이유도 그 때문이다.

γ) 지방자치가 추구하는 민주발전의 참모습

공감대의 정치 및 정치적 다원주의의 실현 필요성

지방자치가 민주정치의 발전을 위한 불가결한 전제조건이라는 점에 대해서는 예나 지금이나 이론이 있을 수 없다. 다만 지방자치가 추구하고 있는 민주정치의 참모습에 대한 올바른 인식은 오늘날과 같은 민주주의의 다양화시대에는 반드시 필요하다. 지방자치의 민주정치적 기능은 민주주의라는 통치형태에 대한 올바른 이해와 인식의 바탕 위에서만 기대할 수 있기 때문이다.[813] 민주주의의 본질은 '공감대의 정치'를 실현하는 것이고, '공감대의 정치'란 국가권력의 창설과 국가 내에서 행사되는 모든 권력이 국민의 공감대에 바탕을 두는 정치를 뜻한다.[814] 따라서 지방자치가 진실로 민주정치의 발전에 기여하기 위해서는 폭넓은 공감대형성에 보탬이 될 수 있도록 제도화되어야 한다. 그러기 위해서는 '정치적 다원주의'가 실현될 수 있는 지방자치제도가 마련되어야 한다. 지방자치단체에서는 국가차원에서와는 다른 정치세력이 형성될 수 있고, 국가차원에서와는 다른 정치집단이 정치적인 영향을 미칠 수 있을 때 '정치적 다원주의'는 비로소 기대될 수 있다.[815] 지방자치단체의 기관구성과 국가기관의 구성이 서로 다른 기준과 원리에 의해서 이루어질 수 있는 것도 바로 그 때문이다. 예컨대, 지방자치단체에서는 그 기관구성에 있어서 지역대표성을 중요시해야 하는 데 반해서, 국가기관의 구성에서는 지역대표성보다는 정치대표성이 중요시되어야 한다고 평가되는[816] 이유도 바로 거기에서 나온다. 또 지방자치단체의 기관구성에는 국가기관의 구성에서보다 무소속참여가 용이하도록 제도적으로 뒷받침할 필요도 있다. 그러나 전근대적 · 신분국가적

---

813) 민주주의의 본질에 관한 다양한 이론에 대해서는 방주 317 이하 참조.
814) 이 점에 대해서는 방주 327 참조.
815) So auch *U. Scheuner*(FN 792), S. 575, 593f., 594, 595.
816) Dazu vgl. BVerfGE 11, 226(273).

현상의 잔재라고 볼 수 있는 이른바 명령적 위임관계나 주민소환제도
는 그 현저한 역기능 때문에 지방자치단체의 기관구성에서도 바람직하
지 못하다.[817)

δ) 폐쇄적 지역발전논리의 문제점

지방자치가 지역개발과 지역발전의 촉진에 도움이 된다는 이론
은 오늘날처럼 국가정책의 통일성과 균형 있는 지역발전이 요청되는
시대에는 그 설득력이 많이 약화된 것이 사실이다.[818) 사회국가이념의
실현을 위한 사회정책영역이 확대된 데다가 국가정책을 장기적이고 범
지역적으로 수립하고, 그것을 통일적으로 수행해 나가야 할 필요성이
커짐에 따라 지역특성을 고려한 지방자치단체의 고유사무와 국가위임
사무의 엄격한 구분이 어렵게 되었다는 점을 먼저 지적하지 않을 수
없다.[819) 더욱이 국가가 정책수행의 통일성을 확보하기 위해서 법령으
로 규율하는 생활영역이 넓어짐에 따라 지방자치단체의 자치입법권이
상대적으로 줄어들게 되었다는 점도 간과할 수 없는 일이다. 또 통신
과 교통수단의 발달로 인해서 국민의 1일생활권이 넓어짐에 따라(예컨
대, 거주지와 직장근무지의 상이) 주민의 지역밀착도가 희박해지고 주민의
이해관계가 반드시 어느 하나의 지방자치단체에만 국한되지 않게 되었
다. 그리고 아직까지도 남아 있는 지역특성에 따른 제한적인 범위의
지역적인 복리사업조차도 한 지방자치단체의 경계에서 끝나는 이른바
지역폐쇄적인 사업보다는 이웃 지방자치단체에도 영향을 미치는 지역
연계적인 사업이 많을 뿐 아니라, 많은 경우 이웃 지방자치단체 상호
간의 합동적인 사업추진 내지 협동체제가 불가피해져서 이른바 '지방
자치단체조합'(Gemeindeverbände)의 기능이 날이 갈수록 중요시되고
있다는 점도[820) 지방자치를 폐쇄적인 지역단위의 문제로만 생각하려는
태도에 반성을 촉구하고 있다.

지역연계적 사업의 증가

ε) 지방자치에 관한 제도적 보장이론의 보완

지방자치에 관한 제도적 보장이론도 제도적 보장이론 그 자체

---

817) So auch *U. Scheuner*(FN 792), S. 597.

818) Dazu vgl. *U. Scheuner*(FN 792), S. 579; *O. Gönnenwein*(FN 797), S. 34, 35; *F. Mayer*(FN 802), S. 334; *F. Wagener*(FN 798), S. 188.

819) So auch *U. Scheuner*(FN 792), S. 576f.

820) Dazu vgl. *O. Gönnenwein*(FN 797), S. 46ff.; *E. Mäding*, Administrative Zusammenarbeit kommunaler Gebietskörperschaften, AfK 1969, S. 1ff.

의 이론적인 문제점 때문에 그 의미와 내용에 대한 재검토가 절실히

제도적
보장이론의
문제점

요청되고 있다. 즉, '자유는 제도가 아니다'[821]라는 이론적 전제에서 출발하는 C. Schmitt의 제도적 보장이론이 기본권에 내재되고 있는 양면성, 특히 객관적 규범질서로서의 성격 때문에[822] '자유는 제도일 수도 있다'는 논리형식으로의 수정이 불가피해진 상황 속에서 지방자치제도의 법적 성격을 설명하는 이론으로 그 독점적인 타당성을 주장하기에는 많은 이론적인 문제점이 있다고 느껴진다. 지방자치가 자유민주국가에서 수행하고 있는 여러 가지 제도적인 기능을 감안할 때 과연 지방자치에 관한 제도적 보장이 지방자치의 전면적인 폐지만을 금지하는 정도의 효과밖에는 나타내지 못한다고 주장할 수 있는 것인지 의문을 가지지 않을 수 없다. 제도적 보장이론이 강조하는 지방자치제에 관한 입법형성권은 헌법의 통일성을 존중하고 규범조화의 정신에 따라 행사되는[823] 경우에만 정당화된다고 믿어지기 때문이다.

결론적으로, 지방자치의 본질과 기능 그리고 그 법적 성격 등에 관한 지금까지의 전통적인 설명은 오늘날이라는 시대상황과 사회환경에 비추어 볼 때 그 이론적인 수정 내지는 보완이 불가피하다고 말할 수 있다. 그 이론적인 수정 내지 보완이 어떤 방향으로 행해지느냐 하는 것은 지방자치제도의 실현 및 그 통치구조상의 좌표에도 큰 영향을 미치는 것이기 때문에 매우 신중하고도 합리적인 접근이 필요하다.

c) 지방자치의 본질과 기능에 관한 보완이론

1065
보완이론의
내용

지방자치의 합리적인 제도화와 운용을 위해서는 지방자치의 본질과 기능에 관한 현시대적인 이해가 필요하다. 그러기 위해서는 지방자치를 우선 기본권실현과 연관시켜서 이해해야 함은 물론, 지방자치를 통해서 나타나는 기능적 권력통제의 효과를 정확히 파악하고 지방자치를 보충의 원리의 측면에서 접근해야 하리라고 본다.

α) 지방자치와 기본권의 상호관계

지방자치의 본질과 기능을 바르게 이해하기 위해서는 무엇보다도 먼저 지방자치와 기본권의 상호관계를 옳게 파악해야 한다. 결론부터 말한다면 지방자치는 자유권과 무관한 제도적 보장에 그치지 않고

---

821) *C. Schmitt*(FN 803), S. 166.
822) 기본권의 양면성과 그 효과에 관해서는 방주 551~553 참조.
823) 이 점에 대해서는 방주 633 이하 참조.

오히려 기본권실현과 불가분의 관계에 있는 헌법상의 객관적 가치질서에 속한다. 지방자치가 지역주민에 의한 자치기구의 선거 및 자치기구에의 주민의 적극적인 참여에 의해서 비로소 실현될 수 있는 제도라면 지방자치는 국민의 선거권과 공무담임권의 실현과도 불가분의 관계에 있는 제도라는 점은 두말할 필요가 없다. 또 헌법상의 '거주·이전의 자유'가 모든 국민에게 기동성과 활동성 그리고 거주지선택의 자유를 보장하는 것이라면 지방자치는 이와 같은 기본권의 실현과도 관계가 있다. 그것은 지방자치가 어느 지역에서도 거의 비슷한 '거주가치' 내지 '체재가치'를 발견할 수 있는 생활환경적인 여건을 조성하는 데 큰 몫을 차지하게 된다는 이야기이다.[824] 지방자치가 바로 그와 같은 동질적 생활환경조성에 기여할 수 있도록 제도화되고 운영되어야 한다고 강조되는 이유도 그 때문이다. 따라서 지방자치가 지역에 따라 선별적으로 실시되거나, 지방자치단체의 조직이 불균형하게 되거나, 그 자치기능에 현저한 차이가 있어서는 아니 된다는 결론에 이른다. 이 점은 오히려 지방자치 대신에 중앙집권식행정구조를 변호하게 되는 논리로 역기능할 수도 있지만, 지방자치가 단순한 행정작용의 문제만은 아닐 뿐 아니라, 지역간의 동질적 생활환경의 조성은 지방자치단체조직의 평준화와 운영의 합리화에 의해서 충분히 실현될 수 있기 때문에 지방자치단체의 조직과 운영에 관한 법률의 제정시에 반드시 유념해야 할 사항이다. 어느 지방자치단체에서도 거의 비슷한 생활환경과 정치적 input의 기회, 그리고 행정급부를 접할 수 있을 때 헌법이 보장하는 '거주·이전의 자유'와 평등권은 비로소 그 규범적인 실효성을 나타낼 수 있다는 점을 잊어서는 아니 된다. 기본권실현과 지방자치의 불가분한 상관관계가 바로 여기에서 나온다.[825]

기본권
실현의 수단

β) 지방자치와 기능적 권력통제의 효과

지방자치는 기능적 권력통제를 실현하기 위한 하나의 제도적인 장치에 속한다는 점을 잊어서는 아니 된다. Montesquieu의 사상적 세

---

824) 분명하지는 않지만 *U. Scheuner*(FN 792), S. 580,도 거의 비슷한 생각을 하고 있는 것 같다.

825) 우리 헌재가 지자체의 폐치·분합은 단순한 자치권의 침해뿐 아니라 대상지역 주민들의 기본권을 침해할 수 있다고 판시하면서 헌법소원의 적법성을 인정하는 것도 그 때문이다. 헌재결 1994. 12. 29. 94 헌마 201; 헌재결 1995. 3. 23. 94 헌마 175 참조.

계에 바탕을 둔 조직적·구조적 권력분립이 사회구조의 변화 및 정당
국가적 경향 등 때문에 그 본래의 권력통제기능을 제대로 나타내지 못
하고 있는 오늘날 통치권행사를 효과적으로 통제할 수 있는 제도적이
고 기능적인 장치가 반드시 필요한데, 지방자치제도는 바로 그와 같은
기능적 권력통제장치의 중요한 한 부분을 맡고 있다는 점을 간과해서
는 아니 된다.826) 정책개발의 이니시아티브와 정책결정권을 중앙정부와
지방자치단체에 기능적으로 분리시킴으로써 정책기능의 분권적 다핵화
를 실현하고 그를 통해서 중앙정부와 지방자치단체 상호간의 기능적
권력통제를 가능케 하는 것이 오늘날 자유민주국가의 통치구조에서 불
가결한 요소로 간주되고 있다는 점을 유의할 필요가 있다.827) 지방자치
제도가 단순한 명목상의 제도에 그쳐서는 아니 되고, 권력통제의 기능
을 충분히 발휘할 수 있는 방향으로 제도화되고 운영되어야 하는 이유
도 그 때문이다.

기능적
권력통제의
수단

　　　지방자치단체가 단순한 전문적인 기능단체 내지는 행정단위일
수 없고 중앙정부를 기능적으로 통제해야 하는 정치단체로서의 성격을
아울러 갖지 않을 수 없다면, 지방자치단체가 확보해야 되는 민주적
정당성이 매우 중요한 의미를 갖게 된다.828) 지방자치단체기관의 구성
방법이 민주적 정당성과 불가분의 함수관계에 있기 때문에 기관의 민
주적 정당성을 강화할 수 있는 기관의 구성방법이 모색되어야 한다.
지방의회가 원칙적으로 지역주민의 선거를 통해서 구성되어야 하는 것
은 말할 것도 없고, 지방자치단체의 장의 선임방법도 민주적 정당성의
관점에서 마련되어야 한다. 그래야만 지방자치제도에 부여된 기능적
권력통제의 실효성을 기대할 수 있기 때문이다.

　　　또 지방자치와 관련해서 주장되어 온 지역개발 내지 지역발전
의 논리가 오늘날 여러 가지 환경적·정치적 여건변화 때문에 그 설득
력이 많이 약화되었다는 점은 이미 앞에서 지적한 바 있거니와, 통일
적인 정책개발과 정책수행의 필요성이 커지면 커질수록, 또 그로 인한

---

826) 이 점에 대해서는 방주 911 참조.

827) 이 점은 특히 K. Hesse가 강조하고 있다. Vgl. Der unitarische Bundesstaat,
　　　1962, insbes. S. 26ff.

828) So auch E. Laux, Kommunale Selbstverwaltung im Staat der siebziger Jahre,
　　　AfK 1970, S. 217ff.(226).

중앙집권식 행정체제가 굳어지면 질수록 중앙행정부에 대한 지방분권
적 권력통제의 기능이 더욱 중요시되지 않을 수 없다고 할 것이다. 말
하자면 지방자치단체는 그의 전통적인 고유권한을 중앙행정기구에 넘
겨주는 대신 주민의 민주적 정당성을 바탕으로 중앙정부에 대한 권력
통제의 기능을 확보한 것이라고 말할 수도 있다. 지방자치가 '지역주민
의 참여에 의한 권력통제의 메커니즘'[829]으로 평가되는 이유도 그 때문
이다.

γ) 지방자치와 보충의 원리

지방자치는 헌법상의 일반원칙인 '보충의 원리'(Subsidiaritäts-
prinzip)[830]를 실현하기 위한 중요한 헌법상의 제도라는 점이 강조되어
야 한다.[831] 즉, 사회의 기능은 개개 사회구성원의 기능에 비하면 '보충
적'인 것처럼, 국가의 기능은 지방자치단체의 기능에 비하면 '보충적'
이어야 하기 때문에, 국가의 기능은 지방자치단체의 기능을 뒷받침해
주는데 그쳐야지 지방자치단체의 기능을 무시하고 그것을 자신의 기능
으로 흡수해서는 아니 된다는 것이 바로 '보충의 원리'에서 나오는 지
방자치의 당위성에 관한 논리이다.[832] '보충의 원리'는 이처럼 국가와
지방자치단체가 각각 어떠한 권능과 의무를 가져야 하는가를 밝혀 주
는 이른바 '기능분배의 원리'라고도 말할 수 있다.[833] 따라서 통일적인
정책수행의 필요성이 아무리 커진다 하더라도 지방분권식 지방자치제
도 대신에 중앙집권식 행정체제를 확립하는데는 헌법상 명백한 한계가
있다는 점을 유의해야 한다. '보충의 원리'는 지방자치제도 그 자체에
대해서는 물론이고 지방자치단체가 처리해야 하는 업무의 질과 양을
정하는 데 있어서 매우 중요한 시사를 한다고 생각한다.

기능분배의
원리실현
수단

위에서 말한 것을 종합적으로 정리한다면, 지방자치는 기본권실

---

829) *M. Imboden*, Gemeindeautonomie und Rechtsstaat, in: Staat und Recht, 1971,
S. 331ff.(332).

830) Darüber vgl. *J. Isensee*, Subsidiaritätsprinzip und Verfassungsrecht, 1968.

831) So auch *J. Isensee*(FN 830), S. 220ff.(248ff.); *H. Peters*, Die kommunale
Selbstverwaltung und das Subsidiaritätsprinzip, AfK 1967, S. 5ff.

832) Dazu vgl. *J. Isensee*(FN 831).

833) 이 점에 관해서는 이견을 가진 사람도 없지 않다. Vgl. z. B. *R. Herzog*,
Subsidiaritätsprinzip und Staatsverfassung, Der Staat 2(1963), S. 399ff.; *U.
Scheuner*, Gemeindeverfassung und kommunale Aufgabenstellung in der
Gegenwart, AfK 1962, S. 149ff.(159).

현의 관점에서는 물론, 기능적 권력통제의 관점에서, 그리고 보충의 원리의 관점에서도 매우 중요한 의미를 갖는 헌법상의 제도인 동시에 통치기구의 조직원리이다. 따라서 지방자치를 국가영역과는 완전히 단절내지 대립된 사회영역의 문제로만 파악하는 자세를 지양하고, 지방자치를 지역발전에 기여하는 행정작용의 특수형태 내지는 제도적 보장이라고만 이해하는 전통적 입장을 과감하게 탈피해서 지방자치제도가 갖는 기본권실현기능과 민주주의적 기능 그리고 권력통제적 기능을 바르게 인식하고 '보충의 원리'와 '체계정당성의 원리'834)에 부합되는 지방자치제도를 마련해야 하리라고 생각한다.

(2) 지방자치의 제도적 보장내용

우리 현행헌법(제117조와 제118조)이나 독일기본법(제28조 제2항)처럼 지방자치를 제도적으로 보장하고 있는 경우에 그 제도적 보장의 구체적인 내용을 밝히는 것은 지방자치의 실현을 위해서 매우 중요한 의미를 갖는다.

a) 지방자치의 본질적인 보장내용

1066
자치기능·
자치단체·
자치사무
보장

전래적인 C. Schmitt의 제도적 보장이론에 따른다면 지방자치가 제도적으로 보장되고 있는 헌법질서 내에서는 지방자치 그 자체를 완전히 없애버리는 국가의 통치구조는 허용되지 않는다. 또 지방자치는 지방자치단체를 전제로 하는 것이기 때문에 국가조직의 지역적 기초단위로서의 지방자치단체 그 자체를 폐지하는 것도 금지된다. 나아가 지방자치는 지역단체의 고유사무를 지역단체의 자치기구가 자기책임하에 처리하는 것을 그 본질로 하는 것이기 때문에 고유사무의 자치적인 처리를 불가능하게 하는 어떠한 조치도 허용되지 않는다. 결국 지방자치의 제도적 보장은 자치기능보장·자치단체보장·자치사무보장의 세 가지를 그 본질적인 내용으로 한다고 말할 수 있다.835)

따라서 지방자치기능을 구체화하고, 지방자치단체의 종류와 크기를 정하고, 지방자치사무의 범위를 정하는 등 지방자치의 실현을 위한 입법형성권의 행사시에는 그 입법형성권행사에 의해서 지방자치제도의

834) Darüber vgl. *Ch. Degenhart*, Systemgerechtigkeit und Selbstbindung des Gesetzgebers als Verfassungspostulat, 1976.

835) Vgl. dazu *K. Stern*(FN 9), S. 408ff.(409); *Mangoldt-Klein*, Kommentar zum GG, 2. Aufl., S. 83ff.; *J. Burmeister*(FN 792), S. XVIIff. m. w. N.; *W. Loschelder*, Kommunale Selbstverwaltungsgarantie und gemeindliche Gebietsgestaltung, 1976, S. 188ff.; *W. Roters*, in: I. v. Münch, GG, Art. 28 RN 37.

본질적인 위 세 가지 내용을 침해하는 일이 없어야 한다. 그러한 침해
는 지방자치의 제도적 보장에 대한 침해를 뜻하기 때문이다. 이러한
관점에서 볼 때 지방자치단체의 수를 조정하기 위한 지방자치단체의
통폐합은 가능하지만, 모든 지방자치단체를 폐지하는 것은 금지된
다.[836] 즉, 국가가 행정조직의 개편을 위해서 행정구역으로서의 지방자
치단체를 통폐합 하는 것은 가능하지만, 그것은 어디까지나 공공복리
의 관점에서 합리적이고 객관적인 기준에 따라서 행해야지 자의적인
방법으로 이루어져서는 아니 된다.[837] 또 전국민의 공공복리의 관점에
서 지방자치단체의 자치사무의 범위를 조정하는 것은 가능하지만, 지
방자치단체로 하여금 오로지 국가의 위임사무만을 처리케 함으로써 국
가의 집행기관으로 기능케 하는 것도 허용되지 않는다. 지방자치가 지
방자치단체로 하여금 지역의 특성에 알맞는 독창적인 정책을 개발해서
독자적인 의사결정을 하고 자치기구를 통해 자기책임하에 집행함으로
써 지역주민의 복리증진을 꾀하고 국가발전에 기여한다는 데 그 제도
의 존재의의가 있는 것이라면, 지방자치단체의 이와 같은 자치기능을
무시하고 국가의 위임사무만을 처리케 하는 것은 지방자치제도의 본질
적 요소와 조화될 수 없기 때문이다.

　　지방자치제도의 본질적 보장내용에 속하는 자치기능에는 지방자
치단체가 국가의 지시나 감독을 받지 않고 법이 정하는 바에 따라 독
자적인 책임하에 처리할 수 있는 여러 가지 '자치고권'(Kommunal-
hoheit)이 포함되는데, 지역고권·인사고권·재정고권·계획고권·조직
고권·조세고권·조례고권 등이 바로 그것이다.[838] 이와 같은 여러 자
치고권의 실질적인 보장이 지방자치를 비로소 실효성 있게 하는 것임
은 두말할 필요가 없다.

　　b) 지방자치의 본질적인 내용의 제한과 그 한계

　　지방자치의 제도적 보장이 '자치기능'·'자치단체'·'자치사무'의
세 가지 내용을 보장하고 있다는 것은 말한 바 있지만, 구체적으로 그

1067

본질적
내용의

836) Dazu vgl. u. a. BVerfGE 56, 298(312); *K. Stern*, Bonner Kommentar, Art. 28
　　RN 78 u. 145; *Th. Maunz*, in: Maunz/Dürig/Herzog/Scholz, GG, Art. 28 RN 45.
837) Vgl. dazu u. a. BVerfGE 50, 50, 195; *K. Stern*, BayVB1 1976, S. 548; *derselbe*
　　(FN 9), S. 410 Anm. m. w. N.
838) Dazu vgl. *K. Stern*(FN 9), S. 413f.

판단기준

각각의 보장영역의 한계를 설정하는 것은 그리 쉬운 일이 아니다. 독일에서는 아직 이 점에 관한 뚜렷한 학설과 판례가 형성되지 못하고 있는 것은 바로 그 때문이라고 생각한다. 이 점과 관련해서, '그것을 빼버리면 그 제도의 구조나 형태가 바뀔 정도로 그 제도와 밀착된 사항'[839]이 바로 그 제도의 본질적 요소라고 주장하는 Stern의 이론이 어느 정도의 기준을 제시해 주는 것은 사실이지만, 많은 학자[840]들이 비판하는 것처럼 그 기준만으로는 문제의 해결이 어려운 것이 사실이다. 왜냐하면 제도의 '구조나 형태변화'를 가릴 또다른 기준이 필요하겠기 때문이다. 따라서 독일에서는 '공제의 방법'(Substraktionsmethode)과 '제도사적 방법'(historische Methode)이 함께 활용되고 있다. 전자는 지방자치제도에 대한 입법적 제한사항을 빼고도 아직 지방자치라고 평가할 만한 요소가 남아 있느냐를 그 판단기준으로 삼으려는 입장이고,[841] 후자는 지방자치제도의 발전역사나 발전과정에 비추어 마땅히 있어야 할 지방자치의 표현형태를 찾아 내려는 입장이다.[842]

생각건대, 지방자치의 본질적인 내용의 침해가 있는지의 여부에 대한 판단은 어느 하나의 기준만으로는 어렵다고 느껴진다. 지방자치가 다분히 역사적·전통적 제도로서의 성격을 갖는 것이라면 구체적인 역사적 상황과 정치현실을 무시하고 그 본질적 내용의 침해를 논하기는 어렵다. 그러나 또 한편 지방자치가 아무리 역사적 산물로서의 제도보장이라 하더라도 그 속에는 일정한 다칠 수 없는 핵심적인 영역이 내포되고 있다고 보아야 한다. 따라서 구체적인 경우에 위의 여러 관점이 모두 그 판단의 기준이 되어야 한다고 생각한다.[843]

---

839) K. Stern(FN 9), S. 416: "Der Wesensgehalt ist das Essentiale einer Einrichtung, das man aus einer Institution nicht entfernen kann, ohne deren Struktur und Typus zu verändern."

840) Vgl. etwa W. Roters(FN 835), Art. 28 RN 56; J. Burmeister(FN 792), S. 29ff., 95ff.; v. Mutius-Schoch, DVBI 1981, S. 1079.

841) So. v. a. BVerwGE 6, 19(25), 342(345).

842) So. v. a. BVerfGE 17, 172(182); 22, 180(205); 23, 353(366); 50, 195(201).

843) So auch K. Stern(FN 9), S. 417.

2. 우리 현행헌법상의 지방자치제도

(1) 지방자치에 관한 헌법규정

우리 현행헌법은 지방자치에 관해서 '지방자치단체는 주민의 복리에 관한 사무를 처리하고 재산을 관리하며, 법령의 범위 안에서 자치에 관한 규정을 제정할 수 있다'($^{제117조}_{제1항}$)고 규정하면서 '지방자치단체에는 의회를 둔다'($^{제118조}_{제1항}$)는 사실을 명백히 밝히고 있다. 그러면서도 '지방자치단체의 종류', '지방의회의 조직·권한·의원선거와 지방자치단체의 장의 선임방법과 기타 지방자치단체의 조직과 운영에 관한 사항은 법률로' 정하게 하고 있다($^{제117조 \, 제2항과}_{제118조 \, 제2항}$). 이 헌법의 입법위임에 의해서 그 동안 지방자치관련법률이 제정 또는 개정되어 지방의회의 의원선거는 이미 마쳤었고 지방자치단체장의 선거도 1995년 6월 27일 제 2 기 지방의회의원선거와 함께 실시해서 34년 만에 지방자치제도가 완전히 부활되었다.

1068
헌법의 규정
내용과
법률유보

(2) 지방자치의 제도내용과 그 실태

우리 현행헌법이 보장하고 있는 지방자치제도는 지역 중심의 '자치단체'·'자치기능'·'자치사무'의 세 가지를 그 요소로 하고 자치단체에는 의회와 집행기관의 2원적인 자치기구를 두는 '단체자치'와 '주민자치'의 혼합형이라고 볼 수 있다. 지방자치에 관한 현행실정법으로서는 '지방자치법'($^{지자}_{법}$)·'제주특별자치도 설치 및 국제자유도시 조성을 위한 특별법'($^{제주}_{특법}$)·'세종특별자치시 설치 등에 관한 특별법'($^{세종}_{시법}$)·'공직선거법'($^{선거}_{법}$)·'지방재정법'($^{지재}_{법}$)·'지방세법'($^{지세}_{법}$)·'지방교부세법'($^{지교}_{세법}$)·'지방교육자치에 관한 법률'($^{교자}_{법}$)·'주민투표법'($^{투표}_{법}$)·'주민소환에 관한 법률'($^{소환}_{법}$)·'지방분권 및 지방행정체제개편에 관한 특별법률'($^{분권}_{법}$) 등이 있다.

1069
단체자치·
주민자치의
혼합형

a) 지방자치단체의 종류

지방자치단체의 종류는 법률로 정하게 되어 있는데 지방자치에 관한 현행법률은 지방자치단체를 서울특별시·광역시($^{부산·대구·인천·}_{광주·대전·울산}$)·특별자치시($^{세종}_{시}$)·도 및 특별자치도($^{제주}_{도}$)와 시·군·구의 두 종류로 나누고, 전자는 정부의 직할 아래 그리고 시는 도의 관할구역 안에, 군은 광역시, 특별자치시나 도의 관할구역 안에 두며, 자치구는 특별시와 광

1070
광역 및
기초자치
단체

역시, 특별자치시의 관할구역 내에 두도록 했다. 그리고 군과 시·구의 행정구역으로 읍·면과 동을 두고 있다. 또한 도농복합형태의 시를 설치하는 경우 이러한 시에는 도시의 형태를 갖춘 지역에는 동을 그 밖의 지역에는 읍·면을 두되, 자치구가 아닌 구를 둘 경우에는 당해 구에 읍·면·동을 둘 수 있다(지자법 제3조 제4항 및 제7조 제2항). 특별자치도에는 지방자치단체가 아닌 행정시를 두는데 도시의 형태를 갖춘 지역에는 동을, 그 밖의 지역에는 읍·면을 둔다(제주특법 제16조 제1항).

b) 지방자치단체의 기구

1071
2원적인
자치기구
지방자치단체에는 의결기관인 지방의회와 집행기관인 지방자치단체의 장의 2원적인 자치기구를 두도록 헌법이 규정하고 있다. 그 밖에 교육자치를 위한 지방교육자치기구도 있다.

α) 지방의회

지방의회
① 지방의회의 구성　　지방의회는 지역주민에 의해서 선거되는 지방의회의원으로 구성되는데 지방의회의원의 임기는 4년이다(지자법 제31조와 제32조). 그리고 일정한 월정액의 수당과 의정활동비를 받는다(지자법 제33조). 선거인명부작성기준일 현재 지방의회의 관할구역 안에 주민등록이 된 18세 이상(선거일기준)의 주민과 3개월 이상 계속하여 주민등록표에 올라있고 해당 지방자치단체의 관할구역 안에 주민등록이 되어 있는 재외국민 및 영주권 취득 후 3년이 지난 18세 이상의 외국인으로서 해당지역의 외국인등록대장에 등재된 외국인은 선거권을, 그리고 선거권이 있는 25세 이상의 사람으로서 선거일 현재 계속하여 60일 이상 그 지방자치단체의 관할구역 안에 주민등록(국내거소신고인명부등록자 포함)이 된 사람은 피선거권을 갖는다(선거법 제15조 제1항과 제2항 및 제16조 제3항, 제17조~제19조). 지방의회의원은 국회의원을 비롯한 국가·지방공무원과 농·수산업협동조합, 산림조합, 엽연초생산협동조합, 신용협동조합, 새마을금고의 상근임·직원과 이들 조합·금고의 중앙회장이나 연합회장 등을 겸할 수 없다(지자법 제35조).844) 지방의회의원정수는 선거법(제22조와 제23조 및 제26조)에서 따로 정한다.845)

---

844) 헌법재판소가 비상근직인 농·수산·축산업협동조합, 산림조합, 엽연초생산협동조합, 인삼협동조합의 조합장에 대한 겸직금지규정을 평등권과 공무담임권을 침해하는 위헌규정이라고 결정(헌재결 1991. 3. 11. 90 헌마 28)한 후 법이 개정(1991년 5월)되었다.

845) 2018년 6월 지방자치선거 당시 광역의원은 690명, 기초의원은 2927명이었다. 기초의회의 의원 최소정수는 7명이다(선거법 제23조 및 제23조). 그런데 시·도의회의원 정수는 자치구·시·군의 2배수로 하되, 인구·행정구역 등을 고려하여 14%의 범위내

② 지방의회의 권한   지방의회는 조례의 제정 및 개폐 등의 자치입법권, 예산의 심의·확정 및 결산승인 등 자치재정권($^{지자법}_{제39조}$), 행정사무감사 및 조사권($^{지자법}_{제41조}$) 등을 가진다.

③ 지방의회의 회의   지방의회의 회의는 정례회와 임시회로 구별되는데 연 2회의 정례회는 의무적이며 정례회의 집회일 등 운영에 필요한 사항은 대통령령이 정하는 바에 따라 조례로 정한다($^{지자법}_{제44조}$). 임시회는 필요에 따라 집회한다($^{지자법}_{제45조}$). 그러나 지방의회의 연간회의 총일수와 정례회 및 임시회의 회기는 해당 지방자치단체의 조례로 정한다($^{지자법}_{제47조}$).

β) 지방자치단체의 장

지방자치단체의 장은 임기 4년으로 주민이 직접 선거하는데 계속 재임은 3기에 한한다($^{지자법 \ 제94조}_{및 \ 제95조}$).[846] 지방자치단체장의 선거방법은 따로 법률로 정하는데 공직선거법이 바로 그것이다.[847] 지방자치단체의 장은 국회의원과 지방의회의원 기타 법령이 정하는 직을 겸임할 수 없다($^{지자법}_{제96조}$).[848]

지방자치단체의 부단체장은 주민이 선거하지 않고 임명하게 되어 있다. 즉 특별시·광역시·특별자치시 및 도와 특별자치도의 부시장과 부지사는 정무직 또는 일반직 국가공무원으로 보하며 당해 시·도지사의 제청으로 행정안전부장관을 거쳐 대통령이 임명토록 하되 제청된 자에게 법적 결격사유가 없는 한 30일 이내에 그 임명절차를 마치도록

> 지방자치단체의 장
>
> 부단체장

에서 조정할 수 있다(선거법 제22조 제 1 항).

846) 이 3기초과연임제한규정은 공무담임권과 평등권의 침해가 아니며 지방자치제도에 관한 입법형성권의 한계를 벗어난 것이 아니라는 헌재의 판시가 있다. 헌재결 2006. 2. 23. 2005 헌마 403 참조.

847) 즉 선거권과 피선거권 그리고 거주요건 등을 지방의회의원의 선거방법과 같게 규정하고 있다.

848) 또 지방자치단체의 장은 그 임기중에는 그 직을 사퇴하고 대통령·국회의원·지방의원·다른 지방자치단체장선거에 입후보하는 것이 금지되었지만(선거법 제53조 제 3 항), 이 규정에 대한 헌재의 위헌결정으로 그것이 가능해졌다. 그러나 헌재의 위헌결정은 법리적으로 비판의 여지가 많다. 헌재결 1999. 5. 27. 98 헌마 214 및 이 판례에 대한 저자의 평석 참조. 헌법판례연구 2, 20~28면. 그리고 지방자치단체장이 당해 지자체의 관할구역과 같거나 겹치는 지역구국회의원선거에 입후보하려면 다른 공직자와 달리 해당 선거일 전 180일까지 사퇴하도록 정한 선거법규정은 위헌결정되었다(헌재결 2003. 9. 25. 2003 헌마 106). 이 위헌결정 후 사퇴시한을 선거일 전 120일까지로 개정한 선거법규정에 대해서는 합헌결정했다(헌재결 2006. 7. 27. 2003 헌마 758 등).

했다($^{지자법 \ 제110조}_{제3항}$). 다만 대통령령이 정하는 바에 의하여 특별시의 부시장은 3인, 광역시·특별자치시의 부시장과 도와 특별자치도의 부지사는 2인(인구 800만 이상의 광역시 및 도는 3인)을 둘 수도 있는데, 이 때 1인은 정무직·일반직 또는 별정직 지방공무원으로 보하되 정무직과 별정직으로 보할 때의 자격기준은 당해 지방자치단체의 조례로 정한다($^{지자법 \ 제110조}_{제2항 \ 단서}$). 그러나 시의 부시장과 군의 부군수 및 자치구의 부구청장은 당해 지방자치단체의 장이 임명한다($^{지자법 \ 제110조}_{제4항}$).

지방자치단체장은 당해 지방자치단체를 대표하고, 그 사무를 총괄·관리·집행하고($^{지자법 \ 제101조와}_{제103조}$), 소속직원을 지휘·감독하며 그 임면·교육훈련·복무·징계 등에 관한 사항을 처리한다($^{지자법}_{제105조}$). 그리고 지방자치단체의 주요결정사항 등에 대하여 주민투표에 부칠 수 있다($^{지자법}_{제14조}$).

지방자치단체의 부단체장은 당해 지방자치단체장을 보좌하여 사무를 총괄하고 소속직원을 지휘·감독하며 지방자치단체장의 직무를 대리한다. 그리고 지방자치단체장이 궐위되거나, 공소제기되어 수감중이거나,[849] 또는 60일 이상 장기 입원중인 경우, 주민소환투표대상으로 공고된 경우($^{주민소환법}_{제21조 \ 참조}$) 그리고 그 직을 가지고 당해 지방자치단체의 장 선거에 입후보(예비후보자 또는 후보자로 등록)한 경우에는 그 지방자치단체장의 권한을 대행한다($^{지자법 \ 제110조}_{제5항과 \ 제111조}$).

γ) 지방교육자치기구[850]

1072
폐지된
교육위원회
와 교육감

지방교육자치에 관한 법률(이하 법)은 광역자치단체인 시·도에만 지방교육자치를 시행하도록 하면서 교육전문의결기관으로 교육위원회를, 그리고 교육전문집행기관으로 교육감을 두도록 했었다($^{법 제2조와 제4}_{조 \ 및 \ 제18조}$). 그러나 교육위원회는 2014년 6월 30일 이후 폐지되고 그 이후로는 시·도의회가 지방교육자치에 관한 사항에 관해서도 심의·의결권을 갖고 있다. 따라서 시·도의회는 당해 시·도의 교육·학예에 관한 조

---

849) 자치단체장의 형의 선고로 인한 권한대행제도(개정 전 지자법 제101조의 2 제 1 항 제 3 호)는 공무담임권을 침해하거나 무죄추정의 원칙과 평등의 원리에 위배되지 않는다는 것이 헌재의 판시였다(헌재결 2005. 5. 26. 2002 헌마 699 등). 그러나 헌재는 2010년 이 결정을 변경하는 헌법불합치결정을 했다. 헌재결 2010. 9. 2. 2010 헌마 418 참조.

850) 2006년 12월 7일 지방교육자치법이 전부 개정되어 2007. 1. 1.부터 시행되었는데, 개정 전의 구법규정에 따라 설치되어 있는 교육위원회 및 교육위원은 2010년 신법에 따른 교육위원회가 설치될 때까지 종전의 규정에 따라 활동한다. 그러나 교육감 직선 규정은 2007. 1. 1.부터 시행되었다(부칙 제 1 조 내지 제 7 조).

례안·예산안 및 결산·특별부과금 등 부과 징수에 관한 사항·기금의 설치·운용에 관한 사항 등을 심사·의결한다.

교육감은 주민의 보통·평등·직접·비밀선거를 통해$\binom{\text{법 제22조와}}{\text{제43조}}$ 임기 4년으로 선출하는데 계속적인 재임은 3기에 한한다$\binom{\text{법}}{\text{제21조}}$. 정당은 교육감선거에서 후보자를 추천할 수 없는데, 법이 이처럼 따로 정한 사항을 제외하고는 공직선거법의 시·도지사선거에 관한 규정을 교육감 선거에 준용한다$\binom{\text{법 제22조와}}{\text{제49조}}$. 교육감후보자는 당해 시·도지사의 피선거권이 있어야 하며 후보등록일로부터 과거 1년간 정당의 당원이 아니어야 하고, 교육경력 또는 교육행정경력이 3년 이상 있거나 두 경력을 합해서 3년 이상 있어야 한다$\binom{\text{법}}{\text{제24조}}$. 교육감은 국회의원·지방의원 등 법률이 정한 일정한 직을 겸할 수 없다$\binom{\text{법}}{\text{제23조}}$. 교육감은 교육규칙의 제정$\binom{\text{법}}{\text{제25조}}$, 시·도의회의 의결에 대한 재의요구 및 제소권$\binom{\text{법}}{\text{제28조}}$, 시·도의회의 의결을 요하는 소관 사무 중 법률이 정한 일정한 사항에 대한 선결처분권$\binom{\text{법}}{\text{제29조}}$ 등 교육·학예에 관한 소관 사무에 관해서 당해 시·도를 대표하며 그에 관련된 모든 집행사무를 책임진다$\binom{\text{법 제18조~}}{\text{제20조}}$. 교육감과 시·도지사 사이에 지방 교육관련 업무협의를 활성화하기 위해서 조례로 '지방교육행정협의회'를 두어야 하고$\binom{\text{법}}{\text{제41조}}$, 각 시·도 교육감 상호간의 교류와 협력증진 및 공동문제의 상호협의를 위해서 전국적인 교육감협의체를 설치할 수 있다$\binom{\text{법}}{\text{제42조}}$. 교육감 밑에 교육감의 추천과 교육부장관의 제청으로 국무총리를 거쳐 대통령이 임명하는 부교육감 1인(인구 800만 이상, 학생 170만 이상인 시·도는 2인)을 두는데 국가공무원법$\binom{\text{제2}}{\text{조의 2}}$의 규정에 따른 고위공무원단에 속하는 일반직 국가공무원 또는 장학관으로 보한다. 부교육감은 교육감을 보좌하여 사무를 처리하며$\binom{\text{법}}{\text{제30조}}$, 교육감의 권한대행 및 직무대리권도 가지는데 이 경우 지방자치법의 규정$\binom{\text{제111}}{\text{조}}$을 준용한다$\binom{\text{법}}{\text{제31조}}$. 시·도의 교육·학예에 관한 사무를 분장하기 위해서 1개 또는 2개 이상의 시·군·자치구를 관할구역으로 하는 하급교육행정기관으로 교육지원청을 두어 장학관으로 보하는 교육장을 두는데, 그 임용에 관해서는 대통령령으로 정한다$\binom{\text{법 제34조와}}{\text{제35조}}$.

c) 지방자치단체의 자치사무와 자치기능

우리 현행헌법은 지방자치단체의 자치사무와 자치기능에 관해서 '주민의 복리에 관한 사무를 처리하고 재산을 관리하며, 법령의 범위

1073
자치사무
처리·자치

재정·자치
입법기능

안에서 자치에 관한 규정을 제정할 수 있다'($^{제117조}_{제1항}$)고 정하고 있다. 따라서 지방자치단체는 i) '주민의 복리에 관한 고유사무'를 자기책임 아래 독자적으로 처리할 수 있는 자치기능(자치사무처리기능)[851]과, ii) 지방자치단체의 '재산을 관리'하며 법령의 범위 안에서 자치활동에 필요한 재정고권과 조세고권을 행사할 수 있는 자치기능(재정자치기능), 그리고 iii) 법령의 범위 안에서 자치에 관한 규정(의회제정조례와 집행기관의 규칙)을 제정할 수 있는 조례고권적 자치기능(자치입법기능) 등을 갖는다. 그리고 지방자치단체의 폐치·분합 또는 주민에게 과도한 부담을 주거나 중대한 영향을 미치는 주요결정사항으로서 그 지방자치단체의 조례로 정하는 사항은 주민투표에 붙일 수 있도록 주민투표법이 정하고 있다. 나아가 주민소환법을 제정해서 선출직 지방공직자의 위법·부당행위, 직무유기 또는 직권남용 등을 통제하게 하고 있다.[852] 그에 더하여 지방자치법은 위법하거나 공익을 크게 해치는 지방자치단체장의 사무처리에 대한 주민감사청구제도($^{법}_{제16조}$)와 주민소송제도($^{법 제17조~}_{제19조}$)를 도입해서 주민통제를 강화하고 있다.

(3) 지방자치에 관한 입법형성권의 한계

1074

체계정당성
의 요청에서
본 문제점

우리 현행헌법은 지방자치제도의 구체적인 실현과 그 시행시기에 관해서 법률유보규정을 둠으로써 이를 입법권자의 입법형성권에 맡기고 있다. 그러나 지방자치에 관한 이와 같은 법률유보규정은 그것이 결코 입법권자에게 입법형성권에 의한 자의적인 입법독재를 허용한 것이 아니라는 점을 명심할 필요가 있다. 예컨대, '지방의회는 지방자치단체의 재정자립도를 감안하여 순차적으로 구성하되, 그 구성시기는 법률로 정한다'고 한 1980년 제8차 개정헌법규정($^{부칙}_{제10조}$)만 하더라도 그것은 입법의무의 내용과 범위를 분명히 정한 법률제정의 명백한 헌법적 수권위임에 관한 규정이었기 때문에 입법권자의 임의적인 자유재량을 허

---

851) 감사원이 지자체의 자치사무에 대해서 합목적성까지 감사할 수 있게 정하는 것은 자치권의 침해가 아니라는 것이 헌재의 입장이다. 헌재결 2008. 5. 29. 2005 헌라 3 참조. 그러나 중앙행정기관의 지자체 자치사무에 대한 감사권은 사후적인 합법성감사에 한한다는 점도 강조하고 있다. 헌재결 2009. 5. 28. 2006 헌라 6 참조. 따라서 지자체에 대한 감사절차를 엄격히 정한 것은 의미가 있다(지자법 제171조의 2).

852) 헌재는 주민소환제도가 기본적으로 정치적인 절차의 성격이 강해서 입법형성의 여지가 크다는 전제 아래 현행 주민소환법의 규정내용이 합헌이라고 결정했다(헌재결 2009. 3. 26. 2007 헌마 843).

용한 규정이 아니었다.[853]

　따라서 지방의회의 구성과 지방자치단체의 장 선거시기에 관한 결정은 지방자치를 제도적으로 보장하는 헌법정신과, 지방자치의 본질과 기능 등을 종합적으로 고려해서 체계적인 조화가 이루어질 수 있는 방향으로 내려져야 한다.[854] 바로 이 곳에 지방자치를 실시하는 데 있어서 준수해야 되는 체계정당성의 한계가 있다. 그런데 새로 제정된 지방자치관련법률은 지방자치의 본질과 기능을 존중한 실효성 있고 합리적인 지방자치제도를 마련한 것이라고 보기 어렵다. 우선 지방자치단체의 종류와 기구면에서 우리의 실정법은 농촌지역에서의 기초자치단체를 읍·면이 아닌 군으로 하고 있어 농촌지역에서의 실제적인 생활권을 무시하고 있을 뿐 아니라, 서울특별시 등 대도시에 구의회를 두어 대도시가 갖는 통합생활권적 생리를 외면하고 있다. 그에 더하여 지방자치단체의 장은 엄연히 지방주민이 선거케 하면서도 부단체장의 경우에는 임명제로 함으로써 지방자치의 본질을 무시하고 있다. 또 기초지방자치단체의회 의원의 선거에서 정당추천제를 배제한 것도 문제가 있었지만 이제는 개선되었다. 그런데 지방재정이 취약한 상태에서 지방의원에게 매월 의정활동비를 지급하도록 한 것은($\binom{지자법}{제33조}$) 지방자치의 취지에 어긋나는 개악이다.

　또 행정안전부장관·시장·도지사 등에게 지방의회의결에 대한 재의요구지시권과 그 재의결사항에 대한 제소지시 및 직접제소권 그리고 지방자치단체장의 명령·처분에 대한 시정명령 내지 취소권과 직무이행명령 및 대집행권을 줌으로써 지방자치가 기능적인 권력통제의 제구실을 하기 어렵게 만들고 있다. 따라서 입법권자는 현 지방자치제도의 이와 같은 문제점을 개선해서 입법형성권의 한계를 지켜야 할 것이다.[855]

---

853) 이와 같은 시각에서 볼 때 지방자치단체의 전국평균재정자립도가 60.5%(1984년 당시)에 도달했고 서울특별시와 광역시의 재정자립도는 90%를 훨씬 넘어서고 있던 시점까지 지방의회의 구성을 미루었던 것은 지방자치의 헌법상의 의의와 기능에 대한 인식부족의 탓도 있었겠지만 헌법적 수권의 명백한 불이행이었다고 평가할 수 있다. 일종의 부작위에 의한 헌법침해이었다.

854) 저자가 생각하는 우리나라의 바람직한 지방자치제도에 관해서는 졸고, "지방자치에 관한 헌법이론적 조명," 공법연구 제13집(1985), 119면 이하(133 이하) 참조.

855) 자세한 것은 졸고, 연세 33(1990년 겨울호), 122면 이하 및 졸저, 한국헌법론, 2021년, 899면 참조.

제 7 절 헌법재판제도

1075
헌법보호
수단 및
기능적
권력통제
장치

전통적으로 헌법재판(Verfassungsgerichtsbarkeit)은 통치기능의 한 유형으로 간주되어 왔다. 그러나 오늘날 자유민주국가에서 헌법재판제도는 정치생활을 헌법의 규범적 테두리 속으로 끌어들임으로써 정치를 순화시키고 '헌법을 실현'(Verwirklichung der Verfassung)하는 헌법보호의 중요한 수단일 뿐 아니라, 그 강력한 권력통제적 기능 때문에 통치기구의 불가결한 구성원리로 인식되고 있다. 즉, 헌법재판제도가 통치권의 기본권기속과 통치권행사의 절차적 정당성을 확보하기 위한 기능적 권력통제의 한 메커니즘으로 이해되면서부터 헌법재판제도는 권력분립의 차원에서 통치를 위한 기관의 구성원리로도 중요한 의미를 갖게 되었다.[856] 이 책에서 헌법재판제도를 통치기구의 다른 조직원리들과 함께 다루려고 하는 이유도 바로 그 때문이다.

자유민주적 통치구조에서 합리적이고 실효성 있는 헌법재판제도를 마련한다는 것은 '헌법이 정치의 시녀'라는 그릇된 논리를 배격하고 '정치'와 '헌법'의 양면적 교차관계를 헌정생활의 모델로 정착시킴으로써 정치생활이 헌법에 의해서 규범적으로 주도되고, 그것이 또한 감시되고 통제되는, 이른바 '정치생활의 규범화현상'(Normatisierung des politischen Lebens)을 통치구조를 통해 실현하는 의미를 갖는다.

자유민주적 헌법국가에서 Konsens에 바탕을 둔 헌법을 실현하고 헌법적인 가치질서를 지키는 것이 동화적 통합의 필수적인 전제조건이라면, 헌법재판제도를 합리적이고 실효성 있게 마련함으로써 정치생활의 규범화현상을 실현하고 헌법적인 가치질서가 정치에 의해 침해되지 못하게 지키는 것은 동화적 통합을 추구하는 자유민주적인 통치구조에서 가장 우선적이고 선결적인 과제가 아닐 수 없다. 미국·독일·프랑스·오스트리아·스위스 등 서구의 정치적인 선진국들이[857] 오늘날 안

856) 헌법재판에 관한 자세한 내용은 졸저, 헌법소송법론, 2021년 참조할 것.

857) 이들 여러 나라의 헌법재판제도에 대해서는 다음 문헌을 참조할 것. *P. Häberle* (Hrsg.), Verfassungsgerichtsbarkeit, 1976; *H. Mosler*(Hrsg.) Verfassungsgerichtsbarkeit in der Gegenwart, 1962; *H. Laufer*, Verfassungsgerichtsbarkeit und politischer Prozeß, 1968; *W. Haller*, Supreme Court und Politik in den USA, 1972; *Z. Giacometti*, Die Verfassungsgerichtsbarkeit des Schweizerischen Bundesgerichtes, 1933; *E. Hellbling*, Die geschichtliche Entwicklung der

정된 헌정생활을 누리고 있는 것은 이들 나라들이 비록 형태는 다르더
라도 헌법재판제도를 그 통치구조의 불가결한 구성요소로 끌어들여 이
를 합리적으로 제도화해서 운용하고 있기 때문이다.

역사적으로도 헌법재판은 이미 19세기초부터 이들 서구선진국들의
헌정생활에서 중요한 정치주도적 기능을 해왔다고 볼 수 있는데, 1803
년에 확립된 미국대법원(Supreme Court)의 법률에 대한 위헌심사제
도,858) 1820년대로부터 유럽대륙제국에서 비롯된 탄핵심판(impeach-
ment)·권한쟁의·헌법분쟁 등 국사재판제도(Staatsgerichtsbarkeit)859) 등
이 바로 그것이다.

그런데 헌법재판제도에서 특히 강조되어야 할 일은 단순한 제도
만으로는 헌법재판이 결코 그 실효성을 나타낼 수 없다는 점이다. 헌
법재판은 합리적인 제도 못지않게 헌법을 존중하고 지키려는 강한 '헌
법에의 의지'를 필수적인 전제로 하는 특수한 권력통제장치이기 때문
이다. 헌법재판제도가 헌법제도 중 가장 실현하기 어려운 통치기관의
구성원리로 간주되어, 한 나라 헌정질서의 성패는 헌법재판제도에 달
려 있다고 평가되는 이유도 그 때문이다. 아무튼 오늘날에 와서는 미
국형이든 유럽대륙형이든860) 어떤 형태로든지 헌법재판제도를 그 통치
구조 속에 마련하지 않고는 자유민주적 통치구조의 기본요소를 갖추었

Verfassungsgerichtsbarkeit in Österreich, JBL 1951, S. 197ff., 221ff.; R. Marcic,
Verfassung und Verfassungsgericht, 1963; K. Schlaich, Das Bundesverfassungs-
gericht, 1985; P. E. Goose, Die Normenkontrolle durch den französischen
Conseil Constitutionnel, 1973; Ch. Starck(Hrsg.) Bundesverfassungsgericht und
Grundgesetz, 2 Bde, 1976; 졸고, "서독에 있어서의 헌법재판," 공법연구 제9집
(1981), 5면 이하; 김동희, "프랑스 제5공화국 헌법상의 헌법위원회," 헌법위원회발
간, 헌법재판자료 제2집(1980), 73면 이하.

858) Vgl. Marbury v. Madison, 1 Cranch 137(1803); darüber näher siehe Young
Huh, Probleme der konkreten Normenkontrolle, 1971, S. 61ff.; K. Loewenstein,
Verfassungsrecht und Verfassungspraxis der Vereinigten Staaten, 1959, S. 17; L.
Tribe, American Constitutional Law, 1978, S. 21ff.

859) 헌법재판제도의 연혁과 그 발전과정에 대해서 자세한 것은 다음 문헌을 참조할 것.
U. Scheuner, Die Überlieferung der deutschen Staatsgerichtsbarkeit im 19. u. 20.
Jh., in: Ch. Starck(FN 857), S. 1ff.; H. Triepel, Wesen und Entwicklung der
Staatsgerichtsbarkeit, VVDStRL 5(1929), S. 2ff.; H. Kelsen, Wesen und
Entwicklung der Staatsgerichtsbarkeit, VVDStRL 5(1929), S. 30ff.; Th. Schieder,
Vom Reichskammergericht zum BVerfG, in: 25 Jahre BVerfG 1951~1976, S.
21ff.; K. Stern(FN 2), S. 967ff.

860) Darüber näher vgl. Y. Huh(FN 858), S. 60ff.

다고 평가받기 어렵게 되었다.

아래에서 헌법재판의 개념과 본질·기능·기관·종류·한계 등을 자세히 살펴보고 우리나라의 헌법재판제도를 설명하기로 한다.

1. 헌법재판의 개념과 본질

(1) 헌법재판의 개념과 그 이념적 기초

1076
헌법재판의
개념

헌법재판은 헌법을 운용하는 과정에서 헌법의 규범내용이나 기타 헌법문제에 대한 다툼이 생긴 경우에 이를 유권적으로 해결함으로써 헌법의 규범적 효력을 지키고 헌정생활의 안정을 유지하려는 헌법의 실현작용이다. 헌법의 규범내용이나 헌법문제에 대한 다툼은 헌법의 규범구조적 특성(추상성·개방성·미완성성 등) 때문에 나타나는 불가피한 현상이기 때문에 헌법재판은 어느 의미에서 헌법구조의 내재적인 제도라고도 볼 수 있다.

1077
헌법재판의
이념적 기초

이처럼 헌법재판은 헌법구조의 내재적인 제도요 또 헌법실현작용을 뜻하기 때문에 헌법을 가지는 모든 '헌법국가'(Verfassungsstaat)에서 마땅히 필요로 하는 제도이지만,[861] 성문의 경성헌법을 가진 헌법국가에서 그 제도적인 의의와 기능이 특히 크기 마련이다. 따라서 불문의 연성헌법을 가진 영국과 같은 나라에서는 헌법재판의 문제가 특별히 따로 논의되지 않는다. 헌법재판은 적어도 이념적으로는 '헌법의 최고규범성'(supremacy of constitutional law)을 전제로 해서 '헌법'과 '일반법률'의 효력상의 차이를 인정하고, 헌법이 가지는 정치생활주도적·권력통제적·자유보장적·사회통합적 기능 등을 성문의 헌법전으로 명백히 규정하거나 인정하는 경우에 그 제도적 의의가 뚜렷해지기 마련인데,[862] 영국과 같이 헌정생활이 불문의 연성헌법에 의해서 주도되는 경우에는 헌법재판의 내용이나 그 실효성이 명백하지 않게 된다.[863] Loewenstein[864]이나 Scheuner[865]의 지적처럼 헌법재판은 지나치게 강

---

861) Dazu vgl. *W. Kägi*, Die Verfassung als rechtliche Grundordnung des Staates, 1945, S. 147 Anm. 65.

862) Dazu vgl. *U. Scheuner*(FN 859), S. 3.

863) Darüber näher vgl. *K. Loewenstein*, Staatsrecht und Staatspraxis von Großbritannien, Bd. 1, 1967, S. 46f.

864) Vgl. (FN 863).

865) Vgl. (FN 862).

한 '의회주권'과는 이념적으로 조화되기 어렵다는 것을 영국의 헌법질
서가 잘 말해 주고 있다고 할 것이다.

　헌법재판은 또 '기본권의 직접적 효력성'(unmittelbare Geltungskraft
der Grundrechtsnormen)과 '통치권의 기본권기속성'(grundrechtliche Bindung
der Staatsgewalt)을 전제로 할 때 그 실효성이 제일 크게 나타난다. 입
법·행정·사법 등의 통치권행사가 기본권실현을 위해서 행해지고, 이
들 통치권행사가 언제나 기본권적 가치에 기속되는 헌법질서 내에서
헌법재판은 비로소 그 헌법보호제도로서의 의미를 가장 강하게 갖게
되기 때문이다. '기본권의 직접적 효력성'과 '통치권의 기본권기속성'
이 헌법에 명문화된 독일기본법($\binom{\text{제1조 제1}}{\text{항과 제3항}}$) 질서하에서 헌법재판이 특히
꽃을 피우고 있는 것도 바로 그 때문이다.

　헌법재판은 헌법의 규범내용이나 헌법문제에 관한 헌법분쟁을 유
권적으로 해결하기 위한 헌법실현작용을 뜻하기 때문에 헌법재판에서
는 형식적 의미의 헌법뿐 아니라 실질적 의미의 헌법($\binom{\text{예컨대, 국회법·}}{\text{정당법·선거법 등}}$)까지
도 모두 그 검토의 대상이 되는 것은 당연하다. 그렇기 때문에 헌법재
판은 그것이 형식적 의미의 헌법에 관한 것이건 실질적 의미의 헌법에
관한 것이건 헌법문제에 관한 헌법분쟁을 유권적으로 해결함으로써 헌
법을 실현시켜 헌법규범과 헌법현실 사이의 gap이 필요 이상 커지는
것을 막는 가장 효과적인 헌법보호수단으로 간주된다.[866] 그것은 즉 헌
법재판이 입법권·행정권·사법권 등의 과잉행사에 의해서 헌법적 가
치질서가 침해되는 것을 예방하거나 시정할 수 있는 가장 강력한 권력
통제수단으로 기능한다는 것을 뜻한다. 헌법재판이 단순한 통치기능의
차원을 넘어서 권력통제의 메커니즘으로 작용하여 통치권행사의 절차
적 정당성의 확보라는 측면에서 통치기관의 중요한 구성원리로 인식되
는 이유도 그 때문이다.

　아무튼 오늘날 헌법재판제도는 '헌법국가적 이상의 완성'(Vollen-
dung der Idee der Verfassungsstaatlichkeit),[867] '법치국가의 월계관'
(Krönung des Rechtsstaates),[868] '법치국가의 주춧돌'(Grundpfeiler des

---

866) So auch z. B. *K. Stern*(FN 2), S. 951ff.(952).

867) *K. Stern*(FN 2), S. 953f.

868) *L. Adamovich*, Grundriß des österreichischen Verfassungsrechts, 4. Aufl.(1947),
　　 S. 71f.

Rechtsstaates)869) 등으로 평가될 정도로 그 헌법상의 의의가 커졌다는 점을 명심할 필요가 있다.

(2) 헌법재판의 특성과 법적 성격

a) 헌법재판의 특성

1078
정치형성
재판

헌법재판도 민사재판·형사재판·행정재판 등과 마찬가지로 법률문제에 대한 분쟁해결을 목적으로 한다는 점에서는 이들과 같은 법인식작용에 속한다고 볼 수 있다. 그럼에도 불구하고 다른 유형의 재판작용과는 달리 헌법재판만이 특별히 통치기관의 구성과 관련해서 문제가 되는 까닭은 무엇인가?

그것은 헌법재판의 다음과 같은 특성 때문이라고 볼 수 있다. 첫째, 헌법재판의 정치형성재판으로서의 특성을 우선 꼽을 수 있다. 헌법재판은 특히 헌법문제에 관한 다툼을 그 대상으로 하고 있고, 헌법문제에 관한 다툼은 바로 '정치규범으로서의 헌법'에 관한 다툼으로서 국가의 정치질서와 직결되기 때문에 헌법재판은 정치생활을 형성하는 재판으로서의 특성을 갖는다. 즉, 헌법재판은 한 나라의 법질서 중에서 최고의 효력을 가지는 헌법의 규범적 효력을 지킴으로써 헌법으로 하여금 유동적인 정치생활을 규범적으로 주도할 수 있는 힘을 계속해서 가지게 하기 위한 수단인 까닭에 마땅히 법적인 영역과 정치적인 영역을 이어 주게 하는 교량적인 역할을 하게 된다.870)

따라서 헌법재판은 다른 재판작용에서처럼 국민의 일상생활에서 나타나는 여러 가지 법적 분쟁을 해결해 준다는 기술적 성격의 단순한 법인식작용과는 그 성격을 전혀 달리한다. 이처럼 헌법재판의 대상과 기준이 되는 헌법의 최고규범 및 정치규범적 성격 때문에 헌법재판이 정치형성재판으로 기능하게 된다는 점에서 헌법재판은 국가의 정치생활과 불가분의 관계에 있다. 헌법재판을 제도화하는 데 있어서 헌법재판의 이와 같은 정치형성기능이 특별히 고려되어야 하는 이유도 그 때문이다.

1079
비강권재판

둘째, 헌법재판은 그 판결이나 결정의 실효성보장의 측면에서도 다른 재판작용과는 그 성격을 달리한다. 즉, 민사·형사·행정재판 등

---

869) *Fleiner-Giacometti*, Schweizerisches Bundesstaatsrecht, 1949, S. 898.

870) So auch *C. Schmitt*, Das Reichsgericht als Hüter der Verfassung, in: derselbe, Verfassungsrechtliche Aufsätze, 2. Aufl.(1978), S. 63ff.(73. u. 74f.).

에 있어서는 그 재판에서 행해지는 판결이나 결정의 집행은 언제나 국가권력에 의해서 보장되기 마련이다. 민사집행법상의 강제집행절차, 형사소송법상의 재판의 집행절차, 행정법상의 행정강제 등이 그 대표적인 집행의 수단들이다. 하지만 헌법재판에서는 일부 경우를 제외하고는 그 소송의 당사자가 대개의 경우 국가권력을 상징하는 헌법기관 자신일 뿐 아니라 설령 국민이 헌법재판에 관여된 경우라도 반드시 헌법기관 내지 국가권력을 상대로 하는 것이기 때문에 헌법재판의 판결이나 결정내용은 이들 헌법기관 내지 국가권력의 성의 있고 자발적인 집행의지가 없이는 도저히 그 실효성을 기대할 수 없다는 특징을 갖는다.871) 예컨대, 법률의 위헌판결이 내려진 경우에도 위헌으로 판명된 법률을 헌법정신에 맞도록 개정하거나 새로 제정하려는 입법기관이나 행정기관의 헌법준수적 노력과 성의가 없이는 법률을 위헌으로 판결한 헌법재판은 아무런 의미가 없게 되기 때문이다. 헌법재판이 헌법보호의 가장 강력한 제도적 메커니즘으로 기능하기 위해서는 결국 헌법기관의 기본적인 민주성향과, 헌법적 가치질서를 하나의 생활규범으로 지켜 나가려는 국민의 강한 '헌법에의 의지'(Wille zur Verfassung) 내지 '헌법적 감각'(Verfassungsgefühl)이 먼저 확립되어야 한다고 강조되는 이유도 그 때문이다. 헌법재판의 고등식물적 특성이 바로 그로부터 나온다.

셋째, 헌법재판은 헌법적 가치질서에 대한 모든 사회구성원의 확고하고 폭넓은 공감대를 전제로 해서만 그 실효성을 나타낼 수 있다는 특성을 갖는다. 국민의 폭넓은 Konsens에 바탕을 두지 않는 헌법질서는 헌법재판이 아무리 통치기관의 구성원리로 채택된다 하더라도 그 헌법적 기능을 다하기 어렵다. 헌법재판이 헌법실현작용이고, 헌법의 실현은 '제도'와 '의지'가 함께 서로 보완·상승작용을 할 때에만 비로소 기대될 수 있는 것이라면, 국민에게 강한 '헌법에의 의지'를 심어줄 수 없는 헌법을 헌법재판제도만으로 실현하기에는 많은 무리가 따르기 때문이다. 법적인 사고의 영역에서 법실현의 방법론과 관련해서 논의되는 '최상의 방법' 또는 '차선의 방법' 등의 논리는 언제나 그 실현내

1080
공감적 가치
실현재판

871) So auch z. B. *K. Hesse*, Grundzüge des Verfassungsrechts der BRD, 14. Aufl. (1984), S. 215(RN 567).

용이나 대상에 대한 Konsens를 전제로 해서만 성립될 수 있는 논리형식이다. 실현내용이나 대상에 대한 Konsens보다는 Dissens가 지배하는 곳에서는 '최상의 방법'이란 논리는 처음부터 성립될 수도 없고, 언제나 '각자의 입장'(Standpunkt)만이 주장되고 서로 대립하기 마련이다. 헌법재판이 헌법의 가치내용을 실현하는 작용이라면 먼저 실현대상으로서의 헌법의 가치내용에 대한 모든 국민의 Konsens가 전제되어야 한다. 그래야만 국민의 마음 속에 '헌법에의 의지'가 심어지고, 그 '헌법에의 의지'가 헌법재판에서 행해지는 판결이나 결정 등의 실효성을 뒷받침해 주는 담보적인 의미를 갖게 된다.

b) 헌법재판의 법적 성격

1081
네 가지 학설

헌법재판이 다른 재판작용과는 다른 특성을 갖는 것이라면 헌법재판의 법적 성격을 어떻게 평가할 것인가 하는 문제가 제기된다. 그런데 헌법재판의 법적 성격에 관해서는 학자 사이에도 견해가 갈린다. 헌법재판의 법적 성격을 둘러싼 학자간의 견해대립은 매우 다양하지만 이를 유형적으로 분류해 보면 사법작용설[872]·정치작용설[873]·입법작용설[874]·제4의 국가작용설[875] 등으로 나눌 수 있다.

α) 사법작용설

1082
법실증주의
입장

헌법재판의 법적 성격을 사법작용(Rechtsprechung)이라고 이해하는 입장에 따르면, 헌법재판도 결국 헌법규범에 대한 법해석작용을 그 본질로 하는 만큼 다른 법률해석작용과 마찬가지로 전형적인 사법

872) Vgl. z. B. *H. Kelsen*(FN 859), S. 56; *K. Larenz*, Methodenlehre der Rechtswissenschaft, 3. Aufl.(1975), S. 11ff., 128ff.; *Th. Maunz*, in: Maunz/Dürig/Herzog/Scholz, GG-Kommentar(Stand 1985), Art. 94 RN 2; *K. Stern*(FN 2), S. 941; *K. Hesse*(FN 871), S. 214(RN 565); *U. Scheuner*, DÖV 1954, S. 645; *E. Friesenhahn*, HdbDStR Ⅱ, S. 524f.; *A. Arndt*, DVBl 1952, S. 1ff.

873) Vgl. *C. Schmitt*(FN 870), S. 73f., 74f.; *derselbe*, Verfassungslehre, 5. Aufl.(1970), S. 112ff.

874) Vgl. z. B. *K. Loewenstein*, Verfassungslehre, 3. Aufl.(1975), S. 249; *W. Henke*, Der Staat 31(1964), S. 449ff.

875) Vgl. z. B. *H. Krüger*, Allegemeine Staatslehre, 2. Aufl.(1966), S. 709; *W. Weber*(FN 6), S. 29ff., 31, 93, 146ff., 229ff.; *G. Azzariti*, JöR 8(1959), S. 19; *E. Forsthoff*, Gedächtnisschrift f. W. Jellinek(1955), S. 231; *derselbe*, FS f. C. Schmitt(1959), S. 35ff., 58; *H. Säcker*, Die Rechtsmacht des BVerfG gegenüber dem Gesetzgeber, BayVBl 1979, S. 193ff.; *W.-R. Schenke*, Der Umfang der bundesverfassungsgerichtlichen Überprüfung, NJW 1979, S. 1321ff.

적 법인식작용에 지나지 않는다고 한다. 이 견해는 결국 헌법의 해석과 일반법률의 해석이 방법상 아무런 차이가 없는 것이라는 입장에 서고 있다. 즉, 사비니(v. Savigny)의 해석법학적 사상[876]을 그 바탕으로 하는 이 입장은 헌법과 일반법률이 규범구조적으로 동일하다는 생각을 가지고, 헌법해석이 일반법률의 해석과 크게 다를 것이 없다는 전제 밑에서 출발하고 있음을[877] 쉽게 파악할 수 있다.

　　그러나 헌법의 해석과 일반법률의 해석을 본질적으로 동일시하는 데서 출발하는 이 사법작용설은 사법(私法)의 해석에 관한 Savigny의 이론을 사법과는 그 규범구조가 전혀 다른 헌법의 해석에 그대로 적용하려고 하는 데 무리가 있을 뿐 아니라, 헌법은 일반법률과는 다른 많은 구조적 특질을 가지고 있기 때문에 헌법과 일반법률을 구조적으로 동일시하려는 그 출발점부터가 일종의 의제에 불과하다고 할 것이다.[878]

β) 정치작용설

　　헌법재판의 법적 성격이나 본질을 사법작용과 다른 정치작용(Politik)으로 이해하려는 C. Schmitt의 견해에 따르면, 헌법재판은 헌법문제에 대한 다툼을 전제로 하는 것인데, 헌법문제에 대한 다툼은 그 본질상 '법률분쟁'(Rechtsstreitigkeiten)이 아닌 '정치분쟁'(politische Streitigkeiten)이기 때문에 정치분쟁을 해결하는 것은 어디까지나 정치작용이지 사법작용일 수 없다고 한다.[879] C. Schmitt가 헌법재판을 '사법적 형태의 정치적 결단'(politische Entscheidung im justizförmigen Gewand)[880]이라고 부르는 이유도 그 때문이다. 이 정치작용설은 헌법을 '정치적 결단'이라고 보는 입장에 서서 '정치적 결단으로서의 헌법'은 사법작용의 대상으로서 적당치 못하다는 사상에 바탕을 두고 있다.[881]

1083
결단주의
입장

　　그러나 헌법의 정치결단적 성격만을 지나치게 강조한 나머지 헌법의 규범으로서의 성격을 완전히 도외시하는데서 출발하는 정치작

---

876) 이 점에 대해서는 방주 148 참조.

877) 예컨대, *K. Larenz*(FN 872), S. 150,는 명시적으로 이 입장을 취한다.

878) So auch *E.-W. Böckenförde*, Die Methoden der Verfassungsinterpretation, NJW 1976, S. 2089ff.

879) Dazu vgl. *C. Schmitt*, Verfassungslehre(FN 873), S. 118, 136.

880) Dazu vgl. *C. Schmitt*(FN 870), S. 79.

881) Darüber näher vgl. *C. Schmitt*(FN 870), S. 73f., 74f., 79.

용설은 헌법재판의 법적 성격을 바르게 이해하고 있다고 보기 어렵다.

γ) 입법작용설

1084
뢰븐슈타인
의 입장

　　헌법재판을 입법작용이라고 이해하는 입장에 따르면, 헌법재판은 헌법해석을 통한 헌법의 실현작용인데, 헌법을 해석한다는 것은 헌법이 가지는 규범구조적인 특질(추상성·개방성·미완성성 등) 때문에 결국 헌법의 보완 내지 형성적 기능을 뜻하게 된다고 한다.[882] 그런데 이와 같은 법률의 보완 내지 형성적 기능은 일반법률의 해석을 그 내용으로 하는 전통적인 사법작용에서는 오히려 입법권에 대한 침해를 뜻한다고 금지되기 때문에, 헌법재판은 헌법규범의 내용을 구체화하는 법정립작용에 지나지 않는다고 한다. 미국대법원의 위헌법률심사기능과 관련해서 미국대법원을 '입법작용의 제3원'(dritte Kammer der Gesetzgebung),[883] 또 심지어 '진정하고 유일한 제2원'(wahre und einzige zweite Kammer)[884]이라고 표현하는 학자가 있는 것도 같은 맥락에서 나온 것이라고 볼 수 있다.

　　이 입법작용설은 특히 헌법이 가지는 규범구조적인 특질 때문에 헌법의 해석은 일반법률의 해석과는 그 방법과 내용면에서 본질적인 차이가 있다는 인식을 바탕으로 하고 있는 것으로서 일응 올바른 이론적인 전제 밑에서 출발하고 있다고 볼 수 있다. 그러나 일반법률의 해석에서도 정도의 차이는 있을지언정 법률의 보완 내지 형성적 기능을 완전히 도외시할 수는 없을 뿐 아니라, 설령 헌법의 해석과 일반법률의 해석이 그 방법과 내용면에서 본질적인 차이가 있다고 하더라도 그와 같은 차이가 헌법재판을 입법작용으로 만드는 것이라고 보기는 어렵다고 생각한다. 또한 헌법재판은 그것이 아무리 법정립적 기능과 유사한 효과를 나타낸다고 하더라도 그로부터 어떻게 헌법재판이 입법작용이라는 결론을 이끌어 낼 수 있는 것인지 의문을 갖지 않을 수 없다. 왜냐하면 헌법재판에 내재하는 입법기능은 헌법재판의 효과일 수는 있어도 그것이 결코 헌법재판의 본질과 성격 그 자체일 수는

---

882) Dazu vgl. *K. Stern*, Verfassungsgerichtsbarkeit zwischen Recht und Politik, 1980, S. 20f.; *W. Friedler*, Fortbildung der Verfassung durch das BVerfG? JZ 1979, S. 417ff.; *P. Wittig*, Politische Rücksichten in der Rechtsprechung des BVerfG, Der Staat 8(1969), S. 137ff.(157f.).

883) *K. Loewenstein*(FN 874), S. 249.

884) *W. Haller*(FN 857), S. 323ff.(331).

없다고 느껴지기 때문이다.

δ) 제 4 의 국가작용설

헌법재판을 제 4 의 국가작용이라고 이해하려는 입장에 따르면, 헌법재판은 국가의 통치권행사가 언제나 헌법정신에 따라 행해질 수 있도록 입법·행정·사법 등의 국가작용을 통제하는 기능을 하기 때문에 사법작용일 수도 없고 입법작용일 수도 없을 뿐 아니라 그렇다고 행정작용일 수도 없는 독특한 성격을 갖는 제 4 의 국가작용이라고 한다.[885]

1085
제 4 의
국가작용

ε) 결 론

생각건대, Stern의 지적처럼[886] 헌법재판의 법적 성격이나 본질을 사법작용이라고 이해하는 사람이 아직 많은 것은 사실이지만, 헌법재판은 전통적인 의미의 사법작용과는 그 성격이 전혀 다를 뿐 아니라 헌법재판은 또 순수한 정치작용 또는 입법작용과도 그 본질과 성격을 달리하기 때문에 제 4 의 국가작용이라고 보는 것이 가장 무난하다고 생각한다.

1086
제 4 의
국가작용설
의 타당성

헌법해석이 가지는 정치형성적인 효과라든지 헌법규범에 내포된 구조적인 특성이라든지 또는 헌법을 해석할 때 참작해야 하는 정치적 관점[887] 등을 고려해 볼 때 역시 헌법재판은 순수한 '사법작용'이라고 보기는 어렵다고 할 것이다. 헌법재판을 구태여 '사법작용'이라고 보고 싶다면 C. Schmitt[888]나 H. Krüger[889]의 표현대로 '정치적인 사법작용'(politische Rechtsprechung)이라고 말할 수밖에 없을 것이다. 그러나 규범적인 합법성의 관점 이외에 정치적인 합목적성의 관점이 함께 작용한다는 뜻에서의 '정치적인 사법작용'은 이미 전통적인 의미의 합법성만의 '사법작용'과는 그 성질이 다르기 때문에 그것은 분명히 순수한 사법작용은 아니라고 할 것이다. 사법작용적인 법인식기능과 정치작용적인 합목적성의 판단기능이 함께 공존하는 헌법재판에서는 법리적인 설득력과 정치적인 타당성이 적절한 균형관계를 유지함으로써 법적인 관점에서나 정치적인 관점에서나 수긍될 수 있는 해결책이 모

---

885) So z. B. *H. Säcker*(FN 875), S. 197; *W.-R. Schenke*(FN 875), S. 1332f.

886) Dazu vgl. *K. Stern*(FN 2), S. 941f. Anm. 31.

887) Dazu vgl. *K. Stern*(FN 2), S. 951ff.

888) Vgl. dazu Verfassungslehre(FN 873), z. B. S. 136.

889) Vgl. dazu(FN 875), S. 697.

색되어야 한다. 헌법재판을 사법작용이 아닌 제 4 의 국가작용이라고
이해하려는 이유도 바로 여기에 있다.

결론적으로 말해서, 헌법재판은 정치적인 관점뿐 아니라 법적인
관점을 함께 존중함으로써 정치적인 사고의 영역에서 흔히 강조되는
철학(목적이 모든 수단을 정당화시킨다)의 법리적 한계를 명시하고 정치라
는 위성이 이탈하지 못하도록 그 궤도를 그려 주는 제 4 의 국가작용이
라고 생각한다. 그러나 제 4 의 국가작용으로서의 헌법재판이 자칫 '또
다른 정치작용' 내지는 '각색된 정치작용'으로 변질되지 않도록 꾸준한
경계가 필요하다. 그러기 위해서는 '법은 정치의 시녀'라는 정치만능적
사고방식을 단호히 배격해야 한다. 그래야만 헌법재판은 '또 다른 정치
작용'이 아닌 진정한 '제 4 의 국가작용'으로서 통치권행사의 절차적 정
당성을 확보하는 데 기여할 수 있다.

또 헌법재판으로 하여금 입법·행정·사법작용을 실효성 있게
통제하는 제 4 의 국가작용으로 기능케 하기 위해서는, 무엇보다도 헌
법재판을 담당하는 기관의 구성에서도 타 통치기관의 구성에서와 마찬
가지로 '민주적 정당성'의 요청이 충족되어야만 한다. 민주적 정당성에
뿌리를 두지 못한 통치기관에게 헌법재판기능을 맡기는 것은 '제 4 의
국가작용'이 아닌 '각색된 정치작용'에 문호를 개방하는 결과가 되기
때문이다.

2. 헌법재판의 기능과 헌법상 의의

1087

사회통합의 견인차적인 의의와 기능

헌법재판이 법인식적인 헌법의 실현작용이라는 것은 이미 언급한
바 있거니와 모든 국민의 '기본적인 공감대'(Grundkonsens)에 바탕을
두고 성립·제정된 헌법을 실현한다는 것은 사회공동체의 동화적 통합
을 달성하기 위한 불가결한 수단이다.[890] 따라서 헌법재판은 공감대에
입각한 동화적 통합을 추구하는 헌법질서 내에서는 가장 중요한 사회
통합의 견인차적인 의의와 기능을 갖는다고 볼 수 있다. 헌법재판의
이와 같은 사회통합의 견인차적인 의의와 기능은 다음 여러 가지 구체
적이고 세부적인 기능에 의해서 뒷받침되고 있는데 헌법재판의 종류에
따라 각 기능은 그 중점만이 다르게 나타날 따름이다. 헌법재판의 헌

---

890) So ähnlich auch *K. Stern*(FN 2), S. 967.

법보호기능·권력통제기능·자유보호기능·정치적 평화보장기능 등이
바로 그것이다.

(1) 헌법재판의 헌법보호기능

헌법재판은 최고규범으로서의 헌법을 하향식 또는 상향식헌법침
해로부터[891] 보호함으로써 헌법의 규범적 효력을 지켜서 헌정생활의
법적인 기초를 다지는 기능을 갖는다.[892] 헌법재판은 물론 제 1 차적으
로는 헌법의 적으로부터 헌법을 지키는 기능을 갖게 되지만, 심지어는
민주적 정당성의 이름으로 행해지는 통치권의 남용 내지 악용으로부터
도 헌법을 보호하는 기능을 갖는다. 탄핵심판제도·위헌정당해산제
도·기본권실효제도 등이 그 가장 대표적인 것들이다. 헌법재판이 입
법권을 비롯한 통치권행사의 절차적 정당성을 확보하는 중요한 수단으
로 평가되는 이유도 바로 그 때문이다.

1088
헌법의
규범력 보호

(2) 헌법재판의 권력통제기능

제 4 의 국가작용인 헌법재판은 정치생활을 법적인 영역으로 끌어
들임으로써 정치생활을 규범화하는 작용이기 때문에 헌법의 규범적인
테두리를 벗어나려는 정치의 탈헌법적 경향에 대한 강력한 제동장치로
서 기능함과 동시에 통치권행사가 언제나 헌법적 가치질서와 조화될
수 있도록 감시하고 견제하는 권력통제기능을 갖게 된다. 헌법재판이
오늘날 권력분립주의의 현대적 실현형태로서 중요한 기능적 권력통제
의 메커니즘으로 간주되는 이유도 그 때문이다.[893] 즉, 사회구조의 변
화와 정당국가적 현상 때문에 제대로 권력분립의 실효성을 나타내지
못하고 있는 고전적·구조적 권력분립이론을 보완하는 새로운 권력통
제의 메커니즘으로서 헌법재판제도는 현대자유민주적 통치구조에서 매
우 큰 헌법상의 의의를 가지게 된다.

1089
고전적
3권분립
이론의 보완

특히 자유민주적 통치구조 내의 다수와 소수의 기능적인 상호견
제의 메커니즘은 소수를 보호하는 헌법재판제도에 의해서 비로소 그
실효성을 기대할 수 있는 것이기 때문에 헌법재판은 민주정치의 전제
가 되는 '소수의 보호'와 그를 통한 '평화적 정권교체'를 실현하는데도

---

891) 하향식 또는 상향식헌법침해에 대해서는 방주 195 이하와 206 이하 참조.

892) Dazu u. a. *K. Stern*(FN 2), S. 952 Anm. 78 m. w. Nachw.; *K. Hesse*(FN 871),
    S. 213(RN 561); *P. Badura*, Staatsrecht, 1986, S. 486(RN 67).

893) 이 점에 대해서는 앞부분 방주 914 참조.

큰 기여를 하게 된다고 볼 수 있다. 소수에게 주어지는 규범통제의 신청권, 기관쟁의의 제소권, 헌법소원제소권 등 소수보호의 의미를 갖는 헌법재판에서의 소송절차적 수단들이 다수의 권력행사에 대한 강력한 통제효과를 나타낸다는 것은 두말할 필요가 없다.[894]

(3) 헌법재판의 자유보호기능

1090

기본권의
실효성 보장

헌법재판은 그 강력한 권력통제기능을 통해 통치권의 기본권기속성과 통치권행사의 절차적 정당성을 확보함으로써 국민의 자유와 권리를 보호해 주는 기능을 갖는다. 위헌법률에 의한 기본권침해가 규범통제와 헌법소원제도에 의해서 예방 또는 시정되는 것이 그 가장 대표적인 예이다. 사실상 헌법이 보장하는 기본권과 기본권의 법률유보 및 기본권제한입법의 한계조항 등은 헌법재판제도에 의해서 그 규범적 효력이 제대로 지켜질 수 있을 때 비로소 그 실효성을 나타낼 수 있다. 국민의 자유와 권리가 한 나라 통치질서 내에서 행사되는 모든 국가적 기능의 정당성근거인 동시에 또 통치권의 목적을 뜻하는 것이라면 국민의 기본권을 실질적으로 보장하는 헌법재판제도야말로 자유민주적 통치구조에서 가장 중요한 통치기구의 조직원리라고도 볼 수 있다. 헌법재판을 단순한 통치기능적인 차원에서만 다룰 수는 없는 이유가 여기에서도 나온다.

(4) 헌법재판의 정치적 평화보장기능

1091

헌정생활의
안정과
평화유지

헌법재판은 헌법기관간의 권한쟁의 또는 연방국가적 구조에서 오는 여러 가지 헌법적인 분쟁을 유권적으로 해결함으로써 헌정생활의 안정과 정치적 평화를 보장하는 기능을 갖는다. 헌정생활의 안정과 정치적 평화의 유지는 사회공동체가 정치적으로 통합을 이루기 위한 불가결의 전제조건을 뜻하기 때문에, 헌법재판은 특히 연방국가의 헌법질서에서는 불가결한 통치기구의 구성원리로 인식되고 있다. 연방과 주 또는 여러 주 사이의 권한다툼을 원만히 해결하는 것은 연방국가로서의 통치질서를 지속시키기 위한 최소한의 선행조건을 뜻하기 때문이다. 바로 이 곳에 헌법재판제도와 연방국가제도와의 특별한 친화관계가 있다. 또 헌법재판제도는 단일국가에서도 권력분립이나 정부형태의

---

894) Darüber näher vgl. *D. Lorenz*, Der Organstreit vor dem BVerfG, in: BVerfG und GG Ⅰ, 1976, S. 225ff.; *H. Quaritsch*, in: Bundesverfassungsgericht, Gesegebung und politische Führung, 1980, S. 66f.

운영여하에 따라서는 헌정생활의 안정과 정치적 평화유지를 위해서 중
요한 조정적 기능을 나타내게 된다는 점을 경시해서는 아니 된다. 헌
법재판의 평화실현적인 기능이 바로 그것이다.

3. 헌법재판의 기관

헌법재판의 기관을 어떻게 구성할 것인가 하는 문제는 헌법재판
의 실효성확보라는 면에서 매우 중요한 의미를 갖는다. 그런데 헌법재
판을 어느 기관에게 맡길 것인가 하는 문제는 헌법재판의 법적 성격을
어떻게 이해하느냐에 따라 그 대답이 달라질 수 있다.

(1) 헌법재판기관으로서의 사법부

헌법재판을 사법작용으로 이해하는 입장에서는 헌법재판을 위한
기관을 따로 설치할 필요 없이 다른 재판과 마찬가지로 헌법재판도 일
반법원에 맡기면 된다는 결론에 이르게 된다. 즉 사법작용설의 입장에
서는 헌법재판은 마땅히 일반법원의 관할사항에 속할 뿐 아니라 사법
기관은 헌법재판을 담당할 수 있는 가장 이상적인 기관이라고 주장하
게 되는데 그들이 제시하는 주요 논거는 다음과 같다. 첫째, 사법기관
의 중립성과 그 조직의 안정성을 든다. 즉, 헌법재판이 정치권력의 통
제기능을 제대로 발휘하기 위해서는 정치의 세계와는 단절된 중립적인
사법부가 이를 담당하는 것이 바람직할 뿐 아니라, 독립된 헌법재판기
관을 따로 설치하는 것보다 전국적이고 비교적 안정된 조직을 가지고
있는 사법부에게 헌법재판기능을 맡기는 것이 통치권력에 대항해서 헌
법을 실현하는 데 오히려 효과적이라는 것이다. 둘째, 사법권강화 내지
사법권독립에 도움이 된다는 점을 내세운다. 즉, 사법부에게 헌법재판
기능을 맡기는 것이 오히려 사법권을 강화하는 결과가 되어 권력분립
의 이상에 충실하게 된다고 한다. 셋째, 비교헌법적인 관점에서 외국의
예를 든다. 즉, 미합중국의 연방대법원(Supreme Court)이나 스위스의
연방대법원(Bundesgericht)이 각각 헌법재판기관으로 기능하면서도 비
교적 헌법재판의 실효를 거두고 있다는 사실을 지적한다.

1092
일반법원의
헌법재판
관할권 강조

(2) 독립한 헌법재판기관

헌법재판을 정치작용·입법작용 또는 제4의 국가작용이라고 이
해하는 입장에서는 헌법재판의 성격상 헌법재판을 일반법원의 관할사

1093
일반법원의
헌법재판

관할권 부인 항으로 하는 것은 오히려 바람직하지 못하다는 결론에 이른다. 헌법재
판은 그 성격상 사법작용이 아니기 때문에 전통적인 사법작용의 영역
에서 분리시키는 것이 마땅하다는 이들 입장에서 볼 때, 헌법재판은
일반법원이 아닌 독립기관에서 맡는 것이 바람직할 뿐 아니라, 헌법재
판기관이 필요로 하는 민주적 정당성의 요청 때문에 이 독립기관의 구
성에는 특별히 민주적 정당성의 관점이 존중되어야 한다고 한다. 이들
의 시각에서 볼 때 법원을 헌법재판기관으로 삼으려는 사법작용설의
논거는 다음과 같은 비판을 면하기 어렵다고 한다. 즉, 미국이나 스위
스에서 최고법원이 제한된 범위의 헌법재판기능을 성공적으로 수행하
고 있는 것은 사실이지만 그것은 오랜 전통 속에서 '제도'와 '의지'가
함께 뿌리를 내리고 있는 예외적 현상에 불과하기 때문에 그것을 일반
화할 수 없을 뿐 아니라, 그러한 전통이 확립되지 못한 나라에서 사법
부에게 헌법재판기능을 맡기는 것은 역시 득보다는 실이 더 많은 결과
를 초래할 위험성이 크다는 것이다. 또 헌법재판기능에 의해서 사법권
이 강화되기보다는 오히려 헌법재판기능 때문에 사법부가 정치의 물결
에 휩쓸려들 가능성이 더 크다고 한다.[895] 더욱이 사법권의 독립이 실
질적으로 보장되고 있는 경우에는 사법부에 헌법재판기능을 맡기는 것
은 오히려 '사법권의 우월'(Primat der Justiz), '법관의 통치'(government
of judges), '법관의 거부권'(richterliches Veto)[896]이라는 결과를 가져와
대의민주주의가 요구하는 통치작용의 민주적 정당성이라는 관점에서
심각한 헌법이론상의 문제가 제기될 수 있다고 한다. 반대로 사법권의
독립이 형식상으로만 보장되고 있는 경우에는 그러한 무력한 사법부에
게 헌법재판기능을 맡기는 것은 유명무실할 뿐 아니라 오히려 사법권
을 더욱 약화시키는 결과만을 초래하고 헌법재판에 의한 헌법실현을
처음부터 포기하는 것이나 다름없게 된다고 한다.

　　생각건대, 헌법재판은 사법작용이 아니라 제 4 의 국가작용이라고
이해하는 저자의 관점에서 헌법재판이 가지는 여러 가지 제도 및 기능
상의 특징을 감안할 때 헌법재판은 역시 일반법원이 아닌 독립한 기관
에서 맡는 것이 더 바람직하다고 생각한다. 이 경우 독일,[897] 오스트리

---

895) So auch *C. Schmitt*(FN 870), S. 98, 100; *derselbe*(FN 873), S. 119.
896) Dazu vgl. *K. Stern*(FN 2), S. 956.
897) 독일의 헌법재판소에 관해서 자세한 것은 졸고(FN 857) 참조.

아, 이탈리아, 터키, 스페인, 포르투갈, 체코, 슬로바키아, 헝가리, 폴란드, 라트비아, 키프러스, 리투아니아 등처럼 헌법재판소라는 독립기관을 따로 설치하는 것도 가능하고, 또 프랑스처럼 헌법위원회를 두는 것도 가능하겠지만,[898] 어느 경우라도 헌법재판기관은 다른 헌법기관에 뒤지지 않는 강력한 민주적 정당성에 바탕을 두고 구성되는 것이 절대적으로 필요하다.[899]

우리나라는 제 3 공화국에서만 대법원을 중심으로 한 일반법원에 헌법재판기능을 맡겼었고, 제 1 공화국과 제 2 공화국·제 4 공화국 그리고 제 5 공화국헌법에서는 일반법원과는 별개의 독립한 기관을 설치해서 헌법재판기능을 맡기고 있는데, 제 2 공화국헌법과 현행헌법은 헌법재판소를, 제 1 공화국·제 4 공화국헌법과 개헌 전의 제 5 공화국헌법은 헌법위원회를 설치하고 있다. 현행헌법(제111조 제2항과 제3항)은 헌법재판소의 구성에 있어서 입법·행정·사법부가 같은 비율로 헌법재판소재판관의 추천권을 갖도록 함으로써 적어도 이념적으로는 헌법재판기관이 필요로 하는 민주적 정당성의 요청을 인식하고 있다고 볼 수 있다.

1094
우리 헌정사의 제도적 경험

4. 헌법재판의 종류

헌법재판은 이를 여러 가지 관점과 기준에 따라 분류할 수 있지만 대체로 다음의 여섯 가지 종류로 구분하는 것이 보편화되고 있다.[900] '기관쟁의소송'(Organstreitverfahren), '규범통제제도'(Normenkontroll-verfahren), '헌법소원제도'(Verfassungsbeschwerdeverfahren), '선거심사제도'(Wahlprüfungsverfahren), '특별한 헌법보호절차'(besondere Ver-fassungsschutzverfahren), '연방국가적 쟁의'(föderative Streitigkeiten) 등이 그것이다.

1095
여섯 가지 분류

(1) 기관쟁의소송

국가기관간에 그 헌법적 권한·의무에 관해서 다툼이 생긴 경우에 이를 조정하기 위한 헌법재판을 흔히 '기관쟁의'(Organstreit, Or-ganklage)라고 부른다. 즉, 국가기관 상호간에 그 헌법적 권한과 의무의 범위와 내용에 관해서 다툼이 생기는 경우에는 국가의 통치기능이

1096
헌법기관간의 분쟁 조정

898) Darüber näher vgl. *H. Mosler*(Hrsg.)(FN 857).
899) Dazu vgl. *Y. Huh*(FN 858), S. 96ff.
900) Dazu vgl. *K. Stern*(FN 2), S. 978.

마비될 염려가 있을 뿐 아니라 이에 대한 권위적인 조정이 따르지 않는다면 각 국가기관간에 통치기능상의 한계가 불명하게 되어 국가기관 상호간의 견제와 균형의 권력분립적 메커니즘이 마비 내지 파괴될 위험성이 있다. 따라서 기관쟁의는 국가기관 상호간의 권한과 의무의 한계를 명백히 함으로써 국가기능의 수행을 원활히 하고 권력 상호간의 견제와 균형의 효과를 유지함으로써 헌법적 가치질서를 보호한다는 데 그 목적과 의의가 있다.

기관쟁의의 소송당사자능력과 관련해서 주의할 점은 기관쟁의의 소송당사자 상호간에는 독자적인 권한과 의무를 전제로 한 어떤 '헌법적인 법률관계'가 존재해야 한다는 점이다. 또 기관쟁의는 추상적인 규범통제와는 달라서 구체적인 '권리보호의 이익'(Rechtsschutzinteresse)이 있을 때에만 허용되는 것이기 때문에 어떤 헌법기관의 일정한 작위 또는 부작위에 의해서 타헌법기관의 헌법상 권한과 의무가 침해되었거나 적어도 직접적이고 현실적인 위협을 받는 경우에만 그 소를 제기할 수 있다.

우리나라는 제 2 공화국헌법과 현행헌법(제111조 제1항 제4호)에서 권한쟁의 심판이란 이름으로 이 제도를 채택하고 있다. 예컨대, 독일기본법도 이 제도를 채택하고 있다.901)

(2) 규범통제제도

1097

객관적
소송의
특성과 유형

규범통제제도는 법률의 위헌여부를 심사해서 위헌법률의 효력을 상실시킴으로써 헌법의 최고규범성을 지키는 헌법재판의 가장 핵심적인 제도이다.902) 규범통제는 주관적인 권리보호의 면보다는 객관적인 법질서보호의 면을 중요시하는 일종의 '객관적인 소송'(objektive Verfahren)이라는 데 그 특징이 있다.903) 규범통제제도는 다시 '추상적 규범통제제도'(abstrakte Normenkontrollverfahren)와 '구체적 규범통제제도'(konkrete Normenkontrollverfahren)로 나눌 수 있다.

---

901) Darüber vgl. *D. Lorenz*(FN 894); K. Stern(FN 2), S. 978ff.; *K. Hesse*(FN 871), S. 251(RN 679); *P. Badura*(FN 892), S. 476f.

902) Dazu vgl. *E. Friesenhahn*, Die Verfassungsgerichtsbarkeit in der BRD, 1963, S. 7; *Y. Huh*(FN 858), S. 34.

903) Dazu vgl. *Y. Huh*(FN 858), S. 111ff.

a) 추상적 규범통제제도

법률의 위헌여부가 재판의 전제가 되지 않는 경우라도 법률의 위헌여부에 대한 다툼이 생긴 경우에 일정한 국가기관의 신청에 의해서 독립한 헌법재판기관이 그를 심사·결정하는 제도이다. 추상적 규범통제의 신청권을 어떤 기관에게 줄 것인가 하는 문제는 나라마다 다르지만 법률제정에 관여하는 모든 헌법기관에게 그 신청권을 부여하는 것이 관례이다.[904] 특히 국회의 야당에게 그와 같은 신청권을 주는 것은 여당의 횡포와 전제를 견제한다는 의미도 갖게 되어 현대정당국가에서는 민주주의의 원만한 운영을 위해서 매우 바람직한 제도로 간주되고 있다.

우리나라는 아직 한 번도 이 제도를 채택한 일이 없다. 독일은 이 제도를 성공적으로 운영하고 있는 대표적인 나라이다.[905]

1098
구체적
재판과
무관한
위헌심사

b) 구체적 규범통제제도

구체적 규범통제는 법률의 위헌여부가 재판의 전제가 된 경우에 소송당사자의 신청 또는 법원의 직권에 의해서 규범심사를 하는 제도이다. 1803년의 미국대법원의 위헌심사[906]가 이 제도의 효시로 간주되고 있다. 우리나라는 제헌 이래 이 제도를 전통적으로 채택해 왔는데 현행헌법(제107조 제1항)도 이를 규정하고 있다.

구체적 규범통제는 그것이 자칫하면 민주적 정당성을 바탕으로 하고 있는 입법부의 법정립기능을 침해할 위험성이 크기 때문에, 구체적 규범통제를 제도화하는 경우에는 국회의 입법기능을 존중하면서도, 헌법의 최고규범성을 준수할 수 있는 적절한 방법이 모색되어야 한다. 예컨대, 법률에 대한 '위헌심사권'(Prüfungskompetenz)과 '위헌결정권'(Verwerfungskompetenz)을 구별해서 전자는 각급법원에 맡기면서도 후자만은 이를 최고법원에 일원적으로 귀속시키는 것은 그 하나의 방법이 될 수 있는데,[907] 많은 나라에서 이 방법을 채택하고 있다. 규범통

1099
구체적 재판
전제한
위헌심사

904) Dazu vgl. *K. Stern*(FN 2), S. 983ff.; *G. Babel*, Probleme der abstrakten Normenkontrolle, 1964, S. 24ff.; *H. Söhn*, Die abstrakte Normenkontrolle, in: BVerfG und GG, Ⅰ, 1976, S. 292ff.
905) Darüber vgl. *K. Stern*(FN 904); *K. Hesse*(FN 871), S. 252(RN 681); *P. Badura* (FN 892), S. 477f.
906) Darüber näher vgl. Marbury v. Madison(1 Cranch 137), Y. Huh(FN 858), S. 62ff.
907) Darüber näher vgl. *Y. Huh*(FN 858), S. 71ff.; *K. A. Bettermann*, Die konkrete Normenkontrolle und sonstige Gerichtsvorlagen, in: BVerfG und GG, Ⅰ, 1976, S. 323ff.

제를 독립한 헌법재판소나 헌법위원회의 관할사항으로 하는 것도 따지고 보면 이와 같은 이론이 적용되고 있는 하나의 예에 불과하다고 볼 수 있다. 우리 현행헌법에서 각급법원이 법률의 위헌심사권을 가지지만 위헌결정권만은 헌법재판소의 전속관할사항으로 하고 있는 것도 이 이론의 영향이라고 할 수 있다. 또 규범통제를 법률의 공포 전에 함으로써 위헌법률이 공포·발효됨으로 인해서 발생하는 여러 가지 문제점을 미리 예방하는 방법도 생각할 수 있는데 프랑스에서 행하고 있는 '사전적 규범통제'(präventive Normenkontrolle)는 이 유형에 속하는 대표적인 예이다.[908]

(3) 헌법소원제도

1100

공권력에 의한 기본권 침해 구제

국가의 공권력(입법·행정·사법권)에 의해서 헌법상 보장된 자유와 권리가 위법하게 침해되었다고 주장하는 국민이 헌법재판기관에 직접 권리구제를 신청할 수 있는 제도이다. 헌법소원의 제소권자를 권리침해를 받은 당사자에 국한시키지 않고 누구든지 제3자를 위해서도 소원을 제기할 수 있게 하는 제도를 특히 민중소송(Popularklage)이라고 부르는데, 예컨대 독일의 바이언(Bayern)주헌법(제48조 제3항과 제66조)은 민중소송제도를 명문으로 규정하고 있다. 헌법상 보장된 국민의 자유와 권리는 헌법소원제도에 의해서 뒷받침되는 경우에 비로소 그 실효를 거둘 수 있는 것은 더 말할 나위가 없다. 이 제도를 채택하고 있는 독일이나 스위스의 예가 이를 웅변으로 입증해 주고 있다.[909] 우리 현행헌법(제111조 제1항 제5호)도 불완전한 형태로나마 이 제도를 채택했다.

(4) 선거심사제도

1101

선거의 합헌성 보장

대의기관의 구성을 위한 선거의 합헌성을 보장하기 위한 제도로서 주로 대통령선거와 국회의원선거 또는 국민투표가 실시된 경우에 그 합헌성과 합법성에 대한 다툼이 생긴 경우에 헌법재판기관이 이에 대한 최종적인 결정을 내리는 제도이다. 각각 그 제도의 내용과 양태

---

908) Darüber näher vgl. *P. E. Goose*(FN 857); 김동희(FN 857).

909) Darüber näher vgl. *K. Stern*(FN 2), S. 1013ff.; *H. Spanner*, Die Beschwerdebefugnis bei der Verfassungsbeschwerde, in: BVerfG und GG, Ⅰ, 1976, S. 374ff.; *P. Badura*(FN 892), S. 478f.; *S. Ott*, Die Verfassungsbeschwerde zum BVerfG, 1978; *Z. Giacometti*(FN 857); *K. A. Bettermann*, Zur Verfassungsbeschwerde gegen Gesetze und zum Rechtsschutz des Bürgers gegen Rechtssetzungsakte der öffentlichen Gewalt, AöR 86(1961), S. 129ff.

는 다르지만 독일과 프랑스가 부분적으로 이 제도를 채택하고 있다. 독일에서는 그 기본법에 따라 연방국회의원선거에 대해서 다툼이 있는 경우에 선거무효나 당선무효에 관한 심사권을 연방국회(Bundestag)가 가지는데, 연방국회가 내린 결정에 대해서 이의가 있는 사람은 연방헌법재판소에 그 심사를 요구하는 소송을 제기할 수 있고, 연방헌법재판소가 이에 대한 최종결정을 내린다.[910] 우리나라는 전통적으로 각급선거소송을 법원의 관할사항으로 하고 있는데 대통령선거에 관한 소송과 국회의원선거에 관한 소송 그리고 시·도지사 및 교육감선거에 관한 소송을 대법원의 전속관할사항으로 하고 지방의회의원선거 및 기초자치단체장 선거에 있어서는 그 선거구를 관할하는 고등법원의 관할사항으로 하고 있다(선거법 제222조와 제223조 및 지교자법 제3조와 제49조 및 제57조).

(5) 특별한 헌법보호절차

특별한 헌법보호절차는 일종의 '소추절차적 헌법재판'[911]이라고도 볼 수 있는데 헌법적 가치질서, 즉 국가의 '특정한 존립형식'을 지키기 위한 제도로서 탄핵심판제도, 기본권의 실효제도, 위헌정당의 해산제도 등이 여기에 속한다.[912] 자유민주주의를 헌법적 가치질서로 채택한 헌법국가에서 이와 같은 특별한 헌법보호절차를 제도화한다고 하는 것은 결국 민주주의의 이름으로 민주주의를 파괴하려는 개인 또는 정치세력에 대항해서 민주주의를 지키기 위한 방어적 내지 투쟁적 민주주의를 실현하기 위한 하나의 수단이라고 볼 수 있다.[913] 우리나라 헌법(제65조, 제111조 제1항, 제8조 제4항)은 탄핵심판과 위헌정당의 해산권[914]을 헌법재판소의 헌법재판사항으로 규정하고 있다. 그러나 민주주의를 파괴할 목적으로 헌법상 보장된 정치적인 기본권을 악용하는 사람에게 일정기간 기본권을 박탈하는 것을 내용으로 하는 기본권의 실효제도[915]는 채택하지 않고 있다. 예컨대, 독일의 기본법(제18조)은 이 제도를 두고 있다.[916]

1102
소추절차적
헌법재판

910) Darüber näher vgl. *K. Stern*(FN 2), S. 1011ff.
911) So auch *E. Friesenhahn*, Die Verfassungsgerichtsbarkeit in der BRD, in: H. Mosler(FN 857), S. 89ff.(111ff.).
912) Darüber näher vgl. *K. Stern*(FN 2), S. 1004ff.; 졸고(FN 857), S. 42ff.
913) 이 점에 대해서 자세한 것은 방주 209 및 210 참조.
914) 이 점에 대해서는 방주 210 및 405~408 참조.
915) 이 점에 대해서는 방주 209 참조.
916) Darüber näher vgl. z. B. *W. Schmitt Glaeser*, Mißbrauch und Verwirkung von

(6) 연방국가적 쟁의

연방국가적 쟁의란 연방국가적 구조에서 오는 연방과 지방(주), 또는 지방국 상호간의 관할권에 관한 다툼을 조정하고 해결하기 위한 헌법재판을 말한다.[917] 연방국가적 쟁의는 그 성격과 기능이 '기관쟁의'와 비슷한 점이 많기 때문에 기관쟁의에 관한 절차규정이 준용되는 경우가 많다. 연방국가적 쟁의는 다시 두 가지 유형으로 나눌 수 있는데, 연방법을 지방정부가 집행하는 과정 또는 지방정부에 대한 연방정부의 행정감독의 과정에서 발생하는 연방과 지방의 분쟁과, 연방과 지방간 또는 여러 지방 사이에 발생하는 기타의 공법상의 분쟁이 그것이다. 어느 경우를 막론하고 연방정부와 지방정부만이 소송당사자가 된다.[918] 연방국가적 구조를 가지는 미국·독일·오스트리아·스위스 등의 나라에서는 매우 중요한 의미를 가지는 제도이지만, 중앙집권적 단일국가인 우리나라에서는 문제가 되지 않는다.

5. 헌법재판의 한계

헌법재판은 율동적인 정치생활을 헌법규범의 테두리 속으로 끌어들여서 헌법으로 하여금 국가생활을 주도할 수 있는 규범적인 힘을 가지도록 하는 헌법의 실현수단이기 때문에 당연히 모든 국가작용이 그 규제와 통제의 대상이 되는 것이 마땅하다. 따라서 헌법재판의 대상에서 제외되어야 하는 국가작용의 분야는 있을 수 없다고 보아야 할 것이다.[919] 그럼에도 불구하고 때때로 '정치문제'(political-question)라는 이름으로 헌법재판의 한계가 논의[920]되고 있는데 그것은 주로 다음 세 가지 관점에서 주장되는 논리형식이라고 볼 수 있다. 첫째는, 헌법을 규범이라고 보지 않고 '정치적인 결단'이라고 보는 결단주의적 입장에

Grundrechten, 1968.

917) Darüber näher vgl. *K. Stern*(FN 2), S. 995ff.; *W. Leisner*, Das Bund-Länder-Streit vor dem BVerfG, in: BVerfG und GG, I, 1976, S. 260ff.

918) Dazu vgl. *W. Leisner*(FN 917).

919) So auch *K. Stern*(FN 2), S. 954.

920) Dazu vgl. *E. Kaufmann*, Die Grenzen der Verfassungsgerichtsbarkeit, VVDStRL 9(1952), S. 1ff.; *M. Drath*, Die Grenzen der Verfassungsgerichtsbarkeik, VVDStRL 5(1952), 8, 17ff.; *W. Steffani*, Verfassungsgerichtsbarkeit und politischer Prozeß, in: P. Häberle(Hrsg.), Verfassungsgerichtsbarkeit, 1976, S. 374ff.

서는 '헌법(결단)'에 대한 사법적 형태의 통제가 일응 모순이라는 생각
을 갖기 때문이고,[921] 둘째는, 헌법재판을 특히 전통적인 사법작용이라
고 이해하는 입장에서는 사법작용의 성격상 '정치문제'를 그 심판의 대
상에서 제외시키는 것이 마땅하다는 결론에 이르기 때문이고, 셋째는,
비록 헌법재판을 사법작용의 범주에서 분리시키려는 입장을 취하는 경
우에도 헌법재판이 가지는 여러 특성을 감안해서 일정한 '정치문제'에
대해서는 오히려 불간섭의 미덕을 발휘하는 것이 결과적으로 헌법재판
의 권위와 실효성을 높이게 된다는 정책적인 고려가 작용하기 때문이
라고 할 것이다. 사실상 헌법재판의 이름으로 지나치게 깊숙히 정치의
세계로 뛰어드는 것은 헌법재판에 의해서 달성하려는 헌법의 실현과는
정반대의 결과를 자초하게 될 위험성이 크다. 따라서 헌법재판의 한계
로 논의되는 '정치문제이론'(political-question-doctrine)[922]이나 '사법적
자제'(judicial-selfrestraint)[923] 또는 '법률의 합헌적 해석'(verfassungs-
konforme Auslegung von Gesetzen)[924] 등의 논리는 결국은 헌법재판의
기능을 높이기 위한 자기목적적 수단에 불과하다고 할 것이다. 그렇기
때문에 헌법재판의 한계가 논의될 때에는 그것이 결단주의적 관점에서
주장되는 논리형식인지, 사법작용설의 관점에서 주장되는 논리형식인
지, 아니면 헌법재판의 실효성을 증대시키기 위한 정책적 고려의 관점

---

921) Darüber vgl. *C. Schmitt*(FN 873), S. 119; *derselbe*(FN 870), S. 73f., 74f., 79,
    98, 100; *H. Triepel*(FN 859), S. 8; *E. Forsthoff*(FN 875).

922) Darüber vgl. *L. Tribe*(FN 858), S. 71ff.; *W. Haller*(FN 857), S. 353; *P. Lerche*,
    Die Rechtsprechung des BVerfG in Berliner Fragen, in: BVerfG und GG, Ⅰ,
    1976, S. 715ff.; *J. A. Forwein*, Europäisches Gemeinschaftsrecht und BVerfG, in:
    BVerfG und GG, Ⅰ, 1976, S. 187ff.; *F. Schuppert*, Die verfassungsgerichtliche
    Kontrolle der Auswärtigen Gewalt, 1973; *O. Bachof*, Der Verfassungsrichter
    zwischen Recht und Politik, in: P. Häberle(FN 920), S. 285ff.; BVerfGE 35,
    257(261f.).

923) Darüber vgl. insbes. *M. Kriele*, Recht und Politik in der Verfassungsrecht-
    sprechung, NJW 1976, S. 777ff.; *F. Klein*, Bundesverfassungsgericht und die
    Beurteilung politischer Fragen, 1966, *G. Leibholz*, Das BVerfG im Schnittpunkt
    von Recht und Politik, DVB1 1974, S. 396ff.

924) Darüber vgl. insbes. *H. Bogs*, Die verfassungskonforme Auslegung von
    Gesetzen, 1966; *E. Campiche*, Die verfassungskonforme Auslegung, 1978; *R.
    Zippelius*, Verfassungskonforme Auslegung von Gesetzen, in: BVerfG und GG,
    Ⅱ, 1976, S. 108ff.; *K. A. Bettermann*, Die verfassungskonforme Auslegung,
    1986; 앞의 제3장 제4절 참조.

인지를 분명히 밝혀야 할 필요가 있다고 본다. 그러나 헌법재판을 제
4 의 국가작용이라고 이해하는 저자의 입장에서 볼 때 헌법재판의 한
계는 결코 헌법재판의 제도본질적인 내용일 수는 없고, 그것은 오로지
헌법재판의 기능과 실효성을 높이기 위한 정책적 고려의 산물에 지나
지 않는다고 생각한다.[925]

6. 우리 현행헌법상의 헌법재판제도

1105

**헌법재판소
와 관할사항**

　　우리 현행헌법도 헌법재판제도를 통치기관의 구성원리로 채택해
서 헌법보호와 권력통제 그리고 자유 및 정치적 평화보장의 메커니즘
으로 기능케 하고 있는데 구체적 규범통제제도($\frac{제107조}{제1항}$), 탄핵심판제도
($\frac{제65}{조}$), 위헌정당해산제도($\frac{제8조}{제4항}$), 권한쟁의제도($\frac{제111조 제1}{항 제4호}$), 헌법소원제도
($\frac{제111조 제1}{항 제5호}$) 등이 바로 그것이다. 그리고 우리 헌법($\frac{제111조~}{제113조}$)은 이들 헌법재
판을 전담할 기관으로 독립한 헌법재판소를 따로 설치함으로써 유럽대
륙형의 모델에 따르고 있다.

　　아래에서 헌법재판의 기관과 기능을 나누어서 살펴보기로 한다.[926]

(1) 헌법재판기관으로서의 헌법재판소

a) 헌법재판소의 조직과 헌법상 지위

α) 헌법재판소의 조직

1106

**재판관임명
방법과
신분보장**

　　헌법재판소는 대통령·국회·대법원장이 각각 3인씩 추천해서
대통령이 임명하는 9인의 재판관으로 구성되는데 헌법재판소의 장은
재판관 중에서 대통령이 국회의 동의를 얻어 임명한다($\frac{헌법 제111조}{제2항~제4항}$).[927]

---

925) 독일에서는 연방헌법재판소의 두 번째 낙태판결(BVerfGE 88, 203), 재산세 판결
　　(BVerfGE 93, 121), 가족판결(BVerfGE 99, 216 u. 246) 등을 계기로 헌법재판의 한
　　계가 새로운 논의의 초점이 되고 있다. 자세한 것은 다음 문헌 참조할 것.
　　　Verfassungsgerichtsbarkeit und Gesetzgebung, Festschrift für P. Lerche, 1998.
　　우리 헌재도 국군의 이라크파병결정에 대한 위헌확인사건에서 사법적 자제설의 입
　　장에서 대통령과 국회가 헌법과 법률이 정한 절차에 따라 행한 이라크파병결정은 가
　　급적 존중되어야 하기 때문에 사법적 기준만으로 이를 심판하는 것은 자제되어야 한
　　다고 판시했다(헌재결 2004. 4. 29. 2003 헌마 814).
926) 우리 헌법재판제도에 대한 상세한 내용은 졸저, 헌법소송법론, 제16판, 2021 참조.
927) 1991년 11월 헌법재판소법 개정에 의해 종래 상임재판관(6인)과 비상임재판관(3인)
　　으로 이원화되었던 재판관신분이 모두 재판관으로 일원화되었다. 그리고 종전에는 국
　　회에서 선출하는 3인의 재판관만 국회의 인사청문을 거쳤던 모순을 시정하기 위해서
　　2005. 7. 29. 헌법재판소법(제6조 제1항과 제2항)을 고쳐 모든 재판관은 국회의
　　인사청문을 거치도록 했기 때문에 대통령과 대법원장도 재판관을 임명 또는 지명하기

헌법($^{제111조}_{제2항}$)은 법관의 자격을 가진 사람만이 헌법재판소의 재판관이 될 수 있도록 제한하고 있다. 헌법재판소에는 사무처를 둔다($^{법}_{제17조}$).

헌법재판소재판관의 임기는 6년이지만 연임이 가능하고 강력한 신분보장을 받아 탄핵 또는 금고 이상의 형의 선고에 의하지 아니하고는 파면되지 아니한다($^{헌법 제112조 제}_{1항과 제3항}$). 그러나 헌법재판소재판관은 공정한 직무수행을 위해서 정치적 중립을 지켜야 하기 때문에 정당에 가입하거나 정치에 관여하는 것은 허용되지 아니한다($^{헌법 제112조}_{제2항}$). 헌법재판소장과 재판관은 다른 공직과, 영리를 목적으로 하는 사업을 영위할 수 없으며, 각각 대법원장과 대법관에 준하는 보수와 대우를 받는다($^{법 제14조와}_{제15조}$).

β) 헌법재판소의 헌법상 지위

헌법재판소는 헌법재판을 전담하기 위해서 설치된 헌법기관이기 때문에 제1차적으로는 헌법재판기관이다. 그런데 헌법재판이 헌법적 가치질서를 지키기 위한 것이기 때문에 헌법재판소는 또한 헌법보호기관이기도 하다. 나아가 헌법재판소는 그 자유보호기능과 권력통제기능 그리고 정치적 평화보장기능에 상응하는 헌법상의 지위를 아울러 갖는데 자유보호기관으로서의 지위, 권력통제기관으로서의 지위, 정치적 평화보장기관으로서의 지위 등이 바로 그것이다. 따라서 헌법재판소의 헌법상 지위는 헌법재판소의 기능과 불가분의 상관관계가 있다고 할 것이다. 기능을 떠난 맹목적적인 지위란 있을 수 없기 때문이다. 또 헌법재판을 제4의 국가작용이라고 이해하는 관점에서 볼 때 헌법재판소는 입법·행정·사법기관과 병렬적인 제4의 국가기관이라고도 평가할 수 있다고 생각한다. 이렇게 볼 때 헌법재판소가 국가의 최고기관인지를 둘러싼 논의는 전혀 불필요하다고 할 것이다.

1107
제4의 국가기관

b) 헌법재판소의 심판절차

우리 헌법($^{제113조}_{제1항}$)은 헌법재판소의 심판절차에 관해서 헌법재판소가 '법률의 위헌결정, 탄핵의 결정, 정당해산의 결정 또는 헌법소원에 관한 인용결정을 할 때에는 재판관 6인 이상의 찬성이 있어야 한다'고만 규정하고 있을 뿐, 나머지 사항은 법률로 정하게 하고 있다. 헌법재판소법이 심판절차를 상세히 규정하고 있다. 그에 따르면 헌법재판소의 심판에서는 헌법재판소법에 특별한 규정이 있는 경우를 제외하고는

1108
헌법재판소법의 특별규정과 준용규정

전에 국회에 인사청문을 요청해야 한다.

헌법재판의 성질에 반하지 아니하는 한도 내에서 민사소송에 관한 법령의 규정이 준용되지만(법제40조), 예외적으로는 형사소송에 관한 법령의 규정과 행정소송법의 규정도 준용된다(법제40조). 변호사강제주의는 헌법재판의 특색이다(법제25조 제3항). 따라서 무자력자와 공익상 필요시에는 국선변호인이 선정된다(법제70조).

헌법재판소의 재판은 공개의 원칙에 따라 행해지기 때문에, 심판의 서면심리와 평의를 제외하고는 그 심리절차와 결정의 선고가 모두 공개되는 것이 원칙이다(법제34조). 헌법재판소는 헌법재판사건을 접수한 때에는 그 수리일로부터 180일 이내에 종국결정의 선고를 해야 한다(법제38조). 헌법재판소의 재판에는 일사부재리의 원칙이 적용된다(법제39조).

헌법재판소의 심판은 원칙적으로 재판관전원으로 구성되는 재판부에서 관장하고, 재판부는 헌법재판소장이 재판장이 된다. 그리고 재판부는 재판관 7인 이상의 출석으로 사건을 심리해서 종국심리에 관여한 재판관의 과반수의 찬성으로 사건에 관한 결정을 한다. 다만 법률의 위헌결정, 탄핵의 결정, 정당해산의 결정, 또는 헌법소원에 관한 인용결정 그리고 헌법 또는 법률의 해석적용에 관한 헌법재판소의 종전판시를 변경하는 경우에는 재판관 6인 이상의 찬성이 있어야 한다(헌법 제113조 제1항; 법 제22조와 제23조). 결정은 심판에 관여한 재판관전원이 서명·날인한 결정서로 하며 결정서에는 주문 및 결정이유와 재판관의 의견 등이 표시되어야 한다(법 제36조 제2항과 제3항).928) 헌법재판소의 종국결정은 관보에 게재함으로써 이를 공시한다(법 제36조 제5항).

(2) 헌법재판의 유형

a) 구체적 규범통제

1109
사후심사제
및
관할분리제

우리 현행헌법(제107조 제1항)은 '법률이 헌법에 위반되는 여부가 재판의 전제가 된 경우에는 법원은 헌법재판소에 제청하여 그 심판에 의하여 재판한다'고 구체적 규범통제를 규정하고 있다. 우리 헌법상의 구체적 규범통제제도는 서명·공포된 형식적 법률을 대상으로 하는 사후적인 규범통제를 그 내용으로 하는 것으로서 법률에 대한 '위헌심사권'과 '위헌결정권'을 분리해서, 전자는 일반법원의 권한으로 맡기고, 후자는

---

928) 종전에 의견표시의무에서 제외되었던 탄핵심판과 정당해산심판의 결정서에도 관여재판관이 의견표시를 하도록 헌법재판소법(제36조 제3항)이 개정되었다(2005. 7. 29.).

헌법재판소에 이를 독점시키는 이원적인 관할분리제를 채택하고 있다는 데 그 특징이 있다. 이와 같은 이원적인 관할분리제는 주로 유럽대륙국가들의 헌법재판제도에서 흔히 나타나는 제도로서 헌법의 특성, 민주주의의 관점, 권력분립의 관점, 법적 안정성의 관점, 전문성의 관점 등을 그 이론적인 근거로 하고 있다.[929]

α) 법률에 대한 위헌심사와 헌법재판소에의 제청

① 법원의 위헌심사   법원은 법률이 헌법에 위반되는지의 여부가 재판의 전제가 된 때에 직권 또는 소송당사자의 신청에 의해서 그 법률의 위헌여부를 심사할 수 있다. 위헌심사의 대상이 되는 법률에는 형식적 의미의 법률은 물론이고 조약과 일반적으로 승인된 국제법규 및 관습법도 당연히 포함된다. 법원이 갖는 이와 같은 위헌심사권은 헌법과 법률을 지키고 양심에 따라 독립하여 심판해야 하는 법관의 기능상(제103조) 당연한 법관의 권능이라고도 볼 수 있다. 아무튼 각급법원은 법률의 위헌심사에서 위헌의 요소를 찾지 못한 경우에는 합헌결정을 해서 그 법률을 재판의 근거로 삼도록 할 수 있다. 이 때 그 법률의 위헌심사를 신청한 소송당사자는 그 법원의 제청신청기각결정에 대해서 항고할 수는 없지만, 헌법재판소에 헌법소원심판을 청구할 수 있다(법 제41조, 제68조 제2항). 그리고 법률의 해석을 다투면서 명백히 한정위헌을 구하는 헌법소원심판청구는 허용되지 않는다[930]는 종래의 선판례가 바뀌어 헌법적인 쟁점이 있는 경우 법원의 법률해석을 대상으로 하는 한정위헌헌법소원청구도 가능해졌다.[931]

② 헌법재판소에의 제청   법률의 위헌심사를 한 각급법원은 그 법률이 헌법에 위반되는 것으로 판단한 경우에는[932] 스스로 위헌결정을 할 수 없고 헌법재판소에 제청하여 그 결정에 따라야 하는데, 법원의 제청은 당해 사건의 재판을 정지시키는 효력이 있다(법 제42조). 법원의 제청은 제청서로 해야 하는데 하급법원의 제청서는 대법원을 경유하여 헌법재판소에 송부된다(법 제41조 제5항). 이 때 대법원은 공문서를 첨부하

1110
위헌심사 및
제청절차

---

929) 자세한 설명은 vgl. *Y. Huh*(FN 858), S. 71ff.

930) 헌재결 1999. 3. 25. 98 헌바 2 참조.

931) 헌재결 2012. 12. 27. 2011 헌바 117 참조.

932) 위헌의 확신은 없어도 위헌의 합리적인 의심으로 족하다. 헌재결 1993. 12. 23. 93 헌가 2 참조.

여 제청서를 헌법재판소에 송부해야 한다(^{법 제41조,}_{제5항}).

β) 헌법재판소의 심판

1111
심판방법 및
결정유형

헌법재판소가 제청서를 수리한 경우에는 제청된 법률 또는 법률조항의 위헌여부만을 최종적으로 심판하는데, 다만 제청된 법률조항을 위헌결정하는 경우 그로 인해서 당해 법률 전부를 시행할 수 없다고 인정할 때에만 그 전부에 대하여 위헌결정을 할 수 있다(^법_{제45조}). 법률의 위헌여부를 심판하는 경우에는 헌법의 통일성의 관점에서 규범조화적인 헌법해석에 따라야 하기 때문에 헌법의 기초가 되는 기본적인 법원리도 당연히 그 심판의 기준이 되어야 한다. 법률의 위헌결정에는 헌법재판소재판관 6인 이상의 찬성이 있어야 한다(^{제113조}_{제1항}). 그리고 헌법재판소에서 위헌심판을 할 때에 소송당사자 및 법무부장관은 법률의 위헌여부에 대한 의견서를 제출할 수 있다(^법_{제44조}). 헌법재판소의 결정서는 결정일로부터 14일 이내에 대법원을 경유하여 제청법원에 송달한다(^법_{제46조}). 우리 현행법은 규범통제의 결과를 '합헌결정'과 '위헌결정'의 두 가지로만 규정하고 있지만, 이와 같은 양단적인 심판방법만으로는 규범통제에서 나타나는 모든 유형의 문제를 전부 포용할 수 없다. 따라서 독일연방헌법재판소가 그 동안 꾸준히 판례를 통해 발전시킨 '위헌확인결정'(Feststellung der Verfassungswidrigkeit)[933]과 촉구결정(Appelentscheidung)[934] 등 다양한 결정형태[935]를 함께 고려할 필요가 있다고 생각한다.[936] 다만 우리 헌법재판소가 한때 너무 다양한 변형결정형태를 취함으로써 비판의 여지가 많았지만 점차적으로 한정합헌결정과 한정위헌결정 그리고 헌법불합치결정의 세 가지 유형의 변형결정으로 축소해 나가는 경향을 보이고 있는 것은 매우 바람직하다고 할 것이다. 그런데 헌법불합치결정의 결정형식과 관련해서는 아직도 개선의 여지가 많다고 생각한다.[937]

---

933) Dazu vgl. z. B. BVerfGE 6, 257; 21, 173; 30, 292; 17, 148; 27, 391; 38, 187.
934) Dazu vgl. z. B. BVerfGE 8, 210(216); 25, 167(173); 33, 171(189f.).
935) 이 점에 대해서 자세한 것은 졸고(FN 857), S. 53f. 참조.
936) 우리 헌법재판소의 입장에 대해서는 졸저, 한국헌법론(전정17판), 2021, 929면 이하 참조.
937) 이 점에 관한 자세한 내용은 졸고, "헌법재판제도의 바람직한 개선방향," 김용준화갑기념논문집, 1998, 26면(36면 이하) 참조.

γ) 법률에 대한 위헌결정의 효력

헌법재판소가 법률에 대한 위헌결정을 한 경우에는 위헌으로 결정된 법률 또는 법률의 조항은 그 결정이 있는 날로부터 효력을 상실하지만(ex-nunc-효력), 형벌에 관한 조항만은 소급하여 그 효력을 상실한다(ex-tunc-효력). 다만 해당형벌법률조항에 대하여 종전에 합헌으로 결정한 사건이 있는 경우에는 그 결정이 있는 날의 다음 날로 소급하여 효력을 상실하도록 소급효의 효력을 제한했다(법 제47조 제2항과 제3항). 그 결과 위헌으로 결정된 법률에 근거한 유죄의 확정판결에 대하여는 형사소송법상의 재심청구가 가능하다(법 제47조 제4항과 제5항). 그리고 법률의 위헌결정(한정합헌·한정위헌·헌법불합치결정 포함)은 법원 기타 국가기관이나 지방자치단체를 기속한다(법 제47조). 이론적으로 법률에 대한 위헌결정의 효력을 언제부터 발생시킬 것인가에 대해서는 소급무효(ex-tunc-Wirkung), 향후무효(ex-nunc-Wirkung), 미래무효(ex-post-Wirkung)의 세 가지 헌법정책적 방법이 고려될 수 있겠지만, 그 세 가지 방법이 모두 장단점이 있다. 우리 현행법은 법적 안정성을 중요시해서 원칙적으로 향후무효의 입장을 따르면서도 실질적 정의실현의 관점에서 형벌에 관한 조항만은 소급무효의 방법을 따르고 있다.[938] 그런데 헌법재판소가 법률에 대해서 헌법불합치결정을 하는 경우에는[939] 사실상 미래무효의 효력도 나타나게 되기 때문에 우리는 향후무효, 소급무효, 미래무효의 세 가지 효력을 다 인정하는 결과가 되고 있다. 또 무효의 효력도 개별사건에만 국한시키지 않고 그 법률조항 자체의 효력을 상실시킴으로써 이른바 일반적 효력을 인정한 것은 규범통제가 갖는 객관적 소송으로서의 성질을 존중한

1112
향후·소급·
미래무효

---

938) 우리 대법원은 법률에 대한 위헌결정의 효력에 관해서 당해사건에 한해서는 소급효를 인정해야 한다는 입장에 서 있다(1991. 6. 11. 대판 90 다 5450)가 그 후 위헌결정의 소급효를 확대해서, 당해사건뿐 아니라 위헌결정 전에 이미 위헌제청이 되어 있었거나 법원에서 위헌여부가 다투어지고 있는 모든 사건에까지 미치게 하고 있다(1991. 12. 24. 대판 90 다 8176). 그런데 마침내는 위헌결정의 소급효력을 더욱 확대해서 위헌법률이 재판의 전제가 되어 법원에 계류된 모든 일반사건에까지 미치게 해야 한다는 대법원판례가 나왔다(1992. 2. 14. 대판 91 누 1462).

939) 예컨대, 헌재결 1999. 5. 27. 98 헌바 70 참조.
헌법불합치결정도 위헌결정의 일종이므로 그 결정의 효력은 결정이 있는 날로부터 발생하고 위헌결정의 경우와 같은 범위에서 소급효가 인정된다. 따라서 헌법불합치결정에 따른 개선입법이 소급적용되는 범위도 위헌결정에서 소급효가 인정되는 범위와 같으므로, 특별한 사정이 없는 한 헌법불합치결정의 시점까지 소급되는 것이 원칙이다(헌재결 2004. 1. 29. 2002 헌가 22 등).

것이라고 볼 수 있다.

b) 탄핵심판제도

1113
고위공직자
의 헌법침해
에 대한
헌법보호

우리 현행헌법은 국회가 탄핵의 소추를 의결하고($\substack{제65조\\제1항}$) 헌법재판소가 탄핵심판을 하는($\substack{제111조\\제1항}$) 탄핵심판제도를 규정하고 있다. 이와 같은 탄핵심판제도(impeachment)는 이념상 고위직공직자에 의한 하향식 헌법침해로부터 헌법을 보호하기 위한 중요한 헌법재판제도임에는 틀림없지만, 현대국가에서는 고전적인 제도로서의 역사적인 의미 이상의 실질적인 기능을 기대하기 어렵게 되었다. 더욱이 우리나라의 탄핵제도는 소추절차가 지나치게 엄격해서 현실적으로 제약요건이 많다. 우리 헌정사상 최초의 탄핵심판사건이 실패로 돌아갈 수밖에[940] 없었던 것은 그 좋은 증거이다. 그러나 대통령을 비롯한 고위직공직자를 대상으로 그 법적인 책임을 특히 헌법이 정하는 특별한 소추절차에 따라 추궁함으로써 헌법을 보호한다는 탄핵심판제도의 제도적인 의의나 기능을 너무 경시해도 아니 된다. 미국처럼 탄핵심판제도가 아직 제 기능을 나타내는 나라도 있기 때문이다. 우리도 노무현 대통령에 대한 탄핵심판이 있었지만 기각된 경험이 있다.[941] 그리고 2016년 12월 제18대 박근혜 대통령이 국회의 탄핵소추로 그 권한행사가 정지되고 2017년 3월 10일 헌법재판소의 탄핵심판으로 파면되었다.[942]

우리 헌법은 탄핵심판에 관해서 그 소추기관과 심판기관을 나누어서 국회에게는 소추권을, 그리고 헌법재판소에는 그 심판권을 맡기고 있다.

그러나 통치기관의 민주적 정당성의 관점에서 국회가 대통령을 탄핵소추하는 경우 헌법재판소가 탄핵심판을 하는 것이 과연 올바른 해결책인지는 의문이다. 탄핵심판제도는 헌법보호를 목적으로 하는 특별한 소추절차이긴 하지만 특히 대통령에 대한 탄핵심판은 통치권의 민주적 정당성의 원리에 비추어 볼 때 심판기관의 민주적 정당성의 문제가 제기될 수도 있기 때문이다. 미국처럼 대통령에 대한 탄핵소추권을 하원이 갖고(단순의결정족수), 상원이 탄핵심판권을 행사하도록(출석

---

940) 1985년 신민당 국회의원 102명이 발의한 당시의 유태흥 대법원장에 대한 탄핵소추 결의안이 그것이었지만, 결국 부결되고 말았다.

941) 헌재결 2004. 5. 14. 2004 헌나 1 참조.

942) 헌재결 2017. 3. 10. 2016 헌나 1 참조.

의원 2/3 이상의 의결정족수) 한 경우에는[943] 심판받는 대통령과 심판기관
의 민주적 정당성의 갈등문제는 일어나지 않는다. 프랑스도 상·하원
의 의원으로 구성되는 탄핵심판기관(High Court)을 따로 설치해서 탄핵
심판을 하고 있다.[944] 의원내각제인 독일의 경우 연방대통령은 간접선
거로 선출되고 실질적인 권한이 아닌 형식적인 권한만을 갖기 때문에
연방헌법재판소가 연방대통령의 탄핵심판을 해도 민주적 정당성의 문
제는 생기지 않는다.[945]

a) 탄핵의 소추절차

우리 헌법상 탄핵의 소추기관은 대의기관인 국회이다. 따라서
국회가 행하는 탄핵소추의 의결은 탄핵대상자에 대한 대의적 책임추궁
의 의미도 함께 갖게 된다.

1114
국회의
탄핵소추
절차

① 탄핵의 대상이 되는 공직자　　우리 헌법은 탄핵의 대상이
되는 공직자를 대통령·국무총리·국무위원·행정각부의 장·헌법재판
소재판관·법관·중앙선거관리위원회위원·감사원장·감사위원 기타 법
률이 정하는 공무원으로 하고 있다(제65조제1항). 따라서 헌법에 열거된 공직
자와 그 직위나 직무성격이 비슷하다고 볼 수 있는 고위공직자(검찰총
장·정부위원·합참의장·경찰청장·각군참모총장·대사·국가정보원장·고위공직
자 범죄수사처장 등)는 모두 탄핵의 대상이 될 수 있다고 할 것이다. 그
러나 탄핵제도가 갖는 특별한 소추절차적 성격을 감안할 때 다른 방법
으로 그 법적 책임을 물을 수 있는 공직자는 탄핵의 대상에서 제외된
다고 보아야 하는데, 국회의원이나 고위직업공무원 등이 그 대표적인
예이다.

② 탄핵의 사유　　현행헌법은 탄핵의 사유에 관해서 '직무집
행에 있어서 헌법이나 법률을 위배한 때'라고만 규정하고 있다. 따라서
직무집행과 관계가 없는 행위, 헌법이나 법률의 해석을 그르친 행위,

---

943) 미국 탄핵제도의 헌법적 근거조항은 연방헌법 제1조 제3항 제6절과 제7절, 제
2조 제2항 및 제4항, 제3조 제3항 등이다. 반역죄(treason), 수뢰죄(bribery),
중죄(high crimes)뿐 아니라 경미한 죄(misdemeanors)도 탄핵사유가 된다.

944) 프랑스헌법 제67조와 제68조 참조. 대통령의 직무상 의무위반이 탄핵사유이다. 상·
하 양원에서 비밀투표를 통해 재적의원 2/3의 찬성으로 탄핵결정을 할 수 있다.

945) 독일에서는 연방하원 또는 연방참사원 재적의원 1/4이 탄핵을 발의할 수 있고 탄핵
이 발의된 기관에서 재적의원 2/3 이상의 찬성으로 탄핵소추를 의결한다. 독일기본법
제61조 및 연방헌법재판소법 제49조~제57조 참조. '헌법 또는 연방법률의 의도적인
침해'를 탄핵사유로 정하고 있다.

그릇된 정책결정행위, 정치적 무능력으로 야기되는 행위 등은 탄핵의 사유가 되지 아니한다고 보아야 한다.[946] 그러나 직무집행에 있어서의 위헌이나 위법행위가 반드시 고의나 과실에 의해서 발생한 경우만이 탄핵사유에 포함되는 것은 아니다.

　　　③ 탄핵의 소추　　　탄핵소추는 국회가 행하는데, 국회재적의원 1/3 이상의 발의와 국회재적의원 과반수의 찬성이 있어야 한다. 다만 대통령에 대한 탄핵소추만은 국회재적의원 과반수의 발의와 국회재적의원 2/3 이상의 찬성이 있어야 한다(제65조 제2항). 국회의 탄핵소추는 국회 법제사법위원회의 위원장이 소추위원이 되어 그 직무를 행한다. 즉 법제사법위원회 위원장인 소추위원이 대표하여 소추를 행하고 헌법재판소의 심판에 관여한다(법 제49조 제1항). 소추위원은 소추의결서의 정본을 헌법재판소에 제출하여 그 심판을 청구하며, 심판의 변론에 있어서 피청구인을 신문할 수 있다(법 제49조 제2항). 국회법(제134조)에 따라 국회의장도 탄핵소추의 의결 후에 지체없이 소추의결서의 등본을 헌법재판소에 송달하게 되어 있다.

　　　④ 탄핵소추의 효과　　　국회에서 탄핵소추가 의결된 때에는 그 피소추자는 헌법재판소에서 탄핵심판이 있을 때까지 그 권한행사가 정지된다(제65조 제3항). 소추의결서가 송달된 후에 행해진 사직원의 접수 또는 해임은 무효이다(국회법 제134조 제2항).

　　β) 탄핵의 심판절차

1115

헌법재판소의 심판절차

　　　탄핵의 심판은 헌법재판소가 하는데 이 심판절차는 국회의 소추위원이 소추의결서의 정본을 헌법재판소에 제출함으로써 개시된다.[947]

　　　① 증거조사　　　헌법재판소는 소추의결서를 받은 때에는 지체없이 그 등본을 피소추자 또는 변호인에게 송달하고, 직권 또는 신청에 의하여 필요한 증거조사를 해야 하는데 증거 및 증거조사에는 형사

---

946) 우리 헌재도 같은 취지의 판시를 하고 있다. 그러나 대통령탄핵의 경우 대통령이 갖는 강한 민주적 정당성과 대통령에 대한 파면결정의 효과가 지대하다는 이유로 대통령을 파면하기 위해서는 자유민주적 기본질서를 위협하는 중대한 위법행위가 있거나 부정부패, 국익의 명백한 침해 등 국민의 신임을 배반해야 한다고 탄핵파면사유를 엄격하게 해석하고 있다. 이 점에서 다른 탄핵대상 공직자와 구별하고 있다. 헌재결 2004. 5. 14. 2004 헌나 1; 헌재결 2017. 3. 10. 2016 헌나 1 참조.

947) 국회의 탄핵소추의결서에 기재되지 아니한 새로운 사실을 탄핵심판절차에서 소추위원이 임의로 추가하는 것은 허용되지 않는다. 헌재결 2004. 5. 14. 2004 헌나 1 참조.

소송법의 관련규정이 준용된다. 또 헌법재판소는 피소추자를 소환하여 신문할 수 있다(법 제31조와 제52조). 나아가 헌법재판소는 동일한 사유에 관한 형사소송이 계속하는 동안 심판절차를 정지할 수 있다(법 제51조).

② 변론주의   탄핵사건의 심판은 변론주의에 따라 변론의 전취지와 증거조사의 결과를 종합하여 정의 및 형평의 원리에 입각하여 행한다. 따라서 당사자가 변론기일에 출석하지 아니한 때에는 다시 기일을 정해야 하고, 다시 정한 기일에도 출석하지 아니하면 그 출석 없이 심리할 수 있다(법 제52조).

γ) 탄핵의 결정과 그 효과

헌법재판소는 재판관 6인 이상의 찬성으로 탄핵의 결정을 할 수 있다(제113조 제1항). 그러나 탄핵소추를 받은 자가 그 심판 전에 파면된 경우에는 탄핵소추를 기각한다(법 제53조 제2항). 피소추자는 탄핵결정의 선고에 의하여 그 공직에서 파면된다(제65조 제4항, 법 제53조 제1항). 그러나 이에 의하여 민사상이나 형사상의 책임이 면제되지는 아니한다(제65조 제4항, 법 제54조 제1항). 따라서 탄핵결정이 있은 후에도 민사소송이나 형사상의 소추가 별도로 가능하다. 탄핵결정을 받은 자는 탄핵결정의 선고를 받은 날로부터 5년이 경과하지 아니하면 헌법 제65조 제1항에 규정된 공직 등 공무원이 될 수 없다(법 제54조 제2항). 이와 같은 시한부공직취임제한규정은 탄핵제도의 본질상 불가피한 것으로 헌법을 규범조화적으로 이해하는 경우 그 위헌의 문제가 제기될 수 없다. 또 탄핵결정을 받은 자에 대한 사면의 문제도 탄핵제도의 본질을 바르게 이해하고 헌법을 규범조화적으로 해석한다면 마땅히 부정적인 결론에 이를 수밖에 없다.

1116
탄핵결정의 효과

c) 위헌정당해산제도

우리 헌법(제8조 제4항)은 '정당의 목적이나 활동이 민주적 기본질서에 위배될 때에는 정부는 헌법재판소에 그 해산을 제소할 수 있고, 정당은 헌법재판소의 결정에 의하여 해산된다'고 위헌정당해산제도를 규정하고 있는데, 헌법재판소법(제55조~제60조)이 그 심판절차를 보다 상세히 규정하고 있다.

1117
방어적 민주주의 수단

현대자유민주국가에서 차지하는 정당의 헌법상 지위와 기능에 관해서는 이미 자세히 살펴보았고948) 또 위헌정당의 해산과 관련된 정당

---

948) 이 점에 대해서는 방주 376 이하 참조.

특권에 대해서도 충분히 검토된 바 있기 때문에[949) 여기에서는 주로 현행법이 정하는 심판절차를 간단히 정리하는 데 그치기로 한다.

　　　α) 정당해산의 제소

1118
제소권자

　　　정부는 정당의 목적이나 활동이 민주적 기본질서에 위배될 때에는 국무회의의 심의를 거쳐 헌법재판소에 그 해산을 제소할 수 있다(제 8 조 제 4 항, 법 제89조 제14호, 제55조). 현행헌법은 제소권자를 정부로 국한하고 있는데, 정부의 제소권행사는 그 정치적 재량에 속하는 일로서 위헌정당의 해산을 제소하는 것이 정부의 기속적인 의무는 아니다. 제소여부·제소시기 등의 결정은 정부의 정치적 판단에 달려 있다. 헌법이 정하는 제소사유는 엄격하게 해석해야 한다. 그렇지 않은 경우에는 위헌정당해산제도가 야당탄압의 수단으로 악용될 위험이 있고, 자유민주주의를 지키기 위한 제도가 오히려 자유민주주의를 파괴하는 제도로 역기능할 가능성이 있기 때문이다.

　　　정부가 위헌정당의 해산을 제소하는 경우에는 법무부장관이 정부를 대표해서 제소장을 헌법재판소에 제출해야 하는데, 제소장에는 피제소정당과 제소의 이유를 명시하고 필요한 경우 증거물을 첨부하여야 한다(법 제56조). 정당해산제소에도 일사부재리의 원칙이 적용되기 때문에 정부는 동일한 정당을 동일한 사유로 재차 제소할 수는 없다.

　　　β) 정당해산제소의 심리

1119
심리 및
가처분제도

　　　헌법재판소는 제소인의 신청 또는 직권으로 종국결정의 선고시까지 제소된 정당의 활동을 정지하는 가처분결정을 할 수 있다(법 제57조). 헌법재판소의 장은 정당해산의 제소가 있는 때 또는 가처분결정을 한 때 및 그 심판이 종료한 때에는 그 사실을 국회와 중앙선거관리위원회에 통지하여야 한다(법 제58조 제 1 항).

　　　γ) 정당해산의 결정과 그 효과

1120
해산결정의
창설적 효력

　　　헌법재판소에서 정당해산의 결정을 할 때에는 재판관 6인 이상의 찬성이 있어야 한다(제113조 제 1 항). 헌법재판소가 정당의 해산을 명하는 결정을 한 때에는 그 결정서를 정부와 당해 정당의 대표자 그리고 국회와 중앙선거관리위원회에 송달해야 한다(법 제58조 제 2 항). 정당은 헌법재판소에서 정당의 해산을 명하는 결정이 선고된 때에 비로소 해산되기 때문에

---

949) 앞의 방주 405 이하 참조.

($\frac{법}{제59조}$) 정당해산결정은 일종의 창설적 효력을 갖는다. 정당해산결정은
중앙선거관리위원회가 정당법의 규정에 의하여 이를 집행한다($\frac{법}{제60조}$).

헌법재판소의 해산결정의 효력은 이를 세 가지로 나눌 수 있다.
첫째, 정당은 헌법재판소의 해산결정에 의해서 자동적으로 해산된다.
따라서 중앙선거관리위원회가 헌법재판소의 통지를 받고 정당법($\frac{제47}{조}$)에
따라 그 정당의 등록을 말소하고 공고하는 행위는 단순한 선언적·확
인적 효력밖에는 갖지 못하게 된다. 그리고 해산된 정당의 잔여재산
은 중앙선거관리위원회규칙이 정하는 바에 따라 국고에 귀속한다
($\frac{정당법 제48조}{제 2 항과 제 3 항}$). 둘째, 해산된 정당과 유사한 목적을 가진 이른바 '대체정
당'의 창설이 금지된다. 따라서 해산된 정당의 대표자 및 간부는 해산
된 정당의 강령 또는 기본정책과 동일하거나 유사한 정당을 설립할 수
없고($\frac{정당법}{제40조}$), 해산된 정당의 명칭과 동일한 명칭은 다시는 정당의 이름
으로 사용하지 못하게 된다($\frac{정당법}{제41조}$). 셋째, 위헌정당에 소속하고 있던 의
원은 당연히 그 의원직을 상실하게 된다. 이 점에 관해서는 명시적인
법률규정은 없으나 정당해산제도에 내포되고 있는 '투쟁적 민주주의'
의 정신상 당연하다고 본다.[950]

d) 권한쟁의제도

우리 현행헌법($\frac{제111조 제 1}{항 제 4 호}$)은 '국가기관 상호간, 국가기관과 지방자치
단체간 및 지방자치단체 상호간의 권한쟁의에 관한 심판'을 헌법재판
소의 관할사항으로 정함으로써 우리 헌정사상 제 2 공화국헌법에 이어
두 번째로 권한쟁의제도를 채택하고 있다. 그러나 제 2 공화국헌법의
권한쟁의제도가 국가기관간의 권한쟁의심판만을 그 내용으로 했던 것
과 달리, 우리 현행헌법상의 권한쟁의제도는 그 심판사항을 국가기관
과 지방자치단체간 및 지방자치단체 상호간의 권한쟁의까지 포함시키
고 있어 제도적으로 보다 확대된 것이다.

1121
권한분쟁
심판

권한쟁의제도는 국가기관 상호간 또는 국가기관과 지방자치단체
간 그리고 지방자치단체 상호간에 그 헌법적 권한과 의무의 범위와 내
용에 관해서 다툼이 생긴 경우에 이를 권위적이고 유권적으로 심판함
으로써 국가기능의 수행을 원활히 하고, 권력 상호간의 견제와 균형을

---

[950] So auch BVerfGE 2, 1(74ff.); 5, 85(392). 우리 헌법재판소도 통합진보당 해산결
정에서 같은 취지의 판시를 통해 통진당 소속 국회의원의 의원직 상실을 선고했다. 헌
재결 2014. 12. 19. 2013 헌다 1 참조.

유지시켜 헌법의 규범적 효력을 보호하는 데 그 목적과 의의가 있다. 우리 헌법재판소법에서 정하는 권한쟁의심판에 관한 규정을 살펴보기로 한다.

α) 권한쟁의심판의 청구

1122

청구사유

국가기관 상호간, 국가기관과 지방자치단체간 및 지방자치단체 상호간에 권한의 유무 또는 범위에 관하여 다툼이 있을 때에는 해당 국가기관 또는 지방자치단체는 헌법재판소에 권한쟁의심판을 청구할 수 있다($^{법 제61조}_{제1항}$). 다만 헌법재판소법($^{제61조}_{제2항}$)은 피청구인의 처분 또는 부작위가 헌법 또는 법률에 의하여 부여받은 청구인의 권한을 침해하였거나 침해할 현저한 위험이 있는 때에 한하여 권한쟁의심판을 청구할 수 있도록 그 청구사유를 제한하고 있다.

β) 권한쟁의심판의 종류와 소송당사자능력

1123

국가기관
상호간

① 국가기관 상호간의 권한쟁의심판   국가기관 상호간의 권한쟁의와 관련해서 헌법재판소법($^{제62조 제1}_{항 제1호}$)은 '국회, 정부, 법원 및 중앙선거관리위원회 상호간의 권한쟁의'라고만 언급하고 있다. 그러나 권한쟁의의 소송당사자가 되기 위해서는 적어도 독자적인 권한과 의무를 전제로 한 어떤 '헌법적인 법률관계'가 존재해야 한다. 따라서 헌법에 의해서 일정한 권리 · 의무의 주체로 설치된 '헌법기관'이 소송당사자능력을 갖는 것은 당연하다. 나아가 독자적인 권능과 의무를 가지고 헌법기관의 기능에 참여하는 헌법기관의 구성부분(예컨대, 국회의 상임위원회)도 소송당사자능력을 갖는다고 보아야 한다.[951] 국회의 원내교섭단체는 대의민주국가의 의회활동에서 불가결한 요소일뿐 아니라 국회의 의사결정과정에서 중요한 기능적인 권력통제기능을 수행하고 있고, 또 우리 헌법이 원내 소수세력에게 여러 가지 독자적인 권한(법률안제출권, 탄핵소추발의권, 국회임시회소집요구권, 국무총리와 국무위원에 대한 해임건의발의권, 국정감사 및 국정조사발의권 등)을 부여하고 있기 때문에 독일처럼[952]

---

951) So auch BVerfGE 27, 240(246).

952) Vgl. BVerfGE 1, 351(359); 67, 100(125ff.) st. Rspr. 우리 헌재결 1995. 2. 23. 90 헌라 1은 원내교섭단체의 당사자적격을 부인하다가 국회의장과 국회의원의 당사자능력을 인정하는 새 판례(헌재결 1997. 7. 16. 96 헌라 2)를 냈다. 이 판례에 대한 저자의 평석, 판례월보 1997년 11월호 9면 이하 참조. 그러나 국회교섭단체 중에서 원내 다수당의 당사자능력을 부인하는 불합리한 결정도 있다. 헌재결 1998. 7. 14. 98 헌라 1·2 및 이 판례에 대한 저자의 판례평석, 고시연구 1999년 1월호 162면 참조.

그에게 당사자능력을 인정하는 것이 바람직하다. 그러나 우리 헌법재판소는 국회 교섭단체의 당사자능력을 인정하지 않는다.[953] 국회의원의 소송당사자능력은 인정하고 있다.[954] 독일도 국회의원의 당사자능력을 긍정하는 독일연방헌법재판소의 판례가 있다.[955] 정당의 소송당사자능력에 관해서는 독일연방헌법재판소가 처음에는 이를 폭넓게 긍정하는 입장을 취했으나,[956] 1966년부터[957] 정당이, 국민의 '정치적 의사형성과정에 참여하는 헌법적 권능'과 관련해서 국가기관과 쟁의하는 경우에만 예외적으로 인정하고 있다.[958] 정당은 원칙적으로 권한쟁의보다는 헌법소원을 통해서 보호하는 것이 바람직하다는 입장이라고 볼 수 있다.[959] 우리나라에서도 정당에게는 권한쟁의의 당사자능력을 인정치 않고 있다.[960]

② 국가기관과 지방자치단체간의 권한쟁의심판   정부와 특별시·광역시·도·특별자치도·시·군·구(자치구)간에 권한쟁의가 발생한 경우만을 규정함으로써(법 제62조 제1항 제2호), 국가기관을 정부에 한정하고 있다. 아무튼 우리 헌법처럼 지방자치단체를 권한쟁의의 소송당사자로 하는 것은 바이마르공화국시대부터 다투어진 문제로서[961] 우리의 경우 지방자치의 실효성을 기하기 위해서 매우 중요한 의미를 갖는다고 생각한다. 더욱이 지방자치관련법률에서 행자부장관 등에게 지방의회의 결에 대한 재의요구지시권과 지방자치단체장의 명령·처분에 대한 시정명령 내지 취소권을 준 것과 관련해서 앞으로 이를 둘러싼 국가기관과 지방자치단체간의 권한쟁의가 적지 않을 것으로 예상된다. 이 경우 지방자치단체의 장과 지방의회가 각각 권한쟁의의 소송당사자능력을 갖는 것은 물론이다. 또 교육·학예에 관한 지방자치단체의 사무와 관련해서 권

1124
국가기관과 지방자치 단체간

953) 헌재결 2020. 5. 27. 2019 헌라 6 참조.
954) 헌재는 1997. 7. 16. 96 헌라 2 판례를 시작으로 국회의원의 당사자능력을 인정하고 있다.
955) Vgl. BVerfGE 62, 1(31f.).
956) Z. B. BVerfGE 4, 27(31).
957) Vgl. BVerfGE 20, 56(100f.).
958) Vgl. BVerfGE 44, 125(137); 60, 53(61); 66, 107(115).
959) Vgl. z. B. BVerfGE 6, 273(276), 24, 300(330); 47, 198(232); 67, 149(151).
960) 헌재결 2020. 5. 27. 2019 헌라 6 등 참조.
961) Vgl. dazu E. Friesenhahn, Die Staatsgerichtsbarkeit, in: Anschütz/Thoma, Handbuch des deutschen Staatsrechts, II, S. 538f.

한쟁의가 발생한 경우에 해당 교육감이 소송당사자가 된다($\frac{법\ 제62조}{제2항}$).

1125
지방자치
단체 상호간

③ 지방자치단체 상호간의 권한쟁의심판   특별시·광역시·도·특별자치도 상호간·시·군·구 상호간, 특별시·광역시·도·특별자치도와 시·군·구간의 권한쟁의심판을 그 내용으로 한다. 다만 지방교육자치에 관한 법률($\frac{제2}{조}$)의 규정에 의한 교육·학예에 관한 지방자치단체의 사무와 관련해서 권한쟁의가 발생한 경우에는 해당 교육감이 소송당사자가 된다.

γ) 권한쟁의심판의 청구기간

1126
제척기간

어떤 국가기관 또는 지방자치단체의 일정한 작위 또는 부작위에 의하여 다른 국가기관 또는 지방자치단체의 헌법 내지 법률상 권한과 의무가 침해되었거나 적어도 직접적이고 현실적인 침해의 위협을 받는 등 구체적인 '권리보호의 이익'이 있을 때에만, 권한쟁의심판의 청구가 가능하다. 심판의 청구는 권리침해의 작위 또는 부작위가 명백히 표현된 때부터 일정한 제척기간 내에 정해진 기재사항을 갖춘 서면으로 하여야 하는데, 우리 헌법재판소법은 그 사유가 있음을 안 날로부터 60일 이내, 그 사유가 있은 날로부터 180일 이내에 하도록 정했다($\frac{법\ 제63조와}{제64조}$). 참고로 독일에서는 6월로 정하고 있다.[962]

δ) 권한쟁의심판청구에 대한 심리 및 결정과 그 효력

1127
심리절차와
가처분제도

권한쟁의제도는 구체적인 분쟁을 계기로 특정한 국가기관과 지방자치단체의 헌법상의 권한과 의무의 한계를 명백히 밝히기 위한 것이지, 기관구성원의 주관적 권리를 보호하기 위한 제도가 아니기 때문에 다른 분쟁사건과는 달리 소송당사자의 소송과정에서의 처분권(예컨대, 소의 취하)에는 일정한 제약이 따른다.[963] 또 권한쟁의소송은 물론 구체적인 '권리보호의 이익'을 전제로 하는 것이지만, 국가기관과 지방자치단체의 헌법상 권한과 의무에 관한 명백한 한계설정을 추구하는 일종의 객관적 소송으로서의 성질도 가질 뿐 아니라, 헌법재판소의 심판이 다른 국가기관과 지방자치단체도 기속하게 되기 때문에 다른 국가기관이나 지방자치단체의 소송참가가 허용되는 것이 바람직할 것이다.[964] 권한쟁의소송은 무엇보다도 소송당사자 사이에 발생한 분쟁의

962) Vgl. Art. 64 Abs. 3 BVerfGG.
963) Vgl. dazu BVerfGE 24, 299(300).
964) So auch BVerfGE 1, 351(359f.).

해결이 최우선적인 목표이기 때문에 헌법재판소는 그 결정으로 권한쟁의의 원인이 된 구체적인 처분이나 조치의 유효·무효를 분명히 밝혀야 한다. 따라서 헌법재판소는 심판의 대상이 된 국가기관 또는 지방자치단체의 권한의 유무 또는 범위에 관해서 판단하고, 권리침해의 원인이 된 피청구인의 처분을 취소하거나 그 무효를 확인할 수 있고, 헌법재판소가 부작위에 대한 심판청구를 인용하는 결정을 한 때에는 피청구인은 결정취지에 따른 처분을 하여야 한다(법 제66조). 또 헌법재판소는 직권 또는 청구인의 신청에 의하여 종국결정의 선고시까지 심판대상이 된 피청구인의 처분의 효력을 정지하는 가처분결정을 할 수 있다(법 제65조). 이 때 헌법재판소는 재판관 7인 이상의 출석으로 심리하고 종국심리에 관여한 재판관의 과반수의 찬성으로 결정을 한다(법 제23조). 헌법재판소의 권한쟁의심판의 결정은 모든 국가기관과 지방자치단체를 기속한다(법 제67조 제1항). 따라서 관계국가기관이나 지방자치단체는 헌법재판소의 결정에 따라 그 처분이나 부작위를 시정해야 하고, 다른 국가기관이나 지방자치단체도 헌법재판소의 결정을 존중해야 한다. 그러나 국가기관이나 지방자치단체의 처분을 취소하는 헌법재판소의 결정은 그 처분의 상대방에 대하여 이미 생긴 효력에는 영향을 미치지 아니한다(법 제67조 제2항).

e) 헌법소원제도

우리 현행헌법(제111조 제1항 제5호)은 '법률이 정하는 헌법소원에 관한 심판'을 헌법재판소에 맡김으로써 우리 헌정사상 처음으로 헌법소원제도를 채택했다. 헌법소원제도는 공권력(입법·행정·사법권)의 남용·악용으로부터 헌법상 보장된 국민의 자유와 권리를 보호하는 헌법재판제도이기 때문에 통치권의 기본권기속성을 실현할 수 있는 가장 실효성 있는 권력통제장치에 속한다. 다만 우리 헌법은 헌법소원제도에 관한 구체적인 사항을 입법사항으로 위임해 놓고 있기 때문에 헌법재판소법(제68조~제75조)에서 그 자세한 내용을 정하고 있다. 그러나 미비한 점이 많다. 헌법소원제도가 일찍부터 정착되어 국민의 기본권보호에 큰 몫을 하고 있는 독일의 제도와 운용실태는 우리에게도 큰 도움이 되리라고 생각한다.

1128

공권력에
의한
기본권침해
구제

α) 헌법소원의 제소권자

'공권력의 행사 또는 불행사로 인하여 헌법상 보장된 기본권을

1129

제소권자의
범위

침해받은 자'는 헌법소원심판을 청구할 수 있다(법^{제68조}제1항). 따라서 헌법소원의 제소권자는 모든 기본권의 주체이다. 자연인뿐 아니라 사법인도 헌법소원을 제소할 수 있다. 정당이 헌법소원의 제소권을 갖는 것은 물론이다. 그러나 헌법소원은 민중소송제도와는 다르기 때문에 국가의 공권력작용에 의해서 자기 스스로의 자유와 권리가 침해된 기본권주체만이 그 권리구제를 위해서 헌법재판소에 소원할 수 있다.

β) 헌법소원의 제소요건

1130
보충성의
원칙

헌법소원은 그 본질상 예비적이고 보충적인 권리구제수단이기 때문에 공권력에 의한 기본권침해가 있는 경우에는 우선 통상적인 사법적 권리구제절차에 따라 권리구제를 받도록 노력해야 한다. 행정심판법과 행정소송법 등에 의한 권리구제절차가 그 대표적인 예이다. 따라서 실정법에 규정된 이와 같은 통상적인 권리구제절차를 밟지 않고 직접 헌법재판소에 헌법소원을 제기하는 것은 허용되지 않는다. 헌법재판소는 제 1 차적으로 헌법의 수호기관이지 권리구제를 위한 하나의 특별심급기관은 아니기 때문이다. 우리 헌법재판소법(제68조 제1
항 단서)도 이 점을 분명히 밝히고 있다. 다만 통상적인 권리구제절차를 거치게 함으로써 제소권자에게 회복할 수 없는 중대한 불이익이 발생할 것이 확실시되는 예외적인 경우에만은 불법적인 공권력작용을 직접 헌법소원의 대상으로 삼도록 하는 것이 바람직할 것이다. 우리 헌법재판소가 일찍부터 판례를 통해서[965] 보충성의 예외를 인정하고 있는 이유도 그 때문이다.

γ) 헌법소원의 대상

1131
모든 위헌적
공권력작용

모든 위헌적인 공권력작용은 원칙적으로 헌법소원의 대상이 된다고 보아야 한다. 즉, 위헌법률, 위헌적인 행정처분, 위헌적인 사법작용 등이 모두 헌법소원의 대상이 되어야 한다. 다만 위헌적인 법률을 직접 헌법소원의 대상으로 하는 데는 일정한 한계가 있다. 왜냐하면 아무리 위헌적인 법률이라 할지라도 법률은 그 집행 내지 적용을 통해서 비로소 국민의 기본권을 침해하게 되기 때문에 위헌적인 법률 그 자체를 다투는 것은 추상적 규범통제에 따라야지 헌법소원에 의하는 것은 제도본질상 일정한 한계가 있기 때문이다. 다만 위헌법률의 집행 내지 적용을 기다리지 않고도, 위헌법률 그 자체가 특정한 기본권주체

---

965) 예컨대 헌재결 1989. 9. 4. 88 헌마 22 참조.

자신의 기본권을 직접 그리고 현실적으로 침해하게 되는 예외적인 경우에만은 법률도 헌법소원의 대상으로 삼을 수 있다고 보아야 한다. 위헌적인 행정처분은 앞에서 언급한 대로 우선은 행정쟁송의 대상이 되겠지만 제소기간의 경과 등으로 인해서 통상적으로는 더 이상 다툴 방법이 없게 된 예외적인 경우에만 헌법소원의 대상이 된다고 할 것이다. 헌법재판소법(제68조 제1항)은 법원의 재판은 원칙적으로 헌법소원의 대상에서 제외시키고, 다만 재판의 전제가 된 법률의 위헌심판제청신청을 기각하는 법원의 결정만은 헌법소원으로 다툴 수 있도록 했다(법 제68조 제1항과 제2항). 그렇지만 법리적으로 볼 때 헌법의 해석을 그르쳤거나 헌법정신에 어긋나는 법원의 판결이나 결정은 마땅히 헌법소원의 대상이 되어야 한다. 우리 헌법재판소도 헌법재판소가 위헌결정한 법률을 적용해서 기본권을 침해하는 법원의 재판은 예외적으로 헌법소원의 대상으로 인정하고 있다.966) 그리고 헌법재판소가 행한 한정위헌결정의 기속력을 부인하는 모든 재판도 헌법소원의 대상에 포함시킨다.967) 그러나 헌법재판소의 심판 중에 국회가 심판대상 법조항을 개정하고 헌법재판소가 구법에 대해서 헌법불합치결정을 한 경우 법원이 구법을 적용해서 재판했더라도 구법을 적용한 법적인 결과가 신법을 적용한 법적인 결과와 동일하게 나타나는 때에는 '위헌으로 결정한 법령을 적용해서 국민의 기본권을 침해한 재판'에 해당한다고 볼 수 없으므로 재판소원의 대상이 될 수 없다는 판례968)를 비롯해서 '법령의 위헌결정 이전에 그에 근거하여 행하여진 행정처분에 대하여 법원이 위헌결정 이후에 재판하면서 이를 무효로 하지 않았다고 하더라도, 그 재판은 헌법재판소가 위헌결정한 법령을 적용함으로써 국민의 기본권을 침해한 경우라고는 볼 수 없다'는 판례로969) 인해서 재판소원의 대상이 제한되는 모순이 초래되고 있다.970) 이처럼 법원의 판결이나 결정을 헌법소원의 대상으로 삼는 것은 어디까지나 법원의 그릇된 헌법해석이나 헌법인식을 바로 잡아 헌법의 최고규범성을 지키고, 국민의 기본권을 보호하는 것이 그 목적이기 때

---

966) 헌재결 1997. 12. 24. 96 헌마 172·173(병합) 참조.

967) 헌재결 2003. 4. 24. 2001 헌마 386 참조.

968) 헌재결 1999. 10. 21. 96 헌마 61, 97 헌마 154·171(병합); 헌재결 1999. 10. 21. 97 헌마 301 외 8건(병합) 참조.

969) 헌재결 2001. 2. 22. 99 헌마 605 참조.

970) 자세한 것은 졸저, 헌법소송법론, 2017, 381면 이하 참조.

문에 헌법재판소가 또 하나의 심급기관으로 기능하게 되는 것은 아니
다. 법원의 판결이나 결정이 헌법소원의 대상이 되었을 때 헌법재판소
가 법원의 사실판단에 관해서는 간섭하지 말아야 하는 이유도 바로 그
때문이다. 명령·규칙·조례가 직접·현실적으로 기본권을 침해하는 예
외적인 경우에도 헌법소원의 대상이 된다.971)

ó) 헌법소원에 대한 심판

① 청구기간과 청구방식   헌법소원의 심판은 일정한 제척기
간 내에 청구하여야 하는데, 현행법은 소원사유가 있음을 안 날로부터
90일 이내, 소원사유가 발생한 날로부터 1년 이내에 청구하도록 규정하
고 있다.972) 다만 다른 법률에 의한 구제절차를 거친 헌법소원의 심판은
그 최종결정을 통지받은 날부터 30일 이내에 청구하여야 한다($^{법 제69조}_{제1항}$).
그리고 재판의 전제가 된 법률의 위헌심판제청신청을 기각하는 법원의
결정을 대상으로 하는 헌법소원만은 기각결정의 통지를 받은 날부터
30일 이내에 청구하여야 한다($^{법 제69조}_{제2항}$).

헌법소원을 제기하려면 일정한 요건을 갖춘 헌법소원심판청구
서를 헌법재판소에 제출해야 하는데($^{법 제26조와}_{제71조}$), 청구서에는 필요한 증거
서류 또는 참고자료를 첨부할 수 있다($^{법 제26조}_{제2항}$). 그리고 헌법재판절차에
서의 변호사강제주의($^{법 제25조}_{제3항}$)에 따라 헌법소원을 제기하는 사람은 본인
스스로가 변호사의 자격이 있는 경우를 제외하고는 대리인선임서류 또
는 국선변호인선임통지서를 첨부하여야 한다($^{법 제70조와}_{제71조 제3항}$).

② 공탁금납부명령과 사전심사제도   적법하게 제기된 헌법
소원에 대해서는 본안심리를 개시해서 헌법소원이 이유 있는지를 판단
하는 것이 원칙이지만, 헌법소원의 남용으로 인한 헌법재판소의 업무
량 과다현상을 방지하기 위해서 현행법은 두 가지 예방장치를 마련해
놓고 있다. 공탁금납부명령제도와 사전심사제도가 바로 그것이다. 즉,
헌법재판소는 헌법소원심판의 청구인에 대하여 헌법재판소규칙으로 정
하는 공탁금의 납부를 명할 수 있는데, 헌법소원의 심판청구를 각하할
경우와, 헌법소원의 심판청구를 기각하는 경우에 그 심판청구가 권리
남용이라고 인정되는 경우에는 공탁금의 전부 또는 일부를 국고에 귀

(좌측 여백) 1132 / 심판절차와 방법 / 제척기간 / 변호사 강제주의 / 남소방지 수단

---

971) 동지: 헌재결 1990. 10. 15. 89 헌마 178 참조.
972) 90일의 기간과 1년의 기간을 모두 준수해야 적법한 청구가 되는 것이고 그 중 어느
하나라도 경과하면 부적법한 청구가 된다. 헌재결 2004. 4. 29. 2004 헌마 93 참조.

속시킬 수 있다($\binom{법 제37조 제2}{항과 제3항}$).

또 헌법재판소장은 헌법재판소에 재판관 3인으로 구성되는 지 　　　　　　지정재판부
정재판부를 두어 헌법소원심판의 사전심사를 맡게 할 수 있다. 지정재 　　　　　의 사전심사
판부는 헌법소원심판청구가 그 대상, 청구기간, 청구방식 등 형식요건
에 하자가 있거나, 그 내용면에서 부적법하고 중대한 흠결이 있는 경
우에는 재판관 3인의 전원일치합의에 의해 헌법소원의 심판청구를 각
하하는 결정을 한다($\binom{법 제72조 제}{1항~제4항}$). 그러나 지정재판부가 헌법소원심판청구
후 30일이 경과할 때까지 각하결정을 하지 않는 경우에는 심판회부결
정이 있는 것으로 본다. 그리고 지정재판부는 각하결정을 하지 않는
경우에는 헌법소원을 심판에 회부하는 결정을 해야 한다($\binom{법 제72조}{제4항}$). 지정
재판부는 헌법소원을 각하하거나 심판회부결정을 한 때에는 그 결정일
로부터 14일 이내에 청구인 또는 그 대리인 및 피청구인에게 그 사실
을 통지하여야 한다. 나아가 헌법재판소장은 그 밖에도 법무부장관과,
기타 청구인이 아닌 사건의 모든 당사자에게도 심판회부결정사실을 지
체없이 통지하여야 한다($\binom{법}{제73조}$).

③ 헌법소원의 심리절차　　　헌법소원이 제기된 경우에는 재판 　　　　보정명령 및
부가 먼저 청구서를 심사해서 심판청구가 부적법하지만 보정할 수 있 　　　　변론기일
다고 인정하는 경우에는 상당한 기간을 정하여 보정을 요구해야 한다 　　　　지정 등
($\binom{법}{제28조}$). 그리고 헌법재판소는 청구서의 등본을 피청구기관 또는 피청구
인에게 송달하여야 한다($\binom{법 제27조}{제1항}$). 청구서 또는 보정서면의 송달을 받은
피청구기관 등은 헌법재판소에 답변서를 제출할 수 있을 뿐만 아니라
($\binom{법}{제29조}$), 헌법소원의 심판에 이해관계가 있는 국가기관 또는 공공단체와
법무부장관도 헌법재판소에 그 심판에 관한 의견서를 제출할 수 있다
($\binom{법}{제74조}$). 헌법재판소도 직권 또는 당사자의 신청에 의하여 필요한 증거
조사를 할 수 있고($\binom{법}{제31조}$), 다른 국가기관 또는 공공단체 등에 대하여
필요한 자료의 제출을 요구할 수 있다($\binom{법}{제32조}$). 또 헌법소원심판에서 가
처분이 허용된다는 것이 우리 헌법재판소의 입장이다.[973]

헌법소원에 관한 심판은 원칙적으로 서면심리에 의하기 때문에
공개하지 아니하지만($\binom{법 제30조 제2항과}{제34조 제1항}$), 재판부가 필요하다고 인정하는 경
우에는 변론기일을 정하고 당사자와 관계인을 소환하여 변론을 열고,

---

973) 헌재결 2000. 12. 8. 2000 헌사 471 참조.

당사자·이해관계인 기타 참고인의 진술을 들을 수 있다($\binom{\text{법 제30조 제 2 항}}{\text{단서와 제 3 항}}$).

**객관소송과
소취하**

　　　헌법소원은 주관적인 권리구제뿐 아니라 객관적인 헌법질서의
수호·유지를 함께 추구하는 헌법재판제도이기 때문에 일단 본안심리
가 시작된 후에는 당사자의 소취하가 있는 경우에도 필요하다면 중요
한 헌법문제의 해명을 위한 본안판단을 할 수 있다고 할 것이다.974)

　　　ε) 헌법소원의 인용결정과 그 효력

**1133
인용결정의
형식과 효력**

　　　헌법소원에 대한 본안심리가 정식으로 개시되면 모든 관계당사
자들에게 서면 또는 구두로 의견진술의 기회가 주어져야 한다. 본안심
리의 초점은 헌법소원의 대상이 되고 있는 공권력작용이 헌법에 위반
하는지의 여부를 가리는 것이기 때문에 어디까지나 헌법의 합리적인
해석이 그 중심적인 과제이다. 헌법재판소가 사실심과는 다른, 유권적
이고 최종적인 헌법해석기관으로 평가되는 이유도 그 때문이다. 또 헌
법소원에 대한 본안심리가 궁극적으로는 공권력작용의 바탕이 되고 있
는 실정법의 위헌여부를 따지는 규범통제로 귀착하게 되는 이유도 그
때문이다. 헌법소원에 대한 본안심리의 결과 헌법소원이 이유있다고
판단된 때에는 헌법소원에 대한 인용결정을 하는데, 이 때 헌법재판소
재판관 6인 이상의 찬성이 있어야 한다($\binom{\text{제113조}}{\text{제 1 항}}$). 즉, 헌법소원에 대한 인
용결정이란 헌법소원의 대상이 되고 있는 공권력작용이 위헌이거나 위
헌적인 법률에 근거하고 있다는 점을 결정으로 밝히는 것이다.

　　　헌법재판소가 헌법소원을 인용할 때에는 인용결정서의 주문에
서 침해된 기본권과, 침해의 원인이 된 공권력의 행사 또는 불행사를
특정하고, 기본권침해의 원인이 된 공권력의 행사를 취소하거나, 그 불
행사가 위헌임을 확인할 수 있다($\binom{\text{법 제75조 제2}}{\text{항과 제 3 항}}$). 또 헌법재판소는 공권력의
행사 또는 불행사가 위헌인 법률 또는 법률의 조항에 기인한 것이라고
인정할 때에는 인용결정에서 당해 법률 또는 법률의 조항이 위헌임을
선고할 수 있다. 법률의 위헌이 선고된 경우에는 구체적 규범통제에서
의 위헌결정의 효력에 관한 규정($\binom{\text{법 제45조와}}{\text{제47조}}$)이 준용된다($\binom{\text{법 제75조 제5}}{\text{항과 제 6 항}}$).

　　　법률의 위헌심판제청신청을 기각하는 법원의 결정이 헌법소원

---

974) 따라서 헌재가 5·18 사건에 대해서 소취하를 이유로 종료선언결정을 하고 헌법문제
　　의 해명을 회피한 것은 비난받아야 한다. 헌재결 1995. 12. 15. 95 헌마 221·233·
　　297(병합) 참조. 이 판례에 대한 저자의 판례평석, 헌법판례연구(1), 1999, 327면 이
　　하 참조.

의 대상이 되고 그것이 헌법재판소에 의해서 인용된 경우에 당해 헌법
소원과 관련된 소송사건이 이미 확정된 때에는 당사자는 재심을 청구
할 수 있고($^{법 제75조}_{제7항}$),975) 재심에 있어 형사사건에 대하여는 형사소송법규
정이, 그리고 그 외의 사건에 대하여는 민사소송법의 규정이 준용된다
($^{법 제75조}_{제8항}$). 헌법재판소가 공권력의 불행사에 대한 헌법소원을 인용하는
결정을 한 때에는 피청구기관이나 피청구인은 결정취지에 따라 새로운
처분을 하여야 한다($^{법 제75조}_{제4항}$).

　　헌법소원에 대한 헌법재판소의 인용결정이 소원제기인과 피청
구기관을 비롯한 모든 국가기관과 지방자치단체를 기속하는 것은 당연
하다($^{법 제75조}_{제1항}$). 따라서 헌법재판소가 검사의 기소유예처분을 취소하는
헌법소원인용결정을 하면 검찰은 헌법재판소의 판시 취지에 따라 재수
사 내지 보완수사를 통해 공소제기 등의 새로운 처분을 하는 것이 바
람직하다. 그런데도 재정신청의 대상이 제한되어 검찰의 불기소 처분
이 헌법소원의 대상이 되던 때에 검찰은 헌법재판소의 불기소처분 취
소결정 후에도 재차 불기소처분을 하는 등 헌법재판소결정의 기속력을
무시하는 태도를 자주 보여 왔다.976) 헌법재판소가 검찰의 자의적인 공
소권행사를 통제하는 데 있어서의 한계가 바로 그것이었다. 따라서 법
제도의 체계정당성의 관점에서 볼 때 검찰의 자의적인 공소권행사에
대한 통제는 헌법소원보다는 형사소송법($^{제260}_{조}$)상의 재정신청제도를 확
대 개선해서 법원에 맡기는 것이 합리적인데 2007년 형사소송법 개정
(2008. 1. 1. 시행)으로 재정신청대상을 모든 고소사건으로 확대했기 때
문에 이 문제는 해결되었다.

---

975) 대법원이 헌재의 한정위헌결정을 재심사유에서 배제하는 해석을 하는 것은 위헌이라
　　는 것이 헌재의 평의결과이다. 그런데도 소취하를 이유로 위헌결정 대신 종료선언결정
　　을 한 헌재의 태도는 비판받아야 한다. 헌재결 2003. 4. 24. 2001 헌마 386 참조.
976) 예컨대 헌재결 1993. 11. 25. 93 헌마 113 참조.

대한민국헌법

전 문

유구한 역사와 전통에 빛나는 우리 대한국민은 3·1운동으로 건립된 대한민국임시정부의 법통과 불의에 항거한 4·19민주이념을 계승하고, 조국의 민주개혁과 평화적 통일의 사명에 입각하여 정의·인도와 동포애로써 민족의 단결을 공고히 하고, 모든 사회적 폐습과 불의를 타파하며, 자율과 조화를 바탕으로 자유민주적 기본질서를 더욱 확고히 하여 정치·경제·사회·문화의 모든 영역에 있어서 각인의 기회를 균등히 하고, 능력을 최고도로 발휘하게 하며, 자유와 권리에 따르는 책임과 의무를 완수하게 하여, 안으로는 국민생활의 균등한 향상을 기하고 밖으로는 항구적인 세계평화와 인류공영에 이바지함으로써 우리들과 우리들의 자손의 안전과 자유와 행복을 영원히 확보할 것을 다짐하면서 1948년 7월 12일에 제정되고 8차에 걸쳐 개정된 헌법을 이제 국회의 의결을 거쳐 국민투표에 의하여 개정한다.

1987년 10월 29일

제1장 총 강

제1조 ① 대한민국은 민주공화국이다.

② 대한민국의 주권은 국민에게 있고, 모든 권력은 국민으로부터 나온다.

제2조 ① 대한민국의 국민이 되는 요건은 법률로 정한다.

② 국가는 법률이 정하는 바에 의하여 재외국민을 보호할 의무를 진다.

제3조 대한민국의 영토는 한반도와 그 부속도서로 한다.

제4조 대한민국은 통일을 지향하며, 자유민주적 기본질서에 입각한 평화적 통일 정책을 수립하고 이를 추진한다.

제5조 ① 대한민국은 국제평화의 유지에 노력하고 침략적 전쟁을 부인한다.

② 국군은 국가의 안전보장과 국토방위의 신성한 의무를 수행함을 사명으로 하며, 그 정치적 중립성은 준수된다.

제6조 ① 헌법에 의하여 체결·공포된 조약과 일반적으로 승인된 국제법규는 국내법과 같은 효력을 가진다.

② 외국인은 국제법과 조약이 정하는 바에 의하여 그 지위가 보장된다.

제7조 ① 공무원은 국민전체에 대한 봉사자이며, 국민에 대하여 책임을 진다.

② 공무원의 신분과 정치적 중립성은 법률이 정하는 바에 의하여 보장된다.

제8조 ① 정당의 설립은 자유이며, 복수정당제는 보장된다.

② 정당은 그 목적·조직과 활동이 민주적이어야 하며, 국민의 정치적 의사형성에 참여하는데 필요한 조직을 가져야 한다.

③ 정당은 법률이 정하는 바에 의하여 국가의 보호를 받으며, 국가는 법률이 정하는 바에 의하여 정당운영에 필요한 자금을 보조할 수 있다.

④ 정당의 목적이나 활동이 민주적 기본질서에 위배될 때에는 정부는 헌법재판소에 그 해산을 제소할 수 있고, 정당은 헌법재판소의 심판에 의하여 해산된다.

제 9 조 국가는 전통문화의 계승·발전과 민족문화의 창달에 노력하여야 한다.

제 2 장 국민의 권리와 의무

제10조 모든 국민은 인간으로서의 존엄과 가치를 가지며, 행복을 추구할 권리를 가진다. 국가는 개인이 가지는 불가침의 기본적 인권을 확인하고 이를 보장할 의무를 진다.

제11조 ① 모든 국민은 법 앞에 평등하다. 누구든지 성별·종교 또는 사회적 신분에 의하여 정치적·경제적·사회적·문화적 생활의 모든 영역에 있어서 차별을 받지 아니한다.

② 사회적 특수계급의 제도는 인정되지 아니하며, 어떠한 형태로도 이를 창설할 수 없다.

③ 훈장등의 영전은 이를 받은 자에게만 효력이 있고, 어떠한 특권도 이에 따르지 아니한다.

제12조 ① 모든 국민은 신체의 자유를 가진다. 누구든지 법률에 의하지 아니하고는 체포·구속·압수·수색 또는 심문을 받지 아니하며, 법률과 적법한 절차에 의하지 아니하고는 처벌·보안처분 또는 강제노역을 받지 아니한다.

② 모든 국민은 고문을 받지 아니하며, 형사상 자기에게 불리한 진술을 강요당하지 아니한다.

③ 체포·구속·압수 또는 수색을 할 때에는 적법한 절차에 따라 검사의 신청에 의하여 법관이 발부한 영장을 제시하여야 한다. 다만, 현행범인인 경우와 장기 3년 이상의 형에 해당하는 죄를 범하고 도피 또는 증거인멸의 염려가 있을 때에는 사후에 영장을 청구할 수 있다.

④ 누구든지 체포 또는 구속을 당한 때에는 즉시 변호인의 조력을 받을 권리를 가진다. 다만, 형사피고인이 스스로 변호인을 구할 수 없을 때에는 법률이 정하는 바에 의하여 국가가 변호인을 붙인다.

⑤ 누구든지 체포 또는 구속의 이유와 변호인의 조력을 받을 권리가 있음을 고지받지 아니하고는 체포 또는 구속을 당하지 아니한다. 체포 또는 구속을 당한 자의 가족 등 법률이 정하는 자에게는 그 이유와 일시·장소가 지체없이 통지되어야 한다.

⑥ 누구든지 체포 또는 구속을 당한 때에는 적부의 심사를 법원에 청구할 권리를 가진다.

⑦ 피고인의 자백이 고문·폭행·협박·구속의 부당한 장기화 또는 기망 기타의 방법에 의하여 자의로 진술된 것이 아니라고 인정될 때 또는 정식재판에 있어서 피고인의 자백이 그에게 불리한 유일한 증거일 때에는 이를 유죄의 증거로 삼거나 이를 이유로 처벌할 수 없다.

제13조 ① 모든 국민은 행위시의 법률에 의하여 범죄를 구성하지 아니하는 행위로 소추되지 아니하며, 동일한 범죄에 대하여 거듭 처벌받지 아니한다.

② 모든 국민은 소급입법에 의하여 참정권의 제한을 받거나 재산권을 박탈당하지 아니한다.

③ 모든 국민은 자기의 행위가 아닌 친족의 행위로 인하여 불이익한 처우를 받지 아니한다.

제14조 모든 국민은 거주·이전의 자유를 가진다.

제15조 모든 국민은 직업선택의 자유를 가진다.

제16조 모든 국민은 주거의 자유를 침해받지 아니한다. 주거에 대한 압수나 수색을 할 때에는 검사의 신청에 의하여 법관이 발부한 영장을 제시하여야 한다.

제17조 모든 국민은 사생활의 비밀과 자유를 침해받지 아니한다.

제18조 모든 국민은 통신의 비밀을 침해받지 아니한다.

제19조 모든 국민은 양심의 자유를 가진다.

제20조 ① 모든 국민은 종교의 자유를 가진다.

② 국교는 인정되지 아니하며, 종교와 정치

는 분리된다.

제21조 ① 모든 국민은 언론·출판의 자유와 집회·결사의 자유를 가진다.

② 언론·출판에 대한 허가나 검열과 집회·결사에 대한 허가는 인정되지 아니한다.

③ 통신·방송의 시설기준과 신문의 기능을 보장하기 위하여 필요한 사항은 법률로 정한다.

④ 언론·출판은 타인의 명예나 권리 또는 공중도덕이나 사회윤리를 침해하여서는 아니 된다. 언론·출판이 타인의 명예나 권리를 침해한 때에는 피해자는 이에 대한 피해의 배상을 청구할 수 있다.

제22조 ① 모든 국민은 학문과 예술의 자유를 가진다.

② 저작자·발명가·과학기술자와 예술가의 권리는 법률로써 보호한다.

제23조 ① 모든 국민의 재산권은 보장된다. 그 내용과 한계는 법률로 정한다.

② 재산권의 행사는 공공복리에 적합하도록 하여야 한다.

③ 공공필요에 의한 재산권의 수용·사용 또는 제한 및 그에 대한 보상은 법률로써 하되, 정당한 보상을 지급하여야 한다.

제24조 모든 국민은 법률이 정하는 바에 의하여 선거권을 가진다.

제25조 모든 국민은 법률이 정하는 바에 의하여 공무담임권을 가진다.

제26조 ① 모든 국민은 법률이 정하는 바에 의하여 국가기관에 문서로 청원할 권리를 가진다.

② 국가는 청원에 대하여 심사할 의무를 진다.

제27조 ① 모든 국민은 헌법과 법률이 정한 법관에 의하여 법률에 의한 재판을 받을 권리를 가진다.

② 군인 또는 군무원이 아닌 국민은 대한민국의 영역 안에서는 중대한 군사상 기밀·초병·초소·유독음식물공급·포로·군용물에 관한 죄 중 법률이 정한 경우와 비상계엄이 선포된 경우를 제외하고는 군사법원의 재판

을 받지 아니한다.

③ 모든 국민은 신속한 재판을 받을 권리를 가진다. 형사피고인은 상당한 이유가 없는 한 지체없이 공개재판을 받을 권리를 가진다.

④ 형사피고인은 유죄의 판결이 확정될 때까지는 무죄로 추정된다.

⑤ 형사피해자는 법률이 정하는 바에 의하여 당해 사건의 재판절차에서 진술할 수 있다.

제28조 형사피의자 또는 형사피고인으로서 구금되었던 자가 법률이 정하는 불기소처분을 받거나 무죄판결을 받은 때에는 법률이 정하는 바에 의하여 국가에 정당한 보상을 청구할 수 있다.

제29조 ① 공무원의 직무상 불법행위로 손해를 받은 국민은 법률이 정하는 바에 의하여 국가 또는 공공단체에 정당한 배상을 청구할 수 있다. 이 경우 공무원 자신의 책임은 면제되지 아니한다.

② 군인·군무원·경찰공무원 기타 법률이 정하는 자가 전투·훈련 등 직무집행과 관련하여 받은 손해에 대하여는 법률이 정하는 보상 외에 국가 또는 공공단체에 공무원의 직무상 불법행위로 인한 배상은 청구할 수 없다.

제30조 타인의 범죄행위로 인하여 생명·신체에 대한 피해를 받은 국민은 법률이 정하는 바에 의하여 국가로부터 구조를 받을 수 있다.

제31조 ① 모든 국민은 능력에 따라 균등하게 교육을 받을 권리를 가진다.

② 모든 국민은 그 보호하는 자녀에게 적어도 초등교육과 법률이 정하는 교육을 받게 할 의무를 진다.

③ 의무교육은 무상으로 한다.

④ 교육의 자주성·전문성·정치적 중립성 및 대학의 자율성은 법률이 정하는 바에 의하여 보장된다.

⑤ 국가는 평생교육을 진흥하여야 한다.

⑥ 학교교육 및 평생교육을 포함한 교육제도와 그 운영, 교육재정 및 교원의 지위에 관한 기본적인 사항은 법률로 정한다.

제32조 ① 모든 국민은 근로의 권리를 가진다. 국가는 사회적·경제적 방법으로 근로자의 고용의 증진과 적정임금의 보장에 노력하여야 하며, 법률이 정하는 바에 의하여 최저임금제를 시행하여야 한다.

② 모든 국민은 근로의 의무를 진다. 국가는 근로의 의무의 내용과 조건을 민주주의원칙에 따라 법률로 정한다.

③ 근로조건의 기준은 인간의 존엄성을 보장하도록 법률로 정한다.

④ 여자의 근로는 특별한 보호를 받으며, 고용·임금 및 근로조건에 있어서 부당한 차별을 받지 아니한다.

⑤ 연소자의 근로는 특별한 보호를 받는다.

⑥ 국가유공자·상이군경 및 전몰군경의 유가족은 법률이 정하는 바에 의하여 우선적으로 근로의 기회를 부여받는다.

제33조 ① 근로자는 근로조건의 향상을 위하여 자주적인 단결권·단체교섭권 및 단체행동권을 가진다.

② 공무원인 근로자는 법률이 정하는 자에 한하여 단결권·단체교섭권 및 단체행동권을 가진다.

③ 법률이 정하는 주요방위산업체에 종사하는 근로자의 단체행동권은 법률이 정하는 바에 의하여 이를 제한하거나 인정하지 아니할 수 있다.

제34조 ① 모든 국민은 인간다운 생활을 할 권리를 가진다.

② 국가는 사회보장·사회복지의 증진에 노력할 의무를 진다.

③ 국가는 여자의 복지와 권익의 향상을 위하여 노력하여야 한다.

④ 국가는 노인과 청소년의 복지향상을 위한 정책을 실시할 의무를 진다.

⑤ 신체장애자 및 질병·노령 기타의 사유로 생활능력이 없는 국민은 법률이 정하는 바에 의하여 국가의 보호를 받는다.

⑥ 국가는 재해를 예방하고 그 위험으로부터 국민을 보호하기 위하여 노력하여야 한다.

제35조 ① 모든 국민은 건강하고 쾌적한 환경에서 생활할 권리를 가지며, 국가와 국민은 환경보전을 위하여 노력하여야 한다.

② 환경권의 내용과 행사에 관하여는 법률로 정한다.

③ 국가는 주택개발정책 등을 통하여 모든 국민이 쾌적한 주거생활을 할 수 있도록 노력하여야 한다.

제36조 ① 혼인과 가족생활은 개인의 존엄과 양성의 평등을 기초로 성립되고 유지되어야 하며, 국가는 이를 보장한다.

② 국가는 모성의 보호를 위하여 노력하여야 한다.

③ 모든 국민은 보건에 관하여 국가의 보호를 받는다.

제37조 ① 국민의 자유와 권리는 헌법에 열거되지 아니한 이유로 경시되지 아니한다.

② 국민의 모든 자유와 권리는 국가안전보장·질서유지 또는 공공복리를 위하여 필요한 경우에 한하여 법률로써 제한할 수 있으며, 제한하는 경우에도 자유와 권리의 본질적인 내용을 침해할 수 없다.

제38조 모든 국민은 법률이 정하는 바에 의하여 납세의 의무를 진다.

제39조 ① 모든 국민은 법률이 정하는 바에 의하여 국방의 의무를 진다.

② 누구든지 병역의무의 이행으로 인하여 불이익한 처우를 받지 아니한다.

제 3 장 국 회

제40조 입법권은 국회에 속한다.

제41조 ① 국회는 국민의 보통·평등·직접·비밀선거에 의하여 선출된 국회의원으로 구성한다.

② 국회의원의 수는 법률로 정하되, 200인 이상으로 한다.

③ 국회의원의 선거구와 비례대표제 기타 선거에 관한 사항은 법률로 정한다.

제42조 국회의원의 임기는 4년으로 한다.

제43조 국회의원은 법률이 정하는 직을 겸할 수 없다.

제44조 ① 국회의원은 현행범인인 경우를 제외하고는 회기중 국회의 동의없이 체포 또는 구금되지 아니한다.

② 국회의원이 회기 전에 체포 또는 구금된 때에는 현행범인이 아닌 한 국회의 요구가 있으면 회기중 석방된다.

제45조 국회의원은 국회에서 직무상 행한 발언과 표결에 관하여 국회 외에서 책임을 지지 아니한다.

제46조 ① 국회의원은 청렴의 의무가 있다.

② 국회의원은 국가이익을 우선하여 양심에 따라 직무를 행한다.

③ 국회의원은 그 지위를 남용하여 국가·공공단체 또는 기업체와의 계약이나 그 처분에 의하여 재산상의 권리·이익 또는 직위를 취득하거나 타인을 위하여 그 취득을 알선할 수 없다.

제47조 ① 국회의 정기회는 법률이 정하는 바에 의하여 매년 1회 집회되며, 국회의 임시회는 대통령 또는 국회재적의원 4분의 1 이상의 요구에 의하여 집회된다.

② 정기회의 회기는 100일을, 임시회의 회기는 30일을 초과할 수 없다.

③ 대통령이 임시회의 집회를 요구할 때에는 기간과 집회요구의 이유를 명시하여야 한다.

제48조 국회는 의장 1인과 부의장 2인을 선출한다.

제49조 국회는 헌법 또는 법률에 특별한 규정이 없는 한 재적의원 과반수의 출석과 출석의원 과반수의 찬성으로 의결한다. 가부동수인 때에는 부결된 것으로 본다.

제50조 ① 국회의 회의는 공개한다. 다만, 출석의원 과반수의 찬성이 있거나 의장이 국가의 안전보장을 위하여 필요하다고 인정할 때에는 공개하지 아니할 수 있다.

② 공개하지 아니한 회의내용의 공표에 관하여는 법률이 정하는 바에 의한다.

제51조 국회에 제출된 법률안 기타의 의안은 회기중에 의결되지 못한 이유로 폐기되지 아니한다. 다만, 국회의원의 임기가 만료된 때에는 그러하지 아니하다.

제52조 국회의원과 정부는 법률안을 제출할 수 있다.

제53조 ① 국회에서 의결된 법률안은 정부에 이송되어 15일 이내에 대통령이 공포한다.

② 법률안에 이의가 있을 때에는 대통령은 제1항의 기간 내에 이의서를 붙여 국회로 환부하고, 그 재의를 요구할 수 있다. 국회의 폐회중에도 또한 같다.

③ 대통령은 법률안의 일부에 대하여 또는 법률안을 수정하여 재의를 요구할 수 없다.

④ 재의의 요구가 있을 때에는 국회는 재의에 붙이고, 재적의원과반수의 출석과 출석의원 3분의 2 이상의 찬성으로 전과 같은 의결을 하면 그 법률안은 법률로서 확정된다.

⑤ 대통령이 제1항의 기간 내에 공포나 재의의 요구를 하지 아니한 때에도 그 법률안은 법률로서 확정된다.

⑥ 대통령은 제4항과 제5항의 규정에 의하여 확정된 법률을 지체없이 공포하여야 한다. 제5항에 의하여 법률이 확정된 후 또는 제4항에 의한 확정법률이 정부에 이송된 후 5일 이내에 대통령이 공포하지 아니할 때에는 국회의장이 이를 공포한다.

⑦ 법률은 특별한 규정이 없는 한 공포한 날로부터 20일을 경과함으로써 효력을 발생한다.

제54조 ① 국회는 국가의 예산안을 심의·확정한다.

② 정부는 회계연도마다 예산안을 편성하여 회계연도 개시 90일 전까지 국회에 제출하고, 국회는 회계연도 개시 30일 전까지 이를 의결하여야 한다.

③ 새로운 회계연도가 개시될 때까지 예산안이 의결되지 못한 때에는 정부는 국회에서 예산안이 의결될 때까지 다음의 목적을 위한 경비는 전년도 예산에 준하여 집행할 수 있다.

1. 헌법이나 법률에 의하여 설치된 기관 또는 시설의 유지·운영
2. 법률상 지출의무의 이행
3. 이미 예산으로 승인된 사업의 계속

제55조 ① 한 회계연도를 넘어 계속하여 지

출할 필요가 있을 때에는 정부는 연한을 정하여 계속비로서 국회의 의결을 얻어야 한다.

② 예비비는 총액으로 국회의 의결을 얻어야 한다. 예비비의 지출은 차기국회의 승인을 얻어야 한다.

제56조 정부는 예산에 변경을 가할 필요가 있을 때에는 추가경정예산안을 편성하여 국회에 제출할 수 있다.

제57조 국회는 정부의 동의없이 정부가 제출한 지출예산 각항의 금액을 증가하거나 새 비목을 설치할 수 없다.

제58조 국채를 모집하거나 예산 외에 국가의 부담이 될 계약을 체결하려 할 때에는 정부는 미리 국회의 의결을 얻어야 한다.

제59조 조세의 종목과 세율은 법률로 정한다.

제60조 ① 국회는 상호원조 또는 안전보장에 관한 조약, 중요한 국제조직에 관한 조약, 우호통상항해조약, 주권의 제약에 관한 조약, 강화조약, 국가나 국민에게 중대한 재정적 부담을 지우는 조약 또는 입법사항에 관한 조약의 체결·비준에 대한 동의권을 가진다.

② 국회는 선전포고, 국군의 외국에의 파견 또는 외국군대의 대한민국 영역 안에서의 주류에 대한 동의권을 가진다.

제61조 ① 국회는 국정을 감사하거나 특정한 국정사안에 대하여 조사할 수 있으며, 이에 필요한 서류의 제출 또는 증인의 출석과 증언이나 의견의 진술을 요구할 수 있다.

② 국정감사 및 조사에 관한 절차 기타 필요한 사항은 법률로 정한다.

제62조 ① 국무총리·국무위원 또는 정부위원은 국회나 그 위원회에 출석하여 국정처리상황을 보고하거나 의견을 진술하고 질문에 응답할 수 있다.

② 국회나 그 위원회의 요구가 있을 때에는 국무총리·국무위원 또는 정부위원은 출석·답변하여야 하며, 국무총리 또는 국무위원이 출석요구를 받은 때에는 국무위원 또는 정부위원으로 하여금 출석·답변하게 할 수 있다.

제63조 ① 국회는 국무총리 또는 국무위원의 해임을 대통령에게 건의할 수 있다.

② 제1항의 해임건의는 국회재적의원 3분의 1 이상의 발의에 의하여 국회재적의원 과반수의 찬성이 있어야 한다.

제64조 ① 국회는 법률에 저촉되지 아니하는 범위 안에서 의사와 내부규율에 관한 규칙을 제정할 수 있다.

② 국회는 의원의 자격을 심사하며, 의원을 징계할 수 있다.

③ 의원을 제명하려면 국회재적의원 3분의 2 이상의 찬성이 있어야 한다.

④ 제2항과 제3항의 처분에 대하여는 법원에 제소할 수 없다.

제65조 ① 대통령·국무총리·국무위원·행정각부의 장·헌법재판소 재판관·법관·중앙선거관리위원회 위원·감사원장·감사위원 기타 법률이 정한 공무원이 그 직무집행에 있어서 헌법이나 법률을 위배한 때에는 국회는 탄핵의 소추를 의결할 수 있다.

② 제1항의 탄핵소추는 국회재적의원 3분의 1 이상의 발의가 있어야 하며, 그 의결은 국회재적의원 과반수의 찬성이 있어야 한다. 다만, 대통령에 대한 탄핵소추는 국회재적의원 과반수의 발의와 국회재적의원 3분의 2 이상의 찬성이 있어야 한다.

③ 탄핵소추의 의결을 받은 자는 탄핵심판이 있을 때까지 그 권한행사가 정지된다.

④ 탄핵결정은 공직으로부터 파면함에 그친다. 그러나, 이에 의하여 민사상이나 형사상의 책임이 면제되지는 아니한다.

제4장 정 부

제1절 대 통 령

제66조 ① 대통령은 국가의 원수이며, 외국에 대하여 국가를 대표한다.

② 대통령은 국가의 독립·영토의 보전·국가의 계속성과 헌법을 수호할 책무를 진다.

③ 대통령은 조국의 평화적 통일을 위한 성실한 의무를 진다.

④ 행정권은 대통령을 수반으로 하는 정부에 속한다.

제67조 ① 대통령은 국민의 보통·평등·직접·비밀선거에 의하여 선출한다.

② 제1항의 선거에 있어서 최고득표자가 2인 이상인 때에는 국회의 재적의원 과반수가 출석한 공개회의에서 다수표를 얻은 자를 당선자로 한다.

③ 대통령후보자가 1인일 때에는 그 득표수가 선거권자 총수의 3분의 1 이상이 아니면 대통령으로 당선될 수 없다.

④ 대통령으로 선거될 수 있는 자는 국회의원의 피선거권이 있고 선거일 현재 40세에 달하여야 한다.

⑤ 대통령의 선거에 관한 사항은 법률로 정한다.

제68조 ① 대통령의 임기가 만료되는 때에는 임기만료 70일 내지 40일 전에 후임자를 선거한다.

② 대통령이 궐위된 때 또는 대통령 당선자가 사망하거나 판결 기타의 사유로 그 자격을 상실한 때에는 60일 이내에 후임자를 선거한다.

제69조 대통령은 취임에 즈음하여 다음의 선서를 한다. "나는 헌법을 준수하고 국가를 보위하며 조국의 평화적 통일과 국민의 자유와 복리의 증진 및 민족문화의 창달에 노력하여 대통령으로서의 직책을 성실히 수행할 것을 국민 앞에 엄숙히 선서합니다."

제70조 대통령의 임기는 5년으로 하며, 중임할 수 없다.

제71조 대통령이 궐위되거나 사고로 인하여 직무를 수행할 수 없을 때에는 국무총리, 법률이 정한 국무위원의 순서로 그 권한을 대행한다.

제72조 대통령은 필요하다고 인정할 때에는 외교·국방·통일 기타 국가안위에 관한 중요정책을 국민투표에 붙일 수 있다.

제73조 대통령은 조약을 체결·비준하고, 외교사절을 신임·접수 또는 파견하며, 선전포고와 강화를 한다.

제74조 ① 대통령은 헌법과 법률이 정하는 바에 의하여 국군을 통수한다.

② 국군의 조직과 편성은 법률로 정한다.

제75조 대통령은 법률에서 구체적으로 범위를 정하여 위임받은 사항과 법률을 집행하기 위하여 필요한 사항에 관하여 대통령령을 발할 수 있다.

제76조 ① 대통령은 내우·외환·천재·지변 또는 중대한 재정·경제상의 위기에 있어서 국가의 안전보장 또는 공공의 안녕질서를 유지하기 위하여 긴급한 조치가 필요하고 국회의 집회를 기다릴 여유가 없을 때에 한하여 최소한으로 필요한 재정·경제상의 처분을 하거나 이에 관하여 법률의 효력을 가지는 명령을 발할 수 있다.

② 대통령은 국가의 안위에 관계되는 중대한 교전상태에 있어서 국가를 보위하기 위하여 긴급한 조치가 필요하고 국회의 집회가 불가능한 때에 한하여 법률의 효력을 가지는 명령을 발할 수 있다.

③ 대통령은 제1항과 제2항의 처분 또는 명령을 한 때에는 지체없이 국회에 보고하여 그 승인을 얻어야 한다.

④ 제3항의 승인을 얻지 못한 때에는 그 처분 또는 명령은 그때부터 효력을 상실한다. 이 경우 그 명령에 의하여 개정 또는 폐지되었던 법률은 그 명령이 승인을 얻지 못한 때부터 당연히 효력을 회복한다.

⑤ 대통령은 제3항과 제4항의 사유를 지체없이 공포하여야 한다.

제77조 ① 대통령은 전시·사변 또는 이에 준하는 국가비상사태에 있어서 병력으로써 군사상의 필요에 응하거나 공공의 안녕질서를 유지할 필요가 있을 때에는 법률이 정하는 바에 의하여 계엄을 선포할 수 있다.

② 계엄은 비상계엄과 경비계엄으로 한다.

③ 비상계엄이 선포된 때에는 법률이 정하는 바에 의하여 영장제도, 언론·출판·집회·결사의 자유, 정부나 법원의 권한에 관하여 특별한 조치를 할 수 있다.

④ 계엄을 선포한 때에는 대통령은 지체없이 국회에 통고하여야 한다.

⑤ 국회가 재적의원 과반수의 찬성으로 계엄

의 해제를 요구한 때에는 대통령은 이를 해제하여야 한다.

제78조 대통령은 헌법과 법률이 정하는 바에 의하여 공무원을 임면한다.

제79조 ① 대통령은 법률이 정하는 바에 의하여 사면·감형 또는 복권을 명할 수 있다.

② 일반사면을 명하려면 국회의 동의를 얻어야 한다.

③ 사면·감형 및 복권에 관한 사항은 법률로 정한다.

제80조 대통령은 법률이 정하는 바에 의하여 훈장 기타의 영전을 수여한다.

제81조 대통령은 국회에 출석하여 발언하거나 서한으로 의견을 표시할 수 있다.

제82조 대통령의 국법상 행위는 문서로써 하며, 이 문서에는 국무총리와 관계 국무위원이 부서한다. 군사에 관한 것도 또한 같다.

제83조 대통령은 국무총리·국무위원·행정각부의 장 기타 법률이 정하는 공사의 직을 겸할 수 없다.

제84조 대통령은 내란 또는 외환의 죄를 범한 경우를 제외하고는 재직중 형사상의 소추를 받지 아니한다.

제85조 전직대통령의 신분과 예우에 관하여는 법률로 정한다.

제 2 절 행 정 부

제 1 관 국무총리와 국무위원

제86조 ① 국무총리는 국회의 동의를 얻어 대통령이 임명한다.

② 국무총리는 대통령을 보좌하며, 행정에 관하여 대통령의 명을 받아 행정각부를 통할한다.

③ 군인은 현역을 면한 후가 아니면 국무총리로 임명될 수 없다.

제87조 ① 국무위원은 국무총리의 제청으로 대통령이 임명한다.

② 국무위원은 국정에 관하여 대통령을 보좌하며, 국무회의의 구성원으로서 국정을 심의한다.

③ 국무총리는 국무위원의 해임을 대통령에

게 건의할 수 있다.

④ 군인은 현역을 면한 후가 아니면 국무위원으로 임명될 수 없다.

제 2 관 국무회의

제88조 ① 국무회의는 정부의 권한에 속하는 중요한 정책을 심의한다.

② 국무회의는 대통령·국무총리와 15인 이상 30인 이하의 국무위원으로 구성한다.

③ 대통령은 국무회의의 의장이 되고, 국무총리는 부의장이 된다.

제89조 다음 사항은 국무회의의 심의를 거쳐야 한다.

1. 국정의 기본계획과 정부의 일반정책
2. 선전·강화 기타 중요한 대외정책
3. 헌법개정안·국민투표안·조약안·법률안 및 대통령령안
4. 예산안·결산·국유재산처분의 기본계획·국가의 부담이 될 계약 기타 재정에 관한 중요사항
5. 대통령의 긴급명령·긴급재정경제처분 및 명령 또는 계엄과 그 해제
6. 군사에 관한 중요사항
7. 국회의 임시회 집회의 요구
8. 영전수여
9. 사면·감형과 복권
10. 행정각부간의 권한의 획정
11. 정부안의 권한의 위임 또는 배정에 관한 기본계획
12. 국정처리상황의 평가·분석
13. 행정각부의 중요한 정책의 수립과 조정
14. 정당해산의 제소
15. 정부에 제출 또는 회부된 정부의 정책에 관계되는 청원의 심사
16. 검찰총장·합동참모의장·각군참모총장·국립대학교총장·대사 기타 법률이 정한 공무원과 국영기업체관리자의 임명
17. 기타 대통령·국무총리 또는 국무위원이 제출한 사항

제90조 ① 국정의 중요한 사항에 관한 대통령의 자문에 응하기 위하여 국가원로로 구성되는 국가원로자문회의를 둘 수 있다.

② 국가원로자문회의의 의장은 직전대통령이 된다. 다만, 직전대통령이 없을 때에는 대통령이 지명한다.

③ 국가원로자문회의의 조직·직무범위 기타 필요한 사항은 법률로 정한다.

제91조 ① 국가안전보장에 관련되는 대외정책·군사정책과 국내정책의 수립에 관하여 국무회의의 심의에 앞서 대통령의 자문에 응하기 위하여 국가안전보장회의를 둔다.

② 국가안전보장회의는 대통령이 주재한다.

③ 국가안전보장회의의 조직·직무범위 기타 필요한 사항은 법률로 정한다.

제92조 ① 평화통일정책의 수립에 관한 대통령의 자문에 응하기 위하여 민주평화통일자문회의를 둘 수 있다.

② 민주평화통일자문회의의 조직·직무범위 기타 필요한 사항은 법률로 정한다.

제93조 ① 국민경제의 발전을 위한 중요정책의 수립에 관하여 대통령의 자문에 응하기 위하여 국민경제자문회의를 둘 수 있다.

② 국민경제자문회의의 조직·직무범위 기타 필요한 사항은 법률로 정한다.

제 3 관 행정각부

제94조 행정각부의 장은 국무위원 중에서 국무총리의 제청으로 대통령이 임명한다.

제95조 국무총리 또는 행정각부의 장은 소관 사무에 관하여 법률이나 대통령령의 위임 또는 직권으로 총리령 또는 부령을 발할 수 있다.

제96조 행정각부의 설치·조직과 직무범위는 법률로 정한다.

제 4 관 감 사 원

제97조 국가의 세입·세출의 결산, 국가 및 법률이 정한 단체의 회계검사와 행정기관 및 공무원의 직무에 관한 감찰을 하기 위하여 대통령 소속하에 감사원을 둔다.

제98조 ① 감사원은 원장을 포함한 5인 이상 11인 이하의 감사위원으로 구성한다.

② 원장은 국회의 동의를 얻어 대통령이 임명하고, 그 임기는 4년으로 하며, 1차에 한하여 중임할 수 있다.

③ 감사위원은 원장의 제청으로 대통령이 임명하고, 그 임기는 4년으로 하며, 1차에 한하여 중임할 수 있다.

제99조 감사원은 세입·세출의 결산을 매년 검사하여 대통령과 차년도국회에 그 결과를 보고하여야 한다.

제100조 감사원의 조직·직무범위·감사위원의 자격·감사대상공무원의 범위 기타 필요한 사항은 법률로 정한다.

제 5 장 법 원

제101조 ① 사법권은 법관으로 구성된 법원에 속한다.

② 법원은 최고법원인 대법원과 각급법원으로 조직된다.

③ 법관의 자격은 법률로 정한다.

제102조 ① 대법원에 부를 둘 수 있다.

② 대법원에 대법관을 둔다. 다만, 법률이 정하는 바에 의하여 대법관이 아닌 법관을 둘 수 있다.

③ 대법원과 각급법원의 조직은 법률로 정한다.

제103조 법관은 헌법과 법률에 의하여 그 양심에 따라 독립하여 심판한다.

제104조 ① 대법원장은 국회의 동의를 얻어 대통령이 임명한다.

② 대법관은 대법원장의 제청으로 국회의 동의를 얻어 대통령이 임명한다.

③ 대법원장과 대법관이 아닌 법관은 대법관회의의 동의를 얻어 대법원장이 임명한다.

제105조 ① 대법원장의 임기는 6년으로 하며, 중임할 수 없다.

② 대법관의 임기는 6년으로 하며, 법률이 정하는 바에 의하여 연임할 수 있다.

③ 대법원장과 대법관이 아닌 법관의 임기는 10년으로 하며, 법률이 정하는 바에 의하여 연임할 수 있다.

④ 법관의 정년은 법률로 정한다.

제106조 ① 법관은 탄핵 또는 금고 이상의 형의 선고에 의하지 아니하고는 파면되지 아

니하며, 징계처분에 의하지 아니하고는 정
직·감봉 기타 불리한 처분을 받지 아니한다.
② 법관이 중대한 심신상의 장해로 직무를
수행할 수 없을 때에는 법률이 정하는 바에
의하여 퇴직하게 할 수 있다.

제107조 ① 법률이 헌법에 위반되는 여부가
재판의 전제가 된 경우에는 법원은 헌법재판
소에 제청하여 그 심판에 의하여 재판한다.
② 명령·규칙 또는 처분이 헌법이나 법률에
위반되는 여부가 재판의 전제가 된 경우에는
대법원은 이를 최종적으로 심사할 권한을 가
진다.
③ 재판의 전심절차로서 행정심판을 할 수
있다. 행정심판의 절차는 법률로 정하되, 사
법절차가 준용되어야 한다.

제108조 대법원은 법률에서 저촉되지 아니하
는 범위 안에서 소송에 관한 절차, 법원의
내부규율과 사무처리에 관한 규칙을 제정할
수 있다.

제109조 재판의 심리와 판결은 공개한다. 다
만, 심리는 국가의 안전보장 또는 안녕질서
를 방해하거나 선량한 풍속을 해할 염려가
있을 때에는 법원의 결정으로 공개하지 아니
할 수 있다.

제110조 ① 군사재판을 관할하기 위하여 특
별법원으로서 군사법원을 둘 수 있다.
② 군사법원의 상고심은 대법원에서 관할한다.
③ 군사법원의 조직·권한 및 재판관의 자격
은 법률로 정한다.
④ 비상계엄하의 군사재판은 군인·군무원의
범죄나 군사에 관한 간첩죄의 경우와 초병·
초소·유독음식물공급·포로에 관한 죄 중 법
률이 정한 경우에 한하여 단심으로 할 수 있
다. 다만, 사형을 선고한 경우에는 그러하지
아니하다.

제 6 장   헌법재판소

제111조 ① 헌법재판소는 다음 사항을 관장
한다.
1. 법원의 제청에 의한 법률의 위헌여부 심판

2. 탄핵의 심판
3. 정당의 해산 심판
4. 국가기관 상호간, 국가기관과 지방자치단
체간 및 지방자치단체 상호간의 권한쟁의
에 관한 심판
5. 법률이 정하는 헌법소원에 관한 심판
② 헌법재판소는 법관의 자격을 가진 9인
의 재판관으로 구성하며, 재판관은 대통령
이 임명한다.
③ 제 2 항의 재판관 중 3인은 국회에서 선
출하는 자를, 3인은 대법원장이 지명하는 자
를 임명한다.
④ 헌법재판소의 장은 국회의 동의를 얻어
재판관 중에서 대통령이 임명한다.

제112조 ① 헌법재판소 재판관의 임기는 6
년으로 하며, 법률이 정하는 바에 의하여 연
임할 수 있다.
② 헌법재판소 재판관은 정당에 가입하거나
정치에 관여할 수 없다.
③ 헌법재판소 재판관은 탄핵 또는 금고 이
상의 형의 선고에 의하지 아니하고는 파면되
지 아니한다.

제113조 ① 헌법재판소에서 법률의 위헌결정,
탄핵의 결정, 정당해산의 결정 또는 헌법소
원에 관한 인용결정을 할 때에는 재판관 6인
이상의 찬성이 있어야 한다.
② 헌법재판소는 법률에 저촉되지 아니하는
범위안에서 심판에 관한 절차, 내부규율과
사무처리에 관한 규칙을 제정할 수 있다.
③ 헌법재판소의 조직과 운영 기타 필요한
사항은 법률로 정한다.

제 7 장   선거관리

제114조 ① 선거와 국민투표의 공정한 관리
및 정당에 관한 사무를 처리하기 위하여 선
거관리위원회를 둔다.
② 중앙선거관리위원회는 대통령이 임명하는
3인, 국회에서 선출하는 3인과 대법원장이
지명하는 3인의 위원으로 구성한다. 위원장
은 위원중에서 호선한다.

③ 위원의 임기는 6년으로 한다.

④ 위원은 정당에 가입하거나 정치에 관여할 수 없다.

⑤ 위원은 탄핵 또는 금고 이상의 형의 선고에 의하지 아니하고는 파면되지 아니한다.

⑥ 중앙선거관리위원회는 법령의 범위 안에서 선거관리·국민투표관리 또는 정당사무에 관한 규칙을 제정할 수 있으며, 법률에 저촉되지 아니하는 범위 안에서 내부규율에 관한 규칙을 제정할 수 있다.

⑦ 각급 선거관리위원회의 조직·직무범위 기타 필요한 사항은 법률로 정한다.

제115조 ① 각급 선거관리위원회는 선거인명부의 작성 등 선거사무와 국민투표사무에 관하여 관계 행정기관에 필요한 지시를 할 수 있다.

② 제1항의 지시를 받은 당해 행정기관은 이에 응하여야 한다.

제116조 ① 선거운동은 각급 선거관리위원회의 관리하에 법률이 정하는 범위 안에서 하되, 균등한 기회가 보장되어야 한다.

② 선거에 관한 경비는 법률이 정하는 경우를 제외하고는 정당 또는 후보자에게 부담시킬 수 없다.

제 8 장 지방자치

제117조 ① 지방자치단체는 주민의 복리에 관한 사무를 처리하고 재산을 관리하며, 법령의 범위 안에서 자치에 관한 규정을 제정할 수 있다.

② 지방자치단체의 종류는 법률로 정한다.

제118조 ① 지방자치단체에 의회를 둔다.

② 지방의회의 조직·권한·의원선거와 지방자치단체의 장의 선임방법 기타 지방자치단체의 조직과 운영에 관한 사항은 법률로 정한다.

제 9 장 경   제

제119조 ① 대한민국의 경제질서는 개인과 기업의 경제상의 자유와 창의를 존중함을 기본으로 한다.

② 국가는 균형있는 국민경제의 성장 및 안정과 적정한 소득의 분배를 유지하고, 시장의 지배와 경제력의 남용을 방지하며, 경제주체간의 조화를 통한 경제의 민주화를 위하여 경제에 관한 규제와 조정을 할 수 있다.

제120조 ① 광물 기타 중요한 지하자원·수산자원·수력과 경제상 이용할 수 있는 자연력은 법률이 정하는 바에 의하여 일정한 기간 그 채취·개발 또는 이용을 특허할 수 있다.

② 국토와 자원은 국가의 보호를 받으며, 국가는 그 균형있는 개발과 이용을 위하여 필요한 계획을 수립한다.

제121조 ① 국가는 농지에 관하여 경자유전의 원칙이 달성될 수 있도록 노력하여야 하며, 농지의 소작제도는 금지된다.

② 농업생산성의 제고와 농지의 합리적인 이용을 위하거나 불가피한 사정으로 발생하는 농지의 임대차와 위탁경영은 법률이 정하는 바에 의하여 인정된다.

제122조 국가는 국민 모두의 생산 및 생활의 기반이 되는 국토의 효율적이고 균형있는 이용·개발과 보전을 위하여 법률이 정하는 바에 의하여 그에 관한 필요한 제한과 의무를 과할 수 있다.

제123조 ① 국가는 농업 및 어업을 보호·육성하기 위하여 농·어촌종합개발과 그 지원 등 필요한 계획을 수립·시행하여야 한다.

② 국가는 지역간의 균형있는 발전을 위하여 지역경제를 육성할 의무를 진다.

③ 국가는 중소기업을 보호·육성하여야 한다.

④ 국가는 농수산물의 수급균형과 유통구조의 개선에 노력하여 가격안정을 도모함으로써 농·어민의 이익을 보호한다.

⑤ 국가는 농·어민과 중소기업의 자조조직을 육성하여야 하며, 그 자율적 활동과 발전을 보장한다.

제124조 국가는 건전한 소비행위를 계도하고 생산품의 품질향상을 촉구하기 위한 소비자

보호운동을 법률이 정하는 바에 의하여 보장한다.

제125조 국가는 대외무역을 육성하며, 이를 규제·조정할 수 있다.

제126조 국방상 또는 국민경제상 긴절한 필요로 인하여 법률이 정하는 경우를 제외하고는, 사영기업을 국유 또는 공유로 이전하거나 그 경영을 통제 또는 관리할 수 없다.

제127조 ① 국가는 과학기술의 혁신과 정보 및 인력의 개발을 통하여 국민경제의 발전에 노력하여야 한다.

② 국가는 국가표준제도를 확립한다.

③ 대통령은 제1항의 목적을 달성하기 위하여 필요한 자문기구를 둘 수 있다.

제10장 헌법개정

제128조 ① 헌법개정은 국회재적의원 과반수 또는 대통령의 발의로 제안된다.

② 대통령의 임기연장 또는 중임변경을 위한 헌법개정은 그 헌법개정 제안 당시의 대통령에 대하여는 효력이 없다.

제129조 제안된 헌법개정안은 대통령이 20일 이상의 기간 이를 공고하여야 한다.

제130조 ① 국회는 헌법개정안이 공고된 날로부터 60일 이내에 의결하여야 하며, 국회의 의결은 재적의원 3분의 2 이상의 찬성을 얻어야 한다.

② 헌법개정안은 국회가 의결한 후 30일 이내에 국민투표에 붙여 국회의원선거권자 과반수의 투표와 투표자 과반수의 찬성을 얻어야 한다.

③ 헌법개정안이 제2항의 찬성을 얻은 때에는 헌법개정은 확정되며, 대통령은 즉시 이를 공포하여야 한다.

부 칙

제1조 이 헌법은 1988년 2월 25일부터 시행한다. 다만, 이 헌법을 시행하기 위하여 필요한 법률의 제정·개정과 이 헌법에 의한 대통령 및 국회의원의 선거 기타 이 헌법시행에 관한 준비는 이 헌법시행 전에 할 수 있다.

제2조 ① 이 헌법에 의한 최초의 대통령선거는 이 헌법시행일 40일 전까지 실시한다.

② 이 헌법에 의한 최초의 대통령의 임기는 이 헌법시행일로부터 개시한다.

제3조 ① 이 헌법에 의한 최초의 국회의원선거는 이 헌법공포일로부터 6월 이내에 실시하며, 이 헌법에 의하여 선출된 최초의 국회의원의 임기는 국회의원선거 후 이 헌법에 의한 국회의 최초의 집회일로부터 개시한다.

② 이 헌법공포 당시의 국회의원의 임기는 제1항에 의한 국회의 최초의 집회일 전일까지로 한다.

제4조 ① 이 헌법시행 당시의 공무원과 정부가 임명한 기업체의 임원은 이 헌법에 의하여 임명된 것으로 본다. 다만, 이 헌법에 의하여 선임방법이나 임명권자가 변경된 공무원과 대법원장 및 감사원장은 이 헌법에 의하여 후임자가 선임될 때까지 그 직무를 행하며, 이 경우 전임자인 공무원의 임기는 후임자가 선임되는 전일까지로 한다.

② 이 헌법시행 당시의 대법원장과 대법원판사가 아닌 법관은 제1항 단서의 규정에 불구하고 이 헌법에 의하여 임명된 것으로 본다.

③ 이 헌법 중 공무원의 임기 또는 중임제한에 관한 규정은 이 헌법에 의하여 그 공무원이 최초로 선출 또는 임명된 때로부터 적용한다.

제5조 이 헌법시행 당시의 법령과 조약은 이 헌법에 위배되지 아니하는 한 그 효력을 지속한다.

제6조 이 헌법시행 당시에 이 헌법에 의하여 새로 설치될 기관의 권한에 속하는 직무를 행하고 있는 기관은 이 헌법에 의하여 새로운 기관이 설치될 때까지 존속하며 그 직무를 행한다.

한국헌법 조문색인

판례색인

인명색인

사항색인

著者略歷

慶熙大學校 法科大學 卒業
獨逸 München大學校에서 法學博士學位(Dr. jur.) 取得
獨逸 München大學校 公法研究所 研究委員
獨逸 Saarbrücken大學校 法經大學 助敎授
獨逸 Bonn大學校 法科大學 招請敎授
獨逸 Bayreuth大學校 法經大學에서 公法正敎授資格 取得
獨逸 Bayreuth大學校 法經大學 敎授(契約)
獨逸 München大學校 法科大學 敎授(契約)
慶熙大學校 敎授 歷任
司法試驗委員, 行政·外務高等考試委員
韓國公法學會 會長
司法試驗委員會 委員
獨逸 홈볼트國際學術賞 受賞
독일 Bonn대학교에서 명예법학박사학위(Dr. jur.h.c.) 수령
延世大學校 法科大學 敎授
明知大學校 招聘敎授
憲法裁判研究所 理事長
헌법재판소 초대 헌법재판연구원장
경희대학교 법학전문대학원 석좌교수(현재)

著 書(國內出版)

韓國憲法論	憲法理論과 憲法	憲法訴訟法論
憲法學	事例憲法學	判例憲法(共著)

論 文(獨逸發表 獨文 主要論文)

Begegnung europäischer und ostasiatischer Rechtskultur, in: H. Krüger(Hrsg.), Verfassung und Recht in Übersee, Hamburg, 1977, S. 117ff.

Rechtsstaatliche Grenzen der Sozialstaatlichkeit?, in: Der Staat, 1979, S.183ff. in: Neue Entwicklungen im öffentlichen Recht, Stuttgart, 1979, S. 281ff.

Parallelen im deutsch-koreanischen Rechtsdenken, in: FS. f. H. Pfeiffer, 1987, S. 46ff.

Die Grundzüge der neuen koreanischen Verfassung von 1987, JÖR Bd.38, 1989, S. 565ff.

Sechs Jahre Verfassungsgerichtsbarkeit in der Republik Korea, JÖR Bd.45, 1997, S. 535ff.

Zur neueren Entwicklung des Verfassungsrechts in der Republik Korea, JÖR Bd.48, 2000, S.471ff.

Parteienstaat, repräsentative Demokratie und Wahlsystem, JÖR Bd.51, 2003, S. 695ff.

Brücken zwischen der europäischen und der koreanischen Rechtskultur, JÖR Bd.52, 2004, S.93ff.

Entwicklung und Stand der Verfassungsgerichtsbarkeit in Korea, in: Ch. Starck(Hrsg.), Fortschritte der Verfassungsgerichtsbarkeit in der Welt－Teil 1, 2004, S. 85ff.

Demographischer Wandel in Korea als sozialstaatliche Herausforderung, in: Festschrift f. Ch. Starck, 2007, S. 813ff.

Präsidialsystem und Kontrollmechanismen, in: FS f. Josef Isensee, 2007, S. 459ff.

60 Jahre Grundgesetz aus der Sicht Koreas, JÖR Bd. 58, 2011

Digitale Entwicklung der Medien als rechtliche Herausforderung, in: Klaus Stern (Hrsg.), Medien und Recht, Thyssen Symposium Asien/Deutschland, Bd. 2, Carl Heymanns Verlag, Köln, 2014, S. 19ff.

Rezeption und gegenseitige Befruchtung des Rechts, in: Hess/Hopt/Sieber/Starck(Hrsg.), Unternehmen im globalen Umfeld, Fünftes internationals Symposion der Fritz Thyssen Stiftung, Carl Heymanns Verlag, Köln 2017, S. 37ff.